The Complete Guide to
Business Law Offices
2016

全国
法律事務所ガイド
2016

商事法務　編

商事法務

は　し　が　き

　本書は、全国の主要な法律事務所の概要をコンパクトに紹介するガイドブックです。

　昨年、『全国版 法律事務所ガイド2014』（Vol.1）（Vol.2）を刊行いたしましたが、今回は、それらの掲載事務所に新たな事務所を追加し、合計219事務所を収録いたしました。

　今回のコンセプトも、2014年版と同様、①法律事務所の客観的・信頼性の高い情報を、②コンパクトに、③共通の項目に従って整理し、④全国的な視点で提供する、ことを基本に据え、ユーザー視点に立って、法律事務所へのアクセスをしやすくすることを目的にしております。対象とした事務所も、主として、企業法務に軸足を置き、できるだけ特色のある事務所や地域密着型の事務所を優先することに主眼を置きました。

　2014年版の発刊後、本書をさらに充実させていくために、本企画に関心のある研究者や企業法務担当者との意見交換会等を通じて、いろいろな要望や貴重なアドバイスを頂戴することができました。今回は、それらのうち、いくつかを取り上げ、本書に反映させています。

　第1に、各事務所の特徴が一目でわかるようにペンマークの項目を設けました。

　第2に、主な取扱業務について、「総合」を選択しない場合、予め用意した26分野のうち、上位3分野を挙げていただきました。

　第3に、事務所の全業務量におけるいわゆる「企業法務業務」の占める割合を4基準のなかから選択していただきました。

　また、近年、コーポレートガバナンスの実践が喫緊の課題となっており、社外役員（取締役、監査役）が急増しておりますことを踏まえ、掲載事務所所属の弁護士の「証券コード別社外役員索引」を巻末に収録いたしました。

　今回も編集委員として、山岸和彦（あさひ法律事務所、二弁、36期）、伊藤尚（阿部・井窪・片山法律事務所、一弁、37期）、山田尚武（しょうぶ法律事務所、愛弁、44期）、大川治（堂島法律事務所、大弁、48期。今回より参加）、山本昌平（丸

の内中央法律事務所、東弁、50期)、西田章（西田法律事務所、一弁、51期)、吉峯耕平（田辺総合法律事務所、一弁、58期）の各弁護士が参加しております。また、公益社団法人商事法務研究会からは業務執行理事の氷室昭彦、株式会社商事法務からは取締役の渡部邦夫、書籍出版部の庄司祐樹が編集委員会に参加しました。

なお、今回の刊行に際し改めて感じたことは、全国的な視点でみた場合、地域密着の事務所はまだまだ沢山あり、それらのフォローをどうするか、今後の大きな課題であることを痛感しております。

最後に、限られた期間内に、各事務所のご協力がなければ本書は完成しませんでした。ご協力くださった事務所の皆様をはじめ有益なアドバイスをいただいた数多くの方々に対し、厚く御礼申し上げます。

本書の利用を通じて、法律事務所へのアクセスが容易になれば幸いです。

2015年11月
『全国 法律事務所ガイド2016』編集委員会

利用上の注意および凡例

　本書「事務所紹介」欄は、原則として、2015年7月1日時点の内容を掲載している。各欄の記載については、以下の説明を参照。

■人　数　欄

```
47（+ 1）
P 26 A 20 顧 1
男 32 女 5
外弁 1 外資 2
他士 3 事務 19
```

① 　弁護士合計（最初の数字）
　事務所に所属する弁護士の合計数
　※法曹資格を有しているだけでなく、弁護士法8条の弁護士名簿に登録されている弁護士。
② 　弁護士合計推移（括弧内の数字）
　①の数字について、原則として、昨年基準日（2014年7月1日）との比較推移。
　増加の場合：＋1
　減少の場合：－1
　不変の場合：±0
③ 　P
　パートナー（弁護士である者に限る）の人数
　パートナーとアソシエイトの区別は、各事務所の認識による。
④ 　A
　アソシエイト（弁護士である者に限る）の人数
　パートナーとアソシエイトの区別は、各事務所の認識による。
⑤ 　顧
　顧問の人数
　本項目には、以下のような肩書が含まれる。
　顧問、特別顧問、オブカウンセル、カウンセル、シニアカウンセル、スペシャルカウンセル、アドバイザー、客員弁護士（弁護士以外の学者、官庁OB等も含む）。
　弁護士でない「顧」は、①の弁護士合計には含まない。
⑥ 　外　弁
　外国法事務弁護士の人数
　※弁護士（日本法）にはカウントしない。

⑦ 外　資
<u>外国法事務弁護士以外の</u>外国における弁護士に相当する資格者（Attorney-at-law、中国律師等）の人数
※弁護士（日本法）は含まない。
※資格を保持しているだけでなく、当該国における登録等の要件を満たしている者。

⑧ 他　士
隣接士業（司法書士、税理士、弁理士、行政書士、社会保険労務士、公認会計士、土地家屋調査士、不動産鑑定士）の資格者（資格保有＋登録）の人数。
※弁護士は含まない。

⑨ 事　務
事務職、秘書等の人数

■企業法務業務量の占める割合

事務所全体の業務量における「企業法務業務量」の占めるおおよその割合を、A～Dで表示。

A：90％超
B：90～80％超
C：80～50％超
D：50％以下

■主な取扱業務

下記の取扱業務のうちで、上位3番までを占める業務を表示。ただし、「総合」を選択した場合は、**総合のみ**の表示となる。

総合：総合
訴訟：訴訟
国際：国際法務
会社：会社法・金商法・コンプライアンス
再生：事業再生（含・倒産処理）
独禁：独占禁止法（含・競争法）
知財：知的財産

金融：金融証券
ＭＡ：M&A
保険：保険（除・交通事故）
税務：税務
危機：危機管理
労働：労働事件
民暴：民暴・反社会的勢力対応
土地：土地・不動産
行政：行政事件
環境：環境問題
刑事：刑事事件
海事：海事事件
医事：医事事件
スポ：スポーツ関係
消費：消費者問題
民家：民事・家事一般
交通：交通事故
整理：債務整理
中小：中小企業
ほか：その他

■弁護士名

＊事務所の判断で、一部の弁護士のみを掲載している場合もある。
・研究者養成大学院は「院」と記載。法科大学院（ロースクール）は「LS」と記載。
・2015年7月1日現在において既に退任しているものについては「元」と記載または在任期間をかっこ書で記載。
・会社形態は、以下の略称を適宜使用。
株式会社→省略、社団法人→㈳、財団法人→㈶、一般社団法人→（一社）、一般財団法人→（一財）、公益社団法人→（公社）、公益財団法人→（公財）、独立行政法人→㈲
・大学、大学院等の卒業年は、次のとおり表記。
1995年東京大学卒業→1995東大
・大学名は、以下の略称を適宜使用。
北海道大学→北大、東北大学→東北大、東京大学→東大、一橋大学→一橋大、東京工業大学→東工大、名古屋大学→名大、京都大学→京大、大阪大学→阪大、神戸大学→神大、九州大学→九大、横浜国立大学→横国大、慶應義塾大学→慶大、早稲田大学→早大、中央大学→中大、明治大学→明大、立教大学→立大、法政大学→法大、青山学院大学→青学大、日本大学→日大、同志社大学→同大、立命館大学→立命大、関西大学→関大、関西学院大学→関学大、ニューヨーク大→NY大

■事　件

・判例表記は、以下の略称を適宜使用。
　最高裁判所判決平成16年8月30日民集58巻6号1763頁→最判平成16.8.30民集58.6.1763
・判例集は、以下の略称を適宜使用。
　最高裁判所民事判例集→民集、最高裁判所刑事判例集→刑集、裁判所時報→裁時、最高裁判所裁判集民事→裁判集民、高等裁判所民事判例集→高民、知的財産権関係民事・行政裁判判例集→知的裁集、東京高等裁判所判決時報→東高時報、金融・商事判例→金判、交通事故民事裁判例集→交民、判例時報→判時、判例タイムズ→判タ、労働判例→労判、金融法務事情→金法、賃金と社会保障→賃社、労働経済判例速報→労経速

修習修了年・期・早見表

西暦	和暦	期	西暦	和暦	期
1949年	昭和24年	(旧) 1期	1982年	昭和57年	34期
1950年	25年	2期	1983年	58年	35期
1951年	26年	3期	1984年	59年	36期
1952年	27年	4期	1985年	60年	37期
1953年	28年	5期	1986年	61年	38期
1954年	29年	6期	1987年	62年	39期
1955年	30年	7期	1988年	63年	40期
1956年	31年	8期	1989年	平成元年	41期
1957年	32年	9期	1990年	2年	42期
1958年	33年	10期	1991年	3年	43期
1959年	34年	11期	1992年	4年	44期
1960年	35年	12期	1993年	5年	45期
1961年	36年	13期	1994年	6年	46期
1962年	37年	14期	1995年	7年	47期
1963年	38年	15期	1996年	8年	48期
1964年	39年	16期	1997年	9年	49期
1965年	40年	17期	1998年	10年	50期
1966年	41年	18期	1999年	11年	51期
1967年	42年	19期	2000年(注1)	12年	52期・53期
1968年	43年	20期	2001年	13年	54期
1969年	44年	21期	2002年	14年	55期
1970年	45年	22期	2003年	15年	56期
1971年	46年	23期	2004年	16年	57期
1972年	47年	24期	2005年	17年	58期
1973年	48年	25期	2006年	18年	59期
1974年	49年	26期	2007年(注2)	19年	(新・旧) 60期
1975年	50年	27期	2008年	20年	61期
1976年	51年	28期	2009年	21年	62期
1977年	52年	29期	2010年	22年	63期
1978年	53年	30期	2011年	23年	64期
1979年	54年	31期	2012年	24年	65期
1980年	55年	32期	2013年	25年	66期
1981年	56年	33期	2014年	26年	67期

(注1) 修習期間は、第52期までが2年、第53期からは1年6ヵ月であり、第52期は1998年4月から2000年3月まで、第53期は1999年4月から2000年9月まで修習。

(注2) 第60期修習より、新司法試験合格者と旧司法試験合格者が併存。新司法試験合格者は、11月修習開始で1年間、旧司法試験合格者は原則4月修習開始で1年4ヵ月の修習期間。

弁護士会別会員数

(2015年10月1日現在)

弁護士会	弁護士	(内女性)	女性比率	準会員	沖縄特別会員	外国特別会員
東　　京	7,463	1,440	19.3%	0	0	73
第一東京	4,578	893	19.5%	0	0	119
第二東京	4,826	1,001	20.7%	0	0	160
横　　浜	1,485	286	19.3%	0	0	3
埼　　玉	756	139	18.4%	0	0	0
千 葉 県	723	127	17.6%	0	0	0
茨 城 県	258	47	18.2%	0	0	1
栃 木 県	208	32	15.4%	0	0	0
群　　馬	272	33	12.1%	0	0	0
静 岡 県	436	81	18.6%	0	0	1
山 梨 県	117	15	12.8%	0	0	0
長 野 県	236	41	17.4%	0	0	0
新 潟 県	262	35	13.4%	0	0	0
大　　阪	4,209	721	17.1%	0	0	11
京　　都	704	147	20.9%	0	0	0
兵 庫 県	848	173	20.4%	0	0	2
奈　　良	165	29	17.6%	0	0	0
滋　　賀	140	30	21.4%	0	0	0
和 歌 山	140	18	12.9%	0	0	0
愛 知 県	1,782	331	18.6%	0	0	6
三　　重	178	28	15.7%	0	0	0
岐 阜 県	186	34	18.3%	0	0	2
福　　井	101	12	11.9%	0	0	0
金　　沢	164	26	15.9%	0	0	0
富 山 県	111	12	10.8%	0	0	0
広　　島	537	81	15.1%	0	0	0

山 口 県	156	16	10.3%	0	0	0
岡　　山	367	78	21.3%	0	0	0
鳥 取 県	68	13	19.1%	0	0	0
島 根 県	78	20	25.6%	0	0	0
福 岡 県	1,149	201	17.5%	0	0	3
佐 賀 県	99	13	13.1%	0	0	0
長 崎 県	153	19	12.4%	0	0	0
大 分 県	151	24	15.9%	0	0	0
熊 本 県	258	40	15.5%	0	0	0
鹿児島県	189	25	13.2%	0	0	0
宮 崎 県	131	14	10.7%	0	0	0
沖　　縄	244	30	12.3%	0	9	2
仙　　台	433	58	13.4%	0	0	0
福 島 県	187	24	12.8%	0	0	0
山 形 県	94	11	11.7%	0	0	0
岩　　手	102	10	9.8%	0	0	1
秋　　田	77	12	15.6%	0	0	0
青 森 県	117	13	11.1%	0	0	0
札　　幌	734	106	14.4%	0	0	0
函　　館	51	4	7.8%	0	0	0
旭　　川	70	8	11.4%	0	0	0
釧　　路	73	5	6.8%	0	0	0
香 川 県	170	20	11.8%	0	0	0
徳　　島	91	9	9.9%	0	0	0
高　　知	87	15	17.2%	0	0	0
愛　　媛	159	15	9.4%	0	0	0
合　　計	36,373	6,615	18.2%	0	9	384

目　次

はしがき
利用上の注意および凡例
修習修了年・期・早見表
弁護士会別会員数

事務所紹介

〔北　海　道〕

　　弁護士法人　小寺・松田法律事務所 …………………………………… 2
　　弁護士法人　佐々木総合法律事務所 …………………………………… 4
　　米屋・林法律事務所 ……………………………………………………… 6
　　　　　（弁護士法人　ほくと総合法律事務所）・244

〔宮　　　城〕

　　弁護士法人　植松法律事務所 …………………………………………… 8
　　エール法律事務所 ……………………………………………………… 10
　　官澤綜合法律事務所 …………………………………………………… 12
　　　　　（匠総合法律事務所）・158

〔群　　　馬〕

　　高橋三兄弟法律事務所 ………………………………………………… 14

〔千　　　葉〕

　　佐野総合法律事務所 …………………………………………………… 16
　　弁護士法人　リバーシティ法律事務所 ……………………………… 18

〔東　　　京〕

　　EY弁護士法人 …………………………………………………………… 20
　　あさひ法律事務所 ……………………………………………………… 22
　　渥美坂井法律事務所・外国法共同事業 ……………………………… 24
　　阿部・井窪・片山法律事務所 ………………………………………… 26
　　弁護士雨宮眞也法律事務所 …………………………………………… 28
　　アンダーソン・毛利・友常　法律事務所 …………………………… 30
　　石井法律事務所 ………………………………………………………… 34
　　石嵜・山中総合法律事務所 …………………………………………… 36
　　稲葉総合法律事務所 …………………………………………………… 38
　　岩田合同法律事務所［山根室］ ……………………………………… 40
　　牛島総合法律事務所 …………………………………………………… 42

弁護士法人　内田・鮫島法律事務所	44
弁護士法人　瓜生・糸賀法律事務所	46
AZX総合法律事務所	48
NS綜合法律事務所	50
弁護士法人　エル・アンド・ジェイ法律事務所	52
LM法律事務所	54
弁護士法人　大野総合法律事務所	56
小笠原六川国際総合法律所	58
岡部・山口法律事務所	60
岡村綜合法律事務所	62
小川総合法律事務所	64
奥野総合法律事務所・外国法共同事業	66
小沢・秋山法律事務所	68
外国法共同事業　オメルベニー・アンド・マイヤーズ法律事務所	70
オリック・ヘリントン・アンド・サトクリフ外国法事務弁護士事務所／オリック東京法律事務所・外国法共同事業	72
梶谷綜合法律事務所	74
柏木総合法律事務所	76
霞ヶ関総合法律事務所	78
片岡総合法律事務所	80
兼子・岩松法律事務所	82
紀尾井坂テーミス綜合法律事務所	84
紀尾井町法律事務所	86
菊地綜合法律事務所	88
弁護士法人　キャスト	90
クリフォードチャンス法律事務所　外国法共同事業	92
黒田法律事務所・黒田特許事務所	94
敬和綜合法律事務所	96
古賀総合法律事務所	98
K&L Gates外国法共同事業法律事務所	100
光和総合法律事務所	102
小島国際法律事務所	104
骨董通り法律事務所	106
さくら共同法律事務所	108
潮見坂綜合法律事務所	110
シティユーワ法律事務所	112
篠崎・進士法律事務所	116
芝綜合法律事務所	118
島田法律事務所	120
清水直法律事務所	122
外国法共同事業　ジョーンズ・デイ法律事務所	124
新堂・松村法律事務所	126

新保・髙﨑法律事務所 …………………………………………… 128
新四谷法律事務所 ………………………………………………… 130
真和総合法律事務所 ……………………………………………… 132
スキャデン・アープス法律事務所 ……………………………… 134
スクワイヤ外国法共同事業法律事務所 ………………………… 136
須藤・髙井法律事務所 …………………………………………… 138
スプリング法律事務所 …………………………………………… 140
成和明哲法律事務所 ……………………………………………… 142
曾我法律事務所 …………………………………………………… 144
ゾンデルホフ＆アインゼル法律特許事務所 …………………… 146
第一協同法律事務所 ……………………………………………… 148
第一芙蓉法律事務所 ……………………………………………… 150
髙井・岡芹法律事務所 …………………………………………… 152
高橋綜合法律事務所 ……………………………………………… 154
卓照綜合法律事務所 ……………………………………………… 156
匠総合法律事務所 ………………………………………………… 158
田辺総合法律事務所 ……………………………………………… 160
TMI総合法律事務所 ……………………………………………… 162
東京霞ヶ関法律事務所 …………………………………………… 166
東京グリーン法律事務所 ………………………………………… 168
東京桜橋法律事務所 ……………………………………………… 170
東京駿河台法律事務所 …………………………………………… 172
東京八丁堀法律事務所 …………………………………………… 174
東京富士法律事務所 ……………………………………………… 176
弁護士法人 東京フレックス法律事務所 ……………………… 178
東京丸の内法律事務所 …………………………………………… 180
東京六本木法律特許事務所 ……………………………………… 182
ときわ法律事務所 ………………………………………………… 184
虎門中央法律事務所・虎門中央法律事務所 世澤外国法事務弁護士事務所
　（外国法共同） ………………………………………………… 186
虎ノ門南法律事務所 ……………………………………………… 188
鳥飼総合法律事務所 ……………………………………………… 190
永沢総合法律事務所 ……………………………………………… 192
長島・大野・常松法律事務所 …………………………………… 194
中島経営法律事務所 ……………………………………………… 198
中村・角田・松本法律事務所 …………………………………… 200
中村合同特許法律事務所 ………………………………………… 202
西綜合法律事務所 ………………………………………………… 204
西村あさひ法律事務所 …………………………………………… 206
二重橋法律事務所 ………………………………………………… 210
のぞみ総合法律事務所 …………………………………………… 212
野村綜合法律事務所 ……………………………………………… 214

事務所名	ページ
外立総合法律事務所	216
馬場・澤田法律事務所	218
隼あすか法律事務所	220
原後綜合法律事務所	222
半蔵門総合法律事務所	224
ひかり総合法律事務所・弁護士法人 ひかり総合法律事務所	226
日比谷総合法律事務所	228
日比谷パーク法律事務所	230
深沢綜合法律事務所	232
ふじ合同法律事務所	234
ブレークモア法律事務所	236
フレッシュフィールズブルックハウスデリンガー法律事務所（外国法共同事業）	238
ベーカー＆マッケンジー法律事務所（外国法共同事業）	240
ホーガン・ロヴェルズ法律事務所外国法共同事業	242
弁護士法人 ほくと総合法律事務所	244
堀総合法律事務所	246
ホワイト＆ケース外国法事務弁護士事務所／ホワイト＆ケース法律事務所（外国法共同事業）	248
本間合同法律事務所	250
増田パートナーズ法律事務所	252
弁護士法人 松尾綜合法律事務所	254
松田綜合法律事務所	256
マリタックス法律事務所	258
丸の内総合法律事務所	260
丸の内中央法律事務所	262
みなと協和法律事務所	264
三宅・今井・池田法律事務所	266
三宅坂総合法律事務所	268
三宅・山崎法律事務所	270
桃尾・松尾・難波法律事務所	272
森・濱田松本法律事務所	274
モリソン・フォースター外国法事務弁護士事務所 伊藤 見富法律事務所（外国法共同事業事務所）	278
柳田国際法律事務所	280
矢吹法律事務所	282
山田・尾﨑法律事務所	284
ユアサハラ法律特許事務所	286
吉峯総合法律事務所	288
リソルテ総合法律事務所	290
ロア・ユナイテッド法律事務所	292
（色川法律事務所）・336	

　　　　（弁護士法人　梅ヶ枝中央法律事務所）・338
　　　　（弁護士法人　英知法律事務所）・344
　　　　（弁護士法人　大江橋法律事務所）・346
　　　　（弁護士法人　関西法律特許事務所）・358
　　　　（北浜法律事務所）・360
　　　　（きっかわ法律事務所）・362
　　　　（協和綜合法律事務所）・366
　　　　（弁護士法人　第一法律事務所）・376
　　　　（弁護士法人　中央総合法律事務所）・382
　　　　（堂島法律事務所　弁護士法人　堂島法律事務所東京事務所）・384
　　　　（中本総合法律事務所）・392
　　　　（弁護士法人　なにわ共同法律事務所）・394
　　　　（弁護士法人　御堂筋法律事務所）・398
　　　　（弁護士法人　三宅法律事務所）・400
　　　　（弁護士法人　宮﨑綜合法律事務所）・402
　　　　（弁護士法人　淀屋橋・山上合同）・404
　　　　（弁護士法人　東町法律事務所）・416

〔神　奈　川〕

　　R&G横浜法律事務所 …………………………………………………… 294
　　弁護士法人　小田原三の丸法律事務所 …………………………… 296
　　立川・及川法律事務所 ………………………………………………… 298
　　日本大通り法律事務所 ………………………………………………… 300
　　横浜綜合法律事務所 …………………………………………………… 302

〔新　　　潟〕

　　弁護士法人　新潟第一法律事務所 …………………………………… 304

〔石　　　川〕

　　弁護士法人　兼六法律事務所 ………………………………………… 306

〔愛　　　知〕

　　アイ・パートナーズ法律事務所 ……………………………………… 308
　　ひかり弁護士法人アイリス法律事務所 …………………………… 310
　　あゆの風法律事務所 …………………………………………………… 312
　　石原総合法律事務所 …………………………………………………… 314
　　入谷法律事務所 ………………………………………………………… 316
　　小栗・石畔法律事務所 ………………………………………………… 318
　　弁護士法人　しょうぶ法律事務所 …………………………………… 320
　　しるべ総合法律事務所 ………………………………………………… 322
　　大樹法律事務所 ………………………………………………………… 324
　　辻巻総合法律事務所 …………………………………………………… 326

（アンダーソン・毛利・友常　法律事務所）・30
　　　（弁護士法人　大野総合法律事務所）・56
　　　（匠総合法律事務所）・158
　　　（TMI総合法律事務所）・162
　　　（西村あさひ法律事務所）・206
　　　（森・濱田松本法律事務所）・274
　　　（弁護士法人　大江橋法律事務所）・350

〔京　都〕

御池総合法律事務所……………………………………………………………328
烏丸法律事務所…………………………………………………………………330
京都総合法律事務所……………………………………………………………332
弁護士法人　田中彰寿法律事務所……………………………………………334
　　　（弁護士法人　梅ヶ枝中央法律事務所）・338
　　　（弁護士法人　中央総合法律事務所）・382

〔大　阪〕

色川法律事務所…………………………………………………………………336
弁護士法人　梅ヶ枝中央法律事務所…………………………………………338
梅田総合法律事務所……………………………………………………………340
弁護士法人　栄光・栄光綜合法律事務所……………………………………342
弁護士法人　英知法律事務所…………………………………………………344
弁護士法人　大江橋法律事務所………………………………………………346
大阪西総合法律事務所…………………………………………………………350
大阪本町法律事務所……………………………………………………………352
岡田春夫綜合法律事務所………………………………………………………354
片山・平泉法律事務所…………………………………………………………356
弁護士法人　関西法律特許事務所……………………………………………358
北浜法律事務所…………………………………………………………………360
きっかわ法律事務所……………………………………………………………362
共栄法律事務所…………………………………………………………………364
協和綜合法律事務所……………………………………………………………366
久保井総合法律事務所…………………………………………………………368
弁護士法人　興和法律事務所…………………………………………………370
小松法律特許事務所……………………………………………………………372
清和法律事務所…………………………………………………………………374
弁護士法人　第一法律事務所…………………………………………………376
竹林・畑・中川・福島法律事務所……………………………………………378
辰野・尾崎・藤井法律事務所…………………………………………………380
弁護士法人　中央総合法律事務所……………………………………………382
堂島法律事務所　弁護士法人　堂島法律事務所東京事務所………………384
堂島総合法律事務所……………………………………………………………386

中之島シティ法律事務所……………………………………………388
中之島中央法律事務所………………………………………………390
中本総合法律事務所…………………………………………………392
弁護士法人 なにわ共同法律事務所………………………………394
はばたき綜合法律事務所……………………………………………396
弁護士法人 御堂筋法律事務所……………………………………398
弁護士法人 三宅法律事務所………………………………………400
弁護士法人 宮﨑綜合法律事務所…………………………………402
弁護士法人 淀屋橋・山上合同……………………………………404
　　　（弁護士法人　キャスト）・90
　　　（匠総合法律事務所）・158
　　　（虎門中央法律事務所・虎門中央法律事務所　世澤外国法事務弁護士事務所
　　　　（外国法共同））・186
　　　（西村あさひ法律事務所）・206
　　　（森・濱田松本法律事務所）・274

〔兵　　庫〕

神戸海都法律事務所…………………………………………………406
弁護士法人 神戸シティ法律事務所………………………………408
神戸中央法律事務所…………………………………………………410
神戸ブルースカイ法律事務所………………………………………412
春名・田中法律事務所………………………………………………414
弁護士法人 東町法律事務所………………………………………416
　　　（TMI総合法律事務所）・162

〔岡　　山〕

太陽綜合法律事務所…………………………………………………418

〔広　　島〕

弁護士法人 広島総合法律会計事務所……………………………420
山下江法律事務所……………………………………………………422
鯉城総合法律事務所…………………………………………………424

〔愛　　媛〕

弁護士法人 たいよう………………………………………………426
　　　（弁護士法人　エル・アンド・ジェイ法律事務所）・52
　　　（弁護士法人　東町法律事務所）・416

〔福　　岡〕

弁護士法人 大手町法律事務所……………………………………428
弁護士法人 かばしま法律事務所…………………………………430
德永・松﨑・斉藤法律事務所………………………………………432

不二法律事務所 …………………………………………………………… 434
　　萬年総合法律事務所 ……………………………………………………… 436
　　明倫国際法律事務所 ……………………………………………………… 438
　　　　（匠総合法律事務所）・158
　　　　（西村あさひ法律事務所）・206
　　　　（森・濱田松本法律事務所）・274
　　　　（北浜法律事務所）・360
　　　　（照国総合法律事務所）・446

〔熊　　本〕

　　桜樹法律事務所 …………………………………………………………… 440

〔大　　分〕

　　弁護士法人　アゴラ ……………………………………………………… 442

〔宮　　崎〕

　　弁護士法人　みやざき …………………………………………………… 444

〔鹿 児 島〕

　　照国総合法律事務所 ……………………………………………………… 446
　　弁護士法人　和田久法律事務所 ………………………………………… 448

〔沖　　縄〕

　　弁護士法人　ひかり法律事務所 ………………………………………… 450

〔　付　〕

　　金杜外国法事務弁護士事務所 …………………………………………… 452

資　料

　　日弁連旧報酬規程の概要 ………………………………………………… 456

INDEX

　　掲載弁護士等50音順索引・469
　　法曹期・登録年別索引・519
　　証券コード別社外役員索引・543

事務所紹介

弁護士法人 小寺・松田法律事務所
Kodera Matsuda Law Office

〒060-0042　札幌市中央区大通西10丁目　南大通ビル6階
TEL　011-281-5011　FAX　011-281-5060
URL：http://www.kmlaw.jp　office@kmlaw.jp

札幌を代表する企業法務専門事務所。道央に4拠点（札幌・岩見沢・瀧川・苫小牧）をおき、北海道全体をカバーする。中国（上海）の法律事務所と提携し、中国関係法務にも対応する。

■理念・特色

私たちは「頼ってきてくださった方々に、誠心誠意、全力で向き合う」ことをモットーに、少しでも前向きな活路を見出すことに力を注ぎます。冷静沈着な中にも、決してあきらめない精神がお客様の支えとなり、次への一歩を踏み出す大きな推進力になると信じています。

満足度向上　複雑、高度化する法律問題に対応するためには、所属弁護士それぞれが得意分野を活かし、チーム力で解決する戦略が必要です。そのための体制を整え、的確迅速に応えます。

適正価格　問題点に対し、いかなる法的解決が可能なのか。そのメリットやデメリットおよびそれに要する時間と費用などを事前に説明し、適正価格で承ります。

地域貢献　北海道というフィールドで、地域のためにできることを日々模索。優れた技術や産品などを武器に道外や海外との競争・交渉で力負けしないための知恵をフルに活用します。地元を支える法律事務所として法のメリットを津々浦々にまで行き渡らせるのも私たちの大きな役割です。

力を入れている分野は、次のとおりです。

企業法務　企業活動に伴い日々発生する紛争の解決・予防、コンプライアンス・内部統制の徹底など、前向きな解決力を発揮します。

知的財産　北海道内の第一次産業向け機械や出版、IT産業等の知的財産を守り、育てていくことに積極的に取り組んでいます。

中国法務　上海の法律事務所と業務提携。中国企業との合弁や技術提携などに意欲的に取り組む地元企業をサポートします。

税務訴訟　税務訴訟・税務関連業務を取り扱う道内有数の法律事務所として活動しています。

遺言・相続・事業承継　高齢化社会を迎え、高齢者を支えるための顧問契約（ホームロイヤー）。財産や事業の将来をどのようにしていくかという遺言問題、事業承継の問題などにも積極的に取り組んでいます。

■設立・沿革

1983年「小寺正史法律事務所」を開設し、2002年「弁護士法人小寺・松田法律事務所」に改組。2003年に岩見沢市、2004年に滝川市、2007年に苫小牧市に支所を開設しました。

代表者　小寺正史（札幌弁護士会）	業、小売業、卸売業、食品販売、IT産業、出版社、観光業、製造業、運輸業等
支店　2003年岩見沢事務所、2004年滝川事務所、2007年苫小牧事務所開設	報酬体系　事務所報酬規程（日弁連旧報酬規程に当事務所の変更を加えたもの）による（詳細は当事務所HP参照）。法人顧問料標準（月額）50,000円。企業の規模により増減あり。
取扱言語　英語、中国語	
主な顧問先　銀行、信用金庫、損害保険、国立大学法人、独立行政法人、医療法人、社会福祉法人、宗教法人、公益法人、建設業、不動産	

弁護士法人 小寺・松田法律事務所

北海道

取扱業務 **企業法務** 契約、債権回収などの商取引、商行為、株主総会・取締役会など会社の経営方針の決定・執行の助言、株式・親子会社など会社の資本政策の組立て、新株発行・社債などの資金調達のアドバイス、コンプライアンス／**労働法務** 労働委員会、労働審判、労働訴訟／**倒産法務** 私的整理、民事再生、会社更生などの企業再建、破産・特別清算などの企業清算／**企業結合** 営業譲渡、企業合併、会社分割、株式移転、株式交換、買収、MBO／**事業承継**／**金融法、保険法、信託法** 金融商品取引法、生命保険・損害保険などの各種保険、信託契約・遺言信託・知的財産信託などの各種信託／**知的財産法務** 特許・実用新案・意匠・著作権・商標・不正競争防止法（営業表示、営業秘密など）／**経済法関係** 独占禁止法（私的独占、不当な取引制限、不公正な取引方法、企業結合審査）、景品表示法（景品規制、不当表示）、下請法／**税務訴訟** 課税処分取消訴訟、不服申立手続（課税庁に対する異議申立、国税不服審判所に対する審査請求）、税務の専門家責任に関する訴訟など／**中国法務** 日中間の貿易・合併事業・技術提携等に関し、上海の法律事務所と提携してバックアップ／**不動産関係** 不動産取引・借地借家・土地建物明渡請求・境界紛争・建築紛争・欠陥住宅などのトラブル／**債務整理・金銭トラブル**／**遺言・相続・財産管理・成年後見・ホームロイヤー**／**交通事故**

P 小寺正史 1975北大法、1997北大院（中国法専攻、修士）、32期、1985弁理士、2012税理士業務開始通知済（税理士法51条）、札幌弁護士会会長（2005～06）、道弁連理事長（2006～07）、日弁連副会長（2008～09）、北大LS講師（担当企業法務、2004～10）、小樽商科大ビジネス創造センター学外協力スタッフ（2001～）／**松田竜** 1996一橋大法、2004北大院修士（知的財産法専攻）、51期、北星学園大非常勤講師（知的所有権法）（2005～08）、北大院法学研究科附属高等法政教育研究センター客員研究員（2004～）、弁護士知財ネット理事、㈱中小企業基盤整備機構北海道支部アドバイザー、（公財）北海道科学技術総合振興センターアドバイザー／**小野田充宏** 1994早大法、51期、1999検事任官、2007登録、北海道教育大岩見沢校非常勤講師（2010～）、日大法学部非常勤講師（1996～97）／**村田雅彦** 1999中大法、55期、北大LS非常勤講師（刑事法）（2005～08）／**中野正敬** 1998早大法、2002早大院（公法学専攻）（修士）、57期／**A 佐々木麻希子** 1997京大法、51期、北大LS非常勤講師（民事法）（2005～07）、北海学園大法学部非常勤講師（法律学演習）（2005～07）／**細谷祐輔** 2001北大法、60期、北海道教育大岩見沢校非常勤講師（憲法）（2010～12）、石狩湾新港管理組合情報公開・個人情報保護審査会委員（2009～）／**熊谷建吾** 2003北大農、2007北大LS、61期、2012税理士業務開始通知済（税理士法51条）／**堀岡和正** 2000一橋大法、2008北大LS、62期／**橋田幸典** 2001東大法、2010北大LS、64期、北海道教育大岩見沢校非常勤講師（2012～）／**塚本晴久** 2006東工大理、2010千葉大LS、64期、2012裁判官任官、2015登録（弁護士職務経験により）／**日和優人** 2009北大法、2011北大LS、65期、北大非常勤講師（2013～）／**角大祐** 2008北大法、2012北大LS、66期／**堀内智幸** 2007北大法、2012静岡大LS、66期 以上すべて札幌弁護士会。

著作 小寺正史他『ホームページにおける著作権問題』（共著、毎日コミュニケーションズ）／小寺正史他『問答式 現代契約実務全書』（共著、新日本法規出版）／小寺正史他『破産法実務Q＆A150問』（共著、金融財政事情研究会）／小寺正史他『破産実務Q＆A200問』（共著、金融財政事情研究会）／松田竜「冒認出願と真の権利者保護」知的財産法政策学研究 3 号195頁／弁護士知財ネット編、松田竜執筆『実践 知財ビジネス法務』（民事法研究会）

弁護士法人 佐々木総合法律事務所
S&P Sasaki&Partners Law office

〒060-0042　札幌市中央区大通西11丁目　大通藤井ビル6階
TEL 011-261-8455　FAX 011-261-9188
URL：http://www.sasaki-law.com　s-p@sasaki-law.jp

8 (+1)				
P 1	A 5	顧 0		
男 6	女 2			
外弁 0	外資 0			
他士 0	事務 7			

企業法務全般のほか、医療事件・行政事件に強く、顧問先も医療機関や行政機関が多い。一般訴訟事件以外に労使関係紛争も多く取扱う。さらに札幌地裁から破産管財人の選任を受けるなど数多くの倒産・再生事件も手がける。

C	会社
	医事　労働

■理念・特色

佐々木総合法律事務所の理念は、ご依頼をいただく企業や個人の皆様の心情を十分に配慮して、依頼者にとって真の意味での利益をもたらす事件処理を行うことです。この理念を実現するために、第1に、まず即時に対応できる弁護士を担当者として依頼者からの相談をお聞きしたうえで、事件の内容によっては担当弁護士を2名あるいは3名とし、事務所全体で組織的に動くこと、第2に、事務所内で情報を共有して事件の処理方針を議論し、これまでに当事務所で処理してきた多数の事件を教訓として、複数の弁護士で知恵を出し合いながら事件を処理していくこととしております。上記方針は事件処理に限られず、企業からのリーガルチェックの依頼についても同様であり、常に事務所全体で対応し、企業に対してできる限り正確な情報提供を行い、企業が的確な経営判断が可能となるように努めております。

力を入れている業務分野は、行政事件・医療事件のほか、法律顧問法務・企業法務です。コンプライアンス（法令遵守）が要求されるわが国において、法律の不知は弁解理由にはなりえません。また、弁護士の仕事は、単に発生した紛争を解決するだけではなく、紛争発生をできる限り予防するために、日ごろから法的なアドバイスをさせていただくことです。当事務所には後掲のとおり自治体、医療機関、公的機関のほか多数の法律顧問先があり、継続的な信頼関係に基づいて、顧問先に対し正確なアドバイスをさせていただき、高い評価をいただいております。法的アドバイスのレベルアップを図り法務サービスを充実させるため、渉外業務経験者、知的財産分野に精通した弁護士を採用して事務所全体の事件処理能力を高めることにも努力しております。

当事務所は、一般の訴訟事件以外に、労使関係を巡る多くの紛争を扱っており、さらに、平成25（2013）年4月26日付で経済産業省北海道経済産業局および財務省北海道財務局から、経営革新等支援機関に認定されており、民事再生・中小企業再生支援協議会案件などの多くの企業の再生処理案件を扱っています。当事務所の弁護士は、破産・民事再生等の企業倒産案件の申立代理人となり、札幌地方裁判所から破産管財人の選任を受けるなどして、数多くの企業倒産案件を手がけています。

■設立・沿革

1994年　「佐々木泉顕法律事務所」を開設
2005年　弁護士法人に改組

代表者　佐々木泉顕（札幌弁護士会）	宅配便業、倉庫業、ホテル・ゴルフ場経営、情報処理の各会社。札幌市医師会、医療法人、北海道町村会、北海道市町村共済組合、自治体
取扱言語　英語	
主な顧問先　不動産仲介・賃貸・売買、ビルメンテナンス、広告代理店、調剤薬局、経営コンサルティング、水産物加工・販売、建築工事、	報酬体系　廃止前の札幌弁護士会報酬規程による。

取扱業務 一般企業法務として、日常の法律・経営相談、契約書（英文契約書も含む）の作成・審査、契約・紛争案件の交渉、事業再編（M&A、事業譲渡）、事業承継、コンプライアンス、コーポレート・ガバナンス、内部統制、内部調査、株主総会のサポート、役員の責任追及、株主代表訴訟、企業の不祥事対応、従業員の不祥事対応

不動産法務として、不動産売買、不動産賃貸、不動産の仲介、建築工事請負、境界紛争

企業倒産法務として、再生手続、破産手続、特別清算、私的整理

労働法務として、労働契約上の諸問題に関する助言・相談（例として、就業規則の作成・変更・労働時間管理等の労務管理、配転・出向等の人事権行使、懲戒処分、解雇・雇止め・退職勧奨等の労働契約の終了の各局面における助言・相談）、セクハラ・パワハラ問題、企業のメンタルヘルス対策、労働組合との団体交渉、不当労働行為等労働委員会各審理案件、時間外手当等の未払賃金請求その他の各種労働紛争に関する裁判対応（訴訟、労働審判等）

個人法務として、遺産分割請求事件、遺留分減殺請求事件、遺言無効事件

個人倒産法務として、破産手続・個人再生手続の各申立て、私的債務整理

個人裁判法務として、交通事故、賃貸借紛争、境界確定紛争

その他 自治体・医療法人の相談業務および裁判業務、医療法人の事業再編（M&A、事業譲渡）

P 佐々木泉顕 1981中大法、41期、北海道ビルメンテナンス協会監事、北海道建築物衛生管理研修センター監事、北海道骨髄バンク推進協会監事、他に北海道本人確認情報保護審議会委員（2002～10、2006会長）、北海道労働局個別労働紛争相談員（2000～02）札幌市入札等監理委員会委員長（2005）／山田敬之 2001早大法、59期／下矢洋貴 2006北大院、60期、北海学園大非常勤講師（現代財産法特論）／福田友洋 2001横浜市大医、2007北大LS、62期／土門敬幸 東大法中退、65期／川村明日香 2003北大法、2011北大LS、65期　以上すべて札幌弁護士会。

著作 佐々木泉顕『Q&A病院・医院・歯科医院の法律実務』（共著、新日本法規出版）／『医療訴訟判例データファイル』（共著、新日本法規出版）／「事例研究 悪質クレーマー対策」プラクティス13号／「事例研究 企業倒産の基礎知識」同10号／山田敬之『合併・買収の統合実務ハンドブック』（共著、中央経済社）／『Q&A取引先の倒産対応マニュアル』（共著、日本経済新聞出版社）／川村明日香「人材派遣業において不正競争防止法2条1項1号の周知性が否定された事例―東京地判平成17年6月15日 プロフェッショナルバンク事件」知的財産法政策学研究（北海道大学法学研究科）11号

事件 民事再生事件申立代理人／破産事件（申立代理人および管財人）／特別清算申立事件／中小企業再生支援協議会案件／ワインの毀損に関する倉庫業者の責任を否定した事件（札幌地判平成24.6.7判タ1382.200）、メディカルビルの入居勧誘時の情報提供について不動産業者に不法行為責任を認めた事件（札幌地判平成17.8.12判タ1213.205）／ゴルフ会員権購入に関する代表取締役の責任を否定した事件（最判平成8.9.26資料版商事法務151.135）

米屋・林法律事務所
Yoneya & Hayashi

〒060-0061　札幌市中央区南1条西10丁目　南一条道銀ビル4階
TEL　011-281-2201　FAX　011-281-2232
URL：http://www.yoneyalaw.com　yoneya@yoneyalaw.com

| 6 (±0) |
| P 3 A 2 顧 1 |
| 男 6 女 0 |
| 外弁 0 外資 0 |
| 他士 0 事務 6 |

| B | 会社 |
| MA | 再生 |

事業再生・倒産事件をはじめ、株式買収、事業譲渡等のM&Aを多く手がけている。近年では、道内の活性化の一環として、特にIPO支援等に力を入れるほか、プロボノ・ワークにも積極的に取り組んでいる。

■理念・特色

　当事務所は、代表者が開設した個人事務所を母体とする法律事務所です。当初は、地元中小企業や個人を顧客として執務していましたが、ほどなく企業法務を中心として徐々に業容を広げて参りました。

　小人数の事務所ですが、札幌市や北海道に拠点をもつ企業・団体を主な顧客とし、丁寧かつ迅速なサービスの提供を心がけています。同時に、単なるコンサルティングにとどまることなく、クライアントの課題に対し、旺盛な知的闘争心と冷静な職業的倫理感を背骨として、機動的な解決策を提案することをモットーの１つとしています。そのため、当事務所には、司法書士、公認会計士の有資格者も在籍し、業務の質量を拡充しており、必要に応じて外部の専門職と提携し、シームレスな対応も可能な体制をとっています。

　他方、当事務所は、弁護士法に規定された弁護士の職責を自覚し、弁護士会の各種委員会活動、大学・大学院における教育・研究支援活動、地方公共団体における委員活動その他のプロボノ・ワークに積極的に取り組み、公益的・公共的ミッションを果たすことも理念としております。

　十数年前から道内企業のIPO支援を開始し、複数の新規上場に関わりました。リーマン危機により相当数の関与先がIPOを断念しましたが、新興市場から本則市場へ変更する活力ある企業の裏方も複数担当しました。今後は改めて、元気な地元企業の上場のお手伝いができればと思い、研鑽を深めています。また、ディールサイズこそ中小規模に限られますが、株式買収、事業譲渡、共同持株会社化等のM&Aに数多く携わってきました。引き続きノウハウと知見の蓄積に努め、ニーズに応えたいと思います。

　他方、当地北海道はなお景気回復の途上にあります。当事務所は、従前より破産管財人、監督委員等の機関を数多く拝命して参りましたが、これらの経験を活かし、事業再生事案や事業清算事案への取組みにも一層注力したいと思います。

■設立・沿革

　1991年代表弁護士米屋佳史が「米屋佳史法律事務所」を開設し、その後、2007年林賢一弁護士がパートナーとして参加し、現名称に変更しました。また、2013年には岡田裕介弁護士がパートナーとして参加しています。

代表者　米屋佳史（札幌弁護士会）	
主な顧問先　金融機関、損保、リース、医療機関、調剤薬局・ドラッグストア、医療関連IT、不動産販売、ゴルフ場経営、デザイン、教育産業、保育、社会福祉法人等	**報酬体系**　事務所報酬規程（日弁連旧報酬規程に当事務所の変更を加えたもの）による。

取扱業務 **企業法務一般** 会社設立、株主総会・取締役会の招集手続・議案内容・議事運営に関する指導・助言、コーポレート・ガバナンス強化・内部統制システムの構築に関する指導・助言、社外監査役の受任、コンプライアンス・リスク管理に関する指導・助言、公益通報（コンプライアンス）窓口受任、会社不祥事・経済犯罪事案対応／**IPO支援** 社内整備を含むIPO準備の支援・助言、上場審査等における顕出事項についての検討・助言・意見書の作成業務、新興市場からの本則市場変更に関する指導・助言／**各種商取引・業法** 売買、賃貸借、媒介、金融、リース、担保、開発委託等の各種契約の指導・助言、独禁法・景品表示法等の各種経済法等の助言・意見書作成、宅建業法、土地区画整理法、都市再開発法、土地収用法等の再開発・収用に関する指導・助言／**金融関連** 銀行、地域金融機関、リース会社、損害保険会社の通常業務に対する指導・助言・代理／**事業会社M&A** 企業再編・M&Aの諸スキームに対する助言・交渉・ドキュメンテーション、DD、中小企業における事業承継に関する指導・助言・代理／**医療機関M&A・事業承継その他医療機関・福祉施設向けサービス** 法人化に向けた助言・支援、医療機関の買収または売却に関する助言・支援、医療機関の経営・取引に関する法的助言、保険調剤薬局の開設・経営上の問題に関する指導・助言／**事業再生・倒産処理** 経営改善計画についての作成・助言、任意整理・民事再生に関する指導・助言または代理、債権者に対する指導・助言または債務者企業との交渉、清算に向けた手続に関する指導・助言または代理、事業承継スポンサーに対する助言・代理、DD／**各種の取引紛争・組織紛争対応** 会社訴訟事件・商事非訟事件・商事保全事件、不動産関連訴訟事件、損害賠償請求事件等の訴訟代理／**労働法務** 労務問題に対する示談交渉、あっせん手続、労働審判・労働仮処分対応、訴訟代理／**個人向けサービス** 後見・遺言・離婚等

P 米屋佳史 1985東大法、39期、札幌弁護士会副会長（2001～02）、北海学園大法非常勤講師（民事実務）（2007～11）、北大LS教授（民法）（2011～13）、北海道精神医療審査会委員（2008～14）、北海道収用委員会委員（2008～）（現・会長代理）、メディカルシステムネットワーク社外監査役（2000～）／**林賢一** 1995早大法、1994司法書士、56期、経営革新等支援機関、北大LS非常勤講師（ローヤリング・クリニック）（2008～12）／**岡田裕介** 1999早大法、61期、北大LS非常勤講師（民事）（2011～）

顧 畠山興一 1993北大法、1994公認会計士試験旧第二次試験合格、2009公認会計士、61期、経営革新等支援機関

A 太田貴久 1999上智大法、2009北大LS、64期／**大野昇平** 2007早大法、2012北大LS、67期 以上すべて札幌弁護士会。

事件 訴訟事件を含め、特に公表していないが、倒産事案については、破産管財人、監督委員を常時拝命し、申立代理も相当件数にのぼる。

弁護士法人 植松法律事務所
Uematsu Law Office

〒980-0812　仙台市青葉区片平1-2-24　第1SACビル5階
TEL　022-223-3722　FAX　022-346-8648
URL：http://www.s-lawyers.jp　info@s-lawyers.jp

近年開設された若手を中心とする新しい事務所。代表が商工会議所等の役員を務めるなど地元経済団体とも密接な関係を有し、各種団体からの案件の紹介も多い。

■理念・特色

当法律事務所には、6名の弁護士が所属し、それぞれの弁護士が重点取扱分野を持ち、事務所内にて案件を回付し、当該案件に最も適した弁護士が担当しています。また、大規模な案件や迅速な対応が要求される案件については複数の弁護士によってチームを結成し、対応にあたっています。

当法律事務所の所属弁護士は多くが外部の経済団体、公益団体等に所属しており、地域に根差した地域貢献活動、公益活動を行っています。代表の植松弁護士は仙台商工会議所1号議員、仙台中法人会監事、仙台青年会議所歴代理事長等を務めております。そのため、各種団体からの講演依頼等も多く、地元経済界における認知度は高いと自負しています。また、当法律事務所は、隣接異業種と密な連携を取っており、公認会計士、税理士、弁理士、不動産鑑定士、司法書士、土地家屋調査士等とは必要に応じてタッグを組んで案件の対応にあたっています。

地方都市の総合法律事務所として、大企業から個人まで幅広くご相談を承っております。その中でも顧問先企業からの日々のご相談、企業間のトラブル、企業内の内紛、倒産事件（破産、民事再生等）、事業再生、交通事故、医療事故、労働事件、建築紛争、産業廃棄物関連法務などに力を入れています。

個人の離婚関係、相続、借金問題などにもしっかりと取り組んでいます。

■設立・沿革

2004年　髙橋實弁護士と共同経営者として、「五橋協同法律事務所」を開設
2008年1月　「植松法律事務所」を開設
2010年1月　弁護士法人化し、「弁護士法人植松法律事務所」に改称

代表者　植松悟（仙台弁護士会）
主な顧問先　不動産仲介業、賃貸業、不動産開発業、建設業、ハウスメーカー、内装業、建材業、解体業、産業廃棄物処理業、産業廃棄物コンサルタント業、自動車正規ディーラー、輸入車正規ディーラー、自動車部品協同組合、ビルメンテナンス業、太陽光発電事業、学習塾、家庭教師業、理美容業、運送業、印刷業、警備業、古物商、小売業、ダーツ機器レンタル業、ホテル業、モデルプロダクション、飲食業（レストラン、ファストフード、居酒屋、ラーメン店、パブ等）、公認会計士事務所、一級建築士事務所、社会保険労務士事務所、医療法人（総合病院）、社会福祉法人、学校法人等

報酬体系　事務所報酬規程による。当法律事務所の報酬規程は日弁連旧報酬規程に依拠しつつ、業務の実情に合うように変更を加えたもの。詳細はHPに掲載。顧問料は原則（月額）50,000円以上。

取扱業務

一般民事事件 債権回収、保全事件、会社関係訴訟等
企業法務 各種契約書作成・チェック、株主総会・取締役会指導、独占禁止法関係、事業譲渡、契約締結交渉、許認可事業における行政との折衝等
倒産処理・民事再生 自己破産申立て、債権者破産申立て、民事再生申立て、破産管財人、再生監督委員等
事業再生 経営革新等支援機関としての任意整理、特定調停、M&A等
不動産関係 売買トラブル、賃料増減額請求、明渡請求、未払賃料回収、境界紛争等
医療事件 調査、証拠保全、示談交渉、ADR、訴訟等
交通事故 損害賠償請求、過失相殺、後遺症等
産業廃棄物関連法務 許認可関係、行政処分等
知的財産 特許、実用新案権訴訟、著作権訴訟、商標権訴訟、不正競争防止法関係等
労働問題 残業代請求、解雇関係、就業規則等、セクハラ、パワハラ、メンタルヘルス等
離婚問題 親権、財産分与、慰謝料、DV等
相続関係 遺言、遺産分割、遺留分、相続放棄、相続に関する網羅的サポート等
多重債務問題 債務整理、自己破産申立て、個人再生申立等
原発賠償請求 直接損害、間接損害、風評被害、積極損害、原発ADR、訴訟等

P 植松悟 1998千葉大法経、50期、公益社団法人の監事、民間企業の監査役
A 亀山愛子 2003京大法、58期／高橋博明 2004北大法、2007北大LS、61期／酒巻智洋 2006中大法、2008東北大LS、62期／佐瀬充洋 2005東大法、2009東北大LS、63期／酒井未帆 2007早大法、2010早大LS、67期 以上すべて仙台弁護士会。

なお、**中村紘章** 2005東大法、2009東大LS、63期は、（公財）みやぎ産業振興機構宮城県中小企業再生支援協議会に移籍出向しており、遅くとも2018年までには、同協議会での経験を積んで当法律事務所に復帰予定。2015年から弁護士業務を一部再開（仙台弁護士会）。

著作

仙台弁護士会編『Q&A 賃貸住宅紛争の上手な対処法（第5版）』（共著、民事法研究会、2012）／仙台弁護士会紛争解決支援センター編『3.11と弁護士：震災ADRの900日』（共著、金融財政事情研究会、2013）

事件

原発賠償請求 事業者の営業損害について事態収束まで継続して損害賠償金を受け取れる旨の裁判上の和解が国内で初めて成立（2011年中）／数千万円から数十億円の損害賠償請求事件多数（原発ADR、訴訟）
全壊したマンションの管理組合法人の清算業務（ジュリスト1434号）
破産管財人 200件以上

エール法律事務所
YELL LAW OFFICE

〒980-0811　仙台市青葉区一番町2-10-26　旭開発ビル205号
TEL　022-227-6167　FAX　022-213-5956
URL：http://www.yell-law.com/　info@yell-law.com

7 (＋1)	
P2	A4	顧1
男5	女2	
外弁0	外資0	
他士0	事務4	

B		再生
	会社	保険

豊富な解決実績と経験を活かして、多種多様なニーズを有するクライアントに対して、女性弁護士2名を含む合計7名の弁護士によるリーガルサービスを提供。事務所代表の岩渕健彦弁護士は、現仙台弁護士会会長。

■理念・特色
　弁護士に対する社会的ニーズが高度化・多様化する中で、ご依頼内容に応じてより迅速かつ的確なリーガルサービスを提供することを目標としています。
１．多角的検討に基づく高度なリーガルサービスの提供　当事務所は、上記理念達成のため、個々の弁護士の個性、能力、経験と日々の研鑽による最新の専門的知識を結集させ、複雑化した各種案件に対し、組織力・機動力を活かしたリーガルサービスを提供しています。
２．隣接専門職との提携による総合的なリーガルサービスの提供　当事務所は、公認会計士、税理士、司法書士、社労士、不動産鑑定士等の隣接専門職と提携し、これらエキスパートとともに多角的な視点、知識、ノウハウを活かした総合的・全体的な紛争解決ができるシステムを構築し、質の高いリーガルサービスを提供しています。
３．多様な専門分野に対応しうる総合事務所　当事務所は、一般民事・刑事事件に加えて、東北地方を中心にさまざまな業種の顧客企業に対する企業法務を行っています。特に企業再生、倒産、M＆A、金融、保険、労働、知的財産などの分野においては、豊富な実績と経験、高度な専門性を有しています。
４．行政機関に関するリーガルサービスの提供　急激な社会変化の中で国民や市民から求められる行政サービスはより高度化・複雑化しています。当事務所は、国や自治体が直面する法律問題に対しても、リーガルサービスを提供しています。
５．社会貢献のための積極的な取組み　弁護士は、「基本的人権を擁護し、社会正義を実現することを使命」としています。当事務所は、顧問である佐藤裕弁護士、所長である岩渕健彦弁護士を仙台弁護士会会長、東北弁護士会連合会副会長として輩出したほか、所属弁護士の全員が仙台弁護士会の各種専門委員会に所属して活動をするなど、社会正義実現のための社会的活動にも積極的に取り組んでいます。
　また、学術論文の発表や海外留学など、所属弁護士、事務職員の全員が最大限に能力を発揮し、QOLを高められる職場環境を整備しています。

■設立・沿革
　1991年4月に「岩渕健彦法律事務所」として設立し、1998年4月に「岩渕・玉山法律事務所」に名称変更し、2010年3月に「エール法律事務所」に名称変更をし、現在に至る。

代表者　岩渕健彦（仙台弁護士会）
主な顧問先　損保会社、生保会社、信販会社、不動産業、建設業、設計業、製造業、運送業、産業廃棄物処理業、医院、調剤薬局、医療器具販売、小売業、飲食店、IT関連業、サービス業（学習塾、スポーツ施設、クリーニング、美容・エステ、冠婚葬祭、遊技場等）、出版業、印刷業、水産業、地方自治体、第三セクター、学校法人
報酬体系　事務所報酬規程による（日弁連旧報酬規程に準じる）。顧問料については（月額）50,000万円を目安とする。タイムチャージは弁護士の経験年数に応じて20,000万円～50,000万円。

エール法律事務所

宮城

取扱業務 **企業法務** 契約書作成、商取引、株主総会・取締役会運営指導、コンプライアンス、リスク管理、労務管理、債権回収（保全・訴訟・執行）、株主代表訴訟／**M＆A・事業承継** 事業譲渡、会社分割、合併、株式譲渡／**企業再建** 私的整理、特定調停、民事再生／**倒産処理** 破産申立て、破産管財／**保険** 損害保険会社・生命保険会社の意見書作成、保険金請求訴訟（保険会社側）／**行政事件** 地方自治体への助言、相談、行政訴訟（行政側）／**独占禁止法**／**知的財産権** 不正競争防止法、商標権、著作権／**損害賠償請求** 交通事故、セクハラ、パワハラ、介護事故、学校事故、道路事故、震災関連、原発賠償／**一般民事**／**家事事件**／**刑事事件**

P 岩渕健彦 1989早大、43期、仙台弁護士会会長（2015～16）、東北弁護士会連合会副会長、全国倒産処理弁護士ネットワーク常務理事（2016～）、仙台簡易裁判所調停委員（2002～06）、金融行政アドバイザリー（2015～）、経営革新等支援機関（2014～）、経営支援アドバイザー（2014～）、経営者保証ガイドラインアドバイザー（2014～）／玉山直美 1990一橋大、45期、仙台弁護士会副会長（2010～11）、仙台簡易裁判所調停委員（2006～）、宮城県個人情報保護審査会会長（2009～11）、川崎町情報公開審査会・個人情報保護審査会会長（2012～13）、宮城県公共工事等入札契約適正化委員（2015～）、宮城学院女子大非常勤講師（2006～）／**A** 舘脇幸子 2002東北大、59期、宮城県男女共同参画室相談員（2009～14）／木下清午 2005東北大、2007東北大LS、61期／深澤俊博 2007同大、2010関大LS、65期／後藤泰已 2011東北大、2013東北大LS、67期／**顧** 佐藤裕 中大、15期、仙台弁護士会会長（1982～83）、日弁連副会長（1983～84）、東北弁護士会連合会会長（1993～94）

著作 岩渕健彦「個人版私的整理ガイドラインおよび再生支援機構法等による事業再生」銀行法務21・739号（2012）／同「同時廃止と自由財産拡張制度」、「自由財産拡張後の破産者死亡の際の拡張済財産」『倒産法改正150の検討課題』（共著、金融財政事情研究会、2014）／同「中小企業の再生と弁護士の役割（パネリスト）」事業再生と債権管理147号（2015）／玉山直美「過失相殺における『被害者側』の範囲」『交通事故損害賠償の新潮流』（共著、ぎょうせい、2004）／同「地震保険金の取扱い」『破産実務Q＆A200問』（共著、金融財政事情研究会、2012）／同「破産手続における家財地震保険の取扱い」銀行法務21・738号（2011）／舘脇幸子「災害弔慰金・生活再建支援金・義援金等の取扱い」『破産実務Q＆A200問』（共著、金融財政事情研究会、2012）／同「差押禁止立法による実務的影響」銀行法務21・736号（2011）／木下清午「破産手続における建物地震保険金の取扱い」銀行法務21・740号（2012）

事件 全国に支店を有する中堅ゼネコンの民事再生申立代理人、県内に10店舗以上を有するスーパーマーケットの民事再生申立代理人、東北有数の印刷会社の和議申立代理人、県内有数の温泉地の老舗旅館の民事再生監督委員／東北6件に支店を有する電気工事会社の破産管財人、仙台市中心部の大型ホテルの破産管財人、宮城・岩手を中心とする太陽光発電設備販売業者の破産管財人、その他破産管財人としての業務は多数／司法試験受験予備校の競業避止義務違反に対する仮処分事件／上場会社のM＆Aに関連する損害賠償請求事件／地震保険に関する津波免責条項の適用の有無が問題となった事案（保険会社側代理人）（仙台地気仙沼支判平成26.10.14自保ジャーナル1942.137）／震災後の津波により死亡した保育園児の遺族から損害賠償請求事件（遺族側代理人）（仙台地判平成26.3.24判時2223.60）

官澤綜合法律事務所
Kanzawa Law Office

〒980-0802　仙台市青葉区二日町1-23　アーバンネット勾当台ビル10階
TEL　022-214-2424　FAX　022-214-2425
URL：http://www.kanzawa-lo.com　info@kanzawa-lo.jp

10	(±0)		
P 9	A 1	顧	0
男 8	女 2		
外弁 0	外資 0		
他士 1	事務 14		

			訴訟
	D	民家	土地

仙台における最大規模の企業法務取扱事務所で、顧問先サービスが充実しているため顧問先も多い。個人の依頼者も多く、迅速で丁寧な対応が好評で、リピーターや口コミにより取扱事件数は安定している。

■理念・特色

　当事務所は、悩みを解決して喜んでもらうのが弁護士の仕事と考え、創立以来「ここに相談にきて良かったと思ってもらえる事務所」・「ここで働いて良かったと思ってもらえる事務所」をモットーに事務所の拡大に努めてきています。一般的な民事事件を幅広く取り扱ってきていますが、所属弁護士が増えるとともに知的財産権をめぐる事件や株主総会対策等の企業法務の取扱いも増えてきています。すでに発生したトラブルの解決だけでなく、トラブルを予防するためのセミナー、講義・講演や事前の相談・アドバイスにも力を入れており、事務所内のセミナー室で毎月セミナーを開催しています。お客様のプライバシー保護・秘密漏洩防止のため、4～40名対応の12室の相談室を全室防音とするとともに、事務所の入口と出口を別にしてお客様同士が顔を合わせることがないよう配慮しています。お客様への迅速な対応のために毎日新しい相談の担当弁護士を決めて、顧問先には当日中、他の方々にも翌日までにはアドバイスできるような体制としています。顧問先の方々については、当事務所HPの顧問先専用ページからメールをいただくことにより、365日いつでも弁護士電話相談が受けられる体制としています。

　地方都市の綜合法律事務所として、各種契約書作成・チェック、債権回収、不動産売買、不動産賃貸借、労務問題、知的財産、交通事故、離婚離縁、相続、事業承継、債務整理、破産・民事再生申立等の幅広い分野の業務を取り扱っています。以前から相談件数が多いのは、債権回収、不動産賃貸借、交通事故、相続問題であるため、これの分野のノウハウを蓄積して、より良いサービスを提供できるように心がけております。所属弁護士数が増えてきたため、特殊分野にも取り組め、相談にも臨機応変に速やかに対応できるため、法律顧問法務・企業法務に力を入れてきております。顧問企業からは電話・FAX・メール等により各種の相談を受けて迅速に対応しており、全室防音の相談室等で企業秘密に最大限の配慮していることも評価され、顧問企業は年々増加しております。今後とも弁護士の数・質の向上に努め、期待に応えたいと思っています。

■設立・沿革

　1992年に「官澤法律事務所」を開設、2009年に事務所拡張のため現在のビルに移転、名称を「官澤綜合法律事務所」に変更しました。

代表者　官澤里美（仙台弁護士会）	
取扱言語　英語	
主な顧問先　総合商社、食料品製造販売、リース業の各会社（いずれも東証一部上場もしくはその完全子会社）。自動車販売、不動産賃貸、不動産仲介・開発、建築・土木、菓子製造販売、葬祭業、旅館経営、学習塾、店舗設計施工、内装業、トラック運送、コンクリート製造販売、広告代理店、ガソリンスタンド、パチンコ業、スポーツクラブ、共済事業等の各会社。農業協同組合、医療法人、学校法人、社会福祉法人、宗教法人等。	
報酬体系　着手金は段階的な定額制・報酬は得られた利益の10%を原則とした明瞭な報酬基準を作成し、その詳細をHPに掲載。なお、顧問料は原則（月額）50,000円以上。	

官澤綜合法律事務所

取扱業務

債権回収	貸金、売掛金、工事代金等の請求交渉・訴訟・差押え
損害賠償	各種の損害賠償の交渉や訴訟による相手方への請求、相手方から請求を受けた場合の対応
賃貸借関係	契約書チェック、定期借地・定期借家、滞納賃料請求、更新拒否・解約、立退交渉等
不動産取引	契約書チェック、売買トラブル、境界紛争等
建築土木工事	契約書チェック、工事トラブル、代金請求、瑕疵欠陥問題等
労務問題	就業規則チェック、残業代問題、セクハラ・パワハラ、解雇問題等
企業法務	各種契約書作成・チェック、M&A、事業譲渡、事業承継、コンプライアンス、株主総会サポート、独占禁止法・下請法関係、商標権・著作権・特許権等知的財産問題、役員の責任問題、不祥事対応等
債務整理	任意整理、民事再生手続、破産手続等
交通事故	損害賠償請求、過失割合、後遺症問題等
相続問題	遺言作成、遺産分割交渉調停、遺留分減殺請求、信託等
男女問題	離婚請求、財産分与、養育費請求、不倫慰謝料請求等
刑事事件	告訴・告発、刑事弁護、少年事件等
その他	消費者被害、成年後見、土地区画整理問題等

宮城

[P] 官澤里美 1983東大法、38期、東北大LS教授（2004〜）、仙台弁護士会副会長（2004〜05）

鈴木忠司 1977明大法、46期、仙台弁護士会副会長（2009〜10）、仙台弁護士会研修図書委員会委員長

丸山水穂 1994東北大法、49期、仙台弁護士会副会長（2011〜12）

橋本治子 1996東北大法、52期、仙台弁護士会副会長（2013〜14）

小向俊和 1998東北大法、54期、仙台弁護士会庶務委員長（2015〜16）

翠川洋 1988東大法、46期、1994検事任官、2004登録、東北大LS非常勤講師（2004〜）

長尾浩行 1995京大法、59期

渡邊弘毅 2001東北大法、2007中大LS、61期

浅倉稔雅 2002東北大法、2008東北大LS、62期

[A] 武田賢治 2008東北大法、2010東北大LS、64期　以上すべて仙台弁護士会。

著作 当事務所共同執筆「高齢者との融資取引の注意点とポイント」「JAの融資取引における相続時の注意点」「債権管理回収の基礎固め」等ＪＡ金融法務連載／官澤里美『弁護士業務の勘所』（第一法規、2014）／同『弁護士倫理の勘所』（第一法規、2015）／鈴木忠司『中小企業事業再生の手引き』（共著、商事法務、2012）／丸山水穂・橋本治子『賃貸住宅紛争の上手な対処法（第5版）』（共著、民事法研究会、2012）／小向俊和『破産実務Q&A200問』（共著、金融財政事情研究会、2012）／同『個人再生の実務Q&A100問』（共著、金融財政事情研究会、2008）／同『あるべき私的整理手続の実務』（共著、民事法研究会、2014）／同「被災者生活再建支援金の執行手続・破産手続における取り扱い」銀行法務21・761号／浅倉稔雅『働く前の労働法教室』（共著、民事法研究会、2013）

高橋三兄弟法律事務所
Takahashi Three Brothers Law Office

〒370－0861　高崎市八千代町2－1－1
TEL　027-325-6603　FAX　027-325-9936
URL：http://t3kyoudai-law.com/index.html　t3kyoudai-law@h6.dion.ne.jp

個人から東証一部上場企業や地方公共団体まで多様な顧問先を有し、広い業務範囲を誇る。また、複数担当制を導入し、万全なリーガルサービスをめざす。

■理念・特色

　当事務所は、開設以来、常に依頼者にとって頼りがいのある最良のパートナーであることを理念とし、多くの企業・個人の依頼者が抱える法律問題に取り組んで参りました。

　幸いにも多くの依頼者から高い評価をいただき、兄弟3人で続けていた事務所は、今では、北関東でも最大級の所属弁護士数となる事務所に成長することができました。

　これからも、依頼者にとって最良のパートナーであり続けるため、質の高いリーガルサービスを提供し、依頼者の最大限の利益を確保することをめざします。

　当事務所は、個人に関する事件としては、離婚や、遺産相続、交通事故など、企業に関する事件としては、株主総会対策や、契約交渉・契約書作成、労使紛争、顧客対応などを中心として幅広い分野の事件を受任しています。

　また、顧問先に多くの地方公共団体があることから、行政事件を多く受任しています。

　その中で、当事務所の特色として挙げられるのは、事件の複雑さや難易度に関わらず、原則として複数担当制を採用していることです。

　当事務所が複数担当制を採用している理由は、事件を処理するにあたり、法令や裁判例の調査に加え、現地調査などの事実確認を十分にしたうえで、複数の弁護士が法的構成を検討することにより、穴のない弁護活動を可能にし、依頼者の最大限の利益を確保することにあります。

　また、この複数担当制により、複雑な事件に十分な労力を注ぐことが可能になり、税務訴訟や民事再生手続などでも成果を上げています。

　このところ、増加傾向にある事件として挙げられるのは、高齢化社会を背景とした医療施設や老人福祉施設における医療事故や介護事故への対応です。当事務所では顧問先に多くの医療機関、社会福祉法人があることから、この分野での知識や経験の蓄積に注力しています。

　また、反社会的勢力に対する規制が強化されてからは、顧問先の金融機関などから、それらへの対応を依頼されることも増えています。

■設立・沿革

　1969年に「高橋伸二法律事務所」を開設し、その後、高橋勉弁護士、高橋勝男弁護士が入所したことから、1981年に現在の事務所名に改名しました。精力的な弁護活動から顧客の信頼を得て、現在の規模に至りました。

代表者	高橋伸二（群馬弁護士会）
主な顧問先	金融機関、医療法人、会計事務所、製造業、不動産仲介・開発・管理、建設業、社会福祉法人、農業協同組合、運送業、理美容業、健康保険組合、観光業、地方公共団体
報酬体系	原則として、日弁連旧報酬規程に従っているが、個別事件ごとに、依頼者と協議のうえ、上記基準以内で着手金と報酬を決めている。着手金は、経済的利益が300万円以下の場合は8％、300万円以上3,000万円以下の場合は5％＋9万円、3,000万円以上の場合は3％＋69万円。報酬は、経済的利益が300万円以下の場合は16％、300万円以上3,000万円以下の場合は10％＋18万円、3,000万円以上の場合は6％＋138万円。その他、詳細についてはHPに記載のとおり。

高橋三兄弟法律事務所

取扱業務 法律律顧問法務　各種質問に対する回答、経営相談、契約書や各種書面のチェック、役員・社員研修、講演会の実施など／**企業・団体に関する事件**　株主総会対策、各種建築請負紛争、各種不動産関係紛争、各種債権回収、労使紛争、税務訴訟、介護事故対応、医療事故対応、契約交渉・締結、各種書面の作成、顧客対応など／**個人に関する事件**　遺言書作成、遺産分割事件、遺留分請求事件、離婚事件、親権者の変更申立事件、養育費・婚姻費用・財産分与の請求事件、認知請求事件、交通事故の示談・訴訟、各種不動産関係紛争、各種建築請負紛争、医療事故、介護事故など／**倒産事件**　個人破産、法人破産、個人再生、法人再生など／**刑事事件**　示談・交渉事件、裁判員裁判対応事件

群馬

P 高橋伸二 1966中大法、21期、群馬弁護士会、元群馬弁護士会会長、元関東弁護士会連合会理事長、元日弁連副会長、元群馬県都市計画審議会会長、日本弁護士政治連盟理事・同群馬支部長、各種行政委員、NPO法人富岡製糸場を愛する会理事長、旭日中綬章受章／**高橋勉** 1974中大法、30期、群馬弁護士会、元群馬弁護士会会長、前橋地方裁判所民事調停委員、藤岡調停協会会長、群馬調停協会連合会会長、（公財）日本調停協会連合会理事／**高橋勝男** 1970中大法、33期、元群馬弁護士会会長、元日弁連理事、元関東弁護士会連合会常務理事、元群馬県留置施設視察委員会委員長、元群馬県中小企業再生支援協議会委員、元前橋地方裁判所民事調停委員、元群馬弁護士会常議員会議長、社会福祉法人群馬県社会福祉協議会・福祉サービス評価推進センターぐんま運営委員会副委員長、旭日小綬章受章

A 石井妙子 2001早大法、2007慶大LS、61期、群馬弁護士会、元群馬県最低賃金審議会公益委員／原田英明 2002一橋大法、2008一橋大LS、62期、群馬弁護士会／市村大介 2000千葉大法、2008獨協大LS、64期、元群馬弁護士会憲法問題特別委員会副委員長／小澤真吾 2007早大社会学、2009関西大LS、64期、元群馬弁護士会法教育委員会副委員長、元関東弁護士連合会法教育センター委員／小坂景子 1987神大教育学、2009明大LS、64期、児童自立援助ホーム風の家理事、群馬弁護士会こどもの権利委員会副委員長、明大環境法センター客員研究員、法務省榛名女子学園視察委員会委員長、高崎市地域福祉市民会議委員／橋爪ひろみ 2009中大法、2011上智大LS、66期、元群馬弁護士会法教育委員会副委員長／山本和徳 2009獨協大法、2011中大LS、66期、関東弁護士会連合会法教育センター委員、群馬弁護士会法教育委員会副委員長、群馬弁護士会福利厚生委員会副委員長

他士 黛昌智 1998筑波大経営政策研究、2002司法書士

事件 判例集に搭載されているものとして、履行の着手時期に関する事件（最判平成5.3.16.民集47.4.3005）などがある。社会的に問題となった事件として、某市へのオウム真理教の転入を阻止した事件、刑事事件のうち大きく報道がされたものとして殺人事件、強盗致傷事件、法人税法違反事件、ストーカー規制法違反事件、商標法違反事件など、行政事件として国家賠償請求事件、住民監査請求対応事件などがある。その他、取扱業務記載の事件を多数受任している。

佐野総合法律事務所
SANO SOGO LAW OFFICE

〒260-0013　千葉市中央区中央4-17-3　袖ヶ浦ビル6階
TEL　043-225-4611　FAX　043-225-6533
URL：http://www.sanosogo.com/　info@sanosogo.com

千葉県最大規模の事務所で、依頼者も行政・企業から一般市民に至るまで多岐にわたる。各弁護士の専門により、交通事故・家事・労働・刑事事件等幅広く対応している。

■理念・特色

当事務所は千葉県内で最も多くの弁護士が所属する弁護士事務所です。当事務所の依頼者は行政・企業から一般市民まで多岐にわたり、多種多様の法的ニーズに対応しております。

そのため、20名を超える所属弁護士各々が得意分野を持つとともに、連携して互いの強みを活かすことで、幅広い分野において最高の法的サービスを依頼者に提供することを理念としています。

人と人とのつながりの大切さを心に銘じながら、親身になって個々の依頼者の相談に応じ、常に時代の一歩先を見据えて質の高い法的サービスを提供し続けていきたいと考えております。

企業法務　千葉県内および近県の企業（中小企業中心）との間で多数の顧問契約を締結しています。企業に日々生じるさまざまな分野に及ぶ法律問題に対し、蓄積された専門知識・ノウハウを活かし、各得意分野を有する所属弁護士が連携して対応しています。

一般民事事件　金銭貸借・不動産賃貸・契約締結等の私人間で日々生じる法的問題に対し、交渉・調停・訴訟等により解決した多数の実績があります。

交通事故　顧問先として保険会社があり、多くの交通事故事件を受任しています。そのため、交通事故事件を中心に取り扱う弁護士が複数所属しており、交通事故後の法的問題に対し、加害者側・被害者側双方の立場において交渉・調停・訴訟等により解決しています。

家事事件　相続事件・離婚事件を中心に取り扱う弁護士が複数所属しています。離婚事件には女性弁護士による対応も行っております。

労働事件　労働審判制度導入直後から同制度を利用し、労働事件を解決してきました。専ら、使用者側から労働事件を扱うことが多く、労務管理に関するアドバイスも行っております。

刑事事件　刑事事件・少年事件を中心に取り扱う弁護士が所属しており、逮捕直後の接見や被害弁償、虚偽自白の防止等、迅速かつ適切な対応を行っております。裁判員裁判も多数経験しております。

■設立・沿革

1989年に千葉市に開設以来、主に千葉県内で民事・商事を中心に幅広い法的サービスを提供しております。

代表者　佐野善房（千葉県弁護士会）	動産業、小売業、製造業、サービス業等
主な顧問先　金融機関、損害保険、学校法人、社会福祉法人、医療法人、自治体、建設業、不	報酬体系　事務所報酬規程による。詳しくは、当事務所HPを参照。

佐野総合法律事務所

取扱業務

企業法務 日常法律相談、商取引全般、契約書作成・点検、金融、債権回収、保全・執行・担保権の実行、労務管理、危機管理・コンプライアンス、紛争対応（交渉・訴訟等）、その他会社経営一般

一般民事事件 売買、金銭消費貸借・保証、建築紛争、請負代金請求、損害賠償請求、消費者事件、個人の自己破産の申立て・債務整理等

不動産法務 不動産取引一般、借地借家（契約更新交渉、明渡請求等）、隣地境界紛争等

交通事故 保険会社との交渉・訴訟、損害保険会社の代理等

家事事件 離婚等（慰謝料、財産分与、DV、養育費、親権、面会交流等）・相続（遺言書作成、遺言執行、遺産分割、遺留分減殺請求、相続放棄等）に関する法律相談・訴訟等、成年後見等

労働事件 人事・労務（就業規則作成、解雇、休職、懲戒処分、未払賃金、セクハラ・パワハラ等）に関する相談・法的助言、労災事故への対応、労働組合との団体交渉、労働審判・訴訟等による紛争処理等

刑事事件 起訴前・起訴後弁護（裁判員裁判も可能）、少年事件

P 佐野善房 中大法、34期、2013日弁連副会長、2012関東弁護士会連合会理事長、2009千葉県弁護士会会長、1995〜2009関東弁護士会連合会民事介入暴力対策委員会委員長、2009〜千葉地方裁判所八日市場支部調停委員、2014千葉県公害審査会会長

島田直樹 慶大経、53期、2013千葉県弁護士会副会長、2006〜千葉県障害者介護給付費等不服審査会委員、2007〜千葉大LS非常勤講師、2008〜13千葉県弁護士会法科大学院委員会委員長、2015〜千葉地方裁判所佐倉簡易裁判所民事調停委員

大塚功 早大法、54期、2014千葉県弁護士会副会長、2012〜千葉大LS非常勤講師、2010〜14千葉簡易裁判所民事調停官

上杉浩介 早大法、59期、2012〜千葉大LS非常勤講師、2013〜関東弁護士会連合会人権擁護委員会委員長

A 伊東正彦 中大法、22期、元裁判官
　勝田到 慶大経、中大LS、60期
　坂口靖 武蔵大経、61期
　福田尚友 慶大法、千葉大LS、61期
　佐藤瞳 慶大経、千葉大LS、62期
　飯田晃久 明学大法、専修大LS、62期
　谷麻衣子 同志社大LS、62期
　清水政史 早大法、千葉大LS、63期
　西川雄介 慶大法、64期
　川崎仁寛 東大法、東大LS、64期
　高田淳 立大法、千葉大LS、64期
　荒木尚 東大法、千葉大LS、64期
　瀬野泰崇 立大法、千葉大LS、65期
　上野一郎 京大法、京大LS、66期
　夏井翔平 東大法、東大LS、66期
　村上康介 東大経、早大LS、67期
　大澤潤也 中大法、一橋大LS、67期　以上すべて千葉県弁護士会。

弁護士法人 リバーシティ法律事務所
River-City Legal Profession Corporation

〒272-0033　市川市市川南1-9-23　京葉住設市川ビル5階
TEL　047-325-7378　FAX　047-325-7388
URL：http://www.rclo.jp/

千葉県第2の規模の事務所。元裁判官・検察官、企業経験者等所属弁護士のバックグラウンドも多様で、さまざまな専門性（使用者側労務・知的財産・倒産・家事等）を有している。女性弁護士の占める割合も高い。

				会社
		C		民家 再生

■理念・特色

当事務所は、千葉県北西部で最大の法律事務所です（所属弁護士13名）。取扱分野は、企業法務から一般民事、家事、刑事事件まで多岐にわたり、多数の顧問先や企業、個人のお客様からのご相談・ご依頼をお受けしています。千葉県北西部の東京都寄り（JR市川駅南口徒歩3分）に位置し、千葉県京葉エリアを中心に、千葉県全域、東京都内およびその近郊の案件を多く扱っております。総合的に幅広い分野へ対応できる体制を整えていること、知的財産や労働、企業倒産等の複数の分野において高度な専門性を備えていること、所属弁護士の約半数が女性であること等が、当事務所の特色です。

企業法務一般　株主総会やコーポレートガバナンスに関する法的助言や各種契約書・約款等の作成・チェック等、企業法務分野を幅広く取り扱っています。企業内研修の講師等も多数務め、千葉県内では取り扱う事務所が少ない英文契約書作成・チェックにも対応しています。

労働問題（使用者側）　労働審判、残業代請求訴訟等への対応、労働組合との団体交渉や就業規則の診断等を行っています。

知的財産権の問題　ライセンス契約書の作成や著作権問題のほか、インターネットやSNSにおける諸問題にも対応しております。

倒産事件全般　大型の破産管財事件を含む多数の破産事件の申立てや破産管財人を務めた実績があり、法人や個人の破産、民事再生等の申立て等を多数取り扱っています。

家事事件（離婚、遺産分割等）　離婚、養育費・婚姻費用請求や面会交流、遺産・遺言、成年後見等、家事事件全般を数多く取り扱っております。

その他　売掛金回収や不動産関連事件、その他の一般的な民事事件、私選刑事弁護等も取り扱っております。また、大学等教育機関、企業および一般市民向けの研修やセミナー等の講師のご依頼も多数お受けしています。

■設立・沿革

2000年4月　「梅村法律事務所」設立
2001年3月　「リバーシティ法律事務所」に改名
2006年7月　弁護士法人化

代表者　梅村陽一郎、横溝昇、宮本勇人（いずれも千葉県弁護士会）
取扱言語　英語
主な顧問先　老人福祉事業、障害者就労事業、不動産（仲介・賃貸・売買）、酒類卸・飲食業、広告代理業、電気機器（製造・卸・修理）、分析機器製造業、一般廃棄物処理業、塗装工事業、一般土木建築工事業、警備業、化粧品（企画・開発・販売）、社会福祉協議会、法定団体、税理士事務所等、人材派遣業
報酬体系　事務所報酬規程（日弁連旧報酬規程に当事務所の変更を加えたもの）による。
顧問料（月額）50,000円〜（応相談）。タイムチャージ制にも対応可。詳細は当事務所HPを参照。

弁護士法人 リバーシティ法律事務所

取扱業務 企業法務／労働事件（労働審判など）／契約書（英文含む）作成・チェック／破産（法人・個人）・民事再生・個人再生／事業承継／著作権／商標権／遺言／相続・遺産分割／成年後見／IT関係の法律問題（ベンチャー、著作権、商標、規約作成）／不動産関連・借地借家事件／離婚・養育費・面会交流／交通事故／インターネット通販の法律（並行輸入の問題、商標、不競法など）／化粧品に関する法律（製造や販売など）／ロボットに関する法律／個人情報に関する企業の法律／債務整理・過払金返還ほか

P 梅村陽一郎 早大法、49期、2005千葉大院専門法務研究科非常勤講師、2008千葉商大院客員教授、2011千葉家庭裁判所家事調停委員、2013千葉県人権施策推進委員会委員／横溝昇 中大法、50期、2012千葉大院専門法務研究科非常勤講師、2013千葉市個人情報保護審査会委員／宮本勇人 早大法、48期、2005千葉大院専門法務研究科非常勤講師、千葉県中小企業再生支援協議会外部専門家、千葉県信用保証協会外部評価委員会委員、千葉県商工会連合会商工調停士、市川商工会議所自由業部会部会長、2013千葉中小企業再生ファンド2号投資事業有限責任組合投資委員会委員 A 南部朋子 一橋大法、55期、2005弁理士、2008ペンシルバニア大LS.LLM、外務省国際法局経済条約課社会条約官室課長補佐任期付任用公務員（2008〜09）、2010NY州弁護士／加藤美香保 早大商、57期／越川芙紗子 中大法、60期／橋本拓朗 中大法、中大LS、60期／和田はる子 学習院大法、50期、1998〜2008裁判官、2014千葉商大院会計ファイナンス研究科客員准教授／丸島一浩 中大法、中大LS、61期／南川麻由子 国際基督教大教養、58期、NTT東日本（1997〜2001）、信州大教育学部非常勤講師（2008〜10）／荒川俊也 一橋大商、首都大LS、63期、パラマウントベッド（2003〜06）／高橋麻理 慶大法、55期、2002〜08検察官、2013千葉商大サービス創造学部非常勤講師／氏家悠 同大法、首都大LS、65期　以上すべて千葉県弁護士会。

著作『知って得する定年講座』／『図解入門ビジネス 最新著作権の基本と仕組みがよ〜くわかる本（第2版）』／『図解入門ビジネス 最新事業承継の対策と進め方がよ〜くわかる本』／『図解入門ビギナーズ 最新刑事訴訟法の基本と仕組みがよ〜くわかる本』／『図解 すぐに使える！契約書式文例集』（秀和システム）／『慰謝料算定の実務（第2版）』（ぎょうせい）／梅村陽一郎・南部朋子『不正競争防止法の新論点』（商事法務）／宮本勇人・丸島一浩「担保権消滅請求を用いた第三セクターの民事再生—かずさアカデミアパークの実例」金融法務事情1915号／南部朋子・橋本拓朗「ロボットに関する法的問題と労働者への影響」労働の科学2010年11月号／南部朋子・加藤美香保「意匠権」Business Risk Management 2010年4月号　以上所属弁護士による共著／梅村陽一郎『知的財産法重要判例』（共著、学陽書房）／同『不正競争の法律相談』（共著、学陽書房）／同監修『コンピュータユーザのための著作権&法律ガイド』（毎日コミュニケーションズ）／同『新商標法の論点』（共著、商事法務）／同『著作権法の新論点』（共著、商事法務）／同『知的財産権訴訟における損害賠償額算定の実務』（共著、ぎょうせい）／同「知的財産のリスクマネジメント（著作権）」Business Risk Management 2010年4月号／横溝昇『誰にもわかる債権の保全と回収の手引(2)』（共著、新日本法規出版）／南部朋子「国際商取引法判例の研究（その1）」（共著）法律実務研究21号／同「外国判決の執行についての最近の裁判例の紹介」法律実務研究26号／同『遺産分割・遺言の法律相談』（共著、青林書院）／同「過去を見直して新たな収益源に！休眠特許の活用」ビジネス法務2014年6月号／加藤美香保「CSRの視点による東日本大震災後の消費者の意識・価値観、消費者行動の分析」（共著）日本経営倫理学会誌20号／同『人にやさしい会社 安全・安心、絆の経営』（共著、白桃書房）／和田はる子「大阪地方裁判所第6民事部における倒産事件処理の概況」（共著）民事法情報2006年10月号・2007年10月号

EY弁護士法人
EY Law Co.

〒100-6027　東京都千代田区霞が関3-2-5　霞が関ビルディング27階
TEL　03-3509-1661　FAX　03-3509-1663
URL：http://law.eyjapan.jp　yutaka.kitamura@jp.ey.com

税務係争の解決、M&A取引の組成・実行、海外進出サポートなど、法務・税務・会計の専門家の協働が求められる分野を中心に、法務サービスを提供。

■理念・特色

　お客様は、ビジネスを進めるにあたり、法務・税務・会計の問題が混然一体となった現実に直面することが少なくありません。したがって、お客様が、法務・税務・会計の問題を包括的に解決することを望むのは当然のことといえます。ビジネスに伴う問題を包括的に解決するために、法務の専門家が税務・会計の専門家と協働することは、これからの法務サービスの常識となりつつあります。

　EY弁護士法人は、このようなお客様のニーズに即した付加価値の高い法務サービスを提供するために、日本の弁護士により設立された弁護士法人です。私たちは、お客様のご希望に合わせて、具体的な案件の内容や進捗状況に応じて、EY税理士法人や新日本有限責任監査法人などの税務・会計の専門家とチームを組んで緊密に協働し、その案件のプランニングの段階から最終的に完結するまで終始一貫して、包括的に問題を解決できるようにサポートしています。

　たとえば、税務係争案件においては、法律解釈や事実認定に関する問題だけでなく、税務申告・税務調査実務に関する問題、企業会計に関する問題などが混然一体となった現実に直面することになります。私たちは、このような税務係争案件において、税務調査の段階から、税務・会計の専門家と緊密に協働し、最終的に解決するまで終始一貫してサポートしています。

　また、M&A取引を実行するにあたっては、法務デューディリジェンス（DD）だけでなく、税務DD・財務DDを行うことが通常です。また、相手方との契約交渉においては、法務DD・税務DD・財務DDにおいて判明した事実を踏まえて、契約交渉することが求められます。私たちは、このようなM&A案件において、法務・税務・会計の専門家チームの協働により効率よくDDを実施し、その後の契約交渉もスムーズにサポートしています。

　お客様が海外においてビジネスを展開される場合、現地においてどのような問題が存在するのかさえ明らかでないことも珍しくありません。私たちは、このような海外案件において、全世界150以上の国または地域を網羅する海外のEYメンバーファームのネットワークを最大限に活用し、海外における法務・税務・会計の専門家とチームを組んでサポートしています。

■設立・沿革

　2013年　設立・開業

代表者　北村豊（第一東京弁護士会）	受任することを原則としている。
取扱言語　英語	報酬体系　タイムチャージ（20,000円～40,000
主な顧問先　顧問としてではなく、案件ごとに	円程度）を原則としている。

EY弁護士法人

取扱業務 税務係争・アンチダンピング対応　税務訴訟代理、審査請求サポート、税務調査対応サポート、アンチダンピング関税の賦課申請等／**M＆A法務**　M＆A取引に係る法務DD、契約書作成、交渉等／**海外進出サポート**　日系企業の海外進出に係る投資規制、会社法、労働法、入管法、各種業法、取引法等に関する現地法律事務所との協働によるサポート（EYメンバーファームの法律事務所が存在する65の国または地域：アゼルバイジャン、アルバニア、イギリス、イタリア、インド、ウクライナ、エストニア、エルサルバドル、オーストラリア、オーストリア、オランダ、カザフスタン、ガボン、カメルーン、韓国、ギニア、キプロス、ギリシャ、グアテマラ、コートジボワール、コスタリカ、コロンビア、コンゴ共和国、コンゴ民主共和国、ジョージア、シンガポール、スイス、スウェーデン、スペイン、スロバキア、赤道ギニア、セネガル、台湾、チャド、中央アフリカ、中国、チリ、デンマーク、ドイツ、トルコ、ニカラグア、ニジェール、日本、ニュージーランド、ノルウェー、ハンガリー、ベトナム、ベナン、ベラルーシ、ペルー、ベルギー、フィンランド、ブラジル、フランス、ブルガリア、ブルキナファソ、ポーランド、ポルトガル、香港、マリ、メキシコ、リトアニア、ルーマニア、ルクセンブルク、ロシア）／**一般企業法務**　会社設立その他の会社の組織法上の行為、取引関連契約書作成等、企業法務全般に係る助言等／**金融法務**　金融取引の組成、契約書作成、金融規制法に係る助言等／**労務・人事法務**　従業員の雇用、解雇等、労務・人事全般に係る助言等／**イミグレーション**　従業員のビザ取得申請等

P 北村豊　1998東大法、2007NY大LLM修了、長島・大野・常松（2000～09）、金融庁総務企画局課長補佐（2009～12）、京大LS非常勤講師（税法事例演習）（2010～15）、53期、一弁／岡本高太郎　1999東大法、2006NY大LLM修了、アンダーソン・毛利・友常（2000～12）、アマゾンジャパン（2012～15）、53期、二弁／大川淳子　1996上智大法、2005NY大LLM修了、クリフォードチャンス（2001～11）、三井物産（2010～11）、K&L Gates（2011～14）、53期、二弁／手塚崇史　1996東大法、2000ハーバード大ITP修了、総務省（1996～01）、西村あさひ（2002～10）、アンダーソン・毛利・友常（2010～14）、九大LS非常勤講師（租税法科目）（2007～）、55期、一弁／辻畑泰伸　2002東大法、2009ノースウェスタン大LLM修了、長島・大野・常松（2003～14）、証券監視委課長補佐（2009～11）、住友商事（2011～12）、56期、一弁／坂本有毅　2005東大法、2012南カリフォルニア大LLM修了、長島・大野・常松（2006～12）、金融庁総務企画局課長補佐（2012～14）、59期、一弁　**A** 千葉直人　2001早大法、2005裁判官任官、58期、2010登録、一弁／髙木良誠　2002慶大法、60期、一弁／下平大輔　2005慶大法、2007慶大LS、61期、一弁／野坂優子　2000東大法、2007ペンシルバニア大LLM修了、2008早大LS、62期、東弁

著作 北村豊「近時の司法判断の傾向とこれからの税務訴訟の行方」税務弘報63巻7号（2015）／手塚崇史「損金不算入となる寄附金認定」税務弘報63巻7号（2015）／野坂優子「『隠ぺい・仮装』を理由とした重加算税と青色申告承認取消し」税務弘報63巻7号（2015）／手塚崇史「移転価格税制」税務弘報63巻1号（2015）／手塚崇史他『日本人だけが知らない「貿易救済措置」―生産者が仕掛ける輸入関税のウラ技』（小樽商科大学出版会、2014）／手塚崇史・北村豊「最近の税務争訟の傾向と対策」T&Aマスター575号（2014）　ほか多数

あさひ法律事務所
Asahi Law Offices

〒100-8385　東京都千代田区丸の内2-1-1　丸の内マイプラザ13階
TEL　03-5219-0002　FAX　03-5219-2221
URL：http://www.alo.jp　asahi@alo.jp

> 国内法務を中心とする中堅総合事務所。旧「あさひ・狛法律事務所」の国内部門が母体。民商事分野の訴訟事件、紛争対応に定評がある。刑事事件、家事事件も取り扱う。

35 (+2)			
P 20	A 11	顧 4	
男 27	女 8		
外弁 0	外資 0		
他士 1	事務 17		

		総合
C		

■理念・特色

あさひ法律事務所は、企業や個人にかかわる紛争・訴訟への対応を業務の柱に据え、多様化・複雑化してきている紛争の解決、および紛争解決のためのノウハウとリスク分析を踏まえた予防法務を含む、さまざまな法的サービスを提供している総合法律事務所です。依頼者は上場企業を含む大企業から、中小企業、さらに個人までと幅広く、その業種も多岐にわたります。

当事務所では、各弁護士が日々たゆまず自己研鑽に努め、その実力を涵養し、プロフェッショナルとしての技量に磨きをかけるとともに、事務所としてそれらの力を融合・結集させることにより、さまざまな場面における適切かつタイムリーな法的サービスを提供することを心がけています。こうした業務を通じて、私どもの理想とする市民の皆様の幸福の追求、企業の健全な成長・発展、そして公正な社会の実現に寄与したいと考えています。

取扱分野としては、依頼者の方の幅広い法的ニーズに対応するとともに、さまざまな法分野の知識を総合して最適な解決方法を見出すことをめざし、できるだけ広い分野をカバーしつつ、しかも各分野において一流の法的サービスを提供することを常に心がけています。

とりわけ紛争・訴訟対応には力を入れており、高度の専門性を要求される訴訟から一般民事事件・刑事事件までさまざまな訴訟・紛争案件を取り扱っています。訴訟における豊富な経験や創意工夫に富んだ戦略・戦術、臨機応変の状況判断、さらには尋問技術等を含む訴訟スキルは、依頼者の方の利益にかなった適切な紛争解決のためになくてはならないものと考えています。

また紛争解決の最終局面である訴訟における厳しい場面を含む数多くの経験は各種契約等のリスク分析を行うにあたって必要であり、これなしには予防法務等における適切・的確な法的助言の提供もなし得ないと考えています。

■設立・沿革

1978年「東京八重洲法律事務所」設立。1993年「桝田江尻法律事務所」と合併し、「あさひ法律事務所」創設。途中「あさひ・狛法律事務所」への改称を経て、2007年に「あさひ法律事務所」に復称。同年「国際部門」との分離(同部門は西村ときわ法律事務所と統合)を経て、「あさひ法律事務所」を維持・継承。

代表者	山岸和彦(第二東京弁護士会)
取扱言語	英語、韓国語
主な顧問先	官公庁、金融機関、農協、総合建設、住宅建設・販売・仲介、自動車販売、自動車部品製造、医薬品・医療機器製造販売、住宅設備機器製造、繊維製品製造、仏壇仏具・線香製造販売、その他各種機械器具等製造販売、家電量販、貴金属回収、倉庫業、教育・出版、通訳・翻訳、芸能プロダクション、公共料金徴収、旅行業、飲食業、国立・私立大学、医療法人、宗教法人、土地区画整理組合等
報酬体系	事務所報酬規程(日弁連旧報酬規程に所要の変更を加えたもの)による。着手金・報酬金制とタイムチャージの双方対応可能／顧問料(事業者)(月額) 50,000円～／タイムチャージ　パートナー35,000円～60,000円、アソシエイト25,000円～34,000円(弁護士の経験年数による)。

取扱業務 **訴訟・争訟** 会社関係訴訟(新株発行差止、株主代表訴訟を含む)、不動産訴訟、PL訴訟、知的財産権訴訟、労働審判・訴訟、建築調停・訴訟、金融・証券訴訟、税務訴訟、行政訴訟、離婚調停・訴訟、遺産分割調停、医療訴訟、各種損害賠償請求訴訟、保全・執行、刑事訴訟、刑事告訴／**企業法務** 株主総会指導、内部統制、コンプライアンス、各種契約書・社内規則の作成・リーガルチェック、企業買収／**危機管理・事故対応** 社内調査、調査委員会調査、不祥事・被害対応、マスコミ対応／**事業再生・倒産** 会社更生・民事再生、破産・特別清算、管財・監督業務、事業再生ADR、私的整理／**独占禁止法** 独占禁止法、下請法、景品表示法、外国独占禁止法・競争法に関するアドバイス、公取委対応(課徴金減免制度対応を含む)、独占禁止法遵守プログラム作成／**人事・労務** 解雇等に関するアドバイス、就業規則等の作成・変更、セクハラ・パワハラ、労災対応／**金融** 信託、金融取引、外為法、債権回収、証券化・流動化、プロジェクトファイナンス・PFI、証券取引等に関するアドバイス、意見書作成／**知的財産権** 特許、商標、意匠、著作権、不正競争、営業秘密保護等に関するアドバイス、各種契約書作成／**製造物責任** 製造物責任、リコールに関するアドバイス／**不動産** 不動産取引、借地借家、建設・建築紛争／**税務** 異議申立て・審査請求・訴訟／**行政事件** 不服申立て、行政訴訟、国家賠償請求、情報公開法・個人情報保護法に関するアドバイス／**親族・相続** 離婚、慰謝料、財産分与、婚姻費用分担等に関するアドバイス・調停・訴訟、渉外家事、遺言書作成・遺言執行、遺産分割、成年後見／**市民生活関係** 交通事故、医療事故、消費者問題、在留外国人に関するアドバイス、債務整理／**刑事事件・少年事件** 捜査・公判における弁護人、少年事件の弁護人・付添人、告訴・告発／**公益活動** 法曹養成等

P 浅岡輝彦 1969都立大法、23期／庭山正一郎 1969東大法中退、23期、元二弁会長・日弁連副会長、出光興産社外監査役／山岸和彦 1979中大法、36期、1994ミシガン大LLM、1997カトリック・ルーバン大LLM、NY州弁護士、新コスモス電機社外監査役／毛受久 1985都立大法、43期／三森仁 1991東大法、45期、元二弁副会長、東大LS講師、家事調停委員、地域経済活性化支援機構常務取締役／田村恵子 1988京大法、44期／上床竜司 1992東大法、46期／中久保満昭 1992東大法、47期、日機装社外監査役／鯉沼希朱 1988慶大法、43期／藤原道子 1986早大法、44期、家事調停委員／金子憲康 1994早大法、50期、2005デューク大LLM、CA州弁護士、早大LS講師、エスポア社外取締役／亀井洋一 1981東大法、53期、中大LS講師／宮村啓太 2001中大法、55期、東大LS客員准教授、早大LS講師／荒巻慶士 1989早大政経、56期／南部恵一 1997東大法、56期／金山卓晴 2002東大法、57期、2010ミシガン大LLM、NY州弁護士／古原暁 2004京大法、58期／山崎純 2003東大法、59期／嶋村那生 2003東大文、60期／井桁大介 2003早大法、2007早大LS、61期 顧宮代力 1951東大法、5期、元検事正、元公正取引委員会委員／那須弘平 1964東大法、21期、元最高裁判所判事／西岡清一郎 1973慶大法、27期、元広島高等裁判所長官、慶大LS客員教授／藤田晶子 2005一橋大院、54期、日大LS講師 A 畑井研吾 2006東大法、2008中大LS、62期／宮地祐樹 2006早大法、2008北大LS、62期／二宮正一郎 2001防大、2009首都大LS、63期／朴貴玲 2008慶大法、2010慶大LS、64期／田辺晶夫 2008東大理、2011東大LS、65期／高根和也 2008早大法、2011慶大LS、65期／易智久 2009東大法、2011首都大LS、65期／佐藤仁俊 2008東大法、2011早大LS、66期／関根こすも 2010早大法、2012一橋大LS、66期／石原詩織 2010東大法、2013東大LS中退、67期／橋本悠 2010早大法、2013東大LS、67期

著作 あさひ法律事務所他編『会社分割のすべて』(中央経済社、2000、2001全面改訂)／あさひ法律事務所他編『子会社管理の法務・税務』(中央経済社、2011、2015全面改訂)。

事件 UFJ信託銀行協働事業化差止・損害賠償請求事件(東京地判平成18.2.13判時1928.3)／ゆうパック不当廉売差止請求事件(東京高判平成19.11.28判時2034.34)／東京電力女性社員殺害再審事件(東京高決平成24.7.31公刊物未登載)／三洋電機配当事件(大阪地判平成24.9.28金判1407.36)

渥美坂井法律事務所・外国法共同事業
Atsumi & Sakai

〒100-0011　東京都千代田区内幸町2-2-2　富国生命ビル（総合受付12階）
TEL　03-5501-2111　FAX　03-5501-2211
URL：http://www.aplaw.jp　info@aplaw.jp

国内系事務所で初めて外国法共同事業を立ち上げた総合法律事務所。幅広い分野で業務を展開し世界各国にネットワークを持つほか、海外にもオフィスを開設。女性・外国弁護士の割合も高く、ダイバーシティを重視している。

■理念・特色

　渥美坂井法律事務所・外国法共同事業は、国内系法律事務所として初めて、外資系法律事務所との共同事業ではなく完全に独立した形で外国法共同事業を立ち上げた経緯があり、以来、複数の外国法事務弁護士を擁し、国内のみならず国際業務にも力を入れてまいりました。

　近年では、ベトナム等のアジア地域に弁護士を出向させ、英国にもコンサルタントを配しているほか、加盟している複数の有力な国際的ネットワークを通じた海外法律事務所との協力によって海外の多数の地域をカバーし、さらに、2014年と2015年にそれぞれ独ベルリンおよび英ロンドンにオフィスを開設しました。クライアントの海外進出、国際取引に関する業務をはじめとするクロスボーダー案件を多く手がけ、インターナショナル・ローファームとしての評価もますます高まってきており、事務所および所属パートナーの数多くが、専門誌のランキングやアワードを獲得しております。

　多岐にわたる分野において積み重ねてきた経験およびノウハウ、ならびに外国法共同事業の特色や強みを活かし、常にクライアントのニーズに的確に対応できる法律事務所をめざしています。

　また、当事務所に所属する100名超の弁護士・外国法事務弁護士・外国弁護士は、6つのプラクティスグループ（ファイナンス、不動産、コーポレート、訴訟・倒産・事業再生、ファンド、国際業務）をベースに活動していますが、メンバーは1つのグループだけでなく複数のグループにまたがって所属しており、グループ内での知識やノウハウの蓄積、若手の育成はもとより、グループ間でも横断的に協力・連携しながら、事務所全体のリーガルサービスの質向上を追求しています。

■設立・沿革

　1994年「渥美・臼井法律事務所」を設立。2003年「渥美総合法律事務所」に改称し、2005年、外国法共同事業を開始して「渥美総合法律事務所・外国法共同事業」に改称しました。2010年「渥美坂井法律事務所・外国法共同事業」へと改称し、2013年、組織の一部を法人化するとともに、ヤンセン外国法事務弁護士事務所（原資格国ドイツ連邦共和国）と外国法共同事業を開始しました。

代表者	渥美博夫（第二東京弁護士会）、坂井豊（第一東京弁護士会）
取扱言語	英語、中国語、ドイツ語、イタリア語
主な顧問先	各種金融機関（銀行、証券会社、保険会社等含む）、総合商社、各種製造業、公的機関、不動産仲介・開発、建設業、総合小売、情報通信業、広告代理店、シンクタンク、人材派遣業、運輸業、医療法人、宗教法人、教育、スポーツイベント、エンターテインメント業、各種サービス業、等
報酬体系	事務所報酬規程（日弁連旧報酬規程に当事務所の変更を加えたもの）によるタイムチャージ制または着手金・成功報酬制（詳細は当事務所宛に要問合わせ）。

取扱業務 ファイナンス　キャピタルマーケット、シンジケートローン、プロジェクトファイナンス、船舶・航空機等アセットファイナンス、キャッシュマネジメントサービス、デリバティブ、証券化・流動化、その他ストラクチャードファイナンス、BIS規制・その他業法規制・金融庁等対応、信託関連法務、証券業務、M&Aファイナンス・買収ファイナンス、再生可能エネルギー、グリーンファイナンス、不動産ファイナンス、海外不動産投資、国際金融、IPO、ファンド等／**コーポレート**　M&A、独占禁止法、国際カルテル、危機管理・コーポレートガバナンス・コンプライアンス、海外進出、国際通商法、労働法、ヘルスケア、IP/IT、スポーツ・メディア・エンターテインメント、PPP／インフラ・資源・エネルギー、環境法、租税法、行政機関等の支援等／**訴訟・倒産・事業再生**　訴訟／ADR（裁判外紛争解決手続）、倒産・事業再生、金融取引訴訟、クロスボーダー訴訟・国際仲裁等、国際紛争案件／**その他**　法律顧問、個人法務、企業リスク管理、第三者委員会委員、BVR（Business Value Restoration）等

P 渥美博夫 1974東大法、29期、1981NY大MCJ、1982米NY州弁護士／**由布節子** 1974早大法、33期、1986アムステルダム市大ヨーロッパ・インスティテュート／Bonnie Dixon 1978MI大、1981MI大JD、1982米NY州弁護士、2002外弁（米NY州法）／Russell Kawahara 1979スタンフォード大、1982シカゴ大JD、1982米CA州弁護士、2002外弁（米CA州法）／**坂井豊** 1980慶大法、37期、1990ロンドン大QMC.LLM／**範国輝** 1983黒龍江大法、1985中国弁護士、1997東大院法学政治学研究科博士過程、1999外弁（中国法）／**上山一知** 1971東大法、38期／**副島史子** 1987一橋大法、42期／David Deck 1983コロンビア大MA、1988カリフォルニア大JD、1991米NY州弁護士、2013外弁（米NY州法）／**手塚龍生** 1988早大法、45期、1999コロンビア大LLM、2000米NY州弁護士／**丹生谷美穂** 1991一橋大法、45期、1997ノースウェスタン大LLM／**衞本豊樹** 1990早大法、46期／**森博樹** 1987早大法中退、47期／**福井達也** 1993明大法、48期、2000ウェスタンスクールオブロー LLM／**高橋剛** 1983東大法、1987シカゴ大LLM、1996米NY州弁護士、2001外弁（米NY州法）／Ian Scott 1995ボンド大法、1997豪QLD州弁護士、2012外弁（豪QLD州法）／**入谷淳** 1988京大法、50期／**大串淳子** 1984東大教養、50期、2015MI大LLM／**根津宏行** 1994早大法、50期／**辻河哲爾** 1997早大政経、51期、2003IL大LLM、2004米CA州弁護士／**笠原智恵** 1993北大法、1996北大院法学研究科、52期／**橋本昌司** 1992東大法、52期／**花田さおり** 1992早大政経、1995早大院政治学研究科、52期、2010コロンビア大LLM、2012米NY州弁護士／**角田邦洋** 1994明大法、53期、2007ケント大LLM／**土橋靖子** 1991東女大文理、1993上智大院法学研究科博士前期課程、53期／**野崎竜一** 1996慶大法、53期、2007ボストン大LLM／**早川真崇** 1999東大法、53期、検事（2000〜14）／**城所敦子** 1998一橋大法、54期、2010ロンドン大QMC.LLM／**鈴木由里** 1997早大法、54期、2005NY大LLM、2006米NY州弁護士／**二本松裕子** 1997一橋大法、54期、2009サザンメソジスト大LLM／**吉田麗子** 1999東大法、54期、2006シカゴ大LLM／**福田匠** 2001東大法、55期、2008コロンビア大LLM、2009米NY州弁護士／**細井文明** 1999東大法、55期、2006ワシントン大（セントルイス）LLM／**及川富美子** 1997学習院大法、2000学習院大院、56期、2013MI大LLM／**小西貴也** 1999東大法、56期、2008シカゴ大LLM、2009米NY州弁護士／**小山修司** 1999早大法、56期、2004早大院法学研究科／**三部裕幸** 2002早大法、56期、2010コロンビア大LLM、2012米NY州弁護士／**藤井誠人** 2002岡山大法、56期、2007阪大法学研究科／**植松貴史** 2001早大政経、57期、2009ペン大LLM、2010米CA州弁護士／**濱須伸太郎** 2000早大政経、57期、2012南カリフォルニア大LLM、2015米CA州弁護士／**今泉慶太** 2004東大経、58期、2010WA大LLM、2011米CA州弁護士／**大上良介** 2000一橋大法、58期、2013WA大LLM／**菅原佐知子** 2001同大法、58期／**畑英一郎** 2002東大法、58期、2010ヴァンダービルト大LLM、2011米NY州弁護士／**松浦雅幸** 2001慶大法、58期、2013南カリフォルニア大LLM、2014米NY州弁護士／**山島達夫** 2002東大教養、2004東大院法学政治学研究科、58期／**島田康弘** 1993一橋大法、1995東大院法学政治学研究科、2000NY大LLM、2001米NY州弁護士、2006大東文化大LS、61期／**外山照久** 一橋大商、筑波大LS、66期

阿部・井窪・片山法律事務所
ABE, IKUBO&KATAYAMA

〒104-0028　東京都中央区八重洲2-8-7　福岡ビル9階
Tel　03-3273-2600　Fax 03-3273-2033
URL：http://www.aiklaw.co.jp

38 (+3)			
P 22	A 15	顧 1	
男 27	女 11		
外弁 2	外資 0		
他士 26	事務 61		

訴訟・知財・倒産再建に強い中堅総合事務所。2000年から知的財産部門を開設し、知的財産権の出願分野への業務を拡大。女性の占める割合が3割と高い。

B　総合

■理念・特色

　阿部・井窪・片山法律事務所は、開設以来、常に依頼者の皆様のために最良の結果を追求することを心がけてまいりました。事件数の増加や案件の多様化、複雑化に対応するため、次第にその規模を拡張し、現在では弁護士・弁理士合わせて60名を超える陣容となっています。

　当事務所では、モットーであるThree "S"の精神を常に念頭に置いて、日々の業務に取り組んでいます。Three "S"とは、Smile、Strength、Structureの頭文字をとったものです。Smileは、お客様に対して笑顔を絶やさず、心配りを忘れないこと、Strengthは、粘り強く事案処理にあたり、最良の結果を出し続けること、Structureは、お客様が抱える問題を整理し、解決に至るまでの筋道を柔軟な思考力をもって組み立てることを意味します。

　当事務所の取扱分野は企業法務全般に及びますが、特に訴訟、知財、倒産再建を大きな柱とします。企業を当事者とする訴訟に力を入れ、大型訴訟・国際的な訴訟を含め、多くの案件に関与してきました。

　知的財産権に関する侵害訴訟等も古くから手がけ、時代の先端を行く技術分野に関する紛争や、国際的な係争、不正競争防止法関係などにも関与しています。

　事業再生・倒産の分野では、法的手続においては上場企業を含む多数の企業の申立代理人、裁判所から委嘱の管財人・監督委員等の双方の経験は豊富であり、また近時は準則型私的再生案件や任意整理の依頼も増えています。国際倒産（米国法のチャプター11等）にも精通しています。

　ほかにもM&A、会社訴訟、金融法、独禁法、不動産法、薬事関連法規等の特徴のある専門分野を有するほか、知財や倒産以外の国際紛争案件、事業再編案件、金融・証券案件、第三者委員会案件などの依頼も多くなっています。

　知的財産部門では多数の弁理士が特許庁に対する登録出願業務を扱い、権利保護に強い明細書を依頼者と協働して作成することに努め、出願から侵害等の係争発生時の対応まで含めたワンストップ型の事務所として、信頼に応えています。

■設立・沿革

　1959年に阿部昭吾弁護士が「銀座法律事務所」を設立し、1991年に「阿部・井窪・片山法律事務所」に改称、1993年に銀座から八重洲に移転し現在に至る。2000年に知的財産部門を設置し、特許等の出願業務を始めました。

代表者　阿部昭吾、井窪保彦、片山英二（すべて第一東京弁護士会）	**報酬体系**　事務所報酬規程による（基本的な部分は日弁連旧報酬規程に依拠しつつ、事務所業務の実情に合うよう一部修正をした規定を整備している）。着手金・報酬金等とタイムチャージの双方対応可能／顧問料は応相談／タイムチャージは、国内案件では20,000円～62,000円（海外案件、倒産案件は別レート）。
取扱言語　英語、ドイツ語、中国語（中華人民共和国）	
主な顧問先　国内外のメーカー、金融機関、総合商社、流通、建設、サービス等の多様な産業にわたる。	

阿部・井窪・片山法律事務所

取扱業務 **法律部門** 訴訟・紛争処理 各種民事訴訟一般、商事訴訟、大型訴訟等／**事業再生・倒産法務** 各種倒産・再建手続の管財人・監督委員・申立代理人、私的整理（中小企業再生支援協議会、事業再生ADR等）の債務者代理人・アドバイザー等／**知的財産権法務** 知的財産権侵害差止・審決取消等の訴訟、審判、知的財産権侵害品の輸入差止手続、ライセンス契約等／**企業法務** 顧問先企業からの相談・株主総会関係・コンプライアンス対応等／**渉外法務** 渉外知的財産関係、渉外訴訟・国際仲裁等／**企業合併・買収法務**／**金融法務** 各種金融取引への対応・スキーム策定、不動産流動化、コンプライアンス等／**企業不祥事の調査にかかる第三者委員会委員**／**不動産法務**／**独占禁止法務**／**その他** 薬事関連法務等各種行政法規、刑事事件、個人向けの訴訟事件等 **知的財産部門** 特許の国内・外国出願、中間処理、実用新案・意匠・商標の国内・外国出願、中間処理

顧 竹下守夫 1955東大法、11期、一橋大名誉教授、元駿河台大総長、日本学士院会員、法務省特別顧問 **P** 阿部昭吾 1956一橋大法、11期、司法研修所教官、リッカー・マルコー更生管財人、そごうグループ民事再生申立代理人／井窪保彦 1975一橋大法、29期、司法研修所教官、一弁副会長、山﨑建設更生管財人／片山英二 1973京大工、1982神大法、36期、NY州弁護士、日本航空更生管財人／伊藤尚 1982中大法、37期、司法研修所教官、一弁倒産法部会長、都築コンクリート工業更生管財人／佐長功 1986北大法、41期／北原潤一 1987一橋大法、41期、NY州弁護士／田口和幸 1989京大法、43期、司法試験考試委員（倒産法）／植竹勝 1991明大法、46期、司法研修所教官／本多広和 1995東大法、49期、NY州弁護士／服部誠 1994慶大法、50期、NY州弁護士、元経産省知的財産政策室／大月雅博 1997東大法、51期、NY州弁護士、テキサス大LS客員教授、弁理士試験委員／佐々木英人 1997東大法、51期、パデュー大MBA／広瀬史乃 1989早大教、52期、元在中国日本大使館／原田崇史 1994慶大法、1998慶大院、53期／江幡奈歩 1998慶大法、53期、元特許庁／藤松文 1997慶大法、54期／加藤寛史 1999早大法、54期、中小企業再生支援全国本部プロジェクトマネージャー／小島亜希子 1999神戸大法、55期／須崎利泰 1999東大法、55期、一弁金融商品取引法研究部会副部会長／飯田岳 2000早大法、55期、一弁会社法部会副部会長／網野精一 2000東大農、56期／岡本尚美 2001慶大法、56期 **A** 中村閑 2003慶大法、57期／牧恵美子 1999上智大法、59期／三澤智 2001慶大法、59期／松本卓也 2001東大法、59期／米山朋宏 2003慶大法、59期／小林幹幸 2000慶大法、60期／黒田薫 2006慶大LS、60期、弁理士／岩間智女 2008東大LS、62期／堀口真 2008明大LS、62期／梶並彰一郎 2009学習院大LS、63期／松田世理奈 2009東大LS、63期／辛川力太 2010東大LS、64期／柴山吉報 2013東大LS、67期／佐志原将吾 2013東大LS、67期／大西ひとみ 2012予備試験、67期 以上すべて一弁。取締役・監査役就任、出向・留学等、略歴の詳細はHPを参照。
外国法事務弁護士等 仲村渠千鶴子 1989慶大文、豪NSW大法、豪NSW州弁護士、英イングランド・ウェールズ弁護士、外国法事務弁護士／日野真美 1984京大薬、NY州弁護士、外国法事務弁護士、弁理士、薬剤師 **弁理士** 小林純子 1972埼玉大理工、特許庁審査官、審判官、通商産業省工業技術院出向／日野真美（前掲）／加藤志麻子 1988早大理工、特許庁審査官、審判官、東京地方裁判所調査官／黒川恵（1983芝浦工大工、東京・知財高等裁判所調査官）が、知的財産権関係の訴訟・無効審判請求等の代理業務等に従事する。また、小林浩弁理士（1983上智大理工、2003中大法、元ダウケミカル日本特許室長、元ファイザー製薬知的財産部長）のもと知的財産部門を組成し、弁理士22名（略歴はHP参照）とスタッフにて、特許庁に対する知的財産権の出願業務を中心に業務している。

著作 多数あり。HPを参照。

事件 企業を依頼者とする契約関係を巡る訴訟・大型損害賠償請求訴訟・会社法関係の訴訟・知的財産関係の訴訟等に多数関与し、訴訟実務に強い事務所であることをめざしている。国際的な当事者間の知的財産係争を巡る訴訟も多い。倒産・再建法務では、大規模な著名案件を含めて、会社更生・民事再生・破産等の申立代理人、管財人等を数多く担当。詳しくはHPを参照。

弁護士雨宮眞也法律事務所
AMEMIYA MASAYA LAW OFFICE

〒103-0026 東京都中央区日本橋兜町1-10 日証館305
TEL 03-3666-1838 FAX 03-3666-1837
URL：http://www.amemiya-law.gr.jp/ amemiya-law@nifty.com

1948年創業の「小田久蔵法律事務所」を起源とし、現代表の雨宮眞也弁護士（元駒澤大学学長）を中心にフレキシブルな共同関係を有する機動的な事務所。所属弁護士もベテランが多く、守備範囲も広い。

■理念・特色

当事務所の創立以来の理念は、
第1に「実務と理論の融合」です。
第2に「弁護士は、依頼者とともに涙を流し、依頼者のために汗を流し、依頼者のために血を流す、三流弁護士でなければならない」です。
第3に「事件処理の迅速」です。

当事務所は、以上の理念の下に、機械による大量生産型法律事務所ではなく、手作りによる注文生産型法律事務所であることを心がけております。

当事務所では、「若いときには、あらゆる分野の事件を幅広く手がけて大局観をつかみ、次第に深く専門的分野へ進んでいくのが望ましい」との基本方針に基づき、各人それぞれが、受任した事件と真剣に取り組んでいます。それが、高い勝訴率を実現するための絶対条件であると信じています。

このような、信念の下に、当事務所においては、主として、法律顧問業務を中心に、次頁記載のとおり、広い業務分野にわたって弁護士活動を展開しており、あらゆる法律問題に対して的確かつ迅速に初期対応することに全力を注いでいます。

■設立・沿革

1948年、（故）小田久蔵弁護士（東京地方裁判所初代商事部長・中央大法学部教授）が創立し、1991年、雨宮眞也弁護士（当時駒澤大法学部教授）がこれを承継し、現在に至っています。

2006年には、中国遼寧省瀋陽市に「雨宮瀋陽事務所」を開設し、駐在員が常駐しています。

なお、当法律事務所は、一般の共同事務所とは異なり、各人が独立しつつも協力し合う、緩やかな結合関係にある法律事務所です。

代表者　雨宮眞也（東京弁護士会）	報酬体系　当事務所の報酬体系は、日弁連旧報酬規程に準拠。①法律相談料は、担当弁護士の経歴や相談内容如何によるが、おおむね1時間当たり10,000円～30,000円程度。②訴訟事件手数料は、事件の難易度と所要時間数により大きく異なるが、訴訟によって得られる利益を基準として、着手金5％～10％、成功報酬10％～15％程度が目安になる。③顧問料は、業種、規模、業務量等により異なるが、平均して（月額）50,000円～300,000円程度（なお、いずれも実費、消費税は別）。
取扱言語　中国語	
主な顧問先　非鉄金属製造、電子部品製造、化学製品製造、石油・石炭輸入販売、衣料品関係機器製造、食品・医薬品製造、電気工事、建設工事、食品スーパー、金融・ローン、証券代行、出版、学校法人、宗教法人、社会福祉法人、医療法人、公益社団・財団法人、NPO法人、不動産販売、不動産貸付、不動産取引業協会、旅館ホテル同業組合、酒類販売、印刷、映画興行、TV、国際海運、国内運送　その他多数	

取扱業務 **顧問業務** 株式会社、学校法人、宗教法人、公益社団・財団法人、社会福祉法人、業界諸団体等の継続的顧問業務（日常の法律相談、契約書作成、裁判外交渉など）／**個別業務** 法律相談、契約書作成、訴訟、調停など①民事・商事（会社運営、株主総会、上場、再編、任意・法的債務整理、債権回収、商取引、不動産取引、借地・借家、人事・労務、独占禁止法、不正競争防止法、下請法、コンプライアンス、ガバナンス、金融、証券、交通事故など）②家族法（相続、離婚、少年など）③中国関係（日中間取引、在日中国企業・中国人など）／**その他** 意見書作成、デューデリジェンス、第三者調査委員会委員、審議会委員など

P 雨宮眞也 1960中大、14期、東弁、駒澤大学名誉教授（学長）・遼寧大学名誉教授、エコス、ラ・アトレ社外監査役、（東京スタイル、日本電子計算機、JBISホールディングス各社外監査役、日本経営ディスクロージャー研究学会長）／**原慎一** 1963中大、17期、東弁（防衛大・大東文化大非常勤講師、日機装、日本バルカー工業社外監査役）／**佐久間豊** 1977早大、37期、東弁、東京簡易裁判所調停委員（成城学園理事）／**瀧田博** 1974立命大、38期、東弁、キーウェアソリューションズ社外監査役（東京地方裁判所調停委員）／**岸本有巨** 2010中大修、57期、東弁 **A 秦真太郎** 2002青学大、58期、東弁／**碓氷正志** 2008青学大LS、62期、二弁／**雨宮真歩** 2008青学大LS、64期、東弁、中日国際輪渡有限公司監事／**雨宮史尚** 2002北大、65期、一弁 **顧 西本昌基** 1947京大、3期、東弁（新潟地検検事正・日本公証人連合会長）　いずれも括弧内は元職。なお、特殊な専門的事件や大型事件については、大学教授・当事務所OB弁護士の協力を得たり、専門型法律事務所・大規模法律事務所と共同受任する態勢を整えている。また、公認会計士、税理士、司法書士等とも密接な業務提携関係にある。

著作 雨宮眞也『強制執行法・破産法』（鳳舎）／同『株式会社・有限会社の法律実務』（東栄堂）／同『民事訴訟法読本（改訂版）』（共著、高文堂出版社）／『事例破産法解説』（共著、新日本法規出版）／同『金融取引ルールブック』（共著、銀行研修社）／同『株券失効制度の理論と実務』（新日本法規出版）／同「除権判決の申立権者」（最高裁判所司法研修所創立20周年記念論集）／同「除権判決の対象たる証券の範囲」（最高裁判所司法研修所創立30周年記念論集）／同編著「融資交渉の中断と銀行の責任」『銀行関係訴訟』（青林書院）／同「訴訟代理人の権限の範囲」『民事訴訟法の争点（新版）』（有斐閣）／同「専属管轄の合意」『民事訴訟法判例百選Ⅰ』（有斐閣）／同「ローン提携販売における買主の倒産と双務契約」『新倒産判例百選』（有斐閣）／同「付郵便送達制度の問題点」NBL502号／『ロースクール民事訴訟法』（有斐閣）／同「有価証券に対する公示催告と除権判決の構造(上)(下)」NBL267・268号／同編『新判例体系（民法・財産法編）』／同『監査役実務の手引』（分担執筆）／同『企業責任の法律実務』（分担執筆）／同『問答式特殊担保・保証の実務』（分担執筆）／原慎一編『人事労務トラブル防止の手引』／佐久間豊『Q＆A不動産取引トラブル解決の手引』（分担執筆）／瀧田博共編『事例でみる会社役員の責任』（分担執筆）　以上のうち『監査役実務の手引』以下は、いずれも新日本法規出版・加除式編集で、当事務所構成弁護士らによる分担執筆。

事件 K大学新玉川線地下鉄駅設置訴訟事件／T婦人服製造会社Mファンド株主提案権事件／N興業会社不動産証券化事件／Bソフトウェアー会社取締役責任事件／Jゴルフ場民事再生事件／N化学製品製造会社アスベスト公害事件／N建設会社談合事件／S石油精製会社組合・男女間差別事件／Y球団外国人選手解雇事件　その他多数

アンダーソン・毛利・友常 法律事務所
Anderson Mōri & Tomotsune

〒107-0051　東京都港区元赤坂1-2-7　赤坂Kタワー
TEL　03-6888-1000
URL：http://www.amt-law.com　inquiry@amt-law.com

真のフルサービス・ファームとして、あらゆる依頼者の複雑かつ多様化した法的ニーズに、世界基準のリーガルサービスで迅速に対応する、わが国を代表する総合法律事務所。

366 (+68)			
P 118	A 217	顧 32	
男 294	女 72		
外弁 6	外資 8		
他士 18	事他 395		

A		総合	

■理念・特色

　当事務所は、企業活動に対して法的な側面から貢献することを基本的な理念とし、そのために各弁護士が企業法務のプロフェッショナルとしての誇りを持ち、常にベスト・クオリティーのサービスを提供するよう心がけております。

　当事務所には、現在380名を超える国内外の弁護士が在籍し、それぞれの専門分野における高度な知識と高い語学力、そして、長年にわたり日本のリーディング・ファームとして積み重ねてきたノウハウ・実績を礎とし、国内企業や日本で事業を行う外国企業の直面するあらゆる法律問題に関してクオリティーの高いサービスを提供しています。さまざまな法分野が交錯する分野横断型の案件においても、各分野に精通した弁護士が連携し、組織的かつ機動的に依頼者のニーズに応えることができる体制を整えており、多種多様な依頼者が直面するあらゆる法律問題につき、迅速かつ正確に対応しています。また、その拠点網は国内では東京のほか名古屋に、海外では北京、上海、シンガポール、ホーチミン、ジャカルタ等のアジア諸国にもおよび、海外ビジネスを拡大する国内外の依頼者の需要に応えております。

■設立・沿革

　当事務所は、2005年にアンダーソン・毛利法律事務所（1952年設立）と友常木村法律事務所（1967年設立）が合併して設立され、2015年4月にビンガム・坂井・三村・相澤法律事務所（外国法共同事業）の主力弁護士と経営統合しました。国際・国内企業法務の分野で総合的なリーガル・サービスを提供し、とりわけ国際的な大規模M&Aや資金調達案件等を多く手がけていたアンダーソン・毛利法律事務所と、国内外の企業法務全般を広く取り扱い、特にグローバルな証券発行などの国際金融取引やクロスボーダーの投資案件の分野において多くの実績を有していた友常木村法律事務所、国際倒産・事業再生分野や危機管理部門において豊富な経験を有し、これを米国の大手法律事務所との外国法共同事業を通じて展開してきたビンガム・坂井・三村・相澤法律事務所（外国法共同事業）が合併・統合することにより、規模の拡大と得意分野の相乗効果を生み出し、真のフルサービスローファームとして、より幅広く質の高いリーガル・サービスを提供しています。

代表者　城山康文（第一東京弁護士会）
支店　名古屋、北京、上海、シンガポール、ホーチミン、ジャカルタ
取扱言語　英語、中国語等
主な顧問先　自動車、機械、電機、電子部品、食品・外食、インターネット関連企業、ソフトウェア・コンテンツ開発・情報通信その他IT関連企業、半導体、化学、石油、製薬・バイオテクノロジー、医療機器、アパレル、広告、運輸、スポーツ、政府系機関、商社、銀行、証券会社、保険会社、信託銀行、投資信託・投資顧問、投資ファンド、不動産、建設、監査法人、コンサルティング企業、ベンチャー（スタートアップ）企業等多数
報酬体系　事務所報酬規程（日弁連旧報酬規程に準じたものではない）による。原則としてタイムチャージでの対応。顧問契約も可。

取扱業務 コーポレート 企業法務一般、コーポレートガバナンス、危機管理・不祥事対応等／**M&A等** M&A・企業再編、ベンチャー・キャピタル、プライベート・エクイティ／**キャピタル・マーケッツ** 日本および海外の資本市場における証券（エクイティまたはデット）発行による資金調達等／**ファイナンス** バンキング、金融規制法（レギュラトリー）、デリバティブ、アセットマネジメント・投資信託、ストラクチャード・ファイナンス、買収ファイナンス、プロジェクトファイナンス・PFI、保険等／**不動産** 不動産取引、不動産投資・証券化、REIT等／**人事・労務** 労働法務、労働紛争、出入国関連等／**知的財産・ライフサイエンス・IT等** 知財紛争、知財契約取引（ライセンス等）、特許出願、商標・意匠出願、著作権・エンタテインメント、ヘルスケア・薬事規制、IT・テレコム、フランチャイズ等／**独禁法・競争法** 独禁法関連審査・リーニエンシー・審判・訴訟、企業結合における独禁法対応、流通取引・景表法・下請法・不正競争防止法、知的財産権と独禁法の交錯、独禁法コンプライアンス、国際競争法案件等／**税務** タックスプランニング、税務紛争案件等／**資源・エネルギー** 石油、天然ガス、その他の資源、水資源事業、再生可能エネルギー、電気・ガス事業等に関する案件／**訴訟・紛争解決** 一般民商事紛争、クロスボーダー紛争・海外訴訟対応、裁判外紛争処理（商事仲裁・ADR等）、知財紛争、労働紛争、税務紛争、金融関連紛争、フランチャイズ紛争、相続・事業承継関連紛争、その他専門分野での紛争等／**事業再生・倒産** 会社更生・民事再生・破産等の申立て、管財人・監督委員、再建型私的整理、ディストレストM&A、事業再生手続全般における債権者・債権者委員会およびスポンサーの代理、海外倒産処理手続へのアドバイス／**通商** アンチダンピングその他通商法案件／**アジア・新興国・欧米その他外国法務** メインランドチャイナ、台湾、香港、韓国、インド、シンガポール、バングラデシュ、インドネシア、ベトナム、タイ、マレーシア、フィリピン、ミャンマー、その他東南アジア、中南米、トルコ、中東、ロシア、米国、欧州等に関する法務等

事務所所在地一覧

名古屋オフィス
〒450-0003 愛知県名古屋市中村区名駅南一丁目24番20号 名古屋三井ビルディング新館13階／担当：弁護士 青柳良則／TEL：052-533-4770（代表）／FAX：052-533-4772／E-MAIL：nagoya@amt-law.com

北京オフィス
中華人民共和国北京市朝陽区東三環北路5号 北京発展大厦809室 郵便番号100004／担当：弁護士 中川裕茂／TEL：+86-10-6590-9060（代表）／FAX：+86-10-6590-9062／E-MAIL：beijing@amt-law.com

上海オフィス
中華人民共和国上海市浦東新区世紀大道100号 上海環球金融中心40階 郵便番号200120／担当：弁護士 森脇章／TEL：+86-21-6160-2311（代表）／FAX：+86-21-6160-2312／E-MAIL：shanghai@amt-law.com

シンガポールオフィス
9 Raffles Place #17-01, Republic Plaza, Singapore 048619／担当：弁護士 前田敦利／弁護士 花水康／TEL：+65-6645-1000（代表）／FAX：+65-6536-7175／E-MAIL：singapore@amt-law.com

ホーチミンオフィス

Kumho Asiana Plaza Saigon, Suite 609A, 39 Le Duan Street, District 1, Ho Chi Minh City, Vietnam／担当：弁護士　三木康史／TEL：+84-8-3822-0724（代表）／FAX：+84-8-3822-0324／E-MAIL：vietnam@amt-law.com

ジャカルタデスク

c/o Roosdiono & Partners, The Energy, 32nd Floor, SCBD Lot 11A, Jl. Jend. Sudirman Kav. 52-53, Jakarta 12190, Indonesia／担当：弁護士　池田孝宏／TEL：+62-21-2978-3888（代表）／+62-21-2978-3848（直通）／FAX：+62-21-2978-3800／E-MAIL：jakarta@amt-law.com

P 一條實昭 25期／平川修 25期／坂井秀行 28期／北澤正明 30期／石田英遠 30期／鼎博之 31期／中野憲一 32期／角山一俊 32期／池永朝昭 33期／進藤功 35期／仲谷栄一郎 36期／中野春芽 37期／森下国彦 38期／藤田耕司 38期／三村藤明 39期／片山達 39期／田中収 40期／宮野勉 40期／増田健一 40期／赤上博人 40期／赤羽貴 41期／若林弘樹 41期／平畑和男 41期／多賀大輔 43期／梅津立 43期／古田啓昌 43期／高橋宏明 44期／永井和明 44期／渡邉剛 44期／左高健一 44期／甲斐淑浩 44期／伊藤哲哉 45期／中町昭人 45期／柴田弘典 46期／江崎滋恒 46期／城山康文 46期／近藤純一 46期／嘉納英樹 47期／日下部真治 47期／森脇章 47期／角田太郎 48期／今津幸子 48期／小馬瀬篤史 48期／小舘浩樹 48期／岩瀬吉和 49期／中野雄介 49期／小林穣 49期／広瀬卓生 49期／庭野議隆 49期／髙橋玲路 49期／柴田義人 50期／佐当郁 50期／山田篤 50期／前山信之 50期／関端広輝 50期／加畑直 50期／檀柔正 50期／中川裕茂 50期／金子圭子 51期／安達理 51期／吉井一浩 51期／山神理 51期／関根良太 52期／村山由香里 52期／前田敦利 52期／廣岡健司 52期／石原坦 52期／十市崇 52期／井上聡 52期／松村卓治 53期／三宅章仁 53期／佐藤剛史 53期／小林英治 53期／黒田康之 53期／山本健一 53期／中村慎二 53期／山口大介 54期／大島義孝 54期／沢崎敦一 54期／原悦子 54期／齋藤宏一 54期／出張智己 54期／青柳良則 54期／額田雄一郎 54期／武内則世 54期／伊藤麻里 54期／粟田口太郎 55期／龍野滋幹 55期／小林賢 55期／花水康 55期／井出ゆり 55期／若林耕 55期／勝間田学 55期／元芳哲郎 55期／田中勇気 55期／安藤紘人 55期／福田直邦 56期／戸塚貴晴 56期／福家靖成 56期／琴浦諒 56期／赤川圭 56期／石原仁 56期／舩越輝 56期／白川もえぎ 56期／甲立亮 56期／上田潤一 57期／安西明毅 57期／大河内亮 57期／西村綱木 57期／行村洋一郎 57期／塚本英巨 57期／佐々木慶 58期／三木康史 58期／石橋源也 58期／幸丸雄紀 58期／宮本甲一 58期／戸倉圭太 58期／大西一成 58期

顧 河合伸一 9期／長濱毅 16期／森内憲隆 16期／中元紘一郎 19期／友常信之 19期／川村明 19期／森清園生 2006／阪田雅裕 2006／櫻田嘉章 2009／門口正人 23期／墳﨑敏之 2008／木村明子 25期／加藤新太郎 27期／宮垣聡 41期

客員 加藤雅信 2007／小松雄介 13期

カウンセル 早田尚貴 45期／松本あかね 50期／酒井俊和 51期／伊藤多嘉彦 51期／宮川賢司 52期／佐竹真紀 53期／四十山千代子 53期／伊藤浩也 53期／中崎尚 54期／伊藤直子 54期／渋谷武宏 56期／館大輔 56期／井上葵 57期／大橋さやか 57期／河合健 62期

アンダーソン・毛利・友常 法律事務所

Ⓐ十枝美紀子 52期／橋本雅行 54期／土屋智恵子 54期／横山和俊 54期／西谷敦 55期／中村淳子 55期／石井健 56期／横井邦洋 56期／坂崎宏幸 57期／桑原秀介 57期／上林英彦 57期／竹岡真太郎 57期／河村浩司 57期／髙木紘子 57期／仁瓶善太郎 57期／瀧澤信也 57期／小野塚格 58期／木本真理子 58期／玉城光博 58期／生島隆男 58期／中西洋文 58期／樋口航 58期／渡邊優子 59期／山本泰輔 59期／小杉綾 59期／安井允彦 59期／中山伸介 59期／山田純 59期／池田孝宏 59期／岡知敬 59期／加藤賢 59期／久保田淳哉 59期／山田貴彦 59期／副田達也 59期／谷本大輔 59期／礒山海 60期／酒井英司 60期／森初夏 60期／井上貴美子 60期／鈴木剛志 60期／楽楽 60期／髙橋玄 60期／西杉英将 60期／野間麻未 60期／大槻健介 60期／米田裕美子 60期／神尾有香 60期／木村栄介 60期／飛岡和明 60期／福田梨紗 60期／中村貴子 60期／岩崎大 60期／藤田将貴 60期／藤原利樹 60期／寺﨑玄 60期／臼杵善治 60期／青木俊介 60期／秋元奈穂子 60期／盛里吉博 60期／山部英之 60期／加藤健 60期／佐藤岳仙 60期／髙嵜直子 60期／清水茉莉 60期／伊東成海 61期／永井亮 61期／佐橋雄介 61期／佐藤晃子 61期／新城友哉 61期／加藤龍司 61期／矢上浄子 61期／後藤未来 61期／荻野聡之 61期／神林義之 61期／髙橋綾 61期／山内真之 61期／野崎雅人 61期／今井裕貴 61期／渡部香菜子 61期／中野裕仁 61期／江本康能 61期／池田彩穂里 61期／田中良 61期／柴田高宏 61期／石井淳 61期／門永真紀 61期／尾関麻帆 61期／長瀬威志 62期／網島康介 62期／岡田加奈子 62期／濱本浩平 62期／石塚重臣 62期／大竹裕隆 62期／竹本康彦 62期／豊田愛美 62期／長田真理子 62期／石井昭仁 62期／松本拓 62期／長谷川将希 62期／小林隆一 62期／福井崇人 62期／末永麻衣 62期／田子晃 62期／深津健 62期／大髙利通 62期／力石剛志 62期／加藤好隆 62期／前田千尋 62期／永沼光 62期／窪田彰 62期／坂本佳隆 62期／八巻優 62期／鈴木杏里 62期／神保咲知子 62期／田中智之 62期／倉賀野伴明 62期／村田真揮子 62期／馬場健太 62期／白根信人 62期／石井渉 63期／佐藤かおり 63期／井上讓 63期／横井傑 63期／中島真嗣 63期／菅隆浩 63期／原美緒 63期／中野常道 63期／宮坂聡恵 63期／芳川瑛子 63期／早瀬孝広 63期／鈴木悠子 63期／塩見竜一 63期／廣田駿 63期／大内麻子 63期／川端康弘 63期／藤木崇 63期／林達朗 63期／小田原啓太 63期／出口香央里 63期／福田淳 63期／吉田瑞穂 64期／菅野みずき 64期／伊藤暢洋 64期／長谷川敬洋 64期／唐沢晃平 64期／土門駿介 64期／杉田昌平 64期／西向美由 64期／栗田聡 64期／梅津公美 64期／田浦一 64期／辻本晴子 64期／金子涼一 64期／波多野恵亮 64期／池田亮平 64期／福田一翔 64期／別府里紗 64期／乙黒亮祐 64期／中村拓朗 65期／高松洸 65期／大石裕太 65期／田子小百合 65期／根本伸毅 65期／吉田菜摘子 65期／野原新平 65期／加納さやか 65期／范宇晟 65期／﨑地康文 65期／甲斐聖也 65期／田中聡美 65期／菊川聡史 65期／吉澤優 65期／椙弘真人 65期／鈴木洋介 65期／牛之濱将太 65期／岡浩喜 66期／熊本哲也 66期／並木重伸 66期／笠間周子 66期／島田充生 66期／川添文彬 66期／阿部えり香 66期／八木啓介 66期／中井崇一朗 66期／岡田奈穂 66期／鈴木圭佑 66期／田中貴大 66期／中島浩斗 66期／河野慶太 66期／加藤孝英 66期／関彩香 66期／森崎航 66期／山口敏寛 66期／陸川俊 67期／福井佑理 67期／武士俣隆介 67期／片山いずみ 67期／舛谷寅彦 67期／梶原康平 67期／安藤翔 67期／姜明訓 67期／小山悠美子 67期／蔦谷吉廣 67期／牧野達彦 67期／堀亜由美 67期／寺尾裕真 67期／村上遼 67期／水本啓太 67期／山﨑悦子 67期／田村勇人 67期／坂下雄思 67期／猪狩勇人 67期／菊地諒 67期／稲井宏紀 67期／先山雅規 67期／山本真裕 67期／北島義之 67期

東京

石井法律事務所
Ishii Law Office

〒100-0006　東京都千代田区有楽町1-5-1　日比谷マリンビル11階
TEL　03-3580-3581　FAX　03-3580-3589
URL：http://www.ilo.gr.jp

20（+1）		
P 13	A 6	顧 1
男 16	女 4	
外弁 0	外資 1	
他士 0	事務 5	

1954年に石井成一元日弁連会長が創設した伝統ある事務所。大企業から中小企業までの幅広い顧客層に対し、広範な法分野にわたるサービスを提供し、特に複雑な訴訟案件に強みがある。複数の弁護士が上場会社の社外役員へ就任している。

■理念・特色

　当事務所は、主として企業・事業者に対し、事業活動の過程で直面するさまざまな法律問題について、事務所全体としての長年にわたり蓄積された経験および個々の弁護士の日々の研鑽に基づいて、的確かつ迅速な助言や紛争処理等、質の高い法的サービスを提供しております。当事務所の顧問先はさまざまな業種にわたり、取り扱う法分野も広範ですが、現代社会の多様な法的ニーズに応えるべく、ベテランと若手の最適なチームワークのもと、徹底した調査と問題分析を行い、緻密かつ的確な受任案件の処理を通じて、依頼者との信頼関係を構築し、ひいては公正な社会の実現に貢献することを心がけております。

　当事務所のパートナー弁護士は、それぞれ、アメリカ・イギリスのロースクール・大学院への留学、海外法律事務所での勤務、官公庁（金融庁、経済産業省中小企業庁）への出向、および民間企業（官民事業再生ファンド、大手商社）への出向などさまざまな経験を有しており、これらの経験を踏まえた質の高い法的サービスの提供が可能です。また、当事務所の所属弁護士は、業務の傍らさまざまな公益活動にも従事しており、弁護士会の理事者、司法試験考査委員、司法研修所教官、法科大学院教員、各種審議会等の委員、および上場企業等の社外監査役などの経歴を多数有しております。

　当事務所は、「取扱業務」に記載のとおり、クライアントである企業・事業者のさまざまな事業分野に応じて、広範囲にわたるリーガルサービスを提供しております。いずれの分野においても最高度のサービスを提供しているものと自負しておりますが、特に、訴訟の分野においては、当事務所は、事務所設立以来約60年間にわたり、幅広い分野において民商事関係の複雑な訴訟を数多く取り扱ってきた実績を有しております。

　また、予防法務分野につきましても、クライアントの要請に応じて迅速かつ適切な助言等を行っており、このほか、危機管理、M&A、事業再生・倒産等の分野にも注力しております。

■設立・沿革
　♪参照。

代表者	小澤優一（第二東京弁護士会）
取扱言語	英語
主な顧問先	都市銀行・地方銀行、信用金庫、総合建設会社（ゼネコン）、製薬会社、食品メーカー、化粧品メーカー、機械メーカー、金属製品メーカー、総合商社・その他商社、飲食業、サービス業、運送会社、ビル管理会社、設備工事会社、不動産仲介会社、不動産賃貸会社、ホテル運営会社、情報通信会社、保険代理店、建材販売会社、鑑定会社、農業協同組合、生活協同組合、学校法人、独立行政法人、医療法人、公益社団法人、一般社団法人、NPOなど（上場企業を多数含む）
報酬体系	所定の報酬基準規程による（日弁連旧報酬規程にほぼ準拠）。着手金・報酬金方式、タイムチャージ方式のいずれでも対応可能。タイムチャージ単価　25,000円～50,000円（担当弁護士に応じて）。顧問料（月額）50,000円～（事業規模に応じて）。

石井法律事務所

|取扱業務| **一般企業法務** 企業活動に関して生ずる種々の法律問題(主として、民法、商法、会社法、独占禁止法、不正競争防止法、金融商品取引法、労働法、知的財産法など)についての助言、意見書作成、契約書作成・検討・交渉など/**訴訟その他の紛争解決** 主として民法、商法、会社法、独占禁止法、不正競争防止法、金融商品取引法、労働法、知的財産法関係の訴訟その他の紛争解決手続における代理、紛争案件処理に関する助言・交渉代理など/**企業再編・M&A** 合併、会社分割、事業譲渡、株式交換、株式移転、事業承継等の企業再編・M&A案件に係る立案、助言、交渉、デュー・デリジェンス、契約書作成など/**コーポレートガバナンス・リスク管理** 株主総会指導、取締役の経営判断の適法性に関する助言、意見書作成、コンプライアンスプログラムの整備、社内研修、内部通報制度の社外窓口業務、不祥事対応など/**倒産・事業再生** 民事再生、会社更生、破産、特別清算等の申立て、私的整理手続の実施、管財人・監督委員業務、その他倒産・事業再生に関する助言など/**PFI** 各種PFI案件に関する助言、交渉、契約書作成など/**国際取引** 海外との取引・契約交渉等に関する助言、契約書作成、外国企業に対する日本法の助言など/**一般民事事件・家事事件** 個人を依頼者とする交通事故、医療事故等の損害賠償、不動産問題、破産・民事再生、相続問題、離婚問題等に関する助言、交渉・示談、訴訟その他の紛争解決など/**刑事事件** 企業活動に関わるホワイトカラー犯罪事件の弁護、一般刑事事件の弁護など

|P|小澤優一 1967東大法、21期/小田木毅 1967東大法、22期/桜井修平 1970東大法、24期/森脇純夫 1979東大法、33期/佐藤りえ子 1981東大法、36期/岡田理樹 1986東大法、40期/山田敏章 1986東大法、40期/竹内淳 1987東大法、41期/谷垣岳人 1990京大法、44期/長崎真美 1996慶大法、50期/柏原智行 1996中大法、53期/片上誠之 1999東大法、54期/惠木大輔 2000慶大商、56期/ |A|北原尚志 2007明大LS、61期/森麻衣子 2009東大LS、63期/奥富健 2010京大LS、64期/鹿野晃司 2010東大LS、64期/稲垣司 2013京大LS、67期/村井美樹子 2010同大LS、64期 |顧|鈴木重信 1948東大法、2期 以上すべて二弁。

|著作| 『民事弁護と裁判実務』(共著、ぎょうせい、1996~97)/「独占禁止法に関する諸問題と対応」金融法務事情1430号30頁(1995)/『新民事訴訟法大系(1)~(4)』(共編著、青林書院、1997)/『倒産処理ハンドブック』(共著、財経詳報社、2005)/『実践法律相談』(共著、東京大学出版会、2007)/『電子記録債権の仕組みと実務』(共著、金融財政事情研究会、2007)/『詳説 中小企業経営承継円滑化法と新・事業承継税制』(共著、金融財政事情研究会、2009)/「厚生年金基金の資産運用において損失が生じた場合の責任について」NBL985・986号(2012)/「企業秘密と訴訟審理」『実務民事訴訟講座(第3期)(4)』(日本評論社、2012)ほか

|事件| 日債銀元頭取らに対する損害賠償請求事件(大阪高判平成16.5.25判時1863.115)および証取法違反被告事件(東京高判平成23.8.30判時2134.127)/多摩談合事件審決取消訴訟(最判平成24.2.20民集66.2.796、東京高判平成22.3.19公取委審決集56.567)/港湾労働者年金減額に関する訴訟事件(神戸地判平成23.8.4労判1037.37.等)/組合債による調達金を原資とする金融機関への弁済についての不当利得返還請求事件(東京高判平成23.7.27金判1377.30)/更生計画に基づく早期解約控除制度の適用が否定された適格退職年金にかかる返戻金請求事件(東京地判平成20.6.27LLI/DB)/銀行内部通達文書についての文書提出命令申立事件(最決平成18.2.17民集60.2.496)/熊谷組政治献金株主代表訴訟(名古屋高金沢支部判平成18.1.11判時1937.143)/Kiss-FM KOBE民事再生事件(2010)/中央コーポレーション(東証2部上場)民事再生事件(2009)/大江工業(東証2部上場)民事再生事件(2003)/雪印食品牛肉偽装事件(2002)/東京女子医科大学カルテ偽造事件(2001)/雪印乳業食中毒事件(2000)/資生堂東京販売事件(最判平成10.12.18判時1664.3)

石嵜・山中総合法律事務所
ISHIZAKI & YAMANAKA

〒104-0028　東京都中央区八重洲2-8-7　福岡ビル6階
TEL　03-3272-2821　FAX　03-3272-2991
URL：http://www.iylaw.jp

28（＋2）	
P 12　A 16　顧 0	
男 25　女 3	
外弁 0　外資 0	
他士 3　事務 14	

使用者側の労働専門事務所。創設者である石嵜弁護士を除くと、50～60期代が中心で、各種講演活動や執筆活動にも積極的に取り組み、機動力のある事務所。

■理念・特色

　当事務所は、労働法（使用者側）を得意分野とする事務所として、労働市場法、個別的労働関係法から団体的労使関係法に至るまで、労働問題のあらゆる分野において十分な専門的知識と経験を有し、依頼者の皆様のニーズに誠実に対応できる体制を整えています。

　当事務所では、労働法分野において日本を代表する法律事務所となることをめざして業務に邁進し、依頼者の皆様の要望に質・量ともに応じるべく、日々努力を重ねております。

　当事務所では、労働法分野における専門的知識・経験を活かし、顧問先をはじめとする依頼者に対して質の高いリーガルサービスを提供することに注力しております。

　とりわけ顧問先については、信頼関係を築き、継続的にご相談いただける関係をつくることで紛争を未然に防ぎ、万一紛争が生じた場合にも、当該企業、当該事案の実情に応じた迅速かつ適切な解決を図ることができるものと考えております。

　個別労働関係に関しては、労働者の募集・採用から賃金、労働時間、懲戒処分、メンタルヘルス、解雇・雇止めに至るまで、また、集団的労働関係に関しては、労働者が加入した合同労組等に対する実務対応、不当労働行為事件に関するご対応など労働法分野におけるあらゆるご相談に広く対応しております。就業規則の作成・見直し、人事・賃金制度の設計・変更、労働基準監督署の指導等に対する対応、事業縮小等に伴うリストラクチャリングなどのご相談も承っております。また、ご依頼があれば弁護士が代理人として団体交渉にも出席しております。

　当事務所では、依頼者のご相談に対して、迅速な対応がとれるよう弁護士28名、司法書士1名、特定社会保険労務士1名、行政書士1名の体制を整えております。

　また、サービスの質を向上させるべく、所内で定期的に勉強会を実施するなどし、各弁護士が研鑽に努めております。そのほか、管理職研修等の社内セミナー、公開セミナーの講師活動および各種執筆活動にも精力的に取り組んでおります。

■設立・沿革

　1984年8月、石嵜信憲弁護士が、「石嵜信憲法律事務所」を開設し、1993年9月に、事務所を現在の福岡ビル（八重洲）に移転しました。2007年4月、山中健児弁護士とオフィスマネージャー黒部尚子がパートナーとなり、2011年4月には、事務所名を現在の「石嵜・山中総合法律事務所」に改称しました。

代表パートナー	山中健児（第一東京弁護士会）
主な顧問先	製造業、総合商社、製薬、鉄道、マスコミ、物流、派遣、金融（銀行・証券・保険）、地方公共団体、独立行政法人、学校法人など
報酬体系	顧問契約を締結していただき、顧問先のご要望に対し、優先的にかつ迅速に対応する方針を採っている。日常の法律相談は、月々の顧問料により対応。日常の法律相談を超える事務処理や事件対応については、旧第一東京弁護士会報酬基準を参考に、事件の種類・内容により別途ご相談のうえで費用を決定。

石嵜・山中総合法律事務所

取扱業務 人事・労務相談への対応、個別的労働紛争への対応（訴訟、労働審判、紛争調整委員会によるあっせん、代理人間交渉等）、集団的労働紛争への対応（労働組合との折衝、団体交渉（代理人としての出席を含む）、不当労働行為救済申立事件等）、就業規則をはじめとする各種規程の作成・改訂、人事・賃金制度の設計・変更、労働基準監督署の指導等に対する対応、業縮小に伴うリストラクチャリング等についての実務指導、一般企業法務（契約書、会社法等）、各種社内セミナー（セクハラ・パワハラ、メンタルヘルス、管理職研修等）における講師業務

石嵜信憲 明大法、30期、司法制度改革推進本部労働検討会委員（2002～04）、日弁連労働法制委員会委員（2002～10）、経営法曹会議常任幹事

P**山中健児** 京大院修士、50期、専修大LS客員教授、阪大院高等司法研究科非常勤講師、中大院戦略経営研究科（ビジネススクール）客員教授、日弁連労働法制委員会委員／**延増拓郎** 明大法、53期／**鈴木里士** 中大法、54期／**鈴木宗紹** 中大法、55期／**柊木野一紀** 早大法、56期／**山口毅** 東洋大法、56期／**盛太輔** 中大法、57期／**吉野公浩** 早大法、57期／**江畠健彦** 早大政経、58期／**橋村佳宏** 早大政経、早大院修士、58期／**安藤源太** 東大法、58期

A**小森光嘉** 東大理、東大文、59期／**土屋真也** 東大法、59期／**橘大樹** 一橋大LS、61期／**塚越賢一郎** 東大法、62期／**横山直樹** 慶大LS、62期／**仁野直樹** 東大LS、63期／**前嶋義大** 中大LS、64期／**加藤彩** 慶大LS、64期／**加島幸法** 中大LS、64期／**柳瀬安裕** 東北大LS、65期／**岸聖太郎** 慶大LS、65期／**藥師寺正典** 中大LS、66期／**小宮純季** 慶大LS、66期／**畠田啓史朗** 慶大LS、66期／**石嵜裕美子** 東大LS、67期／**渡辺絢** 東大LS、67期　以上すべて一弁。

著作 石嵜信憲編著『非正規社員の法律実務（第3版）』（中央経済社、2015）／同編著『労働行政対応の法律実務』（中央経済社、2014）／同編著『懲戒権行使の法律実務（第2版）』（中央経済社、2013）／同編著『就業規則の法律実務（第3版）』（中央経済社、2013）／同編著『健康管理の法律実務（第3版）』（中央経済社、2013）／同編著『賃金規制・決定の法律実務』（中央経済社、2012）／同編著『個別労働紛争解決の法律実務』（中央経済社、2011）／同編著『労働契約解消の法律実務（第2版）』（中央経済社、2011）／同編著『労働時間規制の法律実務』（中央経済社、2010）／同編著『管理職活用の法律実務』（中央経済社、2009）／同編著『配転・出向・降格の法律実務』（中央経済社、2008）／同編著『業務委託活用の法務ガイド（第2版）』（中央経済社、2009）／同編著『新改訂人事労務の法律と実務』（厚有出版、2008）
山中健児『労働関係ADRに必要な「民法」を学ぶ』（日本法令、2007）
延増拓郎他『憲法・民法・刑法の基礎と実践労務相談』（労働調査会、2009）
山口毅『労使紛争リスク回避のポイント～雇用管理のリスクマネジメント～』（労働調査会、2013）／同『あなたは労働者か事業者か』（労働調査会、2011）
橋村佳宏他『有期労働契約をめぐる個別論点整理と実務対応』（日本法令、2013）ほか多数

事件 アスベスト集団訴訟の代理人（使用者側）／日本航空の会社更生事件の管財人代理（人事労務分野を担当）および同社の整理解雇訴訟の代理人、ほか多数

稲葉総合法律事務所
Inaba & Partners

〒100-0004　東京都千代田区大手町1-7-2　東京サンケイビル18階
TEL　03-6265-1895　FAX　03-6265-1899
URL：http://www.inaba-law.jp　info@inaba-law.jp

12 (＋2)	
P 4	A 8	顧 0
男 7	女 5	
外弁 0	外資 0
他士 0	事務 4

金融法務・ストラクチャードファイナンスを強みとし、一般企業法務も広く扱う。専門知識・経験とチームワークを活かしつつ、依頼者の真のニーズに応えることを重視する。メガバンク等の金融機関を多くクライアントに持つ。

■理念・特色

　当事務所は、専門分野に長けた弁護士が組織的かつ迅速・柔軟に対応することによって、依頼者のニーズに合わせた高質なリーガルサービスを提供することをめざしています。

　当事務所は、一般企業法務における各種論点、ストラクチャードファイナンス黎明期から現在に至るまでのさまざまな議論、法改正や判例の動向といった理論面だけではなく、リーマンショック後における関係当事者倒産時の対応（管財人との交渉、訴訟などを含む）等の実務経験を踏まえて、理論と実務のバランスがとれたリーガルサービスを提供しております。また、当事務所では、案件の性質、時限性その他の依頼者のご要望に応じて、担当チームの構成や費用などについて、柔軟に対応しております。

　メガバンク等の大企業から中小企業まで幅広いクライアント層からご依頼いただいております。

　力を入れている業務分野としては次のとおりです。

○ストラクチャードファイナンス　各種債権のさまざまな仕組み（マスタートラスト、自己信託等も含む）による債権流動化・証券化、事業の証券化（WBS）、不動産の流動化・証券化については、黎明期から取り扱ってきただけではなく、太陽光発電等のプロジェクトファイナンスのほか、社会の要請に応じた新規の仕組みによる案件の組成も多数取扱っております。

○金融法務　典型的なファイナンスであるシンジケート・ローン、コベナンツ・ファイナンス、ABLによるファイナンス等にとどまらず、証券化の技術を利用したファイナンススキームや信託を利用した新規の金融商品の組成も積極的に取り組んでおります。

○事業再編・M&A　買収案件だけではなく、資本関係が複雑化している中規模会社等の事業再編についても、積極的に取り組んでおります。

○医療・介護　上記のヘルスケア施設の流動化・証券化にとどまらず、医療法人・介護事業者のM&A、人事・労務その他の一般的な法務相談について幅広く対応しております。

○不動産　上記の不動産の流動化・証券化にとどまらず、賃貸借関係、不動産開発、不動産管理等、不動産そのものに関する法的問題点について幅広くアドバイスを行ってきており、また必要に応じて訴訟、執行等も行っております。

■設立・沿革

2011年　東京都中央区日本橋にて設立
2014年　東京都千代田区大手町に移転

代表者　稲葉譲（第一東京弁護士会）	介護、医療法人
取扱言語　英語	報酬体系　原則としてはタイムチャージ方式によるが、案件によっては着手金・報酬金方式（日弁連旧報酬規程に変更を加えた事務所報酬規程による）も可能。顧問契約可。
主な顧問先　メガバンク、地方銀行、ネット専業銀行、信託銀行、信託会社、証券、アセット・マネジメント会社、リース、信販、コンサルタント、商社、不動産、建設、物流、格付、	

稲葉総合法律事務所

取扱業務

金融法務	銀行法務、信託、金融商品取引業、貸金業、信販、リース業、ファクタリング、各種融資、デリバティブ取引、年金信託・投資一任、資金決済等
ストラクチャードファイナンス（不動産・債権・事業等）	不動産流動化、REIT、プロジェクトファイナンス、PFI、債権の流動化、事業証券化（WBS）、BISファイナンス、LPS組成、アセット・マネジメント業務、買収ファイナンス、自己信託等
不動産	売買、賃貸、仲介、工事請負、境界紛争、区分所有法、再開発、環境法等
医療介護	病院、介護施設の流動化、事業承継、M&A、ヘルスケアREIT等
M&A	合併、事業譲渡、会社分割、株式譲渡、デューデリジェンス等
一般企業法務	コンプライアンス、リスクマネジメント、株主総会、社内規程等
紛争解決	債権回収手続、不動産関連訴訟、損害賠償、仲裁、調停、ADR等
事業再生・倒産法関連	破産・再生・更生手続、私的整理、事業再生ADR等

[P] 稲葉譲　1997中大法、1999〜2011片岡総合法律事務所、51期、一弁、（一社）流動化・証券化協議会バンキングWG委員

牛山琢文　1999早大法、2001〜11片岡総合法律事務所、54期、一弁、（一社）流動化・証券化協議会グリーン＆ファイナンスWG委員

本村彩　2001東大法、2008コロンビア大LS、2002〜13長島・大野・常松法律事務所、2009〜12金融庁、55期、一弁、（一社）環境不動産普及促進機構投資審査委員会委員

正田真仁　2001慶大法、2004〜05アンダーソン・毛利・友常法律事務所、2005〜11片岡総合法律事務所、57期、二弁

[A] 野口香織　2004法大法、2007〜09リンクレーターズ、2009〜12片岡総合法律事務所、60期、二弁、法大LS兼任教授（金融取引法）、租税判例研究会会員

山本純平　2006同大法、2008〜11片岡総合法律事務所、61期、一弁

石川祐　2006東大法、2008東大LS、2009〜14アンダーソン・毛利・友常法律事務所、62期、二弁、2012〜13東大LS講師（民法）

稲葉慧　2008東大法、2010東大LS、65期、東弁

齋藤真奈都　2009慶大法、2011東大LS、65期、東弁

中村宏彬　2008慶大法、2011一橋大LS、2013宏和法律事務所、65期、二弁

荒井達也　2010法大法、2012明大LS、2013〜15熊谷・田中・津田法律事務所、66期、二弁

生井絢子　2005早大法、2012一橋大LS、2013〜14飯田経営法律事務所、66期、一弁

著作　稲葉譲「オリジネーターによる事業再生ADRと証券化・流動化における諸問題」事業再生と債権管理129号（2010）／同「将来債権譲渡と当事者の合併」金融法務事情1822号（2007）／同「民法（債権法）改正における企業法務からの視点（第5回・完）債権譲渡と債務引受の交錯」NBL943号（2010）／牛山琢文「一括競売等の担保法に係るその他の民法改正」事業再生と債権管理109号（2005）／本村彩『一問一答　改正資産流動化法』（金融財政事情研究会、2012）／同『金融商品取引法コンメンタール2』（共著、商事法務、2014）／同「改正不動産特定共同事業法と実務上の論点」金融法務事情1990号（2014）／同『逐条解説2011年金融商品取引法改正』（共著、商事法務、2011）／正田真仁『信託法の要点』（共著、青林書院、2012）／野口香織『クレジット取引　改正割賦販売法の概要と実務対応』（共著、青林書院、2010）／石川祐『論点体系　会社法6』（共著、第一法規、2012）／生井絢子『金融機関におけるデリバティブ勧誘時の留意点』銀行実務2014年8月号

東京

岩田合同法律事務所 ［山根室］
IWATA GODO　Established 1902

〒100-6310　東京都千代田区丸の内2-4-1　丸の内ビルディング10階
TEL　03-3214-6205　FAX　03-3214-6209
URL：http://www.iwatagodo.com

法曹界の重鎮である岩田宙造弁護士によって開設され、110年以上の歴史を有する法律事務所であり、長年にわたり時代を彩る訴訟や企業法務全般に携わってきた。日本を代表する大企業をはじめ、多くの著名企業を顧問先とする。

47（＋5）		
P 18	A 27	顧 2
男 44	女 3	
外弁 2	外資 1	
他士 0	事務 31	

A		総合

■理念・特色

　岩田合同法律事務所山根室の歴史は、日本における企業法務を専門に扱う法律事務所の草分け的存在として、1902（明治35）年、後に司法大臣や日本弁護士連合会会長を歴任する故・岩田宙造弁護士が「岩田宙造法律事務所」を開設したことに始まります。爾来、一貫して、企業法務を中心として発展してきた当事務所は、長年にわたり、クライアント企業に対し、事業に伴う法律問題全般に関して広範なリーガル・サービスを提供してまいりました。クライアント企業の事業活動やそれを取り巻く法環境が複雑化した現在、争点がより専門的になったほか、クラス・アクション型訴訟のような複雑な訴訟類型が増加しました。訴訟・紛争解決以外の企業法務分野でも、企業再編、コーポレート・ガバナンス、ファイナンス、コンプライアンス、労働法務、倒産法務、競争法、知的財産権等のさまざまな領域で法律・規制が多様化・複雑化しました。当事務所はこのような時代の潮流に対応し、常にクライアント企業に最良のソリューションを提供し続けております。

　当事務所は、「伝統とは革新の連続である」という精神のもと、変遷する時代を超えて歴史を刻むことを志向しつつ、伝統に安住することなく、今後とも最良の法的サービスを常に提供し続けることを使命とし、高い志と理念を持ってクライアントに貢献してまいります。

　当事務所は、企業法務を中心に事業に伴う法律問題全般に携わってまいりましたが、クライアント企業の海外進出の増加に伴い、海外法律事務所との提携や外国法事務弁護士の加入など、渉外関連分野の陣容の充実も図っており、クライアント企業の日々の法律問題から海外進出までワンストップで支援できる体制を整えております。

■設立・沿革

　1902年、岩田宙造弁護士が築地に「岩田宙造法律事務所」を開設。1906年、丸の内の三菱仲14号館に事務所を移転。1950年頃、同弁護士の門弟弁護士が、事務所内において各自のプラクティスグループとして「室」を持ち、「岩田宙造法律事務所」の名の下に共同して弁護士活動を続けていくようになる。1962年、旧丸の内ビルヂング5階へ移転。1966年、岩田宙造弁護士の死去に伴い、事務所名を「岩田合同法律事務所」に改名。2002年、建替えが完了した現在の丸の内ビルディング10階に移転し、現在に至る。

代表者	竹内洋、若林茂雄（いずれも第一東京弁護士会）
取扱言語	英語、中国語、フランス語
主な顧問先	政府系銀行、銀行持株会社、メガバンク、信託銀行、地方銀行、ネット専業銀行、証券、損害保険、ノンバンク、電力、重工業、電機、電気通信、製紙、建設、設計、不動産、印刷、石油、大手小売、鉄工、製薬、製罐、医療機器、精密機器、食品、卸売業、出版、放送、広告代理店、IT関連、ソフトウェア、外国法人、学校法人、自治体、各種公益法人など
報酬体系	原則として顧問契約に基づき対応しているが、個別案件では日弁連旧報酬規程を参考に事件の難易を踏まえ、依頼企業の希望に応じて定めている。タイムチャージベースの報酬を定めることもある。

岩田合同法律事務所［山根室］

取扱業務 コーポレート関連分野 株主総会指導、コーポレート・アクション、コンプライアンスに関わる業務／**M&A分野** 企業買収、合併等の組織再編に関わる業務／**ファイナンス分野** 金融（ファイナンス・ドキュメンテーション、レギュラトリー、債権回収、保険等）に関わる業務／**争訟・紛争解決分野** 訴訟、仲裁等の争訟・紛争解決業務／**競争法関連分野** 審判手続の代理、リニエンシー申請の助言など競争法に関わる業務／**知的財産権分野** 特許・商標・著作権その他の知的財産権に関わる業務／**事業再生、倒産関連分野** 会社更生、民事再生、破産等の対応、倒産回避処理等に関わる業務／**労働法関連分野** 労働関連法令等の遵守に関する助言や労働紛争対応等／**環境法関連分野** 公害訴訟等の訴訟対応や環境関連法規のコンプライアンス関連業務／**渉外関連分野** 渉外業務一般、海外進出支援対応、国際仲裁／**危機管理・不祥事対応関連分野** 内部調査対応、監督官庁、金融商品取引所および株主等対応、反社会的勢力対応等／**不動産関連分野** 不動産投資スキームの組成等に関わる助言、不動産取引仲介関連業務／**税務関連分野** 税務争訟等／**親族・相続関連分野** 相続・事業承継プランニング、相続関連争訟／**ジェネラル・コーポレート分野** 上記のほか一般企業法務／**公益活動分野**

P 竹内洋 東北大法、18期、元一弁会長・日弁連副会長／若林茂雄 一橋大法、34期、ワシントン大LLM、元一弁副会長、元司法研修所民事弁護教官、元一橋大LS特任教授、ケーヒン社外取締役、新生紙パルプ商事社外監査役／池田達郎 中大法、17期／藤井正夫 中大法、36期／田路至弘 東大法、43期、パリ第2大DSU修了、飛島建設社外監査役、大塚家具社外監査役／田子真也 一橋大法、45期、コーネル大LLM、元司法研修所民事弁護教官、日興アセットマネジメント社外監査役／本村健 慶大院法学研究科前期博士課程、49期、ワシントン大LLM、慶大LS講師、司法研修所民事弁護教官／吉原朋成 東大法、49期、南カリフォルニア大LLM／浦中裕孝 京大法、49期、NY大LLM／上田淳史 慶大法、50期、ノースウェスタン大LLM、東京地裁民事調停官／坂本倫子 京大法、52期／鈴木正人 東大法、55期、ペンシルバニア大LLM／村上雅哉 東大法、56期／泉篤志 東大法、58期、南カリフォルニア大LLM／臼井幸治 慶大法、59期／岡香里 東大法、59期／大櫛健一 上智大法、59期／土門高志 東北大法、59期、ノースウェスタン大LLM C 佐藤修二 東大法、52期、ハーバード大LLM／田中貴士 京大法、58期／藤原宇基 東大法、61期／青山正博 東大法、筑波大LS、64期 A 柏木健佑 東大法、60期／永口学 東大法、60期／伊藤広樹 早大法、早大LS、60期／丸山真司 東大法、61期／松田貴男 東大法、61期、ハーバード大LLM／徳丸大輔 京大法、京大LS、61期／青木晋治 慶大法、慶大LS、61期／加藤真由美 早大法、東大LS、61期／武藤雄木 慶大経、東大LS、62期／深沢篤嗣 中大法、慶大LS、62期／荒則龍輔 九大法、九大LS、62期／清瀬伸悟 慶大総合政策、一橋大LS、62期／大浦貴史 慶大法、慶大LS、63期／冨田雄介 東大法、慶大LS、63期／佐藤高城 東大法、東大LS、63期／坂本雅史 熊本大法、熊本大LS、63期／上西拓也 東大法、東大LS、64期／工藤良平 東大法、東大LS、64期、コロンビア大LLM／別府文弥 東大法、東大LS、64期／笹川豪介 慶大総合政策、筑波大LS、64期／唐澤新 東大法、東大LS、66期／羽間弘善 東大工、東大LS、67期／山田康平 東大法、東大LS、67期 客員 田中徳夫 東大法、元通産省、元科学技術庁科学技術振興局長／芳賀良 青学大法、横国大教授

著作 岩田合同法律事務所山根室『株主総会物語』（商事法務）／同『法務担当者のための民事訴訟対応マニュアル』（商事法務）／同『わかりやすい電子記録債権法』（商事法務）／田路至弘『法務担当者のためのもう一度学ぶ民法』（商事法務）／岩田合同法律事務所・あずさ監査法人編『IPOと戦略的法務——会計士の視点もふまえて』（商事法務）／本村健編集代表『第三者委員会——設置と運用』（金融財政事情研究会）／岩田合同法律事務所編『Q&Aインターネットバンキング』（商事法務）／田子真也他監修『Q&A 家事事件と銀行実務』（日本加除出版）／田子真也編著『Q&A社外取締役・社外監査役ハンドブック』（日本加除出版）ほか多数

牛島総合法律事務所
Ushijima & Partners, Attorneys-at-Law

〒100-6114　東京都千代田区永田町2-11-1　山王パークタワー12階・14階
TEL　03-5511-3200　FAX　03-5511-3258
URL：http://www.ushijima-law.gr.jp/　ushilaw@japan.email.ne.jp

48 (＋1)			
P 16	A 28	顧 4	
男 41	女 7		
外弁 0	外資 3		
他士 0	事務 44		

A		総合	

牛島代表を中心とする総合法律事務所で、田村弁護士はもちろん、近年は、若手パートナーの活躍も注目される。牛島代表は、特定非営利活動法人日本コーポレート・ガバナンス・ネットワークの代表や企業法律小説家・エッセイストとしても著名。

■理念・特色
「完璧な仕事をする」
　当事務所は、「クライアントが弁護士であれば何をしたいか」を常に考え、もっぱらクライアントのために「完璧な仕事をする」ことをモットーとしております。日常の業務はもとより、「会社の命運のかかった事案においては、どうしても牛島総合法律事務所に頼みたい」という信頼を寄せられる事務所でありたいと願っています。
　当事務所の取扱業務は、国内外の取引および投資に関する法律事務、これらに関連する訴訟や仲裁等の準訴訟実務その他ビジネス・ロー全般に及びます。特に、契約法、不動産取引法、会社法、会社更生法、破産法、独禁法、関税貿易法、ファイナンス／証券化、金融法、商標法、著作権法、税法、労働法、環境法、保険、コンプライアンス／コーポレートガバナンス、ITの分野等に力を入れております。
　たとえば、コンプライアンス／コーポレートガバナンス分野では、経営監視システムや内部統制システムの確立の重要性を早くから指摘し、より効果的な経営監視システムおよび内部統制システムの構築に積極的に関与しております。
　M&Aについては、買収側・被買収側のいずれの立場からもこれまで数多くの案件に関与しており、敵対的買収案件では、王子製紙による北越製紙に対する敵対的買収案件、ドン・キホーテによるオリジン東秀に対する敵対的買収案件等において法的助言を行うなどしてまいりました。
　ファイナンス／証券化も主要業務分野の1つです。当事務所は、この分野のパイオニアとして、主に不動産に関する証券化、流動化案件（開発案件、J-REITを含む）等を取り扱ってきたほか、関連法令の立法、法制度の整備等にも関与しております。
　訴訟や仲裁等の紛争処理案件もまた、当事務所の業務の中でも中心的な業務の1つです。株式、機関、役員選解任に関する紛争や株主代表訴訟等の商事関係訴訟や国内外の取引に関する各種訴訟のほか、システム関連その他の知財関係訴訟、建築瑕疵・土壌汚染に関する訴訟等の技術的専門性の高い案件も多数手がけております。
　その他、近時は、アジア関連プラクティスにも注力しております。

■設立・沿革
　1985年4月に、牛島信弁護士が新青山ビル（南青山）西館で開設し、2004年10月に現在の山王パークタワーに移転しました。2002年9月に、事務所名を「牛島法律事務所」から「牛島総合法律事務所」に変更し、現在に至っています。

代表者　牛島信（第二東京弁護士会）	アパレル、建設会社、不動産会社、テレビ放送局、通信事業会社、流通業者、官公庁等
取扱言語　英語	
主な顧問先　金融機関（銀行、信託銀行、証券会社、生命・損害保険会社等）、商社、メーカー（自動車・食品・薬品・コンピュータ等）、	報酬体系　基本的に時間制報酬（タイムチャージ）をとるが、具体的には当事務所報酬基準による。

牛島総合法律事務所

取扱業務 **一般企業法務** 国内外でビジネスを展開する日本企業や金融機関、日本国内での投資経済活動を営む外国企業や外国金融機関等が抱えるさまざまな法律問題に関するアドバイス等／**コンプライアンス** 経営者を対象とした講演、社外取締役や執行役員制度の導入等の経営監視システムや内部統制システムの構築に関する提案、コンプライアンス・マニュアル等の作成、不祥事件発生時の組織内外への対応等／**M&A** ディールの法的な戦略立案、ストラクチャリング、リーガル・デューデリジェンス、契約交渉、契約書作成、監督官庁との折衝等／**敵対的買収** 敵対的買収事件における各種アドバイス等／**労務** 日本企業や外国企業の人事労務全般／**税務** M&A、企業組織再編等の案件における税務上の分析、新規金融商品、ファイナンス、保険、証券化案件等における税務上の諸問題、非居住者・外国法人の課税問題、国際的取引・国際的投資案件における移転価格税制その他にかかわる税務上のアドバイス等／**不動産** 売買、賃貸借、土地区画整理事業・都市再開発事業等・大規模開発、都市計画法・建築基準法、土壌汚染・アスベスト対策その他の環境法令に関するアドバイス等／**環境法** M&Aや不動産取引に関する環境法リスクその他ビジネス取引に関するさまざまな環境法に関するアドバイス等／**金融関連規制** 銀行法、金融商品取引法、保険業法、投資顧問業法、投資信託および投資法人に関する法律等およびそれらに付随する規則、ガイドライン、検査マニュアル等についてのアドバイス等／**ファイナンス・証券化** ストラクチャード・ファイナンス、コミットメントライン契約、各種ノンリコース・ローン、スワップ等の各種デリバティブ、プロジェクト・ファイナンス等、不動産に関する証券化、流動化案件等／**保険** 保険契約法、保険会社の組織・運営に関わる問題、資産運用、保険会社の統合・再編および新規参入についてのアドバイス等／**事業再生・倒産** 債権者やスポンサーの依頼を受けての法的倒産手続への関与、法的倒産手続の申立等／**リスク・マネジメント** 企業不祥事の事実調査と原因分析、再発防止策の策定等／**訴訟・仲裁** 各種訴訟事件の代理業務、JCAA、ICC等による国際仲裁事件における代理業務等／**国際取引法務** ディストリビューター契約、ライセンス契約、航空機等動産売買契約、知的財産関連契約などの各種クロスボーダー取引に関するアドバイス等／**独占禁止法** M&A、企業分割、企業提携、持株会社化等の企業結合における公正取引委員会との対応、共同研究開発、流通、販売、下請等に関するアドバイス等／**知的財産** 知的財産権の行使、ライセンス契約の締結、知的財産権侵害の予防法務、知的財産権侵害訴訟等／**エンタテインメント** 音楽、映画、プロスポーツ、イベント、ゲーム等をはじめとする各種エンタテインメント・ビジネスに関するアドバイス等／**インターネット・メディア・IT** システム開発に関する契約、ソフトウェアやノウハウのライセンス契約の交渉および契約書のレビュー、知的財産権に関する紛争の処理等／**アジア・プラクティス** 東南アジアにおける日系企業へのアドバイス等

東京

P 牛島信 29期／田村幸太郎 35期／荒関哲也 38期、東弁／井上治 43期／長瀬博 44期／井上正範 45期／小島健一 46期／渡邉弘志 48期／東山敏丈 49期／東道雅彦 49期／黒木資浩 51期／山中力介 51期／藤井雅樹 52期／粟原大喜 53期／川村宜志 54期、東弁／影島広泰 56期／顧 木藤繁夫 18期、一弁／杉田就 28期 以上オブカウンセル／佐藤直史 48期／石川拓哉 54期 以上スペシャルカウンセル
A 齊藤佳子 54期／渡辺美木 54期／杉野聡 56期／八下田麻希子 56期／稗田直己 57期／新井愛子 58期／柳田忍 58期／久保田佳奈子 59期／塩谷昌弘 59期／猿倉健司 60期／牧田奈緒 62期／山内大将 62期／藤村慎也 63期／石田哲也 63期／薬師寺怜 63期／大澤貴史 64期／伊藤康太 65期／辻晃平 65期／仲谷康 65期／簾田桂介 65期／小山友太 66期／関口恭平 66期／土屋佑貴 66期／百田博太郎 66期／青木勝之 67期／小坂光矢 67期／三嶽一樹 67期／守屋惇史 67期 以上明記のないものはすべて二弁。

著作 多数あり。当事務所HPを参照。

弁護士法人 内田・鮫島法律事務所
UCHIDA & SAMEJIMA LAW FIRM

〒105-0001　東京都港区虎ノ門2－10－1　虎ノ門ツインビルディング東棟16階
TEL　03-5561-8550　FAX　03-5561-8558
URL：http://www.uslf.jp　info@uslf.jp

20（＋5）	
P 5	A 15	顧 1
男 17	女 3
外弁 0	外資 1
他士 8	事務 10

技術法務と知財・IT系紛争の専門事務所で、所属弁護士も、理工系やメーカー等の技術系企業出身者が大半を占める。紛争案件のみならず、知財関連のコンサルティング案件にも注力する。

■理念・特色

内田・鮫島法律事務所の理念は、「技術法務で日本の競争力を維持・向上させる」というものです。弊所の顧客はそのすべてが何らかの技術を持ち、これを付加価値として事業を推進されている企業・団体です。当然の帰結として、弊所の弁護士はほぼ全員が何らかの技術バックグラウンドを有しており、その範囲は生命工学から、化学・材料・機械・電気、そして、ITに及びます。ここまでの技術バックグラウンドの広がりを弁護士資格保有者のみで形成している法律事務所は、日本中で弊所のみであると自負しております。

技術法務と知財・IT系紛争に力を入れています。

技術法務とは聞き慣れない用語かもしれませんが、「技術を付加価値として事業を展開する事業体が、その事業を遂行するにあたって直面するさまざまな問題について、法務・知財をボーダレスに駆使するとともに、単に法務的・知財的な視点のみならず、ビジネス的な視点からも当該事業体の経営者と議論し、アドバイスし、その事業の競争力を向上させるべく行う法律的な業務」のことをいいます。

したがって、法律相談ベースでは、共同開発契約、ライセンス契約などの技術契約に関するご相談のほか、事業戦略にまつわる法的リスクや知財戦略について総合的にコンサルティングを行うことが弊所の業態です。このため、弊所弁護士の過半は弁理士業務経験者であるとともに、大企業での勤務経験保有者です。

この関連で、最近は、知財関連のコンサルティング案件にも力を入れており、知財投資についてのコスト・リターンの分析、特許分析による特許ポートフォリオの評価などの実績があります。

紛争案件は知財訴訟・IT関連訴訟が中心となります。弊所の担当する知財訴訟のうち、8割以上は特許系の紛争であり、この分野においては多くの経験と実績を積んでおります。また、紛争前の権利侵害／有効性鑑定、ライセンス交渉、特許無効審判なども承ります。

■設立・沿革

2004年「内田・鮫島法律事務所」を開設し、2013年弁護士法人に改組しました。

代表者　内田公志（東京弁護士会）、鮫島正洋（第二東京弁護士会）	ア製作販売社、インターネット系ベンチャー企業など
取扱言語　英語	**報酬体系**　原則としてタイムチャージによる。タイムチャージレートは、パートナー弁護士／アソシエイト弁護士で、それぞれ36,000円／30,000円。顧問料（月額）は、100,000円が標準（応相談）。案件によっては、着手報酬その他の報酬体系で承る。
主な顧問先　知財系の顧問先：大手メーカー（電気・化学・部品・製薬など）、ものづくり中小企業・ハイテクベンチャー企業、国立研究所、大学など	
IT系の顧問先：システムベンダ、ソフトウエ	

取扱業務 知財・技術を中心とする法律事務(契約・訴訟)／IT関連業務／破産申立て、企業再生などの企業法務／瑕疵担保責任、製造物責任など技術系の法律紛争、その他会社法・労務・債権回収など、技術系企業に生起する一般法律業務

P **内田公志** 1984京大法を経て登録、38期、(1995〜96)元ルーヴァン大(ベルギー)客員教授／**鮫島正洋** 1985東工大金属工、1991弁理士資格取得、フジクラ、日本IBMを経て登録、51期(2012知財功労賞・経済産業大臣表彰)／**伊藤雅浩** 1996名大工前博、アクセンチュアその他のコンサルティングファーム、一橋大LS、61期／**小栗久典** 1992一橋大法、東芝にて弁理士資格取得後、特許法律事務所勤務、一橋大LS、62期、NY州弁護士／**髙見憲** 1995東大農修、特種製紙、特許事務所にて弁理士資格取得、成蹊大LS、61期

A **久礼美紀子** 2001東大工、日本IBM、60期／**山口建章** 1997北大工、川崎重工業、青学大LS、61期、2015青学大LS客員教授／**髙瀬亜富** 2007北大LS、61期、動画コンテンツ配信サービス事業者への出向等を経験／**和田祐造** 1996慶大理工、特許事務所にて弁理士資格取得、早大LS、62期／**柳下彰彦** 1994慶大理工修、三菱化学にて弁理士資格取得、桐蔭横浜大LS、63期／**溝田宗司** 2002同大工、日立製作所にて弁理士資格取得、阪大LS、63期／**宅間仁志** 2004横浜市大総合理修、京大LS、63期／**髙野芳徳** 1997早大工、東芝、特許事務所・特許庁勤務、弁理士資格取得、大東文化大LS、64期／**幸谷泰造** 2001東大理修、ソニーにて弁理士資格取得、成蹊大LS、65期／**山本真祐子** 2009中大法、北大LS、66期／**関裕治朗** 1999早大理工、特許庁審査官、桐蔭横浜大LS、67期／**永里佐和子** 2000早大政経、一橋LS、67期／**髙橋正憲** 2001北大工、日立製作所にて弁理士資格取得、北大LS、67期／**篠田淳郎** 2003東大理(生命工学博士)、特許事務所勤務中に弁理士資格取得、筑波大LS、67期／**岩崎洋平** 2004東大法、スタンフォード経営学修士、58期

著作 鮫島正洋『特許戦略ハンドブック』(共著、中央経済社)／『知的財産の証券化』(共著、日本経済社)／『基礎から学ぶSEの法律知識』(共著、日経BP社)／『新・特許戦略ハンドブック』(共著、商事法務)／『技術法務のススメ』(共著、日本加除出版)
伊藤雅浩『システム開発紛争ハンドブック―発注から運用までの実務対応』(共著、レクシスネクシス・ジャパン)／「システム開発契約の新たな課題『システム開発ベンダが負うべきプロジェクトマネジメント義務の内容』」Law & Technology 65号／『Q&Aインターネットの法的論点と実務対応(第2版)』(共著、ぎょうせい)
小栗久典「複数主体の関与」竹田稔他編『ビジネス方法特許―その特許性と権利行使』(青林書院)／「『食品包み込み成形方法事件』寸考」中山信弘他編『知財立国の発展へ 竹田稔先生傘寿記念』(発明推進協会)／「ビジネス方法に関する発明の特許対象性及びその判断基準」(共著)尾島明他編『アメリカの最高裁判例を読む―21世紀の知財・ビジネス判例評釈集』(知的財産研究所)

事件 主として特許関連の侵害訴訟、審決取消訴訟案件が多い。
代表的な事件：平成25年2月1日知的財産高等裁判所大合議判決(ごみ貯蔵機器事件)

弁護士法人 瓜生・糸賀法律事務所
URYU & ITOGA

〒107-6036　東京都港区赤坂1-12-32　アーク森ビル36階
TEL　03-5575-8400　FAX　03-5575-0800
URL : http://uryuitoga.com　info@uryuitoga.com

34 (+4)	
P 12	A 18	顧 5
男 29	女 5	
外弁 0	外資 10
他士 10	事務 55

伝統的な国内企業法務や欧米渉外案件に幅広く豊富な実績を有するほか、中国・アジア諸国法務に国内有数の専門性と歴史を有する。法律・会計・税務の多面的な問題に対しては、会計士等と連携して複眼的な助言を行う。

■理念・特色

当事務所は、訴訟、仲裁、一般企業法務、M&A、ファイナンス、コンプライアンス対応などの伝統的な企業法務について、依頼者の期待に応えるクオリティとスピードで最適なソリューションを提供している中堅法律事務所です。

その一方で、渉外案件ではとりわけ中国に関する法律業務について、経験年数のほか規模および件数の点で日本トップクラスの取扱実績があるだけでなく、その他世界全域の新興国についても、同様に日本有数の取扱実績があります。これらのことから、現在当事務所における案件の約半数はアウトバウンドのクロスボーダー案件となっております。

現在、当事務所は、東京のほか中国（北京、上海）およびベトナム（ハノイ、ホーチミン）にオフィスを有し、世界弁護士連合会（UIA）や世界的な法律事務所ネットワークであるLegalinkのメンバーとなることにより、世界中の一流法律事務所と密接な協力関係を保ちながら、日本企業のグローバル化に完全に対応しております。

最近では、海外で活動する日本企業が知っておくべきトピックを取り上げたセミナーを開催して当事務所が持つ最新情報やノウハウを発信しています。当事務所は、世界で活動する日本企業から寄せられる国内外の企業法務全般に関するご相談を取り扱っており、法律・会計・税務等の多面的な検討を要する問題に対しては、グループ会社および提携先の会計士、税理士、外国弁護士等と連携して、よりビジネスを深く理解するという志向性を持って専門家が多面的に検討することにより複眼的なソリューションをワンストップで迅速に提供するプロフェッショナル集団です。

■設立・沿革

1985年に糸賀弁護士が設立した日中関係および他の新興国を中心とする国際的法律問題の処理を行う法律事務所と、2002年に瓜生弁護士が共同代表者として設立した国内業務および東アジア地域にかかわる国際的な法律業務を提供する法律事務所が、2005年に合併して誕生した事務所です。名称は、2012年より現在の名称となっております。

代表者　瓜生健太郎（第一東京弁護士会） 支店　中国（北京、上海）、ベトナム（ハノイ、ホーチミン） 取扱言語　英語、フランス語、中国語、ロシア語、ベトナム語、スペイン語、ドイツ語、イタリア語、韓国語、トルコ語、ウズベキスタン語	主な顧問先　各業種の東証一部上場会社もしくは同等規模の非上場会社。 報酬体系　事務所報酬規程（日弁連旧報酬規程に当事務所の変更を加えたもの）による。着手金・報酬金等とタイムチャージの双方対応可能

弁護士法人 瓜生・糸賀法律事務所

取扱業務 ■種別による分類　コーポレートガバナンス　一般行政規制対応、株主総会、金融規制対応／金融商品取引法、コンプライアンス　M&A・組織再編　M&A・組織再編、プライベートエクイティ、ベンチャーキャピタル　ファイナンス　買収ファイナンス、バンキング、プロジェクトファイナンス、ストラクチャードファイナンス、デリバティブ、保険関連　訴訟／紛争解決　民事商事紛争一般、調停／仲裁／ADR、国際的紛争解決、企業刑事法務、債権回収・強制執行、医療訴訟、マスコミ訴訟（名誉毀損等）　事業再生・倒産　労働法務　労働法務、労働紛争、労働組合対応　不動産　不動産取引、不動産投資／証券化　競争法／独占禁止法　独占禁止法、不正競争防止法　税務アドバイス・プランニング　IT／知的財産　IT／IT争訟、知的財産権／エンターテイメント　アンチドーピング　アンチダンピング他通商法　親族／相続　公益法人、一般社団法人等　薬事規制・ヘルスケア　環境法
■地域・国による分類　アジア　中国、ベトナム、インド、インドネシア、シンガポール、タイ、台湾、香港・マカオ、韓国、マレーシア、ミャンマー、モンゴル、フィリピン、カンボジア、スリランカ、バングラディシュ、ラオス、トルコ、ウズベキスタン、カザフスタン、パキスタン、ネパール　ヨーロッパ　イギリス、フランス、ドイツ、イタリア、スペイン、ロシア、チェコ、ポーランド、スウェーデン、ウクライナ　アメリカ　アメリカ、メキシコ、ブラジル、その他中南米諸国　アフリカ　南アフリカ、マグレブ、その他アフリカ諸国

東京

P瓜生健太郎 1988早大政経、47期／**糸賀了** 1969東大法（中退）、23期／**大前由子** 1988上智法、48期／**澤田忠之** 1994東大法、48期／**設樂公晴** 1992東大法、2005南カリフォルニア大LLM修了、50期／**萩野敦司** 1998東大法、2012ロンドン大LLM修了／**宍戸一樹** 1999東大法、(公財)日本アンチ・ドーピング機構　日本ドーピング防止規律パネル委員（2012〜）、(公財)井上育英会評議員（2012〜）、53期／**小林幹雄** 1997立命大文、53期／**島田知子** 1997慶大法、53期／**水野海峰** 1999早大法、2004イリノイ大LLM修了、54期、上海事務所首席代表、東弁／**穴田功** 1999東大法、2007南カリフォルニア大LLM修了、54期／**谷本規** 2001阪大法、55期、ハノイ事務所およびホーチミン事務所代表　顧**山室恵** 1972東大法、1974判事任官、26期、2004登録、富士通社外監査役（2005〜）、アドバンテスト社外監査役（2006〜）、ニフティ社外監査役（2009〜）、八千代工業社外監査役（2013〜）／**早川吉尚** 1991東大法、1996東大院博士課程満期退学、立大教授、国際連合国際商取引法委員会日本政府代表（〜2003）、ハーグ国際私法会議日本政府代表（〜2002）等、東弁／**今利泉学** 1993一橋大法、47期／**高信桃子** 1996東大法、2010ボストン大LLM修了、52期、二弁／**Robert SNODGRASS** 1995カリフォルニア大バークレー校、2003米国NY州弁護士資格取得　A**金田繁** 1995東大法、2004ボストン大LLM修了、50期、二弁／**須永了** 1999東大法、57期／**蔵元左哲** 1998慶大法、2002一橋大LS、2008コーネル大LLM修了、57期、東弁／**広瀬元康** 2002東大法、2009パリ第2大ビジネス法修士、58期、東弁／**谷添学** 2005中大法、2012NY大LLM修了、59期／**千賀福太郎** 2004東大法、2006東大LS、60期／**鈴木崇** 2002慶大法、2006慶大LS、60期／**上杉達也** 2004慶大法、2006中大LS、61期、東弁／**森啓太** 2005京大法、2007京大LS、61期、東弁／**志賀正師** 2006中大法、2008中大LS、62期、東弁／**舘下繁仁** 2004東大法、2007中大LS、62期／**髙田佳匡** 2008東大法、2010慶大LS、64期／**野島未華子** 2008一橋大法、2011一橋大LS、65期／**吉川景司** 2007東大教養、2007東大LS、65期／**若竹宏諭** 2010慶大法、2012慶大LS、66期／**川原蓮** 2010明大法、2012中大LS、67期／**塚本聡** 2011慶大法、2013慶大LS、67期／**光本亘佑** 2003慶大法、2005カーネギー・メロン大学公共政策大学院、2013東大LS、67期　以上明記のないものはすべて一弁。

著作 早川吉尚他『海外腐敗行為防止法制と国際仲裁法制の戦略的活用』（商事法務、2015）ほか多数

AZX総合法律事務所
AZX Law Offices

〒102-0083　東京都千代田区麹町1-4　半蔵門ファーストビル3階
TEL　03-3512-2531　FAX　03-3237-2175
URL：http://www.azx.co.jp　contact@azx.cp.jp

12 (＋2)			
P 6	A 6	顧 0	
男 11	女 1		
外弁 1	外資 0		
他士 14	事務 18		

企業法務全般に対応しているが、特にベンチャー企業のサポートに注力している。弁護士、弁理士、公認会計士、税理士、社労士にて共同でグループを構成し、One Stop Serviceを実現している。

A		会社
	知財	MA

■理念・特色

　AZX総合法律事務所を含むAZX Professionals Group（AZX）の使命は、「新しいエネルギーを創造すること。そのために、AからZまでの品質を追求し、AZXでしか提供できない特別な付加価値（extra value）を実現する。」ことにあります。AZXは、その理念を実現するために、ベンチャー企業を中心としたベンチャー業界をサポートしています。なお、「AZX」とは、"from A to Z, and extra value"を意味しています。

1．One Stop Service　企業をサポートする場合には、弁護士が取り扱っている法務事項だけではなく、税務会計事項、特許・商標・著作権等の知的財産権事項、労務関連事項のサポートも不可欠です。企業においては、複数の領域が複雑に関係しているケースもあります。AZXでは、弁護士だけでなく、弁理士、公認会計士、税理士、社労士と共同で、シームレスにサポートできる体制を整えています。

2．IPOに向けての整備　ベンチャー企業のサポートにおいては、将来のIPOに耐えられるレベルの品質を提供する必要があります。AZXでは、たとえば、ビジネスモデルについてIPOに耐えられるように整備を行ったり、適切な法律意見書を作成したりしています。また、常に将来のIPOを意識してアドバイスを行うようにしています。

3．新規のビジネスモデルの精通　AZXにおいては、これまで世の中に存在しなかった新しいビネジスモデルなどについてアドバイスを求められるケースが多く、メンバー一同にて、常に新しいビジネスを把握して、理解するよう努めています。インターネット、クラウドコンピューティングなどを利用したIT関連のサービスはもとより、クラウドファンディング等の金融関連事業、創薬やDNA解析などのバイオ関連事業、飲食・ウェディングなどのサービス関連事業などもサポートしています。

■設立・沿革

2001年、AZX総合法律事務所、AZX総合会計事務所、AZX国際特許事務所、AZX社会保険労務士事務所を含むAZX Professionals Groupを創設。2013年、契約書自動作成システムの「契助」（http://www.kei-suke.jp/）をリリース。

代表者	後藤勝也（第一東京弁護士会）
取扱言語	英語
主な顧問先	システム開発、ECサイト（オークション・フリマを含む）、インターネット広告、SNS、ゲーム、クラウドソーシング、クラウドファンディング、CtoCサービス、メディア・キュレーションサービス、FinTech関連サービス、ビッグデータ解析関連サービス、旅行業、教育事業、不動産関連事業、人材採用サービス、創薬、DNA解析、飲食業、ウェディング、エネルギー関連事業、リサイクル事業、環境関連事業、農業関連事業等を提供する各社ベンチャー・キャピタル等のベンチャー・ファイナンス関連の事業を行う各社
報酬体系	タイムチャージ制が原則、単価は、パートナー26,000円～50,000円、アソシエイト22,000円～24,000円。顧問料は原則（月額）50,000円～。訴訟等については、着手金・報酬型もあり。

取扱業務 会社法その他のコーポレート関連業務、コンプライアンス・コーポレートガバナンス等についてのアドバイス、新規ビジネスの適法性調査、IPO引受審査に関するアドバイス、投資契約・種類株式・新株予約権付社債等のベンチャー・ファイナンス関連業務、買収・合併・株式交換・株式移転・会社分割・事業譲渡等のM&Aおよび事業再編、開示規制・インサイダー取引規制・TOB等の金商法関連のアドバイス、利用規約・秘密保持契約・ライセンス契約・販売代理店契約・システム開発契約・業務委託契約等の各種契約書（英文契約を含む）の作成およびレビュー、ストックオプション・新株発行・株式分割その他の株式関連業務、独占禁止法・下請法等のアドバイス、プライバシーポリシーその他の個人情報保護法関連のアドバイス、特許・商標・著作権等の知的財産権に関する契約や紛争についてのアドバイス、就業規則・雇用契約・労働審判その他の労務関連事項についてアドバイ、企業の不祥事対応についてのアドバイス、各種訴訟事件および非訟事件（株式の価格決定の事案等）の対応、破産手続

P 後藤勝也 1994東大法、1994アクセンチュア、50期、一弁、1998長島・大野法律事務所、2001AZX Professionals Group創設、パートナーCEO

林賢治 1995東大法、49期、一弁、1997青山中央法律事務所、2001AZX Professionals Group創設、パートナーCOO

雨宮美季 1999立命大院、54期、東弁、2001ベンチャー企業にて社内弁護士、2002AZX Professionals Group、2008AZX Professionals Groupパートナー

増渕勇一郎 1996東大法、57期、東弁、2004名岡・岡村法律事務所、2009AZX Professionals Group、2012AZX Professionals Groupパートナー

池田宣大 2002慶大法、59期、二弁、2006ポールヘイスティングス法律事務所、2009AZX Professionals Group、2014AZX Professionals Group パートナー

長尾卓 2006早大法、2008中大LS、62期、一弁、2010AZX Professionals Group、2015AZX Professionals Groupパートナー

A 濱本健一 2006早大法、2009早大LS、63期、一弁、2011AZX Professionals Group

髙橋知洋 2004東大文、2004朝日新聞社、2008東大LS、63期、一弁、2011麒麟麦酒㈱法務部、2014AZX Professionals Group

渡部峻輔 2007立大法、2009慶大LS、63期、二弁、2011クリフォードチャンス法律事務所、2014AZX Professionals Group

石田学 2007早大法、2009神大LS、64期、二弁、2012㈱日本貿易保険、2014大毅法律事務所、2015AZX Professionals Group

菅原稔 2009東北大法、2011一橋大LS、65期、一弁、2013AZX Professionals Group

小鷹龍哉 2009慶大法、2011慶大LS、65期、二弁、2013企業法務系法律事務所、2014AZX Professionals Group

ＮＳ綜合法律事務所
NS SOGO LAW OFFICE

〒101−0041　東京都千代田区神田須田町1−5　東洋須田町ビル5階
TEL　03-3251-0066　FAX　03-3251-0067
URL：http://www.ns-law.jp

5 (−1)	
P 3	A 1　顧 1
男 3	女 2
外弁 0	外資 0
他士 0	事務 3

B	金融
	会社　訴訟

　金融法務を中心としつつ、企業法務から相続等の個人事件まで幅広く扱う。小規模であることを活かし、取扱い案件につき、必要に応じて迅速に事務所全体で取り組む体制を取っている。

■理念・特色

　当事務所は、依頼者（企業、個人）の相談に、常に「誠実、迅速、適切」に対応することを心がけています。それは依頼者が大企業であろうと個人であろうと異なりません。法律相談や事件を通じて実感するのは、激動し、価値観が多様化する現代社会にあるが故に、一層「公正であること」が求められているということです。

　法の究極の目的は、「公正であること」を実現することに他ならないと考えます。そのために当事務所は、1人ひとりが、事案に即した「公正」を見極め、より適切な解決を導く弁護士であるべく、日々研鑽に励んでいます。日常的に弁護士間での協議・意見交換を活発に行うほか、毎週少なくとも1回は、常勤弁護士全員で、顧問先からの法律相談の検討や争点に関する議論を交わし、また、最新の判例や法改正の勉強・研究等をする時間に充てています。

　当事務所は、顧問先に金融機関や金融関連会社が多く、金融法務が過半を占めており、日常的な法律相談から契約書等の文書のリーガルチェック、保全・訴訟・執行などの法的手続の対応にわたり、開設当初より現在まで継続的に注力しています。

　その他の企業法務の分野では、株主総会指導、倒産関連、人事労務関連等を扱っています。社会情勢を反映して増えている成年後見・相続が絡む案件についても、個人事件を通じた豊富な経験を活かし、より実務的な意見・助言を提供しています。また、不動産の売買・借地借家・境界・登記手続等は、どの分野にも関わることであり、日常的に扱っています。さらに、破産事件（申立・管財双方を含む）・交通事故等も頻繁に扱っています。

　当事務所の代表弁護士は、現在、複数の上場企業の社外取締役を務め、コーポレート・ガバナンスの分野にも注力しています。

　大学教授の非常勤弁護士は、専門が倒産法・民事訴訟法であり、各地で講演・講義等を行い多数の著作を有するほか、大型の倒産事件・会社関係訴訟において、意見書や鑑定書の提出をしています。

■設立・沿革

　2001年11月に開設。設立当時の弁護士のイニシャルが全員「N」と「S」だったことから事務所名をつけました。

代表者	佐貫葉子（第二東京弁護士会）
主な顧問先	金融機関、金融関連会社、メーカー（飲料、食品、日用品、工具等）、一般社団法人・財団法人、学校法人、医療法人、NPO法人、不動産会社など
報酬体系	事務所報酬規程（日弁連旧報酬規程に準じたもの）を参考に、各事案の難易や性質に応じて決定。着手金・報酬金方式を基本とし、タイムチャージ方式も対応可能。

NＳ綜合法律事務所

|取扱業務| 企業法務・金融法務　債権管理・回収、コンプライアンス、コーポレートガバナンス、組織再編、人事労務問題その他企業法務全般に関する相談、リーガルチェック、規程・契約書・意見書等作成、保全・訴訟・執行手続、株主総会の指導等／一般民事事件　売買、金銭貸借、賃貸借、不動産取引、近隣問題、交通事故その他法律紛争に関する相談、文書作成、調停、訴訟、執行手続等／家事事件　相続問題（遺言書作成、遺産分割、遺言執行、遺留分減殺等）、離婚問題、成年後見・財産管理その他に関する相談、調停、審判、人事訴訟手続等／倒産事件　個人・法人の自己破産・民事再生申立て、任意整理、債権者側の対応・回収に関する相談、意見書作成等／裁判所からの選任により行う職務　民事調停委員、破産管財人、成年後見人、相続財産管理人等／刑事事件　逮捕勾留段階、公判段階の弁護活動等

|P|佐貫葉子　1974慶大法、33期、二弁、明治ホールディングス社外取締役、りそなホールディングス社外取締役（監査委員会委員長）、中央建設工事紛争審査会委員、東京地方裁判所民事調停委員、防衛人事審議会公正審査分科会会長

西畠義昭　1993早大法、49期、二弁、元アステラス製薬社内治験審査委員会委員、学校法人和田実学園理事

柴田美鈴　1997慶大法、53期、二弁、元金融庁監督局総務課信用機構対応室課長補佐（任期付）

|A|河村啓太　2010中大法、2012慶大LS、66期、二弁

|顧|中島弘雅　1979東北大院、二弁、慶大LS教授、山梨学院大LS客員教授、東京商工会議所経済法規委員会委員、事業再生実務家協会理事、事業再生研究機構理事、ABL協会顧問、元司法試験考査委員

|著作|佐貫葉子『民事手続法事典』（共著、ぎょうせい）／同『融資管理・回収実務事典』（共著、金融財政事情研究会）／同『妻達の法律＋税金』（共著、ぎょうせい）／同『銀行窓口の法務対策』（共著、金融財政事情研究会）／同「不都合な情報の受け皿」監査役489号（2004）／西畠義昭『ネット告発―企業対応マニュアル』（共著、毎日コミュニケーションズ）、同『不動産登記・供託の法律相談』（共著、学陽書房）／中島弘雅『倒産法大系―倒産法と市民保護の法理』（共編著、弘文堂）／同『新民事救済手続法』（共編著、法律文化社）／同『会社法（改訂版）』（共著、成文堂）／同『新しい株主代表訴訟』（共著、弘文堂）／同『英米倒産法キーワード』（共編著、弘文堂）／同『民事訴訟法入門（第2補訂版）』（共著、有斐閣）／同『新民事救済手続法』（共編著、法律文化社）／同『体系倒産法Ⅰ（破産・特別清算）』（中央経済社）／同『民事執行・民事保全法』（共著、有斐閣）／同『民事再生法判例の分析と展開（金融商事判例増刊1361号）』（共編著、経済法令研究会）／同『会社法学の省察』（共編著、中央経済社）／同『現代倒産手続法』（共著、有斐閣）／同『会社裁判にかかる理論の到達点』（共編著、商事法務）／同『民事手続法の比較法的・歴史的研究　河野正憲先生古稀祝賀』（共編著、慈学社）／同『民事訴訟法判例インデックス』（共編著、商事法務）／同『動産債権担保―比較法のマトリクス』（共編著、商事法務）　ほか著書・論文多数

弁護士法人 エル・アンド・ジェイ法律事務所
L&J LAW OFFICE, LPC

東京事務所
〒102-0082　東京都千代田区一番町29-1　番町ハウス5階
TEL　03-3238-6799　FAX　03-3238-6798
今治事務所
〒794-0027　愛媛県今治市南大門町1-6-4　損保ジャパン日本興亜今治ビル6階
TEL　0898-32-8688　FAX　0898-32-8689
URL：http://www.shiplaw.jp　office@shiplaw.jp

14 (+3)			
P 7	A 6	顧 2	
男 13	女 1		
外弁 0	外資 0		
他士 0	事務 7		

A		海事
		国際 会社

海事法務を中核に据えつつ、総合事務所化を視野にその隣接分野にわたる幅広い法務案件処理体制を構築している。国内外のネットワーク確立にも注力し、機動力に富んだ良質なサービスを提供すべく日々研鑽に努めている。

■理念・特色

　当事務所は、グローバル企業から中小企業まで、国内および海外の海運会社、船主、商社、PIクラブ、保険会社、造船所、銀行、信用金庫、リース会社、証券会社、物流会社、倉庫会社、フォワーダー、シップブローカー等のクライアントとの長期的な信頼関係を基礎に、海事法務をはじめとした国際取引を中心に、国内企業法務に至るまで、専門性の高い高品質なリーガルサービスを提供しています。

　主たる事務所を東京に、従たる事務所を西日本における海事産業の中心地愛媛県今治市に置き、東西の拠点から、国内外のクライアントの多種多様なニーズに迅速かつ組織的に対応できる体制をとっています。

　さらに、ヨーロッパ・アメリカ・アジア等、世界各国の著名な法律事務所と連携して、最先端かつ複雑な国際取引案件に対しても機動的かつ適切に対応できるネットワークを構築しています。

　また、海事法に関する情報の発信および普及に力を注いでおり、定期・不定期のセミナーを各地で精力的に行っています。

　海事関係の法律事務所は、いわゆるブティック型事務所といわれていますが、当事務所は、ブティック型事務所の長所である専門性を維持しつつ、その領域を超えて、海事およびその隣接分野のあらゆる問題に対処できる万能型の海事法律事務所であると自負しています。

　具体的には、船舶登録、船舶金融、傭船契約、船荷証券、海上貨物事故、海難事故（船舶衝突・座礁・油濁損害）、建造契約、海運会社の一般法務・税務等の海事法務のほぼすべてのエリア、およびその隣接分野、特に物流全般に力を入れています。

　事務所名"L&J"は、"Liberty & Justice"を意味しており、この理念を礎として、クライアントに最善のリーガルサービスを提供すべく日々努力を傾注しています。

■設立・沿革

1985年8月　「笠原・木村法律事務所」開設
2005年4月　「弁護士法人エル・アンド・ジェイ法律事務所」に改組
2005年6月　今治事務所設立

代表者　木村宏（第一東京弁護士会）、木村政道（愛媛弁護士会） **支店**　今治事務所 **取扱言語**　英語 **主な顧問先**　海運会社、船主、商社、PIクラブ、保険会社、造船所、銀行、信用金庫、リース会社、証券会社、物流会社、倉庫会社、フォ	ワーダー、シップブローカー **報酬体系**　タイムチャージ制（1時間当たり）：パートナー25,000円〜45,000円、アソシエイト20,000円〜（ただし、案件によっては日弁連旧報酬規程をもとにした当事務所報酬規程による着手金・成功報酬制も可能）。

弁護士法人 エル・アンド・ジェイ法律事務所

取扱業務 海事法務 一般海事法務 傭船契約・船荷証券・建造契約等の海事全般に関する契約書作成、紛争処理、債権回収・保全等／海難事故 船舶衝突・座礁・油濁損害等の海難事故に関する原因調査、紛争処理等／船舶金融 船舶登録・船舶金融・投資等（JV、リース、ノンリコースローン他複雑な仕組みを用いたものを含む）の関連書類作成、抵当権設定その他の登記業務、紛争処理等／海事独禁法 独禁法・EU競争法・反トラスト法等に関する紛争処理等／その他 各種文書の公証・認証手続、国土交通省等への申請手続等／企業法務 一般企業法務 会社法・金融商品取引法・人事労務等労働法に関する法律相談、各種書類作成・レビュー、紛争処理等／国際取引 国際商取引、国際税務、ライセンス契約、海外子会社・合弁会社の設立、オフショア・ファンドの設定・代理、書類作成、紛争処理等／国内・国際物流 陸上・海上・航空すべての物流過程において生じた紛争処理、各種契約書作成、新規事業案件へのアドバイス／国内・国際倒産 債権回収・保全、各種倒産手続における代理等／国際訴訟・仲裁 世界各国の法律事務所とのネットワークを活かした海外の裁判・仲裁手続による紛争処理／税務 主に海運会社を顧客とする税務に関する相談、税務調査・対応等／その他一般民事

P 木村宏 中大、ロンドン大院diploma、24期、一弁、（一社）日本海運集会所海事仲裁委員、（公財）日本海法会理事、早大客員教授、大連海事大客員教授、海事補佐人／木村政道 早大、53期、愛媛弁、（一社）日本海運集会所海事仲裁人、海事補佐人、海事代理士／千葉俊子 早大院、59期、一弁、海事補佐人／中島新 名大、東大院、ノースウェスタン大LS、中大LS、62期、東弁、NY州弁護士、税理士、米国公認会計士、海事補佐人／阿部弘和 東大、東大LS、60期、二弁、税理士、海事補佐人／大口裕司 早大、慶大LS、61期、一弁、海事補佐人／佐々木基 東大、慶大LS、61期、一弁、海事補佐人／A 井戸充浩 一橋大院、早大LS、64期、愛媛弁、海事補佐人／石川直樹 早大、一橋大LS、65期、一弁、海事補佐人／小林辰也 阪大、神戸大LS、67期、一弁、海事補佐人／櫻太樹 愛媛大、四国LS、67期、一弁、海事補佐人／陶山敬司 関学大、神戸大LS、67期、愛媛弁、海事補佐人／東出大輝 東大、東大LS、67期、一弁、海事補佐人 顧 重田晴生 中大院、1997登録、一弁、青学大名誉教授・法学博士、（一社）日本海運集会所海事仲裁人、（公財）日本海法会会員等／中村眞澄 早大名誉教授・法学博士 他士 関計比兒 一級海技士（航海）、海事補佐人／門脇秀治 一級海技士（航海）、海事補佐人／福田光子 海事代理士

著作 「自然災害と海上運送に係わる法的諸問題」海事法研究会誌126号／「ISMコードと法的責任の関係」海運820号／「ISMコードと法的責任についての若干の考察」「国際取引法および海商法の諸問題」（忽那海事法研究会）／「電子式船荷証券に係わる法的考察」海運875～878号／「船舶」債権・動産・知財担保利用の実務」（共著、新日本法規出版）／「EC競争法と海運」海事法研究会誌202号／「船舶保有のための国際ジョイントベンチャーに対する課税」海事法研究会誌222号／「海事と国際税務（連載）」海事法研究会誌223号・224号・226号・227号／「Recent Legal Developments and Important Issues in Japan」Bulletin of JSE 32号／「Japan」『Commodities and Trade Law 2006』Global Legal Group／「Japan」『Shipping Law 2014』Global Legal Group／「Japan」『Corporate Tax 2015』Global Legal Group／木村宏監修『傭船契約と船荷証券の解説』（海文堂出版）／『最新海事判例評釈第Ⅲ巻』（共著、海法研究所） その他

事件 ジョイン・ビル号死亡事故(1992)／アフリカン・ライオン号衝突事故〔業過致死刑事事件にて無罪獲得〕(1995)／パック・サン号衝突事故(1999)／タイン号火災事故(1999)／ナホトカ号海洋汚染事故(2001)／ブエン・ビエント号船主責任制限事件〔管理人〕(2002)／フアル・ヨーロップ号船主責任制限事件〔管理人〕(2002)／ブルー・オーシャン号沈没死傷事故(2004)／ジェーン号座礁事故(2006)／ユーショー・オーシャン号船主責任制限事件〔管理人〕(2006)／大慶丸船主責任制限事件〔管理人〕(2007)／第一宇和海船主責任制限事件〔管理人〕(2007)／ベガ・リーダー号ステベ負傷事故(2010)／三光汽船会社更生事件(2012)／エム・オー・エル・コンフォート号沈没事故(2013) その他

LM法律事務所
LM Law Offices

〒100-6121　東京都千代田区永田町2-11-1　山王パークタワー21階
TEL　03-6206-1310　FAX　03-6206-1309
URL：http://www.lmlo.jp

14（－2）
P 10　A 4　顧 0
男 13　女 1
外弁 0　外資 0
他士 0　事務 12

 企業法務や訴訟等、民事商事関係を中心とする業務を広く取り扱っているが、特に事業再生・倒産法分野（会社更生・民事再生・破産・私的整理等）においては、豊富な経験・実績と高い専門性を有している。

■理念・特色

　当事務所の名称「LM」は、光の束lm（ラテン語で光lumenの略号）によって、1人ひとりが輝きを持つプロフェッションが束なる場所を象徴させ、また、法律家のバランス感覚と矜持であるリーガル・マインド（Legal Mind）、さらにリーガル・モール（Legal Mall）を造り上げたいとの目標を重ねたものです。

　当事務所の特色は以下のとおりです。

1．事業再生・倒産法分野における実績

　当事務所は、代表パートナー瀬戸英雄、マネージングパートナー小畑英一を中心として、過去数多くの会社更生事件・民事再生事件および私的整理案件に関与しており、事業再生・倒産法分野において豊富な経験と実績を有しています。後記「事件」の欄を参照ください。

2．精鋭によるきめ細かな対応

　昨今、法律事務所の大規模化が進んでいますが、当事務所は「顔が見える」精鋭の弁護士がきめ細かな対応により考え抜いた戦略を提供することが重要であり、顧客の皆様のニーズに応えるものであると考えています。

3．広範な人的ネットワーク

　他の法律事務所との間はもちろん、公認会計士、税理士、フィナンシャルアドバイザーらの専門家とも広範なネットワークを構築しており、大型案件にも迅速かつ的確に対応できる体制を整えております。

4．研究成果についての積極的な情報発信

　当事務所では、最新の法的問題等を常にキャッチアップして研究を重ね、その成果について、書籍論文での公表はもちろんホームページに「ニューズレター」として掲載し、セミナーを開催するなどして、積極的に外部へ最新情報を発信しています。

■設立・沿革

2006年2月	瀬戸英雄・小畑英一・本山正人・柴田祐之・島田敏雄・森直樹の6名をパートナーとして千代田区市ヶ谷にて設立
2012年1月	山王パークタワーに事務所を移転

代表者	瀬戸英雄（代表パートナー、第一東京弁護士会）、小畑英一（マネージングパートナー、第一東京弁護士会）	取扱言語	英語
		主な顧問先	非開示
		報酬体系	事務所報酬規程による。

取扱業務 事業再生・倒産　民事再生、会社更生、破産、私的整理等／**企業法務**　企業活動に関する法律相談、意見書作成、契約書作成・締結交渉等／**訴訟・争訟**　民事・商事等

P瀬戸英雄 1974法大院、31期、企業再生支援機構元企業再生支援委員長（2009年10月～13年3月）／**小畑英一** 1987中大法、45期、新司法試験考査委員（倒産法）（2007～10）、阪大院高等司法研究科非常勤講師、日弁連倒産法制等検討委員会委員、全国倒産処理弁護士ネットワーク理事／**植村京子** 1989早大法、1994判事補、2004判事、2008弁護士、46期、中央労働委員会、公益委員、原子力損害賠償紛争審査会特別委員、川崎市情報公開・個人情報保護審査会委員／**本山正人** 1990中大法、47期、司法研修所教官（民事弁護）、一弁仲裁センター運営委員会委員、不動産鑑定士調停センター運営委員会委員、下請適正取引推進センター調停人／**柴田祐之** 1990 立大法、50期、立大法曹実務研究所員、一弁倒産法研究部会事務局長（2009～11）／**島田敏雄** 1995早大法、51期、日本司法支援センター東京地方事務所労働専門相談員／**髙田千早** 1991中大法、51期、東弁税務特別委員会委員、経営法曹会議会員／**森直樹** 1996慶大院、54期、企業再生支援機構出向（2009～12）、中小企業庁経営革新等支援機関、東京都中小企業再生支援協議会専門家アドバイザー／**本多一成** 1997慶大法、59期、東弁民事介入暴力対策特別委員会委員／**髙木洋平** 2002早大法、59期、一弁倒産法研究部会事務局次長（2013～15）　C・A**島崎伸夫** 2002慶大法、56期、東京法務局訟務部（2009～11）、公正取引委員会（2011～13）、東京国税局（2013～15）、一弁法教育委員会副委員長／**上野尚文** 2005慶大法、慶大LS、61期、行政関係事件専門弁護士ネットワーク会員／**千吉良健一** 2006東大経、2008阪大LS、63期、東弁両性の平等に関する委員会委員／**土淵和貴** 2010立命大法、2012阪大LS、66期、全国倒産処理弁護士ネットワーク会員

著作 瀬戸英雄「やり直しのできる社会に向けて」『企業再生の現場から』（商事法務、2015）／同「裁判外再生手続としての事業再生ADR」『事業再生ADRのすべて』（商事法務、2015）／小畑英一・植村京子・髙木洋平『民事訴訟法判例インデックス』（商事法務、2015）／瀬戸英雄他編『倒産判例インデックス（第3版）』（商事法務、2014）／本多一成『民事介入暴力対策マニュアル（第5版）』（ぎょうせい、2015）／瀬戸英雄他編『破産法大系(3) 破産の諸相』（青林書院、2015）／瀬戸英雄・小畑英一・植村京子『破産法大系(1) 破産手続法』（青林書院、2014）／小畑英一・森直樹『新・更生計画の実務と理論』（商事法務、2014）／小畑英一他編『倒産と訴訟』（商事法務、2013）

事件

訴訟などの紛争案件・私的整理は、案件非公開

会社更生　日本航空、大和生命保険、マイカル、第一ホテル、武富士、ロプロ（管財人）、クリード（監督委員兼調査委員）

民事再生　栗本建設工業、平和奥田ほか（申立代理人）、ミナミ（管財人）、ゼファー、東和ランドグループ、成田ゴルフ倶楽部ほか（監督委員）

破産事件　ヒューザー、SFCGほか（破産管財人）

詳細については、LM法律事務所HPに掲載。

弁護士法人 大野総合法律事務所
OHNO & PARTNERS

〒100-0005　東京都千代田区丸の内1-6-5　丸の内北口ビル21階
TEL　03-5218-2330　FAX　03-5218-2332
URL：http://www.oslaw.org　info@oslaw.org

名古屋オフィス
〒450-6215　名古屋市中村区名駅4-7-1　ミッドランドスクエア15階
TEL　052-587-3170　FAX：052-587-3171　E-mail：infonagoya@oslaw.org

12 (＋2)			
P 1	A 11	顧 0	
男 9	女 3		
外弁 1	外資 0		
他士 21	事務 41		

A		独禁
		訴訟	国際

弁護士・弁理士の緊密な協働作業により、知的財産権の出願・権利化、ライセンス、訴訟に至るまでのトータルサービスを提供する。特に、権利化においては、pre-litigation strategy という観点からアドバイスする。

■理念・特色

当事務所は、特に情報通信・IT関連、半導体関連技術、医薬品、バイオ・ゲノム技術、医療機器、バイオインフォマティクス、ナノテク、環境関連技術などのハイテク・最先端技術を得意とする知的財産法の専門事務所です。

企業の方々が知的財産権の行使により、多大な成果を上げようとするのであれば、侵害訴訟に耐え得るより強い権利を取得するというpre-litigation strategy という観点がきわめて重要であり、この点にこそ、当事務所の存在意義があります。

当事務所は、弁護士だけではなく、弁理士も数多くの知的財産権侵害訴訟に携わり、単なるスローガンとしてだけではなく、侵害訴訟においてはどのような点が問題となり、どのような観点で権利化を図れば侵害訴訟に強い知的財産権を取得できるのか、身を持って体験しております。まさに、侵害訴訟を知らずに、侵害訴訟に耐え得る強い権利の取得というスローガンを語るなかれと自信を持って言うことができます。

このような当事務所の特色は、近時、依頼が急増しております知的財産のデューディリジェンス（知財DD）にも活かされております。知財DDにおきましては、対象企業の知的財産の強さ・製品が他社の知的財産に関してどのようなポジションにあるのか（FTO調査）の評価等が重要ですが、これはまさに、当事務所が数多く扱ってきた知的財産権の侵害訴訟の知見が活かされる場面です。特に、ハイテクベンチャー企業の知財DDにおきましては、当事務所のアドバイスに従い、法務DD・財務DD等に先行して、知財DDを行い、M&Aの成否を決するという企業も多数現れております。

当事務所は、他の事務所に先駆けて、このような先端的な取組みを行っており、今後も、知的財産法分野のリーディング事務所として、世界の知財専門事務所に負けないサービスを提供して行きたいと思っております。

■設立・沿革
2000年5月　事務所開設
2015年1月　弁護士法人に改組

代表者　大野聖二（第一東京弁護士会）
支店　名古屋
取扱言語　英語、中国語
主な顧問先　電気、機械、化学、自動車、医薬、食品、その他各種メーカー、通信、商社、不動産、ファンド、ベンチャーキャピタル、アパレル、出版、広告代理店、TV局、マスコミ、情報通信・IT関連、半導体関連技術、医薬品、バイオ・ゲノム技術、医療機器、バイオインフォマティクス、ナノテク、環境関連技術などのハイテクベンチャー、大学、研究所
報酬体系　原則として、タイムチャージ制。パートナー弁護士33,000円～45,000円、アソシエイト弁護士21,000円～33,000円。案件により、着手・成功報酬その他の報酬体系可。

弁護士法人 大野総合法律事務所

取扱業務

知的財産権の出願権利化業務

知的財産権の係争業務　侵害訴訟、無効審判、異議申立て、審決取消訴訟、等

知的財産権の取引業務　秘密保持契約、共同研究開発契約、ライセンス契約、譲渡契約、等

知的財産権の鑑定およびアドバイザリー業務

M&A　知財DD、法務DD

P 大野聖二 1985東大法、1995ジョージワシントン大LS（特許知的財産法）、43期、一弁

A 井上義隆 1998京大工修、57期、東弁／坂巻智香 1999京大薬、59期、一弁／小林英了 1999京大工修、2002フランクリンピアスLS知的財産修士、2007早大LS、61期、東弁／金本恵子 1991昭和・歯博、62期、一弁／飯塚暁夫 1989東大法、48期、一弁／清水亘 1998東大法、58期、愛知／頼富祐斗 2010阪大法、66期、愛知／大野浩之 2003京大理修、2010筑波大LS、64期、一弁／木村浩之 2002京大工修、ワシントン大LS（知的財産法専攻）、60期、一弁

外弁 李芸 2004九大法、愛知弁護士会

弁理士 森田耕司 1987東大工／中村仁 1990中大法／田中久子 1990東大工修／片山健一 1993阪大工博／鈴木守 1994東大工／松任谷優子 1988東大薬修／加藤真司 1998名大工／堅田健司 1989成蹊工、2007一橋大経営法修／田中玲子 1983東工大理工修／北野健 1989横国大工修／津田理 2000名大理修／土生真之 1998中大法／梅田慎介 2005東大農博／大谷寛 2005ハーバード大理修／松野知紘 2004東大工修／森田裕 2006筑波大医博／大塚啓生 2003中大法／酒谷誠一 2004東大科学博／佃誠玄 2005京大農博／森山正浩 2002東北大工修／野本裕史 2009東大理博

著作 大野聖二「均等論と二つのエストッペル論―ジェネンテック対住友製薬事件・大阪地裁判決を契機として」パテント（1996）／「米国知的財産訴訟における弁護士費用のコントロール方法―Task-based BillingとBilling Guidelineの奨め」知財管理（1996）／「International Exhaustion Principles」les Nouvelles（1997）（共著）／「BBS事件最高裁判決と実務上の対応」CIPICジャーナル（1997）／「特許侵害訴訟における無効主張―TI vs.富士通キルビー最高裁判決を契機として」知財研フォーラム（2000）／「特許侵害訴訟における無効主張―TI vs.富士通 キルビー最高裁判決を契機として」知財研フォーラム（2000）／「ポストゲノム時代の特許戦略―スクリーニング方法特許を巡る諸問題」知財管理／「カードリーダー事件最高裁判決の理論的検討と実務上の課題」AIPPI（2003）／「均等論における本質的部分及び意識的除外」知財管理（2004）／『Reverse Doctrine of Equivalents と作用効果不奏功の抗弁 飯村退官記念』（2015）など多数

事件 カードリーダー事件（最判平成14.9.26民集56.7.1551）／LEONARD KAMHOUT事件（最判平成16.6.8判時1867.108、判タ1159.135）／液晶モニター事件（最決平成21.1.27民集63.1.27）／一太郎事件（知財高判平成17.9.30判時1904.47、判タ1188.191）／サムスン対アップル事件（知財高判平成26.5.16判時2224.146、判タ1 1402.166）

東京

小笠原六川国際総合法律事務所
OGASAWARA KONNO & ROKUGAWA LAW OFFICE

〒100-0011 東京都千代田区内幸町2-2-1 日本プレスセンタービル6階
TEL 03-5501-7211 FAX 03-5501-7212
URL：http://www.ogaso.com/

 企業法務全般（会社法・金商法・事業再生等）のほか、インターネット上の名誉侵害対策、労働法務、医療過誤訴訟等にも対応する。大学や公的機関の関係者、公認会計士・司法書士も在籍し、海外案件にも対応する。

■理念・特色

当事務所は、広く企業活動全般に対する法的支援・貢献を主たる目的としており、会社法、契約法、金融法、企業再編および事業再生、労働法務など専門性の高い分野についての対応・研鑽を重ねつつ、臨床法務・予防法務・戦略法務に至るまで、企業におけるあらゆる法律問題について広くサポートできる体制を確立・維持して参りました。その結果、多種多様な案件に対応するため、弁護士数も現在は22名まで増員し、お客様のニーズに迅速かつ適格に応えることのできるクオリティーの高いリーガル・サービスを提供するよう日々努力しております。

また、当事務所は、法学部長、法科大学院教授、大学講師、上場企業社外役員、行政官庁研究会委員、公的機関各種委員会等の委員、公益財団法人監事などの教育公益活動にも力を入れております。

さらに、社会の発展とともに最新の法令等が毎年大量に創設され改正されていくことに対応すべく、事務所内勉強会を定期的に開催しております。

当事務所は、多数の業種の企業法務を取り扱っておりますが、その中でも上場会社法制（会社法、金商法、株主総会対策等）、事業再生、企業再編、インターネット上の名誉侵害案件、労働法務等に力を入れており、大規模案件や専門性の高い案件にも対応できる弁護士が多数在籍しております。

また、EAP（従業員支援プログラム）という新分野にも積極的に取り組んでいることから、当事務所では、親族相続案件・交通事故訴訟・医療過誤訴訟等にも対応できるノウハウおよび体制を揃えております。

さらに、当事務所の所属弁護士は、元検察官、公認会計士の有資格者、官公庁への出向、海外法科大学院への留学、海外法律事務所での勤務などさまざまな経験に基づく多様な観点からの法的アプローチや助言を行っております。

それに加えて、当事務所には、弁護士のほかに、公認会計士・司法書士が複数所属しているほか、諸外国の弁護士と業務提携をしており、海外法務案件にも迅速に対応しております。

■設立・沿革

2006年に小笠原耕司が「小笠原国際総合法律事務所」として設立し、2008年に六川浩明が参画し、「小笠原六川国際総合法律事務所」として現在に至っております。

代表者	小笠原耕司（東京弁護士会）、六川浩明（第一東京弁護士会）
取扱言語	英語、中国語、韓国語
主な顧問先	金融、メーカー、商社、情報通信、IT、印刷、出版、コンサルタント、人材派遣、不動産、建設、設備、警備、医薬・治験、ホテル、物流、医療法人、学校法人、社会福祉法人、宗教法人（寺院）一般社団法人、各種サービス業等、東証一部上場企業から中小企業に至るまで多岐にわたる。
報酬体系	1．事案の性質に応じて、着手金・報酬金方式（日弁連旧報酬規程に準拠した事務所報酬規程）またはタイムチャージ方式による。2．顧問契約　会社の規模および業務量に応じて月額が異なる。

小笠原六川国際総合法律事務所

取扱業務 企業法務（会社法、株主総会、独占禁止法その他の企業関連法務）／契約法務／商事訴訟・民事訴訟／労働法務・労働審判／上場会社・上場準備法務（インサイダー取引規制、企業内容開示規制、適時開示規制等）／金融・証券法務（銀行法、金融商品取引法、貸金業法、クレジットカード等）／事業再生（民事再生、会社更生等）／M&A・事業承継／不動産法務／EAP（従業員支援プログラム）／インターネット言論に関する名誉侵害訴訟・発信者情報開示請求／知的財産権（著作権、商標権、特許権侵害訴訟等）／コンテンツビジネス（映像マーチャンダイジング、出版、アニメーション）／国際取引／医療過誤訴訟、医療・薬事法務／高齢者のための財産管理／親族相続事件／交通事故／商業登記・不動産登記手続／刑事事件

P 小笠原耕司 一橋大法、43期、東弁、青学大講師（現代商事法）、前東海大院実務法学研究科教授（現代商事法等）／**六川浩明** 一橋大法、49期、一弁、東海大院実務法学研究科教授（企業法務等）、首都大・産業技術大学院大講師／**今野裕之** 一橋大院博士課程、2003東弁、成城大法学部教授（商法）・法学部長／**大部博之** 東大法、59期、東弁、成城大講師（企業法務）／**德永博久** 東大法、58期、一弁、前職業能力開発総合大講師（知的財産権法、労働法）、元東京地方検察庁検事／**伊東孝** 一橋大経、59期、東弁、成城大講師（企業法務）／**神田知宏** 一橋大法、60期、二弁、弁理士／**鴨田視寿子** 中大法、61期、東弁　**A 中山節子** 東大法、26期、東弁／**斉藤鈴華** 京大法、京大LS、59期、東弁／**田中竜介** 慶大法、61期、東弁／**渡邊剛** 青学大国際政経、東海大LS、62期、東弁／**片倉秀次** 慶大法、慶大LS、63期、東弁／**小笠原理穂** 明大法、63期、東弁／**石橋尚季** 東大経、東大LS、65期、東弁、公認会計士／**田村有加吏** 千葉大法経、東海大LS、65期、東弁／**本阿弥友子** 東大文、東大LS、65期、東弁／**山崎臨在** 東大工、慶大LS、66期、東弁／**劉セビョク** 早大法、早大LS、66期、一弁／**竹原昌利** 一橋大商、首都大LS、66期、東弁、公認会計士／**毛呂直輝** 早大法、慶大LS、67期、東弁／**杉浦宏輝** 慶大法、慶大LS、67期、東弁／**山﨑直樹** 立大経、司法書士、前金融機関融資課長

東京

著作 『特定個人情報保護評価 実践ガイドライン』（共著、ぎょうせい）／『臨時報告書作成の実務Q&A』（共著、商事法務）／『裁判例にみる 特別受益・寄与分の実務』（共著、ぎょうせい）／『財務報告実務検定公式テキスト2014年版』（共著、TAC出版）／『IPO実務検定試験公式テキスト（第4版）』（共著、中央経済社）／『ディスクロージャーの業務がわかる』（共著、税務経理協会）／『金融商品取引法における課徴金事例の分析Ⅰインサイダー取引編』（共著、商事法務）／『金融商品取引法における課徴金事例の分析Ⅱ虚偽記載編』（共著、商事法務）／『会社分割の税務・会計・法律と諸問題』（共著、中央経済社）／『破産管財の実務（改訂版）』（共著、金融財政事情研究会）／『プライバシー影響評価（PIA）と個人情報保護』（共著、中央経済社）／『会社法入門』（共著、アスキーメディアワークス）／産労総合研究所『困っている社員を助ける』（共著、経営書院）／『職場のメンタルヘルス対策の実務と法』（共著、民事法研究会）／『内部統制制度の運用と課題—会社法と金融商品取引法の相互関係の再検討』（共著、中央経済社）／第一東京弁護士会労働法制委員会編『管理職のための労働契約法・労働基準法の実務』（共著、清文社）／『Q&A御社の営業は法律知識で強くなる』（清文社）／『要点解説 金融商品取引法』（共著、中央経済社）／『コーポレート・ガバナンス報告書 分析と実務』（共著、中央経済社）／『安全配慮義務違反を防ぐためのEAP導入のすすめ』（共著、清文社）／『日本一わかりやすい会社のつくり方（新版）』（共著、中経出版）／『企業分析・企業再生』（共著、経済法令研究会）／『債権管理・回収』（共著、経済法令研究会）／『サービサー業務』（共著、経済法令研究会）／『新しい倒産処理方法の実務入門〜民事再生法による倒産処理〜』（共著、全国地方銀行協会）／『SPCによる不動産活用』（共著、日本法令）／『現代法律百科大辞典』（共著、ぎょうせい）／『改正商法レポート』（共著、日本法令）／『サービサー法の解説と運用実務Q&A100』（共著、日本法令）／『交通事故実務マニュアル（改訂版）』（共著、ぎょうせい）／『社会生活六法手続・書式編』（共著、ぎょうせい）／『Q&A類型別不動産取引実務マニュアル』（共著、ぎょうせい）／『EC市場統合と企業法』（共著、商事法務研究会）

岡部・山口法律事務所
OKABE & YAMAGUCHI

〒104-0033　東京都中央区新川1-5-17　エイハ新川5階
TEL　03-3555-7931　FAX　03-3555-7934
URL：http://www.olo.gr.jp　hoklawj@olo.gr.jp

海事事件を中心とする専門事務所で、航空事件や製造物責任等にも対応。海事関連のセミナーや講演会を海外でも開催するなど普及活動に努めている。

■理念・特色

岡部・山口法律事務所は、海事事件を中心として海上保険、航空事件、運送関連事件、再保険関連事件、製造物責任訴訟などを扱う専門性の高い法律事務所です。また、大企業の顧問業務も精力的に行い、会社法を中心とした企業法務一般について高度な法的サービスを提供しています。

事務所の弁護士全員が英語に堪能であり、提携海外事務所も数多く、海外事案に対しても、迅速に対応できる体制を築いております。

当事務所は、Legal 500において、日本の海事弁護士事務所として最高位にランクされています。

また、各種セミナーや社内教育への助言協力などを行い、企業法務をサポートしています。

保険会社、運送業者および荷主に対し、Cargo Recovery Conferenceという講演会をニューヨーク、ロンドン、東京、上海で開催しています。Cargo Recover Conferenceにおいては、当事務所のほか、英、米、仏、独、伊、中、カナダ、デンマークおよびアルゼンチンの海事法の専門家弁護士を招いて、各国の海事法制をわかりやすく解説をしてもらい好評を博しています。

もちろん、訴訟、仲裁は国内外を問わず、携わっており、紛争解決にも強さを発揮しています。

また、国内外を問わず、船舶事故の原因調査、損害の算定、有責船舶の差押え、担保の取得には、経験豊富な弁護士および海事補佐人が迅速に対応し、短期間に早期の被害回復を図ることをめざしています。

著作においては、Lloyds Shipping LibraryシリーズのInternational Cargo Insurance (Informa刊)、あるいは、毎年Getting the DealThroughシリーズのShipping in 32 Countriesを担当し、日本における海事法分野の判例変更、法律の変更などを英文で解説しています。Maritime Law Handbook (Klumer刊) においても、わが国の海事法制、船舶差押え等の執行法制の解説を英文で行っています。

特に、海商法、海上保険法、海事および航空運送にかかわる各種条約などの法分野に特異性を発揮しています。また、国際取引に関する紛争、訴訟、仲裁は、日常業務としており、数々の実績を上げております。

■設立・沿革

1987年　「岡部法律事務所」開設
1990年　「岡部・山口法律事務所」名称変更

代表者　山口修司（第一東京弁護士会） **取扱言語**　英語 **主な顧問先**　損害保険会社、総合商社、船会社、海上運送業者、陸上運送業者、造船会社、食品会社、日用品・衛生品販売会社、PI保険会社の各会社。その他、海上運送業者業界団体、航空運送業者業界団、等	**報酬体系**　事務所報酬規程（日弁連旧報酬規程に当事務所の変更を加えたもの）による。着手金・報酬金等とタイムチャージの双方対応可能／顧問料（月額）100,000円～／タイムチャージ　パートナー40,000円～50,000円、アソシエイト35,000円～40,000円（担当弁護士の当該分野の専門性に応じて幅がある）。

岡部・山口法律事務所

取扱業務 **海事事件** 貨物求償業務、傭船契約紛争、船舶衝突事件、油濁賠償事件、海上保険関連事件、海事仲裁事件、航空事故事案／**法律顧問法務** 契約書の作成・審査、契約・紛争案件の交渉、役員・社員研修／**企業法務**のうち**会社法務**として、事業再編（M&A）、コンプライアンス、コーポレート・ガバナンス、内部統制、内部調査、株主総会のサポート、独占禁止法・下請法を巡る問題、企業の社会的責任（CSR）の問題、役員の責任追及、株主代表訴訟、企業の不祥事対応、従業員の不祥事対応／**労働法務**として、就業規則の作成・変更、雇用契約の終了（解雇、退職、合意解約、違法な退職勧奨）、サービス残業（賃金不払残業）、セクハラ・パワハラ問題／**国際法務**（英文）として、契約書審査／**企業裁判法務**として、商事関係訴訟（株主総会取消の訴え、職務執行停止・代行者選任の仮処分、等）、不動産関係訴訟、建築関係訴訟、等／**個人法務**のうち**相続法務**として、遺産分割請求事件、遺留分減殺請求事件、離婚調停事件／**個人裁判法務**として、交通事故、賃貸借紛争、境界確定紛争、等

P 山口修司 1980京大、34期、一弁、環太平洋法律家協会・海事法委員会委員長（2009〜11）副委員長（2006〜08）、日本海運集会所仲裁人、日本商事仲裁協会仲裁人、国際複合輸送士講座講師、法制審議会商法（運送・海商）部会委員

戸塚健彦 1989京大、43期、東弁、日本海運集会所仲裁人、国際複合輸送士講座講師
左合輝行 1994上智大、56期、東弁、早大海法研究所招聘研究員
岡部博記 1973 東京商船大、31期、東弁、日本海運集会所仲裁人、国際複合輸送士講座講師
相澤貞止 1974早大、42期、東弁、日本海運集会所仲裁人

A 津田勝也 1993青学大、60期、東弁
髙野真一 2003早大院、2009慶大LS、63期、東弁
赤塚寛 2006慶大、2008慶大LS、62期、二弁
本郷隆 2004東大、2012東大LS、66期、東弁

著作 山口修司『注解判例民法 民法総則』（共著、青林書院、1994）／山口修司『国際複合運送業務の手引き』（共著、国際フレイトフォワーダーズ協会、2013）／山口修司『新しい国際裁判管轄法制 実務家の視点から』別冊NBL138号（共著、商事法務、2012）／山口修司『アジア太平洋地域におけるロッテルダム・ルールズ』（共著、商事法務、2014）／山口修司『要件事実体系 一般民事編 商法第三編海商』（第一法規、2008）（電子出版）／Shuji Yamaguchi, Maritime Handbook Japan Chapter／Shuji Yamaguchi, International Cargo Insurance／Shuji Yamaguchi, Getting the Deal Through Shipping Japan Chapter／同, Getting the Deal Through Air Transport Law Japan chapter／山口修司・戸塚健彦『国際複合運送業務の手引き（第8版）』（共著、JIFFA、2013）／本郷隆「外資規制法の構造分析」東大ローレビュー6巻（2011）

事件 ナホトカ号油濁賠償事件、クーガー・エース号貨物賠償請求事件、エム・オー・エル・コンフォート号船主責任制限事件 ほか多数

岡村綜合法律事務所
Okamura Law Office

〒100-0005　東京都千代田区丸の内2-2-2　丸の内三井ビル10階1005
TEL　03-3215-3611　FAX　03-3215-3610
URL：http://www.okamura-law.jp/

15（±0）		
P 9	A 6	顧 0
男 13	女 2	
外弁 0	外資 0	
他士 0	事務 7	

企業法務全般を扱い、依頼企業の規模・業種は多種多様である。それ以外に、個人からの事件（一般民事、刑事、家事、犯罪被害支援等）も相当数に上り、事件内容も多種多様である。

		総合
C		

■理念・特色

岡村綜合法律事務所は、幅広い分野の多種多様な案件において、依頼者の真の満足を実現すべく、最善を尽くすことをモットーとしています。案件ごとに、原則として2名以上の弁護士がチームを組み、きめ細かな法的サービスを提供する体制を築いており、依頼者のニーズを的確に把握して、1件1件、手作りの案件処理を行います。それこそが、依頼者を含めた社会全体の信頼を勝ち得る道だと考えるからです。

「弁護士は、一般社会から遊離してはならない。依頼者の立場に立って、法律家以外の人々が理解し、納得できる言葉で話しかけなければならない」という当事務所の創設者である岡村の考えは当事務所共通の考えでもあります。依頼者が企業であれ、個人であれ、高度な理論や複雑な利益状況を、専門用語ではなく普通の言葉でいかに平易に説明するかについて、当事務所の弁護士は常に心を砕いています。そうしてこそ初めて、依頼者から忌憚のない意見や考えを聞くことができ、依頼者の気持ちや要望を真に理解することができるからです。

当事務所が扱う案件は幅広い分野にわたります。依頼企業の規模・業種は実にさまざまで、依頼内容も企業法務一般から企業再編、事業再生、労働法務、独占禁止法・下請法関連、知的財産権、行政訴訟事件、刑事事件に及びます。

個人の依頼者からの案件も、一般民事事件、刑事事件はもちろんのこと、離婚・相続などの家事事件、犯罪被害者支援など多岐にわたります。これらの案件を上述したやり方でひとつひとつ丁寧に解決していくのが当事務所の方針です。

■設立・沿革

岡村が1959年に開設した「岡村勲法律事務所」を、1997年に共同経営の事務所に改変し、名称を現在の「岡村綜合法律事務所」に変更しました。

代表者　岡村勲（第一東京弁護士会）	法人
取扱言語　英語	報酬体系　「岡村綜合法律事務所報酬等規程」（当事務所が日弁連旧報酬規程の一部に変更を加えたもの）による。案件および要望に応じて、タイムチャージ方式を適用することもある。法人事業者の顧問料の最頻値は、（月額）150,000円～200,000円である。
主な顧問先　各種製造業、エンジニアリング、建設、化学関連、医薬品、商社、金融、生命保険、不動産、陸運・空運、鉄道、報道、ガス、IT、ホテル、飲食、エンターテインメント、人材派遣、コンサルティング、医療法人、宗教	

岡村綜合法律事務所

取扱業務 訴訟　取引・契約・事件・事故に関する訴訟／**企業法務**　企業・各種法人・団体の経営に関する相談、各種契約書審査、株主総会運営指導、資金調達、行政規制対応、税務・労務・知的財産権に関する紛争、株主代表訴訟、不祥事対応、第三者委員会としての調査、反社会的勢力対応、コンプライアンス指導、海外取引案件対応／**不動産関係**　所有権・賃貸借に関する相談・交渉・訴訟、区分所有建物の管理組合総会の運営指導／**家事事件**　離婚、子をめぐる紛争、遺言、相続、成年後見／**経済法**　独占禁止法・下請法・景品表示法に関する調査対応、課徴金減免申請対応、取引活動に関する相談、企業結合に関する各種届出・審査対応／**企業再編、倒産・事業再生**　会社分割等の各種企業再編手続、DD、破産・民事再生・特別清算等の各種倒産手続／**刑事事件**　被疑者・被告人弁護、告訴・告発／**犯罪被害者支援**　被害者参加、刑事損害賠償命令、報道機関対応

P 岡村勲　1957一橋大院、11期、1987一弁会長・日弁連副会長、法制審議会刑事法（犯罪被害者関係）部会委員（2006～07）、全国犯罪被害者の会（あすの会）顧問／**北尾哲郎**　1968東大法、30期、1992一弁副会長、日弁連民訴法改正委員会副委員長（1993～97）、一弁懲戒委員会委員長（2013～15）／**長﨑俊樹**　1978東大法、36期、最高裁司法研修所刑事弁護教官（2002～05）、新司法試験考査委員（2008～10）／**加藤公司**　1992東大法、2001イリノイ大LLM修了、46期、二弁、二弁民事介入暴力対策委員会委員長／**内田清人**　1996一橋大法、51期、公正取引委員会審査専門官（主査）（2003～08）、（独）中小機構契約監視委員会委員／**三好貴子**　1998中大法、54期、弁護士知財ネット会員／**中村竜一**　1999早大法、58期、犯罪被害者支援弁護士フォーラム会員／**米田龍玄**　2005京大院、58期、東弁、東弁民事介入暴力対策特別委員会委員、同犯罪被害者支援委員会副委員長、同倒産法部会員／**笹野司**　1998慶大法、59期、沖電気工業（1998～2000）　**A** 野尻裕一　2008中大LS、62期、早大総合研究機構社会安全政策研究所招聘研究員／**向笠太郎**　2009上智大LS、63期、租税訴訟学会会員／**澤田孝悠**　2007早大理工、2010南山大LS、64期／**吉田倫子**　2011京大LS、65期／**石川哲平**　2010慶大LS、66期／**長戸貴志**　2013早大LS、67期　以上明記のないものはすべて一弁。

著作 北尾他『新民事訴訟法大系』（青林書院）／北尾他『現代裁判法大系』（新日本法規出版）／長﨑「ビジネス事故110番」税務弘報46巻2号～47巻14号（中央経済社）／長﨑「会計人のための契約書の見方・読み方」税務弘報48巻10号～49巻11号（中央経済社）／北尾・加藤他『出向・転籍の法律と税務』（さくら総合研究所）／中村他『生活と環境をめぐる法律相談Q&A』（ぎょうせい）／加藤他編『企業活動と民暴対策の法律相談』（青林書院）／加藤他編『内部統制による企業防衛指針の実践』（青林書院）／米田他著『民事介入暴力対策マニュアル（第4版）』（ぎょうせい）／北尾他著『民事訴訟のスキルとマインド（現代民事法研究会）』（判例タイムズ社）／米田他著『誰にも分かる債権の保全と回収の手引』（新日本法規出版）／北尾他編『知財訴訟』（青林書院）／米田他著『債権法改正を考える』（第一法規）／中村・米田他編著『ケーススタディ被害者参加制度』（東京法令出版）／内田・笹野「ビジネスを促進する独禁法の道標—事業提携・共同事業のチェックポイント」BUSINESS LAW JOURNAL2013年12月号／加藤他編著『暴力団排除条例と実務対応—東京都暴力団排除条例と業界別実践指針』（青林書院）／内田他著『企業再編の理論と実務—企業再編のすべて』（商事法務）／内田他著『論点体系 独占禁止法』（第一法規）／内田・吉田「ビジネスを促進する景表法の道標—食品表示の適法性確保のための法横断的視点」BUSINESS LAW JOURNAL 2015年3月号／野尻「シックハウス症候群と職場環境について」環境管理2015年2月号／中村・笹野・野尻・向笠・澤田・吉田・石川『これだけは知っておきたい取締役の法律知識』（SMBC経営懇話会）／内田他編『要綱から読み解く債権法改正』（新日本法規出版）

小川総合法律事務所
Yoshida and Partners

〒103−0014　東京都中央区日本橋蛎殻町1−39−5　水天宮北辰ビル4階
TEL　03-5695-4188　FAX　03-5695-4187
URL : http://www.japanlaw.co.jp

13（+1）	
P 5 / A 7 / 顧 5	
男 9 / 女 4	
外弁 0 / 外資 0	
他士 0 / 事務 7	

1924年、神戸で創業の「吉田精三法律事務所」を起源とする海事専門の老舗事務所で、顧問として海事保佐人も在籍する。男女比がおよそ2：1と女性の割合が高い。

A		海事
	国際	保険

■理念・特色

当事務所は、約90年の歴史を持ち、国内外の海事案件を中軸とした法律業務を行っております。海難事故・海事関係契約などの海事案件の他、渉外・国内の商事取引案件、知的所有権関係案件を得意としております。

衝突、火災、沈没、座礁などの海難事故や陸海空運送関係事故では、事故原因解明のため船舶運航、貨物の性状などに関する知見および調査能力を必要とし、また共同海損、救助、船骸撤去などこれらの分野独特の制度等に関する知識や経験、関連契約書式、法令・条約その他渉外案件に関する深い造詣が不可欠となります。当事務所は、この分野の多様な事案を通して知識および経験を蓄えており、一方、これらの分野に精通した弁護士とともに、豊富な経験を有する海事補佐人や海運会社出身者を顧問として擁し、外部専門家とも協力してこれらの案件に取り組んでおります。

また、これらの分野では海外の弁護士および専門家と協同して業務を行うことが不可欠であり、当事務所は、各国の法律事務所および専門家などを中心としたネットワークを形成・維持しております。

■設立・沿革

当事務所の前身は、1924年に故吉田精三が神戸に設立した吉田精三法律事務所です。同事務所は、海事案件その他商取引を中心とするさまざまな渉外・国内案件を扱う先駆け的な法律事務所でした。

1969年、故小川洋一の入所をきっかけに、海難事故関係案件により特化し、第十雄洋丸衝突事件、ナホトカ号油濁事件、一連の海賊案件などの多くの重大海難事案を取り扱ってきました。

さらに、2000年には「中村法律事務所」との合併、その後の弁護士および専門家の増員を経て、当事務所は、特に海難事故その他海事法および商事契約の分野でより迅速かつ充実したサービスを提供できる体勢を整え、依頼者各位に対する一層の貢献をめざしております。

なお、当事務所の名称は「小川総合法律事務所」ですが、創設者である故吉田精三に敬意を表し、欧文名称はYoshida & Partnersとしております。

代表者　森荘太郎（第一東京弁護士会）、中村哲朗（東京弁護士会）、中村紀夫（第一東京弁護士会）、雨宮正啓（第一東京弁護士会）、伊郷亜子（東京弁護士会）	主な顧問先　海運関連業者（船主、運航者、港運、物流、造船等）、保険業者、その他
	報酬体系　事務所報酬規程による。着手金・報酬金または時間制／パートナー40,000円〜45,000円／アソシエイト30,000円〜35,000円。
取扱言語　英語	

取扱業務 船舶衝突・火災・沈没・座礁、海難救助その他海難事件／油濁、船骸撤去等の環境保全・損害事件／海上・航空・陸上輸送にかかわる契約・紛争案件、傭船契約、船舶管理契約、船員配乗契約、代理店契約、船舶売買、造船契約その他契約案件／海賊案件／海上保険案件／海上労働案件／船舶金融案件／海運会社・造船所倒産案件／船舶差押えおよび解放ならびに船主責任制限手続などの裁判手続／海事刑事、海難審判手続、運輸安全委員会事案／企業法務、商取引、知的所有権その他一般民事商事案件

P 森荘太郎 1974早大政経、29期／中村哲朗 1974神戸商船大航海、1987ハーバード大LLM修了、35期、日本海法会評議員／中村紀夫 1986慶大法、47期／雨宮正啓 1986早大法、1991早大院（法学修士）、51期、法制審議会幹事、早大客員教授、大連海事大客員教授／伊郷亜子 1997法大法、52期
A 廣中太一 2001京大建築、2013南カリフォルニア大LLM修了、55期／猿山賢司 2001早大法、60期／佐脇智伊 2001慶大法、2007中大LS、61期／西田信尋 1999青学大経、2008青学大LS、62期／佐藤康行 2005阪大人科、2008神大LS、2010裁判官任官、62期／竹本みを 2006関大法、2009同大LS、64期／池田美奈子 2007東大法、2010早大LS、2009ミシガン大LLM修了、66期、NY州弁護士
顧 箱井崇史 1987早大法、早大院（法学博士）、2006登録、早大教授、法制審議会幹事、大連海事大客員教授、上海海事大客員教授、日本海法会理事／岸本宗久 1961東京商船大航海、1974明大法、海事補佐人／秋葉隆行 1981神戸商船大航海、海事補佐人／西城仁 1992東京商船大航海、海事補佐人／相澤昌之 1975関東学院大

著作 『最新海事判例評釈(1)』（共著、日本海運集会所）／『船舶衝突の裁決例と解説』（共著、成山堂書店）／『LOF2000とSCOPICの解説』（共著、成山堂書店）／『最新海事判例評釈(3)』（共著、海法研究所）／『国際物流クレーム実務』（監修、成山堂書店）／『海商法（第2版）』（共著、成文堂）、『Shipping & International Trade Law』（共著、Thomson Reuters）／『船舶衝突法』（共著、成文堂）／『The Rotterdam Rules in the Asia-Pacific Region アジア太平洋地域におけるロッテルダム・ルールズ』（共著、商事法務）／『The Shipping Law Review』（共著）Law Business Research／『The Transport Finance Law Review』（共著）Law Business Research／『船舶金融法の諸相』（共編著、成文堂）／箱井崇史『基本講義 現代海商法（第2版）』（成文堂） ほか多数

事件 第十雄洋丸・パシフィックアレス号衝突事件（1974.11.9）、原子力潜水艦ジョージワシントン・日昇丸衝突事件（1981.4.9）、サンコーオナー号・マースクナビゲーター号衝突事件（1993.2.2）、第五栄政丸・ゴールドリーダー号・オーシャンフェニックス号二重衝突事件（2008.3.5）、カリナスター・護衛艦くらま衝突事件（2009.10.27）／第8宮丸（1979.3.22）、第一英光丸（1983.8.13）、豊高丸（1984.10.17）、宣洋丸（1995.9.3）、ナホトカ号（1997.1.2）、オーソン3号（1997.4.3）、昭生丸（2006.11.28）などの油濁事件／北朝鮮船籍チルソン号日立港座礁事件（2002.11.26）／ジャイアントステップ号、オーシャンビクトリー号鹿島座礁・救助・撤去事件（2006.10）／フェリーありあけ横転事件（2009.11.13）／東北太平洋沖地震（2011.3.11）における船舶救助・船骸撤去事件／エムオーエル・コンフォート号沈没事件（2013.6.17）／天佑号（1998）、アロンドラ・レインボー号（1999）、グローバル・マーズ号（2000）海賊事件、ソマリア、ナイジェリア沖海賊事件／船荷証券における合意管轄の有効性が争われた最判昭和50.11.28民集29.10.1554、フィッシュミールの濡焼損が運送品の隠れた欠陥によると認められた東京高判平成10.11.26判タ1004.249（上告棄却）、船主責任制限法の合憲性が争われた最決平成13.2.13海事法研究会誌166.73、船舶に対する民法上の動産先取特権の成否が争われた最決平成14.2.5裁判集民205.395、船舶座礁・貨物滅失について航海過失免責が認められた東京地判平成22.2.16判タ1327.232など訴訟・仲裁事件 ほか多数

奥野総合法律事務所・外国法共同事業
OKUNO & PARTNERS

〒104-0031　東京都中央区京橋1-2-5　京橋TDビル8階
TEL　03-3274-3805　FAX　03-3272-2245
URL：http://www.okunolaw.com/　info@okunolaw.com

「志をもって事にあたる」ことを事務所理念とし、分野を問わず、さまざまな依頼者の相談への対応・法律顧問活動を行っている。特に事業再生・倒産やM&A・企業再編、金融等に強い。

■理念・特色

　当事務所は、創設から90年以上の歴史を有する伝統ある事務所です。初代所長であった奥野彦六弁護士の理念を継承し、現在の所員一同、「志をもって事にあたる」との精神を日々実践することを心がけております。

　依頼者の真の利益の実現のためには、法的スキルを磨くことはもちろん、依頼者の皆様から日常のご相談を気軽にしていただけるような人間関係を形成しておくことが大切であると考えております。

　社会・経済の国際化、取引・紛争の高度化・専門化が顕著となっているなか、法律事務所に求められる内容とレベルも進化しております。弁護士の基本的責務を忘れることなく、皆様の期待に応えられる事務所であり続けたいと考えております。

　分野を問わず、大企業、中小企業、各種法人、個人等のさまざまな依頼者のご相談への対応・法律顧問活動を行っております。顧問先企業には、定期的なセミナーの開催等により有用な情報発信を行うほか、日頃より各企業の業務内容の把握に努め、平時および非常時において的確かつ迅速な対応ができるよう心がけております。

　また、当事務所として特に力を入れているのは、①事業再生・倒産、②M&A・企業再編、③コーポレート、④金融の分野です。所長の奥野善彦弁護士は、日本リースの更生管財人や整理回収機構（RCC）の代表取締役を務めたほか、企業の事業再生、倒産処理において多くの実績を有しており、当事務所は、企業危機時における債務者側対応、債権者側対応の豊富な経験を有します。近年は、大型中型のM&A・企業再編、金融関連業務、知財関係のご依頼が増加しているほか、医療機関からのご依頼による医療現場での刑事事件への対処やコンプライアンス指導についても実績を積み重ねております。

■設立・沿革

　当事務所は、1924年に創設され、2014年1月に「奥野総合法律事務所・外国法共同事業」に改称しました。

代表者　所長　奥野善彦、副所長　藤田浩司（いずれも東京弁護士会）	印刷業、観光業、電気工事業、医療法人、IT、コンサルタント、テーマパーク、広告代理店、農業生産法人等多数
取扱言語　英語、ドイツ語、フランス語、ポーランド語、イタリア語	**報酬体系**　当事務所の報酬規程による。基本的に着手金・報酬金方式。依頼者と協議のうえでタイムチャージ方式（15,000円～）の選択もあり。顧問料は、企業規模、平均的な相談件数や難易度を勘案し、依頼者と協議のうえで決定（（月額）50,000円～）。
主な顧問先　石油業、不動産業、銀行・金融業、証券会社、建設業、運送業、出版業、製造業（食料品、健康食品、医療機器、住宅建材、玩具、日用品等）、小売業（スーパーマーケット、アパレル、スポーツ用品、通販事業等）、	

奥野総合法律事務所・外国法共同事業

取扱業務 コーポレート　会社の組織再編（M&A）、コンプライアンス、リスク管理、不正調査、株主総会、取締役会運営指導等、労働法、国際取引、仲裁等／**金融**　事業再生ファイナンス、ストラクチャードファイナンスその他各種ローンファイナンス、エクイティファイナンス、一般金融法務／**事業再生・倒産**　私的整理による事業再生（私的整理ガイドライン、事業再生ADR、整理回収機構、中小企業再生支援協議会等）、法的手続による事業再生（会社更生、民事再生、特定調停等）、清算型の法的倒産手続（破産、特別清算等）、事業再生案件・倒産案件における債権者向けアドバイス、管財人・監督委員の業務等／**事業承継**／**知的財産権**／**競争法**／**民事紛争交渉・訴訟**／**医療現場における刑事事件への対処・コンプライアンス指導**／**医療従事者・病院側への助言**／**個人の皆様の案件**　親族・相続案件等

P 奥野善彦　中大法、18期、（公財）世界自然保護基金ジャパン　監事、民間資金等活用事業推進機構監査役／野村茂樹　東大法、35期／滝久男　京大法、36期／藤田浩司　一橋大法、41期、トレンドマイクロ監査役、ニチレキ取締役、デクセリアルズ取締役／遠藤由紀子　慶大法、51期／城坂琢也　慶大法、54期／粟澤方智　東大法、54期／小池良輔　東大法、57期／増江亜佐緒　一橋大法、55期、東邦銀行取締役／櫻庭広樹　東北大法、55期　**外弁 P** Michael Mroczek　バーゼル大、テンプル大LS、スイス連邦法　**A** 今戸智恵　上智大法、56期、二弁／坂野維子　早大法、ワシントン大LS、57期／鹿田順平　慶大法、58期／吉岡剛　同大法、59期／田中公悟　東大文、60期／大水英智　東大法、60期／仲野裕美　一橋大法、60期／加藤恭子　慶大法、60期／平澤真　早大政経、61期／山本昇　東大経済、61期／清水健介　早大法、早大LS、62期／原田拓歩　早大理工、成蹊大LS、62期／伊藤美沙都　慶大経済、慶大LS、63期／町田紳一郎　慶大法、東大LS、63期／角谷美緒　東北大法、北大LS、64期／生田和也　東大文、東大LS、65期／小向昭裕　慶大総合政策、千葉大LS、66期／小林明日香　慶大法、慶大LS、67期／丸一浩貴　東大法、東大LS、67期　**客員** 飯田英男　中大法、18期、エコス監査役、文化シャッター監査役、衆議院職員倫理審査会委員、国会職員退職手当審査会委員長／江守英雄　中大法中退、32期、日本アジア投資監査役、エコス監査役　**顧** 大西正一郎　早大法、44期、フロンティア・マネジメント代表取締役　以上明記のないものはすべて東弁。

著作 奥野善彦『会社再建』（小学館）／藤田浩司「集合債権・集合動産譲渡担保と否認」『新破産法の理論と実務』（共著、判例タイムズ社）／滝久男「配当手続」『入門　新破産法』（共著、ぎょうせい）／粟澤方智監修「ここがポイント　倒産・再生手続における金融機関の対応」金融法務事情（連載2014～）／粟澤方智他編著『金融機関のための倒産・再生の実務』（金融財政事情研究会）／小池良輔「法律家から見た情報にまつわるリスク管理―看護学生に伝えるべきこと」看護教育650号／粟澤方智・櫻庭広樹「濫用的会社分割の当事会社に対する会社更生手続の債権者申立ての検討―東京地裁平成22年（ミ）第13号・同第14号を踏まえて」金融法務事情1915号／飯田英男『刑事医療過誤』（共著、判例タイムズ社）／同『刑事医療過誤Ⅱ（増補版）』（判例タイムズ社）／同『刑事医療過誤Ⅲ』（信山社）等　多数

事件 事業再生・倒産　地方インフラ企業、旅館、ホテル、医療法人、テーマパーク、鉱業等多数の私的整理／アイフルの事業再生ADR／日本リース・日本リースオート、ホリデイタワー他の更生管財人／あしぎんフィナンシャルグループの会社更生申立て／金融機関の代理人として蓼科グランドホテル外1社に対する会社更生手続の債権者申立て／スーパーマーケット、旅館、ホテル、消費者金融、水産卸、ゴルフ場、林業、医療法人、学校法人、スキー場等多数の民事再生申立て／スルガコーポレーションに対する民事再生手続上の管理命令申立等／**金融関連**　日本航空に対するプレDIPファイナンス・DIPファイナンスの供与における貸付人の代理／日本振興銀行・預金保険法適用申請等／**訴訟事件**　マンション管理組合預金帰属訴訟／NHK番組期待権訴訟／有価証券報告書虚偽記載による損害賠償訴訟／労働保険料認定決定処分取消請求訴訟／学校法人の理事に対する損害賠償請求訴訟等

小沢・秋山法律事務所
OZAWA & AKIYAMA

〒105－0001　東京都港区虎ノ門1－1－21　新虎ノ門実業会館7階
TEL　03-3591-7488　FAX　03-3595-1827
URL：http://www.ozawa-akiyama.jp　katsuki@ozawa-akiyama.jp

```
22 (－4)
P 12  A 10  顧 0
男 21  女 1
外弁 0  外資 3
他士 1  事務 9
```

銀行法務、金融関連法務を中心とする専門事務所で、顧問先も金融機関が多い。近年では、M&A関連法務、不祥事件等の危機管理対応、マスコミ対応等にも注力している。

■理念・特色

　当事務所は、1974年4月の創立以来、一貫して企業に生起する各種の問題に関する法律相談、訴訟、各種委任業務を担当してまいりました。現在当事務所は、銀行およびその関連会社をはじめとし、メーカー、商社、流通業者、建設業者等のあらゆる業種の企業からご依頼を受け、取扱業務に示すとおりの多様なリーガル・サービスを提供しております。

　当事務所では、企業が現代社会において直面する法務問題を解決するために必要な法的サービスを提供できる体制を整備しています。最近は、大立法時代を迎え、新規かつ高度化している法務問題が生じていますが、それらに対応できるよう日々努力しております。

　当事務所は、新たな法令等の改正について、いち早く正確な情報を把握し、顧客の皆様へ実務における影響を勘案して、的確なアドバイスができるように努めております。加えて、特定のご依頼先企業が必要とする法務問題の解決等につき、その背景となる業界の動向や変化にも十分留意して、迅速かつ的確に、ご依頼先企業との協議により決定される適正な報酬により、満足していただけるリーガル・サービスを提供できるよう最大限の努力をしております。

　当事務所では、銀行法務、金融関連法務はもとより、従来から企業のM＆A関連法務に力を入れており多くの実績を積んでまいりました。近年は弁理士が加入したことにより、知的財産を巡る法務にも力を入れております。また、昨今の企業不祥事件の増加に伴い、不祥事件対応（顧客対応から当局対応）、原因調査および報告、提言、マスコミ対応等に関する危機管理法務についても力を入れているところです。さらに、留学経験と海外における勤務経験を持つ、ＮＹ州資格者3名と大手渉外事務所出身の英文業務が可能な弁護士が在籍していることから、国際関連法務につきましても力を入れており、相当程度の経験を有するに至っております。

■設立・沿革

　1974年に「小沢法律事務所」を開設し、1990年「小沢・秋山法律事務所」に名称を変更しました。

代表者　小沢征行（東京弁護士会）
取扱言語　英語
主な顧問先　銀行持株会社、銀行、クレジットカード会社、リース会社、ベンチャーキャピタル、民間シンクタンク、証券会社、指定受託機関、投資顧問業者（投資助言・代理業、投資運用業）、信用金庫、メーカー、建設業者、不動産デベロッパー、サービサー、商社、人材派遣業者、広告代理店、総合小売業者、保険代理店、サービス業、出版業、印刷業、公益財団法人、一般社団法人
報酬体系　事務所報酬規程（日弁連旧報酬規程を参考にした事務所報酬規程による）。タイムチャージ報酬は、1時間当たり20,000円～40,000円。

取扱業務 **銀行法務** 銀行の法務を長年にわたって全面的に取り扱い、商品等の企画・立案段階から関与している。融資業務に係る担保、管理、回収については、反社会的勢力案件を含め、1990年代初めから多くの案件を取り扱い、経験が豊富。最近は、クレーム処理、ADR、調停および訴訟に至る紛争案件（レンダーライアビリティや投資商品関係）はもとより、コンプライアンス（特に不祥事件対応）についてもさまざまな経験を積んでいる。**金融関連法務** クレジットカード、信販、リース、ファクタリング、信用保証、VC、投資顧問、前払式特定取引、競売における買受け、サービサー関連業務、事業再生等、資産流動化等の市場型間接金融分野を得意とする。**M&A** 株式譲渡、事業譲渡、合併、会社分割等のM&Aに関する業務は平成元年から上場企業を含む幾多の案件に法務アドバイザーとして参画し、法務DDを含むすべての法務に精通。**会社法務** 会社法に関する業務は、設立から清算に至るまで多数の案件を処理してきたが、株主総会指導、上場会社の内部統制、役員関連法務について豊富な経験を有する。**人事および労働法務** 企業経営における重要な法務問題である人事および労働法務の分野についても長年の研鑽を積み、労働審判等の紛争案件も多く経験している。そのほか、人材派遣業に関する法務なども取り扱っている。**知財法務** 知的財産権の分野においても、取引契約や技術導入契約等に加えて、IT分野の目覚ましい発展に伴う特許権、特許権取得後の利用に関するアドバイスのみならず、特許権侵害等への対策等の法務のほか、商標権や著作権等に関連する業務も増加しており、予防法務を含め、幅広い対応が可能。なお、当事務所には弁理士が在籍することから、特許権等についても的確な対応が可能。**危機管理法務** 企業不祥事の多発に伴い、調査および第三者委員会等の設置運営等の危機管理法務が増加している。事件事故に基づく緊急事態において、短期間に多くのマンパワーを投入し、成果を上げることは容易ではないものの、危機管理に慣れた一騎当千の強者が揃っているので効率的な処理が可能。**国際関連法務** 企業の海外進出に伴う対外（特に東南アジア）投資関連法務や対内法務についても対応できる体制を整えている。

Ⓟ小沢征行 1969東大法修士、25期／秋山泰夫 1971東大経、38期／香月裕爾 1981明大政経、42期／日本アンテナ監査役／吉岡浩一 1991東大法、47期、NY州弁護士／小野孝明 1995慶大法修士、49期／御子柴一彦 1989慶大法、50期、慶大LS講師／山崎篤士 1996東大法、50期、レカム監査役／上枝健太郎 1995東大法、52期／笠井陽一 1978東大法、54期／遠藤洋一 2000東大法修士、54期、NY州弁護士／高尾剛 1999東大法、56期／外海周二 1999東大法、56期、NY州弁護士／Ⓐ東卓 2000慶大法修士、57期／清水洋介 2001慶大法、57期／西原秀隆 1999東大法、58期／佐藤良尚 1999慶大法、58期／岡渕貴幸 2001慶大法、58期／小林多希子 1999慶大経、59期／阿部博昭 2002東大経、2007東大LS、61期／石黒英明 2003慶大法、2008慶大LS、62期／古川綾一 2007東大法、2010早大LS、64期／稲田康男 2009東大法、2011東大LS、65期

著作 小沢征行・香月裕爾『貸出管理回収手続双書』（共著）／小沢征行・香月裕爾『銀行窓口の法務対策4500講』（共著）／香月裕爾『高齢者への投資勧誘・販売ルール』（以上、金融財政事情研究会）／同『わかりやすい金融商品販売・勧誘ルールブック』（商事法務）／同『金融コンプライアンスと法令ポイント』／同『保険会社のためのコンプライアンス』／同『金融機関における個人情報保護Q&A』／同『利益相反管理Q&A』／同編著『Q&A改正犯罪収益移転防止法』（以上、経済法令研究会）／同『銀行代理業のためのコンプライアンス』／同『100問100答Q&Aでわかる金融商品取引法』／同『改正犯収法取引時確認のポイント』（以上、ビジネス教育出版社）／同『債権の保全と回収の手引』（共著、新日本法規出版社）

外国法共同事業 オメルベニー・アンド・マイヤーズ法律事務所
O'Melveny & Myers LLP

〒100-0005　東京都千代田区丸の内2-1-1　明治安田生命ビル11階
TEL　03-5293-2700　FAX　03-5293-2780
URL：http://www.ommtokyo.jp/　info-tokyo@omm.com

7 (-3)	
P1 A6 顧0	
男3 女4	
外弁1 外資0	
他士0 事務6	

1885年に米国西海岸で設立されたグローバルファーム。米国、欧州、アジアの15拠点で750名規模の弁護士を擁し、FCPAや独占禁止法に関し日本企業を代理する。米国当局対応業務も行う。

A		訴訟
	国際	M&A

■理念・特色

当事務所はUncompromising Excellence, Distinctive Leadership, Superior Citizenship（依頼者のために卓越したサービスを提供する、確かなリーダーシップを発揮する、優れた社会の一員として行動する）の3点を理念とするグローバルファームの東京事務所です。米国で最も権威のある法務専門誌の1つであるThe American Lawyerが毎年発表する全米法律事務所トップ10に常にランクインしています。Chambers & PartnersやLegal 500など世界の主だった法務専門誌においても、多数の業務分野および弁護士が推薦されています。

グローバルで手がける業務分野は多岐にわたっており、特に国際的な紛争解決、独占禁止法関連、各種政府関連のレギュレーション、知的財産権、労働および雇用問題、M&A、税関係などで高い評価を得ております。

東京事務所には紛争解決（国内および米国訴訟、仲裁）、M&A、独占禁止法、コンプライアンスとリスクマネジメント、企業法務（会社法、労働法など）に精通した米国と日本両国の弁護士資格を有する専門家が在籍し、幅広い層のクライアントを代理しております。英語・日本語両言語に堪能な弁護士が豊富な専門的知識やスキル、ノウハウを用い、さまざまな国内およびクロスボーダー案件に取り組んでおります。

たとえば、クロスボーダーの買収案件では、EU競争法・各国の独占禁止法にからむ合併規制のクリアランスや事業譲渡後の人事労務問題など、案件にまつわる包括的なアドバイスも行っています。

また日本国内の訴訟にも注力しており、最近の最高裁民事重要判例の多くを手がけている点、いわゆる外資系としては異色といえます。さらに国際商業会議所（ICC）や香港（HKIAC）、シンガポール（SIAC）、日本（JCAA）における国際商事仲裁案件も数多く手がけており、これらの機関において仲裁人の認定を受けた弁護士も在籍しています。

■設立・沿革

「O'Melveny & Myers LLP」は、1885年に設立され、現在では米国、欧州、アジアに15の拠点を構え、約750人の弁護士を擁しています。

東京事務所は、アジア初の事務所として1987年に外国法事務弁護士事務所として開設以来、2005年に外国法共同事業法律事務所への改組を経て、数多くの国内および国際企業のクライアントをクロスボーダーM&A、ファイナンス、訴訟、一般企業法務等、さまざまな案件で代理してきました。

その後、香港、中国、シンガポールに続き、2012年11月にはソウルオフィスを開設。20年以上にわたってアジア全域に専門家を配置し、質の高いリーガルサービスを提供しております。

代表者	前田陽司（第二東京弁護士会）	金融機関、機械、電機、電子部品メーカー、大手商社等多数のグローバル企業
取扱言語	英語、ドイツ語	
主な顧問先	インターネット関連企業、メディア、IT関連企業、スタートアップ、情報通信、	報酬体系　事務所報酬規程による（原則としてはタイムチャージであるが、案件によって応談）。

外国法共同事業 オメルベニー・アンド・マイヤーズ法律事務所

|取扱業務| 国内外の訴訟、国際仲裁、FCPA、独占禁止法、グローバルコンプライアンス／刑事弁護、M&A、知的財産権／テクノロジー、人事労務、米国証券取引委員会関連、その他企業法務全般

|P|前田陽司 1988東大法、42期、二弁、1994バージニア大LS、1995 NY州弁護士

|A|黒澤幸恵 2000中大法、東京地方裁判所判事補（2001～06）、2004デューク大LS客員研究員、54期、二弁、2013 CA州弁護士／盛里絵美子 2004東大法、2006東大LS、60期、二弁、2012スタンフォード大LS、バージニア大客員研究員／二瓶ひろ子 1999早大、62期、一弁、2014オックスフォード大MJur／座波優子 2006早大法、62期、一弁、2015ペンシルバニア大LS／楠田真士 2005東大院学際情報学府、2012慶大LS、外資系大手金融機関等勤務（2005～09）、66期、一弁

|外弁|Scott D. Sugino 1996ハーバード大MA、2001一橋大院経済学研究科、2003シカゴ大JD、2003イリノイ州弁護士、2004CA州弁護士、2012 外国法事務弁護士、二弁

|著作| 前田陽司・黒澤幸恵「FCPA違反の摘発に新潮流？」ビジネスロー・ジャーナル48号（2012）／同「続・来襲！ FCPA」ビジネス法務11巻8号（2011）／前田陽司『メンタルヘルス対策の実務と法律（管理部門編）』SMBC経営懇話会（2011）／同「過去を変える判例—予測可能性低い最高裁判決」日経ビジネス（連載）／前田陽司・黒澤幸恵「中国ビジネス 変わる中国ビジネス界『賄賂は常識』の時代は終わった」エコノミスト2010年9月14日号／前田陽司他「Japan's Consumer Finance Problem」Bloomberg Law Reports（2010）／同他「Another Change in the Far East: Potential Impact on Japan M&A through DPJ Administration」Daily Journal（2009）／同他「独禁法 世界的なカルテル厳罰化で高まる個人の『実刑リスク』」エコノミスト2009年10月27日号／同「検証 制限超過利息の130年(1)～(7)」消費者信用2009年5月号～12月号／同他『メンタルヘルス対策の実務と法律知識』（共著、日本実業出版社、2008）／二瓶ひろ子他「実務解説：徹底比較！ シンガポール国際商事裁判所はシンガポール仲裁のライバルか？」ビジネスロー・ジャーナル87号（2015）／同「実務解説：悪夢？ もし仲裁と訴訟が重複したら—英米法国の訴訟差止命令と仲裁差止命令の活用」ビジネスロー・ジャーナル84号（2015）／同「実務解説：仲裁機関の選び方(上)(下)—主要な仲裁機関の徹底比較と日本企業が選択する際の視点」ビジネスロー・ジャーナル56号・57号（2012）／ Scott D. Sugino他「Mergers, Acquisitions, and Buyouts」Wolters Kluwer Law & Business（2003～06）

|事件| 民法704条2項後段の法的性質（最判平成21.11.9民集63.9.1987）／リボ払い貸付取引における利息制限法制限利率の計算方法（最判平成22.4.20民集64.3.921）／事業譲渡に伴う過払金債務承継の可否（最判平成23.3.22判タ1350.172他）／相殺適状の定義（最判平成25.2.28民集67.2.343）／期限の利益喪失条項の考え方（最判平成26.7.24裁時1608.12他）等

オリック・ヘリントン・アンド・サトクリフ外国法事務弁護士事務所／オリック東京法律事務所・外国法共同事業

Orrick, Herrington & Sutcliffe LLP, Orrick Tokyo Law Offices a gaikokuho joint enterprise

〒106-6028　東京都港区六本木1-6-1　泉ガーデンタワー28階
TEL　03-3224-2900　FAX　03-3224-2901
URL：www.orrick.jp

27（＋1）		
P 10	A 14	顧 3
男 19	女 8	
外弁 8	外資 3	
他士 0	事務 22	

A		総合

世界24オフィス、1,100名以上の弁護士がワンストップでリーガルサービスを提供するグローバル・ローファーム。テクノロジー、エネルギーおよび金融セクターに強い。

■理念・特色

オリック・ヘリントン・アンド・サトクリフLLPは、北米、欧州、アジアの主要都市に24のオフィスを有する、1,100名以上の弁護士が所属するグローバル・ローファームです。

オリック東京オフィスでは、英語等の外国語に精通する日本法弁護士をはじめ、日本語が堪能な米国法弁護士が所属し、オリックの各オフィスに所属する各国弁護士と対象案件に最適のチームを構成して、ワンストップでのグローバル・リーガルサービスを提供しています。

また、オリックでは、グローバルに事業展開する日本企業に対し、よりシームレスにリーガルサービスを提供することを目的として創設されたグローバル・ジャパン・プラクティス・グループを擁し、それぞれの国と地域に所在するオリック・オフィスにジャパン・デスクを設け、各専属の弁護士が、日本企業の進出先においてきめ細かなリーガルサービスを提供しています。

オリックは、コーポレート、エネルギー、ファイナンス、知的財産、訴訟／紛争解決を主要な業務分野とし、それぞれの分野に所属する米国、欧州、アジアの各国弁護士がグローバル・チームを形成して業務を執り行っています。なかでも、オリックはテクノロジー、エネルギーおよびファイナンス分野に強いファームとして世界的に高い評価を受けています。

オリック東京オフィスの弁護士は、オリックのグローバル・チームの一員として、クロスボーダーの案件を中心としたビジネス取引、および訴訟・仲裁案件に力を入れています。クロスボーダー案件の経験が豊富で諸外国の法律に精通した日本人弁護士が、グローバル・チームに加わることにより、日本企業のニーズや戦略を細部に理解したうえで諸外国の法律と、日本法との比較や現地チームとの調整など細部にわたる対応を行っています。

■設立・沿革

オリック・ヘリントン・アンド・サトクリフLLPは、1863年に米国サンフランシスコで設立され、2014年に創立150周年を迎えました。東京オフィスは、オリック初の米国外オフィスとして、1997年に開設され今日に至っています。

代表者　L. Mark Weeks
支店　米国（サンフランシスコ、ニューヨーク、ワシントンD.C.、シリコンバレー、ロサンゼルス、オレンジカウンティ、サクラメント、シアトル、ポートランド）、ロンドン、パリ、ジュネーブ、ブリュッセル、デュッセルドルフ、ミュンヘン、ミラノ、ローマ、モスクワ、北京・上海・台北、グローバル・オペレーションセンター（ウェスト・バージニア）
取扱言語　英語

主な顧問先　製造業（電気、電子、セミコンダクタ、機械、医療、自動車、化学、食品、消費財、医薬品）、情報通信、ソフトウェア、コンテンツ、小売、銀行、証券、保険会社、電気、ユーティリティ、不動産、開発、商社、中央官庁、ベンチャー・キャピタル、新興企業等多数
報酬体系　原則としてタイムチャージであるが、案件によっては着手金・成功報酬という体系での対応もある。顧問契約も可。

オリック・ヘリントン・アンド・サトクリフ外国法事務弁護士事務所／オリック東京法律事務所・外国法共同事業

取扱業務

コーポレート・M&A クロス・ボーダー案件を中心としたM&A、ジョイント・ベンチャー、戦略的提携などの案件を取り扱っています。オリックの各国オフィスに所属する知財、独禁法、国際通商などさまざまな業務分野の弁護士等と協働し、グローバル案件に係るさまざまな問題を多角的にワンストップで対応します。さらに、人事・福利厚生、労働法上の問題、コーポレート・ガバナンスなどの、一般企業法務、さらに、スタートアップ、ベンチャー、ベンチャー・キャピタルおよび戦略的投資家などへのアドバイスも行っています。

国内外紛争解決およびコンプライアンス 知的財産関連紛争、製造物責任関連紛争、M&A関連契約を巡る紛争、労働関連紛争等、純粋国内案件のほか、複数の管轄にまたがる紛争解決につきアドバイスを行っています。また、当事務所の弁護士は国際仲裁案件において代理人や仲裁人を務め、仲裁実務にも精通しています。さらに、内部統制を含めた日常のコンプライアンス対策、FCPA、UKBAなどの各国における賄賂規制法の対応について、企業内部・外部のコミュニケーション管理を含む包括的なアドバイスを行っています。複数国をまたぐ独禁法・競争法案件対応についても、各国執行機関における執務経験を有する弁護士らと共にワンストップで対応いたします。

知的財産権 特許、営業秘密、商標、著作権、各種知的財産権侵害訴訟、戦略的IPプランニング、米国国際貿易委員会（ITC）における調査、ライセンシング、ブランディング戦略を含む、知的財産権に関するあらゆる分野のアドバイスを提供しております。

エネルギー・アンド・インフラストラクチャ 国内外における風力・太陽光を中心とする再生可能エネルギー・プロジェクト取扱事務所としてのパイオニア。国内での固定価格買取制度導入にあたっては、担当省庁にアドヴァイスを提供したほか、新規プラント開発、プロジェクト・ファイナンスを中心とする資金調達、エネルギー関連の行政手続、プロジェクト関連の紛争処理など、プロジェクト全般についてのリーガルアドバイスを行っております。

不動産 国内外のクライアントを代理して、国内不動産投資、海外不動産投資、投資不動産の開発・運用、不動産関連ファイナンスなどの案件を取り扱っています。クライアントのニーズに則したストラクチャーの構築、個別案件における実際的なソリューションの提案を行うことなどを通じて、マーケットで高く評価されています。

[P]髙取芳宏 1989早大、1998ハーバード大LS、44期、一弁／土屋年彦 1988慶大、1999ミシガン大LS、45期、東弁／若林美奈子 1996慶大、2004シカゴ大LS、50期、東弁／伊能優子 1991上智大、1995早大院、2005ノースウェスタン大LS、51期、東弁／矢倉信介 1999京大、2005NY大LS、2006ロンドン・スクール・オブ・エコノミクス、2008北京大院、53期、一弁 [A]齋藤礼子 1999早大、2008ノースウェスタン大LS、54期、二弁／乾由布子 1996東大院、58期、二弁／神庭豊久 2000慶大、2011南カリフォルニア大LS、58期、二弁／太田祐美子 1991東大、59期、二弁／小路健太郎 2001慶大、2011南カリフォルニア大LS、59期、一弁／富田浩 2001一橋大、2011南カリフォルニア大LS、59期、東弁／松本はるか 2003ICU、2013ユニヴァーシティ・カレッジ・ロンドンLS、59期、一弁／一色和郎 2003デューク大、2007早大LS、61期、一弁／林田麻里 2007慶大、2009上智大LS、63期、東弁／藤野将生 2007東大、2010東大LS、65期、一弁／仲館祐太朗 2010慶大、2013慶大LS、67期、東弁 [顧]杉田泰樹 2003慶大、2010コロンビア大LS、57期、一弁 [外弁P]L. Mark Weeks 1988フォーダム大LS、二弁／Edward S. Johnson 1988ハーバード大LS、二弁／片山洋一 1992フォーダム大LS、二弁／David E. Case 1998シラキュース大LS、二弁／Michael T. Haworth 1999ノートルダム大LS、二弁 [外弁A]Kane Huang 2008インディアナ大LS、二弁 [外弁顧]John R. Inge 1974サフォーク大LS、二弁／W. Eugene Chang 1988カリフォルニア大バークレー校LS、二弁

梶谷綜合法律事務所
KAJITANI LAW OFFICES

〒100-0004　東京都千代田区大手町1-7-2　東京サンケイビル18階
TEL　03-5542-1453　FAX　03-5542-1454
URL：http://www.kajitani.gr.jp/

90年余の歴史を持つ法律事務所で、上場企業の顧問先も多い。幅広い業務範囲と高度な専門性を兼ね備えた真に頼れる綜合法律事務所。複数の最高裁判事（梶谷玄他）、日弁連会長（梶谷剛）を輩出している。事務所代表の岡弁護士は、現一弁会長。

16 (+1)			
P 1	A 12	顧 3	
男 12	女 4		
外弁 0	外資 0		
他士 0	事務 7		

A		会社
		再生　訴訟

■理念・特色

当事務所は90年余の歴史を持つ伝統ある綜合法律事務所です。人間としての温かみを忘れることなく、案件を通じて依頼者の方々と喜びや苦しみを共にすることで、永きにわたる強固な信頼関係を構築していきたいと願っています。

当事務所の所属弁護士は、全員が、事務所創設者堀江専一郎弁護士の『依頼者の権利保護のため、誠心誠意、骨身を削る』、『弁護士は自己の天職を自覚し、気節と品格を兼ね備えた紳士でなければならぬ』との言葉を胸に、常にプロフェッショナルとしての気概をもって案件に取り組み、依頼者の方々に良質で高度な法務サービスを提供し続けられるよう全力を尽くします。

当事務所には、日本を代表する多くの企業の法律顧問を長年にわたって務める中で蓄積された豊富な経験と知見があります。また、所属弁護士の多くは、上場企業の社外役員を務めています。ビジネスの現場に関する深い理解に基づいて、親身な法的助言と実践的なソリューションを提供できることが、当事務所の特色の1つです。

経済的窮境に陥った企業の事業再生や倒産処理案件も多く取り扱っており、裁判所から会社更生事件、破産事件の管財人や民事再生の監督委員等の委嘱を多く受けていることも当事務所の特色です。国際倒産事件についても、米国でのチャプター・イレブン手続なども含めて、数多くの経験を有しています。

訴訟その他の紛争解決にかかる業務は創設以来の当事務所の主要業務の1つであり、規模・分野を問わず数多くの重大な訴訟案件に関与しております。特に、企業間取引に関する訴訟、公害訴訟（企業側）、株主代表訴訟（会社、取締役側）、役員責任追及訴訟、独禁法関係訴訟（クロスボーダー案件を含む）に関しては、豊富な経験と実績を有しています。

■設立・沿革

1920年に堀江専一郎弁護士が設立した「堀江法律事務所」にその起源を発しています。その後1939年に、堀江弁護士の遺命により、梶谷丈夫が事務所を継承し、その後、梶谷丈夫の逝去により梶谷玄が事務所を承継、さらに、梶谷玄が1999年に最高裁判所に転出したことから、梶谷剛が事務所主宰者に就任しました。

そして、梶谷剛が2011年より日本司法支援センター（法テラス）理事長に就任したことを機に、2012年より岡正晶が事務所代表として業務を統括しています。

代表者　岡正晶（第一東京弁護士会）	ウェア開発会社等多岐にわたる。
取扱言語　英語	**報酬体系**　事務所報酬規程（日弁連旧報酬規程に当事務所の変更を加えたもの）による。着手金・報酬金等とタイムチャージの双方対応可能／顧問料（月額）応相談／タイムチャージ15,000円〜（担当弁護士の経験年数に応じて幅がある）。
主な顧問先　わが国を代表する多くの上場、非上場の企業。業種は、鉄鋼業、石油業、窯業、自動車部品・建材・精密機械、化学素材等や食品・酒類等の製造業、銀行、信販会社、保険会社、商社、百貨店、新聞社、建設会社、ソフト	

梶谷綜合法律事務所

取扱業務 **コーポレート関連法務** 契約交渉の代理、契約書作成、取締役の経営判断にかかる法律意見書その他各種法律意見書の作成、株主総会の指導、外部通報窓口の受任等／**事業再生・倒産処理** 私的整理ガイドライン・事業再生ADR等を利用した私的整理手続による事業再生、民事再生・会社更生等の法的手続を利用した事業再生、破産等の清算型の倒産処理、取引先信用不安時の債権回収にかかる法的助言、債権回収、事業再生・倒産案件における債権者・スポンサーへの法的助言、管財人・監督委員の受任、国際倒産処理等／**訴訟その他の紛争解決** 企業間取引に関する訴訟、公害訴訟、株主代表訴訟、役員責任追及訴訟、その他各種機関による裁判外の紛争解決方法（ADR）／**M＆A関連法務** スキーム検討、DD、契約交渉支援、契約書作成等／**独占禁止法関連法務** 独占禁止法上の問題点の調査、法律意見書の作成、公正取引委員会における審査案件および審判案件への対応、課徴金減免制度に関する対応、海外競争当局対応等／**人事・労働関係法務** 解雇等の雇用契約の終了等に関する法的助言、その他各種労使紛争の解決／**不祥事・企業犯罪等への対応** 企業犯罪にかかる刑事弁護（捜査段階・起訴後）、事実関係調査、広報対応、第三者委員会等へ参画等／**知的財産権関連法務** ライセンス契約その他各種契約交渉および契約書作成、知的財産権侵害への対応等／**渉外案件** 国際取引契約書の作成、国際的な金融取引不祥事や国際的な独占禁止法違反事件にかかる海外弁護士との連絡調整、国際倒産事件への関与等／**個人依頼者への各種法的サービス** 離婚その他親族相続問題、債務整理、交通事故、その他

東京

最高相談役 梶谷玄 1957東大法、11期、元最高裁判所判事、元一弁会長、ミシガンロースクールMCL、ハーバード大LS **前事務所主宰者** 梶谷剛 1959成蹊大政経、19期、元日弁連会長、元日本司法支援センター理事長 **事務所代表者** 岡正晶 1980東大法、34期、一弁会長（2015年度）、元法務省法制審議会民法（債権関係）部会委員 **客員弁護士** 入山幸 1970東大法、1977 College of Europe（ベルギー・ブリュージュ）、新日本製鐵（現新日鐵住金）海外事業企画部長、常務取締役歴任、2014登録 **所属弁護士** 和智洋子 1984早大法、41期／坂口昌子 1990一橋大法、ノースウェスタン大LLM、48期／松下満俊 1994東大法、49期／宮島哲也 1994 早大法、49期／大澤加奈子 1993早大法、NY大LLM、50期／藤原寛 1997慶大法、51期／梶谷篤 1993早大政経、52期／上田慎 1998慶大法、52期／伊藤一哉 1999慶大法、56期／久保文吾 2000早大法、60期／梶谷陽 2002学習院大法、2008成蹊大LS、62期／喜多由香利 2009慶大法、2012慶大LS、66期　以上すべて一弁。

著作 岡正晶他『条解破産法（第2版）』（弘文堂、2014）／岡正晶他『担保・執行・倒産の現在―事例への実務対応』（有斐閣、2014）／岡正晶他『新注釈民事再生法（第2版）』（金融財政事情研究会、2010）／岡正晶他『最新実務解説 一問一答民事再生法』（青林書院、2011）／岡正晶・松下満俊他『倒産法の最新論点ソリューション』（弘文堂、2013）／梶谷篤・上田慎他『公益法人・一般法人の運営と立入検査対応Q&A110』（清文社、2015）／梶谷篤・上田慎・梶谷陽他『民事訴訟法判例インデックス』（商事法務、2015）／梶谷篤・久保文吾他『平成27年5月施行会社法・同施行規則主要改正条文の逐条解説』（新日本法規、2015）／上田慎・久保文吾他『企業再編の理論と実務―企業再編のすべて』（商事法務、2014）／上田慎・久保文吾他『濫用的会社分割―その実態と実務上の対応策』（商事法務、2013）／大澤加奈子他『会社更生の実務Q&A120問』（金融財政事情研究会、2013）／梶谷篤他『Q&A会社清算の実務と書式―法務/労務/税務等』（新日本法規、2011）／上田慎・梶谷篤・伊藤一哉・久保文吾他『倒産事件処理マニュアル』（新日本法規、2011）／梶谷篤・梶谷陽他『第三者委員会 設置と運用』（金融財政事情研究会、2011）　その他所属弁護士による著書論稿は多数に及ぶ

事件 **会社更生事件** レック（東証二部）、東海興業（東証一部）、佐藤工業（東証一部）等、大型会社更生事件の更生管財人、三洋証券他上場企業の会社更生申立代理人、その他管財人および申立代理人の経験多数／**民事再生事件** 中央コーポレーション（東証二部）民事再生監督委員、その他監督委員および申立代理人の経験多数

柏木総合法律事務所
KASHIWAGI SOGO LAW OFFICES

〒105-0002　東京都港区愛宕1-3-4　愛宕東洋ビル8階
TEL 03-5472-5050　FAX 03-5472-5077
URL：http://www.kashiwagi-law.co.jp　email@kashiwagi-law.co.jp

国内外の企業法務、M&Aを含む企業再編、知財、人事・労務、コンプライアンスのほか、最近では特に、独禁法違反等の不祥事対応や外部委員会への参画、再発防止体制構築のサポート等にも対応する。

14（+1）	
P7 A5 顧2	
男12 女2	
外弁1 外資0	
他士0 事務8	

A	総合

■理念・特色

　当事務所は、主として企業法務（会社法、独占禁止法、労働法、不正競争防止法、金融商品取引法その他の民・商事一般）のほか、渉外法務ならびに特許・意匠・著作権争訟をはじめとする知財法務等を取り扱っています。

　私共は、設立当初より、「一流の法廷弁護士たれ」をモットーに、1人ひとりの所属弁護士が、訴訟、商事仲裁および民事調停事件などを責任をもって担当し、遂行することができるよう、研鑽と経験を積み重ねることを重視しており、数ではなく質を重視するリーガル・エンジニアリング・エキスパート・システムこそが、企業法務に関するあらゆる分野での責務を果たすことに繋がると考えております。また、当事務所の特徴の1つは、所属する弁護士のバックグラウンドが多様であることです。大学在学中に司法試験に合格し、司法研修所を修了して事務所に入所した弁護士がいる一方、商社、銀行ならびに官公庁等出身の弁護士などが所属しており、多様な経験を活かして業務に従事しております。

　上記の「理念・特色」に記載した業務分野に注力することを基本としながら、特に最近は、企業のコンプライアンス、内部統制、内部監査およびM&A業務ならびに労働法務に関する業務が増えており、これらの分野を含めた企業法務、渉外法務分野に力を入れています。

　具体的には、コンプライアンス体制の不備に起因する不祥事が発生した後に、その原因究明のために設置された第三者機関への参画、特別監査業務ならびに再発防止に向けた体制の再構築のサポート、独占禁止法事件に対する対応等に関するアドバイス、企業グループ内の事業再編に伴う合併、会社分割、事業譲渡、株式移転などを含む国内外のM&A・事業再編サポート業務、雇用形態の多様化および度重なる法改正に伴う相談業務等に対応しております。

　また、企業の経済活動に基因するさまざまな紛争への対応、具体的には商事・民事の訴訟や仲裁、特許などの知財関連の訴訟、労働審判、労働局のあっせん手続などを行っております。

■設立・沿革

　当事務所は、1959年4月に柏木薫弁護士が有楽町に「柏木薫法律事務所」を開設し、虎ノ門（西新橋一丁目）を経て1996年7月に現在の港区愛宕に移転した後、2009年1月にパートナーシップ制に移行し、現在、代表者3名を含む7名のパートナーにより運営しております。

代表者	松浦康治、柏木秀一、福井琢（いずれも第二東京弁護士会）
取扱言語	英語
主な顧問先	東京証券取引所上場、非上場を含めた化学、建設、不動産、商社、プラント、機械、電子材料、運輸、IT、服飾、人材派遣、リース、損害保険その他の企業ならびに医療法人・会計事務所などを含む国内外各社
報酬体系	案件によって、着手金・報酬金方式（日弁連旧報酬規程を基にした事務所規程による）かタイムチャージ方式（パートナー30,000円～45,000円、アソシエイト15,000円～30,000円）を選択。顧問料は、規模によって、（月額）50,000円～。

柏木総合法律事務所

|取扱業務| 民・商事一般、国際取引、海外投資、経営管理法務、企業再編等の企業法務、特許・商標・実用新案・意匠・著作権等の知的所有権、金融、行政、雇用・労働、不正競争防止、独占禁止・破産・会社更生等の商事・経済関係を含む国内法律問題ならびに国際法律問題につき各種法的助言、調査、交渉、契約書類作成、法律意見書作成等のリーガルサービス、国内訴訟・調停・仲裁（内・外）における代理等の業務

|顧|柏木薫 1950東大法、4期、法学博士、ハワイ州外国法コンサルタント、2004筑波大博士修了、二弁副会長（1966～67）、法制審議会強制執行部会委員（1979～80）、同商法部会委員（1983～85）、日米協会会員、民間外交推進協会理事、（公財）日本動物愛護協会監事、二弁／土井輝生 1954早大修士修了、フルブライト交換計画によりチューレン大LS、ハーバード大LS他で研究（1954～57）、法学博士、早大教授（1968～97）、（一財）ソフトウエア情報センター理事、著作権法学会前会長、二弁 |代表P|松浦康治 1975東大法、31期、（一財）ソフトウエア情報センター技術研究委員会委員（1988～99）、日本ロジテム社外監査役、本州化学工業社外取締役、二弁／柏木秀一 1977早大法、32期、1983コロンビア大LS.LLM、三井物産ロンドン支店（1980～82）、スキャデン・アープス・スレート・マー・アンド・フロム法律事務所（NY）（1983～84）、（一社）日本商事仲裁協会理事（1999～）、全国弁護士協同組合連合会副理事長（2007～11）、ナイガイ社外監査役、東京地方裁判所民事調停委員、二弁／福井琢 1985慶大法、39期、慶大LS教授（2004～）、大林組（2009～10）、神戸製鋼所（2010～11）、シード（2014）の各コンプライアンス関係委員会外部委員、信越化学工業社外監査役、平和不動産リート投資法人監督役員、（公財）スペシャルオリンピックス日本理事、二弁 |P|今井浩 1977東大法、31期、1983ブリティッシュ・コロンビア大法LLM、シュラム・リドル・アンド・ヘベントン法律事務所（バンクーバー）（1983～84）、二弁／黒河内明子 1983早大法、46期、三井物産（1983～86）、東京地方最低賃金審議会委員（2009～14）、司法研修所民事弁護教官、（公財）東京タクシーセンター登録諮問委員・審査会委員、二弁／黒田貴和 2002早大法、57期、二弁／遠山秀 1988東大法、1992ペンシルバニア大LS.LLM、1993デューク大LS.LLM、1998早大修士修了、2004早大博士単位取得、2006早大LS、60期、東京銀行・東京三菱銀行（1988～02）、NTTドコモ（2000～02）、メリルリンチ日本証券（2002～03）、東京紛争調整委員会委員、二弁／Moon-Ki Chai 1984スタンフォード大院、1990ハワイ大LS、原資格国米国ハワイ州、グッドシル・アンダーソン・クイン・アンド・スタイフル法律事務所（ホノルル）（1990～95） |A|和田陽一郎 2003慶大法、59期、一弁／新井理栄 2003中大法、2009慶大LS、63期、二弁／金子朝彦 2005早大法、2008早大LS、63期、一弁／迫友広 2002東大法、2010東大LS、64期、農林水産省大臣官房文書課等（2002～08）、東弁／田村優樹 2010慶大法中退、2013慶大LS、67期、二弁

|著作| 福井琢他『独占禁止法の法律相談』（共著、青林書院）／黒河内明子・ムーン＝キ＝チャイ『実務英文契約書文例集』（日本加除出版）／遠山秀他『労働事件ハンドブック』（共著、二弁労働問題検討委員会）／『新・労働事件法律相談ガイドブック』（共著、二弁労働問題検討委員会）／『労働契約法・高年法・派遣法2012年改正と実務対応』（同上）／松浦康治『ここが知的所有権違反です』（中経出版）／柏木秀一他『グローバル商取引と紛争解決』（共著、同文舘出版）／土井輝生『Intellectual Property-Japan, Suppl. 38 International Encyclopaedia of Laws』（Kluwer Law）／同『Japanese Copyright Law in the 21st Century』（Oceana Publications）／同『知的所有権法』（青林書院新社）／同『トレード・シークレット法』（同文舘出版）

霞ヶ関総合法律事務所
Kasumigaseki-Sogo Law Offices

〒105-0001　東京都港区虎ノ門1-2-20　第3虎の門電気ビルディング3階
TEL　03-3501-2651　FAX　03-3539-3683
URL：http://www.kasumigaseki.gr.jp　secretary@kasumigaseki.gr.jp

訴訟事件（企業や経済に関わる大型刑事事件、商事事件、労働事件、損害賠償請求事件等）に実績のある事務所で、所属弁護士の多くが公的機関の要職を経験している。

■理念・特色

　当事務所は、訴訟事件を中心とした幅広い分野で、質の高いリーガルサービスを提供し、依頼者の正当な利益を最大限に実現することを理念としております。

　弁護士の基本である訴訟の技術を重視し、民事・商事・刑事・行政の各分野で、先例的事件や大型・著名事件を含め数多くの実績を有しており、他の法律事務所から複雑・困難事件の共同受任等の依頼も受けております。

　所属弁護士の多くが、日本弁護士連合会、弁護士会や公的機関の要職を経験していることも、当事務所の特徴です。

　近年、金融商品取引法違反被告事件、独占禁止法違反被告事件、銀行法違反被告事件など企業・経済に関わる大型刑事事件や、政治資金規正法違反被告事件、公職選挙法違反被告事件など社会的に注目された大型刑事事件の弁護を担当し、経験と実績を重ねています。刑事事件については、法人が捜査・訴追の対象となる大型事件や裁判員制度対象事件から軽微事件まで、捜査、公判、上訴、再審の各段階で適切な弁護を迅速に提供する態勢をとっております。

　商事訴訟・非訟事件も実績のある業績分野です。役員等の責任追及訴訟については、会社代理人、役員代理人、株主代理人のいずれの立場でも経験と実績を有しております。支配権をめぐる各種訴訟にも対応し、株式取得価格決定申立（非訟）事件においても、実績を残しています。

　労働訴訟・審判事件については、解雇、賃金、安全配慮義務違反に基づく損害賠償請求事件等について、被告代理人、原告代理人双方の立場で、豊富な経験を有しています。

　損害賠償請求事件については、医療過誤や名誉毀損など、一定の専門的知識や経験が必要とされる事件を含めて、実績を有しています。

　このほか、行政事件、家事事件、一般民事件の訴訟・審判の経験も豊富です。

　コンプライアンス・紛争予防のための法的助言、交渉、企業等の不祥事対応、第三者委員会の委員・事務局等の業務においても、訴訟事件の経験を活かして、訴訟に至ることを効果的に予防し、または訴訟に至る場合を想定した適切な対応に努めております。

■設立・沿革

　当事務所は、1980年、川端和治弁護士と久保田康史弁護士が、秋山幹男弁護士、中井眞一郎弁護士および弘中惇一郎弁護士とともに設立した法律事務所です。

代表者　川端和治（第二東京弁護士会）
取扱言語　英語
主な顧問先　上場・非上場企業（IT、建材、建設、広告、ゴルフ場運営、サービス、住宅設計・施工・販売、食品、信用情報、製造、製造卸売・小売、不動産、保険、保険調剤薬局、リース、労働者派遣等）、一般社団法人、公益財団法人、地方公共団体、個人
報酬体系　日弁連旧報酬規程に準じた事務所報酬規程による。着手金・報酬金または時間制報酬（弁護士および業務内容により20,000円～70,000円）。顧問契約（顧問料は弁護士および業務内容により50,000円～500,000円）も可。

取扱業務 **刑事事件** 企業・経済に関わる大型事件や裁判員制度対象事件から軽微事件まで各種事件の捜査、公判、上訴、再審の各段階の弁護活動、証券取引等監視委員会や公正取引委員会の犯則調査への対応、マスコミ対応、告訴・告発等／**商事事件** 役員等の責任追及訴訟、支配権をめぐる各種訴訟、株式取得価格決定申立て事件等／**労働事件** 地位確認請求事件、賃金支払請求事件、安全配慮義務違反に基づく損害賠償請求事件等の訴訟・労働審判、就業規則の作成・改定、懲戒処分に関する相談、解雇に関する相談、労災対応、団体交渉対応等／**損害賠償請求事件** 医療過誤、交通事故、名誉毀損、金融・証券、債務不履行、国家賠償等／**行政事件** 行政処分取消訴訟等／**家事事件** 高齢者財産管理、遺産分割、遺留分減殺請求、離婚等／**倒産** 破産、民事再生等／**一般民事事件** 不動産、債権回収等／**企業法務** コンプライアンス、紛争予防のための助言、株主総会指導、契約書作成・レビュー、契約締結交渉、株式譲渡、事業譲渡、不祥事対応、意見書作成、第三者委員会委員・事務局業務等

P 川端和治 1968東大法、22期、二弁、朝日新聞社コンプライアンス委員会委員、放送倫理・番組向上機構放送倫理検証委員会委員長、日本年金機構理事、NKSJホールディングス顧問、元二弁副会長、元日本長期信用銀行内部調査委員会委員長、元二弁会長・日弁連副会長、元医療安全対策検討会議医療に関する事故事例情報の取扱いに関する検討部会委員、元大学設置・学校法人審議会専門委員、元内閣司法制度改革推進本部法曹養成検討会委員、元法務省政策評価懇談会委員、元法制審議会委員、元東日本高速道路関東支社入札監視委員会委員長、元早大LS非常勤講師、元大宮LS教授、元文部科学省中央教育審議会専門委員、元日本郵政不動産売却等に関する第三者検討委員会委員長、元法務省政策評価懇談会座長、元原子力損害賠償支援機構運営委員会委員長／**久保田康史** 1968東大法、22期、東弁、ロイヤルホールディングス社外監査役、(一財)黒田奨学会理事、(一財)鹿島育英会理事、日本電気計器検定所監事／**中山ひとみ** 1985一橋大法、43期、二弁、社会福祉士、目黒区教育委員長、横浜市大非常勤講師、港区地域包括支援センター運営協議会委員、港区高齢者地域支援連絡協議会委員、医療事故情報センター理事、産科医療補償制度原因分析委員会委員、(公財)自動車製造物責任相談センター理事、大学共同利用機関法人情報・システム研究機構統計数理研究所研究倫理審査委員会委員、同利益相反委員会委員、(一財)東北共益投資基金監事、元一橋大如水会理事、元一橋大後援会評議員、元医療事故研究会事務局長、元自賠責保険有責無責審査会委員、元二弁高齢者・障害者財産管理センター委員長、元国立市景観審議会会長、元二弁副会長／**東澤靖** 1983東大法、1994コロンビア大LLM、38期、二弁、NY州弁護士、CA州弁護士、明学大LS教授、日弁連国際活動に関する協議会委員、国際刑事弁護士会(ICB)理事、国際法曹協会(IBA)人権評議会評議員、元日本長期信用銀行内部調査委員会常置代理人、元法務省新司法試験問題検討会委員、元新司法試験考査委員(公法系)／**河津博史** 1995早大法、51期、二弁、最高裁刑事規則制定諮問委員会幹事、早大LS非常勤講師、日本精密社外監査役、元カリフォルニア大バークレー校客員研究員、元法制審議会幹事、元日弁連司法改革調査室長／**石村信雄** 1997東大法、2009早大LS、63期、二弁、早大LSアカデミックアドバイザー／**植木亮** 2005京大理、2008大宮LS、63期、二弁

事件 ライブドア旧経営陣に対する責任追及訴訟事件／レックス・ホールディングス株式取得価格決定申立事件(最判平成21.5.29金判1326.35)／厚生労働省元局長(虚偽有印公文書作成・同行使)事件(大阪地判平成22.9.10判タ1397.309)／陸山会(政治資金規正法違反)事件(東京高判平成24.11.12東高時報63.234) ほか多数

片岡総合法律事務所
Kataoka & Kobayashi

〒100-0011 東京都千代田区内幸町2-2-1 日本プレスセンタービル4階
TEL 03-3592-9151 FAX 03-3592-9150
URL：http://www.klo.gr.jp info@klo.gr.jp

24（+2）	
P 9 A 15 顧 1	
男 16 女 8	
外弁 0 外資 0	
他士 0 事務 18	

代表の片岡弁護士と小林弁護士を中心とした事務所で、特に金融法務に強く、証券化の業務の先駆けとなったほかに、先端分野および訴訟にも強い。所属弁護士による著作も多く、研究熱心な事務所。

A		金融
	訴訟	会社

■理念・特色
理念 「社会を取り巻くあらゆる環境との調和の中で、法律事務を取り扱うことを通じ、より良き法制度の構築と法運用に貢献することによって、多くの人々に対し、多くの善き価値をもたらすこと」という基本理念に基づき、幅広い研究と活動を行うことにより、保守的になりすぎず、新しい価値を創造することを心がけています。

特色 依頼者利益の最大限の確保に務めつつも、個社の利益に偏することなく、ステイクホルダーの利益や公益との調和を考慮した研究活動と適正な法律事務の遂行を心がけています。

また、責任パートナー制により、パートナーが案件についての責任を持つようにしつつ、中堅弁護士と若手弁護士の3名がチームを組んで業務を行うことを原則型としています。これにより、業務の質を確保しつつ、効率的かつ安価に業務を行うように努めています。

なお、週1回の弁護士会議（全員参加）での議論および研究等により、弁護士の情報の共有化を図り、また、高度な法的技術を弁護士全員が身に付けることができるように努めています。

業務に関する特色としては、各種金融法務および金融業界団体の業態に関与し、リテール金融からホールセール金融、伝統的な金融法務から仕組み金融に至るまで、ほぼすべての金融法務に関するご相談に対し、ワンストップでの対応をしています。その結果、今日では、金融法務の老舗との評価をいただくに至っています。

また、訴訟についても、長年の実務、司法研修所の教官・所付、法科大学院での教授等で培った経験と確かな理論に基づき、力を入れています。

■設立・沿革
1980年4月片岡義広が弁護士登録、1983年4月独立、1984年9月「片岡義広法律事務所」を経て、1990年6月小林明彦がパートナーに昇格して「片岡総合法律事務所」となり、現在に至っています。2015年4月現在、パートナーは9名。

1982年10月から大手銀行の抵当証券業務への参入等を行って、以後の資産流動化・証券化業務の先駆けとなり、各種金融業務・企業法務に通じていくこととなって今日に至っています。

代表者 片岡義広（東京弁護士会）
取扱言語 英語
主な顧問先 銀行、信託銀行、中央金融機関、信託会社、証券会社、共済組合連合会、貸金業者、クレジット業者、リース事業者、資金決済業者、債権回収業者、各種金融団体、電気通信事業者、流通業者団体、商社、出版社、各種IT事業者、不動産業者、建設業者、製造業者、会計事務所、マンション管理組合等

報酬体系 着手金・報酬金等とタイムチャージの双方対応可能。着手金・報酬金等による場合は、事務所報酬規程（日弁連旧報酬規程に当事務所の所要の変更を加えたもの）による。タイムチャージによる場合の1時間当たりのレートは、各弁護士の年次等により、10,000円～50,000円（加重平均約29,000円）。

片岡総合法律事務所

取扱業務 一般企業法務 コンプライアンス業務、各種契約書作成、助言、プランニング業務、会社設立、株式・社債等の会社法関連業務、株主総会対策、民事介入暴力対応業務、環境法関連業務、民法（債権法）改正対応／**一般争訟事件** 企業間争訟事件、金融取引争訟事件、不動産関連争訟事件、その他争訟事件／**各種金融法務** 銀行業務、信託業務、金融商品取引業務、貸金業務、保険関連業務、リース業務、クレジット業務、電子記録債権業務、各種決済業務、前払式支払手段・電子マネー・資金移動業務、商社取引、ファクタリング業務、抵当証券業務／**労働法務** 人事労務関連相談、人事労務関連制度の構築および改定（就業規則の策定等）、労務関係デューデリジェンス、労務トラブルおよび紛争対応／**ストラクチャード・ファイナンス業務** 債権の証券化・流動化、不動産の証券化・流動化、知的財産の証券化・流動化、ファンド、ABL（流動資産一体型担保融資取引、プロジェクトファイナンス）／**債権管理回収業務** 融資事前審査における助言、債権管理に関するカウンセル、担保不動産競売手続、担保不動産収益執行その他の担保権実行手続、各種民事執行および民事保全手続／**その他の業務** リスクマネジメント業務、知的財産権関連業務、M&A関連業務、事業再生、倒産法関連業務、個人情報保護法等関連業務等

P 片岡義広 1977中大法、32期、中大LS客員教授、金融法委員会委員／小林明彦 1983中大法、38期、中大LS特任教授／小林彩子 1998慶大法、1999慶大院、53期、慶大LS非常勤講師／大嶋正道 1999中大法、53期、中大LS兼任講師／長谷川紘之 1999東大法、2007南カリフォルニア大LS、54期／伊藤亜紀 1996慶大法、55期、中大LS兼任講師／千原真衣子 1998東大法、2008コロンビア大LS、55期／右崎大輔 1998中大法、56期、東洋大LSアカデミックアドバイザー／義経百合子 1998早大政経、56期、経営法曹会議会員／A 青山薫 2004中大法、59期／千葉紘子 2003早大法、59期／田中貴一 2002日大法、60期／高松志直 2002上智大法、2006中大LS、60期／名藤朝気 2005慶大法、61期／福田隆行 2004一橋大法、2008一橋大LS、62期／大橋香名子 2006中大法、2008中大LS、62期／永井利幸 2007東大法、2009慶大LS、63期／土肥里香 2007慶大法、2009慶大LS、63期／髙丸涼太 2007慶大総、2008慶大院、2010慶大LS、64期／佐野史明 2009阪大法、2011京大LS、65期／柳原悠輝 2009中大法、2011中大LS、65期／前田竣 2009関学大法、2011京大LS、66期／種橋佑介 2010大阪市大法、2012慶大LS、66期／近藤克樹 2011早大法、2013早大LS、67期

著作 片岡義広『企業法務活動の諸相と要件事実 民事要件事実講座(5)』（論文所収、青林書院、2008）／小林明彦『判例学習のA to Z』（共著、有斐閣、2010）／小林彩子「前払電子決済における法制度上の検討課題」消費者信用 245号（2005）／大嶋正道「カード債権流動化スキームの概要と法的問題点」季刊債権管理97号（2002）／長谷川紘之『Q&Aよくわかる証券検査・課徴金調査の実務』（共著、金融財政事情研究会、2015）／伊藤亜紀『電子マネー革命～キャッシュレス社会の現実と希望』（講談社現代新書、2010）／千原真衣子「新株予約権付社債の発行 会社法が求める募集事項の解説(上)・(下)」ビジネス法務2006年12月号・2007年1月号／右崎大輔『改正割賦販売法の要点解説Q&A』（中央経済社、2010）／義経百合子『就業規則の法律実務（第2版）』（共著、中央経済社、2010）等

事件 集合債権譲渡担保契約における債権譲渡の第三者に対する対抗要件に関する事件（最判平成13.11.12民集55.6.1056）、将来債権譲渡担保契約と国税徴収法24条6項の適用の有無に関する事件（最判平成19.2.15民集61.1.243 なお、本事件についてはNBL854号に詳しい）、更地に対する抵当権設定とその後に建築された建物に対する共同根抵当権に係る法定地上権の成否に関する事件（東京地判平成8.6.11判タ939.168）、いわゆる環状取引を構築した取引当事者以外の第三者に対する不法行為に基づく損害賠償請求事件（東京地判平成23.3.15判タ1360.55）、土地賃借権付建物に係る根抵当権者の賃借権確認請求の代位行使に関する事件（東京高判平成23.8.10金法1930.108）等

兼子・岩松法律事務所
KANEKO & IWAMATSU

〒100-0013　東京都千代田区霞が関1-4-2　大同生命霞が関ビル12階
TEL　03-6206-1303　FAX　03-6206-1326
URL：http://www.kanekoiwamatsu.com　info@kanekoiwamatsu.com

9（-1）
P7 A2 顧0
男9 女0
外弁0 外資0
他士0 事務5

兼子一東大教授と岩松三郎最高裁判事により開設された老舗名門事務所。専門訴訟（知的財産権、医療、会社法、環境法関連訴訟等）にも強く、外部調査案件も多い。

■理念・特色

　兼子・岩松法律事務所は、日本の民事訴訟法学の基礎を築いた東京大学民事訴訟法教授の兼子一、最高裁判所判事の岩松三郎らにより、1957（昭和32）年に開設された法律事務所です。開設以来、新たに生じるさまざまな法律問題について、「良識に根ざした紛争の解決」をめざすことを基本的な理念とし、質の高い法的サービスの提供に努めてきました。

　当事務所の特色は、特許訴訟等の知的財産権訴訟、株主代表訴訟等の会社法関連訴訟、医療関連訴訟、公害訴訟などの環境法関連訴訟などの大規模専門訴訟について豊富な経験を有していることにあります。

　所属弁護士は、これらの事案を通じて、記録や証拠の正確な理解に基づく的確な事実の掌握、法律・判例などの徹底した検討に基づく法解釈とその事実へのあてはめという、弁護士としての根本的資質を高めていくよう日々研鑽に心がけております。

　また、株主総会運営を含む会社法分野、外部調査委員会、会社更生・破産管財人業務などの倒産法分野、証券・金融商品に関する分野、医療事故調査など医療倫理・安全に関する法分野においても豊富な経験を有しています。

　金融庁での勤務経験のある弁護士や、米国法律事務所での勤務経験のある弁護士が複数在籍しており、金融法務、海外取引や国際的紛争に対する助言などの渉外案件についても対応しています。

　事案の処理にあたっては、複数の弁護士による受任を原則とし、内容によっては他の法律事務所とも連携するなどして、案件ごとにベストな体制で迅速に対応しています。

　当事務所は、これからも専門分野を拡充しつつ、訴訟およびその経験を踏まえた紛争解決の業務を核として、依頼者のニーズに応じたきめこまかな法的サービスを提供していきます。

■設立・沿革

　1957年に、兼子一、岩松三郎らにより神田駿河台で開設され、その後、畔柳達雄、花岡巖、手塚一男らがこれを承継し、さらに、事務所の中枢を現に担い、あるいは担いつつある弁護士らが加わって、丸の内を拠点として業務を行ってきましたが、スペースの拡大と執務環境の向上をめざして、2012年に大同生命霞が関ビル12階に移転し、現在に至っています。

代表者　手塚一男（第二東京弁護士会） 取扱言語　英語 主な顧問先　自動車、電気、化学・繊維、電子部品・材料、製薬、産業機械、証券、建設、不動産、光学機器、公益社団法人、医療法人、学校法人等	報酬体系　事務所報酬規程（日弁連旧報酬規程に準じたもの）を参考に、各事件の性質、難易等を考慮して決定。着手金・報酬金方式の場合とタイムチャージの場合がある。顧問契約も可能。

兼子・岩松法律事務所

取扱業務 知的財産権 特許、実用新案権訴訟、著作権訴訟、商標権・不正競争防止法訴訟等の知的財産権訴訟、無効審判・審決取消訴訟、侵害・有効性鑑定、ライセンス契約等／医療 医療関連訴訟、その他医療機関における法律問題全般／会社法関連法務 株主総会の指導、株主代表訴訟、各種意見書の作成、その他会社法関連法令をめぐる法律問題全般／環境法関連訴訟／倒産法務 会社更生手続、民事再生手続、破産手続等の申立、これら倒産手続における管財人・監督委員・調査委員としての業務／危機管理・不祥事対応 内部調査、外部調査委員会／国際法務 各種英文契約書の作成・レビュー／企業法律顧問 企業における各種法律相談、各種契約書の作成・レビュー、紛争案件の交渉／その他一般民商事事件 建設工事をめぐる紛争、労働問題、不動産取引等

P 畔柳達雄 1955東北大法、9期、日本医師会法制関係委員会委員、参与・委員等（1969～）、世界医師会医の倫理委員会等アドバイザー（2006～）、二弁副会長、日弁連常務理事（1977～78）、二弁懲戒委員会委員長（1996～98）、北里大（1989～2014）、神奈川県立がんセンター（2000～14）、国立感染研（2001～14）の倫理委員等、2005東北大学学位記（法学博士）／手塚一男 1965東大法、19期、1972コロンビア大LS. LLM、ホワイト＆ケース法律事務所（NY）（1972～73）、日本医師会参与（1973～）、二弁副会長、日弁連常務理事（1991～92）、法制審議会商法部会・会社法部会委員（1995～2002）、更生会社オリエンタル写真工業管財人（1995～2001）、キリンホールディングス監査役（2006～14）、旭化成監査役（2007～15）／阿部正幸 1976東大法、31期、法律扶助協会審査委員（1994～）／唐澤貴夫 1982慶大法、財務省関東財務局証券検査官（2004～06）、慶大医学部ヒト胚性幹細胞・ヒトiPS細胞・ヒト組織幹細胞に関する生命倫理委員会委員（2006～）、慶大総合研究推進機構研究倫理審査委員会委員（2006～）／木崎孝 1989東大法、43期、（公財）日本心臓血圧研究振興会附属榊原記念病院倫理委員会委員（2003～）、東京三弁護士会医療ADR仲裁人（2007～）、（公財）日本医療機能評価機構産科医療補償制度原因分析委員会部会委員（2009～）、特定非営利活動法人 証券・金融商品あっせん相談センター（FINMAC）あっせん委員（2012～）、最高裁判所司法研修所教官（民事弁護）（2013～）／村田真一 1992東大法、47期、2001ジョージワシントン大LS.LLM（知的財産権法専攻）、フィネガン・ヘンダーソン・ファラボウ・ガレット＆ダナー法律事務所（ワシントンDC）（2001～03）、2002NY州弁護士、日本知的財産仲裁センター判定人候補者（2006～）、日本弁理士会特定侵害訴訟代理業務研修講師（2007～13）、日弁連知的財産センター委員（2009～）／森岡誠 1996慶大法、54期、2004東大先端科学技術研究センター先端知財人材育成オープンスクール（IPMS）修了（第2期）、日弁連法律サービス展開本部自治体等連携センター副センター長（2014～）、慶大LS非常勤講師（2015～） A 飯田研吾 2005早大法、2008早大LS、62期／城石惣 2009京大法、2011京大LS、65期 以上すべて二弁。

著作 畔柳達雄『医療事故と司法判断』（判例タイムズ社、2002）／同編『医療裁判処方箋』（判例タイムズ社、2003）／同編『医療の法律相談』（有斐閣、2008）／同『医療と法の交錯』（商事法務、2012）／手塚一男「会社法改正におけるコーポレート・ガバナンスの到達点とこれから」自由と正義640号（2002）／同「改正会社法セミナー」ジュリスト1245号～1294号（2003～05）／唐澤貴夫「最新債権管理・回収実務Q&A」季刊事業再生と債権管理116号（2007）／木崎孝「債権管理・回収実務Q&A155問」季刊事業再生と債権管理143号（共著、2014）／村田真一「川上・川下企業間での部材と完成品に係る共有特許と消尽」知財管理771号（2015）／森岡誠「国境を越えた商標権行使」『平成23年版電子商取引及び情報財取引に関する準則と解説（別冊NBL137号）』（商事法務、2011）

紀尾井坂テーミス綜合法律事務所
Kioizaka Themis Law Offices

〒102-0094　東京都千代田区紀尾井町3-6　紀尾井町パークビル5階
TEL　03-3263-3824　FAX　03-3263-9532
URL：http://www.kioizaka-themis.com

 経験豊かなベテラン弁護士と、充実と自信の中堅弁護士、それにスピードと躍動の若手弁護士が協同して、しばしば休日も返上しフル回転の事務所。

■理念・特色

　弁護士16名が、それぞれの法律知識・経験・ノウハウを交換し合い、事案によってチームを編成して、問題解決にあたる体制を有します。民事・商事・労働・倒産・知財・家事・刑事はもとより国際取引・海事案件に至るまで、多様な分野におけるご相談・ご依頼をいただいております。特に、企業法務分野においては、紛争が生じた場合の交渉・訴訟対応だけでなく、予防法務のニーズに十分に対応すべく、個々の契約等に対するきめ細かな助言から、経営方針に関わる大局的な助言まで、企業の規模や社内法務部門の体制等に応じたサービスを提供しております。

　また、複数の構成員が上場企業等の社外取締役・社外監査役を務めており、これらによって得られた経験を業務に活かしております。顧問先企業とは、日常業務における疑問点が生じた場合や、何らかの紛争・トラブルが生じた場合は、今後の事態の推移が不明な段階や情報収集未了の段階であっても、弁護士が迅速に回答または初期対応に関する助言を行うという緊密な関係を有しており、日々のコミュニケーションを通じて、各企業が属する業界・業態のより一層の理解に努め、それらに応じた法的サービスの提供に役立てております。また、社内研修の講師等も積極的に努めております。

　事務所内に弁護士7名が在籍するほか、税理士事務所、司法書士事務所、社会保険労務士事務所等とも連携を有し、さまざまなご要請にお応えできるよう準備致しております。

　ちなみに、「テーミス」はギリシャ神話中の法の女神。

■設立・沿革

1994年　紀尾井坂法律特許事務所設立。
2007年　東京テーミス法律事務所と合併。
　　　　紀尾井坂テーミス法律特許事務所となる。
2014年　名称変更：紀尾井坂テーミス綜合法律事務所となる。

代表者　山田勝利（第二東京弁護士会）
主な顧問先　運輸、流通、サービス、不動産、建設、機械、繊維、食品、証券、出版、病院、IT企業

報酬体系　紛争金額の割合による着手金・報酬方式かタイム・チャージ方式。いずれにせよ、事前に方式・額・支払方法等につきご説明・ご相談のうえ契約書を作成。

紀尾井坂テーミス綜合法律事務所

取扱業務 下記分野における法的助言、交渉、各種法的手続（訴訟、民事調停、執行、保全、労働審判、家事調停、家事審判、仲裁等）
民事 不動産売買・借地借家、建築紛争、交通事故、製造物責任、名誉毀損、セクハラ・パワハラ、医療過誤、薬害、インターネット上の権利侵害等／**商事** 内部統制・コーポレートガバナンス・リスクマネージメント、M&A（海外事業展開）・組織再編、株主総会・取締役会等の諸手続、社内規程の整備、各種契約・事業スキームの検討、事業承継、企業の海外事業展開、事業再生、国際取引法・同仲裁、海事等／**労働** 解雇、賃金、労災等／**倒産** 破産・民事再生・特別清算の申立て、私的整理、破産管財業務等／**知財** 特許、実用新案、意匠、商標、著作権、不正競争防止等／**家事** 遺産分割、遺言、離婚、成年後見、養子縁組等／**刑事** 起訴前・起訴後の弁護活動、示談交渉等

P 竹田章治 1963早大院、17期、二弁、元二弁副会長、元日弁連常務理事等／髙後元彦 1965早大院、19期、東弁、ローガンバーナード岡本法律事務所、1971米国サザン・メソジスト大LS、元東京地方裁判所・簡易裁判所調停委員、元同司法委員、日本原子力研究開発機構情報公開委員、日本海運集会所・ICC等の仲裁における代理人・仲裁人等／黒木芳男 1966明大、21期、二弁、元二弁副会長・会長、元日弁連副会長、元弁護士政治連盟副理事長、元東京簡易裁判所司法委員、明大法曹会会長等／阿部博 1964明大、24期、二弁、元司法修習委員会委員、元財務委員会委員、元綱紀委員会委員／岡村稔 1966早大、2014登録、24期、二弁、1972任官（名古屋・大阪・東京各地方裁判所、名古屋・東京各高等裁判所、山形地方裁判所・家庭裁判所長、前橋家庭裁判所長）／山田弘司 1971東大文、25期、二弁、1973検事、2004退官（最高検察庁公判部長）、2005公証人（2015退職）／山田勝利 1966早大、26期、二弁、元二弁副会長・会長、元日弁連副会長、元日弁連サービサー委員会座長、元国交省建築紛争処理運営協議会議長、元内閣府犯罪被害者政策委員、稲門法曹会副会長等／小川憲久 1974早大、31期、二弁、UTD米国法研修、ハーバードLS研修、ソフトウェア情報センター理事、著作法学会理事、ALAI日本支部理事、東工大非常勤講師、首都大非常勤講師、東京地方裁判所調停委員、同協会元幹事長等／山田洋史 1972慶大、41期、東弁／池田眞一郎 1983中大、47期、二弁、（一財）監事等／山田基司 1986早大理工、1988東工大院、49期、二弁、弁理士登録、日本知的財産仲裁センター必須判定人・事業適合性判定人、日本弁理士会紛議調停員会副委員長／上田望美 1997京大、51期、二弁、元二弁綱紀委員会副委員長、中央建設工事紛争審査会特別委員／西本政司 1984早大、56期、二弁、元二弁常議員、元日弁連代議員、元東京都男女平等参画審議会委員、二弁両性の平等に関する委員会委員／A 追川道代 1985慶大、50期、二弁／早川大地 2011早大LS、65期、二弁／塚本鳩耶 2011阪大LS、65期、二弁 **弁理士** 松田省躬／牧哲郎／大石晧一／牧レイ子／竹原尚彦／松田次郎／岸本高史

著作 髙後元彦『国際取引の進め方』（共著、日経文庫）／同『国際ビジネス紛争』（三省堂）／山田勝利『サービサーの法律と実務Q&A』（共著、金融財政事情研究会）／小川憲久「ライセンス契約」『パブリシティの権利ビジネス法務体系Ⅰ』（日本評論社）／同「現代知的財産法、実務と課題」『ネーミングライツの法的性質について』（発明推進協会）／同「データベースの著作物」『著作権法コンメンタール(1)』（勁草書房）／池田眞一郎『破産法の諸問題』（共著、商事法務研究会）／『保証契約トラブル解決の手引き』（共著、新日本法規）／上田望美『判例経済刑法体系』（共著、日本評論社）／山田弘司『Q&A遺言・信託・任意後見の実務（第2版）』（共著、日本加除出版社）等

紀尾井町法律事務所
KIOICHO LAW OFFICE

〒102-0084　東京都千代田区二番町9-8　中労基協ビル3階
TEL　03-3265-6071　FAX　03-3265-6076
URL：http://www.kioicho-law.jp

20（±0）	
P 18	A 1	顧 1
男 15	女 5
外弁 0	外資 0
他士 1	事務 8

　民事・刑事の訴訟業務に強い事務所。尾崎代表は元二弁会長で、事務所全体で公益活動と若手弁護士の育成に注力し、委員会活動等の会務活動に積極的であるほか、弁護士過疎地や法テラス等に多くの弁護士を派遣している。

民家／D／中小／刑事

■理念・特色

　当事務所は、所属するそれぞれの弁護士が公益活動に目を向けつつ、各自の興味に従って専門分野を開拓しております。このため当事務所には、さまざまな分野に対応可能な知識と豊富な経験を有する弁護士が在籍しています。

　そして、事件の性質によって、事務所内の複数の弁護士・司法書士がチームを組み、または連携する他の事務所の弁護士や公認会計士、税理士、弁理士、司法書士等からの協力を得つつ、最適なメンバーで、スピードを重視し、質の高い法的サービスを効率的に提供し、クライアントにとって最良の解決を得ることをめざしています。

　また、若手弁護士の育成や弁護士過疎問題等にも熱心に取り組んでおり、当事務所での研修を受けた弁護士は全国の弁護士過疎地域等に派遣されております。

　当事務所の取扱業務は、取扱業務欄に記載のとおり多岐にわたります。クライアントや顧問先の業種もきわめて広範囲にわたっており、あらゆる分野の法的ニーズに対応できる総合法律事務所としての体制を整えております。

　とりわけ民事・刑事の訴訟業務が当事務所の強みです。当事務所では在籍する弁護士が多種多様な訴訟案件を数多く取り扱っております。訴訟案件においては徹底した事実調査と訴訟戦略に注力し、クライアントの意向を十分踏まえた紛争解決をめざします。原審で敗訴した事件や複雑困難な事件であっても、クライアントの主張内容を踏まえて受任し、戦略を練ったうえで戦った結果、クライアントの満足する解決を得ているケースが数多くあります。

　また、近時は裁判所から成年後見・相続財産管理人・不在者財産管理人・特別代理人等の業務を数多く受任しており裁判所からも高い評価を受けております。

　なお、弁護士は社会貢献をしなければならないとの理念の下で、在籍する弁護士にはプロボノ活動を行う義務を課しています。そのため多くの弁護士が、国選および当番弁護や法テラスの法律相談、弁護士会の公益活動等に携わっており、当事務所から弁護士会の役員等も輩出しています。

■設立・沿革

　当事務所は1978年、司法修習第25期である丸山輝久、小沼清敬および尾崎純理外1名が紀尾井町TBRビルにおいて設立した法律事務所です。

　その後、1993年に事務所を千代田区二番町に移転し、徐々に規模を拡大し、現在の人員体制になっております。

　近年はほぼ毎年地方の弁護士過疎地や法テラスに派遣する弁護士を育成しております。

代表者　尾崎純理（第二東京弁護士会） 主な顧問先　不動産・建築・情報通信・IT関連・アミューズメント・スポーツ関連・服飾・印刷・通訳翻訳・交通・広告代理店・医療法人・各種サービス業・各種小売業・各種製造業・人材派遣・士業団体等	報酬体系　事務所報酬規程（日弁連旧報酬規程に当事務所の実情に即して若干の修正を加えたもの）による。着手金・報酬金、タイムチャージの双方に対応可能。顧問料、（月額）30,000円～。

紀尾井町法律事務所

取扱業務 交渉・調停・裁判手続 一般民事事件、民事保全・民事執行、債権回収、商事事件、不動産関係、各種損害賠償、労働事件（使用者側・被用者側）、建築紛争、相隣関係（境界・筆界）、医療過誤、交通事故、知的財産（特許、商標、不正競争防止法等）、消費者事件、家事事件（親族・相続、成年後見）、各種財産管理、行政事件、外国人事件、難民認定、特別在留許可／**企業法務** 法務相談全般（顧問）、労務問題全般、株主総会指導、契約書作成および審査、コンプライアンス指導、内部通報窓口等／**再生・倒産** 事業再生、民事再生、破産（申立て・管財）、債務整理、特定調停／**その他** 刑事弁護、少年事件、犯罪被害者支援、告訴告発、和解あっせん・仲裁、ADR、信託、条例制定支援

P尾崎純理 東大、25期、元二弁会長、元日弁連副会長、弁政連副理事長、日本アカデメイア会計監事／丸山輝久 中大、25期、大宮LS教授、元桐蔭横浜大LS非常勤講師、原発被災者弁護団共同代表／小沼清敬 東大、25期、元日弁連交通事故相談センター専任副会長、元日弁連交通事故相談センター副理事長／北村晋治 中大、49期、元二弁刑事弁護委員会委員長、日弁連処置請求に対する調査委員会委員／渥美央二郎 中大、51期、東京社労士会相談弁護士、二弁仲裁センター仲裁人、法テラスセクハラDV相談専門相談員／飯島康央 明大、52期、二弁副会長、ワールドオーシャンファーム被害対策弁護団／南澤育子 日大、54期、東京簡易裁判所民事調停委員／山本剛 慶大、55期、元二弁犯罪被害者委員会委員長、日弁連犯罪被害者支援委員会事務局長、日弁連日本司法支援センター推進本部事務局次長／林信行 中大、56期、日弁連公設事務所・法律相談センター副委員長、日本司法支援センター常勤弁護士実務研修（刑）元講師、二弁公設事務所運営等支援委員会副委員長／北川朝恵 慶大、57期、二弁刑事弁護委員会副委員長／山田さくら 早大、59期、二弁高齢者障がい者総合支援センター副委員長、日弁連高齢者・障害者権利支援センター委員／中澤康介 早大、60期、日弁連日本司法支援センター対応室嘱託／峯田幹大 一橋大、立命大LS、60期、二弁綱紀委員会委員／淺井研 上智大、千葉大LS中退、62期、二弁高齢者障がい者総合支援センター委員、日大非常勤講師／戸谷景 多摩美大、大宮LS、62期／西ヶ谷尚人 中大LS、63期／大田裕章 北大、大宮LS、64期、全国町村会総務部法務支援室長／西村亜矢子 一橋大、早大LS、61期、㈱国民生活センター紛争解決委員会事務局／A鈴木世里子 中大、大宮LS、66期／顧幸田雅治 東大、元中大院公共政策研究科教授、神奈川大法学部教授、中野区情報公開審査会個人情報保護審査会委員、JICA「ブータン国地方行政支援委員会」委員、日弁連自治体等連携センター条例部会長 以上すべて二弁。

著作 『注解交通損害賠償算定基準（上）（下）』（共著、ぎょうせい）／『犯罪被害者保護法制解説（第２版）』（共著、三省堂）／『政策形成・自治体法務』（共著、学陽書房）／『政策法務の基礎知識』（共著、第一法規）／『債権管理・回収の手引き』（共著、第一法規）／丸山輝久『弁護士という生き方』（明石書店）／同『刑事弁護の技術』（第一法規）／同『判例を基にした刑事事実認定の基礎知識』（現代人文社）／『ADR解決事例精選77』（共著、第一法規）／『借地借家紛争事例データファイル』（共著、新日本法規出版）／『弁護士業務Q&A』（共著、日本弁護士連合会）／『即時・早期独立開業マニュアル』（共著、日本弁護士連合会）／『法人破産申立入門』（共著、第一法規） その他論文多数

事件 刑事事件 ピース缶爆弾、日石郵便局・土田邸爆弾事件、松戸OL殺人事件控訴審、リクルート事件、東電OL殺人事件、関西空港収賄事件、その他裁判員裁判事件も含め多数／民事事件 小田急連続立体交差化事業認可取消訴訟、帝国臓器転勤命令無効確認等請求事件、参議院事務局による個人情報漏えいに関する国家賠償請求事件、ジャパンサイエンス株式および社債に関する損害賠償請求事件、人材派遣業社の営業秘密を持ち出した従業員に対する不正競争行為差止請求事件、追い出し部屋に関する訴訟その他多数／その他 企業の民事再生事件・破産事件等多数、スポーツ仲裁申立事件等。なお、原発被災者救済のためのADR手続に事務所の大多数の弁護士が関与している。

菊地綜合法律事務所
KIKUCHI SOGO LAW OFFICE

〒103-0022　東京都中央区日本橋室町2-2-1　室町東三井ビルディング18階
TEL　03-5202-6701　　FAX　03-5204-6702
URL：http://kikuchisogo.bengo-shi.com

12 (+1)	
P 2	A 10　顧 0
男 10	女 2
外弁 0	外資 0
他士 0	事務 7

B	総合

法律顧問業務に留まらず不動産・建築関連領域を重点業務とする法律事務所で、開発スキームの提案等も行う。菊地代表（元東弁会長、日弁連副会長）をはじめ各弁護士が弁護士会等の公益活動にも積極的に関与している。

■理念・特色

当事務所は、所長の菊地裕太郎弁護士が1986年に設立して以来、企業の法律顧問業務を中心に、不動産開発、都市再開発、建築紛争、不動産証券化を含む金融、知的財産権、インターネットに関連した紛争、マスメディアに関連した紛争、親族・相続その他幅広い分野の法的紛争や契約書等書面作成による予防法務その他の法律事務を取り扱っています。

最近では、従来の弁護士の業務である法的紛争の解決はもとより、企業戦略、企業再編、M&A、プロジェクト立ち上げなど戦略的法務にも力を注いでおります。

業務方針としては、事案ごとに、中堅・若手10名余の担当分野ごとに経験の深い弁護士をバランスよく配した2名以上の担当チームを原則として組成し、迅速かつ適切で良質な法的サービスを提供することを第一として総合力でクライアントの要望にお応えします。

また、所長の菊地裕太郎弁護士を中心として弁護士会における活動（公益活動を含む）や裁判所関係の業務にも精力的に取り組んでおり、弁護士の社会的責任について真摯に考え、通常業務と平行して進めることをめざしています。

中小企業から大企業まで、企業に関連した一般民事分野を全般に手がけています。

昨今では、法定再開発事業やマンション建替事業を含む大規模開発に必要な権利関係の調整や開発スキーム全体の提案、企業戦略、企業再編等を含む戦略法務を重点領域として、公益通報窓口の設置、各種企業内研修・ゼミ開催への対応まで、企業活動全般に必要な法的サービスを網羅的に提供しております。

■設立・沿革

1986年　菊地裕太郎弁護士が銀座にて独立
2003年～虎の門を経て日本橋本町への移転を機に『菊地綜合法律事務所』に改称

代表者	菊地裕太郎（東京弁護士会）
取扱言語	英語
主な顧問先	上場、非上場を含めた不動産、建設、住宅、商社、生命保険、金融商品取引業、食品メーカー、繊維、鉄鋼、自動車メーカー、IT関連、倉庫・運輸関係業、医療、医薬品メーカー、独立行政法人、健康保険組合、学校法人、医療法人、社団法人、財団法人、市街地再開発組合、再開発会社その他種々の業態にわたる。
報酬体系	事務所報酬規程（日弁連旧報酬規程に当事務所の変更を加えたもの）による。顧問料（月額）50,000円～（個人は要相談）／タイムチャージ　1時間当たり20,000円～50,000円程度（担当弁護士および案件によって設定）。

菊地綜合法律事務所

取扱業務 **企業法務** 顧問相談業務、各種契約相談、コンプライアンス、労働問題（使用者側）コーポレート・ガバナンス、株主総会指導、会社法務全般 M&A、TOB、公益通報社外窓口、企業再編（分社・合併・事業譲渡他）**不動産・建築関係諸法** 不動産流動化案件、プロジェクトファイナンス、不動産関連訴訟、不動産関連行政手続、都市再開発法に基づく法定再開発事業、土地区画整理法に基づく土地区画整理事業 **環境法** 土壌汚染対策法関連、不法行為関連 **倒産法** 破産、民事再生、特別清算、会社更生、任意整理 **知的財産権** 著作権（音楽著作権ほか）**その他 一般民事** 遺言、相続、離婚、交通事故等各種損害賠償、インターネット上の紛争、マスメディアに関連した紛争

P菊地裕太郎 1977東大法、33期、2013東弁会長、2013日弁連副会長、（公財）日弁連法務研究財団常務理事、日機装監査役その他多数の役職を歴任／鈴木大祐 1990早大法、49期、日弁連常務理事／本林健一郎 1995早大法、53期／P伊藤孝浩 1998明大法、54期、東弁住宅紛争審査会紛争処理委員、東京地方裁判所鑑定委員、東京簡易裁判所司法委員／吉池信也 1997明大法、52期／菅野雅貴 1999早大法、57期／石橋尚子 2000慶大法、59期／内海雄介 2005東大法、59期／榊原洋平 2002早大法、2006成蹊大LS、61期／岩田登希子 2005津田塾大学芸、2009明大LS、63期／遠藤啓之 2007早大院法、2009千葉大LS、64期／新保雄一 2002慶大環情、2007中大LS、61期 以上すべて東弁（入所順）。

著作 『民事事件における攻撃・防御の訴訟実務―実践的訴状・答弁書の書き方と証拠方法―』（共著、新日本法規出版）／『判例・信用供与法』（共著、経済法令研究会）／『企業責任』（共著、新日本法規出版）／『事例研究集・債権回収』（共著、日本経営法務協会）／『銀行実務判例総覧』（共著、経済法令研究会）／『新銀行実務綜合講座(3)』（共著、金融財政事情研究会）／『金融取引法』（共著、金融財政事情研究会）／『金融管理・回収実務事典』（共著、金融財政事情研究会）／『金融実務手続き双書・不動産担保』（共著、金融財政事情研究会）／菊地裕太郎『ビジネスマンと法律』全4巻（産業能率大学）／『Q&A不動産取引トラブル解決の手引き』（共著、新日本法規出版）／「交互尋問と異議」判例タイムズ523号／「保証人の事後求償と強制執行認諾」金融法務事情1069号

事件 公刊物に掲載されている裁判例として、東日本大震災に伴い分譲地の液状化で被害を被ったとの主張に対し、予見可能性・結果回避可能性を否定し、地盤改良工事実施義務違反および瑕疵もあるとはいえないとした事例（東京地判平成26.10.8判時2247.44)、飲食店の入居するビルの利用客が下りエスカレーターの乗り口付近で後ろ向きに移動手すりに接触してこれに乗り上げ、エスカレーター外側の吹き抜けから階下に転落して死亡した事故について、エスカレーターに設置保存の瑕疵、製造物責任法にいう欠陥があるとはいえないとされた事例（東京高判平成26.1.29判時2230.30)、不動産賃貸管理等を業務とする会社に出向していた従業員が、同社の賃貸・建物管理業務に関する情報を電子メールによって社外に持ち出したことにつき、同業他社の営業活動に利用する意図で送信されたものと認められることから、守秘義務に違反して本件送信行為を行ったものと認められた事例（東京地判平成23.6.15労判1034.29)、ヒ素による土壌汚染が判明した場合において、売主に信義則上の付随義務としての汚染浄化義務違反による債務不履行責任を認めた事例（東京地判平成20.11.19判タ1296.217) ほか多数

弁護士法人 キャスト
Legal Profession Corporation CAST

東京事務所
〒105-6234　東京都港区愛宕2-5-1　愛宕グリーンヒルズMORIタワー34階
TEL　03-5405-7850　FAX　03-5405-3305
大阪事務所
〒530-0005　大阪市北区中之島2-2-2　大阪中之島ビル13階
TEL　06-4706-0780　FAX　06-4706-0781
上海事務所（日本加施徳律師事務所駐上海代表処）
〒200120　中国上海市浦東新区浦東南路528号　上海証券大廈北楼1404室
TEL　+86-21-6881-8688　FAX　+86-21-6881-8687
北京事務所
TEL　+86-10-8446-3321
ベトナム・ホーチミン支店
TEL　+84-8-3914-0909）
URL　http://www.cast-law.com

弁護士法人キャストは、会計・税務、人事・労務、マーケティング、投資の専門家が集結するキャストグループに属し、日本、中国を中心に、ベトナム、ミャンマー等チャイナプラスワンの法務サービスを提供する。

■理念・特色

　弁護士法人キャストは、キャストグループの公認会計士、税理士、中国人弁護士、中国人会計士、ベトナム人弁護士、日本・中国・ベトナム・ミャンマーのコンサルタントと協働して、日本企業に対して、高品質の法務・税務・会計サービスを提供しております。弁護士以外の専門家とチームを組み、サービスを提供できるのが当事務所の強みです。

　特に中国に進出する日本企業に対しては、語学に堪能な日中両国の弁護士が、キャストグループの会計士・税理士・その他の専門家と協働し、圧倒的に差別化されたノウハウと経験に基づいて、ビジネススキーム立案、M&Aスキーム立案、M&A法務デューデリジェンス、投資に関連する契約書等の作成、各種中国法調査、労務・知的財産・税務・債権回収等に関する各種紛争案件の交渉・裁判・仲裁の代理において、最高水準のサービスを提供しております。

　また、国内においても、各種企業法務、M&A、グループ戦略、国際取引、倒産案件、企業再生、各種訴訟案件、債権回収、株式公開支援、知的財産処理、株主総会指導等多岐にわたる業務を展開しております。

　さらに、『チャイナプラスワン』地域での業務展開を視野に入れ、英語でのリーガルプラクティスに精通した弁護士・スタッフも擁し、日本、中国（台湾・香港含む）、ベトナム、ミャンマーなどアジアの各国地域を跨ぐ総合的なリーガルサービスの提供が可能となっております。

■設立・沿革

　2002年村尾龍雄弁護士が『弁護士法人キャスト』を設立し、2005年『弁護士法人キャスト糸賀』を経て、新たに『弁護士法人キャスト』を設立し現在に至ります。

代表者	村尾龍雄（東京弁護士会）キャストグループ代表／弁護士法人キャスト　代表弁護士・税理士／村尾龍雄律師事務所（香港）登録外国弁護士
取扱言語	中国語、英語、ベトナム語、ミャンマー語
主な顧問先	東京証券取引所第一部上場企業から個人に至るまでさまざまな規模の顧問先があり、業種も、製造業（製紙、鉄鋼、機械）、金融業、総合商社、サービス産業、倉庫業など
報酬体系	事務所報酬規程による（日弁連旧報酬規程への準拠なし）。

取扱業務　日本国内業務　一般企業法務・組織再編・M&A・労働法務・不動産取引・株主総会・コンプライアンス・事業再生・倒産・税務・紛争解決・一般民事法・刑事法／中国業務　ビジネススキームの立案・投資（現地法人設立、組織再編、M&A等）・貿易（貨物売買、技術供与等）・現地法人経営に係る諸法律問題・知的財産・労働法務・税務・撤退（解散・清算、持分売却等）・各種契約の作成・紛争解決（訴訟、仲裁、労働紛争、行政制裁等）／ベトナム業務およびミャンマー業務　現地視察・現地法人・事務所設立・各種許認可取得・登記登録手続・人材紹介・M&A案件・法務に関する業務支援・会計および税務に関する業務支援・人事・労務／その他海外業務

《キャストグループ各拠点》
- キャストコンサルティング株式会社（東京・大阪）
- キャストコンサルティング（上海）有限公司（上海・広州・蘇州等）
- 税理士法人キャスト（大阪）
- 加施徳投資香港有限公司（香港）
- 村尾龍雄律師事務所（香港）
- キャストコンサルティング（ミャンマー）有限公司
- キャストコンサルティングベトナム有限公司

P 村尾龍雄 1990京大経、47期、東弁、税理士、日本商事仲裁協会・名簿仲裁人、関西経済同友会幹事／柴田正人 1989東大法、46期、東弁、2002 NY州弁護士、NY大LLM／金藤力 1998京大法、53期、阪弁

A 絹川恭久 57期／小堀光一 61期／鈴木幹太 61期／外山香織 61期／藤田直佑 62期／工藤拓人 64期／神田欽司 67期／藤田達郎 67期／仲谷陽一 67期／黄暁燕　外国法事務弁護士、原資格国は中華人民共和国／Doan Thanh Ha ベトナム弁護士

著作　村尾龍雄執筆　『中国における工業所有権侵害対策』（共著、日本貿易振興会）／『中国上海市における労務管理』（共著、日本貿易振興会）／『島耕作の中国ビジネス最前線』（共著、講談社）／『模倣対策マニュアル（中国編）』（共著、JETRO・特許庁委託事業）／『「中国財産保険」実務ガイド』（共著、中央経済社）／『中国・労働契約法の仕組みと実務』（日本経済新聞出版社）／『早わかり 中国人事・労務管理講座』（監修 日本経済新聞出版社）／『これからの中国ビジネスがよくわかる本』（ダイヤモンド社）その他多数

村尾龍雄講演　中国関連では、主に労務、税関、コンプライアンス、ビジネススキーム等をテーマに最新のビジネス事情をふまえた講演多数。また、ベトナム、ミャンマーに関する進出、労務、税関、コンプライアンス等に関する主催セミナーを日本ならびに現地にて定期的に実施。

村尾龍雄ブログ　『今が分かる!!アジア情報』http://cast-murao.jugem.jp/

事件　東京証券取引所第一部上場企業による中国の大型進出プロジェクト／中国国内における各種M&A／ストライキ対応／新たなビジネススキーム立案　その他多数

クリフォードチャンス法律事務所 外国法共同事業
CLIFFORD CHANCE LAW OFFICE

〒107-0052　東京都港区赤坂2-17-7　赤坂溜池タワー7階
TEL　03-5561-6600　FAX　03-5561-6699
URL：http://www.cliffordchance.com

53（-5）	
P 8 A 45 顧 0	
男 32 女 21	
外弁 6 外資 9	
他士 0 事務 50	

　世界26か国36オフィス、3,400名規模の弁護士を有する世界最大規模の事務所。英国系事務所の中でもファイナンス分野が著名で、東京オフィスではクロスボーダー案件を中心に幅広いサービスを提供している。

A		総合

■理念・特色

クリフォードチャンス法律事務所（外国法共同事業）は、世界有数の法律事務所の1つとして、高品質なリーガル・サービスを日本国内において提供しています。アメリカ、アフリカ、アジア太平洋、ヨーロッパ、中東の主要マーケットに26か国36オフィス、3,400名の弁護士で広がるネットワークを通じ、「ワン・ファーム」ならではのチームプレーで、案件を効率的に進めていく、総合的なリーガル・サービスを幅広く提供する法律事務所です。

東京オフィスは日本語と英語の両方に堪能な弁護士および英国法等の資格を有する外国法事務弁護士で構成されており、言語だけではなくビジネスにおける文化や習慣の違いも理解し業務を遂行しております。日本国内のクライアントに対して、きわめて複雑なクロスボーダー案件においても、柔軟かつ迅速に日本語で対応できる法律事務所です。そのような案件でも東京オフィスを中心にして、日本人弁護士と外国法事務弁護士で融合したチームを形成することにより、効率の良いコミュニケーションで案件をコントロールすることが可能です。

また、クリフォードチャンス法律事務所（外国法共同事業）では、さまざまな業種・産業および事業分野（セクター）に応じたグローバルセクターチームを編成しています。12の主要なセクターをカバーし、専門的知識を持つ各国弁護士が国際的なネットワークの強みを活かし、世界各国の動向など情報を交換し、常に最先端の知識・ノウハウの拡充・蓄積に努めています。これにより、クライアントのビジネスおよびマーケットの現状・変化を的確に理解したうえで、クライアントのニーズに応え必要なときに必要な場所で最先端のサービスを提供することができるよう努めて、クライアントをサポートしています。

当事務所は日本企業、外国企業、多国籍企業、投資銀行、商社、ファンドや金融機関等に対して、国内および国際的な企業取引・商取引のための以下のような幅広いアドバイスを提供しています。コーポレート、M&A、プライベート・エクイティ、金融・銀行取引、プロジェクト、ファイナンス、キャピタルマーケッツ、ストラクチャード・ファイナンス、不動産、国内外の企業間取引、訴訟、紛争解決、労働問題、規制法、ファンドなど、昨今、国内外で注目を集めた多くの案件で主要な役割を果たし、さまざまな事業分野においてリーガル・アドバイスを提供しています。

■設立・沿革

1987年に東京オフィスを開設し、2001年には日本資格の弁護士の参加を経て、日本の法律事務所としての経験実績に、クリフォードチャンスならではの国際的経験と世界的なネットワークを結びつけて、日本国内外のさまざまなクライアントに日本法および多様な国にまたがる法的サービスを提供し続けております。

代表者　神田英一（第一東京弁護士会）	報酬体系　原則としてタイムチャージを取っているが、事務所報酬基準による。
支店　26か国36オフィス	
取扱言語　英語、フランス語など	

クリフォードチャンス法律事務所 外国法共同事業

|取扱業務| **金融取引・銀行取引　銀行取引**　相対での融資取引、シンジケートローン（担保付き、無担保）、レバレッジド・ファイナンス、アクイジション・ファイナンス、リスケジューリング、リストラクチャリング、貸付債権譲渡、パーティシペーションなどの各種銀行取引／**アセット・ファイナンス**　航空機、船舶、オンショアおよびオフショアのプラント設備、エンジン、不動産、人工衛星その他のいわゆるアセット（資産）を対象とする国内外の製造取引、売買取引、ファイナンスリース取引および日本型オペレーティングリース（JOL・JOLCO）を含むオペレーティングリース取引ならびに関連するローンその他の金融取引、リストラクチャリングなどにつき、契約書作成・レビュー等のドキュメンテーションや契約交渉、取引ストラクチャー分析、関連する諸外国法調査、個別法的問題点へのアドバイス、各種倒産手続への対応など取引の全般／**プロジェクト・ファイナンス**　さまざまな業種分野（電力、原油、ガス、電気通信、交通等のインフラストラクチャーなど）における主要プロジェクト（PFI、PPPプロジェクトを含む）に関するファイナンス／**キャピタルマーケッツ・ストラクチャード・ファイナンス　キャピタルマーケッツ業務**　スタンド・アローンのユーロボンド・転換債の組成と、それらに基づく取引のドキュメンテーション、MTNプログラムの組成・アップデートと、それらに基づく取引のドキュメンテーションなど／**デリバティブ・リパッケージング・CDO**　リパッケージングプログラムに基づく取引の組成とドキュメンテーション、さまざまなOTCデリバティブ（バニラ・インストゥルメント、クレジット・エクイティ・インデックス関連商品など）についてのアドバイス業務など／**証券化**　貸付債権、消費者金融貸付債権、リース料債権、CMBSなどのための証券化業務など／**証券規制法令**　外資系を含む証券会社、投信・投資顧問に対する金融当局による検査・監督への対応・予防、資本市場における取引や関与者に関するコンプライアンス面のアドバイス、アメリカの証券法令についてのアドバイスなど／**その他のストラクチャード・ファイナンス**　テーラーメイドで複雑な節税型ストラクチャード社債、リスク移転商品、ファンド関連業務、ローン・パーティシペーション・ノートなど／**企業法務・商取引一般・プライベート・エクイティ　M&A・企業提携**　国内の取引、外国企業の日本国内への投資、日本企業の海外への投資などについて、適切なビジネス手法の説明、デューデリジェンス、交渉、契約書作成、関連規制への対処から取引完結までの一連／**プライベート・エクイティ**　国内外のプライベート・エクイティ投資家に対する、プライベート・エクイティ全般、ベンチャーキャピタル投資とその処分、投資対象会社の開拓など／**保険**　国内外の保険会社、ブローカー、相互組織などに対する、買収・合併、業法規制、新商品認可など／**商取引契約**　国内および国際的なさまざまな契約についてのアドバイス（ライセンス、売買、エージェンシー、下請け、委託、アウトソーシングなど）／**知的財産権**　特許権、商標権（不正競争を含む）、著作権（ソフトウェアを含む）、ノウハウなどの侵害の可能性（侵害訴訟事件を含む）、ライセンス、共同開発契約などについてのアドバイス／**雇用関係**　雇用契約、任用契約、就業規則などの会社規程、労働協約、ストックオプションなどについて主として雇用者側へのアドバイス、ならびに企業年金の受託者責任および制度変更にかかわる法的問題点などに関するアドバイス　**訴訟・紛争解決**　国内外の多様な紛争解決、知的財産権侵害訴訟事件および商事紛争に関する訴訟とそれ以外の紛争解決方法（ADR、商事仲裁など）**不動産取引**　国内外の不動産売買・投資・開発（ホテル・テーマパークなどの大規模土地開発を含む）・賃貸借および管理、環境およびプランニング、共同事業、不動産金融、不動産ファンド（REITなど）、不動産関係紛争、不動産マネジメント、不動産担保ローンなど／**規制法**　金融証券規制法令、薬事・ヘルスケア、競争法など／**ファンド**　日本のプライベート・エクイティ・ファンドや不動産ファンドの設立、ドキュメンテーションのみならず、日本やアジア地域での投資活動を行うヘッジファンドの設立、ドキュメンテーションなど

|P|神田英一　1984慶大、39期、一弁／鈴木秀彦　1985早大院、41期、二弁／岡本雅之　1988東大、42期、一弁／神山達彦　1995東大、49期、二弁／﨑村令子　1992ケンブリッジ大、二弁／Andrew McArthur Whan　1996メルボルン大、二弁／Leng Fong Lai　1998シンガポール国大、二弁／Ross Howard　1998パリ第1大（パンテオン─ソルボンヌ）、二弁

黒田法律事務所・黒田特許事務所
KURODA LAW OFFICES　KURODA PATENT OFFICES

〒105-0001　東京都港区虎ノ門3-6-2　第2秋山ビル4階・5階
TEL 03-5425-3211(法律) 03-5425-3311(特許)　FAX 03-5425-3299(法律) 03-5425-3399(特許)
URL：http://www.kuroda-law.gr.jp/　office@kuroda-law.gr.jp

 中国、IT（情報技術）、知的財産権等に特化した専門事務所。上海・台北にも拠点を置き、中国・台湾向け案件に強い。中国律師や事務スタッフも多く、機動的な事務所。

■理念・特色

　当事務所は、「中国」、「IT（情報技術）」そして「知的財産権」という市場拡大が予想される先進的な分野に特化し、顧客の視点に立った戦略を提供することをめざして1995年に黒田健二弁護士によって設立されました。

　現在では、東京以外に上海、台北にも拠点を置き、また関連会社であるKLO投資コンサルティング（上海）有限公司を上海に、その支店を広州、北京に有し、現地でのワンストップサービスが可能となっています。さらには、中国法務で培った経験を活かし、外国の法律・特許事務所とも連携することにより、法制度が未整備な新興国への企業の進出をサポートしています。一方、知的財産権分野では、新しい分野（LED、デジタルコンテンツ）にも挑戦し、数々の特許訴訟を手がけてきました。同時に、係争を回避するための特許戦略、グローバルな企業活動においてクライアントが勝ち残っていくためのベストソリューションを提案しています。

　当事務所は、対象地域別では中国・台湾向け案件、対象分野別では主に知的財産権案件を数多く手がけています。

　中国・台湾向け案件では、中外合弁・外資会社の設立、中国国内企業に対するM&A、現地企業の法務調査（デューデリジェンス）などの投資案件や輸出入契約・アンチダンピング・独禁法関連の通商分野、外商投資企業の労務管理など企業活動におけるさまざまな局面をサポートしております。

　知的財産権分野は、特許権・実用新案権・意匠権・著作権の侵害紛争・訴訟の対応、無効審判、商標不使用取消審判請求、模倣品対策など多岐にわたり、日本企業が海外で特許訴訟を行う際には現地法律事務所と協働して対応にあたるほか、日本企業の海外拠点における知的財産管理や職務発明規程作成などについてのご相談も数多く承っています。

　その他、BRICSをはじめとする新興国や新成長市場への投資案件、デジタルコンテンツを利用したインターネットビジネス、スポーツといった分野においても豊富な経験を有しています。

■設立・沿革

1995年　「黒田法律事務所・黒田特許事務所」設立
2004年12月1日　中国上海市において「黒田法律事務所上海事務所」開設
2009年6月1日　台湾台北市において「黒田法律事務所台湾事務所」開設

代表者　黒田健二（東京弁護士会）	不動産、運輸、半導体、電子部品、繊維製品、機械、音楽、飲料、公益社団法人、出版　ほか多数
支店　黒田法律事務所上海事務所、黒田法律事務所台湾事務所	
取扱言語　英語、中国語、ドイツ語、フィリピン語	**報酬体系**　事務所報酬規程に基づく時間制報酬、着手金・成功報酬制、顧問契約（詳細については当事務所に要問合わせ）
主な顧問先　自動車、医療機器、外食、食品、薬品、銀行、信用金庫、アパレル、スポーツ、	

取扱業務 知的財産関連紛争／デジタルコンテンツ、ソフトウェア分野／M&A・進出・企業設立・撤退・会社清算手続案件のサポート／米国、東アジア（韓国、中国、香港）、東南アジア（シンガポール、マレーシア、タイ、フィリピン等）、および南アジア（インド）における会社設立、再編、ライセンス契約の手続代行、サポート／中国現地拠点でのストライキ対応、賃金集団協議に関するアドバイス／労働（内部規則の整備・コンプライアンス）／日常経営管理、契約（コンテンツ・技術ライセンス等に関する契約）／独占禁止法／再販売価格拘束に関するアドバイス／商業賄賂関連調査／PL法関連／複数企業（食品、製紙メーカー等多数）のアンチダンピング調査案件や中国子会社によるアンチダンピング提訴／退職後の競業禁止義務に関する案件／税関密輸刑事事件／業務提携案件／債権回収案件／親権紛争事件　ほか多数

P 黒田健二 1982早大中退、デューク大LS、38期、東弁、通商産業省（現経済産業省）産業構造審議会委員（1997～99）、（一財）ソフトウェア情報センター情報財流通に関する競争政策研究会委員（2000～01）、東北大LS兼任教員（非常勤講師）／**安江義成** 1997創価大法、51期、東弁、「著作権法の権利制限規定のあり方に関する調査」研究委員会（2002～03）、（一財）ソフトウェア情報センター（SOFTIC）（文化庁指定登録機関）（2002～03）／**松本孝** 1985慶大理工、弁理士／**吉村誠** 1998京大工、52期、東弁　**顧笹倉興基** 1995早大法、51期、東弁／Andreas M. Kaiser　外国法事務弁護士（ドイツ連邦共和国法）／**A 尾上由紀** 1995早大法、56期、東弁／**森川幸** 2001明大法、58期、東弁／**竹田昌史** 1999京大法、59期、東弁／**池上慶** 1999東大法、59期、一弁／**門松慎治** 1995東大工、2006立大LS、60期、東弁／**佐田友浩樹** 1994 京大法、2007青学大LS、62期、東弁、台湾法人統一客楽得服務股份有限公司監査役／**鈴木龍司** 2007日大法、2009東大LS、63期、東弁　**外資 中国**　呉強／陳／呉嵐嵐／金鮮花／鄭郁／譚婷婷　**台湾**　蘇逸修／陳俊成　**米国**　Dana Evan Marcos　**フィリピン**　Krizelle Marie F.Poblacion

著作 『新版 Q&A 中国進出企業の労務ハンドブック』（清文社、2014）／『台湾法Q&A』（カナリア書房、2011）／『インドネシア進出完全ガイド』（カナリア書房、2009）／『最新版 中国進出企業のビジネス・法律実務＆トラブル対策事例』（日本能率協会マネジメントセンター、2005）／『改訂版 図解でわかる デジタルコンテンツと知的財産権』（日本能率協会マネジメントセンター、2004）／黒田健二『人治国家 中国のリアル』（幻冬舎メディアコンサルティング、2011）／「中国ビジネス・ローの最新実務Q&A」国際法務戦略2000年1月号～2004年4・5月合併号、ザ・ローヤーズ2004年9月号～2011年8月号／「インドネシア進出企業のビジネス法務実務（入門編）」ザ・ローヤーズ 2007年1月号～2008年1月号　ほか多数

事件 豊田合成と日亜化学工業の特許紛争　現在ではLEDランプや液晶バックライトに用いられている青色LEDをめぐる特許紛争で、豊田合成および日亜化学工業の双方が特許権を行使しており、両者の主張が正面から対決し、40～50の特許について争われた。豊田合成側は弊所弁護士黒田健二、吉村誠が弁護団に参加した後、形勢を逆転して勝訴判決を次々と獲得し、和解を勝ち取ることに成功した。／**キヤノン職務発明事件**　レーザービームプリンターなどの画質低下を防ぐ技術を発明したキヤノン元社員が、十分な発明対価を受け取っていないとして、キヤノンに10億円の支払いを求めた訴訟について、キヤノン元社員を代理した。／**Federation Internationale de Football Association（FIFA）とテイソン投資貿易有限公司との商標権侵害差止等請求事件**　2002年の日韓共催のワールドカップではFIFA（国際サッカー連盟）の商標権の取得と保護で、日本国内の代理業務を担当。偽物商品は中国で生産され、日本に持ち込まれるケースがほとんどなので、中国の税関と日本の税関の双方で偽物商品を水際で食い止める方針をとり、1998年のフランス大会では約200件の商標権侵害や著作権侵害の訴訟案件が報告されているのに対し、2002年の日韓共催のワールドカップでは、日本国内でFIFA商標の侵害を理由とする裁判を提起せざるを得なかったのはたった1件のみという大きな成果を収める。ほか多数

敬和綜合法律事務所
Keiwa Sogo Law Offices

〒107-0052　東京都港区赤坂2-11-7　ATT新館11階
TEL　03-3560-5051　FAX　03-3560-0801
URL：http://www.keiwalaw.com

| 14（-1） |
| P 6 A 7 顧 1 |
| 男 11 女 3 |
| 外弁 0 外資 0 |
| 他士 1 事務 5 |

| B | 会社 |
| 国際 | 再生 |

 金融法務や国際法務に強く、事業再生・倒産にも対応できる専門事務所。代表弁護士は、ロッキード事件で田中角栄元首相の刑事弁護人なども担当。

■理念・特色

　企業クライアントを中心に、迅速かつ的確にリーガルサービスを提供することを旨としています。6人のパートナーは企業法務という共通の分野に加え、それぞれ独自の専門分野を有しております。業務体制は、1人または2人のパートナーに1人または複数のアソシエイトが案件ごとにチームを組成しますが、案件の規模によっては、事務所全体で対応することもあり得ます。時々の法改正や裁判実務の変更などによる業務環境の変化に的確に対応することはもちろん、経済情勢に機敏に反応してクライアントの事業運営をサポートすることで、顧客満足度の最大化をめざしています。

一般企業法務　機関運営のサポート、コーポレートガバナンス体制の構築、買収防衛策に関するアドバイス、人事労務などの社内体制に関するアドバイス、契約書の作成・レビューなど商取引の支援、行政規制対応へのアドバイス

国際商取引　（合弁事業、海外子会社、代理店、ライセンス、国際金融、国際売買、貿易紛争など）アメリカとヨーロッパの法律事務所のネットワークであるLegal Net Link Allianceのチャーターメンバーとして全世界とのネットワークを利用できます。

不動産関連法務　不動産関連の各種取引（投資、開発、資金調達など）に関するアドバイス

紛争解決　（債権回収、損害賠償、労使紛争、知財訴訟、クレーム対応といった種々の紛争を、訴訟、調停、国際商事仲裁などあらゆる手続を通じて解決するソリューションを提供

企業再編等　企業再編・買収、IPOまたはMBOの各支援、ジョイントベンチャー、対内外投資（M&A取引交渉、その前提となる法務DDなど）

事業再生、倒産　破産、民事再生、会社更生、特別清算といった法的整理や、中小企業再生支援協議会の利用などを通じた私的整理を通じた業務の遂行

金融法務　金融庁・証券取引等監視委員会、大手外資系金融機関や最大手国内投資運用会社での職歴を持つ弁護士が内外の金融グループに対し、金融商品取引法、投信法律等の金融規制関連法規全般に関し、アドバイス。当局検査対応。資産流動化、海外ファンド組成等の各種スキーム構築およびアドバイス

知財　知的財産権を巡る訴訟等の紛争解決案件、ソフトウェア取引、デジタルコンテンツを取り扱うビジネス、ブランドビジネスを含む、各種知的財産権に関する相談

代表者　外山興三（第一東京弁護士会）
取扱言語　英語
主な顧問先　日本国内外の銀行、金融商品取引業者（ファンド、証券会社を含む）、貿易商社、医薬、製造、小売、建設、不動産、デベロッパー、情報通信・IT、医療法人、生活協同組合、老健施設・介護施設、教育機関各種ベンチャー企業など

報酬体系　事務所報酬規程（日弁連旧報酬規程に当事務所の変更を加えたもの）による。着手金・報酬金等とタイムチャージの双方対応可能／顧問料　金額はクライアントとの合意において定められた金額とする。

取扱業務 **法律顧問法務** M&A取引に関する相談全般（プランニング、法務DDの実施）、金融商品取引法および関連政令、内閣府令、ガイドライン等に依拠したレギュレーション対応、模擬金融庁検査の実施、銀行法に関するアドバイス、公正取引委員会等独占禁止法対応、人事労務対応、その他）、グループ企業等での子会社管理、企業再編、コーポレートガバナンス体制の構築の相談、MBO対応（株式発行体の法律顧問就任、第三者委員会の組成および委員就任）、株主総会に対するアドバイス（運営指導、リハーサルの実施、株主総会当日の事務局対応）、買収防衛対応（防衛策の継続の是非の判断を含む）、上場企業における取引所対応に関するアドバイス、企業個人人事労務の相談、コンプライアンス体制の構築、企業不祥事対応（第三者委員会の組成および委員の就任、コンプライアンス委員の就任）、役員および社員の研修講師、各種セミナー講師など／**国際法務** 国際取引に係る契約交渉、国際取引に関する契約書の作成、レビュー、国際カルテルに関する相談、貿易摩擦（アンチダンピングなど）案件／**訴訟法務** 企業間訴訟全般、商事紛争に関する訴訟等、債権回収訴訟、不動産訴訟、不正競争防止法関連事件、特許侵害訴訟など／**事業再生、倒産法務** 会社更生・民事再生・破産・特別清算等の法的整理手続、特定調停、私的整理など／**ファイナンス法務** 資金調達全般、資産流動化、バンキング

東京

P 外山興三 1963東大法、17期、1971年イリノイ大LS、獨協大法学部講師（担当国際取引法、税法、1970〜79）、一弁副会長（1979〜80）、イリノイ大LS講師（1989、1999）、1994環太平洋法曹協会（IPBA）日本選出理事、一弁／**細谷義徳** 1969東大法、23期、1976NY大LS、日大経済学部講師（商法）（1977〜80）、二弁／**川東憲治** 1988東大法、42期、1994イリノイ大LS修了（LLM法学修士）、1997NY州弁護士資格取得、法大非常勤講師（2000〜01）、2002金融庁・証券取引等監視委員会、デューク大非常勤講師（2004）、二弁／**樋口収** 1983中大法、43期、事業再生研究機構個人会員（2004〜）、事業再生実務家協会個人会員（2004〜）、倒産実務家日本協会会員（2004〜）、（一社）発明推進協会模倣被害アドバイザー（2008〜12）、東京簡易裁判所民事調停委員（2008〜10）、一弁／**中村直** 1991成蹊大法、50期、虎門中央法律事務所（1998〜2012）、東弁／**林真穂** 1998早大法、53期、長島・大野・常松法律事務所（2000〜08）、2006シカゴ大LS修了（法学修士）、2008NY州弁護士資格取得、一弁 **A 加藤一真** 1997東大法、59期、2013KUルーヴェン大修了（法学修士（ヨーロッパ法））、一弁／**河本秀介** 2002東大法、60期、三菱重工業（2002〜06）、一弁／**江尻琴美** 1997一橋大法、三井住友海上火災（1997〜2004）、2007東大LS修了、61期、一弁／**鈴木健文** 2006東北大法、2008首都大LS修了、62期、弁護士知財ネット会員（2012〜）、日本経済法学会会員（2013〜）、2014南カリフォルニア大LS（法学修士エンターテインメント法）、二弁／**氏家隆国** 2005阪大医、2008慶大LS修了、外立総合法律事務所（2010〜13）、62期、一弁／**稲垣航** 2008慶大法、2011一橋大LS修了、66期、一弁／**布施香織** 2009慶大法、2011東大LS修了、66期、一弁 **顧 山田剛志** 三井法律事務所（2010〜11）、日本私法学会、金融学会、信託法学会、2004新潟弁護士会、2010東弁

著作 外山興三『狙われる日本企業』（HBJ出版、1992）／同『身近な法律便利辞典』（旺文社、1994）／川東憲治『図説 金融商品取引法』（学陽書房、2007）／同『ファンドと金融商品取引法』（商事法務、2010年）／同『富裕層向け金融ビジネスの法務』（中央経済社、2013）／樋口収『民事再生法　要点解説と条文対照』（新日本法規）／同『Q&A民事再生の実務』（新日本法規）／同『信託と倒産』（商事法務）／同『破産実務Q&A200問』（金融財政事情研究会）／同『会社分割と倒産法』（清文社）／同『詳説 倒産と労働』（商事法務）／同『会社更生Q&A120問』（金融財政事情研究会）／同『事業再生の迅速化』（商事法務）（すべて共著）

事件 ロッキード事件で田中角栄元首相の刑事弁護人、会社更生事件（大同コンクリート工業更生管財人補佐、マイカル九州更生管財人代理、穴吹工務店外2社更生管財人代理）／民事再生事件・破産事件／特別清算申立事件／商法上の設立検査役補佐（東京共同銀行）ほか多数

古賀総合法律事務所
KOGA & PARTNERS

〒105−0001　東京都港区虎ノ門4−3−20　神谷町MTビル2階
TEL　03-3578-8681　FAX　03-3578-8682
URL：http://www.kogapartnerslaw.com/

ビジネス法務と弁護士としての公共性の両立を課題とし、高度な専門性を前提にしつつ、適確な価値判断の伴った法的業務の提供を追求する。メディア業界・国際的紛争分野に深い経験を有する。

■理念・特色

　開設以来、ビジネス法務と弁護士としての公共性の両立を課題とし、各分野における高度な専門性を前提にしつつ、適確な価値判断の伴った法的業務の提供を追及しています。

　上場・非上場を含む国内外の企業をクライアントとしています。メディア業界のクライアントが多いことおよび国際的紛争分野に深い経験を有することにも特色があります。

訴訟および仲裁　特に、国内企業が当事者となった海外訴訟および外国企業が当事者となった国内訴訟は多くの実績があり、また、商事仲裁（英米におけるメディエーションを含む）には、仲裁人として、または当事者の代理人として多くの案件に関与しています。／**金融法務**　国内外の問題について助言・契約書ドラフトから訴訟まで幅広い業務を提供しています。／**会社法務**　上場・非上場の国内会社・外国会社の日本法人の多様な問題について日常的に助言しています。／**企業再生・M&A**　多くの案件を手がけており、海外企業との交渉を伴うものも数多くあります。／**知的財産・不正競争**　知財関連契約実務の豊富な経験を有し、国内外の依頼者のために契約の作成、交渉、助言を行っています。知財や建築・機械その他の技術的問題に関し、国内外の多くの裁判・仲裁の代理人となっています。／**独占禁止法**　長く国際的ライセンス契約、フランチャイズ契約、代理店契約等から発生する「不公正な取引方法」について多くの助言を行って来ました。近時は、合併に関する相談、国内外のカルテル違反行為の調査案件、私的訴訟案件の実績もあります。／**労働事件**　外国人労働者または外国企業が当事者となるものを含みます。／**メディア法**　報道機関（新聞、雑誌、テレビ）の直面する取材源保護、名誉・プライバシー侵害と報道の自由、情報保護、著作権等にかかわる多様な訴訟を数多く扱い、法律相談にも応じています。最高裁判所、高等裁判所で報道の自由にかかわる重要な判決をいくつも勝ち取っています。

■設立・沿革

　当事務所は、1970年に創業者古賀正義弁護士により開設されました。

代表者　鈴木五十三（第二東京弁護士会）
取扱言語　英語
主な顧問先　上場・非上場を含む国内外の各種企業。大手金融会社、メーカー（化学品メーカー、自動車関連その他）、サービス部門企業、新聞社、建築設計など

報酬体系　原則としてタイムチャージ制。案件によって日弁連旧報酬規程を参考にした着手金・成功報酬の方式によることも可能。顧問契約も可。タイムチャージ（1時間当たり）：パートナー30,000円～70,000円、アソシエイト15,000円～30,000円。

古賀総合法律事務所

取扱業務 訴訟および仲裁 会社法、独禁法、知的財産、国際取引、金融取引、メディア関連紛争、債権回収、不法行為等／**会社法務** 会社運営、組織再編、ガバナンス、コンプライアンス、危機管理等／**企業再生・M&A** 法的・私的整理、企業再編／**知的財産・不正競争** 契約の作成・交渉・助言。著作権・商標・不正競争（営業秘密など）／**独占禁止法** 「不公正な取引方法」の問題、合併相談、国内外カルテル違反案件／**労働事件** 従業員の解雇、競業避止義務等の相談、労働審判、訴訟／**メディア法** 取材源保護、名誉・プライバシー侵害と報道の自由、情報保護、著作権等の訴訟、法律相談

P **古賀正義** 1952東大法、9期、二弁、1972二弁会長・日弁連副会長、1979法制審議会委員／**鈴木五十三** 1973一橋大法、1978CA大バークレー校（LLM・フルブライト）、27期、二弁、NY州弁護士、国連安保理補償委（1998～2005）、整理回収機構特別審議役（2005～08）、日本曹達社外監査役（2005～）、LAWASIA会長（2013～）、原子力損賠紛争解決センター総括委（2011～）、東京家庭裁判所調停委員（2014～）、ICSID日本政府指名仲裁人候補（2014～）／**吉川精一** 1963東大法、1969ワシントン州大LS（MCL）、17期、二弁、1993二弁会長・日弁連副会長、法制審議会委員（1999～2001）／**山川洋一郎** 1964東大法、1969ミシガン大LS（MCL・フルブライト）、18期、二弁、ミシガン大LS客員教授（1991～92）、日本テレビ番組審議会委員（1997～2006）、三井住友銀行社外監査役（2001～02、2005～09）、三井住友FG社外監査役（2002～09）、第一生命保険社外監査役（2005～09）、日新製鋼社外監査役（2006～）、大王製紙社外監査役（2008～）、ルネサスエレクトロニクス社外監査役（2010～14）／**中川明** 1964京大法、1968京大院法学研究科修士、22期、二弁、1993日弁連子どもの権利委員会委員長、北大法教授（1997～2002）、明学大法務職研究科教授（2004～12）／**一井泰淳** 1997東大法、2003ミシガン大LS.LLM、52期、二弁、NY州弁護士／**山本晋平** 1997東大法、2005ミシガン大LS.LLM、52期、二弁、NY州弁護士、2005国連OHCHR（NY）インターン、日弁連国際室室長（2012～13）／**尾野恭史** 1995京大経済、54期、二弁、公認会計士2次試験合格（1994）、YKT社外監査役（2006～）、原子力損賠紛争解決センター和解仲介室室長補佐（2011～13）、ジェイテック社外監査役（2013～）、三和倉庫社外取締役（2014～）／**西山温** 1999東大法、57期、二弁、2014二弁人権擁護委員長 A **下久保翼** 2003一橋大法、58期、二弁、日本政策投資銀行出向（2008～）／**藤井薫** 2007一橋大法、2009一橋大LS、63期、二弁／**江藤美奈** 2005早大法、2008東大LS、2013ワシントン大LS.LLM、62期、二弁、NY州弁護士

著作 古賀正義訳『日本弁護士史の基本的諸問題』『弁護の技術』（J.P.ストライカー著）／同訳『裁かれる裁判所』（ジェローム・フランク著）／鈴木五十三『新しい国際裁判管轄法制（別冊NBL）』（共著、商事法務）／同「FET（公正衡平待遇義務）条項違反に基づく金銭賠償」JCAジャーナル652号／吉川精一『英国の弁護士制度』（日本評論社）／同「EU競争法違反を理由とする英国での損害賠償訴訟」国際商事法務535号／山川洋一郎『報道の自由』（信山社）／中川明『寛容と人権』（岩波書店）／同『宗教と子どもたち』（明石書店）／同『イジメと子どもの人権』（信山社）／一井泰淳「取材の自由と最高裁」（共著、有斐閣）／同「取材源保護の重要性と今後の課題」（共著、日本新聞協会）／同「取材源の秘匿を認めた最高裁決定 取材・報道の自由を守った判断の意義」（共著）新聞研究665号／同『週刊文春事件（メディア判例百選）』（有斐閣）／山本晋平「投資協定上の『投資』概念についてのUNCITRAL仲裁手続における判断例」JCAジャーナル640号／下久保翼『借入人破産時の時効管理』（共著、金融法務事情）／同『別除権放棄の意思表示の相手方』（共著、金融法務事情）／同『銀行窓口の法務対策4500講〔Ⅳ〕担保編』（共著、金融財政事情研究会）／藤井薫「Ⅳ 調停における実務—当事者への説明と当事者間の事前合意事項」（共著）法の支配165号、／同『法と実務』（共著、商事法務）／鈴木五十三・尾野恭史『企業再生—RCCの事例から考える地域金融機関の役割』（ぎょうせい）／『RCCにおける企業再生』（金融財政事情研究会）／尾野恭史・下久保翼『金融機関のための倒産・再生の実務』（金融財政事情研究会）

K&L Gates外国法共同事業法律事務所
K&L Gates Gaikokuho Joint Enterprise

〒105-6328　東京都港区虎ノ門1-23-1　虎ノ門ヒルズ森タワー28階
TEL　03-6205-3600　FAX　03-3597-6421
URL：http://www.klgates.com/

16（-4）	
P 9	A 7	顧 0
男 14	女 2
外弁 4	外資 2
他士 0	事務 12

2007年に米国で設立。世界47か所に約2,000名の弁護士を擁するネットワークを活かしたサービスを提供。Gatesの名はマイクロソフトの創立者の父である創始者に由来し、テクノロジー分野やインダストリーの分野の強みが特徴。

■理念・特色

当事務所は、米国を中心に近年急速に拡大し、現在では、北米（NY、ワシントンDC、シアトル、シカゴ、サンフランシスコほか合計25都市）、南米（サンパウロ）、欧州（ロンドン、パリ、ブリュッセル、ベルリン、フランクフルト、ワルシャワ、ミラノ、モスクワ）、アジア（東京、ソウル、香港、北京、上海、台北、シンガポール）、豪州（シドニー、メルボルン、ブリズベン、パース）、中東（ドーハ、ドバイ）など全世界47か所に拠点を置き、約2,000名の弁護士を擁している、国際的なロー・ファームです。

グローバル化された事業展開を適切にサポートするためには、グローバル・ネットワークを通じて、それぞれの地域において適切なリーガルサービスを迅速に提供することが求められていますが、K&L Gatesはこのようなネットワークを背景に、世界各地でさまざまな分野にわたる案件に関して、戦略的なアドバイスを提供しています。

先進国・途上国を問わず、各国の基軸産業（特に、テクノロジー、製造業、エネルギー産業、物流、通信、金融、ヘルスケア、ライフサイエンス、インフラストラクチャー）に関する法律問題について、業務を行っております。東京オフィスは、2010年1月に開設し、日本企業のみならず世界各国の企業に対して幅広くアドバイスを行っています。

東京オフィスには現在、15名の弁護士と7名の外国資格弁護士が在籍しており、弁護士による日本法に関するフル・サービスの提供のほか、米国資格弁護士による下記分野の取引案件を、また、ロシア法弁護士はロシアへの投資関連案件に関するアドバイスを積極的に行っています。

■設立・沿革

当事務所は、2007年に米国「Kirkpatrick & Lockhart Nicholson Graham」と「Preston Gates & Ellis」の合併によって誕生した「K&L Gates LLP」の東京オフィスとして、2010年1月に開設しました。Gatesの名は、当事務所の前身である「Preston Gates & Ellis」の創始者の1人である、Bill Gates, Sr.（米国マイクロソフト社の創立者の父）に由来するものです。

代表者	John Ryan Dwyer, Ⅲ
取扱言語	英語、ロシア語
主な顧問先	総合商社、テクノロジー、ヘルスケア、電気通信、製造業、運輸、エネルギー、プライベート・エクイティ、銀行、証券会社、その他の金融機関
報酬体系	原則として時間報酬制

K&L Gates 外国法共同事業法律事務所

取扱業務

クロスボーダーおよび国内の企業買収／航空機等のアセットファイナンス／ストラクチャードファイナンス／プロジェクトファイナンスおよび天然資源開発／貿易金融／銀行／証券および金融規制法関連の案件／プライベートエクイティ／ベンチャー／コーポレートファイナンスおよび国際ファイナンス／倒産および再生／一般企業法務／およびリース／不動産／雇用・労働法／金商法／薬事法等規制法／ロシア規制法関連のアドバイス（外国為替、関税、建設等）／国内外の独占禁止法およびFCPA／訴訟および紛争解決／国際仲裁

P 星野隆宏 早大法、33期、一弁／渡辺直樹 慶大法、デューク大、43期、二弁／津曲貴裕 慶大院、ジョージタウン大、52期、二弁／川口貴裕 早大法、南カリフォルニア大、52期、二弁／大曲紹仁 東大法、ペンシルバニア大、55期、二弁／John Ryan Dwyer, III ハワイ州、二弁／Robert Melson, Jr. NY州、二弁／Sergey J. Milanov ロシア、二弁／Haig Oghigian カナダ、二弁

A 三浦修 早大法、早大院、57期、一弁／岡田裕貴 中大法、59期、一弁／和田宣喜 同大院、59期、一弁／根本鮎子 東大法、ジョージタウン大、60期、二弁／酒向由紀 京大法、コロンビア大、61期、二弁／川中信宏 東大法、東大LS、62期、東弁／山田安人 慶大LS、66期、一弁

外資 Georgy Daneliya ロシア／CJ Hoppel NY州

著作

星野隆宏〔執筆〕『民事保全実務の諸問題』（共著、判例時報社、1988）／同〔執筆〕『現代企業法務の課題と対策』（共著、新日本法規出版、1998）／同『リスクを回避する契約術』（幻冬舎、2013）／星野隆宏・和田宣喜『議決権行使書面閲覧・謄写請求をめぐる会社法上の問題点―株主情報保護の観点から―』（共著、商事法務、2011）／渡辺直樹〔執筆〕「通常の事業遂行局面における経営判断の原則の適用～アパマン事件最高裁判決の検討」（共著）Business Law Journal 34号（2011）／同「米国公開企業M&A条項のマーケット・トレンド」NBL987号（2012）／渡辺直樹・根本鮎子「米国の非公開企業を対象とするM&A条項のマーケット・トレンド」NBL1022号～1028号（2014）／大曲紹仁・根本鮎子『ケースでわかる金融商品取引法』（共著、自由国民社、2009）／大曲紹仁・酒向由紀『海外で発行されるファンド証券に対する日本法上のライセンス規制』（共著、商事法務、2013）／大曲紹仁・酒向由紀『米国1940年投資会社法が日本の事業会社の事業活動に与える影響』（商事法務、2015）／和田宣喜『取締役の職務代行者が果たすべき権利・義務―支配権紛争下における職務代行者の行動準則』（商事法務、2013）

東京

光和総合法律事務所
KOHWA SOHGOH LAW OFFICES

〒107-0052　東京都港区赤坂4-7-15　陽栄光和ビル5階
TEL　03-5562-2511　FAX　03-5562-2522
URL：http://www.kohwa.or.jp

36 (-1)
男 26　女 10
外弁 0　外資 0
他士 1　事務 22

　1990年、各専門分野に精通する弁護士（8名）により設立され、発展を遂げた中堅総合事務所。顧問企業へのリーガル・サポートを重視し、企業経営全般に関する法的助言を行う。

■理念・特色

当事務所は、各分野の専門知識と経験を有する弁護士によって開設され、以降、あらゆる法分野において、総力を結集し、迅速かつ的確な法的サービスを依頼者に提供できる事務所を目指して活動してまいりました。

ほぼすべての法務分野に注力しておりますが、とりわけ民事および刑事訴訟、企業法務、M&A、金融法務、税務、知的財産権法務、事業再生、ならびに一般民事および家事事件などについて、豊富な経験を有する弁護士（2015年7月現在弁護士35名、司法書士1名）が在籍しており、ご依頼いただいた事案に応じて適宜適切なチーム編成を行って事案処理にあたる総合法律事務所としての体制を確立しております。

また、当事務所は企業の総合的なアドバイザーであることをめざしておりますが、そのために顧問弁護士制度が企業と法律事務所とを橋渡しする重要な役割を担うと考えており、顧問企業へのリーガルサポートに特に注力しております。

具体的には、

- 事業計画に関する法的助言
- 企業経営に関する法的助言
- 日常業務に関する法律問題の助言
- 法的紛争の予防および解決
- 企業再建・整理に関する法的助言・対策

などの業務を担当しつつ、顧問企業の法務室と協力し、あるいはその機能を代行しながら、それぞれの顧問企業の経営者とともに企業経営上の悩みを分かちあってまいります。

■設立・沿革

1990年	「光和総合法律事務所」設立（各専門分野に精通した弁護士8名が結集し、紀尾井町ビルに事務所設立）
1994年	赤坂シャスタ・イーストに事務所移転
2001年	陽栄光和ビルに事務所移転
2015年	現在、弁護士35名（上記に加え、官庁出向者2名）司法書士1名在籍

代表者　石川哲夫（第一東京弁護士会）
取扱言語　英語、中国語
主な顧問先　東証一部・二部上場企業その他上場企業ならびに非上場企業を問わず、メーカー、金融機関、商社、建設、サービス業等多岐にわたる。なお、事務所として顧問先の個社名の開示はしていない。
報酬体系　事件等の御依頼の際の着手金・報酬金および顧問契約に基づく顧問料等、いずれも事務所報酬規程（旧第一東京弁護士会報酬基準に準ずる）による。各依頼者と十分な協議のうえで決定。

光和総合法律事務所

取扱業務 訴訟・紛争処理　民・刑・商事および行政訴訟ならびに非訟、ADR、行政審判等／**企業法務**　契約書締結交渉サポート、株主総会指導、反社会的勢力排除対応、労務問題、企業再編・M&A、中小企業の経営支援、事業再生等／**企業再建・整理**　会社更生、民事再生、破産、特別清算、私的整理／**知的財産権・IT関連法**　紛争処理（折衝・審判・訴訟）、ライセンス契約等、インターネット上の法律問題、電気通信事業等の法制度、システム・ソフトウェア開発契約等／**渉外業務**　JV、クロスボーダー M&A、代理店契約、国際倒産、国際相続等／**金融法務**　金融・証券規制対応、証券訴訟等証券取引関係、融資・回収業務、スキームアレンジ等／**行政法**　各種業法対応、当局対応サポート等／**税法**　税務相談、課税当局折衝、異議申立て、審査請求、税務訴訟／**親族・相続問題**／**登記手続**

渡邊洋一郎 1966中大法、20期／石川達紘 1962中大法、17期（検事任官）、東京地方検察庁検事正、福岡高等検察庁検事長、名古屋高等検察庁検事長等、2001登録、亜細亜大教授、東海パルプ取締役等／豊田愛祥 1961早大法、22期、日本交渉学会理事、原子力損害賠償紛争審査会特別委員／神洋明 1972中大法、31期、一弁副会長、一弁会長、日弁連刑事法制委員会委員長、法制審議会新時代の刑事司法制度特別部会幹事、最高検察庁参与／古川晴雄 1972慶大法、35期／小田修司 1971横国大経、36期、一弁副会長、税理士／二島豊太 1980東大法、36期、司法研修所教官／石川哲夫 1979東大法、37期、東京簡易裁判所司法委員／錦戸景一 1978東北大法、37期、グラス・マッカラー・シャリル・アンド・ハロルド法律事務所（米国ジョージア州）、パイオニア監査役等／竹岡八重子 1982東大法、37期、二弁、総合科学技術会議知的財産戦略専門調査会委員、中小企業政策審議会委員、科学技術・学術審議会委員／篠連 1981東大法、41期、東京家裁調停委員／池内稚利 1985中大法、43期、一弁副会長、日弁連常務理事、中小企業政策審議会"ちいさな企業未来部会"委員、中小企業庁中小企業経営革新等認定支援機関、中国人民大法学院客員研究員／藤田浩司 1988東大法、1989東大新聞研究所修了、48期、一弁監事／黒澤佳代 1993早大法、49期、2004フォーダム大LS.LLM修了／神原千郷 1993学習院大法、50期、NPO法人幹細胞創薬研究所倫理委員／鈴木みき 1995慶大法、51期、慶大LS非常勤講師／奥原玲子 1985上智大法、大蔵省、52期、東京都知的財産総合センター相談担当者、東京簡易裁判所調停委員／花野信子 1991神大法、民間シンクタンク、53期／小野寺眞美 1992早大政経、日本銀行、55期、日弁連交通相談センター東京支部相談担当者／岡部美奈子 1996早大法、55期／伊藤信彦 1999立命大法、56期、国税不服審判所審判官、東京簡易裁判所司法委員／白井真 2001早大法、56期、証券取引等監視委員会専門検査官／安田明代 1998明大法、57期／木谷太郎 2001中大法、57期／中澤雄仁 2001中大法、57期、東弁／各務武希 1998中大法、58期／野原俊介 2002早大法、2015ノースウエスタン大LS.LLM修了、59期／鈴木智也 2003学習院大法、60期／永井徳人 2000東大法、大手通信キャリア、2006成蹊大LS、60期、総務省総合通信基盤局専門職／神田泰行 2004東大法、2006明大LS、60期／渡邊涼介 2003慶大法、2006慶大LS、60期／藤井奏子 2004東大法、2006慶大LS、2014南カリフォルニア大LS.LLM修了、60期／井上龍太郎 2005阪大法、2007阪大LS、61期／坂下大貴 2006熊本大法、2009早大LS、63期／橋本祥 2006中大法、2008明大LS、63期／渡辺大祐 2010早大LS、65期／菅野繁雄（司法書士）1972法大法、1981司法書士　以上明記のないものはすべて一弁。

著作　各弁護士の著作多数につき、事務所HPを参照。

事件　各弁護士が多種多様の案件に関与しており、判例集登載事件および大型倒産事件なども多数存在するが、守秘義務の観点から、事務所として関与事件の個別名の開示はしていない。

小島国際法律事務所
KOJIMA LAW OFFICES

〒102-0076　東京都千代田区五番町2-7　五番町片岡ビル4階
TEL　03-3222-1401　FAX　03-3222-1405
URL : http://www.kojimalaw.jp

16 (-7)	
P 5	A 11	顧 3
男 14	女 2
外弁 1	外資 1
他士 6	事務 11

海外直接投資（特にインド、東南アジア、欧米等）、国際・国内企業法務、国際・国内紛争解決、契約法務、知的財産権法務等といった多岐にわたる案件を取り扱い、各国の法律事務所等とのネットワークを有する。

■理念・特色

企業法務・国際法務を主として取り扱っております。日本の弁護士のほか、外国弁護士および顧問（税理士、会計士等）を擁し、パートナーシップ制をとっています。

案件の性質および顧客のニーズに応じて、迅速であること（迅速性）、さまざまな分野や局面における実務経験を活かし、常に実務的であること（実務性）、単なる法律情報の提供や書類の作成にとどまらず、交渉方針やプロジェクトの進め方等まで見据え、法的側面、事業面および企業倫理面にも配慮する等、総合的であること（総合性）をめざします。全世界にまたがる法律事務所および税務会計事務所のネットワーク（欧州、北米、中南米、東南アジア、太平洋・オセアニア、中東、アフリカ等全世界の100以上の国と地域をカバー）を最大限に活用し、世界各国の専門家の知識・経験を結集します。

海外直接投資　海外事業に関するベストなストラテジック・アドバイスを行う法律事務所をめざしています。投資規制・許認可取得、合弁の組成・組換・解消、現地法制への対応等さまざまな場面で、豊富な実務経験と国際的ネットワークを活かし、経営への付加価値の最大化につながるリーガル・サービスを提供します。特に、インド投資案件については、インド各地の信頼できる法律事務所と協力関係を有し、適切かつタイムリーなサービスの提供を行っています。

紛争解決　大型案件や専門的な知識を要する案件などの訴訟、海外企業を依頼者とする訴訟等で代理人を務めています。国際仲裁の分野では、当事者代理人のみならず、仲裁人も務めています。

企業法務全般　一部上場企業の法務部や事業部からの継続的なご相談や、中小企業からの取引交渉代理のご依頼等、さまざまな業界からのご相談・ご依頼をお受けしています。

知的財産権　特許権・商標権・著作権・ノウハウ等にかかわる国内・国外における各種契約の作成・交渉・アドバイスの提供、商標出願等や、紛争案件における代理人業務を行っています。

国際相続　国内外の資産にかかわる遺言書作成やエステート・プランニング、外国人が関与する遺産分割案件等に対応しています。

国際税務　日本における税務戦略の策定・実行や移転価格等のサポートや税務訴訟の分野で、海外税務専門家のネットワークを活用しつつ、積極的にお役に立ちたいと考えています。

■設立・沿革

1984年に小島秀樹により設立され、1998年にパートナー制に移行し現在に至ります。

代表者　小島秀樹（第二東京弁護士会）	パレル、楽器、共済組合等々）
取扱言語　英語	報酬体系　時間報酬を主とする事務所報酬基準による。
主な顧問先　上場企業を含めた会社・法人（医薬、金融サービス、運送、機械、電子機器、ア	

小島国際法律事務所

取扱業務 海外直接投資（インド、東南アジア、欧米その他）、紛争解決（国内・国際訴訟、国際仲裁等）、各種商取引にかかわる法務全般、知的財産権、労働関係法務、M＆A・合併・企業提携、会社法務全般、行政関連法規、国際相続、税務（国際税務、税務訴訟、移転価格、トランザクション・タックス、コンペンセーション税務、不動産税務、税務申告）等

P 小島秀樹 早大法、サザンメソジスト大LS、ジョージタウン大LS、NY州弁護士、25期、二弁、日弁連司法制度調査会特別委嘱委員（商事経済部会）、日印経済委員会委員、日印協会理事／**出井直樹** 東大法、NY大LS、NY州弁護士、40期、二弁、日本仲裁人協会理事、大東文化大LS教授、日弁連事務次長（2006年4月〜2008年6月）、二弁副会長（2011年4月〜2012年3月）、原子力損害賠償紛争解決センター和解仲介室次長（2011年8月〜2014年3月）／**菊池毅** 東大法、ブリストル大法学修士課程修了、44期、二弁、日本電気社外監査役（2015年〜）／**小川浩賢** 中大法、45期、二弁／**豊島真** 東大法、カリフォルニア大デービス校LS、CA州弁護士、51期、二弁／**A 川上佳織** 早大法、シドニー大LS、ニューサウスウェールズ州弁護士、54期、二弁／**石田治** 東北大法、56期、二弁／**雨宮弘和** 東大教養、ロンドン・スクール・オブ・エコノミクス法学修士課程修了、CA州弁護士、58期、二弁／**光内法雄** 東大文、59期、二弁／**渡邊望美** 慶大法、NY大LS、60期、二弁／**赤塚洋信** 東大法、法政大LS、インディアン・ロー・インスティトュート、61期、二弁／**髙橋直樹** 京大法、京大LS、61期、一弁／**髙橋将志** 東大法、北大LS、64期、二弁／**布川俊彦** 東大教養、一橋大LS、64期、二弁／**寺田達郎** 慶大理工、東北大LS、65期、二弁／**平征三朗** 京大法、京大LS、65期、二弁

著作 小島秀樹「世直し六法」実業界に連載中／小島秀樹「移転価格と日本の判例について」国際税務2008年12月号（税務研究会）／出井直樹「新しい国際裁判管轄法制—実務家の視点から—日本弁護士連合会国際裁判管轄の法令化に関する検討会議編Ⅱ論説4 消費者契約に関する訴え」別冊NBL138号（2012）／菊池毅「フランス判例法における『特許ライセンシーの特許利用義務』について」ザ・ローヤーズ2013年10月号／菊池毅他「米国民事訴訟における証拠開示と電子情報（Eディスカバリー）の実務について」国際商事法務38巻10号（2010）／小川浩賢他「Labour Law: A Practical Global Guide, Japan Chapter」Globe Business Publishing Ltd 2011年3月／小川浩賢「2011アジア関連法務最新動向インド」Business Law Journal 2011年3月号／豊島真「海外企業との取引基本契約トラブル事例に見る契約締結のポイント」Business Law Journal 2011年5月号／豊島真他「Directors' Liability: A Worldwide Review」Kluwer Law International 2006年12月

事件 公益通報を行ったと主張する者からの解雇無効確認等請求事案（広島高松江支判平成25.10.23 D1-LawDB所収、最高裁上告棄却・上告不受理決定）／医療用具に関する特許権侵害差止等請求事件（東京地判平成23.6.10裁判所Web）／アパレル製品の商標権のサブライセンス契約に基づくロイヤリティ請求事件・損害賠償請求事件（東京地判平成22.3.11裁判所Web）／日興コーディアルグループ株式買取価格決定申立事件（東京地決平成21.3.31判時2040.135、判タ1296.128）／証人尋問共助事件（東京地決平成18.5.22判タ1220.246）／海上運送人に対する債務不履行に基づく損害賠償請求事件（東京地判平成12.10.12判タ1051.306）／エレクトリック・ギターの形態の出所表示性に関する不正競争行為差止請求事件（東京地判平成10.2.27判タ974.215、東京高判平成12.2.24判時1719.122）

骨董通り法律事務所
Kotto Dori Law Office

〒107-0062　東京都港区南青山5-18-5　南青山ポイント1階
TEL　03-5766-8980　FAX　03-5466-1107
URL：http://www.kottolaw.com/　info@kottolaw.com

11（＋1）	
P 4　A 5　顧 2	
男 8　女 3	
外弁 0　外資 0	
他士 0　事務 5	

知的財産法務、およびアート、メディア、エンタテインメント法務につき豊富な知識と実務経験を礎とする高い専門性を有している。

B　知財
国際　訴訟

■理念・特色

当事務所は、"For the Arts"の旗印の下、法律家としての活動を通じてさまざまな芸術活動を支援しており、出版、映像、演劇、音楽、ゲーム、広告、ファッションなどのアート、メディア、エンタテインメント業界のクライアントに対する、契約交渉の代理、訴訟などの紛争処理、著作権や商標などの知的財産権に関するアドバイスの提供を中心的な取扱業務としています。

当事務所の所属弁護士は、それぞれが対象分野の最大のファンであることを大切にしながら、法律のプロフェッショナルとして、日々クライアントに対してベストを尽くしてリーガルサービスを提供し続けています。また、当事務所は、幅広い業種のクライアントのための企業法務、紛争処理にも力を入れています。

さらに、当事務所の所属弁護士は、弁護士としての社会貢献活動を重視しており、各自がそれぞれの課題をもって、弁護士会の委員会活動や大学等の教育機関での教育活動をはじめとするさまざまなプロボノ活動（公益活動）を積極的に行っています。

また、当事務所では、所属弁護士による書籍・論稿の執筆、メディア出演、講演、各種SNS等による情報発信に加えて、事務所ホームページにおけるコラムの掲載や毎月のメールマガジンの発行を通じて、アート、メディア、エンタテインメント法務を中心とするさまざまな法分野に関する幅広い知見を広く社会に共有し続けています。

■設立・沿革

2003年、"For the Arts"の旗印の下、2名の弁護士により南青山・骨董通りから1本入った場所に設立された当事務所は、その後、アート、エンタテインメント法務につき豊富な知識と実務経験を有する弁護士を順次迎えて着実に陣容を拡大しました。

さらに、2009年に配信を開始したKotto Lawメールマガジンやウェブコラムは順調に読者を拡大し、時に社会的議論のきっかけになるなど同分野の情報発信のハブとしての地位を確立し、現在、弁護士11名・事務局5名という構成にて執務を行っております。

代表者　福井健策（第二東京弁護士会）	広い業種など
取扱言語　英語、フランス語	**報酬体系**　原則として時間報酬制（タイムチャージ）を採用しており、基準となる報酬額は担当弁護士によって異なる。
主な顧問先　出版、演劇・コンサート興行、放送・通信、音楽および美術などのアート、メディア、エンタテイメント業界を中心とする幅	

骨董通り法律事務所

|取扱業務| 出版　出版契約、映画・ドラマ化等の二次利用に関する契約書の作成や契約交渉・紛争処理、その他出版ビジネスに関する各種法的検討・助言等／演劇・コンサート興行　制作委嘱契約、招聘契約、各種ライセンス契約等に関する契約書の作成や契約交渉・紛争処理、その他演劇・コンサート事業に関する各種法的検討・助言等／放送　ライセンス契約、番組制作・二次利用に関する契約、業規制対応、商標出願、その他放送事業に関する各種法的検討・助言等／広告　各種知的財産権の権利処理、広告関連規制に関する法的助言等／音楽　各種契約の作成や契約交渉・紛争処理、その他音楽ビジネスに関する各種法的検討・助言等／ゲーム　ライセンス契約、景品表示法その他の法規制対応、その他ゲームビジネスに関する各種法的検討・助言等／ファッション　模倣品対策、商標出願、ライセンス契約その他各種契約書の作成や法的助言等　ほか

|P|福井健策 1991東大法、1998コロンビア大LLM修了、45期、二弁、日大芸術学部客員教授／桑野雄一郎 1991早大法、45期、二弁、島根大LS教授／二関辰郎 1987一橋大法、1998NY大LLM修了、46期、二弁／北澤尚登 1997東大法、2005デューク大LLM修了、53期、一弁　オブカウンセル 唐津真美 1993早大法、1999ハーバード大LLM修了、48期、一弁／松島恵美 1989上智大法、1993NY大MCJ修了、51期、二弁／|A|鈴木里佳 2005慶大法、60期、二弁／小林利明 2004東大法、2006慶大LS、2013NY大LLM修了、60期、一弁／諏訪公一 2000一橋大法、2003一橋大法学研究科修士課程修了、2007東大LS、61期、二弁／岡本健太郎 1998慶大経、2007一橋大LS、2014ペンシルバニア大LLM修了、61期、東弁／中川隆太郎 2006東大法、2008早大LS、62期、一弁

|著作| 福井健策編著・二関辰郎著『ライブイベント・ビジネスの著作権』（著作権情報センター、2015）／中川隆太郎「問い直される実用品デザインの保護のルール」コピライト2015年9月号／小林利明「応用美術（椅子）の著作物性」ジュリスト2015年9月号／福井健策「人工知能と著作権2.0」コピライト2015年8月号／福井健策・小林利明「米国におけるコピーライト・トロールの活動実態と日本への示唆」知財研フォーラム101号（2015）／福井健策『18歳の著作権入門』（筑摩書房、2015）／二関辰郎「第三者機関を通じたパーソナルデータの保護」自由と正義2014年12月号／諏訪公一「2014年改正著作権法と電子出版ビジネスの動向」パテント67巻12号（2014）／福井健策『誰が「知」を独占するのか』（集英社、2014）／諏訪公一「出版者による電子海賊版の差止めが可能に！　著作権法改正案の解説」ビジネス法務2014年6月号／福井健策編著『インターネットビジネスの著作権とルール』（著作権情報センター、2014）／唐津真美「視聴覚的実演をめぐる著作権法の現在地点」コピライト2014年5月号／桑野雄一郎「逮捕・勾留の効力の及ぶ範囲」島大法学57巻2号（2014）　ほか多数

|事件| 近年サポートした作品（一部）に、以下のものがある。
映画　「進撃の巨人」（前編・後編）／「るろうに剣心」（京都大火編・伝説の最期編）ほか多数
演劇　NODA・MAP「エッグ」／「プルートゥPLUTO（鉄腕アトム「地上最大のロボット」より）」／「春琴」ほか多数
ミュージカル　「天使にラブ・ソングを…」／「NARUTO―ナルト―」／「DEATH NOTE THE MUSICAL」ほか多数
ダンス・バレエ　マシュー・ボーンの「白鳥の湖」／「タンゴ・ミュージカルシャンテクレール」ほか多数
コンサート・ライブ　ローリング・ストーンズ「THE ROLLING STONES／14 ON FIRE JAPAN TOUR」／ポール・マッカートニー「OUT THERE JAPAN TOUR 2013」ほか多数
美術展　「マグリット展」（国立新美術館）／「ティム・バートンの世界」／「ONE PIECE展」（森アーツセンターギャラリー）ほか多数

東京

さくら共同法律事務所
Sakura Kyodo Law Office

〒100-0011　東京都千代田区内幸町1-1-7　NBF日比谷ビル16階
TEL 03-5511-4400　FAX 03-5511-4411
URL：http://www.sakuralaw.gr.jp/

30 (±0)	
P 18	A 12	顧 0
男 27	女 3
外弁 0	外資 2
他士 2	事務 25

		訴訟
C		再生	会社

旧「河合・竹内法律事務所」を起源とし、世間で耳目を集めた事件を多く手がけている。訴訟を中心とする紛争処理や倒産・事業再生案件が多く、とりわけ難事件の処理に強みがある。また、社会貢献活動にも力を入れている。

■理念・特色

　当事務所は、国内企業法務および一般民事業務を中心に、訴訟内・外または民事・刑事を問わず、幅広い分野についての法的サービスを提供している法律事務所です。

　当事務所の理念は、①法の支配を重んじ、②貧富を問わず、③依頼者の権利および利益を最大限擁護し、④権力におもねることなく、⑤世界的な視野に立ち、⑥弁護士倫理を遵守し、⑦誠実に職務を遂行し、⑧社会に貢献するというもので、各自がこの職務遂行方針の下、日々の業務に邁進しています。

紛争処理業務　当事務所は、設立以来一貫して、訴訟を中心とする紛争解決業務を取扱業務の1つの柱としてきました。

　当事務所の弁護士の多くは、事件の規模・分野を問わず、あらゆる紛争案件における豊富な経験を有しており、訴訟前交渉、保全手続、訴訟戦略の立案、訴訟、執行手続を含めた幅広い紛争の局面に適切に対応することができます。

　とりわけ、複雑・困難とされる紛争事案に強みを有しているのが当事務所の特徴であり、他事務所からの持込み案件、控訴審からの受任案件を含め、これまでに数多くの事案で実績を残して参りました。

倒産および事業再生業務　当事務所は、倒産および事業再生事件を扱うことにより成長してきたという歴史があります。

　倒産企業の清算を目的とする清算型では、破産、特別清算、任意整理などの方法で多数の企業清算を行っております。大規模倒産事件において、破産手続開始決定時の現場保全、多数の債権者、取引先などに対する対応、売掛金の回収、在庫処分など迅速かつ相当数の人員による対応が必要な場合の能力も有しています。

　事業再生を目的とする再建型では、民事再生法の施行前の和議法の時代から、こうした法律を駆使して事業再生に積極的に取り組み、資金繰りを含めたノウハウを蓄積してきました。

■設立・沿革

1972年、「河合・竹内法律事務所」として、竹内康二、河合弘之の両弁護士（パートナー）により設立。その後、緩やかな拡大を続け、1991年6月には事務所名を「さくら共同法律事務所」と改称。2002年8月には事務所を千代田区内幸町に移転し現在に至っています。

代表者　竹内康二（東京弁護士会）、河合弘之（第二東京弁護士会） **取扱言語**　英語、韓国語、中国語 **主な顧問先**　官公庁、新聞社、総合建設、住宅建設、自動車部品製造、医薬品製造、旅行業、流通業、飲食業、医療法人、宗教法人、税理士法人、M&Aコンサルティング企業、ITコンサルティング企業、健康食品製造・販売、マンション管理組合およびタレント等一部上場企業から中小企業、各種団体、個人まで多数 **報酬体系**　事務所備置の報酬基準（日弁連旧報酬規程に準じたもの）に基づき、依頼者様と十分協議したうえで決定。

さくら共同法律事務所

取扱業務 紛争処理業務 訴訟前交渉、保全手続、訴訟戦略の立案、訴訟、執行手続／企業法務 企業活動の過程で生じるさまざまな法的問題に対して適確なリーガルサービスの提供／会社顧問業務 顧問契約に基づく安価で適確なリーガルアドバイスの提供／倒産および事業再生 倒産企業の清算を目的とする清算手続と事業再生を目的とする再建手続／ゴルフ場再生および会員権保護 会員組織立上げによるプレー権保護や預託金新理論に基づく再生など／企業買収（M&A）・組織再編 敵対的企業買収、友好的企業買収、法務デューデリジェンス／投資事業（ファンド組成）関連 各種ファンドの組成から出口まで／上場支援 ベンチャー企業の上場支援／知的財産法関連 特許法、著作権法、商標法、不正競争防止法などに関するライセンス契約締結と侵害紛争の解決／著作権法関連 ITおよびデジタル・コンテンツに関するライセンス契約やシステム設計業務委託契約などの作成、交渉支援など／独占禁止法関連 カルテル等に関する公正取引委員会の審査に対する助言、訴訟への対応、企業結合に関する事前相談や審査における交渉等／入管法・国籍法等の外国人法務 入管法に関する就労系と身分系の在留資格の取得など／刑事手続 刑事手続における被疑者・被告人の権利擁護、刑事裁判における弁護活動、少年事件や裁判員裁判への対応／海外案件 会員日本企業の海外直接投資、資本取引の支援、国際倒産への対応、外国裁判所での訴訟手続への支援／社外役員等 社外取締役や社外監査役への就任／公益活動および社会貢献活動 中国残留孤児の国籍取得、フィリピン日系人の法的支援、CSRや地球環境保護などのNPO法人支援

東京

P 竹内康二 22期、東弁、NY州弁護士／河合弘之 22期、二弁／西村國彦 28期、東弁／青木秀茂 36期、二弁／荒竹純一 38期、東弁／千原曜 40期、二弁／泊昌之 48期、東弁／松尾慎祐 49期、東弁／松村昌人 48期、二弁／髙野裕之 56期、東弁／白日光 57期、二弁／渡辺和也 57期、東弁／後藤千恵 59期、二弁、公認会計士／上田直樹 51期、二弁／大岩直子 47期、東弁／佐藤和樹 59期、二弁／小林健太郎 55期、一弁、NY州弁護士／荒瀬尊宏 59期、二弁／A 小野沢庸 57期、一弁／山脇康嗣 60期、二弁／室谷和宏 61期、二弁／平山大樹 62期、東弁／菊野聖貴 62期、二弁／金裕介 63期、二弁／後藤登 64期、二弁、公認会計士／甫守一樹 64期、二弁／日野慎司 66期、二弁／村上貴洋 66期、東弁、薬剤師（保険薬剤師）／木村佐知子 67期、東弁／林駿一郎 67期、東弁

著作 竹内康二『倒産実体法の契約処理』（商事法務）／河合弘之『脱原発』（青志社）／大下英治『逆襲弁護士 河合弘之』（関連図書、さくら舎）／西村國彦『21世紀に向けたゴルフ場再生への提言―会員とゴルフ場を守るために』（八潮出版社）／荒竹純一『新版ビジネス著作権法〈侵害論編〉』（中央経済社）／千原曜『元気な会社こそ知っておきたい「よい倒産」の実務』（阪急コミュニケーションズ）／松村昌人他『事件記録の閲覧謄写方法』全国倒産処理弁護士ネットワーク著『会社更生の実務Q&A120問』（金融財政事情研究会）／荒瀬尊宏他『知っておきたい合同労組・ユニオン対応の基礎と実践』（労働新聞社）／山脇康嗣『詳説 入管法の実務―入管法令・内部審査基準・実務運用・裁判例』（新日本法規出版） ほか多数

事件 ダグラス・グラマン事件において有森国雄証人の随伴者として衆議院予算委員会に出頭／リッカー会社更生事件／平和相互銀行事件／国際航業事件／秀和対忠実屋・いなげ屋事件（第三者割当増資禁止仮処分）（東京地決平成1.7.25判タ704.84）／宮入バルブ製作所対高橋産業事件（新株発行禁止仮処分）（東京地決平成1.9.5判タ711.256）／太平洋クラブ会社更生事件／UCC上島珈琲対ネスレの国際仲裁事件／ロッテ対グリコ比較広告事件（知財高判平成18.10.18商標・意匠・不正競争判例百選206）／カネボウ合繊清算事件／ウェルシア関東による寺島薬局に対するTOB事件／屋島CC（カトキチ高松開発）の会社更生事件／つくば市対早稲田大学事件（つくば市風車訴訟）（東京地判平成20.9.29判タ1297.192）／殺人既遂で執行猶予を得た事件（裁判員裁判）（季刊刑事弁護63号所収）／（大阪市対関西電力事件（取締役会議事録閲覧謄写請求）（大阪高決平成25.11.8判時2214.105）／東電株主代表訴訟 ほか多数

潮見坂綜合法律事務所
STW & Partners

〒100-0011　東京都千代田区内幸町1-2-2　日比谷ダイビル6階
TEL　03-3596-7300　FAX　03-3596-7330
URL：http://www.stwlaw.jp

14（±0）
P 11　A 3　顧 0
男 13　女 1
外弁 0　外資 0
他士 0　事務 13

A	総合

訴訟紛争・コーポレート・知的財産分野を中核とする幅広い企業法務の知識・経験を有する中規模事務所。

■理念・特色

設立の理念　潮見坂綜合法律事務所は、2007年4月に、同一の大規模事務所に所属していた8名が独立して設立した事務所です。5年から24年にわたり大規模事務所に所属してきた我々が大規模事務所を離れる決意に至った思いの中で共通していたのは、「少数精鋭の職人集団を創りたい」＝「依頼者に寄り添い、始めから終わりまで自らの手で仕事をしたい」ということでした。大規模事務所のブランドから離脱しての再スタートは、我々にとって大きな挑戦でしたが、かかる思いを胸に日々努力してきた結果、多くの依頼者よりご支持いただき、所属弁護士・スタッフ数および取扱業務分野において、これまで順調な成長を遂げてきております。

「総合力」と「専門性」　企業が抱える問題が複雑化・専門化する傍らで法律事務所の大規模化が進み、専門性の重要性が声高に叫ばれるようになりました。そのような中、我々は、問題解決・紛争処理のプロフェッショナルとして、まずは、大局的観点から問題の本質を見極め、分析し、解決までの筋道を組み立てる力や、問題を解決へと現実に導くための推進力、交渉力、胆力といった総合力がなければならず、専門性はかかる基礎の上に存在するべきものと考えており、日々の業務の中で実践しています。

各弁護士の得意分野は、紛争解決に基礎を置きつつも次頁「取扱業務」記載のとおりさまざまであり、事務所全体としての守備範囲は広く、幅広い分野におけるリーガルサービスを提供することが可能となっています。

「機動性」と「効率性」　当事務所は、所属弁護士数も少数であり、その間の信頼関係も厚く、また、各弁護士間のコミュニケーションが活発になされる執務環境を意識的に確保しております。そのため、各弁護士がそれぞれ有する知識・経験等の情報がリアルタイムで交換されており、これにより依頼を受けた案件の内容に応じて迅速に最適メンバーによるチーム作りをすることができ、その結果、依頼者に対し、質の高いリーガルサービスを効率的に提供することが可能となっています。

■設立・沿革

2007年4月、森・濱田松本法律事務所所属の8名の弁護士が「末吉綜合法律事務所」として開設し、2009年12月には、事務所名を「潮見坂綜合法律事務所」に変更しました。

代表者	末吉亙（二弁）、田淵智久（二弁）、渡邊肇（二弁）、清水真（二弁）、二井矢聡子（東弁）、佐藤久文（東弁）、吉羽真一郎（二弁）、阿南剛（東弁）、高橋元弘（東弁）、後藤高志（二弁）、辻川昌徳（一弁）
取扱言語	英語
主な顧問先	非公開
報酬体系	日弁連旧報酬規程を参考にした当事務所の報酬規程による。

取扱業務 **訴訟・仲裁等の紛争解決** 株主代表訴訟、会社支配権・企業買収等関連する紛争等の会社法事件、知的財産事件、独占禁止法事件、企業間取引に関する事件、不動産関連事件、倒産関連事件、労働事件、租税事件、企業刑事事件等／**コーポレート・M&A** 合併、株式交換等の組織再編、事業譲渡、第三者割当増資、株式譲渡、公開買付、MBO等のM&A取引、株主総会指導、経営判断、企業統治機構、役員報酬、ストックオプション、内部統制システムの構築、増減資・自己株式等の資本政策、情報開示、インサイダー取引等会社法および金融商品取引法に関連するアドバイス全般／**知的財産権・IT** 侵害訴訟事件、審判事件、審決取消訴訟事件を含む特許権、商標権、著作権、不正競争防止法等の知的財産権に関する紛争（米国連邦地裁およびITC等における国際紛争を含む）、知的財産権関連契約／**倒産・事業再生** 民事再生、会社更生、破産、特別清算等の法的倒産手続および私的倒産手続／**独占禁止法** 独占禁止法に関する刑事・行政・民事事件、コンプライアンス体制の構築、企業間取引のアドバイス
＊なお、上記業務分野における渉外業務も行っている。

P 末吉亙 1981東大法、35期、二弁、東大LS客員教授、文化審議会著作権分科会委員／田淵智久 1980東大法、36期、東弁、日立メディコ社外取締役、バンダイナムコホールディングス社外取締役、楽天銀行社外監査役／渡邊肇 1985東大法、39期、二弁、1993イリノイ大LS、1994イリノイ州外国法事務弁護士、1995NY州弁護士、米国知的財産法協会会員、明治ホールディングス社外監査役、星光PMC社外監査役／清水真 1987東大法、44期、二弁、日本銀行（1987～89）、司法試験考査委員（商法）（2011～13）、（公財）日本陸上競技連盟理事・法制委員長／二井矢聡子 1992京大法、46期、東弁、1997ケンブリッジ大LLM、アルパイン社外取締役、朝日ネット社外取締役、白銅社外監査役／佐藤久文 1998早大院法学研究科修士課程（民事法学専攻）修了、任官（裁判官）（2000～05、2007～08）、52期、東弁／吉羽真一郎 1998早大法、53期、二弁、青学大LS客員教授／阿南剛 1999東大法、54期、東弁／高橋元弘 2000慶大院法学研究科修士課程（民事法学専攻）修了、54期、東弁、九大非常勤講師（2007～08）、日本弁理士会能力担保研修講師（2008～09、2011～13）、東京理科大専門職大学院（MIP）講師（2010～13）、金沢工大虎ノ門大学院知的創造システム専攻客員教授、特許庁工業所有権審議会弁理士審査分科会臨時委員、「知的財産管理技能検定」技能検定委員／後藤高志 2003東大法、57期、二弁／辻川昌徳 2004東大法、59期、一弁、2012シカゴ大LLM、2013NY州弁護士 A 有富丈之 2007京大法、61期、一弁／佐藤安紘 2008東大LS、62期、二弁、2013インディアナ大ブルーミントン校LLM、2014NY州弁護士／齋藤弘樹 2012東大LS、66期、東弁

著作 末吉亙『末吉流知財法務入門』（商事法務）／同『新版商標法（第3版）』（中央経済社）／田淵智久『減資ハンドブック』（共著、商事法務研究会）／同『インターネット法（第4版）』（共著、商事法務研究会）／渡邊肇『知的財産法の理論と実務』（共著、新日本法規）／同『米国反トラスト法執行の実務と対策』（商事法務）／清水真『会社法と商事法務』（共著、商事法務）／同『論点体系会社法1 総則 株式会社I』（共著、第一法規）／佐藤久文『論点体系 判例民法9 親族（第2版）』（共著、第一法規）／吉羽真一郎『知的財産法最高裁判例評釈大系Ⅱ意匠法・商標法・不正競争防止法』（共著、青林書院）／同『著作権法コンメンタール（全3巻）』（共著、勁草書房）／阿南剛・後藤高志・辻川昌徳『実務分析 M&A判例ハンドブック』（商事法務）／阿南剛『実務に効くM&A・組織再編判例精選』（共著、有斐閣）／高橋元弘『特許・商標・不正競争関係訴訟の実務入門』（共著、商事法務）／同『社長になる人のための知財活用の本〈国内編〉』（共著、日本経済新聞出版社）／二井矢聡子他「会社法改正最新レポート（連載）」ビジネス法務2010年9月号～2012年12月号／後藤高志「座談会レックスHD事件高裁判決の意義と実務への影響(上)(下)」ビジネス法務2013年12月号・2014年1月号／辻川昌徳「EUのカルテル事案における民事訴訟の近時の動向と対策」NBL1012号／佐藤安紘「刑事に重点を置いた営業秘密の保護強化」ビジネスロー・ジャーナル2015年6月号

シティユーワ法律事務所
City-Yuwa Partners

〒100-0005　東京都千代田区丸の内2-2-2　丸の内三井ビル（受付7階）
TEL　03-6212-5500　FAX　03-6212-5700
URL：http://www.city-yuwa.com

128	(+6)			
P	43	A	70	顧 15
男	94	女	34	
外弁	0	外資	5	
他士	2	事務	138	

 2003年、「東京シティ法律税務事務所（法律部門）」と「ユーワパートナーズ法律事務所」の統合により設立されたわが国を代表する総合法律事務所。広範な海外ネットワークを有するとともに、総合的・専門的なリーガルサービスを提供します。

A　総合

■理念・特色

　当事務所は、ビジネスローを扱う法律事務所として、第1に、企業が直面する多様な法律問題に対応する高度な専門的サービスを提供すること、第2に、国際法務を重視すること、第3に、クライアントのニーズにあったカスタムメイドのアドバイスを提供すること、を基本的な方針としてまいりました。当事務所は、顧問契約に基づく継続的なクライアントに対しては日常的な法務相談にも丁寧に対応することによりクライアントの特性や強み、社内体制なども把握するように努め、M&Aなどの大型案件においては、各関連分野の専門弁護士による最適のチーム編成を迅速に行い、案件に的確に対応しています。

　当事務所は、所属弁護士の多様な専門性と豊富な経験を背景に、一般企業法務、金融取引、M&A、不動産、事業再生・倒産処理、訴訟・紛争解決、知的財産権・IT、労働法、国際取引、コンプライアンス、独占禁止法など企業活動に求められるほぼすべての分野にわたる法律業務を提供しています。また、再生可能エネルギー等の新しい分野にも積極的に取り組んでいます。

　当事務所は、日本企業の海外進出や外国企業の日本への進出などに関する国際的な業務に幅広く従事しています。特に、当事務所は、World Law Group（「WLG」）の日本唯一のメンバーとして、クライアントのニーズに応えています。WLGは世界7大陸の52の有力法律事務所のみからなるネットワークで、アジアはもとより世界各地に300を超える事務所網を有しています。世界各地に各分野で既に定評のある専門家集団を常時擁しながら、必要な国で案件に即した専門家を直ちに投入することで、低コストでクオリティの高いアドバイスを提供することができるのが強みです。また英語はもちろん、日本資格の弁護士によるドイツ語や韓国語での法務も日常的に行っています。

■設立・沿革

　当事務所は、2003年2月、民事紛争処理・不動産・倒産分野に実績のある「東京シティ法律税務事務所（法律部門）」と、渉外・金融取引・M&A分野に実績のある「ユーワパートナーズ法律事務所」との業務統合により設立されました。2005年9月には、特許訴訟において国内有数の実績を有する「大場・尾崎・嶋末法律事務所」と業務統合を行い、知的財産権分野が一段と強化されました。

代表者	片山典之（東京弁護士会）
取扱言語	英語、ドイツ語、韓国語
主な顧問先	建設、食品、化学、医薬品、セメント、金属、機械、半導体、総合電機、電気機器、自動車、自動車部品、航空機、総合商社、専門商社、外食、薬局、ホテル、銀行、証券、投資信託、投資顧問、投資ファンド、金融商品取引所、不動産（開発、管理、賃貸、仲介）、ビル設計施工、検査・認証、海運、物流、情報・通信、ソフト開発、音楽・映像ソフト制作、電力、太陽光・波力発電、パテントプール、各種コンサルティング、政府開発援助など多数
報酬体系	当事務所報酬規程による。案件により、タイムチャージ方式、着手金・報酬金方式のいずれの対応も可能。顧問契約も可。

取扱業務 **企業法務** 売買基本契約、販売代理店契約、ライセンス契約、フランチャイズ契約、共同開発契約、貿易に関する契約、合弁契約、業務委託契約などの一般企業法務、機関設計・社内規定整備、開示事項対応などのコーポレートガバナンス、株主総会運営、特殊株主対策、委任状勧誘、ベンチャーキャピタル、プライベートエクイティファンド、各種行政規制、土壌汚染・新エネルギー利用取引などの環境法案件、税務、太陽光・波力発電等の再生可能エネルギー案件など／**金融・証券・保険** バンキングその他金融取引一般、株式、新株予約権、新株予約権付社債、社債等の発行による資金調達、プロジェクトファイナンスなどの仕組みファイナンス、LBO・MBOなどの買収ファイナンス、商業不動産担保ローン債権等の資産流動化、優先株・劣後ローンなどのメザニンファイナンス、アセットマネジメント、投資ファンド・投資信託・J-REIT等の組成・管理・販売、デリバティブ、銀行法・金融商品取引法・保険業法・信託業法その他の金融規制、金融取引紛争解決・ADRなど／**M＆A** 合併、事業譲渡、会社分割、株式交換、株式移転、第三者割当増資、海外企業の買収、各種投資スキーム策定、デューディリジェンスなど／**不動産** 不動産ファンド、J-REIT、不動産ファイナンス、不動産取引全般、不動産紛争解決など／**事業再生・倒産** 民事再生、会社更生、破産、特別清算、私的整理など／**訴訟・紛争解決** 代金請求・債務不履行・交通事故その他不法行為などの一般民事事件、調停、仲裁、ADR、不動産紛争、金融取引紛争、海外企業との取引に関する紛争などのクロスボーダー紛争、会社法・M＆A関連訴訟、会社の支配権をめぐる商事事件、債権回収、強制執行、親族、相続など／**知的財産・IT** 特許訴訟、仲裁、不正競争防止法、意匠、商標、著作権、システム共同開発契約、技術・ソフトウエア・ブランド・エンタテインメント等のライセンス、技術導入契約、パテントプール、米国特許訴訟、企業の特許戦略のアドバイス、情報通信、インターネットなど／**労働法** 社内制度整備・ハラスメント対応・労働契約終了・懲戒・労働者派遣・労働災害などの人事・労務相談一般、労働組合対応、労務紛争解決など／**国際取引** クロスボーダー契約、海外進出支援、クロスボーダー紛争解決、ドイツ法務、韓国法務など／**コンプライアンス** 法令順守のための社内体制構築などの内部統制、不祥事発覚後の対応・社外調査委員会設置などの危機管理、経済犯罪など／**独占禁止法** 海外カルテル事案における刑事訴追対応サポート、企業結合規制、優越的地位の濫用など各種不公正な取引方法、公取委による立ち入り調査対応、公取委との協議・調整、独禁法コンプライアンス体制構築支援、下請法、景表法など　等

P**小泉淑子** 1966筑波（東京教育）大文、1977ロンドン大LLM、企業法務、国際取引、知的財産・IT、24期／**平川純子** 1970中大法、1977ワシントン大LLM、米・NY州弁護士、金融・証券、企業法務、国際取引、不動産、25期／**伊藤茂昭** 1977中大法、現東弁会長、企業法務、訴訟・紛争解決、不動産、32期／**松田耕治** 1976早大法、企業法務、事業再生・倒産、33期／**尾崎英男** 中大法、1978京大院理学、知的財産・IT、34期／**小木曽良忠** 1981早大政経、1992NY大LLM、米・NY州弁護士、金融・証券、国際取引、37期／**澤野正明** 1978早大法、1992コロンビア大LLM、元一弁副会長、企業法務、国際取引、訴訟・紛争解決、事業再生・倒産、37期／**後藤出** 1981東大法、1992デューク大LLM、米・NY州弁護士、金融・証券、国際取引、38期／**小林雅人** 1984東大法、1990コロンビア大LLM、企業法務、国際取引、知的財産・IT、38期／**平田晴幸** 1984早大法、1990ワシントン大LLM、米・NY州弁護士、金融・証券、企業法務、国際取引、38期／**東澤紀子** 1982慶大法、1994デューク大LLM、企業法務、国際取引、知的財産・IT、40期／**古川絵里** 1985早大法、1992デューク大LLM、米・NY州弁護士、金融・証券、企業法務、国際取引、40期／**田中幹夫** 1987一橋大法、

1993ケンブリッジ大院、企業法務、国際取引、41期／**藤本幸弘** 1986早大法、1993シカゴ大LLM、米・NY州弁護士、金融・証券、企業法務、国際取引、知的財産・IT、41期／**政木道夫** 1986早大法、元検事（東京地方検察庁特捜部など歴任）、企業法務、訴訟・紛争解決、41期／**井手慶祐** 1987中大法、訴訟・紛争解決、不動産、42期／**片山典之** 1988早大法、1995ワシントン大LLM、米・NY州弁護士、金融・証券、企業法務、不動産、国際取引、42期／**栗林康幸** 1988阪大法、1996ペンシルバニア大LLM、米・NY州弁護士、金融・証券・保険、企業法務、国際取引、44期／**磯部健介** 1991東大法、1998ワシントン大LLM、米・NY州弁護士、金融・証券、企業法務、訴訟・紛争解決、知的財産・IT、国際取引、45期／**岡内真哉** 1989中大法、訴訟・紛争解決、不動産、46期／**滝井乾** 1992東大法、1999デューク大LLM、米・NY州弁護士、金融・証券、国際取引、46期／**寺田昌弘** 1992早大法、2003デューク大LLM、金融・証券、企業法務、国際取引、48期／**田汲幸弘** 1991慶大法、企業法務、訴訟・紛争解決、事業再生・倒産、49期／**野本新** 1993一橋大法、2002NY大LLM、米・NY州・CA州弁護士、金融・証券、知的財産・IT、国際取引、49期／**飯塚佳都子** 1987東大法、企業法務、国際取引、訴訟・紛争解決、不動産、50期／**渋谷治香** 1996京大法、2004コロンビア大LLM、米・NY州弁護士、金融・証券、企業法務、国際取引、50期／**寺崎大介** 1996東大法、2004NY大LLM、米・NY州弁護士、金融・証券、企業法務、国際取引、50期／**岡田美香** 1993明大法、金融・証券、企業法務、知的財産・IT、51期／**朝田規与至** 1998東大法、2007コロンビア大LLM、米・NY州弁護士、企業法務、訴訟・紛争解決、事業再生・倒産、国際取引、52期／**坂本正充** 1998慶大法、2005ノースウェスタン大LLM、米・NY州弁護士、金融・証券、企業法務、国際取引、52期／**棚村友博** 1989早大政経、企業法務、訴訟・紛争解決、52期／**青井裕美子** 1999慶大法、2005コロンビア大LLM、米・NY州弁護士、企業法務、国際取引、不動産、知的財産・IT、53期／**丸山裕一** 1999早大法、金融・証券、不動産、53期／**鈴木良和** 1998一橋大社会、金融・証券、企業法務、事業再生・倒産、知的財産・IT、54期／**田中秀幸** 1998東大法、企業法務、訴訟・紛争解決、事業再生・倒産、不動産、54期／**坂井均** 1996慶大法、2007ヴァージニア大LLM、米・NY州弁護士、金融・証券、企業法務、国際取引、訴訟・紛争解決、事業再生・倒産、知的財産・IT、55期／**滝澤元** 1999早大法、2010デューク大LLM、金融・証券、企業法務、国際取引、55期／**長崎玲** 1998東大法、2007カリフォルニア大LLM、米・NY州弁護士、企業法務、国際取引、55期／**並河宏郷** 1996早大法、2008ノースウェスタン大LLM、米・NY州弁護士、企業法務、訴訟・紛争解決、事業再生・倒産、国際取引、55期／**堀本博靖** 1999東大法、2008コロンビア大LLM、米・NY州弁護士、金融・証券、企業法務、訴訟・紛争解決、事業再生・倒産、国際取引、55期／**麻生裕介** 2001学習院大法、訴訟・紛争解決、57期／**金哲敏** 2001早大法、2010高麗大学校、企業法務、訴訟・紛争解決、事業再生・倒産、57期／**松尾宗太郎** 2002一橋大法、企業法務、訴訟・紛争解決、事業再生・倒産、57期

オブ・カウンセル **有田知徳** 1970中大法、元福岡高等検察庁検事長、金融・証券、企業法務、26期／**伊従寛** 1935東大法、元公正取引委員会委員、企業法務、独占禁止法、1998登録／**大場正成** 1953中大法、知的財産・IT、9期／**兼元俊徳** 1970東大法、元警察庁国際部長、元内閣情報官、企業法務、2007登録／**佐藤恭一** 1967東大法、1986ワシントン大LLM、2003-2014シティユーワ法律事務所パートナー、企業法務、訴訟・紛争解決、国際取引、32期／**佐藤恒雄** 明大政経、1970中大法、2003-2014シティユーワ法律事務所パートナー、企業法務、知的財産・IT、29期／**棚橋祐治** 1958東大法、元経済産業省事務次官、現石油資源開発代表取締役会長、知的財産・IT、2009登録／**南敏文** 1970京大法、元東京高等裁判所部総括判事、企業法務、国際取引、訴訟・紛争解決、不動産、24期

スペシャル・カウンセル **武田涼子** 1993東大法、2004ロンドン大院LLM、金融・証券・保険、企業法

務、国際取引、知的財産・IT、50期／**石井輝久** 1996慶大法、2007ボストン大LLM、米・NY州弁護士、金融・証券、企業法務、国際取引、訴訟・紛争解決、不動産、51期／**前田葉子** 2002東大法、2010ペンシルバニア大LLM、米・NY州弁護士、企業法務、国際取引、訴訟・紛争解決、知的財産・IT、56期

[カウンセル]**中川明子** 1992早大法、訴訟・紛争解決、50期／**竹林俊二** 1990東大法、企業法務、訴訟・紛争解決、事業再生・倒産、不動産、51期／**人見友美** 1995中大法、企業法務、訴訟・紛争解決、知的財産・IT、52期／**三橋友紀子** 1989京大法、金融・証券、企業法務、国際取引、52期

[A]**丸橋亜紀** 1991東大法、1997ワシントン大LLM、米・NY州弁護士、45期／**太田孝彦** 1998東大教育、56期／**安井綾** 1996上智大法、2010コロンビア大LLM、56期／**坂野吉弘** 1997早大法、2013ロンドン大院LLM、57期／**古川和典** 1989慶大経済、57期／**真鍋怜子** 2003京大法、57期／**近藤祐史** 2004東大法、2012デューク大LLM、58期／**佐々木裕企範** 2003東大法、2012デューク大LLM、米・NY州弁護士、58期／**杉原悠介** 2001京大法、2014ボストン大LLM、58期／**播摩洋平** 2002九大法(修)、2012ヴァンダービルト大LLM、58期／**鈴木規央** 1994慶大経済、59期／**田村陽** 1997東大法、2014バージニア大LLM、59期／**西原一幸** 1998東大法、2013ヴァンダービルト大LLM、59期／**野村大吾** 2001東大法、2013カリフォルニア大バークレイ校LLM、59期／**松田洋志** 2003早大法、2014デューク大LLM、59期／**柳澤美佳** 1990慶大法、59期／**横田泉** 2001慶大法、59期／**石森博行** 2004中大法、60期／**齋藤崇** 2003早大法、2015デューク大LLM、60期／**津田義裕** 2003早大法、60期／**森田豪丈** 2002東大法、60期／**木下愛矢** 2006慶大LS、60期／**長木裕史** 2006慶大LS、60期／**保坂理枝** 2006慶大LS、60期／**松永博彬** 2006東大LS、60期／**水谷幸治** 2006明大LS、60期／**宗形徹也** 2006慶大LS、60期／**酒井夕夏** 2004名大法、61期／**日野英一郎** 2005東大教養、61期／**青木竜太** 2007東大LS、61期／**今田瞳** 2007学習院大LS、61期／**上野潤一** 2007早大LS、61期／**江黒早耶香** 2006東大LS、61期／**小林豪** 2007東大LS、61期／**斉藤尚美** 2007一橋大LS、61期／**佐野俊介** 2007東大LS、61期／**松浦克樹** 2007一橋大LS、2014コロンビア大LLM、61期／**永岡秀一** 1999明大法、62期／**萩原佳孝** 2007早大法、62期／**奥原靖裕** 2008一橋大LS、62期／**瀧口豊** 2007東大LS、62期／**青木翔太郎** 2009早大LS、63期／**小尾重樹** 2009神大LS、2015コロンビア大LLM、63期／**雫幸太郎** 2009東大LS、63期／**島田雄介** 2009一橋大LS、63期／**長谷川公亮** 2009一橋大LS、63期／**池辺健太** 2010東大LS、64期／**伊藤彩華** 2010東大LS、64期／**川島郁** 2010東大LS、64期／**小林優嗣** 2010京大LS、64期／**塚元佐弥子** 2010一橋大LS、64期／**吉田亮一** 2010東大LS、64期／**浅原弘明** 2011東大LS、65期／**市橋卓** 2010阪大LS、65期／**渋谷洋平** 2011一橋大LS、65期／**瀧澤輝** 2011中大LS、65期／**谷岡孝昭** 2011東大LS、65期／**長井沙希** 2011上智大LS、65期／**永井翔太郎** 2009阪大LS、65期／**相原友里** 2012慶大LS、66期／**河西薫子** 2012一橋大LS、66期／**塚本弥石** 2012神大LS、66期／**保川明** 2012東大法、66期／**石井あやか** 2013慶大LS、67期／**岡佳典** 2013慶大LS、67期／**野尻裕明** 2013中大法、67期／**羽場知世** 2012東大法、67期／**李知珉** 2012早大LS、67期／**渡邉真澄** 2012東大法、67期

[著作] 当事務所編のものとして『なるほど図解労働法のしくみ』（中央経済社、2014）／『なるほど図解独禁法のしくみ（第3版）』（中央経済社、2010）／『取締役のための「会社法」エッセンス』（中央経済社、2006）　その他当事務所所属弁護士による各分野の著作多数

[事件] 企業法務、金融・証券・保険、M&A、不動産、事業再生・倒産、訴訟・紛争解決、知的財産・IT、労働法、国際取引、コンプライアンス、独占禁止法などの分野において、多数の取扱実績を有する。

篠崎・進士法律事務所
Shinozaki & Shinji Law Firm

〒105-0001　東京都港区虎ノ門1-6-12　大手町建物虎ノ門ビル6階
TEL　03-3580-8551　FAX　03-3595-1673
URL：http://www.shinozaki-law.gr.jp　shinozaki-lo@S-L.gr.jp

篠崎弁護士の専門である民暴対応を得意とする事務所であり、反社会勢力に対する裁判事件も多い。企業のコンプライアンス対応や、進士弁護士の専門である事業再生・倒産案件も数多く手がけている。

9 (-2)	
P 5	A 3	顧 1
男 9	女 0	
外弁 0	外資 0	
他士 1	事務 9	

B	民暴
	訴訟	再生

■理念・特色

現代の日本は、日本経済に対する国際的信用の確立とさらなる発展のために、企業に対してコンプライアンスの強化、コーポレートガバナンスの徹底、リーガルオピニオンの尊重を強く求めています。筋の通らない金銭の支払いなどによる安易な解決は、強い社会的非難を浴びるようになりました。

日本では、古来より『和を以て貴しとなす』とする互譲の精神が美徳とされてきました。しかし現代の企業経営においては、この美徳がかえって『なれ合い』、『談合』、『建前と本音の使い分け』または『癒着』などという悪弊の温床になりかねません。企業経営は、まずはコンプライアンスであり、そのうえでの『和を以て貴しとなす』でなければならないとの考え方が急速に広まっています。市民も法的なアドバイスを受けることのできる身近な弁護士を求めています。

篠崎・進士法律事務所は、かねてより『人権の擁護と社会正義の実現』による社会貢献を標榜してきました。そして、コンプライアンスを強化し、コーポレートガバナンスを確立し、リーガルオピニオンや法的手続を重視せんとする企業と市民に対して、相談に応じて具体的にアドバイスをする初期対応から、マニュアルの確立、法的措置による正義の実現まで、依頼者の実情に応じて親身のお手伝いをいたします。

当事務所所属弁護士は、弁護士業務に対する誇りと自信をもって、具体的案件に対して誠実且つ熱心に取り組み、依頼者の利益のために最大限の努力を傾注し、そのうえで広く社会に貢献することに限りない喜びを感じています。

加えて当事務所は、会社法務、事業再生・倒産案件、組織再編等に、豊富な経験とスキルを有しており、各企業のお役に立っております。

力を入れている分野としては、民事介入暴力への対処、会社法務全般、事業再生・倒産案件があります。

■設立・沿革

1970年「篠崎芳明法律事務所」を開設。2003年に現在地に移転し、「篠崎総合法律事務所」に名称変更の後、2008年より現在の名称となりました。

代表者	篠崎芳明（東京弁護士会）、副所長　進士肇（東京弁護士会）
主な顧問先	都市銀行・地方銀行・信用金庫、損害保険会社、証券会社、リース会社、農業協同組合、不動産会社（販売業・仲介業・管理業務・アセットマネジメント業務）、ホテル業、建築設計事務所、商社、卸売業（コーヒー類・酒類・珍味等）、小売業（スーパーマーケット・ガソリンスタンド・レストラン・ドラッグストア）、各種製造業（自動車部品・ダイオード・電機部品等）、警備業、広告代理店、病院（歯科医師会を含む）、学校法人（大学等）、個人事業主
報酬体系	事務所報酬規程（日弁連旧報酬規程に一定の変更を加えたもの）による。着手金・報酬金等とタイムチャージの双方対応可能／顧問料（月額）法人100,000円～、個人50,000円～／タイムチャージ（1時間当たり）パートナー30,000円～50,000円、アソシエイト20,000円～40,000円（担当弁護士の専門性に応じて幅がある）。

取扱業務 **企業法務** 反社会的勢力への対応（反社との断絶、不当要求への対応と損害賠償、暴排条項の作成）、コンプライアンスの確立（内部統制システム構築）、コーポレートガバナンス（株主総会・取締役会等の運営指導）、債権回収（担保権実行と妨害排除、一般債権の回収）、M&A、不動産取引（不動産売買、不動産リース、不動産賃貸借）、人事労務（相談全般、労働審判その他労働事件）、都市再生事業（建築確認、開発許可取得に絡む紛争処理）、金融・証券・保険取引に絡む紛争処理、学校設置認可取得に絡む紛争処理、知的財産権に絡む紛争処理、各種契約書面の作成／事業再生（組織再編含む）に向けての相談・スキーム作り、法的整理・私的整理手続／**一般民事件** 借地借家、高齢者援助（遺言書作成、遺言執行者受任、任意後見受任、財産管理）、相続（遺言書作成指導、遺言執行者への就任および遺言執行、遺産分割に絡む紛争処理、税務処理）、離婚紛争処理（財産分与、親権、養育費）、成年後見、破産申立てなど倒産処理、交通事故、刑事弁護、他

P 篠崎芳明 1964日大法、19期、日弁連民暴対策委員会委員長（1989～91）、総務庁地域改善対策協議会委員（1993～99）、1994東弁副会長、警察庁生活安全研究会委員（1994～2012）、1997暴力追放栄誉金賞受賞、（公財）全国防犯協会連合会理事（2012～）、元りそな債権回収取締役、日大理事、日大法曹会会長ほか／進士肇 1988東大法、45期、オイレス工業特別委員会委員（2006～）、かなえキャピタル取締役（2010～12）、2012FXプライム取締役、新司法試験考査委員（商法）（2008～10）、東弁倒産法部部長（2012～13）、2012日弁連倒産法制等検討委員会委員、最高裁判所司法研修所教官（民事弁護）（2013～）／小川幸三 1984明大法、44期、日弁連民暴対策委員会委員（2006～09）、東京都瑞穂町情報公開審査会委員（2001～）、警視庁留置施設視察委員会委員（2010～14）／寺嶋毅一郎 1990東北大法、48期／杉山一郎 1997東大法、51期、日弁連知的財産政策推進本部（現日弁連知的財産センター）委員（2002～）、知的財産管理技能検定委員（2008～）、経産省不正競争防止法調査員（2009～11）、筑波大LS非常勤講師（2013～）／A 中山祐樹 2004東大法、2006東大LS、60期／石黒一利 2002同大法、61期／鶴岡拓真 2009日大法、2011日大LS、65期、東弁民暴対策特別委員会研修委員 C 清水恵介 1995日大法、51期、日大教授　以上すべて東弁。

著作 篠崎・進士法律事務所編『警察安全相談対処ハンドブック』（立花書房、2015）／『実戦！社会vs暴力団 暴対法20年の軌跡』（篠崎芳明共編、金融財政事情研究会、2013）／進士肇執筆『倒産と訴訟』（商事法務、2013）／『倒産と金融』（進士肇はしがき・執筆、商事法務、2013）／進士肇執筆『ゴルフ場の事業再生』（商事法務、2012）／末吉亙編著、杉山一郎執筆『実務 知的財産法講義（新版）』（民事法研究会、2012）／『暴力団排除と企業対応の実務』（小川幸三共監、商事法務、2011）／『離婚・離縁事件実務マニュアル（改訂版）』（進士肇共監、ぎょうせい、2008）／篠崎芳明『民事介入暴力と警察の対応』季刊現代警察117号（2007、啓正社）／篠崎芳明『危機管理の法理と実務』（共著、金融財政事情研究会、2005）／進士肇『コンパクト要点解説 わかりやすい新会社法Q&A 』（共著、金融財政事情研究会、2005）／篠崎芳明『民暴の鷹』（雪書房、1992）ほか多数

事件 暴力団・同関係者その他反社会的勢力による不当要求の排除全般および被害の回復（被害者側）／浜松市暴力団組事務所使用差止請求（住民側）／大手予備校設置不許可処分取消訴訟（予備校側）／都市銀行に対する右翼街宣行為の差止請求（都市銀行側）／不動産執行妨害の排除の仮処分等（債権者側）／都市銀行他金融機関等における反社会的勢力との預金契約等に係る解約手続等（金融機関側）／ファーストクレジット更生申立代理人／恵那高原開発更生申立代理人／築地水産再生申立代理人／再生監督委員・破産管財人多数／伊豆の里更生管財人代理／カトキチ高松開発更生管財人／株主総会検査役／株式価格決定申立事件（会社側、株主側）／レジャー施設の暴力団断絶の支援（会社側）／新潟鐵工所更生管財人代理／辻産業更生管財人代理／架空取引に係る損害賠償請求事件（被害者側）ほか多数

芝綜合法律事務所
SHIBA INTERNATIONAL Law Offices

〒105-0002　東京都港区愛宕1-3-4　愛宕東洋ビル5階
TEL　03-5425-2911　FAX　03-5425-2912
URL：http://www.shibanet.jp/　office@shibanet.jp

 所属弁護士がその顧客の最大の利益を達成することを目標とし、日々取り組む法律問題は国内法、国際法を問わず、時代に即した法務のニーズを事務所全体で研究・模索し、経験の共有に努める。

■理念・特色

当事務所は、1988年に辰野守彦と萩原新太郎により設立され、爾来、旧「東京市芝区」に事務所を構え、その地名を事務所名としております。

当事務所はあえて拡大方針を採らず、それぞれの所属弁護士がその顧客の最大の利益を達成することに目標を置いております。この目標の実現のために、所属弁護士が、それぞれ独立した存在でありつつ、一方で、常に強固で機能的な協力関係を維持できることを重要視しています。また、国内法、国際法を問わず、時代に即した法務のニーズを事務所全体で研究・模索し、日々取り組む法律問題については、所属弁護士・客員弁護士間の意見交換や事務所内外との経験の共有に努めております。

紛争の解決や法律問題への対処においては、顧客にとって最も迅速かつ経済的に、適切な結論が得られることを一義的に考え、そのために、それぞれの所属弁護士が得意とする専門分野を持ち、情報や知見の交換を行いながら、それぞれの弁護士が事務所の総力をもって対処することを特色としております。

さらなる特色は、当事務所所属の客員弁護士、オブ・カウンセルの存在であります。

小林節弁護士は憲法の分野で、舛井一仁弁護士は国際取引法等の分野で、牧野和夫弁護士は知的財産法等の分野で、岡村堯弁護士は環境法（日本、EUの各環境法）・ヨーロッパ連合（EU）法（競争、M&A、雇用等）の分野で、その卓越した学識と経験を基に、個別案件の処理において的確な判断と助言を行っております。

勝丸充啓弁護士は、検察庁および法務省等で培った経験と知見に基づき、事務所全体にコンプライアンスに関する指針を伝授しております。

このように、当事務所は、さまざまな法律分野で、所属弁護士がプロとしての個性を発揮することを存在意義として、研鑽を続けております。

■設立・沿革
1988年1月　「辰野・萩原法律事務所」開設
1993年4月　「芝綜合法律事務所」に改称

代表者	辰野守彦（東京弁護士会、米国NY州）萩原新太郎（第二東京弁護士会）
提携事務所	国際弁護士ネットワークであるLAW（Lawyers Associated Worldwide―世界弁護士協会）に日本で唯一所属する。全世界約60か国180都市の法律事務所が所属
取扱言語	英語
主な顧問先	金融機関、金融関連会社（債権回収会社、金融情報処理提供業等を含む）、鉄道、不動産、ホテル、商社、製薬会社、造船業、製造業（重工業機械、動力機器、精密機械、金属製品等）、倉庫、物流、海上運送、航空運送、石油化学、産廃処理、イベント・プロモーション、新聞社、出版社、広告代理店、映画製作配給、チケット販売、ソフトウェア、自動車販売業、外食、食品、コンサルティング会社、人材紹介業、学習塾、美術・絵画、学校法人、宗教法人、監査法人、税理士法人
報酬体系	案件によって、着手金・報酬金方式（日弁連旧報酬規程をもとにした事務所規程による）またはタイムチャージ方式（パートナー30,000円～50,000円、アソシエイト15,000円～30,000円程度）を選択。顧問料は、規模・内容に応じて（月額）50,000円～。

取扱業務 **企業関係法務** 企業法務顧問、株主総会対応、法令遵守・コンプライアンス・内部通報制度、労働関係法務、契約文書作成、M&A・デューディリジェンス、金融・証券取引、債権回収、その他企業活動全般に関する相談・紛争解決
民事紛争解決 不動産取引、交通事故、離婚・相続等の家事事件、解雇・残業代請求等の労働事件、その他民事全般に関する相談・紛争解決
国際取引・国際紛争 国際取引に関するアドバイス・代理、国際訴訟、仲裁
知的財産法 特許商標、著作権、不正競争防止法等に関する法律問題
IT・エンターテインメント ITビジネス関連・エンタメビジネス関連の法律問題
倒産処理・企業再生 破産・民事再生・会社更生に関する法律問題・管財業務
経済法 独占禁止法等、経済法分野に関する法律問題・紛争
海事法 海事分野に関する法律問題・紛争
環境法 環境関連法に関する法律問題・紛争
刑事法 経済刑法を含む刑事法全般に関する法律問題、刑事弁護

P 辰野守彦 1976東大法、1981コロンビア大LLM、1982NY州弁護士、30期、東弁／萩原新太郎 1976年東大を中退し司法研修所入所、1981ケンブリッジ大法学修士、30期、二弁、テー・オー・ダブリュー社外取締役／遠藤一義 1975中大法修士、1980イリノイ大比較法修士、29期、東弁、学校法人保隣教育財団保善高等学校理事、NPO法人日本IRプランナーズ協会理事／根本良介 1983東大法、38期、二弁／工藤英知 1991慶大法、50期、二弁、(公財)日弁連交通事故相談センター示談あっせん人・相談員、二弁仲裁センター（ADR）あっせん人・仲裁人、経済産業省経営革新等支援機関／柳誠一郎 1992慶大法、50期、東弁、著作権法学会会員、弁護士知財ネット会員／佐藤正章 2003慶大法、2006立大LS、61期、東弁
A 志摩美聡 2001慶大法、55期、二弁／山下哲郎 2004早大法、2008早大LS、62期、二弁／太田垣佳樹 2010東大法、2013首都大LS、67期、東弁
顧 勝丸充啓 1974東大法、30期、1978年検察官に任官後、最高検察庁公安部長、広島高等検察庁検事長等を経て2014年退官、弁護士登録、一弁、京大LS非常勤講師、同公共政策大学院非常勤講師／小林節 1972慶大法、1989慶大法学部教授、1998登録、二弁、2014慶大法学部名誉教授／舛井一仁 1975早大法、日本鋼管（現JFE）海外法務室、国士舘大法学部教授を経て2000年弁護士登録、二弁、岡山大客員教授、北見工業大客員教授、国士舘大非常勤講師／牧野和夫 1981早大法、1991ジョージタウン大LLM、いすゞ自動車法務部、アップルコンピュータ法務部長を経て、2000芝綜合法律事務所顧問、早大、関学大、国士舘大、琉球大、大宮LSにて知的財産法、国際取引法分野の講義を担当（客員教授、非常勤講師）、全米法曹協会（ABA）会員、NY知的財産法協会（NYIPLA）会員／岡村堯 1965九大法学修士、西南学院大教授、上智大教授を歴任し、2003上智大法学部名誉教授、2007弁護士登録、二弁、NPO法人地球環境経済研究機構理事長、EU競争法研究会会員、元日本EU学会理事長、現在同名誉会員

著作 萩原新太郎『Doing Business in Japan』（共著、JALPIC）／同『Anti-dumping Laws in Japan』（公正貿易センター）／同『EC通商法概説』（共著、商事法務研究会）／岡村堯『消費者法講座3 取引の公正Ⅰ』（共著、日本評論社）／同『現代経済法講座10 国際取引と法』（共著、三省堂）／同『EU入門』（有斐閣）／同『ヨーロッパ法』（三省堂）／同『ヨーロッパ環境法』（三省堂）／同『ヨーロッパ競争法』（三省堂）／同『新ヨーロッパ法』（三省堂）／同『ヨーロッパ市民法』（三省堂）／牧野和夫『国際取引法と契約実務（3訂版）』（共著、中央経済社）／同『知的財産法講義（改訂版）』（税務経理協会）／同『初めての人のための契約書の実務』（中央経済社）／同『契約書が楽に読めるようになる「英文契約書の基本表現」』（日本加除出版）ほか

島田法律事務所
Shimada Hamba & Osajima

〒100-0004　東京都千代田区大手町1-5-1 大手町ファーストスクエア ウエスト18階
TEL　03-3217-5100　FAX　03-3217-5101
URL：http://www.shimada-law.jp　info@shimada-law.jp

29 (+3)	
P 14	A 13	顧 3
男 21	女 8
外弁 0	外資 2
他士 0	事務 10

伝統的企業法務を体現する事務所。各種業法（金商法、銀行法、信託業法、保険業法等）や規制法（独占禁止法等）の専門知識を持つ弁護士が有機的リーガルサービスを提供。争訟案件も多く手がける。

A		総合

■理念・特色

　日々変化する経済社会にあって、クライアントの皆様に最も適切なリーガル・サービスを提供するには、当該クライアントが取り巻かれている最新の法的環境、属する事業分野の特性等を十分に踏まえることが重要となります。ここにおいて、当事務所では、日常的なリーガル・サービスの提供を通じたクライアントとの永続的信頼関係の構築を重視し、所属する各弁護士も高いモラルをもって長期的視野でクライアントが求める最適のリーガル・サービスを提供するように努めています。

　当事務所は、中規模ながら、最も企業法務に特化した専門法律事務所の1つではないかと感じられ、各種製造業から金融機関まで業種に偏りなく、企業法務全般に係るリーガル・サービスを提供しています。その業務のスタイルでは、顧問先企業が遭遇する経営課題に関する限り広くリーガル・サービスを提供するという、いわば伝統的な法律顧問業務の性質が比較的多く見られます。

　具体的な当事務所の特色の第1としては、クライアントの中においてそれぞれの業界で代表的な事業会社・金融機関が占める比率が高いことが挙げられます。そのことにより、各業界の直面する問題にいち早く精通することができます。また、第2に、企業法務に関する豊富な経験と知見に基づき、日常的問題に関する助言に加え、経営に直結する問題に迅速かつ実効性のあるソリューション（解決）を提供しており、それによりクライアントの多くの方にリピーターとなっていただけていると理解しています。

　このほか、特筆すべきところを挙げれば、訴訟（ADR等を含む）業務は当事務所の強みであり、金融機関を中心に多様かつ多数の訴訟事件の代理人を務めています。また、国内企業のクライアントの方々に評価いただいている結果、わが国で事業を行う海外企業からのご依頼も増加しており、いわゆる渉外分野は当事務所において急速に充実してきている分野です。

■設立・沿革

　2010年、企業法務・金融法務に経験豊富な弁護士により開設されました。

代表者	島田邦雄（第一東京弁護士会）	利法人

取扱言語　英語、中国語
主な顧問先　重工業、電機、製鉄、素材（ゴム）、セメント、紙・パルプ、電力、都市銀行、地方銀行、信託銀行、リース会社、損害保険、建設、不動産、石油開発、総合商社の各会社（いずれも上場企業またはその子会社）。外国銀行、生命保険、証券、貴金属、自動車部品、電子部品製造の各会社。学校法人等の非営

報酬体系　事務所報酬規程（第一東京弁護士会旧報酬規程に当事務所の変更を加えたもの）による。着手金・報酬金等とタイムチャージの双方対応可能／顧問料（月額）100,000円～／タイムチャージ　パートナー35,000円～70,000円、アソシエイト18,000円～32,000円（担当弁護士の当該分野の専門性等に応じて幅がある）。

島田法律事務所

取扱業務 一般会社法務　株主総会指導・取締役会運営、コーポレート・ガバナンス体制整備、社内規定整備、会社役員の権利義務（善管注意義務）、役員・社員研修／**取引関係**　契約書の作成・レビュー、契約交渉／**M&A**　企業買収、グループ組織再編等／**各種ファイナンス**　組成助言、契約書の作成／**独占禁止法**（国際・国内）審査事件対応、企業結合審査対応、下請法その他の競争法の助言、／**リスク管理**　リスク（コンプライアンス）管理体制、不祥事対応／**労働法**　労働契約、紛争対応／**金融法**　金商法・銀行法・信託業法・保険業法等の助言／**国際法務**（英語）契約書の作成・レビュー、契約交渉／**訴訟等**　会社関係訴訟、金融機関関連（債権回収を含む）訴訟／**紛争解決等**　ADR、仲裁、その他交渉等対応（これらに関する助言）

P 島田邦雄 1984東大法、38期、1990ハーバード大LLM、ツガミ取締役（2011～）／**半場秀** 1991東大法、45期、2000インディアナ大LLM、キャタピラージャパン監査役（2010～11）、SMBC債権回収取締役（2010～11）／**筬島裕斗志** 1997東大法、51期、2004コーネル大LLM／**沖田美恵子** 1998中大法、52期、東京地方検察庁特別捜査部（2011～13）／**大久保由美** 1998上智大法、52期、横浜地方裁判所判事補（2000～02）、日本銀行政策委員会室（2007～09）／**中山靖彦** 1999早大法、53期、2007テキサス大LLM／**冨岡孝幸** 1999一橋大法、53期、2007南カリフォルニア大LLM、日本銀行政策委員会室（2009～10）／**吉野彰** 2000早大法、54期、2009南カリフォルニア大LLM／**瀧本文浩** 2000東大法、54期、2007コロンビア大LLM、東北大LS非常勤講師（租税法）（2012～）／**木村和也** 2001慶大法、56期、公正取引委員会（2010～13）、慶大LS非常勤講師（民事法総合）（2015～）／**石川智史** 2002京大法、56期／**圓道至剛** 2001東大法、56期、福岡地方裁判所判事補（2009～12）／**高田祐史** 2002東大法、56期、カリフォルニア大バークレー校LLM、日本銀行政策委員会室（2010～12）／**福谷賢典** 2003東大法、57期　**A 川島亜紀** 2003東北大法、58期／**御厨景子** 2005阪大法、59期、金融庁（2013～14）／**田尾久美子** 2006一橋大LS、60期／**加藤真哉** 2007東大LS、61期／**前田直哉** 2007東大法、61期／**前田恵理子** 2006慶大LS、61期、各地方検察庁（2008～14）／**安平武彦** 2008東大LS、62期／**小山内崇** 2010東大LS、64期／**伊藤遼** 2010東大LS、64期／**松田絢士郎** 2011慶大LS、65期／**佐川翠** 2012東大LS、66期／**坂本哲也** 2012京大LS、66期／**古澤拓** 2013一橋大LS、67期　**顧 小長啓一** 1953岡山大法、通商産業事務次官（1984～86）、アラビア石油取締役社長（1991～2003）、AOCホールディングス取締役社長（2003～04）、（一財）産業人材研修センター理事長（2008～）／**川上美智子** 1982慶大法、38期、1990オックスフォード大Diploma in Law

著作 島田邦雄「新会社法下における株主総会の実務(9)最近の質問事項と新会社法特有の質問と回答」商事法務1766号（2006）／島田邦雄・圓道至剛「株主提案権が行使された場合等における株主総会の実務対応」商事法務1833号（2008）／島田邦雄「平成23年株主総会の実務(6)今次震災を踏まえた株主総会の対応と運営」商事法務1929号（2011）／同「平成25年株主総会の実務対応(6)株主総会において想定される質問と回答例」商事法務1997号（2013）／同他「特集 各種法人との金融取引上の留意点」金融法務事情1949号（2012）／島田法律事務所編『債権回収の初動』（金融財政事情研究会、2013）／圓道至剛『若手弁護士のための民事裁判実務の留意点』（新日本法規、2013）／金融財政事情研究会編（島田邦雄他執筆）『実務必携預金の差押え』（金融財政事情研究会、2012）／金融財政事情研究会編（島田邦雄他執筆）『民法改正でかわる金融取引』（金融財政事情研究会、2013）／畑中龍太郎他監修（圓道至剛他執筆）『銀行窓口の法務対策4500講Ⅰ～Ⅴ』（金融財政事情研究会、2013）等

事件 金利スワップ最高裁判決（最判平成25.3.7金法1973.94）等

清水直法律事務所
Shimizu Tadashi Law Office

〒104-0028　東京都中央区八重洲2-2-12　八重洲2・2ビル5階・6階
TEL　03-5202-0585　FAX　03-5202-0581

 事業再生・倒産分野を第一線で牽引してきた著名な事務所であり、多数の優秀な弁護士も輩出している。開所50年間で培われた多種多様な業界の法務・ビジネスに関する知見、ノウハウにも定評がある。

■理念・特色

　当事務所は、わが国の会社更生実務・理論を第一線で牽引し続け、数々の大規模かつ著名な会社更生事件、私的整理事件を手がけてきた清水直を筆頭に、中堅から若手の弁護士10名前後で構成されております。

　当事務所の理念は、「人の生存に資する法律の実現」であり、事業再生事件では、「再建は初めに人ありき」を理念としています。企業が破綻に直面したとき、企業はさまざまな意味で正常な経済活動を行うことが困難な状況に陥っています。そうした中、従業員の賃金・雇用を確保し、役員の不安を取り除き、取引先を可能な限り守り、仕入先に協力を願い、金融機関の理解を得て、スポンサー等の協力者の支援を仰ぎ、正常な経済活動を取り戻す。この過程において、関係するすべての人の心理、意思決定・行動のパターンをよく理解し、それぞれの部署の人に、それぞれの立場で再建に協力しようという気を起こさせる。そのために、在るべき企業再建方針に基づき、時に法律技術を駆使して、時に諦めることなく粘り強い交渉を続け理解を得る。当事務所ではこれを実践し続けています。

　また、当事務所から独立した清水イズムを継承する数多くの優秀な弁護士との深い信頼関係のもと相互に連携を取り合いながら大規模案件等に取り組んできた実績・態勢があることも1つの特色です。

　取扱業務としては、事業再生、特に私的整理、会社更生分野の豊富な実績に基づくノウハウがあります。また、多種多様な業種の再建に携わってきた経験から、各種業界の法務・ビジネスに精通している等企業法務・特殊法人法務も得意分野としています。その他、労働事件、一般民事事件、家事事件、刑事事件等にも幅広く対応しております。

■設立・沿革

1965年3月　「清水直法律事務所」開設

代表者	清水直（東京弁護士会）
主な顧問先	建設、各種製造（機械・機器・建築資材・繊維・酒類・食品・化粧品・衣類）、不動産販売・仲介、ビル管理、旅客運送（鉄道、自動車）、ガス、電力、廃棄物処理、リース、医療、社会福祉、学校、宗教、ゴルフ、ホテル、娯楽、飲食、各種サービス・小売業等の幅広い業種
報酬体系	日弁連旧報酬規程に準拠して、当事務所の報酬規程による。

清水直法律事務所

取扱業務 **法人分野** 事業再生および倒産処理　私的再建、事業再生ADR、中小企業再生支援協議会、民事再生、会社更生、特別清算、事業再生特定調停、破産、金融機関交渉支援、事業計画策定支援等／**一般企業法務**　企業活動に伴う法律・経営相談、コンプライアンス、会社設立支援、ベンチャー支援、株主総会の指導、取締役会の運営等に関する助言、各種契約書の作成およびチェック、内部調査、法律意見書作成、会社支配権をめぐる争い、役員・従業員の責任追及、事業承継、事業再編（会社分割、事業譲渡、M&A）、不祥事対応、役員・社員の法律研修等／**紛争解決**　各種企業間取引、会社法、労働法、製造物責任、不動産等に関する交渉・訴訟・仲裁の対応等／**労務関係**　雇用関係諸規則の作成、雇用契約の終了に関する助言、各種ハラスメント対応、紛争予防のための法的助言、労働審判対応等／**不動産**　不動産売買、賃貸、仲介、建築工事請負、境界紛争に関するトラブル対応等／**その他**　学校法人、医療法人、社会福祉法人、NPO法人等の設立・運営支援　**個人分野**　相続関連事件　相続を巡る相談・対応、遺言書・遺産分割協議書の作成、遺留分減殺請求等／**一般民事・家事事件**　離婚、交通事故、賃貸借紛争、貸金返還請求等／**個人再生および倒産**　個人債務者の私的整理、個人再生、破産／**刑事事件**

P 清水直　中大法、14期／矢作和彦　早大法、52期／諸橋隆章　早大法、58期／**小野健晴**　明大法、59期／原大二郎　中大法、59期、一弁／**清水修**　学習院大法、明大LS、63期／**今井智一**　東大経済、東大LS、63期／**木村晃一**　立大法、青学大LS、65期　以上明記のないものはすべて東弁。

当事務所出身の弁護士　小野紘一（東京みずほ総合LO）、松嶋英機（西村あさひLO）、清水建夫（銀座通りLO）、尾崎俊之（尾崎俊之LO）、上石利男（新神田LO）、中澤裕子（中澤LO）、影山光太郎（影山法律特許O）、村松謙一（光麗LO）、柴田浩子（柴田総合LO）、松井勝（松井経営総合LO）、平出晋一（平出・高橋LO）、久保田紀昭（樹LO）、田中寿一郎（田中法律会計O）、武内秀明（武内LO）、角家弘志（角家・江木LO）、岡野真也（岡野真也LO）、江木晋（角家・江木LO）、高橋修平（高橋修平LO）、御山義明（御山義明LO）、萩原貴彦（萩原LO）、大関大輔（東京晴和LO）、清水夏子（清水・新垣LO）、新垣卓也（清水・新垣LO）、志村聡、酒井圭（公園通りLO）

著作　清水直『会社更生手続の実務』（商事法務研究会）／同『続・会社更生手続の実務』（商事法務研究会）／同『臨床倒産法』（金融財政事情研究会）／同『検証住専』（銀行研修社）／同『あきらめるな！会社再建』（東洋経済新報社）／同編著『企業再建の真髄』（商事法務）／同編著『企業再建の究極にあるもの』（商事法務）／同『プロが語る企業再生ドラマ』（銀行研修社）／同『続・プロが語る企業再生ドラマ』（銀行研修社）／同『反面教師』（文化出版局）／同「倒産処理手続の効果的選択①～③」金融法務事情1310～1312・1314号／同「更生手続開始を目指す会社の内部態勢の整備」判例タイムズ866号／同「今日的視点からみる企業倒産と金融機関(上)(中)(下)」金融法務事情1558号・1559号・1561号／同「事例に学ぶ企業再生の実際」銀行実務連載ほか多数

事件　**会社更生**　技研興業（管財人代理）、興人（保全管理人代理、法律顧問）、照国海運（保全管財人代理、管財人代理）、三和建物（保全管理人、管財人）、多田建設（保全管理人、管財人）、初島クラブ（申立代理人）、長崎屋（申立代理人）、日本重化学工業（申立代理人）、あしぎんフィナンシャルグループ（保全管理人、管財人）／**民事再生**　富士工（監督委員）、佐藤工業（申立代理人）、磐梯リゾート開発（申立代理人）、滝谷建設工業（申立代理人）、大木建設（申立代理人）、シネカノン（申立代理人）／**破産・特別清算**　ジャパンコーヒー（破産管財人）、アポロリース（特別清算申立代理人）　ほか私的再建、会社更生、民事再生、破産事件多数

東京

外国法共同事業 ジョーンズ・デイ法律事務所
JONES DAY

〒105-0001　東京都港区虎ノ門4-1-17　神谷町プライムプレイス
TEL　03-3433-3939　FAX　03-5401-2725
URL：http://www.jonesday.com

55（＋1）	
P 15	A 32	顧 9
男 47	女 8	
外弁 7	外資 4	
他士 1	事務 43	

A		訴訟
	MA	独禁

1893年に米国クリーブランドに設立。世界19か国に2,400名以上の弁護士を有するネットワークを活かして、東京オフィスもクロスボーダーの取引案件・紛争案件に取り組む。

■理念・特色

ジョーンズ・デイは、One Firm Worldwide。世界40以上のオフィスがまさに"One Firm"1つの統合した法律事務所として機能しています。

これは、国際事務所の中でも類を見ない取組みです。創造的かつ一貫性ある対応が求められる困難な案件において、トップクラスの良質なサービスを提供できるのは、この組織力によるものです。当事務所の世界的ネットワーク、経営構造、報酬システム、および総合的グローバル・テクノロジーは、クライアントに常に最高のサービスを提供するために、最適なチーム、戦略および経験を効率的に活用できるよう、構築されています。

このようなクライアント・サービスを貫く姿勢が評価され、フォーチュン1000のコーポレート・カウンセルのアンケート結果に基づくBTIコンサルティング・グループのランキングにおいても、高い評価を受けています。

当事務所は、予防法務から紛争解決まで、すべての業務分野および業界においてクライアントを代理しています。

東京オフィスは、当事務所の強みであるクロスボーダーの取引案件およびクロスボーダーの紛争案件に関して、とりわけ以下の分野に精力的に取り組んでいます。

M&A　企業合併、企業買収、JV、会社分割、事業譲渡・譲受等あらゆる形態のM&A案件について、ストラクチャリングに関する税務上のアドバイス、デューデリジェンス、契約の交渉・作成、クロージング、PMIまで幅広いサービスの提供

訴訟／紛争解決　知的財産権訴訟、製造物責任訴訟、M&Aに関連する訴訟、一般的商取引に関する訴訟および仲裁

独占禁止法　合併その他企業結合規制にかかる届出の準備・当局との交渉・実行、カルテルおよびその他独占禁止法違反行為に起因する司法手続・損害賠償請求訴訟

また、日本国内におけるM&A、コーポレート・ガバナンス、訴訟/仲裁、技術移転・ライセンス、政府規制やコンプライアンス、不動産金融、不動産の証券化、船舶・航空機ファイナンス、売買やリースその他の一般商取引、事業再生手続、労働問題、再生エネルギー事業など、数多く手がけています。

■設立・沿革

ジョーンズ・デイは1893年、米国クリーブランドに設立以来、急速に変化するビジネス・法環境に常に対応しながら発展してきました。

現在では19か国に広がる世界的ネットワークを活用し、2,400名以上の弁護士がクライアントに最適なリーガルサービスを提供しています。

代表者　宮川裕光（第二東京弁護士会）
取扱言語　オフィスの所在する国では現地の弁護士資格を有する者が現地の言語で対応可能
主な顧問先　自動車、電機、電子部品、製造業、化学、製薬、医療機器、ソフトウェア、情報通信、商社、銀行、証券、ホテル、政府系機関、不動産、建設、インターネット関連企業など
報酬体系　原則としてタイムチャージ制をとるが、案件ごとの合意による（日弁連旧報酬規程に準じたものではない）。

取扱業務 M&A・コーポレート、訴訟／仲裁その他の紛争解決、独占禁止法、税務、知的財産、ファイナンス、事業再編・倒産、政府規制、労働・人事、プロジェクト&インフラストラクチャー、エネルギー、ライフサイエンス、内部調査、不動産取引、従業員福利厚生・役員報酬、環境・衛生、証券訴訟・証券法規制執行、金融機関訴訟・金融規制、企業犯罪、保険、キャピタルマーケット、プライベート・エクイティ、ヘルスケア、コーポーレート・コンプライアンス、Eディスカバリー、アウトソーシング、プライバシー&データ・セキュリティー

P 井上康一 東大、36期、二弁／**高橋美智留** 京大、41期、二弁／**清原健** 東大、44期、一弁／**佐藤りか** 早大、44期、東弁／**山田亨** 東大、44期、一弁／**森雄一郎** 早大、45期、一弁／**伊奈弘員** 慶大、48期、一弁／**宮川裕光** 慶大、48期、二弁／**棚澤高志** 中大、50期、二弁／**松田暖** 早大、52期、二弁 **外弁** 浅地正吾 ジョージタウン大、二弁／**海野薫** コロンビア大、二弁／Scott Jones コロンビア大、二弁／Stephen J. DeCosse ウィスコンシン大、二弁／John C. Roebuck ミシガン大、二弁／**顧** 山内信俊 東大、24期、二弁／**鈴木正具** 慶大、31期、二弁／**渡邉新矢** 慶大、31期、二弁／**佐野忠克** 京大、二弁／Eric W. Sedlak NY大、一弁／Dooyong Kang シカゴ・ロヨラ大／**増田好剛** 早大、48期、東弁 **外資** David Nelson コロンビア大

著作 矢向孝子『民事事実認定重要判決50選』（共著、立花書房）／渡邉新矢『要点解説民法改正──企業法務への影響度がいち早くわかる』（共著、清文社）／佐藤りか『ライブ争点整理』（共著、有斐閣）／宮川裕光・増田好剛『ハンドブック アメリカ・ビジネス法』（共著、レクシスネクシス・ジャパン）／井上康一『外国企業との取引と税務（第5版）』（共著、商事法務）／井上康一『租税条約と国内税法の交錯（第2版）』（共著、商事法務）／渡邉新矢『新訂版 独占禁止法の法律相談』（共著、青林書院）／宮川裕光『米国・EU・中国 競争法比較ガイドブック』（中央経済社）／清原健『銀行関係訴訟法 新・裁判実務大系(29)』（共著、青林書院）／渡邉新矢監修『平成21年6月改正対応 建設業者のための独占禁止法入門』（清文社）／宮川裕光『ケースブック アメリカ法概説』（共著、レクシスネクシス・ジャパン）／山田亨監修『業種別／規模別 最新会社役員規程全書』（日本法令）／清原健『詳解 公開買付けの実務』（中央経済社）／ジョーンズ・デイ法律事務所編『Q&Aでスッキリわかる IT社会の法律相談』（清文社）／清原健『Q&A金融商品取引法制の要点──開示・公開買付と市場規制・業者規制』（編集代表、新日本法規出版）／井上康一編集代表『事例で学ぶ租税争訟手続』（財経詳報社）／清原健『OECDコーポレート・ガバナンス』（共著、明石書店）／渡邉新矢『独占禁止法の法律相談』（共著、青林書院）／山田亨『有限責任事業組合LLPの法律と登記』（共著、日本法令）

拠点 **米国** アトランタ、アーバイン、クリーブランド、コロンバス、サンディエゴ、サンフランシスコ、シカゴ、シリコンバレー、ダラス、デトロイト、ニューヨーク、ピッツバーグ、ヒューストン、ボストン、マイアミ、ロサンゼルス、ワシントン／**中南米** サンパウロ、メキシコシティ／**欧州** アムステルダム、デュッセルドルフ、パリ、フランクフルト、ブリュッセル、マドリード、ミュンヘン、ミラノ、モスクワ、ロンドン／**中東** アル・コバール、ジッタ、ドバイ、リヤド／**アジア・パシフィック** インド、シドニー、シンガポール、パース、上海、北京、台北、香港、東京

新堂・松村法律事務所
SHINDO&MATSUMURA LAW OFFICE

〒102-0073　東京都千代田区九段北4－2－6　市ヶ谷ビル1階
TEL　03-3238-9370　FAX　03-3264-7970
URL：http://www.smo-law.com　info@smo-law.com

「町弁」事務所として始まり、その後「依頼者と共に考え、共に歩む」という考えを共通理念として、ビジネス法務や学界での経験や知識を有する者が参画して現在に至る。

8（＋2）			
P 3	A 5	顧 0	
男 4	女 4		
外弁 0	外資 0		
他士 0	事務 5		

B	総合

■理念・特色

　当事務所では、弁護士の仕事は結局「依頼者との人としての繋がり」に帰着し、弁護士は「依頼者と一緒に案件に向き合うこと」によってその解決を図るものである、ということが基本理念になっております。民事や家事の事件はもちろん、企業法務（大企業から中小企業まで）、労務問題、消費者問題、刑事事件など、さまざまな分野で依頼者の皆さんとともに歩むことをモットーにし、「都会の町弁」事務所として弁護士が当たり前にすべきことを当たり前にしていく努力を続けていきたいと考えています。

■設立・沿革

　当事務所は、1973年に故松村彌四郎弁護士が、典型的な「町弁」事務所として東京神田佐久間町に設立した「松村法律事務所」がスタートです。

　2006年に、大村扶美枝弁護士（1994年弁護士登録時から、企業法務や国際案件を取り扱う法律事務所で、それらの案件を担当）が参加しました。典型的な「町弁」事務所に参加した大村弁護士は、弁護士の仕事は結局「依頼者との人としての繋がり」に帰着すると考えており、これは当事務所の基本的な共有意識となっています。大村弁護士の加入3か月後、松村弁護士が他界したため、大村弁護士が業務を引き継ぎ、事務所名を「松村国際法律事務所」としました。

　2011年9月、新堂幸司弁護士が参画しました。新堂弁護士は、わが国を代表する民事手続法研究者の1人であり、東京大学法学部教授、同法学部長を経て、1992年の退官と同時に弁護士登録をし、以来、大手法律事務所においてビジネス弁護士として20年にわたり活動しました。新堂弁護士は、半世紀以上に及ぶ研究生活と弁護士活動を経て「依頼者と一緒に案件に向き合いたい」との考えに至り、当事務所に参加することになりました。これに伴い、事務所名を「新堂・松村法律事務所」に変更しました。

　2013年12月には、林康司弁護士（1995年の弁護士登録から約20年間、企業法務を中心に、知的財産、倒産、訴訟、国際紛争などの分野で多くの案件に携わり、大手法律事務所ではパートナーとしてその運営に携わってきました）が、自らの手で事件や案件に取り組みたいとの考えから当事務所に加わり、現在に至っております。

代表者	大村扶美枝（第二東京弁護士会）
取扱言語	英語
主な顧問先	国内外の会社（中小企業から上場企業まで、金融機関、商社、各種メーカー、食品、印刷、保険代理店、流通、人材関連、医療法人、社団法人、一般財団法人等）、個人
報酬体系	事務所報酬規程（日弁連旧報酬規程に当事務所の変更を加えたもの）による。着手金・報酬金とタイムチャージの双方対応可能。個別に相談に応じる。

新堂・松村法律事務所

|取扱業務| 企業向けサービス　企業法務、コンプライアンス、訴訟・紛争解決、労働関連、事業再編、金融、国際取引・海外関連、知的財産権、医療過誤、事業再生・倒産処理／小規模オーナー向けサービス　訴訟・紛争解決、労働問題、債務相談、事業承継、事業再生・倒産処理、商工ローンについて、知的財産権、医療過誤／個人向けサービス　家族関係、訴訟・紛争解決、医療過誤、交通事故、債務相談

|P| 大村扶美枝 1984慶大、46期、二弁、カーリットホールディングス社外取締役／新堂幸司 1954東大、二弁、(一財)民事法務協会会長／林康司 1988東工大、47期、一弁 |A|青代深雪 1997立大、55期、二弁／鈴木亮子 2000中大、59期、一弁／鈴木教夫 2006慶大LS、60期、二弁、慶大LS助教／鈴木隆志 2012上智大LS、66期、二弁／北村由妃 2012中大LS、67期、二弁

|著作| 大村扶美枝『調停人養成教材（2005年度版）、(2006年度版)』（日本商事仲裁協会、2006）／同『Q&A動産・債権譲渡特例法解説』（共著、三省堂、2006）／同『入門新破産法』（共著、ぎょうせい、2004）／同「ロー・スクール教員研修～アメリカ・ロー・スクール協会主催による新人法学教員・法文書作成教授法に関するワークショップに参加して」判例タイムズ1131号（共著、2003）／同「Q&A事業再生の実務」事業再生と債権管理102号（共著、2003）／同「米国連邦倒産法における実務」自由と正義650号（2003）／同『会社関係規制罰則便覧』（共著、新日本法規出版、1998）／新堂幸司監修『実務民事訴訟講座［第3期］(1)～(6)』（日本評論社、2012～14）／同『新民事訴訟法（第5版）』（弘文堂、2011）／同『条解民事訴訟法（第2版）』（共著、弘文堂、2011）／同『民事手続法と商事法務』（共編、商事法務、2006）／同『司法改革の原点』（有斐閣、2001）／同『金融取引最先端』（共著、商事法務、1996）／同『判例民事手続法』（弘文堂、1994）／同「仮処分」『経営訴訟　経営法学全集⑲』（共著、ダイヤモンド社、1966）／林康司「証券化と倒産」『破産法大系(3)』（青林書院、2015）／同『信託の実務Q&A』（共著、青林書院、2010）／同編著『信託と倒産』（商事法務、2008）／同「アドバイザリー契約をめぐる問題点」『企業再建の真髄』（商事法務、2005）／同『平成16年改正　裁判所法等を改正する法律の解説』（共著、発明協会、2005）／同『事業再生ファイナンス 米・英の現状と日本への示唆』（共著、商事法務、2004）／同「トラニラスト事件高裁判決における損害賠償論」日本国際知的財産保護協会月報49巻(3)号（2004）／同「Corporate Restructuring in East Asia」The Asia-Pacific Restructuring and Insolvency Guide 2003/2004／同「ヨーロッパにおける商標製品の並行輸入に関する判例その後」Law & Technology 14号（2002）／青代深雪『不動産ビジネスのための金融商品取引法入門（改訂版）』（共著、ビーエムジェー、2007）／鈴木教夫「新倒産法の実務」追録59号（共著、第一法規、2011）

新保・髙﨑法律事務所
SHINBO & PARTNERS

〒103-0027　東京都中央区日本橋3-2-9　三晶ビル5階
TEL　03-3242-1781　FAX　03-3242-1782
URL：http://www.shinbo-law.jp/

知的財産、商事、企業提携、システム開発等をめぐる紛争案件（特に訴訟事件）への対応を中心とし、企業再生やM&A、その他一般民事事件に関してもさまざまな案件を取り扱っている。

6（±0）
P2 A4 顧0
男6 女0
外弁0 外資0
他士1 事務4

■理念・特色

　当事務所は、特許権侵害訴訟および特許無効審判等の知的財産権をめぐる紛争をはじめ、株主と企業間の商事紛争、企業間の損害賠償請求訴訟等、専門性の高い複雑な紛争案件への対応を業務の中心としております。

　具体的に力を入れて取り組んでいる業務分野としては、

・特許法、不正競争防止法、著作権等の知的財産権に関する訴訟案件
・企業間取引に関する訴訟案件
・株主代表訴訟・新株発行差止等の商事事件
・会社更生事件管財人等の経験に基づいた事業再建スキームの策定等
・株主総会の運営指導・契約書のチェック等の一般企業法務

が挙げられます。

　当事務所には、知財・商事分野を中心にさまざまな専門性を有し、多様なバックグラウンドを持つ幅広い年齢層の6名の弁護士が所属しています。日々の業務においては、大半の案件について、弁護士がチームを組んで対処しており、各弁護士の知見・経験を総合したうえで事件処理に当たっております。

　また、弁護士間で議論を尽くすことはもちろん、依頼者との間の自由闊達な議論を通じ、法律関係の複雑化する現代社会において、的確・迅速なリーガルサービスを常にご提供できるように心がけております。

　複雑な紛争案件を多く受任しておりますが、一般企業法務の分野においても、具体的な案件の取扱経験に基づき、紛争予防の見地から企業および個人を取り巻く日々の契約書のチェックや、意見書や鑑定書の作成をはじめ、積極的なアドバイスをさせていただいております。

　所属の各弁護士は、紛争解決という弁護士としての社会的責務を果たすべく、企業法務以外の分野も含め、さまざまな案件に日々取り組んでおります。

■設立・沿革

　1999年に新保克芳が「新保法律事務所」を開設。その後、2011年に髙﨑仁がパートナーとなり名称を「新保・髙﨑法律事務所」に変更。現在に至る。

代表者	新保克芳（第二東京弁護士会）
取扱言語	英語（髙﨑仁）
主な顧問先	金融、化学、製薬、国立研究開発法人、通信機器・ITサービス、機械製造、システム開発、出版、不動産、美容器具、医療機器の開発、コンサルティング等のサービス業
報酬体系	日弁連旧報酬規程による着手金・報酬金方式またはタイムチャージ方式

新保・髙崎法律事務所

|取扱業務|
一般企業法務、知的財産、商事その他の企業間紛争、事業再生・倒産処理、不動産関係、建築関係、その他一般民事全般

P 新保克芳 1980東大法、36期、二弁、昭栄化学工業監査役、三井住友銀行監査役／髙崎仁 1993東大法、2003NY大LS修士、47期、一弁、NY州弁護士、日本知的財産協会講師
A 洞敬 1996慶大商、コスモ石油（1996～99）、57期、東弁、川辺監査役、ジョイント・コーポレーション監査役／井上彰 2000阪大法、58期、二弁／酒匂禎裕 1993東大工、シャープ（1995～2003）、2000東大博士（工学）、2007明学大LS、62期、二弁、農工大非常勤講師／西村龍一 2011東大法、2013慶大LS、67期、二弁

|著作|
新保克芳『書式民事訴訟法（新版）』（共著、青林書院、1989）／『契約書式実務百科』（共著、ぎょうせい、1995）／『民事弁護と裁判実務⑥損害賠償Ⅱ』・『同⑧知的財産権』（共著、ぎょうせい、1996・1998）／『知的財産戦略教本』（共著、R&Dプランニング、2004）
髙崎仁「特許侵害訴訟における損害額の算定—アメリカ合衆国における判例法及び経済学的アプローチからの示唆」AIPPI2004年11月号／「米国特許侵害訴訟での逸失利益の算定における非特許製品・付属部品等の取扱い」国際商事法務516号（2005）／「フリーライドとポップアップ広告・バナー広告を巡る米国商標判例法の進展」AIPPI2005年8月号／『Q&A 消費者契約法解説』（共著、三省堂、2000）／『知的財産権辞典』（共著、三省堂、2001）／『コンサイス法律学用語辞典』（共著、三省堂、2003）／『契約書式実務全書(2)(3)（第2版）』（共著、ぎょうせい、2014）
洞敬『医療法務のすべて』（共著、日本医療企画、2006）／『契約書式実務全書(2)(3)（第2版）』（共著、ぎょうせい、2014）
井上彰『契約書式実務全書(2)(3)（第2版）』（共著、ぎょうせい、2014）／『ゴルフ場の事業再生』（共著、商事法務、2012）
酒匂禎裕『インターネット消費者相談Q&A（第4版）』（共著、民事法研究会、2014）

|事件|
特許事件：医薬品、繊維、接着剤、シート、樹脂組成物等の化学合成品の侵害訴訟。医薬品、記憶装置等に関する職務発明対価請求事件等
商事事件：宮入バルブ、ベルシステム24、ニッポン放送、ブルドックソース、TBS等の仮処分事件や株主代表訴訟
会社更生事件：オリエンタル写真、国土道路、協栄生命、日産建設、都築紡績、ジョイント・コーポレーション、小野グループ
公害事件：水島、川崎、東京
その他一般民事事件

新四谷法律事務所
Shinyotsuya Law Office

〒160-0017　東京都新宿区左門町13-1　四谷弁護士ビル506号室
TEL　03-3357-1388　FAX　03-3357-1387
URL：http://www.shin-yotsuya.com　info-shin-yotsuya@shin-yotsuya.com

11 (＋2)	
P 5 A 5 顧 1	
男 9 女 2	
外弁 0 外資 0	
他士 0 事務 4	

澤井代表（元二弁会長）を中心に国内法務全般（企業法務・不動産取引・金融取引・再生・倒産案件等）に対応するフットワークのよい事務所。スポーツ法も取り扱う。

■理念・特色

当事務所は、弁護士の役割の増大が期待されるなか、事務所の共同化のメリットを活かし、法人や個人の皆様の幅広いにニーズに応えるとともに質の高いリーガルサービスの提供をめざしています。近時、法律事務所の大規模化が喧伝されていますが、民事事件で代理人として多数の名前が挙がっていても、実際に担当しているのはそのうちの数名ということが一般的です。当事務所では、原則として経験豊富なパートナーが直接訴訟等の実務を担当します。しかも案件によってはパートナーが共同して実務を行います。もちろん比較的軽微な案件のときは、勤務弁護士が単独で実務を担当することもありますが、この場合でも必ずパートナーが責任をもってフォローする体制をとっています。当事務所は、中規模事務所ですが、依頼者の皆様にきめの細かい良質の法的サービスを提供できるものと自負しております。

当事務所は、もともと異なる分野で活躍していた弁護士が集まって立ち上げた事務所です。このため、業務内容は、各弁護士の取扱分野に合わせ、企業法務一般、不動産取引、不良債権処理、労働法務、交通事故、倒産処理、建築紛争、民事一般、家事一般、医療過誤、行政事件、刑事事件等、対象分野は多岐にわたり、活動内容も訴訟対応等の裁判業務だけでなく、企業間取引、内部統制、事業再生等の企業法務に関する相談、個人向け法律相談、高齢者財産管理、成年後見、地方公共団体・独立行政法人・スポーツ団体等の法務への関与など幅広く対応しています。また、当事務所では、代表の澤井弁護士を中心に、弁護士同士での意見交換が頻繁に行われております。そして、ベテランと若手が事件処理やそれ以外の業務遂行に当たり内容に応じて事務所内で方針協議を十分に重ね、それぞれの専門性と長所を融合させ、迅速に対応しております。多様な専門性の融合と、フットワークの軽さが当事務所の特長です。

当事務所は、依頼者の多様な要望に応じるため、常日頃から弁護士それぞれの専門分野の研鑽を怠らず、依頼者のために全力を尽くすことを心がけています。

力を入れている業務は、企業法務、不動産取引、金融取引、不良債権処理、企業再生、倒産処理、行政事件、労働事件、交通事故、民事一般、家事事件（特に相続に関わる事件）、スポーツ法に関する事件です。

■設立・沿革

2002年　「新四谷法律事務所」設立

代表者	澤井英久（第二東京弁護士会）
主な顧問先	電気事業、不動産事業、水道用給水装置機材器具製造、消費者金融の各会社（いずれも東証一部上場もしくはその子会社）。不良債権処理・企業再生、食料品製造販売、交通共済、機械製造販売、一般乗用旅客自動車運送、紙製品製造販売、不動産管理、広告宣伝、不動産担保融資、半導体基盤修理、人材派遣、建築設計、住宅展示場運営、鋳物鋳造の各会社。地方公共団体、社会福祉法人（介護老人保健施設）
報酬体系	事務所報酬規程（日弁連旧報酬規程に準拠したもの）による（詳細は当事務所HP参照）。顧問料（月額）50,000円～。

新四谷法律事務所

取扱業務 法律顧問法務として、日常の法律・経営相談、契約書の作成・チェック、契約交渉、紛争事案の交渉、会社・社団法人等の設立、税務相談／**企業法務のうち不動産法務**として、不動産賃貸、不動産売買、境界紛争、建築紛争／**金融法務**として、金融取引、不動産担保、不良債権処理／**企業倒産法務**として、民事再生、破産、企業再生／**会社法務**として、コーポレートガバナンス、コンプライアンス、株主総会指導、民事介入暴力、不祥事対応、第三者委員会対応／**労働法務**として、労働災害、退職・解雇、賃金、競業避止、セクハラ・パワハラ、労使交渉／**知財法務**として知的財産権関連、不正競争防止／**企業裁判法務**として、債権回収、不動産関係訴訟、不動産執行、損害賠償その他金銭請求訴訟、建築関係訴訟、行政訴訟／**国・地方公共団体の法務**として、行政不服審査等の審査会の委員／**個人法務**として、借地・借家、不動産取引、建築紛争、境界紛争、その他不動産に関する紛争、交通事故、医療過誤、その他損害賠償請求、遺産分割、遺留分返還請求、相続、遺言、離婚、成年後見、債務整理（民事再生・破産等）、民事介入暴力、行政事件、労働事件、刑事事件、スポーツ法に関する事件（スポーツ事故、スポーツ仲裁代理、スポーツ紛争等）

P澤井英久 1973一橋大法、27期、二弁会長・日弁連副会長（2011〜12）、電気通信大客員教授（2012〜）、文京区建築紛争調停委員（1992〜）、文部科学省学校法人運営調査委員（2012〜）、日本弁護士年金基金理事長（2015〜）／**伊東卓** 1983慶大法、40期、二弁副会長（2005〜06）、日弁連事務次長（2008〜10）、二弁広報室長（2011〜14）、日本スポーツ法学会理事（2014〜）、慶大LS非常勤講師（スポーツと法）（2014〜）／**青木清志** 1981慶大法、44期、東京都建築審査会専門調査員（2002〜）、東京都土地利用審査会委員（2013〜）、渋谷区建築審査会委員（2007〜）、整理回収機構常務執行役員（2008〜11）／**松本公介** 1999中大法、56期／**青木優子** 1979青学大文、46期、東京法務局訟務部付（2004〜09）、二弁調査室長（2009〜12）、東京簡易裁判所民事調停官（2012〜）、日本司法支援センター専門委員（2012〜）／A**伊藤真悟** 2001中大法、2008中大LS、62期／**花井ゆう子** 1998早大法、2007慶大LS、62期／**土肥勇** 2008京大経、2011一橋大LS、65期／**澤井裕** 2006慶大法、2009慶大LS、65期／**高澤和也** 2009慶大法、2011慶大LS、67期 顧**半田秀夫** 1973一橋大経・法、27期、元検事、2011登録　以上すべて二弁。

著作 『RCCにおける企業再生』（共著、金融財政事情研究会、2003）／『企業再生』（共著、ぎょうせい、2012）／青木清志「RCCによる企業再生業務とは」、「RCCによる企業再生業務の進め方」全国倒産処理弁護士ネットワーク編『私的整理の実務Q&A100問』（金融財政事情研究会、2011）／伊東卓「反社会的勢力による営業妨害への対応方法」二弁民事介入暴力被害者救済センター運営委員会編『企業活動と民暴対策の法律相談』（青林書院、2007）／伊東卓他「アンチ・ドーピング活動」日本スポーツ法学会編『詳解スポーツ基本法』（成文堂、2011）／伊東卓「運動部活動の指導における体罰に関する報道事例の分析」菅原哲朗他編『スポーツにおける真の勝利』（エイデル研究所、2013）／伊東卓「スポーツ基本法逐条解説」菅原哲朗他編『スポーツにおける真の指導力』（エイデル研究所、2014）／伊東卓「日本プロサッカーリーグ（Jリーグ）―我那覇事件とガバナンス」スポーツにおけるグッドガバナンス研究会編『スポーツガバナンス実践ガイドブック』（民事法研究会、2014）／伊東卓「スポーツ法の体系とスポーツビジネス」エンターテインメント・ロイヤーズ・ネットワーク編『スポーツ法務の最前線』（民事法研究会、2015）／伊東卓「弁護士の活動領域の拡大に向けて」法の支配174号（2014）

事件 賃料債権の譲渡と抵当権の物上代位に関する最判決平成10.1.30民集52.1.1

真和総合法律事務所
Shinwa Sohgoh Law Offices

〒104-0031 東京都中央区京橋1-1-1 八重洲ダイビル5階
TEL 03-3517-6777 FAX 03-3517-6776
URL：http://www.shinwa-law.jp/

多様なバックグラウンドを有する弁護士により構成され、弁護士の経験、ノウハウ、専門知識を結集し、総合力を発揮すべく設立された法律事務所。企業・金融法務をはじめとする各種法律問題に的確に対処し、実効性のある解決をめざしている。

| 32（＋1） |
| 男 26 女 6 |
| 外弁 0 外資 0 |
| 他士 0 事務 17 |

| B | 総合 |

■理念・特色
企業・金融機関に対する専門的かつ実務的なサービスの提供 近年の企業・金融機関を取り巻く状況は、社会が高度化・複雑化するとともに、利害関係が複雑に錯綜するため、事案処理がますます困難なものとなっております。

当事務所は、企業・金融機関等の皆様に、法的視点を加えて問題の本質を見据えた実践的・実務的な解決策を提供することができる、企業・金融法務等の各分野における専門性を有する弁護士により構成されています。
総合的なリーガルサービスの提供 当事務所は、弁護士会理事者・専門委員会経験者、官僚経験者、政界関係者をはじめ多様なバックグラウンドを有する弁護士により構成されており、事案の内容により、その処理に適した複数の弁護士により的確な対応を組織的に行っています。

このため企業・金融機関はもちろんのこと、行政・市民・非営利団体などさまざまな立場の方々に対して、総合的かつ多様なリーガルサービスを提供しております。
新しい法務領域における実践 企業・金融機関等が直面する急速な社会環境の変化に適切に対応するためには、従来の法実務を超えた対応が不可欠となっています。

当事務所においては、企業等が直面する多様なリスク・脅威に対する対応（企業において交渉が困難な反社会的勢力・クレーマー等との交渉、調査委員会・第三者委員会等による調査等）、超高齢社会において生じる各種問題を踏まえた対応、コンプライアンスの必要性に配慮した不祥事・事故等に対する対応、社会のグローバル化に対応した国際法務等において、日常的に実践しており、その知識・経験を踏まえて対応することが可能です。

■設立・沿革
当事務所は、2000年に複数の弁護士により設立された事務所を母体として、2005年に改編・設立されました。その後、専門的知識・経験を有する弁護士を加え、現在に至っています。

事務所は、依頼者の相談等の利便性等を考慮し、東京駅八重洲口から徒歩3分の至近距離に位置し、八重洲地下街からも直結しております。

代表者	村上泰（第一東京弁護士会）
取扱言語	英語、フランス語、スペイン語
主な顧問先	銀行、証券、保険、商社、メーカー、建設、不動産、開発、運輸、エネルギー、情報通信・IT、エンターテイメントなどさまざまな業種の企業・金融機関のほか、宗教法人、医療機関、教育機関、地方自治体などの公的団体も含まれる。
報酬体系	原則として弁護士会旧報酬規程を参考とした当事務所の報酬規程によるが、各依頼者様と十分な協議のうえで決定。

取扱業務 **企業法務** 契約実務、コンプライアンス、企業不祥事・危機管理対応、反社会的勢力・クレーマー対応、コーポレートガバナンス、企業防衛、M&A、株主総会対策、情報セキュリティー、風評被害対策、事故対応・損害賠償、債権管理・回収、従業員・取引先管理、会社法、労働法、独禁法、知的財産法など／**金融法務** ファイナンス契約実務、債権管理・回収、M&A、反社会的勢力対応、マネーロンダリング対策、金商法、各種業法（銀行、証券、保険）／**民事事件** 訴訟、交渉、ADR、仮処分・仮差押、不動産、事故対応・損害賠償など／**倒産事件** 破産、民事再生、会社更生、私的整理など／**行政事件** 行政不服審査、税務訴訟、行政訴訟、国家賠償など／**家事事件** 相続、成年後見、離婚など／**国際法務** 国際契約実務、海外進出支援、外国法コンプライアンス、海外贈賄規制対応、海外制裁規制対応、外国企業・大使館・外国人に対する法的支援、国際仲裁、渉外家事事件、ハーグ条約対応など／**刑事事件**／**その他** 企業防衛法務、シニアビジネス法務、CSR法務、環境・エネルギー法務など

西坂信 中大、22期、元一弁副会長、一弁／**伊東眞** 早大、24期、元一弁副会長、一弁／**東谷隆夫** 日大、24期、元日弁連副会長、元一弁会長、一弁／**岩田光史** 早大、24期、二弁／**鈴江辰男** 中大、29期、元検事、元一弁副会長、元司法研修所教官、一弁／**佐々木茂** 早大、29期、一弁／**根木純子** 岡山大、40期、元一弁副会長、一弁／**松村眞理子** 慶大、40期、ジョージタウン大LLM、元一弁副会長、一弁／**村上泰** 東大、44期、元警察庁、元一弁民事介入暴力対策委員会委員長、一弁／**相川裕** 東大、45期、日弁連子どもの権利委員会事務局長、東弁／**相川いずみ** 一橋大、45期、元判事補、一弁／**塩谷崇之** 東大、50期、元一弁民事介入暴力対策委員会副委員長、一弁／**浅野貴志** 中大、51期、日弁連弁護士任官等推進センター事務局長、一弁総合研修センター副委員長、一弁／**甲村文亮** 東大、52期、一弁／**土橋博孝** 中大、53期、元一弁民事介入暴力対策委員会副委員長、一弁／**岡﨑和子** 東大、53期、元東弁高齢者・障害者の権利のための特別委員会副委員長、東弁／**小川典子** 一橋大、54期、二弁高齢者・障がい総合支援センター運営委員会副委員長、二弁／**廣川英史** 早大、55期、一弁／**和泉宏陽** 慶大、57期、慶大LS非常勤講師、一弁／**髙橋大祐** 早大、58期、ハンブルグ大、ボローニャ大、エクスマルセイユ大、フレッチャースクールLLM、一弁環境保全対策委員会副委員長、一弁／**渡邊竜行** 早大、59期、一弁／**髙山梢** 早大、60期、日弁連民事介入暴力対策委員会事務局次長、一弁／**平塚雄三** 早大、明大LS、60期、一弁／**片桐武** 中大、中大LS、60期、中大LS実務講師、一弁／**池田宏** 都立大、一橋大LS、60期、一弁／**佐藤健太** 早大、明大LS、61期、司法研修所所付、一弁／**星野伸晃** 中大、慶大LS、66期、一弁／**大島貴文** 慶大、慶大LS、67期、一弁／**川島基則** 東大、明大LS、67期、一弁／**宮本四郎** 東大、元通産省通商政策局長・産業政策長、元日本貿易振興会副理事長、元商工中金理事長、2008登録、一弁／**野平匡邦** 東大、元自治省、元銚子市長、2009登録、一弁／**枝野幸男** 東北大、43期、衆議院議員、二弁

著作 真和総合法律事務所編『債権管理・回収の法律相談』（学陽書房、2010）／同編『シニアをめぐるビジネスの実際と法律問題』（民事法研究会、2014）／東谷隆夫・高橋大祐・渡邊竜行・佐藤健太『コンプライアンス時代における事故対応・損害賠償の実務の手引』（民事法研究会、2014） ほか、各弁護士に著書・論文多数

スキャデン・アープス法律事務所
Skadden Arps Law Office

〒106-6021　東京都港区六本木1-6-1　泉ガーデンタワー21階
TEL　03-3568-2600　FAX　03-3568-2626
URL：http://www.skadden.com

1948年に設立された米国の一流ファームの東京オフィス。クロスボーダー取引を中心とした大規模M&Aに携わって成長を続けているほか、金融証券取引を含む数々のクロスボーダー案件での実績が豊富。

6 (±0)	
P1	A5	顧0
男4	女2	
外弁1	外資3	
他士0	事務12	

A　MA　金融　会社

■理念・特色

スキャデン・アープス・スレート・マー・アンドフロムLLPは、世界各国23か所のオフィスにおよそ1,600名の弁護士を擁する世界有数のグローバルな法律事務所として、各国の主要金融都市で法律サービスを提供しております。

外国法共同事業スキャデン・アープス法律事務所は、高い専門性と豊かな経験をもつ所属弁護士が世界各国に拠点を置くオフィスと連携し、取引分野を幅広く網羅することにより、企業をめぐる法規制のほぼすべての分野において最も難解な法的論点についても解決策を提供することを可能とし、グローバルなビジネス環境において競争力向上をめざす、日本、米国その他海外のクライアントのニーズに応じた法的アドバイスを提供しております。

東京事務所においては、M&A、合弁事業、キャピタル・マーケット、ストラクチャード・ファイナンス、デット・ファイナンスおよびエクイティ・ファイナンスが主な業務分野ですが、このほかにも、投資ファンドの設立や企業再生取引なども取り扱っており、企業法務全般に関する法的アドバイスを提供しております。加えて、近年では米国の金融規制改革法に基づき遵守が求められる、いわゆるボルカールールや米国への投資規制に係るCFIUSに関連する規制についても米国に専門チームを設置し力を入れております。

■設立・沿革

1948年　マーシャル・スキャデン、ジョン・スレート、レ・アープスの3名の弁護士により共同法律事務所を米国ニューヨークに設立

1960年　「スキャデン・アープス・スレート・マー・アンドフロム」に改称

1987年　同事務所最初の海外事務所として「スキャデン・アープス外国法事務弁護士事務所」を東京に開設

2001年　日本の弁護士資格を有する弁護士と共同で運営する「スキャデン・アープス東京共同法律事務所」設立

2009年　「スキャデン・アープス法律事務所」に改称

代表者　神谷光弘（第一東京弁護士会）
その他のオフィス　ニューヨーク、ボストン、シカゴ、ヒューストン、ロサンジェルス、パロアルト、ワシントンDC、ウィルミントン、サンパウロ、トロント、ブリュッセル、フランクフルト、ロンドン、モスクワ、ミュンヘン、パリ、香港、北京、上海、ソウル、シンガポール、シドニー
取扱言語　英語、海外オフィスは各現地言語に

対応
主な顧問先　各種メーカー、総合商社、総合小売、銀行・証券・保険その他金融機関、食品、繊維、化学、医療、医薬品、放送、情報通信、サービス業、コンサルティング、公的機関等
報酬体系　原則としてタイムチャージ（時間報酬）制をとるが、具体的には当事務所報酬基準による。

取扱業務 世界各国の事務所において、M&A、プライベート・エクイティ、企業統治などのコーポレート、証券関連訴訟や独占禁止法のほか幅広い分野における訴訟、事業再編、民営化事業、ファイナンス、国際業務、規制・立法・政治関連業務、および産業関連業務など。東京事務所においては、主にキャピタル・マーケットおよびストラクチャード・ファイナンス、企業再生、投資ファンド、M&Aおよび合弁事業。

功績が認められ、2014年においては次のような賞を受賞。「Financial Times 2014 Asia-Pacific Innovative Lawyers Awards」、「Chambers Global 2014: 'International Law Firm of the Year, Corporate/M&A Law Firm of the Year' and Rankings」、「Chambers Asia-Pacific 2014 Rankings」

P 神谷光弘 40期、一弁／**A** 熊木明 54期、カウンセル、二弁／西理広 58期、二弁／三浦広詩 58期、一弁／岸見朋子 60期、一弁／中川幸恵 62期、二弁

取扱案件 日本経済新聞社がPearson PLCからthe Financial Times Groupを844百万ポンドで買収するにあたり、日本経済新聞社を代理／AirAsia Berhadの投資会社が楽天他と合弁会社エアアジア・ジャパンを設立するにあたり、AirAsiaを代理／大塚製薬がAvanir Phamaceuticals, Inc.を35億米ドルで買収する案件において、大塚製薬を代理／東レがZoltek Companies, Inc.（米カーボンファイバーメーカー）を584百万米ドルで買収するにあたり、東レを代理／丸紅がGavilon Group LLCを27億米ドル（債務を除く）で買収し、国際協力銀行がGavilon Group LLCに対する出資（優先株式の取得）を行うにあたり、丸紅を代理／エヌ・ティ・ティ・ドコモが、Buongiorno S.p.A.（イタリア法人）に対して現金のみを対価とする公開買付け（買付総額：約2.9億ドル）を行うにあたり、エヌ・ティ・ティ・ドコモを代理／三井住友海上火災保険がAmlin PLCを34.6億ポンドで買収するにあたり、三井住友海上火災保険を代理／ソフトバンクがSprint Nextel Corporationの株式78%を216億米ドルで取得するにあたり、Sprint Nextel Corporationを代理。なお、この案件は、『The American Lawyer』のGlobal M&A Deal of the Year : Grand Prizeを受賞するとともに、『Financial Times』の2013年度における米国のInnovative LawyerレポートのCorporate & Commercialカテゴリーにもリストアップされている／アドバンテスト・コーポレーションがVerigy Ltd.（シンガポール法人）を11億ドルで買収するにあたり、アドバンテスト・コーポレーションを代理／三井住友フィナンシャルグループおよびその子会社の三井住友銀行が、日興コーディアル証券および日興シティグループ証券の国内社債・株式引受事業を78億ドルで取得するにあたり、三井住友フィナンシャルグループおよび三井住友銀行を代理／楽天が、株式買取請求権を行使して、その保有する東京放送ホールディングス株式を、東京放送ホールディングスに対して売却する株式買取請求訴訟において、楽天を代理／ファーストリテイリングが香港証券取引所メインボード市場への香港預託証券（HDR）の上場を行うにあたり、同社を代理。なお、この案件により当事務所は「Financial Times 2014 Asia-Pacific Innovative Lawyers Awards 」を受賞／econtext Asia Limited（オンライン決済サービス会社）がデジタルガレージ（東証JASDAQ）から分社化し、およそ516百万香港ドル（66百万米ドル）の株式新規公開（IPO）および香港証券取引所への上場を行うにあたり、同社を代理／SBIホールディングスが香港証券取引所への上場（日本企業による初の香港上場）を行うにあたり、引受証券会社を代理

スクワイヤ外国法共同事業法律事務所
Squire Patton Boggs (US) LLP

〒150-0012　東京都渋谷区広尾1-1-39　恵比寿プライムスクエアタワー16階
TEL　03-5774-1800　FAX　03-5774-1818
URL：http://www.squirepattonboggs.com/japan

32（+2）	
P 10　A 18　顧 4	
男 23　女 9	
外弁 6　外資 3	
他士 0　事務 17	

1890年に米国オハイオ州で設立後、他事務所を統合して拡大。日本では知財案件を扱う三木・吉田法律特許事務所、国際取引を扱う間宮総合法律事務所を統合。現在21か国に1,500名の弁護士を擁する。

■理念・特色

1890年に設立された当事務所は、クライアントの成功を第一に考え、クライアントが直面する法的問題解決に止まらず、ビジネス戦略全体を含めた総合的アドバイスの提供を心がけています。クライアントの成功の数が当事務所の誇りであり、この精神は発足した120年前からまったく変わりません。

当事務所は、クライアントの要望に対し、少しでも付加価値を付すべくサービスを提供することを念頭に、法務サービスの質や効果、連携方法等々の向上を図っています。そのために当事務所がこれまで蓄積してきた各種産業やビジネスに関する膨大な実例や知識・経験について各国のオフィスで共有できるよう、所内の情報インフラもグローバルで整備・共有しています。常に質の高い法的サービスを提供するために、事案を的確にマネジメントできる最適なチームを案件ごとに結成し、いつでも、どこでも、クライアントのニーズに応じた法務サービスを提供いたします。

当事務所は、あらゆる法的ニーズに対し、国境を越え、各産業特有の背景を勘案のうえ業務を遂行しています。これまでに欧米企業による日本進出案件はもちろん、日本に根ざした外資系法律事務所として、特に日本企業による海外進出案件に重点的に取り組んできました。近年では、国内企業同士のM&A案件においても海外拠点の再編が必要となる等グローバルな視点からの対応が必須であり、当事務所の強みであるグローバルネットワークを活用して対応して

います。また、ITおよび通信産業、航空業界、製薬業界、エネルギー産業および化学業界における法的問題についても積極的に取り扱っています。

■設立・沿革

当事務所は、1890年、米国オハイオ州クリーブランドで誕生。2000年には「グラハム＆ジェイムズ法律事務所」を統合。2011年1月に英国系法律事務所「ハモンズ」、10月にオーストラリアの法律事務所「ミンター・エリスン・パース」を統合。2012年にシンガポールオフィス、ソウルオフィス、シドニーオフィスが新たに加わり、2015年6月に米国系法律事務所「パットン・ボグズ」を統合。現在21か国に44か所のオフィスを展開、1,500名の弁護士を擁し、弁護士総数において世界トップ25、ワールドワイドのオフィス拠点において世界トップ10に入る。

東京オフィスの歴史は、1955年、前身である「グラハム＆ジェイムズ」の初代東京オフィスまで遡り、当時の日本において業務を行っていた数少ない米国系法律事務所の1つ。1987年法律改正を受け、新たに外国法事務弁護士事務所を設置、2000年に「スクワイヤ・サンダース」と統合。2010年6月に日本で有数の知的財産案件を扱う「三木・吉田法律特許事務所」と統合。2014年7月には国内外の企業法務、国際取引、訴訟案件を専門に扱う「間宮総合法律事務所」と統合、日本での法務サービスの提供全般をさらに強化させる。同年、「パットン・ボグズ」との統合を機に、名称を「スクワイヤ外国法共同事業事務所」に変更。

代表者　黒須賢（第一東京弁護士会）	取扱言語　英語、その他、各国の言語で対応可能

スクワイヤ外国法共同事業法律事務所

取扱業務 M&A　クロスボーダー合併・買収手段の選択や戦略策定を含むプランニング、入札、デューデリジェンス、各国における各種規制のクリアランス、契約交渉、契約書作成、クロージングの管理／**知的財産・IT・エンターテイメント**　ライセンス契約、ソフトウェア取引、システム開発契約、電子メディア・出版業界における諸契約、知的財産権侵害への対応・交渉・訴訟、商標および意匠の出願・中間処理・争訟／**ファイナンス**　航空機ファイナンス、アセット・ファイナンス、プロジェクト・ファイナンス、不動産ファイナンス、コーポレートファイナス／**訴訟・裁判外紛争解決（ADR）**　国内争訟、海外争訟、米国におけるディスカバリー対応、国際仲裁、国内仲裁、調停／**各種許認可対応**　通信、航空、危険物／**独占禁止法**　日本における独占禁止法訴訟や米国における日本企業の反トラスト法訴訟・ADR案件、米国司法省・欧州委員会・日本の公正取引委員会による国際カルテル案件に関する調査への対応、各国の独占禁止法問題／**企業法務全般**／**国際商事取引**　ジョイント・ベンチャー契約、ライセンス契約、販売店契約、各種ファイナンス契約／**企業再編、事業再生および倒産関連**／**コーポレートガバナンス・コンプライアンス**／**金融・証券規制法**／**不動産取引**　不動産売買、不動産賃貸借／**労働関係**　国内外の企業における役員および従業員の雇用・解雇・その他の労働問題、インセンティブ・プログラムやリテンション・プログラムの提案、経営へのアドバイス、ハラスメントの紛争、不当解雇の紛争案件／**税務**　国内の税法および海外の国際租税法に関連する問題、国際取引・合併等の企業再編・業務提携・投資などの業務によって生じる米国および諸外国の租税法や租税条約上の問題

朝倉秀俊 1967東大文社会学BA、1979ワシントン大LLM、24期／**三木茂** 1968中大法、1980NY大取引法修士LS.LLM、26期／**吉田正夫** 1975東大法、29期／**広瀬久雄** 1976早大法LLB、31期／**小谷ゆり子** 1981筑波大社会学、1987ハーバード大法学修士、36期／**間宮順** 1983九大LLB、40期／**井口加奈子** 1986明学大法、2003ワシントン大LS知的財産法、50期／**山本和也** 1993上智大国際関係法、2003ペンシルバニア大法学修士、52期／**浦邊卓次郎** 1998東大法、2007ジョージ・ワシントン大法学修士、55期／**河田憲一郎** 2000青学大国際政治経済、2009南カリフォルニア大法学修士、56期／**吉村悦章** 1992早大LLB56期、56期／**山本智晴** 1999中大法、2012ノースウェスタン大LS法学修士、56期／**三輪星児** 2002慶大 文、2013南カリフォルニア大法学修士、59期／**狩野雅澄** 1995中大法、59期／**川口舞桂** 2003慶大LLB、59期／**島田紗綾** 2003東大法、2014ジョージタウン大法学修士、59期／**藤田明日香** 2000東大法、2012カリフォルニア大バークレー校LS法学修士、59期／**村川耕平** 2003東北大法、2006東北大LS法務博士、2014ノッティンガムLS Graduate Diploma in Law、60期／**藤村修平** 2004東大法、2006東大LS法務博士、2014NY大法学修士、60期／**上村智彦** 2004東大法、2006慶大LS法務博士専門職、2014ペンシルバニア大法学修士、61期／**木下聡子** 2004大阪市大BA、61期／**武田勝弘** 1996中大法、1999千葉大院法学修士、2008立命館大LS法務博士、63期　**外弁** 萩原康弘 1961慶大法LLB、1968ジョージワシントン大比較法学修士Masters of Comparative Law ／ Matthew Digby 1973ノートルダム大政治学BA、1975上智大院国際学MA、1978コロンビアLS.JD ／ Stephen E. Chelberg 1980スタンフォード大国際学BA、1983ミシガン大LS.JD ／**黒須賢** 1980 スタンフォード大国際学BA、1983ワシントン大LS.JD ／ Steven S. 土居 1983ポモナ大BA、1986カリフォルニア大ロサンゼルス校LS JD ／ Kate E. Kim 2003シカゴ大LS 法学博士、1997カリフォルニア大 バークレー校

海外拠点 世界21か国、44か所　**北米**　ウェストパーム・ビーチ、クリーブランド、コロンバス、サンフランシスコ、シンシナティ、ダラス、ディンバー、タンパ、ニューヨーク、ノーザン・バージニア、パロアルト、ヒューストン、フェニックス、マイアミ、ロサンゼルス、ワシントンDC／**南米**　サントドミンゴ／**欧州中近東**　キエフ、バーミンガム、パリ、ブダペスト、ブリュッセル、ブラティスラバ、プラハ、フランクフルト、ベルリン、マドリッド、モスクワ、マンチェスター、リーズ、ロンドン、ワルシャワ／**中近東**　アブダビ、ドーハ、ドバイ、リヤド／**アジア太平洋**　上海、シンガポール、シドニー、ソウル、東京、パース、北京、香港

須藤・髙井法律事務所
SUDOH & TAKAI LAW OFFICES

〒100-0006　東京都千代田区有楽町1-5-1　日比谷マリンビル8階
TEL　03-3519-7800　FAX　03-3519-7804
URL：http://www.stlo.gr.jp/　stlo.daihyo@stlo.gr.jp

所属弁護士全員が「法廷弁護士」を標榜し、各種訴訟(保全)活動に従事する事務所。そのため、会社法関係、企業再生・倒産処理、独禁法、信託法等から家事事件等まで扱った公刊判例も多く、予防法務も多く扱う。

■理念・特色

　私どもを取り巻く環境は、経済的にも政治的にも社会的にも大きな転換点に立っており、それらのシステムを支える法制度も大きく変わろうとしています。こうした変革期において、私どもは、これまでの経験を踏まえつつ、新たな変革の道筋を見定め、自らの拠って立つところを明確に意識しながら、それぞれの専門分野を探耕しつつ、少数精鋭の職人集団として組織的にリーガル・サービスを提供しております。時代の変化に流されることのない視座として法廷弁護士の原点に立ち戻り、常に疑問をもって事実に臨み、正しい事実認識に立脚して法律論を展開のうえ、私どもに与えられた法律問題を迅速かつ適確に処理することをめざしております。

　弁護士業務の基本は法廷弁護士としての活動にあるとの考え方のうえ、保全を含む訴訟事件に特に力を入れております。とりわけ、直接証拠の乏しい事件において、間接事実を積み上げるとともに経験則を駆使し、あるいは新たな判例をつくるべく解釈論を展開して、勝訴に導くことこそ弁護士冥利に尽きると心得ております。

　そのため訴訟取扱事件は、会社、金商、事業再生、一般民事、PL、保険、労働、建築・不動産、執行保全、知的財産、独禁、国際、刑事など多岐の法分野にわたっており、公刊された事件だけでも多数にのぼります(次頁事件参照)。

　訴訟事件のほかは、倒産処理事件(会社更生法、民事再生法、破産法、産業競争力強化法、特定調停、私的整理ガイドライン、特別清算、法人税法通達利用に係る通常清算等、それぞれ多数)、M&A案件、コーポレートガバナンス関係・コンプライアンス関係(株主総会指導、社外取締役・監査役、第三者委員会)、組織再編関係(合併、会社分割、株式交換、事業譲渡)の業務、さらに一般的な企業法務にかかる法律相談のほか、建築・不動産取引案件、不正競争防止法・独占禁止法案件、信託法・信託業法に関する法律相談業務、事業承継案件、家事事件など、多岐にわたる分野において、多種多様なクライアントの皆様のニーズに対応しております。

■設立・沿革

　1999年に、「あさひ法律事務所(現あさひ法律事務所、西村あさひ法律事務所)」のパートナーであった須藤修が独立し、同事務所アソシエイトであった髙井章光が参加して設立。

　その後、アソシエイト弁護士の人数を増やし、裁判官のキャリアを持つ檜山聡、公取委での勤務経験を有する秋葉健志がパートナー就任。

代表者	須藤修(第二東京弁護士会)
主な顧問先	医療機器・機械部品・電気機器・化学・鉄鋼製品・工作機械・検査装置・繊維・発電用プラント・照明機器・スポーツ用品等メーカー、銀行、空運、空港運営管理、商社、建設、船舶修繕、保険、不動産、印刷、音楽、広告、ビル管理、情報・通信、情報処理、M&Aアドバイザリー、飲食、フランチャイズ、小売・サービス、病院、公益法人等、多岐にわたります。
報酬体系	事務所報酬規程(日弁連旧報酬規程に準じたもの)による。着手金・成功報酬体系のほか、タイムチャージ制(弁護士の専門性に応じての対応)、顧問料制の対応が可能。

須藤・髙井法律事務所

|取扱業務| 株主総会指導、企業買収、株主代表訴訟、一般会社法法律相談・契約書作成業務、法的調査業務、合併・事業譲渡・会社分割等の組織再編、企業内紛争案件／会社更生、民事再生、破産、私的整理、倒産訴訟案件、企業再編案件、事業承継、創業支援／不競法、独禁法、PL法案件、知的財産権、労働問題／取引等関連・信託・金商・事故（不法行為）訴訟・交渉案件／不動産・建築関係、医療過誤、金銭貸借問題、遺産相続案件、家事事件等

|P|須藤修 1978東大、32期、2005バンダイナムコホールディングス社外監査役、2009楽天銀行社外取締役、2011三井倉庫ホールディングス社外監査役、2012アコーディアゴルフ社外取締役、信託法学会所属、二弁／髙井章光 1993東大、47期、東京法務局筆界調査委員（2006～11）、2009東京地方裁判所司法委員、東京家庭裁判所調停委員（2010～12）、東京商工会議所民法（債権法）改正検討専門委員会委員（2010～15）、司法試験考査委員（2011～13）、2011原子力損害賠償紛争審査会特別委員、2014日弁連中小企業法律支援センター事務局長、中小企業庁事業承継を中心とする事業活性化に関する検討会委員（2014～15）、2014東京商工会議所中小企業の法務対応に関する専門委員会委員、二弁／檜山聡 1996京大、50期、裁判官・東京地方裁判所・最高裁判所民事局等（1998～2004）、二弁／秋葉健志 1999慶大、56期、公正取引委員会審査官（2008～11）、二弁 |A|野口徹晴 2003早大、60期、二弁／加藤恒也 2007一橋大、63期、一弁／犬塚暁比古 2008明大、64期、二弁

|著作| 須藤修『子会社の解散・清算手続の実務』（商事法務）／同『委員会等設置会社への移行戦略』（共著、商事法務）／同『実務対応 新会社法Q&A』（共著、清文社）／同『合併・減資における信託の活用(上)(下)』（共著）商事法務1067・1069号／同『最近の判決等からみた従業員株主の位置づけ』商事法務1492号／髙井章光『新注釈民事再生法（第2版）』（共著、金融財政事情研究会）／同『中小企業のための金融円滑化法出口対応の手引き』（共著、商事法務）／同『論点体系 会社法4』（共著、第一法規）／『実務解説 会社法Q&A』（共著、ぎょうせい）／同『牽連破産に関する諸問題』『民事再生の実務と理論』（共著、商事法務）／同『倒産時整理解雇における「人員削減の必要性」要素の判断基準』『詳説 倒産と労働』（共著、商事法務）／同『倒産と担保・保証』（共著、商事法務）／同『新更生計画の実務と理論』（共著、商事法務）等／檜山聡「名誉毀損に該当する事実の真実性についての判断の基準時及び判断の際に考慮することができる証拠の範囲（最判平成14年1月29日）」『平成14年度主要民事判例解説』（判例タイムズ社）／同『知的財産訴訟手続法』（共著、青林書院）等／秋葉健志「独禁法事例速報 地方の有力小売業者について、優越的地位を認定した事例―ラルズ事件」ジュリスト1459号／同「公取委命令に対する不服申立て」（共著）ビジネス法務2014年7月号等

|事件| ①新株発行差止仮処分（東京地決平成16.6.1判時1873.159）②株主総会招集禁止仮処分（東京地決平成17.11.11金判1245.38）③取締役責任（東京地判平成23.11.24判時2153.109）④金商法21の2関連（東京高判平成23.4.13金判1374.30、最判平成25.3.26金判1419.9）⑤会社更生関係（東京地決平成11.6.30判時1703.163）／民事再生関係（最判平成23.3.1判時2114.52、東京地判平成21.9.29判タ1319.159）⑥特定目的会社による取引の問題（東京地判平成22.9.30判タ1342.167）⑦PL訴訟（東京地判平成11.8.31判時1687.39）⑧保険金請求（東京高判平成3.11.27判タ783.235、東京地判平成2.3.19判タ744.198）⑨労働事件（東京地判平成20.3.24労判963.47）⑩建物建築工事禁止（東京高判昭和60.3.26判時1151.24）⑪執行抗告（東京高決平成6.12.19判タ890.254）⑫商標使用禁止（横浜地判昭和60.10.25判時1172.134）⑬ジュネーブ条約に基づく請求（東京地判平成1.4.18判時1329.36）⑭暴行無罪事件（東京高判昭和56.4.1判タ442.163）等

スプリング法律事務所
Spring Partners Law Office

〒160-0017　東京都新宿区左門町3-1　左門イレブンビル7階
TEL　03-3352-8500　FAX　03-3353-0080
URL：http://www.spring-partners.com

 1989年の開設以来、弁理士や公認会計士等の隣接異業種専門家と協力しながら、多角的視点から総合的に法的アドバイスを行っている。

■理念・特色

当事務所は、隣接異業種専門家と協力しながら、特定の事業活動に関する法的規制や会計・税務リスクのみならず知的財産権戦略など多角的視点から総合的に問題点を検討し、依頼者にとって最適な解決策をアドバイスできる体制作りを心がけています。そして、企業経営・戦略に対する法的アドバイス・コンサルティングと精緻な契約書その他の文書の迅速かつ適時な提供、さらには紛争時における的確な訴訟活動を通じて、クライアントとの長期的な信頼関係を築き上げています。さらに、情報のボーダーレス化に伴って国際化しているビジネスに対応できるよう、日本の法体制やビジネスを熟知するだけでなく、国際的な感覚を兼ね備えた弁護士が海外との取引ニーズに応えるサービスを提供しております。

企業への継続的法律業務を中心としています。特定の企業における事業活動を法的側面からサポートする業務を長期的に継続することにより、弁護士が法令のみならずその業界の特性を十分に理解したうえでクライアント固有の問題点を正確に把握し適切に対応することが可能となります。また、日頃から弁護士、公認会計士、税理士その他の専門家と常に密接な関係を維持し、必要に応じ共同で迅速に対応できる体制を構築しておくことで、クライアントに対し緻密で総合的なサービスを提供でき、企業にとって安定した法務アウトソーシング先としても機能しています。

一方、個別案件の依頼についても、そのつど慎重に基礎事実を把握したうえで必要に応じて適切な人員体制で臨んでいます。当事務所の弁護士は、それぞれ独自に豊富な知識・経験のある分野を有しているため、案件に応じて必要十分なチームを組成することにより迅速なリーガルサービスを提供しています。

新規事業の展開の局面においては、法令および倫理規範を遵守しつつも、単なる規制の調査に留まらず、可能な代替スキーム案を提案するなど、クライアントとの共同作業を意識しています。紛争の未然防止に向けた法務サービスを中心としつつ、紛争解決のスキルも研鑽を積んでいます。

代表者　石原達夫（第一東京弁護士会）
取扱言語　英語、中国語
主な顧問先　銀行・信託銀行・その他の金融機関、証券会社、保険（共済）、投資顧問、投資法人、ベンチャーキャピタル、不動産開発・販売、総合商社、百貨店・スーパー、食品・飲料メーカー、飲食店、家電・インテリア・オフィス用品等販売、スポーツ用品・アパレルメーカー、データセンター、システム・ソフトウェア開発、ASPサービス、広告代理店、出版社、コンサルティング・調査会社、娯楽施設運営、学校法人、教育産業、医療・福祉法人、など
報酬体系　事務所報酬規程（日弁連旧報酬規程に準拠しつつ当事務所独自に変更を加えたもの）。報酬金等とタイムチャージの双方対応／タイムチャージ：パートナー30,000円〜50,000円、アソシエイト20,000円〜30,000円。

取扱業務 一般企業法務・企業コンプライアンス　企業活動に関わる法令に基づく広範な助言／**事業創出**／新規事業のスキーム構築支援、IPO支援、関連法令等の法務調査、新会社の資本政策に関する助言、新規事業関連契約書等の作成／**企業提携・M&A・企業再編・事業承継**　国内外の企業提携（資本提携、事業提携）におけるスキーム構築、知的財産権ライセンス契約・M&Aスキーム提案、デュー・ディリジェンスの実行、条件交渉、契約書作成・企業防衛策・TOB・MBOに関する助言、企業再編、企業再生、中小企業事業承継／**会社法（商事）関連**　株主総会等会社経営・組織運営への助言、会社法（商事）分野における訴訟・仮処分事件、組織関連諸規則の整備等／**金融・資金調達関連**　事業の特性に応じたプロジェクトファイナンス・ストラクチャードファイナンスに関するアドバイスおよび契約書類等の作成、社債・増資等による資金調達の法務支援／**不動産取引関連**　売買、賃貸借の他、区分所有権や共有持分権に関する不動産取引における契約交渉、契約書作成、信託法・信託業法や金融商品取引法における法的問題の検討／**知的財産関連**　特許権、実用新案権、意匠権、商標権、著作権等の侵害に関わる訴訟・仮処分事件、無効審判事件や審決取消訴訟についての各種対応、共同研究開発やライセンス契約等の知的財産権が関わる取引における助言、契約交渉・契約書の作成／**労働法関連**　雇用関連諸規則の整備、労働関連法令・規則等の遵守に関する助言、企業再編の過程において生じる労働法務、労務問題を把握するためのデュー・ディリジェンス、労働審判・訴訟等の手続における対応、社内不正対応・再発防止策の助言／**企業・事業再生・倒産処理**　各種再建方法の助言・立案支援、民事再生・会社更生等の手続開始申立代理、事業譲渡および会社分割、DIPファイナンスやデッド・エクイティ・スワップ等を利用した事業再生における法的助言、法的整理手続代理、事業再生ADR、企業再生支援機構等を用いた各種再建案件に関する再建計画案の法的検証等を通じた助言／**国際取引・国際業務**　日本企業と海外企業との各種取引に関する助言・契約書作成、外資系企業に対する海外グループ会社間の法的業務サポート、国際商事仲裁手続における代理／**その他**　一般民事、家事、相続、強制執行・担保権実行等各種争訟案件における代理、裁判外紛争手続（ADR）への対応、刑事弁護活動、企業内の不祥事発生後の調査活動、告訴状の作成・提出その他の対応

P石原達夫 1974慶大法、32期、元検察官、東京簡易裁判所民事調停委員、元一弁司法修習委員会指導委員長、元一弁常議員会副議長／**出縄正人** 1986慶大法、42期、Georgetown University (Washington D.C.) Law Center (LLM)、元慶大法非常勤講師、慶大LS非常勤講師、日本プライムリアルティ投資法人監督役員、イチカワ社外監査役、元最高裁司法研修所民事弁護上席教官、一弁金商法部会副部会長／**平石孝行** 1988慶大法、44期、University of Connecticut School of Law (LLM)、Pillsbury Winthrop Shaw Pittman (LLP) (Los Angeles)、慶大LS非常勤講師、大和証券オフィス投資法人監督役員／**小野顕** 1994早大法、50期、San Diego University School of Law (LLM; Comparative Law)、New York University School of Law (Trade Regulation LLM; concentration in intellectual property)、野村不動産ホールディングス社外取締役、メガロス社外監査役／**増本善丈** 1995慶大法院、53期、元慶大LS非常勤講師、エムアールアイ債権回収取締役弁護士、元日弁連代議員、元東弁常議員／**新保雄司** 1999慶大法、54期、元日弁連代議員、元一弁常議員／**福山靖子** 1997早大法、54期、University of Southern California School of Law (LLM)、McGuireWoods (LLP) (Los Angeles)、NY州弁護士／**藤原孝仁** 2002慶大法、56期／**里見剛** 2000早大法院、57期、School of International Education, Shanghai Jiao Tong University、上海里格律師事務所／**中野丈** 1999東大農、58期、ネットマーケティング社外監査役、一弁業務改革委員会第4部会長／**髙橋祥子** 2001慶大法、59期　**A北野孝輔** 2002東大法、60期／**小山航** 2009東大LS、63期／**伊藤誠吾** 2011慶大LS、65期／**石井林太郎** 2012慶大LS、66期

事件 顧客に対する秘密保持義務との関係で具体的な案件概要は非公表にしている。

成和明哲法律事務所
Seiwa Meitetsu Law Office

〒105-6031　東京都港区虎ノ門4-3-1　城山トラストタワー31階
TEL　03-5405-4080　FAX　03-5405-4081
URL：http://www.seiwa-meitetsu.jp/　sec@seiwa-meitetsu.jp

20（±0）			
P 14	A 5	顧 1	
男 15	女 5		
外弁 0	外資 0		
他士 1	事務 15		

会社法、倒産法など企業法務における専門家が集結して誕生した企業法務の総合事務所。20名の弁護士が機動的に企業マインドを第一に考えたリーガル・サービスを提供する。

■理念・特色

当事務所の基本理念は、「企業マインドを第一に考える。」これが、私たちのあらゆる判断と行動の基準となっています。

私たちは、さまざまなリスクにさらされている顧客企業に対して、単なる法務的な見地を超えて、「あらゆるリスクを回避する方策」を提言し、仮に、万一リスクにさらされてしまった場合には、そこからの「最良の打開策」を提案します。

このため、私たちは、日々の実務に際して、「スピード（迅速性・クイックレスポンス）」、「正確性（専門知識の深耕）」、「実現性（どのようにして結果を導き出せるか）」の3つの要素を重要視しています。

当事務所の業務分野は、さまざまな業種の顧客企業に対する企業法務全般に及びますが、特に①株主総会指導、M&Aをはじめとした会社法・金融商品取引法関連業務や、コンプライアンス、内部統制、コーポレートガバナンス、リスクマネジメントを中核とした企業法務分野、②法的・私的を問わず、事業再生や倒産処理分野に、豊富な実績と経験、高度な専門性を持ちます。

また、所属弁護士は、多数の企業の社外取締役や社外監査役に就任し、法律専門家の視点から、企業経営に参画しています。倒産法分野での実績は豊富で、更生管財人経験者が3名、民事再生の監督委員経験者が7名在籍しています。

■設立・沿革

当事務所は、取り扱う案件が複雑化し、より高度で幅広い専門知識とノウハウが求められてきているなかで、専門性と総合力のさらなる向上のため、3つの法律事務所が2008年4月に統合して、新たなスタートを切りました。それぞれの事務所は、法制審議会幹事、新・旧司法試験考査委員（商法担当）、第一東京弁護士会会社法研究部会、倒産法部会の部会長を輩出するなど、会社法を中心とする企業法務分野や倒産法関連分野で実績を重ねてきました。

取扱言語　英語	報酬体系　案件によって異なるが、事務所報酬規程（日弁連旧報酬規程に変更を加えたもの）に基づく。着手金・報酬金等とタイムチャージの双方対応可能。顧問料、着手金・報酬金の額は、相談のうえ決定する。タイムチャージは担当弁護士ごとに異なる。
主な顧問先　各種製造業、総合商社、建設、不動産、小売、飲食、サービス業、人材派遣業、保険会社、食品、証券会社、アパレル、芸能事務所、エンターテイメント、IT関連、医療法人、公的機関等多岐にわたる。	

成和明哲法律事務所

取扱業務 **企業法務全般** 株主総会指導、各種法的問題（会社法、金融商品取引法、独占禁止法、民法、倒産法、労働法、知的財産法、租税法、会計等）に関する調査・検討・助言等、意見書の作成、コンプライアンス・内部統制・コーポレートガバナンス等に関する助言・サポート、不祥事対応・不正調査、契約書の作成・審査、役員・社員研修、内部通報窓口等／**M&A** 各種事業再編手続に関するスキーム検討、DD、契約書作成・締結交渉等／**紛争処理** 商事関連訴訟、債権回収（保全・執行含む）、労働事件、税務争訟、知的財産争訟、ADR等／**事業再生・倒産** 民事再生、会社更生、破産、特別清算等の法的倒産手続の申立代理人および管財人・監督委員、私的再生手続のアドバイザー等

P **渡邊顯** 1970早大法、25期、一弁、ファーストリテイリング社外監査役、前田建設工業社外取締役、KADOKAWA・DWANGO社外監査役、MS&ADインシュアランスホールディングス社外取締役、ジャパンパイル取締役、ダンロップスポーツ社外監査役／**土岐敦司** 1979早大法、35期、一弁、丸山製作所社外監査役、日鉄住金テックスエンジ社外監査役、（一社）日本経済団体連合会監事／**卜部忠史** 1979早大法、35期、東弁、元司法研修所民事弁護教官／**渡辺昭典** 1984東大法、38期、一弁／**田代桂子** 東大法、39期、二弁／**辺見紀男** 1981中大法、41期、一弁、元旧司法試験第二次試験考査委員（商法担当）／**福田大助** 東大経、42期、一弁、法大経営大学院兼任講師、田中商事社外監査役／**武井洋一** 1984東大教養、45期、一弁、日本トムソン社外取締役、山崎金属産業社外監査役／**飯田直樹** 1987立大経、51期、一弁、山野楽器社外監査役、文教堂グループホールディングス社外取締役、富士紡ホールディングス社外監査役／**西村賢** 1995千葉大法経、53期、一弁、宇野澤組鐵工所社外監査役／**佐藤弘康** 1997早大法、54期、一弁、メドピア社外監査役／**中島雪枝** 明大法54期、一弁、トスコ社外監査役／**山内宏光** 1997中大院、54期、一弁／**樋口達** 1993東大経、55期、一弁、公認会計士、青学大院非常勤講師 A **村瀬幸子** 立大法、61期、一弁／**山下成美** 慶大法、慶大LS、63期、一弁／**多田啓太郎** 北大法、北大LS中退、65期、一弁／**小松真理子** 京大法、首都大LS、67期、一弁／**西山諒** 慶大法、慶大LS、67期、一弁 顧 **西江章** 1974京大法、2008登録、一弁、横浜市大国際マネジメント研究科客員教授、二葉社外監査役、三栄源エフ・エフ・アイ社外監査役

著作 『100分でわかる企業法務（角川Oneテーマ21）』（KADOKAWA）／『企業再生の現場から』（商事法務）／『コーポレートガバナンス・コードを読み解く』（商事法務）／『企業再編の理論と実務』（商事法務）／『濫用的会社分割』（商事法務）／『株式交換・株式移転の理論・実務と書式』（民事法研究会）／『倒産・再生再編六法』（民事法研究会）／『同族会社実務大全』（清文社）／『法務Q&A 会計不正対応と予防のポイント』（中央経済社）／『会計不正が株主総会に与える影響の事例分析（別冊商事法務）』（商事法務）／『非公開会社・子会社のための会社法実務ハンドブック』（商事法務）／『敵対的買収と企業防衛』（日本経済新聞社）／『こんなときどうする会社役員の責任Q&A』（第一法規出版）／『役員の責任と株主代表訴訟の実務』（新日本法規出版）など多数

事件 東京共同銀行・わかしお銀行検査役／大同コンクリート工業、目黒雅叙園、浅草花やしき、カントリー・クラブザ・ファースト、トスコ、東宮開発の各更生管財人／あおみ建設、プロパスト、ニチモ、アーム電子、エルピーダメモリなどの各調査委員・監督委員／安愚楽牧場の破産管財人／オリンパスの監査役等責任調査委員会の調査委員など

曾我法律事務所
Soga Law Office

〒160-0003　東京都新宿区本塩町7-6　四谷ワイズビル2階
TEL　03-5919-3022　FAX　03-5919-3350
URL：http://sogalaw.com/　office@sogalaw.com

10 (-1)	
P 6 A 4 顧 0	
男 8 女 2	
外弁 0 外資 6	
他士 1 事務 7	

A			国際
		独禁	MA

中国、ベトナム等のアジア諸国の渉外業務に強い中堅事務所で、出版物の刊行、専門誌への寄稿、講演活動等も多い。2000年以降、幾度の合併・再編等を経て、2012年、現事務所開設に至る。

■理念・特色

在籍弁護士の多様な国際経験　当事務所の弁護士・会計士はいずれも中国（および米国）への留学経験を有しており、主要な弁護士は日本企業の中国進出が本格化した1990年代初頭から中国その他各種の渉外法律業務に携わって参りました。中国以外の渉外法務および国内法務をも含めた企業の多種多様なニーズに対して豊富な経験とノウハウに基づく実践的なアドバイス・解決策を提示しています。

国際税務も含めた総合的なアドバイス　当事務所所属の公認会計士（税理士）と協働することにより、法務だけではなく、税務や財務分析の観点も含めた総合的なアドバイスも行います。

世界各国についてのリーガルサービス　当事務所は、企業のグローバル取引に関わる法務業務全般で日本企業を代理することが可能です。当事務所は、中国の大手法律事務所である浩天信和律師事務所と提携（北京・上海に人員の長期派遣）しているのみならず、世界65か国の89にわたる構成員からなる国際的な法律事務所ネットワークであるADVOC（http://www.advoc.com/）の日本で唯一の加盟事務所です。各国の現地事務所との緊密な連携（長期協働関係）により、アジア以外の国についても広くリーガルサービスを提供しています。

出版および講演活動　『中国法律基礎講座Q&A』、『中国契約マニュアル』、『中国法務ハンドブック』、『インドネシア法務ハンドブック』、『ベトナム法務ハンドブック』、『インド法務ハンドブック』等の書籍の出版、専門誌等での連載および各種研究会等における講演等を広く実施しております。

当事務所の取扱分野は国内外を問わず多岐にわたりますが、なかでもアジア諸国を主な対象とした渉外業務（現法設立、M&A、組織再編、現地法制に係る助言、各種契約等の文書作成業務、翻訳業務）、国際的な紛争処理（外国および国内での訴訟・仲裁）、通商法案件（アンチダンピング等）、海外証券市場におけるIPOその他金融、顧客企業の国内法務ニーズへの対応等に力を入れています。

■設立・沿革

当事務所は主に中国、ベトナムおよびその他のアジア諸国を中心とした渉外業務に従事していた弁護士、律師（中国弁護士）その他の専門家が2012年に他の事務所の部門ごと分離して開設した法律事務所です。

代表者　曾我貴志（東京弁護士会）	**小売業等々**
取扱言語　英語、中国語、ベトナム語	**報酬体系**　原則としてタイムチャージ制。顧問契約または着手金・報酬金によることも可。タイムチャージ　パートナー30,000円～43,000円、アソシエイト20,000円～30,000円。
主な顧問先　中央官庁、金融機関、証券会社、保険、商社、各種メーカー、流通、不動産、マスコミ、エンターテイメント、IT関連、服飾、	

取扱業務

国際法務（過去の実績として、アジアでは、中国、台湾、香港、シンガポール、ベトナム、韓国、タイ、マレーシア、インドネシア、カンボジア、フィリピン、ミャンマー、ラオス、インド、モンゴル、ブルネイ、バングラデシュ、トルコ、メキシコ等）　日本企業の対外投資全般（合弁その他の形式による進出、M&A、デューデリジェンス調査、現地法人の運営・組織再編、撤退等）／日本企業の外国企業との国際取引全般（貿易、技術支援、サービス取引等）／日本企業の外国における紛争解決（訴訟、仲裁）／日本企業と外国との通商問題（アンチダンピング、企業結合等）／日本企業の外国におけるファイナンス（IPO、リース、ローン等）／外国における知的財産権問題／日中英文の法律文書の作成・翻訳／その他諸外国の法令・規制調査、外国企業等との契約交渉全般

国内法務　一般企業法務／M&A、組織再編／各種コンプライアンス関連／日本における紛争解決（訴訟、仲裁等）／通商法関連／外国企業の対日投資全般／親族・相続（渉外事件を含む）／各種法令・規制調査、法律文書の作成、契約交渉全般

P **曾我貴志** 1988東大、42期、東弁、1993ミシガン大LLM、NY州弁護士、国際商事法研究所中国法研究会主査（1998～）、上海市仲裁委員会仲裁人（2007～）／**森川伸吾** 1991東大、45期、東弁、NY大LLM、国際商事法研究所中国法研究会主査（1996～98）、京大院教授（2005～08）、立大特任教授（2009～13）／**粟津卓郎** 1997東大、51期、二弁、NY州弁護士、CA州弁護士、日弁連：中小企業の海外展開支援事業のWG幹事およびベトナム専門アドバイザー、国際経済法学会員等／**今井崇敦** 1994早大、伊藤忠商事（～2002）、2006学習院大LS、61期、東弁／**大峽通生** 1992早大、丸紅（～2003）、2008青学大LS、62期、東弁／**住田尚之** 2002早大院、56期、東弁、浩天信和律師事務所顧問（2012～）

A **谷友輔** 2004早大、2007早大LS、61期、東弁／**岩井久美子** 2001慶大、2006慶大LS、61期、東弁、知財管理技能検定委員（2013～）／**田原直子** 2008慶大LS、62期、東弁／**井村俊介** 2008東大、2010東大LS、65期、東弁

他士 **金子広行** 1998早大、2005公認会計士、2007税理士

著作（下記以外にも連載、論文多数。事務所HP参照）

曾我貴志『中国法律基礎講座Q&A（1～200回）』（NNA、1999～2002）／曾我貴志・谷友輔『中国契約マニュアル―主要契約条項の日中対照文例集（第3版）』（中央経済社、2011）／森川伸吾・住田尚之・谷友輔・岩井久美子・金子広行『中国法務ハンドブック』（中央経済社、2013）／田原直子・岩井久美子・金子広行『インドネシア法務ハンドブック』（中央経済社、2013）／粟津卓郎・岩井久美子・金子広行他『ベトナム法務ハンドブック』（中央経済社、2013）／谷友輔・岩井久美子・金子広行『インド法務ハンドブック』（中央経済社、2014）

ゾンデルホフ&アインゼル法律特許事務所
Sonderhoff & Einsel Law and Patent Office

〒100-0005　東京都千代田区丸の内1-6-2　新丸の内センタービルディング18・19階
TEL　03-5220-6500　　FAX　03-5220-6583
URL：http://se1910.com/　　LAW@se1910.com

日本で活動するドイツ等の欧州企業および海外に進出する本邦企業に対し、わが国・海外双方にわたって、知的財産権・会社法・労働・紛争解決等の企業法務全般にわたるリーガル・サービスを提供。

	6（+2）	
男5		女1
外弁1		外資2
他士 38		事務 137

A		知財
		国際 訴訟

■理念・特色

　当事務所は、1910年に設立されて以来、欧州（主にドイツ、スイス、オーストリア）の企業を中心とする内外の企業に対し、企業法務、民刑事・知的財産権訴訟他紛争処理、および知的財産権に係わる出願・管理を中心とするリーガルおよびIPサービスを提供してまいりました。また弊事務所は、ドイツおよびオーストリアの両大使館からも信任を受けており、ドイツ商工会議所、欧州ビジネス協会および独日法律家協会等とも協力関係を構築するなど日本におけるヨーロッパおよびドイツのクライアントと長年にわたって良好な関係を築いています。

　これに加え最近は、欧州の企業のみならず、米国やアジアの企業の本邦内の活動の支援に力を入れるとともに、わが国企業に対しては、その海外進出の支援や当事務所の強みでもある知的財産権をはじめとする本邦内外のさまざまな法律問題にも積極的に取り組み、知財・渉外関係を核とした企業法務全般に業容を拡大しており、「ドイツ関係に強いゾンデルホフ＆アインゼル」から、渉外や知財を中心とした総合的な企業法務の総合法律特許事務所をめざして所員一同努力しているところです。

　当事務所の強みの1つに、英独中日本語でのコミュニケーションが可能でありdiversityが進んでいることがあります。お客様はご自身の母国語を話す専門家（場合によってはスタッフを通じて）とのコミュニケーションが可能なだけでなく、欧州や米国・アジア諸国と日本との法文化の差を理解し、生ずるかもしれない不確実性や誤解に対して迅速かつ適確に対応するサービスを受けることができます。

■設立・沿革

　当事務所は、1910年にわが国において弁理士として登録を許されたカール・フォクト博士を中心とする在日ドイツ人により設立。

　その後、最高裁よりドイツ国人およびドイツ法に関する法律業務を許されたローランド・ゾンデルホフ法学博士を中心に業容を拡大。

　2005年からは、同博士と現在の代表アインゼル・フェリックス弁理士に由来するゾンデルホフ＆アインゼル法律特許事務所となりました。

代表者　アインゼル・フェリックス＝ラインハルト（日本弁理士会）、伊佐次啓二（第二東京弁護士会）	計・服飾品製造業、スポーツ用品製造業（いずれもわが国、ドイツ、スイス、オーストリアその他の海外上場企業またはその関連会社・子会社）
支店　北京提携事務所（知財関係）	報酬体系　主にタイムチャージで対応しており、担当弁護士の経験や専門性に応じて、基本的に25,000円～50,000円までのタイムチャージで請求。また、実際の案件では依頼者の要望に応じて、あらかじめ見積もりを提出することも可能であり、案件内容によっては定額による事件処理もあり、適宜、月額顧問料で応じることもある。
取扱言語　ドイツ語、英語、中国語	
主な顧問先　ドイツ連邦共和国大使館・オーストリア共和国大使館、自動車製造・自動車部品製造・航空会社・総合商社・電子部品製造・医療機器・薬品製造・精密機械製造業・写真フィルム製造業・食品製造業、可視光通信事業、宝飾品・時	

ゾンデルホフ&アインゼル法律特許事務所

取扱業務 **知的財産法務・IT** 著作権法、ライセンス、偽造品・模造品対策、知財紛争、IT・情報セキュリティ／**一般企業法務** 会社設立、株主総会対応、コーポレート・ガバナンス、各種契約書の作成・レビュー／**M&A・企業再編法務** 合併、株式譲渡、事業譲渡、株式交換、株式移転、会社分割、資本・業務提携、ジョイントベンチャー、公開買付・MBO・キャッシュアウト、法務デューデリジェンス／**ファイナンス法務** バンキング、アセットファイナンス（航空機・不動産等）、LBOファイナンス、保険／**人事労務法務** 人事労務に関するコンプライアンス、制度構築（就業規則の策定・改定等）、企業年金制度、労働組合対応、労働紛争／**規制・行政対応法務** 銀行法、金融商品取引法、競争関連法、保険業法、政治資金規正法、米国海外腐敗行為防止法／**訴訟・紛争解決法務** 訴訟・ADR、国際商事仲裁、知財紛争、労働紛争／**刑事法務** 刑法・金融商品取引法・独占禁止法等の企業・個人の犯罪に関する刑事事件／**倒産・事業再生法務** 破産、民事再生、会社更生、特別清算、私的整理／**個人法務** 渉外相続・国内相続、その他

伊佐次啓二 1979東大法、33期、1989ミシガン大LLM修了、二弁／**山下淳** 1984東大法、40期、1993ワシントン大LLM修了、二弁、2015黒田電気社外取締役／**木村育代** 1996慶大法、56期、東弁／**大杉真** 2002慶大法、57期、2010南カリフォルニア大LLM修了、二弁／**松永章吾** 1993早大法、61期、東弁、ワシントン大LS客員研究員（2013～14）／**坂井健吾** 2008東大法、2010東大LS、64期、二弁／**グラント田辺** 1992ハワイ大法、1997ウィラメッテ・カレッジ・オブ・ロー LLM、2003ハワイ大MBA修了、2011外国法事務弁護士（米国ハワイ法）、二弁／**アインゼル・フェリックス＝ラインハルト** 1987立大法、1993ワシントン大LLM修了、1999弁理士、2004東京理科大工

著作 伊佐次啓二・山下淳「米国反トラスト法への企業対応―刑事罰の事実上の手続管轄とその背景から考察する」NBL 1010号（2013）／伊佐次啓二他「海外で発行されるファンド証券に対する日本法上のライセンス規制」商事法務1989号（2013）／伊佐次啓二「ケースでわかる金融商品取引法」（自由国民社、2009）／山下淳「企業年金―特に厚生年金基金の抱える大きな課題」NBL 987号（2012）／同「疑問符つくガバナンス論議」年金情報557号（2011）／松永章吾「ドイツにおける特許権侵害訴訟手続及びFRAND問題の概観」特許ニュース No.13917（2015）／同「標準規格必須特許に基づく差止の可否について判断した欧州連合司法裁判所意見（2014年11月20日）についての考察」特許ニュース No.13865（2014）／アインゼル・フェリックス＝ラインハルト「独欧日における記載要件の判断についての比較法的考察」『明細書を巡る諸問題（別冊パテント第9号）』（日本弁理士会、2013）／同「欧州における知財の動き」『年報知的財産法2014』（日本評論社、2014）

事件 知的財産権関係（労働者の退職後の秘密保持関係紛争案件、いわゆる偽造品や模造品対策案件関与多数、漫画著作権に関する東京地判平成25.10.10裁判所Web）、労働関係事件（東京地判平成22.3.18労判1011.73、東京地判平成23.10.31判時2145.121）、航空事故賠償関係（名古屋地判平成15.12.26判時1854.63―いわゆる中華航空エアバス機墜落事件、東京地判平成9.7.16判時1619.17―いわゆる大韓航空機撃墜事件その他多数）、刑事事件（名古屋高判平成19.1.9判タ1235.136―いわゆる日航機乱高下事故無罪判決、東京高判平成27.3.13公刊物未登載―いわゆるAIJ投資顧問詐欺被告事件高裁判決）、医療訴訟、企業間の民商事紛争事件。他に、日本商事仲裁協会における代理等

東京

第一協同法律事務所
Daiichi Kyodo Law Office

〒100-0005　東京都千代田区丸の内3-3-1　新東京ビル9階917区
TEL　03-5220-3361　FAX　03-5220-3363
URL：http://www.daiichi-kyodo.gr.jp/

　1961年の創設当初から現在に至るまで使用者側の人事・労務専門事務所として実績を挙げてきた。会社法関連事件や医療事件をはじめとする損害賠償請求事件等も数多く手がけている。

9 (±0)	
P 5	A 3	顧 1
男 9	女 0
外弁 0	外資 0
他士 0	事務 4

A		労働
	訴訟	会社

■理念・特色

　当事務所は、1961年の発足当初から、各種大型労使紛争に使用者側代理人として関与し、以降、整理解雇事件、賃金差別事件、不当労働行為事件、業務妨害禁止仮処分事件、じん肺・アスベスト等の労災事件等の大型労働案件で実績を挙げてきました。また、社会情勢の変化に応じて、近時は解雇、雇止め、未払残業代訴訟等個別の労使紛争やメンタルヘルス、労災問題に関わる訴訟事件に関与し、使用者勝訴の多くの判決を獲得してきました。労働審判や合同労組との団交への代理出席などの比重も多くなってきています。人事・労務関係以外でも、会社分割、株主総会等の商事関係や、医療過誤事件・相続事件等々にも多くの経験を積み重ねてきました。

　今後とも企業の人事・労働問題に関する豊富な経験と実績を基に、企業が抱える諸問題を迅速かつ的確に解決できるリーガルサービスを提供して参ります。

　当事務所は創立以来、50年以上リーガルサービスを提供しておりますが、そのなかで、主に人事・労務・総務を中心とする企業法務を取り扱い、経験とノウハウを蓄積してきました。特に労働法の分野では、判例集や教科書にも取り上げられた裁判に数多く携わってきました。

　事業再編の成否が企業の死命を制するともいわれる今日、従業員の身分関係の変化に対応する人事面での知識・ノウハウはきわめて重要であり、クライアントからのニーズも旺盛です。

■設立・沿革

　1961年1月、渡邉修弁護士が竹内桃太郎弁護士と港区虎ノ門（佐久間町）に、「渡邉・竹内法律事務所」を設立しました。その後、山西弁護士らが加入し、1972年6月、事務所名称を現在の「第一協同法律事務所」と改めました。

　2002年1月、事務所を新東京ビル（丸の内）に移転し、現在に至っています。

代表者　山西克彦（第一東京弁護士会）	
主な顧問先　官公庁、独立行政法人、自動車、電気、金属、セメント、食料品、機械、化学、商社、製薬、建設、不動産関連、金融（銀行、保険、信販等）、交通機関（航空、鉄道、バス、タクシー等）、マスコミ（放送局、新聞、出版）、物流・運送、IT関連、小売業、ホテル業、医療機関、教育関係など多数	
報酬体系　日弁連旧報酬規程を参考にした事務所報酬等基準規程による。着手金・報酬金方式とタイムチャージ（時間制）方式のいずれでも対応可能。	

取扱業務 人事・労務問題全般（企業側） 個別的・集団的労使問題・人事諸制度、人事関係諸規程等に関するアドバイス業務、訴訟・労働審判・紛争調整委員会によるあっせん・労働委員会への対応業務、労働局・労働基準監督署の臨検監督・指導・勧告等に対する対応業務、労働組合対応（団体交渉への出席等）、企業再編における人事労務相談への対応、従業員の不祥事対応、リストラクチャリングに関する実務指導、コンプライアンス案件に関連する調査業務、メンタルヘルス、ハラスメント問題対応。このほかにも、労務管理全般に関する経営者・管理者・従業員向けの研修、一般向け講演を実施／**その他の企業法務** 株主総会指導、会社法・各種契約に関するアドバイス、社外通報窓口業務、債権の保全・回収業務、建築関係訴訟、IT関連訴訟、医療過誤訴訟、製造物責任関連訴訟など／**倒産関連業務** 破産手続・再生手続の各申立て、破産管財人等／**一般民事・家事事件** 相続紛争、離婚訴訟、賃貸借紛争、交通事故等／**刑事事件**

P 山西克彦 1966東大法、22期、JPN債権回収取締役／冨田武夫 1974一橋大法、28期／伊藤昌毅 1981東大法、日本経営者団体連盟勤務、36期、経営法曹会議事務局長／峰隆之 1987東大法、44期、東大LS客員教授／山畑茂之 2001慶大法、55期 A 平野剛 2001早大法、56期／西芳宏 1996東大法、阪大LS、61期／小山博章 2004早大教、2007慶大LS、61期 顧 吉澤貞男 1956東大法、10期
以上すべて一弁。

著作 山西克彦『パートタイマー・アルバイト・派遣労働者等の雇用管理の実務』（共著、新日本法規出版）／同『労働訴訟』（共著、日経連出版部）／同〔執筆〕経営法曹会議編『最高裁労働判例』（共著、日経連出版部）／山西・冨田武夫『労働法実務ハンドブック（第3版）』（共著、中央経済社）／冨田『最新実務労働災害―労災補償と安全配慮義務』（共著、三協法規出版）／伊藤昌毅『フロー＆チェック 労務コンプライアンスの手引』（編集代表、新日本法規出版）／同『実務に効く労働判例精選』（共著、有斐閣）／同『民事判例IV―2011年後期』（共著、日本評論社）／同『事例解説 出向・転籍・退職・解雇』（編集委員、第一法規出版）／同『解雇・退職の判例と実務』（共著、第一法規出版）／峰隆之『賃金・賞与・退職金Q&A』（労務行政研究所）／同『おもしろくてよくわかる労働基準法の話と実務』（日本法令）／同『個別労働紛争―実践的解決対応マニュアル』（日本法令）／同『ダラダラ残業防止のための就業規則と実務対応』（共著、日本法令）／同『これだけはやっておく 改正労働基準法 育児介護休業法の対応業務チェックリスト』（共著、日本法令）／同監修『有期雇用のトラブル対応実務 チェックリスト』（日本法令）／同『震災に伴う人事労務管理上の諸問題』（労働開発研究会）／同『Q&A震災後の人事労務・賃金管理』（日本経団連出版）／山畑茂之『現代労務管理要覧』（共著、新日本法規出版）／同『Q&A人事労務規程変更マニュアル』（共著、新日本法規出版）ほか多数

事件 日本政策金融公庫過労死事件（大阪高判平成26.7.17労判1108.13、最決平成27.8.26）／リバース東京事件（東京地判平成27.1.16労経速2237.11）／ウェザーニューズ事件（東京地判平成25.5.28）／ソクハイ事件（東京地判平成22.4.28労判1010.25）／朝日新聞社（国際編集部記者）事件（東京高判平成19.11.29労判951.31）／東京海上日動火災保険配転事件（東京地判平成19.3.26労判941.33）／スズキ（思想差別）事件（東京高判平成18.12.7労経速1961.3）／国民生活金融公庫賃金差別事件（東京高判平成16.11.17労判902.127）／第三銀行（複線型コース別制度）事件（津地判平成16.10.28労判883.5）／日本航空（操縦士）事件（東京高判平成15.12.11労判871.131）／日本リーバ事件（東京地判平成14.12.20労判845.44）／石灰石じん肺事件（東京高判平成13.10.23労判時1768.138）／東京海上火災保険（普通解雇）事件（東京地判平成12.7.28労判797.65）／片山組（差戻審上告）事件（最判平成12.6.27労判784.14）／筑豊じん肺事件（福岡地飯塚支判平成7.7.20労判898.61）／東京電力賃金差別事件（長野地判平成6.3.31労判660.73／前橋地判平成5.8.24労判635.22）／東芝アンペックス整理解雇事件（横浜地決昭和58.1.28労判406.65） ほか多数

東京

第一協同法律事務所

第一芙蓉法律事務所
DAI-ICHI FUYO LAW OFFICE

〒100－6012　東京都千代田区霞が関3－2－5　霞が関ビル12階
TEL　03-3546-7751　FAX　03-3546-7760
URL：http://www.daiichifuyo.gr.jp

使用者側の人事・労務専門事務所。1986年、故竹内桃太郎弁護士等（6名）が「橋本合同法律事務所」から独立して開設した。所属弁護士による労働関係著書も多い。

14 (－1)			
P 10	A 4	顧 0	
男 12	女 2		
外弁 0	外資 0		
他士 0	事務 8		

A			労働
		訴訟	会社

■理念・特色

当事務所は、開設以来一貫して、主として企業側の立場で人事・労務に係る問題の事前相談および紛争処理業務に関与し、単なる法律相談にとどまらず、紛争の予防と円満解決のためのアドバイス、コンサルタントを行ってまいりました。

当事務所の伝統的な特色としては、何よりも初代所長であった故竹内桃太郎弁護士らの豊富な実務経験により蓄積され、伝承されてきたノウハウに裏打ちされた、団体的労使関係業務（労働組合対応業務）に関するアドバイス・紛争処理を得手としているところが挙げられます。

さらに当事務所は、こうした「伝統的な強み」に加え、近時のめまぐるしい労働関係法規の改正の動向についてはもちろんのこと、裁判実務・行政実務の動向についても常にアンテナを張り巡らせ、「現場」の「生きた」情報をクライアントの皆様に提供することにより、団体的労使関係業務のほか、個別的労使紛争に関する業務、監督官庁（労働局・労働基準監督署等）対応業務、M&Aに関する業務等をも含め、「企業側の人事・労務に関する問題の全領域」について、「常に我が国において最高レベルのリーガルサービスを提供しうる法律事務所であること」を目標としております。

■設立・沿革

当事務所は、1986年、初代所長である故竹内桃太郎弁護士以下、6名の弁護士が橋本合同法律事務所から独立して開設した法律事務所です。

代表者　田多井啓州（第一東京弁護士会）
主な顧問先　メーカー（食料品・自動車・機械・化学・紡績・鉄鋼等）、商社（総合・専門）、電気・ガス、建設、金融機関（都市銀行、信託銀行、地方銀行、信用金庫、証券等）、保険（生保・損保）、交通機関（鉄道、バス、タクシー等）、マスコミ（放送局、新聞、出版、広告代理店等）、物流・運送、IT関連（OS、システム開発、ゲーム開発等）、服飾、小売業（百貨店、スーパー、コンビニ、専門店チェーン、飲食チェーン等）、ホテル業、製薬、不動産関連（ディベロッパー、流通、ビルメンテナンス等）、コンサルタント、派遣・請負、医療機関、介護、学校法人、教育関係等々
報酬体系　事務所報酬基準による（大部分を旧弁護士会報酬基準に準じているが、労務関係については独自の定めがある）。

取扱業務 企業側に立った人事・労務問題全般　個別的・団体的労使問題・人事諸制度・人事関係諸規程等に関するアドバイス業務、訴訟・労働委員会等対応業務、労働局・労働基準監督署の指導・勧告等に対する対応業務、団体交渉への使用者側交渉担当者としての出席、従業員の不祥事・事故対応、コンプライアンス案件に関連する調査業務、人事労務分野に関するデューデリジェンスの実施、メンタルヘルス・ハラスメントのほか、労務管理全般に関する管理者・従業員向け研修、一般向け講演の実施／**その他企業法務**　株主総会指導、会社法・各種契約に関するアドバイス業務、独占禁止法・下請法を巡る問題への対応、建築工事請負、社外通報窓口業務、訴訟対応、債権の保全・回収業務等／**倒産関連業務**　破産手続・再生手続の各申立て、破産管財人、民事再生法監督委員等／**一般民事事件・家事事件**　相続紛争、離婚紛争、賃貸借紛争、交通事故等

P 田多井啓州 慶大法、26期／**吉益信治** 早大法、36期、K＆Oエナジーグループ監査役、実践女子学園理事、神田通信機監査役、パーカーコーポレーション社外取締役／**木下潮音** 早大法、37期、イリノイカレッジオブロー LLM取得、元一弁副会長、元東大LS客員教授、東工大副学長、スルガ銀行監査役／**浅井隆** 慶大法、42期、元慶大LS教授／**大澤英雄** 早大法、43期、元一弁副会長／**中野裕人** 早大法、45期、学校法人村井学園理事／**小鍛冶広道** 早大法、50期／**平越格** 早大法、51期／**東志穂** 早大法、59期／**湊祐樹** 中大LS、61期／A **西頭英明** 東大LS、60期／**冨田啓輔** 慶大LS、64期／**古屋勇児** 慶大LS、2012判事補任官、2015登録、64期／**池田知朗** 東大LS、66期　以上すべて一弁。

著作 当事務所所属弁護士共著『Q＆A 企業再編をめぐる労働問題と実務対応』(清文社)／同『実務入門 新版 よくわかる労働法』(日本能率協会マネジメントセンター)／木下潮音・浅井隆編著『ローヤリング労働事件』(労働開発研究会)／木下潮音「詳説倒産と労働」実務協会編『倒産と労働』(商事法務)／同編集代表『改正労働契約法の詳解』(労働調査会)／同編集代表『高年齢者雇用安定法と企業の対応』(労働調査会)／同編『管理職のための労働契約法・労働基準法の実務』(清文社)／浅井隆『企業実務に役立てる！最近の労働裁判例27』(労働調査会)／同『最新裁判例にみる職場復帰・復職トラブル予防のポイント』(新日本法規)／同『リスクを回避する労働条件ごとの不利益変更の手法と実務』(共著、日本法令)／同『Q＆A 管理職のための労働法の使い方』(日本経済新聞出版社)／同『有期労働者の雇用管理実務』(共著、労働開発研究会)／同編著『退職金・退職年金をめぐる紛争事例解説集』(新日本法規出版)／同『労働紛争予防の実務と書式』(新日本法規出版)・『時間外労働と、残業代請求をめぐる諸問題』(共著、経営書院)／同『問題社員・余剰人員への法的実務対応』(日本法令)／同『Q＆A 休職・休業・職場復帰の実務と書式』(新日本法規出版)・『戦略的な就業規則改定への実務』(労働開発研究会)／同共編『労働時間・休日・休暇をめぐる紛争事例解説集』(新日本法規出版)／同『採用から退職までのトラブル対応の書式が揃う！労使トラブルAtoZ書式集』(日本法令)／同『労働法実務相談シリーズ(6) 労使協定・就業規則・労務管理Q＆A（補訂版）』(労務行政)／同『労使トラブル 和解の実務』(日本法令)／同『労働契約の実務』(日本経済新聞出版社)／同『退職金制度・規程の見直しと不利益変更問題への対応』(日本法令)／同『解雇・退職書式集』(日本法令社)／人事労務規程研究会編　小鍛冶広道『Q＆A 人事労務規程 変更マニュアル』(共編、新日本法規出版)／平越格『労働契約法の実務——指針・通達を踏まえた解説と実践的対応策』(共著、民事法研究会)　その他論文等多数

事件 スカンジナビア航空事件（東京地決平成7.4.13判タ874.94）／大星ビル管理事件（最判平成14.2.28民集56.2.361）／HSBCサービシーズ・ジャパン・リミテッド事件（東京地判平成25.1.18労経速2168.26）／東京日新学園事件（東京高判平成17.7.13労判899.19.）／蛇の目ミシン株主代表訴訟担保提供命令申立事件抗告審判決（東京高決平成7.2.20判タ895.252）／X工業事件（東京地判平成25.5.23労判1077.18）／アクサ生命保険ほか事件（東京地判平成21.8.31労判995.80）／京王電鉄賞与一部不支給事件（東京地判平成15.4.28判タ1133.145頁）／三陽商会（販売社員契約更新拒絶）事件（大阪地決平成14.12.13労判844.18）　その他多数

髙井・岡芹法律事務所
Takai Okazeri Law Firm

〒102-0073　東京都千代田区九段北4-1-5　市ヶ谷法曹ビル902号室
TEL　03-3230-2331　FAX　03-3230-2395
URL：http://www.law-pro.jp

1973年、髙井代表が開設した使用者側の労働専門事務所。中国（上海・北京）にも支店を置き、中国案件も手がける。各種セミナー等も頻繁に開催し、クライアントのサービスに努める。

16（＋1）			
P 1	A 14	顧 1	
男 13	女 3		
外弁 0	外資 4		
他士 0	事務 24		

A		労働
		民家	国際

■理念・特色

　わが国の経済界、企業を取り巻く環境は厳しい状況にあることはいうまでもありません。こうした企業に対し、社会・経営環境の変化に適応した、迅速・広範なサービスを提供することで、微力ながらも企業の発展・成長に寄与していくことが、企業法務を専門とする当事務所に与えられた社会的使命であると考えています。また、顧客企業のご相談に対しては、「人間愛」を信条とし、その企業、さらには社会全体にとって有益・有意義であるかについて、企業と悩みを共有し、1つひとつ丁寧に解決していくことを心がけています。

　当事務所は、企業からの人事・労務問題、株主総会、会社役員関係、M&A（企業再編）等、企業に関するご相談および事案を中心として、幅広い法律業務を取り扱い、企業経営における紛争の回避または解決に向けて、適切な指針と方策を、迅速にクライアントの皆様方に提供しています。なかでも、使用者側に立つ労働法・労働問題を専門的に取り扱っており、会長の髙井伸夫弁護士が1973年に当事務所を開設して以来40年以上にわたり、労使を巡る諸問題への理解と豊富な知識・経験に基づいた適正な対応によって、顧客企業から高い評価をいただいています。

　一方、1999年に中国の上海に、2006年には北京に代表処を設立し、現地の法律事務所とも緊密な連携を取りながら、中国をはじめとするアジア地域において、現地の法律問題の解決、進出企業のサポート等、あらゆる分野で質の高い法的サービスを提供する法律事務所として、成長を続けています。

■設立・沿革

　当事務所の前身である髙井伸夫法律事務所は、髙井伸夫弁護士が、孫田・髙梨法律事務所に10年間奉職した後、1973年に開設したものです。その後の約40年にわたる実績によって、使用者側の人事・労務案件を中心とする法律事務所として社会的に高い評価を受け、全国紙の弁護士ランキングのトップクラスに入るに至りました。

　組織強化の一環として、会長に髙井伸夫弁護士、所長に岡芹健夫弁護士が就任するとともに、2010年1月に事務所名称を「髙井・岡芹法律事務所」と改めました。

代表者　髙井伸夫（第一東京弁護士会）、岡芹健夫（第一東京弁護士会）
支店　1999年上海代表処、2006年北京代表処
取扱言語　中国語、英語
主な顧問先　金融会社、物流会社、電気会社、食品会社、大学教育機関等、業種を問わず、数百社の企業と顧問契約を締結。
報酬体系　相談の際には、原則として、顧問契約を締結後、月額顧問料は、企業の規模（従業員数）等により決定。ただし、①訴訟案件、②難易度の高い相談案件、③弁護士名による書面の作成、④海外案件等については、月額顧問料以外に別途、費用を請求。なお、場合によっては、顧問契約の締結なしでの相談も可能。要問合わせ。

取扱業務 人事・労務　人事・労務関係における法律事案の紛争処理（訴訟、労働審判、労働委員会、団体交渉、当事者間交渉等）、就業規則・賃金規則等会社諸規則の作成・改編、会社諸規則の役員・従業員への適用および解釈、事業譲渡・会社分割・会社合併等の企業再編における人事・労務相談および問題点への対応、経営危機に際してのリストラ等再建策としての人事諸施策の提案および遂行の助言、企業再建策として労働条件を改定・変更するにあたっての法律上の適否の判断および助言、労使交渉へのアドバイス・団体交渉への出席、精神健康管理事案・懲戒処分事案・残業代支払要求等の個別労働紛争の予防相談、労働基準監督署対応（是正報告書の作成アドバイス、労働基準監督署への同行）／**中国業務**　中国現地企業への法務サービス提供、中国進出（法人設立・企業買収等）のサポートと手続代行、中国企業との紛争解決・債権回収・訴訟への対応、契約書・各種法律文書の作成・レヴュー・翻訳、各種法律調査・手続への対応、経営・法務・会計・税務等に関するコンサルティング／**その他**　株主総会対応（手続面および当日応答の相談）、会社経営権・役員責任追及を巡る紛争の対応、債権回収（訴訟・相談）、各種契約書のチェック（労働契約書に限らず）、セミナーの実施、その他一般民事・商事案件

P 髙井伸夫 1961東大法、15期、（一社）日中協会理事、NPO法人キャリア権推進ネットワーク監事
A 岡芹健夫 1991早大法、46期、経営法曹会議幹事、（公社）全国求人情報協会理事、（一社）人材サービス産業協議会監事、（一社）東京指定自動車教習所協会監事、（公財）カシオ科学振興財団監事、日税ビジネスサービス取締役／**小池啓介** 2000中大法、59期／**米倉圭一郎** 2003明大法、61期／**萩原大吾** 2000慶大経、2006慶大LS、61期／**秋月良子** 2006京大法、2008京大LS、62期／**村田浩一** 2007中大法、2009中大LS、63期／**渡辺雪彦** 2005早大法、2009早大LS、63期／**帯刀康一** 2004早大教、60期／**大村剛史** 2002東大法、60期／**五十嵐充** 2008慶大法、2010慶大LS、64期／**東城聡** 2000一橋大社、2007横国大LS、61期／**高亮** 2008早大法、2011京大LS、65期／**山根美奈** 2011慶大法、2013中大LS、67期／**横田香名** 2011慶大法、2013慶大LS、67期／**顧** 千種秀夫 1953東大法、7期、1955判事補任官、1993最高裁判所判事、2001定年退官

著作　髙井伸夫『人員削減　賃金ダウンの法律実務―成果主義を徹底する人事戦略』（経団連出版、2004）／岡芹健夫『人事・法務担当者のためのメンタルヘルス対策の手引』（民事法研究会、2011）／岡芹健夫『雇用と解雇の法律実務』（弘文堂、2012）／髙井・岡芹法律事務所編『現代型問題社員対策の手引（第4版）―生産性向上のための人事措置の実務―』（民事法研究会、2012）／髙井伸夫・岡芹健夫他『事業再編シリーズ1　会社分割の理論・実務と書式（第6版）―労働契約承継、会計・税務、登記・担保実務まで―』（共同監修・編集、民事法研究会、2013）／髙井伸夫・岡芹健夫・千種秀夫他『労判セレクション3（改訂版）労使の視点で読む最高最重要労働判例』（経営書院、2013）／岡芹健夫『取締役の教科書　これだけは知っておきたい法律知識』（経団連出版、2013）／髙井伸夫『朝10時までに仕事を片づける』（中経出版、2013）／岡芹健夫『労働条件の不利益変更　適切な対応と実務』（労務行政、2015）ほか多数

事件　解雇無効確認請求控訴事件使用者側代理人（旭川大学事件：札幌高判平成13.1.31労判801.13）／労働契約関係存在確認等請求控訴事件使用者側代理人（富士見交通事件：東京高判平成13.9.12労判816.11）／各労働契約上の地位確認等請求控訴事件使用者ら側代理人（静岡フジカラー事件：東京高判平成17.4.27労判896.19）／損害賠償請求事件使用者側代理人（A学院大学事件：東京地判平成18.1.19公刊物未登載）／賃金請求事件使用者側代理人（大道工業事件：東京地判平成20.3.27労判964.25）等々

高橋綜合法律事務所
TAKAHASHI SOGO LAW OFFICE

〒105-6030　東京都港区虎ノ門4-3-1　城山トラストタワー30階
TEL　03-3578-6888　FAX　03-3578-6665
URL：http://www.takahashi-sogo.com/　info@takahashi-sogo.com

損害賠償事件（交通事故・学校事故・製造物責任等）、保険、自動車関連法務等を中心に、企業の賠償責任への対応とリスク管理を得意とする。全国各地の訴訟を手がけ、その実績は公刊物掲載判例だけでも140件を超える。

■理念・特色

当法律事務所は、設立以来一貫して、「迅速」、「正確」、「丁寧」を基本理念として掲げ、「こだわりと熱意」をもって、依頼者の権利実現に取り組んできました。高度情報化社会にあっては、弁護士も複雑化・多様化するニーズを即時に見極め、常に最善・最良のサービスをクライアントに提供するため、自らを柔軟に変化させていかなければなりません。

当事務所では、すべての依頼事件において、クライアントとの信頼関係の構築を最も大切にしています。弁護士は依頼者の信頼を得てはじめて、良きリーガルアドバイザーや代理人となりうるのであり、また、最終的には依頼者の権利を実現し成果を挙げることによって依頼者の信頼を確固たるものにすることができます。

中規模事務所であるからこそのきめ細やかかつ顔の見えるリーガルサービスの提供と、組織としての柔軟性を活かした専門性の高い対応が、当事務所最大の特色と自負しています。

業務における柱の1つは、損害賠償事件をはじめとする訴訟・交渉です。設立以来、累計1万件以上の訴訟・交渉案件を手がけてきており、判例集等公刊物に掲載された事案も140件を超えます。代表弁護士をはじめとする所属弁護士が日本全国を飛び回り、各地での訴訟・交渉案件に精力的に取り組んでいます。

業務におけるもう1つの柱は、予防法務を中心とした企業法務です。訴訟・交渉の豊富な経験実績を有し「現場を知る」事務所であるからこそできるリーガルアドバイスがあります。訴訟・交渉で培った経験を企業のリスク管理へ最大限に活用し、紛争を未然に防ぐために有効かつ適切な助言を行っています。また、代表弁護士は経産大臣から経営革新等支援機関にも認定されており、中小企業の経営支援や事業承継にも力を入れています。さらに、コンプライアンス、ガバナンス、内部統制の基盤構築を目的とした講演会や勉強会の実施といった企業経営者および社員研修にも積極的に携わっています。

■設立・沿革

1989年4月	代表弁護士が神谷町にて「高橋達朗法律事務所」を設立（所属弁護士数1名）
1999年4月	「高橋綜合法律事務所」に改称（所属弁護士数3名）、現在に至る

代表者	高橋達朗（第二東京弁護士会）
主な顧問先	損害保険会社、リース会社、建設会社、商社、自動車販売会社、物販・流通会社、社会福祉法人、不動産管理会社、運送会社、IT関連会社、製造会社、地方自治体、保険代理店、その他個人等多数
報酬体系	第二東京弁護士会旧報酬規程に準じた事務所報酬規程による。詳しくは相談時、見積書にて明朗・詳細に提案。顧問料（月額）法人50,000円～、個人30,000円～。

高橋綜合法律事務所

取扱業務 損害賠償事件の交渉および訴訟　交通事故、学校事故、製造物責任、保険全般に関する業務等／**自動車関連法務**　オートリース取引に関する法務、自動車販売・物流等自動車取引関連業務／**企業法務全般**　契約書作成、人事労務等に関するリーガルアドバイス、就業規則の作成、企業間取引紛争の解決、事業承継、労働事件、株主総会対策、取締役会の運営に関する助言、コーポレートガバナンス・リスク管理、コンプライアンス、不動産取引に関する法務、独禁法・下請法に関する法務、ベンチャー企業の法的支援、株式公開に関する助言、企業の買収・統合・再編、知的財産権関連法務／**商事事件**　商事関係訴訟・非訟・保全、株式関連訴訟、株式買取請求、代表取締役職務代行者・仮監査役への就任等／**行政事件**　地方公共団体からの法律相談、紛争処理、各種委員、行政訴訟等／**一般民事**　売買、賃貸借、建築紛争、相隣関係、請負、金銭消費貸借、交通事故、消費者事件等／**債権回収、保全・執行**　債権管理・回収、民事保全・執行等／**倒産法関連**　倒産懸念先に関する法律相談、破産・民事再生・会社更生・特別清算等の申立代理、破産管財人・清算人就任等／**家事事件**　離婚、遺産分割、人事・非訟、遺言書作成、任意後見・高齢者の財産管理、成年後見人・後見監督人就任等／**刑事事件**　告訴・告発、私選・国選弁護、少年事件

P 高橋達朗 1979慶大、35期、元二弁民事暴力救済センター委員・元日弁連交通事故対策委員会委員・元清和大学法学部法律学科講師（担保法・契約法実務担当）・元日弁連代議員、中小企業経営力強化支援法に基づく経営革新等支援機関、さいたま市教育委員会学校支援チームメンバー、東京都北区入札監視委員会委員等、日本賠償科学会・日本交通法学会・慶應義塾保険学会・日本保険学会・損害保険判例研究会・損保弁護士協議会所属、二弁／**顧 西澤宗英** 客員、1973慶大、54期、1975慶大院法学研究科民事法学専攻修士修了、法学博士、城西大助教授・杏林大教授を経て青学大法学部教授、同大副学長就任（1999〜2003）、司法試験考査委員、学校法人青山学院常務理事（2008〜11）、二弁／**A 山崎真紀** 1998慶大、52期、二弁こどもの権利委員会、日本交通法学会所属、二弁／**森下真佐哉** 1995慶大、54期、二弁／**瀬間健治** 1996明大、55期、二弁／**三浦謙一郎** 1996早大、大手損害保険会社勤務（1996〜2001）、60期、二弁／**中井宏平** 2003慶大、2006慶大LS、60期、二弁／**渡辺郁子** 2001上智大、57期、海外転居を経て2011弁護士再登録、二弁／**柴山将一** 1998慶大、水産会社勤務（1998〜2007）、2006明大LS、61期、二弁国際委員会、法科大学院支援委員会、電子情報・ネットワーク法研究会等所属、二弁／**篠原秀太** 2001一橋大、大手損害保険会社勤務（2001〜04）、2005一橋大LS、61期、二弁／**立元貴紀** 2007北大、2009中大LS、63期、二弁／**高橋祐二朗** 2010上智大、2012慶大LS、66期、二弁／**西原宗勲** 2009慶大、2012早大LS、66期、二弁／**田邉幸太郎** 2011明大、2013慶大LS、67期、二弁

著作 高橋達朗「交通事故損害賠償における現代的問題と実務的課題」『慶應義塾大学法学部法律学科開設百年記念論文集』／同『民事手続法事典』（共著、ぎょうせい）等／西澤宗英『ここからはじめる破産法』（日本評論社）／同「フランス消費者倒産法における誠意のある（de bonne foi）債務者の概念」中野貞一郎・石川明編『民事手続法の改革（ゲルハルト・リュケ教授退官記念）』（信山社出版）／同他『国際倒産法』（共著、商事法務研究会）／同他『注釈民事訴訟法(5)』（共著、有斐閣）／山崎真紀「道路運送車両法について」リース研究1号／「自動車の長期レンタル契約の考察」リース研究2号／森下真佐哉他『判例にみる親族・相続法における時効と期間制限』（共著、新日本法規出版）／柴山将一他『インターネット新時代の法律実務Q&A』（共著、日本加除出版）／同『インターネット新時代の法律実務Q&A（第2版）』（共著、日本加除出版）

事件 交通事故に関する損害賠償請求事件（高次脳機能障害、MTBI、低髄液圧症候群、重度後遺障害事案等）／保険金請求事件／PL（製造物責任）法に関する損害賠償請求事件／建築および不動産関連事件／学校内事故に関する損害賠償請求事件／労働事件／名誉毀損事件／特許権・著作権・意匠等／知財関連事件／債権回収事件　その他企業および個人を依頼者とする訴訟・交渉事件多数

卓照綜合法律事務所
Takusyou Sogo Law Office

〒102-6312　東京都千代田区丸の内2-4-1　丸の内ビルディング12階1201区
TEL　03-3214-5551　FAX　03-3213-6582
URL：http://www.takusyou.com/　master@takusyou.com

22 (+1)	
P 6　A 9　顧 7	
男 19　女 3	
外弁 0　外資 0	
他士 1　事務 12	

「卓照法律事務所」と「笹浪共同法律事務所」が統合した中堅総合事務所。国内法務全般を取扱い、社外役員も多い。顧問先も多く、上場企業から中堅企業まで幅広い。

		会社
C		再生　労働

■理念・特色

当事務所は、ご相談者が抱えてこられた問題に対し、単に法的なアドバイスだけではなく、できるだけ精神的に身軽になってお帰りいただきたいと願っております。そのため、毎日の法律相談担当弁護士を配置し、即座に相談いただける体制を整え、さらに、事案にふさわしい弁護士が複数で担当する体制としております。

当事務所では、弁護士が全員参加して週1回の検討会が行われ、事件の法的問題はもちろん、処理方法について留意すべきことも含めて議論し、知識と知恵と経験を共有して問題を解決します。

今までの法律事務所は、一代限りの事務所組織がほとんどであり、時代を超えて存続するような組織づくりの努力が欠けていたと考えております。当事務所は、現在の構成弁護士だけのものではなく、永続しうる事務所づくりを理想とし、それがクライアントと社会のニーズに応えるものと確信しております。

当事務所では、企業からの人事・労務問題、予防法務、株主総会、M&A（事業再編）、知的財産権、独占禁止法等に関する案件を中心として、幅広い法律相談業務、訴訟案件を取り扱っています。また企業の社外役員にも数多く就任し、各社のコーポレートガバナンスの実現に尽くしております。

次に、当事務所所属の弁護士は、会社更生事件の管財人、大型破産管財事件の管財人、民事再生事件の監督委員にも数多く就任し、また、数多くの破産事件・民事再生事件の申立代理人を務めることにより、倒産事件の分野においても豊富な経験を積み重ねております。

さらに、クライアントからのご依頼により、交通事故、医療過誤、建築紛争をはじめとする一般民事事件はもちろん、家事事件、刑事事件も幅広く受任し、クライアントのご要望にお答えしております。

■設立・沿革

1971年設立の「卓照法律事務所」と、1985年設立の「笹浪共同法律事務所」が、2004年4月19日統合し、「卓照綜合法律事務所」となり、現在に至っています。

代表者　赤井文彌（第一東京弁護士会）、笹浪恒弘（東京弁護士会）	たり約270社（東証一部上場会社から中小企業までさまざま）
主な顧問先　製造業、不動産業、電車・タクシー・バス等旅客運送業、文房具事務用品関連、食料品加工・食肉関連、コンピュータ関連、ホテル・旅館・レジャー関連、スーパーマーケット等小売業、地方自治体等、多岐にわ	**報酬体系**　「弁護士費用のガイダンス」（日弁連旧報酬規程を基本として、若干の変更を加えたもの）による。顧問料は、法人について（月額）50,000円～。タイムチャージは、事案により依頼者との相談のうえ決定。

取扱業務 **企業法務一般** 株主総会指導、コンプライアンスに関わる業務、契約書のリーガルチェック、紛争案件の法的助言、不祥事発覚時の社外調査委員会委員、社外通報窓口業務、社内研修／**事業再生・倒産** 民事再生（監督委員、申立代理人）、破産（管財人、申立代理人）、特別清算（債務者代理人）、私的整理（債務者代理人）／**事業再編・M&A** スキーム検討、DD、契約締結交渉、契約書作成／**労働法務** 人事・労務関連相談、就業規則等に関する助言、個別的労使紛争および団体交渉に関わる助言・法的手続対応／**独占禁止法** 独禁法上の問題点の法律意見書の作成、課徴金減免申請／**家事事件** 離婚、成年後見、遺言、相続／**一般民事事件** 交通事故、医療過誤、建築紛争、不動産関連紛争など その他、行政事件、知的財産権関連業務、刑事事件全般

P 赤井文彌 1962中大、18期、一弁／笹浪恒弘 1974中大、31期、東弁／笹浪雅義 1981中大、41期、東弁／山本裕子 1978早大、52期、一弁／横田高人 1988東大、52期、二弁／藤川和之 1997早大、53期、二弁 A 舩﨑隆夫 1960日大、18期、一弁／山田弘一郎 1998中大、58期、一弁／高村健一 1993早大、1997慶大院、57期、一弁／齊藤貴一 1997慶大、54期、東弁／深瀬仁志 2005中大、60期、東弁／福田舞 2004東大、2007北大LS、61期、東弁／浅野聡子 2007慶大、2009慶大LS、64期、東弁／青木和久 1999早大、2010慶大LS、65期、東弁／玉巻輝久 2008中大、2011関学大LS、67期、東弁 顧 甲斐中辰夫 1962中大、18期、前最高裁判所判事、元東京高等検察庁検事長、東弁／永井和之 1968中大、2004登録、中大法学部教授（前総長・学長）、一弁／中島秀二 1977金沢大、1981東北大院、2004登録、東海大法学部教授（民法）、東弁／波光巌 1962中大、2005登録、元公正取引委員会事務局審判官、元神奈川大法学部LS教授、一弁／小西武彦 1962中大、18期、前仙台法務局所属公証人、元静岡地方検察庁次席検事、一弁／佐々木博章 1967中大、21期、前日本公証人連合会会長、元水戸地方検察庁検事正、東弁／永井敏雄 1972東大、26期、前大阪高等裁判所長官、一弁

著作 笹浪恒弘『倒産処理の法律と税務』（共著、中央経済社）／同『工事瑕疵保証の法律上の問題点と組合保証について』（瑕疵保証事業研究会）／同『共同企業体運用準則の解説（新版）』（共著、清文社）／同『新・裁判実務大系10 破産法』（共著、青林書院）／笹浪恒弘・福田舞『条解民事再生法（第3版）』（共著、弘文堂）／笹浪恒弘・笹浪雅義・浅野聡子・青木和久『賃貸住居の法律Q&A 困ったとき（5訂版）』（共著、住宅新報社）／笹浪雅義『破産実務マニュアル』（共著、ぎょうせい）／同『遺産分割実務マニュアル（改訂版）』（共著、ぎょうせい）／同『Q&A類型別不動産取引実務マニュアル』（共著、ぎょうせい）／山本裕子「関与先指導に生かす契約書式クリニック」速報税理2003年4月21日号／同『外国人の法律相談Q&A（第二次改訂版）』（共著、ぎょうせい）／横田高人『民事交通事故訴訟損害賠償算定基準』（日弁連交通事故相談センター）／同『破産は国民の権利だ！』（共著、法学書院）／同『自転車事故過失相殺の分析』（共著、ぎょうせい）／藤川和之・山田弘一郎・高村健一・永井和之『企業法務解説 会社法の実務』（共著、三協法規出版）／笹浪恒弘・藤川和之・高村健一『賃借人が賃貸人に対する債権による相殺を担保不動産収益執行の管理人に対して対抗することの可否』銀行法務21・735号／同「数口債権と開始時現存額主義の適用・弁済充当指定権の行使 最新の判例にみる債権管理・回収」銀行法務21・735号／福田舞〔執筆〕『暴力団排除と企業対応の実務』（共著、商事法務）

匠総合法律事務所
Akino, Ariga, Nagase & Yoshikawa L.P.C.

東京事務所（匠総合法律事務所、弁護士法人匠総合法律事務所）
〒102-0094　東京都千代田区紀尾井町3-8　第2紀尾井町ビル6階
TEL　03-5212-3931　FAX　03-5212-6070
大阪事務所（弁護士法人匠総合法律事務所大阪事務所）
〒541-0042　大阪市中央区今橋2-3-16　MID今橋ビル8階
TEL　06-6180-6001　FAX　050-3730-0141
名古屋事務所（弁護士法人匠総合法律事務所名古屋事務所）
〒466-0044　名古屋市昭和区桜山町3-51-2　愛知県建設センター4階
TEL　052-918-2039　FAX　050-3737-2529
仙台事務所（弁護士法人匠総合法律事務所仙台事務所）
〒980-0811　宮城県仙台市青葉区一番町1-3-1　TMビル7階
TEL　022-738-7118　FAX　050-3737-8631
福岡事務所（弁護士法人匠総合法律事務所福岡事務所）
〒812-0013　福岡市博多区博多駅東3-14-18　福岡建設会館5階
TEL　092-292-6763　FAX　050-3737-6242
URL：http://takumilaw.com/　akino@takumilaw.com

17（±0）			
P 4	A 12	顧 1	
男 16	女 1		
外弁 0	外資 0		
他士 0	事務 6		

東京・大阪・名古屋・仙台・福岡の5拠点にオフィスを構え、住宅・建築・設計・不動産・土木の分野の企業法務全般を取り扱う。

■理念・特色
　当事務所は、住宅会社・不動産会社・建設会社・設計事務所を中心とした法律顧問先企業に対して、企業法務、知的財産・IT、労働問題、倒産・企業再生、税務等のリーガルサービスを提供しています。
　主な特徴としては、次のとおりです。
1. エネルギー関連業務への取組み
　当事務所クライアントの大手住宅会社や木材業者、建材流通商社が積極的に再エネ特措法、電力自由化を見据えたビジネスを展開しており、当事務所にて企業法務対応をしている中で多くの知見が集積しました。
2. 企業再建の実績
　当事務所では、資金繰りが悪化した住宅会社の事業再建の手続を手がけております。特に、仕掛かり中の建物をスポンサーの援助を受けながら完成させていく手法は、高く評価されており、民事再生企業にて約250件の仕掛かり物件を完成させた実績を有しています。
3. 難解な建築技術にも対応
　当事務所所属の一級建築士兼弁護士、技術士（建設部門）兼弁護士は、いずれも大手建設会社にて十分な実務経験を経た後、弁護士登録をした建築・土木技術に明るい弁護士であるため、難解な建築・土木技術が争点となる訴訟において、力量を発揮します。

■設立・沿革
2001年4月　「秋野法律事務所」開設
2006年1月　「弁護士法人匠総合法律事務所」設立
2006年11月　「大阪事務所」設立
2014年12月　「名古屋事務所」設立
2015年7月　「仙台事務所」設立
2015年10月　「福岡事務所」設立

代表者	秋野卓生（第二東京弁護士会）	報酬体系　原則としてタイムチャージ（時間報酬）制をとるが、具体的には当事務所報酬規程による。
支店	東京、大阪、名古屋、仙台、福岡	
主な顧問先	住宅会社・建設会社・設計事務所・不動産会社	

取扱業務 一般企業法務／コンプライアンス／事故・リコール対応／独占禁止法・建設業法・税務／エネルギー関連業務（太陽光発電等）／不動産法／知的財産権・IT／人事・労務／企業刑事法務／震災復興まちづくり支援／事業再生・倒産／建築関係訴訟・行政対応／相続対策／事業承継・M&A業務／講演・勉強会における講師

P 秋野卓生 慶大法、50期、二弁

　有賀幹夫 早大法、57期、二弁、二弁住宅紛争審査会紛争処理委員

　永瀬英一郎 慶大法、58期、二弁、二弁住宅紛争審査会紛争処理委員

　吉川幹司 北大工、神大LS、60期、二弁

顧 中川藤雄 早大法、59期、一弁

A 内田創 慶大法、東大LS、63期、福岡県弁護士会

　森田桂一 東大法、東大LS、63期、二弁、東大LS未修者指導講師

　井上雅之 早大法、慶大LS、64期、仙台弁護士会

　大友秀剛 京大法、京大LS、64期、二弁／菅谷朋子 日大理工、中大LS、64期、二弁、一級建築士、日本建築学会「建築生産関係者と法規範を巡る論点に関する基礎的研究小委員会」委員、日本CM協会「保険小委員会」委員

　江副哲 京大工、京大LS、64期、大阪弁護士会、技術士（建設部門）、土木学会関西支部「FCMに着目した橋梁の維持管理に関する調査研究委員会」委員、神大農学部非常勤講師

　新井一希 早大法、早大LS、66期、二弁

　泉本和重 大阪市大法、阪大LS、67期、大阪弁護士会、日本税法学会会員

　川本善治 東大法、中大LS、67期、二弁

　田中敦 早大法、東大LS、67期、二弁

　辻拓也 京大法、京大LS、67期、大阪弁護士会

　萩野貴光 京大法、京大LS、67期、愛知県弁護士会

著作 秋野卓生他『建築工事請負契約における瑕疵担保責任と損害賠償の範囲』（新日本法規、2014）／秋野卓生他『耐震化の法律読本 法的リスクを回避するためのQ&A80』（建築技術、2014）／秋野卓生他『震災復興の法律的課題 岩手県・被災地行政から寄せられた法律相談事例』（日刊岩手建設工業新聞社、2014）／秋野卓生他『絶対トクする［土地・建物］の相続・税金・法律ガイド』（エクスナレッジ、2014）／秋野卓生他『住宅建築業・設計事務所・部材メーカーの説明義務と警告表示』（新日本法規、2013）／秋野卓生他『建築・法律トラブルらくらく回避マニュアル』（エクスナレッジ、2012）／秋野卓生他『建築設計・施工クレーム対応マニュアル』（新日本法規、2011）／秋野卓生他『住宅用太陽光発電・プチソーラーの法律実務』（中央経済社、2014）

田辺総合法律事務所
Tanabe & Partners

〒100-0005　東京都千代田区丸の内3-4-2　新日石ビル10階
TEL　03-3214-3811　FAX　03-3214-3810
URL：http://www.tanabe-partners.com　info@tanabe-partners.com

42 (－1)	
P 31 A 10 顧 1	
男 26 女 16	
外弁 0 外資 0	
他士 0 事務 18	

B	訴訟
	会社 危機

「リーガルサービスの総合病院」を標榜して幅広い業務を取り扱う中堅総合事務所。裁判官、中央官庁、金融機関出身者も多く、大型訴訟案件への関与も目立つ。所属弁護士の女性割合が高い。社外役員も多数。

■理念・特色

当事務所は、1978年6月の開設当初より『総合病院』をめざし、事務所名に"総合"の文字を入れてスタートしました。近年、クライアントからの要望はますます多岐にわたり高度化しているため、当事務所では、広い範囲の法律分野をカバーしつつ、高度な専門知識を習得し、高いクオリティを保持しながら、リーズナブルな価格で迅速な案件処理を実現してきました。企業法、経営労働法務、知的財産、競争法、事業再生、医事法などの分野については、プラクティスグループを設置して研鑽を積んでいます。また、多様な人材を確保することにより、その陣容を拡充しながら、より総合的なワンストップ・サービスを提供できる体制を整えています。

当事務所のパートナーには、元裁判官だけでなく、元厚生大臣、元公取委事務総長、中央官庁・金融機関出身者等、多士済々の人材が揃っています。法律家の視点だけでなく、行政・立法実務、経済界の実情を踏まえたより広い視点からの総合的なアドバイスが可能です。また、定評ある総合法律事務所として、ベテランから、中堅、若手に至るまで粒ぞろいの人材をそろえております。

女性弁護士の能力を最大限に活用してきたのも、当事務所の大きな特色です。設立当初から女性パートナーを擁し、働きやすい職場環境を構築しており、出産等で一時休職した弁護士も復帰して貴重な戦力として活躍しています。30年以上にわたり、「男女共同参画」を実践し、顧客の満足度向上に繋げてきました。

予防法務の重要性が叫ばれる昨今ですが、最終的に訴訟になった場合の、裁判所の証拠評価や、判断のあり方を実際に経験していることが、適切なアドバイスのためには必要不可欠です。多くの大規模法律事務所で訴訟を経験しない弁護士が増えていますが、当事務所では、弁護士業のベースとなるのは訴訟であるとの信念のもと、業務の大きな柱として数多くの訴訟を手がけており、裁判所からも高い評価をいただいています。専門知識や人海戦術が要求される大規模複雑訴訟も、当事務所の得意とするところです。また、民事刑事を問わず、高い評価を受けている裁判官出身弁護士が複数在籍しているので、裁判所の判断傾向を正確に評価して対応することが可能です。一審二審敗訴事件や複雑困難な訴訟について、他法律事務所より求められて共同受任することも多々あります。

■設立・沿革
1978年　「田辺総合法律事務所」開設

代表者　田辺克彦（第一東京弁護士会）
取扱言語　英語
主な顧問先　中央官庁、金融機関、商社、各種メーカー、流通・建築・不動産・情報通信・放送・印刷・警備・交通・観光等の会社、医療・学校・福祉・宗教等の法人、その他約200社うち上場企業約30社

報酬体系　事務所報酬規程（日弁連旧報酬規程に依拠しながら、当事務所の実情に即して変更を加えたもの）による。着手金・報酬金等と、タイムチャージの双方対応可能／顧問料（月額）50,000円〜（非事業者は5,000円〜）／タイムチャージ　アソシエイト15,000円〜36,000円、パートナー40,000円〜50,000円。

田辺総合法律事務所

P田辺克彦 1966東大法、25期、元一弁副会長、アズビル取締役、三和ホールディングス監査役、JSP監査役、東京地裁調停委員／藤田耕三 1955東大法、9期、元広島高裁長官、元仙台高裁長官、元司法制度改革審議会委員／津島雄二 1953東大法、2005登録、元衆議院議員（11期連続）、元厚生大臣、元自民党税制調査会会長／塩田薫範 1966東大法、2010登録、元公取委事務総長、弘電社取締役、イビデン監査役／北山元章 1967京大法、21期、元東京高裁知財専門部部総括判事、元福岡高裁長官、ユニゾホールディングス取締役、最高裁民事関係訴訟委員会委員／原田國男 1967東大法、21期、元東京高裁部総括判事、慶大LS客員教授、元検察の在り方検討会議委員、最高検察庁参与／田辺邦子 1970東大法、25期、KDDI取締役、大同メタル工業監査役、厚生労働省援護審査会委員、（公財）東京都私学財団理事、（一財）外務精勤会理事、東京家裁調停委員／田辺信彦 1972東大院、26期、元一弁副会長、極東貿易監査役、綜合臨床ホールディングス監査役、KYCOMホールディングス監査役、東京地裁調停委員／中村明雄 1978東大法、2013登録、元財務省理財局長、損保ジャパン日本興亜総合研究所理事長、東京センチュリーリース取締役／奥宮京子 1981東大法、36期、元法制審議会民事訴訟法部会幹事、森永乳業取締役、デイ・シイ取締役、日本電気監査役、労働政策審議会雇用均等分科会委員／海老沼英次 1980東大法、61期、元みずほ銀行次長、上智大LS非常勤講師、ミライト・ホールディングス取締役、虎の門病院治験審査委員会委員／加野理代 1991東大法、45期、山梨中央銀行取締役、司法試験考査委員（環境法）、内閣府障害者政策委員会委員、日本中央競馬会入札監視委員会委員／中西和幸 1992東大法、47期、公認不正検査士、経営革新等支援機関、元一弁会社法部会部長、オーデリック監査役／市川佐知子 1989東大法、49期、NY州弁護士、アンリツ取締役、（公社）会社役員育成機構理事／山宮道代 1993東大法、50期、NY州弁護士、国土交通省発注者綱紀保持担当弁護士／星千絵 1995東大法、50期、防衛調達審議会委員／菱山泰男 1997東大法、51期、元裁判官、東京地裁鑑定委員／松林智紀 1998東大大学院、52期、エス・エム・エス監査役、かんぽ生命保険査定審査委員、（公財）東京医大がん研究事業団監事／三谷和歌子 1998東大法、52期、経営法曹会議会員／大野渉 1999東大法、53期、経営革新等支援機関／植松祐二 1997東大法、53期、元最高裁司法研修所所付（民事弁護）／貝塚光啓 1996東大法、54期／内藤亜雅沙 1999東大法、54期、NY州弁護士、ブックオフコーポレーション監査役／友常理子 1996東大法、55期、自衛隊員倫理審査会委員／橋本裕幸 2001東大法、55期／上中綾子 2001東大法、56期、東京都多重債務問題対策協議会委員／辻拓一郎 2002東大法、57期、一弁会社法部会副部会長／遠藤英明 2003東大法、57期／吉峯耕平 2002東大経、58期、一弁IT法部会副部会長、（一財）保安通信協会調査研究部会デジタル・フォレンジック分科会委員／関根久美子 2001慶大法、58期、元裁判官／清水扶美 2002東大教養、58期 A北脇俊之 59期、元公取委審決訴訟室室長補佐／松田秀明 59期／伊藤英之 60期／中村有友子 61期、元公認会計士／松原香織 61期、最高裁司法研修所所付（民事弁護）／大寺正史 61期／川上善行 63期、NY州弁護士、元国土交通省／鈴木奈裕子 63期／安藤文子 65期／田辺泰彦 66期 顧横内龍三 1967京大法、53期、元日本銀行人事局長、北洋銀行取締役会長

事件 IHI証券訴訟（東京地判平成26.11.27）／武富士・メリルリンチ事件（東京高判平成26.8.27判時2239.118）／所得税法無罪事件（東京地判平成26.5.11判タ1412.296）／住友電気工業カルテル株主代表訴訟（大阪地平成26.5.7和解）／保険薬局指定拒否事件（東京高判平成25.6.26判時2225.43）／三洋電機株主代表訴訟（大阪地判平成24.9.28金判1407.36、大阪高判平成25.12.26、最決平成27.3.27）／全国保証新株発行無効事件（最判平成24.4.24判時2160.121）／武富士贈与税訴訟（最判平成23.2.18判タ1345.115）／退職慰労金減額事件（最判平成22.3.16判タ1323.114）／TDK移転価格事件（国税不服審判所裁決平成22.1.27）／保安工業株式買取価格決定（東京地判平成22.11.15金判1357.32）／協和発酵キリン株式買取価格決定（東京地判平成21.5.13金判1320.31、東京高判平成22.3.12）／信越化学工業移転価格事件／ライブドア証券訴訟（東京地判平成20.6.13判タ1294.119、金判1297.42等）／住友信託銀行仮処分（最判平成16.8.30民集58.6.1763）／興銀課税処分取消訴訟（最判平成16.12.24民集58.9.2637）／本田技研事件（最判平成16.7.8判時1873.131）／第三者調査委員会（ノバルティス・ファーマ、近畿日本鉄道、林原ほか）

東京

TMI総合法律事務所
TMI Associates

〒106-6123　東京都港区六本木6-10-1　六本木ヒルズ森タワー23階
TEL　03-6438-5511　FAX　03-6438-5511
URL：http://www.tmi.gr.jp　info@tmi.gr.jp

328 (+42)	
P 71　A 236　顧 21	
男 252　女 72	
外弁 5　外資 10	
他士 67　事務 289	

新しい時代が要請する総合的なプロフェッショナルサービスへの需要に応えることを目的として1990年10月に設立された、わが国を代表する総合法律事務所。2015年、ビンガムから12名の弁護士が移籍し、事業再生・倒産分野も充実。

■理念・特色

　当事務所は、設立以来一貫して、これまでにない新しい法律事務所や弁護士・弁理士像を追求し、意欲的な挑戦を続けてきました。

　さまざまな国籍の弁護士、弁理士、スタッフなどがチームを編成して行う業務体制、世界の大手法律事務所との対等な業務提携、グローバルとローカルにおける積極的なオフィス展開、クライアントや官庁との人事交流、各界トップクラスの人材の顧問としての招聘等はその一部です。これらを通じて当事務所がめざしているのは、国際化、ボーダーレス化した新しい時代に対応できる真の意味での総合法律事務所です。

　当事務所は顧客満足度の高いクライアントサービスの提供のためには、働きやすい組織作りが不可欠という考えのもとで、効率的な組織運営と経営管理を行っています。外部から迎えた経営と財務のプロが、それぞれCOO、CFOとして事務所経営に関与し、案件や業務の管理に関するシステム化を進めているのも特色です。

　知的財産が大きな要素を占める昨今のM&A、ファイナンス、訴訟等の案件では、弁護士と弁理士が一緒にチームを組み、ワンストップでサービスを提供しています。高い専門性を備えたスタッフを育成するとともに、公認会計士や税理士資格を有する弁護士とすぐにチームを組める体制を整えている点も強みです。

　最近は訴訟・コンプライアンス案件への対応を強化しています。元最高裁判事、元高裁長官、元検事総長を、それぞれ顧問として迎えています。さらに、知財高裁判事、公正取引委員会事務総長、国税庁長官など多彩な前職を有する者が集まっております。

■設立・沿革

　当事務所は、新しい時代が要請する総合的なプロフェッショナルサービスへの需要に応えることを目的として、1990年10月1日に設立されました。総勢10名ほどでスタートし、約25年の活動を経て、弁護士約330名、弁理士約70名、その他外国法事務弁護士、外国弁護士・弁理士等総勢約720名が所属する大規模事務所に成長いたしました。

　「21世紀はアジアの世紀」と確信して1998年からアジア展開を開始し、現在では、東京オフィスを中心に、7か国計11都市のオフィスで、総合的なリーガルサービスを提供しています。また、アメリカ、イギリス、ドイツ、カナダの法律事務所との共同事業等を通じて、アジア以外の地域の案件にも迅速で専門性の高いサービスを提供することができます。

代表者　田中克郎（東京弁護士会）
支店　名古屋、神戸、北京、上海、ハノイ、ホーチミン、ヤンゴン、シンガポール、プノンペン、シリコンバレー
取扱言語　英語、中国語、フランス語等
主な顧問先　自動車、通信、商社、投資ファンド、証券会社、銀行、保険、製薬、製紙、食品、アパレル、小売業、出版、新聞、スポーツ、音楽、広告代理店、マスコミ等の大手上場企業に加え、IT、バイオ、ナノテク、環境などの分野の大企業やベンチャー企業
報酬体系　事務所報酬規程（日弁連旧報酬規程にはよらない）による。原則としてタイムチャージでの対応。

取扱業務 コーポレート　一般企業法務、M&A、アライアンス、コーポレートガバナンス、起業・株式公開支援、消費者関連法／**ファイナンス**　コーポレート・ファイナンス、ストラクチャード・ファイナンス、プロジェクト・ファイナンス、証券化・流動化・REIT、デリバティブ、銀行・証券・保険・信託／**知的財産**　著作権、特許、商標、不正競争、意匠、メディア、エンタテインメント、スポーツ、IT関連／**危機管理**　広報法務、リスクマネジメント、不正調査、反社会的勢力対応、刑事訴訟／**倒産処理・企業再生**　民事再生・会社更生、破産・特別清算、私的整理・事業再生ADR、DES・DDS、DIPファイナンス、公的再生支援／**争訟**　商事関連訴訟、知財訴訟・審判、税務争訟、刑事訴訟、行政訴訟、国際訴訟・仲裁・調停・ADR、消費者対応／**税務**　タックスプランニング、税務争訟／**独占禁止法・競争法**　カルテル・談合、国際カルテル、私的独占・不公正な取引方法、企業結合、下請法、景品表示法／**労働法**　人事制度の構築・運用、M&A・IPOにおける労務デュー・ディリジェンス、労働審判・労働関係訴訟等への対応、組合対応等、出入国関連／**不動産**　不動産投資、開発、証券化・流動化・REIT、建築・建設訴訟、土壌汚染／**環境・エネルギー**　太陽光発電・その他自然エネルギー、土壌汚染、化学物質規制・廃棄物処理、電気事業／**国際法務**　中国、東南アジア、フランス、その他国際法務／**インダストリー関連**　ブランド、メディア、エンタテインメント、スポーツ、医療、ヘルスケア、バイオ、IT・通信、銀行・証券・保険・信託、ファンド、人材・教育・福祉、エマージング・カンパニー／**事業承継・相続**　事業承継、相続、遺言作成、遺産分割協議

東京

P 田中克郎 22期、アシックス社外取締役、鹿児島銀行（～2015年9月、10月～九州フィナンシャルグループ）社外監査役／升永英俊 25期／松尾栄蔵 27期／遠山友寛 32期、エイベックス・グループ・ホールディングス社外取締役、そーせいグループ社外取締役、日本色材工業研究所社外監査役／行方國雄 31期、エキサイト社外監査役／伊藤亮介 35期、出光興産社外取締役／鳥海哲郎 31期／相澤光江 31期、オカモト社外取締役、コジマ社外監査役／宮川美津子 38期、エステー社外取締役／石原修 39期／水戸重之 41期／淵邊善彦 41期、創通社外監査役／折田忠仁 41期／千葉尚路 42期／山口芳泰 43期／中村勝彦 44期、日本ライフライン社外監査役／宮下正彦 44期、コムシスホールディングス社外監査役／中川秀宣 44期／押野雅史 44期／升本喜郎 45期／葉玉匡美 45期、豊田合成社外監査役／藤本美枝 45期、クラレ社外監査役、生化学工業社外監査役／長坂省 46期／五十嵐敦 47期／岡田英之 47期／菊田行紘 47期／白井勝己 47期／髙山崇彦 47期／八尾紀子 47期／山宮慎一郎 47期、ERIホールディングス社外監査役、元気寿司社外監査役／髙原達広 48期／内海英博 48期／藤井基 49期、セフテック社外監査役／野間敬和 49期／大江修子 50期／平野正弥 51期／渡辺伸行 51期、クレオ社外監査役／菊池きよみ 51期、西松建設社外監査役／江口雄一郎 51期／成本治男 52期／尾城雅尚 52期／中西健太郎 53期／佐藤真太郎 53期／齊藤拓史 53期／岩品信明 53期／根本浩 54期／荻野敦史 54期／大井哲也 54期、ジェイアイエヌ社外監査役、マーケットエンタープライズ社外監査役／清水真紀子 54期／下野健 54期／岡田誠 54期／柏木裕介 54期／相澤豪 54期／谷津朋美 54期、カルビー社外監査役、コクヨ社外監査役、ヤマハ発動機社外監査役／中川紘平 55期／柴野相雄 55期／大越有人 55期／谷笹孝史 55期／片山真治 56期／生頼雅志 56期／太田知成 56期／米山貴志 56期／保坂雄 57期／宮下央 57期／尾形和哉 57期／山根基宏 57期／髙祖大樹 57期／妹尾かを里 57期／深津功二 57期／今枝丈宜 58期／柳沢知樹 58期

カウンセル 三好啓信 30期／森崎博之 44期／海江田光 45期／森山義子 50期／古川俊治 51期／菊池秀 55期／富田裕 61期

客員 田中開 2004登録／小泉直樹 2005登録／村上光鵄 19期、ミネベア社外取締役

顧問 泉徳治 15期／今井功 16期、みずほ銀行社外監査役／佐藤歳二 16期／才口千晴 18期／頃安健司 19期、東海旅客鉄道社外取締役、古河電気工業社外監査役／相良朋紀 21期／樋渡利秋 22期／吉戒修一 25期／塩月秀平 26期／半田正夫 1999登録／野木正彦 54期

A 小幡葉子 44期／小野晶子 45期／絹川健一 46期／森本周子 52期／長野享子 52期／山本麻記子 53期／上山孝紀 54期／三谷英弘 54期／米田紀子 54期／長井真之 55期／成田知子 55期／横澤靖幸 55期／井上祐子 55期／阪口嘉奈子 55期／白木淳二 55期／柏健吾 56期／白石和泰 56期／鈴木真紀 56期／人見高徳 56期／若狭一行 56期／森川久範 56期／江藤真理子 56期／秋本壮 57期／波田野晴朗 57期／伊勢智子 57期／松山智恵 57期／宮澤昭介 57期／大島正照 57期／鈴木貴之 57期／玉石沙和 57期／上田円 57期／茂木信太郎 57期／永田有吾 57期／小峰孝史 57期／桝田慎介 57期／古井恵理 58期／樋口陽介 58期／栗山陽一郎 58期／松下茜 58期／野中信孝 58期／鈴木優 58期／高野大滋郎 58期／田代啓史郎 58期／原雅宣 58期／佐藤力哉 58期／関川裕 58期／戸澤晃広 58期／三澤充 58期／甲斐史朗 58期／飯塚陽 58期／栗原誠二 58期／後藤一光 59期／波多江崇 59期／池田賢生 59期／稲垣勝之 59期／古西桜子 59期／永田幸洋 59期／中山茂 59期／新谷美保子 59期／高木瑛子 59期／宝田恵理子 59期／尾藤正憲 59期／衛藤佳樹 59期／花本浩一郎 60期／金山梨紗 60期／近藤圭介 60期／河野勇樹 60期／中川浩輔 60期／荻田多恵 60期／大井修平 60期／長田旬平 60期／高橋美早 60期／高橋俊介 60期／竹内信紀 60期／滝塚磨 60期／上野さやか 60期／和藤誠治 60期／吉田和雅 60期／吉野史紘 60期／久保賢太郎 60期／水田進 60期／村上諭志 60期／小川聡 60期／瀬戸麻奈美 60期／大皷利枝 60期／辻岡将基 60期／塚本晃浩 60期／海野圭一朗 60期／安井寿里子 60期／吉岡博之 60期／梶原圭 61期／小林真佐志 61期／坂井はるか 61期／関真也 61期／山郷琢也 61期／平林拓人 61期／今村俊太郎 61期／今村由幾 61期／海住幸生 61期／金子剛大 61期／風間有里子 61期／近藤僚子 61期／小坂準記 61期／工藤竜之進 61期／前田禎夫 61期／望月洋美 61期／小川周哉 61期／大河原遼平 61期／大嵜将史 61期／佐々木政明 61期／上野一英 61期／上崎貴生 61期／吉井久美子 61期／関理秀 61期／岩田幸剛 61期／藏知彦 61期／小林央典 62期／松尾和廣 62期／谷口達哉 62期／二階堂郁美 62期／相澤恵美 62期／尼口寛美 62期／藤井大悟 62期／林雄亮 62期／堀木淳也 62期／倉内英明 62期／中村謙太 62期／大久保樹 62期／大村せり 62期／鈴木弘記 62期／王嶺 62期／八木あゆみ 62期／藤沢彩乃 63期／田中健太郎 63期／阿部洸三 63期／江頭あがさ 63期／石堂瑠威 63期／春日舞 63期／桑野佳奈 63期／那須勇太 63期／大村健 63期／齋藤英輔 63期／寺門峻佑 63期／戸田謙太郎 63期／小林佳奈子 63期／友村明弘 63期／梅田宏康 63期／吉田真実 63期／畠山大志 64期／石原慎一郎 64期／小林貴恵 64期／小林亮 64期／小林拓人 64期／本木啓三郎 64期／長島匡克 64期／中城由貴 64期／小野田春佳 64期／関川淳子 64期／田中真人 64期／柘植竜 64期／植野公介 64期／山口俊 64期／中野亮介 64期／荒井悦久 65期／粟井勇貴 65期／池田記子 65期／岩井宏樹 65期／出田真樹子 65期／金郁美 65期／北島隆次 65期／松村達紀 65期／松永耕明 65期／村松晃吉 65期／中島惠 65期／小櫃吉高 65期／岡部洸志 65期／岡本敬史 65期／白井紀充 65期／鈴木翔

平 65期／包城偉豊 65期／阿久津裕美 66期／井上貴宏 66期／石園貴大 66期／木宮瑞雄 66期／久保田修平 66期／栗林知広 66期／丸住憲司 66期／森咲枝 66期／小塩康祐 66期／岡部知樹 66期／小古山和弘 66期／奥村文彦 66期／大村麻美子 66期／阪井大 66期／佐藤可奈子 66期／佐藤竜明 66期／白澤光音 66期／髙梨義幸 66期／高野博史 66期／髙山大蔵 66期／田中一哉 66期／津城尚子 66期／塚本渉 66期／山﨑真司 66期／柳淑花 66期／藤井康太 67期／原田紗衣 67期／伯耆雄介 67期／星野公紀 67期／市古裕太 67期／今井健仁 67期／稲葉大輔 67期／稲田祥子 67期／川中啓由67期／小林佑輔 67期／呉竹辰 67期／森卓也 67期／中村恵太 67期／中山祥 67期／野呂悠登 67期／小田智典 67期／鬼澤秀昌 67期／小里佳嵩 67期／関根みず奈 67期／品川皓亮 67期／篠原一生 67期／鈴木龍司 67期／高藤真人 67期／内野寛信 67期／山口貴臣 67期／山下翔 67期／吉井翔吾 67期

外弁 何連明 1999登録／ Laurent Dubois 1988登録／ Davy Le Doussal 2008登録／ Ray Vikram Nath 2014登録／ Veerasureshkumar Veerappan 2014登録

他士 稲葉良幸／大貫敏史／土屋徹雄／石田昌彦／江口昭彦／佐藤俊司／佐藤睦／廣中健／内藤和彦／小澁高弘／鎌田徹／小林彰治／森本久実／阿部豊隆／遠藤拓吾／都野真哉／金田周二／吉川雅也／赤堀龍吾／栗下清治／茜ヶ久保公二／池田勝幸／秋山祐子／田中智典／髙村和宗／松田達也／林美和／中塚隆志／笹本真理子／伊藤健太郎／澤井光一／太田雅苗子／阪田至彦／伊東有道／白石真琴／酒井仁郎／佐藤宏樹／臼田高順／大石幸雄／吉田幸二／中島貴志／斉藤直彦／山田拓／白幡文吾／山口現／右馬埜大地／田中康治／小野けい子／久下範子／津田拓真／綾聡平／北谷賢次／山田薫／小林功／北澤誠／池田万美／小代泰彰／春田まり子／竹内工／多湖真琴／阪和之／鷲尾透／小林理人／上潟口雅裕／溜井美帆

著作 『会社役員のための法務ハンドブック（第2版）』（中央経済社）／『インドビジネス最前線—Q&Aで読み解く法務ガイドブック』（商事法務）／『日中貿易必携2015』（日中国際貿易促進協会）／『企業法務のための金融商品取引法』（中央経済社）／『税理士が知っておきたい税務争訟・税賠対応 50のポイント』（大蔵財務協会）／『超実践 債権保全・回収バイブル—基本のマインドと緊急時のアクション』（共著、レクシスネクシス・ジャパン）／『実例ケースでわかる取締役のための問題解決大事典』（日本能率協会マネジメントセンター）／『シチュエーション別 提携契約の実務（第2版）』（商事法務）／『ソフトウェア取引の法律相談』（青林書院）／『中国労働六法（2013年改訂版）』（日本国際貿易促進協会）／『M&Aを成功に導く知的財産デューデリジェンスの実務（第2版）』（中央経済社）／『再生可能エネルギーの法と実務』（民事法研究会）／『暴力団排除条例ガイドブック』（レクシスネクシス・ジャパン）／『重要判例で読み解く 株主総会の運営実務』（清文社）／『医療・ヘルスケア事業の再構築』（中央経済社）／『企業のための震災・復興法律相談〜東日本大震災をふまえて〜』（ぎょうせい）／『グローバル企業の人事リストラ戦略』（日経BP社）／『知的財産プロフェッショナル用語辞典』（日経BP社）／『ビジネス法務プロフェッショナル用語辞典』（日経BP社）／『個人情報管理ハンドブック（第2版）』（商事法務）など多数

東京霞ヶ関法律事務所
Tokyo Kasumigaseki Law office

〒100-0013　東京都千代田区霞が関3-3-1　尚友会館6階
TEL　03-3503-5271　FAX　03-3503-5285
URL：http://www.tokyokasumigaseki-lawoffice.jp/　tokyokasumigaseki-law@y7.dion.ne.jp

 顧問先（大手総合商社およびその各種関係会社等）の関係から、債権管理・回収、架空・循環取引、不動産、システム、リース取引案件も多く、機動的で小回りのきく事務所。上場会社を含む複数の社外監査役も経験する。

■理念・特色

　当事務所は、国内の企業法務を主要な業務としております。開設以来一貫して、依頼者の視点に立ち、そのニーズに適合した良質な法的サービスを的確・迅速に提供することを心がけてきました。事件処理は、「複数の弁護士による対応」を原則とし、「チームワークの良さ」が当事務所の身上です。

　今後もこの基本理念・特色を変えることなく、日々の業務に堅実かつ誠実に取り組んでまいります。

　「事務所の特徴」に記載したほか、近年、相談が増加傾向にある、コンプライアンス問題（不祥事、内部通報等）や個別労働紛争に関する問題（解雇、休職等）等についても、個々の事案ごとに、会社のニーズを踏まえた法的サービスを提供しております。たとえば、当事務所は、多数の会社のコンプライアンス社外通報窓口を務めておりますが、従業員から通報がなされた際の初期対応、問題化した案件を会社が解決していく際のサポート、再発防止に向けた社内研修の実施等について、ワンストップサービスを提供しております。

　その他、上記業務により得た経験を活かして対外的な研修、講演会等を日常的に行っております。

　さらに、法人顧客からの依頼のみならず、個人からの離婚・相続、借地借家、破産等の一般民事事件についても多数の取扱実績があり、複雑かつ困難な事案についても依頼者の利益のために、できる限り丁寧な対応を行っております。上記のほか、破産管財人業務や弁護士会の委員会活動を熱心に行っている弁護士もおります。

■設立・沿革

　1985年9月に清塚勝久弁護士が、「清塚勝久法律事務所」を開設し、1996年8月に「清塚・遠藤法律事務所」に、2001年4月に「東京霞ヶ関法律事務所」にそれぞれ名称変更し、現在に至っております。

代表者　清塚勝久（第二東京弁護士会）
主な顧問先　大手総合商社、各種商社（金属、食品、化学品、不動産（開発、売買管理、仲介、賃貸）、衣料品、農業、その他各種）、各種メーカー（食品大手、化粧品）、リース、情報・通信、情報システム・コンサル、航空測量、倉庫・運輸会社、建築・施工（住宅、造園・エクステリア等）、コンビナート管理、人材派遣、介護事業、プロスポーツチーム運営会社等　以上、上場会社を含めさまざまな規模の顧問先があり、業種も多岐にわたる。
報酬体系　着手金、報酬金等は、事務所報酬規程（日弁連旧報酬規程におおむね準拠）による。顧問料（月額）50,000円以上（応相談）。

東京霞ヶ関法律事務所

取扱業務

企業法務全般：法律顧問法務 日常の法律相談、各種契約書・約款作成、法的論点等に関する検討・意見書作成、企業間取引に関する法的紛争予防的見地からの対応等／**企業組織・運営** 株主総会指導、取締役会、監査役会等の機関運営や役員の法的責任等に関する法的検討・助言、各種議事録の作成、社内諸規程の整備等／**コーポレートガバナンス＆コンプライアンス** コーポレートガバナンスの構築・運用に関する検討・助言、企業社内外において発生した不祥事等に関する調査・法的問題点の分析・再発防止策の検討・報告書作成、コンプライアンス社外窓口としての対応等／**債権回収、債権管理** 債権発生から回収に至る債権管理、各種担保・保証等の取得・実行に関する助言、仮差押え・仮処分、先取特権行使手続等／**不動産関係** 不動産の売買・賃貸借、管理、開発、区分所有権・共有持分権等に関する各種助言、契約交渉、契約書作成／**請負関係** 建物建築紛争に関する各種助言、交渉、訴訟対応等／**企業再編、M&A** 国内の企業提携、企業再編、事業承継に関するスキームの検討、法務デューデリジェンス、条件交渉、契約書作成等／**労務関係** 労働法に基づく各種書類・規程類の作成、労働法に関する各種問題（解雇、セクハラ・パワハラ、休職等）に関する相談・代理人対応、事業譲渡・会社分割・合併等の企業再編に関する人事・労務相談および問題点の指摘・対応等／**顧客対応** 顧客との各種トラブル（商品瑕疵、個人情報等）に関するクレーム対応、紛争が生じた場合の対応（示談交渉、訴訟等）、再発防止策の検討・助言／**倒産処理** 破産、民事再生等の法的倒産処理、私的倒産（私的整理、各種ADR手続等）の債権者、債務者側からの助言、手続申立て等／**知的財産権** 著作権法、商標法、意匠法、不正競争防止法、特許権、実用新案権等の知的財産権に関わる契約書の作成、紛争についての相談、仮処分等手続申立て等

一般民事関係：借地借家、離婚、相続、遺言書作成、成年後見、個人の破産・民事再生・私的整理、子どもの権利に関する事件（学校交渉他）等

刑事関係：被疑者・被告人弁護、少年事件（付添人）対応、捜査機関への告訴・告発相談（被害者対応）

P **清塚勝久** 中大法、22期、三井情報社外監査役（現任）、JA三井リース社外監査役（現任）／**遠藤元一** 東大法、44期、アジア航測社外監査役（現任）／**青木智子** 早大法、49期／**梅林和馬** 早大法、53期／**上田豊陽** 東大法、55期／**清塚道人** 中大LS、65期　以上すべて二弁。

著作 遠藤元一『循環取引の実務対応』（民事法研究会、2012）／同「日本版スチュワードシップ・コードの影響と対応策」経理情報1385号（2014）／同『内部統制の責任と現状』（共著、税務経理協会、2008）／同『倒産と担保・保証』（共著、商事法務、2014）『不正会計―平時における監査役の対応』（共著、LABO、2015）　その他

事件 架空・循環取引に関する訴訟／リース関連訴訟（空リースに関わる損害賠償請求等）／システム関連訴訟（システム瑕疵、適合性等に関する紛争等）／合弁企業解消に伴う清算等に関する訴訟／建築関連訴訟／労働関係訴訟（労働審判等を含む）／動産売買先取特権に基づく強制執行事件／処分禁止・占有移転禁止仮処分事件／否認訴訟を含めた管財人等との交渉等／大型ビルの賃料増減額訴訟／建築禁止仮処分事件（日照権等）／役員解任に関する訴訟事件／役員責任請求訴訟／法人・個人の破産事件の申立て等

東京グリーン法律事務所
TOKYO GREEN LAW OFFICE

〒105-0003　東京都港区西新橋1-7-13　ナンサ虎ノ門ビル8階
TEL　03-5501-3641　FAX　03-5501-3648
URL：http://www.greenlaw.ne.jp

 2000年、3事務所（9名）が結集して設立。そのため、取扱業務も多岐にわたる。特に、内部通報制度への対応は全弁護士が担当し、プロボノ活動にも積極的に関与する。

■理念・特色

　当事務所には、さまざまな分野に対応可能な専門的知識・経験を有する弁護士が在籍していると同時に、事務所のスケールメリットを活かして多数の弁護士がチームを組んで事件を処理することが可能な体制が整っています。

　また、税理士、会計士、弁理士、司法書士、社会保険労務士等の隣接業種との提携により、お客様の多様なニーズにワンストップにてお応えできる体制を構築しています。

　当事務所は「時代に即応した若さを保ちながら誠実に職務を遂行すること」をモットーとしており、その観点から、各年代の弁護士がバランスよく在籍するよう定期的に新人弁護士を採用しています。当事務所にて経験を積んだ弁護士には、パートナーに昇格する者のほか、独立して事務所を開設する者や企業内弁護士として活躍する者、あるいは裁判官に任官した者もおり、各方面に人材を輩出しています。

　当事務所の顧問先の業種は多岐にわたっており、そのため、あらゆる分野の法的ニーズに対応可能な環境を整えています。そして、顧問先の継続的法律業務のみでなく単発の事件や法律相談についても複数の弁護士が担当するなど、顧客満足を旨として充実した対応ができる体制づくりに努めています。

　内部通報制度等のコンプライアンス関係業務や不動産関連事件については原則としてすべての弁護士が担当することとし、また、顧問先企業に常勤弁護士を出向させるなど、専門分野への特化に注力しています。

　さらに、各自の能力研鑽・陶冶に努めるべく、内部研修や外部講師を招いた研修会等を定期的に行っています。

　他方で、各弁護士とも無料法律相談、国選刑事事件、弁護士会の公益活動その他のプロボノ活動を精力的に行っており、司法研修所教官、弁護士会役員も輩出しています。

■設立・沿革

　2000（平成12）年12月に、3事務所9名の弁護士が集結して設立されました。

　その後、パートナーの新規参加、新人弁護士の採用を重ねた結果、現在はパートナー10名・アソシエイト7名が所属し、登録弁護士会も東京三会すべてに及ぶこととなりました。

取扱言語	英語
主な顧問先	金融機関、農協、不動産（賃貸・仲介・管理）、損保、流通業（運送業、倉庫業、小売業、卸売業、通信販売業）、建設業、製造業、出版業、葬祭業、宿泊業、介護業、システム開発、芸能事務所、番組制作・広告制作、アパレル、医療法人、学校法人、宗教法人、NPO法人、障害者福祉団体等、多岐にわたる。
報酬体系	事務所報酬規定（日弁連旧報酬規定に若干の修正を加えたもの）による（詳細は要問合わせ）。着手金・報酬金、タイムチャージの双方に対応可能／顧問料（月額）50,000円〜　／タイムチャージ　パートナー30,000円〜50,000円、アソシエイト20,000円〜40,000円（事案の専門性・難易に応じて幅がある）。

東京グリーン法律事務所

取扱業務 争訟等裁判手続 債権回収（保全・執行を含む）、商事事件、不動産（契約締結・更新、賃料増減額、明渡請求等）、労働事件（使用者側・被用者側とも）、建築紛争、医療過誤、交通事故、知的財産（特許、商標、不正競争防止法等）、消費者保護、家事事件（親族・相続）、行政事件／**企業法務** 法務相談全般、労務問題全般、株主総会指導、契約書作成および審査、コンプライアンス指導、内部通報窓口、ベンチャーサポート／**再生・倒産** 事業再生（再建計画、交渉等）、民事再生（申立・監督）、破産（申立て・管財）、債務整理、特定調停／**その他** 刑事弁護（裁判員・私選・国選）、告訴告発、一般調停、各種講演

P 古川史高 1975横国大、35期、東弁、元東弁副会長、元RCC再生担当常務執行役員／**渥美三奈子** 1969東大中退、1985京大、37期、東弁／**伊豆隆義** 1984早大、40期、東弁、日弁連法務研究財団理事／**工藤研** 1988慶大、48期、東弁、東証一部上場企業監査役／**岩田修** 1988中大、49期、東弁／**井崎淳二** 2001京大、55期、東弁／**髙平めぐみ** 1998一橋大、55期、東弁／**梶浦明裕** 1999明大、56期、二弁／**近森章宏** 1997慶大、56期、東弁／**堀田和宏** 2000早大、2002早大院、57期、一弁
A 酒井由美子 1999慶大、57期、東弁／**阿部泰彦** 2000日大、61期、東弁／**山口秀雄** 2004早大、2006中大LS、61期、東弁／**川原奈緒子** 2007慶大、2009慶大LS、63期、東弁／**工藤杏平** 2007明大、2009明大LS、63期、一弁／**新森圭** 2007慶大、2010慶大LS、65期、東弁／**古郡賢大** 2009東北大、2012明大LS、66期、東弁

著作 『民事訴訟代理人の実務Ⅰ 訴えの提起』（共著、青林書院）／『誰にもわかる債権の保全と回収の手引き』（共著、新日本法規出版）／『与信管理論』（共著、商事法務）／『Q&Aでわかる民事執行の実務』（共著、日本法令）／『会社を経営するならこの一冊』（共著、自由国民社）／『借地借家契約 特約・禁止条項集』（共著、新日本法規出版）／『不動産流通と宅地建物取引業法・借地借家法』（共著、清文社）／『背景・趣旨がよくわかる不動産関連法令改正のポイント』（共同監修、不動産流通近代化センター）／『媒介業務がよくわかる宅地建物取引業務の知識』（共著、不動産流通近代化センター）／『登録実務講習テキスト』（共著、不動産流通近代化センター）／『登録講習テキスト』（共著、不動産流通近代化センター）／『宅地建物取引主任者講習テキスト』（共著、不動産流通近代化センター）／『不動産損害額・評価額算定事例集』（共著、新日本法規出版）／『Q&A廃棄物トラブル解決の手引き』（共著、新日本法規出版）／『医療事故の法律相談』（共編・共著、学陽書房）／『わかりやすい獣医師・動物病院の法律相談』（共著、新日本法規出版）／『交通事故損害額算定基準―実務運用と解説』（共著、日弁連交通事故相談センター）／『民事交通事故訴訟損害賠償算定基準』（共著、日弁連交通事故相談センター東京支部）／『注解 交通事故損害賠償算定基準』（共著、ぎょうせい）／『交通事故実務マニュアル』（共著、ぎょうせい）／『スポーツ権と不祥事処分をめぐる法実務』（共著、清文社）／『遺言書作成・遺言執行実務マニュアル』（共著・新日本法規出版）／『新破産法実務マニュアル』（共著、ぎょうせい）／『個別労働紛争解決手続マニュアル』（共著、新日本法規出版）

事件 建築確認処分取消請求事件（東京地判平成23.11.11判タ1387.109）／離婚等請求事件（最判平成23.3.18判時2115.55）／建物収去土地明渡請求事件（最判平成23.1.21判時2105.9）／商標権侵害差止等請求事件（東京地判平成17.6.21判時1913.146）／授業料返還等請求事件（東京地判平成15.11.10判時1845.78）ほか多数

東京桜橋法律事務所
Tokyo Sakurabashi Law Offices

〒104-0032　東京都中央区八丁堀2-10-9　ユニゾ八丁堀ビル6階
TEL　03-3523-3217　FAX　03-3523-3218
URL：http://tksb.jp/　info@tksb.jp

事務所開設後10年となり、現在は40代の弁護士を中心パートナーとして、企業法務を中心に訴訟対応、金融、国際取引その他幅広い分野で法律業務を提供する。

■理念・特色

当事務所は、「依頼者に最良の法的サービスを提供し、かつ所属する人間が幸せとなる法律事務所」を理念とし、国内で存在感のある法律事務所となることをめざしています。

パートナーの多くが大手・老舗の法律事務所での勤務を経験してきており、それらの事務所での業務水準を維持しつつ機動性のある業務提供を心がけています。

また、当事務所では、日常的に公認会計士、弁理士、税理士、司法書士、行政書士、社会保険労務士、不動産鑑定士ほかの士業との連携をしており、大規模・複雑な案件についてもワンストップでのサービスを提供することができるようにしています。

近年特に力を入れているのはインバウンド・アウトバウンド双方の国際法務案件で、吉崎弁護士を中心に多様なノウハウを蓄積しています。

■設立・沿革

事務所名の由来は、江戸時代に八丁堀の地を流れていた桜川に架かっていた桜橋です。事務所の面する現「平成通り」は、以前は「桜橋通り」と呼ばれており、都電が走っていたそうです。

2006年	中央区湊1丁目にて事務所開設
2010年	小川榮吉、小川晃司両弁護士が参画
2011年	吉崎猛弁護士が参画、事務所拡大に伴い中央区八丁堀3丁目に移転
2012年	小川朗弁護士が参画
2013年	小林利男弁護士が参画、池田理明弁護士がパートナーに昇格
2014年	小宮誉文弁護士がパートナーに昇格
2015年	橋本円弁護士が参画、内藤悠作弁護士がパートナーに昇格、事務所拡大に伴い中央区八丁堀2丁目（現所在地）に移転

代表者　豊田賢治（第二東京弁護士会）
取扱言語　英語、中国語
主な顧問先　IT、広告、製造、金融、不動産、医療・薬事、環境情報、印刷、芸能、運輸、遊技場、飲食、医療法人、宗教法人、学校法人

報酬体系　旧弁護士報酬基準規程に準拠。顧問料（月額）50,000円〜（企業規模等に応じる）。タイムチャージの場合、1時間当たりパートナー30,000円〜、アソシエイト15,000円〜。

取扱業務 **法律顧問業務** 以下に記載の分野を含め、企業が直面するあらゆる問題について助言、代理等の法的サービスを提供／**保全・非訟・訴訟・調停・執行等裁判手続対応** 法的問題が裁判所において具体的にどのように処理されるのかを知悉しており、将来の見通しに基づく現実的なアドバイスが可能／**金融法務** 会社法、金融商品取引法その他各種業法の深い理解に基づき依頼者のポジションに応じた柔軟な法的サービスを提供／**不動産法務** 売買、賃貸のほか、SPCや信託を利用した複雑なスキームにも対応／**国際取引・海外進出** 米欧、アジアを中心にインバウンド・アウトバウンド双方の業務に対応／**知的財産権** 弁理士との協働により出願戦略、侵害者への警告、侵害訴訟等に対応／**労務（主に会社側）** 就業規則等整備、組合対応、労務紛争対応等／**IPO** 検討・準備段階でのアドバイスはもとより、資本政策、上場後の対策を含めたアドバイスが可能／**M&A（国内外）** 国内案件および海外案件において、買収側アドバイザー、被買収側アドバイザー、デューデリジェンス、いずれも対応可能／**相続・事業承継** 保険や信託の利用、生前贈与の活用をはじめ、通常考えられるすべての手法を適切に組み合わせる／**倒産・法人再生** 依頼内容に応じた機動的な対応が可能／**医療経営** 個人診療所・医療法人の譲渡・買収、資金調達、当局対応、クレーム対応／**再生可能エネルギー** 太陽光発電ファンドの組成・運用・DD／**税法** 節税商品の開発、主に投資案件に関する税法のリサーチ・意見書作成・当局対応、税務訴訟

P 豊田賢治 1996東大法、54期、二弁、経営革新等支援機関（第1回認定）、内閣府行政改革推進会議歳出改革ワーキンググループ構成員、ヤマダコーポレーション監査役／小川榮吉 1955中大法、13期、東弁、2005藍綬褒章受章、2013旭日双光章受章／小川晃司 1992明大法、54期、東弁、川口市公平委員会委員、川口市開発審査会会長、しゅくみねっと監査役／吉崎猛 1995早大政経、2008ペンシルベニア大LS、2011大連外国語大（中国語研修）、54期、二弁、日本貿易振興機構（1995～96）、外務省（任期付公務員）（2004～06）、日弁連中小企業海外展開支援WG委員、経営革新等支援機関／小川朗 1994早大法、2000早大院、54期、二弁、学校法人文化学園監事、CSアカウンティング監査役、東洋大LS非常勤講師／橋本円 1998東大法、2009東大院、52期、一弁、元楽天モーゲージ監査役／小林利男 1994早大政経、56期、二弁、三菱信託銀行（1994～99）、司法研修所刑弁教官室所付（2011～14）、立大LS法務講師（2014～）／池田理明 2000中大法、60期、二弁、二弁非弁護士取締委員会副委員長・部会長（2015～）／小宮誉文 2001立大法、2007中大LS、61期、二弁、エーエム・ピーエム・ジャパン（2001～03）／内藤悠作 2005明学大法、2008獨協大LS、62期、二弁 顧 柳川鋭士 1997明大法、2008東京理科大工、2012ジョージタウン大LLM、54期、一弁、明大専任講師（民事手続法、2014～）／A 石垣美帆 2003立大法、2008中大LS、62期、二弁／藤本真由美 2008東大法、2010東大LS、64期、二弁／山田義隆 2011放送大中退、65期、2006司法書士／門倉洋平 2004東大経、2011早大LS、66期、東弁、2008公認会計士（2014再登録）

著作 橋本円『社債法』（商事法務、2015）／同「グループ会社間の資金融通と貸金業法」岩原紳作・山下友信・神田秀樹編集代表『会社・金融・法(上)』（商事法務、2013）／柳川鋭士「弁護士と裁判所間の情報共有化の過程と弁護士・裁判所双方の役割」判例時報2153号／同「司法アクセスを保障する手段としての経済的支援策」自由と正義63巻12号（2012）／吉崎猛「海峡両岸経済協力枠組み協定（ECFA）に基づく原産地規則について」国際商事法務584号（2011）／同「日インドEPAの原産地規則」ビジネス法務2011年11月号（2011）／同「日本インドEPAとASEANインドFTAにおける関税撤廃・削減と原産地規則の比較検討」国際商事法務595号（2012）／甲斐史朗・吉崎猛・尹秀鐘『中国ビジネスのための法律入門』（中央経済社、2012）／野村高志・岡田早織・吉崎猛「Features of IP Rights Enforcement in Korea and China」IDE Discussion Paper No.417（2013）／吉崎猛監修『ミャンマー会社法・外国投資関連法』（アイキューブ、2013）／鈴木修一監修『中小企業海外展開支援法務アドバイス』（共著、経済法令研究会、2013）／吉崎猛主査『海外派遣者ハンドブック（フィリピン編）』（日本在外企業協会、2014）

東京駿河台法律事務所
Tokyo Surugadai Law Offices

〒101-0051　東京都千代田区神田神保町2-3-1　岩波書店アネックス7階
TEL　03-3234-9133　FAX　03-3234-9134
URL：http://www.surugadai.org　ueyanagi@surugadai.org

30年以上の経験豊富な弁護士、中堅、若手の総合力を活かし、個人や企業、公的団体からの依頼に、誠実・迅速に対応する。

■理念・特色

　弁護士は、法により、基本的人権を擁護し、社会正義を実現することを使命と定められており、依頼者から依頼を受けた法律事務を遂行するサービスを業務としています。しかし、弁護士は、とかく敷居が高く、親切でないといわれることが多かったように思われます。

　東京駿河台法律事務所は、依頼者の方々に親切、丁寧に対応し、誠実に業務を遂行することを旨とするとともに、依頼された事件の主役は依頼者の方々であることを自覚し、その御意思を尊重し、誠実にサポートをしていく弁護士活動を目標としています。

　弁護士・事務所スタッフは、小さな心配事から、大きな問題まで、お気軽にご相談いただくことを願っております。

　市民として、日常的な生活の中で直面する問題（遺産相続・遺言、離婚、借地借家、境界問題）について、税務・登記等も含めた総合的な知識と親身の相談で、適切な法律サービスを提供しております。

　各種金融商品取引被害を含む、消費者被害についても、書籍の出版を含め取り組み、新しい裁判例等も実現しております。

　企業および諸団体の法務分野についても、債権回収、企業の再建・合併買収、経営者内部の紛争調整をはじめ、実績を有しております。

　不動産取引に関する問題解決（債務整理や相続のための売買や土壌汚染その他の問題解決含む）、再開発関係の問題解決（権利調整や明渡・売買紛争）についても、関連土地法規制の知見を含め、実績があります。

　労働関係（労働契約、賃金、労働条件、解雇など）、過労死・過労自殺を含む労働災害・職業病（労災保険申請、損害賠償など）も、豊富な経験があります。

　行政法・環境法分野も、企業・市民・NPO法人・地方公共団体のいずれの立場からも相談を受け、案件として取り組んでおります。

　いずれの業務分野においても、紛争にならない形で解決できるのであれば、そのような方策を実現するための助言・書面作成を行い、法的手段等をとる場合には、迅速かつ全力で取り組み、最終的紛争解決に結びつくように、訴訟活動においても、多彩な経験と確かな知識に基づきつつ、それに頼らない日常的な工夫に努めております。

■設立・沿革
1995年10月　東京都千代田区神田須田町において、弁護士5名、事務スタッフ4名で開設
2008年1月　現在地の神田神保町に移転

代表者　上柳敏郎（第一東京弁護士会）
取扱言語　英語
主な顧問先　不動産、製造業、卸売業、各種サービス業、医療法人、学校法人、社団法人等
報酬体系　事務所報酬規程（日弁連旧報酬規程に当事務所の変更を加えたもの）による。着手金・報酬等とタイムチャージの双方対応可能／顧問料は依頼者との合意に基づいて定められた金額となる。

取扱業務 土地問題関係 土地建物取引（売買契約に関する紛争、建築請負に関する紛争、地盤沈下・土壌汚染問題等、区分所有建物の建替え・共同開発、売買契約書作成など）、借地・借家関係（借地・借家契約の更新、賃料増減額交渉、敷金返還、明渡しに関する紛争など）／**一般民事・家事** 債務整理・破産・個人再生、消費者問題（詐欺商法・先物取引等の各種消費者被害、証券取引その他の金融商品取引の被害、多重債務被害など）、損害賠償（交通事故、傷害・物損事故、医療過誤事故など）、成年後見、保佐、任意後見、離婚関係（夫婦関係調整調停、離婚裁判、慰謝料、養育費など）、遺言書作成、遺言執行、相続関係（相続放棄、遺産分割協議、遺留分減殺、相続登記、相続後の財産処分など）／**企業法務関係** 債権回収（売掛金・手形小切手の債務者との交渉、訴訟提起、強制執行など）、会社法務全般（会社設立、契約書作成等の企業法務、事業承継など）、民事再生、会社更生など／**労働** 労働関係（労働契約、賃金、労働条件、解雇など）、労働災害・職業病（労災保険申請、損害賠償など）／**渉外** 国際取引についての訴訟、渉外契約、国際的離婚・遺産分割、国際的雇用関係事件、外国弁護士との連携、入国・在留関係手続、難民認定手続など／**刑事** 刑事弁護（逮捕またはその前段階の弁護活動、法廷における弁護活動、示談交渉）、少年事件、刑事告訴関係／**行政法・環境法** 環境法令・行政法令の解釈についての意見、行政や準行政的団体等との交渉、行政に対する不服申立て・訴訟、条例規則制定についての助言

P 上柳敏郎 1981東大法、35期、ワシントン大LS修士修了、NY州弁護士、一弁副会長、国際水泳連盟（FINA）ドーピング審査委員、元金融審議会第一部会臨時委員・専門委員、早大LS教授、東大LS客員教授／小島延夫 1982早大法、36期、日弁連公害対策環境保全委員会委員長、文部科学省原子力損害賠償紛争解決センター仲介委員、環境法政策学会理事、文化庁NPO等による文化財建造物の管理活用推進委員会委員、早大LS教授、立大LS講師／玉木一成 1982中大法、37期／須納瀬学 1983東大法、38期、ウィスコンシン大LS修士修了、NY州弁護士、日弁連全面的国選付添人制度実現本部副本部長／難波満 1998東大法、52期、ロンドンスクールオブエコノミクス修士修了、シンガポール国立大客員研究員、元日弁連人権救済調査室嘱託 **A** 江口智子 2005一橋大法、2008早大LS、63期／白木敦士 2009早大法、2011早大LS、65期

著作 上柳敏郎『新・金融商品取引法ハンドブック（第3版）』（共著、日本評論社）／同『実例で理解するアクチュアル会社法（法セミLAW CLASSシリーズ）』（日本評論社）／同『実務解説 特定商取引法』（共著、商事法務）／同『逐条解説 貸金業法』（共著、商事法務）／小島延夫「公共事業と情報公開—意思形成過程情報と事務事業情報の解釈を中心に」『現代行政法講座Ⅳ』（日本評論社）／同「企業の環境保全の確保」『ケースメソッド環境法（第3版）』（共著、日本評論社）／同「福島第一原子力発電所事故による被害とその法律問題」法律時報1038号（2011）／同「建築紛争まちづくり訴訟と弁護士の役割」法律時報1011号（2009）／同「耐震偽装問題が投掛けるもの—民間委託の構造的問題点と弁護士の役割」Law&Practice 1号（2007）／同「わが国の企業の海外進出と環境問題」『環境問題の行方 新世紀の展望2（ジュリスト増刊）』（有斐閣）／小島延夫・江口智子『原発事故・損害賠償マニュアル』（共著、日本加除出版）／難波満『コンメンタール 出入国管理及び難民認定法 2012』（共著、現代人文社）

東京八丁堀法律事務所
Tokyo Hatchobori Law Office

〒106-0041　東京都港区麻布台1-11-9　CR神谷町ビル6階
TEL　03-6441-3320　FAX　03-6441-3325
URL：http://www.hatchobori-law.gr.jp

22	(±0)
P 10	A 10	顧 2
男 18	女 4
外弁 0	外資 0
他士 0	事務 7

大正年間創設の「牧野良三法律事務所」を継承する名門老舗事務所。誠実かつ高レベルの法的サービス提供をモットーに企業法務、個人とも多様な分野を取り扱う。大企業の顧問先も多く、社外役員経験者も多い。

■理念・特色

　企業法務を中心とし、個人の方の依頼にも幅広く対応する形で多様な分野を取り扱っています。企業法務等では、上場企業を含む多彩な業種の企業や地方自治体等と顧問契約を結び、さまざまな分野・内容の法的サービスを継続的に提供しています。個人の方の依頼も一般民事、家事、高齢者財産管理・遺言、刑事等多岐にわたります。

　当事務所のモットーは、常にクライアントが求める以上の法的サービスを誠実に提供することです。事実関係や法的論点に関して徹底した分析等を行い、全体を見渡して最善の解決への道筋を見極めつつクライアントに寄り添う活動を行うことで成果を生み出すという地道な活動の積み重ねにより信頼関係を築くことを心がけています。真に信頼される事務所をめざしており、企業法務等では、クライアントとの継続的なお付合い等も通じて、その活動全般や社風等についても理解を深め、それらも踏まえた最善の対応にも努めています。そういった中、これまでクライアントの根幹に関わる重大事件等も取り扱ってきています。大型案件では、当該分野を得意とする複数弁護士でチーム編成し、迅速・適切に対処できるのも当事務所の強みです。

　力を入れている業務分野としては、当事務所は、企業法務を扱う事務所の中でもとりわけ訴訟案件と予防法務を強みとしてきました。近年は（国内）M&A・企業再編関連業務や不祥事等に関する調査委員会調査等、地方自治体や社会福祉法人、介護・福祉サービス関連事業者の相談等、超高齢社会を背景とした相続・成年後見関連案件等にも積極的に取り組んでいます。また、各弁護士が、官庁・裁判所・行政委員会等にて（任期付）公務員・調停官・調査官等として勤務しまたは企業への出向という形で積極的に外部業務に従事することでスキルの練磨、業務の質と幅の拡大にも努めており、幅広い企業法務経験を基に社外役員としての活動にも力を入れています。

■設立・沿革

　大正年間創設の「牧野良三法律事務所」が継承され「新家猛法律事務所」、「坂野・瀬尾・橋本法律事務所」等を経て、1997年4月から「東京八丁堀法律事務所」となりました。2008年1月から橋本副孝が代表となり、2014年2月に八丁堀から移転、現在に至っています。

代表者　橋本副孝（第二東京弁護士会） **主な顧問先**　製造業（鉄鋼、石油、化学、電機、機械）、建設業、不動産業、金融業、金融商品取引業、商社、IT関連、食品業、運送業、サービス産業、大学、地方自治体等（一部上場企業から個人に至るまでさまざま）	**報酬体系**　事務所報酬基準（日弁連旧報酬規程に当事務所の実情に応じ一部変更を加えたもの）による。着手金・報酬金等とタイムチャージ双方対応可／顧問料（月額）事業者50,000円～、非事業者5,000円～／タイムチャージ　パートナー30,000円～、アソシエイト20,000円～。

東京八丁堀法律事務所

取扱業務 会社法 コーポレートガバナンス／M&A・企業再編 総合的サポート、デューデリ実施等／コンプライアンス・内部統制 不祥事等対応、調査委員会調査等／内部通報制度 外部受付／株主総会支援／訴訟・紛争処理 訴訟、調停、審判、ADR等／金融・証券 訴訟、業規制関連等／社会福祉法人、介護・福祉サービス関連事業者支援 監督官庁・介護事故対応等／倒産 破産・民事再生／不動産・建築 各種契約書作成、日照・騒音・振動等の近隣紛争、欠陥・瑕疵問題、代金回収等建築紛争／独禁法等 談合等審査・審判、刑事事件、企業結合審査対応、独禁法遵守プログラム作成等／人事・労働 主に使用者側の相談、労働審判・訴訟等／債権管理・回収／IT・知的財産 特許、著作権等に関する紛争処理等／一般民事 交通事故、借地借家、消費者問題、DV、セクハラ、介護事故、他全般／家事 相続・離婚等、親子関係事件／高齢者財産管理・遺言・事業承継 任意後見契約等、信託等利用の財産承継に関する相談等。後見人、遺言執行。中小企業事業承継等／行政事件／地方自治体関係 地方自治体を依頼者とする相談・訴訟等、学校、高齢者・障害者福祉関連相談等／刑事 企業・個人の弁護活動、犯罪被害者支援活動等／講師等 教授・講師、研修等の各種講演等／社外役員 等

P代表・所長： 橋本副孝 1977東大法、31期、元二弁会長・日弁連副会長、元年金記録中央第三者委員会委員、原子力損害賠償紛争審査会特別委員、キリンホールディングス社外監査役、損保ジャパン日本興亜社外監査役／瀬尾信雄 1954東大法、15期、元司法研修所民弁教官、慶大（旧共薬大）名誉教授、元出光興産社外監査役、元JVCケンウッド社外取締役／吾妻堅 1984早大法、38期、元司法研修所民弁教官、早大LS客員教授、レナウン社外監査役／日野義英 1985明大法、42期、二弁住宅紛争審査会紛争処理委員、東京地方裁判所民事22部（建築）民事調停官／菊池祐司 1989東大法、44期、元任期付公務員（証券取引等監視委員会）、元日本証券業協会外務員等規律委員会委員、NECネッツエスアイ社外監査役／笠浩久 1988東大法、46期、元任期付公務員（金融庁）、イー・ギャランティ社外監査役／八杖友一 1994早大法、49期、日弁連高齢者・障がい者権利支援センター事務局次長、元（公社）東京社会福祉士会倫理委員会委員長／中山雄太郎 1998東大法、52期、元新日本製鐵（現新日鐵住金。以下同じ）出向／五十畑亜紀子 1998慶大法、54期、元新日本製鐵出向／井上廉 2003早大法院、57期 **A**藤重由美子 1981明大法、37期 中央労働委員会公益委員、原子力損害賠償紛争審査会特別委員／飯塚優子 2002東大法、56期、原子力損害賠償紛争審査会特別委員／星大介 2003上智大法、58期、南カリフォルニア大LS、NY州弁護士／酒井俊介 2004早大法、58期、元新日本製鐵出向／工藤洋治 1999東大法、59期、元新日鐵住金出向／金澤嘉明 2007横国大LS、61期、元任期付公務員（東京都労働委員会事務局）／政平亨史 2008慶大LS、62期／前田英伸 2010一橋大LS、64期／白石紘一 2011東大LS、65期／中村明奈 2011東大LS、65期 **顧客員：** 梅澤治爲 1961東大法、元新日本製鐵、1966ミシガン大LS、56期、元日本航空電子工業社外監査役、元NECネッツエスアイ社外監査役 以上すべて二弁 **顧問：** 平田胤明 1949東大法、3期、一弁、元司法研修所検察教官、元公取委員、元仙台高等検察庁検事長

著作 『会社法実務スケジュール』（共編、新日本法規出版）／『こんなときどうする─会社の法務─企業活動トラブル対策Q&A』（共著、第一法規出版）／『遺言書の書き方・相続のしかた』（共著、日本加除出版）／『高齢者・障害者の財産管理と福祉信託』（共編、三協法規）／『行政許認可手続と紛争解決の実務と書式』（共著、民事法研究会）／『Q&A情報開示・インサイダー取引規制の実務（共著、金融財政事情研究会）／『新・労働事件法律相談ガイドブック』（共著、第二東京弁護士会）等

事件 防衛庁談合事件（東京高判平成16.3.24判タ1180.136、東京地判平成23.6.27判時2129.46）／学納金返還請求訴訟事件（最判平成18.11.27判時1958.61）／多摩地区談合事件（東京地判平成19.10.26判タ1293.129、東京高判平成21.12.18判タ1321.219）／東京地判平成21.12.24判タ1320.145（インターネット株式信用取引の事例）／東京地判平成22.2.19判タ1358.130（建物工事請負代金等の事例）／その他会社法関連（代表訴訟対応等）、耐震強度偽装事件等の建築請負関連事件、企業関連刑事事件等

東京富士法律事務所
Tokyo Fuji Law Office

〒102-0083　東京都千代田区麹町3-3　KDX麹町ビル4階
TEL　03-3265-0691　FAX　03-3265-0699
URL：http://www.asahi-net.or.jp/~wj2h-sdu/index.html

11（+1）	
P 8	A 2　顧 1
男 10	女 1
外弁 0	外資 0
他士 0	事務 3

事業再生・倒産案件等が多い専門事務所。役員責任追及訴訟・代表訴訟・第三者委員会による調査等にも多く関与し、社外取締役・社外監査役として企業経営にも関与している。

■理念・特色

当事務所は「信頼に応えられるリーガルサービス」を理念としています。信頼とは、第1に依頼者の信頼であり、当事務所の提供するリーガルサービスの質・内容が高度なものであることに対する信頼であり、また、当事務所が依頼者のために全力を尽くすということに対する信頼でもあります。信頼とは、第2に、裁判所および他の弁護士からの信頼、ときには相手方弁護士からの信頼も意味します。当事務所は、目先の利益や小手先の技巧に走って依頼者の利益を実現しようとすることは、最終的には依頼者の長期的な利益に繋がらないと考えています。社会が複雑化し、価値観が多様化している現在だからこそ、良識に根ざした価値観はますます重要性を増しており、プロフェッショナルとしての揺るぎない価値観の下にリーガルサービスを提供することが依頼者の長期的な利益に合致すると考えています。

当事務所は創業者の釘澤一郎弁護士の時代から、このような考え方に立って活動を続けてきました。そのことが現在裁判所および他の弁護士からも、大規模ではないが信頼するに足りる法律事務所と認められていることに繋がっているものと自負しています。

当事務所の特色は、チームワークの良さにあり、訴訟実務の知見を基にして、多様な年代の弁護士が議論を戦わせながら訴訟事件等について綿密な準備を行い、依頼者にとって最良の方法を考えています。

当事務所は、新しい時代のニーズに的確に応えるべく、各種勉強会等への積極的な参加、著書・論文等の執筆などのほか、大学や法科大学院で教鞭を取るなどして、日々研鑽を怠らずに、今までにも増して良質で迅速なリーガルサービスを提供する努力を続けていきます。

力を入れている業務分野としては、
・倒産処理、事業再生分野
・企業の内部統制、コンプライアンス等の体制の整備その他の企業法務
・企業法務の知見と実務経験を活かした訴訟の遂行

が、あります。

■設立・沿革

1965年4月　釘澤一郎弁護士が「釘澤法律事務所」を開設し、その後、パートナーが増加したため、1985年4月に「東京富士法律事務所」と改称して現在に至っています。

代表者　須藤英章（第二東京弁護士会）
取扱言語　英語
主な顧問先　都市銀行・地方銀行、信用金庫、商社、総合建設会社（ゼネコン）、自動車会社、化学工業会社、プラントエンジニアリング会社、機械メーカー、食品メーカー、小売会社、印刷会社、保険代理店、ゴルフ場、温泉供給会社、医療法人、社会福祉法人、学校法人、生活協同組合、官庁など
報酬体系　事務所の報酬規程による（日弁連旧報酬規程にほぼ準拠）。着手金・報酬金方式、タイムチャージ方式のいずれでも対応可能。タイムチャージ単価 20,000円～60,000円（担当弁護士および業務内容に応じて）。顧問料（月額）50,000円～（事業規模等に応じて）。

取扱業務 株主代表訴訟、役員への損害賠償事件への対応／企業不祥事および役員の責任についての調査、第三者委員会業務／株主総会の指導、会社法関連法令に関する法律問題全般／金融取引その他の法律問題についての契約書作成、意見書等の作成／内部統制システム、コーポレートガバナンス、コンプライアンス等関連業務（内部通報窓口を含む）／企業の危機管理、不祥事対応業務／セクハラ、パワハラ等の対応／企業買収防衛に関する独立委員など／事業再生ADR、民事再生、会社更生、破産等についての、債務者サイド・債権者サイドからの助言・指導・代理・管財人業務／事業承継、相続に関する業務、親族関係に関する業務（後見・遺言執行）、離婚／不動産・建築工事をめぐる紛争／医療をめぐる紛争／著作権・商標権・営業秘密その他知的財産権に関わる業務／保険に関わる業務／債権の担保、回収に関する業務

P 須藤英章 1967東大法、23期、元日弁連倒産法制検討委員会委員長、元二弁常議員会議長、元日大経済学部教授（商法）、元日大LS教授（倒産法）、元事業再生研究機構代表理事、元経産省事業再生制度研究会座長、中央建設工事紛争審査会特別委員／小澤徹夫 1971東大法中退、25期、ローソン社外監査役、積水化学工業社外監査役、セメダイン社外監査役、元内閣府公益通報者保護制度研究会委員／岸和正 1974早大法、36期、元二弁司法修習委員会副委員長、元二弁調査室長／釘澤知雄 1980中大法、アメリカン大LLM修了、39期、元日弁連国際交流委員会副委員長、元中大法講師（民法）、元大宮LS教授（民事訴訟実務・生命倫理）、大宮LS講師（民事判例論）、持田製薬社外取締役／赤川公男 1991東大法、47期、事業再生実務家協会会員／古里健治 1994東大法、48期、日大LS教授（倒産法）、日弁連倒産法制等検討委員会幹事／足立学 1999早大法、57期／廣瀬正剛 2001日大法、2006日大LS、60期 **A** 山田祥恵 2003学習院大法、2006日大LS、61期／野中英匡 2002中大法、2008日大LS、63期 **顧** 釘澤一郎 1947東大法、2期、元二弁副会長、元日弁連事務総長、元最高裁判所司法研修所教官（民事弁護）、元国土交通省建設省建設工事紛争審査会特別委員、元文部省教科用図書検定調査審議会委員　以上すべて二弁。

著作 須藤英章編著『民事再生の実務』（新日本法規出版、2005）／同編著『再生・更生・破産の比較でみる倒産実務ハンドブック』（財経詳報社、2005）／同編著『私的整理ガイドラインの実務』（金融財政事情研究会、2007）／同『会社法講義』（共著、中央経済社、1993）／小澤徹夫『内部統制とは、こういうことだったのか』（共著、日本経済新聞出版社、2007）／同「企業の内部告発システムの構築」NBL750号2002）／同「J－SOX実施基準を漫然と遵守することの問題点」監査研究393号（2007）／同「『住専』処理と銀行の取締役の責任」NBL588号（1996）／岸和正『民事保全の実務』（共著、新日本法規出版、1992）／須藤・岸・釘澤・古里『Q&A改正 担保・執行法の要点』（共著、新日本法規、2003）／釘澤『実務医事法講義』・『実務医事法（第2版）』（共著、民事法研究会、2005・2014）／古里・廣瀬正剛『ゴルフ場の事業再生』（共著、商事法務、2012）／須藤・古里・廣瀬・野中英匡『倒産法改正への30講―倒産実務の諸問題と改正提言』（共著、民事法研究会、2013）／古里・廣瀬・野中『倒産と担保・保証』（共著、商事法務、2014）／古里・野中『倒産法改正150の検討課題』（共著、金融財政事情研究会、2014）／山田『リハビリテーションリスク管理ハンドブック（改訂第2版）』（共著、メジカルビュー、2012）

事件 旧長銀の元役員に対する損害賠償請求事件（東京地判平成17.5.19判時1900.3、東京高判平成18.11.29判タ1275.245）／三菱自動車の株主代表訴訟（平成11年12月和解成立）／民事保全法改正の契機となった売却のための保全処分事件（東京地決平成4.9.16判時1435.98、東京地決平成4.10.5判時1438.92）／再生計画認可決定に対する即時抗告事件（東京高判平成19.4.11判時1969.59、最決平成20.3.13判時2002.112）／株主総会決議取消請求事件（東京地判平成10.4.28資料版商事法務173.186）

弁護士法人 東京フレックス法律事務所
Tokyo Flex Law Office

〒160-0004　東京都新宿区四谷1-20　玉川ビル
TEL　03-3353-3521　FAX　03-3356-9228
URL：http://www.flex-law.gr.jp　info@flex-law.gr.jp

ビジネス法務を中心とした企業法務が多く、特にM&A、事業再生などスキームの策定および関係者の利害調整、リスクマネジメント体制の構築、事故発生時の危機対応を得意とする。

■理念・特色
　当事務所は、「迅速に（Speed）、簡潔に（Simplification）、提案する（Suggestion）」3つのSで未来を拓くルール作りをめざしており、事業戦略の観点からのアドバイスを得意とします。
　1つ目の理念は「迅速」です。情報化社会の現代においてはスピードが重要な価値となることはいうまでもありませんが、特に、ビジネスにおいては事業戦略の決定から実行までのスピードが企業の生死を分けることも多いといえます。われわれは目の前にある限られた情報に基づいて迅速なアドバイスを行うことでクライアントのスピード感ある意思決定と行動をアシストします。
　2つ目の理念である「簡潔」は、法律業務に求められる正確さとは一見相反するように思えるものです。しかしながら、複雑化する現代社会において、大きな組織における意思決定を行う際や多数の関係者の利害調整を行う際には、各人に問題点と解決方法をいかに理解しやすく伝えるかという点が非常に重要となってきます。正確に理解したものをわかりやすく伝えることこそ今の弁護士に求められているニーズだとわれわれは考えています。
　最後の「提案」も従来の弁護士像とは若干異なるものかもしれません。現代のビジネスは法的・財務的・倫理的な要素が複雑に絡み合った環境の中に置かれており、企業の意思決定の立案自体に専門的知識が必要とされているといえます。われわれはこのニーズに対応するため、コンサルタントや会計士、税理士といった各業界の専門家たちと共同してクライアントのめざす方向性を実現するための戦略、方策、スキームというものを具体的に提案することを重視しています。
　当事務所は、以上の理念を掲げることで、ビジネス戦略の実行場面における企画立案、関係者利害調整、危機対応を得意としており、企業の経営層を直接アシストします。
　また、「迅速」、「簡潔」、「提案」といった理念は、訴訟などの紛争解決においても価値を発揮します。現在の紛争解決の手段は紛争の形態に応じて多種多様となっており、利便性が向上した一方で、その分利用者には理解しづらい部分も少なからずあるといえます。そのため、現状に最もあった紛争解決手段をクライアントに「簡潔」に「提案」し、「迅速」に実行することで顧客の利益を最大化することができます。

■設立・沿革
1978年「槙枝法律事務所」の名称で開設し、1996年、「東京フレックス法律事務所」に名称変更、2011年、弁護士法人に改組しました。

代表者	槙枝一臣（第二東京弁護士会）、冨田烈（第二東京弁護士会）、伊藤毅（東京弁護士会）、木下和博（東京弁護士会）	ント、総合出版、金融機関、保険会社、運送業、労働組合、学校法人、ゴルフ場、外食、人材派遣、決済代行業他
取扱言語	英語、中国語	
主な顧問先	不動産管理・開発（上場会社含む）、百貨店（上場企業含む）、建設コンサルタ	報酬体系　事務所報酬規定による。着手金・報酬等とタイムチャージの双方対応可能／顧問料（月額）50,000円～／タイムチャージ　30,000円～。

取扱業務 **一般企業法務** コンプライアンス・各種規制法チェック、組織体制構築支援、内部統制構築支援、リスクマネジメント、危機対応／**M&A、ターンアラウンド、ファイナンス** スキーム策定、プレイヤー選定、デューディリジェンス、契約書作成、各種法的手続進行、利害関係人調整／**知的財産・IT関連** 国内外の特許・商標等の出願、ライセンス契約作成、知財・ネット戦略に関する総合アドバイス、権利侵害情報のインターネットからの削除、SEO対策、IoT対策／**不動産流動化** スキーム策定・組成、契約書他各種書類作成／**国際商取引** 相手方当事者との交渉含む／**紛争解決** 示談交渉、手続選択、法的手続遂行／**個人情報関連** 個人情報保護体制構築、ビジネススキーム構築、個人情報漏洩事故対応

P槙枝一臣 1969中大法、25期、二弁、中大真法会会長、日弁連司法改革実現本部事務局次長（1997～2012）、1995二弁刑法改正対策特別委員会委員長、1998二弁両性の平等委員会委員長、2005二弁選挙制度改革プロジェクト座長／**冨田烈** 1993早大法、51期、二弁／**伊藤毅** 1993明大法、1996早大院（法学修士）、51期、東弁／**木下和博** 1995東大経、56期、東弁／A**大西玲子** 1996中大法、51期、二弁／**原直義** 2004中大法、2006中大LS、60期、二弁／**冨樫剛** 2003早大商、2006中大LS、60期、二弁／**北村智弘** 2005中大法、2007東大LS、63期、二弁／**太宰賢二** 2005早大法、2008首都大LS、63期、二弁／**中島博之** 2007中大法、2010神大LS、64期、二弁／**齋藤有未** 2006中大法、2009大宮LS、65期、東弁／**河野佑果** 2007CA州大サンバナディーノ校理学、2011慶大LS、66期、二弁／**古瀬智子** 2010早大社学、2013早大LS、67期、東弁／**岡村俊佑** 2010東大法、2012中大LS、67期、東弁

著作 冨田烈・伊藤毅他『SE＋法務・総務部すぐできる個人情報保護法対策（書式付）―すぐ利用できる書式・すぐ理解できる図解・すぐ実行できる手順』（現在人文社、2005）／伊藤毅他「M&Aジョイントベンチャー」中野通明・宍戸善一編『ビジネス法務大系』（日本論評社、2006）／東京弁護士会会社法部編伊藤毅他『新株主総会ガイドライン』（商事法務、2007）／冨田烈他『インターネット消費者相談Q&A』（民事法務研究会、2002）／木下和博「保険窓販における非公開情報の取扱い方」金融財政事情2809号（2008）／伊藤毅「判例評釈（最高裁判決平成9年2月27日）」早稲田法学（1999）／同「Stock Swap Law – Encouragement for corporate restructure」Asia Pacific Legal Developments Bulletin, Dec.（1999）／同「Spin-off law encourages corporate restructure」Asia Pacific Legal Developments Bulletin, Sept.（2000）／同「Business methods boom in Japan」Managing Intellectual Property, Sept.（2000）

事例 **一般企業法務** 中堅メーカーの資本政策に関するコンサルティング案件、大手メーカーの執行役員制度導入案件、消費者関連法改正の影響に関するコンサルティング案件／**M&A、ターンアラウンド** 大手地銀のグループ内再編案件、各種地方有力企業の銀行主導による私的整理案件、地方流通企業の私的再生案件、各種民事再生・会社更生案件（不動産デベロッパー、ゴルフ場、旅館業）／**知的財産・IT関連** 外資系IT企業の事業戦略コンサルティング案件、玩具メーカーの商標法、不正競争防止法等に関するコンサルティング案件、食品メーカーの商標無効請求審判案件／**不動産流動化** SCの開発型流動化案件（TK型）、各種商業ビル・ホテル買収案件（TK、TMK型）、映画ファンド案件／**国際商取引** 国内上場企業の中国現地法人設立案件、国内企業が所有する外国現地法人の売却案件、外為規制業種の国内進出コンサルティング案件／**個人情報関連** カード業界再編における会員情報の統合スキーム策定案件、銀行、証券、保険各業種間のクロスセルスキーム策定案件、コングロマリット企業の分社化に伴う個人情報の取扱コンサルティング案件

東京丸の内法律事務所
Tokyo Marunouchi Law Offices

〒100－0005　東京都千代田区丸の内3－3－1　新東京ビル225区
TEL　03-3213-1081（国内部門）03-3214-2491（国際部門）
FAX　03-3216-2035（国内部門）03-3214-2494（国際部門）
URL：http://www.tmlo.jp

42（＋2）
P 21　A 16　顧 5
男 34　女 8
外弁 1　外資 1
他士 3　事務 21

企業法務全般を取り扱う総合法律事務所であり、特に事業再生／承継・倒産、渉外法務、不動産等の証券化、特許をはじめとする知的財産法務、IT、PFI等の業務分野について高い専門性を有する。

A		会社
		再生　知財

■理念・特色

　当事務所は、複雑性が増し、迅速性・効率性が求められる時代に対応するため、①『依頼者のために最善を尽くす』、②『所属弁護士の専門性を高める』、③『所属弁護士の連携のもとで事務所全体としての総合力を発揮する』ことができる事務所をめざしております。①は、依頼者の皆様に担当弁護士の顔が見え、より緊密なコミュニケーションを図るという当事務所ならではの特性を活かした法的サービスをご提供したいと考えております。②は、所属弁護士がさまざまな経験・研鑽を通して体得した基本的な素養・スキルを基礎として、専門性を磨き、得意とする専門分野を身につけるよう心がけた法的サービスをご提供したいと考えております。③は、事後的な紛争処理だけでなく、提案型の法的解決策をご提供するというご要請に応えるため、所属弁護士が密な連携を基礎とした事務所全体としての法的サービスを提供するという形で実現すべき課題であると考えております。

　当事務所では、事業再生・倒産案件については、会社更生事件における管財人、民事再生事件における監督委員、事業再生ADR案件における手続実施者に数多く就任しております。知的財産案件に関しましては、東京高等裁判所知的財産部判事等を歴任した弁護士を中心とし、多くの専門弁護士・弁理士が在籍し、大型かつ専門性の高い案件についても、迅速な確なサービスを提供することが可能です。IT業務に関しては、ドメイン管理に関する種々の事例や電子船荷証券などの最先端のサービス開発に携わってまいりました。国際部門においては、不動産証券化等の資産流動化案件を数多く手がけるほか、国外会社の日本法人設立・運営に関する幅広い助言を行っております。

■設立・沿革

　旧東京丸の内法律事務所は、1949年に「妹尾法律事務所」として設立され、1985年には「東京丸の内法律事務所」と改称しました。旧春木・澤井・井上法律事務所は、1997年に「春木・澤井・井上法律事務所」として設立されました。その後2006年、両事務所が統合して「東京丸の内・春木法律事務所」を設立し、2012年「東京丸の内法律事務所」と改称し、現在に至っています。

代表者　室町正実（第二東京弁護士会）
取扱言語　英語
主な顧問先　100社以上。業種は、銀行・証券会社・保険会社等の金融事業、ゼネコン・ディベロッパー、製造業、サービス業、鉄道・船舶等の運送事業、マスコミ、シンクタンク、病院等々

報酬体系　事務所報酬規程（日弁連旧報酬規程に当事務所の変更を加えたもの）による。顧問料・タイムチャージは、顧客との相談により決定される。

取扱業務 企業法務全般 株主総会の指導、コンプライアンス対応、労働法務等／**渉外企業法務** 外国企業への各種アドバイス、国際投資案件のアドバイス等／**紛争解決** 各種損害賠償訴訟、株主代表訴訟、手形訴訟、仮差押・仮処分、特定調停等／**個別業務** 金融法務・不動産証券化等、PFI、M&A・事業承継、事業再生・倒産、知的財産法務、IT・通信等／**一般民事・刑事事件、少年事件**

P 柳川従道 1963東大法、17期、二弁／春木英成 1964早大法、18期、二弁、ペンシルバニア大LLM／宮川勝之 1967東大法、30期、二弁、二弁倒産法研究会元代表幹事／澤井憲子 1974一橋大法、30期、二弁／室町正実 1978早大法院、33期、二弁／米倉偉之 1975東大法、36期、二弁、元証券会社勤務／長沢幸男 1982東大法、36期、一弁、弁理士、元東京高等裁判所判事、元東大大学院特任教授／長沢美智子 1976早大法、36期、二弁、元学習院大LS教授／髙木裕康 1986東大法、40期、二弁、二弁倒産法研究会元代表幹事、(公社)日本看護家政紹介事業協会理事／永野剛志 1983早大法、43期、二弁、元最高裁判所司法研修所民事弁護教官／幸村俊哉 1991早大法、46期、二弁、元二弁副会長、二弁事業承継研究会元代表幹事／内藤滋 1993早大法、50期、二弁／村野邦美 1997東大法、51期、東弁、コロンビア大LLM、NY州弁護士／千葉克彦 1996東大法、52期、二弁／大西剛 1998東大法、52期、二弁／笹本摂 1993東大法、53期、一弁、弁理士、ジョージワシントン大LLM、NY州弁護士／清水豊 1998東大法、54期、二弁／前岨博 1998早大一文、55期、二弁／安井和徳 1987早大政経、56期、二弁／鈴木知幸 2001東大法、56期、一弁／中村繁史 2002東大法、57期、二弁／**A** 根本農 1998早大商、55期、二弁／田中優子 1990早大法、56期、東弁／田村伸吾 2001早大法、59期、二弁／黒河元次 2004一橋大法、60期、二弁／松原英子 2006一橋大LS、60期、二弁／石川賢吾 2007 一橋大LS、61期、二弁／上村剛 2007東大法、61期、東弁／六角麻由 2007一橋大法、62期、二弁／増田智彦 2008一橋大LS、63期、二弁／堀場信介 2009慶大法、63期、東弁／向多美子 1988お茶の水女子大理、2009学習院大LS、64期、一弁／木田翔一郎 2010 東大LS、64期、二弁／鈴木伸治 2010学習院大LS、64期、東弁／松永昌之 2012東大LS、66期、二弁／野崎智己 2012早大LS、67期、二弁／酒井智也 2013慶大LS、67期、二弁 **その他** カウンセル 篠原勝美 1966東大法、2014再登録、21期、一弁、元福岡高等裁判所長官／建部和仁 東大、2012登録、東弁／安江英行 京大法、2014外国法事務弁護士 オブカウンセル 紋谷暢男 東大、2004登録、二弁／大藤敏 1963中大法、2005登録、18期、二弁、元東京高等裁判所判事、元桐蔭横浜大LS教授 ワシントン州弁護士 Daniel Potts

著作 宮川勝之・長沢美智子・髙木裕康・内藤滋『私的整理の実務Q&A100問』(共著、金融財政事情研究会、2011)／長沢幸男『知的財産法で見る中国』(発明協会、2009)／永野剛志『大地震に伴う借地借家法』(共編、日本法令、1995)／幸村俊哉『一問一答 事業承継の法務』(経済法令研究会、2010) ／内藤滋・大西剛・前岨博『PFIの法務と実務（第2版）』(共編著、金融財政事情研究会、2012)／千葉克彦『行政許認可手続と紛争解決の実務と書式』(共著、民事法研究会、2010) ／清水豊・前岨博『Q&A 情報開示・インサイダー取引規制の実務』(金融財政事情研究会、2010)／大藤敏『新版 裁判住民訴訟法』(共著、三協法規、2005) ほか多数

東京六本木法律特許事務所
Tokyo Roppongi Law & Patent Offices

〒106-0032　東京都港区六本木1-7-27　全特六本木ビル5階
TEL　03-5575-2490　FAX　03-5575-2491
URL：http://www.lawandpatent.com/jpabout.html　contact@lawoffice-tr.com

2002年に設立された企業法務中心の事務所を英文契約書作成等の国際関連業務や知的財産権関連業務が比較的多く、訴訟を常時扱っている。パートナーはすべて社外監査役を務めている。

■理念・特色

　当事務所は、主として国内・海外の企業をクライアントとする事務所です。当事務所はこれらのクライアントのニーズに対し迅速、的確に質の高いリーガルサービスを提供することをモットーとしてきました。

　当事務所のパートナー弁護士は、アメリカのロースクールへの留学、アメリカ・イギリスの法律事務所での勤務、あるいは総務省審議会委員や特許庁審議会委員を経験しており、これらの経験に基づいた質の高いリーガルサービスの提供を心がけてきました。

　特に、海外企業に対しては、日本における子会社・支店設立から従業員のビザ取得、就業規則作成上のアドバイス等を、また、海外に進出する企業に対しては、海外での子会社設立や商標取得などについて海外の提携する法律事務所を紹介するなどの便宜を提供してきました。また、当事務所所属弁理士との共同により、特許・商標等の出願から訴訟まで一貫して皆様に法的サービスを提供しております。その他、著作権法の分野では、関連する顧問先やクライアントに対し質の高い最先端のリーガルサービスを提供してきたと自負しています。

■設立・沿革

　2002年10月1日に、ブレークモア法律事務所のパートナー弁護士であった竹之下義弘、大塚一郎および枝美江によって「東京六本木法律事務所」として設立されました。2008年4月7日には、堀明彦ら3名の弁護士が当事務所に入所して、特許・商標等の出願から訴訟まで一貫して皆様に法的サービスを提供できるようになりました。そこで、当事務所の名称を「東京六本木法律特許事務所」と変更しました。

　なお、枝弁護士は2005年7月に他界しましたが、2014年1月に早稲田祐美子がパートナーとして入所し、3名パートナー体制を維持しています。

代表者　竹之下義弘（第二東京弁護士会）	報酬体系　時間制方式で請求。各弁護士またはパラリーガルの1時間当たりの単価に、その案件に要した時間を乗じて算出。現在、1時間当たりの単価は20,000円〜35,000円。ご要望があれば、顧問料（基準月額100,000円）、着手金、成功報酬の方式によることも可能。見積金額のご要望があれば、見積金額を提示。
取扱言語　英語	
主な顧問先　国内外の会社（規模は一部上場から中小企業）で、業種は、各種メーカー、IT・ソフトウェア、流通、人材関連、サービス、輸入・販売、商社、証券、放送、ゲーム制作、出版など	

東京六本木法律特許事務所

取扱業務

一般企業法務、国際ビジネス取引、M&A（企業買収等）、訴訟・仲裁、知的財産権法全般、ソフトウェア開発・紛争、情報通信、エンターテインメント法、会社法、独占禁止法、労働法問題、税務、破産

P 竹之下義弘 1970東大法、25期、二弁、メリルリンチ日本証券監査役、日本スポーツ仲裁機構仲裁人候補者

大塚一郎 1979京大法、33期、二弁、ソケッツ監査役、メリルリンチ日本証券監査役

早稲田祐美子 1983一橋大法、37期、二弁、花王監査役、アサヒグループホールディングス監査役、特許庁産業構造審議会臨時委員（知的財産分科会）、日弁連知的財産センター事務局長、元二弁副会長

A 千葉友美 2005中大法、2007中大LS、61期、二弁

石井宏治 2003東大法、2008早大LS、61期、二弁

西岡志貴 2010阪大LS、64期、二弁

顧 越知保見 1985早大法、39期、一弁

著作 竹之下義弘他『養子・特別養子・国際養子』（中央経済社、1997）／竹之下義弘『配転・出向・転籍（第2版）』（中央経済社、2006）／大塚一郎他"Tax Law in Japan"（Kluer Law International、2006）／大塚一郎『実務英語に強くなる よくわかる英文契約書』（日本能率協会マネジメントセンター、2003）／早稲田祐美子「112条（差止請求権）」他『著作権法コンメンタール（全3巻）』（共著、勁草書房、2009）／同「デザインと著作権」・「著作権と不法行為」『著作権法の実務』（共著、経済産業調査会、2010）／同「ソフトウェアライセンス」『知財ライセンス契約の法律相談（改訂版）』（共著、青林書院、2011）／同『そこが知りたい著作権Q&A100～CRIC著作権相談室から～』（著作権情報センター、2011）／同「著作隣接権に関する裁判・実務の特徴」『知的財産訴訟実務大系Ⅲ』（共著、青林書院、2014）

事件 （パートナーの扱った主なもの）

東京地判昭和58.6.3特許と企業175（1983）（スヌーピー意匠権侵害事件）（原告代理人）／東京高判平成6.12.20判時1529.134（1995）（特許権に基づく差止不存在確認等請求事件）（原告代理人）／東京高判平成7.9.18判時1582.35（1995）（領収書記載証明力否定事件）（原告代理人）／大阪高判平成8.9.13判タ942.191（1996）（ワラント取引損害賠償事件）（被告代理人）／名古屋高判平成8.10.2判時1594.96（1996）（証券取引損害賠償事件）（被告代理人）／東京地判平成11.5.31判タ1006.244（1999）（キングコブラ商標侵害事件）（被告代理人）／東京高判平成12.1.19判時1711.59（2000）（名誉棄損等損害賠償請求事件）（被告代理人）／東京地判平成12.1.24判時1713.79（2000）（否認権行使請求事件）（原告破産管財人）／東京高判平成20.5.28判タ1297.283（2009）（プロバイダー責任制限法事件）（被告代理人）／東京地判平成25.3.1判時2219.105（2014）（書籍出版差止等請求事件）（原告代理人）／知財高判平成26.9.25知的財産判決速報（2014）（特許侵害事件）（被告代理人）

ときわ法律事務所
Tokiwa Law Office

〒100-0004　東京都千代田区大手町1-8-1　KDDI大手町ビル19階
TEL　03-3271-5140　FAX　03-3271-5141
URL：http://www.tokiwa-law.jp

9 (-3)			
P 4	A 5	顧 0	
男 8	女 1		
外弁 0	外資 0		
他士 0	事務 4		

2007年、綾代表（ときわ総合法律事務所出身）等により開設された事業再生・倒産処理において評価の高い事務所。50期後半が大半で、若く他分野においても活動的な事務所。

■理念・特色

　ときわ法律事務所の目的は、社会のおける紛争について法の趣旨や目的に則って紛争を解決することにあります。弁護士は法律に則って紛争を解決するのが仕事です。依頼者である会社や個人の利益を擁護するのは弁護士の仕事ではありますが、あくまで法律に則ってその利益を擁護するものです。もちろん、法律はすべての事象を網羅して規定されているものではなく、また現実社会は急激に変化し続けるものですから、法律の文言を機械的に適用したり、先例や判例に拘泥するものではありません。常に法律の趣旨や目的から検討を加え、現実社会の紛争を前にして法のあるべき姿やあるべき紛争解決の内容を柔軟に追及していきます。そのための真摯な努力を通じて、依頼者や利害関係者から信頼をいただける法律事務所をめざしてまいりたいと思います。

　ときわ法律事務所の特徴的な業務分野は、事業再生や倒産処理です。当事務所メンバーは、当事務所設立以前より、債務者会社側での事業再生の手続を長年にわたり数多く経験しており、かかる経験に基づき、債権者サイド、スポンサーサイドからもアドバイス等を行っております。不動産デベロッパー、建設業、製造業、商社、旅館業、旅客船業、ゴルフ場事業などの業種を問わず、上場会社から中小企業に至るまで、純粋私的再建手続、私的整理ガイドライン、事業再生ADR、中小企業再生支援協議会の利用や法的再建手続、法的清算手続等の各手続を横断的に駆使し、数多くの実績を残しております。また、裁判所からもその活動が評価され、会社更生手続における更生管財人や民事再生手続における監督委員、破産手続における管財人等に任命されて事業再生および倒産処理における公的な業務も行っております。

　事業再編やM&A、一般企業法務や金融法務などの業務分野も得意とする事業分野です。

　さらに、弁護士としての基本である交渉・訴訟等による紛争解決や家事事件等の個人の依頼者から依頼を受ける一般民事事件および刑事事件についても日常的に扱っております。

　その他、海外取引にかかわる渉外事件、独禁法違反事件、不正競争防止法違反・商標法違反等の知財事件等についても依頼者からの相談および依頼により意欲的に取り組んでおり、今後も充実させてまいります。

■設立・沿革

　綾代表は、1989年4月に弁護士登録後、松嶋総合法律事務所に入所し、ときわ総合法律事務所、大江橋法律事務所の各パートナーを経て当事務所を開設したものです。

代表者	綾克己（東京弁護士会）
主な顧問先	製造業（東証1部上場会社他）、不動産デベロッパー、水産卸売業、運送業、医薬品卸売業、旅館業、小売業、建設業、コンピュータソフト開発
報酬体系	事務所報酬規程（日弁連旧報酬規程と同水準）による。着手金・報酬金等とタイムチャージの双方対応可能／顧問料（月額）100,000円〜／タイムチャージ　パートナー30,000円〜65,000円、アソシエイト18,000円〜26,000円（担当弁護士の経験や専門性に応じて幅がある）。

取扱業務 **事業再生・倒産処理業務** 純粋私的再建手続、事業再生ADR手続、中小企業再生支援協議会手続、会社更生手続、民事再生手続、破産手続、特別清算、事業再生特定調停／**法律顧問業務** 日常の法律問題・会社経営相談、契約書の作成・チェック、契約・紛争案件の交渉／**事業再編・M&A** スキーム立案、デューデリジェンス、ドキュメンテーション／**金融法務** 各種融資・担保契約のチェックおよび交渉、シンジケートローン、DDS、DES等の資金調達／**一般企業法務** 株主総会・取締役会の運営、事業承継、コンプライアンス、コーポレート・ガバナンス、内部統制、内部調査、独占禁止法・下請法を巡る問題、不正競争防止法違反、商標法違反、企業の社会的責任（CSR）の問題、役員の責任追及、企業の不祥事対応、従業員の不祥事対応等／**不動産関連法務** 不動産売買、不動産賃貸、不動産の仲介、建築工事請負／**労働関連法務** 就業規則の作成・変更、雇用契約の終了（解雇、退職、合意解約、違法な退職勧奨）、サービス残業（賃金不払残業）、セクハラ・パワハラ問題／**一般民事事件** 貸金返還請求、売掛金支払請求、請負代金請求、損害賠償請求、建物明渡請求、移転登記請求、賃料増減額請求等々／**家事事件** 遺産分割請求事件、遺留分減殺請求事件、夫婦円満調整、離婚請求／**個人倒産法務** 破産手続・個人再生手続の各申立て／**刑事事件** 告訴、被疑者・被告人弁護

東京

P綾克己 1980慶大法、41期、東弁倒産法部会部長（2008〜09）、全国倒産処理弁護士ネットワーク理事、東弁あっせん・仲裁委員、エー・アンド・デイ社外監査役（2012〜）／浅沼雅人 2000中大法、55期、東弁倒産法部会事務局次長（2014〜）／宇留賀俊介 2004東大法、58期／吉田勉 2003明大法、58期　A山内航治 2007東大教、61期／畠山洋二 2006早大法、2008明大LS、62期／松村健太郎 2008日大法、64期／大沼竜也 2010北大法中退、2011北大LS中退、65期／木村真理子 2009 東大法、2011東大LS、65期

著作 綾克己・浅沼雅人他「会社分割」園尾隆司他編『倒産法の判例実務改正提言』（弘文堂、2014）／綾克己他「純粋私的再建手続の準則の策定の必要性とその提言」伊藤眞他編『松嶋英機弁護士古稀記念論文集　時代をリードする再生論』（商事法務、2013）／綾克己・浅沼雅人他「保全措置の選択」「少額弁済、商取引債権の保護」全国倒産弁護士ネットワーク編『会社更生の実務Q&A120問』（金融財政事情研究会、2013）／綾克己・浅沼雅人他「会社分割」「財団債権・共益債権」東京弁護士会倒産法部会編『倒産法改正展望』（商事法務、2012）／綾克己・浅沼雅人他「破産財団からの放棄の際の注意点」「保全又は破産前後における事業譲渡」『破産実務Q&A200問』（金融財政事情研究会、2012）／綾克己他「濫用的会社分割の分水嶺」事業再生と債権管理2012年7月5日号／綾克己他「会社法第863条ないし第867条」江頭憲治郎他編『論点体系会社法6』（第一法規出版、2012）／綾克己他「会社更生手続を利用した再生〜蓼科グランドホテルを素材に〜」銀行法務21・739号／綾克己他「経営状況に関する債権者への説明」「私的整理手続中の資金管理等」『私的整理の実務Q&A100問』（金融財政事情研究会、2011）／綾克己他「民事再生法第170条ないし第172条の2」『新注釈民事再生法（第2版）』（金融財政事情研究会、2010）／綾克己・浅沼雅人他「Q7、Q8」・「Q41、Q73」東京弁護士会倒産法部会編『破産申立マニュアル』（商事法務、2010）

事件 会社更生事件（蓼科グランドホテル他更生管財人、東千葉カントリー倶楽部更生管財人、折田汽船更生管財人、ユニコ・コーポレーション申立代理人他多数）／民事再生事件（シコー、サンシティ、ララ・プラン、モリモト、ゼファー、折田汽船、霞ヶ浦出島ゴルフ倶楽部、徳山カントリークラブ申立代理人その他監督委員など含め多数／破産事件（堀越学園、井上工業他破産管財人その他申立代理人など多数／私的再生手続（事業再生ADR手続、中小企業再生支援協議会手続、企業再生支援機構手続、純粋私的再建手続等多数）

虎門中央法律事務所・虎門中央法律事務所
世澤外国法事務弁護士事務所（外国法共同）

Toranomon-Chuo Law Firm / Toranomon-Chuo Law Firm BROAD and BRIGHT Office of Registered Foreign Lawyers (Joint Venture)

〒105－0001　東京都港区虎ノ門1－1－18　ヒューリック虎ノ門ビル
TEL　03-3591-3281　FAX　03-3591-3086
URL：http://www.torachu.com/　torachu@torachu.com

30	(±0)
P 13	A 15 顧 2
男 26	女 4
外弁 1	外資 1
他士 0	事務 32

紛争解決やM&Aなどの取引案件まで幅広い分野の企業法務に対応する事務所。2014年、世澤律師事務所（北京・上海・広州等）と外国法共同事業を開始するとともに、国際的なネットワークを誇る旧苗村法律事務所と統合し、世界展開を進める。

A		総合

■理念・特色

「経済の法務パートナー」として

当事務所は創設以来一貫して、自己責任・自己判断の時代における最先端の法律事務所として、企業法務・金融法務を中心に、企業危機管理および企業コンプライアンスの確立に努めるとともに、顧問先・依頼者の皆様が各種企業活動を展開するために必要な幅広いリーガルサービスを提供し、「虎中」（とらちゅう）の愛称でご支持を戴いて参りました。

当事務所は、「NEVER GIVE UP」、「FIGHT FOR JUSTICE」、「FOR THE CLIENTS」のポリシーの下、顧問先・依頼者の皆様のご依頼・ご期待にお応えするために全員一丸となり、日々業務に取り組んでいます。

当事務所は、訴訟、執行および保全を含む紛争解決への対応を「弁護士の基本業務」と位置づけ、顧問先・依頼者の目的を達成するため適時かつ最善の手続対応を行います。

そして、かかる実績に裏づけられた豊富な経験に基づく予防法務、契約交渉、デューデリジェンス、コンプライアンス指導、海外進出サポート、その他総合法律事務所として各種のリーガルサービスを提供します。

■設立・沿革

1983年　「今井和男法律事務所」として開業
1992年　「虎門中央法律事務所」に改称
2014年　「虎門中央法律事務所 世澤外国法事務弁護士事務所（外国法共同事業）」を開始

　　　　苗村法律事務所（大阪・東京）と統合（弁護士法人虎門中央法律事務所（旧・弁護士法人苗村法律事務所）との共同事務所）

代表者	今井和男（東京弁護士会）	物流業、卸売業、小売業、サービス業、IT業、エンターテインメント業、教育・研究機関、ベンチャー企業、独立行政法人、貿易業、建設業、ホテル・旅館業、自動車ディーラー、バイオ産業、製薬会社、その他
支店	2014年虎門中央法律事務所大阪事務所（大阪市）	
取扱言語	英語、中国語	
主な顧問先	金融機関、生命保険・損害保険会社、証券会社、投資顧問会社、リース業、総合商社、不動産業（開発・仲介・管理）、メーカー、	報酬体系　当事務所報酬規程による（弁護士会旧報酬基程に準じない）。

虎門中央法律事務所・虎門中央法律事務所 世澤外国法事務弁護士事務所（外国法共同）

取扱業務 訴訟、執行、保全、企業法務、金融法務、不動産法務、M&A、法務デューデリジェンス、契約交渉、株主総会指導、企業コンプライアンス、企業危機管理、ファイナンス、資産流動化・証券化、労働事件、知的財産権、企業再編・事業継承、事業再生、倒産処理、独禁法事件、許認可取得、行政・税務事件、債権回収、渉外事件、外国法務、企業刑事法務、社内研修、各種法律相談

東京 P今井和男 1975東大法、35期、最高裁判所民事規則制定諮問委員会委員、日本生命保険取締役、SMBC債権回収取締役／正田賢司 1985東大法、47期、元東弁常議員／柴田征範 1995東大法、49期、元日弁連代議員、元東弁常議員／有賀隆之 1995早大法、50期、日本コンセプト社外監査役／山崎哲央 1999早大院法、50期、メーカー社外監査役／板垣幾久雄 1995東大法、51期、元日弁連代議員、元東弁常議員／台庸予 1980上智外、53期、メーカー監査役／濱本匠 1994東大法、53期、元日弁連代議員、元東弁常議員、元東弁法教育センター運営委員会委員長／平野賢 1998東大教、53期、2011ロンドンビジネススクール（Sloan Masters in Leadership and Strategy）、複数企業の社外監査役、日本スポーツ仲裁機構スポーツ仲裁人・調停人等候補者／箭内隆道 1994早大法、53期、元日弁連代議員、元東弁常議員／佐藤亮 2000早大法、57期／佐藤有紀 2000一橋大法、58期、南カリフォルニア大LLM、元立大講師、IT企業社外監査役（非常勤）、NY州弁護士／A荒井隆男 1999早大法、59期、日弁連民事介入暴力対策委員会幹事／林田健太郎 2003早大法、59期／塗師純子 1992東大院人文科学、1999ハーバード大ケネディスクール、元警察庁職員、60期、元日本アイスホッケー連盟理事／小倉慎一 1997中大法、61期／鈴木隆弘 2008上智大LS、62期／望月崇司 2008慶大LS、62期／松浦賢輔 2007東大LS、63期／山本一生 2009東大LS、63期／森謙司 2009公認会計士、2012中大LS、66期／山根航太 2012慶大LS、66期／小川泰寛 2013立大LS、67期／横室直樹 2013京大LS、67期 客員田村正博 1977京大法、2014弁護士登録、元警察大学校長、京産大社会安全・警察学研究所長 外弁陳軼凡 2001中大院法、中国弁護士 佐藤有紀は一弁、その他はすべて東弁 外資殷宏亮 2007一橋大院法、中国弁護士

大阪 P苗村博子 1983阪大法、39期、シカゴ大LLM修了、著作権法学会理事、関学大講師、NY州弁護士／A貞嘉德 2003同大商、59期、ライデン大LLM／中島康平 2006阪大法、NY大LLM、60期／田中敦 2008京大LS、62期／立川献 2012関学大LS、67期 客員渡辺惺之 1969慶大院法、57期、阪大名誉教授、大阪弁護士会国際委員会委員 以上すべて大阪弁護士会

著作 虎門中央法律事務所『平成26年会社法改正後のIR総会とガバナンス』（商事法務、2015）／虎門中央法律事務所『現代債権回収実務マニュアル(2)裁判手続による債権回収—債務名義の取得・保全手続』（民事法研究会、2015）／大阪弁護士会スポーツ問題研究会編（田中敦他）『Q&Aスポーツの法律問題（第3版補訂版）』（民事法研究会、2015）／佐藤有紀・田中敦他『最新！ここまでわかった企業のマイナンバー実務Q&A』（日本法令、2015）／東京弁護士会労働法制特別委員会編（山本一生他）『労使双方の視点で考える 27のケースから学ぶ労働事件解決の実務』（日本法令、2015）／東京弁護士会民事介入暴力対策特別委員会編（荒井隆男・塗師純子・松浦賢輔・山根航太他）『民事介入暴力対策マニュアル（第5版）』（ぎょうせい、2015）／山崎哲央・林田健太郎・小倉慎一・鈴木隆弘・山本一生・森謙司・山根航太他『CSのための金融実務必携—高齢者・相続・未成年・養子・外国人・離婚』（金融財政事情研究会、2015）／正田賢司・有賀隆之・台庸予・浜本匠・荒井隆男・小倉慎一・山本一生「支店長のための労務管理口座」金融法務事情（2012〜）／佐藤有紀「ベンチャーキャピタルによる創業支援」・「我が国の起業環境と創業支援制度」銀行法務21・783号／荒井隆男「特集（最新版）反社・マネロンへの実務対応 任意売却の留意点・反社債務者との間のリスケジューリングの可否」金融法務事情2011号／渡辺惺之「A STUDY Of A SERIES OF CASES CAUSED NON-RECOGNITION OF A JUDICIAL JUDGMENT BETWEEN JAPAN AND MAINLAND CHINA — A CROSS-BORDER GARNISHMENT ORDER OF THE JAPANESE COURT ISSUED TO A CHINESE COMPANY AS A THIRDPARTY DEBTOR」Japanese Yearbook of International Law, Vol.57

虎ノ門南法律事務所
South Toranomon Law Offices

〒105-0001　東京都港区虎ノ門1-15-12　日本ガス協会ビル5階
TEL　03-3502-6294　FAX　03-3580-2348
URL：http://www.s-tora.com/

20 (−3)	
P 15	A 4	顧 1
男 16	女 4	
外弁 0	外資 0	
他士 0	事務 11	

B		会社
	再生	知財

前身の「大野法律事務所」は1955年に設立された歴史ある事務所。企業法務、事業再生、ITおよび知的財産権、医療機関の予防法務や紛争処理、ならびに渉外案件等々多岐にわたる案件を扱う。

■理念・特色

当事務所は、専門的知識の深さと経験、そして熱意によって、迅速かつ的確なリーガルサービスを提供することを目標としています。

当事務所は、①各人が高い専門性を有すること、②適正規模の事務所であること、および③国内案件だけでなく国際案件（渉外案件）への対応も可能であることといった特色を有します。異なる法分野に精通した弁護士が総勢20名在籍しており、複数の法分野にまたがる専門的知識を必要とする案件への横断的な対応や、時間的制約により複数の弁護士の関与が必要な大型案件について、この規模のメリットを活かした迅速な対応が可能です。また、若手に任せきりにすることなく、経験のあるパートナーが直接に案件を担当する体制を整えています。

さらに、多くの弁護士が司法研修所の教官や法科大学院の教員等を務めており、そこで培った理論的な思考を事件処理に役立てています。

なお、海外での法律事務・渉外案件に対応するため、世界80か国、140の法律事務所で構成する法律事務所の国際ネットワーク「TAGLaw」に加盟し、世界各国の9,000人を超える弁護士と協力関係を構築しています。

当事務所が取り扱う業務内容は多岐にわたりますが、特に、企業法務、事業再生、ITおよび知的財産権、医療機関の予防法務や紛争処理の分野に力を入れています。

企業法務分野では中小から上場企業までの株主総会指導、M&A、組織再編（事業譲渡、会社分割等）、コンプライアンス体制の確立、社外監査役就任、各種契約書の作成、雇用に関する問題、取引・契約に伴う諸問題（取引先とのトラブル、債権回収等）等に取り組んでいます。

また、当事務所には、更生・破産管財人等の豊富な経験を有する弁護士が多数在籍しており、苦境に陥った企業に対して事業再生のための助言、再生計画の立案、債権者との交渉等の業務を行っています。

IT・知財分野では、インターネット、コンピュータに関係する業務、また特許権や著作権に関する訴訟やライセンス契約も多数手がけています。

さらに、医療機関のためのリスクマネジメントやクレーム対応、事故発生時からその後の対応、M&Aなどにも力を入れております。

■設立・沿革

1955年に設立された「大野法律事務所」と、1978年に設立された「原田法律事務所」が、1995年に「虎ノ門南法律事務所」として合併し、2012年11月に現住所へ移転しました。

代表者　内田実、大野了一（いずれも第一東京弁護士会）	管理組合等
取扱言語　英語、仏語	報酬体系　事務所報酬規程による（日弁連旧報酬規程を基礎にしたもの）。
主な顧問先　証券会社、保険会社、商社、海運・運送業、製造業、薬品会社、広告代理店、医療法人、IT企業、食品会社、建設会社、不動産会社、印刷会社、コンサルタント業、マンション	着手金・報酬金方式の場合とタイムチャージ方式の場合がある。顧問料／（月額）50,000円〜、タイムチャージ25,000円〜75,000円（担当弁護士や具体的な相談内容に応じて幅がある）。

虎ノ門南法律事務所

取扱業務 会社法務および株主総会指導、倒産および企業再生事件、IT法務、知的財産、ライセンシング業務、サービサー法、国際契約、エンターテインメント、医療事件、労働事件、専門家責任事件、一般民事事件、仲裁、国際訴訟、少年・刑事事件、家事事件（遺言、相続、遺産分割、離婚等）

P 内田実 東大法、26期、ネットワンシステムズ、博報堂DYホールディングス社外監査役／**大野了一** 学習院大法、31期、水戸証券社外監査役／**椙山敬士** 東大法、31期、中大LS客員教授／**水上康平** 中大文、31期、二弁／**堀井敬一** 東大法、31期、マブチモーター、三和倉庫社外監査役／**福地領** 東大法、33期／**中野通明** 早大法、37期、ソフトバンク・テクノロジー社外監査役、東弁／**上沼紫野** 東大法、49期、（一社）モバイルコンテンツ審査・運用監視機構常任理事、二弁／**鈴木成之** 一橋大法、51期、立大LS講師／**浦部明子** 一橋大法、52期／**市川穣** 慶大法、54期、慶大LS講師、東弁／**脇陽子** 慶大法、55期／**松田美和** 大阪市大文、56期／**内田靖人** 東大法、57期、経営法曹会議会員／**曽根翼** 立大法、57期

A 小林和人 中大法、59期／**乙井秀式** 中大法、61期／**片山史英** 東大LS、61期／**赤堀有吾** 京大LS、61期

客員 野村豊弘 東大法、学習院大名誉教授、元法制審議会会長、2005登録

以上明記のないものはすべて一弁。

著作（共著を含む）野村豊弘『民事法入門（第5版補訂版）』（有斐閣、2007）／同『民法I序論・総則（第3版）』（有斐閣、2013）／同他編著『遺言自由の原則と遺言の解釈』（商事法務、2008）／椙山敬士『著作権論』（日本評論社、2009）／同『ソフトウェアの著作権・特許権』（日本評論社、1999）／『著作権法コンメンタール』（レクシスネクシス・ジャパン、2013）／堀井敬一他編著『建築の法律相談（第1次改訂版）』（学陽書房、2008）／堀井敬一編著『住宅問題と紛争解決法』（青林書院、2011）／中野通明他編『M&Aジョイント・ベンチャー ビジネス法務体系II』（日本評論社、2006）／『医療訴訟判例データファイル』（新日本法規出版、2010）／『新破産法の実務Q&A』（商事法務、2004）／浦部明子他編『倒産事件処理マニュアル』（新日本法規出版、2011）／『最新 破産法—要点解説と条文対照』（新日本法規出版、2005）／『新破産法手続と実務Q&A』（清文社、2004）／『クラウドビジネスと法』（第一法規、2012）／『エンターテインメント法』（学陽書房、2011）／『Q&A新会社法の要点』（新日本法規出版、2005）／『新会社法A2Z 非公開会社の実務』（第一法規、2006）／『最新 取締役の実務マニュアル』（新日本法規出版、2007）／『フロー&チェック 労務コンプライアンスの手引』（新日本法規出版、2014）／『Q&A人事訴訟法解説』（三省堂、2004）

事件 更生管財事件 佐々木硝子、日興電機工業、地産、多田建設、りんかい日産建設（以上管財人）、穴吹工務店（管財人補佐） ほか多数／**破産管財事件** 酒販サービス、アルテライン、ワールドオーシャンファーム、東京サン、カントーメタル、飯能くすの樹カントリー倶楽部 ほか多数／**知的財産事件** 中古ソフト事件、ジェネリック薬品特許訴訟、まねきTV事件、ロボットソフトウェア特許訴訟、ワープロ職務発明訴訟 ほか多数

鳥飼総合法律事務所
TORIKAI LAW OFFICE

〒101-0052　東京都千代田区神田小川町1-3-1　NBF小川町ビルディング6階
TEL　03-3293-8817　FAX　03-3293-8818
URL：http://www.torikai.gr.jp

54（+3）	
P 18　A 33　顧 3	
男 39　女 15	
外弁 0　外資 0	
他士 3　事務 15	

税務訴訟に強く、労務・医療法人等の対応にも定評のある準大手事務所（過去20年間に200件を超える税務訴訟を担当）。税務調査士、税務管理士の資格認定・検定にも関与する。その他、税務調査への対応、予防法務・行政対応、労働基準監督署の臨検監督への対応。

		税務
C	MA	会社

■理念・特色

1. 理念
当事務所は多様な社会的ニーズに焦点を当て、時代の流れに適応したサービスを提供すること、それを社会的責任と自覚することが理念です。

2. 方針
めざすのは、顧客視点を基礎に置くことです。そのためには、多様なニーズを経営・法務・税務等を統合した観点から経営・行政・裁判の各々実務の全体を見渡し、なるべく早い段階で、適切な対応を提案します。

3. 経営参謀をめざす
経営参謀として、究極的にめざすものは何か？　それは戦わずして勝つことをめざすことです。裁判所で戦うよりも、行政で適切に対応する、そのほうが企業にとっては、より効率的です。行政で対応するより、その前の経営段階で、戦わずして勝つことを提案したい。ガバナンスを制する者が競争を制しますが、ガバナンスを制することが、競争において、戦わずして勝つことに通じるからです。

2013年の日本経済新聞社による「企業法務・弁護士調査」の「企業が選ぶ弁護士ランキング」および「総合ランキング」の両方で、代表鳥飼重和が「税務部門の1位」になりました。

以下、力を入れている得意分野です。

1. 士業間の連携
税理士・公認会計士などの士業間の連携企業の持続的成長に貢献するには、士業間の連携が必須になります。以下の民間資格につき支援・協力などをしております。
(1) 税務調査士・税務調査管理士
(2) 労務調査士・労務調査管理士

2. 企業法務
(1) 労務に関する内部管理の整備、行政対応
(2) 株主総会・内部調査管理士
(3) 一般的企業法務
(4) M&A
(5) 相続・事業承継

3. 医療法人などの各種法人
(1) 行政への対応
(2) ガバナンス改革の支援

■設立・沿革
1994年、鳥飼重和が「鳥飼経営法律事務所」を設立。その後、現在の「鳥飼総合法律事務所」になりました。

代表者　鳥飼重和（第二東京弁護士会） **主な顧問先**　大企業および中小企業など、約180社の法律顧問をしている。IT関連企業、金融機関、エンターテインメント企業、自動車関連、医薬品製造、医薬品卸、総合化学、総合商社、総合小売、人材派遣、医療法人、社会福祉法人、公益法人、税理士法人など **報酬体系** 1．基本的には、大企業、中小企業、個人で、報酬体系を異にしている。 2．顧問契約は、月額報酬＋タイムチャージ 3．事案ごとの報酬 　① 当事務所報酬規定による方式 　② タイムチャージ方式 基本的には、この両者の選択制をとっている。ただ、案件によっては、依頼者との協議で報酬を決めることもある。	

鳥飼総合法律事務所

|取扱業務|
|法律顧問|日常の法律相談、契約書の作成・チェック、意見書の作成、契約・紛争案件の交渉、役員・社員研修
|税務法務|税務調査対応（事前および調査時の対応）、タックスプランニング、不服申立て、税務訴訟、税務に関する内部統制（税務最高責任者、税務調査管理士）
|会社法務|東証対応、財務局対応、ホットラインの活用、経営視点からの株主総会指導（議長・答弁担当役員の個別練習など）、不祥事への緊急的な対応（記者会見など）、内部統制の構築運用、コンプライアンス、役員・従業員の責任追及、内部調査、第三者委員会、役員・従業員に対する実践的なコンプライアンス研修、事業再編・M&A、事業承継
|企業倒産法務|民事再生手続、破産手続、特別清算、事業再生、特定調停、私的整理
|労働法務|労務における行政対応・コンサルティング（例：サービス残業への事前対応）、退職後の競業避止への事前対応、組合対策、就業規則の作成・変更、雇用契約の終了（解雇、退職、合意解約、退職勧奨）、セクハラ・パワハラ問題
|企業裁判法務|役員責任追及訴訟、株主権の確認、株主総会決議取消の訴え、職務執行停止・代行者選任の仮処分等
|医療法人・公益法人・社会福祉法人|行政対応、内部統制の整備運用、労務対応、税務調査対応
|個人の税務・法務|相続法・相続税を視野に入れた事前対応、争族防止、遺言作成、遺産分割
|税理士法務|税務調査士資格認定、税理士賠償責任、事務所の経営

P鳥飼重和 中大法、42期、日本経営税務法務研究会会長／金村正比古 一橋大商、42期／多田郁夫 中大法、43期／村瀬孝子 お茶の水女子大家政、49期／吉田良夫 明大法、50期／橋本浩史 京大法、50期／権田修一 早大社会科学、52期／内田久美子 慶大文、52期／高田剛 東大薬、52期／小出一郎 東大法、52期／佐藤香織 学習院大法、53期／松本賢人 早大政経、54期／堀招子 津田塾大学芸、55期／福崎剛志 広島大法、55期／青戸理成 早大法、56期／瀧谷耕二 神大法、56期／石井亮 早大法、58期／渡部拓 東大医、早大LS、60期／中村隆夫 東大法、東大LS、61期 顧稲葉威雄 京大法、元広島高等裁判所長官、元早大LS教授、商事法務「会社法逐条研究会」を主導、14期／木山泰嗣 上智大法、56期／土屋文昭 28期 A松村満美子 早大法院、60期／島村謙 横国大法院、60期／野村彩 慶大法、立大LS、60期／竹内亮 東大文、東大LS、61期／藤池尚恵 一橋大法、学習院大LS、61期／木元有香 東大法、東大LS、61期／宇賀村彰彦 青学大国際、上智大LS、62期、公認会計士／本田聡 東大法、早大LS、62期／鄭一志 早大法、早大LS、62期／神田芳明 上智大法、上智大LS、62期／西中間浩 東大文、東大LS、63期／岩崎文昭 早大政経、大宮大LS、63期、公認会計士／生野聡 東大法、東大LS、63期／香西駿一郎 慶大法、東大LS、63期／高橋美和 上智大法、立大LS、63期／加藤佑子 立大法、東大LS、64期／渡邉宏毅 京大経済、中大LS、64期／小西功朗 東大法、上智大LS、64期／北口健 同大法、大阪市大LS、64期／渡邊康寛 慶大法、早大LS、64期／大久保映貴 阪大法、京大LS、64期／沼野友香 中大法、慶大LS、64期／丸山純平 中大法、成蹊大LS、65期／梅原梓 立命大法、京大LS、65期／岸川修 東大法、東大LS、65期／村上由美子 上智大法、東大LS、66期／伊東祐介 熊本大文、中大LS、66期／久保田真悟 横国大教育人間科学、中大LS、66期／宇治圭 慶大法、慶大LS、67期／四戸健一 一橋大経、67期／川久保皆実 東大法、東大LS、67期／町田覚 名大経、名大LS、67期

永沢総合法律事務所
Nagasawa & Partners

〒103-0027　東京都中央区日本橋3-3-4　永沢ビル5階
TEL　03-3273-1800　FAX　03-3273-1818
URL：http://www.nagasawa-law.gr.jp　info@nagasawa-law.gr.jp

12 (-1)	
P 6	A 6	顧 0
男 9	女 3	
外弁 0	外資 0
他士 0	事務 8

①企業法務、②事業再生・倒産法務、③保険法務に特に豊富な実績を有し、顧問先も多岐の業種にわたる。弁護士12名の事務所規模を活かし、所属弁護士が密に連携した迅速かつ的確なリーガル・サービスを提供する。

■理念・特色

永沢総合法律事務所は、1995年の設立以来、企業法務を中心とした幅広い業務分野を総合的に取り扱う法律事務所です。当事務所は、顧客第一主義をめざし、依頼者の多様なニーズに的確に応え、複雑化する社会の変化に即応した適切、迅速かつ丁寧で誠実なサービスを提供できるよう、案件ごとに所属弁護士が密に連携してリーガル・サービスを提供できる体制を整えるとともに、日々研鑽を重ねています。そして、当事務所は、今後も熱い思いと冷静な判断を両立させて、総合的リーガル・サービスを提供し続けたいと願っております。

当事務所は、企業法務、事業再生・倒産法務、保険法務を中心的な業務分野としています。

企業法務に関するリーガル・サービスとして、当事務所では、法律顧問先を中心に中小企業から大企業まで多岐にわたる業種の依頼者の皆様に対し、企業経営・取引に関する日常的な法律相談等の対応のほか、株主総会指導、コンプライアンスシステムの構築や企業不祥事対応に関する法的助言、また労働紛争の解決およびその予防に関する法的助言・交渉、M&Aのスキーム構築に関する法的助言から各契約書類の立案、契約交渉等、企業活動全般に伴う法的問題に対応しております。

また、代表弁護士である永沢徹を中心として、当事務所の弁護士は、裁判所からの選任を受け、会社更生事件の更生管財人・管財人代理、破産管財人、民事再生事件の監督委員等として、あるいは各種倒産事件の申立代理人として、幅広く、多数の事業再生事件・企業倒産事件に携わっています。また、当事務所では、倒産法務に精通する弁護士を多数擁する利点を活かして、債権者やスポンサー側の依頼者に対しても質の高いリーガル・サービスの提供を行っています。

さらに、当事務所は、設立当初より保険実務についての法律問題に積極的に取り組み、保険法および保険業法上の諸問題についての法的助言など、保険実務全般についてリーガル・サービスの提供を行っており、高い評価をいただいています。

■設立・沿革

1995年に代表弁護士永沢徹が「永沢法律事務所」を設立し、その後「永沢総合法律事務所」に改称して、現在に至っております。

代表者　永沢徹（第一東京弁護士会）
取扱言語　英語
主な顧問先　損保会社、生保会社、銀行、証券会社、ベンチャーキャピタル、投資運用会社、不動産会社、情報通信会社、建設会社、製薬会社、専門商社、民放テレビ局、人材紹介会社、情報サービス会社、電子機器メーカー、自動車部品メーカー、食品メーカー、自動車ディーラー、外食チェーン等の各会社、学校法人、医療法人、宗教法人（寺院）等
報酬体系　事務所報酬規程（日弁連旧報酬規程に概ね準拠）による（詳細は当事務所HP参照）。

永沢総合法律事務所

取扱業務 **企業法務** 会社法務／会社設立・株主総会指導・コンプライアンス指導（企業不祥事対応・内部調査含む）・株主代表訴訟等、金融法務（証券取引／証券化／ベンチャー・ビジネス法務を含む）、不動産法務／不動産売買・借地借家・建築紛争・隣地紛争、債権管理法務／競売・強制執行等、M&A（法務デューデリジェンスを含む）、メディア・放送関連法務、労働法務／就業規則等の作成・労使紛争（サービス残業、ハラスメント問題の対応等を含む）、知的財産権／**保険法務** 損害保険法務、生命保険法務／**倒産・企業再生法務** 破産、特別清算、会社更生、民事再生（個人再生を含む）等／**個人向けリーガル・サービス** 各種損害賠償請求、夫婦、親子、相続等家事事件、成年後見、借地・借家、建築・隣地紛争等民事事件／**刑事事件その他公益活動等** 非営利活動法人法務等

P 永沢徹 1982東大法、36期、東京地方裁判所鑑定委員、（公社）損保総研評議委員、東邦ホールディングス社外取締役、グリー等社外監査役／**大野澄子** 1989明大法、49期／**野田聖子** 1986一橋大法、51期、（公財）交通遺児育英会評議員、社会福祉法人日本点字図書館監事、東京都私立学校助成審議会委員、司法研修所刑事弁護教官（2014～）／**髙尾和一郎** 1998東大法、52期、2005UCLA School of Law、内閣府再就職等監察官／**堀江良太** 2003同大院（法学修士）、58期／**藤井哲** 2001都立大法、58期／**A 前田修志** 1999東大法、2006慶大LS、60期／**加藤佑樹** 2004一橋大院（法学修士）、2006慶大LS、60期／**千須和厚至** 2001上智大法、2008早大LS、62期／**横瀬健司** 2005慶大法、2008一橋大LS、62期／**藤野まり** 2006慶大法、2008慶大LS、62期／**遠藤泰裕** 2007北大法、2010早大LS、66期 以上すべて一弁

東京

著作 永沢徹編集代表『不動産競売・公売入札参加の実務』（新日本法規出版、1995）／永沢徹執筆担当『資産流動化の法律と実務』（共著、新日本法規出版、1998）／永沢徹執筆担当『新・裁判実務大系11 会社訴訟 商事仮処分 商事非訟』（共著、青林書院、2001）／永沢徹「更生計画認可後の更生手続の廃止」山本克己他編『新会社更生法の理論と実務』判例タイムズ1132号（共著、判例タイムズ社、2003）／永沢徹『大買収時代』（光文社、2003）／永沢徹『永沢徹のやさしいM&A講座』（中経出版、2005）／永沢徹執筆担当『M&A攻防の最前線 敵対的買収防衛指針』（共著、金融財事情研究会、2008）／永沢徹執筆担当『新・裁判実務大系28 新版破産法』（共著、青林書院、2008）／永沢徹執筆担当『会社法大系(3)機関・計算等』（共著、青林書院、2008）／野田聖子執筆担当『子どものための法律相談』（共著、青林書院、2010）／髙尾和一郎執筆担当『倒産事件処理マニュアル』（共著、新日本法規出版、2011）／野田聖子執筆担当『個人再生の手引』（共著、判例タイムズ社、2012）／永沢徹「裁判所における適正株価の算定について」松嶋英機他編『門口正人判事退官記念 新しい時代の民事司法』（共著、商事法務、2011）／永沢徹・野田聖子執筆担当『SPC&匿名組合の法律・会計税務と評価（第5版）』（永沢徹監修、共著、清文社、2013）／永沢徹・髙尾和一郎執筆担当『会社更生Q&A120問』（共著、金融財事情研究会、2013）／髙尾和一郎執筆担当『倒産判例インデックス（第3版）』（共著、商事法務、2014）／永沢徹編著・大野澄子執筆担当『論点体系保険法1』『論点体系保険法2』（共著、第一法規、2014）／髙尾和一郎編集委員・執筆担当『倒産法改正150の検討課題』（共著、金融財政事情研究会、2014）

事件 会社更生事件（管財人：北部通信工業、ハヤシマリンカンパニー、ユニコ・コーポレーション、太平洋クラブ、申立代理人（DIP型）：あおみ建設、管財人代理：日本国土開発、東京生命保険、三洋証券ほか）／民事再生事件（管財人：永雄商事、さとうベネック、申立代理人：ライブドア、新化食品、ビジョンメガネ、監督委員：アキヤマ印刷機製造、北浦ゴルフ倶楽部、学校法人上田学園、ザ・サードプラネットほか）／破産事件（管財人：エステdeミロード、ノースショアカントリークラブ、ジー・オーグループ、グランリッツ、メッツコーポレーション、ヤマト樹脂、小杉産業、医療法人社団博美会（神奈川クリニック）、米山紙商事、さとうベネックほか、申立代理人：法人・個人それぞれ経験多数）／保険法務（最判平成15.12.9民集57.11.1887ほか多数）

長島・大野・常松法律事務所
Nagashima Ohno & Tsunematsu

〒100-7036　東京都千代田区丸の内2-7-2　JPタワー
TEL　03-6889-7000　FAX　03-6889-8000
URL：http://www.noandt.com　info@noandt.com

312（+2）
P 96　A 190　顧 30
男 265　女 47
外弁 5　外資 8
他士 荘千名事務 323

A		総合

企業法務におけるあらゆる分野に対応できるワンストップファームとして、国内案件・国際案件の双方に豊富な経験と実績を有する。個々の案件に応じて弁護士が機動的にチームを組み、質の高いサービスを提供する体制を整えている。

■理念・特色

　当事務所は、企業が直面するさまざまな法律問題に対処するため、複数の弁護士が協力して質の高いサービスを提供することを基本理念としています。当事務所の最大の強みは、あらゆる分野の法律問題に対応してきた実績に基づき、企業が必要とする多種多様なリーガルサービスをワンストップで提供できる体制を整えている点です。長年にわたる渉外業務の中で培った企業法務のノウハウを最大限に活用し、日々複雑化・多様化する企業活動に対して極めて高い水準のリーガルサービスを迅速に提供し続けることを常にめざしています。

■設立・沿革

　当事務所は、前身となる「長島・大野法律事務所（長島・大野）」と「常松簗瀬関根法律事務所（常松簗瀬関根）」の全弁護士が参加して2000年に千代田区紀尾井町にて設立されました。1961年に発足し国際法務に実績を持つ国内最大級の事務所であった長島・大野と、1987年に設立され国際的金融・証券の分野において定評のあった常松簗瀬関根が合併し、日本で初めて所属弁護士数が100名を超える大規模総合法律事務所が誕生、以後順調に規模を拡大すると共に業務の幅と陣容の厚みを増し、今日に至っています。2015年5月には東京オフィスを東京駅前のJPタワーへ移転しました。

代表者　藤縄憲一（事務所代表、第一東京弁護士会）、杉本文秀（マネージング・パートナー、東京弁護士会）、井上広樹（マネージング・パートナー、第一東京弁護士会）
支店　ニューヨーク（Nagashima Ohno & Tsunematsu NY LLP）、シンガポール（Nagashima Ohno & Tsunematsu Singapore LLP）、バンコク（Nagashima Ohno & Tsunematsu (Thailand) Co., Ltd.）、ホーチミン（Nagashima Ohno & Tsunematsu HCMC Branch）、ハノイ（Nagashima Ohno & Tsunematsu Hanoi Branch）、上海（日本長島・大野・常松律師事務所駐上海代表処）
取扱言語　英語、中国語、スペイン語、ドイツ語

主な顧問先　建設、食品、繊維・化学、医薬品、鉄鋼、電機、自動車・輸送機器、機械・精密機器、電気・ガス、商社、小売り、銀行・証券・保険その他金融、ファンド、不動産、運輸・倉庫、放送・通信、出版、インターネット・IT、サービス、監査法人、コンサルティング、公的機関等多数の顧客から継続的依頼を受けている。
報酬体系　基本的に時間報酬制（タイムチャージ）をとるが、具体的には当事務所が定める弁護士報酬基準（日弁連旧報酬規程に準じたものではない）による。

長島・大野・常松法律事務所

取扱業務 ◆コーポレート／M&A（一般企業法務、コーポレートガバナンス、M&A／企業再編、プライベートエクイティ・ベンチャーキャピタル）◆ファイナンス（キャピタルマーケット、バンキング、金融レギュレーション・金融コンプライアンス、アセットマネジメント・ファンド、証券化・ストラクチャードファイナンス・信託、買収ファイナンス、プロジェクトファイナンス、保険）◆危機管理・不祥事対応・コンプライアンス ◆事業再生・倒産 ◆紛争解決（民事・商事争訟、税務争訟、知財争訟、労働争訟、独禁争訟、消費者訴訟、公害・環境争訟、海外紛争（争訟）対応、国際仲裁）◆労働法（労働法アドバイス、労働争訟）◆不動産・J-REIT（不動産取引、不動産投資／証券化、J-REIT）◆知的財産（知財関連取引、知財争訟）◆独占禁止法・競争法（独占禁止法／競争法アドバイス、独禁争訟、企業結合、景品表示法／下請法）◆税務（税務アドバイス・プランニング、税務争訟）◆その他業務分野（IT・テレコム、メディア・エンタテインメント・スポーツ、建設・インフラストラクチャー、資源・エネルギー、環境法、薬事・ヘルスケア、消費者関連法）◆海外業務（アジア、ヨーロッパ、北米・中南米、アフリカ）◆公益活動

東京

P 大武和夫 30期、一弁／三村量一 31期、一弁／宮崎裕子 31期、一弁／小林俊夫 32期、二弁／小林英明 32期、一弁／中島徹 32期、一弁／藤縄憲一 32期、一弁／藤枝純 34期、一弁／小林信明 35期、東弁／田中昌利 35期、一弁／木村久也 37期、一弁／酒井竜児 37期、一弁／三原秀哲 38期、一弁／森田耕司 38期、一弁／渡邉泰秀 38期、一弁／太田穣 39期、一弁／池袋真実 40期、二弁／宇野総一郎 40期、一弁／渡辺惠理子 40期、一弁／梅野晴一郎 41期、二弁／大下慶太郎 41期、一弁／杉野由和 41期、一弁／杉本文秀 41期、東弁／田中俊平 41期、一弁／樋口孝夫 41期、一弁／井上聡 42期、一弁／井上広樹 42期、一弁／砂坂英之 42期、二弁／松井真一 42期、一弁／石黒美幸 43期、東弁／大矢一郎 43期、東弁／小原淳見 44期、一弁／松岡政博 44期、一弁／石塚洋之 45期、東弁／神田遵 45期、一弁／西村直洋 45期、一弁／三笘裕 45期、一弁／内海健司 46期、一弁／玉井裕子 46期、一弁／荒井紘允 47期、一弁／垰尚義 47期、一弁／福田政之 47期、一弁／水谷和雄 47期、一弁／池田順一 48期、一弁／石井文晃 48期、一弁／森口聡 48期、東弁／山内貴博 48期、一弁／浅妻敬 49期、一弁／岩崎友彦 49期、一弁／小西真機 49期、東弁／滝川佳代 49期、一弁／服部薫 49期、二弁／三上二郎 49期、一弁／南繁樹 49期、一弁／犬島伸能 50期、東弁／門田正行 50期、東弁／清水啓子 50期、一弁／清水毅 50期、一弁／東崎賢治 50期、一弁／藤原総一郎 50期、一弁／松田俊治 50期、一弁／柳川元宏 50期、東弁／梅澤拓 51期、一弁／高井伸太郎 51期、一弁／月岡崇 51期、東弁／平川雄士 51期、一弁／井上博登 52期、一弁／大久保圭 52期、一弁／塚本宏達 52期、一弁／山中淳二 52期、一弁／井口直樹 53期、二弁／大久保涼 53期、一弁／宰田高志 53期、東弁／齋藤理 53期、一弁／鈴木明美 53期、一弁／鈴木謙輔 53期、東弁／田子弘史 53期、東弁／対木和夫 53期、一弁／若林剛 53期、東弁／新木伸一 54期、一弁／黒田裕 54期、二弁／酒井敦史 54期、一弁／本田圭 54期、二弁／柳澤宏輝 54期、一弁／山下淳 54期、一弁／井本吉俊 55期、一弁／勝山輝一 55期、二弁／塩崎彰久 55期、一弁／宮崎隆 55期、一弁／森大樹 55期、一弁／岡野辰也 56期、東弁／中川幹久 56期、一弁／福井信雄 56期、一弁／若江悠 56期、一弁／水野大 57期、一弁／佐々木将平 58期、一弁

オフカウンセル 桝田淳二 20期、二弁

アジア総代表 原壽 27期、一弁

顧 長島安治 5期、一弁／常松健 20期、二弁／横田尤孝 24期、一弁／岩村修二 28期、一弁／竹内光一 29期、一弁／内海潤 34期、一弁／佐藤安信 36期、東弁／松下満雄 1996登録、一弁／伊藤眞 2007登録、一弁／金子宏／渡辺裕泰／糸田省吾／Bruce Aronson

シニアカウンセル 道垣内正人 2004登録、一弁／鳥羽衞 2008登録、一弁

カウンセル 田中郁乃 47期、一弁／松永隆之 49期、東弁／上村直子 51期、一弁／鐘ヶ江洋祐 53期、一弁／平野倫太郎 54期、一弁／伊藤昌夫 55期、一弁／宮里直孝 55期、二弁／山本匡 56期、一弁／角谷直紀 58期、一弁／川合正倫 58期、一弁／澤山啓伍 58期、一弁／長谷川良和 59期、一弁／西田一存 61期、一弁

Ⓐ 藤井豪 55期、一弁／上田一郎 56期、一弁／宮島和生 56期、一弁／大石健太郎 57期、東弁／緒方絵里子 57期、一弁／帰山雄介 57期、一弁／片岡良平 57期、一弁／清水幸明 57期、一弁／墳崎隆之 57期、一弁／德地屋圭治 57期、二弁／中井俊行 57期、一弁／藤井孝之 57期、一弁／眞武慶彦 57期、一弁／森幹晴 57期、一弁／小川和也 58期、一弁／西村修一 58期、一弁／海老沢宏行 59期、一弁／大川剛平 59期、一弁／緒方俊亮 59期、一弁／笠原康弘 59期、一弁／木内敬 59期、一弁／小山嘉信 59期、一弁／佐藤寿彦 59期、一弁／須田英明 59期、一弁／田島圭貴 59期、一弁／濱口耕輔 59期、一弁／平津慎副 59期、一弁／藤原祥史 59期、一弁／細川智史 59期、一弁／洞口信一郎 59期、一弁／青木大 60期、一弁／粟谷翔 60期、一弁／沖本洪一 60期、一弁／木村聡輔 60期、一弁／工藤靖 60期、一弁／小泉宏文 60期、一弁／近藤喜将 60期、一弁／斉藤元樹 60期、一弁／坂下大 60期、一弁／佐藤尋亮 60期、一弁／下田祥史 60期、一弁／須藤希祥 60期、一弁／田中亮平 60期、一弁／殿村桂司 60期、一弁／中村慶彦 60期、一弁／野末光章 60期、一弁／前川陽一 60期、一弁／山辺紘太郎 60期、一弁／山元祐輝 60期、一弁／和田有美子 60期、一弁／安達裕 61期、一弁／糸山亮 61期、一弁／大川友宏 61期、一弁／小口五大 61期、一弁／岸田梨江 61期、一弁／清水美彩恵 61期、一弁／関本正樹 61期、一弁／谷田智沙 61期、一弁／服部紘実 61期、一弁／藤本祐太郎 61期、東弁／亦野誠二 61期、一弁／松田章良 61期、一弁／箕輪俊介 61期、一弁／渡邉瑞 61期、一弁／安西統裕 62期、一弁／氏家優太 62期、一弁／尾下大介 62期、一弁／佐々木崇 62期、一弁／佐藤恭平 62期、一弁／田原一樹 62期、一弁／中島慧 62期、一弁／橋本恵 62期、一弁／吉川翔子 62期、一弁／浅井詩帆 63期、一弁／伊藤伸明 63期、一弁／井上聡 63期、一弁／宇治野壮歩 63期、一弁／遠藤努 63期、一弁／大沼真 63期、一弁／大平直 63期、一弁／岡田恵子 63期、一弁／カオ・ミン・ティ 63期、一弁／勝又美智子 63期、一弁／丸藤ゆり絵 63期、一弁／象内将人 63期、一弁／小林亜維子 63期、一弁／小松諒 63期、一弁／郷家駿平 63期、一弁／高橋輝好 63期、一弁／高山徹 63期、一弁／竹中輝順 63期、一弁／遠本憲祐 63期、一弁／遠本麻佑子 63期、一弁／十倉彬宏 63期、一弁／中野智仁 63期、一弁／早川健 63期、一弁／松本渉 63期、一弁／水越恭平 63期、一弁／宮下優一 63期、一弁／鹿はせる 63期、一弁／渡邉啓久 63期、一弁／安藤裕実 64期、一弁／市川瑛里子 64期、一弁／井上皓子 64期、一弁／大石貴大 64期、一弁／岡田紘明 64期、一弁／奥村友宏 64期、一弁／加藤志郎 64期、一弁／酒井嘉彦 64期、一弁／鈴木健人 64期、一弁／鈴木雅博 64期、一弁／園田拓也 64期、一弁／瀧嶋亮介 64期、東弁／武内斉史 64期、一弁／鳥巣正憲 64期、一弁／藤崎恵美 64期、一弁／辺誠祐 64期、一弁／水越政輝 64期、一弁／森奏太郎 64期、一弁／山口敦史 64期、一弁／山本ゆう紀 64期、一弁／荒井恵理 65期、一弁／鵜木崇史 65期、一弁／折原剛 65期、一弁／片岡淳平 65期、一弁／加藤嘉孝 65期、一弁／河相早織 65期、東弁／北川貴広 65期、一弁／小迫由衣 65期、二弁／子安智博 65期、一弁／後藤徹也 65期、一弁／坂尾佑平 65期、一弁／澤田将史 65期、一弁／嶋崎勝規 65期、一弁／下田真依

子 65期、一弁／下村祐光 65期、一弁／髙嶋希 65期、一弁／竹内淳哉 65期、一弁／田島弘基 65期、一弁／田村優 65期、一弁／中村洸介 65期、一弁／沼田徒夢 65期、一弁／水野雄太 65期、一弁／大和屋力 65期、一弁／米田恵梨乃 65期、一弁／和久利望 65期、一弁／上田綾乃 66期、二弁／大野一行 66期、一弁／梶原啓 66期、一弁／近藤朋行 66期、一弁／佐竹義昭 66期、一弁／澤田裕生 66期、一弁／髙木大輔 66期、一弁／中翔平 66期、一弁／長井健 66期、一弁／西内一平 66期、一弁／西原聖子 66期、一弁／長谷川竜也 66期、一弁／長谷川紘 66期、一弁／原田真紀子 66期、一弁／松宮優貴 66期、一弁／村松洋之 66期、東弁／山口茉莉子 66期、二弁／脇谷太智 66期、一弁／青柳徹 67期、一弁／秋山恵里 67期、一弁／浅野結 67期、一弁／石原和史 67期、一弁／板谷隆平 67期、一弁／宇治佑星 67期、一弁／有働達朗 67期、東弁／大渕哲 67期、一弁／岡竜司 67期、一弁／小槻英之 67期、一弁／加藤和之 67期、一弁／門野多希子 67期、一弁／川口裕貴 67期、一弁／官澤康平 67期、一弁／倉知紗也菜 67期、一弁／近藤正篤 67期、一弁／今野庸介 67期、一弁／白水克典 67期、一弁／砂田雄士 67期、一弁／田勢華也子 67期、一弁／谷本芳朗 67期、一弁／田原靖久 67期、一弁／津久井康太朗 67期、一弁／豊田紗織 67期、一弁／羽島貴広 67期、一弁／藤井崇英 67期、一弁／増井邦繁 67期、一弁／松原拓也 67期、一弁／三島可織 67期、一弁／渡辺翼 67期、一弁

外国弁護士 Alan K. Nii 1999登録、東弁／Paul Masafumi Iguchi 2008登録、一弁／Michael Douglas 2009登録、一弁／柴崎勢治 2012登録、一弁／Peter Gordon Armstrong 2015登録、一弁／柳陽／John Francis／Peter Coney／Yothin Intaraprasong／Tanadee Pantumkomon／Poonyisa Sornchangwat／Long Nguyen／Ngoc Hoang

※上記のほか、留学等に伴い一時的に弁護士登録を抹消中の者などが37名在籍。

著作 『不祥事対応ベストプラクティス—実例から読み解く最新実務』『アドバンス 金融商品取引法（第2版）』『アドバンス 新会社法（第3版）』『合併ハンドブック（第3版）』『会社分割ハンドブック（第2版）』『株式交換・株式移転ハンドブック』『公開買付けの理論と実務（第2版）』（いずれも商事法務）／『M&Aを成功に導く 法務デューデリジェンスの実務（第3版）』『M&Aの契約実務』『FATCA（外国口座税務コンプライアンス法）対応の実務』『日中対訳 中国企業のための日本投資法務ガイド』（いずれも中央経済社）／『アメリカ独占禁止法（第2版）』（東京大学出版会） など多数

事件 三井不動産の普通株式グローバルオファリング／SMBC信託銀行によるシティバンク銀行のリテールバンク事業取得／米スターバックス本社による日本法人の完全子会社化／三菱ケミカルホールディングスによる大陽日酸のTOBによる子会社化／マイクロンメモリジャパン（旧社名：エルピーダメモリ）の会社更生手続／アップル対サムスン電子の特許訴訟／新日本製鐵と住友金属工業の経営統合／東証と大証の経営統合／パナソニックによる三洋電機およびパナソニック電工の完全子会社化／三井住友フィナンシャルグループによる日興コーディアル証券の買収／シティグループによる日興アセットマネジメントの売却／中央三井信託銀行および住友信託銀行の統合／日本航空の株式グローバルオファリング（再上場）／国内3メガバンクによる株式発行案件／ソフトバンクモバイルに関する事業証券化／神奈川県臨時特例企業税訴訟／フジテレビを代理したライブドアに対する損害賠償請求訴訟／日亜化学を代理した青色発光ダイオード職務発明訴訟（控訴審） など多数

中島経営法律事務所
NAKAJIMA TRANSACTIONAL LAW OFFICE

〒100-0011　東京都千代田区内幸町1-1-7　NBF日比谷ビル10階
TEL　03-3502-8521　FAX　03-3502-8525
URL：http://www.ntlo.net　info@ntlo.net

たとえば「個人情報流出事故」に対応。原因の調査・確認、ダメージの予測、マスコミ向けリリース文・Q&Aの作成、被害者・取引先・行政への報告案作成、社告原稿のチェック、再発防止策の立案を行う。

■理念・特色

私たちの事務所は名称を「経営」法律事務所と名づけています。「経営」と名づけている趣旨は、私たちが、お客様企業が抱いておられる「経営上の戦略目的」の本質を、お客様と一緒に見きわめ、その目的を達成するために最もふさわしい「手段」を、懸命に考え、ご提案することを理念としているからです。

たとえば、お客様企業が「ある会社の技術を獲得したい」とおっしゃるとき、究極の「経営上の戦略目的」が、特許権取得であるのか、スタッフ獲得であるのか、技術提携の確立であるのか、技術に関連するマーケットそのものであるのか、それらのいずれであるかによって、特許移転契約、人事法務、提携契約、M&Aなど、私たちがご提案する法的手段も、遂行方法も、変わってきます。

そうした私たちの姿勢をご理解いただくため、私たちは次の「モットー」を掲げています。

お客様企業への4つのお約束
①親切　私たちは、お客様企業の「真の利益」を実現することに最大の目的とします。「真の利益」とは、お客様企業の経営ビジョンに合致するものであり、かつお客様企業の「企業価値」維持・向上に資する、本当の利益です。

②努力　私たちは、お客様企業の「真の利益」に向けてお役に立てるよう、私たちの、知識、技術、能力を維持向上させるため、日々の努力を怠りません。

③謙虚　私たちは、お客様企業のビジネスをご支援申し上げる立場であることを銘記し、常に謙虚さを持って活動します。

④社会貢献　私たちは、お客様企業の「真の利益」を実現することを通じて、社会の発展に貢献します。私たちは全員、常にこの4つの約束を心に刻みつけて活動しています。

企業リスク管理
・非常時への対応方針策定に関するアドバイス
・企業不祥事の原因調査、再発防止策策定に関する検討とアドバイス
・レピテーションリスクの分析と対応策
・非常時記者会見のステートメント・Q&A作成など危機管理広報アドバイス

■設立・沿革
1983年4月　「中島法律事務所」を設立
1992年8月　「中島経営法律事務所」に名称変更
1996年3月　千代田区内幸町に移転、現在に至る

代表者　中島茂（第二東京弁護士会）　主な顧問先　製造業、物流業、流通業、金融業、サービス業、情報通信業など企業、学校法人、医療法人、公的機関・団体など	報酬体系　「顧問料」「着手金・成功報酬方式」「タイムチャージ方式」のいずれか、または併用。

中島経営法律事務所

取扱業務 企業経営全般に関する事務処理・アドバイス　日常的な取引契約書の作成・チェックなど、取引に関する各種事務処理、企業会計／**企業間紛争への対応**　企業間の紛争、知的財産紛争、債権回収など、各種トラブルに際して代理人として交渉の実行、解決までの対応／**消費者対応**　製品・サービスに対するクレーム対応、製造物責任（PL）に関するトラブル処理、リコール実務対応、消費者庁への対応／**企業問題に関する訴訟対応**　企業間紛争、その他企業経営に関する訴訟・仮処分等への対応／**会社組織の運営に関する助言**　株主総会・取締役会の運営、ガバナンス組織の構築、増減資対応実務グループ会社マネジメント／**コンプライアンス・CSR**　コンプライアンス体制・CSR体制の構築、各種規則作成、ホットラインの受付、企業秘密防衛、個人情報保護／**独占禁止法・下請法**　公正取引委員会への立入検査・審判等への対応／**行政対応**　監督官庁への報告書作成、相談実務のあり方に関する助言と対応／**企業危機管理・企業広報・パブリックリレーションズ関連**　社内調査の実施、問題発生時における企業の改善に向けての提案、危機発生時のマスコミ対応など、広報に関するコンサルティング／**知的財産権**　商標・特許・意匠など知的財産権の出願、管理、知的財産権（著作権を含む）の活用に関するコンサルティング、知的財産権の侵害（コピー商品、不正表示など）への対応／**人事労務**　サービス残業、過労問題、セクハラ、パワハラに関する助言、対応

東京

P 中島茂　1977東大法、31期、二弁、日本証券クリアリング機構社外監査役、投資信託協会規律委員会委員、財務会計基準機構評議員会評議員／栗原正一　1988早大法、46期、二弁、日本土地建物社外取締役／原正雄　1998一橋大法、54期、二弁／寺田寛　2001早大法、58期、二弁／A 加藤惇　2007早大政経、2009東大LS、63期、二弁／鹿毛俊輔　2007慶大経、2011慶大LS、65期、二弁／小木惇　2010東大法、2012東大LS、66期、東弁

著作　中島茂『独占禁止法と建設業』（清文社、1985）／同『ケース・スタディ戦略法務』（総合法令、1987）／同『企業秘密防衛の実務』（清文社、1990）／同『企業提携の契約事例（新訂版）』（商事法務研究会、1992）／同『経営トップの企業危機管理チェックポイント21』（商事法務研究会、1993）／同『取締役の法律知識（第3版）』（日本経済新聞社、2015）／同『企業防衛の法務』（丸善、1998）／同『総務の法律知識』（日本経済新聞社、1999）／同『企業・団体の危機管理と広報』（経済広報センター、2000）／同『役員がつまずくあぶない株取引—インサイダー回避の10カ条』（商事法務研究会、2001）／同『社長！それは「法律」問題です』（共著、日本経済新聞社、2002）／同『株主総会の進め方』（日本経済新聞出版社、2003）／同『これって、違法ですか？ 実践コンプライアンス講座』（共著、日本経済新聞社、2003）／同『その「記者会見」間違ってます！』（共著、日本経済新聞出版社、2007）／同『「不正」は急に止まれない！』（日本経済新聞出版社、2008）／同『経営を支える広報戦略—広報部長のための戦略と実務』（日本経団連出版社、2009）／同『取締役物語—花と嵐の一年』（中央経済社、2012）／同『最強のリスク管理』（金融財政事情研究会、2013）／同『人気弁護士が教えるネットトラブル相談室』（日本経済新聞出版社、2014）／中島茂・栗原正一『会社役員の職務と個人責任』（共著、新日本法規出版、1998）／中島茂・栗原正一・原正雄『図解 仕事の法律』（共著、三笠書房、2005）／原正雄『事例で見る 借地借家の契約解除』（共著、新日本法規、2004）／同『知ってトクする職場の法律』（日本経済新聞出版社、2007）／同『新・少年事件実務ガイド（第2版）』（共著、現代人文社、2009）／同『社内規程整備で取り組む—中小企業のコンプライアンス対策』（清文社、2012）／澁谷展由共編著『業界別・場面別 役員が知っておきたい法的責任—役員責任追及訴訟に学ぶ現場対応策』（経済法令研究会、2014）

中村・角田・松本法律事務所
Nakamura, Tsunoda & Matsumoto

〒100-0004　東京都千代田区大手町2-1-1　大手町野村ビル18階
TEL　03-3510-2771　　FAX　03-3510-2772
URL：http://www.ntmlo.com　info@ntmlo.com

9 (+1)
P 6　A 3　顧 0
男 9　女 0
外弁 0　外資 1
他士 0　事務 6

「弁護士は、依頼者の利益を第一とする職人である。」という共通理念の下、高品質かつ迅速なリーガルサービスを提供し、依頼者の方と一緒に喜びを分かちあいたいと考える、日本で最強の訴訟弁護士事務所をめざす法律事務所。

■理念・特色

　私たちの事務所には現在9名の弁護士がいます。企業法務を扱う法律事務所としては小規模といえます。規模を拡大して組織化・分業化を進めれば、より多くの仕事を引き受けられるかもしれません。しかし私たちは、そのような道を選びません。これは私たちの信念にかかわる選択です。依頼者に「いい仕事を有り難う」と喜んでいただきたい。依頼者と心を1つにして、自分自身で仕事をしたい。生涯を通じて、ひとりの職人であり続けたい。それが私たちの共有する価値観です。

　品質に対する矜持、依頼者に対する感謝の気持ち、私たちに対する信用や信頼を大切にする心、依頼者の利益を第一とすること、私たちはそうしたものを大切にしたいと考えています。

　依頼者を驚かせるような仕事をしたい。余人にまねのできない高い技量を身につけた、螺鈿細工の職人のようでありたい。それが私たちのめざすものです。

　私たちはこれからも、「弁護士は依頼者の利益を第一とする職人である」という理念のもと、依頼者に喜んでいただけるよう、最高水準の技能を磨いていきたいと思います。

　訴訟、M&A、そして企業法務全般にかかわる日常的な法律相談が私たちの業務の中心です。

　訴訟へのこだわりは強く、日本で最強の訴訟弁護士事務所であることをめざしております。依頼者の利益のためには、訴訟に勝つだけでは意味がありません。「少ない証拠で、早く勝つ」が究極の目標です。

　私たちは少人数の事務所ですが、M&Aの分野でも高い評価をいただいて参りました。不必要に弁護士を動員するのではなく、少数精鋭のチームでもって、情報交換を密にしながら、それぞれが機動的に動く。そうすることで、大型・最先端の案件でも実績を残してきたと自負しております。

　企業法務全般にかかわる日常的な法律相談では、適切かつ合理的な判断をすることだけではなく、最高のスピードで対応することを心がけております。

■設立・沿革

　2003年2月に中村直人弁護士が設立した「中村直人法律事務所」に端を発する事務所です。同年3月に「中村・角田法律事務所」に、2005年1月に「中村・角田・松本法律事務所」に、それぞれ名称変更し、現在に至っています。

代表者　中村直人（第二東京弁護士会）
取扱言語　英語
主な顧問先　銀行・保険・証券、商社、電力、電鉄、通信、マスメディア、インターネット・システム開発・デジタルコンテンツ関連、各種メーカー、食品、不動産、学校、人材派遣、ベンチャーキャピタルなど。著名大企業からベンチャー企業・中小企業まで、多岐にわたる。
報酬体系　案件によって、事件報酬（着手金・報酬金）かタイムチャージを選択。事件報酬は日弁連旧報酬規程を基にした事務所規程による。タイムチャージは担当弁護士ごとに異なる。

取扱業務 訴訟／紛争解決

企業間取引や個人との取引についての紛争など、企業にかかわる各種民事訴訟・紛争解決など株主代表訴訟、株主総会決議取消し、新株発行差止め、同族会社における内紛など、会社法の分野全般にかかわる民事訴訟・非訟・民事保全など

M&A／企業再編

国内取引、クロスボーダー取引、プライベート・エクイティ投資、MBO、買収ファイナンス、買収防衛策の策定、買収防衛など各種のM&A、組織再編、企業提携などにおける、ストラクチャーの検討、デューデリジェンス、契約書作成、契約交渉、取引実行、関係当局との折衝、情報開示支援など

会社法・金融商品取引法その他にかかわる企業法務

株主総会・取締役会の運営、株式実務、コンプライアンス、役員責任、株主提案、事業承継、インサイダー取引など、会社法・金融商品取引法にかかわる企業法務

金融・保険・証券、インターネットビジネス、通信・放送、不動産取引、消費者法、ベンチャービジネス、企業にかかわる刑事事件（告訴・告発、刑事弁護など）その他にかかわる企業法務

東京

P 中村直人 1983一橋大法、37期、二弁／角田大憲 1991東大法、46期、東弁／松本真輔 1995東大法、2002スタンフォード大LS法学修士、2003NY州弁護士登録、49期、東弁／仁科秀隆 2001東大法、55期、二弁／山田和彦 2004慶大法、58期、二弁／倉橋雄作 2004東大法、2006東大LS、2013オックスフォード大LS修士、60期、二弁／A 中島正裕 2004東大経、2007東大LS、61期、二弁／後藤晃輔 2006東大法、2008東大LS、62期、二弁／小原隆太郎 2012一橋大法、67期、二弁

著作 中村直人編著（角田大憲・松本真輔・仁科秀隆・山田和彦執筆）『論点体系 会社法』全6巻（共著、第一法規、2012）／中村直人編著（山田和彦執筆）『株主総会ハンドブック（第3版）』（共著、商事法務、2015）／中村直人『訴訟の心得だ円滑な進行のために』（中央経済社、2015）／中村直人・山田和彦・後藤晃輔『平成26年改正会社法対応 内部統制システム構築の実務』（商事法務、2015）／中村直人・倉橋雄作『コーポレートガバナンス・コードの読み方・考え方』（商事法務、2015）／角田大憲『会社法という地図の読み方 機関・計算・組織再編 編』（商事法務、2009）／松本真輔『最新インサイダー取引規制─解釈・事例・実務対応』（商事法務、2006）／仁科秀隆ほか『M&Aにおける第三者委員会の理論と実務』（共著、商事法務、2015）／山田和彦・倉橋雄作・中島正裕『取締役会付議事項の実務』（商事法務、2014）／角田大憲「裁判例からみた『他人の行為の放置・看過』に関する取締役の任務懈怠責任の要件事実」『商事法の要件事実 法科大学院要件事実教育研究所報第13号』（日本評論社、2015）／同「社外取締役の法的責任」別冊商事法務359号（2011）／松本真輔「インサイダー取引に関するいくつかの事例─その実務的な検討」『前田重行先生古希記念 企業法・金融法の新潮流』（商事法務、2013）／仁科秀隆「株式の価格決定と個別株主通知」商事法務1976号（2012）／同「株式質の諸問題」金融法務事情1944号（2012）／山田和彦「系列ノンバンクに対する支援と取締役の善管注意義務」金融・商事判例1411号（2013）／同「アムスク株主総会決議取消請求事件と実務への影響」商事法務2039号（2014）／倉橋雄作「株主総会における議事運営」商事法務2065号（2015）／同「社外取締役選任の実務対応」資料版商事法務359号（2014）ほか多数

事件 訴訟事件：ニッポン放送新株予約権発行差止請求事件（東京高決平成17.3.23高民58.1.39）（ニッポン放送・代理人）／ジェイコム株式誤発注事件（東京高判平成25.7.24判時2198.27）（東京証券取引所・代理人）／ディー・エヌ・エー対グリー損害賠償請求事件（ディー・エヌ・エー・代理人）ほか多数。M&A：日興コーディアルグループとシティグループの三角株式交換（日興コーディアルグループの特別委員会の法務アドバイザー）、三井住友銀行等による三洋電気株式のパナソニックへの売却（三井住友銀行の法務アドバイザー）ほか多数

中村合同特許法律事務所
Nakamura & Partners

〒100－8355　東京都千代田区丸の内3－3－1　新東京ビル6階
TEL　03-3211-1037　FAX　03-3214-6367
URL：http://www.nakapat.gr.jp　law@nakapat.gr.jp

18（±0）
P 11　A 6　顧 1
男 13　女 5
外弁 0　外資 0
他士 64　事務 101

　2014年に創立100周年を迎えた知的財産権専門の老舗。あらゆる知的財産権に精通し、約70名の弁理士と緊密に協力し、日本国内外における権利取得から権利行使に至るまでを迅速に処理する。海外依頼者も多い。

■理念・特色

当事務所は、日本国内・外の知的財産分野全般および企業法務に関するさまざまなサービス業務を総合的に提供する国際的な特許法律事務所です。当事務所の業務は主に法律、特許（意匠を含む）、商標の各セクションとこれらを支える事務グループに分かれて行っています。当事務所では、「最高のサービスの提供と依頼者との信頼関係の構築」という理念の基に、担当パートナーが各セクションおよびグループの管理および指導を行い、業務の質の向上と統一を図っています。

弁護士業務としては、日本国内・外における上記の産業財産権をはじめ、不正競争防止法、著作権を含む広い意味の知的財産分野における相談、鑑定、侵害等各種訴訟ならびにライセンス契約、共同研究開発契約等の各種国際取引法務、その他企業法務一般を主として扱っています。

知的財産権は、本来、国際的性格の強い権利です。ことに近年の国際的ハーモナイゼーションの急速な進展は驚異的というべきものです。当事務所は古くから全世界的に提携関係にある特許事務所、法律事務所のネットワークを構築し、不断の業務の交流を行ってきました。また、各種の知的財産権関係の国際的組織に加盟し、その会合には代表を派遣し、また、その他、あらゆる機会をつうじて、海外の事務所、依頼者との個人的な親密で友好的な関係を保ち、依頼者の要望が実現されるよう、努めています。

当事務所では、弁護士グループと弁理士グループとの間に緊密で効率的な協力関係が確立されており、他に類を見ないほど質の高いサービスを依頼者に提供することが可能です。この緊密かつ効率的な協力により、いかに強力な独占的な権利を取得するかにはじまり、いかに有効に独占的な権利を行使するかに至るまで、また、これらに関連した法律業務の処理まで、当事務所は依頼者の要望に応える最高のサービスをワンストップで提供できるのです。

■設立・沿革

1914年中松盛雄（第9代特許局長官）中松特許法律事務所を開設。1975年中村稔（弁護士・弁理士）が代表パートナーとなり、1983年事務所名を中村合同特許法律事務所に改称。

代表者　田中伸一郎（第二東京弁護士会）
取扱言語　英語
主な顧問先　自動車製造販売、医薬品製造販売、医療機器製造販売、耐火物製造販売、電子部品製造販売、エレクトロニクス機器製造販売、鉱物材料卸売、陶磁器・同関連製品製造販売、薬品・洗剤類製造販売、バイオ・環境研究、包装容器製造、記録メディア電子材料開発製造販売、繊維雑品製造販売、調味料製造販売、製粉業、酒類製造販売、金融情報提供、映画演劇企画製作、音楽映像ソフト企画販売、新聞社、独立行政法人、一般社団法人、公益財団法人等
報酬体系　事務所報酬規程（日弁連旧報酬規程に変更を加えたもの）による。着手金・報酬金等とタイムチャージの双方対応可能／顧問料。

中村合同特許法律事務所

取扱業務 知的財産権の保護・活用・その他知的財産権の取得および維持、国際取引、合弁契約、国内商取引、会社関係、独禁法関係、一般民事
・特許権・実用新案権・意匠権・商標権・育成者権・著作権・著作隣接権等の侵害、職務発明等の対価、不正競争防止法違反、発信者情報開示等に関する相談、鑑定および外国での紛争解決のサポート
・裁判所での特許権・実用新案権・意匠権・商標権・育成者権・著作権・著作隣接権等の侵害、審決等の取消、職務発明等の対価、不正競争防止法違反、発信者情報開示等に関する訴訟
・税関での知的財産侵害品の輸出入差止手続
・特許権・実用新案権・意匠権・商標権・育成者権・著作権・著作隣接権・営業秘密等の譲渡契約・ライセンス契約・担保権設定契約、共同研究開発契約、エンタテインメント関連契約等の知的財産関連契約に関する相談・交渉・知的財産価値評価および契約書作成
・国際取引を含む企業法務一般に関する相談・交渉および書類作成
・裁判所での知的財産関連契約および国際取引を含む企業法務一般に関する訴訟

P 中村稔 1950東大法、4期、1952弁理士／松尾和子 1953東大法、10期、NY大MCJ、1961弁理士／熊倉禎男 1963東大法、21期、ハーバード大LLM、1977弁理士、日本製粉社外取締役／辻居幸一 1979中大法、35期、1985弁理士、コーネル大LLM、NY州弁護士、中大院法務研究科客員教授／田中伸一郎 1983一橋大法、37期、1987弁理士、ミュンヘン大LLM、元マックスプランク研究所客員研究員／富岡英次 1977東大経、1993登録、31期、元裁判官（1979〜93）、1997弁理士、早大LS客員教授、特許庁審判参与／吉田和彦 1988東大法、42期、1993弁理士、ハーバード大LLM、NY州弁護士、東北大特任教授（客員）／飯田圭 1993東大法、47期、1997弁理士、フランクリン・ピアース・ローセンターLLM in IP／渡辺光 1994東大法、51期、2003弁理士、ジョージタウン大LLM、NY州弁護士／相良由里子 1999東大法、54期、2005弁理士、デューク大LLM、NY州弁護士／高石秀樹 1999東工大理工学研究科（工学修士）、55期、2005弁理士、デューク大LLM、CA州弁護士、米国パテント・エージェント試験合格 A 外村玲子 1995上智大法、55期、2005弁理士、カリフォルニア大バークレー校LLM、NY州弁護士／佐竹勝一 2000早大法、56期、2009弁理士、カリフォルニア大ロサンゼルス校LLM、NY州弁護士／奥村直樹 2001東大法、57期、2010弁理士、デューク大LLM、NY州弁護士／小和田敦子 1999東大法院、57期、2010弁理士、NY大LLM、NY州弁護士／小林正和 2001東大新領域（科学修士）、2008筑波大LS、62期、元特許庁審査官、2013弁理士／松野仁彦 2009東大LS、63期 顧 田中美登里 1955中大法、13期、1963弁理士 以上すべて二弁。

事件 特許 （訂正請求に関する）特許取消決定取消請求事件（最判平成20.7.10民集62.7.1905）／キルビー事件（最判平成12.4.11民集54.4.1368）／燻し瓦製造法事件（最判平成10.4.28裁判所Web）商標 自由学園事件（最判平成17.7.22判時1908.164）著作権等 ピンクレディー事件（最判平成24.2.2民集66.2.89）／「暁の脱走」事件（最判平成24.1.17判時2144.115）／智恵子抄事件（最判平成5.3.30判時1461.3）／顔真卿事件（最判昭和59.1.20民集38.1.1）契約 揺動圧入式掘削装置事件（最判平成5.10.19判時1492.134）

著作 中村合同特許法律事務所『知的財産訴訟の現在』（有斐閣、2014年）

西綜合法律事務所
Nishi & Partners

〒107-0062　東京都港区南青山1-1-1　新青山ビル西館14階1451区
TEL　03-3475-1641　FAX　03-3475-1579
E-mail：office@nishi-partners.gr.jp

少数精鋭主義により、弁護士相互の情報共有と合議をもとに、緻密で堅実なリーガル・サービスの提供をモットーとしており、特に訴訟事案に関しては多大な実績を有する。

10（±0）
P 3　A 4　顧 3
男 8　女 2
外弁 0　外資 0
他士 0　事務 3

A		訴訟
	労働	独禁

■理念・特色

　当事務所は、終戦後、新憲法下における新司法制度の整備に尽力した田中治彦弁護士（前法務府民事法務長官）を中心に、裁判経験が豊かな環昌一弁護士（後の最高裁判所判事）、裁判実務及び欧米の司法事情を知る西迪雄弁護士が加わり、新たな抱負のもとに発足しました。なお、西迪雄弁護士は、岩松三郎先生のすすめにより、その後10年余、上智大学法学部教授（会社法・裁判法）を兼ねました。

　その後、井関浩（前民事局参事官）、田中和彦、鈴木忠一（前司研所長）各弁護士らが加わり、裁判所と同様の雰囲気が維持されましたが、昭和50年代後半から、富田美栄子、向井千杉（前裁判官）両弁護士が加わって以降は若手の補充を行いました。

　当事務所においては、いたずらに増員をはかることなく、少数精鋭主義をとりつつ、所属弁護士相互の綿密な情報の共有により、裁判所と同様の合議体の長所を活かした緻密で堅実なリーガル・サービスの提供をモットーとしています。そのため、弁護士執務室を、あえて裁判官室のような大部屋とし、合議の実効をあげています。

　当事務所はもっぱら東証1部上場会社を中心とする企業法務案件を取り扱っており、受任案件の特色は、当初は、国、国鉄等行政、公企体関係の事件（基地関係訴訟、靖国訴訟、裁判官国賠訴訟等）が中心でしたが、次第に一般企業の案件も増加し、旧国鉄・JR関係事件のほか数多くの労働事件の処理に関与したほか、いくつかの重要判例等の形成に寄与してきました。また、企業側の代理人として、騒音、大気汚染、原子力等の環境問題をめぐる重要な訴訟事件や労働委員会の不当労働事件を手がけ、相当の成果を上げています。さらには、比較的早い時期から幾多の独禁法案件にかかわり、公取委における適正な事件処理のルールの確立に向けて一石を投じたものと自負しています。

■設立・沿革

　1952年2月に「田中治彦法律事務所」が開設されたのに遡り、その後、「田中・環・西法律事務所」、「西・井関法律事務所」と名称変更し、一時期、渉外部門を備えた「西・田中・高橋法律事務所」となったが、1994年4月にこれを分離し、現在の「西綜合法律事務所」に至っております。

代表者	向井千杉（第一東京弁護士会）

主な顧問先　鉄道、電力、石油、総合商社、総合電機、運輸、IT、OA機器販売、鉄鋼、繊維、ブレーキ、紙製品、硝子、化学、鉱山、不動産賃貸、ショッピングセンター、食品、ホテル、広告、地質調査、建築、出版、独立業行政法人、公益法人、学校

報酬体系　旧弁護士会報酬規程に準拠しつつ、顧問契約関係、事案等を総合勘案して、着手金・報酬の額を決定する。

西綜合法律事務所

取扱業務 **日常的企業法務** 各種商取引、人事・労務、IT、知財、不動産明渡し、独禁法、環境問題、コンプライアンス、内部通報、税務、債権回収、強制執行等に関連する諸問題／契約・紛争案件に関する助言、交渉／各種契約書、就業規則等のチェック／株主総会の指導／企業内研修等における講義、講演
法廷活動等 一般民事訴訟、保全命令、調停、労働審判事／株主代表訴訟／労働委員会の事件、救済命令に対する行政訴訟／公取委調査への対応、公取委の命令に対する行政訴訟

[P]**西迪雄** 1947東大法、1期、裁判官（最高裁判所民事局課長等）、UN Fellow in UK & Scandinavia、上智大教授、Harvard International Seminar by prof. kissinger、日本電気監査役／**向井千杉** 1973東大法、27期、裁判官（最高裁判所刑事局付、名古屋地方裁判所判事等）、NECソフト監査役、東京家庭裁判所調停委員、中央建設工事紛争審査会（国土交通省）特別委員（現職）、㈹鉄道建設・運輸機構契約監視委員会委員（現職）、日清食品HD監査役（現職）、株木建設監査役（現職）／**富田美栄子** 1978東大法、32期、司法試験委員（民訴）、昭和女子大講師、東京地方裁判所調停委員（現職）、森永乳業監査役（現職）

[A]**渡邉和之** 2000中大法、58期／**小林幸弘** 2002早大法、59期／**吉岡雅史** 2000東大法、2007京大LS、60期、桐蔭横浜大LS助手、全銀協あっせん委員会事務局付／**小池正浩** 2006慶大法、2009慶大LS、63期

客員 中村勲 1958立命大法、17期、検察官（名古屋法務局訟務部長等）、裁判官、大和市建築審査会会長、ベルーナ監査役／**伊藤瑩子** 1963中大法、17期、裁判官（最高裁判所調査官等）、検察官（法務省訟務局付等）、日大LS・明大LS各教授／**龍岡資晃** 1964東大法、18期、裁判官（広島高等裁判所・福岡高等裁判所各長官等）、学習院大LS教授、アンリツ監査役、検察の在り方検討会議

著作 西迪雄「英国及び北欧諸国における法律扶助制度」裁判官在外研究報告書5号／「訴の変更」民訴実務講座／「労働委員会命令に対する行政訴訟の諸問題」判例タイムズ19号／「企業担保権実行手続規則の解説」法曹時報11巻3号／「議決権行使停止の仮処分」／「村松裁判官還暦記念論文集仮処分の研究(下)」／「商号登記抹消請求訴」上智法学論集9巻1号／「取締役資格不存在確認の訴」「松田判事在職40年記念会社と訴訟(上)」／「司法免責権」「兼子博士還暦記念裁判法の諸問題(上)」／訳書「禍いなるかな法律家よ」（岩波書店）／向井千杉「新判例コンメンタール・親族4」（共著、三省堂）／「注解家事審判規則」（共著、新日本法規）／富田美栄子「民事訴訟書式全集」（共著、第一法規）／「探求・労働法の現代的課題（第9回）・採用拒否と不当労働行為」ジュリスト1312号／渡邉和之「企業再編の理論と実務」（共著、商事法務）／「平成27年5月施行会社法・同施行則主要改正条文の逐条解説」（共著、新日本法規）／吉岡雅史「Q&A金融ADRの手引き」（共著）

事件 映画「エロス＋虐殺」上映禁止仮処分事件（高民集23.2.189）／採用内定取消事件（民集33.5.582）／百里基地事件（民集43.6.385）／新幹線騒音・振動差止事件（下民集34.1～4.461）／福岡空港騒音公害事件（集民171.32）／内閣総理大臣の靖国公式参拝事件（訟月36.7.1141）／原発運転差止仮処分事件（判時1377.30）／地方交通線格差運賃返還請求事件（判時1388.107）／格安航空券販売等差止事件（消費者取引判例百選198頁）／株主総会決議取消事件（判時1452.127）／昇降機保守契約に係る独禁法違反事件（判時1479.21）／川崎大気汚染公害事件（訟月43.8.1741）／積層板カルテル事件（高民集47.1.17）／組合バッジ事件（労判745.15）／変型労働時間の特定の変更事件（判時1723.23）／下水道事業団談合事件（集民206.887）／JR採用差別事件（民集57.11.2335）／防衛庁石油談合事件（閣刑集59.9.1597）／郵便区分機談合事件（集民1434.142）／デリバティブ取引に係る法人税更正処分取消事件（税務訴訟資料262号順号11946頁）／ダム違法取水等に係る株主代表訴訟事件（商事法務2071.67）

東京

西村あさひ法律事務所
Nishimura & Asahi

〒107-6029　東京都港区赤坂1-12-32　アーク森ビル
TEL　03-5562-8500　FAX　03-5561-9711
※2016年1月より下記に移転
〒100-8124　東京都千代田区大手町1-1-2　大手門タワー
TEL　03-6250-6200　FAX　03-6250-7200
URL：http://www.jurists.co.jp　info@jurists.co.jp

 わが国を代表する総合法律事務所で、特に、複数かつ高度の専門性を有し、先端的で機動力が必要とされる案件について注力する。近年はアジア8拠点、国内4拠点をベースに「アジアの法律事務所」として国際的なリーガルサービスを提供する。

■ 理念・特色

「法の支配」を礎とする豊かで公正な社会を実現するため、案件業務を通じて最高のリーガルサービスを提供し、わが国における法律実務発展のリーダーとなることが基本理念です。この理念達成のため、「個の重視」と「組織の力」の両立を図り、共有化されたプロフェッショナルの知的資源を優れたチームワークでクライアントに提供していきます。

当事務所は、現在500名近い弁護士、外国弁護士その他の専門家を擁するわが国最大の総合法律事務所です。

その取扱業務は、国内外を問わず、企業の経済活動に関係するビジネス法務分野全般に及んでおり、取り分け、複数の専門分野を跨ぐ総合的な能力が必要とされる案件、高度の専門性に基づく処理能力が必要とされる先端的な案件、短期集中的な機動力の発揮が必要とされる案件などについて効率的で高い付加価値を有するリーガルサービスを提供しています。

また、アジアでは、バンコク、北京、上海、ハノイ、ホーチミン、ジャカルタ*、シンガポール、ヤンゴンに事務所を開設し、香港には連絡先事務所を有しています。（*提携事務所）

さらに、国内では名古屋、大阪および福岡に事務所を有し、国際的なネットワークや実績を活かしたリーガルサービスを日本国内でさらに幅広く提供してまいります。

■ 設立・沿革

西村総合法律事務所と事業再生・倒産法務で有数の実績を誇るときわ総合法律事務所が2004年に統合し西村ときわ法律事務所となり、2007年にあさひ法律事務所国際部門と統合して西村あさひ法律事務所が設立されました。

また、2012年8月1日に弁護士法人西村あさひ法律事務所を設立し、西村あさひ法律事務所の名称で共同して業務を行っております。

代表者　保坂雅樹（第一東京弁護士会）
弁護士法人　西村あさひ法律事務所
主事務所（社員　江尻隆・道下崇）（住所、Faxは東京事務所と共通）Tel：03-5562-9055（東京事務所移転時 03-6250-7210 に変更）（代表）／名古屋事務所（社員　伊藤剛志）名古屋市中村区名駅1-1-4　JRセントラルタワーズ41階　〒450-6041　Tel：052-533-2590　Fax：052-581-0327／大阪事務所（社員　臼杵弘宗・井垣大介・廣田雄一郎）大阪市北区角田町8-1 梅田阪急ビルオフィスタワー23階　〒530-0017　Tel：06-6366-3013　Fax：06-6366-3014／福岡事務所（社員　尾崎恒康・舞田靖子）福岡市中央区渡辺通2-1-82　電気ビル共創館9階　〒810-0004　Tel：092-717-7300　Fax：092-726-1311
取扱言語　英語、中国語、フランス語
報酬体系　原則としてタイムチャージ（時間報酬）制をとるが、具体的には当事務所報酬規程による。

取扱業務 コーポレート、ファイナンス、事業再生・倒産、国際業務、争訟、IT・IP、危機管理、独占禁止法、税務、親族・相続、資源エネルギー、アジア業務、中東・中南米・アフリカ業務、公益的活動（詳細はHP参照）

海外事務所
バンコク事務所／Nishimura & Asahi (Thailand) Co., Ltd.
Unit 1602/1, 16th Floor, Athenee Tower, 63 Wireless Road, Lumpini, Pathumwan, Bangkok 10330, Thailand／Tel：+66-2-168-8228／Fax：+66-2-168-8229／E-mail：info_bangkok@juristsoverseas.com／代表：小原英志

北京事務所／Nishimura & Asahi Beijing Representative Office
〒100025 北京市朝陽区建国路79号華貿中心2号写字楼4層08号／Tel：+86-10-8588-8600／Fax：+86-10-8588-8610／E-mail：info@juristsoverseas.cn／首席代表：中島あずさ、代表：大石和也

上海事務所／Nishimura & Asahi Shanghai Representative Office（Japan）
〒200040 上海市静安区南京西路1601号越洋広場38階／Tel：+86-21-6171-3748／Fax：+86-21-6171-3749／E-mail：info_shanghai@juristsoverseas.cn／首席代表：前田敏博、代表：野村高志

ハノイ事務所／Nishimura & Asahi Hanoi Office
Suite 607, 63 Ly Thai To Building, 63 Ly Thai To Street, Hoan Kiem Dist., Hanoi, Vietnam／Tel：+84-4-3946-0870／Fax：+84-4-3946-0871／E-mail：info_hanoi@juristsoverseas.com／代表：小口光

ホーチミン事務所／Nishimura & Asahi HCMC Office
Room 903 Sun Wah Tower, 115 Nguyen Hue, District 1, Ho Chi Minh City, Vietnam／Tel：+84-8-3821-4432／Fax：+84-8-3821-4434／E-mail：info_hcmc@juristsoverseas.com／代表：小口光

ジャカルタ事務所*／Nishimura & Asahi Jakarta Office*
Rosetini & Partners Law Firm
Office 8, 18th floor, SCBD Lot 28, Jl. Jend. Sudirman Kav. 52-53, Jakarta 12190, Indonesia／Tel：+62-21-2933-3617／Fax：+62-21-2933-3619／E-mail：info_jakarta@juristsoverseas.com／代表：町田憲昭

シンガポール事務所／Nishimura & Asahi (Singapore) LLP
50 Collyer Quay, #08-08 OUE Bayfront, Singapore 049321／Tel：+65-6922-7670／E-mail：singapore@juristsoverseas.com／共同代表：久保光太郎・山中政人

ヤンゴン事務所／Nishimura & Asahi Myanmar Limited
#310, 3rd Floor, Prime Hill Business Square, No.60 Shwe Dagon Pagoda Road, Dagon Township, Yangon, Myanmar／Tel：+95-(0)1-382632／Fax：+95-(0)1-370949／E-mail：info_yangon@juristsoverseas.com／代表：湯川雄介

その他関連事務所
Okada Law Firm（香港）／Okada Law Firm（Hong Kong）
Lippo Centre, Tower II #403, 89 Queensway, Admiralty, Hong Kong／Tel：+852-2336-8586／Fax：+852-2336-8539／代表：岡田早織

(*提携事務所)

P 松嶋英機 23期／小野傑 30期／草野耕一 32期／米田隆 32期／大岸聡 33期／前田博 33期／千石克 34期／高橋真一 36期／宮下佳之 36期／手塚裕之 38期／岩倉正和 39期／小澤英明 32期／上野正裕 38期／飯村北 38期／小野吉則 38期／前田敏博 40期／五十嵐誠 41期／保坂雅樹 41期／川合弘造 40期／川上嘉彦 42期／大貫裕仁 42期／武井一浩 43期／山口勝之 43期／新川麻 43期／藤本欣伸 43期

／佐藤長英 43期／伊東啓 44期／内間裕 45期／櫻庭信之 39期／太田洋 45期／汐崎浩正 45期／菅尋史 45期／池田孔明 46期／錦織康高 47期／佐藤丈之 47期／木目田裕 45期／佐藤義幸 46期／南賢一 49期／清水恵 45期／杉山泰成 48期／臼田啓之 49期／矢嶋雅子 46期／忍田卓也 47期／森倫洋 47期／弘中聡浩 48期／鈴木学 48期／新家寛 50期／谷川達也 51期／中山龍太郎 51期／上野元 51期／前田憲生 51期／志村直子 51期／柴原多 51期／梅林啓 43期／岩瀬ひとみ 49期／掘越秀郎 50期／小口光 50期／渋川孝祐 53期／森本大介 54期／伊達隆audio 54期／郡谷大輔 60期／志賀裕二 52期／島田まどか 51期／大井悠紀 55期／宮崎信太郎 48期／宮塚久 48期／小張裕司 49期／野中敏行 52期／松浪信也 52期／金山伸宏 53期／原田充浩 53期／山本憲光 47期／福岡真之介 50期／北村導人 53期／古角和義 54期／森浩志 59期／齋藤崇 55期／髙橋宏達 55期／渋谷卓司 44期／松原大祐 54期／濃川耕平 54期／藤田美樹 54期／佐藤知紘 55期／中島帆穂 55期／野田昌毅 55期／久保光太郎 54期／柴田寛子 54期／有吉尚哉 55期／松永徳宏 56期／松尾拓也 56期／平尾覚 50期／曽我美紀子 54期／髙木弘明 55期／東貴裕 56期／本柳祐介 56期／中島あずさ 55期／外国法P Stephen D. Bohrer／橋本豪／張翠萍／孫櫻倩／オブカウンセル福田博 2005登録／長野厖士 53期／福島栄一 22期／落合誠一 22期／中山信弘 2008登録／伊藤鉄男 27期／園尾隆司 26期／真砂靖 2014／柏倉栄一 31期／カウンセル鬼頭季郎 17期／梅園裕之 40期／野本修 42期／佐藤理恵子 48期／大宮正 2006登録／滝本豊水 2000登録／河村明雄 34期／平松剛実 41期／仲田信平 49期／宍戸充 33期／細野敦 42期／武藤司郎 46期／泰田啓太 46期／戸田暁 49期／平野双葉 49期／五十嵐チカ 49期／紋谷崇俊 50期／濱田芳貴 50期／松尾直彦 48期／野村高志 50期／紺野博靖 51期／村上智裕 50期／一場和之 53期／町田行人 50期／福沢美穂子 53期／小新俊明 54期／湯川雄介 53期／山中政人 55期／小原英志 56期／杉本健太郎 52期／清水拓也 54期／竹下俊博 54期／伊藤真弥 55期／神鳥智宏 55期／園浦卓 54期／佐藤正孝 55期／吉本祐介 55期／土肥慎司 56期／石田康平 56期／河端雄太郎 57期／A金子敦紀 51期／大川美貴 52期／田代俊明 53期／山田徹 53期／山本啓太 54期／松平定之 55期／田中研也 55期／波里好彦 55期／松村英寿 55期／谷戸絢明 55期／坂元正嗣 55期／大向尚子 55期／淀川詔子 56期／宇野伸太郎 56期／仁平довれ 56期／佐々木秀 56期／菊地浩之 56期／大石和也 56期／町田憲昭 56期／島美穂子 56期／菅野百合 56期／内藤雅子 56期／藤本豪 56期／清水誠 57期／後藤泰樹 57期／大槻由昭 57期／森田多恵子 57期／森下真生 57期／柴田尚史 57期／原田伸彦 57期／河俣芳治 57期／桑形直邦 57期／西谷和美 57期／大矢和秀 57期／川畑和彦 57期／水島淳 58期／藤井康次郎 58期／上田亙 58期／高木智宏 58期／辰巳郁 58期／松本絢子 58期／山田将之 58期／赤堀志高 58期／廣澤太郎 58期／鈴木卓 58期／矢﨑稔人 58期／中原千繪 58期／片上尚子 58期／根本剛史 58期／岡本靖 58期／中山達也 58期／杉原えり 58期／新保勇一 58期／阿部次郎 58期／中川裕介 58期／仮屋真人 58期／中野清登 58期／谷澤進 59期／宮城健太郎 59期／川本周 59期／河合優子 59期／石川智也 59期／浅野裕紀 59期／渡邊典和 59期／平松哲 59期／築留康夫 59期／加賀宏樹 59期／髙添達也 59期／尾﨑美和 59期／井上健二 59期／鈴木多恵子 59期／石﨑泰哲 59期／千明諒吉 59期／小西透 59期／神保寛子 59期／今泉勇 59期／大賀朋貴 59期／鶴岡勇誠 59期／浦野祐介 59期／勝部純 59期／杉原光俊 59期／山田慎吾 59期／原光毅 59期／煎田勇二 59期／浅岡義之 59期／池田展子 59期／仁木覚志 59期／齋藤梓 60期／桜田雄紀 60期／下田顕寛 60期／芝章浩 60期／善家啓文 60期／宮内知之 60期／上島正道 60期／柳瀬ともこ 60期／河原雄亮 60期／戸島正浩 60期／生方紹裕 60期／金子佳代 60期／眞榮城大介 60期／梅田賢 60期／江刺良太 60期／小林和真呂 60期／横山兼太郎 60期／堀美穂子 60期／吉本智郎 60期／川村興平 60期／関口尊成 60期／荒井喜美 60期／浅見靖峰 60期／山本輝幸 60期／中村広樹 60期／林知一 60期／豊永晋輔 60期／諸井領児 60期／北山陽介 60期／伊藤豊 60期／岡田孝太郎 60期／上田有美 60期／田原吏 60期／沼田知之 60期／野口敏史 60期／後平真帆 60期／野澤大和 60期／佐藤友昭 60期／若林義人 60期／松下由英 60期／伊藤慎悟 60期／井浪敏史 60期／木村寛則 60期／木津嘉之 60期／八木浩史 60期／六川美里 61期／濱井耕太 61期／黒川遥 61期／山田浩史 61期／深津拓寛 61期／桑田智昭 61期／小山晋資 61期／古梶順元 61期／山田裕貴 61

期／髙木楓子 61期／小田将司 61期／神田香 61期／森宣昭 61期／大野憲太郎 61期／犬塚有理沙 61期／森瑠理子 61期／濱野敏彦 61期／紺田哲司 61期／赤鹿大樹 61期／富松由希子 61期／平家正隆 61期／坂本大輔 61期／寺本大舗 61期／岩井準平 61期／早川皓太郎 61期／寺田光邦 62期／鯉渕健 62期／中谷文彌 62期／星野大輔 62期／藤井毅 62期／織田真史 62期／松井博昭 62期／福嶋美里 62期／由良知也 62期／有松品 62期／吉川悟 62期／関根毅大 62期／船越涼介 62期／嵐麻衣子 62期／池田守 62期／坪井崇 62期／高山陽太郎 62期／角野秀 62期／南勇成 62期／菅悠人 62期／緒方健太 62期／矢田真貴子 62期／俣野紘平 62期／土佐林真琴 62期／木野博徳 62期／中村真由子 62期／田中麻理恵 62期／國友愛美 62期／小林咲花 62期／上田真嗣 62期／石黒剛 62期／葛西陽子 62期／若林順子 62期／杉村光嗣 62期／藤浩太郎 62期／山本俊之 62期／岡村優 62期／春山俊英 63期／黒松昂蔵 63期／濱田啓太郎 63期／田口祐樹 63期／佐藤寛之 63期／松田瞳 63期／鈴木俊裕 63期／下向智子 63期／佐藤喬洋 63期／金子正紀 63期／三本俊介 63期／稲垣弘則 63期／松原由佳 63期／江﨑元紀 63期／赤坂屋潤 63期／岩崎将基 63期／梅澤誠 63期／加藤貴裕 63期／山本晃久 63期／山本直人 63期／梅田将吾 63期／宮本聡 63期／濱野由梨子 63期／安井桂大 63期／纐纈岳志 63期／佐藤賢 63期／桑田寛史 63期／廣瀬香 63期／佐原早紀 63期／瀧口晶子 63期／田中仲拡 63期／酒井貴徳 63期／村田智美 63期／村田知信 63期／斎藤公紀 63期／羽野島章泰 63期／小嶋陽太 63期／黒田はるひ 64期／河本貴大 64期／近内淳 64期／加藤啓 64期／坂本龍一 64期／小川裕子 64期／鈴木正靖 64期／中村崇志 64期／神谷圭佑 64期／渡邉純子 64期／早川一平 64期／天白達也 64期／宮良麻衣子 64期／土橋拓朗 64期／窪田三四郎 64期／大場悠樹 64期／根本拓 65期／川谷恵 65期／髙田和貴 65期／料屋恵美 65期／田邊悟志 65期／塚本健夫 65期／大石真帆 65期／須河内隆裕 65期／今井政介 65期／村上将門 65期／峯崎雄大 65期／飯塚啓 65期／米信彰 65期／小俣洋平 65期／片桐佑基 65期／横田貴大 65期／河﨑愛 65期／新村綾子 65期／後藤朋子 65期／和田卓也 65期／古家香織 66期／竹田慧 66期／木下清太 66期／柴田英典 66期／森本凡碩 66期／大塚俊 66期／十河遼介 66期／大島惇至 66期／寺田和人 66期／髙林勇斗 66期／渡邊弘 66期／髙畑ゆい 66期／鈴木悠介 66期／澤田文彦 66期／大塩春佳 66期／末岡佑真 66期／中井成紀 66期／大橋純也 66期／高田陽介 66期／坪野未来 66期／吉田元樹 66期／村上達明 66期／河野匠範 66期／岩間郁乃 66期／植田達 66期／橋本裕子 67期／奥田健太郎 67期／大村慧 67期／江口尚吾 67期／深谷太一 67期／吉田咲耶 67期／山田大 67期／川西皓大 67期／前川良介 67期／片山裕二朗 67期／北住敏樹 67期／政安慶一 67期／片桐秀樹 67期／上久保知優 67期／湯村暁 67期／堀田純平 67期／前澤友規 67期／渡邉貴久 67期／八島俊紀 67期／安部立飛 67期／坂本麻里江 67期／伊豆明彦 67期／飯永大地 67期／松本周 67期／高橋功 67期／杉本清 67期／益田美佳 67期／我妻由香莉 67期／横山咲子 67期／山本明 67期／上嶋孝法 67期／平良夏紀 67期／角田龍哉 67期／亀岡千泰 67期／フォーリンアトーニー Nathan G. Schmidt／James Emerson／Vu Le Bang／盧月婷／Kyi Chan Nyein／時蕭楠／Ha Hoang Loc／郭望／Truong Huu Ngu／Mai Thi Ngoc Anh／Jirapong Sriwat／Atitharnbhorn Uwanno／Nguyen Thi Thanh Huong／Kenji Strait／Stephen Price／呉盈德／Tomoyoshi Jai-ob-orm／Ikang Dharyanto／Cao Tran Nghia／Swe Yi Myint Myat／yan Bingham／Jilliana Liu／Bui Van Quang／Sharon Lim／Apinya Sarntikasem／Pham Thi Bich Huyen／Deepak Sinhmar／Melissa Tan Shu Yin／Miriam Andreta／Maria Glenda Ramirez 他士 中村慈美 税理士／加藤俊行 税理士／谷口登 弁理士／宇梶暁貴 弁理士／船橋理恵 弁理士／真保玉緒 弁理士／原慎一郎 弁理士／一之瀬香子 弁理士／八木智砂子 弁理士／藤本綾子 弁理士 アドバイザー 小田嶋清治／中野要／村上貴久／五味廣文／黒瀬雅志 法人社員 江尻隆 21期／道下崇 46期／尾﨑恒康 48期／伊藤剛志 53期／臼杵弘宗 55期／井垣大介 54期／廣田雄一郎 54期／舞田靖子 55期 法人カウンセル 栗原脩 56期 法人アソシエイト 井上裕子 54期／髙木謙吾 57期／小松慶子 57期／藤井宏樹 58期／伴真範 58期／信夫大輔 59期／木島彩 62期／曽根原稔 62期／中川佳宣 62期／丸川顕子 62期／金映珉 65期 法人フォーリンアトーニー Katherine Katayama

東京

二重橋法律事務所
Nijubashi Partners

〒100-0005　東京都千代田区丸の内3-4-1　新国際ビル9階
TEL　03-5218-2084　FAX　03-5218-2085
URL：http://nijubashilaw.com/　info@nijubashilaw.com

21（＋5）
P 10　A 10　顧 1
男 18　女 3
外弁 0　外資 0
他士 0　事務 20

2011年、「Client First」を基本理念に、真に「強い」といわれる弁護士集団をめざして設立された。経営支配権に関する数多くの事件をはじめ、会社法・金商法・労働法分野を中心とする企業法務に関する最先端の紛争案件を成功に導いている。

■理念・特色

当事務所は、2011年企業法務の分野において、常に依頼者の最善の利益を実現する"Client First"を基本理念に、真に「強い」といわれる弁護士集団をめざして設立されました。その後、経営支配権に関する数多くの事件をはじめ、会社法・金商法分野を中心とする企業法務に関する最先端の紛争案件を成功に導きました。

当事務所の特色として、紛争解決能力こそ弁護士に求められるサービスの核であるととらえ、所属弁護士全員が、訴訟において豊富な実戦経験を有するという点が挙げられます。訴訟チームとその他のチームとで分業体制をとっている企業法務専門事務所は数多くありますが、当事務所では、あえてそのような分業体制はとらず、所属弁護士全員が多数の企業間訴訟・紛争を担当しております。

当事務所は、企業法務の根幹をなす4つの領域において、「紛争解決」と「戦略法務・予防法務」を両輪に、リーガルサービスを提供しております。

①コーポレート・ガバナンス／企業法務全般を戦略的観点から全面的にサポートします。内紛・買収等の経営支配権の争い、プロキシー・ファイト、社長解任、役員責任追及、不祥事処理など、危機時の対応に関し豊富な経験と実績を有しております。②M&A／敵対的企業買収や株式買取請求権の行使、スクイーズアウトの有効性が争われた裁判など、危機時の対応における最先端の問題に数多く取り組んでいます。③ファイナンス／企業の資金調達に関する各種の専門的なサービスを提供します。また、投資ファンドの組成・運営につき業法対応を含むさまざまな助言をしております。④不動産／不動産一般やREIT・私募ファンドに関する訴訟など紛争案件のほか、不動産に関連する各種取引に関し、交渉、契約書作成、行政機関との折衝等の実践的なリーガルサービスを提供します。

■設立・沿革

2011年にコーポレートおよびファイナンスを専門とする弁護士11名により、千代田区丸の内に設立されました。

代表者	大塚和成（第二東京弁護士会）
提携事務所	案件の内容に応じ、米国、欧州、アジアなど各国の法律事務所と適宜提携・協力
取扱言語	英語
主な顧問先	愛知大学、イワキ、オリエントコーポレーション、学研ホールディングス、廣済堂、SCSK、セゾン情報システムズ、セディナ、凸版印刷、東京計器、東洋経済新報社、日清オイリオグループ、日本管財、日本瓦斯、ベリサーブ、ベルーナ、ポケットカード、三越伊勢丹フードサービス、三井不動産、三菱商事、横浜港埠頭等
報酬体系	事務所報酬規程による。訴訟事件についての事務所報酬規程は、日弁連旧報酬規程に準拠。顧問契約を締結する場合は、数パターンの定額制。その他、案件の内容に応じ、着手金・成功報酬制度（紛争性がある場合）やタイムチャージなど、クライアントのご要望に最も適した方式となるよう、協議のうえ決定する。

二重橋法律事務所

P清水俊彦 1980東大法、44期、一弁／大塚和成 1993早大法、51期、二弁、（公社）能楽協会理事、CDG（JASDAQ）社外監査役、ユニバーサルエンターテインメント社外取締役、特定非営利法人日本コーポレート・ガバナンス・ネットワーク正会員／木川和広 1998京大法、2000検事任官、元東京地方検察庁検事、元法務省局付検事、52期、一弁、UC Berkeley（LLM）／熊谷真喜 1997東大法、52期、二弁、いちごグループホールディングス（JASDAQ）社外取締役、いちご不動産投資顧問社外取締役、特定非営利法人日本コーポレート・ガバナンス・ネットワーク正会員／川村一博 1999早大法、53期、二弁、UCLA（LLM）、NY州弁護士／根井真 1993学芸大、54期、二弁、二弁住宅紛争審査会運営委員／門伝明子 1999早大法、54期、二弁、UTグループ（JASDAQ）社外取締役／西岡祐介 2000東大法、57期、二弁／水川聡 2003阪大法、57期、二弁、日特建設（東証一部）社外取締役／高谷裕介 2004名大法、60期、二弁、ユニマットそよ風（JASDAQ）社外監査役／顧柳田幸三 1970東大法、1972裁判官任官、元東京高等裁判所部総括判事、元法務大臣官房審議官、24期、一弁、学習院大講師（非常勤）／A沼井英明 2005早大政経、2009中大LS、63期、一弁／村松頼信 2007京大法、2009京大LS、63期、二弁／江口真理恵 2008東大法、2010東大LS、64期、二弁／榎木智浩 2010早大法、64期、一弁／大下良仁 2008九大法、2010九大LS、2012裁判官任官、2015登録、64期、二弁／小林隆彦 2008慶大法、2010慶大LS、64期、二弁／森駿介 2008一橋大法、2010一橋大LS、64期、二弁／高田翔行 2009京大法、2011京大LS、65期、二弁／村松亮 2009東大法、2012早大LS、66期、二弁／赤木貴哉 2011早大法、2013慶大LS、67期、二弁

著作 『内部統制システムの法的展開と実務対応』（共著、青林書院）／事務所編『よくわかる会社法入門講座』（ビジネス教育出版社）／事務所編『Q&A平成26年改正会社法（第2版）』（金融財政事情研究会）／『非公開化の法務・税務』（共著、税務経理協会）／『内部統制対応版企業コンプライアンス態勢のすべて（新訂版）』（共著、金融財政事情研究会）／『注釈金融商品取引法第1巻定義・情報開示』（共著、金融財政事情研究会）／『与信管理の達人』（共著、金融財政事情研究会）／金融円滑化法実務研究会編『貸出条件緩和先の債権管理・回収の実務』（共著、銀行研究社）／『社長解任株主パワーの衝撃（Mainichi Business Books）』（共著、毎日新聞社）／『日本版クラス・アクション制度ってなに』（共著、中央経済社）ほか　その他論文も多数

事件 ジュピターテレコム（元JASDAQ）株式取得価格決定申立事件（株主側）（2013〜）／東京都観光汽船株式売買価格決定申立事件（株主側）（2012〜14）／富士通ビー・エス・シー（JASDAQ）の従業員の不正行為の調査を目的として設立された第三者委員会の委員（2014）／大泉製作所（東証マザーズ）の行使価額修正条項付新株予約権及び私募債の発行に関する法的助言（2015）／ジートレーディング（元JASDAQ）の元代表取締役が、海外子会社に対して建設機械の売却及び事業資金の貸付けを行い損失を発生させたことについて会社に対する善管注意義務違反を問われた事例（元代表取締役側）（2010〜14）／インデックス（JASDAQ）民事再生手続開始決定申立事件（申立代理人）（2013〜）／凸版印刷の出版デジタル機構に対するビットウェイ事業売却（凸版印刷側）（2013）／シコーと上海泰隆汽車飾件有限公司グループの間の事業譲渡（中国側）（2013）／東京地検特捜部により起訴された所得税法違反被告事件（弁護人）（2013〜）／ダイヤ通商（JASDAQ）が日本版ESOPに用いるために行った新株発行の差止仮処分申立事件。経営支配権争いある状況下での発行と認定されたものの、発行会社勝訴（発行会社側）（2012）／オリンパスに対する有価証券報告書等虚偽記載に基づく損害賠償請求事件（投資家側）（2012〜）／エー・ディー・ワークス（JASDAQ）のライツ・オファリングに関し発行会社のリーガルカウンセルを務める（2012〜13）／福島原発事故に係る原子力損害賠償請求案件（被災企業に12億円超の和解金が支払われた事例の被災企業側）（2011〜）／三井住友フィナンシャルグループによるプロミスの完全子会社化案件およびプロミスの三井住友フィナンシャルグループまたは三井住友銀行を引受先とする第三者割当増資案件（プロミス側（2011〜12）ほか多数

のぞみ総合法律事務所
Nozomi Sogo Attorneys at Law

〒102-0083　東京都千代田区麹町3-2　ヒューリック麹町ビル8階
TEL　03-3265-3851　FAX　03-3265-3860
URL：http://www.nozomisogo.gr.jp　info@nozomisogo.gr.jp

 企業危機管理・不祥事対応、コンプライアンス、エンターテインメント関連法務や国際法務（米国・韓国等）に豊富な経験を持つ総合法律事務所で、検察官出身者をはじめ金融庁・公取委等への出向者も多い。

■理念・特色

　当事務所は、「困っている企業、悩んでいる人、道がわからないすべての依頼者が笑顔で帰ること」をめざしています。それが、私たちの「のぞみ」です。スタッフ全員の家族的結束の下、質の高いリーガルサービスを提供していくという理念を共にする「情熱集団」こそ、のぞみ総合法律事務所を言い表す言葉です。

　当事務所の特色は、①元東京地方検察庁特別捜査部検事を含む検察官出身弁護士3名のほか、金融庁、公正取引委員会、日本銀行への出向経験者等、政府・当局における専門的知見・経験を有する弁護士が多数存在することです。これらの弁護士は、企業犯罪・財政経済事件の弁護、企業危機管理、独占禁止法関連や金融機関の検査対応その他のコンプライアンス関連業務等、それぞれの知識・経験を活かした業務を扱っています。

　また、②それぞれの弁護士が特色ある法分野を扱い、事務所全体として幅広い総合力を誇っている点も当事務所の強みです。税理士や公認会計士等他分野の専門家を交えた特別チームを編成したり、米国弁護士資格を有する弁護士が所属しているだけでなく、米国や韓国の法律事務所と連携したりして、案件の処理に当たることもしばしばあります。

　さらに、③弁護士会活動（日本弁護士連合会副会長・事務次長、関東弁護士連合会理事長、第二東京弁護士会会長・副会長などを輩出）、法科大学院や司法研修所での後進教育、弁護士過疎地域支援や震災被災地復興等、さまざまな公益活動に積極的に参画しています。依頼者それぞれのために全力を尽くすとともに、制度や政策、教育等のより大きな次元で世の中に貢献することも、重要な使命と考えています。

■設立・沿革

　1989年に検事を退官した矢田弁護士（代表）と、1979年以来弁護士として執務してきた栃木弁護士が中心となり、1995年、5名の弁護士により「のぞみ総合法律事務所」の歴史が東京都千代田区麹町でスタートしました。

　その後、弁護士が着実に増え、パートナーも10名を超えるようになり、それぞれの活躍の場や多様性もますます広がっています。

代表者　矢田次男（第一東京弁護士会）	ターテインメント・広告・放送・IT等多岐にわたる。
取扱言語　英語、韓国語	
主な顧問先　東証1部上場の大手企業から地方・中小企業、各種法人まで幅広い。業種は、メーカー、金融、建設・エンジニアリング、鉄道・航空、商社、アパレル、飲食、各種サービス、フランチャイズ、教育、財団、医療、エン	**報酬体系**　事務所報酬規程（日弁連旧報酬規程を参考にしたもの）に基づく。着手金・報酬金方式、タイムチャージ方式、顧問料方式等、事案の内容と依頼者の希望に応じて協議により決定する。

のぞみ総合法律事務所

取扱業務 企業法務　顧問先企業・各種法人（財団法人・医療法人・社会福祉法人・学校法人等）からの日常的法律相談、各種契約法務、コーポレート・ガバナンス、取締役の責任・代表訴訟、M&A・法務デューデリジェンス、訴訟等の各種紛争対応、知的財産法、労務、税務、事業再編・再生・倒産、株主総会指導、反社会的勢力対応／コンプライアンス　企業のコンプライアンス態勢構築支援、コンプライアンス委員会等の委員就任、内部通報窓口担当、通報・告発対応、役員・管理職その他社内研修の講師担当／企業犯罪弁護・不祥事調査・危機管理　財政経済事犯弁護、不祥事調査（社内・第三者調査委員会）／名誉毀損・プライバシー侵害・メディア対応　著名人・企業等に対する虚偽報道・プライバシー侵害報道対応、インターネット・ソーシャルメディアによる名誉毀損・プライバシー侵害等対応／知的財産・エンターテインメント　著作権、商標権、特許権等に関する契約・紛争、営業秘密管理・紛争、映画・テレビ・音楽・ライブ・ゲーム・スポーツ等に関する助言・紛争対応、ドラマ法律監修／金融　銀行、証券会社、保険会社等の各種金融機関に対するコンプライアンス態勢構築支援、各種法律意見書の作成、監督官庁の検査対応、金融ADR対応、社内研修、事業会社等に対する金融商品取引法対応のサポート（内部統制、情報開示、インサイダー取引等）／独占禁止法等　コンプライアンス態勢構築支援、社内調査およびリニエンシー申請、当局対応、各種相談対応、下請法・景品表示法対応／一般民事　離婚、相続、不動産、交通事故、債権回収等／国際　日米・日韓間の取引、紛争案件、日本企業の米国訴訟・ディスカバリ対策、米国等の捜査・調査当局対応、グローバルコンプライアンス

東京

P 矢田次男 中大法、28期、元東京・大阪地検特捜部検事、一弁／栃木敏男 中大法、31期、元二弁会長・日弁連副会長、元関弁連理事長／新穗均 東大法、35期、元東京地検検事、元東京地裁判事補、元二弁副会長／市毛由美子 中大法、41期、元二弁副会長、元日弁連事務次長／小川恵司 中大法、46期、2014二弁会長／清永敬文 東大法、47期、司法研修所民弁教官、元立大LS特任教授／黒岩俊之 早大法、49期／結城大輔 東大法・USCLLM、50期、NY州弁護士、日本銀行出向、韓国・米国法律事務所出向／渡邉誠 慶大法、52期、日本銀行出向／大東泰雄 慶大法、一橋大国際企業戦略研究科修士、55期、公正取引委員会出向／吉田桂公 東大法、公認不正検査士、57期、日本銀行出向、金融庁出向　顧 熊田彰英 京大法、50期、元東京地検特捜部検事、元在韓国日本大使館一等書記官、桐蔭横浜大LS教授／村上嘉奈子 京大法、54期／川西拓人 京大法、56期、金融庁出向、東弁／大城章顕 慶大法・USCLLM、57期、CA州弁護士、一弁　A 鳥居江美 慶大法、60期／番匠史人 慶大法、60期、金融庁出向／佐藤文行 早大法、早大LS、61期／竹内千春 中大文、ジョージアサウスウェスタン大社会経営学部修士、大宮LS、62期、日本銀行出向／山田瞳 中大法、東大LS、62期／髙畑晶子 慶大文、早大LS、64期／小林敬正 東大法、東大LS、65期　以上明記のないものはすべて二弁。

著作 のぞみ総合法律事務所編著『新・名誉毀損〜人格権と企業価値を守るために』（商事法務）／市毛由美子・大東泰雄・竹内千春他『Q&A プライベート・ブランドの法律実務』（民事法研究会）／川西拓人・吉田桂公・番匠史人他『日常業務のコンプライアンス』（全国地方銀行協会）／吉田他『知らないではすまされない金融コンプライアンス講座』（金融財政事情研究会）／大東他『実務に効く公正取引審決判例精選』（有斐閣）／大東・山田瞳他『Q&A 改正消費税の経過措置と転嫁・価格表示の実務』（清文社）／川西・吉田他『実務必携 金融検査事例集の解説』（金融財政事情研究会）／結城大輔他『内部通報システムをつくろう』（金融財政事情研究会）／結城他『「ドキュメント・リテンション・ポリシー」と「訴訟ホールド」』NBL999号／大東他『ビジネスを促進する独禁法の道標』（レクシスネクシス・ジャパン）

事件 大型企業不祥事案件の社内・第三者委員会調査、刑事弁護、当局調査対応等（金融商品取引法違反、独占禁止法違反、反社会的勢力、金融不祥事、贈収賄等）／国内大手企業・海外ファンド間の企業買収紛争における国内企業代理／財界人・芸能人や大手企業に対する名誉毀損報道に対する損害賠償請求事件代理／集合動産譲渡担保の重複設定に関する最判平成18.7.20民集60.6.2499

野村綜合法律事務所
NOMURA & PARTNERS

〒100-0011　東京都千代田区内幸町2-2-2　富国生命ビル1007号
TEL　03-3591-1171　FAX　03-3591-1172
URL：http://www.n-lo.jp　nomura-sogo@n-lo.jp

 2009年、「柳田野村法律事務所」出身の現代表が設立した。会社法・金商法、独禁法、知財、人事・労務等々、国内外の企業法務案件に対応できる、機動力のある事務所。企業への出向経験者も多い。

■理念・特色

当事務所は、上場会社を中心に、幅広い業種・領域に顧客を有しています。

M&A・企業再編、クロスボーダー取引、ガバナンス・コンプライアンス、企業不祥事・危機対応、人事・労務および紛争解決ならびに会社法、金融商品取引法および独占禁止法を中心とする企業法務全般を業務内容としており、顧客のさまざまなニーズに対し、実務的かつ適切なリーガルサービスを提供することを全員が心がけております。法律に関する知識・経験に加え、顧客との強固な信頼関係・顧客の業務内容への深い理解こそが、そのような提供を可能にする基盤であると認識し、案件単位の関係ではなく、顧客との長期的な関係を築きあげていくことを念頭に置いて業務に取り組んでおります。

あらゆる企業において海外との取引が必要不可欠となった昨今のビジネス環境において、海外案件への対応も十分可能な体制となっています。また、企業への出向経験を有する弁護士も多数おり、企業の目線に立ったリーガルサービスの提供を心がけています。

当事務所の弁護士は、現在は総勢13名と小規模ですが、案件ごとに適正な人員を配置し、1人ひとりの弁護士が、案件の全体像を見ながら業務に従事しています。代表の野村晋右は、多くの案件に直接対応しており、また当事務所に持ち込まれるさまざまな案件に対して実務的な観点からの助言を行っております。このような業務体制により、各弁護士がその経験値を高め、ひいては多くの企業からの信頼に結実しているものと考えております。

M&A・企業再編、クロスボーダー取引、ガバナンス・コンプライアンス、企業不祥事・危機対応、人事・労務および各種企業関連の紛争解決ならびに会社法、金融商品取引法および独占禁止法を中心として、企業法務全般に関するリーガルサービスを提供しています。

■設立・沿革

当事務所の設立は2009年6月であり、事務所としての歴史は決して長くないものの、代表野村晋右は、1970年の弁護士登録後一貫して企業法務に従事してきました。

2011年には、新日本製鐵（現新日鐵住金）の常務取締役、常任顧問（チーフリーガルカウンセル）を務め、また、長く経団連（現日本経団連）において企業法務分野の中心的存在として数多くの法整備等に関与してきた西川元啓を客員弁護士に迎えるなど、企業法務を中心とする法律事務所としての基礎の強化を図ってきております。

代表者　野村晋右（東京弁護士会）	締結している。
取扱言語　英語	報酬体系　タイムチャージを原則とする事務所報酬基準による。
主な顧問先　当事務所は、上場・非上場、また、業種を問わず、約80社の企業と顧問契約を	

野村綜合法律事務所

取扱業務 会社法、コーポレートガバナンス、内部統制、コンプライアンス、企業買収・組織再編（M&A）、会社関連訴訟（株主代表訴訟等）、金融商品取引法、独占禁止法、知的財産法、ライセンス取引、民事訴訟・仲裁その他紛争、労働法、企業犯罪に関する刑事事件等

野村晋右 1968早大法、22期、1975ミシガン大LLM／**池原元宏** 1998東大法、52期、2006NY大LLM、2007NY州弁護士／**森山弘毅** 1999東大法、53期、2006バージニア大LLM、2008ノースウェスタン大MBA、2009NY州弁護士／**石鍋謙吾** 1999慶大法、2001慶大院、55期、2009コロンビア大LLM、2010NY州弁護士／**岡島直也** 2005神大法、59期、2015南カリフォルニア大LLM／**賜保宏** 2000東大法、2006京大LS、60期／**葛城新平** 2004東大法、2007京大LS、61期／**神尾大地** 2004東大法、2008東大LS、62期／**久保田征良** 2005慶大法、2008慶大LS、62期／**水沼利朗** 2010東大法、64期／**髙島万梨子** 2009東大法、2011東大LS、65期／**加茂翔太郎** 2012東大法、66期／**西川元啓**（客員）1968東大法、1974ミシガン大MCL、2011登録

著作 野村晋右他『IR型株主総会―理念と実務』（商事法務、2004）／Heinz GODDAR著・池原元宏訳「国境を越えた寄与侵害」知的財産法政策学研究31号（2010）／池原元宏「『商品の形態』が不正競争防止法2条1項1号で保護される場合」CIPICジャーナル216号（2013）／池原元宏「特許法104条の3の無効の抗弁とクレームの訂正との関係」Law & Technology 39号（2008）／池原元宏・石鍋謙吾他「最新IR型株主総会　株主総会の審議充実のために行うべきこと」ビジネス法務2011年5月号／森山弘毅他『International Joint Ventures: A Guide for U.S. Lawyers（Japan Chapter）』（American Bar Association（Mergers and Acquisitions Committee））、2013）／森山弘毅他『The Corporate Governance Review（Japan Chapter）』1～3 Edition（Law Business Research, 2011、2012、2013）／森山弘毅他『Corporate Governance and Directors' Duties（Japan Chapter2012、2013年版）』（Practical Law Company, 2012、2013）／石鍋謙吾他『金融商品取引業のコンプライアンス』（金融財政事情研究会、2008）／石鍋謙吾「見えてきた実務スタンダード　総務・法務担当者が知りたい『投資契約書』のなかみ(前)(後)」ビジネス法務2010年3月号、同4月号／西川元啓「新日本製鐵における企業内法務の歴史」長島安治編集代表『日本のローファームの誕生と発展』（商事法務、2011）／江頭憲治郎他編〔西川元啓〕『改正会社法セミナー（企業統治編）』（有斐閣、2006）／西川元啓「企業の社会的責任と企業法務」旬刊商事法務1714号（2004）／西川元啓「新会社法の企業実務にとっての意義（パネルディスカッション）」ジュリスト1300号（2005）

事件 国内上場企業間の経営統合／MBOその他の各種M&A案件／自動車部品に関する国際カルテル事案をはじめとする独占禁止法・海外競争法案件／上場企業間の民事紛争案件／システム開発関連訴訟（ベンダー側、依頼者側双方）等の各種紛争案件／企業不祥事・危機対応等

東京

外立総合法律事務所
HASHIDATE LAW OFFICE

〒100-0011　東京都千代田区内幸町1-1-1　帝国ホテルタワー7階
TEL　03-3504-3800　FAX　03-3504-1009
URL：http://www.hashidatelaw.com

13（+1）
P 5　A 7　顧 1
男 10　女 3
外弁 0　外資 1
他士 0　事務 8

世界各国の法律事務所との強力なリーガル・ネットワークを有し、あらゆる国際問題に対応できる国際法律事務所。国内外の紛争処理案件や、クロスボーダーM&Aに特に注力している。

■理念・特色

　当事務所は、英米の有力事務所で多くの実績を重ねた代表パートナーの外立憲治による1980年の設立以来、国内外の多くのクライアントに、総合的かつ最高水準のリーガル・サービスを提供して参りました。当事務所は、イギリスを本拠とする世界有数の国際的法律事務所（Addleshaw Goddard LLP）および中国の著名な法律事務所（國浩律師事務所、上海里格律師事務所）と正式な業務提携関係にあるほか、世界各国に多くの協力事務所（いずれも現地では最高レベルの事務所です）を擁することにより、世界的規模でのネットワークを確立しております。

　当事務所は、このような充実したリーガル・ネットワークや所属弁護士（日本法弁護士および英米の弁護士資格を有する外国法弁護士）の広範囲にわたる専門的知識・経験を活かし、クライアントのために、日本国内における法律業務はもちろん、米国、ヨーロッパ、アジア、中東、アフリカといった世界各国におけるあらゆる内容の国際法律業務に35年以上にわたり幅広く対応させていただいており、この点が当事務所の大きな強みです。

　また、紛争処理にも力を入れており、大規模かつ複雑な国際訴訟を含む国内外の多数の紛争処理案件における幅広い知識と実績を有しています。さらに、海外との強力なネットワークを活かした世界各国への海外進出サポート（アウトバウンドM&A等）にも注力しています。

　当事務所が提供するリーガル・サービスは、その質において、どの大規模事務所にも劣らない最高レベルのものであると自負しております。今後も、クライアントの便宜に適った最高レベルのリーガル・サービスを迅速に提供すべく、日々研鑽を積んで参ります。

■設立・沿革

　1980年に代表パートナー外立憲治により開設。

代表者　外立憲治（第一東京弁護士会） 取扱言語　英語　その他中国語をはじめ、提携・協力先法律事務所を通じ、あらゆる言語に対応 主な顧問先　金融（銀行、証券、その他金融機関）、メーカー、航空、リース、建設、商社、鉄道、不動産、流通、小売、情報通信、マスメディア等一部上場企業から中小企業、ベンチャー企業まで多数	報酬体系　訴訟案件では、原則として日弁連旧報酬規程を参考にして決定される報酬額によるが、事案に応じ、着手金・報酬金等とタイムチャージの双方につき相談可能。 それ以外の案件（契約交渉・紛争処理等）では、原則としてタイムチャージベース（パートナー30,000円〜、アソシエイト13,000円〜）／顧問料（月額）50,000円〜。

外立総合法律事務所

取扱業務 **一般企業法務** 契約書作成・レビュー、交渉、日常的な法的問題に対する助言等／**M&A・JV組成・企業再編・海外進出サポート** 合併・買収等のスキーム作成・レビュー、交渉、LOI・コミットメントレター・MOU等の作成、Due Diligenceおよび各種契約書の作成、戦略的組織再編の立案・助言等／**コーポレートガバナンス・危機管理** 内部管理規則の作成・レビュー、役員監督機能や役員会・委員会の運営に関する助言、第三者委員会としての事実調査・報告書の作成業務等／**証券関連業務** 各種債権・不動産の証券化、インベストメント・ファンドの組成、証券発行手続、IPO、金融庁・証券取引所への対応等に関する助言等／**バンキングおよびファイナンス** 各種ローン（ソブリン・ローン、シンジケート・ローン、マルチカレンシー・ローン等）取引、プロジェクト・ファイナンス取引、通貨および金利スワップ取引、デリバティブ取引、アセット・ファイナンス取引、各種担保契約等に関するスキーム組成、交渉、法律意見書および契約書の作成等／**保険法** 保険契約・再保険契約に関する国内外の交渉・紛争解決等／**労働** 雇用契約書・就業規則・内部管理規則等の作成、従業員の雇用・配置転換・解雇・ハラスメント対応に関する助言および交渉・労働訴訟／**知的財産法** ライセンス契約、特許訴訟、商標権および著作権の登録・譲渡手続、知的財産権に対する担保設定手続等／**アート・エンターテイメント法** 映画・テレビ番組の制作、美術品・芸術作品の国際間売買およびコンサートやイベント開催に関する契約等／**訴訟** 民事・商事・刑事訴訟および渉外訴訟／**裁判外紛争処理** あっせん・仲裁・調停手続

東京

P 外立憲治 1971早大政経、25期、1973ワシントン州大LLM、1973コロンビア大LS特別研究員、元一弁副会長、元日弁連常務理事、上海国際経済貿易仲裁委員会委員、キャピタル・パートナーズ証券社外監査役／藪田広平 1984中大法、43期、日本賃貸住宅投資法人監督役員／三上貴弘 2000中大法、57期／小島裕子 1995一橋大法、1997一橋大院法学修士、57期／松本道弘 2003阪大法、2006立命大LS、60期／**A** 髙原慎一 1997青学大法、54期、東弁／太田麦 2001早大政経、62期／外立理子 2000聖心女子大文、2007日大LS、64期／箕輪映子 2007東大法、2010一橋大LS、65期／佐藤諒 2008早大政経、2011早大LS、65期／緋田薫 2009慶大法、2011慶大LS、66期／田原直 2010東大教養、2013東大LS、67期 **顧** 田波耕治 1964東大法、元大蔵省事務次官、2010登録、元国際協力銀行総裁　以上明記のない者はすべて一弁。**外資** Erwin Condez 2002NY州弁護士、2004ハワイ州弁護士、2008CA州弁護士、2011イングランド＆ウェールズ弁護士

著書 外立憲治『アメリカ外銀規制法』（東洋経済新報社）／同「インターナショナル・バンクローンの実務とその問題点」金融法務事情1013号／外立憲治「国際金融取引とその担保」『担保法大系(4)』（共著、金融財政事情研究会）／外立憲治〔執筆〕『リース取引法講座(下)―国際リース取引構造』（共著、金融財政事情）／同〔執筆〕『新版実戦国際金融取引』（共著、金融財政事情）ほか多数

事件 大手放送事業者による大手通信事業者への出資案件、大手電鉄グループによる海外著名ホテル運営会社株式の海外企業への売却案件、大手百貨店による中国本土におけるJV組成案件、大手重電企業によるインドにおけるJV組成案件、大手重電企業によるドイツ企業買収案件等国内・海外のコーポレート案件につき多数の実績を有する。併せて、大型訴訟、渉外訴訟、知的財産関係訴訟等多くの訴訟に関与し、訴訟に強い事務所であるとの評判を得ている（プロジェクター用ランプの特許無効審決取消訴訟（知財高裁）、旧証取法下における目論見書虚偽記載に基づく損害賠償請求訴訟（最高裁）、（元）上場企業グループの支配権をめぐる株主総会決議取消訴訟および組織再編無効確認訴訟（最高裁）、中国企業を相手方とする請求異議訴訟（東京地裁。クロスボーダー相殺の有効性が争点となったリーディングケース）、中国国内での大規模紛争に関する一連の訴訟・仲裁（十数件。当事務所は、中国の提携先事務所と共同して国内企業を代理）等取扱訴訟事件も多数。）

馬場・澤田法律事務所
Baba & Sawada Law Office

〒105-0001　東京都港区虎ノ門1-4-2　虎ノ門東洋ビル8階
TEL　03-5510-7703　FAX　03-5510-7704
URL：http://www.babasawada.com　contact@babasawada.com

 企業法務全般を対象とするが、特に、債権回収、倒産処理、M&A、反社対応（関係遮断）、労働事件、企業内不祥事対応等に対応できる迅速で行動的な事務所。企業出身者や社外役員の経験者も多い。

■理念・特色

「われわれは、困っているクライアントを助けるためにある。クライアントにとって一番よい結論はどれで、それを実現する方法は何かを、クライアントとともに考え抜く。」を指針とし、設立以来50年以上にわたって皆様とともに歩んでまいりました。当事務所の最大の強みである紛争解決は、依頼者とともに考え抜いてきた50年の集積であり、特に裁判手続の遂行はクライアントの皆様に満足をいただけるものと自負しております。

所属弁護士には、裁判所の調停官や大学の教授、講師経験のある者が多くいるほか、弁護士会の活動にも積極的に貢献しており、弁護士としての社会的責任を全うするよう努力しています。

当事務所では、企業法務部の出向経験者、出身者の弁護士が多数在籍しており、企業内の実情に沿ったきめ細やかな案件処理をすることができます。社外監査役を務めている弁護士が数多くおり、内部統制システムの構築やCSRに関する豊富な経験に基づき、それぞれの会社の実情に即した有効なコーポレートガバナンスを実現するよう尽力しています。

また、ホテル、メーカー、運送業等の多様な企業の事業再生を行った経験に基づき、クライアント企業の事業再生支援を行っているほか、中小企業経営力強化支援法に基づく経営革新等支援機関として認定された複数の弁護士がおり、中小企業の経営支援も行っています。

さらに、所属弁護士の留学経験や教育経験を活かし、海外の法律事務所と提携しています。私どもの事務所が単独で対応が難しい地域の案件でも、その地域に強い他の法律事務所等との共同で対応できるようネットワークを構築しています（アジア全般（インド、インドネシア、韓国、カンボジア、シンガポール、タイ、中国（含香港）、ベトナム、マレーシア）・米国（ハワイ州）等にネットワークを構築済みです）。

■設立・沿革
1963年4月　開設

代表者　澤田和也（東京弁護士会）	士に依頼する際の最大のアクセス障害は報酬基準のわかりにくさにあると当事務所では考えている。わかりにくい報酬基準、「時間稼ぎ」「人員稼ぎ」につながりかねない算出方法を排し、依頼者にとって明確かつ合理的な報酬基準により報酬を算出。着手金・報酬金とタイムチャージの双方対応可能。
取扱言語　英語、韓国語	
主な顧問先　東証1部上場企業から中小企業までさまざまな規模の顧問先がある。業種も、金融、商社、不動産、メーカー、ホテル、建設、IT企業、学校法人、医療法人、官庁、寺社等と多岐にわたる。	
報酬体系　事務所報酬規程（日弁連旧報酬規程に当事務所の変更を加えたもの）による（詳細は当事務所HPを参照）。依頼者にとって、弁護	具体例：顧問料（月額）50,000円～300,000円／タイムチャージ20,000円～50,000円

取扱業務
・企業法務相談（契約書、取引スキーム構築支援）
・コンプライアンス関連業務（法務監査、社内セミナー、マニュアル作成、外部通報窓口）
・債権回収業務（仮差押え、仮処分、民事訴訟、強制執行）
・不動産・REIT（開発、仲介、管理、マンション）
・株主総会運営
・会社倒産処理
・事業再生、創業支援
・反社会的勢力対応（関係遮断、不当要求排除）
・労働事件（労働紛争、労働審判）
・M&A（デュー・デリジェンス、ドキュメンテーション、ネゴシエーション等）
・国際取引（アジアを中心とした貿易・投資支援、紛争対応）
・一般民事事件（建築紛争、交通事故、家事事件）
・刑事事件（企業内外不祥事の告訴・告発、成人刑事事件、少年事件）

P 馬場一廣 1955九大法、10期、メーカー社外監査役、東弁
　澤田和也 1983慶大法、44期、メーカー社外取締役・社外監査役、東弁
　大坪和敏 1991東北大法、49期、司法研修所教官、専門商社社外監査役、東弁
　萩原浩二 1995東大法、52期、不動産会社社外取締役、東弁
　手打寛規 2002中大法、56期、通信会社社外監査役、東弁

A 秋山里絵 1992東大法、51期、ロンドン大LLM、東京地方裁判所民事調停官、東弁
　長森亨　 2003中大法、58期、東弁
　安部史郎 2005東大法、2007京大LS、61期、東弁
　熊谷恵美 2004早大法、2008慶大LS、62期、放送大学非常勤講師、東弁
　山内英人 1999慶大法、2010慶大LS、64期、東弁
　藤田詩絵里 2011早大法、2013早大LS、67期、東弁

著作 澤田和也『渉外マンのための債権回収に強くなるための本』（共著、金融ブックス、2008）
馬場・澤田法律事務所編『弁護士に聞きたい―マンションの紛争Q&A』（中央経済社、2008）
萩原浩二「ウィーン売買条約の必須知識」旬刊経理情報1209号（2009）
萩原浩二「法務部ができる自社の不正危険度チェック」特集1「法務が主導！不正発見→防止」ビジネス法務9巻10号（2009）
手打寛規「企業における反社会的勢力との関係遮断への取組み」会社法務A2Z 82号（2014）
大坪和敏『実務解説　倒産判例』（共著、学陽書房、2013）

事件 訴訟事件（最判平成24.1.17裁判集民239号621頁。建物の区分所有等に関する法律6条1項の「区分所有者の共同の利益に反する行為」の解釈につき、上告人の主張を採用して原判決を破棄し、原審に差し戻した事件。上告人の代理人として活動）／民事再生事件（日本ビューホテルの申立代理人、その他申立代理人および監督委員の経験多数／破産事件（申立代理人および管財人の経験多数）

隼あすか法律事務所
HAYABUSA ASUKA LAW OFFICES

〒100-6004　東京都千代田区霞が関3-2-5　霞が関ビル4階
TEL　03-3595-7070/03-3595-5900　FAX　03-3595-7105/03-3595-5901
URL：http://www.halaw.jp　hp@halaw.jp

39	(－2)		
P 16	A 19	顧	4
男 30	女 7		
外弁 1	外資 1		
他士 4	事務 18		

「隼国際法律事務所」と「あすか協和法律事務所」の有志により設立（2007年）。国際取引にかかる法務、事業再生、倒産事件、知財、労務ほか幅広い専門性を持つ。公認会計士・税理士、裁判官出身者等も在籍。

■理念・特色

　当事務所は、独立した日本の法律事務所として企業法務から一般民事に至るまで幅広い国内案件を取り扱うとともに、多くの海外の法律事務所との協力関係を通じて、グローバルな領域でリーガルサービスをご提供しております。

　当事務所は、依頼者の直面する課題を、社会的・経済的背景を洞察しつつ法的問題として的確に把握したうえ、迅速かつ実践的な解決策を提案いたします。所属弁護士が、それぞれの専門的知識や経験、弁護士としての職責意識に基づいて判断し、機動力のあるチームワークに基づいて行動するとともに、事案に応じて、諸外国の弁護士、公認会計士、税理士、弁理士、司法書士、経営コンサルタント等の専門職とも連携して、依頼者のニーズに応え、最良のリーガルサービスを提供することを信条としています。

　私たちは、弁護士の使命である「依頼者の正当な利益を擁護」するために、日々、絶え間ない研鑽を続け、依頼者の皆様からさらなる満足と信頼を得られることを念願しております。

　当事務所は、国内・国外を問わず、企業の経済活動に関連する広範多岐な法的問題を取り扱っております。

　特に、国際取引、海外進出支援、不動産ファイナンス、商標法を中心とするブランドビジネス、大規模倒産事件、人事・労務問題などについては、長年にわたる実績・経験とノウハウの蓄積に基づき、高度な専門性を備えています。

　また、事業再生の分野において、法的手続のみならず、私的再生について数多くの案件を取り扱っております。事業の再生、強化の最適スキームを立案、実行していく過程においては、法務のみならず財務、税務の知識が不可欠です。

　当事務所には、公認会計士、税理士、裁判官出身の弁護士や税理士資格を有する弁護士、金融庁や企業に出向した経験を有する弁護士などが所属し、また金融機関や各種ファンドとも連携しており、依頼者のために多角的かつ高度なワンストップサービスを提供いたします。

■設立・沿革
2014年　「フロンティア法律事務所」の有志も参加

代表者　鈴木銀治郎（第一東京弁護士会）、高松薫（第二東京弁護士会）、明石一秀（東京弁護士会）
取扱言語　英語
主な顧問先　投資信託・投資顧問、不動産投資法人（J-REIT）、アセットマネジメント業務、IT産業・電気通信業、情報技術システム、ファッションブランド、百貨店などの各種小売業、金融・保険業（銀行、証券、生保、損保）、再生ファンド、印刷・出版・放送事業、観光・ホテル事業、飲食業、建設業、不動産業、鉄鋼業、各種製造業、運輸業、輸入代理業、畜産業、理美容業、人材派遣業、外国大使館、私立学校法人、独立行政法人、医療法人、財団法人、宗教法人、再生可能エネルギー発電事業など多数
報酬体系　事務所報酬規程（日弁連旧報酬規程をベースとして当事務所で変更を加えたもの）による。着手金・報酬金方式とタイムチャージ方式の双方対応可能。

隼あすか法律事務所

取扱業務 **一般企業法務** 企業活動に関わる助言・相談業務、コンプライアンス、コーポレートガバナンス、内部統制、株主総会等指導、会社設立、不祥事対応、株主代表訴訟など／**渉外取引法務** 合弁契約、継続的取引契約、ライセンス契約等の渉外取引契約、海外進出支援など／**ファイナンス** 新株、社債発行、コーポレートファイナンス、プロジェクトファイナンスなど／**訴訟** 各種民事訴訟、商事訴訟、大型訴訟等／**仲裁・国際仲裁** ADR／**倒産処理** 各種倒産・再生手続の破産管財人・監督委員・申立代理人、私的整理など／**事業再生・強化** リスケ、DES・DDS、組織再編、資本提携など／**知的財産権** 商標の登録・管理、侵害・不正競争行為への対応、特許権、著作権、ライセンス契約など／**エンターテイメント**／**労働関係** 訴訟、労働審判、団体交渉、人事・労務管理、就業規則等の各種規程の作成など／**不動産** 投資、売買、賃貸、証券化など／**インターネット・情報通信**／**企業再編** M&A、事業譲渡、会社分割／**個人法務** 交通事故、相続、離婚、遺言、後見など

P鈴木銀治郎 明大、30期、一弁／高松薫 京大、30期、二弁／明石一秀 明大、35期、東弁／夏井高人 山形大、35期、東弁／鈴岡正 早大、38期、一弁／我妻由佳子 東大、NY大LS、40期、一弁／伊藤慎司 早大、コーネル大LS、42期、一弁／田伏岳人 明大、49期、東弁／北川展子 明大、49期、東弁／泉潤子 慶大、51期、一弁／多田光毅 明大、54期、東弁／野本健太郎 慶大、54期、東弁／中西哲男 国際基督教大、57期、一弁／藤野高弘 駒沢大、57期、東弁／顧大石忠生 京大、10期、東弁／中津晴弘 京大、10期、東弁／廣江健司 法政大、2004登録、一弁／鈴木修一 名大、ワシントン大LS（外国法事務弁護士）、二弁／A岩佐孝仁 東大、54期、東弁／吉田美菜子 上智大、ジョージタウン大、57期、東弁／木下達彦 東大、58期、二弁／藤田剛敬 慶大、ボストン大、58期、東弁／大澤俊行 慶大、58期、東弁／坂下良治 慶大、59期、一弁／松井香幸 慶大、59期、東弁／金子典正 学習院大、60期、一弁／石田晃士 大阪市大、阪大LS、60期、一弁／滝口博 早大、明大LS、60期、一弁／西田弥代 慶大、明大LS、61期、東弁／西谷昌樹 早大、61期、東弁／大倉丈明 中大、中大LS、61期、二弁／北和尚 京大、神大LS、63期、二弁／椿原直 東大、慶大LS、64期、一弁／忠津充 一橋大、東大LS、65期、一弁／多島咲子 慶大、一橋大LS、66期、一弁／木下圭一 立命大、明大LS、67期、東弁／太尾剛 京大、大阪市大LS、67期、二弁 外弁Andrew Hacker カナダ ウェスタン・オンタリオ大 他士大島秀二 一橋大／藤本幸彦 京大／内田讓二 早大／押切加奈子 中大

東京

著作 明石一秀他『非公開化の法務・税務』（共編著、税務経理協会）／同他『ブランド管理の法実務 商標法を中心とするブランド・ビジネスと法規制』（共著、三協法規出版）／多田光毅他『紛争類型別 スポーツ法の実務』（共著、三協法規出版）／明石一秀他『金融商品と不法行為 有価証券報告書虚偽記載と損害賠償』（共著、三協法規出版）／鈴木銀治郎 編著『事例にみる解雇効力の判断基準』（新日本法規出版）／隼あすか法律事務所編『M&A・企業再編の実務Q&A（第2版）』（中央経済社）／夏井高人監修『ITビジネス法入門―デジタルネットワーク社会の法と制度』（TAC出版事業部）／多田光毅・石田晃士他『図解入門よくわかるドーピングの検査と実際』（共著、秀和システム）／夏井高人・鈴木銀治郎他編『判例セミナー 不法行為・債務不履行 労働災害』（ぎょうせい）／廣江健司『国際民事関係法』（共著、成文堂）／夏井高人他編『個人情報保護条例と自治体の責務』（共著、ぎょうせい）／明石一秀他『会社法関係規則の完全実務解説』（共編著、財経詳報社）／同他『詳説 新会社法の実務』（共編著、財経詳報社）／田伏岳人他『会社非訟申立ての実務＋申立書式集』（共著、日本加除出版）

原後綜合法律事務所
Harago & Partners Law Offices

〒160-0004　東京都新宿区四谷3-2-1　四谷三菱ビル5階
TEL　03-3341-5271　FAX　03-3359-5975
URL：http://www.hap-law.com/

21 (±0)	
P 9 A 7 顧 5	
男 15 女 6	
外弁 0 外資 0	
他士 0 事務 7	

　企業法務や一般民事事件そして行政事件を幅広く取り扱っている。依頼企業の経営を法務面からサポートするための、日常の法律顧問業務にも力を入れている。弁護士会会務や公益活動にも熱心に取り組んでいる。

■理念・特色

　当事務所は、企業法務を中心に一般民事事件や行政事件等を幅広く取り扱い、企業や個人の皆様の多様なニーズに応えるリーガルサービスを提供することをめざしています。

　そのために、訴訟等の裁判を常に見据えた紛争予防と紛争解決を心がけています。企業等を取り巻く社会の高度化に伴って法令や判例もますます複雑・多様化し、裁判結果を的確に見通すことは必ずしも容易ではありません。そのような中で、当事務所は、案件処理にあたり複数の弁護士による、徹底した事実に関する調査と最新の法令・判例・文献等の分析検討を行うことを何よりも重視しています。

　このことを具体的に実現するために当事務所では、さまざまな分野に対応可能な専門的知見と経験を有する弁護士を中心に複数の弁護士が案件の処理を担う体制をとり、さらに事件処理にあたって、担当弁護士以外のパートナーを中心とする他の弁護士との合議と意見交換ができる環境を整えています。これにより、事務所の各弁護士が個別に保有する専門性と経験知とアイデアを臨機応変に各事件処理に反映することができます。

　このようなサポート体制のもと、業務内容としては、民事・商事の一般的事件のほか、一定の専門的知識や経験が必要とされる分野の案件、たとえば、名誉毀損訴訟、会社訴訟、会社非訟事件、情報公開訴訟、建築紛争事件、民事執行・保全事件、特許知財訴訟、ソフトウェア取引（システム開発）事件等についても実績を有しています。このほか行政事件、倒産事件、家事事件の実績も豊富です。

　訴訟に至ることを予防するための相談業務、法的アドバイス、交渉においても法律顧問業務等を通じて裁判を見据えた効果的な解決をアドバイスすることに努めています。

　このような業務の一方、政府の第三者機関委員としての活動、弁護士会会務（日弁連副会長、二弁会長、副会長、各種委員会役員等の活動）、法科大学院や司法研修所での後進の指導、日本司法支援センターとの連携等の公益的活動にも積極的に関わっています。

■設立・沿革

　当事務所は、1954年に原後山治弁護士（6期）が開設し、60年を経た事務所です。原後弁護士が2008年に他界後、三宅弘（35期）、近藤卓史（35期）、髙英毅（44期）および杉山真一（44期）の各弁護士をパートナーとして徐々に人員を増し、現在に至っています。

代表者　三宅弘（第二東京弁護士会）
取扱言語　英語
主な顧問先　東証1部等の上場企業から地方企業、中小企業、各種団体・法人まで幅広い。比重としては、不動産、建築、各種製造業、販売業、IT・情報通信関連、医療法人、メディア、住宅設計・施行・販売、アミューズメント、学校法人、書籍販売、各種小売業、食品、航空、シンクタンクなど
報酬体系　事務所報酬規程（日弁連旧報酬規程に当事務所の実情に即して若干の修正を加えたもの）による。着手金・報酬金、タイムチャージの双方に対応可能。顧問料、事業者（月額）50,000円～。

原後綜合法律事務所

取扱業務 **契約取引** 契約法一般、金融法務／**不動産・建築関係** 不動産取引、賃貸借、土地開発、建築の設計・請負／**会社経営** 会社運営・組織・コンプライアンス指導、企業リスク管理、株主総会、M&A、労務管理・労使関係、不正競争防止法、独占禁止法／**倒産・強制執行関係** 個人の債務整理や破産、企業の倒産・民事再生、強制執行・民事保全・債権回収／**事故などの損害賠償** 交通事故、その他事故一般／**職場** 労働条件・解雇・公益通報者保護、労災／**家庭・近隣** 相続・遺言、成年後見、近隣環境、境界／**知的財産** 著作権、商標・特許／**行政** 税務、各種許認可、土地収用・再開発など、住民訴訟、情報公開、環境法・廃棄物処理法／**刑事・少年** 刑事弁護、犯罪被害者支援、告訴告発／**その他** 法律顧問業務、日常の法律相談、会社運営のサポート、契約書の作成・点検、紛争事件の交渉、社内法律研修

P 三宅弘 東大、35期、二弁会長、日弁連副会長、元内閣府・行政透明化検討チーム座長代理、内閣府・公文書管理委員会委員／近藤卓史 東大、35期、大宮LS教授、元内閣府情報公開・個人情報保護審査会委員／髙英毅 東大、44期、元二弁司法制度調査会副委員長、元明学大LS非常勤講師／杉山真一 東大、44期、元二弁副会長、元司法試験考査委員、駒大非常勤講師／小町谷育子 早大、48期、元内閣府行政救済制度検討チーム委員、BPO放送倫理検証委員会委員長代行、元司法研修所民事弁護教官、NY州弁護士／牧野友香子 明大、56期、二弁会調査室嘱託／牧田潤一朗 慶大、57期、日弁連情報問題対策委員会副委員長／横山佳枝 名大、57期、NY州弁護士、元二弁調査室嘱託／秋山淳 東大、58期、日弁連人権救済調査室室長、二弁情報公開・個人情報保護委員会委員長
A 福田知子 東大、54期、元特許庁工業所有権制度改正審議室法制専門官（任期付公務員）、協和発酵キリン法務部／橋本陽介 東大、早大LS、61期／川上愛 上智大、獨協大LS、61期／倉田梨恵 早大、62期、元原子力損害賠償紛争解決センター調査官／尾渡雄一朗 東大、東大LS、65期、二弁法教育の普及・推進に関する委員会副委員長／三田直輝 駒大、日大LS、66期／相原啓介 一橋大LS、67期、日本司法支援センター常勤弁護士 顧 杉田光義 中大、27期、元二弁監事／浜中善彦 東大、49期、元日弁連「債権回収に関する委員会委員長」、東京地方裁判所民事調停委員、駒大LS非常勤講師／坂本恵三 早大院、東洋大LS教授／長谷川貞之 慶大院、日大LS教授／中空壽雅 早大院、明大法学部教授　以上すべて二弁。

著作 三宅弘『情報公開法解説（第2版）』（共著、三省堂）／同他編『情報公開法・個人情報保護法・公文書管理法──情報関連7法（別冊法学セミナー）』（共著、日本評論社）／浜中善彦「東京都第三セクター3社の民事再生申立事件について」（共著）事業再生と債権管理118号／杉山真一『契約・敷地トラブル判例50選』（共著、日経BP社）／同『設計・監理トラブル判例50選』（共著、日経BP社）／小町谷育子『Q&A一般法人法・公益法人法解説』（共著、三省堂）／福田知子「特許法等の一部を改正する法律について」（共著）ジュリスト1364号／『住宅建築トラブル相談ハンドブック』（共著、新日本法規出版）／『平成商法改正ハンドブック』（共著、三省堂）　その他論文多数

東京

半蔵門総合法律事務所
HANZOMON SOGO LAW OFFICE

〒102-0083　東京都千代田区麹町1-6-3　クレール麹町ビル
201号執務室TEL　03-3262-9000　FAX　03-3262-9001
202号執務室TEL　03-3262-8844　FAX　03-3262-8044
301号執務室TEL　03-3239-2141　FAX　03-3239-2142
402号執務室TEL　03-3239-0011　FAX　03-3239-0012
URL：http://www.hanzomon.gr.jp/

18	(－1)		
P 14	A 4	顧 0	
男 15	女 3		
外弁 0	外資 0		
他士 1	事務 14		

主として企業法務に注力しているが、一般民事事件や刑事事件、さらには渉外事件についても、対処可能な事務所。企業再生においても経験豊富で、どの分野でも顧客のニーズに対応可能。

		総合
	C	

■理念・特色

　当事務所は、国内の企業法務や一般民事事件・刑事事件のみならず、渉外関係も含めた各種分野の専門的な知識と豊富な経験を有する専門性の高い弁護士で構成されている事務所です。各弁護士は、顧客のニーズに応えるべく、日夜研鑽をし、お互いに切磋琢磨しております。事件処理にあたっては、相互に補完し合い、協力し合うことにより、高度な総合力を持って対応するように努めており、的確かつ迅速なる問題解決のために努力を惜しみません。

　さらには、的確な現状認識・将来予測に基づく紛争の予防・最適な法的スキームの構築などさらに高度な法的サービスを提供するべく努めております。

　これらにより、当事務所は、顧客の正当な利益を最大限に擁護・実現し、きめの細かい良質な法的サービスを提供できる事務所であると自負しております。

　また、当事務所の弁護士は、その多くが破産・民事再生・会社更生など、裁判所から依頼される破産管財人・監督委員・更生管財人やその代理を多く務め、その実績を高く評価されているところであり、その経験を日々の顧客対応においても大いに発揮しています。

　さらには、多くの弁護士が弁護士会活動にも積極的に参加し、弁護士会の役職経験を持つほか、家庭裁判所や簡易裁判所の調停委員、官公庁の審査会や審議会の委員などの公職を務めるなど、社会的・公的な信頼度の高い弁護士を志しております。

■設立・沿革

　2003年に、「児玉・齋藤法律事務所」、「奈良・島田法律事務所」、「ブリッジ法律事務所」、「岩田法律事務所」が、合併することにより、麹町に「半蔵門総合法律事務所」を設立し、今日に至っている。

代表者	奈良道博（一弁）、野崎修（一弁）、岩田拓朗（一弁）、井上裕明（一弁）
取扱言語	英語
主な顧問先	金融、証券、保険、商社、各種メーカー、流通、食品、ゼネコン、建築、不動産、製薬、LPG、その他
報酬体系	事務所報酬規程（旧第一東京弁護士会報酬基準に当事務所の変更を加えたもの）による（詳細は当事務所HP参照）。着手金・報酬金等とタイムチャージの双方対応可能。

半蔵門総合法律事務所

取扱業務 一般企業法務、一般民事、不動産、倒産処理／事業再生、M&A／企業再編、独占禁止法、消費者保護、労働関係、知的財産関係、行政事件、各種業規制、環境法、家事、財産管理・相続、刑事事件、その他

P 奈良道博 中大、26期、一弁、中大理事、元日弁連常務理事、元一弁副会長、元一弁会長、元日弁連副会長、ウエマツ社外取締役、銀座カードサービス社外取締役、セイコーエプソン社外監査役、王子ホールディングス社外取締役、蝶理社外監査役、日本特殊塗料社外取締役、日本総合住生活社外監査役／島田一彦 中大、27期、一弁、駒沢大LS客員教授、元一弁副会長、一弁常議員会議長／奈良ルネ 中大、27期、二弁／齋藤祐一 中大、32期、一弁、元一弁副会長、東京地方裁判所および各簡易裁判所民事調停委員、元日弁連常務理事、国交省中央建設工事紛争審査会委員／野﨑修 東大、43期、一弁、東京地方裁判所民事調停委員／岩田拓朗 東北大、44期、一弁、インヴァスト証券社外取締役／井上裕明 早大、48期、一弁、元一弁副会長、都市再生機構法律顧問／三浦繁樹 東大、51期、一弁、司法研修所教官（刑事弁護）、元一弁常議員会副議長／北村聡子 国際基督教大、51期、一弁、東京家庭裁判所家事調停委員、日本保険学会評議員／佐久間幸司 千葉大、55期、一弁／佐々木茂 京大、59期、一弁／根本健三郎 東大、60期、一弁／菊地康太 慶大、京大LS中退、60期、一弁／中野嵩 京大、63期、一弁

A 佐藤祐子 東大、55期、一弁／飯島智之 慶大、中大LS、63期、一弁／長谷川和哉 立大、慶大LS、64期、東弁／市野澤剛士 中大、中大LS、67期、東弁

著作 奈良道博『講座倒産の法システム』（共著、日本評論社、2006）／『新会社法の法律相談』（編著、学陽書房、2005）／『新裁判実務体系会社更生法・民事再生法』（共著、青林書院、2004）／『破産の法律相談』（編著、学陽書房、2004）／『条解民事再生法』（共著、弘文堂、2004）

岩田拓朗『役員の責任と株主代表訴訟の実務』（共著、新日本法規出版、1996）／『よくわかるPL法』（共著、総合法令出版、1995）

井上裕明『破産の法律相談』（共著、学陽書房）／『取締役の法務』（共著、新日本法規出版）

三浦繁樹『Q&A平成15・16年改正商法』（共著、新日本法規）／『役員の責任と株主代表訴訟の実務』（共著、新日本法規出版）／『金庫株・単元株なるほどQ&A』（共著、中央経済社）

北村聡子『保険法と家族』（共著、日本加除出版）／『論点体系保険法2』（共著、第一法規）

佐久間幸司『遺言書の書き方・遺し方・相続のしかた』（共著、日本実業出版社）／『会社役員の法務必携』（共著、清文社）／『最新取締役の実務マニュアル』（共著、新日本法規出版）

佐藤祐子『最新取締役の実務マニュアル』（共著、新日本法規出版）

根本健三郎『借地借家紛争解決の手引き』（共著、新日本法規出版、2012）／『持続可能な社会を支える弁護士と信託』（共著、弘文堂、2012）

東京

ひかり総合法律事務所・弁護士法人 ひかり総合法律事務所
HIKARI SOGOH LAW OFFICES

〒105-0001　東京都港区虎ノ門2-3-22　第一秋山ビルディング6階・7階・8階・9階
TEL　03-3597-8701　FAX　03-3597-8140
URL：http://www.hikari-law.com　info@hikari-law.com

25 (－2)			
P 13	A 11	顧 1	
男 22	女 3		
外弁 0	外資 0		
他士 0	事務 22		

B	総合

企業法務案件のなかでも、特に最新のICT技術や個人情報保護等に関連する各種案件に対応できる事務所。知的財産法（著作権・特許等）に関する訴訟案件も多い。

■理念・特色

　当事務所は、ICT技術を利用して弁護士業務を迅速化・ネットワーク化し、高度に専門的かつ総合的なリーガルサービスを提供するという理念の下に、「ひかり総合」と命名されました。パートナー制に基づく共同経営の形をとっておりますが、パートナーは各自の得意分野を持つとともに、必要のあるときは相互に協力し、事務所全体で種々の案件に対応できる体制を整えております。また、国内の法律事務所・会計事務所・税理士事務所等との連携はもとより、中国・台湾・韓国・米国（ハワイ・カリフォルニア）・オーストラリアの法律事務所とも提携しており、国際的な交渉や紛争処理についてもワンストップサービスを実現しております。

　お陰様で、2015年4月をもって、創立20周年を迎えました。

　取扱分野は、総合法律事務所として多岐にわたりますが、主に以下の分野に注力しております。

会社法・商法関連法務：株主総会の指導、取締役会の制度構築などコーポレートガバナンスに関わる分野、M&A・事業再編、代表訴訟等の会社関係訴訟、具体的な契約書審査業務等、包括的に助言を行っており、マスコミ対応を含んだ訴訟対応にも経験を有しております。

人事・労働関係：労務全般に精通した弁護士が複数所属しております。

倒産・事業再生：破産管財人、監督委員等に選任された経験のある弁護士が多数在籍し、債務者への倒産手続選択等の助言、破産・民事再生等の申立ての代理、債権者を代理しての債権者集会対応等が可能です。

債権回収・金融法務：金融取引および債権回収案件に加え、デリバティブ等複雑な金融派生商品の巨額紛争事件や年金基金消失にかかる巨額紛争事件も複数担当しております。

知的財産法：著作権案件につき設立当時より長年の実績があり、各種ライセンス契約の作成および審査、複雑な著作権侵害訴訟も担当しております。

ICT・個人情報保護関係：ICTに関連した契約や紛争につき長年のノウハウを有し、最新のICTビジネスに関する各種案件、個人情報保護法の改正およびマイナンバー法対応の実績があります。

海外法務：英文での契約書作成・交渉、海外への進出、日本への進出など、海外提携事務所と連携してワンストップサービスを実施しております。

■設立・沿革

　当事務所は、1995年に設立され、交通の便利な東京都港区虎ノ門に位置しており、付近には虎ノ門ヒルズや虎ノ門病院があります。

代表者　三木昌樹（第二東京弁護士会）
取扱言語　英語
主な顧問先　上場企業および非上場企業（銀行、金融サービス、出版社、情報処理・提供サービス、部品加工製造業、映像制作、サービス業等）、学校法人、公益法人、社会福祉法人等
報酬体系　法律相談料、事件受任時の弁護士報酬、タイムチャージ制の弁護士報酬、顧問料等の報酬体系は、担当する弁護士の報酬規程による。詳しくは要問合わせ。

ひかり総合法律事務所・弁護士法人 ひかり総合法律事務所

取扱業務 知的財産法／著作権／個人情報保護／会社法・商法関連法務（株主総会の指導、取締役会の制度構築などコーポレートガバナンスに関わる分野）／M＆A／企業法務／役員責任訴訟／人事・労働／企業倒産・再生関連法務（会社更生、民事再生、企業再編による倒産および倒産回避処理等に関わる分野）／債権回収／保全・執行／金融取引関連法務／金融商品取引／金融被害／経済法関連紛争／ＩＴ法（電子商取引法）／情報技術関連法務／未公開株式の株価の算定／消費者法／渉外法務／国際取引／医療過誤／交通事故／不動産関連法務／不動産流動化案件（開発案件含む）／建築関連法務／マンション管理／各種損害賠償請求／各種契約関係構築／一般民事法務／スポーツ法／民事介入暴力／離婚相続等家族法／成年後見／刑事事件（裁判員裁判含む）／少年事件／翻訳業務

P 三木昌樹 1967東大法、37期、二弁／藤原宏高 1978慶大法、37期、二弁／小林弘卓 1981中大法、40期、東弁／石田英治 1991明大法、48期、二弁／高木篤夫 1987阪大法、54期、東弁／九石拓也 1998立命大院、52期、二弁／澤田行助 1995早大法、53期、一弁／木原右 1996東大法、50期、二弁／楠慶 1998早大法、54期、二弁／網藤明 2006中大LS、60期、東弁／仲田信範 1971横国大中退、28期、二弁／小川隆史 1998早大法、57期、二弁／山田康成 2007学習院大LS、62期、二弁／A 板倉陽一郎 2007慶大LS、61期、二弁／清水敏 2009横国大LS、63期、二弁／麻布秀行 2007千葉大LS、61期、東弁／高野倉勇樹 2007京大LS、61期、二弁／葛山弘輝 2008慶大LS、62期、二弁／荒木美智子 2006中大LS、63期、二弁／武田昇平 2009大宮LS、63期、二弁／ジェイムス・ダカティ 2008東大LS、63期、二弁／一條典子 1998中大法、63期、二弁／三浦希美 2010慶大LS、64期、二弁／奈古屋嘉仁 2013慶大LS、67期、東弁 顧 中川武隆 1966京大法、20期、二弁

著作 藤原宏高他『不動産投資のシミュレーション』（東京布井出版、1990）／藤原宏高他編著『プログラマーのための最新著作権法入門』（技術評論社、1991）／藤原宏高『ネットワーク社会のセキュリティ』（ソフトバンク、1995）／藤原宏高編著、高木篤夫他執筆『サイバースペースと法規制』（日本経済新聞社、1997）／藤原宏高・ひかり総合法律事務所（藤原宏高・高木篤夫・九石拓也・澤田行助他）『ルール＆手順 個人情報保護法』（カットシステム、2004）／木原右「非公開会社における募集株式発行等の無効事由」ビジネス法務 2007年3月号／第二東京弁護士会民事介入暴力被害者救済センター運営委員会編石田英治他執筆『企業活動と民暴対策の法律相談』（青林書院、2007）／半田正夫他編九石拓也他執筆『著作権法コンメンタール 1・2・3』（勁草書房、2009）／松江頼篤他編著藤原宏高・板倉陽一郎他執筆『事件類型別弁護士実務ハンドブック』（ぎょうせい、2011）／第二東京弁護士会労働問題検討委員会編著楠慶・山田康成他執筆『新・労働事件法律相談ガイドブック』（第二東京弁護士会、2012）／松本恒雄他編高木篤夫他執筆『電子商取引法』（勁草書房、2013）／松本恒雄監修高木篤夫他執筆『ソーシャルメディア活用ビジネスの法務』（民事法研究会、2013）／板倉陽一郎他編著『自治体の個人情報保護と共有の実務』（ぎょうせい、2013）／情報ネットワーク法学会編板倉陽一郎他執筆『知っておきたい ネット選挙運動のすべて』（商事法務、2013）／九石拓也・楠慶編著小川隆史・荒木美智子・一條典子執筆『認容事例にみる後遺障害等級判断の境界—自賠責保険の認定と裁判例』（新日本法規、2015）その他著書・論文多数

事件 ニフティサーブ現代思想フォーラム事件（第一審：東京地決平成9.5.26判時1610.22、控訴審：東京高決平成13.9.5判時1786.80）／過払金返還請求事件（いわゆる「切替え事案」）（最判決平成23.9.30判時2131.57）／破産事件（申立代理人および管財人の経験多数）／民事再生事件 ほか多数

日比谷総合法律事務所
Hibiya Sogo Law Office

〒105-0001　東京都港区虎ノ門1-6-12　大手町建物虎ノ門ビル7階
TEL　03-3501-9777　FAX　03-3501-9786
URL：http://www.hslo.gr.jp（地図のみ掲載）　KYL06304@nifty.ne.jp（事務局）

14（±0）		
P 11	A 3	顧 0
男 14	女 0	
外弁 0	外資 0	
他士 0	事務 7	

B	独禁
	訴訟 / 再生

1960年開設の「入江法律事務所」を前身とする独禁法その他の経済法専門の草分け的事務所。国内カルテル・談合事件のほか国際カルテル事件、企業結合事件を多数受任。顧問先に上場企業多数。

■理念・特色

　当事務所は、独禁法を中心とする経済法の分野で50年以上にわたり第一線にて弁護士業務を担ってきた実績を有しております。日本独禁法に関わる相談業務、事件対応業務（行政事件、刑事事件、民事事件）をはじめ、国際的なカルテル事件・企業結合案件を中心に、米国反トラスト法、EU競争法および東アジア等の海外競争法の法制・事件対応に関する支援業務等を担当し、独禁法に接点を持つ国内外の業務を総合的に取り扱っております。また、これにとどまらず、企業間紛争にかかる訴訟案件全般、破産管財・民事再生案件のほか一般民事紛争等、幅広い分野を取り扱っております。

経済法

　独禁法（違反審査事件、課徴金減免申請、取消訴訟、損害賠償訴訟、差止訴訟、刑事告発対応、企業結合の国内・国外届出および審査の対応、申告業務、コンプライアンス体制構築、社内調査、株主代表訴訟対応、国際カルテル事件対応およびカウンセリング・相談業務・研修会等）、下請法（予防法務および事件対応）、景品表示法（予防法務および事件対応）等

事業再生、倒産

　破産事件（申立代理人、破産管財人）、民事再生事件（申立代理人、監督委員）

訴訟・紛争解決

コーポレートガバナンス、コンプライアンス

　コンプライアンス・プログラム策定、リーガル・オーディット等

その他企業法務一般

■設立・沿革

　当事務所は、元裁判官（公取委出向により審査官・審判官を歴任）・元公取委委員の故入江一郎弁護士が1960年に開設した独禁法専門事務所である「入江法律事務所」を前身とし、1983年に現名称に改称し、現在に至ります。

　入江が担当した富士・八幡製鐵合併事件をはじめとして、歴代の各パートナーがさまざまな独禁法事件を担当する中で積み重ねてきた独禁法専門事務所としての伝統と実績を、日々新たに起こる多種多様な事件および相談業務への対応とたび重なる独禁法および関連法改正への実務対応の中でさらに発展させています。

代表者	中藤力（第一東京弁護士会）
取扱言語	英語
主な顧問先	各種メーカー、総合商社、百貨店、総合小売、金融機関、情報通信、マスコミ、航空、建設、サービス業等（東証一部上場もしくはその子会社がほとんどを占める）
報酬体系	事件対応については着手金・中間金・報酬金制またはタイムチャージ制を相談により決定。カウンセリング・相談業務はタイムチャージ制または顧問料制を相談により決定。タイムチャージ制は、原則として1時間当たりパートナー30,000円～80,000円、アソシエイト15,000円～30,000円。

取扱業務 経済法　①独禁法（違反審査事件、課徴金減免申請、審判・訴訟［行政・民事・刑事］対応、国際カルテル事件対応、企業結合規制対応、申告業務、コンプライアンス体制構築、社内調査、株主代表訴訟対応、およびカウンセリング・相談業務［公取委事前相談対応を含む］・研修会等）、②下請法（予防法務および事件対応）、③景品表示法（予防法務および事件対応）等／**事業再生、倒産**　破産事件（申立代理人、破産管財人）、民事再生事件（申立代理人、監督委員）／**コーポレートガバナンス、コンプライアンス**　コンプライアンス・プログラム策定、リーガル・オーディット等／**訴訟・紛争解決**／**その他企業法務一般**

P 中藤　力　1978早大法、1989NY大LS、32期、一弁、NY州弁護士、公正取引協会理事、競争法フォーラム会長
　　川崎隆司　1969東大法、25期、二弁、前公正取引協会理事
　　草野多隆　1967早大法、1971東大文、25期、二弁、元日弁連広報室長代行、元日弁連常務理事、元二弁副会長
　　厚谷襄児　1957東北大法、1998登録（5条入会）、二弁、北大名誉教授、高知工科大非常勤講師、元公取委事務局長
　　神垣清水　1970岡山大法、2012登録、25期、一弁、筑波大院非常勤講師、元最高検察庁総務部長、元横浜地方検察庁検事正、前公取委委員
　　加瀬洋一　1987東大法、44期、二弁
　　川合竜太　1990早大法、2005ワシントン大LS、47期、二弁、NY州弁護士
　　多田敏明　1993早大法、2001NY大LS、48期、二弁、NY州弁護士
　　谷本誠司　1993早大法、1997早大院、51期、二弁
　　佐川聡洋　1999東大法、2006デューク大LS、消費者庁（2011〜13）、53期、一弁
　　外崎友隆　1996一橋大法、55期、二弁
A 内田拓志　2002京大法、銀行勤務を経て2007明大LS、61期、一弁
　　川浦史雄　2005東大法、2008東大LS、62期、二弁
　　藤井健一　2006早大法中退（LS飛び級入学）、2009早大LS、63期、東弁

著作　厚谷襄児『独占禁止法入門（第7版）』（日本経済新聞社、2012）／厚谷襄児他『新現代経済法入門（第3版）』（法律文化社、2006）／厚谷襄児『経済法』（放送大学教育振興会、2004）／厚谷襄児『独占禁止法論集』（有斐閣、1999）／厚谷襄児他編『条解独占禁止法』（弘文堂、1997）／神垣清水『競争政策概論』（立花書房、2012）／神垣清水『実践捜査問答』（立花書房、2001）／神垣清水編『鬼検事の休息』（信山社出版、1997）／白石忠志・多田敏明編著『論点体系独占禁止法』（第一法規、2014）／多田敏明他『建設業コンプライアンス入門』（大成出版社、2008）等

事件　〈国内カルテル・入札談合事件（2008年以降）〉電線工事事件、電気ケーブル関連事件、異性化糖カルテル事件、自動車部品カルテル事件、エアセパレートガス事件、溶融亜鉛メッキ鋼板事件等／〈国際カルテル事件〉ファックス感燃紙事件、リジン事件、調味料事件、カーボンファイバー事件、マリンホース事件、貨物航空事件、貨物フォワーダー事件、電力ケーブル事件、自動車部品事件等／〈企業結合〉鉄鋼会社事業統合、航空会社事業統合等の大型案件のほか、原材料・中間素材・製品メーカー等の切出し型JV案件やサービス事業統合案件等／〈不公正な取引方法〉　家電量販店優越的地位濫用事件、カラオケ機器取引妨害事件、化粧品・携帯電話再販売価格拘束事件、フランチャイズ損害賠償事件、差止請求訴訟事件等

日比谷パーク法律事務所
HIBIYA PARK LAW OFFICES

〒100-0006　東京都千代田区有楽町1-5-1　日比谷マリンビル5階
TEL　03-5532-8888　FAX　03-5532-8800
URL：http://www.hibiyapark.net　　jimukyoku@hibiyapark.net

14 (+1)	
P 7　A 5　顧 2	
男 13　女 1	
外弁 0　外資 0	
他士 0　事務 10	

 株主総会指導等で著名な久保利代表(元二弁会長)が中心となり17年前に設立。会社法・金融商品取引法や知的財産(スポーツ、エンタメ等)案件のほか、第三者委員会も多数担当している。

■理念・特色

　日比谷パーク法律事務所は、所属する弁護士が、それぞれ会社法その他のコーポレートガバナンス、特許法・著作権法等の知的財産権法、金融商品取引法や金融関係訴訟などの得意分野に精通し、各分野のトップランナーとして「少数精鋭」と呼ばれるにふさわしいリーガル・サービスを提供することを理念としています。

　国内外の経済情勢が大きく変動する中、企業が生き残るためには経営・ビジネスのすべての場面で戦略を立てて行動していくことが必須です。そして、企業間競争を勝ち抜くためには、その分野のルールに精通し、公正な競争ルールの枠内で最も効果的な戦略を立てる必要があります。

　当事務所は、企業が戦略を立てる過程で適切な法的アドバイスを行うことはもちろん、事前交渉・保全処分・仲裁・訴訟手続などのあらゆる局面において最先端の法技術と戦略・戦術を提供し、クライアント企業にとって最も有利な紛争解決をめざします。特に訴訟については、ここ数年の間だけでもIT投資にかかるシステム開発やデリバティブ投資に関して高額の損害賠償金が絡む案件を手がけており、企業にとっての「最後の砦」となることを使命と考えています。

　このように企業の利益のために共に戦う事務所を標榜する一方、企業内部の不正を防止し、厳しい是正策を実施する存在でもあろうと心がけています。コンプライアンスの重要性が強く意識される中、いまだに企業不祥事は後を絶ちません。自浄作用を働かせて大事になる前に不祥事の芽を摘むことこそが企業を守る。その信念の下、第三者委員会の構築・運営やリスクマネジメントに係るアドバイスを提供しています。

　企業間競争を勝ち抜くための対外的な戦略・戦術のみならず、不祥事で自己崩壊しないための企業内部の規律という側面でも適切な助言・活動を行うことで、真の意味でクライアント企業の発展に資するリーガル・パートナーをめざしてまいります。

■設立・沿革

　1998年　森綜合法律事務所所属の久保利英明、中村直人、菊地伸により『日比谷パーク法律事務所』設立。その後、2000年　松山遙、2002年　西本強、2003年　上山浩弁護士が参加。さらに2004年　三井安田法律事務所から原秋彦、水野信次、野宮拓の3弁護士が参加。

代表者	久保利英明(第二東京弁護士会)
取扱言語	英語
主な顧問先	東日本旅客鉄道、ソニー、アサヒグループホールディングスなど上場会社を主として、日本銀行、農林中央金庫ほか大企業からベンチャー企業まで多業種にわたる100社以上を顧問先としている。

報酬体系	日弁連旧報酬規程を参考にした事務所報酬規程による。着手金・報酬金等とタイムチャージの双方対応可能／顧問料(月額)200,000円～／タイムチャージ　パートナー45,000円～90,000円、アソシエイト20,000円～40,000円(担当弁護士のキャリアや当該分野の専門性に応じて幅がある)。

日比谷パーク法律事務所

取扱業務
1. 株主総会の指導、取締役会の運営・制度構築、内部統制システムなどコーポレートガバナンスとコンプライアンスに関わる法律業務と不祥事対応
2. 会社法、金融法、一般取引法、IT法、名誉・信用毀損、システム開発、労働法その他の企業に関わる各種訴訟
3. 企業買収、合併、株式交換・移転、会社分割、事業譲渡等の組織再編に関わる業務
4. 株主代表訴訟・内紛・買収防衛など会社支配権の攻防に関わる法律業務と広報対応
5. 会社更生、民事再生、企業再編による倒産および倒産回避処理等に関わる業務
6. 特許権・商標権・著作権・営業秘密・パブリシティー権その他の知的財産権に関わる業務
7. 第三者委員会の構築、運営の指導と広報対応などのリスクマネジメントに関わる業務
8. 国際仲裁
9. 以上のすべてに関連する国際業務

P 久保利英明 1968東大法、23期、元二弁会長・日弁連副会長、桐蔭横浜大LS教授、日本取引所グループ社外取締役、ソースネクスト社外取締役、一人一票実現国民会議共同代表／原秋彦 1978東大法、32期、コロンビア大LLM修了、NY州弁護士、(公財)日本サッカー協会監事、中村屋社外監査役、盟和産業社外取締役、Court of Arbitration for Sport 仲裁人／松山遙 1993東大法、47期、元判事、バイテック社外取締役、T&Dホールディングス社外取締役、三井物産社外監査役、三菱UFJフィナンシャル・グループ社外取締役／上山浩 1981京大理、53期、富士通勤務、野村総合研究所勤務／水野信次 1995名大、53期、昭和リース社外監査役／野宮拓 1998早大法、52期、ペンシルバニア大LLM修了、NY州弁護士、(公財)日本プロサッカーリーグ法務委員長、国際サッカー連盟紛争解決室委員／西本強 1999東大法、53期、コロンビア大LLM修了、NY州弁護士、エニグモ社外監査役 A 中川直政 2000東大法、54期、ノースウェスタン大LLM修了、NY州弁護士／小川尚史 2006東大法、2008東大LS、62期／小川直樹 2007東大法、2009東大LS、63期／井上拓 2007東大工、2010東大LS、64期／田口洋介 2009早大社、2011ペンシルバニア大LLM修了、2013早大LS、67期 顧 山下丈 1968阪大法、1997登録、元広島大教授、元大宮LS教授、元明学大LS教授、プリマハム社外取締役／濱田邦夫 1960東大法、14期、ハーバード大LLM修了、元最高裁判所判事、環太平洋法曹協会(IPBA)初代会長、京浜急行電鉄社外監査役　以上すべて二弁

著作
久保利英明『会社主導型株主総会のシナリオ』(商事法務研究会、1987)／同『新しい株主総会のすべて(改訂2版)』(共著、商事法務、2010)／同『想定外シナリオと危機管理―東電会見の失敗と教訓』(商事法務、2011)／同『日本改造計画―ガバナンスの視点から』(商事法務、2013)／久保利英明・松山遙・水野信次・野宮拓・西本強・中川直政・小川尚史『専門訴訟講座7』会社訴訟―訴訟・非訟・仮処分―』(共著、民事法研究会、2013)／原秋彦『ビジネス契約書の起案・検討のしかた』(商事法務、2002)／同『ビジネス法務基本用語和英辞典(第2版)』(商事法務、2013)／同『ビジネス法務英文用語集』(商事法務、2013)／松山遙『敵対的株主提案とプロキシーファイト(第2版)』(商事法務、2012)／松山遙・上山浩・水野信次・野宮拓・西本強『実務対応新会社法Q&A』(共著、清文社、2005)／松山遙・水野信次・野宮拓・西本強『Q&A震災と株主総会対策』(商事法務、2011)／上山浩『トンデモ"IT契約"に騙されるな』(日経BP社、2013)／水野信次・西本強『ゴーイング・プライベート(非公開化)のすべて』(商事法務、2010)／西本強『ユーザーを成功に導くシステム開発契約』(商事法務、2011)

事件
スルガ銀行 vs. 日本IBM損害賠償請求事件(システム開発関連、原告側)、iPod特許侵害事件、東京電力に対する原発被害ADR事件、自炊代行差止請求事件、デリバティブ取引損害賠償請求事件(原告側、被告側共)、ゴーイング・プライベートに伴う価格決定申立事件、一人一票訴訟(最高裁大法廷および全国14高裁・支部係属)

深沢綜合法律事務所
Fukasawa Sogo Law Offices

〒170-6022　東京都豊島区東池袋3-1-1　サンシャイン60・22階12
TEL　03-3983-2226　FAX　03-3983-2359
E-mail：jimukyoku@fukasawa-partners.gr.jp

不動産取引案件・相続案件が業務の中心であるが、特に宅地建物取引業界全体のコンプライアンスをも指導する。顧問先での法律相談、講演・セミナーに力を入れている。

■理念・特色

　深沢綜合法律事務所の理念は、ご相談やご依頼をいただく皆様に対し、正確かつ最新の法的情報を提供し、問題解決、紛争解決というリーガルサービスを、迅速に提供することにあります。

　この理念を実現するために、各弁護士が研鑽を積むばかりでなく、「全弁護士が問題を共有して案件に対応すべきである」という意識を持ち、毎週定期的に全弁護士が集合し、各自の案件を種々の角度から自由闊達に討議し、その問題点を整理のうえ、漏れのない対応策を検討しています。事件処理に当たっては、案件ごとに知識・経験の豊富なベテラン弁護士と機動力を有する若手弁護士が複数人でチームを作り、迅速かつ的確な事件処理に努めています。また、会社法改正、民法（債権法）の改正動向も含め、最新の法的情報を継続的に収集・分析し、めまぐるしく変化する社会状況に対応すべく態勢を整えています。一方、弁護士が各自の専門分野を持つことも重要であると考え、宅地建物取引、知財、渉外、保険、家事などそれぞれの分野で、経験と研鑽を積んでおります。今後も、各自の特色を持つ弁護士が一丸となることが事務所としての大きな力となることを確信し、継続的な信頼関係に基づいた法的サービスの提供をして参ります。

　当事務所は不動産に関する全国組織や都内の農業協同組合を顧問先として有し、不動産案件に関する相談、事件処理の案件数が非常に多いことが特色です。特に、宅地建物取引に関しては、業界全体のコンプライアンス、標準契約書の策定、資格法定講習業務、認証意見の提出など、紛争処理にとどまらない重要な役割を果たしています。さらに、全国の企業、皆様からのご依頼を受けて、不動産関係・相続関係を中心とした年間150回を超える研修会を実施し、種々の観点から最新の法的情報を提供しています。

　法律顧問業務として、顧問先の法律問題全般について関わりを持つことから、取扱い分野は金融、共済を含む広い分野に及び、新しい分野への取組みもあります。顧問先との間では、日常の法律相談を重視しています。

　個人案件としては、不動産を遺産とする相続案件を多く取り扱い、後見、離婚など家事案件も数多く扱っています。

■設立・沿革

　1970年創立者深澤守（11期）が「深沢守法律事務所」創立。1994年共同事務所化に伴い「深沢綜合法律事務所」に名称変更。2012年深澤守の死去に伴い代表者を柴田龍太郎に変更。

代表者	柴田龍太郎（第一東京弁護士会）
取扱言語	英語、中国語
主な顧問先	農業協同組合、宅地建物取引業団体、不動産管理業、不動産仲介業、デベロッパー、金融、生命保険会社、ファイナンスサービス会社、宗教法人、医療法人、社会福祉法人、エネルギー産業（ガス、石油）、製造業（鉄鋼、精密機器、化学、医療器具、典礼用品）、石材産業、印刷会社、ほか多数
報酬体系	事務所報酬規定（旧日弁連報酬規程に準じる）　法律相談料30分当たり5,000円～、顧問料　法人50,000円～、個人30,000円～。

深沢綜合法律事務所

取扱業務 企業法務：**法律顧問分野** 日常の法律・経営相談、契約書の作成・審査、契約・紛争案件の交渉、意見書作成、法律相談、役員・社員研修、総会対応、従業員・役員不祥事対応、コンプライアンス構築・危機管理、労務管理／**不動産分野** 売買、賃貸借、開発、建築紛争、境界紛争／**金融分野** 債権管理、債権回収、融資審査／**企業倒産分野** 破産、民事再生、特別清算／**保険分野** 保険金請求訴訟、審査意見書作成／**団体設立** 会社設立、公社一社法人設立／**知財分野**

国際法務：契約書審査、契約交渉

個人法務：賃貸借案件（契約、明渡し、賃料請求等）、相続案件（遺言書作成、遺産分割、遺留分減殺等）、家事案件（成年後見、任意後見・事務委託契約、離婚、面会交流）、破産案件、刑事事件

その他

P **深澤隆之** 1970中大法、26期、一弁副会長、1988東京簡易裁判所調停委員／**柴田龍太郎** 1974早大法、1981検事任官、1984登録、33期、最高裁判所司法研修所刑事弁護教官（1998〜2001）、司法試験委員（2005〜07）／**守屋文雄** 1978中大法、35期／**戸部秀明** 1979一橋大法、37期、2004東弁副会長、民事訴訟法学会会員、東弁／**戸部直子** 1980中大法、37期、東京家庭裁判所調停委員／**高川佳子** 1987明大法、46期／**沼口直樹** 1988筑波大一群社会学類、46期／**山田竜顕** 1992早大法、50期、東京簡易裁判所司法委員

A **大川隆之** 1998中大法、52期、中大LS講師（実務講師）（2011〜14）、中大講師（民事実務演習）（2015〜）／**大桐代真子** 1996慶大法、55期／**関由起子** 1997中大法、55期／**増田庸司** 2001東京理科大経営、2011東京理科大院知的財産戦略専攻科、58期／**関根究** 2009早大法、2012早大LS、66期

以上明記がないものはすべて一弁。

著作 『要綱に基づく民法（債権法）改正が不動産取引に与える影響』（大成出版）／『最新 宅地建物取引実務マニュアル』（新日本法規出版）／『問答式 宅地建物取引業の実務』（新日本法規）／『問答式 マンションの法律実務』（新日本法規出版）／『わかりやすい農地をめぐる法律相談』（新日本法規出版）以上、編著

柴田龍太郎他『注釈特別刑法 医事・薬事編「薬事法」・「毒物及び劇物取締法」』（青林書院）／柴田龍太郎『民法改正が不動産取引に与える影響と懸念事項について』日本不動産学会誌／柴田龍太郎『全宅連版わかりやすい契約書の書き方』／『全宅連版わかりやすい重要事項説明書の書き方』（大成出版）／守屋文雄他『法律用語の基礎知識』（自由国民社）／戸部秀明「請負債権の担保化」金融法務事情1390号／戸部秀明「消費者契約法により実務はどう変わるか」『ビジネス法務1(2)』（中央経済社）／戸部秀明他『遺産分割・遺言の法律相談』（青林書院）／戸部直子他『問答式 株式社債の実務』（新日本法規出版）／大桐代真子他『要綱から読み解く債権法改正』／大桐代真子他『別れた後で後悔しない離婚と手続き』（新日本法規出版）

東京

ふじ合同法律事務所
FUJI PARTNERS LAW OFFICE

〒104-0061　東京都中央区銀座6-5-13　CSSビルディングⅢ7階
TEL　03-5568-1616　FAX　03-5568-1617
URL：http://www.fujigodo.co.jp/

9 (±0)	
P9 A0 顧0	
男7 女2	
外弁0 外資0	
他士0 事務5	

A		総合

企業法務全般のほか、各種行政訴訟、刑事事件等も手がける専門事務所。所属弁護士も、裁判官・検察官・行政官出身者等のベテランが多い。

■理念・特色

　当事務所は、1993年に開設され、翌1994年には、東京地方検察庁検事正等を歴任して最高裁判所判事を退官した藤島昭弁護士が加わりました。藤島の参加は、後進の法律家を支えて新しい時代に対応できる法律事務所作りに寄与したいという考えによるもので、この時に、当事務所の骨格ができました。

　事務所名の「ふじ」は「富士」でもあり、「不二」でもあり、藤島の「藤」でもあります。

　その後、所属弁護士が増加し、現在は9名の構成となっております。裁判官、検察官、行政官の経験者、当初からの弁護士と、さまざまな経歴を持つ弁護士がおり、世代的にもバランスのとれた構成となっております。

　新しい時代に対応して、私共は今後も開設当初の理念を継承し、多様な業務分野において、誠実で迅速な法的サービスを提供してまいります。

企業法務　当事務所の依頼者の多くは企業ですが、自動車メーカー、保険、鉄道、電力、通信、たばこ、金融機関、出版、不動産、教育関係など、多岐にわたります。

　会社法、商取引法、金融法、保険法、独占禁止法、知的財産法、不動産法、M&A、リスク管理に関する法的アドバイスなど、企業法務を業務の中心とし、企業を当事者とする訴訟の対応や倒産処理も数多く行っております。また、近年では、企業不祥事等に関する第三者委員会への関与の機会も増えています。

行政訴訟　政府機関、地方公共団体、各種公法人の案件も多く扱っています。また、独立行政法人へ弁護士を派遣（非常勤）しています。複数の弁護士が、行政訴訟において、行政側の代理人として関与していることも、当事務所の特徴の1つです。

　このような業務の経験から、企業の法律相談においても、常に行政との関係を頭においてアドバイスをするようにしています。

個人事件・刑事事件　顧問先から紹介を受けた方など、個人の方の一般民事事件、家事事件等も手がけています。また、国選弁護活動や、検察官の経験等を活かした刑事弁護活動、犯罪被害者支援などの活動も行っています。

■設立・沿革

　1993年9月1日に岩渕正紀弁護士が中心となって開設し、設立の場所で現在まで業務を行ってきています。

代表者	中込秀樹、岩渕正紀（いずれも第一東京弁護士会）	報酬体系	事務所報酬規程（日弁連旧報酬規程に準ずる）による。事案の内容に応じ、着手金・報酬金方式、タイムチャージ方式双方対応可能。
主な顧問先	自動車、保険、鉄道、電力、通信、たばこ、金融機関、出版、不動産、教育関係、IT関係、医療関係		

取扱業務

企業法務 企業法務顧問・企業における各種法律相談・訴訟対応・紛争案件の交渉・契約書の作成・意見書作成・株主総会指導・株主代表訴訟・就業規則・労務相談・労働審判・M&A・事業承継・知的財産・独占禁止法・リスク管理・不祥事対応・第三者委員会・外部相談窓口・役員、社員研修

倒産処理 会社更生・民事再生・破産

行政事件等 行政不服申立て・行政訴訟・その他行政対応・税務訴訟

一般民事 貸金・不法行為・借地借家・不動産・交通事故・消費者問題

家事事件 離婚・相続・成年後見・財産管理・遺言執行

刑事事件 刑事弁護・犯罪被害者支援・告訴、告発

中込秀樹 1965東大法、19期、1967裁判官任官、元東京家庭裁判所所長、元名古屋高等裁判所長官、2006登録、元司法試験考査委員(行政法)、元帝京大教授、元大東文化大LS特任教授、(公財)自動車製造物責任相談センター、一弁

岩渕正紀 1964東大経、20期、1968裁判官任官、元最高裁判所調査官、1990登録、資格審査会委員、懲戒委員会委員、日弁連法律事務所法人化問題協議会委員、司法制度調査委員会委員長、一弁

竹野下喜彦 1981早大政経、39期、1987裁判官任官、1997登録、東京地方裁判所鑑定委員、成蹊大非常勤講師、二弁

熊谷明彦 1987中大法、47期、1995検察官任官、2005登録、元中大法学部兼任講師、東京簡易裁判所調停委員、被害者支援都民センター幹事、全国被害者支援ネットワーク理事、一弁

野下えみ 1993京大法、47期、1995検察官任官、2006登録、中央建設工事紛争審査会特別委員、東京労働局紛争調整委員会委員、一弁

和田希志子 1994京大法、48期、一弁

岩渕正樹 1993東大教、49期、1997裁判官任官、2007登録、立大LS非常勤講師、一弁

松永暁太 1998一橋大法、54期、二弁

太田幹彦 2008慶大、2012中大LS、65期、東弁

著作 当事務所編著

『Q&Aポイント整理新会社法』(弘文堂、2005)／『Q&A地方公共団体 地方公務員をめぐる法律実務』(新日本法規出版、2000)／『ケーススタディ企業税務訴訟・審査請求』(新日本法規出版、2008)／『租税法判例実務解説』(共著、信山社、2011)／中込秀樹他『行政事件訴訟の一般的問題に関する実務的研究』(共著、司法研修所、1995)／『注解行政事件訴訟法』(共著、有斐閣、1989)／『新貸金3法Q&A』(共著、弘文堂、2000)／『Q&Aマンション管理とトラブル解決の手引』(共著、新日本法規出版、2001) ほか多数

ブレークモア法律事務所
Blakemore & Mitsuki

〒100-0013 東京都千代田区霞が関1-4-1　日土地ビル4階
TEL　03-3503-5571　FAX　03-3503-5577
URL：http://www.blakemore.gr.jp

22（-7）
P 10 A 6 顧 6
男 21 女 1
外弁 0 外資 3
他士 1 事務 14

1950年、トーマス・ブレークモアによって設立された伝統のある渉外事務所で、適正規模を維持しつつ現在に至る。渉外事務所の草分けで、多数の人材を輩出している。

■理念・特色

1950年にトーマス・ブレークモアによって設立された最も伝統のある日本の渉外弁護士事務所。渉外事務所としての特色を活かしながら幅広い分野で最先端のサービスを提供し、海外・国内の一流企業からの高い信頼を得る。

・対外・対内一般直接投資（現地法人・支店の設立、合弁事業、技術援助契約等）
・一般渉外取引（医薬品・食品等物品の製造・販売・輸出入、特許・技術・商標のライセンス、共同技術開発等）
・一般企業法務（契約書作成・各種相談等）
・訴訟・仲裁・倒産処理、独占禁止法訴訟、知財訴訟
・知的財産権（ライセンス契約、パテントプール管理、知財紛争処理（侵害訴訟を含む）、商標出願・管理（マドプロ対応を含む））
・税務争訟等行政争訟（税務当局との折衝、税務不服審査、税務訴訟、税務刑事事件等）
・M&A（企業買収・合併、MBO、デューディリジェンス、プロクシー・ファイト等）
・信託
・海外不動産投資、海外プロジェクトファイナンス
・ストラクチャード・ファイナンス（資産流動化・不動産開発型案件、リパッケージ等のアセット・バック・ファイナンス、海外私募投信、ファクタリング等）、コーポレート・ファイナンス（M&Aファイナンス、ベンチャー・キャピタル・ファイナンス等）、キャピタル・マーケット（IPO（新規株式公開）、ストックオプション等）
・商業・投資銀行規制業務（銀行・第一種金融商品取引業・投資顧問業・第二種金融商品取引業に関連する新商品開発等へのアドバイス、財務局との交渉、金融庁検査の法的助言等）
・レギュレーション（法令等に関する助言／各種登録等の取得／届出の代行等）
・ディスクロージャー（発行開示・継続開示・株式大量保有報告・IR誌の作成等）
・ベンチャー企業（ソフト製作、バイオ等）
・ヘルスケア（病院・診療所・調剤薬局・介護事業者・サ高住業者のコンプライアンス・資金調達・M&A、ヘルスケア・リート等）
・再生可能エネルギー関連業務（資金調達、各種業法コンプライアンス、所轄官庁との交渉等）
・非営利法人（公益法人・学校法人・宗教法人等）業務（コンプライアンス・新規ビジネス参入・余資運用・資金調達・事業承継に関する助言等）
・タックス・プランニング（事業承継・海外資産保有・相続に係る税務戦略に関する助言・書類作成、税務当局との折衝等）

■設立・沿革

1950年に日本の弁護士資格をもつアメリカ人トーマス・ブレークモアにより設立されました。

取扱言語	英語
報酬体系	タイムチャージと日弁連旧報酬規程をベースとした着手金・報酬金等との双方対応可能／顧問料（月額）50,000円〜／タイムチャージ　パートナー25,000円〜50,000円、アソシエイト15,000円〜30,000円（担当弁護士の当該分野の専門性に応じて幅がある）。

取扱業務 法律顧問法務／企業法務のうち会社法務として、事業再編（M＆A、事業譲渡、MBO）、事業承継、デュー・ディリジェンス、コンプライアンス、コーポレート・ガバナンス、株主総会のサポート、株主代表訴訟対応／企業裁判法務として、商事関係訴訟等／労働法務として、雇用契約の終了等／国際法務（英語）として、海外からの日本への投資案件サポート、会社設立、議事録管理、合弁契約書等日本から海外への投資案件対応／知的財産権法務／不動産法務／企業倒産法務／個人倒産法務／独占禁止法・下請法関連法務／信託関連法務／ファイナンスとして、ストラクチャード・ファイナンス、プロジェクト・ファイナンス、コーポレート・ファイナンス、キャピタル・マーケット／商業・投資銀行規制業務／レギュレーション業務／ディスクロージャー業務／ベンチャー企業業務／ヘルスケア業務／再生可能エネルギー関連業務／非営利法人／タックス・プランニング

P 志田康雄 1968東大法、旧弁護士法5条2号による特例、二弁、元財務省造幣局長、元整理回収機構社長代行／小林秀之 1974東大法、28期、二弁、一橋大教授／德岡卓樹 1977東大法、33期、二弁、ハーバード大LLM、元野村證券商品開発本部／家守昭光 1978東大法、34期、一弁、コーネル大LLM、NY州弁護士、元デューイ・バランタイン法律事務所（NY）アソシエイト弁護士／末啓一郎 1982東大法、36期、一弁、コロンビア大LLM、NY州弁護士、日本発条社外取締役／平野高志 1980中大法、37期、二弁、サイバー大教授、元マイクロソフト日本法人法務知財政策企画担当執行役、モルフォ社外監査役／牛嶋将二 1978東大法、38期、一弁、イリノイ大LLM／那須健人 1991上智大法、48期、一弁、テキサス大LLM、NY州弁護士、日本トムソン監査役／小林卓久 1996同大法、55期、二弁／浦勝則 2002一橋大法、56期、二弁 顧 田中徹 1953九大法、9期、二弁／窪田武 1967東大法、2009登録、旧弁護士法5条2号による特例、二弁、元農林水産省、国土庁土地局長／林桂一 1968東大法、2006登録、旧弁護士法5条2号による特例、一弁、ペンシルバニア大院（MA）、元建設省総務審議官／比護正史 1973京大法、旧弁護士法5条2号による特例、二弁、一橋大経営法学博士、白鷗大LS教授、岡三証券グループ社外取締役（監査等委員）、元財務省大臣官房審議官、元預金保険機構金融再生部長／奥山量 1974立大法、31期、一弁、バージニア大LLM／尾形雅之 1973一橋大商、36期、一弁、ロンドン大Diploma A 対馬恵子 1999京大法、53期、二弁、元シャープ法務部／梅本美祐 2002一橋大法、2008一橋大LS、62期、二弁、元日本ヒューレット・パッカード勤務、レスター大LLM／黒住哲理 2000東大法、2008中大LS、62期、二弁、元三井住友銀行／渡辺宗彦 1998国際基督教大教養、2007東大LS、63期、二弁、元みずほ銀行／村田和希 2011東大法、2013東大LS、67期、二弁 外資 Daisuke Beppu 2001イエール大BA、2008ベンジャミン・L.カルドーゾ・スクール・オブ・ロー JD（カルドーゾ・ロー・レビュー、シニア・アーティクルズ・エディター）、NY州弁護士2009 外弁 Griffith Way 1942ワシントン大BA、ワシントン大LS（LLB1948、LLM1968）、1949ワシントン州弁護士／Rosser H. Brockman 1965ヴァージニア大BA、ハーバード大（AM1967、Ph.D 1974）、1972エール大LS.JD、1973ワシントン州弁護士、1987CA州弁護士 他士 秋山佐企子 1988津田塾大英文、1997司法書士、元ゴールドマン・サックス証券会社

フレッシュフィールズブルックハウスデリンガー法律事務所（外国法共同事業）
Freshfields Bruckhaus Deringer

〒107－6336　東京都港区赤坂5－3－1　赤坂Bizタワー36階
TEL　03-3584-8500　FAX　03-3584-8501
URL：http://www.freshfields.com/ja/japan/　tokyoinfo@freshfields.com

20（±0）
P 4　A 12　顧 5
男 12　女 8
外弁 7　外資 8
他士 0　事務 21

 1743年に英国で創設、欧州・米国・アジア・ロシア・中東など世界の主要都市にオフィスを有し、約2,500名の弁護士を擁する。日本でも約40名のプロフェッショナルが国内外の多種多様な案件に関与。

■理念・特色

当事務所は、「ワン・ファーム」の理念の下、どの国や地域においても、一流の弁護士が、国境を越えて、クライアントに最高のサービスを提供することをめざしています。オフィスを設けていない国や地域においても、各分野ごとに、優れた現地の法律事務所と密接な協力関係を結ぶことにより、どのような案件であっても、シームレスな質の高いアドバイスを提供することができます。これにより、複数の国・地域に関わるM&Aのほか、国際的なカルテル調査、企業結合の届出、国境を越えた商事仲裁や不正調査、多国籍企業が複数関与する開発プロジェクトなど、世界規模でクライアントのサポートが必要となる案件において、他の追随を許さない卓越したリーガル・サービスを提供することができると自負しています。たとえば最近では、日本企業を代理した案件として、ブラジルやトルコでの保険会社の買収、ベトナムでの銀行株式の取得、ロシアでの製造JV、中東での資源系の開発プロジェクト、インドネシアでの紛争対応、シンガポールやロンドンでの国際仲裁などがあります。また、国内法務においても国際水準を踏まえた最高度のサービスを提供しています。

以下、力を入れている業務分野です。

1．企業法務案件（コーポレート）
　M&A、ジョイントベンチャー
2．金融法務案件（ファイナンス）
　プロジェクト・ファイナンス、資金調達
3．独占禁止法（競争法）案件
　カルテル、企業結合、コンプライアンス
4．紛争案件
　訴訟、紛争処理、国際調査、国際仲裁
5．労働案件
　人事、労務
6．不動産案件
　不動産私募ファンド投資、J-Reit

■設立・沿革

東京オフィスは、1988年に開設され、日本、米国、イギリス、オーストラリアなどの資格を有する弁護士、外国法弁護士、パラリーガル等からなる、約40名のプロフェッショナルが執務しています。

代表者	岡田和樹（第二東京弁護士会）
取扱言語	英語、中国語（海外ネットワークでは、ヨーロッパの主要言語、ロシア語、ヘブライ語など、世界の主要言語での対応可）
主な顧問先	商社、銀行や生損保などの金融機関、リテール、事業会社、IT関連など国内外の大手企業、プライベートエクイティ
報酬体系	原則としてタイムチャージ制。個別の案件ごとに相談に応じる。

フレッシュフィールズブルックハウスデリンガー法律事務所（外国法共同事業）

取扱業務

企業法務案件	企業の買収（M&A）、ジョイントベンチャー、ヨーロッパ、南北米、中国、東南アジア、ロシア、中東、アフリカなど海外への進出や合弁事業に関する日本企業へのアドバイス、ガバナンスおよびリスク管理、FCPA対応
金融法務案件	空港、道路、統合型リゾート（IR）等インフラ施設のコンセッション、民営化、PFI/PPP、買収ファイナンス、証券発行、デリバティブ、プロジェクト・ファイナンス、金融機関への金融商品取引法をはじめとする各種規制法に関するアドバイス
独占禁止法案件	カルテル事件に関する各国当局の捜査への対応、内部調査、リニエンシー（課徴金減免制度）の申請など、企業結合に関する分析、各国当局への届出など、独占禁止法・不正競争防止法・下請法などのコンプライアンスに関するアドバイス
紛争案件	買収案件に関する訴訟・仮処分への対応、企業の事業活動において発生するさまざまな法的紛争の処理、国際調査、国際仲裁（企業間、投資家と投資先国との仲裁を含む）
労働案件	事業の廃止や縮小による従業員の解雇や希望退職など、雇用の終了に関する問題、従業員の懲戒、退職従業員の競業避止義務の問題、賃金、残業代等に関するアドバイス
不動産案件	不動産私募ファンド投資、J-Reit

東京

P 岡田和樹 一橋大、27期、二弁、一橋大LS講師（国際ビジネスロー）、日本民事訴訟法学会会員／木内潤三郎 慶大、NY大LS修士、51期、一弁、NY州弁護士／中尾雄史 東大、NY大LS修士、51期、二弁、NY州弁護士／山川亜紀子 東大、ハーバード大LS修士、51期、一弁、NY州弁護士 **コンサルタント** 木南直樹 東大、ジョージタウン大ローセンター修士、27期、二弁、NY州弁護士／上杉秋則 東大、ペンシルバニア大LS修士、日本競争法フォーラム副会長、元公正取引委員会事務総長 **カウンセル** 中島智子 国際基督教大、シカゴ大LS修士、51期、二弁、CA州弁護士／小林信介 東大、NY大LS修士、54期、二弁、NY州弁護士／山田香織 東大、オックスフォード大LS修士、ロンドンスクールオブエコノミクスLS修士、59期、二弁 **シニアアソシエイト** 小林真里子 東大、ケンブリッジ大LS修士、53期、二弁／中野磨理子 東大、NY大LS修士、55期、二弁、NY州弁護士
外弁P Edward Cole オーストラリア国立大、一橋大、イングランドおよびウェールズ、オーストラリア・ニューサウスウェールズ州弁護士、一弁／Mark Plenderleith オックスフォード大、イングランドおよびウェールズ、NY州弁護士、一弁／Don Stokes アイルランド国立大、イングランドおよびウェールズ、NY州弁護士、二弁／Nicholas Lingard クイーンズランド大、ハーバード大LS、NY州、オーストラリア・ニューサウスウェールズ州弁護士、二弁 **外弁アドバイザー** James Lawden オックスフォード大、ロンドン大LS、イングランドおよびウェールズ弁護士、一弁 **外弁カウンセル** Lukas Kratochvil オックスフォード大、イングランドおよびウェールズ弁護士、一弁

ベーカー&マッケンジー法律事務所(外国法共同事業)
Baker & McKenzie (Gaikokuho Joint Enterprise)

〒106-0032　東京都港区六本木1-9-10　アークヒルズ仙石山森タワー28階
TEL　03-6271-9900　FAX　03-5549-7720
URL：http://www.bakermckenzie.co.jp　marketing.tokyo@bakermckenzie.com

1949年に設立され、北米、南米、欧州、アジア大洋州、中近東アフリカの47か国に77オフィス、4,100名を超える弁護士を擁する世界最大規模の国際法律事務所。ベーカー&マッケンジーの東京事務所として1972年に開設した。

103（-1）
P 32　A 54　顧 36
男 79　女 24
外弁 19　外資 13
他士 20　事務 155

A	総合

■理念・特色

　ベーカー&マッケンジー（Baker & McKenzie）は、北米、南米、欧州、アジア大洋州、中近東アフリカの47か国に77オフィス、4,100名を超える弁護士を擁する国際法律事務所です。1949年の設立以来、世界各国の法制度とビジネス環境に対する深い理解に基づいた高品質のサービスを、国境を越えて活動する企業に提供しています。

　ベーカー&マッケンジー法律事務所（外国法共同事業）は、ベーカー&マッケンジーの東京における拠点として1972年に開設され、外国法共同事業事務所として国内最大の規模と最長の歴史を誇っています。「企業の国籍を問わず、法領域の境界を問わず、言語の種類を問わず、国際的に活動するクライアントの期待に応える最上のリーガルサービスを提供すること」を基本理念とし、日本および外国各国の弁護士資格を有する人材を多数擁し、世界各国のメンバーファームとの緊密な連携の下、国内取引はもとより、クロスボーダーの事業活動におけるさまざまな問題の解決についてクライアントを支援しています。

　当事務所の弁護士は日本語と英語等の外国語に堪能であり、その多くが海外経験をもち、クライアントが世界のいかなる地域においても的確な事業活動を推進できるよう、各国の事務所がもつ現地の情報とネットワークの扱いに習熟しています。当事務所は、案件ごとに最適なスキルと経験を携えた専門家をグローバルベースで招集して最高の陣容で対応にあたります。

　ベーカー&マッケンジーは、開設以来、国内案件のみならず、外国企業の日本での事業投資活動と日本企業の海外事業展開という渉外分野を、積極的に支援してきました。

　現在は、日本企業が海外で直面する複雑かつ高度な問題に対応するため、東京事務所にアウトバウンド対応の専門弁護士を多数擁するとともに、アジアおよび主要各国のオフィスに日本人弁護士を配置し、現地の法律とビジネス環境に精通した専門家とともに、海外事業にあたる日本企業向けのサービスを提供しています。こうした日本企業支援のグローバルネットワークを基盤として、事案ごとにニーズに即して東京事務所と各国オフィスのチームを編成し、相互に緊密に連携して迅速に対応します。

■設立・沿革

　1972年、「東京青山法律事務所」開設。1995年、「ベーカー&マッケンジー外国法事務弁護士事務所」設立・特定共同事業。2001年、青木総合法律事務所と合併。2007年、狛グループが移籍。2012年9月、「ベーカー&マッケンジー法律事務所（外国法共同事業）」に改称。

代表者　　ジェレミー・ピッツ（東京弁護士会）
支店　　詳細は事務所HPの海外拠点一覧を参照。
http://www.bakermckenzie.co.jp/aboutus/network.html
主な顧問先　　金融機関、商社、情報通信、機械、電機、食品・日用品、自動車、製薬・医療機器・ヘルスケア、電力・ガス、不動産、流通、ホスピタリティなど、幅広い業種の日本企業および外資系企業
報酬体系　　原則としてタイムチャージ制。当事務所報酬規程による。

ベーカー&マッケンジー法律事務所（外国法共同事業）

取扱業務 コーポレートM&A、銀行・金融、キャピタル・マーケット、税務・移転価格、知的財産・情報通信、訴訟・仲裁、独占禁止法・競争法、事業再生・債権回収、労働法、環境法、大型プロジェクト（エネルギー、鉱業＆インフラストラクチャ）、製薬・ライフサイエンス、不動産、再生可能エネルギー、ホテル・リゾート

海外事務所 アジアパシフィック（17か所）、北アメリカ（9か所）、ラテンアメリカ（15か所）、ヨーロッパ、中東・アフリカ（36か所）

P 阿江順也 59期／阿部信一郎 46期／池田成史 46期／石井禎 40期／板橋加奈 54期／井上朗 52期／茨城敏夫 56期／江口直明 40期／遠藤聖志 55期／北村辰一郎 53期／木村裕 56期／黒丸博善 35期／近藤浩 39期／島田稔夫 56期／鈴木香子 50期／角谷仁之 39期／高田昭英 53期／鷹取康久 55期／高橋謙 39期／達野大輔 52期／辻本哲郎 56期／豊川次郎 51期／西垣建剛 52期／細川昭子 49期／穂高弥生子 44期／本間正人 57期／松本慶 54期／水落一隆 49期／武藤佳昭 44期／村主知久 56期／山中眞人 50期／山本英幸 46期

外弁P Joel Greer／Alexander Jampel／高瀬健作／乗越秀夫／Anne Hung／Jeremy Pitts／Chris Hodgens／Jeremy White／Ean Mac Pherson／Jean-Denis Marx／Gavin Raftery／Edwin Whatley／渡辺早波里

他士P 岡龍太郎 税理士／大河原健 税理士／小林真一 税理士／小埣由紀子 エコノミスト

著作 『3つのステージで考えるアジア事業投資とコンプライアンス戦略』（中央経済社、2014）／『アジア・ビジネスの法務と税務─進出から展開・撤退まで』（中央経済社、2011）／『海外進出企業の贈賄リスク対応の実務─米国FCPAからアジア諸国の関連法まで』（共著、中央経済社、2013）／『海外進出支援 実務必携』（共著、金融財政事情研究会、2013）／『わかりやすいアメリカ連邦倒産法』（商事法務、2014）／『アジア国際商事仲裁の実務』（レクシスネクシス・ジャパン、2014）／『「太陽光発電事業」参入実務＆契約資料集』（共著、綜合ユニコム、2013）／『クラウドと法』（金融財政事情研究会、2011）／『合併・買収の統合実務ハンドブック』（共著、中央経済社、2010）など多数

事件 明治安田生命によるスタンコープ社の50億ドルでの買収／第一生命によるプロテクティブ社の57億米ドルでの買収／サントリーによるビーム社の買収に際する三菱東京UFJ銀行による125億米ドルの融資／ソフトバンクによるスプリントの70％株式取得に際する共同主幹事による196億米ドルの貸付枠の設定（みずほコーポレート銀行・三井住友銀行・三菱東京UFJ銀行・ドイツ銀行）／丸紅によるトルコの建設機械販売代理店の株式49％の取得／豊田通商とPPRによるアフリカの自動車事業の拡大に関わる戦略的統合／京セラTCLソーラー合同会社による水上設置型太陽光発電事業／岡山県久米南町における32MW規模の太陽光発電事業をめぐるプロジェクトファイナンス／茨城県における31.6MW規模の太陽光発電プロジェクトの建設および関連する資金調達／住友商事による大型太陽光発電事業など

ホーガン・ロヴェルズ法律事務所外国法共同事業
Hogan Lovells Horitsu Jimusho Gaikokuho Kyodo Jigyo

〒100-0013　東京都千代田区霞が関1-4-2　大同生命霞が関ビル15階
TEL　03-5157-8200　FAX　03-5157-8210
URL：http://www.hoganlovells.com（英）
　　：http://www.hoganlovells.com/ja/（日）
E-mail：tokyobusinessdevelopment@hoganlovells.com

世界45以上の拠点に2,500名超の法律家を擁する国際法律事務所。国際法務をはじめ、M&A、紛争解決、知的財産、エネルギーや建設プロジェクトのクロスボーダー案件を取り扱う。

A		総合

■理念・特色
英国と米国にルーツを持つ国際法律事務所
ホーガン・ロヴェルズは、1904年に米国ワシントンD.C.で設立された「Hogan & Hartson」と1899年に英国ロンドンで設立された「Lovells」が、2010年5月に合併して設立されました。英国、欧州、米国における企業法務の業務基盤がもともと確立されていることに加え、アジアと中東地域、さらに近年、南アフリカ、中南米、オーストラリアにも拠点を開設し、グローバル化が進むクライアントのニーズに応えるよう、業容を拡大しています。
日本における体制　1990年に東京事務所を開設して以来、日本企業のクロスボーダー案件を中心に国内外のクライアントに法律サービスを提供しています。
　案件の規模やクライアントの目的に応じて東京事務所が担当窓口になり、ホーガン・ロヴェルズの各国の法律家からのサポートを迅速に提供できる体制を整えています。
コーポレート　東京事務所のM&Aチームの実行部隊がリードし、ホーガン・ロヴェルズの国際ネットワークを活用し、多業種と多地域におけるM&A業務に力を入れています。

紛争解決　商事訴訟、国際通商、保険訴訟等の紛争解決手続を幅広く取り扱います。また、SIAC、HKIAC、LCIA、ICC等、主要な国際仲裁機関での手続や、贈収賄および汚職に関する調査にも力を入れています。
知的財産権　日本最大規模の国際商標チームを組成し、150か国以上の商標登録や戦略およびポートフォリオ開発等を手がけています。また、欧米を中心に海外での特許訴訟や審査、技術移転等の業務にも力を入れています。
プロジェクト　海外事務所の約200名のプロジェクト専門チームと連携し、アジア太平洋、欧米、中南米、アフリカでの大型プロジェクト案件を取り扱っています。
建設関連分野　各事務所に所属するプロジェクトおよび建設分野専門の法律家と協働し、複数の国にわたる大型プロジェクトや建設プロジェクトに取り組んでいます。

■設立・沿革
1990年　東京に事務所開設
2008年　「ロヴェルズ法律事務所外国法共同事業」を設立
2010年　「ホーガン・ロヴェルズ法律事務所外国法共同事業」に名称を変更

代表者　Lloyd Parker（第一東京弁護士会外国特別会員）	主な顧問先　自動車、商社、テクノロジー・メディア・通信、ライフ・サイエンス、金融、保険、エネルギー、航空、建設等の企業・機関等
取扱言語　英語、フランス語等欧州各言語、中国語、その他	

取扱業務

コーポレート M&A、合弁事業、戦略的提携、プライベート・エクイティ、リストラクチャリング、国際税務、独占禁止法・競争法等

紛争解決 商事訴訟、保険訴訟、裁判外紛争解決手続、金融サービス訴訟、調査、ホワイトカラー犯罪、腐敗行為防止法、詐欺、製造物責任、集団訴訟等

知的財産 商標（登録およびポートフォリオの管理、権利の行使、防御戦略等）、知的財産に関する訴訟、知的財産取引、特許審査、特許訴訟

プロジェクト・エネルギー・建設関連 発電、石油化学、再生可能エネルギー、インフラストラクチャー、炭素市場・炭素排出権取引、石油・ガス、LNG液化天然ガス、規制、紛争解決、輸送等

P Lloyd Parker 一弁外国特別会員（豪クインズランド州）／ Philippe Riesen 東弁外国特別会員（米NY州）／ **別府理佳子** 二弁外国特別会員（連合王国）／ Patric McGonigal 一弁外国特別会員（連合王国）／ Joseph Kim 二弁外国特別会員（米CA州）／ **加本亘** 52期、二弁
A Frederick Ch'en 一弁外国特別会員（連合王国）／ Jacky Scanlan-Dyas 一弁外国特別会員（連合王国）／ **髙橋那恵** 一弁外国特別会員（ニュージーランド）／ **進藤千代数** 60期、二弁

事件

・日本企業とドイツのテクノロジー企業大手との日本を含め世界6カ国でビジネスを展開する合弁会社設立に関し、日本企業に助言を提供
・インドのムンバイを拠点とする文具製品の製造業者との戦略的買収に関して日本企業を代理
・シンガポールとインドでの事業を展開する海外ITサービス企業との戦略的提携において日本企業を代理
・日本でのメディア・広告事業を日本企業に売却する際、英国企業に助言を提供
・日本の製造施設の日本企業への売却において米国の製薬会社を代理
・米国の大手電力会社との米テキサス州での合弁会社の設立において日本企業を代理
・米国テキサス州東部地区連邦地方裁判所での特許侵害訴訟において日本企業連合や政府機関を代理
・日本企業のグローバル商標ポートフォリオの管理および欧州と中国における偽造品対策の戦略策定
・100か国以上における商標管理と意匠問題について、日本企業に戦略的助言を提供
・欧米における特許侵害訴訟の代理業務
・世界各国の税関での知的財産の登録
・欧州での税関差止の対応を含む税関業務
・日本における商標登録業務およびクリアランスサーチ
・世界最大のプラント建設および原油増産プロジェクトにおいて日本企業を代理

弁護士法人 ほくと総合法律事務所
HOKUTO Law office LPC

〒102-0083　東京都千代田区麹町2-3　麹町プレイス9階
TEL　03-3221-9873　FAX　03-3221-9874
URL：http://www.hslo.jp

16（＋2）			
P 10	A 6	顧 0	
男 15	女 1		
外弁 0	外資 0		
他士 0	事務 12		

	B	再生
	保険	医事

多種多様な経験を有する弁護士が集い、より専門的なリーガルサービスの提供をめざすとともに、3拠点体制も活かし、多くの弁護士が一致団結して事業再生や難易度の高い案件の解決に取り組む。

■理念・特色

　ほくと総合法律事務所は、東京、札幌および旭川にオフィスを構える3拠点体制の法律事務所です。当事務所名称の「ほくと」は、複数の星が集まって光輝き、北極星を探す手がかりとなる北斗七星に由来しており、「当事務所に参加する弁護士およびスタッフ全員の力を結集し、一丸となって依頼者の皆様を明るく照らし、よりよき方向へ導く羅針盤であり続けたい」という想いが込められています。

　当事務所は、案件によっては、東京・札幌・旭川の弁護士が協働しながら、リーガルサービスを提供しております。また、当事務所は、弁護士16名中、元裁判官2名、元検察官1名、組織内弁護士（金融庁、産業再生機構、保険会社、総合商社、サービサー、小売業者）の経験者8名が在籍するという特色を有しており、各人が法律事務所以外の組織で培った知識・経験も活かしながら、より専門的なリーガルサービスの提供に努めるとともに、事案の性格等に応じて、他の法律事務所や法律学者とも協働してよりよいリーガルサービスの提供に努めているという特色も有しております。さらに、当事務所は、各人が関心を持つ弁護士会の各種委員会等に所属し、当事務所以外の活動も通じて研鑽を積むことを推奨しており、経験年数の浅い弁護士に対しても、当事務所以外の活動も通じて、中長期的に当事務所の戦力として成長していくことを支援しております。

　なお、当事務所は、設立後、依頼者の皆様に支えられて、堅実かつ順調に成長を遂げることができており、また、当事務所に所属する弁護士が今まで誰一人として退所していないという点も、当事務所の人的関係の結束の堅さを示す特色であると自負しております。今後も法律事務所にとっての財産である「人」を大切にしながら、各人の専門性をより高めつつ、各人が案件ごとに協働しながら、依頼者の抱える課題を解決するためによりよいリーガルサービスを提供できる集団でありたいと考えています。

■設立・沿革

　2008年5月、東京の弁護士と札幌の弁護士が一体となって東京と札幌を拠点とする弁護士法人を開設しました。

　2012年、旭川の弁護士が合流する形で旭川事務所を開設しました。

代表者　窪田もとむ（札幌弁護士会）、成川毅（旭川弁護士会）、中原健夫（第一東京弁護士会）
支店　2008年札幌事務所、2012年旭川事務所開設
主な顧問先　生命保険会社、損害保険会社、銀行、不動産開発業者、精密機器メーカー、小売業者、卸売業者（いずれも東証上場会社）、医療法人、ホテル、温泉旅館、インターネット事業者、保険代理店　ほか多数
報酬体系　事務所報酬規程（日弁連旧報酬規程に当事務所の変更を加えたもの、またはタイムチャージ）による。
顧問料（月額）50,000円～／タイムチャージ　パートナー30,000円～50,000円、アソシエイト15,000円～30,000円（担当弁護士の専門性や経験年数に応じて幅がある）。

弁護士法人 ほくと総合法律事務所

取扱業務 **事業再生・倒産案件** 私的整理を利用した事業再生の法的助言・実施、民事再生手続・会社更生手続の申立代理・手続進行支援、破産手続・特別清算手続の申立代理／**保険業法・保険法関連業務** 銀行等の保険窓販、営業企画・商品開発・契約管理保全・コンプライアンス関連・保険金等支払等を含む保険会社の業務全般、保険関連訴訟・紛争対応／**企業買収・組織再編（M&A）案件** 法務デューディリジェンス、ストラクチャー検討、契約交渉・契約書作成／**医療機関関連法務** 医療事故・介護事故対応、日常的な法律相談対応その他法務部門としての支援業務／**コンプライアンス関連業務** 各種調査活動のサポート、内部通報のサポート、各種社内研修、反社会的勢力との関係遮断支援、企業不祥事対応／**不動産関連業務** 契約交渉・契約書作成、明渡し支援業務、不動産関連訴訟・紛争対応／**債権保全・回収業務** 仮差押手続、訴訟・紛争対応／**その他企業法務** 株主総会対応、労務問題対応、競業禁止関連、日常的な法律相談全般／**市民法務全般** 相続、離婚、不動産売買・賃貸借、交通事故、債務整理等

P 窪田もとむ 1972早大法、26期、札幌弁護士会／成川毅 1977明大法、34期、旭川弁護士会／中原健夫 1993早大法、50期、一弁／石毛和夫 1995東大経、51期、二弁／平岡弘次 1993早大法、51期、一弁／福田修三 1999東大法、54期、一弁／倉橋博文 2000早大法、55期、一弁／関秀忠 2000早大法、55期、一弁／津田秀太郎 1997上智大法、55期、札幌弁護士会／坂本大蔵 2002慶大法、57期、札幌弁護士会 **A** 千葉恵介 2002早大法、59期、東弁／岡本大毅 2005関学大法、61期、二弁／井田大輔 2005立大法、2007中大LS、61期、二弁／高橋康平 2001慶大法、2007阪大LS、61期、一弁／淺野綾子 1999北大法、2009北大LS、64期、旭川弁護士会／横瀬大輝 2008慶大法、2011早大LS、65期、一弁

著作 石毛和夫他『ダイジェスト金融商事重要判例（平成26年版）』（共著、経済法令研究会、2015）／同他『あるべき私的整理手続の実務』（共著、民事法研究会、2014）／同他『銀行窓口の法務対策4500講〔Ⅴ〕』（共著、金融財政事情研究会、2013）／中原健夫・関秀忠他『保険業務のコンプライアンス（第2版）』（共著、金融財政事情研究会、2011）／中原健夫・倉橋博文・関秀忠他『保険業界の暴排条項対応』（共著、金融財政事情研究会、2012）／石毛和夫他『私的整理の実務Q&A100問』（共著、金融財政事情研究会、2011）／成川毅他『弁護士を生きる。Part 2』（共著、民事法研究会、2011）／津田秀太郎他『通常再生の実務Q&A120問』（共著、金融財政事情研究会、2010）／石毛和夫他『再建型私的整理の実務―的確な金融支援を導く』（共著、中央経済社、2009）／中原健夫・関秀忠他『反社会的勢力関係遮断チェックリスト』（共著、金融財政事情研究会、2008）／中原健夫他『製品事故にみる企業コンプライアンス態勢の実践』（共著、金融財政事情研究会、2007）／同他『内部通報システムをつくろう』（共著、金融財政事情研究会、2006）／中原健夫・倉橋博文・関秀忠『反社会勢力からの企業防衛』（共著、金融財政事情研究会、2006）／津田秀太郎他『病院再生』（共著、日経メディカル開発、2005）／中原健夫・倉橋博文他『個人情報保護と民暴対策』（共著、金融財政事情研究会、2005）／中原健夫他『公益通報者保護法が企業を変える』（共著、金融財政事情研究会、2005）／成川毅他『暴力団110番Q&A（全訂増補版）』（共著、民事法研究会、2004） ほか多数

事件 民事再生事件（スカイマーク、インデックス、松本建工他の申立代理人）／第三者委員会（石山GWH、共同PR他の委員）／フェアネス・オピニオンの作成（NECネッツエスアイによるNECマグナスコミュニケーションズ全株取得案件）／競業禁止仮処分命令申立事件（東京地決平成22.9.30.労判1024号86頁）／遊戯施設に関する損害賠償請求事件（東京地判平成25.3.29.判時2194号43頁） ほか多数

堀総合法律事務所
HORI & PARTNERS

〒102-0094　東京都千代田区紀尾井町3-12　紀尾井町ビル8階
TEL　03-3261-6711　FAX　03-3261-6706

11（±0）	
P 6 A 4 顧 6	
男 10 女 1	
外弁 0 外資 0	
他士 0 事務 9	

金融関連法（金商法・銀行法・信託法・保険法・投信法等）の専門事務所で、顧問先も関連業種が多い。堀代表（国立大学法人千葉大学理事・副学長、内閣府公益認定等委員会委員）をはじめ、所属弁護士による執筆活動も熱心である。

■理念・特色

　当事務所は、設立以来、顧問会社等（継続的依頼者を含む）に対する法的な各種サービスを提供することを業務の柱としています。顧問会社等に対し、適時・適切に法的サービスを提供するためには専門性の深化はもちろんのこと、顧問会社等の属する業界ならびに業態の特性を把握し、規制環境の変化・動向にも注力することが求められます。

　当事務所は、顧問会社ごとに担当弁護士を定め、依頼事項に対し真摯、かつ丁寧にそして速やかに対応することとし具体的案件を介し、さらなる専門性の深化と業務の継続性が担保されるように心がけています。さらに小規模事務所の特性を活かすべく弁護士の知識や経験を可能な限り全体で共有できるように弁護士全員での勉強会を定期的に開くこととしています。

　顧問会社等から依頼があるときは、随時弁護士が顧問会社等に出向したり、役員や各種委員会の委員を引き受け、顧問会社等を事務所の体力に見合った範囲で多角的に支えていくことも重要な業務としています。

　事務所の規模・人数は、顧問会社や顧問会社の依頼事項の緩やかな増加に合わせて逓増しておりますが、「行き届いた法的サービスの提供」への基本的な想いが今後事務所の規模を決めていくことになるものと考えています。

　アソシエイトには、原則として海外留学を義務付け、留学先についてはオーソドック型かニッチ型かも含め本人が決めることとしています。

　規制環境の細分化、専門化が顕著になりつつあることから金融商品取引法、銀行法、信金法、信託業法、信託法、保険法、保険業法、投信法等の業者規制・行為規制ならびに監督規制に関する精度の高い対応に力を入れています。

■設立・沿革

　1989年12月に弁護士登録10年目にあたり、東京都千代田区紀尾井町3番12号 紀尾井町ビル8階に顧問会社業務を中心に取り扱う事務所として「堀裕法律事務所」（現「堀総合法律事務所」）を開設。専門分野や経歴の異なるパートナーの加入により少しずつ事務所規模も拡大しています。

代表者	堀　裕（第一東京弁護士会）
取扱言語	英語、中国語
主な顧問先	公共機関、外国政府系機関、国立大学法人、銀行持株会社、メガバンク、外資系銀行、信託銀行、信用金庫、証券、投信・投資顧問、ファインディング（MA仲介）、リース、ノンバンク、ベンチャーキャピタル、投資ファンド、損害保険、生命保険、通信、外資系資源エネルギー（石油、石油化学、LNG、太陽光）、食品、大手不動産、大手人材派遣、運送、メーカー、業界団体等
報酬体系	弁護士会旧報酬規程に準拠して個別合意に基づいて決定

取扱業務 業態の異なる顧問会社の業務対応を基本としているので広範囲にわたります。特記すれば、銀行法、信託法、信託業法、信用金庫法、金融商品取引法、投信法、保険法、保険業法、資金決済法、特商法等の業者規制、行為規制あるいは監督規制に絡む諸問題への助言・指導／資金決済・証券決済（ネット決済も含む）に関するスキームの構築に関する助言／法務部・コンプライアンス部・監査部・総務部への定例訪問／株主総会指導／株式会社の機関設計に伴うコーポレートガバナンスに関する助言・指導／企業結合、企業再編（独禁法、業法対応も含む）に伴う助言・指導／コンプライアンスホットライン等の社外チャンネルの受任

代表 P堀　裕　31期、一弁　P藤池智則　52期、一弁／隈元慶幸　46期、東弁／安田和弘　50期、一弁／髙木いづみ　51期、一弁／野村周央　57期、一弁／遠藤美光　2011登録、東弁　A亀甲智彦　62期、一弁／松本亮一　64期、一弁／冨松宏之　64期、東弁／関口諒　66期、一弁（12月に2名加入予定）

著作 堀　裕「オーストラリアにおける債権担保の概要」NBL388・389号／同「オーストラリアにおける先物取引規制の概要」NBL390・392・394号／同『オーストラリアの不動産取引』（同文館）／同「優先株式の保有と独禁法の株式保有規制に関する検討」旬刊商事法務1361号／同「銀行取引と独禁法適用に関する一視点」NBL512号／同「指名債権群の譲渡を伴う証券化取引の倒産手続上の取り扱い」NBL508号／同『金融先物取引法解説』（共著、商事法務研究会）／同「不動産に関する権利の証券化と小口化」NBL517・523号／同「銀行持株会社の創設のための合併手続特例法による合併方式の検討」旬刊商事法務1477号／同「株式会社の再編に係る法制化にみる株主の地位」旬刊商事法務1539号／同「非按分型会社分割と株主平等原則に関する若干の考察」金融法務事情1563号／同『デビットカード』の仕組みおよび法的枠組みの概要」金融法務事情1573・1576・1579・1580・1583・1585・1586・1587号等／同監修『インターナル・コントロール』（商事法務研究会）／同「金融機関の金融商品取引業務と一般的義務の概要」金融法務事情1992号／同『詳解信託判例―信託実務の観点から』（共著、金融財政事情研究会）／藤池智則「オンライン・オフラインデビット決済取引等における郵貯資金にかかる決済の仕組みの概要」金融法務事情1589号／同「インターネットデビット決済に関する法的構成案の概要」NBL699号／同「事業会社による決済サービスにかかる公法上の規制の検討」金融法務事情1631号／同「地方公金に関するマルチペイメントネットワークによる収納サービスの法的概要」金融法務事情1663号／同「新会社法における金融機関の内部統制」金融法務事情1766号／同「新信託法と裁量信託・受益者指定権付き信託-英国法上の裁量信託・指名権付き信託と比較して」金融法務事情1810号／同「集中決済システムにおけるマルチラテラル・ネッティングと一人計算」ビジネス法務2009年7月号／同『詳解信託判例―信託実務の観点から』（共著、金融財政事情研究会）／隈元慶幸『知的財産法基本判例ガイド』（共著、朝倉書店）／同『著作権法コンメンタール』（共著、レクシスネクシス・ジャパン）／同『詳解信託判例―信託実務の観点から』（共著、金融財政事情研究会）／安田和弘「ケースで学ぶ保険実務コンプライアンス」金融法務事情1872号／同「金融検査のポイント」金融法務事情1766～1795号／同「決済システムにかかる法的検討―決済システムのアウトソースとリスク管理」金融法務事情1631号／同「示談代行サービスの柔軟な提供へ」金融法務事情1956号／髙木いづみ『民法改正でかわる金融取引』（共著、金融法務事情研究会）／同「『振り込め詐欺』事件等と金融機関の資金移動取引」金融法務事情1741号／同「信託型ライツプランの実例分析と総括的検討」金融法務事情1754号／同『詳解信託判例―信託実務の観点から』（共著、金融財政事情研究会）／野村周央「社会保険庁における個人情報保護への取組みの概要」NBL807号／同「金融機関役員のための新会社法必携(上)機関編」金融法務事情1755号／同「金融機関役員のための新会社法必携(中)株式・株主総会編」金融法務事情1756号／同「金融機関役員のための新会社法必携(下)設立・資本・組織再編編」金融法務事情1757号／同「ケーススタディ窓口実務―②保険窓販（その1）～弊害防止措置」金融法務事情1769号／同『詳解信託判例―信託実務の観点から』（共著、金融財政事情研究会）等

ホワイト&ケース外国法事務弁護士事務所／ホワイト&ケース法律事務所（外国法共同事業）
White & Case LLP / White & Case Law Offices (Registered Association)

〒100-0005　東京都千代田区丸の内1-8-3　丸の内トラストタワー本館26階
TEL　03-6384-3300　FAX　03-3211-5252
URL：http://www.whitecase.com（グローバルウェブサイト）
　　　http://jp.whitecase.com（日本語ウェブサイト）

27				
P 7	A 17	顧 3		
男 16	女 11			
外弁 18	外資 7			
他土 2	事務 29			

A		総合

1901年に米国NYで創設。日本でも欧米系事務所として最も早く（1987年）東京事務所を開設。日本企業の組織・風土・価値観を深く理解する弁護士・外国法弁護士が窓口となってクライアントをサポート。

■理念・特色

　ホワイト&ケースは、世界27か国39拠点に約2,000名の弁護士を擁する国際的な法律事務所で、地域や法域をまたいだ法務サービスを提供しています。世界各地に所在する各オフィスが緊密に連携するグローバルネットワークや効率的な対応能力のほか、現地法に加え米英法等の資格も有する弁護士・ロイヤーが多く所属していることも当事務所の特色です。

　ホワイト&ケースは国際化にも積極的に取り組んでおり、日本においては欧米の法律事務所として最も早く1987年に東京に事務所を開設しました。現在は、弁護士、外国法弁護士など総勢約80名で構成されており、そのほぼすべてが日本語と英語に堪能です。

　日本企業の組織・風土・価値観を深く理解している弁護士・外国法弁護士が窓口となって、国内外のクライアントに対して、企業が直面する問題やビジネスチャンスに関してサポートしています。

　ホワイト&ケースの東京オフィスが取り扱う業務は幅広く、M&A（買収・合併）、エネルギー、インフラストラクチャー、プロジェクト・アセットファイナンス、不動産、バンクファイナンスおよび事業再生、キャピタル・マーケット、投資ファンド、紛争解決・競争、国際通商、社会的責任など、総合的な法務サービスを提供しています。

■設立・沿革

　1901年にニューヨークで創設した「ホワイト&ケース」は国際化の一環として、1987年に日本において、外国弁護士による法律事務の取扱いに関する特別措置法（「外弁法」）に基づき東京に外国法事務弁護士事務所を設立しました。

　1995年1月の改正弁護士法の施行を受けて、日弁連への届出第1号として1995年2月に「特定共同事業」を開始しました。

　その後、陣容を拡大し、現在に至ります。

代表者　Brian G. Strawn（第二東京弁護士会）	
その他オフィス　**アジア**　北京、香港、上海、シンガポール、ソウル／**北米**　ロサンゼルス、マイアミ、ニューヨーク、シリコンバレー、ワシントンDC、／**中南米**　メキシコシティ、モントレー、サンパウロ／**欧州**　ロンドン、パリ、ベルリン、デュッセルドルフ、フランクフルト、ミュンヘン、ハンブルク、ミラノ、マドリード、モスクワ、プラハ、ストックホルム、ヘルシンキ、ワルシャワ、ブリュッセル、ジュネーヴ、アルマトイ、アスタナ、ブラチスラヴァ、アンカラ、イスタンブール／**中東・アフリカ**　ドーハ、リヤド、アブダビ、ドバイ、ヨハネスブルグ
取扱言語　英語、フランス語、中国語他
主な顧問先　国内外の銀行、証券、リース、生命保険、損害保険、不動産、商社、情報通信、自動車、航空、化学、建設、日本政府など
報酬体系　弁護士報酬は、原則としてタイムチャージで、各時間単価は弁護士の経験レベルに応じた金額を設定。

ホワイト＆ケース外国法事務弁護士事務所／ホワイト＆ケース法律事務所（外国法共同事業）

取扱業務 M&A（買収・合併）／エネルギー、インフラストラクチャー、プロジェクト・アセットファイナンス／不動産／バンクファイナンスおよび事業再生／キャピタル・マーケット／投資ファンド／紛争解決・競争／国際通商／知的財産権／雇用関係／社会的責任

P 森本哲也 1982東大法、1988ハーバード大 LS、36期、二弁／**洞鶏敏夫** 1983東大法、1997ミシガン大LS、裁判官任官38期、1994登録、二弁／**河野理子** 1989阪大法、2000ハーバード大LS、45期、二弁、2004NY州弁護士／**宇佐神順** 1991東大法、2001ワシントン大LS、48期、二弁／**山田瑞穂** 1992慶大法、2002NY大 LS、49期、2006NY州弁護士、一弁／**松添聖史** 1996慶大法、2005NY大LS、50期、2005NY州弁護士、一弁、New York Bar Association／**木下万暁** 1999慶大法、2005デューク大LS、54期、2005CA州弁護士、一弁、California State Bar

外弁P Alexander W. Woody 1989オクラホマ大、1992ハーバード大LS、ハワイ州弁護士、テキサス州弁護士、外国法事務弁護士、Bar Association of the District of Columbia、二弁／**梅島修** 1982北大法、1989NY大LS、コロンビア特別区弁護士、NY州弁護士、アメリカ合衆国国際貿易裁判所、外国法事務弁護士、Bar Association of the District of Columbia、二弁／**Simon Collins** 1991ブリストル大、1995ヨーク大LS、1998英国弁護士、2005外国法事務弁護士、二弁、Law Society of England and Wales／**Brian G. Strawn** 1994 ポートランド州大、1998ジョージワシントン大LS、1999NY州弁護士、2002外国法事務弁護士、New York Bar Association、二弁、American Bar Association／**Paul Harrison** 1999Université Panthéon Assas Paris II、2000オックスフォード大ケーブル校、2004英国弁護士、2012外国法事務弁護士、Law Society of England and Wales、二弁／**Gerald M. Fujii** 1985オクシデンタル大、1988カリフォルニア大バークレー校LS.Boalt Hall、1988CA州弁護士、1999外国法事務弁護士、California Bar Association、American Bar Association、二弁／**Micah Sadoyama** 2002 Claremont McKenna College、2005ハワイ大LS、2005ハワイ州弁護士、2013外国法事務弁護士、Hawaii State Bar Association、American Bar Association、American Judicature Society、US District Court of the District of Hawaii、二弁

オブ・カウンセル Hendrik Gordenker 1981プリンストン大、1987コロンビア大LS.JD、1987プリンストン大ウッドロー・ウィルソン校MPA、1988コロンビア特別区弁護士、2000外国法事務弁護士、District of Columbia Bar Association、二弁／**橋本憲房** 1983早大政経、1992ボストン大LS、40期、一弁／**Tim Jeffares** 1983ブリストル大、1984ケンブリッジ大ダウニング校、1991英国弁護士、1991香港高等法院事務弁護士

シニア カウンセラー Arthur M. Mitchell 1970カリフォルニア大、1973ハーバード大LS、京大法（1973～75）、1976NY州弁護士、2008外国法事務弁護士、The Association of the Bar of the City of New York、Council on Foreign Relations、二弁、三井住友フィナンシャルグループ社外取締役／**鈴木美華** 1986創価大法、1998インディアナ大LS、42期、1999NY州弁護士、東弁

カウンセル 小田博 1975東大法、1987東大法学博士、1991登録、Solicitor（England and Wales）、二弁

本間合同法律事務所
HOMMA & PARTNERS

〒107-0052　東京都港区赤坂3-11-3　赤坂中川ビル4階
TEL　03-5570-3270　FAX　03-5570-3280
URL：http://www.law-hk.jp/　info@law-hk.jp

個々の弁護士が異なる専門分野を持つ専門家集団の事務所である。企業法務全般はもちろん、特に訴訟対応・危機管理対応に強い。

■理念・特色

理念　1980年に創設された当事務所は、時代の流れと共に拡大発展し、多様な分野を専門的に扱う法律事務所として今日に至っております。

　私たちは、クライアントを支える専門家集団として、豊かな創造力・想像力と積極的な行動力を発揮して戦略的法務の策定に尽力し、また、直面した紛争に対しては適切な訴訟対応をするだけではなく、これにとらわれないさまざまな紛争解決手段を柔軟に選択し、迅速な解決をめざしています。

　また、専門的先端的事象に対応するための日々の研鑽と能力の滋養、そして共感する心を基盤として、クライアントの真のパートナーとなるよう邁進いたします。

特色　当事務所の特色は、第1に、人材および専門の多様性です。当事務所は弁護士が十数名程度と中規模の事務所ですが、行政官庁、企業出身者、裁判官出身者、海外留学経験者、公認会計士、税理士の資格保有者、司法研修所教官経験者等の多様な経歴を有する弁護士が在籍しており、各弁護士が独自に専門分野を開拓しております。

　第2に、各弁護士が、それぞれの専門分野をもとに、個別案件の特性に応じてチームを組んで、多角的な視点で対応しています。

　これにより、クライアント企業の日常業務に係る相談、訴訟・ADR等の紛争解決だけでなく、国際法務、労働、知財、海事、会計、税務、IT法務、不動産、組織再編、コーポレートガバナンス対応、コンプライアンス体制の確立、第三者委員会への関与等、およそ企業に関わる広範な法律分野において、専門的知見からの助言、代理等を行うことが可能となります。

　私たちは、事務所において単一の専門性を設けることはせず、個々の弁護士の多様性および共同体制の構築を前提に、よりよい法律サービスの提供をめざしています。

■設立・沿革

1980年1月　「本間法律事務所」設立
1992年8月　「本間・小松法律事務所」に改称
2006年7月　「本間合同法律事務所」に改称

代表者　本間通義（第二東京弁護士会）
取扱言語　英語
主な顧問先　電気機器、化学、製薬、治験、製紙、不動産、建築、IT、放送、金融商品取引業、保険、商社、海運、倉庫、フランチャイズチェーン、小売、ホテル、ゴルフ場、人材派遣、介護、デザイン、地方公共団体、学校法人、財団法人、医療法人　ほか多数

報酬体系　事務所報酬規程（日弁連旧報酬規程に当事務所の変更を加えたもの）による。着手金・報酬金等とタイムチャージの双方対応可能／顧問料（月額）50,000円〜／タイムチャージ　パートナー25,000円〜100,000円、アソシエイト15,000円〜25,000円（担当弁護士の当該分野の専門性等に応じて幅がある）。

本間合同法律事務所

取扱業務 訴訟・執行・保全／ADR／一般企業法務、企業設立・企業支援、融資支援、組織再編（M&A）、事業承継、コーポレートガバナンス対応、コンプライアンス・内部統制／企業再生・倒産／第三者委員会調査、企業危機管理／民事介入暴力対策／不動産取引・建築紛争、知的財産権、労働法務、国際法務、海外展開支援、海事、企業税務・財務、保険、税務訴訟、独占禁止法・競争法、IT法務／経済犯罪・企業犯罪／国際家事・相続

P 本間通義 1968東大法、27期、司法研修所民事弁護教官（1993～96）、二弁副会長（2000～01）、日弁連常務理事（2001～02）、中部銀行金融整理管財人（金融庁）（2002～03）、司法試験委員会委員（法務省）（2004～07）、（公財）日本容器包装リサイクル協会監事（2010～）、日本証券業協会規律委員会委員（2012～）、特定非営利活動法人FINMAC運営審議会委員、（一社）第二種金融商品取引業協会規律委員会委員長（2012～）、上場企業社外役員／**岩崎良平** 1967東大法、27期、1978University of London、（一社）日本海運集会所仲裁人／**石川重明** 1967東大法、2002警視総監、2008登録、（公財）講道館理事、学校法人日本体育大学評議員・理事、（公財）警察育英会評議員、上場企業社外役員／**渋村晴子** 1987九大法、46期、司法研修所民事弁護教官（2009～12）、上場企業社外役員、コンプライアンス委員会委員、CSR委員会委員、（公財）ヒロセ国際奨学財団監事、他／**古田茂** 1995一橋大法、49期、日弁連取調べの可視化実現本部事務局次長、上場企業社外役員／**蓑毛誠子** 1995東大法、49期、2000NY大LLM、2001NY州弁護士、日本弁護士連合会ADRセンター事務局次長（2014～）、文部科学省原子力損害賠償紛争解決センター和解仲介委員（2011～）、東京簡易裁判所民事調停委員（2012～）、東京都建築紛争調停委員（2014～）／**片山智裕** 1995東大法、49期、1997東京地方裁判所裁判官（～2003退官）、2007公認会計士、経営革新等支援機関、（公社）全宅連不動産総合研究所委員（2014～）／**杉本太郎** 1994東大法、51期、経営革新等支援機関／**福田恵之** 1996SUFFOLKLSJD、1998NY州弁護士、1999CA州・HI州弁護士、2003外国法事務弁護士／**鈴木郁子** 1995東大教養、2000京大法、55期／**菊地正登** 2003早大法、56期、2009Southampton大、経営革新等支援機関／**宇佐美善哉** 1999都立大法、57期、2013Cornell LSLLM、2014NY州弁護士、American Antitrust Institute リサーチフェロー（2013）、米国連邦取引委員会コンサルタント（2014）、Lane Powellカウンセル（2014～）／**坂田真吾** 2000一橋大法、57期、国税庁・国税不服審判所審判官（2009～13）、2014税理士、社外役員／**志賀厚介** 2002武蔵工業大環境情報、2007北大LS、61期／**神庭雅俊** 2005東大法、2009東大LS、63期 **A 毛受達哉** 2005立大法、2012中大LS、66期　以上すべて二弁

著作 本間通義『民事尋問技術（第3版）』（共著、ぎょうせい）／同『不法行為判例集成⑾』（共編、ぎょうせい）／渋村晴子『新民事訴訟法実務マニュアル（改訂版）』（共著、判例タイムズ社）／片山智裕「最高裁判例の"判断枠組み"を検証する 組織再編と『公正な価格』の基本的な考え方」会社法務A2Z87号／同「M&Aのプロセスと実務上の留意点」会社法務A2Z 99号／杉本太郎『一問一答事業承継の法務』（共著、経済法令研究会）／同「民事尋問技術の心得と実務」二弁フロンティア130号／鈴木郁子・宇佐美善哉『新・労働事件法律相談ガイドブック』（共著、第二東京弁護士会）／宇佐美善哉『Overview of the Amendment of the Japanese Antimonopoly Act and Its Practical Points』（共著、Federal Bar Association）／同「国際カルテルで米国へ史上初の犯人引渡し—日本人ビジネスパーソンへの示唆」インテグレックス ホットプレス／同『Why Did They Cross The Pacific? Extradition: A Real Threat To Cartelist?』（American Antitrust Institute）／坂田真吾『企業活動と民暴対策の法律相談』（共著、青林書院）　ほか多数

事件 取締役責任訴訟／株主代表訴訟／大規模労働訴訟／システム開発訴訟／製造物責任訴訟／知的財産権訴訟／独占禁止法審判・訴訟／M&A訴訟／不正会計訴訟／船舶衝突訴訟／有価証券報告書虚偽記載事件／税務訴訟／税務不服申立て／国際仲裁／会社更生管財／破産管財／民事再生（監督委員・再生委員）／海洋汚染事件／海上保険事件／国際家事審判・訴訟／企業刑事事件　ほか多数

増田パートナーズ法律事務所
MASUDA & PARTNERS LAW OFFICE

〒101-0047　東京都千代田区内神田1-6-10　笠原ビルディング12階
TEL　03-5282-7611　FAX　03-5282-7620
URL：http://www.msd-law.com/　info@msd-law.com

10 (+3)		
P 4	A 4	顧 3
男 9	女 1	
外弁 0	外資 2	
他士 1	事務 4	

A		会社
	金融	知財

会社法、金融商品取引法、M&A、コンプライアンス、コーポレートガバナンス、リスクマネジメント、証券化、労働法、知的財産権に関する法的助言、紛争解決等、小規模ながらも扱う分野は広い。

■理念・特色

　当事務所は、「日本で最も尊敬される法律事務所」でありたいと考えています。信頼される、尊敬されるためには、法務上のサポートはもちろんですが、意思決定に影響を及ぼす心的側面でのサポートも重要だと考えています。たとえば紛争がからむ事案には多くの人の心痛が伴います。取締役・会社間の紛争であれ、株主代表訴訟であれ、社員のリストラであれ、関係者がさまざまなストレスを抱え込みます。顧客の不安、怒り、悲しみを軽減して差し上げることは、顧客満足度に直結するきわめて重要なサポート要素だと考えています。訴訟に限らず、企業法務においても、そのようなサポートを必要とする場面は数多くあります。当事務所は、その需要に応えていくことによって社会的使命を担いたいと考えています。

　また、当事務所は、弁護士個人の能力が問われる領域、大手法律事務所が取り扱えない領域（コンフリクト案件、明らかに社会的正義に反しているにもかかわらず、大手法律事務所では諸事情から関与しない事案等）にフォーカスしています。サポートのスピード、クオリティ、適正な報酬という3つの条件を整え、多くの相談に応じております。小規模の事務所ながら、金融、企業法務、知的財産、不動産の証券化、一般民事と幅広い分野を取り扱っており、顧客としても、銀行、証券会社といった金融機関から製造業までバラエティに富んでおり、特定の分野に特化しておりません。

　2013年7月には、タイ、フィリピン、マレーシアの法律事務所とも提携し、東南アジアへの進出を考える企業のサポートを迅速かつ的確に行える態勢も構築しました。

　当事務所は、「IFLR1000（2015年版）」において、「M&A」および「キャピタルマーケット」の部門で「Other notable firms」にリストされると共に「Recognized Firm」の認定を獲得しております。

　また、「The Legal 500 Asia Pacific（2015年度）」において、当事務所および弁護士増田英次が「労働法および雇用法」の分野において推奨できる法律事務所および弁護士に選ばれていると共に、弁護士増田英次が「2016年 Best Lawyers」の「Corporate and M&A and Litigation」部門においてBest Lawyerの1人に選出されています。

■設立・沿革

　2008年2月に弁護士増田英次らが中心となって、開設しました。

代表者　増田英次（第一東京弁護士会）
取扱言語　英語
主な顧問先　銀行・証券会社等の金融機関、情報・通信業、電力・ガス、製造業、ベンチャーキャピタル、投資法人、鉄鋼、自動車部品製造、商社等

報酬体系　事務所報酬規程による。着手金・報酬金等とタイムチャージの双方対応可能。顧問料（月額）100,000円～／タイムチャージ　パートナー40,000円～50,000円、アソシエイト25,000円～35,000円（担当弁護士の当該分野の専門性に応じて幅がある）。

増田パートナーズ法律事務所

|取扱業務| **企業法務** 会社法・金融商品取引法に関する法的助言、M&Aに関する法的助言、コンプライアンス・コーポレートガバナンス・リスクマネジメントに関する法的助言、労働法・人事・労務管理に関する法的助言、証券化・金融関連商品に関する法的助言等／**知的財産権・エンタテインメント・IT** 知的財産権・エンタテインメント・IT関連業務における法的助言、紛争解決等／**争訟** 国内外の企業に係る会社訴訟、個人における訴訟、行政訴訟等／**倒産・事業再生** 会社関係の破産・特別清算・民事再生等の申立て、倒産・事業再生に関する法的助言等／**一般法務** 一般民事、医事関係紛争、相続案件、会社をめぐる刑事案件等

|P|増田英次 1987中大法、42期、一弁、1996イェール大LS客員研究員、メリルリンチ日本証券法務部長兼執行役員（2001〜02）、2003コロンビア大LS.LLM、2006NY州弁護士／**堀部忠男** 1993早大法、48期、東弁、2002ゴールデンゲート大LS.LLM／**小林康恵** 東大法、50期、一弁／**根岸岳彦** 早大理工、53期、東弁／|A|**松葉知久** 2001早大法、57期、二弁、2011金融庁入庁（任期付公務員）／**木村康紀** 2006早大法、61期、二弁、2014内閣府大臣官房会計課会計専門官任命（任期付公務員、現職）／**羽田長愛** 2009早大LS、63期、東弁／**朝倉誠** 2010京大LS、65期、二弁／**吉田全郎** 2012同大LS、66期、一弁 |顧|**木下毅** 1971東大院博士課程（法学博士）、1973ハーバード大LS.LLM、北大法学部教授、中大法学部教授等を経て、2007弁護士登録、一弁／**德本穰** 1990九大、1994イェール大LS.LLM、2009筑波大LS教授（現職）／**赤羽根大輝** 2001東大法、61期、二弁、2013コロンビア大LS.LLM、2014NY州弁護士

|著作| 増田英次『「正しいこと」をする技術—コンプライアンス思考で、最短ルートで成功する』（ダイヤモンド社、2009）／同「繰り返しインサイダー取引が起きる理由」ビジネス法務12巻9号（2012）等／同『もうやめよう！ その法令遵守—本当に尊敬されて、胸を張って利益を出せる会社を創る方法』（フォレスト出版、2012）／同『人生を変える正しい努力の法則』（かんき出版、2014）／増田英次・朝倉誠「［短期連載］ソーシャルメディア・リスクマネジメント」（全5回）Business Law Journal 85号〜89号（2015）／松葉知久「情報受領者によるインサイダー取引事案の諸論点」商事法務2010号（2013）／同「課徴金納付命令決定取消請求事件判決にみる課徴金の意義および要件—東京地判平成二六年二月一四日を踏まえて」商事法務2060号（2015）／同「信用金庫理事の善管注意義務・忠実義務違反（福岡高宮崎支判平成23・8・31）」西口元・鎌野邦樹・金丸和弘編『融資責任を巡る判例の分析と展開（金融・商事判例増刊1411号）』（2013）等 ほか多数

|事件| 外国裁判所で選任された破産管財人の日本法人の株主総会決議取消訴訟について原告適格が認められた事件（東京地判平3.9.26判時1422.128）／外国判決の日本での執行が認められた事件（東京地判平成6.1.14判時1509.96）／株主が旧商法294条1項に基づき検査役選任の申請をした時点で総株主の議決権の100分の3以上を有していたが新株発行により総株主の議決権の100分の3未満しか有しないものとなった場合における当該申請が認められた事件（東京高決平成18.2.2金判1262.46）／建物賃借人が破産した場合における保証金返還請求事件（本訴）、財団債権請求事件（反訴）（東京地判平20.8.18判タ1293.299）／年度版用語辞典の本文頁のレイアウト・フォーマットの著作権に関する事件（東京高判平成11.10.28判時1701.146）／プライバシーの侵害のおそれを理由とする出版、販売の差止請求事件（東京地判平成10.11.30判時1686.68）等 ほか多数

東京

弁護士法人 松尾綜合法律事務所
Matsuo & Kosugi

〒100-0011　東京都千代田区内幸町2-2-2　富国生命ビル18階
TEL　03-3500-0331　FAX　03-3500-0361
URL：http://www.mknet.jp

22 (±0)	
P 3 / A 17 / 顧 2	
男 17 / 女 5	
外弁 0 / 外資 1	
他士 0 / 事務 12	

 1963年設立。伝統的に訴訟その他紛争解決に定評があるが、150を超える海外法律事務所とのネットワークにより国際法務にも強い。企業不祥事のリスク対応でも、民事・刑事で豊富な実践経験を有する。

■理念・特色

1963年の設立以来、私達は、まず何よりも日本の法律業務に精通した法律家になること、そして、さらにその国内基盤のうえに立って、外国の法律家とも対等にわたり合って仕事ができる、真の国際通用力を備えた優秀な専門家集団になることをめざして、修練と経験を積み重ねてきました。このような信念の下、当事務所は、紛争案件等の実戦での処理能力、対応能力の向上に努めており、訴訟をはじめとする紛争案件では案件の規模に関わらず、クライアントに非常に強力なサービスを提供できるものと自負しております。

他方、150を超える海外法律事務所との海外ネットワークを有し、事務所内でも外国人弁護士・パラリーガル、翻訳チームによる翻訳等の体制が整っており、渉外案件を処理する体制が整備されています。そのため、クライアントの海外業務や外国企業との契約をはじめ現地法調査などの業務、逆に外国企業の日本進出や日本でのビジネス・紛争の処理も得意としています。

近年は、労働事件にも力を入れており、主に使用者側の立場で、個別的・集団的紛争に関する助言、裁判所等での紛争事件の代理を行っております。

M&Aについても一部上場会社から小規模な会社ものまで処理可能な経験値の高い弁護士を配しております。また、上述の海外法律事務所との連携により現地での法務精査やM&Aのスキームにかかるアドバイスまで臨機応変に対応することができる体制をとっております。

その他、独占禁止法関連の法律相談や公正取引委員会の調査や措置への対応ならびに製造業やソフトウェアの開発会社をクライアントに抱えていることから、知的財産権関連の法律相談や事件についても当然対応可能であり、これらも近時力を入れている分野です。

■設立・沿革

1963年『松尾法律事務所』設立。1979年『松尾・小杉法律事務所（Matsuo & Kosugi）』、2004年『弁護士法人 松尾綜合法律事務所』に組織変更（内幸町に移転）。

代表者　松尾翼（東京弁護士会）	通信業者、システム開発会社、製薬会社・医療機器製造会社、政府系金融機関、保険会社、学校法人、商社、各種サービス業者等
取扱言語（カバーする地域）　英語、中国語等（北米／中米南米／欧州／アジア／中東／その他＊各国にネットワークがあり、国内法律事務所からの相談がある場合、協力可）	**報酬体系**　事務所報酬規程による（日弁連旧報酬規程に準拠）（ただし、訴訟等紛争案件。適宜相談）／顧問料（月額）最多価格帯は100,000円～400,000円（要望、固定と報酬の割合、タイム、顧問料に含む業務量によって種々バリエーションあり）／タイムチャージ20,000円～50,000円程度。
主な顧問先　製造・販売業者（自動車関連、工業用バルブ、建築設備関係、半導体、精密機器、メッキ、音響機器、その他）、テレビ局、出版社（電子出版含む）、芸能事務所、アパレル会社、化粧品会社、倉庫・運送会社、流通業者（E-コマース事業含む）、ISP、その他電気・	

弁護士法人 松尾綜合法律事務所

取扱業務 会社法務（取締役会や株主総会、意見書の作成、役員・従業員への講習の実施・サポート、各種海外向け契約や書類の翻訳、内部通報窓口など）訴訟紛争（各種製造物責任訴訟（海外訴訟対応アドバイス業務を含む）、独占禁止法の私的差止請求、発信者情報開示請求事件、各種会社法関連事件、不動産関連訴訟事件など）労働事件（従業員の引き抜き事件、未払残業代等の賃金紛争、解雇、雇止め、配置転換等雇用契約上の紛争、労働審判、労災認定、労災補償に関する紛争その他）M&A（企業提携等の端緒における相談、各種精査（デューディリジェンス）、買収や組織再編成行為（合併、分割等）のための契約書や書類のドラフトおよびアドバイス）知的財産権（特許権、実用新案権、商標権、意匠権、著作権等侵害や不正競争防止法違反に基づく差止め・損害賠償請求事件）国際仲裁事件（当事者の代理人、仲裁人。客員弁護士谷口安平（京都大学名誉教授）は、これまで、ICCAの理事、日本仲裁人協会（JAA）の理事長、さらにはWTOの上級委員会委員を務めており、国際的にも著名。また、小杉弁護士も多くの困難な国際仲裁事件の仲裁人として指名されている）独占禁止法関連事件（不当な取引制限・不公正な取引方法に関する相談、公正取引委員会の調査や措置への対応、リーニエンシーのタイミング等のアドバイスやリーニエンシーの対象からはずれる場合の対応等）倒産事件（破産、会社更生、会社整理、民事再生、特別清算等。小杉弁護士は、ホテルや鉄鋼会社等の大規模な会社更生事件の管財人として活動を行い、国際的な倒産手続の処理を最も得意とする）個人事件および刑事事件

東京

P 松尾翼 1953早大法、1960登録、12期、東弁、ワシントン大LLM／小杉丈夫 1966東大法、1968任官、1974登録、20期、東弁、元裁判官、ハーバード大LLM／西村光治 1989中大法、1992登録、44期、東弁、コロンビア大LLM、NY州弁護士 客 谷口安平 1957京大法、1998登録、11期、東弁、UCバークレーLLM、コーネル大JSD、京大名誉教授、ICCA顧問、元WTO上級委員会委員、前(公社)日本仲裁人協会理事長、シンガポール国際商事裁判所判事／花見忠 1953東大法、1958東大法博士、ルーバン大名誉法学博士、2003登録、東弁、ハーバード大、コロンビア大等LS客員教授、上智大名誉教授、元中央労働委員会会長、内閣官房参与、旭日重光章 A 石井藤次郎 1981立大法、39期、東弁／金子浩子 1987金沢大法、49期、一弁／大塚あかり 1996早大法、51期、東弁／岩佐和雄 1994上智大法、53期、東弁／冨永伸太郎 1990東大法、54期、一弁／林恵子 2000京大法、54期、一弁／八木仁志 1997早大法、58期、東弁／田中健夫 1997上智大、59期、東弁／髙橋慶彦 2001一橋大、59期、東弁／木村尚徳 2002慶大、2005慶大院、59期、東弁／小澤崇行 2004東大、2006青学大LS、60期、東弁／山岸泰洋 2004東大法、2007東大LS、61期、東弁／山内賢志 2001立命大法、62期、東弁／神原あゆみ 2002慶大法、2008慶大LS、62期、東弁／菊間千乃 1995早大法、2009大宮LS、64期、二弁／大嶽雄輝 2008慶大法、2010慶大LS、66期、東弁／古谷健太郎 2011立大法、2013慶大LS、67期、東弁 外資 Jamie Fukumoto

著作 松尾翼「Fiction, Bankruptcy of Foreign Enterprise」(Yomiuri)／『会社法体系』（共著、青林書院）／『民法（債権法）改正の要点』（共著、ぎょうせい）／『不正競争防止法コンメンタール』（共著、レクシスネクシス・ジャパン）／『企業法務判例ケーススタディ300（企業取引・知的財産権編）』（共著、金融財政事情研究会）／小杉丈夫著作集第Ⅰ巻『アメリカ社会と法律』・第Ⅱ巻『法律業務の国際化』・第Ⅲ巻『アジアの時代の法』／『アメリカの債権回収法』（編著、商事法務研究会）ほか

事件 紛争関連（イ・アイ・イ・インターナショナル清算人対新生銀行事件、プリンストン債事件、三菱商事株主代表訴訟事件、NHK記者証言拒絶事件、中学高校における道徳教育債務履行等請求事件、写真撮影機関連特許権侵害訴訟事件、自動車製造業者関連独占禁止法関連事件、株式価格決定申立事件、など）／破産・更生関連（辻産業更生事件、エス・シー・エー破産事件、法華倶楽部会社更生事件、新潟鐵工所会社更生事件、青木建設民事再生事件など）／その他（セガサミー経営統合、京セラ・ヤシカ合併、放送衛星BS-4打ち上げプロジェクト、ポールマッカートニー大麻事件など）ほか多数

松田綜合法律事務所
MATSUDA & PARTNERS

〒100-0004　東京都千代田区大手町2-6-1　朝日生命大手町ビル7階
TEL　03-3272-0101　FAX　03-3272-0102
URL：http://www.jmatsuda-law.com　info@jmatsuda-law.com

国内・渉外・知財を広くカバーし、ワンストップで迅速に対応する。中堅弁護士層が厚く、弁理士、社労士、司法書士、中国弁護士も在籍。内部調査、労務管理や知財評価、アジアへの進出支援にも注力している。

24	(-4)		
P	1	A	23	顧	0

男21　女3
外弁0　外資1
他士6　事務13

A		総合

■理念・特色
　私たち、松田綜合法律事務所はワンストップ型法律事務所としてプロフェッショナルなリーガルサービスを提供いたします。それとともに、依頼者の言葉に耳を傾け、依頼者お一人お一人の気持ちを大切にし、信頼の絆で結ばれるよう、関わり続けます。

幅広い業務分野
　企業法務、労務、知的財産法、不動産取引、国際取引等のビジネス・ロー分野をはじめ、多くの倒産案件、訴訟案件および一般民事、刑事、家事事件等を取り扱っております。また、特許・商標等の出願や不動産・商業登記申請まで行うワンストップ型法律事務所です。一般的な企業法務や訴訟業務だけではなく、紛争予防のためのアドバイスや企業再生・M&A等専門性の高い法律業務にも取り組んでおります。

経験豊富な法律専門家
　労務、知的財産法、不動産取引、倒産、刑事、国際取引等各種分野に精通した弁護士のほか、弁理士、司法書士、社会保険労務士等の有資格者が在籍しており、依頼者のさまざまなリーガル・ニーズに対応しております。また、各々が得意とする分野で協力し合うことにより、1つのチームとして有機的に機能し、より効率的なリーガル・サポートを行うことを目標としております。

国際的なネットワーク
　海外に展開する日系企業や外国企業へのリーガル・サポートを提供できるよう、日本においてクロスボーダー業務を取り扱う体制を有するとともに、海外に多くの拠点およびネットワークを構築しております。

社会的責任の遂行
　人権問題などに関わるプロボノ活動（専門家による公益的社会貢献活動）にも力を入れており、公的責任の全うに高い関心をもっております。

■設立・沿革

2002年	「松田純一法律事務所」を東京都中央区京橋に開設
2004年	「松田綜合法律事務所」に改称
2011年	東京都千代田区大手町に事務所を移転
2013年	インド・グジャラート州政府と日系企業進出支援に関するMOU（覚書）を締結

代表者	松田純一（東京弁護士会）
取扱言語	英語、中国語
主な顧問先	製造業（食品、機械・機器、自動車部品、鉄道・交通関連、繊維製品、住宅設備等）、商社、各種サービス・小売業、飲食業、学校、医療機関、娯楽業、金融機関、建設業、不動産販売・仲介・管理業、リース業、ホテル業、IT企業等
報酬体系	事務所報酬規程（日弁連旧報酬規程に準じつつ、一部当事務所の実情に応じ変更）による。案件に応じタイムチャージ方式を適用。顧問料（月額）50,000円〜（会社の規模・業務量等に応ずる）。

松田綜合法律事務所

取扱業務 **企業法務** 企業運営法務（各種契約締結のサポート、株主総会指導等）、組織再編法務（会社設立、業務提携、株式譲渡、合併・株式交換および移転・会社分割その他のM&A）、事業承継支援、債権回収など／**労働法** 労働紛争予防の観点からの人事・就業条件に関する法的アドバイス、就業規則等の各種規則の作成、従業員からの解雇・雇い止め・不当人事・セクシャルハラスメント等に関する訴訟・労働審判等の対応、労働組合との団体交渉、労働基準監督署の調査対応／**知的財産権** 知的財産権（特許権、商標権等）の取得・依頼者の事業収益に結びつく権利の活用を含む包括的な支援、依頼者が海外進出をする場合における海外ネットワークを通じた欧米、中国・インド・ブラジルなど新興国における権利取得・活用／**不動産** 不動産の売買、賃貸借、開発等についての契約書作成や法的チェック、管理組合に関する諸問題への対応、都市計画法、建築基準法、日照権問題等の都市開発に伴う各種問題へのサポート、環境リスクへの対応など／**クロスボーダー取引・海外進出支援** 英文契約書のレビューからクロスボーダーM&Aまで日系企業と外国企業との間の取引全般に関する法的アドバイスの提供／**倒産法** 会社更生、民事再生、破産、特別清算、私的整理など各種手続に対応するほか、その全段階において企業・経営者をサポート／**訴訟業務** 各種企業間取引、会社法、知的財産権・不正競争、製造物責任、不動産、労働法等に関する交渉・裁判など／**IT** 個人情報保護、プライバシー等のビッグデータの活用に関する諸問題、システム開発に関する諸問題に対応
その他 内部調査・保育および幼稚園関連・一般民事・刑事法・行政法・民事介入暴力

P 松田純一 慶大法、45期、東弁、NPO法人遺言・相続リーガルネットワーク代表理事、弁理士、社会保険労務士 A 丸山幸朗 早大法、53期、東弁／大橋君平 東大法、55期、東弁、弁理士／水谷嘉伸 上智大法、55期、東弁、NY州弁護士／森田岳人 東大法、57期、東弁／髙垣勲 中大法、58期、東弁／久保達弘 東大文、58期、東弁／岩月泰頼 早大理工、58期、東弁、2005検事任官／菅原清曉 立大文、59期、東弁／兼定尚幸 京大法、59期、二弁／柴田陽介 一橋大法、一橋大LS、60期、東弁／岡本明子 早大法、東大LS、61期、東弁／佐藤康之 東大工、一橋大LS、61期、東弁、東大非常勤講師／夏苅一 東大法、首都大LS、61期、東弁／西村公芳 早大理工、早大LS、61期、東弁、弁理士／菅田正明 中大商、中大LS、67期、東弁／白井潤一 慶大法、慶大院、62期、東弁／荒川仁雄 東大法、東大LS、64期、二弁、社会保険労務士／奥津麻美子 一橋大法、一橋大LS、64期、東弁／上原誠 明大政経、中大LS、65期、東弁／山口陽子 早大法、54期、東弁／若山太郎 東大法、京大LS、65期、東弁／飯村重樹 中大法、東理工大、2005弁理士

著作 『与信管理論（第2版）』（商事法務）／『民事再生と営業譲渡・会社分割』（ぎょうせい）／『取締役の責任』（新日本法規出版）／『個別労働紛争解決手続マニュアル』（新日本法規出版）／『反社会的勢力リスク管理の実務』（商事法務）／『都市計画・まちづくり紛争事例解説 法律学と都市工学の双方から』（ぎょうせい）／『証拠収集実務マニュアル』（ぎょうせい）／『これならわかる新「会社法」要点のすべて』（日本実業出版）／『倒産手続選択ハンドブック』（東京弁護士会）／『高齢者・障害者の財産管理と福祉信託』（三共法規出版）／『セクシャルハラスメント相談』（東京弁護士会）／『全訂 刑事弁護マニュアル』（ぎょうせい）／『リスク対応契約書チェックの手引』（新日本法規出版）／『経済刑事裁判例に学ぶ不正予防・対応策』（経済法令研究会）（すべて共著）

マリタックス法律事務所
MARITAX LAW OFFICE

〒106-0032　東京都港区六本木1-6-3　泉ガーデンウイング5階・6階
URL：http://maritax.com/

海事・国際取引部門
TEL　03-3586-3251　FAX　03-3586-3250　E-mail：info-marine@maritax.com

税務・行政部門
TEL　03-3586-3601　FAX　03-3586-3602　E-mail：info-tax@maritax.com

一般民事部門（弁護士　奥平力）
TEL　03-3585-2787　FAX　03-3585-2787

国際部門（外国法事務弁護士　ランダル・ケイジ・ナガタニ）
TEL　03-3586-3601　FAX　03-3586-3602

10	(－2)		
P 3	A 5	顧	2
男 8	女 2		
外弁	1	外資	0
他士	1	事務	11

B		海事
	税務	会社

「マリーン（海事）」と「タックス（税務）」を2枚看板とする国際専門事務所。行政関連業務や事業承継、（国際的）相続案件等にも対応する。

■理念・特色

　マリタックス法律事務所は、1991年2月に、海事を専門とする「簔原法律事務所（代表簔原建次弁護士）」と税務を専門とする「山下法律事務所（代表山下清兵衛弁護士）」が合併し、海事および税務の二大専門分野を持つ稀有な事務所として出発し、1995年7月に、特色とする二大業務を現して現在の名前に改めました。

　すなわち、「マリタックス」の名称はマリーン（海事）とタックス（税務）を併せた造語であり、その名のとおり、弊事務所は、海事と税務を二大専門分野とし、高度かつ専門的なリーガルサービスを提供する法律事務所です。

　その後、会社法、労働法を専門とする奥平力弁護士がパートナーに加わり、国際家族法の第一人者である元東洋大学法学部教授の笠原俊宏弁護士と、企業法・消費者法・電子商取引を専門とする中央大学元学長福原紀彦弁護士が客員として弊事務所の一員となり、さらにランダル・ケイジ・ナガタニハワイ州弁護士を迎えました。

　弊事務所は、本来の専門分野以外にも、行政事件、労働関連事件、企業買収（M&A）、国際取引、特許などの知的財産権法、独占禁止法、信託法、国際家族法などの国際私法分野においても研鑽を重ね、その活動の幅を広げております。

■設立・沿革

　1991年2月、海事を専門とする「簔原法律事務所（代表簔原建次弁護士）」と税務を専門とする「山下法律事務所（代表山下清兵衛弁護士）」が合併して、「簔原・山下法律事務所」を開設し、1995年7月、事務所の名称を「マリタックス法律事務所」に改称しました。

　2002年9月、事務所を現在の泉ガーデンウイングに移転するとともに、パートナーとして奥平力弁護士が参加し、東洋大学法学部教授笠原俊宏弁護士が客員として参加しました。

　2007年5月、中央大学元学長福原紀彦弁護士が客員として参加しました。

　さらに2009年8月、ランダル・ケイジ・ナガタニハワイ州弁護士を迎えました。

代表者　簔原建次（東京弁護士会）、山下清兵衛（第二東京弁護士会） **取扱言語**　英語、フランス語、中国語 **主な顧問先**　大手金融機関、商社、倉庫会社、海運会社、造船所、クルーズ関連会社、海外日系ホテル、保険会社、大手建設会社、大手機械メーカー、大手病院、歯科・医療機関、太陽光	発電システム設置会社、大手道路会社 **報酬体系**　事務所報酬規程に従って計算。タイムチャージ報酬は、1時間当たり20,000円～、弁護士および事案の難易度により異なる。ただし、メールによる税務法律相談および行政法律相談（info-tax@maritax.com）は無料。

マリタックス法律事務所

取扱業務

海事・国際取引業務 会社法、海商法、国際海上物品運送法、船主責任制限法、船舶法等の海事関連法、倒産法、条約等の調査および法律相談等／船舶金融（いわゆる、シップファイナンス。具体的には、借入れスキームの立案、助言、相談、船舶登録国等関連諸外国の法例調査、金銭消費貸借契約書、当該船舶の旗国法に基づいた船舶抵当権設定証書、保険債権譲渡担保証書、傭船契約譲渡担保証書等の和文および英文契約書の作成、抵当権設定登記等、担保権の登録手続の手配）、造船契約、傭船契約等その他各種契約に関するアドバイス／国内外の海事仲裁および商事仲裁、便宜置籍船問題、国内外の倒産処理案件、国内外の船舶差押（差し押える場合、差し押えられる場合、拿捕（だほ）された場合）、保険事故に関する事件、船主等への税金に関するアドバイス・手続代行／海外法律事務所との連携を活かした外国法の調査、企業活動のグローバル化、国際化に伴う国内外の会社からの各種契約に関する法律相談、日本企業の海外進出における外国会社の設立および運営、海外企業の日本進出に伴う国内会社設立および運営、許認可の取得等についてのサポート

税務関連業務 税務調査の立会い、税務当局との交渉業務、異議申立て・審査請求手続、訴訟手続、タックスプランニング、租税刑事事件、税務申告。無料税務法律相談（info-tax@maritax.com）

行政関連業務 行政法律相談、労働関連問題などをはじめとする各種許認可業務の補助・行政調査立会いなどの行政手続の代理業務、行政不服申立て、行政訴訟。無料行政法律相談（info-tax@maritax.com）

家事関連業務（国際家族法含む）・相続関連業務 弊事務所の専門性を活かした、事業承継や相続についての法律相談、調停、訴訟等の各種手続、タックスプランニングから契約書作成、税務申告までのトータルサービス。国際結婚や海外財産の相続問題、外国人のビザ等の取得についての相談

民事・商事関連業務 会社法・企業法務、M&A、倒産法・企業再生、労働法、金融法務、知的財産法、国際事件、民事介入暴力、飛行機・航空機事故

刑事関連業務 一般刑事事件、犯罪被害者等の保護、企業犯罪の弁護等

その他の業務 出版物・専門誌への寄稿、研修会・講演活動

P 簑原建次 東大法、ロンドン大院海事法、27期、東弁、(一社)日本海運集会所海事仲裁委員会海事仲裁人、海事補佐人／山下清兵衛 中大院、27期、二弁、税理士、元大宮LS教授／奥平力 中大法、28期、一弁

A 吉田愛 中大院、チュレーン大LLM海事コース、54期、東弁／山下功一郎 早大法、60期、二弁／田代浩誠 東大法、中大LS、61期、二弁／吉田聖子 京大法、早大LS、62期、一弁（現在海外転居のため登録抹消中）／西潟理深 東大文、62期、二弁

顧 笠原俊宏 中大法、元東洋大法学部教授、2004登録、二弁／福原紀彦 中大法、中大元学長、中大院法務研究科教授、2002登録、東弁

外弁 ランダル・ケイジ・ナガタニ スタンフォード大、コロンビア大、東大法、ハワイ州弁護士、外国法事務弁護士、二弁

丸の内総合法律事務所
Marunouchi Sogo Law Office

〒100-0005　東京都千代田区丸の内2-2-1　岸本ビル815区
TEL　03-3212-2541　FAX　03-3284-1188
URL：http://www.marunouchi-sogo.com

 1950年開設の「松本正雄法律事務所」を前身とする法律事務所で、国内上場企業の法務（民事・商事）が中心業務。各研究チームを常設し専門的な対応を行っている。社外役員（取締役、監査役）も多い。

■理念・特色

　当事務所は、国内企業法務を主要な業務とする法律事務所です。

　当事務所は、時代とともに変化する法的需要に的確かつ迅速にお応えするために、高度な専門知識とバランスのとれた法的判断能力を保持して質の高い仕事ができる体制づくりを常に心がけております。それにより、依頼者のために最善を尽くすこと、所属弁護士全員が偏りなく依頼事件を処理できると同時に特定の分野にも長けた能力を身につけること、を実践して参ります。そのために、当事務所は以下のモットーを胸に仕事に取り組んでおります。

① 依頼者に対して常に親切であること
② 熱心に依頼事件に取り組み、解決まで諦めることなく常に全力を傾注すること
③ 依頼事件のよりよい解決は何かを絶えず追究すること
④ 頂く報酬を超える価値を提供すること
⑤ 自己研鑽に励むとともに、依頼事件の取組みを通じて広い視野と深い知識を獲得しつつ経験を積み、人格を高めること。

　当事務所は、皆々様のご負託に十分に応えることができるよう、今後も深化と進化を続けて参ります。

　業務は、民事、商事を中心とした企業法務一般であり、他事務所と比較すれば、国内上場企業に関する企業法務の色彩が濃いといえます。

　具体的には、株主総会・業務提携・M&A等のほか、各社の事業プロジェクトに関する事前の法律検討などの予防法務、戦略法務ならびにこれらに関連する訴訟・保全処分等に至るまで、幅広い業務を行っております。また、事務所内部においては、金融商品取引法研究チーム、経済法研究チーム、知的財産法研究チーム、倒産法研究チームおよび労働法研究チーム等の各研究チームが常時組成されており、専門的知識を有する案件にも積極的に取り組んでおります。

■設立・沿革

　1950年、現在の事務所の前身となる「松本正雄法律事務所」を開設しました。1967年、松本正雄弁護士が最高裁判事に就任したことに伴い、事務所名称を「丸の内総合法律事務所」に変更し、畠山保雄弁護士を中心とする共同事務所に組織変更しました。

　2011年10月より松本伸也弁護士および松井秀樹弁護士が共同代表に就任しております。

代表者　松本伸也、松井秀樹（いずれも第二東京弁護士会） **主な顧問先**　法律顧問を受任している顧問会社の概要は、航空・化学・鉄鋼・食品・商社・製粉・ガス・アパレル・ビール・印刷・電線・シンクタンク・非鉄金属・不動産・建設・レジャ	ー・百貨店・出版・タイヤ・独立行政法人など。特定の企業系列にとらわれず広く業務を行っていることが特徴。 **報酬体系**　日弁連旧報酬規程を参考にした事務所報酬基準による。

丸の内総合法律事務所

取扱業務
企業法務全般 日常相談における法的問題（民法、会社法、金融商品取引法、労働法、倒産法、知的財産法、経済法等）に対する調査・検討・助言等、契約書の作成・審査、意見書の作成、コンプライアンス、コーポレート・ガバナンス、役員・社員研修、株主総会のサポート等
M&A等 事業譲渡、合併、会社分割、株式交換、株式譲渡、事業再編、事業承継、業務提携等
紛争処理 訴訟、調停、保全、強制執行等の紛争処理
個人事件 相続・離婚等の家事事件、交通事故、破産・個人再生手続等の債務整理、刑事事件等

P 松本伸也 1982早大法、39期、インプレスホールディングス社外監査役、渋澤倉庫社外取締役、(公財)キリン福祉財団理事、大平洋金属社外取締役・同社特別委員会委員 、元最高裁判所司法研修所民事弁護教官、元新司法試験考査委員・司法試験予備試験考査委員（民法）／松井秀樹 1985一橋大法、39期、日本証券業協会あっせん委員、日本証券業協会外務員等規律委員会委員、関東電化工業社外取締役、日本証券業協会事故確認委員会委員、特定非営利活動法人証券・金融商品あっせん相談センターあっせん委員／武田仁 1979國學院大法、38期、國學院大學専門職大学院客員教授（倒産法）、DOWAホールディングス社外監査役、サンケン電気社外監査役、日弁連常務理事、二弁副会長（2014年度）／中野明安 1986成蹊大法、43期、新日鉄住金ソリューションズ社外監査役、アグレ都市デザイン社外監査役、(一社)災害総合支援機構副代表理事、日弁連災害復興支援委員会委員長、元オリエンタルランド社外監査役、元JALUX社外監査役、二弁副会長（2010年度）／大庭浩一郎 1988東大経、44期、二弁労働問題検討委員会委員、紛争解決手続代理業務試験委員（特定社労士試験試験委員）、司法試験考査委員（労働法）、競馬セキュリティサービス社外取締役／川俣尚高 1990東大法、46期、最高裁判所司法研修所民事弁護教官、日本製粉社外監査役、トレックス・セミコンダクター社外監査役、新むつ小川原監査役、千葉カントリー倶楽部監査役、元運輸省勤務／井上能裕 1989慶大法、47期、慶大法学部講師、ハイデイ日高社外監査役、東京地方裁判所所属民事調停委員、元簡易裁判所訴訟代理等能力認定考査委員／太田大三 1996東大経・経済、1997東大経・経営、51期、経済産業省特許庁法制専門官（2003〜04）、2006弁理士、二弁弁業センター副委員長、元國学院大専門職大院教員（倒産法）、特許庁調査業務外注先選定委員、(一社)発明推進協会模倣被害アドバイザー、マークテック社外監査役、ジークライト社外取締役／縫部崇 2000慶大法、55期／長島亘 2002早大法、56期 A 成瀬健太郎 2001東大法、57期、一弁／近内京太 2003京大法、59期／鷲野泰宏 2001早大商、2005早大商院、59期／岩元昭博 2006東大法、60期／荒井康弘 2003早大政経、2008中大LS、62期／若林功 2006東大法、2009東大LS、63期／吉田桂子 2009早大法、2011中大LS、65期／藤井塁 2010東大法、2012東大LS、66期／鎌田千翔 2009中大法、2012中大LS、67期 顧 田島孝 1958一橋大法、16期、東弁／石橋博 1971慶大法、26期、松屋社外監査役・特別委員会委員、日本ピストンリング社外監査役・特別委員会委員
以上成瀬、田島を除き二弁。

著作 『REVICによる地域の再生と活性化』（金融財政事情研究会）／『新・判例ハンドブック会社法』（共著、日本評論社）／『複数契約の理論と実務』（共著、民事法研究会）／『商品先物取引業務の基礎知識（コンプライアンス・ハンドブック）』（共著、日本商品先物取引協会）／『災害時の労務管理ハンドブック』（経営書院）／「責任限定法理として機能する内部統制システム」『現代企業法の理論と動態 奥島孝康先生古稀記念論文集(1)(上)』／『もうひとつの新型インフルエンザ対策』（第一法規）／『企業のための防災と復旧のはなし』（商事法務）／『職務発明規程の実務ハンドブック』（商事法務）／『会社分割マニュアル』（中央経済社）／『帰宅困難者対策Q&A』（共著、清文社）等

丸の内中央法律事務所
Marunouchi-Chuo Law Office

〒100-6312　東京都千代田区丸の内2-4-1　丸の内ビルディング1204区
TEL　03-3201-3451
URL：http://www.mclaw.jp/index2.html

10（±0）		
P 3	A 5	顧 2
男 10	女 0	
外弁 0	外資 0	
他士 0	事務 7	

2002年、3事務所が合併して開設した一般事務所で、広い法分野において企業・個人双方に迅速な法務サービスを提供する。予防法務に力を入れていることも特徴で、裁判にならないうちに相談できる法律事務所をモットーにしている。弁護士会等のプロボノ活動にも熱心で、社外取締役、監査役経験者も多い。

	総合
C	

■理念・特色

当事務所は、以下の目標を持って、クライアントの皆様方の法的ニーズにお応えいたします。

①迅速的確なリーガルサービスの提供（ご依頼の内容を吟味し、最もふさわしい解決手段をご提案し、そのうえで迅速に着手・遂行し、解決をめざします）、②依頼内容に応じ熟練した弁護士が担当（ご依頼の内容に従って、それぞれの事案に相応しい熟練した弁護士が担当いたします。事案によっては、チーム制で臨み、さらに他の事務所と共同で対処することもあります）、③弁護士報酬についての詳細な説明（ご依頼の内容に応じて、事案の解決に至るまでどの程度の期間でどの程度の弁護士費用が生ずるかをあらかじめご説明申し上げ、ご了解をいただいたうえで受任させていただきます）、④情熱を持って真摯に積極的な取組み。

力を入れている業務分野は大きく分けて3つあります。

1.　企業・組織に対する法務サービス

わたくしたちは会社や組織の設立、取締役会や理事会の運営、株主総会や総代会の運営のご指導、新規事業における法的問題の分析と助言、金融やこれに伴う担保、債権回収、任意整理、民事再生、破産申立の分野等倒産関連分野、また、労働災害、労使間の問題、著作権法等の知的財産権、独占禁止法、下請法等の公正取引に関する法律、不正競争防止法上の問題や、東京地方裁判所から破産管財人の選任も受け倒産案件にも精通しております。

2.　個人の方々への法務サービス

(i)すまいをめぐる問題（借地借家、建築紛争等）、(ii)親族や相続をめぐる問題（相続、遺言書の作成と執行、遺産分割、離婚等）、(iii)交通事故や医療事故等の事故をめぐる問題、(iv)金銭をめぐる問題等のサービスを行っております。

3.　予防法務

裁判は終局的な解決ですが、手間と時間ばかりか、ストレスもかかります。できるだけ回避すべく、早めに問題点を発見し、的確な法的助言を行い、トラブルを未然に防ぐことに最大限努めます。裁判にならないうちに相談できる法律事務所をモットーにしています。

■設立・沿革

当事務所は、2002年9月に3つの法律事務所が合併して誕生し丸ビルにて執務を開始しました。そのうちの1つである堤総合法律事務所は、後に最高裁判所判事を務めた谷村唯一郎先生が1933年に旧丸ビルにて開設したことに沿革を持ちます。

代表者　堤淳一、近藤節男、山本昌平（すべて東京弁護士会）
取扱言語　英語
主な顧問先　総合エンタテインメント企業、精密機械、住宅等さまざまな業種のメーカー、専門商社、不動産、音楽芸能出版、生活協同組合、一般社団・財団法人、医療法人、宗教法人（寺院）、地方公共団体等
報酬体系　事務所報酬規程（日弁連旧報酬規程に当事務所の変更を加えたもの）による。着手金・報酬金等とタイムチャージの双方対応可能／法人の顧問料（月額）50,000円～／タイムチャージ　弁護士の専門性による。

丸の内中央法律事務所

取扱業務 法律顧問分野　法律相談・助言、契約書の起案、鑑定書等の作成、組織内の法教育・各種研修、諸規則等の作成、株主総会等の指導等／企業法務分野　コンプライアンス、コーポレート・ガバナンス、事業再編（M&A、事業譲渡）、事業承継、役員・従業員等の不祥事対応、企業の社会的責任の問題、株主代表訴訟、製造物責任、社内通報の窓口、商事関連訴訟等／役員派遣分野　社外取締役、社外監査役等の派遣／エンタテインメント・知的財産権分野　テレビ、映画、音楽、出版等に関する各種契約書の作成等、著作権等知財をめぐる訴訟対応等／人事・労務関連分野　人事・労務に関する相談・法的助言、就業規則の作成等、雇用契約をめぐるトラブルの解決、懲戒・懲罰委員会への臨席、各種ハラスメント対応／公正取引分野　独占禁止法等公正取引をめぐる諸問題、中企庁、公正取引委員会委員会等による調査・検査等への助言、対応等／不動産法　不動産投資・売買・賃貸、仲介対応、建築工事請負契約のトラブル／倒産分野　会社更生、民事再生、破産、特別清算、私的整理／国際法務分野　英文契約書作成、審査／個人分野　相続・家族法をめぐる調停、訴訟対応等、遺言書、遺産分割協議書の作成、離婚、破産・個人再生手続、交通事故、医療事故、金銭、不動産賃貸、境界をめぐるトラブル対応等、刑事事件（起訴前、起訴後弁護　被害者代理人）対応

東京

P 堤淳一 1964中大法、19期、日弁連常務理事（1995〜96）、全国弁護士協同組合連合会理事長（2011〜13）、東京ドーム社外監査役／近藤節男 1970中大法、25期／山本昌平 1988中大法、50期、日弁連代議員、東弁常議員（2003〜04、2011〜12）ナラサキ産業社外取締役、バンダイ社外監査役他　**A** 園高明 1975中大法、35期、（公財）日弁連交通事故相談センター常務理事（2006〜10）、同センター副理事長、日本交通法学会理事、JAFモータースポーツ審査委員会委員／石田茂 1978中大法、39期、東京簡易裁判所民事調停員、社労士・紛争解決手続代理業務試験委員、東京都文京区法律相談員、国際興業社外監査役、学校法人中大評議員／石黒保雄 1992早大法、48期、東弁常議員（1997〜98、2014〜15）／友成亮太 2006慶大法、2009桐蔭横浜大LS、63期／門屋徹 2008中大法、2010慶大LS、66期／筑紫勝麿 1970東大法、大蔵省・財務省（〜2003）、サントリーホールディングス社友、（公社）日本オペラ振興会監事、西日本ユウコー商事社外取締役／柳瀬康治 1966立大法、21期、日弁連副会長、東弁会長（2005〜06）、日本生活協同組合連合会法定員外監事、元バンダイナムコホールディングス社外監査役、元立大法非常勤講師　以上すべて東弁

著作 堤淳一「弁護士業務の新展開」日弁連編『21世紀弁護士論』（有斐閣、2000）／同「日弁連の司法改革プラン」中央大学・中央大学大学院編『司法改革・教育改革—日本法制2010年講義集—』（2001）／同「訴訟費用保険」比較法雑誌29巻1号（1995）／同「紛争解決行動のダイナミクス」法交渉学実務研究会『法交渉学入門』（商事法務研究会、1992）／同「リーガルサーヴィス伝達の構図」『民事司法の法理と政策(下)小島武司古稀記念』（商事法務、2008）／山本昌平「判例分析30売主の義務」判例タイムズ1178号（2005）／同「中小企業の健全な発展と法曹への期待—日本経済の持続的発展のために」NBL879号（2008）／金井重彦・パブリシティ権問題研究会編著『パブリシティ権—判例と実務』（共著、経済産業調査会）

事件 堤淳一　石油カルテル訴訟（被告側代理人）（最二小判平成元12.8判時1340.3）／同　注射による筋短縮症損害賠償事件（被告側代理人）（和解による解決）／同　株主代表訴訟事件における会社の補助参加（補助参加人代理人）（東京高判平成9.9.2判時1633.140）／同　代表取締役解任事件において解任された元代表取締役から取締役会決議の無効確認を求められたケース（被告側代理人）（最三小判平成10.11.24資商178.78）／同　じん肺訴訟（東京、長野、新潟、札幌）（被告側代理人）／同　労働基準法81条の打切補償をしたうえで解雇した場合における当該解雇の合理性（積極）（被告側代理人）（東京高判平成22.9.16判タ1347.153）／柳瀬康治・山本昌平　超時空要塞マクロス事件（被告側代理人）（知財高判平成17.10.27商標・意匠・不正競争判例百選62）ほか

みなと協和法律事務所
Minato-Kyowa Law Office

〒105-0001　東京都港区虎ノ門2-1-1　商船三井ビルディング4階
TEL　03-5545-8075　FAX　03-5545-8076
URL：http://www.minato-kyowa.jp

12（±0）			
P 11	A 1	顧 0	
男 10	女 2		
外弁 0	外資 1		
他士 1	事務 8		

須藤正彦元最高裁判事により開設された「須藤法律事務所」を起源とする専門事務所。多数の事業再生・倒産案件を手がけるほか、金融法務・会社法にも強い。

B　再生
会社　金融

■理念・特色

　弁護士は、その本質において自由独立である必要がありますが、同時に、さまざまな専門分野を持った者が集い、新知識・情報をいち早く交換し合い、互いに切磋琢磨して処理能力やスキルを向上させ、連帯感を持って事務所を運営し、パワーを発揮できなければなりません。当事務所は、元最高裁判所判事の須藤正彦弁護士を中心として、このような考え方を共有して集まった弁護士により構成されるリーガル・モール型の事務所です。

　各パートナーは、それぞれ独自の専門分野を有しながら、基本的には独立して業務を行っていますが、事務所全体として、事件の規模や専門性に応じて複数のパートナーが連携して対応できるような体制を用意しており、これにより、クライアントの方々に対し、幅広い分野について専門性の高い手厚いリーガルサービスの提供をすることが可能となっております。

　特に力を入れている業務分野は、下記のとおりです。

1．リーガルオピニオン具申／コンプライアンス・ガバナンス関連業務
2．金融機関法務
3．金融商品取引
4．事業再生・倒産処理
　(1) 会社更生
　(2) 民事再生
　(3) 私的整理
　(4) 破産
　(5) 企業倒産に関連するM&A
　(6) 企業倒産に関連する債権回収
5．商法・会社法関連事件
6．インターネット関連法
7．国際取引関係

■設立・沿革

　1974年に須藤正彦弁護士が設立した「須藤法律事務所」に端を発する事務所です。

　その後、1996年に「協和法律事務所」に名称変更しました。

　1998年の合併により「あすか協和法律事務所」となり、さらに2006年に植草宏一弁護士らの「植草・大野法律事務所」との合併により「みなと協和法律事務所」となり、現在に至ります。

代表者　創立者	須藤正彦（東京弁護士会）
主な顧問先	信用金庫、証券会社、商社、海運会社、不動産業、建築会社、リース・レンタル、製造業、小売業、ガス、太陽光発電、出版、倉庫業、ソフトウェア開発、会員権事業・ホテルレストラン事業、映画製作会社、広告代理業、人材派遣業、飲食業、旅館業、地方公営企業体、社会福祉法人等
報酬体系	各弁護士の報酬規程（日弁連旧報酬規程におおむね準拠）による。

みなと協和法律事務所

取扱業務 コーポレート　企業法務一般、リーガルオピニオン具申、コンプライアンス・ガバナンス関連業務／**事業再生・倒産処理**　私的整理手続（債務者代理人）、会社更生手続（申立代理人、管財人代理）、民事再生手続（申立代理人、監督委員）、破産手続（申立代理人、破産管財人）企業倒産に関連するM&A（スポンサーサイド）、企業倒産に関連する債権回収／**事業再編・M&A**　スキーム立案、デューデリジェンス、ドキュメンテーション、合併・会社分割・事業譲渡・株式交換・株式移転・事業承継等の企業再編／**金融機関法務**　取引規定作成、リーガルチェック、クレーム対応、訴訟／**金融商品取引**　取引規定作成、アドバイス、クレーム対応、訴訟／**商法・会社法関連事件**　株主総会指導、裁判所選任による事件（総会検査役、仮取締役、清算人等）／**インターネット関連法**　ドメインネーム紛争、プロバイダ責任制限法関連事件、インターネット上の誹謗中傷に対する対応等／**国際取引関係**　国際取引・契約締結交渉等に関する助言、外国企業に対する日本法についての助言、契約書作成等／**独占禁止法案件**／**知的財産権・エンターテイメント・スポーツ関係**／**一般民事事件**／**ベンチャー企業サポート**／**家事事件**　離婚、相続、成年後見など

[P]**須藤正彦** 1966中大法、22期、東弁、東弁副会長（1988～89）、司法研修所教官（民事弁護）（1992～95）、国際医療福祉大客員教授（1995～2009）、日弁連綱紀委員会委員長（2004～06）、東京都労働委員会公益委員（2008～10）、最高裁判所判事（2009～12）／**植草宏一** 1975東大法、29期、東弁、司法研修所教官（民事弁護）（1998～2001）、東弁副会長・日弁連常務理事（2004～05）、司法試験考査委員（民事訴訟法）（2004～07）、日弁連司法修習委員会委員長（2008～09）、筑波大LS教授、JSR社外監査役／**大野裕紀** 1977東大法、38期、東弁／**鈴木一洋** 1985明大法、44期、一弁、2006一弁監事、東京簡易裁判所司法委員（2006～07）、東京都開発審査会、一弁紛議調停委員／**松嶋隆弘** 1991日大法、1993日大院修士、48期、東弁、日大法学部教授／**寺尾幸治** 1988東大法、50期、東弁／**縣俊介** 1995東大法、50期、東弁、東京倒産法部事務局次長（2012～13）、日弁連倒産法制等検討委員会幹事、全国倒産処理弁護士ネットワーク理事／**和田正** 1996明大法、52期、東弁、2005カリフォルニア大バークレー校LLM、2006NY州弁護士、2013中小企業診断士／**豊泉美穂子** 2000東大法、57期、東弁、東京地方裁判所判事補（2004～06）／**松尾幸太郎** 2000九大法、60期、東弁、個人版私的整理ガイドライン運営委員会幹事／**福原竜一** 2003成蹊大法、2008中大LS、62期、東弁、成蹊大非常勤講師　[A]**鈴木彩子** 2003北大法、2008中大LS、62期、東弁

著作 須藤正彦『ゴルフ会員権の譲渡に関する研究—契約上の地位の譲渡の一態様として』（信山社）／同『精説不良債権処理—引当・償却とデット・エクイティ・スワップ、証券化』（経済法令研究会）／同『弁護士から最高裁判所判事へ—折り折りの思索』（商事法務）／植草宏一他『新民事訴訟法施行三年の総括と将来の展望』（西神田編集室）／植草宏一・松嶋隆弘編著『契約書作成の基礎と実践』（青林書院）／鈴木一洋他『詳説　新会社法の実務』（共著、財経詳報社）／寺尾幸治他『Q&Aインターネットの法的論点と実務対応』（ぎょうせい）／縣俊介・和田正他『倒産事件処理マニュアル』（新日本法規出版）／同『破産実務Q&A200問』（金融財政事情研究会）／縣俊介・和田正・松尾幸太郎他『会社更生の実務Q&A120問』（金融財政事情研究会）／松嶋隆弘・福原竜一他『メディアによる名誉毀損と損害賠償』（三協法規出版）　その他著書・論文多数

事件 会社更生事件　協栄生命保険（管財人補佐）、新潟鐵工所他13社（管財人代理）、松久総合開発（管財人代理）、恵那高原開発（管財人代理）、東千葉カントリー倶楽部（管財人代理）、雄大産業（管財人代理）、穴吹工務店（管財人代理）、ウィルコム（管財人代理）、藤沢電工（管財人代理）、ほか多数／**民事再生事件　申立代理人**　マイカル、ヒルクレストゴルフクラブ、小川建設、工立化成、オガワテクノ　ほか多数／**監督委員**　多数／**破産事件　破産管財人**　東白建設工業、松本引越センター東京　ほか多数／**破産管財人代理・常置代理人**　ココ山岡宝飾店、南証券、東日本鉄鋼、田園都市厚生病院、アゼル・インデックス　ほか多数／**申立代理人**　ヒューザー（被害住民による債権者申立て）　ほか多数

東京

三宅・今井・池田法律事務所
Miyake-Imai-Ikeda Law Office

〒160-0022　東京都新宿区新宿1-8-5　新宿御苑室町ビル5階
TEL　03-3356-5251　FAX　03-3356-5255
URL：http://www.m-i-i-law.com　office@m-i-i-law.com

12（±0）
P 7　A 4　顧 1
男 10　女 2
外弁 0　外資 1
他士 0　事務 8

A		再生
	MA	訴訟

1972年、三宅省三弁護士と今井健夫弁護士により発足。以後、池田靖弁護士を加え、順次パートナーを増やして現在に至る。企業法務全般を手がけるが、特に、事業再生・倒産処理、企業再編・M&A、訴訟・交渉による紛争解決を得意とする。

■理念・特色

　当事務所は、1972年の発足以来、多数の依頼者・顧問会社の方からご信頼をいただき、企業法務を中心に、訴訟や裁判外での交渉における代理人を数多く務めて、紛争解決に当たるとともに、株主総会対策や契約書作成などさまざまな法律相談を受けてきました。継続的な信頼関係に基づき、弁護士が企業に対し、的確かつ一歩踏み込んだアドバイスをすることで、高い評価をいただいております。加えて、役員に対するコンプライアンス・コーポレートガバナンスの講習等を通じ、法務部だけにとどまらず、会社全体の発展成長に貢献しています。また、個人の依頼者の方からの相談についても、丁寧に応じています。

　当事務所の活動分野は、ほぼ法律の全分野に及びますが、特に、会社再建・事業再生の分野を得意としています。これまでに、管財人や債務者代理人として、数多くの著名な企業を再建させるとともに、会社再建を通じて蓄積された知識と経験を活かして、債権者代理人として、更生会社・再生会社・破産会社からの債権回収を図り、また、スポンサーから相談を受けて、法的倒産手続の特殊性を踏まえ、危機に瀕した会社から適切に事業を承継する方法についてアドバイスするなどしてきました。

　弁護士の数は、10名を少し超える程度の人数を維持して、急激な拡大を図ることはしていません。これは、弁護士同士が、互いの長所や性質をよく知り、また、常に各自がどのような事件を抱え、どのような事件処理をしているかを把握することが大切であると考えるからです。私どもは、依頼者の方が適正かつ最大の利益・満足を得るために、事務所としての一体感をもって、最適な法的サービスの提供に努めています。

■設立・沿革

　当事務所は、1972年、三宅省三弁護士と今井健夫弁護士とが、仕事の処理と責任をすべて共同とするパートナーシップの事務所として発足しました。以後、池田靖弁護士を加え、順次パートナーを増やしていきました。2000年三宅弁護士が他界しましたが、現在も設立時の理念を維持して、業務を行っております。

代表者　今井健夫（東京弁護士会） **取扱言語**　英語 **主な顧問先**　商社、信託銀行、都市銀行、リース会社、出版会社、映画会社、製造業、外食産業、スーパーマーケットチェーンストア、IT、ゴルフ場、建設会社、第三セクター、病院など。上場企業から中小企業までさまざまな規模の会社、また多岐にわたる業種の会社	**報酬体系**　事務所報酬規程（日弁連旧報酬規程に当事務所の変更を加えたもの）による。着手金・報酬金等とタイムチャージの双方対応可能／顧問料（月額）50,000円〜／タイムチャージパートナー40,000円〜70,000円、アソシエイト20,000円〜40,000円（ただし、タイムチャージの場合は、案件ごとに報酬の上限額を定めることが一般的）。

取扱業務 **法律顧問法務** 日常の法律・経営相談、グループ会社運営、契約書の作成・審査、契約・紛争案件の交渉、役員・社員研修／**企業法務**のうち**会社法務**として、事業再編（M＆A、事業譲渡）、事業承継、コンプライアンス、コーポレート・ガバナンス、内部統制、内部調査、株主総会のサポート、独占禁止法・下請法を巡る問題、企業の社会的責任（CSR）の問題、役員の責任追及、株主代表訴訟、企業の不祥事対応、従業員の不祥事対応、**不動産法務**として、不動産売買、不動産賃貸、不動産の仲介、建築工事請負、境界紛争、**企業倒産法務**として、更生手続、再生手続、破産手続、特別清算手続、事業再生特定調停の各申立て、私的整理、**労働法務**として、就業規則の作成・変更、雇用契約の終了（解雇、退職、合意解約、違法な退職勧奨）、サービス残業（賃金不払残業）、セクハラ・パワハラ問題、**国際法務**（英語）として、契約書審査／**企業裁判法務**として、商事関係訴訟（株主権の確認、株主総会決議取消の訴え、職務執行停止・代行者選任の仮処分等）、不動産関係訴訟、建築関係訴訟、その他訴訟全般、民事保全、民事執行／**個人法務**として、交通事故、賃貸借紛争、境界確定紛争、遺産分割請求事件、遺留分減殺請求事件、遺言無効事件、離婚事件／**裁判所選任法務**として、更生管財人、破産管財人、監督委員、検査役、仮取締役その他

P 今井健夫 1964中大法、19期、カスミ監査役／池田靖 1970東大法、24期、事業再生研究機構理事、事業再生実務家協会代表理事、東日本大震災事業者再生支援機構社外取締役／矢嶋髙慶 1979立大法、41期、日活監査役／竹村葉子 1976上智大法、42期、西洋フード・コンパスグループ監査役、ワコールホールディングス監査役、ADEKA監査役／蓑毛良和 1994東大法、48期、ADEKAコンプライアンス推進委員会社外委員、日東工営監査役、関東弁護士連合会常務理事（2012〜13）、事業再生研究機構理事／相羽利昭 1990専大法、48期、2008インディアナ大ブルーミントン校LLM、NY州弁護士、東弁国際委員会副委員長／志甫治宣 2000東大法、56期 顧 今井春乃 1959明大法、19期 A 小田切豪 2001中大法、60期／市川浩行 2003上智大法、2006上智大LS、61期／安隆之 1997明大法、2003東京地方裁判所裁判所書記官（通常部、破産・再生部、民事執行センター）、2007成蹊大LS、63期／岩下明弘 2010中大法、2012明大LS、66期　以上すべて東弁。

著作 『ABLの理論と実践』（共著、商事法務、2007）／『民事再生法の実務』（編著、銀行研修社、2010）／『民事再生の実務と理論』（共著、商事法務、2010）／『最新・実務解説一問一答民事再生法』（編著、青林書院、2011）／『民事再生申立ての実務』（編著、ぎょうせい、2012）／『債権回収早わかり』（編著、商事法務、2014）

事件 債務者側として、吉野家（更生管財人代理）、大沢商会（更生管財人）、保証乳業（更生管財人）、クロスカルチャー事業団（更生管財人）、本間物産（会社更生申立）、日本オートポリス（破産管財人）、にっかつ外6社（更生管財人）、住総（特別清算人）、京樽（更生管財人）、クラウン・リーシング（破産管財人）、日本トータルファイナンス（破産管財人）、日本信用ファイナンスサービス（破産管財人）、東海興業（会社更生申立）、山一ファイナンス（事業譲渡後、破産申立）、日本土地改良（真名カントリークラブ）（会社更生申立）、日債銀モーゲージ（破産管財人）、朝日建物（和議申立）、苫小牧東部開発（特別清算人）、高橋ビルディング（民事再生申立）、エルカクエイ（更生管財人）、池貝（民事再生申立）、アキヤマ印刷機製造（民事再生申立）、多摩ニュータウン開発センター（民事再生監督委員）、大倉電気（民事再生申立）、ファーストクレジット（更生管財人）、大日本土木（民事再生監督委員）、地産（会社更生申立）、関兵精麦（トマム）（民事再生監督委員）、四谷管理（旧ＳＭＢＣ抵当証券）（特別清算人）、十和田リゾート開発（みちのく国際ゴルフ倶楽部）（民事再生申立）、日東工営（民事再生申立）、アエル（民事再生監督委員）、茨城交通（民事再生申立）、くめ・クオリティ・プロダクツ（民事再生監督委員）、丸和商事（現ダイレクトワン・民事再生監督委員）、シコー（民事再生監督委員）、ユタカ電機製作所（民事再生管財人）など。その他、債権者やスポンサーの代理人として、多数の事業再生・倒産案件に関与している。

三宅坂総合法律事務所
MIYAKEZAKA SOGO LAW OFFICES

〒100-0011　東京都千代田区内幸町2-1-4　日比谷中日ビル6階
TEL　03-3500-2740/2742　FAX　03-3500-2741/2743
URL：http://www.miyakezaka.or.jp　info@miyakezaka.or.jp

29	(±0)
P 15	A 14　顧 0
外弁 0	外資 0
他士 0	事務 0

企業の広範な法務ニーズに対し、紛争解決、M&A、ファイナンス、事業再生・倒産、一般企業法務、国際取引・国際紛争等、実務経験が豊かな弁護士による総合的な対応を実施している。

■理念・特色

　当事務所は、上場会社、金融機関、その他各種企業、ファンドのクライアントを中心に、国内・海外を問わず企業法務を幅広く取り扱い、各分野において高度な専門性を有する各弁護士の知識とノウハウを活用してクライアントの利益のためのリーガルサービスを提供しております。

　当事務所の理念は、次のとおりです。
1．クライアントの最大限の利益を実現すべく、クライアントのおかれた状況を客観的にきめ細かく分析し、最適の解決方法を探究し実行します。
2．弁護士1人ひとりが独立したプロフェッショナルとして自覚を持ち、それぞれが責任をもって業務を進めます。そのために各弁護士は、企業の取り巻く環境の変化に即応し、時々刻々と変化するビジネスニーズに柔軟に対応できるよう、常に研鑽と努力を怠りません。
3．各弁護士に集積されたノウハウを共有・結集するべく、さまざまな案件に応じて最適のチームを機動的に編成し、徹底した合議に基づき案件処理を進めます。これにより、複数の専門分野にまたがり最先端の知識やノウハウを必要とする大規模・複雑案件についても、迅速かつ効果的な問題解決が図られます。各弁護士の力を最大限活用し、事務所として有機的・効率的なアプローチを実現することを追求します。

■設立・沿革

　1990年に千代田区麹町に開設され、2001年から現所在地にて業務を拡充してきました。

　当事務所では、取扱業務記載の分野を始めとする企業法務実務に習熟した専門性の高い弁護士を擁しております。所属弁護士は東京・第一東京・第二東京弁護士会に登録しており、26歳〜56歳の各世代にわたります。各弁護士の出身大学は東大19名、慶大2名、京大3名、中大4名、一橋大1名、法科大学院卒の弁護士の出身大学院は、東大4名、慶大2名、京大1名、中大2名です。また、29名中9名が海外留学をしており、7名が米国NY州またはCA州の法曹資格者であります。

代表者	パートナー15名の共同運営による
取扱言語	英語
主な顧問先	事業会社（上場企業から非公開企業まで幅広く、業種も、製造業、不動産業、流通業、IT産業、出版業、情報産業、運輸業、レジャー（ホテル・ゴルフ場等）、エンタテインメントなど多岐にわたる）、銀行（都銀、信託銀、地銀）・保険会社その他金融機関、証券会社、ファンド（PEファンド、不動産ファンド等）、ファンド運営会社、M&Aアドバイザリー、コンサルティング会社、監査法人、医療法人等
報酬体系	タイムチャージ制（金額は案件、経験・専門性による）または着手金・報酬金制をとる。

取扱業務 **紛争解決** 各種企業間取引、会社法（M＆A他企業再編、資本政策、内紛、役員・監査法人の責任等）、知的財産権・不正競争、独占禁止法、税務、製造物責任、不動産、労働法、医療等に関する交渉・裁判、裁判外手続、公取・金融庁の審査・審判対応／債権保全・回収／**M＆Aおよび企業間取引** 企業の買収、統合、再編、公開買付け、MBO・LBO等その他M＆A取引に関するストラクチャリング、デュー・ディリジェンス、契約書作成、交渉／資本・業務提携、ジョイント・ベンチャー他これに伴う各種取引のスキームの検討、契約書作成、交渉／ベンチャー企業の支援、株式公開に関する助言／ライセンス契約、販売関連契約、業務委託・業務提携契約、FC関連、IT関連、個人情報保護法関連その他企業活動全般にわたる契約書作成、交渉／**ファイナンス** 金融取引全般（不動産や債権を含む資産の流動化・証券化、プロジェクトファイナンス、アセットファイナンス、ABL、MBO・LBOファイナンス、エネルギーファイナンス、エクイティファイナンス、コーポレートファイナンス、PFI案件を含む）／電子マネーその他資金決済システムの構築（代理店契約を含む）／株式投資・不動産投資・債権投資他投資案件におけるファンド（REITを含む）の組成・管理／公募発行、ディスクロージャー他キャピタルマーケット／**事業再生・倒産処理** 事業再生ADR他の私的整理、民事再生・会社更生・特別清算・破産の法的手続による国内外の企業の再構築・事業再生の債務者・スポンサー代理、各種事業計画策定・金融機関交渉支援（経営承継案件、業界再編型案件、グループ企業の選択集中に伴う事業承継、各種リストラクチャリング対応）／上記法的倒産手続申立て／**一般企業法務** 企業活動に伴う法律問題、コンプライアンスに関する助言、意見書作成／株主総会指導、取締役会の運営等に関する助言／人事制度等の構築・変更、企業再編に伴う人事・労務対応、内部通報対応／不祥事その他企業の危機管理／M＆A・資本政策、企業不祥事等に関する第三者委員会に関連する業務、企業の社外監査役としての活動／企業経営者の事業・資産承継／**国際取引・国際紛争**（中国、タイ、インドネシア、ベトナム、ミャンマー、マレーシア、シンガポール、フィリピン、インド、韓国、香港、台湾、北米、欧州などの現地法律事務所と連携） 現地法人・支店の設立、合弁、M＆Aによる海外進出や撤退、対日投資／ライセンス契約、共同開発契約、国際売買契約の取引全般／国際仲裁・訴訟、海外の倒産手続

東京

山岸洋・野間昭男・野間自子 38期／今村誠 40期／関高浩 49期／藤本卓也 50期／鎌倉一輝 52期／篠田憲明・笠野さち子・内田るみ子 54期／中島健太郎・江端重信 55期／合田剛哲・大場寿人・中村英幸 56期／井上裕也 57期／辛嶋如子・浅田登志雄・森川友尋・松本甚之助 59期／醍島啓介・下瀬隆士・石田宗弘 60期／河西一実 62期／依田渓一 63期／佐藤直樹・安田雄飛 64期／野田陽一 65期／加賀山皓 67期

事件 ■大手銀行間のM＆Aに関する協議差止等請求訴訟／表明保証違反に関する損害賠償請求訴訟／有価証券報告書の虚偽記載に関する株主代表訴訟／船舶リース税務訴訟／独禁法課徴金審決取消訴訟／株式取得価格決定事件／取締役の職務執行停止仮処分／著作権・商標権侵害訴訟（廃墟写真事件等）／耐震偽装に関する刑事事件・国会対応■金融機関、ノンバンクの買収／コンビニチェーンの売却／不動産会社、中堅建設会社の買収／大手自動車販売会社の統合／大手飲料販売会社の統合／ホテル・ゴルフ場グループの買収／上場子会社3社同時完全子会社化／インターネット関連会社、アウトドア用品販売会社他事業会社の公開買付／システム会社、教育・出版会社等上場会社のMBO■大規模商業施設・複合施設（ショッピングモール、百貨店等）、大学施設、介護施設、病院、ゴルフ場、ホテル、アミューズメント施設、大規模物流施設、オフィスビル、住居用不動産等の証券化（開発型を含む）■会社更生申立（リゾートホテル等）／民事再生申立（ホテル、ゴルフ場、Jリーグクラブ、飲食チェーン、メーカーその他数十件）／破産申立（複合商業施設、施設賃貸会社、スーパーチェーン等）■海外企業の製造物責任訴訟／国際カルテル／米国企業の買収／東南アジアにおける資本業務提携／中国におけるFC展開／外国倒産処理手続の承認援助手続等

三宅・山崎法律事務所
MIYAKE & YAMAZAKI

〒100-0014　東京都千代田区永田町1-11-28　クリムゾン永田町ビル5階
TEL　03-3580-5931　FAX　03-3580-5400
URL：http://www.mylaw.co.jp/

15	(-2)		
P 11	A 4	顧 0	
男 14	女 1		
外弁 0	外資 1		
他士 0	事務 8		

		B	総合

会社法、契約、M&A、労務、企業危機管理、税務調査等、企業法務全般を取り扱う。国際的ネット・ワーク（IPBA、LES等）や外部専門家との連携も多い。タイ、中国案件についても現地事務所と提携して対応。

■理念・特色

当事務所は、国内事件の分野と国際事件の分野の双方にわたり、多種多様な事件の解決により培ってきた経験と事件処理ノウハウに加え、日本国内の他分野におけるプロフェッショナル（公認会計士・税理士・弁理士等の外部専門家）との信頼・協力関係、ならびに環太平洋法曹協会（IPBA：Inter Pacific Bar Association）や LES（Licensing Executive Society）International等の国際的な弁護士団体での積極的活動を通じて築いてきたネットワークを基礎として、企業および個人の依頼者が直面する国内外の多様な問題に対し、より的確で専門性の高い法的サービスを提供しております。

契約法務や株主総会対応、コンプライアンス等の一般企業法務はもとより、知的財産権紛争を含む紛争解決、税務調査対応や企業危機管理、訴訟・国際仲裁対応にも注力しています。訴訟案件では、事件の特色を見極めて適切かつ現実的な解決を図っています。

M&A案件については、デューデリジェンスも含め、案件の規模および依頼者のニーズに応じた適正・妥当な処理を心がけております。

倒産・事業再生案件についても、破産管財業務を手がける一方、民事再生申立事件等の事業再生案件等において依頼者のニーズに即した切れ味のある解決を図っています。

その他、国際訴訟・国際仲裁案件や、相続を含む一般民事事件、ホワイトカラークライムを含む刑事事件、その他の法律相談についても、依頼者にとっての最善の解決をめざしています。

■設立・沿革

1976年7月、三宅能生弁護士が設立した「三宅・北村・田中法律事務所」が端緒で、1991年5月には「三宅・山崎法律事務所」と改称されて現在に至っています。

また、1994年3月よりタイ国バンコク市に現地事務所を開設し、日本人弁護士が常駐して、現地法律事務所と提携してタイ国進出企業のサポートを行っており、東京事務所においても、タイ駐在を経験した弁護士がアドバイスを行うことが可能です。

中国案件は、友好関係にある中国最大手の法律事務所である金杜律師事務所（KING & WOOD MALLESONS）、その東京事務所である金杜外国法事務弁護士事務所の協力を得て対応しています。

代表者	山田昭（第二東京弁護士会）	報酬体系　原則としてタイムチャージ方式（1時間当たりパートナー30,000円～60,000円、アソシエイト15,000円～）。案件により着手金・報酬金方式（日弁連旧報酬規程をもとにした当事務所規程による）も可。顧問契約も可。
取扱言語	英語	
主な顧問先	鉄鋼、非鉄、自動車部品、石油、LPガス、不動産、商社、製造機器、科学機器、冷凍装置、服飾、製薬、宝飾品、化粧品・健康食品、人材派遣、投資ファンド、外食、化学	

三宅・山崎法律事務所

取扱業務 **戦略法務** 企業法務、企業危機管理、コンプライアンス・コーポレートガバナンス、契約書作成・検討、不動産取引、国際取引、金融法務／**M&A** デューデリジェンス、契約書作成・検討／**一般民事および刑事事件・法律相談** 相続・事業承継、経済犯罪刑事事件（ホワイトカラークライム）／**訴訟・仲裁** 知的財産権 、IT・インターネット・コンピュータ、国際訴訟・国際仲裁／**倒産・任意整理・事業再生／税務調査対応・税務訴訟**

P 三宅能生 1963東大法、1971NY大LS、18期、二弁、IPBA初代事務総長、元IPBA会長、I-CASS（サイバー国際仲裁手続）創立者／**山﨑順一** 1968東大経、30期、二弁、弁理士、元日本ライセンス協会会長、国際ライセンス協会法律顧問、元日本知的財産仲裁センター長、（一社）音楽出版社協会監事、WIPO仲裁人・調停人／**山田昭** 1983京大法、1990コーネル大LS、38期、二弁、NY州弁護士、アミファ社外取締役、デンヨー社外監査役、ソーラーフロンティア社外監査役、トピー工業買収防衛特別委員会委員、ブラザー工業独立諮問委員会委員、二弁仲裁センター仲裁人／**牛嶋龍之介** 1984早大法、1996NY大LS、42期、二弁、NY州弁護士／**毛野泰孝** 1984慶大法、1988慶大院法修士、46期、二弁、西華産業社外監査役／**山谷耕平** 1984早大法、47期、二弁、元みずほ銀行主計部税務担当次長、税理士登録、ナカノフドー建設社外監査役／**小林秀彦** 48期、東弁、2000年5月よりタイオフィス駐在／**中田肇** 1988中大法、2001バンダービルト大LS、49期、二弁／**新井由紀** 2000青学大法、52期、二弁／**弦巻充樹** 1994早大法、2007バンダービルト大LS、56期、一弁、元NTTデータ、BIJIN&Co.社外監査役／**今村憲** 1999東大工、57期、二弁、平田機工社外監査役／**A 酒迎明洋** 2009早大法、2007北大LS、2012ニューハンプシャー大LS知的財産、61期、二弁、NY州弁護士／**松本成** 1996東大法、1998東大院法修士、2006一橋大LS、2008シカゴ大LS、62期、二弁、NY州弁護士／**武田雄一郎** 2008京大法、2010京大LS、64期、二弁／**木村祐太** 2010京大法、2012京大LS、66期、二弁

著作 山﨑順一「ライセンシーの担保責任と既払実施料の返還・損害賠償」他『知財ライセンス契約の法律相談（改訂版）』（共著、青林書院、2011）
山田昭「タイにおけるM&A法制度の特徴と最近の投資動向」M&A Review220号（2011）他
牛嶋龍之介『入門国際取引の法務』（民事法研究会、2011）他
山谷耕平「子会社等再建支援等の税務の実務」『銀行法務21』631〜632号・634〜643号（2004〜05）他
弦巻充樹「デュアル・クラス・ストラクチャーをめぐる日米の状況—フェイスブック上場を契機として」商事法務1982号（2012）他
酒迎明洋「通常実施者の無効審判請求」『特許判例百選（第4版）（別冊ジュリスト）』（有斐閣、2012）他

事件 ウルトラマン著作権事件／クレンジングオイル特許事件／枝豆特許事件／ダイエット食品商品表示事件／再雇用拒否処分取消等請求事件／タックスヘイブン税制課税処分取消請求事件／長銀関連ノンバンク損害賠償請求事件（元取締役側）／ゴルフ場運営会社民事再生申立事件／運動具製造販売会社民事再生申立事件／医師等紹介会社破産申立事件／国会議員収賄事件刑事弁護

桃尾・松尾・難波法律事務所
MOMO-O, MATSUO & NAMBA

〒102-0083　東京都千代田区麹町4-1　麹町ダイヤモンドビル
TEL　03-3288-2080　FAX　03-3288-2081
URL：http://www.mmn-law.gr.jp　mmn@mmn-law.gr.jp

36	(-2)	
P 16	A 18	顧 1
男 29	女 7	
外弁 1	外資 0	
他士 0	事務 21	

事務所名である3パートナーにより設立された中堅総合事務所で、国内外の企業法務全般に迅速・的確に対応する。海外留学経験者も多く、INTERLAWの日本における唯一のメンバーでもある。

A ／ 総合

■理念・特色
　当事務所は、1989年4月に、現在のネーミングパートナーである3人の弁護士を中心に発足した事務所です。渉外、企業法務および訴訟・仲裁等を中心に、豊富な経験を活かし、依頼者のニーズに的確に応え、依頼者から真に信頼される事務所になることをめざしてスタートしました。

　その後、弁護士に対する企業の需要が拡大する中で、かつ、社会・経済情勢の変化に応じて変遷する依頼者のニーズに応じて、当事務所も、各種商取引、会社法、M&A、訴訟・仲裁、独禁法、倒産法、知的財産権、労働法等の幅広い分野において、高い専門性と豊富な経験に基づき、依頼者に対してきめの細かいリーガルサービスを提供してきました。また、多くの弁護士が海外留学経験をもち、ボーダレスで活躍する国内外のさまざま企業の多様なサービスへの需要に対して、迅速かつ的確に対応しております。

　また、当事務所は、国際的なローファームのネットワークであるINTERLAWの日本における唯一のメンバーです。海外の弁護士の協力が必要な案件について、INTERLAWというネットワークを通じ、協力体制をひくことにより、適切かつ迅速に対応することができます。

　大規模化の進むわが国弁護士業界において、当事務所は、依頼者との強固な信頼関係をキーとして、幅広い業務範囲と専門性を兼ね備えた、真に依頼者から頼られる中規模法律事務所という独自性をもった事務所としてさらに発展していきたいと考えております。

　当事務所は、国際的法律問題を含めて、企業が必要とする、あらゆるリーガルサービスを提供しております。特に、国内外の紛争解決力の強化に注力しており、この視点から独禁法、FCPA、その他の企業不祥事の社内調査、民事・刑事対応、国際仲裁などに特に力を入れております。これらの幅広い危機対応力は企業法務の平時のニーズに対応力の強化に繋がるものと確信しております。当事務所は、コーポレート・ガバナンス、株主総会対応などの会社法業務、M&A、ファイナンス、労働紛争、ブランド侵害対策も含む知的財産権の保護、企業再生・倒産法、独禁法、貿易法、IT・ソフトウェア、保険、薬事法関連分野などについて専門的経験を積んだパートナーがおり、それぞれの分野の専門性に加えて、常に紛争解決力の強化を課題として、クライアントのニーズに応える体制の構築を目指しております。

■設立・沿革
1989年　「桃尾・松尾・難波法律事務所」設立
■提携事務所
　INTERLAW所属の各国事務所
　　（加盟国は約70か国、世界各国を結ぶネットワーク）www.interlaw.org
　なお、窓口は弊事務所ですので、何かあればいつでも弊事務所に直接ご連絡ください。

マネージングパートナー　難波修一（第一東京弁護士会）	主な顧問先　非公開
取扱言語　英語、中国語	報酬体系　事務所報酬規程（日弁連旧報酬規程に当事務所の変更を加えたもの）による。

桃尾・松尾・難波法律事務所

取扱業務 **会社法および商取引** 企業のコンプライアンス、会社設立、株主総会、合弁・ディストリビューション・ライセンス・フランチャイズ契約、金商法全般等／**銀行および金融法** ローン契約等の金融契約、銀行・証券・保険会社等のアドバイス等／**M&A** 合併、株式買取、営業譲渡、株式分割、株式交換・移転、敵対的買収対策等／**知的財産権法** 特許・ノウハウ・商標・著作権、知的財産権の侵害対応・関連訴訟等／**訴訟および仲裁** 国内外における金融取引・商取引・独禁法・知的財産権・株主代表訴訟等／**倒産法** 破産管財業務・会社更生業務、私的事業再生、民事再生、債権者へのアドバイス等／**独占禁止法** 国内外の行政手続・刑事手続対応、審判事件・独禁法関係訴訟対応等／**不動産法** 不動産取引、不動産担保ローン、不動産の証券化／**保険法** クレーム、新種保険、製造物責任対応等／**労働法** 雇用関係規則の作成、各種アドバイス・紛争対応／**刑事法** 会社法・金商法・独禁法等の刑事事件の対応／**情報通信技術関連法** 放送通信事業、コンピュータ関連事業、インターネット等の法律問題、紛争処理

P 桃尾重明 1964東大法、18期、テキサス大LLM／松尾眞 1973東大法、27期、コロンビア大LLM、NY州弁護士／難波修一 1982東大法、36期、コロンビア大LLM、NY州・CA州弁護士／兼松由理子 1986早大法院、40期、オタワ大LLM／内藤順也 1989東大法、43期、コロンビア大LLM、NY州弁護士、元司法研修所教官（民事弁護）、司法試験考査委員（商法）／鳥養雅夫 1987東大法、46期、ノースウエスタン大LLM、NY州弁護士／向宣明 1994東大法、2009一橋大博士後期課程、48期、コーネル大LLM、NY州弁護士、弁理士、博士（経営法・独禁法）／中谷浩一 1992慶大法、49期、ワシントン大LLM、元日本IBM企業内弁護士／岩波修 1994早大法、50期、ペンシルバニア大LLM、NY州弁護士／上村真一郎 1995東大法、50期、NY大LLM、NY州弁護士、元三井物産／西山哲宏 1996東大法、51期、南カリフォルニア大LLM、NY州弁護士／大江耕治 1999東大法、54期、コロンビア大LLM、NY州弁護士、弁理士／三谷革司 2000東大法、55期、コロンビア大LLM、NY州弁護士／鈴木毅 2002一橋大法、56期、ボストン大LLM、NY州弁護士／大堀徳人 2002東大法、57期、イリノイ大LLM、NY州弁護士／杉本亘雄 2002東大法、58期、ワシントン大LLM、NY州弁護士 顧 大谷禎男 1970東大法、25期、元裁判官、駿河台大LS教授 A 森口倫 2002早大法、57期、キングスカレッジロンドン大LLM／石川由佳子 1999慶大法、59期、バージニア大LLM／小林崇 1998東大法、59期、コロンビア大LLM、NY州弁護士、元ソニー／山田洋平 2005東大法、59期、コロンビア大LLM、NY州弁護士／竹村朋子 2001慶大法、60期、コロンビア大LLM、NY州弁護士／松尾剛行 2006東大法、60期、ハーバード大LLM、北京大LLM／尾城亮輔 2004東大法、2007東大LS、61期、南カリフォルニア大LLM／織川逸平 2002関大法、2007京大LS、61期、職務経験制度により2016年3月末までの期限付きで在籍の裁判官／高橋智彦 2005東大法、2007東大LS、61期、コロンビア大LLM、NY州弁護士／前田香織 2008東大法、62期／森慎一郎 2006東大法、2008東大LS、62期、コロンビア大LLM／角元洋利 2009東大法、63期／重松英 2008東大法、2010東大LS、64期、二弁／和気礎 2011中大法、65期／乾正幸 2010京大法、2012京大LS、66期／塩川真紀 2010慶大法、2012慶大LS、66期／住吉真理子 2010東大法、2012東大LS、66期／竹川奈央子 2011東大法、2013東大LS、67期 フォーリン・アトーニー Peter Tyksinski 2002ドゥポール大JD、イリノイ州弁護士

著作 桃尾・松尾・難波法律事務所編『コーポレートガバナンスからみる会社法（第2版）』（商事法務、2015）／同編『コーポレートガバナンスからみる会社法 平成26年改正を踏まえて』（商事法務、2014）／同編『Q&A株主総会の実務』（商事法務、2012）／向宣明著『競争法における強制ライセンス等の実務』（中央経済社、2010）／桃尾重明『ケースでわかる 新破産法』（共著、金融財政事情研究会、2004）／桃尾重明『新しい会社更生法』（共著、有斐閣、2004） ほか多数

森・濱田松本法律事務所
Mori Hamada & Matsumoto

〒100-8222　東京都千代田区丸の内2-6-1　丸の内パークビル
TEL　03-6212-8330　FAX　03-6212-8230
URL：http://www.mhmjapan.com　mhm_info@mhmjapan.com

| 347（＋7） |
| P100 A225 顧23 |
| 男287 女60 |
| 外弁2 外資18 |
| 他士6 事務444 |

2002年、「森綜合法律事務所」と「濱田松本法律事務所」が統合して設立されたわが国を代表する総合法律事務所で、設立以来「常に依頼者のために最善を尽くす」を基本理念に据える。早くから、日本企業のアジア進出を強力にサポートしている。

■理念・特色

　当事務所は、常に依頼者のために最善を尽くすことをモットーとしております。月並みで当たり前のことを常に忘れず実行していくことこそ最も重要であると考えています。

　2015年7月現在、約369名の弁護士が在籍し、大規模な総合法律事務所として、企業法務に関する広範な法分野を取り扱っています。同時に、国選弁護・当番弁護や弁護士会の委員会活動などの公益活動にも力を入れている弁護士が多く所属しているのも、当事務所の特色です。

　大規模な総合法律事務所のメリットを活かし、各取引分野での先進的な案件や企業の先駆的取組みに関する案件を多数手掛けることにより、知識・ノウハウを集積し、それをもとにしたクリエイティブな提案・助言ができるよう努めています。金融庁、法務省、消費者庁、経済産業省、外務省、文化庁、国税局などにおいて、任期付公務員として、重要な企業法制の立案その他の業務に携わった弁護士も多く在籍しており、案件に応じて、法令の立法経緯や当局の運用の動向も踏まえた対応を心掛けています。

　また、企業関連紛争に関する司法・準司法的手続（仲裁、ADR、審判手続等を含みます）に関する豊富な経験を有しています。これらのいわば「臨床法務」から得られた多くの知識・教訓を、契約書作成、スキーム策定、法律相談等の「予防法務」にフィードバックすることで、依頼者のニーズにお応えします。

　最近では、東京にとどまらず、世界や日本の幅広い地域での企業活動をサポートできるように、東南アジアや西日本地域にも拠点を新設し、それぞれの地域で求められる法分野に精通した弁護士が常駐し、東京オフィスと連係して業務を行っております。

■設立・沿革

　当事務所は、2002年12月1日に「森綜合法律事務所」と「濱田松本法律事務所」が統合して設立された法律事務所であり、その後、2005年7月1日にマックス法律事務所を統合し、現在に至ります。

支店	大阪、名古屋、福岡、北京、上海、シンガポール、バンコク、ヤンゴン
取扱言語	英語、中国語等
主な顧問先	自動車、機械、電機、電子部品、食品・外食、インターネット関連企業、マスコミ、ソフトウェア・コンテンツ開発・情報通信その他IT関連企業、半導体、化学、石油、製薬・バイオテクノロジー、医療機器、アパレル、広告、運輸、スポーツ、政府系機関、商社、銀行、証券会社、保険会社、信託銀行、投資信託・投資顧問、投資ファンド、不動産、建設、監査法人、コンサルティング会社、ベンチャー（スタートアップ）企業等多数
報酬体系	当事務所の報酬規程による。原則としてタイムチャージであるが、案件によっては着手金・成功報酬という体系での対応もある。顧問契約も可。

森・濱田松本法律事務所

取扱業務 M&A、コーポレートガバナンス、規制法対応／取引、ファイナンス、インフラ／エネルギー、争訟／紛争解決、事業再生／倒産、危機管理、競争法／独占禁止法、IT／ライフサイエンス／知的財産、税務、労働法務、国際業務

Ⓟ内田晴康 25期／石黒徹 32期／山岸良太 32期／米正剛 33期／増田晋 34期／射手矢好雄 35期／奥田洋一 38期／市川直介 39期／竹野康造 39期／金丸和弘 40期／河井聡 41期／菊地伸 41期／飯塚卓也 42期／桑原聡子 42期／齋藤浩貴 42期／佐藤正謙 42期／藤田浩 42期／松井秀樹 42期／三浦健 42期／山元裕子 42期／中村聡 43期／藤原総一郎 43期／宮谷隆 43期／諏訪昇 44期／棚橋元 44期／箱田英子 44期／澤口実 45期／丸茂彰 45期／横山経通 45期／石本茂彦 46期／土屋智弘 46期／安部健介 47期／岡崎誠一 47期／柴田勝之 47期／高谷知佐子 47期／早川学 47期／三好豊 47期／飯田耕一郎 48期／植田利文 48期／石綿学 49期／伊藤憲二 49期／児島幸良 49期／齋藤尚雄 49期／大石篤史 50期／小澤絵里子 50期／小林卓泰 50期／関戸麦 50期／飛松純一 50期／松村祐土 50期／武川丈士 50期／荒井正児 51期／藤津康彦 51期／石川直樹 52期／小野寺良文 52期／末岡晶子 52期／鈴木克昌 52期／三浦亮太 52期／石井裕介 53期／井上愛朗 53期／宇都宮秀樹 53期／小田大輔 53期／尾本太郎 53期／小松岳志 53期／戸嶋浩二 53期／山崎良太 53期／浦岡洋 54期／紀平貴之 54期／篠原倫太郎 54期／太子堂厚子 54期／林浩美 54期／増島雅和 54期／四元弘子 54期／青山大樹 55期／江平享 55期／岡田淳 55期／上村哲史 55期／久保田修平 55期／小山洋平 55期／堀天子 55期／眞鍋佳奈 55期／荒井太一 56期／石川貴教 56期／稲生隆浩 56期／内田修平 56期／大西信治 56期／奥山健志 56期／梅津英明 57期／川村隆太郎 57期／酒井真 57期／塩田尚也 58期／関口健一 58期／代宗剛 58期／根本敏光 58期／森田恒平 58期 法人社員 相原亮介 29期／江口拓哉 47期／小島義博 54期／信國篤慶 54期／林宏和 57期 外国法パートナー 康石 シニア・カウンセル 松田政行 29期／池田綾子 36期／品川知久 37期 オブ・カウンセル 廣本文晴 49期／下瀬伸彦 50期／田中光江 53期／秋本誠司 55期／二見英知 55期／峯岸健太郎 55期／池田毅 56期／玉木昭久 56期／石井絵梨子 57期 Ⓐ池田和世 51期／池村聡 54期／濵史子 54期／加賀美有人 55期／玄場光浩 55期／松澤香 55期／岡谷茂樹 56期／佐々木奏 56期／樋本義和 56期／湯浅紀佳 56期／大室幸子 57期／齊藤憲司 57期／塙晋 57期／横田真一朗 57期／安倍嘉一 58期／飯村尚久 58期／熊谷真和 58期／佐伯優仁 58期／柴田久 58期／大野志保 59期／金丸祐子 59期／佐藤貴哉 59期／弘世和久 59期／松下憲 59期／渡辺邦広 59期／粟生香里 60期／井上淳 60期／上野満貴 60期／宇田川法也 60期／小山浩 60期／川原健司 60期／岸寛樹 60期／倉持喜史 60期／小島冬樹 60期／末廣裕亮 60期／田井中克之 60期／高橋可奈 60期／竹内哲 60期／田中浩之 60期／田中良樹 60期／東陽介 60期／藤田知也 60期／本間隆浩 60期／松井裕介 60

期／松田知丈 60期／緑川芳江 60期／村上祐亮 60期／矢田悠 60期／山内洋嗣 60期／浅井大輔 61期／天野園子 61期／石川大輝 61期／市川雅士 61期／梅本麻衣 61期／岡本紫苑 61期／河島勇太 61期／川端健太 61期／栗原宏幸 61期／佐藤典仁 61期／白川剛士 61期／白坂守 61期／髙橋尚之 61期／高宮雄介 61期／田尻佳菜子 61期／近澤諒 61期／土屋大気 61期／豊田百合子 61期／中島悠助 61期／蓮本哲 61期／樋口彰 61期／邉英基 61期／増田雅史 61期／水口あい子 61期／宮岡邦生 61期／宮田俊 61期／森規光 61期／森田茉莉子 61期／柳祥代 61期／山口健次郎 61期／吉田和央 61期／渥美雅之 62期／新井朗司 62期／有井友臣 62期／石堂磨耶 62期／市村拓斗 62期／片桐大 62期／亀田康次 62期／木山二郎 62期／佐川雄規 62期／佐藤貴将 62期／篠原孝典 62期／武田彩香 62期／辰野嘉則 62期／椿浩明 62期／西尾賢司 62期／野間裕亘 62期／長谷川慧 62期／繁多行成 62期／文堂友寛 62期／細川怜嗣 62期／増田慧 62期／宮島聡子 62期／湯川昌紀 62期／若林功晃 62期／石田幹人 63期／石橋誠之 63期／今仲翔 63期／上田雅大 63期／小川正太 63期／梶元孝太郎 63期／金丸由美 63期／小林雄介 63期／島田里奈 63期／清水池徹 63期／白川佳 63期／白根央 63期／髙田洋輔 63期／武内香奈 63期／竹腰沙織 63期／田中亜樹 63期／根橋弘之 63期／氷上将一 63期／松田悠希 63期／青山正幸 64期／石田渉 64期／茨木雅明 64期／尾崎健悟 64期／金山貴昭 64期／北山昇 64期／須藤克己 64期／徳田安崇 64期／中野玲也 64期／坂東直朗 64期／松村謙太郎 64期／湯田聡 64期／飯野悠介 65期／小笠原匡隆 65期／河上佳世子 65期／川端遼 65期／朽網友章 65期／桑原秀明 65期／五島隆文 65期／坂尾陽 65期／鈴木信彦 65期／髙橋悠 65期／立石光宏 65期／田中洋比古 65期／中条咲耶子 65期／張文涵 65期／角田望 65期／中野恵太 65期／長谷修太郎 65期／羽深宏樹 65期／早川翔 65期／古市啓 65期／吉江穏 65期／岩﨑祥大 66期／宇賀神崇 66期／内津冬樹 66期／江橋翔 66期／岡野智 66期／小川友規 66期／越智晋平 66期／尾登亮介 66期／柿元將希 66期／金村公樹 66期／川城瑛 66期／草原敦夫 66期／久保圭吾 66期／嶋村直登 66期／杉山晴香 66期／竹岡裕介 66期／立川聡 66期／中村綾子 66期／西岡研太 66期／畑江智 66期／廣田雅亮 66期／福田剛 66期／藤田鈴奈 66期／御代田有恒 66期／谷津拓哉 66期／矢部聖子 66期／山本義人 66期／吉田瑞穂 66期／呂佳叡 66期／青山慎一 67期／足立悠馬 67期／飯島隆博 67期／飯田龍太 67期／伊藤雄馬 67期／井上諒一 67期／岡野貴明 67期／奥田亮輔 67期／金光由以 67期／坂尻健輔 67期／坂本萌 67期／白井俊太郎 67期／園元丈晴 67期／高石脩平 67期／高田和佳 67期／田村哲也 67期／塚田智宏 67期／時だい 67期／冨永喜太郎 67期／中尾匡利 67期／中田光彦 67期／長谷川博一 67期／林裕人 67期／樋口雄一 67期／森田理早 67期／山川佳子 67期／山路諒 67期／法人アソシエイト臼井慶宜 60期／園田観希央 60期／李政潤 60期／坪田陽太郎 62期／黒田大介 63期／村井智顕 63期／プロフェッショナル・サポート・ロイヤー村岡香奈子 45期／大谷悠紀子 53期／客員弁護士鎌田薫 2004／野村修也 2004／但木敬

一 21期／髙橋宏志 2009／村上政博 27期／北田幹直 28期／内田貴 2014／難波孝一 31期 外国法事務弁護士 Jane Pardinas ／ Pavitra Iyer 外国弁護士 Thit Thit Aung／Chia Chi Chong／Ha Thi Dung／吉佳宜／Henry Lau／李珉／Jennifer Lim／Tin Nyo Nyo Thoung／Stephen Overton／孫彦／Soni Tiwari／姚珊／原潔／趙唯佳 外国法研究員 Robbie Julius 税理士 山田彰宏／笹澤知夫 弁理士 前川砂織 顧問 竹島一彦 シニア・オブ・カウンセル Tony Grundy 司法書士 金井昭子／児玉牧子／島田彰子／森川舞

著作 『組織再編セミナー法務・会計・税務のポイント』／『労契法・派遣法・高年法 平成24年改正Q&A』／『事例でわかるインサイダー取引』／『アジア新興国のM&A法制』／『株主提案と委任状勧誘（第2版）』／『企業危機・不祥事対応の法務』／『外国公務員贈賄規制と実務対応―海外進出企業のためのグローバルコンプライアンス』／『金融商品取引法 資本市場と開示編（第3版）』『コーポレートガバナンス・コードの実務』（以上、商事法務）／『担保権消滅請求の理論と実務（初版）』（民事法研究会）／『著作権法コンメンタール別冊 平成24年改正解説』（勁草書房）／『Mergers & Acquisitions』（Global Legal Group Ltd.）／『続Q&A そこが知りたい これからの金融モニタリング』（金融財政事情研究会）／『条解 独占禁止法』（弘文堂）／『平成26年改正会社法―改正の経緯とポイント』（有斐閣）／『変わるコーポレートガバナンス』（日本経済新聞出版社）／『詳解 シンジケートローンの法務』（金融財政事情研究会）／『秘密保持・競業避止・引抜きの法律相談』（青林書院）／『「民法改正」法案―重要条文ミニ解説付き』（中央経済社） など多数

事件 LIXILによるGROHEグループ社の株式取得、ソフトバンクによるSprint Nextelの買収および資金調達、ソフトバンクによるイーアクセスの完全子会社化、日立製作所と三菱重工業による火力発電事業統合、Micronによるエルピーダの買収、ダイキン工業によるGoodman Globalの買収、ルネサスエレクトロニクスによる産業革新機構等への第三者割当、サントリー食品のグローバルオファリング、日本たばこによる政府保有株式売出し、イオンリート投資法人のグローバルオファリング、産業ファンド投資法人による約110億円の公募増資、トーセイのシンガポール証券取引所上場、日本テレビ放送網を代理した著作権侵害差止等請求事件、アコーディア・ゴルフの事業信託のシンガポール証券取引所上場、Mizkan Holdingsによるユニリーバ社のパスタソース2ブランドの買収、すかいらーくのグローバルIPO、リクルートホールディングスのグローバルIPO、三菱自動車工業のグローバル・オファリング、三井住友信託銀行によるシティカードジャパンの株式の取得、日本郵政、ゆうちょ銀行、およびかんぽ生命保険の普通株式のGlobal IPO（新規上場）など多数

モリソン・フォースター外国法事務弁護士事務所
伊藤 見富法律事務所（外国法共同事業事務所）
Morrison & Foerster LLP, Tokyo Office / Ito & Mitomi (Registered Associated Offices)

〒100-6529　東京都千代田区丸の内1-5-1　新丸の内ビルディング29階
TEL　03-3214-6522　FAX　03-3214-6512
URL：http://www.mofo.jp

43				
P 13	A 22	顧 8		
男 33	女 10			
外弁 30	外資 32			
他士 0	事務 93			

1883年に米国西海岸で設立。日本でも1987年に東京オフィスを開設し、日本企業の米国訴訟対応等の国際案件をサポート。伊藤見富法律事務所との特定共同事業により、海外と国内の併行訴訟にも強い。米国、欧州、アジアをカバーし、多様な法律案件を扱うことのできる国内最大の外資系法律事務所。

■理念・特色

　当事務所では、「クライアントを成功に導く」という共通理念のもとビジネスに取り組んでいます。卓越したサービスを提供するためには、優れた見識や専門知識はもとより、俊敏さや積極性そして誠実さが要求されます。当事務所は、常にクライアントそれぞれの事業内容や業態、目標を理解するよう努めており、クライアントのクリエイティブな課題解決への取組みにあたっては、ファーム全体からの最適なメンバー構成によるチーム編成を心がけています。

　また、当事務所は、多様性と協調を重視する姿勢を持っており、これは所員間の協力と効果的なチームワークの実現に適した環境を作り出しています。相互尊重を柱とする職業理念は、所員の組織への高い忠誠心、低い離職率、業務の成功、そしてより安定的で継続的なクライアントとの関係構築の実現に一役買っています。

　当事務所では、日本法の弁護士のほか、アメリカ、イギリス、ニュージーランド、メキシコ等、各国の外国法事務弁護士資格を有する外国弁護士が所属しており、東京オフィスのみならず海外オフィスとの連携を最大限に活かしながら国内企業を対象とした企業法務・金融法務をはじめ、国際的なビジネス案件においても、総合的なリーガルサービスを提供しています。

　当事務所の業務分野は多岐にわたり、特にテクノロジー、ライフサイエンス、ファイナンス分野において、専門知識と経験を有するとともに、企業間紛争解決において国内外の企業を代理しています。日本における業務は、ビジネス部門と訴訟部門を中心に構成されています。ビジネス部門の業務分野は、M&A、ジョイント・ベンチャー、戦略的事業提携、不動産取引、知的財産権その他のIT関連、ライセンシング、プロジェクト・ファイナンスおよび開発、デリバティブズ、金融規制、独占禁止法・競争法関連等多岐にわたります。訴訟部門の業務分野は、特許、著作権、トレード・シークレット侵害、その他の知的財産権問題、国際仲裁、独占禁止法・競争法および通商規制、ホワイトカラー犯罪、一般商事案件等幅広い経験を有しています。

■設立・沿革

　当事務所は、1883年にカリフォルニア州サンフランシスコで設立され、現在では、サンフランシスコやパロアルト等のカリフォルニアをはじめ、ニューヨーク、ワシントンD.C.、東京、香港、北京、上海、シンガポール、ロンドン、ブリュッセル等、計17の事務所に1,000名を超える外国弁護士を擁しています。1987年に東京にオフィスを開設し、日本において最も早く活動を開始した外国法事務弁護士事務所の1つとされています。また「伊藤 見富法律事務所」は、2001年4月に「モリソン・フォースター外国法事務弁護士事務所」と特定共同事業（現：外国法共同事業）を開始し今日に至っています。

代表者　モリソン・フォースター東京オフィス Ken Siegel（第二東京弁護士会）／伊藤 見富法律事務所　見富冬男（第一東京弁護士会） 取扱言語　英語、フランス語、スペイン語、中国語、広東語、その他 報酬体系　基本的にタイムチャージをとるが、具体的には当事務所が定める弁護士報酬基準（日弁連旧報酬規程に準じたものではない）による。

278

モリソン・フォースター外国法事務弁護士事務所　伊藤 見富法律事務所（外国法共同事業事務所）

取扱業務　M&A、ジョイント・ベンチャー、プライベート・エクイティ、証券、デリバティブズ、金融規制、訴訟・仲裁等の紛争解決、IP、テクノロジー、独占禁止法・競争法、不動産取引、ファイナンス、事業再生・倒産等

伊藤 見富法律事務所
P 雨宮慶 中大、45期、東弁／内田光俊 東大、53期、一弁／黒越純一 中大、55期、二弁／合田久輝 東大、55期、一弁／志賀正浩 東大、48期、一弁／髙須成剛 慶大、52期、東弁／寺澤幸裕 慶大、45期、二弁／藤平克彦 東大、37期、一弁／見富冬男 東大、26期、一弁／望月圭介 早大、43期、一弁／矢倉千栄 京大、53期、一弁／山崎敬子 一橋大、51期、二弁／吉村龍吾 東大、42期、二弁

顧 大間知麗子 東大、52期、二弁／尾花眞理子 早大、42期、二弁／斎藤三義 一橋大、44期、二弁／宗敏啓 東大、52期、一弁／田邊有美 京大、54期、一弁／平山賢太郎 東大、55期、二弁／米山一弥 東大、56期、東弁／和仁亮裕 東大、31期、二弁

A 石原尚子 京大、62期、二弁／稲瀬雄一 東大、62期、東弁／稲田森 早大、58期、二弁／井上悠梨 慶大、66期、二弁／岩崎周作 東大、60期、二弁／宇波洋介 慶大、58期、二弁／惠谷浩紀 早大、62期、二弁／大橋久維 東大、67期、二弁／片山喜敬 慶大、67期、二弁／金子晋輔 中大、62期、東弁／亀髙聡子 慶大、57期、一弁／雲居寛隆 慶大、66期、二弁／藏原慎一朗 東大、63期、二弁／髙賢一 早大、59期、二弁／児玉友輝 慶大、63期、二弁／坂根賢 京大、66期、二弁／相良知佐 一橋大、59期、一弁／佐藤恭子 東大、65期、二弁／丹羽大輔 北大、58期、二弁／古田暁洋 東大、64期、二弁／堀史彦 東大、61期、一弁／山本陽介 慶大、61期、二弁

モリソン・フォースター外国法事務弁護士事務所
P Dale Araki 1986ハーバード大、二弁／荒木源徳 1991ジョージタウン大、一弁／Max Olson 1986ミシガン大、二弁／Michael Graffagna 1989ハーバード大、二弁／Dale Caldwell 1994ミネソタ大、二弁／Steven Comer 1991ヴァンダービルト大、二弁／Ken Siegel 1986シカゴ大、二弁／Jeff Schrepfer 2001カリフォルニア大バークレー校スクール・オブ・ロー、二弁／Louise Stoupe 2000デューク大、二弁／Gary Smith 1990コロンビア大、二弁／Ivan Smallwood 2000ミシガン大、二弁／Theodore Seltzer 1996ジョージタウン大、二弁／種田謙司 2004コロンビア大、二弁／James Hough 1986NY大、二弁／早川真人 1999イェール大、二弁／David Fehrman 1977ワシントン大、二弁／Stuart Beraha 1993NY大、二弁／細川兼嗣 2001コロンビア大、二弁／Robert Hollingshead 1999カトリック大、二弁／Jay Ponazecki 1987NY大、二弁／Andrew Morrison 1998ヴァンダービルト大、二弁／Stan Yukevich 1993UCLA、二弁／Randy Laxer 1998ミシガン大、二弁／James Robinson 1999ロンドンカレッジオブロー、二弁

顧 Isamu Inohara 1997ニューメキシコ大、二弁／今城賢介 2003スタンフォード大、二弁／岩崎省三 2002カドーゾ・ロースクール／上床元俊 1994ミネソタ大、二弁／佐伯里歌 1993イリノイ工科大、二弁／三浦謙浩 1995ペース大、一弁／Craig Yamakawa 1989UCLA、二弁／Curt Lowry 2001ジョージタウン大、二弁

著作　多数あり。詳しくは事務所HP（http://www.mofo.jp）を参照。

事件　M&A、ジョイント・ベンチャー、プライベート・エクイティ、証券、デリバティブズ、金融規制、訴訟・仲裁等の紛争解決、IP、テクノロジー、独占禁止法／競争法、不動産取引、ファイナンス、事業再生／倒産等の分野において、大規模クロスボーダー案件・事件を含め、多数の取扱実績を有する。詳しくは事務所HP（http://www.mofo.jp）を参照。

海外事務所　アメリカ　サンフランシスコ、ニューヨーク、ワシントンD.C.、パロアルト、ロサンゼルス、サンディエゴ、デンバー、ノーザン・バージニア、サクラメント／ヨーロッパ　ロンドン、ブリュッセル、ベルリン／アジア　東京、香港、北京、上海、シンガポール

東京

柳田国際法律事務所
Yanagida & Partners

〒100-0006　東京都千代田区有楽町1-7-1　有楽町電気ビル北館1310区
TEL　03-3213-0034　FAX　03-3214-5234
URL：http://yp-law.jp/　yanagida-partners@yp-law.jp

22 (±0)	
P 8	A 14	顧 0
男 19	女 3
外弁 0	外資 1
他士 0	事務 16

日本最高のクオリティをもったリーガルサービスの提供により、クライアントが期待する以上の結果を導くことを理念とする。訴訟・紛争への強みを基礎とし、企業の命運をかけた重要案件を含む、数多くの国内・国際案件を解決した実績を有する。

■理念・特色

　当事務所は、日本最高のクオリティをもつリーガルサービスを提供することで、クライアントが期待する以上の結果を導くことを理念としています。このような理念の下、当事務所では、企業の命運をかけた重要案件を含む、数多くの案件を解決してきました。

　また、当事務所は、世界各国の第一人者たる法律家・法律事務所との間でグローバル・ネットワークを確立しています。

　当事務所の業務の根底には、訴訟・紛争への強みがあります。

　当事務所がこれまで扱ってきた訴訟・紛争案件は、大規模商事紛争、憲法解釈をめぐる国内訴訟、クラスアクションを含む米国訴訟、大規模な国際仲裁案件など多岐にわたります。また、独占禁止法においては、課徴金減免申請、公正取引委員会の調査対応、海外当局の調査対応、国際的な競争法関連訴訟への対応を行っています。

　当事務所では、こうした訴訟・紛争への対応力を基礎に、企業法務の全般に関わる業務を取り扱っています。

　また、当事務所は、クロスボーダー案件の取扱件数も多く、各国トップレベルの専門家と共同して案件処理にあたっています。

■設立・沿革

　1963年に「柳田法律事務所」として開設され、1972年、濱田邦夫弁護士（後に最高裁判所判事に就任）の参画を得て、「柳田濱田法律事務所」へと移行。その後、多くの改革を経て、2010年1月に「柳田国際法律事務所」へと改称し、現在に至っています。

代表者	柳田幸男、柳田一宏（いずれも東京弁護士会）
取扱言語	英語、中国語
主な顧問先	金融商品取引業（証券会社、ファンドなど）、都市銀行、地方銀行、保険会社、貸金業者、総合印刷、総合製紙、総合商社、専門商社、自動車製造、自動車部品製造、船舶用部品製造、航空運送、物流サービス、医療用医薬品、動物用医薬品、医療機器、介護用品、衛生用品、医療アシスタンス、予防医療、建設用機械・重機、電子部品製造、プラスチック加工、食品製造・販売、菓子製造・販売、清涼飲料販売、不動産賃貸、広告代理店、出版社、芸能事務所・イベント製作、音楽事務所など
報酬体系	事務所報酬規程（日弁連旧報酬規程に当事務所の変更を加えたもの）による。案件により着手金・報酬金かタイムチャージを選択。

柳田国際法律事務所

取扱業務 M&A（企業買収／資本・業務提携／合弁会社／企業再編）証券・金融関係法（資金調達・資本取引／金商法・保険業法上の許認可・業法規制／証券化・流動性）独占禁止法・下請法（公取・海外当局の調査対応／課徴金減免申請／審判手続・民事訴訟／下請法違反対応）危機管理・コンプライアンス（第三者委員会の対応／社内調査の実施／マスコミ・当局対応／コンプライアンス体制の構築）知的財産（知的財産に関する契約・マネジメント）エンタテインメント（音楽・出版・ゲーム・映画・ライブのビジネスモデル／テレビ・ネット等広告／タレント等の権利侵害対応）事業再生・倒産（民事再生・会社更生／私的整理／国際倒産）人事・労務（M&A・経営危機時の人事・労務）訴訟・紛争（上記各業務分野に関する訴訟・紛争／調停・仲裁／国際訴訟・紛争）

P 柳田幸男 1956早大法、1958早大院、ハーバード大LLM、12期、東弁、ハーバード大LS運営諮問委員、元早大理事、元ハーバード大LS客員教授、元ハーバード大視察委員、元早大院客員教授、元東大LS運営諮問委員、YKK社外取締役／柳田一宏 1996明大法、1999早大院、ハーバード大LLM、53期、東弁、2004NY州弁護士、元ハーバード大LS客員研究員、大和ネクスト銀行社外監査役／秋山洋 1971東大教育、パリ大留学、36期、東弁、アルプス電気社外監査役、YKK社外監査役／大胡誠 1983一橋大法、ハーバード大LLM、38期、東弁、丸善CHIHD社外監査役、ジーテクト社外取締役、リリカラ社外監査役、日本化成社外取締役／柳田直樹 1985早大法、ハーバード大LLM、39期、東弁、アルパイン社外監査役、損保ジャパン日本興亜HD社外監査役／中村比呂恵 1999慶大法、ハーバード大LLM、53期、二弁／山下聖志 1998東大法、ミシガン大LLM、55期、東弁、2011NY州弁護士／川島佑介 2004東大法、58期、東弁、元公取委審査専門官 A 小薗江有史 2002東大経、ノースウェスタン大LLM、58期、東弁／滝充人 2004神大法、ボストン大LLM、58期、東弁／今村武史 1993東大法、アメリカン大LLM、59期、東弁／野口敏彦 2004早大法、59期、東弁／芝田朋子 1997一橋大法、60期、東弁／佐々木裕助 2004東大法、60期、東弁／塚原雅樹 2004北大法、61期、東弁／渡邉佳行 2005東大法、2007東大LS、61期、東弁／浦上俊一 2005早大法、2008横国大LS、62期、東弁／奥田洋平 2007東大法、2009東大LS、63期、東弁／小澤拓 2009京大法、2011京大LS、65期、東弁／小瀧優理 2010京大法、2012京大LS、66期、東弁／轟木博信 2008慶大法、2011慶大LS、66期、東弁／林敬祐 2011東大法、2013東大LS、67期、東弁

著作 柳田幸男『法科大学院構想の理想と現実』（有斐閣、2001）／柳田幸男・ダニエル＝H＝フット『ハーバード卓越の秘密ハーバードLSの叡智に学ぶ』（有斐閣、2010）／ Yukio Yanagida et al. "Law and Investment in Japan (Second Edition)"（Harvard University Press、2000）／柳田幸男他監修『IR型株主総会理念と実務』（商事法務、2004）／柳田一宏他『アメリカ事業再生の実務』（金融財政事情研究会、2011）／柳田直樹他〔執筆〕『金融商品取引業のコンプライアンス』（金融財政事情研究会、2008）／柳田直樹他〔執筆〕『注釈金融商品取引法(2)』（金融財政事情研究会、2009）

事件 王子製紙の北越製紙に対するTOBを巡る日本製紙グループ側の対抗策／日産自動車と仏ルノー社との戦略的資本・業務提携／日本航空と日本エアシステムとの統合／AMD対インテルの独占禁止法違反に基づく損害賠償請求訴訟／YKKグループの欧州競争法違反事件／米国対日本製紙の感熱紙価格を巡る米国反トラスト法違反事件／堺化学等に対する米国反トラスト法違反訴訟（クラスアクション）／国・旧首都高速道路公団・東京都・自動車メーカー7社を共同被告とする大気汚染訴訟／御殿場市・小山町広域行政組合対三菱商事・荏原製作所外2社間のゴミ固形燃料化施設における瑕疵を理由とする損害賠償請求訴訟／非嫡出子の相続分を嫡出子の1/2とする民法規定の憲法適合性を巡る遺留分減殺請求訴訟／林原グループの会社更生申立事件に係る否認請求訴訟／外国人力士に対する不当解雇を巡る解雇無効確認訴訟

矢吹法律事務所
Yabuki Law Offices

〒105-0002　東京都港区愛宕1-3-4　愛宕東洋ビル3階
TEL　03-5425-6761　FAX　03-3437-3680
URL：http://www.yabukilaw.jp　info@yabukilaw.jp

11 (+2)			
P 4	A 5	顧 2	
男 8	女 3		
外弁 0	外資 0		
他士 0	事務 4		

1962年開設の独禁法、下請法・景表法関連業務の専門事務所で、国際カルテルや談合事件も数多く手がける。クラスアクションや各種ADR等にも多く関与する。

A		独禁
		国際	会社

■理念・特色

矢吹法律事務所は、国内・国外の多くの企業に対してリーガル・サービスを提供してきました。その業務は、国内外を問わず、訴訟・ADRなどの紛争処理、独占禁止法、著作権・インターネット、労働分野、M&A、不動産関係など幅広い分野に及びます。

当事務所では、所属する弁護士が共通して遵守するべき弁護士ポリシーの下で業務を行っています。ポリシーでは、個々の弁護士が優秀であることに熱意を持ち、新たな分野に積極的に取り組み、専門性を持つことが必要であるとされ、常に良質の法務サービスをクライアントに迅速かつ誠実に提供できるよう努力することに最大の価値を置いています。

当事務所は、独占禁止法および下請法・景表法などの関連業務で独占禁止法ブティーク事務所として内外から高い評価を受けています。国際カルテルでは、これまでDRAM/SRAM、エアライン、マリンホース、液晶テレビ・ブラウン管、自動車部品、フォワーダー、自動車海上運送、コンデンサー事件など多くの国際カルテル事件に関わってきました。また、知的財産権と独占禁止法の関係について多くの世界有数のIT企業に助言しており、JASRAC事件・クアルコム事件などの審判事件で事業者を代理しています。矢吹公敏弁護士は、Chambers Asia and Pacificで7年間にわたり（2009～15）、独占禁止法部門で最上位 Band 1 の弁護士の1人として選出されています。また、当事務所は、Global Competition Reviewで日本でのhighly recommended firmsの1つとされています（2012～15）。

また、米国クラス・アクションを含む内外の訴訟、ADRなどの実務経験も豊富で、草野芳郎弁護士は和解技術論の提唱者で、調停・ADRの分野で活躍しています。また、所属弁護士は複数の上場企業の社外取締役、社外監査役を務めるなど企業ガバナンスの経験も豊富です。さらに、18年に及ぶ東南アジアでの活動を通じて、同地域での幅広い法務ネットワークを持ち、同地域への進出企業に助言しています。

■設立・沿革

1962年、矢吹輝夫が港区西新橋に事務所を開設し、50年の歴史を有します。2003年、現在の所在地である愛宕に事務所を移転しました。

代表者　矢吹公敏（東京弁護士会）	
取扱言語　英語	
主な顧問先　上場企業を含む、国内・国外の銀行、ノンバンク、投資顧問、商社、電機、IT、建設、運輸、不動産、食品、機械、化学、医療、エンターテイメント（マルチメディアを含む）、インターネット、ソフトウェア、出版、教育、宗教など	
報酬体系　事務所報酬規程による。原則としてタイムチャージベース（20,000円～50,000円）。着手金・報酬も可能。	

矢吹法律事務所

取扱業務 独占禁止法 独占禁止法コンプライアンス助言、大規模な国際カルテル事件、IT関連事件や談合事件について公正取引委員会の審査・審判手続および刑事事件手続においてクライアントを代理、海外独占禁止法・競争法違反事件に関する助言、企業結合に関する助言、下請法・景表法に関する助言／コーポレート （1）企業買収、合弁、合併、会社分割 （2）ディストリビューション（販売代理店等の商品・役務の流通） （3）ライセンス （4）コンプライアンス（法律遵守） （5）社外取締役・監査役業務／不動産関連業務 国内外の不動産売買・担保権設定・不動産関連のローン・賃貸借、不動産証券化事案／ノンバンク関連業務 貸金業法・割賦販売法・特定商取引に関する法律・消費者契約法・個人情報保護法、電子商取引・マネーロンダリング等／著作権関係 レコード会社・映画配給会社・デジタルコンテンツ製作会社・雑誌社などの法人やアーティストに対する国内および海外案件に関する各種の契約書の作成・検討、著作権侵害紛争等／インターネット・電子商取引 関連の契約書の作成・規約の作成、法規制に関する助言、顧客との紛争、発信者情報開示請求に係る訴訟・調停／労働関係 就業規則の作成、労働法（特に労働基準法、雇用均等法等の個別労働関係）の助言、労働仮処分事件・訴訟・労働審判等／学校関係 学校運営、学校事故等／宗教法人 宗教法人法や墓地・埋葬等に関する法律等の特別法分野の助言、寺院紛争事案／訴訟紛争 （1）国内会社および個人関係各種訴訟 （2）米国クラス・アクション、米国等海外の訴訟 （3）震災関係ADR （4）アドホック調停・仲裁

東京

P 矢吹公敏 1982東大法、39期、東弁、コロンビア大LS.LLM、NY州弁護士、東弁副会長、エーザイ社外取締役、学校法人大乗淑徳学園理事、リコー社外監査役、住友生命社外取締役を歴任、東大LS非常勤講師（経済法）（2006～08）、一橋大院国際企業戦略研究科教授（独占禁止法）（2010～現在）／**髙木加奈子** 1999中大法、54期、東弁、一橋大院国際企業戦略研究科（経営法務）修士課程修了、中大LS実務講師（2006～10）／**佐藤郁美** 1986中大法、42期、二弁、NY大LS修了（MCJ）、NY州弁護士、早大院（知的財産権）修士課程修了、公正取引委員会審判官を歴任／**濱田和成** 1997慶大法、54期、東弁、デューク大LS.LLM／顧 **草野芳郎** 1969九大法、裁判官（1971～2006）、2012弁護士登録、東弁、学習院大法学部・学習院大LS教授、日本インドネシア法律家協会理事長、仲裁ADR法学会理事長、タマホーム社外取締役／**木村智彦** 1992京大法、2007コーネル大LS.LLM、55期、二弁、公正取引委員会事務総局審査官を歴任／A **加藤彰仁** 2000東大法、59期、東弁、筑波大院ビジネス科学研究科（企業法学）修士課程修了、宅建主任者試験合格／**八木哲彦** 1998慶大法、59期、東弁、日弁連国際室嘱託／**西出恭子** 2001慶大法、2003慶大院（公法学）修士課程修了、60期、東弁／**中村優紀** 2005一橋大法、2007一橋大LS、ノースウェスタン大LS.LLM、62期、東弁、NY州弁護士／**細川日色** 2011東大法、2013東大LS、67期、東弁

著作 村上政博・栗田誠・矢吹公敏・向宣明編『独占禁止法の手続と実務』（共著、中央経済社）／白石忠志監修『独占禁止法の争訟実務—違反被疑事件への対応』（共著、商事法務）／『著作権法コンメンタール(上)』（共著、東京布井出版）／『ネットショップ開業法律ガイド』（共著、日経BP社）／『エンターテイメント法』（共著、学陽書房）／草野芳郎『和解技術論』（信山社出版）

事件 国内外カルテル・談合事件／JASRAC事件／クアルコム事件

山田・尾﨑法律事務所
Yamada Ozaki Law Office

〒107-0052　東京都港区赤坂7-5-7　赤坂光陽ビル5階
TEL　03-3585-7451　FAX　03-3585-7452
URL：http://www.yamada-ozaki.com

10 (＋1)			
P 4	A 4	顧 2	
男 8	女 2		
外弁 0	外資 0		
他士 0	事務 5		

B	総合

一般民事、企業法務のほか、セクハラ・パワハラや民暴対応等に強く、マスメディアにも多く関与し、各種コメンテーターや講演活動等も多い。代表の山田弁護士は、第二東京弁護士会会長を務めるなど、公益活動にも注力する。

■理念・特色

現代の日本社会は、かつてないほどの変革の時代を迎え、企業には高度のコンプライアンスが求められています。当事務所は、Legal Risk Managementの理念に基づき、事後的紛争処理とともに、事前の予防法務にも積極的に取り組みます。的確で、時代に即応したリーガルサービスを提供いたします。

一方、どれほど時代が変わろうとも、変わらないものがあります。それを正義と呼ぶのであれば、当事務所は正義を実現できるように地道にかつ迅速に業務に取り組んでいきます。紛争解決における「法律」の効用は、法治国家では「重要かつ有用」ですが、「万能」ではありません。ときに「情宜、人情」や「業界のルール」を考慮し、さらには「時間」の要素を視野に入れることで、より幸福な結果をもたらすことが多いといえます。当事務所は、「法律万能主義」に陥らないことも必要であると考えます。

当事務所は、法律専門家としての矜持と責任をもって業務に取り組みます。同時に、「専門化」が高度に進行している現在の法律紛争・予防の世界においては、業務を「独占」せず、必要に応じて他事務所と「連携」することも重要であると考えます。ベストな解決を求めてBest for Clientを実現します。

当事務所代表山田秀雄弁護士は、「気軽に相談できて人間味のある法曹」を理想とし、「名医」でなくても「良医」であることをめざし、日々の弁護士業務に取り組んでまいりました。

当事務所は、元第二東京弁護士会会長を筆頭に、元東京地方検察庁特捜部長や、元民事介入暴力対策委員会委員長、司法研修所弁護教官、法科大学院教授等の、いわば「七人の侍」のごとき各分野のエキスパートが、Best for Clientの実現のために結集しています。業務分野は多岐にわたり、上場企業の企業法務、社外役員の受任から相続や離婚などの一般民事、さらには、弁護士会活動などの公益活動にも積極的に取り組んでいます。なかでも、セクハラ・パワハラをはじめとする各種ハラスメント対策、民事介入暴力、コメンテーターなどのマスメディアに関わる監修等の業務、講演、著作活動の多さは特長的です。

■設立・沿革

山田秀雄弁護士は、野田総合法律事務所（故野田純生弁護士が設立。谷垣禎一自由民主党幹事長が所属する事務所）で3年間勤務弁護士として稼働し、麻生・山田法律事務所を経て独立し、1992年、「山田秀雄法律事務所」を設立。その後、2004年、「山田・尾﨑法律事務所」に名称変更し、現在に至っています。

代表者　山田秀雄（第二東京弁護士会）
主な顧問先　上場企業（TV局、ラジオ局、銀行・信用金庫等、総合商社、航空測量関係）、大学、不動産業、メーカー、出版社、税理士法人、化学薬品会社、寝具メーカー、医療法人、社団法人、財団法人など多数

報酬体系　事務所報酬規程（日弁連旧報酬規程に準拠）／着手金・報酬金等とタイムチャージの双方対応／顧問料（月額）法人50,000円〜、個人10,000円〜／タイムチャージ　パートナー40,000円〜、アソシエイト30,000円〜。

山田・尾﨑法律事務所

取扱業務 **一般企業法務** 契約書の作成・チェック、株主総会指導、PL（製造物責任）法対策、事業承継、M&A、会社支配権をめぐるトラブル、監査役への就任など／**コンプライアンス（法令遵守）業務** 内部通報制度の受付窓口等、不祥事発生時の対応、セクハラ対策、パワハラ対策、民事介入暴力対策、メディア（TV、ラジオ）におけるプライバシー対策等／**知的財産権・IT業務**として、著作権、不正競争防止法、独占禁止法、個人情報保護法に関する法的アドバイス／**債権回収業務** 取引契約書の作成、保証人や担保の取得に関するアドバイス、販売先危機時の債権回収法など／**倒産・再生業務** 破産・民事再生・会社更生などの法的整理、任意整理、管財人・清算人への就任など／**雇用・労働問題業務** 解雇トラブル、就業規則一般、賃金規定等に関する法律問題、労働災害など／**セミナー・講演業務** 企業・大学・学校等各種団体における講演・セミナー、社員研修の講師派遣など。※重点取扱分野：セクハラ・パワハラ策、民事介入暴力対策、PL（製造物責任）法対策／**一般民事の分野** 不動産取引・借地借家契約に関するトラブル、隣地境界・通行権トラブル、交通事故などの損害賠償請求の示談交渉・保険金の請求手続・訴訟、債権回収、個人の債務整理、自己破産の申立など／家事業務として離婚を含む男女間のトラブル、養子、相続、戸籍に関する問題、遺言書の作成・保管、遺言の執行など／**刑事の分野** 逮捕から公判までの弁護活動、刑事告訴手続など／**その他業務** 犯罪被害者の支援、セクハラ等研修ビデオの作成・監修、メディアにおけるコメンテーター業務、アート・ビジネス（絵画等の取引）における代理人業務

東京

P 山田秀雄 1974慶大法、36期、二弁、二弁会長、日弁連副会長、日弁連常務理事、二弁広報室長等を歴任、青学大LS客員教授、ライオン社外取締役、サトーホールディングス社外取締役、ヒューリック社外取締役、（公財）橘秋子記念財団理事長／尾﨑毅 1987中大法、47期、二弁、2004山田・尾﨑法律事務所パートナー、日弁連民事介入暴力対策委員会事務局長、前二弁民事介入暴力対策委員会委員長／中重克巳 1988慶大法、50期、二弁、最高裁判所司法研修所弁護教官、二弁弁護士業務センター、二弁労務・社会保険法研究会／菅谷貴子 1995慶大法、55期、二弁、桐蔭横浜大LS准教授、フェイス社外監査役、日本コロンビア社外監査役、トーセイ・リート投資法人監督役員、（一財）楠田育英会常務理事、（公社）全国民営職業紹介事業協会理事／A 脇まゆこ 1998慶大法、59期、二弁、二弁犯罪被害者支援委員会副委員長、研修センター所属、東京家庭裁判所家事調停官／籔本義之 1987東大教養、2007大宮LS、61期、二弁、元NHK番組制作ディレクター、現二弁高齢者・障害者総合支援センター、法科大学院支援委員会、東京都障害者給付不服審査会委員／今井靖博 2003慶大法、2006明大LS、61期、二弁、高齢者・障害者総合支援センター／厚井久弥 2003慶大法、2006慶大院修士課程、2012桐蔭横浜大LS、67期、二弁犯罪被害者支援委員会、二弁労務・社会保険法研究会／顧 安冨潔 1979慶大院博士課程（法学博士）、二弁、慶大名誉教授、京産大LS客員教授、難民認定参与員、NPOデジタル・フォレンジック研究会副会長、（公財）日本道路交通情報センター理事、（公財）金融情報システムセンター評議員、（公財）アジア刑法財団学術評議員、日本公認不正検査士協会特別顧問／五十嵐紀男 1964北大法、18期、1966検事任官、2010登録、二弁、元司法研修所教官、東京地方検察庁特捜部長、最高検察庁検事、横浜地方検察庁検事正、公証人、（一財）日本法律家協会会員、（一社）学士会代議員、（公社）北海道倶楽部監事、Jトラスト社外取締役、志木市情報公開審査委員長、志木市懲戒審査委員長、飯能ゴルフクラブ理事長

著作 『セクハラ防止ガイドブック』（共著、日経連出版部）／『弁護士が教えるセクハラ対策ルールブック』（共著、日本経済新聞出版社）／『あなたは『死刑』と言えますか』（共著、プレジデント社）／『実践 社会VS暴力団 暴対法20年の軌跡』（共著、金融財政事情研究会）／『企業のうつ病対策ハンドブック（つまずかない労務管理2）』（共著、信山社出版）／『実践! 労災リスクを防ぐ職場のメンタルヘルス5つのルール』（監修、同文舘出版）ほか多数

事件 学納金返還請求訴訟／比較広告差止および損害賠償等請求訴訟／反社会的勢力に対する建物使用差止請求事件／建物明渡請求事件／裁判員裁判（殺人・強盗致傷等）ほか多数

ユアサハラ法律特許事務所
YUASA AND HARA

〒100-0004　東京都千代田区大手町2-2-1　新大手町ビル206区
TEL　03-3270-6641　FAX　03-3246-0233
URL：http://www.yuasa-hara.co.jp

 1902年創設の「湯浅法律事務所」を起源とするわが国を代表する国際的法律特許事務所。企業法務、国際法務および知的財産関係法務に力点を置く。

■理念・特色

　当事務所は、100年を超える長きにわたり、国内および国外の顧客に、法律業務全般にわたるサービスを提供し、顧客からの信頼を得てております。

　業務分野としては、訴訟などの紛争処理にとどまらず、企業再編（M&Aを含む）、独禁法規制、労働問題、各種契約案件も含め、企業法務全般を取り扱っております。

　国際法務については、湯浅恭三弁護士（1997年没）が英国バリスターの資格を得て早くから国際法務を手がけていたこともあって、当事務所はわが国国際法律事務所の草分け的存在です。当事務所は、全世界の主要都市をカバーする海外の法律事務所と緊密な協力関係を有すると共に、世界約100か国に140のメンバー事務所を有する国際的法律事務所ネットワークTerraLex、ヨーロッパを中心とした国際的法律事務所グループunilawのメンバーとして、国際的案件についても、すみやかに国内外の顧客のあらゆるニーズに応える態勢を整えております。

　また、知的財産権関係法務については、特許権、実用新案権、意匠権、商標権、著作権等の侵害事件や不正競争事件などの紛争案件、ライセンス契約、共同開発契約その他の知的財産権に関する各種契約案件、コンピュータ・ソフトウェアやインターネットといったIT技術の理解が必要な各種案件も含め、知的財産権に関する業務全般を取り扱っています。

■設立・沿革

1902年	湯浅豊太郎判事が退官後、大阪にて「湯浅法律事務所」を開設
1929年	英国留学から帰国した湯浅恭三弁護士が、渉外業務の取扱いとともに、弁理士登録して出願業務も開始
1947年	東京に事務所を移転
1951年	坂本吉勝弁護士が参加
1958年	「湯浅・坂本法律特許事務所」と名称変更
1967年	原増司東京高等裁判所判事が退官後、参加
1971年	坂本吉勝弁護士が退所（最高裁判所判事就任）
1972年	「湯浅・原法律特許事務所」と名称変更
1991年	「湯浅法律特許事務所」と名称変更
1998年	「ユアサハラ法律特許事務所」と名称変更

代表者　牧野利秋（第一東京弁護士会）
取扱言語　英語、中国語
主な顧問先　電気、機械、自動車、医薬、食品、飲料、金属、化学、その他各種メーカー、金融機関、保険会社、商社、不動産会社、建設会社、情報通信事業者、IT関連事業者、航空会社、運輸会社、監査法人、学校法人、公益法人
報酬体系　当事務所弁護士報酬基準による（原則として時間制）。

ユアサハラ法律特許事務所

取扱業務 **企業法務・渉外法務** 国内法人・外国法人に関する各種契約作成、法律相談および意見書作成、紛争の相談・交渉、会社設立・運営、行政諸手続、民事・商事・行政訴訟、会社訴訟、調停・仲裁、国際商事仲裁、企業合併・買収、国内・国際的取引、独禁法違反事件、一般銀行法務、労働事件、個人情報保護、企業コンプライアンス等、**知的財産権** 特許・実用新案・意匠・商標・著作権侵害事件、コンピュータ・ソフトウェア関係事件、営業秘密その他不正競争防止法事件、コンピュータ・インターネットその他IT／ICT関係事件、無効審判事件、審決取消訴訟、税関における輸入差止、各種ライセンス契約、共同開発契約等。

P **牧野利秋** 1958阪大法修士、12期、一弁、弁理士、阪大法博士、元宇都宮地方裁判所・家庭裁判所長、元東京高等裁判部総括判事、元慶大LS客員教授／**花水征一** 1969中大法、25期、東弁、ロンドン大／**飯村敏明** 1974東大法、26期、一弁、元甲府地方裁判所所長、知財高等裁判所長／**鈴木修** 1972中大法、29期、二弁、弁理士／**大平茂** 1984中大法、39期、東弁、コーネル大LLM、NY州弁護士／**矢部耕三** 1985中大法、43期、一弁、弁理士、イリノイ大LLM、イリノイ大LS非常勤教授／**深井俊至** 1988早大政経、44期、東弁、NY州弁護士、弁理士、ミネソタ大LLM、信州大工修士／**大西千尋** 1984早大法、53期、二弁、コロンビア大LLM、元マツダ、NY州弁護士／**末吉剛** 1997東大理博士、59期、一弁、弁理士、元三菱化学 顧**小木曽茂** 1949早大政経、5期、一弁、イエール大LS留学、コネチカット州弁護士、元裁判官 A **岡本義則** 1994東大工修士、52期、一弁、弁理士／**花井美雪** 1998東大法、52期、二弁、スタンフォード大LLM、NY州弁護士／**山口裕司** 1997東大法修士、54期、一弁、コーネル大LLM、元東芝、元外務省国際法局経済条約課長補佐（任期付）／**磯田直也** 2003早大法、57期、東弁、ワシントン大LLM、NY州弁護士／**伊達智子** 2000慶大経、58期、一弁、元経産省産業技術環境局技術振興課長補佐（任期付）／**神田雄** 2003慶大法、59期、一弁、南カリフォルニア大LLM、元特許庁工業所有権制度改正審議室法制専門官（任期付）／**木村剛太** 2005慶大法、60期、一弁、ベンジャミン・N・カルドーゾLS.LLM、シンガポール国際商事裁判所外国法弁護士／**田村淳也** 2004東大法、2006慶大LS、60期、東弁、元中国駐在／**山田卓** 1993東大法、61期、一弁、クイーンズ大LLM、慶大院講師、元総務省、OECD、衆議院法制局勤務／**小野智博** 1998慶大環情、2007青学大LS、61期、東弁／**星埜正和** 2004上智大法修士、62期、一弁、マックス・プランク知的財産法センター LLM、元JETRO／**藤原拓** 2006中大法、2008一橋大LS、62期、一弁／**森下梓** 2007東大工修士、2013成蹊大LS、67期、一弁、弁理士

著作 『Q＆A知的財産トラブル予防・対応の実務』（共著、新日本法規出版）／牧野利秋『知的財産権訴訟寸考』（東京布井出版）／飯村敏明編『知的財産訴訟実務大系(1)～(3)』（青林書院）／花水征一ほか『企業取引法の実務』（商事法務）／深井俊至『類似商号をめぐる紛争～不正競争・商標権侵害～』（日本法令）／『企業法務判例ケーススタディ300【企業取引・知的財産権編】』（共著、金融財政事情研究会）／連載「米国知財重要判例紹介」国際商事法務／連載「商標判例読解」特許ニュース

事件 「イレッサ事件」知財高判平成26.9.25判時2241.142／「アバスチン事件」知財高判平成26.5.30判時2232.3／「動物用排尿処理材事件」東京地判平成26.3.20判時2254.91／「手振れ補正機能搭載交換レンズ事件」東京地判平成26.2.14／「御用邸」事件知財高判平成25.5.30判時2195.125／「アールシータバーン」事件知財高判平成24.5.31判時2170.107／「コリオリ流量計の本質的に安全な信号調整装置」事件知財高判平成22.11.30判時2153.83／「フラッシュメモリ装置」事件東京地判平成22.8.31／「バッチ配送システムにおけるバッチの最大化方法」事件知財高判平成22.8.9判時2119.100／コーラ飲料瓶立体商標事件知財高判平成20.5.29判時2006.36／「データ伝送方式」事件東京地判平成19.11.28ジュリ1386.145／「COMPASS」事件知財高判平成19.10.31判時2005.70／「電話の通話制御システム」事件東京地判平成18.4.13判時1955.108／「生理活性タンパク質の製造法」事件東京地判平成18.3.22判時1987.85／「ピックアップ装置」補償金請求事件最判平成15.4.22民集57.4.477／タピオカ虚偽陳述告知事件東京地判平成15.2.20判時1824.106／水道工事談合各社損害賠償住民訴訟最判平成14.7.2民集56.6.1049

吉峯総合法律事務所
Yoshimine Law Offices

〒102-0074　東京都千代田区九段南3-9-11　マートルコート麹町204
TEL　03-5275-6676　FAX　03-5275-6678
URL：http://www.yoshiminelaw.jp　office@yoshimine.gr.jp

8 (-1)		
P1	A7	顧0
男8	女0	
外弁0		外資0
他士2		事務11

	総合
C	

"弁護士業とは人助けである"との初代所長吉峯啓晴の信念の下、企業法務を中心に一般民事・刑事事件から人権問題まで総合的に取り組む。顧問先はIT、商社、メーカー、出版、医療、アーティスト等々、多岐にわたる。

■理念・特色

　吉峯総合法律事務所は、多くの法人の顧問として企業法務などに取り組むとともに、一般の人々からの相談、事件の依頼も受けています。

　何と言っても弁護士業は人助けとしての役割があり、一般の人々の法的な悩みごとの相談にのり、それを解決することが重要です。したがって、一般事件に取り組むことは弁護士が弁護士であるために最低限必要なことです。

　同時に、私たちの社会は株式会社の活動を中心に動いており、世の中の最先端の業務に取り組む会社が『良い会社』であることが必要です。そのためには企業法務や労働組合法務の真っ只中で仕事をすることも、また重要なことです。

　吉峯総合法律事務所では、初代所長吉峯啓晴の上記理念の下、どの弁護士も、一般事件と企業法務の両方をやることが求められています。一般事件をやることによって人々の魂にふれ、人生の何たるかを少しでも理解することができますし、そのことによって企業法務をより深いレベルで処理をすることができます。また、企業法務を通して、世の中の最先端で何が起き、世の中がどう動こうとしているかを少しは理解することができます。さらに、そうした理解によって一般事件をより高いレベルで処理することができるのです。

　また、吉峯総合法律事務所では企業法務と一般事件のほかに、人権問題や社会問題にも取り組んでいます。そもそも適正な企業統治やコンプライアンスは、関係者の人権を守るためのものなのです。そういう意味で、人権を守る活動は企業法務や一般事件を担当するためには不可欠のものです。

　分野を問わず目の前の課題に全力を尽くし、抽象的ではなく、問題解決に向けた具体的なアドバイスをすることで、法的なサポートを超えた依頼者満足を追求します。

■設立・沿革

　1980年、「森田・吉峯総合法律事務所」を銀座に開設。1991年、「吉峯総合法律事務所」を紀尾井町に開設。1992年、東京都千代田区九段南に移転し、現在に至っています。

代表者	吉峯真毅（東京弁護士会）
主な顧問先	IT企業、商社、不動産取引仲介・開発、不動産賃貸業、出版社、コンサルティング、外食産業、製material業、医療品原薬製造業、化粧品製造販売、生物産業、流通業、卸売業、人材派遣業、アパレル、ブランドコンサルティング、スポーツイベント・音楽マネジメント会社、アーティスト、著作権管理会社、医療法人、社会福祉法人、宗教法人、労働組合、非営利法人その他分野を問わず。
報酬体系	事務所報酬規準（日弁連旧報酬規準に若干の変更を加えたもの）による。事件処理は着手金・報酬金制が原則／顧問業務は顧問料＋タイムチャージ制／顧問料（月額）50,000円〜。

吉峯総合法律事務所

取扱業務 **企業法務（法律顧問法務）** 日常の法律・経営相談、グループ会社運営、契約書の作成・審査、契約・紛争案件の交渉、役員・社員研修等／**企業法務（会社法務）** 事業再編（M&A、事業譲渡）、事業承継、コンプライアンス、コーポレート・ガバナンス、内部統制、内部調査、株主総会運営に対する助言、独占禁止法・下請法を巡る問題、企業の社会的責任（CSR）の問題、役員の責任追及、株主代表訴訟、企業の不祥事対応、従業員の不祥事対応、労働法務、予防法務等／**企業倒産法務** 更生手続、再生手続、破産手続、特別清算、事業再生特定調停、私的整理等／**企業裁判法務** 知的財産権（著作権・商標権等）管理、株主権の確認、株主総会決議取消の訴え、株主代表訴訟、役員責任追及訴訟、不動産関係訴訟、建築関係訴訟／**IT関連法務** 著作権等知的財産、ソフトウェア開発に係る紛争等／**労働法務** 人事・労務管理に関する諸問題（就業規則の作成・変更、業務災害・通勤災害、派遣、労組問題等）、雇用契約に関する諸問題（採用・解雇・退職・合意解約等）、賃金・労働時間に関する諸問題（残業代等割増賃金・退職金・裁量労働制・事業場外労働みなし労働時間制等）、セクハラ・パワハラ問題、労働審判／**不動産法務** 不動産売買、不動産賃貸、不動産取引仲介、建築工事請負、境界紛争等／**一般民事法務** 交通事故、医療過誤、建築瑕疵、不動産賃貸借に関する諸問題（解除・明渡等）、近隣紛争に関する諸問題、売買、消費貸借、名誉毀損、不法行為に基づく損害賠償請求、学校事故／**一般家事法務** 相続に関する諸問題（遺産分割請求事件、遺留分減殺請求事件、遺言無効事件、遺言執行）、家庭に関する諸問題（離婚、財産分与、DV、親権、子の引渡し、扶養、成年後見・補佐・補助等）／**個人倒産法務** 破産手続、個人再生手続、任意整理等／**刑事事件・少年事件** 起訴前弁護（示談交渉・身柄開放等）、公判弁護、裁判員裁判、少年審判／**憲法問題** 思想・良心の自由、信教の自由、表現の自由、学習権、子どもの人権等／**行政法務** 処分取消・無効確認訴訟、義務付け訴訟、差止訴訟、住民訴訟、地方公共団体からの相談等／**選挙法務** コンプライアンス指導、公職選挙法・政治資金規正法に関する諸問題／その他**公益法人、一般社団法人法務、非営利法人法務**等

東京

P **吉峯真毅** 2001中大法、2010大東大LS、64期　A **吉峯康博** 1970早大政経、33期、子どもの人権研究会事務局長、日本社会事業大非常勤講師／**高橋拓也** 1996早大法、53期、／**大井倫太郎** 1998一橋大法、55期／**大河原啓充** 1996中大法、公認会計士、太田昭和監査法人（現新日本有限責任監査法人）（1996～2000）、58期／**中村栄治** 2002中大法、61期／**朴鐘賢** 2004慶大法、61期／**吉峯裕毅** 2007上智大法、2010上智大LS、65期　以上すべて東弁。

著作 吉峯啓晴『市民生活の法律相談』（共著、三省堂）／吉峯啓晴『弁護士始末記』（共著、時の法令）／吉峯啓晴『基本的な人権六法』（三五館）（日本図書館協会選定図書）／吉峯啓晴「東日本大震災と福島第一原発事故を機に日本の将来を考える」マスコミ市民2011年11月号／吉峯康博『子どもの人権110番』（有斐閣、1987）／吉峯康博『限界はない―障がいをもちながら第一線の弁護士として活躍する9人の物語』（伊藤塾、2010）／塀内夏子作画吉峯康博他監修『勝利の朝』（小学館文庫、2011）／吉峯康博『第8回国連犯罪防止会議の報告』『自由と正義』1991年2月号／吉峯康博『いま、子どもの人権を考える―いじめ、虐待・体罰、被害者、少年事件、家族』（日本評論社、2013）／高橋拓也・大井倫太郎『Q&A学校事故対策マニュアル』（共著、明石書店）など多数

リソルテ総合法律事務所
Risolute Law Office

〒105-0003　東京都港区西新橋1-20-3　虎ノ門法曹ビル7階
TEL　03-3502-2357　FAX　03-3502-3577
URL：http://risolute.jp/

司法研修所教官、労働基準監督官、検察官、企業勤務、日弁連会長、日弁連調査室などさまざまなバック・ボーンを有する者6名の共同代表制による事務所。各パートナーにより、取扱案件の幅広い対応が可能。

■理念・特色

　当事務所の名称「リソルテ」は事務所設立にあたって作った新しい言葉です。当事務所に所属している弁護士は、全員が幅広い案件への対応力を持ちつつも、それぞれに異なる専門分野を持っています。そして、これまで各自の専門分野において、たゆまぬ研鑽を積み、多くの実績を残してきました。しかし、弁護士に解決を依頼される案件には、1つの専門分野の中だけで完結するものは存在しません。たとえ小さな事件であっても、あらゆる分野の法律知識を総動員して、バランスの良い解決をする必要があります。それならば、各自の持つ専門的スキルを結集して、1つの依頼案件に注ぎ込むことができたら……いっそうスピーディーで、高品質のサービスが提供できるはず。誰もが思い至るそのことに、私たちは正面から取り組んでみようと考えました。

　私たちは、依頼者の皆様に適切な法的サービスを提供することを通じて、明るく、暖かく、正しく、力強いエネルギーを与えられる存在、少しおおげさですが、太陽のような万能の存在になりたいと考えています。太陽は、ラテン語でソル「sol」というのだそうです。そして私たちは、依頼者の皆様それぞれが最良と感じられる結果、すなわち、理想「risou」の解決「solution」を、太陽のように恒久的に提供し続けていきたいと考えています。リソルテ「risolute」は、その担い手を示す言葉です。

　リソルテという事務所名は、設立にあたっての私たちの初心を示すものであり、めざすべき究極の目標でもあります。

■設立・沿革

　2006年、当事務所の理念を実現すべく、市川充、今村哲、中井寛人、松田浩明、山岸憲司が新たなパートナーシップを組んで設立。その後検事出身の菅弘一がパートナーとして加入。

代表者	パートナー6名の共同代表（東京弁護士会、なお、菅は第一東京弁護士会）
取扱言語	英語
主な顧問先	メーカー、金融機関（リース会社、損保を含む）、商社、建設、産廃処理、設備工事、不動産、ビルメンテナンス、ホテル、飲食、情報通信、医療、出版、冠婚葬祭、アパレル、運輸、人材派遣、その他のサービス業、小売業他
報酬体系	事務所報酬規程による。着手金・報酬方式、アワリーチャージ方式の双方対応可能。顧問料は契約内容による。

取扱業務 **一般企業法務** 契約書作成・チェック、契約締結等交渉代理、会社法等に基づく会社運営アドバイス、株主総会指導、各種議事録・会社内部規則の作成アドバイス、個人情報保護法関係アドバイス等／**企業のコンプライアンス体制構築および危機管理** 内部統制システムの構築に関する法的助言、上記に関する企業内研修／**債権回収、保全、執行** 不動産・債権その他の財産に対する保全処分（仮差押・仮処分）、債権回収事案における交渉・訴訟、債務者責任財産に対する執行／**M&A、事業再編、事業承継** M&A・事業再編の立案・交渉・書面作成・法的助言、デューデリジェンス、事業承継スキームの立案・書面作成・法的助言／**労務管理・労働事件関係** 就業規則等の社内規定等の作成・チェック、雇用契約・雇用管理等の労務問題法律相談、内部通報制度関係各種相談、労働基準法・労働組合法等の労働法関係各種相談、労働事件訴訟・仮処分、労働審判／**知的財産権法関係** 商標権・特許権等知的財産権の侵害行為に対する警告、知的財産権侵害事案における差止・損害賠償請求、知的財産権を活かした契約書の作成・チェック／**破産申立て、会社更生・民事再生申立て等（事業再建）** 企業の破産申立て、企業の会社更生・民事再生申立て等の事業再建、個人（サラリーマン等の非事業者）の破産申立て・民事再生申立て、企業・個人の任意整理／**家族法関係** 離婚・婚約不履行、成年後見、高齢者の財産管理の相談等／**相続法関係** 遺言書の作成・アドバイス、遺産分割等／**損害賠償請求** 交通事故、労働災害、名誉毀損等／**不動産関係**／**医療過誤**／**建築紛争**／**環境法関係**／**会社・NPO法人等設立**／**スポーツビジネス・ソリューション**／**刑事事件**

東京

P 市川充 1985東大法、47期、元日弁連調査室長、JCU社外監査役／今村哲 1983明大法、44期、元労働基準監督官／菅弘一 1987慶大法、46期、元検事、慶大LS教授、一弁／中井寛人 1990早大法、53期、精密メーカー勤務（7年）／松田浩明 1987慶大法、45期、元司法研修所民事教官、慶大LS講師／山岸憲司 1970中大法、25期、元日弁連事務総長、元東弁会長、元日弁連会長、元法務省法制審議会民事訴訟法部会兼強制執行制度部会幹事、元法務省司法試験考査委員（民事訴訟法）、元総務省年金記録確認中央第三者委員会委員、昭和シェル石油社外監査役 A 川上邦久 2007東大法、61期／船本美和子 2002東大文、2011北大LS、65期 以上明記のないものはすべて東弁。

著作 『企業活動トラブル対策Q&A』（分担執筆、第一法規）／『民事再生法の実務』（共著、三省堂）／『金庫株・単元株制度の解説』（共著、日本法令）／『実務民事再生法』（共著、税務経理協会）／『条解弁護士法（第4版）』（分担執筆、弘文堂）／『新・取締役ガイドブック』（りそな総合研究所）／『CD-ROMビジネス契約書式集』（共著、日本経済新聞出版社）／『こんなときどうする会社役員の責任Q&A』（共著、第一法規出版）／『個人再生の手引』（共著、判例タイムズ社）／『概説倒産と労働』（共著、商事法務）／『詳説倒産と労働』（共著、商事法務）／「電子掲示板を利用して注文を集めた覚せい剤密売事案の捜査処理について」捜査研究2003年11月号／『カメラ・生体画像データの「個人情報保護法 対応策Q&A」』（セキュリティ産業新聞社）／『困ったときのネット検索』（共著、三省堂）／『リース取引法』（共著、商事法務研究会）／『実務に学ぶ紛争の予防と解決 不動産取引ケーススタディ』（共著、商事法務研究会）／『リース・クレジットの法律相談』（編著、青林書院）／『同族会社・中小企業のための会社経営をめぐる実務一切』（共著、自由国民社） その他多数

ロア・ユナイテッド法律事務所
Law Office LOI United

〒105-0001　東京都港区虎ノ門1-1-23　虎ノ門東宝ビル9階
TEL　03-3592-1791　FAX　03-3592-1793
URL：http://www.loi.gr.jp/　info@loi.minato.tokyo.jp

11（+1）		
P 6	A 5	顧 0
男 8	女 3	
外弁 0	外資 0	
他士 1	事務 7	

 使用者側・労働者側双方に中立的に対応する人事・労務専門事務所。顧問先（企業・団体）も多く、所属弁護士による各種講演活動や関連著書も多い。

■理念・特色

　当事務所では、「依頼者志向の理念」の下に、所員が一体となって「最良の法律サービス」をより早く、より経済的に、かつどこよりも感じ良く親切に提供することを目標に日々行動しております。

　当事務所では、労働法分野を中心として、労使間における人事・労務問題の解決に取り組んでおります。千葉大学法科大学院客員教授、元厚生労働省労働政策審議会労働条件分科会公益代表委員である代表パートナー弁護士岩出誠をはじめ、人事・労務問題の解決にあたり経験豊富な弁護士が多数在籍しております。労働問題に明るい社労士も在籍し、弁護士と共に人事・労務問題の解決（代理人として、数多くの、訴訟・労働審判・労働委員会、団体交渉への関与してきた成功実績があります）・予防法務にあたっております。

　顧問先は、ほとんどの業種・業態企業を含む約140団体に及び、そのうち、国内外上場企業・関連会社等顧問先・継続的依頼者・監査役先は36社に及びます。しかも、そのうちには、労働組合もあり、「使用者」か「労働者」のどちらかに偏重する弁護士事務所が多いなか、当事務所は業界でも稀な労使の立場から複眼的に、中立的に検討するスタンスを大事にしております。

　その他、3つの大学院での研究・教育、顧問先等への人事・労務等に関するセミナー、講演活動を行うと共に、著書約85冊以上にも及ぶ労務関連の執筆にも精力的に取り組んでおります（労務関連論文は数百件以上）。

■設立・沿革

　1986年に「岩出綜合法律事務所」を開設、2011年に「ロア・ユナイテッド法律事務所」に改称。現在パートナー6名、アソシエイト5名、客員特定社労士1名が所属しております。

代表者　岩出誠（東京弁護士会）	役先は36社）
主な顧問先　製造業、IT関連、医療・福祉業、不動産業、建設業、金融・証券・保険業、出版業、商社、飲食業、人材派遣・求人業、マスコミ、陸運業、財団法人等約140社（国内外上場企業・関連会社等顧問先・継続的依頼者・監査	**報酬体系**　顧問契約50,000円〜（応相談）。その他、東京弁護士会旧報酬規程を準用しつつ、上場関係・企業規模・従業員数・労働組合員数、案件の内容等により、顧客様とのご相談のうえ、費用を決定。

ロア・ユナイテッド法律事務所

取扱業務 **顧問業務** 日常の法律・経営相談、契約書の作成・点検、顧問向けセミナー／**人事・労務** 人事・労務関係における紛争処理（訴訟、労働審判、労働委員会、あっせん、団体交渉、代理人としての交渉）、就業規則・賃金規程等会社諸規程の作成・修正、人事・賃金制度の構築、人事デューデリジェンス、労働基準監督署・ハローワーク・労働局対応、各種労務相談（解雇・退職、懲戒、残業代請求、セクハラ・パワハラ、メンタルヘルス・休職・復職、採用・内定、労災等）、労務管理に関する研修、人事・労務関連各種セミナー／**企業法務** 一般的契約法務、株主総会対応、コンプライアンス、コーポレートガバナンス、債権回収・保全、情報セキュリティ（個人情報保護法、不正競争防止法、公益通報者保護法等への対応）、災害リスクマネジメントとBCP、建築紛争（建築紛争審査会を含む）／**個人向け** 交通事故、遺産相続（遺言）、離婚、債務整理・破産、境界等の近隣紛争、刑事事件弁護等

P 岩出誠 千葉大法経、29期、厚生労働省労働政策審議会労働条件分科会公益代表委員（2001～07）、千葉大LS客員教授、首都大LS講師、青学大客員教授・青学大院ビジネス法務専攻講師／**中村博** 中大法、47期、港区人権擁護委員／**村林俊行** 中大法、49期、青学大院ビジネス法務専攻講師／**石居茜** 同大法、55期／**木原康雄** 早大法、56期／**村木高志** 早大法、58期／**A 岩野高明** 早大法、60期／**難波知子** 首都大LS、61期、首都大LS講師／**竹花元** 上智大LS、62期／**鈴木みなみ** 東大LS、64期／**中村仁恒** 早大LS、67期 以上すべて東弁。**鳥井玲子** 客員特定社労士、青学大院法学研究科（ビジネス法務専攻）修了

東京

著作 当事務所編『労働事件 立証と証拠収集』（創耕社、2015）／当事務所編『メンタルヘルスの法律問題—企業対応の実務』（青林書院、2014）／『新労働事件実務マニュアル（第3版）』（共著、ぎょうせい、2014）／当事務所編著『事例で学ぶ労働問題対応のための民法基礎講座』（日本法令、2014）／『Q&A 現代型労働紛争の法律と実務』（共著、日本加除出版、2013）／『民事調停の実務』（共著、青林書院、2013）／当事務所『Q&A 労働法実務シリーズ7 雇用機会均等法・育児介護休業法（第2版）』（中央経済社、2013）／当事務所編著『Q&A 人事労務リスクマネジメント実務全書』（民事法研究会、2013）／岩出誠編著『新版・労働関係法改正にともなう就業規則変更の実務』（清文社、2013）／岩出誠『平成24年改正労働法の企業対応—派遣法、労働契約法、高年齢者雇用安定法改正の実務留意点』（中央経済社、2013）／同編著『変貌する有期労働契約法制と企業の実務対応』（日本法令、2013）／『労政時報相談室Q&A 精選100』（共著、労務行政、2012）／岩出誠『人事労務担当者の疑問に応える平成24年改正 改正労働者派遣法』（第一法規、2012）／当事務所編『実務解説労働争訟手続法』（青林書院、2012）／『実務 不法行為法講義（第2版）』（共著、民事法研究会、2012）／『時間外労働と残業代請求をめぐる諸問題』（共著、産労総合研究所、2011）／『未払い残業代をめぐる法律と実務』（共著、日本加除出版、2011）／岩出誠編著『判例にみる労務トラブル解決のための方法・文例』（中央経済社、2011）／当事務所編『労災民事訴訟の実務』（ぎょうせい、2011）／『ケーススタディ労働審判』（共著、法律情報出版、2010）／『新版 新・労働法実務相談』（共著、労務行政、2010）／岩出誠『実務労働法講義(上)(下)（第3版）』（民事法研究会、2010） ほか多数

事件 たのきんパブリシティー事件／TBS年金廃止事件／医療法人社団りんご会東十条病院閉鎖事件 ほか多数

R＆G横浜法律事務所
R&G YOKOHAMA Law Office

〒231-0013　横浜市中区住吉町1-2　スカーフ会館3階
TEL　045-671-9510　FAX　045-671-9523
URL：http://rglo.gr.jp　rgyokohamalo@rglo.gr.jp

10 (－2)			
P 3	A 6	顧 1	
男 8	女 2		
外弁 0	外資 0		
他士 0	事務 5		

B	会社
中小	訴訟

2014年、「横浜綜合法律事務所」から分離独立し、より企業法務・予防法務に特化している。最近では、中小企業の中国をはじめアジア進出への法的サポートにも力点を置いている。

■理念・特色

当事務所の理念は、依頼者のために、誠実に職務を遂行し、公正な社会の実現に寄与することです。そのために、当事務所では、地域的（Regional）な活動に重点を置きながらも、昨今の企業をはじめとする人々の国境を超えた世界的（Global）な活動にも十分に対応できるよう、個々の弁護士が専門性を強化し、そうした弁護士による複数担当制や当番（日直）制度を実施するなど、所属弁護士一体となった総合力によるリーガル・サービスの提供に努めています。

東洋医学の古典に「上工は未病を治し、中工は已病を治す」という言葉があり、通常の医者は病気（已病）を治すが、名医は予兆の段階で病気（未病）を治すという意味だそうです。名医はともかくとして、企業法務においても同様です。企業は何かしらのリスクを抱えて日常的に活動しています。そのリスクが芽を出し、顕在化する前の早い段階で、そのリスクを把握し、これを除去するか、回避するか、自社の力量で管理し克服するかを見極め、決定を下す必要があります。これを怠りリスクが顕在化した場合、その対応が遅れれば遅れるほど多額の費用と労力を要し、時には、その企業の存続すら危うくさせかねません。そこで、当事務所では、裁判業務はもとより、裁判外の予防法務に力点を置いた新たなリーガル・サービスのあり方を模索し、その提供に努めることで、多くの企業および組織・団体等の活動をサポートしています。

また、近年企業はグローバルな事業展開をしており、特に中小企業のアジア諸国への進出はめざましく、その法的サポートが求められています。これまでも当事務所出身の中国弁護士らと協働しながら、中国進出企業等のニーズに応えてきましたが、今後は、より広範囲での海外ネットワークを構築することで、海外案件についても依頼者の今日的なニーズに十分に応えていきたいと考えています。

最後に、当事務所ではこれまでも伝統的な企業法務に止まらず、知的財産法務、ベンチャー企業関連法務、私的再生を中心とする事業再生法務、海外法務など専門的・先端的といわれる分野でも、良質なリーガル・サービスを提供できる体制づくりとその知識・技術の研鑽に努めてきましたが、さらなる物的・人的体制の拡充により、多様化・複雑化する依頼者のニーズにこれまで以上に的確に応えていくとともに、人の「輪」と心の「和」を大切にし、社会的な奉仕活動にも取り組んでいきたいと考えています。

■設立・沿革

1980年高橋弁護士が「横浜綜合法律事務所」を開設、2014年同事務所から分離独立。

代表者	高橋理一郎（横浜弁護士会）
取扱言語	英語
主な顧問先	商社、メーカー(電機・電子機器、自動車部品、その他)、証券、船舶、倉庫、流通、建築・不動産、冠婚葬祭、情報通信、ベンチャー・キャピタル、医療・学校・福祉法人等（なお、規模は１部上場から中小企業まで）
報酬体系	事務所報酬基準（日弁連旧報酬規程に当事務所の変更を加えたもの）による。タイムチャージはアソシエイト15,000円〜30,000円、パートナー30,000円〜50,000円、顧問料（月額）50,000円〜（ただし、小規模等の場合は考慮）。

取扱業務 企業法務全般（株主総会運営、資本政策、内部統制システム、コンプライアンス、その他企業の運営機構の在り方に関する予防法務の観点からの助言・指導）、日常的な法律・経営相談、中小企業の経営改善等支援、人事・労務（労務管理、残業を巡る問題、懲戒処分、リストラ問題、セクハラ・パワハラ、労災関連、労働審判・訴訟等）、企業の機密情報等の管理、M＆A、買収防衛策の策定・支援、企業組織の再編、契約書の作成（商取引、ライセンス、共同開発、業務提携、合弁等）・検討・助言、独占禁止法、不正競争防止法、金融商品取引法、不祥事案件の調査（第三者委員会）、公益通報制度の外部通報窓口、不動産取引、私的再生・民事再生・破産・特別清算等、遺言・相続・事業承継、医療経営法務、海外法務（海外取引、海外進出・撤退等）、会社関係訴訟、一般民事事件等

P 高橋理一郎 1973中大法、29期、元横浜弁護士会会長・元神奈川調停協会連合会会長、元日弁連副会長・元神奈川大LS教授（会社法等）等、社外取締役、元社外監査役、認定支援機関、経営情報学修士（MBA）、国際経済法学博士、弁理士、ワシントン州立大LSに短期留学／西村将樹 1999東北大法、58期、横国大非常勤講師、社外監査役／佐藤麻子 1985お茶の水女子大、2007東大LS、61期、ミシガン州立大教育心理学修士、認定支援機関 A 野口明 2005早大法、2007一橋大LS、62期、日本スポーツ法学会員／島津圭吾 2007一橋大法、2009一橋大LS、64期／福原一弥 2008横国大経済、2011一橋大LS、65期／堀香苗 2003早大法、2011慶大LS、66期／山本健太 2009東大法、2012中大LS、66期（一部上場企業へ出向）／森高重久（客員）1970阪大法、1987判事任官、2014弁護士登録、元東京高等裁判所判事／人見和幸 2007東北大法、2010東北大LS、64期、2012判事補任官、2015判事補および検事の弁護士職務経験に関する法律2条1項の規定により弁護士登録　以上すべて横浜弁護士会。

著作 高橋理一郎『法律事務所経営ガイド』（共著、弘文堂、1995）／高橋理一郎・西村将樹「敵対的買収防衛策導入にあたっての若干の法的考察」横弁実務研究2号（2008）／高橋理一郎「従来型経営監視システムに関する若干の考察」神奈川大学神奈川ロージャーナル（2008）／高橋理一郎「事業承継の諸問題」横弁実務研究3号（共著、2009）／高橋理一郎「経営監視機能の強化と内部統制に関する一考察」横浜国際経済法学会17巻3号（2009）／高橋理一郎・佐藤麻子「大量増員時代の弁護士をとりまく現状と課題に関する若干の考察」横弁実務研究5号（2011）／高橋理一郎『中小企業事業再生の手引き』（共編、商事法務、2012）／高橋理一郎『金融円滑化法出口対応の手引き』（共著、商事法務、2013）／高橋理一郎・西村将樹他『実務論点 会社法』（共編著、民事法研究会、2013）／事務所編『モンゴル法制ガイドブック』（民事法研究会、2014）／高橋理一郎『中小企業再生のための特定調停手続の新運用の実務』（共著、商事法務、2015）

事件 地位確認等請求事件（横浜地判平成23.10.20労経速2127）／執行停止申立事件（東京地決平成3.12.10判タ795.109）／株券引渡請求事件（東京地判平成19.3.28）／労働審判事件／不当労働行為救済申立事件（使用者側）／取締役会議事録等閲覧・謄写申立事件／計算書類・会計帳簿閲覧等請求訴訟／株主総会決議取消等請求事件／取締役の責任追及に関する訴訟（株主代表訴訟を巡る諸問題を含む）／株主権確認請求訴訟／株主総会招集許可申立事件／取締役の地位に関する訴訟（地位不存在確認／報酬・退職慰労金請求・解任請求事件等）／会社設立に関する訴訟／特許権侵害差止等請求事件／遺言無効確認請求事件　その他訴訟案件多数

弁護士法人 小田原三の丸法律事務所
Odawara Sannomaru Law Office

〒250-0012　小田原市本町1-7-20　三の丸ビル
TEL　0465-24-3358　FAX　0465-24-3347
URL：http://www.odawarasannomaru-lawoffice.com/

15	(±0)
P 2	A 13 顧 0
男 10	女 5
外弁 0	外資 0
他士 0	事務 21

		民家
	D	土地 交通

地方都市の事務所として「何でもこなす町の弁護士」的存在を標榜する。中小企業の顧問先も多く、不動産および保険関連案件を多く手がけている。5名の女性弁護士がおり、女性依頼者の割合も高い。

■理念・特色

　当事務所は、神奈川県の西部に位置する小田原というそれほど大きいとは言えない地方都市にあり、県内1,500余名の弁護士のうち、当事務所が属する横浜弁護士会県西支部には117名が登録していますが、そのうち15名が当事務所の弁護士であるという、横浜弁護士会の中にあっても、比較的大きな事務所です。

　当事務所は、1973年に竹久保好勝が開設して以来、その仕事ぶりによって順調に顧客を獲得し、業務量の増加に伴って、順次弁護士・事務員を拡充しつつ、事務員の法曹育成にも努め、事務員在職者・退職者から司法試験合格者5名、司法書士合格者4名を輩出しているほか、ほとんどの事務職員が、日弁連の事務職員能力認定を得て、弁護士の活動を補助しています。

　そして、当事務所は2011年7月に法人化をしました。しかし、その主たる目的は、従たる法律事務所を開設するというよりは、地元企業や個人の債権回収や倒産処理、あるいは相続、離婚、損害賠償といったいわゆる一般民事事件を中心に、これまでに1万件を超す事件を処理する過程で築かれたノウハウを基に、大小の企業や労働組合との顧問契約、あるいは一般市民から寄せられる当事務所への信頼や期待に応えるべくその体制を整え、将来に向かっての当事務所の継続性を目的にしたものです。実際、当事務所は、地方都市の事務所としては比較的多くの企業や労働組合との間で顧問契約を有しています。そのため、当然、企業法務や労使紛争に関する相談や処理もありますが、顧問契約の主たる目的は、社員や組合員の福利厚生であり、日々、FAXやメールでの相談や事件処理に、即時対応できる体制を整えています。

　なお、地方において複数の弁護士が在籍する事務所で注意を要するのは「利益相反」ですが、当事務所では、顧客に迷惑が及ばないように、即座にそのチェックができる独自の事件管理システムを構築しています。

　当事務所は、特許や意匠、渉外等の事件を除き「何でもこなす町の弁護士」的存在として、不動産関連事件や交通事故・離婚等多様な事件を手がけています。

■設立・沿革

　1973年4月竹久保好勝が「竹久保法律事務所」を設立、1981年4月大南修平が勤務弁護士として加入、1988年4月「竹久保・大南法律事務所」（改名）、2003年10月「小田原三の丸法律事務所」（改名）、2011年7月「弁護士法人小田原三の丸法律事務所」。

代表者　竹久保好勝（横浜弁護士会）
主な顧問先　東証1部上場の総合電機メーカー、精密化学メーカー、自動車機器・電子機器メーカーの労組もしくは一部子会社、損害保険、鉄道・バス・観光グループの持株会社、建設、自動車販売、不動産売買・賃貸・仲介、広告代理、医療法人、製粉、化粧品販売、産業廃棄物、ビル清掃・メンテナンス等の各会社
報酬体系　着手金・報酬金等は、日弁連旧報酬規程を基本として、当事務所の変更を加えた事務所報酬規程による。
顧問料（月額）50,000円～（事業者）。
タイムチャージは原則的に行っていない。

弁護士法人 小田原三の丸法律事務所

取扱業務	
企業顧問法務	日常の法律・経営相談、グループ会社運営、事業再編（M&A、事業譲渡）、事業承継、契約書の作成・審査、社員・職員等の研修、個別案件の相談と対応
不動産法務	不動産売買、不動産賃貸、不動産の仲介、建築工事請負、契約書作成・交渉、境界確定 筆界特定、相隣関係
企業倒産法務	更生、再生、破産、特別清算、私的整理
労働法務	就業規則の作成・変更、雇用契約に関連するトラブル（解雇・時間外労働、各種ハラスメント対応）、労災手続
個人法務	民事一般（売買、贈与、借地・借家、消費貸借、保証、請負、契約一般、近隣問題、不在者財産管理人選任、交通事故、医療過誤） 身分関係（離婚、離縁、婚約不履行その他男女間トラブル） 相続関係（遺言・遺産分割・遺留分減殺、相続財産管理人選任、相続放棄、失踪宣告、特別縁故者の財産分与請求） 刑事関係（起訴前・起訴後の弁護、少年審判事件）
個人倒産法務	破産手続・個人再生手続の各申立て、任意整理
個人裁判法務	売買・賃貸借・消費貸借、交通事故、境界紛争等、一切の裁判

神奈川

P**竹久保好勝** 1966明大法、25期／**大南修平** 1975明大法、33期、元横浜弁護士会副会長、元法テラス小田原支部長、元横浜弁護士会県西支部長、民事調停委員、司法委員等 A**齋藤尚之** 1983慶大法、45期、元横浜弁護士会副会長、元横浜弁護士会県西支部長等／**増井毅** 1982慶大法、48期、元横浜弁護士会副会長、元横浜弁護士会県西支部長等／**角川圭司** 1975日大法、49期、法テラス小田原副支部長、海老名市開発行為等紛争調整委員会委員／**佐藤典子** 1971東大法、25期、元旭川地検検事正歴任後最高検察庁検事、家庭裁判所調停委員、文科省宗教法人審議会委員、国交省北海道開発局入札監視委員／**八木下美帆** 1997中大法、54期、足柄上郡社会福祉協議会日常生活自立支援事業契約締結審査会委員／**村松謙** 2001京大法、58期、元日弁連市民のための法教育委員会委員、元法と教育学会監事、元横国大教員免許更新講習講師、箱根町情報公開・個人情報保護審査委員、小田原女子短大非常勤講師等／**渡邊佳代子** 1988上智大外、58期、元日産自動車社員、元足柄上郡社会福祉協議会日常生活自立支援事業契約締結審査会委員／**中川裕貴子** 2000早大法、2006千葉大LS、60期、横浜弁護士会犯罪被害者支援委員会委員、刑事弁護センター運営委員会委員、法廷弁護技術研修講師、尋問技術研修講師／**湯淺文憲** 2000國學院大法、2002明大院、2006専大LS、60期、明大院修士、元神奈川県警察事務職員／**石井宏明** 2001学習院大法、2006学習院大LS、61期／**田中紀光** 1993明大法、61期／**宇佐美満規子** 1996早大法、61期、秦野市情報公開・個人情報保護審査会委員／**横尾武弘** 2001早大政経、62期　以上すべて横浜弁護士会。

著作　村松謙他執筆『教室から学ぶ法教育』（現代人文社、2010）

事件　離婚等請求事件（平成1.3.28裁判集民156.417）／損害賠償請求事件（平成11.1.29裁判集民191.265）ほか

立川・及川法律事務所
Tachikawa・Oikawa Law Office

〒231-0005 横浜市中区本町1-3 綜通横浜ビル8階
TEL 045-664-9115 FAX 045-664-9118
URL：http://www.tachilaw.com tachilaw@rg8.so-net.ne.jp

土地開発・建設関係および不動産取引を専門とする事務所で、会計・税務・不動産鑑定・登記等の専門家ともネットワークを有する。また、会社法務・大型の倒産事件にも対応する。

■理念・特色
1．スタッフを充実させ、大規模事件、大型倒産事件に対応できます。事件規模に応じて複数の弁護士が組織的に対応致します。
2．法律事務所もサービス業であると考え、親切・丁寧でわかりやすい対応を心がけております。
3．会計・税務・不動産鑑定・登記等の専門家と提携し、総合的なサービスの提供に努めています。
　力を入れている業務分野として、
1．**土地開発関係**　数十件の開発プロジェクトに関与した実績あり。①地権者・区画整理組合・デベロッパー・建設会社・コンサル等の関係調整、各種協定書・事業者間の業務委託契約書の作成、②開発用地確保のための借地関係、通行権、相続問題等の処理、③開発反対運動への対処、④完成建物の販売代理契約書・分譲契約書等の作成、区分所有者の集会の指導等を行います。
2．**建設関係**　ゼネコン・建設会社・住宅メーカー（ユニット工法）の顧問として、建築請負のトラブル対応、顧客への営業活動に必要な法律相談、各種契約書の作成、敷地確保・近隣問題に関わる交渉、調停・仮処分・訴訟等の手続、請負業者側・建築主側代理人として建設工事紛争審査会の手続も多数手がけています。
3．**不動産取引（売買・賃貸）・宅地建物取引業関係**　横浜弁護士会不動産法研究会を主催し、宅建業者団体・宅建業者の顧問として、不動産の売買・仲介・賃貸・賃貸システムの企画・競売案件等多種多様な不動産案件を処理してきました。また、借地非訟・農事調停などの案件についても多くの実績があります。
4．**商事法務**　上場企業を含む多数の会社の顧問として、①株主総会指導、②会社の合併・分割等の組織再編行為、③同族会社内の経営権争いへの対処、④中小企業の事業承継問題の処理、⑤役員・社員向け研修、顧問先の顧客向けセミナー等の講師の派遣、⑥現物出資、株主総会の検査役に関する業務。
5．**破産・民事再生・会社更生**　破産管財人・監督委員・更生管財人や、申立代理人の立場で多くの倒産事件を処理致しました。債権者1,000人以上、負債1,000億円以上のゴルフ場の更生管財人、全国に支店を有する中堅ゼネコンの破産管財人等の大規模事件や、第三セクターの民事再生申立・特定調停申立事件の実績があります。

■設立・沿革
1986年　「立川法律事務所」開所
1987年　「立川・山本法律事務所」開所
2007年　「立川・及川法律事務所」に事務所名変更

代表者　立川正雄（横浜弁護士会）
主な顧問先　不動産開発、仲介業者、ゼネコン、住宅メーカー、機械製造、信用組合、不動産賃貸・管理、医療・介護用品販売、人材派遣、IT企業、飲食業、運送等、医療法人、宗教法人（寺院）、宅地建物取引業関連団体等

報酬体系　事務所報酬規程（日弁連旧報酬規程に当事務所の変更を加えたもの）による（詳細は当事務所HP参照）。着手金・報酬金等とタイムチャージの双方対応可能／顧問料（月額）10,000円～。ただし、相談頻度によって調整あり。／タイムチャージ　20,000円～（顧問先）。

立川・及川法律事務所

取扱業務 **法律顧問業務** 日常の法律相談（特に、営業担当者から直接相談を受け、営業に役立つアドバイスを提供）・経営相談、グループ会社運営、契約書の作成・審査、契約・紛争案件の交渉、役員・社員研修（コンプライアンス研修・不動産法務研修等）、顧客向け講演（コインパーキングの法律関係、大家向け立ち退きセミナー等）／**商事法務** 事業再編（M&A、事業譲渡）、事業承継、株主総会のサポート、建設業法・独占禁止法・下請法を巡る問題、同族会社内の経営権争い、役員の責任追及、株主代表訴訟、企業の不祥事対応、従業員の不祥事対応／**不動産法務** 土地開発、区画整理事業、不動産売買、借地・借家関係、売買・賃貸の仲介、建築工事請負、建築瑕疵紛争、境界紛争／**倒産法務** 会社更生、民事再生、破産、特別清算、特定調停、私的整理／**労働法務** 就業規則の作成・変更、雇用契約の終了（解雇、退職、合意解約、違法な退職勧奨）、未払残業代請求、セクハラ・パワハラ問題、労災事故／**会社裁判法務** 商事関係訴訟（株主権の確認、株主総会決議取消の訴え、職務執行停止・代行者選任の仮処分等）、債権回収、損害賠償請求、不動産関係訴訟（所有権移転・明渡し・共有物分割・借地非訟・競売等）、建築関係訴訟、労働審判・労働関係訴訟等／**相続関係法務** 遺産分割事件、遺留分減殺請求事件、遺言無効事件／**個人裁判法務** 交通事故等損害賠償請求、借地・借家紛争、境界確定紛争、離婚・財産分与・年金分割／**非営利法人法務** 医療法人法務、宗教法人（墓地開発）等

神奈川

P 立川正雄 中大法、32期、厚木市公平委員会委員長（2003〜）、茅ヶ崎市開発審査会委員（2013〜）／及川健一郎 早大法、54期、横浜弁護士会不動産法研究会幹事（2013〜）、横浜地方法務局筆界調査委員（2014〜）、神奈川県建設工事紛争審査会委員（2015〜）、日本マンション学会会員

A 篠田貴和 中大法、58期／野竹秀一 慶大法、59期／川村健二 青学大法、東北大LS、62期、日中法律家交流協会幹事／鈴木貴雄 明大法、中大LS、64期／山岸龍文 早大法、早大LS、65期／帶慎太郎 早大法、早大LS、66期／髙梨翔太 一橋大法、慶大LS、67期

以上すべて横浜弁護士会。

著作 立川正雄監修『賃貸管理業務規程・契約書式集』（2002）／同『入居と退去の法務マニュアル』（2005）／同他『駐車場事業の法律実務』（2007）／『底地・借地の実務』（2010）／『実践・担保不動産仲介』（2009）／『賃貸管理業法律実務講座Ⅰ・Ⅱ』（2012）（以上、にじゅういち出版）／立川正雄・及川健一郎他「『厚木テレコムパーク』の民事再生事件」事業再生と債権管理（2008）／立川正雄・及川健一郎・篠田貴和・野竹秀一・久保豊・川村健二・西内淳人他執筆『事業用ビルの賃貸借における法的対処と契約書式集』（2011）／立川正雄『地震災害における不動産法務』（2011）（以上、綜合ユニコム）／立川正雄『消費者契約法と不動産取引』（不動産適正取引推進機構、2012）／横浜弁護士会会社法研究会編・及川健一郎他『実務論点 会社法』（民事法研究会、2013）／横浜弁護士会編・及川健一郎・鈴木貴雄・山岸龍文他『マンション・団地の法律実務』（ぎょうせい、2014）

事件 会社更生事件（清川カントリークラブ更生管財人）／民事再生事件（第三セクターの申立代理人、ゴルフ場運営会社・リゾートホテル運営会社等の再生手続の監督委員）／破産事件（申立代理人および管財人の経験多数）、財団法人の特定調停申立事件、財団法人の民営化に伴う現物出資の検査役、一部上場会社の株主総会検査役／土地・建物明渡請求訴訟、共有物分割請求訴訟、筆界確認請求訴訟、建築瑕疵関係訴訟、遺産分割調停・審判事件、遺留分減殺請求事件など、不動産の処理が必要な訴訟事件全般多数

日本大通り法律事務所
Nihon Oodoori Law Office

〒231-0021　横浜市中区日本大通18番地　KRCビル ディング5階
TEL　045-664-5291　FAX　045-664-5292
URL：http://www.jpodr.jp

13 (±0)	
P 9 A 4 顧 0	
男 10 女 3	
外弁 0 外資 0	
他士 0 事務 10	

 顧問先に中小企業が多く、中小企業法務から一般市民事件まで幅広く対応し、成年後見等高齢者問題にも積極的に取り組んでいる。弁護士経験30年以上のベテランから60期代の若手弁護士で構成され、弁護士会活動にも熱心に参加している。

■理念・特色

　当事務所は、設立当初より、相談のしやすい、頼りがいのある身近な法律事務所をめざしてきました。事務所の規模としては、13名の弁護士が所属し、横浜では比較的大きな事務所で、うち8名が弁護士会野球部、2名が弁護士会テニス部に所属し、スポーツを通じた明るい雰囲気が特徴となっています。

　電話やウェブサイトから相談を受け付け、報酬規定もわかりやすくするとともに、事務所の待合や各相談室も圧迫感がない余裕のあるスペースを確保し、明るいアットホームな雰囲気が出るようにするなど、敷居が低く相談がしやすい環境を整えるようにしています。

　取り扱う業務については、特に特定の業務分野は設けずにさまざまな相談に対応できるようにしています。もっとも、離婚や相続、債権回収といった一般的な分野についても、法律問題である以上は専門性が全くない分野はないと考えています。そのため、離婚や遺産相続、交通事故、労働問題、中小企業関係等といった問題についても、各弁護士がそれぞれに得意分野を持つように意識して、日々研鑽を重ねています。

　弁護士にとって日常的に取り扱っている問題でも、特に個人の依頼者にとっては一生の問題であることが通常です。「弁護士の助言や事件処理が、依頼者の一生を左右するかも知れない」といった思いを持って、事件処理にあたるようにしています。

　横浜市は、最も人口の多い市として知られ、中小企業が経済の中心を支えています。神奈川県の事業所も東京、大阪、名古屋に次いで多く、中小企業からの相談も多く扱っています。

　そこで、当事務所では、中小企業法務に力を入れており、債権回収や労務問題といった一般的な問題だけでなく、特に顧問先を中心として、紛争予防のための契約書等のリーガルチェック、会社法務やコンプライアンス、海外展開支援といった問題にも積極的に取り組んでおります。

　個人については、相続や遺言、離婚といった家事問題、不動産関係のトラブルや交通事故、債務整理等が中心となっています。また、高齢者社会を迎え、財産管理や成年後見などの高齢者問題にも積極的に取り組んでおり、成年後見人として後見等の業務にも携わっております。

■設立・沿革

　1997年6月に、「関根法律事務所」を独立した岡部光平と、「飯田三浦法律事務所」の飯田直久、三浦修の3名が共同で設立。以後、順次パートナーが加入し現在に至る。

代表者　共同代表者　岡部光平、飯田直久、三浦修（いずれも横浜弁護士会）
取扱言語　英語
主な顧問先　東証1部上場の文房具メーカー、東証ジャスダック上場のIT機器小売販売会社、信用金庫、中小企業協同組合法による協同組合、社会福祉法人、不動産賃貸、産業廃棄物・再生資源回収、解体業、ブランド品のメーカー・小売業、飲食業等の各会社
報酬体系　着手金・報酬金などは、日弁連旧報酬規程を基本として、当事務所の変更を加えた事務所報酬規程による。事件内容に応じて、タイムチャージ制による依頼も承っている。
顧問料（月額）30,000円～（事業者）。

取扱業務 **顧問法務** 日常の法律・経営相談、グループ会社運営、事業再編（M&A、事業譲渡）、事業承継、契約書の作成・審査、社員・職員等の研修、株主総会運営指導、内部統制システム、個別案件の相談と対応／**中小企業法務** 契約書の作成・審査、売掛金・貸付金の回収、労働問題、コンプライアンス、融資先・取引先との交渉、事業承継、その他企業運営に関する助言、指導、情報漏洩・労務管理問題、海外展開支援／**不動産法務** 不動産売買、不動産賃貸借、不動産明渡し、建築工事請負、契約書作成・交渉、境界確定、筆界特定、相隣関係／**倒産法務** 企業：会社更生、民事再生、破産、特別清算、私的整理、個人：破産、個人再生、任意整理／**労働法務** 就業規則の作成・変更、雇用契約に関連するトラブル（解雇・時間外労働、各種ハラスメント対応、懲戒処分、リストラ問題）、労災手続、労務管理／**個人法務** 民事一般：売買、贈与、借地・借家、消費貸借、保証、請負、契約一般、近隣問題、不在者財産管理人選任、交通事故、医療過誤、身分関係：離婚、離縁等の家族問題、婚約不履行その他男女間問題、高齢者関係：財産管理契約、任意後見、法定後見、遺言、相続関係：遺言・遺産分割・遺留分減殺、相続財産管理人選任、相続放棄、失踪宣告、特別縁故者の財産分与請求、刑事関係：起訴前-起訴後の弁護、少年審判事件、空き家対策問題

P 岡部光平 日大法、34期、元横浜弁護士会会長、元日弁連理事、元神奈川県土地収用事業認定審議会委員、横浜市人事委員会委員長、民事調停委員、神奈川県中小企業団体中央会個別専門相談員、（一社）神奈川青色申告会個別専門派遣相談員／**飯田直久** 日大法、37期、元横浜弁護士会副会長、元横浜弁護士会常議員会議長、元弁護士業務改革委員会委員長、民事裁判手続運用委員会委員長、日弁連弁護士業務改革委員会副委員長、横浜地方裁判所委員会委員、中日本高速道路入札監視委員会委員、神奈川県信用保証協会外部評価委員会委員長／**三浦修** 早大法、41期、元横浜弁護士会副会長、元常議員会議長、元法律相談センター委員会委員長・元事務局運営室室長・元社交委員会委員長／**喜多英博** 慶大法、51期／**小山昌人** 中大法、54期／**井澤秀昭** 早大法、55期、ピーシーデポコーポレイション社外取締役、日弁連若手弁護士サポートセンター副委員長、横浜弁護士会弁護士業務改革委員会副委員長／**出光恭介** 早大法、57期、横浜市建築審査会専門調査員／**池田賢史** 中大法、明大LS、61期 A **齊藤道子** 慶大法、慶大LS、62期／**飛田憲一** 中大法、専修大LS、62期／**瀬川智子** 名大法、阪大LS、64期／**飛田桂** 都立大法、首都大LS、66期／**辻居弘平** 東北大法、東北大LS、67期 以上すべて横浜弁護士会。

著作 飯田直久〔執筆〕横浜弁護士会インターネット法律研究会編『ネットトラブルの法律相談Q&A』（共著、法学書院、2014）／喜多英博〔執筆〕高見澤昭治他編著『預金者保護法ハンドブック』（共著、日本評論社、2006）／矢吹紀人『預けたお金を返してください』（あけび書房、2009）／喜多英博「世界の潮 盗難カード被害—補償に向けた動きはいま」世界740号（2005）／同「預貯金過誤払い事件」現代消費者法14号（2012）／井澤秀昭〔執筆〕横浜弁護士会会社法研究会編著『実務論点会社法』（共著、民事法研究会、2013）

事件 いずれも喜多英博
平成14年（ワ）第3256号 預金払戻請求事件（横浜地判平成15.9.26金判1176.2）／平成14年（ワ）第2246号 預金払戻請求事件（横浜地判平成15.7.17金判1176.21）／平成15年（ネ）第5419号 預金払戻請求控訴事件（東京高判平成16.3.17金判1193.4）／平成22年（ワ）第48062号 補てん金請求事件（東京地判平成24.1.25金判1390.56）

横浜綜合法律事務所
Yokohama Sogo Law Office

〒231-0013　横浜市中区住吉町1-2　スカーフ会館6階
TEL　045-671-9521　FAX　045-671-9575
URL：http://www.breeze.gr.jp/

19 (+1)			
P 10	A 9	顧 0	
男 16	女 3		
外弁 0	外資 0		
他士 0	事務 16		

	総合
	D

1980年開設の横浜における草分け的総合事務所。顧問先も多岐にわたり、特に、損害保険、不動産等をはじめプロスポーツ界の法務にも強い。倒産処理案件にも数多く関与する。

■理念・特色

　横浜の地で、時代の要請に応えることをモットーに、弁護士としての基本的な職務である一般的な民事・刑事の裁判業務のほかに、企業法務、知的財産など専門的あるいは先端的と言われている分野の法律業務にも積極的に取り組んでいます。

　各弁護士により専門的に取り扱っている分野は異なりますが、事務所内で、定期的な研究会あるいはセミナーを開催して、各人が有する専門的知識を共有化するとともに、日々その研鑽に努めており、所属弁護士も、弁護士会の活動はもちろん、社会的な奉仕活動についても、自由にかつ個々熱心に取り組んでいます。個人や企業が自由に活動できる公正な社会を実現しようという弁護士としての社会的責務を十分に自覚し、地域に密着したきめ細かで質の高いリーガルサービスを提供していきたいと考えています。

　創立30年を越え、今や神奈川県内最大規模の法律事務所の1つとなりました。経験と実績を積み重ねた弁護士が親身にお話を聞いたうえ、事件規模に応じて弁護士がチームを組み、複数体制で事件処理を担当する等、迅速かつ全力で問題の解決をめざします。

　当事務所は、総合法律事務所として、個人のお客様から法人のお客様まで、多種多様な業務を取り扱っております。

　顧問先は多岐にわたり、日常的に生ずる労務関係の相談、契約書のリーガルチェックや事業スキームの構築等のいわゆる予防法務や紛争解決業務に迅速に対応することを心がけております。とりわけ、損害保険会社の顧問として、交通事故案件等の個々の事件処理を多数手がけるだけではなく、損害保険会社の研修会の講師や保険金支払審査会の委員を務める等、保険実務の処理に力を入れております。また、規模の大小を問わず、倒産処理案件の実績も多くあり、裁判所から選任される破産管財人・破産申立代理人等の清算型の倒産処理のみならず、民事再生の監督委員や申立代理人、任意整理等の再建型の倒産処理の実績がございます。

　横浜に本店を構える中堅マンションデベロッパーや自動車販売会社、土木建築会社等の横浜地方裁判所管轄の事件のなかでも大規模な事件の破産管財人やゴルフ場の民事再生申立を担当致しました。さらに、複数のプロスポーツクラブの顧問や社外役員（社外取締役、監事）を務めており、プロスポーツ界の法務に長けている点や上場企業の社外監査役を務めることで、企業経営に関与し、法的なアドバイスを行っている点も当事務所の特徴がございます。

■設立・沿革

　「横浜綜合法律事務所」は、1980年11月に高橋理一郎弁護士と湯沢誠弁護士らが開設。

　2014年1月に高橋弁護士らが、「R&G横浜法律事務所」を新たに設立し分離独立。

代表者	湯沢誠（横浜弁護士会）	報酬体系	事務所報酬基準（日弁連旧報酬規程に当事務所の変更を加えたもの）による。詳細は当事務所HPを参照。
主な顧問先	損害保険会社、不動産会社、協同組合、出版社、自動車会社、医療法人、運送会社、建築会社等		

横浜綜合法律事務所

取扱業務

企業法務 契約・事業譲渡・労働・独占禁止法・不正競争防止法・債権回収等／**遺言・相続** 遺言書作成・遺産分割等／**不動産・借地借家** 欠陥建築・欠陥住宅・賃料問題・明渡し問題・不動産売買・共有物分割・不動産競売・相隣問題・マンション管理等／**交通事故** 治療費、休業損害、後遺障害、逸失利益、修理費、代車代、休車損、評価損等の損害額・過失割合等／**労働問題** 解雇・賃金不払・セクハラ・パワハラ・労災等／**医療過誤**／**夫婦・離婚（DV等）・男女問題**／**法人・個人の債務整理** 自己破産・民事再生・任意整理等／**刑事事件** 加害者・被害者／**成年後見・財産管理**／**知的財産**／**債権回収・強制執行**／**顧問業務等**

P **湯沢誠** 東大、30期、横浜市開発審査会会長、日弁連懲戒委員会委員／**大島正寿** 明大、42期、横浜弁護士会副会長（2006年度）、法テラス神奈川副所長（2014年4月〜）／**左部明宏** 中大、45期、横国大LS国際社会科学研究科法曹実務専攻教授（2009年4月〜12年3月）最高裁判所司法研修所民事弁護教官（2013年4月〜）／**澤田久代** 中大、47期、神奈川大LS教授、横国大非常勤講師／**渡部英明** 慶大、50期、横浜弁護士会副会長（2013年度）／**榎本ゆき乃** 早大、52期／**佐伯昭彦** 中大、55期／**本田知之** 筑波大、57期／**稲村育雄** 法大院、59期、神奈川県包括外部監査人補助者（2014年度）／**長瀬陽朗** 早大、59期
A **新関拓也** 慶大、慶大LS、61期／**小池翼** 慶大、早大LS、61期、横国大院国際社会科学研究科国際関係法専攻非常勤講師（2012年度）／**滝沢章** 横国大、早大LS、63期／**長谷川洋一** 早大、早大LS、63期／**吉田進一** 京大、上智大LS、63期／**松原範之** 明大、首都大LS、63期／**渡辺翔太** 東大、横国大LS、65期／**松田隆宏** 慶大、立大LS、65期／**鶴井迪子** 慶大、中大LS、66期
以上すべて横浜弁護士会。

神奈川

著作

大島正寿〔執筆〕関東弁護士会連合会公害対策・環境保全委員会編『弁護士がみた北欧の環境戦略と日本』（共著、自治体研究社、2001）／同・関東弁護士会連合会編著『里山保全の法制度・政策』（共著、創森社、2005）／左部明宏『自力再建を支援する特定債務調停法』（西北社、2000）／古笛恵子・左部明宏〔執筆〕『民事再生法の全条文と解説』（共著、日本法令、2000）／左部明宏〔執筆〕日本弁護士連合会法的サービス企画センター遺言信託プロジェクトチーム『高齢者・障害者の財産管理と福祉信託』（共著、三協法規出版、2008）／同〔執筆〕横浜弁護士会総合法律相談センター編『暮らしの法律相談集 ハイ！弁護士です』（共著、神奈川新聞社、1996）／同〔執筆〕横浜弁護士会社法研究会編『実務論点 会社法』（共著、民事法研究会、2013）／長瀬陽朗〔執筆〕横浜弁護士会編『マンション・団地の法律実務』（共著、ぎょうせい、2014）

弁護士法人 新潟第一法律事務所
Niigata Daiichi Law Office

〒950-0965　新潟市中央区新光町10-2　技術士センタービル7階
TEL　025-280-1111　FAX　025-280-1112
URL：http://www.n-daiichi-law.gr.jp

新潟県最大規模の事務所で、県内5拠点（新潟、新発田、三条、長岡、上越）を展開する。法人・個人向け顧問制度「コモンズクラブ」を設け、幅広く法務サービスを提供している。

18（+1）			
P 10	A 7	顧 1	
男 14	女 4		
外弁 0	外資 0		
他士 1	事務 29		

■理念・特色

「あなたの笑顔を第一に／個人から企業・団体まで／納得と安心の総合法律事務所」をキャッチフレーズに、幅広い顧客層（個人・企業・各種団体）に向けて、一般民事・家事・企業法務を中心とした多様なニーズに応えるリーガル・サービスを提供しております。

企業法務分野では、地元の中小企業を中心とする顧問先の日常の法律相談や契約書等のリーガルチェックを始め、債権回収、労働問題、事業の再生・清算業務を中心に、会社法、消費者、知的財産、経済法など多岐にわたる案件を取り扱っております。また、社外役員への就任や講演などを通じて、中小企業のコンプライアンス支援を実践しております。2013年には、事務所として経営革新等支援機関に認定されました。

損害賠償の部門では、交通事故、労災事故、医療事故、学校事故等の多様な案件について、適切な解決に向けて、裁判および裁判外の手続に精通した弁護士が対応しております。交通事故については、被害者側および加害者側（顧問先保険会社）代理人として多数の実績があります。

家事事件の部門では、離婚、相続、成年後見を中心として、高齢化社会に対応した親身で質の高い対応を心掛けております。相続分野については税理士や司法書士との連携体制で解決に導きます。また、企業法務部門と連携して、中小企業の事業承継支援にも取り組んでおります。

■設立・沿革

1978年今井誠により「新潟第一法律事務所」を創設。1981年共同事務所化。2002年弁護士法人化し、「弁護士法人　新潟第一法律事務所」を設立。

代表者　和田光弘（新潟県弁護士会）
支店　2003年燕三条事務所、2006年長岡事務所、2010年新発田事務所、2012年上越事務所開設
取扱言語　英語
主な顧問先　建設業（ゼネコン、ハウスメーカー、工務店、設備等）、製造業（金属、機械、装置、金型、プラスチック、日用品、食品等）、不動産関連（不動産販売・仲介・賃貸、測量等）、飲食関係（飲食店、フランチャイズ店舗、ホテル等）、IT関係（ソフト開発、映像制作、IT教育等）、医療・福祉関係（医院、薬局、老人保健施設、ヘルパー派遣等）、各種販売（食品、酒類、土産品、タイヤ等）、各種サービス（警備、ビル管理、リサイクル、運送、教育、出版、広告、旅行、観光、情報処理、冠婚葬祭、コンサルタント等）、各種非営利団体（自治体、土地改良区、森林組合、労働組合等）、個人（医師、企業経営者、士業等）など
報酬体系　日弁連旧報酬規程を参考とした事務所報酬規程による。顧問料は企業・団体が（月額）10,000円～100,000円（標準30,000円）、個人が（月額）5,000円。

弁護士法人 新潟第一法律事務所

[取扱業務] **企業・団体法務** 各種相談、顧問弁護士、契約書、債権回収、消費者対応〔クレーム対応、特商法、製造物責任等〕、労務、社内紛争、事業承継・M&A、事業再生〔私的再生・民事再生等〕、事業清算〔任意整理、破産、特別清算等〕、知的財産〔特許、著作権、商標、不正競争防止法等〕、経済法〔独占禁止法・下請法等〕、コンプライアンス支援〔調査・助言、研修、内部通報窓口、第三者委員会等〕、行政関係〔税務、自治体法務、その他〕／**民事事件** 交通事故、労災、医療・学校事故、不動産、建築、労働、消費者、債務整理〔任意整理、破産、個人再生等〕、行政関係〔税務、行政不服申立て、国家賠償請求等〕、その他／**家事事件** 離婚、相続、遺言、後見、財産管理、その他／**刑事事件** （起訴前・起訴後の弁護、裁判員対象事件、告訴・告発、被害者支援、その他／**その他** 各種講演・セミナー、外部役員等

P **和田光弘** 1979早大法、33期、元新潟県弁護士会会長、元法テラス新潟事務所長、（公社）アムネスティ・インターナショナル監事・元日本代表／**古島実** 1993一橋大法、51期、元新潟県弁護士会副会長／**今井慶貴** 1997早大法、53期、元新潟県弁護士会副会長／**佐藤明** 1984新潟大法、三井生命、55期、元新潟県弁護士会副会長／**中川正一** 1994電気通信大情報工学、58期、元新潟県弁護士会副会長／**角家理佳** 1993早大法、59期／**大橋良二** 2005京大総合人間、60期／**朝妻太郎** 2004東北大法、61期／**海津諭** 2005中大法、2007京大LS、61期／**五十嵐亮** 2006中大法、2008同大LS、62期 顧 **今井誠** 1966中大法、27期、元新潟県弁護士会会長、元新潟市包括外部監査人、元新潟市法令遵守審査会委員長、NPOにいがた士業ネット理事長 A **橘里香** 2004中大院、2006青学大LS、62期／**塩谷陽子** 2004新潟大法、2008新潟大LS、63期／**渡辺伸樹** 2006中大法〔飛び級中退〕、2009中大LS、64期／**小林優介** 2008横国大経営、2011慶大LS、66期／**上野祐** 2007新潟大理、2010神奈川大LS、66期／**細野希** 2004北九州大法、2010新潟大LS、67期／**中澤亮一** 2007早大社、2011早大LS、67期 以上すべて新潟県弁護士会。

[著作] 日本弁護士連合会編『西欧諸国の法曹養成制度』（日本評論社、1987）／今井誠『事件と人』（越書房、1988）／資産保全研究会編『会社の守り方Q&A』（新潟日報事業社、1999）／新潟県弁護士会編『相殺の実務』（ぎょうせい、2003）／新潟第一法律事務所編『子どものためのやさしい法律ガイド』（考古堂書店、2007）／今井慶貴・和田光弘「新潟訴訟への『はざま差別』論への無回答」法と民主主義425号（2008）／今井誠『お笑い弁護士の挑戦』（新潟日報事業社、2012）／新潟第一法律事務所編『しゃべくり法談～債権回収とクレーム対応』（新潟第一法律事務所、2012）／新潟県弁護士会編『保証の実務（新版）』（新潟県弁護士会、2012）

[事件] 粟島浦村村長選挙無効事件（最判平成14.7.30民集56.6.1362）／学生障害無年金事件（新潟地判平成16.10.28裁判所Web〔違憲〕、最判平成19.9.28民集61.6.2345）／他人物委託販売店追認事件（最判平成23.10.18民集65.7.2899）／調理器具独占的製造・販売事件（東京地判平成24.3.30裁判所Web）／佐渡市焼却炉談合損害賠償請求事件（東京高判平成24.5.24公刊物未登載）／法人民事再生申立事件（ゴルフ場、製造業、小売業）／法人破産申立・管財事件（多数）／新潟市包括外部監査人（平成14～16年度、平成15年度全国市民オンブズマン大賞受賞）

弁護士法人 兼六法律事務所
Kenroku Legal Professional Corporation

〒920-0932　金沢市小将町3-8
TEL　076-232-0130　FAX　076-232-0129
URL：http://kenroku.net　info@kenroku.net

 北陸地方の地域密着型で機動力のある事務所。企業再生・知財をはじめ、行政（行政側）、医療、労働紛争案件等が多い。迅速な処理に定評がある。

■理念・特色

当事務所は「法的サービスの提供を通じて社会を幸福にします」を事務所理念としています。

第1は依頼者の幸福です。

依頼者の皆さんは法律事務所に何を買いに来られるのでしょうか。それは安心と納得であると考えます。弁護士の仕事は安心と納得をお届けすることです。さまざまなトラブルに巻き込まれると不安が心に広がります。その不安に、弁護士に相談することの不安が重なります。報酬も不安です。当事務所はウェブサイトなどで詳しく情報提供し、少しでも不安を減らします。法律相談では、まず詳しくお話をお聞きしたうえで解決策を提示し、報酬についても詳しく説明致します。納得をしていただくためには、相談や打ち合わせが大事になります。法廷が弁護士の舞台だと考える人が少なくありませんが、打ち合わせこそ弁護士の舞台であると考えています。「依頼してよかった」、この言葉を聞くことが最大の喜びです。

第2は、事件の相手方も幸福にしたいということです。私たちは「結果さえ勝ち取ればよい」という考え方には立ちません。正当な方法により、依頼者の正当な利益を守ります。このことは同時に相手方に正当な負担をしてもらうことであり、裏返せば相手方の正当な利益を守るということにもなります。依頼者と相手方の人間関係が将来も継続することは少なくありませんので、相手方にも納得してもらえるよう努力をします。

第3は、社会全体の幸福です。

弁護士は、弁護士会をはじめ国や自治体などさまざまな公務に就いておりますし、個人的にも多くの公益活動に従事しています。そのような活動を通じて1人でも多くの人が幸福になれるよう力を尽くしたいと考えています。

社会的にも影響が大きい企業再生の分野には特に力を入れています。知財関係にも注力し、行政訴訟（行政側）、医療訴訟、労働紛争も多数取り扱い、多くの知見やノウハウを蓄積しております。家裁事件もかなりの数に上り、長期化しやすい家事紛争（相続・夫婦関係）を短期間に解決することをめざしています。

■設立・沿革

1992年「小堀法律事務所」として設立され、「小堀二木法律事務所」、「兼六法律事務所」と名称変更を経て、2011年に法人化し、「弁護士法人兼六法律事務所」となりました。

代表者　小堀秀行（金沢弁護士会）	組合など
取扱言語　英語	**報酬体系**　弁護士報酬は金沢弁護士会旧報酬規程に準じた着手金と成功報酬を基本とする。効率的なサービス提供と矛盾するので、特に希望される場合を除き、タイムチャージ制は採用していない。
主な顧問先　金融業、製造業（機械、金属、薬品、食品、その他）、建設業、ビル管理、産廃業、卸売業、流通業、小売業、不動産業、コンサルタント、出版社、印刷業、旅館業、医療法人、設計事務所、地方公共団体、土地区画整理	

弁護士法人 兼六法律事務所

取扱業務 **企業再生** 民事再生、特定調停、私的整理、会社分割、経営者保証ガイドライン等／**会社法務** コンプライアンス、個人情報、民事介入暴力、労働問題、団体交渉、セクハラ、パワハラ、商取引、契約書作成、PL責任、独占禁止法、株主総会、株主代表訴訟、ホットライン対応等／**知財関係** 特許、実用新案、意匠、商標権、著作権、不正競争防止法等／**行政関係** 国賠訴訟、行政処分取消訴訟、政務活動費、情報公開請求、行政対象暴力、不当要求、業務妨害事案、行政委員等／**個人事件** 交通事故、労災、医療過誤、不法行為、不当利得、建築紛争、近隣紛争、インターネット被害、掲示板発言削除請求、先物取引や詐欺商法などの消費者被害、不動産売買、区分所有法、借地借家、金銭貸借、保証問題、債務整理、自己破産、個人再生、強制執行／**家事事件** 相続、遺言、夫婦関係、婚姻費用、財産分与、慰謝料、親権、養育費、成年後見、任意後見、不在者財産管理人等／**刑事事件** 捜査弁護、公判弁護、保釈請求、少年事件、示談交渉、犯罪被害者支援、ストーカー対策、刑事告訴等／**その他** 各種講演、研修会講師派遣、第三者委員会等

P 小堀秀行 1984名大法、40期、金沢弁護士会副会長（1995～97、2001～02、2009～10）、全国倒産処理弁護士ネットワーク常務理事（2014～）、石川県暴力追放運動推進センター相談員（1992～）、医療事故情報センター理事（2005～10）、中小企業基盤整備機構アドバイザー（2005～）、石川県収用委員（2006～）、金沢大LS倒産処理法講師（2007～10）、金沢簡易裁判所調停委員（2008～）、迅速な裁判を実現する弁護士の会代表（2015～）

二木克明 1984早大文、1989検事任官、41期、金沢弁護士会副会長（2002～03）、社会保険労務士（2000～）、保護司（2000～）、弁護士知財ネット理事（2005～）、金沢簡易裁判所調停委員（2012～）

浮田美穂 2001阪大法、55期、金沢弁護士会副会長（2010～11）、石川県公害審査会委員（2011～）、石川県子ども政策審議会児童福祉部会委員（2011～）、社会福祉法人石川県社会福祉事業団理事（2011～）、石川県消費者苦情審査会委員（2012～）

森岡真一 2002阪大法、56期、金沢弁護士会副会長（2012～13）

小倉悠治 2004東大教、2007慶大LS、61期

A 柴田未来 1997神大法、52期、エンターテインメント・ロイヤーズ・ネットワーク理事（2004～）、日弁連知財担当非常勤嘱託（2005～07）、アメリカ留学

中川浩輝 2008中大法、2010中大LS、66期

著作 小堀秀行〔執筆〕全国倒産処理弁護士ネットワーク編『通常再生の実務Q&A120問』（共著、金融財政事情研究会、2010）／同〔執筆〕同編『破産実務Q&A200問』（共著、金融財政事情研究会、2012）／同編『倒産法改正150の検討課題』（共著、金融財政事情研究会、2014）／「弁護士の過去・現在・未来」自由と正義2013年4月号／二木克明『子どもの心』（1万年堂出版、2005）／浮田美穂・二木克明・森岡真一『ママ弁護士の子どもを守る相談室』（1万年堂出版、2013）／柴田未来〔執筆〕第二東京弁護士会犯罪被害者支援センター運営委員会編『ひとごとではない、まさかのときの―犯罪被害者救急マニュアル』（共著、小学館、2002）

アイ・パートナーズ法律事務所
AI・Partners Law Office

〒460-0002　名古屋市中区丸の内1-4-12　アレックスビル6階
TEL　052-239-1261　FAX　052-239-1262
E-mail：ailaw@nba.tcp-ip.or.jp

地元密着型の一般事務所として、企業から個人まで対応し、業務分野も民事・家事・行政・刑事等と広い。個人向けには、夜間・休日を問わずきめ細かく対応する。

	11（+3）	
	P 4 A 7 顧 0	
	男 9 女 2	
	外弁 0 外資 0	
	他士 0 事務 8	
	総合	
C		

■理念・特色

　依頼者から信頼される弁護士をめざして、所属弁護士全員が日々業務に取り組んでいます。信頼されるためには、基本的な法律知識を備えるだけではなく、新法、改正法、新判例などの変化についても迅速にフォローする必要があり、事務所内での勉強会の開催、判例雑誌や最高裁判例の回覧などを行っています。また、知財、建築、医療などの専門分野に関しては、専門家の協力を得ながら、事件の把握をしています。

　パートナーは、年代的にバランスがとれており、各種紛争に対して柔軟な対応がとれるようになっています。そして、個別案件には、適切かつ迅速な対応を心がけています。このように、常に利用者目線に応えられる法律事務所であり続けることを実践しています。

　予防法務を含めた企業法務に重点を置き、顧問法人専用の相談メールアドレスを設定し、このメール相談については、毎日事務所内での弁護士当番を決め、迅速に対応できる体制を組んでいます。企業法務としては、業務提携契約、秘密保持契約等の契約書の作成やチェックの依頼が増大しています。

　個人の顧客に対しては、夜間、土日を問わず、面談に関しては依頼者の時間に柔軟に対応する体制をとっています。このように、法人・個人を問わずまずは利用しやすい体制を整えることに重点を置いています。

　業務分野については、民事・家事・行政・刑事を問わず、広くどのような分野の対応もできるようにしておりますが、昨今の社会状況から派生している現代的課題であるインターネット関連分野、成年後見制度、介護事故などの高齢者分野、解雇・残業代などの労使間紛争分野等の対応が増大しています。

　依頼者の抱えるトラブルは、時代背景によって発生するものであり、当事務所では、これに即応できる柔軟な対応を実践しています。

■設立・沿革

　1975年に『青山法律事務所』を設立し、1994年『青山・井口法律事務所』、2004年『青山・井口・平林法律事務所』、2009年『アイ・パートナーズ法律事務所』に改称し、現在に至っています。

代表者	青山學（愛知県弁護士会）
主な顧問先	損保会社、金融機関、不動産会社、機械メーカー、建設会社、自動車ディーラー、外食チェーン、食品メーカー、運送会社、物販会社、医療機関・医療法人、宗教法人等
報酬体系	事務所規程（日弁連旧報酬規程におおむね準拠）による。

アイ・パートナーズ法律事務所

|取扱業務| 企業法務（会社設立・組織変更、株主総会指導、コンプライアンス指導、契約書の作成、契約の立会い、研修会講師、株主代表訴訟、金融、不動産取引、クレイマー対応、建築、隣地・境界紛争、債権管理・回収、競売・強制執行、保全、M&A（法務デューデリジェンスを含む）、労使問題、情報開示、倒産関連などのほか、ベトナムへの企業進出・投資相談／個人に対するリーガルサービス（各種損害賠償請求、夫婦・親子、遺言、相続等家事事件、借地・借家、建築トラブル、雇用問題、隣地境界紛争などの、調停、訴訟など民事事件全般）／行政事件／刑事事件、少年事件／公益活動

|P|青山學 1968神大、25期、愛知県弁護士会会長（2005～06）、日弁連副会長（2005～06）、中部弁護士会連合会理事長（2006～07）、日本ベトナム友好法律家協会会長（2003～現在）、名古屋市個人情報保護審議会会長（2008～14）、名古屋市情報公開審査会会長（2008～14）、愛知県監査委員（2008～現在）

井口浩治 1983早大、39期、愛知県弁護士会副会長（2004～05）、2社の社外監査役
平林拓也 1996京大、50期、愛知県弁護士会副会長（2015～）
福井秀剛 1999早大、55期
|A|出口敦也 1998北大、2007中京大LS、61期
滝恵美 1994東大、57期
細川俊輔 2006名大、2011愛知大LS、65期
内海智直 2009静岡大、2012名大LS、66期
岸田航 2002日大、2004判事補、57期
篠田篤 2007名大、2010愛知大LS、67期
服部ひかり 2004中大、2009青学大LS、65期

|著作|
『民事訴訟の実務』（共著、新日本法規出版）
『スポーツ事故の法務』（共著、創耕社）
『Q&A 遺留分の実務』（共著、新日本法規出版）
『同族会社の運営トラブル対応の実務』（共著、新日本法規出版）
『行政対象暴力Q&A』（共著、ぎょうせい）
石堂功卓『現代社会と刑事法学』（成文堂）
『企業責任の法律実務』（共著、新日本法規出版）
『特殊担保・保証の実務』（共著、新日本法規出版）
『遺産相続紛争事例データファイル』（共著、新日本法規出版）
『特例有限会社の法律実務』（共著、新日本法規出版）

|事件| 岐阜県青少年保護育成条例違反事件（最判平成1.9.19刑集43.8.785）／漁業権免許仮の義務付け申立事件における仮の義務付け決定（公刊物未登載）／詐欺被告事件　無罪判決（公刊物未登載）など

ひかり弁護士法人アイリス法律事務所
Law Office Iris

〒460-0002　名古屋市中区丸の内3-20-17　KDX桜通ビル12階
TEL　052-938-5508　FAX　052-957-2677
安城事務所　〒446-0059　安城市三河安城本町2-1-10　KAGAYAKI SQUARE3階
TEL　0566-72-7220　FAX　0566-72-7222
URL：http://www.iris-law.com/　info@iris-law.com

7 (±0)	
P 6 / A 1 / 顧 0	
男 5 / 女 2	
外弁 0 / 外資 0	
他士 0 / 事務 5	

		民家
C	会社	訴訟

戦後間もなく設立された「北村利弥法律事務所」を起源とし、多くの顧問先（大小の会社、各種法人、組合等）を有する。プロボノ活動も重視し、2011年には「安城事務所」を開設。

■理念・特色

　当事務所の淵源は、戦後間もなく設立された『北村利弥（きたむらとしや）法律事務所』に遡ります。

　『アイリス』は、英語で『虹』を意味します。虹は沢山の色から成っています。7名の弁護士、事務局スタッフが一緒に個性を発揮してそれぞれの色を輝かせ、顧客の皆様との間に鮮やかな架け橋をかけることをめざします。

　北村法律事務所の時代から、大企業や中小企業など、多数の企業（法人）や団体のご相談に預り、顧問契約を締結して、多数のご相談や事件に適時適切に取り組んできました。

　他方、個人からも幅広い御依頼をいただき、相続や離婚などの家事事件、交通事故や刑事事件、子どもの事件など、法律相談にとどまらず、相談者の悩みにも応えることをめざしています。

　さらに当事務所では、法科大学院教員、任期付裁判官、公務員（財務省東海財務局）、弁護士過疎地赴任弁護士を輩出するなどプロボノワークを業務の1つの軸としています。

■設立・沿革

1946　北村利弥弁護士が弁護士登録　陸軍法務官を経た北村利弥（きたむらとしや）弁護士が事務所開設。東証一部上場の大企業等の顧問弁護士となるほか、労働組合や個人の市民事件も担当してきました。

1965　北村弁護士が、名古屋弁護士会（現、愛知県弁護士会）会長、日弁連副会長・中弁連理事長に就任し、その後、四日市公害訴訟、飛騨川バス転落事故等の弁護団長として被害者救済に尽力しました。

2007『ひかり弁護士法人アイリス法律事務所』に北村利弥法律事務所と同事務所出身の榎本修弁護士の事務所が合流し、『ひかり弁護士法人アイリス法律事務所』となりました。

2011　安城事務所を開設　『かがやき税理士法人』グループ（代表：稲垣靖公認会計士）本拠である安城市に事務所を開設し『ワンストップサービス』を提供しています。

代表者　榎本修（愛知県弁護士会）	
支店　2011年安城事務所（愛知県安城市）開設	
取扱言語　英語	
主な顧問先　金融機関、総合商社、各種企業（通信関係、人材派遣、ハウスメーカー、建設会社、不動産仲介、食品製造、食品卸、自動車部品製造業、産業機械製造、広告代理店、フランチャイズによる小売店舗運営、自動車販売、中古自動車販売、駐車場管理、高齢者福祉施設運営、醸造会社、各種機械製造、産業廃棄物処理、不動産に関するコンサル、貸ビル業、釣具店、タレントマネージメント業、ホテル業、燃料販売業、運送会社等業種はきわめて多様）、医療法人（病院）、社会福祉法人、学校法人、高齢者介護施設、労働組合、会計事務所、不動産鑑定士事務所、各種公益社団法人、公的機関、一般個人など	
報酬体系　事務所報酬規程（日弁連旧報酬規程に当事務所の変更を加えたもの）による（詳細は当事務所HP参照）。	
着手金・報酬金等とタイムチャージの双方対応可能／顧問料（月額）50,000円を標準とし、上場企業については100,000円を標準とする。タイムチャージ20,000円〜50,000円を標準とする。	

ひかり弁護士法人アイリス法律事務所

取扱業務 各種会社、法人の顧問として 契約書の作成やチェック、民事訴訟、債権回収、不動産売買・賃借、M＆A、事業承継、民事再生・会社更生、法務DD、独禁法、下請法問題など **個人の事件について** 交通事故、離婚、遺言相続・遺産分割、借地借家、刑事、少年事件など **裁判所からの委嘱業務** 破産管財人、成年後見人、未成年後見人、民事再生監督委員など
セミナー・講演など
1 　中小から大手まで企業・組織団体一般向け 　①『債権回収の知識』②『個人情報保護法』（情報管理者向け）③『実例に学ぶ不祥事発見時の対策』④『企業におけるコンプライアンスとその事例』⑤『公益通報者保護法セミナー』⑥『初歩から分かる知的財産』
2 　企業経営者向け 　①『取締役・監査役に求められる法的知識』②『企業経営者が知っておくべき会社法』③『代表者の痴呆』④『同族会社の事業承継』
3 　従業員向け 　①『セクシャルハラスメント防止』②『独占禁止法のチェックポイント』
4 　各種企業分野別 　㈠金融機関向け①『債権の管理回収について』 ②『民事再生法を含めた企業再生について』㈡介護施設向け『介護事故とリスクマネージメント』㈢獣医師が知っておくと良い法律知識』㈣医療機関向け『医療現場でのITと法律』（職員研修向け）
5 　個人向け 　①『相続・成年後見について』②『交通事故への基本的対処法』

P 榎本修 1992京大法、46期、元愛知大LS教授（民法（物権法））、ローヤリング（法律相談、調査、交渉）、民事訴訟実務基礎等（2004〜09）、元名古屋簡易裁判所非常勤裁判官民事調停官（2010〜12）、『ビジネス弁護士大全2011』（日経BP社）登載、日弁連法務研究財団専門家養成研修（不正競争防止法、独占禁止法、著作権）の各実務修了。NPO法人ロースクール奨学金ちゅうぶ理事専務理事（2003〜）／杉浦宇子 1990名大法、48期、愛弁子どもの権利委員会副委員長（2010〜）、CAPNA（子どもの虐待防止ネットワークあいち）弁護団（1996〜）、愛知県児童相談所嘱託弁護士（2003〜）、NPO法人子どもセンター（パオ）参加（2007〜）、NHK中部地方番組審議会委員（2011〜15）名古屋市東山公園テニスセンター指定管理者選定委員（2011〜12）、名古屋市社会福祉審議会委員（2011〜）、名古屋市土地利用審査会委員（2009〜）／安田剛 1999東大法、54期／今井千尋 1998名大法、57期／丹羽恵里子 2001京大法、2006愛知大LS、60期／亀村恭平 2005名大法、2008南山大LS、62期／A 池田篤紀 2007名大経、2010関学大LS、67期
以上すべて愛知県弁護士会。

著作 名古屋ロイヤリング研究会編、榎本修執筆『実務 ロイヤリング講義―弁護士の法律相談・調査・交渉・ADR活用等の基礎的技能』（民事法研究会、2004）／森際康友編、榎本修執筆『法曹の倫理』（名古屋大学出版会、2005）／榎本修「民事訴訟法入門」土地家屋調査士584〜591号（2005〜06）／榎本修執筆『新司法試験の問題と解説（民法関係）（法学セミナー増刊）』（日本評論社、2006〜08）／榎本修「実務基礎科目『ロイヤリング』の現状と課題」判例タイムズ1224号11頁（2007）／瀬川信久ほか編、榎本修執筆「未完成マンション工事の請負報酬請求事件」『事例研究 民事法』（日本評論社、2008）／愛知県弁護士会法科大学院委員会、榎本修執筆『入門 法科大学院―実務法曹学修ガイド』（弘文堂、2012）／反社リスク対策研究会編、亀村恭平執筆『反社会的勢力対応の手引』（民事法研究会、2013）

事件 津地四日市支判昭和47.7.24損害賠償請求事件（四日市公害訴訟）／名古屋高判昭和49.11.20損害賠償請求事件（飛騨川バス転落事故）／最判昭和51.10.12不動産取得税賦課処分取消請求事件／最判平成11.1.21民集53.1.98（貸金業法43条1項の効果発生には、債務者の支払いが口座振込の場合でも、払込確認のつど、直ちに同法18条1項の書面を債務者に交付が必要と判示したもの）／名古屋地判平成19.2.14判タ1282.249損害賠償請求事件（生体肝移植手術後、患者がMRSA敗血症に起因した感染性心内膜炎を発症し、その結果発生した脳出血を原因として死亡した事案で病院側の責任を一部認めた事例）ほか多数

あゆの風法律事務所
AYUNOKAZE LAW OFFICE

〒460-0002　名古屋市中区丸の内3-7-19　法研中部ビル2階
TEL　052-950-2080　FAX　052-950-2081
URL：http://www.ayunokaze.jp/

村橋所長の専門である民暴対応（暴力団等の反社会勢力・悪質クレーム対策等）を得意とする行動的な事務所で、危機管理を含め、民暴対策等についての関係著書も多い。

■理念・特色

「あゆの風」とは、日本古来の大和言葉で、海から幸せを乗せて運んでくるめでたい風という意味の言葉であり、一言でいえば「幸せの風」のことです。「あゆ」には恵み、幸（さち）という意味があって、この「あゆ」という言葉が愛知（あいち）という名の由来になったともいわれており、郷土を愛する意味も込められています。

当事務所のポリシーは、「お客様のお話をよく聞く」「お客様と一緒に悩み、一緒に考え、一緒に解決する」ことであり、お客様にとって幸せを運ぶ『あゆの風』でありたいと考えております。

当事務所は、1973年に開業して以来、地元名古屋市を始めとする愛知県、岐阜県、三重県の企業を中心に、多くのクライアントと共に1つひとつの途を歩んでまいりました。この間に関わらせていただくことのできた業務は幅広く、顧問先の業種としても30種以上に上り、多種多様な業種についてのノウハウを蓄積することができました。

長年の間、顧問弁護士として多くのクライアントと共に歩んできた中で培った経験やノウハウをもとに、事件解決だけでなく、クライアントが陥りやすい落とし穴やトラブルを未然に防ぐ体制について、アドバイスをさせていただきます。

また、所長の村橋は、日弁連の民暴委員会において長年、民事介入暴力事件に取り組んできた第一人者であり、暴力団等の反社会勢力対策やいわゆる悪質クレーム対策にも力を入れております。

■設立・沿革

1973年に村橋泰志が「村橋法律事務所」を創設。1983年に小川剛弁護士と合同して、「小川・村橋法律事務所」となり、1996年に名称を現在の「あゆの風法律事務所」と変更しました。

代表者	村橋泰志（愛知県弁護士会）
主な顧問先	金融機関、損保会社、証券、物流、不動産業、出版、IT関連（ソフトウェア、システム）、通信事業、商社、流通（スーパー）、倉庫業、広告業、食品メーカー、化粧品メーカー、電機メーカー、機械メーカー、化学メーカー、工業部品メーカー、建設業、飲食店、タクシー、ゴルフ場、畜産業、福祉施設、産業廃棄物処理、宗教法人（神社、寺）その他1部上場企業から中小企業まで多様な業種の企業、法人等
報酬体系	事務所報酬規程（日弁連旧報酬規程におおむね準拠）による。

あゆの風法律事務所

取扱業務 **企業法務全般** 契約書作成・チェック、意見書作成、会社設立、会社支配権、事業承継、M&A、株主総会指導、債権回収／**コンプライアンス体制構築** 内部統制システム構築、会社不祥事対策、内部通報窓口、企業秘密の保護、情報漏洩対策／**反社会的勢力対応** 不当要求対応、悪質クレーム対応、暴排条項作成／**労働法務** 就業規則等社内規定の作成、労務管理、セクハラ・パワハラ対応、団体交渉、労働審判、労働基準監督署対応／**損害賠償** 交通事故、名誉毀損、知的財産権侵害等／**不動産法務** 不動産売買、仲介、賃貸、明渡し、マンション管理、借地非訟、登記手続、境界確定・確認／**相続問題** 遺言作成、遺産分割調停・遺産分割審判、遺留分減殺請求訴訟、遺言無効確認訴訟／**家事事件全般** 離婚、離縁、内縁解消、婚約不履行、慰謝料請求、法定後見・任意後見／**倒産法務** 破産、民事再生、会社更生、債務整理／**刑事事件** 意見書作成、起訴前、起訴後弁護、少年事件／**宗教法人法務** 役員の地位確認、墓地管理規則等規定作成

P 村橋泰志 1963京大、21期、元名古屋弁護士会（現愛知県弁護士会）会長・日弁連副会長、元日弁連民事介入暴力対策委員会委員長、元愛知県公安委員会委員長、元中京大LS教授・同法曹養成研究所所長／安藤雅範 1994東大、50期、日弁連民事介入暴力対策委員会副委員長、元愛知学院大非常勤講師、元中京大LS教員／山田麻登 1996名大、53期、元名古屋家庭裁判所調停官、愛知県男女共同参画審議会委員、元名大LS客員助教授／野村朋加 2003名大院、57期、元名古屋文化短大非常勤講師 A 森島佳代 2010名大LS、64期

著作 村橋泰志『民暴事件の実態と対策（村橋泰志還暦記念論文集）』（共著、民事法研究会）／『民暴対策論の新たな展開』（共著、金融財政事情研究会）／『危機管理の法理と実務』（共著、金融財政事情研究会）／『法曹の倫理』（共著、名古屋大学出版会）／『暴力団対策法に現場から望むもの』ジュリスト985号／『反社会的勢力に対する事業会社の取組み』（共著、事業再生と債権管理121号）など
安藤雅範『行政対象暴力Q&A』（共著、ぎょうせい）／『Q&A商標の法律実務』（共著、新日本法規）／『反社会的勢力対応の手引』（共著、民事法研究会）など
山田麻登『行政対象暴力Q&A』（共著、ぎょうせい）／『子どもの虐待防止・法的実務マニュアル』（共著、明石書店）など

事件 最判昭和51.6.18裁判集民118.123（白地手形につき除権判決を得た場合と手形の再発行請求）／静岡地浜松支決昭和62.10.9判時1254.45（一力一家組事務所使用差止仮処分）／最決平成2.4.17裁判集民159.449（株主のする株主名簿の閲覧・謄写請求が権利の濫用に当たるとされた事例）／最判平成10.4.28裁判所Web（燻し瓦製造法に関する特許権侵害に基づく損害賠償）／名古屋地判平成16.10.29判時1881.122（会社が新会社を設立し、新会社に営業部門の営業を全部承継させる会社分割が無効とされた事例）

愛知

石原総合法律事務所
Ishihara Law Office

〒460-0003　名古屋市中区錦2-15-15　豊島ビル10階
TEL　052-204-1001　FAX　052-204-1002
URL：http://ishihara-lawoffice.com

8	(-1)		
P	1	A 7	顧 0
男	6	女	2
外弁	0	外資	0
他士	0	事務	5

B			会社
		労働	土地

1959年開設の老舗事務所で、特に金融法務や不動産関連、労働法務等に強い。企業再生・倒産関連にも注力し、数多くの案件を手がけている。

■理念・特色

当事務所は、1959年4月、前所長である石原金三（元名古屋弁護士会会長、元日弁連副会長）が開設して以来、「いかなる問題にも対処できるように日夜研鑽を怠らず、新しい問題にも怯むことなく取り組む」ことをモットーに、半世紀以上にわたって企業法務を中心とした業務を取り扱ってきました。

法律事務所としての50年以上にわたる経験年数のみならず、多様な業種のクライアントからの相談を通じて培ってきた経験を基に、各企業ごとの実情を踏まえた最適なリーガルサービスの提供が可能です。

所属弁護士の中には、社外役員を務めている者のほか、裁判所の調停委員、元外務省勤務や裁判所からの出向者など多様な経験を有する者が含まれています。また、個々の弁護士の経験年数や男女比などの点からも、バランスのとれた組織体制が構築されています。

当事務所は企業法務全般を取り扱っていますが、とりわけ金融・銀行法務、不動産関連法務、労働法務、企業の再生・倒産関連法務については力を入れており、これまでに豊富な取扱実績を誇っています。これらの分野は、業種や規模を問わず、企業がその事業活動を行っていく中で法的な問題点が生じやすい分野です。

当事務所の弁護士は、これらの分野に注力して研鑽を重ねることで、法律専門家として、クライアントの皆様が真に求める高度なリーガルサービスを提供できるよう心がけています。以上の伝統的な企業法務の分野に加えて、近年では、第三者委員会の設置や内部通報制度の構築、従業員向けのセミナーの開催等を通じたコンプライアンス支援の取扱いが増えているうえ、さらに渉外業務についても、積極的に力を入れていく予定です。

時代の変化に応じて、企業の皆様が求めるリーガルサービスが変容していくことは当然であり、当事務所は、「いかなる問題にも対処できるように日夜研鑽を怠らず、新しい問題にも怯むことなく取り組む」という理念の下、決して驕ることなく、これまで同様、クライアントのニーズに応じたリーガルサービスの提供に努めていきます。

■設立・沿革

1959年　「石原法律事務所」として開設。
2009年　「石原総合法律事務所」に名称変更。
2010年　現住所に移転。

代表者　石原真二（愛知県弁護士会） 取扱言語　英語 主な顧問先　東海地区に本店または支店を持つ金融業、証券業、製造業、商社、建設業、不動産販売業、小売業、飲食業、エンターテイメント業、広告代理店など多様な業種の企業および	各種法人（医療法人、学校法人、宗教法人等）と顧問契約を締結している。 報酬体系　事務所報酬規程による（おおむね日弁連旧報酬規程に準拠）。 顧問料（月額）50,000円～／タイムチャージ20,000円～50,000円。

石原総合法律事務所

|取扱業務|

法律顧問法務 各種法律相談（含む、取引スキームの構築支援、労務、不動産関連法務、各種契約書のリーガルチェック等）／コンプライアンス支援業務（第三者委員会、社内セミナー、外部通報窓口等）／債権回収業務／企業の再生・倒産関連法務／株主総会の指導／各種交渉の代理・同席（契約交渉、労働組合との団体交渉等）／民事・商事訴訟事件／刑事事件（企業内外不祥事の告訴・告発等）

[P]石原真二 1978慶大経済、37期、愛弁、オータケ監査役、元名弁（現愛弁）副会長、元日弁連理事、中弁連理事、豊島監査役、小林クリエイト監査役、名古屋簡易裁判所調停委員、元愛知県入札監視委員会委員、矢作建設工業社外取締役

[A]花村淑郁 1980東大法、34期、愛弁、名古屋家庭裁判所家事調停委員、元愛弁常議員会議長、元愛知県建設工事紛争審査会会長、アイカ工業監査役、名古屋地方裁判所鑑定委員

杁田勝彦 1979早大法、36期、愛弁、元愛知県庁勤務、愛弁綱紀委員会部会長、津島市固定資産税評価審査委員、名古屋簡易裁判所調停委員、豊島監査役、トーエネック監査役、愛西市情報公開審査会会長

清水綾子 1997名大法、51期、愛弁、愛弁副会長、シンクレイヤ監査役

鈴木隆臣 1996名大法、51期、愛弁

伊藤歌奈子 2005名大法、59期、愛弁

中川真吾 1997東大法、2009登録、51期、愛弁、元検察官、元外務省勤務、愛弁国際委員会副委員長、日弁連外国弁護士および国際法律業務委員会委員

森優介 2007早大法、2010早大LS、64期、愛弁、判事補任官

|著作|

石原総合法律事務所編『明解内容証明モデル文例集』（新日本法規出版）
清水綾子『類型別 契約審査手続マニュアル』（共著、新日本法規出版）

|事件|

（公刊物に掲載された主な取扱裁判例）

会社分割無効確認請求訴訟（名古屋地判平成16.10.29判時181.123）／濫用的な会社分割について分割無効を確認したもの

入谷法律事務所
Iritani Law Office

〒460-0002　名古屋市中区丸の内3-17-6　ナカトウ丸の内ビル8階
TEL　052-951-3401　FAX　052-951-3402
E-mail : iritani@wing.ocn.ne.jp

 1941年開設の老舗事務所で、代表親子が弁護士会会長経験者。顧問先も多様で、労働事件（使用者側）、会社法、倒産・事業再生、不動産関連、医療過誤、企業事故等、幅広く対応する。

■理念・特色

当事務所は、1941年、前所長である入谷規一弁護士（元名古屋弁護士会会長）が開設して以来、企業法務を中心としながら、相続・遺言等の個人事件を含めた法律全般を取り扱う、名古屋の老舗的法律事務所です。客員弁護士を含めて弁護士数7人の中規模事務所であり、依頼者が「いつも安心して依頼できる法律事務所」であるべく、依頼者にとって最適かつ迅速な対応ができる体制の構築と不断の研鑽を旨としております。

相談および事件受任にあたっては、依頼者の組織風土や業務の実情、事件の背景事情に踏み込み、法律全般の多角的観点より深い検討を重ねつつ、依頼者に法的見地からの基本的筋道と対応方法について、メリットとデメリット（リスク）をわかりやすく説明したうえで、依頼者の意向を十分に踏まえた方針決定を行うとともに、事件にあたっては、原則複数弁護士での事件・依頼内容にあわせたチームを弾力的に編成して「迅速性」と「的確性」、「広さ」と「深さ」を確保した、総合力のある法律事務所であることに努めております。また、法的サービス・事件対応の高度化の観点から、専門性を高める必要があると考えております。

当事務所は、長年の事件の経験から、労働関係事件（使用者側）、民事再生・特別清算等法的手続ならびに任意手続による事業再生事件、法人破産申立て・管財事件、会社法分野（M&A、コンプライアンス、株主総会指導等）、相続法分野、不動産関連分野（売買、賃貸借、仲介等）、医療過誤・企業事故等の不法行為分野（損害賠償）には、豊富なノウハウの蓄積を有しており、今後も、法改正対応や判例フォロー等を含めて、一層の専門性向上に努めてまいります。

当事務所は、企業法務を中心に法律問題全般を扱っており、全法律領域から総合的に的確な判断をすることが基本スタンスですが、長年の事務所事件の経験から、上記分野における専門的ノウハウの蓄積とともに、近時は、会社等の不祥事の外部調査事件等も増加しております。また、金融・担保法ならびに債権回収法分野、信託等財産管理法分野、知的財産法分野（宮島弁護士の専門分野）等においても専門性を高めるべく、研鑽に努めております。

■設立・沿革

1941年、入谷規一弁護士が、判事任官を経て、「入谷規一法律事務所」を創設。

「入谷法律事務所」に事務所名変更後、1977年、入谷正章弁護士が所長に就任、2006年に現住所に移転し、現在に至っております。

代表者　入谷正章（愛知県弁護士会）	カー、IT関連、その他一部上場企業から中小企業まで、メーカーから卸業・小売業、サービス業等まで多様な業種の企業、医療法人、財団法人等
取扱言語　英語	
主な顧問先　電気通信業者、電力会社、金融機関、不動産仲介業者、総合商社、専門商社、百貨店、ゼネコン、窯業、スポーツ用品等小売業、自動車部品等機械メーカー、アパレルメー	
	報酬体系　事務所規程（日弁連旧報酬規程におおむね準拠）による。

取扱業務 **法律顧問業務** 日常の法律・経営相談全般、取引等のスキーム構築支援、契約書の作成・チェック、契約交渉、企業内研修・講演等／**労働法務** 就業規則の作成・変更、労務管理・雇用契約に関するトラブル対応（解雇・配置転換、時間外労働、労災、各種ハラスメント対応）／**事業再生・倒産関連法務** 民事再生、特別清算や再生支援協議会等を利用した事業再生支援、法人破産申立（代表者等の対応を含む）／**事業承継、相続・遺言関連法務** 会社法、相続法、信託法等の総合的視点からの事業承継支援、遺言書作成・遺言執行、遺産分割（遺留分減殺を含む）等相続支援／**不動産関連法務** 不動産取引、借地・借家、不動産仲介、建築工事請負、マンショントラブル、相隣関係／**会社法関連法務** M&A（事業譲渡を含む）支援、コーポレートガバナンス・コンプライアンス・内部統制支援、株主総会指導、不祥事対応（外部調査、刑事対応を含む）、外部通報窓口／**債権管理・回収業務** 担保等を含めた債権管理・回収のスキーム構築・契約書作成・交渉等支援、保全・執行／**その他** 知的財産法、独占禁止法（下請法を含む）、個人を含めた民事・商事一般（各種民事・商事の調停・訴訟対応、医療過誤、交通事故、離婚、成年後見等対応）

P **入谷正章** 1974京大法、28期、元愛知県弁護士会会長、元日弁連副会長、元中弁連理事長、愛知県公安委員会委員、愛知県公務災害補償等認定委員会委員、元中部電力監査役、住友理工取締役、アイホン取締役、中央製作所監査役、東陽倉庫監査役、元愛知県個人情報保護審議会委員、元愛知県収用委員会委員、元京大法制実務交流センター客員教授、元名城大LS非常勤講師、中部倒産実務研究会会長／**西垣誠** 1983京大法、56期、元東海銀行勤務、元全国銀行協会融資業務部会委員、シーキューブ監査役、新東監査役、中小企業庁経営革新等認定支援機関、経営支援アドバイザー、元愛知大LS非常勤講師、信託法学会会員 A **矢田啓悟** 2003京大法、2006京大LS、60期／**坪内友哉** 2009京大法、2011京大LS、65期／**熊田憲一郎** 2010東大法、2012北大LS、66期 顧問 **大内捷司** 1965東北大法、19期、元札幌高等裁判所長官、元公害等調整委員会委員長、元名城大LS教授、公害等調整委員会顧問／**宮島元子** 1980名大法、42期、名城大LS教授、愛知県収用委員会委員、愛知県公害審査会委員、名古屋市開発審査会委員、元豊田自動織機勤務（社内弁護士） 以上すべて愛知県弁護士会。

著作 入谷正章他〔執筆〕全国倒産処理ネットワーク編『新注釈民事再生法（第2版）(下)』（金融財政事情研究会、2010)／大内捷司編著『住宅紛争処理の実務』（判例タイムズ社、2003)／宮島元子他〔執筆〕愛知県弁護士会法律研究部編『弁護士が分析する企業不祥事の原因と対応策』（新日本法規出版、2012)／同他〔執筆〕愛知県弁護士会法律研究部編『Q&A商標の法律実務』（新日本法規出版、2007)／宮島元子他〔執筆〕『コンプライアンス経営の確立と法務部門の機能強化』（企業研究会、2006）

事件 会社更生事件（都築紡績更生管財人代理）／民事再生事件（グランドタマコシ申立代理人、愛知電機製作所、キャッスルヒルカントリークラブ監督委員、その他申立代理および監督委員）／法人破産申立て・管財事件（多数）／特別清算等による事業再生事件／上場会社等外部調査（愛知時計電機外部調査委員等）

小栗・石畔法律事務所
Oguri&Ishiguro Law Offices

〒460-0011　名古屋市中区大須4-13-46　ウィストリアビル4階
TEL　052-264-4101　FAX　052-264-4121
E-mail：ishiguro@kfx.biglobe.ne.jp

7 (±0)			
P 3	A 4	顧 0	
男 6	女 1		
外弁 0	外資 0		
他士 0	事務 5		

総合		
D		

一般民事事件を扱う事務所で、顧問先も中小企業が多い。顧問先の関係から共済関係のウエイトが高いが、渉外取引や中小企業の海外進出等にも注力する。

■理念・特色

　当事務所の理念は、プロフェッションとしての弁護士像の探求です。法曹としての能力を磨き、社会の紛争を未然に防止または解決して、依頼者が平穏な状況を取り戻すことに尽力するのが、私たちの目標です。依頼者からの信頼が最大の財産であり、これを損ねないように日々研鑽していきたいと考えています。

　小栗（孝）は弁護士登録前の裁判官の経験により、小栗（厚）は長年にわたる家事調停委員の経験により、石畔は労働局での個別労働紛争調整委員会の経験を通じ、紛争の公正な解決の重要さを実感しています。個人であれ企業であれ、当事者の正当な権利・利益は擁護されるべきであり、特定の主義主張や立場にとらわれることなく、依頼者の正当な権利・利益の実現に尽力したいと考えます。

　当事務所は、地域に密着した法律事務所で、依頼者の大半は中小企業や個人です。中小企業法務全般のほか、交通事故や生命・建物などの共済（保険）、損害賠償、相続などの一般民事を中心に取り扱っています。

　業務はパートナーごとのチームで担当しており、業務分野も異なっています。小栗（孝）は労働問題（労働側）の経験が長く、小栗（厚）は民事、家事など幅広い分野に対応しています。石畔はコーポレートガバナンスやコンプライアンスに加え、国際取引などの渉外案件や中小企業の海外進出、外国企業や外国人依頼者案件に力を入れています。

　インドネシア、中国、台湾、香港、フィリピン、シンガポール、インドなどのアジア諸国、オランダ、フランス、イタリア、ドイツ、アメリカなどの欧米諸国の法律事務所との協働も可能です。

　また、法曹倫理をはじめとする専門職責任にも重点的に取り組んでおり、UIA（国際法曹連盟）セミナーでの弁護士倫理スピーカー、インドネシア、タイ、モンゴル等での弁護士倫理研修スピーカーや、日本での国際法曹倫理シンポジウム報告者等を勤めています。

■設立・沿革

　1967年に小栗孝夫が設立した「小栗法律事務所」に小栗厚紀が1971年に加わり、石畔重次が1989年に参加して現在の法律事務所名に改称し、今日に至っています。

代表者	小栗孝夫（愛知県弁護士会）
取扱言語	英語
主な顧問先	共済関係、農業協同組合、医療法人、製造、販売、小売、運輸、土木建築、マスメディア、労働組合など
報酬体系	事務所報酬規程（日弁連旧報酬規程に準拠）による。着手金・報酬金方式とタイムチャージ方式（20,000円～40,000円）の双方に対応。顧問料（月額）40,000円～。

取扱業務 **中小企業法務** 会社設立、事業継承、契約書作成、債権回収、コーポレートガバナンス、コンプライアンス、不祥事対応、公益通報窓口、就業規則作成、個別労働紛争対応など／**共済法務** 契約の審査、指導、損害賠償（交通事故については、賠償側だけでなく、請求側の事件も多数）／**渉外法務** 国際取引、交渉、英文契約書の作成、中小企業の海外進出支援、外国企業の日本進出支援など／**倒産法務** 破産管財人、民事再生監督委員、破産申立て、民事再生申立て、任意整理など／**不動産法務** 不動産取引、賃貸借、建築紛争など／**個人法務** 遺産分割、遺言、離婚事件など

P 小栗孝夫 東大、12期、1963登録、元日弁連副会長、2001元愛知県弁護士会会長、元中京大LS教授／**小栗厚紀** 東大、20期、1983元愛知県弁護士会副会長、元名古屋家庭裁判所調停委員（1987年4月～2012年3月）／**石畔重次** 名大、31期、1994元愛知県弁護士会副会長、元愛知労働局紛争調整委員会委員(2001～07、2008～10)、元愛知淑徳大非常勤講師（民法）（2005～07）、愛知淑徳大院教授（民法）（2007～12）、日弁連外国弁護士および国際法律業務委員会委員（1997～）、日弁連弁護士倫理委員会委員（2001～）、日弁連国際活動に関する協議会委員（2004～）

A 後藤脩治 東大、40期／**野田幸宏** 一橋大、49期／**飯島美恵** 慶大、55期／**土田達磨** 上智大LS、66期　以上すべて愛知県弁護士会。

著作 小栗孝夫「人権と司法改革を求めて」（挨拶・講演、1992）／同「代用監獄の廃止を求めて」報告・論文（1996）／同「中国『残留孤児』国賠訴訟における『先行行為』」CHUKYO LAWYER vol.6（2007）、vol.8・9（2008）／石畔重次「効果的な保全処分の利用ノウハウ」（共著）月刊債権管理1987年11月～1990年1月連載／同「民事保全法の有効活用法」月刊債権管理1991年1月15日号／同「債権回収イロハのイ」（共著）Credit&Law1991年7月～1994年10月連載／同「交通事故紛争解決の実態」名古屋大学法政論集147号（1993）／同「仮差押え・仮処分の有効活用法」金融法務事情1359号（1993）／同「〈座談会〉民事保全をめぐる実務上の諸問題と対応策」金融法務事情1409号（1995）／同「急がれる盗難手形対策」金融法務事情1634号（2002）／同『弁護士制度に関する海外調査報告書』（共著、日本弁護士連合会、2001）／同「各国の弁護士倫理の現状」自由と正義 646号（2003）／同『法曹の倫理』（共著、名古屋大学出版会、2005）／『同（第2版）』（2011）／同「海外レポート 国際弁護士倫理を考える」自由と正義751号（2011）

事件 小栗（孝）：最大判昭和43.4.24民集22.4.1043（商法504条の法理）／名古屋地判昭和47.10.19判時683.21（利川製鋼事件―工場ばいじんと差止請求）／最一小判昭和54.5.6民集30.4.437（集団的労働関係における労働者―CBC管弦楽団労組事件）／最一小判昭和57.7.15民集36.6.1188（酩酊と「重大な過失」）

小栗（厚）：最三小判平成1.7.18刑集43.7.752（事実の錯誤と法律の錯誤）

弁護士法人 しょうぶ法律事務所
Shobu Law Office

〒460-0003　名古屋市中区錦2-2-2　名古屋丸紅ビル12階
TEL　052-223-5555　FAX　052-223-5557
URL：http://www.shobu-law.com　office@shobu-law.com

「法律顧問法務」を基本に据え企業法務全般を扱うが、特に倒産案件に力を入れる。全体的に若く（50～60代が中心）、活動的な事務所。愛知県西尾市・岐阜県岐阜市にも支店を開設。

11（＋2）		
P 4	A 7	顧 0
男 8	女 3	
外弁 0	外資 0	
他士 1	事務 12	

■理念・特色
　弁護士法人しょうぶ法律事務所の地盤となる名古屋は、名古屋めし（ひつまぶし、味噌煮込み、手羽先等）、名古屋城本丸御殿建築、そしてリニア中央新幹線東京・名古屋間開通（2027年予定）等、昨今話題も多く、また、製造業のまちとして、アジアを中心とした世界に企業が直接つながるまちとして、今後ますますの発展が期待されています。
　当事務所は、この名古屋において、法律顧問法務を中心とした企業法務に注力し、優秀な人材を積極的に集め、かつ法律事務所の支所を展開し、法律事務所としての成長をめざし、企業の皆様の永続的な発展に貢献します。
　力を入れている業務分野としては、第1に、法律顧問法務・企業法務です。企業の皆様の永続的な発展に貢献するには、企業の皆様との信頼関係に基づいた法律相談・契約審査等の日ごろの関係が大切であると考えています。実際に、当事務所には後掲のとおりの法律顧問先があり、継続的な信頼関係に基づいて、弁護士が企業・非営利法人に対し一歩踏み込んだアドバイスをさせていただき、高い評価をいただいております。
　第2に、倒産法務です。当事務所の弁護士は、破産・民事再生等の企業倒産案件の申立代理人となり、また、名古屋地方裁判所から破産管財人・監督委員の選任を受ける等して数多くの企業倒産案件を手がけています。さらに、事業承継（第三者承継・M&A）、特別清算、経営者保証ガイドラインを利用した代表者の連帯保証債務の処理等にも積極的に取り組んでいます。
　第3に、知財・国際分野です。特許権・商標権をはじめとする知的財産権の保護・活用を通じて中小企業を支え、製造業を中心とするまちの発展に貢献するとともに、アジアを中心とした世界に企業が直接つながるまちを地盤とする法律事務所として地域の発展に貢献したいと思います。

■設立・沿革
1996年　「しょうぶ法律事務所」開設
2013年　弁護士法人に改組
2013年　「西尾事務所」（愛知県西尾市）開設
2015年　「岐阜事務所」（岐阜県岐阜市）開設

代表者　山田尚武（愛知弁護士会）
支店　2013年西尾事務所、2015年岐阜事務所開設
取扱言語　英語
主な顧問先　不動産仲介・開発、自動車部品製造、総合商社、総合小売、広告代理店、医療機器の各会社（いずれも東証一部上場もしくはその完全子会社）。自動車販売、電子部品製造、不動産賃貸・管理、人材派遣、イベント運営、食料品製造、トラック運送、結婚式運営等の各会社。医療法人、宗教法人（寺院）
報酬体系　事務所報酬規程（日弁連旧報酬規程に当事務所の変更を加えたもの）による（詳細は当事務所HP参照）。着手金・報酬金等とタイムチャージの双方対応可能／顧問料（月額）50,000円～／タイムチャージ　パートナー30,000円～50,000円、アソシエイト20,000円～40,000円（担当弁護士の当該分野の専門性に応じて幅がある）。

取扱業務 **法律顧問法務** 日常の法律・経営相談、グループ会社運営、契約書の作成・審査、契約・紛争案件の交渉、役員・社員研修／**企業法務**のうち**会社法務**として、事業再編（M&A、事業譲渡）、事業承継、コンプライアンス、コーポレート・ガバナンス、内部統制、内部調査、株主総会のサポート、独占禁止法・下請法を巡る問題、企業の社会的責任（CSR）の問題、役員責任追及への対応、株主代表訴訟、企業の不祥事対応、従業員の不祥事対応／**不動産法務**として、不動産売買、不動産賃貸、不動産の仲介、建築工事請負、境界紛争／**企業倒産法務**として、更生手続、再生手続、破産手続、特別清算、事業再生特定調停、私的整理／**労働法務**として、就業規則の作成・変更、雇用契約の終了（解雇、退職、合意解約、違法な退職勧奨）、サービス残業（賃金不払残業）、セクハラ・パワハラ問題／**国際法務**（英語）として、契約書審査、名古屋（愛知県）への投資案件対応／**企業裁判法務**として、商事関係訴訟（株主権の確認、株主総会決議取消の訴え、職務執行停止・代行者選任の仮処分等）、不動産関係訴訟、建築関係訴訟等／**個人法務**のうち**相続法務**として、遺産分割請求事件、遺留分減殺請求事件、遺言無効事件／**個人倒産法務**として、破産手続・個人再生手続の各申立て／**個人裁判法務**として、交通事故、賃貸借紛争、境界確定紛争／その他非営利法人法務等

P 山田尚武 1990名大法、44期、静岡大LS教授（商法・会社法）（2008〜12）、愛知県弁護士会副会長（2012〜13）、日弁連倒産法制検討委員会委員（2013〜）。他に(公社)名古屋青年会議所（1992〜2004、2002専務理事）、特定非営利活動法人市民フォーラム21・NPOセンター監事（2000〜）、全国倒産処理弁護士ネットワーク理事（2010〜）、愛知県弁護士会倒産実務委員会委員長（2014〜）、(一社)中部事業承継紹介センター代表理事（2015〜）、VTホールディングス社外取締役（2015〜）／柚原肇 1999名大法、53期、中部倒産実務研究会幹事（2013〜15）／**安藤芳朗** 2001名大法、2005名大院法学修士、59期、名大LS非常勤講師（商法基礎）（2007〜11）、学校法人白百合学園（愛知県西尾市）監事（2013〜）／**市橋拓** 2001東大法、2004検事任官、57期、2006登録、2010ノースウェスタン大LLM修了、2011登録換（愛弁）、名大LS非常勤講師（日本の司法機関、2012〜14）、2015登録替（岐弁）／**A** 井上彰 2007北大法、2009九大LS、63期／伊藤有紀 2007京大経、2010京大LS、64期／尾田知亜記 津田塾大から編入後2008名大法、2011名大LS、65期、名大LS非常勤講師（日本の司法機関（英語講義））（2015〜）／川本英典 2007慶大法、2009東大LS、65期／尾藤寛也 2010京大法、2012京大LS、66期／家田真吾 2007岐阜大工、トヨタテクニカルディベロップメント（2007〜10）、2013名大LS、67期、2015弁理士、日本弁理士会不正競争防止法委員会委員（2015〜）／東山絵莉 2011名大法、2013東大LS、67期　市橋のみ岐阜県弁護士会、それ以外はすべて愛知県弁護士会。

著作 山田尚武他編、柚原肇他執筆『債権者のための取引先倒産対応マニュアル―破産・再生手続と会計・実務』（新日本法規出版、2007）／山田尚武「株主の秘密投票―秘密投票の歴史的および理論的な考察」浅木愼一編『浜田道代先生還暦記念　検証会社法』（信山社、2007）／愛知県弁護士会編、山田尚武・安藤芳朗他執筆『類型別・契約審査手続マニュアル』（新日本法規出版、2008）／山田尚武他編、柚原肇他執筆『企業のための残業トラブル対策マニュアル』（新日本法規出版、2012）／山田尚武「倒産手続における投資信託と相殺―金融機関の相殺の担保的機能に対する合理的期待の保護のあり方」事業再生と債権管理149号（2015）／山田尚武「赤字会社を驚くほど高値で売る方法」（幻冬舎、2015）

事件 会社更生事件（都築紡績更生管財人代理および水谷建設債権者申立代理人）／民事再生事件（グランドタマコシ、セントラルホームズの申立代理人、その他申立代理人および監督委員の経験多数）／破産事件（申立代理人および管財人の経験多数）／特別清算申立事件／抵当権に基づく収益管理事件の収益管理人／保全管理命令に対する抗告事件（大阪高決平成23.12.27金法1942.97）　ほか多数

しるべ総合法律事務所
SHIRUBE LAW OFFICE

〒460-0002　名古屋市中区丸の内3-7-27
TEL　052-971-5011　FAX　052-971-5015
URL：http://www.shirube-lo.jp　reception@shirube-lo.jp

地元中小企業および一般市民向けの法律支援を目的に設立。メンバーは比較的ベテランが多く、法律周辺業務についても、関連士業と連携してきめ細かく対応する。

■理念・特色
当事務所のめざすもの
お客様との対話
　相談・受任・事務処理のすべての段階で、お客様との対話を重視します。
すべての法律問題に対応
　法律問題はもちろん、税務・会計・土地測量その他の周辺業務についても、提携の会計事務所等と連携して適切な処理を図ります。
複数スタッフの協力
　各方面の専門的研鑽を積んだ弁護士相互および事務処理経験の豊富な事務局と協力して合理的な事務処理を図ります。
　力を入れている業務分野としては、
・企業法務全般
・知的財産
・医療過誤
・倒産・債務整理
・会社合併・譲渡買収・分割
・労使関係
・金融取引
・建築紛争
・環境公害
・消費者問題
です。

■設立・沿革
　1979年2月、弁護士大脇保彦（故人）の大脇法律事務所と弁護士鷲見弘の鷲見法律事務所が合同し、両弁護士をパートナーとして、主として中小企業と一般市民の総合的な法律支援を目的とした「大脇・鷲見合同法律事務所」を設立しました。
　1994年、弁護士相羽洋一および弁護士谷口優が、2002年、弁護士原田彰好がパートナーに加わりました。
　2009年4月、相羽・谷口・原田が代表パートナー、大脇・鷲見がシニアパートナーとなり、事務所の目的はそのままに、名称を現在の「しるべ総合法律事務所」と変更しました。
　2014年1月、弁護士成瀬玲がパートナーに加わっています。

代表者　相羽洋一、谷口優、原田彰好（いずれも愛知県弁護士会）
主な顧問先　金融機関、損保会社、建設・住宅会社、製造業（機械・化学製品・電子機器・FA機器・インテリア製品・紙製品・木製品その他）、不動産業、運送業、各種卸・小売業、自動車販売、リース業、IT関連、リゾート企業、地方公共団体、歯科医師会など
報酬体系　日弁連旧報酬規程に準じたもので当事務所HPに掲載。法人の顧問料は、原則（月額）50,000円。

取扱業務

企業法務全般 取引(契約全般・金融・保険)・契約書・人事労務・内部統制・コンプライアンスなど
企業再生・再編 民事再生・会社更生・清算・破産・M&Aなど
行政争訟 不服審査・抗告訴訟(税務・知財など)・住民訴訟(環境問題)など
民事 契約関係(各種売買・不動産貸借・金銭貸借・建築などの請負・労働・委任など)・事故(交通・医療・消費者問題その他不法行為)・知的財産(契約・紛争)など
家事 人事(離婚・離縁・認知その他)・相続(遺言・遺産分割など)・成年後見など
刑事・少年 刑事事件・少年保護事件・被害者支援など

P 相羽洋一 1971東大、31期、元判事補、名古屋弁護士会(現愛知県弁護士会、以下同)副会長(1996〜97)、2004弁理士、日本工業所有権法学会員、訴税訴訟学会員、元愛知県開発審査会委員、上場会社取締役(監査等委員)

谷口優 1973京産大、35期、名古屋弁護士会副会長(1998〜99)、名古屋簡易裁判所調停委員、上場会社監査役

原田彰好 1975愛知大、39期、上場会社監査役

鷲見弘 1957名大、1959名大院、13期、名古屋弁護士会会長(1988〜89)

成瀬玲 2001中大、59期、上場会社監査役、日本ラグビーフットボール協会ジュディシャル・オフィサー

A 宮本増 1958金沢大、12期、元判事

横江俊祐 2005中大、2007東大LS、61期

渡邊真也 2003同大、2000南山大LS、63期

以上すべて愛知県弁護士会。

著作

愛知県弁護士会法律研究部編『Q&A商標の法律実務』(共著、新日本法規出版、2007)／愛知県弁護士会研修センター運営委員会法律研究部コンプライアンスチーム編『弁護士が分析する企業不祥事の原因と対応策』(共著、新日本法規出版、2012)／『目で学ぶ知的財産権法』(共著、嵯峨野書院、2001)

事件

京都地判平成13.11.1判例不正競業法1250.174.22不正競争に基づく製造販売差止等請求事件(人工歯事件)／名古屋地判平成20.3.13判タ1289.272不正競争に基づく製造販売差止等請求事件(産業用ロボット事件)

大樹法律事務所
TAIJU LAW OFFICE

〒450-0002　名古屋市中村区名駅3-13-26　交通ビル9階
TEL　052-582-7373　FAX　052-581-7605
URL：http://taiju-law.jp/　taiju@taiju-law.jp

10（−1）			
P1	A9	顧0	
男7	女3		
外弁0		外資0	
他士0		事務6	

地元中堅・中小企業および自治体等を中心に法務支援に注力する。交通事故（保険分野）、廃棄物処理関連、個人情報保護、マンション管理等にも対応する。

		交通
C	中小	民家

■理念・特色
　当事務所は、依頼者に、最良の法的サービスを提供することを基本理念としています。
　中堅企業（上場会社を含む）・中小企業あるいは自治体等を依頼者層とし、その抱える諸問題に、迅速かつ的確に対応していきます。特に顧問会社については、社内事情を理解し、長期的な視野に立って、ご相談に乗っています。
　また、市民の皆さまが抱える相続・遺言・離婚等の問題、不動産関連の事件、高齢者および消費者問題は、全弁護士で取り組んでいます。
　さらに、社会貢献は弁護士の責務であるという認識の下に、社会に発生する諸問題の解決に努力し、また弁護士過疎の解消、司法制度の発展や弁護士会の運営等にも貢献していきたいと祈念しています。
1．**中堅企業・中小企業の法務支援**　顧問契約を締結していただき、長期的な観点から、企業の抱える法律問題に迅速かつ的確に対処します。企業承継、M&Aないし法的デューデリジェンスにも対応します。
2．**交通事故・保険分野**　30年以上交通事故、保険事故に取り組んだ実績に基づき、健全な法的解決を志向しています。
3．**金融法務と企業再生**　銀行業務に関連し、債権保全、担保・保証等の業務および企業再生にも積極的に取り組みます。
4．**自治体法務**　社会の変化のなかで行政需要ないし行政サービスの内容が大きく変化しており、自治体が直面する法律問題に積極的に関与していきます。
5．**廃棄物処理関連**　適正な廃棄物処理は、健全な社会の維持発展に重要であり、廃棄物処理業者の抱える問題の解決に積極的に関与しています。
6．**個人情報をめぐる問題**　企業秘密や個人情報の保護、自治体の情報公開等の困難な問題に積極的に関与しています。
7．**マンション管理**　マンション管理業務やマンション管理組合の運営等にも、積極的に関与しています。
8．**家事（遺産相続・遺言、離婚等）の分野**　相続・遺言や離婚および高齢者問題に、強い関心を持って取り組んでいます。
9．**刑事事件**　刑事事件は、弁護士の原点であり、裁判員裁判にも積極的に取り組みます。この姿勢は、今後も変わりません。

■設立・沿革
　1981年4月、細井土夫が「細井法律事務所」を設立し、その後事務所の発展を期し、2011年11月に「大樹法律事務所」と名称変更しました。

代表者　細井土夫（愛知県弁護士会）
主な顧問先　損保会社、信用金庫、自治体、医療法人、会計事務所、保険代理業、紳士服製造業、自動車部品製造業・自動車販売業、建設業、廃棄物処理業、ホテル・旅館業、不動産管理・仲介業、倉庫運送業（物流）、各種製造販売業、人材派遣業、その他
報酬体系　事務所の報酬規程（日弁連旧報酬規程にほぼ準拠）による。
　顧問料は、企業の場合（月額）50,000円を基準にし、事務量により協議で増減する。

取扱業務

中堅企業・中小企業の法的支援 顧問弁護士として企業経営全般についての法的アドバイス、各種法律相談、契約書の作成およびリーガルチェック、労使問題・個別労働事件・労務管理、内部通報窓口、セクハラ・パワハラ問題、就業規則の作成、企業秘密の保護・情報管理、コンプライアンス支援、株主総会指導、企業承継、M&Aと法的デューデリジェンス

交通事故、保険事故、不法行為事件 自動車事故、労災事故

金銭貸借・金融関係と企業再生 銀行業務関係の相談、債権保全と債権回収、担保・保証、企業再生、私的整理

自治体法務 自治体行政に関連する法律問題の相談、情報公開、固定資産税の紛争、クレイマー対応

廃棄物処理関係 許認可の取得に関する相談、行政との交渉、地域住民との紛争

情報関連業務 企業秘密の保護、個人情報の保護と漏洩問題、自治体の情報開示

不動産関係 借地借家契約の作成、その紛争、不動産売買ないし仲介の紛争、マンション管理、マンション管理組合の運営支援

家事事件 相続と遺産分割、遺言書の作成、離婚、婚姻費用・養育料の紛争、高齢者問題・成年後見

刑事・少年事件（裁判員裁判事件を含む）

[P] 細井土夫 1975京大、29期、2009愛知県弁護士会会長・日弁連副会長、名古屋市人事委員、岡崎信用金庫員外監事、法テラス愛知地方事務所長、元豊田合成社外監査役、元テバ製薬社外監査役

[A] 加藤志乃 1998立命大、55期、名古屋市消費生活審議会委員

星野真二 1997東北大、57期、消費生活苦情処理専門員、名古屋市感染症診査協議会委員、元下田ひまわり基金法律事務所所長

水野明美 2000都立大、2007南山大LS、61期、豊山町教育委員

脇田あや 2002名大、2006名大LS、61期

木下智靖 2008京大、2010立命大LS、64期

大塚徳人 2008日大、2010成蹊大LS、65期

大嶋功 1999信州大、2010金沢大LS、65期

井上圭史 2009明大、2012名大LS、67期

岡田智英 2010名大、2013同大LS、67期

以上すべて愛知県弁護士会。

辻巻総合法律事務所
Tsujimaki Law Offices

〒461-0011　名古屋市東区白壁2-4-31
TEL　052-962-6996　FAX　052-962-6997
URL：http://www.tsujimaki.com/　info@tsujimaki.com

8 (+1)			
P 3	A 5	顧	0
男 5	女 3		
外弁 0	外資 0		
他士 0	事務 4		

名古屋において、国内企業法務から渉外企業法務までを幅広く手がけている。特に海外企業との契約、国際紛争、M&A、独禁法、海外企業の日本進出支援等を重視している。現代表は、東京の大手総合事務所出身。

■理念・特色

　当事務所では、企業法務を中核的な業務として取り扱っており、依頼者の事業内容や取引上・技術上の背景などを具体的に把握したうえで、ビジネス現場のニーズとスピードに対応した法的サービスの提供を常に心がけております。また、当事務所では予防法務を重視しており、ビジネス上生じる可能性のあるリスクや利害対立を予測したうえで、契約書の作成や事業スキームの構築を行うように心がけております。

　当事務所では、的確な法律サービスの提供のため、パートナー弁護士または10年以上の経験のあるシニアのアソシエイト弁護士が法律サービスの内容を責任をもってレビューすることを原則としております。

　顧客は、顧問企業や長期間継続してご相談を頂いている企業が中心であり、長期的な信頼関係に基づき、個別の企業の実状に応じた助言をさせていただいております。

　当事務所では、欧米やアジア各国との国際取引や合弁事業などの渉外業務、国内・海外の独禁法、国際仲裁や海外訴訟、M&A、電子商取引関係など、名古屋で取り扱う事務所の少ない分野に特に力を入れており、多くの案件を取り扱っております。

　また、事務所内で所属弁護士が専門分野ごとに分業することで、株主総会対策、会社法、知的財産権関係、金融商品取引法、労働法、国内取引、担保・債権保全、倒産法など一般的な企業法務の分野、さらには顧問企業様の関係でご紹介いただく個人の依頼者のための親族・相続などの一般民事事件にも幅広く対応できるようにしております。

■設立・沿革

1969年　「辻巻法律事務所開設」
1998年　「辻巻総合法律事務所」に名称変更
　　　　（渉外法務の取扱いを開始）

代表者	辻巻真（愛知県弁護士会）
取扱言語	英語
主な顧問先	住宅・建材、自動車部品、工作機械、電子部品、医療機器、病院、食品、商社、小売業、物流、IT・インターネット関係、建設業、不動産業、金融機関など

報酬体系	事務所報酬規程（日弁連旧報酬規程に準拠）による。顧問料（月額）50,000円〜（上場企業については100,000円〜）／タイムチャージ　パートナー30,000円、アソシエイト20,000円〜24,000円（担当弁護士の経歴に応じて幅がある）。

辻巻総合法律事務所

取扱業務 【渉外法務】 **海外取引・国際契約関係** 海外取引、各種英文契約書の作成（M&A契約、ライセンス契約・代理店契約、取引基本契約、航空機・製造設備等の売買契約、共同研究開発契約、製造委託契約、天然資源関係など経験多数）、英文契約の審査、海外との契約交渉、その他企業の海外取引に関する助言／**独禁法関係** 海外の独禁法へのコンプライアンス、海外独禁法当局による調査への対応など／**国際紛争** 国際訴訟、国際仲裁／**海外企業の日本進出への支援** 外資系企業による子会社設立・運営の支援、英語での日本法に関する法律相談、日本法に関する英文意見書の作成など

【国内法務】**法律顧問業務** 日常の法律・経営相談、グループ会社運営、契約書の作成・審査／**会社法関係** 事業再編（M&A、事業譲渡）、事業承継、会社分割、株式公開買付け・適時開示など金融商品取引法へのコンプライアンス、コーポレート・ガバナンス、内部統制、内部調査、株主総会、独占禁止法・下請法・景品表示法を巡る問題、企業の不祥事対応、従業員の不祥事対応、公益通報窓口業務／**独禁法関係** 独禁法へのコンプライアンス、企業結合等についての公取委への事前相談、独禁法の観点からの契約審査など／**不動産関係** 不動産売買、不動産賃貸、不動産の仲介、建築工事紛争、境界紛争／**倒産手続関係** 民事再生手続、破産手続、私的整理／**労務問題（企業側）** 団体交渉、就業規則の作成・変更、解雇・人員削減、未払い残業代請求、セクハラ・パワハラ問題等／**知的財産権関係** 特許権・実用新案権・著作権等の侵害に関する訴訟・警告書・交渉、ライセンス、共同研究契約・産学連携など／**インターネット法・電子商取引** インターネットビジネス向けのサイト利用規約の作成や事業スキームについての助言、電子認証の認証業務規程その他必要規程類の作成、紛争対応など／**民暴関係** 反社会的勢力の排除、民事介入暴力への対応／**裁判手続関係** 民事訴訟、仮処分・仮差押え、動産売買先取特権その他の担保権の実行、非訟事件など裁判手続全般／**親族・相続関係** 事業承継問題、遺産分割、遺言・遺言執行者、成年後見・成年後見監督人、離婚問題など

P 辻巻真 1962東大法、16期、知多鋼業監査役、愛知県弁護士会副会長（1978〜79） ／**辻巻健太** 1990東大法、44期、1997ハーバード大LLM修了、NY州弁護士、UHT社外監査役／**捻橋かおり** 1999東大法、53期、2006ハーバード大LLM修了、NY州弁護士 **A** 立松直樹 1999東大法、53期／岩田香織 1999上智大法、54期／**社本洋典** 2003金沢大法、2007名大LS、61期／**安江正基** 2005東大法、2007東大LS、61期／**木村姉守絵** 2005同大法、2007同大LS、61期　以上すべて愛知県弁護士会。

著作 辻巻健太「インターネット・オークションと古物営業法の改正」判例タイムズ1106号／辻巻健太他『ソーシャルメディア活用ビジネスの法務』（共著、民事法研究会、2013）。経済産業省「電子商取引及び情報財取引等に関する準則」中の「ウェブサイトの利用規約の契約への組入れと有効性」等のドラフト担当／捻橋かおり他『Remedies under Security Interests (Japan), in REMEDIES UNDER SECURITY INTERESTS』（共著、Kluwer Law International）／「Security Interests in Motion Picture Copyrights, ASIALAW 」（共著、July/August 2003）／安江正基他『反社会的勢力対応の手引』（共著、民事法研究会、2013）

事件 知的財産権訴訟（データベースの著作権等に関する侵害訴訟・仮処分、米国での特許侵害訴訟）／国際仲裁事件（米国での役員解任紛争、欧州での技術ライセンス紛争など）／民事再生事件（アルプス社申立代理人など）／企業結合に関する公正取引委員会との事前相談／英文契約書作成（合弁事業、航空機売買、工作機械売買、資源関係など多数）／労働事件　その他企業を依頼者とする訴訟事件多数

御池総合法律事務所
Oike Law Office

〒604-8186　京都市中京区烏丸御池東入　アーバネックス御池ビル東館6階
TEL　075-222-0011　FAX　075-222-0012
URL：http://www.oike-law.gr.jp　oike@oike-law.gr.jp

18（＋1）	
P 13	A 3	顧 2
男 15	女 3	
外弁 0	外資 0	
他士 0	事務 17	

京都で最多の弁護士数を有する法律事務所。企業法務全般のほか、各種事故（交通、労災、学校、医療等）、家事事件、消費者問題、刑事事件等幅広く対応する。

B	会社
	金融	交通

■理念・特色

現代社会は、ますます複雑多様化しており、単独の弁護士の知識・経験・能力等では、複雑多様な問題に対応することが困難になっています。

当事務所は、さまざまな立場から問題を捉え、知識・経験・能力等を総合するとともに、フェアネスを実現し、公正な社会の実現に寄与することを理念として発足しました。各弁護士がそれぞれ多様な分野で高い専門性を身につけ、その専門性を活かしながら協同して活動することによって、事務所として質の高い法的サービスを提供することをめざしています。

企業からのご相談にも、個人からのご相談にも、多角的な視点から対応できる体制をもつことが、当事務所の特徴です。

また、公正な社会の実現のため、各弁護士が専門性を活かしながら公益的な活動にも積極的に参加し、これを支援していることも当事務所の特徴です。

当事務所では、各弁護士がそれぞれ多様な分野で高い専門性を身につけることをめざしています。

各分野で培った知識や経験をもとに高い専門性を有した弁護士が、個々の事案や必要に応じて、チーム体制を組んで対応しております。破産管財事件についても、各弁護士の専門性を活かせるようチームで対応しています。

■設立・沿革

1984年	井上博隆弁護士が「井上法律事務所」設立
1987年	長谷川彰弁護士、野々山宏弁護士が「河原町法律事務所」設立
1989年	井上法律事務所に坂田均弁護士が参画し、「井上坂田法律事務所」に名称変更
1995年	「井上坂田法律事務所」と「河原町法律事務所」が合併して「御池総合法律事務所」となる。

代表者	井上博隆（京都弁護士会）ほか、パートナー12名の共同代表
取扱言語	英語
主な顧問先	金融、保険、製造（食品、繊維、電子機器、印刷機器等）、流通・卸売・小売（自動車、繊維、薬品、食品等）、サービス（情報・通信、飲食等）、不動産、建築、福祉等
報酬体系	事務所報酬規程（日弁連旧報酬規程に準拠したもの）。

御池総合法律事務所

取扱業務 **企業法務全般** 各種商取引、会社法、コンプライアンス、労働、知的財産権、独禁法、金融、債権管理・回収、不動産取引、保険、国際取引法務等／**一般民事・家事** 各種事故（交通、労災、医療、介護、学校等）、家事全般（離婚、相続、成年後見等）、不動産、労働等／**消費者被害** 欠陥住宅、金融商品被害、製造物責任、訪問販売等／**倒産** 破産、民事再生、会社更生、任意整理／**刑事事件・少年事件**／**講演・研修**

P **井上博隆** 1976同大院私法学専攻単位修了、30期、金融機関・社会福祉法人・(公社)元外部役員／**長谷川彰** 1979京大法、35期、NPO法人コンシューマーズ京都理事／**野々山宏** 1981京大法、35期、元(独)国民生活センター理事長、京産大LS教授／**坂田均** 1975同大法、1989NY大院（比較法修士MCJ）、37期、同大LS教授、製薬会社社外取締役／**永井弘二** 1989京大法、43期／**長野浩三** 1993京大法、47期、適格消費者団体NPO法人京都消費者契約ネットワーク理事・事務局長、京都市消費生活審議会委員／**草地邦晴** 1995京大法、49期、京都府建設工事紛争審査会委員／**小原路絵** 1999立命大法、55期、2010NY大LS客員研究員、2011インディアナ大ブルーミントン校LLM、京都市子ども・子育て会議特別委員／**茶木真理子** 2000同大法、55期／**上里美登利** 2000阪大法、57期／**住田浩史** 2003京大法、57期／**谷山智光** 1998同大商、59期／**北村幸裕** 2006京大LS、60期

A **福市航介** 2006立命大LS、60期／**志部淳之介** 2010同大LS、65期／**伊吹健人** 2013神大LS、67期

顧 **二本松利忠** 1974京大法、2014登録、31期、京大LS教授、元大阪地方裁判所長／**大瀬戸豪志** 1974中大院、元立命大教授・元甲南大LS教授　以上すべて京都弁護士会。

著作 坂田均『判例で学ぶ著作権法入門』（ミネルヴァ書房）／坂田均『変わりゆく人と民法』（共著、有信堂高文社）／井上博隆、長谷川彰『医事法の方法と課題』（共著、信山社出版）／井上博隆『人の一生と医療紛争』（共著、青林書院）／野々山宏『消費者被害救済の上手な対処法（全訂増補版）』（共著、民事法研究会）／野々山宏・長野浩三『Q＆A消費者契約法』（共著、ぎょうせい）／日弁連消費者問題対策委員会編、野々山宏・長野浩三『コンメンタール消費者契約法（第2版）』（共著、商事法務研究会）／日弁連編、野々山宏『消費者法講義（第4版）』（共著、日本評論社）／野々山宏『判例から学ぶ消費者法（第2版）』（共著、民事法研究会）／長野浩三、谷山智光『Q＆A敷金・保証金トラブル（改訂版）』（共著、ぎょうせい）

事件 大阪高判平成16.5.19労判877.41（就業規則の変更の効力が争われた事案）／京都地判平成16.10.1金法1730.70（盗難通帳の預金払戻事件で金融機関に過失はないとした事案）／大阪高判平成16.12.17判時1894.19（建物賃貸借契約における原状回復条項に関する事案）／京都地判平成17.7.12判時1901.112（准看護師による誤注射で後遺障害を残した事案）／京都地判平成18.5.26賃社1447.63（介護事故に関する事案）／最判平成19.4.3判時1976.40（英会話教室の解約精算金条項に関する事案）／大阪高判平成19.6.21賃社1460.50（養護学校における自傷行為に関する事案）／知財高判平成19.9.20ジュリスト臨時増刊1354.299（特許権に基づく差止請求権の不存在確認と確認の利益に関する事案）／京都地判平成20.4.30判時2052.86、京都地判平成21.9.30判時2068.134（建物賃貸借契約における定額補修分担金条項に関する事案）／大阪高判平成25.1.25判時2187.30（冠婚葬祭互助会の解約料条項に関する事案）／京都地判平成24.1.12判時2165.106（携帯電話通信契約における高額パケット料金に関する事案）／大阪高決平成24.2.27判時2153.38（不作為を目的とする債務の間接強制に関する事案）／京都地判平成24.7.19判時2158.95（携帯電話通信契約における解約料条項に関する事案）／京都地判平成27.1.21金判1467.54（医薬品的効能を記載した健康食品のチラシの配布差止が認められた事案）

烏丸法律事務所
KARASUMA LAW OFFICE

〒604-8161　京都市中京区烏丸通三条下ル　大同生命京都ビル8階
TEL　075-223-2714　FAX　075-223-2718
E-mail：karasuma@karasuma-law.com

地域密着型の一般事務所で、企業法務のほか、一般民事・刑事・家事事件等も多く取り扱う。倒産処理を含む事業再生案件については、蓄積された経験を活かし、依頼者の社会的再起に繋がる事件処理を心がける。労務、医療過誤、行政事件等にも対応する。

9 (±0)		
P9	A0	顧0
男6	女3	
外弁0	外資0	
他士0	事務5	

		訴訟
	D	民事再生

■理念・特色

京都に烏丸法律事務所の看板を掲げたのは1975年です。当時の世相を反映し、市民運動を通じて人権問題を手がける弁護士、公害・環境問題に取り組む弁護士、そして、労働者・組合側に立って、会社経営者と対峙する弁護士、三者三様の活動を軸とする事務所として出発しました。創立時の弁護士3名は、それぞれ独立した事務所を開いていますが、この看板は、当事務所が承継しております。

現在、男女あわせ9名の弁護士の共同事務所となっていますが、承継した看板には次のような理念を託しています。

その1　自己研鑽に努め、それぞれ自律した弁護士として行動すること
その2　依頼者に誠実に接し、抱える案件の適正な解決に向けて、最善の努力を傾注すること
その3　裁判所の信頼を受ける法律事務所として、公正な弁護士活動を旨とし、簡潔明瞭、そして迅速な実務を実行すること

多様な弁護士の集まりでありながらも理念を共有することを信頼の基礎としております。

1．会社更生、民事再生、そして、私的整理を含む事業再生、やむなき破産、債務整理など、企業にかかる法律業務は、経済社会の絶えざる課題として、長年取り組んでまいりました。併せて、一般的な法律業務のみならず、近時の準則型私的整理手続、M&A、特別の専門性が要求される企業法務、事業承継などの手法にも注力しております。

2．また、地方公共団体の顧問、知事職にあった経験、さらに自治体の委嘱委員としての業務など、地方行政をめぐる法律問題への取組みも、当事務所の業務分野として重視しております。

3．以上のほか、医療過誤事件や労務問題、一般民事事件・刑事弁護、被害者救済・支援活動、離婚・子どもの権利、遺産分割などの家庭をめぐる家事事件、さらに在日外国人の法律問題一般も丁寧に対応いたします。

4．京都という地におけるローカルな法律事務所として、地域に密着した法律事務所として、かつ、最新分野にも積極的に取り組み、その役割と責任を果たしていく所存です。

■設立・沿革

1975年　弁護士小野誠之（20期）、同折田泰弘（21期）（現在、「けやき法律事務所」）、同古家野泰也（23期）（現在、「弁護士法人古家野法律事務所」）の3名が「烏丸法律事務所」の名称で設立。

2007年4月　小野誠之、深尾憲一（31期）、高橋みどり（50期）が中心となって「烏丸法律事務所」を継承。以後、後記弁護士を迎え、現在は9名（うち女性3名）がメンバーとして所属している。

代表者	小野誠之（京都弁護士会）
取扱言語	英語
主な顧問先	一般企業、地方公共団体、社会福祉法人、病院等各業種

報酬体系　弁護士会旧報酬規程に準拠、法律相談料10,000円（1時間程度、時間制合意による場合は別途）。

取扱業務

企業法律業務 会社更生、民事再生、私的整理を含む事業再生、破産、債務整理、M&A、会社法務、事業承継など／**地方行政をめぐる法律問題**／**医療過誤** 被害者・患者側／**労務問題**／**一般民事事件**／**交通事故事件**／**刑事事件**／**少年事件**／**被害者救済・支援活動**／**家事事件** 離婚・子どもの権利、遺産分割など／**在日外国人の法律問題一般** など

P

小野誠之 1966東大法、20期、ダートマス大留学（在学中）、京都弁護士会副会長、日弁連国際交流委員会副委員長

荒巻禎一 1953九大法、1954自治省（現：総務省）入省後各府県勤務、元京都府知事（4期、16年）、2007登録、京都府公立大学法人理事長、京都文化博物館館長、元中央教育審議会委員、その他国の審議会委員等

深尾憲一 1977京大法、31期、放送会社社外監査役、公益財団法人理事、学校法人監事など

高橋みどり 1996京大法、50期、自治体の個人情報保護審査会委員、情報公開・個人情報保護審査会委員、元紛争調整委員会委員（2003年10月～2013年9月）

河本茂行 1991東大法、50期、2003産業再生機構、2006西村ときわ（現西村あさひ）法律事務所、2009企業再生支援機構常務取締役、2013当事務所参加

八ツ元優子 2002関大法、61期

浅井悠太 2007神大法、61期

佐竹明 1997関大法、民間企業に就職、61期

林由希子 2010東大LS、64期

以上すべて京都弁護士会。

著作

小野誠之〔翻訳〕『法律家たちのユーモア』（潮出版社、2007）／「嘱託尋問」『刑事手続（下）』（筑摩書房、1988）他

荒巻禎一『人事管理論―新しい人事管理のための基礎知識（第3版）』（良書普及会、1984）／『地方自治辞典（新版）』（共著、良書普及会、1986）／『逐条解説消防組織法（第3版）』（東京法令出版、2009）

河本茂行「日本航空の事業再生プロセスについて」（共著）事業再生と債権管理133号（2011）／「企業再生支援機構の再生支援事例集」（共著）事業再生と債権管理137号（2012）／「資本金の額の減少」『会社法実務解説』（共著、有斐閣、2011）他

京都総合法律事務所
KYOTO SOGO LAW OFFICE

〒604-0924　京都市中京区河原町二条南西角　河原町二条ビル5階
TEL　075-256-2560　FAX　075-256-2561
URL：http://www.kyotosogo-law.com　info@kyotosogo-law.com

 1976年、崎間、海藤、三浦弁護士により設立、業容を拡大しながら現在に至る。
特に、①倒産・事業再生、②行政、③知的財産に重点をおき、裁判所からの管財事件も多い。

■理念・特色

当事務所は、京都において、いち早く総合的な共同事務所を指向し、さまざまなノウハウの蓄積、優秀な事務局の養成、十分な図書の購入と活用などに努め、質の高い弁護を提供してきました。

その結果、地方自治体や企業、また多くの市民から信頼を得て、民事事件、倒産事件、労働事件、行政事件さらには刑事事件に至るまで、数多くの事件を手がけています。また、裁判所の依頼による管財事件も多く、これまでに担当した会社更生管財人、民事再生監督委員、破産管財人の事件は極めて多数に及んでいます。

今後も、さらなる新時代の問題に挑み、12名の個性豊かな弁護士が、それぞれの得意分野を活かして、最大限の成果を発揮していきます。

「また相談に乗っていただけますか？」当事務所のお客様の中で、このように言ってくださる方は少なくありません。 私たちは日々丁寧、親切なサービスを心がけ、"ちょっとしたお得感"を肌で感じていただき、「京都総合法律事務所の弁護士に依頼してよかった。また困った時には相談しよう」と心から思っていただけるように頑張っています。

1．倒産・事業再生分野

会社の倒産・事業再生事件においては、債権者や株主との関係はもちろん、社会的に解決すべき問題が多く存在します。事件処理にあたっては、常に社会の流れに目を配り、あらゆる場面に迅速に対応していかなければなりません。当事務所においては、多数の民事再生事件、破産管財事件の経験や京都屈指のマンパワーを活かし、適切かつ円滑な業務処理を行うことができると自負しています。

2．行政分野

行政サービスの質的量的向上が求められる今、行政の内外部において、法律に関する専門的知識のニーズが高まっています。

当事務所は、地方自治体等の顧問の経験および行政内部での数多くの法律相談の実績を活かし、行政手続全般に対する指導助言から各種申立手続に至るまで、多岐にわたって皆様のお役に立てるよう、尽力しています。

3．知的財産分野

当事務所には、弁理士登録をしている弁護士が在籍しております。特許、実用新案、意匠、商標などの知的財産のスペシャリストとして、専門的見地を活かし、質の高いサービスを提供しています。

■設立・沿革

1976年に崎間昌一郎、海藤壽夫、三浦正毅の3名にて、京都総合法律事務所設立。その後、少しずつ弁護士を増加させて12名体制となり、間もなく設立40周年を迎えます。

代表者　崎間昌一郎（京都弁護士会） 主な顧問先　地方自治体、独立行政法人、社団法人等の公益団体、大学、病院、神社寺院、保険会社、小売業、建設業、不動産業、その他各種企業等多数	報酬体系　旧弁護士会報酬規程に準じた当事務所報酬規程による（詳細は当事務所HP参照）

京都総合法律事務所

取扱業務 **倒産・事業再生事件** 破産・民事再生・会社更生・特別清算の申立ておよび管財業務、私的整理、その他倒産・事業再生全般に関する指導助言や裁判手続等／**民事・家事事件** 不動産取引、商品取引、銀行取引、金銭貸借、借地借家、交通事故、損害賠償等の一般民事事件、ならびに相続・遺言、離婚および成年後見等の家事事件／**企業法務** 企業取引、商事紛争、契約書作成、人事・労務など、企業法務全般に関する指導助言および訴訟等／**行政事件** 許認可や不利益処分など行政処分に関する行政不服審査および取消訴訟、その他行政手続全般に関する指導助言や各種申立等／**労働事件** 就業規則、残業代、退職金、解雇など、あらゆる労働事件への対応、指導助言、仮処分、労働審判、訴訟等（使用者側・労働者側の双方）／**知的財産** 特許、実用新案、商標、意匠、著作権、不正競争防止法等に関する紛争、ライセンス契約など、知的財産に関する指導助言および訴訟等／**刑事事件** 一般の刑事事件のほか、裁判員事件、少年事件など、刑事弁護人および少年付添人として行うあらゆる弁護活動

P **崎間昌一郎** 1966京大法、20期、京都弁護士会副会長、同綱紀委員会委員長、同懲戒委員会委員長、京都家事調停協会会長、京都家庭裁判所参与員会会長などを歴任。京都地方裁判所借地借家法鑑定委員、医療法人理事、学校法人監事等／**海藤壽夫** 1968京大法、23期、京都弁護士会副会長、同法律相談センター運営委員会委員長、㈶法律扶助協会京都支部初代専務理事、地方公務員災害補償基金京都府支部審査会会長などを歴任／**三浦正毅** 1966中大法、24期、京都弁護士会会長、同弁護士研修委員会委員長、同司法修習委員会委員長、日弁連常務理事、㈶法律扶助協会京都支部長、京都調停協会連合会会長、法テラス京都地方事務所長などを歴任／**三野岳彦** 1988京大法、42期、京都弁護士会副会長、同刑事委員会委員長、立命大非常勤講師、龍谷大非常勤講師などを歴任。日弁連刑事弁護センター事務局長、社会福祉法人監事等／**池上哲朗** 1991京大法、45期、京都弁護士会副会長、同民事委員会委員長、京都府留置施設視察委員会委員などを歴任。京都弁護士会総務委員会委員長、京都地方裁判所委員会委員、京大LS非常勤講師／**武田信裕** 1991京大法、45期、京都弁護士会消費者保護委員会副委員長、京大非常勤講師、龍谷大非常勤講師などを歴任。京都弁護士会民事委員会委員長／**伊山正和** 1997立命大法学研究科博士課程前期課程修了、法学修士、52期、京都弁護士会副会長、同刑事委員会委員長などを歴任／**戸田洋平** 1999中大法、53期、京都弁護士会副会長、京大LS非常勤講師などを歴任。日弁連全面的国選付添人制度実現本部事務局次長／**拾井美香** 1993神大経、56期、弁理士登録。日本弁理士会特定侵害訴訟代理能力担保研修講師／**野﨑隆史** 2008同大LS、62期。京都府総務部政策法務課法制担当法務調査役

A **髙田沙織** 2005立命大文、2008立命大LS、65期／**前田宏樹** 2010同大LS、65期

著作 住民訴訟研究会編『住民訴訟の法律実務』（分担執筆、新日本法規出版）／『倒産と訴訟』（分担執筆、商事法務）／弁護実務シリーズ第2巻民事編『不動産・不法行為』（分担執筆、東京法令出版）／『契約・会社関係弁護実務シリーズ(3)民事編』（分担執筆、東京法令出版）

事件 ロンシャン会社更生事件／ナガサキヤ会社更生事件／京都福田会社更生事件／京都厚生会会社更生事件／タカラブネ民事再生事件／わらびの里民事再生事件／新京都信販破産事件／京都ホテル建築確認取消請求事件／京都駅ビル開発許可取消請求事件／京都水族館住民訴訟／耐震偽装国家賠償請求事件／名古屋刑務所国家賠償請求事件／障害年金・老齢年金不支給処分取消請求事件／ココ山岡被害損害賠償請求事件／薬害スモン損害賠償請求事件／イレッサ薬害被害損害賠償請求事件／カネボウ白斑被害損害賠償請求事件／丹後リゾート住民訴訟最判事件／留置権の不可分性最判事件など

弁護士法人 田中彰寿法律事務所
Tanaka-Akitoshi Legal Professional Corporation

〒604-0864　京都市中京区両替町通り夷川上ル松竹町129
TEL　075-222-2405　FAX　075-221-0801
URL：http://www.tanaka-law.net

地元中小企業へのサービスを最優先に、代表を中心に行動的な事務所で、多くの隣接士業ともネット・ワーク有する。顧問先には「情報短信」（毎月発送）等を提供。

11（±0）			
P 3	A 7	顧 0	
男 8	女 3		
外弁 0	外資 0		
他士 0	事務 4		

		訴訟
C	民家	労働

■理念・特色
　私たちは中小企業のための弁護士・法律事務所でありたいと思います。私たちの事務所は10名程度の弁護士で構成されていますが、共同事務所ではありません。代表者の田中が統括する組織的な事務所です。
・すぐに駆けつける事務所をめざします。
　私たちの主な活動分野は地域的には京都中央部に南部、丹波丹後地方、滋賀県草津市など湖南地方です。緊急の場合この３地域であればどこでもすぐに弁護士が駆けつけたいと思います。この地域には誰かが仕事で出向いていることが多いのです。事務所の指令で、仕事先から駆けつけられるようにします。無理なら京都本部から飛びます。
・スピーディな対応をしたいと思います。
　依頼者にすぐ連絡・すぐ行動することをめざしています。
・専門家ネットワークを構築しています。
　公認会計士、税理士、社会保険労務士、司法書士その他のコンサルタントなどと連携し、依頼者のさまざまな要望に対応します。
・顧問先には毎月経営情報誌「情報短信」を送付します。
　1999年から始めてすでに15年になります。田中が独自の考え方で編集した顧問先のためだけの手作り情報誌です。
　国民が豊かになるためには、中小零細の商業者、製造業者、サービス業者、病院、学校、寺などの諸団体、諸企業が活性化し栄えることしかないと考えています。そこで、これらの中小零細事業者や団体が安心して諸活動できるように、法律問題のみならず、経営問題についてもアドバイスできるようにしています。そのため、下請問題、建設業者の代金回収、企業の労働問題への対処、クレーマー処理、中小企業といえども避けられない国際化への対応、会社の相続、資産の相続等の中小企業を取り巻く法律問題を扱うとともに、毎年、中小企業者向け法律セミナー、経営セミナーを開催し経営に役立つ情報を提供しています。
　その他、高齢化問題への対応、家族の問題への対応など、10名前後所属する弁護士がそれぞれジャンル別の担当を持ち、得意とする分野をつくっています。さらに、行政庁への申請や対応をするべく、従来の弁護士の業務範囲の枠にとらわれることなく法務局への登記手続、公正取引委員会や中小企業庁への申立てなど行政問題へとジャンルを伸ばしています。

■設立・沿革
1975年４月　田中彰寿が弁護士登録
1979年９月　独立し、「田中法律事務所」開設
2002年11月　「弁護士法人田中彰寿法律事務所」を設立し、法人化
2003年１月　草津事務所を開設

代表者	田中彰寿（京都弁護士会）
支店	草津事務所（滋賀県草津市野村2-10-16）
主な顧問先	製造業、建設業、不動産、サービス業、地方公共団体、医療法人、学校法人、社会福祉法人　ほか
報酬体系	事務所報酬規程（日弁連旧報酬規程に準拠したもの）。

弁護士法人 田中彰寿法律事務所

|取扱業務| 事業再生／倒産／事業承継／債務整理／労使紛争関係／各種契約相談／交通事故／医療過誤事件／消費者問題／離婚／相続・遺産分割／刑事事件／少年事件等

|P|田中彰寿 1973金沢大法文、27期、京都弁護士会会長（2005～06）、日弁連理事（2006～07）、京都府収用委員会会長（2010～13）、京都地方裁判所調停委員、京都家庭裁判所調停委員、京産大LS教授、金下建設社外役員／田中継貴 2005京大法、2007中大LS、62期、京都弁護士会／大西洋至 2000京産大法、2010東北大LS、65期、滋賀弁護士会

|A|新井慶有 1973東北大法、28期、京都弁護士会／田中晶国 2004京大法、2006京大LS、60期、京都弁護士会／中山仁美 2004京大法、2006京大LS、60期、滋賀弁護士会／加藤綾一 2005京大法、2007神大LS、63期、京都弁護士会／大塚千華子 1996立命大院国関、アメリカン大院国関、2007立命大LS、63期、京都弁護士会／大木祐二 2004明大商、2010龍谷大LS、65期、京都弁護士会／小林美和 2007立命大法、2010立命大LS、65期、京都弁護士会／若松辰太郎 2009早大法、2012早大LS、67期、京都弁護士会

|著作| 田中彰寿『建設業法による下請代金回収の理論・実務と書式』（民事法研究会、2011）／田中晶国他〔執筆〕『建設土木工事における反社会的勢力排除の基礎知識Q&A』（共著、ぎょうせい、2011）／同他〔執筆〕『新しい法人税法』（共著、有斐閣、2007）／同他〔執筆〕『ベンチャー企業の法務・財務戦略』（共著、商事法務、2010）

|事件|
・建設を請け負った建築物の建設をするにつき、提示された図面が確認図面と大きく構造が異なり、これが建築違反とされ、取り壊された。その後、その建築物の賃借をして業務をしていた業者から請負業者にまで約15億円の損害賠償を請求されたが、事実上勝訴の和解をした。
・ある大手の部品の製造受託につき、受注後、理由もなく、契約を取り消され、倒産に貧した業者に、大手業者のコンプライアンス室に申し立てることを指導し、ほぼ全額の損害を回収した。訴訟外の苦情申立方法を利用したケースである。
・地方公共団体の発注した焼却場工事の鉄骨下請をしたが、元請業者の特定建設業者が下請代金3,400万円余りをまったく支払わなかった。そこで訴訟を提起したが、それとは別に建設業法によって近畿整備局庁に申立てを行い、行政指導で大半の代金を回収した。訴訟は徒に延びるばかりであったが、近畿整備局へ申立てをしたことによって特定建設業者への行政指導を求め早期に解決し、倒産を免れた。
・損害賠償請求事件／地方公共団体の焼却場建設につきコンサル会社等の地盤調査が不十分であったことを理由として損害賠償請求事件を提起し、約5億円の損害賠償請求が地裁により認められた（京都地判平成26.3.28公刊物未登載）
・その他、下請請負代金につき下請法および建設業法を利用し、中小企業庁等官庁への申立てをすることで、裁判外で回収をしている。

色川法律事務所
Irokawa Law Office

色川法律事務所
〒541-0041　大阪市中央区北浜2-6-18　淀屋橋スクエア12階
TEL　06-6203-7112　FAX　06-6203-7111
色川法律事務所東京事務所
〒100-0005　東京都千代田区丸の内3-4-2　新日石ビル10階
TEL　03-6256-0261　FAX　03-6256-0362
URL：http://www.irokawa.gr.jp　office@irokawa.gr.jp

18（±0）	
P 8	A 7	顧 3
男 16	女 2	
外弁 0	外資 0	
他士 0	事務 16	

B	総合

 色川幸太郎元最高裁判事によって創業された大阪を代表する老舗事務所。企業法務全般のほか、行政事件、医療事件、事業再生・倒産処理を扱う。社外役員や第三者委員も多い。

■理念・特色

　当事務所は、創業以来、関西を基盤とする企業を中心として、地方公共団体や医療法人、学校法人などの公益法人等、多数のクライアントと顧問契約を結び、法務パートナーとして歩んできました。クライアントにおいて日々生起する問題について、当事務所では、その表面のみを捉えるだけでなく、その背後にあるクライアントの企業風土、ビジネスプロセス、取引環境、問題の実態等をも把握することを心がけ、実情に即した的確な事件処理・リーガルオピニオンの提供に努めています。

　近時は企業や各種団体においてガバナンスのあり方が厳しく問われるようになってきていますが、当事務所では、顧問弁護士としてのみならず、社外役員（独立役員）や第三者委員会の委員として、企業や各種団体が的確な経営判断をなし得るよう、ガバナンスに関しても積極的に意見を述べています。また、当事務所所属の一部弁護士はクライアントに出向し、クライアントの一員として、そこで生じる法律問題の解決に向けて取り組んでいます。

　当事務所所属の各弁護士は、各種法律分野を幅広く取扱いつつ、それぞれの知識・経験に基づいて専門分野の案件を担当しています。

　主なものとしては、労働事件、会社法関連事件、独占禁止法・競争法関連事件、医事紛争、行政争訟、知的財産権をめぐる紛争などがありますが、これらに限りません。

　また、破産管財人等の経験から取引先企業の倒産等の事象にも対応しています。その他、公的機関や企業、業界団体、学校、医療機関等における研修、講演、セミナーなどにも積極的に取り組み、法的知識やノウハウを提供しています。

■設立・沿革

　当事務所は、1927（昭和2）年、故色川幸太郎（元最高裁判事）によって創業されました。
　2015年、弁護士法人色川法律事務所を設立するとともに東京事務所を開設いたしました。

代表者　高坂敬三（大阪弁護士会）	建設、不動産、
主な顧問先	サービス、商社
各種製造業（化学、医薬品、ガラス、金属、機械、輸送用機器、精密機器、電気機器、造船、食料品等）	銀行、信用金庫、証券、保険、ゴルフ場
流通業（運輸、卸売、小売等）	地方公共団体、医療機関、公益法人、宗教法人、学校法人その他
情報通信（通信、放送）	**報酬体系**　事務所報酬規程（日弁連旧報酬規程に当事務所の変更を加えたもの）による。
電気	

色川法律事務所

取扱業務 **会社法** コーポレートガバナンス、経営判断、株主総会指導、金融商品取引法・証券取引所規則等関連、公益通報制度、各種委員会の外部委員、株主代表訴訟、株式取得価格決定申立等／**人事・労務** 解雇・休職・懲戒処分等の人事管理、残業・賃金をめぐる問題、セクハラ・パワハラ、労災、事業所閉鎖、派遣等事業・事業場内下請をめぐる問題、不当労働行為問題、労働審判、労働関係訴訟等／**独禁法・下請法** 独禁法・下請法関連案件、談合事件、コンプライアンスプログラムの策定、審判、訴訟等／**証券・金融** 金融商品取引に関する訴訟、公開準備会社に対する法的支援業務、金融機関の業務・運用をめぐる法律相談等／**知的財産法** 知的財産権をめぐる法律相談、社内報奨規程やライセンス契約・共同開発契約・商品化契約等の各種契約、各種意見書作成、知的財産権関連訴訟等／**事業再編・M＆A** 合併、会社分割、事業譲渡およびこれに伴う法務デューデリジェンス／**事業再生・倒産処理** 倒産あるいは倒産懸念先をめぐる法律相談、破産、民事再生、会社更生、特別清算等の申立代理、破産管財人、清算人等／**不動産・住宅紛争** 住宅分譲、賃貸管理、サブリース、再開発、不動産信託、建築瑕疵、境界紛争、不動産関係訴訟、建築関係訴訟等／**医事・薬事** 医療・薬事に関する訴訟・示談折衝、医療機関や社会福祉施設などの理事会等の運営・人事労務・施設管理等をめぐる問題、倫理委員会、治験委員会等におけるリーガルアドバイス／**行政** 地方公共団体からの法律相談、紛争処理、各種委員、行政訴訟等／**環境** 地方公共団体および企業の公害をめぐる相談、アスベスト訴訟等／**家事** 遺産分割、遺言をめぐる法律相談、調停、訴訟等／その他、一般民事、刑事、公益活動等

P 高坂敬三 1968東大法、22期、キーエンス社外監査役、住友ゴム工業社外取締役、積水化成品工業社外監査役、東洋アルミニウム社外監査役
 夏住要一郎 1973東大法、27期、新家工業社外監査役、シャープ社外監査役、太陽工業社外監査役
 間石成人 1977東大法、31期、大阪高速鉄道社外監査役、小野薬品工業社外監査役、住友電設社外監査役
 森恵一 1980金沢大法文、34期、住友精密工業社外監査役、日本ピラー工業社外監査役
 鳥山半六 1985京大法、40期、日本山村硝子社外監査役、ミライト・テクノロジーズ社外監査役、きんでん社外取締役
 田辺陽一 1993東大法、47期、東洋炭素社外監査役
 高坂佳郁子 2001京大法、55期、川上塗料社外監査役
 鈴木蔵人 2004京大法、58期、学校法人綜藝種智院・監事
顧 石井通洋 1955東大法、9期
 中村隆次 1973東大法、30期
 三浦彰夫 1980東大法、46期
A 小林京子 1997京大法、51期
 嶋野修司 2004京大法、59期
 中尾佳永 2004京大法、62期
 深坂俊司 1995京大農、62期
 加古洋輔 2007神大法、2009関学大LS、64期
 有岡一大 2010東大法、2012阪大LS、66期
 伊藤敬之 2011京大法、2013京大LS、67期

弁護士法人 梅ヶ枝中央法律事務所
Umegae-Chuo legal profession corporation

〒530-0047　大阪市北区西天満4-3-25　梅田プラザビル2階
TEL　06-6364-2764　FAX　06-6311-1074
URL：http://www.umegae.gr.jp　office@umegae.gr.jp

25（±0）	
P 12 A 11 顧 2	
男 19 女 6	
外弁 0 外資 1	
他士 0 事務 20	

大企業から中小企業、各種法人等に至るまでの企業法務と市民事件とのいずれについても幅広い法的ニーズに対しバランスよく対応できる体制を備えた、総合力と専門性に富んだ弁護士25名を有する総合法律事務所である。東京・京都にも支店を開設。

■理念・特色

当事務所はSPEEDY（迅速性）SPECIALTY（専門性）SINCERITY（誠実性）を行動理念とする総合法律事務所です。

現在は、所属弁護士25名、事務職員を入れると40数名の職場となっています。

当事務所所長の山田庸男はもともと市民事件、とりわけ公害問題や労働問題、刑事事件などを中心に市民や中小企業の業務を手がけてまいりました。

しかし、法化社会の中での企業の果たしている役割や企業活動における弁護士関与の重要性、司法改革の中での未来の弁護士像・法律事務所像を模索する中で、平成以降は、企業法務も事務所の取扱分野とし、それとともにメンバー全員で総合法律事務所を形成してまいりました。

現在では企業法務を中心とするも、旧来どおりの市民事件から、複雑な現代型市民事件（消費者問題、医療事件、住宅問題等）、知的財産事件、税務訴訟事件のような専門性の高い事件、民事再生等の大型倒産事件も手がけており、取扱の事件の層は幅広いものとなっております。

今後もより迅速的確なサービスの提供のため、各弁護士の専門化をめざした陣容強化・拡大を予定しております。各弁護士は専門分野のさらなるスキルアップに向けて実務研究を行い、その研究成果を事務所主催研修で発表する等、相互研鑽に努めており、社会のあらゆる法的ニーズに対して組織的取組みを図っております。

そして、当事務所は、常に依頼者の方の立場に立って物事を考え、事件を処理致します。各弁護士が依頼者の方とともに、泣き、笑い、怒り、そして依頼者の利益を実現するために全力を尽くす、これにより、弁護士と依頼者という立場の違いはあれども、依頼者の方に戦友と思っていただけるような事件処理を行いたいと考えております。

■設立・沿革

1973年に「山田法律事務所」を開設し、2005年、弁護士法人に改組しました。さらに、より多くの依頼者の方々の多様なニーズに応えるため、2011年に東京都港区西新橋に東京事務所を開設、2014年には京都市下京区の四条烏丸において、京都事務所を開設しました。

代表者	二宮誠行（大阪弁護士会）
支店	2011年東京事務所（東京都港区）、2014年京都事務所（京都市下京区）開設
取扱言語	英語、中国語、韓国語
主な顧問先	大手飲食店、銀行、商社、医療機器、不動産販売、原材料メーカー、運送、製薬、病院・福祉・介護施設等の各会社、医療法人、学校法人等
報酬体系	事務所報酬規程（日弁連旧報酬規程に当事務所の変更を加えたもの）による（詳細は当事務所HP参照）。着手金・報酬金等とタイムチャージの双方対応可能／顧問料（月額）50,000円～／標準タイムチャージ　パートナー60,000円、アソシエイト30,000円（事案の困難性、重大性、特殊性、新規性および弁護士の熟練度等を考慮しての増減あり）。

弁護士法人 梅ヶ枝中央法律事務所

|取扱業務| 会社法務／企業再建・再編／金融法務／労働／知的財産権／独占禁止法／税務／国際／行政／離婚・相続・交通事故等／刑事・被害者弁護／不動産取引／民事介入暴力

|P| 山田庸男 1967関大法、22期、大阪弁護士会副会長（1994～95）、大阪弁護士会会長（2007～08）、日弁連副会長（2007～08）、日本CSR普及協会近畿支部長（2008～）／中世古裕之 1989同大法、48期、同大LS非常勤講師（2008～）、京都弁護士会／二宮誠行 1991立命大法、49期、アップル債権回収取締役、（公社）華道未生流監事／西村勇作 1992慶大理工、51期、ステラケミファ監査役（2012～）／増田広充 1984金沢大経、52期、朝日新聞大阪本社編集局記者（1984～94）／三好吉安 1996東大法、55期、2006華東政法大院聴講生／大森剛 1995京大法、57期、ジャパンエナジー（現JX日鉱日石エネルギー）（1995～03）、米国法人Gould Electronics Inc.（2001～02）／河合順子 1998関学大法、2003関学大院法学修士、57期、2010デューク大LLM、2013北京大LS、2011NY州弁護士、米国マスダフナイ・アイファードミッチェル法律事務所（2010～11）、中国君合法律事務所（2011～12）、鎌倉新書監査役（2015～）／梁栄文 1991関大法、59期、三洋証券（1991～95）、韓国法務法人忠正（2010～11）、2011韓国延世大語学堂／松尾友寛 1999京大工、2002京大院工学修士、60期、（一社）日本ボッチャ協会監事（2015～）／松嶋依子 2002関大法、61期／林友宏 2003阪大法、2007同大LS、61期、東弁

|A| 稲吉大輔 2001九大法、55期、2002裁判官任官、2013登録／細川敬章 1995早大法、56期、富士テクニカ宮津取締役（2011～13）、アーク監査役（2011～14）、東弁／越知覚子 1999関大法、58期、近畿財務局（2007～09）、公正取引委員会（2009～13）／氏家真紀子 2007阪大法、2009京大LS、63期／犬飼一博 2007阪大法、2010阪大LS、64期、2014弁理士／岩田和久 2008関学大、2010関学大LS、64期／渡部真樹子 2006京大法、2009神大LS、64期、デューク大LLM（2015～）／森瑛史 2008東北大法、2011阪大LS、65期／飯田亮真 2009京大法、2012阪大LS、66期／上杉将文 2010阪大法、2012京大LS、67期／松浦真弓（法テラス）2011神大法、2013神大LS、67期

|顧| 渡邊雅文 1966関大法、22期、1968関大院法学修士、1970裁判官任官、2012登録／林醇 1968京大、22期、1970裁判官任官、京大LS教授（民事裁判実務）（2010～15）、2015登録

中国弁護士（律師）　江興民 中国唐山市人民政府日本事務所副所長（2001～）、2008中国弁護士、2012大阪市大院　以上明記のないものはすべて大阪弁護士会。

|著作| 『TAX&LAW事業再生の実務』（共著、第一法規、2005）／『弁護士・税理士が教える中小企業のための事業承継』（共著、マスブレーン、2010）／中世古裕之『知的財産契約の理論と実務』（共著、大阪弁護士会知的財産法実務研究会、2007）／介護事業法務研究会編三好吉安『Q&A高齢者施設・事業所の法律相談―介護現場の76問』（共著、日本加除出版、2015）／河合順子『有機溶剤中毒裁判事例から検討する労災訴訟の争点』（日本産業衛生学会、2007）／林友宏『最新IT業界の人事・労務管理と就業規則』（共著、日本法令、2012）／稲吉大輔『詳説金融ADR制度』（共著、商事法務、2011）／越知覚子『ビジネスを促進する独禁法の道標』（共著、レクシスネクシス・ジャパン、2015）

梅田総合法律事務所
UMEDA SOGO LAW OFFICE

〒530-0004　大阪市北区堂島浜1-1-5　大阪三菱ビル6階
TEL　06-6348-5566　FAX　06-6348-5516
URL：http://www.umedasogo-law.jp　mail@umedasogo-law.jp

企業法務全般を含め幅広い業務に対応する中堅の総合法律事務所で、顧問先も多い。鈴木正裕元神戸大学学長も所属。

18（-1）			
P 10	A 6	顧 2	
男 16	女 2		
外弁 0	外資 0		
他士 1	事務 18		

			訴訟
C		会社	保険

■理念・特色

理念　当事務所は、社会の変容に的確に対応し、より高度な法的サービスを提供するためには、個々の弁護士の個性、能力、経験を結集させて依頼者の高度な法的ニーズに対応するとともに、個々の弁護士が培った知識・経験・ノウハウなどを継承し、次の時代の人材を育成していく必要があると考えています。

　弁護士に対する社会的ニーズが高度化、多様化する中で、当事務所は、国内の法的紛争の解決に重心を置きつつ、活動の場を拡げ、そして何よりも依頼者の皆様からその仕事の質によって「いい仕事をする」と評価され、選択される事務所をめざしています。

特色
1．**高度な法的サービス**　高い事件処理能力を持ち、依頼者のために最善の法的サービスを提供します。常に、弁護士としての知識・技術を高めつつ、持てる力を最大限発揮する積極的姿勢で事件に取り組んでいます。
2．**専門性**　専門分野ごとに弁護士の専門別チームを編成し、ノウハウの共有・深化を実現しています。複数・特殊な分野にも適切な対応が可能です。
3．**総合力・機動力**　複数の弁護士による多様な視点からの検討、機動力ある対応、大型事件への対応が可能です。

　当事務所では、上場企業・中小企業を問わず、企業の多様なニーズに対応するとともに、市民生活にかかわるさまざまな法的ニーズに対応しています。このため、取扱分野は多岐にわたりますが、特に注力している法分野は、以下のとおりです。

会社法　会社法、コンプライアンス、危機管理、株主総会指導、不祥事対応など
労働法　労働法制の研究、就業規則の検討、団体交渉の対応、残業代請求の対応など
知的財産法　特許権、商標権、著作権などの侵害行為、不正競争防止法違反行為への対応、営業秘密の保護など
独占禁止法　独占禁止法、下請法等に関する相談、違反行為対応など
倒産法　破産、民事再生、会社更生、特別清算の申立、私的整理、破産管財実務など
M&A・事業承継　企業再編、事業承継にかかわる相談、M&Aにおける法務監査など
保険・損害賠償　不正請求事案（モラルリスク事案）の対応、企業や個人が損害賠償責任を負う各種の事故についての処理全般

■設立・沿革

1987年	山崎優、三好邦幸、川下清、河村利行他1名が「梅田総合法律事務所」を設立
1995年	鈴木正裕（元神戸大学学長）が参画
2002年	現在地に事務所を移転

代表者	山崎優（大阪弁護士会）
取扱言語	英語、イタリア語
主な顧問先	製造業、小売業、商社、流通、サービス業、不動産、病院、社会福祉、保険、メディア、エネルギー等

報酬体系	事務所報酬規程（日弁連旧報酬規程に当事務所の変更を加えたもの）による。詳細は当事務所HP参照。顧問料（月額）30,000円～。

取扱業務 **民事・商事関係** 民事一般、商事一般、会社法務（会社法、コンプライアンス、危機管理、財務対策、株主総会指導、不祥事対応などの企業の法務全般）、労働（使用者側・労働者側いずれも対応）、経済法（独占禁止法、下請法、金融商品取引法、フランチャイズ法など）、不動産関連（売買、賃貸借、不動産競売・公売、境界、相隣関係など）、マンション（管理組合、区分所有法に関する問題）、建築紛争（建物の欠陥、日照・近隣対策など、建築紛争全般）、民事介入暴力対策（暴力団および周辺者等による民事紛争への介入に対する法的措置）、事故（交通事故、労災事故、施設内事故、PL事故、火災、漏水などのさまざまな事故についての損害賠償の処理全般）、保険（各種保険の法的問題、モラルリスク事案への対応など）、メディア法、国際法務、債権回収（相談・交渉、仮差押えなどの民事保全、訴訟、民事執行など）、消費者問題（消費者側、企業側いずれも対応）、医療紛争（患者側、病院側いずれも対応）／**知的財産権関係** 特許権、著作権、商標権などの侵害行為についての相談、交渉、訴訟、無効審判、審決取消訴訟、不正競争防止法、営業秘密、ライセンス契約にかかる相談、交渉／**企業再編関係** 合併、会社分割、事業譲渡などの企業再編、M&A、事業承継／**倒産・再生関係** 企業の破産、民事再生、会社更生、特別清算手続の申立て、個人の自己破産、個人再生、任意整理、破産管財人、民事再生監督委員／**家事関係** 相続（遺言、遺産分割）、夫婦間の問題（離婚、婚姻費用の請求など）、親子間の問題（親権、面接交渉、養子縁組など）、成年後見／**刑事関係** 刑事事件（捜査弁護、公判弁護、裁判員裁判、経済事件その他）、少年事件（付添人活動）、犯罪被害者支援（告訴、検察審査会申立て、被害者参加など）／**その他** 行政法、税務、公益的活動

P 山崎優 阪大法、33期、大阪家庭裁判所調停委員（2003～）、大阪地方裁判所鑑定委員（2006～）、阪大非常勤監事（2008～14）、トーカロ社外取締役（2011～）／**三好邦幸** 神大法、33期、2005大阪弁護士会民事介入暴力および弁護士業務妨害対策委員会委員長、2006大阪弁護士会副会長、2008日本司法支援センター対策委員会委員長、2009法七十二条問題委員会委員長、（公社）総合紛争解決センター理事（2009～13）／**川下清** 東大法、33期、2004大阪弁護士会副会長、大阪府精神医療審査会副会長（2008～14）／**河村利行** 京大法、33期、2010大阪弁護士会監事、2013近畿弁護士会連合会監事、2015日弁連監事／**加藤清和** 関大法、45期、関大LS非常勤講師（2004～08）、日本テレホン非常勤監査役（2013～）／**沢田篤志** 京大法、50期、神大LSリーガルフェロー（2010～13）、龍谷大非常勤講師／**伴城宏** 東大法、50期、2009総合紛争解決センター和解あっせん人／**今日晋一** 京大法、55期／**梁沙織** 京大法、58期／**高橋幸平** 京大法、大阪市大LS、60期、2008関大LSアカデミックアドバイザー、大阪市大LS非常勤講師（2009～10）／**客員 鈴木正裕** 京大法、京大院法学研究科修士・博士課程修了、神大法学部講師、助教授、教授（1960～）、法学部長（1986～）、神大学長（1991～95）、甲南大法学部教授（1996～2002）、民事訴訟法学会理事長（1986～89）、司法試験考査委員（1974～84）、民事保全法、民事訴訟法、倒産法起草の法制審議会部会の元委員、1995登録／**大平代代** 49期、大阪市助役（2003～05）／**A 古賀健介** 阪大法、京大LS、61期／**中村昭喜** 神大法、阪大LS、62期／**沖山直之** 京大法、京大LS、63期／**西口健太** 京大法、京大LS、65期／**松本健男** 京大法、東大LS、65期／**望月康平** 京大農、京大院地球環境学舎修士・博士課程修了、京大LS、66期 以上すべて大阪弁護士会。

著作 鈴木正裕『近代民事訴訟法史・日本』（有斐閣、2004）／同『同・日本2』（有斐閣、2006）／同『近代民事訴訟法史・ドイツ』（信山社、2011）／同『新民事訴訟法講義』（共編著、有斐閣）／同『注釈民事訴訟法（全9巻）』（共編著、有斐閣）／加藤清和『民事再生実践マニュアル』（共著、青林書院、2010）／同『倒産と訴訟』（共著、商事法務、2013）

弁護士法人 栄光・栄光綜合法律事務所
Eiko Sogo Law Office

〒530-0047 大阪市北区西天満5-1-9 新日本曽根崎ビル4階
TEL 06-6365-1251 FAX 06-6365-1252
URL：http://www.eiko.gr.jp

「綜合法律事務所」として企業法務を中心としながら、労働案件、知財案件、渉外事件を含むあらゆる法律分野について対応する。特に「内部通報制度」の創設、運用について積極的に取り組んでいる。

■理念・特色

当事務所は「綜合法律事務所」として、企業法務、会社法、労働問題、知的財産権、渉外、倒産、一般民事事件、交通事故、離婚・相続など家事事件と、あらゆる法律分野に対応できる事務所をめざしています。

そのため弁護士の「担当分野制」を進めています。法律分野ごとにそれを得意とする弁護士に事案への対応や処理を集中させることによって、各分野の専門家を育成し、あらゆる法律分野に対応できる専門家の集団をめざしています。

事案の処理の迅速化もモットーです。最適任の弁護士が主任となって素早く処理を進め、1つの事案の解決に要する時間をできる限り短縮するように心がけています。そして依頼者のため何かよい解決策を提示できないか常に考えています。

企業法務に関連する法律分野は最重要視しており、商取引や会社法務案件で、企業にとって適切なリーガル・サービスを提供し、その質を向上させるべく研鑽をしています。特に、「内部通報制度」については企業の実務に役立つ著作もあり、制度の創設、運用に関するご依頼については大きな役割を果たせるものと自負しています。

また、労働案件や知的財産権などの専門性が高い法律分野も豊富な経験に基づいて適切な対応をしています。渉外事件についても留学経験のある弁護士が海外とのネットワークを活用して依頼者のニーズに応じて対応します。

さらに、当事務所の弁護士は、破産・民事再生等の企業倒産案件の申立代理人となり、また、大阪地方裁判所から破産管財人の選任を受けるなどして数多くの企業倒産案件を手がけています。

■設立・沿革

1978年に梅本弁護士が「梅本弘法律事務所」を開設し、1988年に事務所の名称を「栄光綜合法律事務所」に変更後、2003年に弁護士法人に改組して「弁護士法人栄光」を設立しました。

代表者　梅本弘（大阪弁護士会）
取扱言語　英語
主な顧問先　建築業、建築設計、貸ビル業、不動産仲介業、不動産鑑定、区分所有建物管理組合、製造業（プラスチック製品、環境プラント、バスユニット、無線機、鋳物、刃物、水道用品、精密機械・機器、検査機、搬送機器、耐火煉瓦、大気汚染防止装置、機械部品、鋼管、油脂、化成品・薬品、化粧品、菓子、エクステリア用品、加工糸、防護服、靴下、鞄）、商社、輸入業（花木、ネジ、機械部品、資材）、卸・小売業（青果、スーパーマーケット、自動車、カメラ、機械部品、雑貨、電話、ビデオ、資材、飼料、食品、制服、婦人服地）、商店街振興組合、GS、GS事業者組合、画廊、飲食店、倉庫、運送、自動車運行管理請負、コンサルタント、広告代理店、商標管理、ソフト開発、看板制作、テレビ局、出版、医院、薬局、学校法人、宗教法人、児童養護団体

報酬体系　事務所報酬規程（日弁連旧報酬規程に当事務所の変更を加えたもの）による（当事務所HP参照）。着手金・報酬金等とタイムチャージの双方対応可能／顧問料（月額）50,000円～／タイムチャージ　20,000円～50,000円。

弁護士法人 栄光・栄光綜合法律事務所

取扱業務 **法律顧問法務** 日常の法律・経営相談、グループ会社運営、契約書の作成・審査、契約・紛争案件の交渉、役員・社員研修／**企業法務**のうち**会社法務**として、事業再編（M＆A、事業譲渡）、事業承継、コンプライアンス、コーポレート・ガバナンス、内部統制、内部通報制度、内部調査、株主総会のサポート、独占禁止法・下請法を巡る問題、企業の社会的責任（CSR）の問題、役員の責任追及、株主代表訴訟、企業の不祥事対応、従業員の不祥事対応、**不動産法務**として、不動産売買、不動産賃貸、不動産の仲介、建築工事請負、境界紛争、**企業倒産法務**として、更生手続、再生手続、破産手続、特別清算、事業再生特定調停、私的整理、**労働法務**として、就業規則の作成・変更、雇用契約の終了（解雇、退職、合意解約、違法な退職勧奨）、サービス残業（賃金不払残業）、セクハラ・パワハラ問題、**国際法務**（英語）として、契約書審査／**企業裁判法務**として、商事関係訴訟（株主権の確認、株主総会決議取消の訴え等）、不動産関係訴訟、建築関係訴訟等／**個人法務**のうち**家事・相続法務**として、離婚請求事件、遺産分割請求事件、遺留分減殺請求事件／**個人倒産法務**として、破産手続・個人再生手続の各申立て／**個人裁判法務**として、交通事故、賃貸借紛争、境界確定紛争／**その他非営利法人法務**等

P**梅本弘** 1964京大経、28期、アイコム、関西テレビ放送ほか各社外監査役／**片井輝夫** 1971早大法、28期、大阪地方裁判所・大阪簡易裁判所調停委員／**池田佳史** 1987阪大法、1999ブリティッシュコロンビア大LLM卒業、42期、イートアンド、ヤギほか各社外監査役／**池野由香里** 1994京大法、48期／**嶋津裕介** 1997阪大法、51期、タカショー社外監査役／**森田豪** 2001一橋大法、57期／A**高橋英伸** 2003京大法、59期／**木ノ島雄介** 2000阪大法、60期／**吉田興平** 2002阪大文、61期　以上すべて大阪弁護士会。

著作 事務所・梅本弘編著『実効性のある内部通報制度のしくみと運用』（日本実業出版社）／梅本弘『市民生活の法律相談』（共著、三省堂）／同『債権回収の法律相談』（共著、有斐閣）／同『現代企業法務体系』（共著、総合法令）／同『実践担保のとり方・活かし方』（共著、民事法情報センター）／同『PL法実務と対策はこうする』（共著、日本実業出版社）／片井輝夫『弁護士活用法』（共著、商事法務研究会）／同『市民生活の法律相談』（共著、三省堂）／同『法律上の地位の前提たる宗教上の地位と裁判所の審判権』判例タイムズ829号／石田眞得編、池田佳史『サーベンス・オクスレー法概説』（共著、商事法務）／池田佳史「渉外実務の手引き」国際商事法務2006年Vol.34, No.4～2007年Vol.35, No.4連載（共著）／同「株式の時効取得」企業診断2010年5月号／同「環状取引に巻き込まれないために」企業診断2010年12月号／同「気をつけたい金融機関職員のインサイダー取引」ファイナンシャルコンプライアンス2011年4月号／同「D＆O保険の概要と企業実務上の留意点」会社法務A2Z 2011年6月号／同「国際物品売買契約に関する国際連合条約（United Nations Convention on Contracts for the International Sale of Goods）のシリーズ解説第2回CISGにおける『契約の成立』」国際商事法務2011年Vol.39, No.8／同「インサイダー取引をさせないための社内対策」会社法務A2Z 2012年2月号／嶋津裕介『最新不正競争関係判例と実務（第2版）』（共著、民事法研究会）／森田豪「相続による共有株式の『権利行使者』をどのように定めるか」企業診断2010年1月号／森田豪・高橋英伸「商標の類似性は、取引状況も踏まえて判断―ELLEGARDEN事件」企業診断2010年3月号／森田豪「対岸の火事ではすまない東証vsみずほ証券事件」企業診断2010年7月号／同「アパマンショップHD株主代表訴訟『経営判断原則』における取締役の裁量とは」会社法務A2Z 2011年3月号／高橋英伸「契約直前に締結を拒絶した者の責任」企業診断2010年10月号／「従業員の秘密漏洩に備えた営業秘密管理」企業診断2010年4月号／吉田興平「ソフトウェア開発委託における著作権の帰属に関する留意点」企業診断2010年9月号／同「平成24年著作権法改正において企業が注意すべきこと」会社法務A2Z 2013年2月号

事件 最判平成21.12.4判時2068.37、大阪地判平成18.5.15判タ1228.207、大阪高判平成19.1.24労判952.77、最判決平成12.1.31判時1708.94、最判平成11.11.30判時1697.55　ほか多数

弁護士法人 英知法律事務所
Eichi Law Offices, Legal Professional Corporation

大阪事務所
〒530-0047　大阪市北区西天満2-11-8　アメリカンビル3階
TEL　06-6365-7585　FAX　06-6365-7587
URL：http://www.law.co.jp　jim@mail.law.co.jp
東京事務所
〒105-0001　東京都港区虎ノ門5-13-1　虎ノ門40MTビル9階
TEL　03-5425-2561　FAX　03-5425-2563
URL：http://www.law.co.jp　eichi-tokyo@tklo.ne.jp

IT、サイバー関連法、個人情報保護法、知的財産権法等の専門事務所で、岡村代表は情報システムの第一人者。保険関係法務にも強く、2003年、東京神谷町法律事務所と合併するとともに、弁護士法人化。

■理念・特色

　当事務所は、依頼者との関係を大切にし、依頼者のニーズに真摯にかつ細やかに対応し、依頼者の真に求める解決を図り、正当な利益を最大化することで、法による正義の実現をめざしております。そのために、弁護士各人が研鑽し高い専門性と倫理を身につけ、事務所全体としても大阪・東京に事務所を開設し、国内・渉外法務に対応し、ノウハウを培うことにより、迅速かつ質の高い法的サービスを提供し、幅広い法的ニーズに対応できる体制を整えております。

　また、社会が複雑化・高度化する中で、法の専門家である弁護士に求められる社会的役割は拡大しています。当事務所は、内部通報の窓口、自治体の外部委員、政府委員、大学の講師など、事件処理以外の業務にも力を入れ、社会的役割を果たし、社会に貢献したいと考えております。

　IT・サイバー関連法、個人情報保護法、知的財産権法などの法分野は企業法務に欠かせないものとなりました。また、独占禁止法違反は、大きな法的リスクであり、課徴金減免申請手続、審判手続、排除措置命令等の特殊な対応が必要とされます。当事務所は、専門性の高い上記法分野に関し、豊富な経験を有しており、訴訟対応はもちろん、契約書作成、不祥事などの対処などの予防法務・戦略法務によって、質の高い法的サービスを提供しています。また、米国NY州の資格を有する弁護士が在籍し、渉外法務も取り扱っています。そのほか株主総会指導、内部統制システムの構築、社内研修、内部通報窓口などの対応も行っています。

　当事務所は、設立以来、保険法務に携わり、自動車保険・火災新種保険などの保険関係業務について、交渉・訴訟の対応、モラル案件の対処などの作成業務を行っています。

■設立・沿革

1989年	岡村久道弁護士が「岡村法律事務所」を開設
1993年	現所在地に事務所を移転。
2001年	「岡村・堀・中道法律事務所」と改称し、パートナーシップによる共同事務所となる。
2003年	尾原秀紀弁護士が「東京神谷町法律事務所」を設立、「岡村・堀・中道法律事務所」と「東京神谷町法律事務所」が合併するとともに、「弁護士法人英知法律事務所」として法人化する。

代表者	岡村久道（大阪弁護士会）
取扱言語	英語（東京事務所）
主な顧問先	損害保険業、電力業、小売業、金融業、電気通信事業など
報酬体系	事務所報酬規程（日弁連旧報酬規程に当事務所の変更を加えたもの）による。着手金・報酬金等とタイムチャージの双方対応可能。

弁護士法人 英知法律事務所

取扱業務 **企業法務** **会社法務** 商取引法、会社法、予防法務、戦略法務、株主総会の運営／**独占禁止法** 課徴金減免申請手続、審判手続、排除措置命令等への対応、DOJ、EUコミッション等海外の当局からの訴追、米国における集団訴訟／**コンプライアンス・リスクマネジメント** 企業の不祥事や事故などの重大局面への対処、内部統制システムの構築、社内研修対応、企業の内部通報の窓口／**渉外業務** 海外の企業との取引・交渉、英文契約書の作成・修正／**知的財産法務** ライセンス契約をめぐる助言や交渉、契約書作成、各種侵害訴訟への対処／**保険法務** 自動車保険や盗難保険を中心とする損害保険、生命保険などの保険関係業務、適正な賠償の実現に向けた交渉・訴訟への対応、モラル案件への適切な対処、意見書の作成業務／**金融法務** 資産流動化やリースに関する相談業務、事業会社からのファイナンスに関連する相談業務／**IT・サイバー法務** コンピュータを中心とする情報システム分野についての論文・著作、多数の相談・紛争の対応／**個人情報保護法務** 個人情報保護の適切な取扱いについてのアドバイス、個人情報の漏洩事故の対処／**労働法務** 解雇、労働事件の変更、人事権の行使、労働災害等に関する相談・指導、労働組合との団体交渉、労働組合委員会への救済申立事件、各種労働審判・訴訟事件への対応 **一般民事事件** **個人法務** 不動産関連事件、債権請求事件、不法行為等損害賠償事件、個人破産・個人再生・任意整理事件、刑事事件等、離婚・養子・相続・成年後見などの家事事件、各種の紛争・訴訟への対応等 **その他公益活動等** 自治体の外部委員、政府委員、大学・大学院の講師・教授などの社会的貢献

P **岡村久道** 京大法、38期、大阪、国立情報学研究所客員教授（現職）、内閣官房、内閣府、総務省、経済産業省、消費者庁などの委員を歴任／**尾原秀紀** 東大法、ボストン大LLM、41期、一弁、NY州弁護士／**中道秀樹** 阪大法、47期、大阪／**森亮二** 東大法、ペンシルバニア大LLM、49期、一弁、NY州弁護士／**南石知哉** 慶大法、54期、大阪／**尾形信一** 慶大法、56期、大阪

A **安藤広人** 東大法、57期、一弁／**北澤一樹** 慶大法、59期、一弁／**村田充章** 同大法、61期、大阪／**白木健介** 京大総人、関学大LS、61期、大阪／**黒田祐史** 京大法、神大LS、65期、大阪／**入星亮介** 神大法、神大LS、65期、大阪／**岡村峰子** 京大法、関学大LS、66期、大阪／**鍵田佳成** 慶大法、一橋大LS、67期、大阪

著作 岡村久道編著『Q&A名誉毀損の法律実務―実社会とインターネット』（民事法研究会、2014）／同編著『インターネットの法律問題―理論と実務』（新日本法規出版、2013）／同『よくわかる 共通番号法入門―社会保障・税番号のしくみ』（商事法務、2013）／同『著作権法（第3版）』（民事法研究会、2014）／同編著『クラウド・コンピューティングの法律』（民事法研究会、2012）／同『情報セキュリティの法律（改訂版）』（商事法務、2011）／同『個人情報保護法の知識（第2版）』（日本経済新聞出版社、2010）／岡村久道・森亮二『インターネットの法律Q&A』（共著、電気通信振興会、2009）／岡村久道『個人情報保護法（新訂版）』（商事法務、2009）／同『これだけは守りたい 個人情報保護』（共著、日本経済新聞出版社、2009）／尾原秀紀・森亮二『実践内部統制のポイント』（共著、商事法務、2008）／尾原秀紀『民事再生法等を活かした会社再建入門』（税務研究会出版局、2000）／中道秀樹『遺言執行の実務（補訂版）』（新日本法規出版、2005）／中道秀樹・南石知哉・尾形信一『建物賃貸管理マニュアル』（共著、新日本法規出版）／森亮二『ソーシャルメディア活用ビジネスの法務』（共著、民事法研究会、2013）／同『クラウドビジネスと法』（共著、第一法規、2012）／同『ビッグデータ時代のライフログ』（共著、東洋経済新報社、2012）／同「インターネットの広告規制」REPORT JARO2013年4月号～／南石知哉〔執筆〕『知的財産契約の理論と実務』（共著、商事法務、2007）

弁護士法人 大江橋法律事務所
OH-EBASHI LPC & PARTNERS

大阪事務所
〒530-0005　大阪市北区中之島2-3-18　中之島フェスティバルタワー27階
TEL　06-6208-1500　　FAX　06-6226-3055
東京事務所
〒100-0005　東京都千代田区丸の内2-2-1　岸本ビル2階
TEL　03-5224-5566　　FAX　03-5224-5565
URL：http://www.ohebashi.com　　general_toiawase@ohebashi.com

 1981年設立の大阪で最大規模の総合事務所。近年は東京にも大阪と同規模の拠点を整え、上海（1995年開設）、名古屋（2015年9月開設）を加えた4拠点体制での事業展開をめざす。

■理念・特色
当事務所は設立以来「よい事務所をつくる」という理念のもと、「依頼者に心から満足していただける質の高いリーガルサービスを提供すること」、「各メンバーの能力や個性を大切に生かし、事務所全体のクオリティアップを図ること」、「公益的活動にも積極的に取り組み、法律事務所としての社会的責任を果たしていくこと」の3つを活動の指針としております。

東京と大阪に同規模の体制を構築
大阪の事務所としてスタートしましたが、現在では東京にも大阪とほぼ同等数の弁護士を配し、必要に応じてサポートし合いながら、どちらの拠点においても同質のサービスをタイムリーに提供できる体制を整えております。2015年9月には名古屋事務所も開設しました。

グローバルなニーズに対応
米国・EUはもとより、どの法域の問題にも対応できるよう、各国の有力な法律事務所と直ちに連携をとる体制を整えています。上海にも事務所を構える他、欧米・アジア諸国等への留学・出向経験者も多く、2015年2月には「アジア・新興国デスク」を立ち上げるなど、現地での実務経験者が組織的にクライアントのニーズに応えられる体制を整えております。

最適メンバーによる対応
当事務所では分野ごとの高い専門性を重視しつつも、厳格な縦割り体制は採用しておりません。若手弁護士もビジネス法務の特定分野に偏ることなく、争訟や個人事件を含む幅広い経験を積むべく育てられます。
クライアントからの依頼には、最適なメンバーによるチームを構築し、事業再生案件、知的財産権、独禁法等を含む企業法務全般の幅広い案件に対応しております。また所内外の会計士、司法書士等の専門職とも緊密な連携をとり、ワンストップ事務所を実現しています。

一般民事や個人法務にも対応
個人が法律問題に直面するのは何度もあることではありません。当事務所は、一般民事や刑事事件等の個人法務案件にも積極的に取り組んでおります。

■設立・沿革
1981年	「石川・塚本・宮﨑法律事務所」を設立
1983年	名称を「大江橋法律事務所」に変更
2002年	「弁護士法人 大江橋法律事務所」を設立

代表者　上田裕康（大阪弁護士会）、国谷史朗（大阪弁護士会）
支店　1995年7月上海事務所、2002年9月東京事務所、2015年9月名古屋事務所開設

取扱言語　英語、中国語
主な顧問先　多業種にわたり多数
報酬体系　事務所報酬規程による。着手金・報酬金等とタイムチャージの双方対応可能。

弁護士法人 大江橋法律事務所

取扱業務 法律顧問法務、企業法務 会社法務一般、危機管理・コンプライアンス、M&A・企業再編、独占禁止法・景品表示法、知的財産権法、製造物責任法、労働法、インフラストラクチャー・環境・エネルギー、ライフサイエンス、ベンチャー支援、国際・国内商取引、契約書作成・交渉、国際取引規制、企業刑事事件、事業再生・倒産、ファイナンス（金融・保険）、不動産、IT・インターネット・情報通信、エンターテインメント法、訴訟・紛争解決（国際的紛争解決、税務訴訟、国内訴訟）、政府規制・行政法、消費者関連法／**中国法務、アジア・新興国デスク**（シンガポール、マレーシア、インドネシア、タイ、ベトナム、ミャンマー、カンボジア・ラオス、フィリピン、インド、トルコ、韓国、中国、香港、台湾）、中国・アジア諸国への進出・事業再編・撤退等のスキーム策定と実施の支援、中国・アジア進出企業（合弁会社等）の経営・運営についてのアドバイス、紛争解決（法律改正への対応、取引契約書・社内規則等の作成・チェック、製品の品質問題、株主間紛争、労使関係紛争への対応等）／**一般個人法務** 一般民事訴訟・相談、家事・相続、刑事事件等／**プロボノ活動**等

P **大阪** 上田裕康 1979東大法、33期、全国倒産処理弁護士ネットワーク理事、東アジア倒産再建協会日本支部長、International Insolvency Institute会員／国谷史朗 1980京大法、34期、ネクソン社外取締役、荏原製作所社外取締役、ソニーフィナンシャルホールディングス社外取締役、武田薬品工業社外監査役／池田裕彦 1983中大法、39期、ヤマハ社外監査役・独立委員会委員、阪大院高等司法研究科客員教授、名大LS講師／茂木鉄平 1983東大法、41期、塩野義製薬社外取締役、ニイタカ社外取締役、倉敷紡績社外監査役、関学大LS非常勤講師、阪大院法学研究科・法学部非常勤講師／平野惠稔 1987京大法、41期／金井美智子 1979京大文、1984神大法、42期、ユー・エス・ジェイ社外監査役、コンドーテック社外取締役、三共生興社外監査役／魚住泰宏 1991京大法、45期、攝津製油社外監査役、和光純薬工業社外取締役／小林和弘 1991京大法、46期、関大院法務研究科非常勤講師／野上昌樹 1992京大法、46期／若杉洋一 1992京大法、46期、パル社外監査役、神大LS非常勤講師／長澤哲也 1994東大法、48期、ライフフーズ社外監査役、京大LS客員教授／重冨貴光 1997阪大法、51期、大阪工業大学学部・大学院客員教授、阪大院高等司法研究科非常勤講師、九大院法学研究科非常勤講師／若林元伸 1997東大法、51期、九大院法学研究科非常勤講師／髙安秀明 1992 東大法、52期／竹平征吾 1997阪大法、52期／髙槻史 1998慶大法、53期／牟礼大介 1998東大法、53期、九大院法学研究科非常勤講師／河野良介 2000京大法、54期／大江祥雅 1998京大法、55期／酒匂景範 2001京大法、55期／細野真史 2001阪大法、55期／北野知広 2000早大法、56期／山田真吾 2002京大法、56期／川島裕理 2003神大法、57期／古賀大樹 2003京大法、57期／谷内元 2002同大法、57期／小森悠吾 2004京大法、58期／佐藤俊 2004慶大法、58期／松本亮 2002京大法、58期／古庄俊哉 2004京大法、59期／渡邊一誠 2005京大法、59期

P **東京** 国谷史朗（大阪兼務）1980京大法、34期／上田裕康（大阪兼務）1979東大法、33期／鈴木明子 1971北大法、26期、国土交通省中央建設工事紛争審査会委員、武田薬品工業研究倫理審査委員会委員等／渡邉光誠 1982東大法、36期、フューチャーアーキテクト社外監査役、東大LS非常勤講師／内藤加代子 京大法、37期、立命大LS非常勤講師／茂木龍平 1991東大法、46期／松井衡 1993慶大法、47期／長澤哲也（大阪兼務）1994 東大法、48期／村上寛 1992慶大法、48期、一弁民

事介入暴力対策委員会委員長、ビジョンマルチメディアテクノロジ社外監査役、あんしん保証社外取締役／関口智弘 1994早大法、49期／嶋寺基 1998京大法、52期、明大LS兼任教員、筑波大院ビジネス科学研究科非常勤講師、東京外大国際社会学部非常勤講師／森脇啓太 1997一橋大法、53期、ニチイ学館社外取締役／林依利子（上海事務所首席代表）2000京大法、54期／高子賢 2000東大法、56期／小野洋一郎 2004京大法、58期／山口拓郎 2003東北大法、58期

顧大阪　畑郁夫 1955京大法、9期、パナソニック社外監査役／北川俊光 1962九大法、学校法人大阪国際学園評議員・コンプライアンス室長／上野昌子 1955神戸女学院大文、1964神大法、19期／塚本美彌子 1967京大法、21期／佐賀義史 1978東大法、33期／福森亮二 1984京大法、38期／末永久美子 1991阪大法、45期／石原真弓 1986関学大法、49期、新田ゼラチン社外監査役、森下仁丹社外監査役、茨木簡易裁判所調停委員／岡田さなゑ 1997東大法、51期、カネカヒト試料を用いる研究に関する倫理委員会委員／冨士崎真治 2007神戸学院大院（実務法）、61期

顧東京　高橋和之 1967東大法／江見弘武 1967東大法、21期、東海旅客鉄道監査役／諸石光熙 1960東大法、32期、立命大LSアドバイザリー・コミッティ委員・客員教授／山口幹生 1987早大法、41期、クレアスライフ社外監査役／植村幸也 1995京大法、50期、一橋大LS非常勤講師／石井崇 1994東大法、52期、東芝プラントシステム社外監査役／丸山貴之 1997慶大法、52期／近藤直生 1997慶大法、53期／山脇愛 2000京大法、54期／日高鑑 2002東大法、65期

A大阪　浦田悠一 2006一橋大LS、60期／小田勇一 2006一橋大LS、60期／定金史朗 2006京大LS、60期／髙田真司 2006京大LS、60期／古川昌平 2006同大LS、60期／吉村幸祐 2007京大LS、61期、京大LS非常勤講師／黒田佑輝 2008阪大LS、62期／多田慎 2008慶大LS、62期／小寺美帆 2009神大LS、63期／田中宏岳 2009京大LS、63期／吉村彰浩 2009立命大LS、63期／菰口高志 2010早大LS、64期／平井義則 2010京大LS、64期／澤祥雅 2011京大LS、65期／髙橋三千代 2011神大LS、65期／中山貴博 2011神大LS、65期／稲葉和香子 2012神大LS、66期／森本祐介 2012京大LS、66期／浅井真央 2013早大LS、67期／石田明子 2013京大LS（司法試験合格により）中退、67期／石津真二 2013東大法、67期／尾形優造 2013阪大LS、67期／山内邦昭 2013京大LS、67期／渡邉雅博 2013慶大LS、67期

A東京　金丸絢子 2002慶大法、59期／本澤順子 2001東大法、59期／今井明日香 2006一橋大LS、60期／川西風人 2005京大法、60期／倉持亮 2004京大法、60期／廣瀬崇史 2006東大教養、60期／福原あゆみ 2006京大法、60期／宮本聡 2006筑波大第一学群、60期／長谷部陽平 2007東大LS、61期／松永崇 2005京大法、61期／山本翔 2007慶大法、61期／山本龍太朗 2007名大LS、61期／赤石理 2006京大法、62期／櫻井拓之 2008京大LS、62期／澤井俊之 2008京大法、62期、川崎化成工業社外取締役、京大LS非常勤講師／荒木昭子 2009東北大LS、63期／大多和樹 2009早大LS、63期／早野述久 2010東大LS、64期／福富友美 2010早大LS、64期／細川慈子 2010東大LS、64期／佐藤恵二 2011早大LS、65期／庄崎裕太 2011東大LS、65期／平田省郎 2012東大LS、66期／上原拓也 2013東大LS、67期／木田晃一 2014東大LS（司法試験合格により）中退、67期／森藤夢菜 2013慶大LS、67期

外弁大阪　高華鑫 1979上海復旦大、華東政法学院／紀群 1986上海華東政法大法／朱順徳 2001上海外語大／髙山一三 1983東大法

弁護士法人 大江橋法律事務所

|外弁|東京| 松田日佐子 香港大PCLL、サンスター社外監査役、サンスター技研社外監査役／Miriam Rose Ivan L. Pereira 2000フィリピン大LLB
|外資|大阪| 橋口瑞希 コロンビア大LSJD
|特別顧問| 石川正 1967東大法、25期、西日本旅客鉄道社外取締役、日本写真印刷独立委員会委員／宮﨑誠 1967京大法、21期、日本司法支援センター理事長
|アドバイザー| 鵜瀞惠子 1977東大経済、公正取引委員会（1977～2012）、オリンパス社外取締役、ブリヂストン社外取締役、東洋学園大現代経営学部教授、専修大院経済学研究科非常勤講師

|著作| 『実務に効く事業再生判例精選』（共著、有斐閣）／『論点体系会社法会社法1 総則、株式会社Ⅰ』、『論点体系会社法（補巻）』（執筆分担、第一法規）／『実務解説 平成26年会社法改正』（商事法務）／『逐条解説平成26年11月改正景品表示法課徴金制度の解説』（共著、商事法務）／「第5章賃金、賞与、退職金」『企業のための労働契約の法律相談』（共同執筆、青林書院）／「担保権・優先債権を拘束する新たなDIP型債権手続」「別除権協定の解除・失効の場合の扱い」「物上代位、担保不動産収益執行の制限等」「預託金返還請求権の保護」『倒産法改正150の検討課題』（共著、金融財政事情研究会）／『実務に効く公正取引審決判例精選』（編・共著、有斐閣）／『論点体系独占禁止法』（共著、第一法規）／『新・更生計画の実務と理論』（委員・共著、商事法務）／『中国法実務教本—進出から撤退まで』（商事法務）／『破産管財BASIC』（共同執筆、民事法研究会）／『注釈金融商品取引法第1巻 定義・情報開示』（執筆分担、きんざい）／『会社更生の実務Q&A 120問』（編集委員・共著、金融財政事情研究会）／『実務解説 消費税転嫁特別措置法』（商事法務）／『営業秘密の保護（増補）』（共著、信山社）／『先使用権の確保に向けた実務戦略～先使用権制度、判例、企業における発明管理施策』（経済産業調査会）／「債権者への情報開示に関する一考察」『続・提言倒産法改正』（共同執筆、金融財政事情研究会）／『倒産と金融』（共著、商事法務）

|事件| 武田薬品によるナイコメッド買収、コニカミノルタによるラディアント・ヴィジョン・システムズの買収、H2Oリテイリングとイズミヤの経営統合、池田銀行と泉州銀行の経営統合、日本電産のグループ再編、大塚化学による東山フィルムグループの買収、タカラバイオによるセレクティスAB（スウェーデン）の買収、地域経済活性化支援機構によるフレンドリーへの出資、日本農薬によるSipcam Agro SA（ブラジル）の買収、京都大学iPS細胞ライセンス契約、大阪ガスケミカルによるBPEF特許に関する無効審判及び審決取消訴訟、カプコンによるゲームソフト関連特許の侵害訴訟、サンスターによるインドネシア商標取消訴訟、ウィルコム会社更生、Spansion Japan会社更生、エルピーダメモリ会社更生、アシストテクノロジーズジャパン会社更生、リーマン・ブラザーズ日本法人民事再生、デンソー法人税更正処分取消請求事件、武田薬品工業の移転価格更正事件、産業ガスカルテル事件、パナソニックホームアプライアンス不当労働行為事件、日本電気硝子他一社不当労働行為事件、イレッサ訴訟、タイ洪水による日系企業の利益保険金請求事件、鹿児島七ツ島メガソーラー発電所開発に関するプロジェクト・ファイナンス、足利銀行グループ再生ファンド組成・運営サポート、ライブドア対ニッポン放送新株予約権発行差止請求仮処分事件、ニレコ事件、USJ設立にかかるライセンス契約およびプロジェクト・ファイナンス、関西国際空港プロジェクト等、多岐にわたる。

大阪西総合法律事務所
Osaka Nishi Law Office

〒541-0043　大阪市中央区高麗橋4-4-9　淀屋橋ダイビル2階
TEL　06-6208-8771　FAX　06-6208-8775
URL：http://www.osakanishi-law.com

企業法務を中心とし、コンプライアンス、内部統制などの会社体制の構築から、日常業務の相談、個別紛争への対応など総合的なリーガルサービスを提供する。訴訟事件・倒産の処理には定評がある。

■理念・特色

大阪西総合法律事務所の理念は、ご依頼をいただく企業や個人の皆様の利益と想いの双方を実現するリーガル・サービスを提供することです。

この理念を実現するために、第1に、所属弁護士が各々の専門分野を活かして迅速かつ的確に業務を遂行します。第2に、すべての弁護士・スタッフが高い職業倫理を保持しつつ、激しい時代の変化、個人の価値観やライフスタイルの多様化を踏まえた紛争解決をめざします。

当事務所の中核業務は企業法務であり、企業の日々の業務で生ずる法律問題の相談、契約書作成、訴訟案件の受任といった個別案件の対応から、創業支援、株主総会の指導、コンプライアンスプログラムや内部統制などの会社の根幹をなす体制構築のサポートに至るまで高水準のリーガル・サービスを提供することに努めています。

特に、所属弁護士が各々の専門分野を活かし、事業再生・倒産、ファイナンスリース・金融取引、医療関係紛争、デジタルコンテンツ保護、著作権、独占禁止法・下請法等の経済法関係の事件についての予防法務と訴訟案件に強みを有するのが特色です。

もちろん交通事故、債権回収・損害賠償請求、不動産契約、建築紛争、家事事件、遺言・相続等の一般民商事事件全般の業務も行っています。

また、社外監査役等への就任による企業運営への積極的参画、法科大学院の教員として教育・研究活動等を通じて、各弁護士がさらなる専門分野の研鑽に努めています。

■設立・沿革

当事務所の前身は、熊谷尚之（10期）と髙島照夫（17期）が開設した「熊谷・髙島法律事務所」に遡ります。1974年に中川泰夫（26期）が入所し、その後、名称を「熊谷・髙島・中川法律事務所」に変更するとともに、当事務所の体制の中核が整いました。その後、現在の構成メンバーである池口毅（43期）、石井教文（37期）、川上良（51期）、吹矢洋一（53期）が順次入所し、その間に名称を「大阪西総合法律事務所」に改称しました。

2008年には継続的なリーガル・サービスの提供を目的として法人化を行い、現在の弁護士法人大阪西総合法律事務所となりました。その後に、近藤祥文（62期）が入所し、また、2014年に、桐山昌己（43期）が合流し、現在の体制に至っています。

代表者	石井教文（大阪弁護士会）
主な顧問先	銀行、リース・クレジット、損害保険、商社、製造業、不動産・建設業、物流業、サービス業、マスコミ、ソフトウェア開発、WEB製作、小売業、学校法人、医療法人、社会福祉法人

| 報酬体系 | 事務所報酬規程（日弁連旧報酬規程に当事務所の変更を加えたもの）による。着手金・報酬金等とタイムチャージの双方対応可能／顧問料（月額）50,000円～／タイムチャージ20,000円～50,000円（担当弁護士の当該分野の専門性に応じて幅がある）。 |

大阪西総合法律事務所

|取扱業務| **一般企業法務** 日常の法律・経営相談、契約書の作成・審査、契約・紛争案件の交渉、会社法・コーポレート・ガバナンス・コンプライアンス・内部統制(経営判断に関する助言、意見書作成、制度構築支援)、事業再編(スキーム構築支援、デューデリジェンス実施等)、株主総会のサポート、人事労務問題指導、独占禁止法・下請法を巡る問題、企業の社会的責任(CSR)の問題、役員の責任追及、株主代表訴訟、企業の不祥事対応、従業員の不祥事対応/**労働法務**として、就業規則の作成・変更、雇用契約の終了(解雇、退職、合意解約、違法な退職勧奨)、サービス残業(賃金不払残業)、セクハラ・パワハラ問題/**企業倒産法務**として、更生手続、再生手続、破産手続、特別清算、事業再生特定調停、私的整理その他/**非営利法人法務**等/**訴訟事件受任** 金融・証券、倒産、不動産関係・建築工事請負、競争制限法、IT・デジタルコンテンツ、債権管理・債権保全・債権回収、人事労務、事業承継、商事関係訴訟、医療過誤訴訟等/**個人法務** 交通事故、賃貸借紛争、境界確定紛争、離婚事件等の家事事件、遺産分割請求事件、遺留分減殺請求事件、遺言無効事件等の相続事件/破産手続・個人再生手続の各申立て

|P|**石井教文** 1979中大法、37期、全国倒産処理弁護士ネットワーク常務理事(2006〜)/**熊谷尚之** 1953京大法、10期、元大阪弁護士会会長、元日弁連副会長、元近弁連理事長、元㈶法律扶助協会会長、元大阪府公害審査会会長/**中川泰夫** 1972阪市大法、26期/**池口毅** 1986神大法、43期/**桐山昌己** 1989京大法、43期/**川上良** 1993阪大院法(民事法)、51期、阪大LS特任教授(2011〜)/**吹矢洋一** 1999京大法、53期 |A|**髙島照夫** 1955京大法、17期/**近藤祥文** 2005立命大理工、2008甲南大LS、62期、甲南大LS非常勤講師 以上すべて大阪弁護士会。

|著作| 石井教文「債権者代位権(債権法研究会報告)」、「消滅時効(同)」金融法務事情/同『破産手続における弁済の充当』『現代民事法の実務と理論田原睦夫先生古稀・最高裁判事退官記念論文集』(金融財政事情研究会)/同『新注釈民事再生法(上)(下)』(共編、金融財政事情研究会)/同『再建手続における役員の地位と責任』『講座・倒産の法システム(3)』(日本評論社)/石井教文「リース契約」『新破産法の理論と実務』(判例タイムズ社)/桐山昌己「破産管財人の源泉徴収義務」銀行法務21/同『破産管財手続の運用と書式(新版)』(共著、新日本法規出版)/池口毅「更生手続下における動産売買先取特権の取扱いについて」銀行法務21(共著)/川上良『デジタルコンテンツ法』(共著、商事法務)/川上良『知的財産契約の理論と実務』(共著、商事法務)/川上良『実務家からみた民法改正—「債権法改正の基本方針」に対する意見書』別冊NBL131号(共著)/川上良『民法(債権法)改正の論点と実務(上)(下)』(共著、商事法務)/川上良『基礎トレーニング倒産法』(共著、日本評論社)/吹矢洋一『わかりやすい会社法の手引』(共著、新日本法規出版)/熊谷尚之「リース物件の保全と保守をめぐる法律問題」『リース取引法講座』(金融財政事情研究会)/熊谷尚之「登記請求権を保全するための処分禁止の仮処分と仮登記仮処分との異同」銀行法務21(共著)/全国倒産処理弁護士ネットワーク編、石井教文・池口毅・桐山昌己他編集執筆『通常再生の実務Q&A120問』(金融財政事情研究会、2010)/石井教文他編集執筆『個人再生の実務Q&A100問』(金融財政事情研究会、2008)/石井教文他編集執筆・川上良・桐山昌己他執筆『破産実務Q&A200問』(金融財政事情研究会、2012)/同編、石井教文他編集執筆・池口毅・桐山昌己他執筆『会社更生Q&A120問』(金融財政事情研究会、2013)

|事件| 会社更生事件(更生管財人:石油小売業、倉庫業、有料老人ホーム、ゴルフ場、更生管財人代理:給食業)/民事再生事件(監督委員:ゼネコン、ゴルフ場等多数)/破産事件(管財人:海運業、不動産管理業、海洋土木業、不動産投資ファンドグループ、服飾メーカー等多数、管財人代理:宝石小売業、呉服小売業等、申立代理人多数)/特別清算申立事件/訴訟事件(製造物責任・メーカー側、株主総会取消訴訟・会社側、株主代表訴訟・会社側、医療過誤訴訟・医療機関側、破綻金融機関に対する損害賠償請求訴訟・金融機関側)ほか多数

大阪本町法律事務所
Osaka Honmachi Law Office

〒541-0053　大阪市中央区本町3-5-7　御堂筋本町ビル2階
TEL　06-4705-2882　FAX　06-4705-2687
E-mail：osk-honmachi@mbn.nifty.com

行政経験を有する弁護士が多く、特に、組織内部の規程の制定・改正等を得意とする専門事務所。コンプライアンスやコーポレート・ガバナンスへの助言や講演活動も多い。

■理念・特色

1．当事務所は、法務部門での職務経験を有する弁護士を抱え、紛争を未然に防止するための助言（コンプライアンスに関する助言）や企業の組織のあり方に関する助言（コーポレートガバナンスに関する助言）を得意としています。

各種企業向けのコンプライアンスに関する研修や講演も数多く行っており、セクハラ・パワハラに関する研修や講演については、女性弁護士が担当しています。

株主総会への対応や日常の法律相談など各種企業の法務に携わるとともに、行政側からの視点を踏まえ、企業の立場からの、許可・申請等の事前または事後の助言、公共団体との関係の調整に関する助言、さらには、住民訴訟や株主代表訴訟などの特殊な訴訟についても、対応が可能です。

2．労働問題について、就業規則の改正作業から訴訟に至るまでの案件を取り扱っています。

3．訴訟案件に関しては、早期に事件に対する見通しを立て、最善の紛争解決を図ります。特に、建築瑕疵をはじめとする建築紛争（土壌汚染に関する紛争を含む）について、豊富な経験と専門知識を持っています。

交通事故についても、所属弁護士が、長年、交通事故紛争処理センターの嘱託弁護士としてあっせん業務に携わってきたことから、多数の案件を取り扱っています。

4．事業再生に関する事件、とりわけ第三セクターの再生事件に関し、企業の視点と行政の視点を踏まえた適切な助言、事件処理が可能です。

5．当事務所では、予防法務（法律相談や契約書のチェックといった日常業務の中で、訴訟や紛争が生じないよう予防策を講じ、未然に紛争や訴訟を防止すること）に力を入れています。

また、行政での立法作業の経験を有する弁護士が多く在籍していることから、契約書の作成・チェック、組織内部の各種規程の制定または見直し、紛争防止のために有効な組織内の体制・制度の構築や見直し等についても、重点的に取り組んでいます。

6．元大阪国税不服審判所長として多数の税務事件を扱ってきた経験のある元地方裁判所長の弁護士が入所したことから、税務訴訟の分野にも力を入れています。

■設立・沿革

1980年5月　「比嘉法律事務所」を開設
2004年4月　「大阪本町法律事務所」に事務所名を変更

代表者	比嘉廉丈（大阪弁護士会）
主な顧問先	製造業、住宅メーカー、建材メーカー、素材メーカー、クレジット等上場企業から中小・個人企業までの各企業、地方公共団体（都道府県、市町村、一部事務組合、広域連合）、医療法人、社会福祉法人、各種公社・公益法人等
報酬体系	事務所報酬規程（日弁連旧報酬規程に当事務所の変更を加えたもの）による。／顧問料（月額）原則50,000円～／相談料　30分ごとに5,000円～25,000円。

取扱業務 **法律顧問業務** 相談・助言、契約書の作成・チェック、契約・紛争案件の交渉、役員・社員研修／**企業法務** 会社法、株主総会、コンプライアンス、コーポレート・ガバナンス、内部統制、内部調査、企業の不祥事対応、従業員の不祥事対応、人事労働関係、セクハラ・パワハラ問題、債権管理・債権保全・債権回収、倒産事件（破産・民事再生・特別清算）、独占禁止法・下請法、知的財産権（著作権・商標・不正競争防止法等）、個人情報保護法、医事法、各種規程の作成・変更、商事訴訟（株主総会決議取消の訴え、新株発行無効の訴え等）、税務訴訟・不動産訴訟・建築訴訟等各種訴訟／**行政事件** 一般相談・助言、訴訟・紛争処理、債権管理・債権保全・債権回収、公益法人化についての助言・手続／**一般民事事件** 債権回収、不動産・建築紛争、近隣問題、境界紛争・筆界特定、家事事件（離婚・相続・成年後見）、破産（個人破産・個人再生・債務整理）、投資詐欺事件等消費者事件、交通事故、海事事件、労働事件／**刑事事件** 被疑者弁護、公判弁護、告訴手続／**その他** 社外役員、講演や内部研修の講師、内部通報者窓口、公平委員会委員等

P 比嘉廉丈 1968京大法、27期、大阪府勤務、大阪弁護士会副会長（1996～97）、日弁連ADRセンター副委員長（2002～06）、大阪弁護士会会法規室長（2000～09）、日弁連業務改革委員会副委員長（2008～11）、日弁連業務改革委員会企業コンプライアンスＰＴ座長（2009～13）、（公社）総合紛争解決センター副理事長（2009～）／A 比嘉邦子 1971阪大法、36期、大阪府勤務、調停委員（1998～）、大阪府立成人病センター倫理審査委員会委員（2003～）、大阪市男女共同参画苦情処理委員（2003～）、その他（一財）大阪住宅センター理事、全国健康保険協会大阪支部評議会評議員／川上確 1999神大法、55期、事業会社社外監査役（2008～）／橋本匡弘 1999京大法、2001京大院（法学修士・行政法専攻）修了、2006京大LS、60期、大阪市勤務、学校法人監事（2009～）、大阪市職員共済組合審査委員（2009～）、大阪法務局筆界調査委員（2009～）／酒井美奈 2005早大法、2008神大LS、62期／源本恵理 2009京大法、2011京大LS、65期 顧 吉野孝義 1972東大法、27期、1975裁判官任官、元福岡・大阪法務局訟務部長、元大阪国税不服審判所所長、元大阪地方裁判所長、2013登録、調停委員（2013～）、事業会社社外監査役（2014～）　以上すべて大阪弁護士会。

著作 吉野孝義『現代裁判法大系15　民事執行』（共編、新日本法規出版）／吉野孝義「物件明細書の今日的意義」伊藤眞他編『権利実現過程の基本構造　竹下守夫先生古稀記念』（共著、有斐閣）／田原睦夫編吉野孝義他著『個別意見が語るもの─ベテラン元裁判官によるコメント』（共著、商事法務）

事件 退職金請求事件（取締役が支給を受けるべき退職慰労金と商法269条の適用、最二小判昭和56.5.11民集133.1、判タ446.92、金判625.18、判時1009.124）／**転任処分取消請求事件**（最一小判昭和61.10.23民集149.59、判タ627.94、金判760.40、判時1219.127、労判484.7）／**第三セクターの特定調停事件等の事業再生事件**／**売買代金請求事件**（動産売買の先取特権に基づく物上代位権の行使と第三者債務者のする相殺の優劣、大阪地判平成17.1.27金判1210.4）／**法定外会議等出席府議会議員費用弁償不当利得返還請求住民訴訟事件**（大阪地判平成21.3.31判例地方自治325.15）／**不当利得金返還等請求事件**（最一小判平成22.3.25民集233.295、裁判所時報1504.113、判タ1323.82、判時2081.3）／**全国学力調査非公開決定処分取消請求事件**（大阪地判平成22.6.18判例地方自治340号68頁）／**固定資産税等賦課徴収懈怠違法確認等請求事件**（最二小判平成27.7.17裁判所Web）　その他多数訴訟事件

岡田春夫綜合法律事務所
H. OKADA INTERNATIONAL LAW OFFICES

〒531-0072　大阪市北区豊崎3-2-1　淀川5番館7階
TEL　06-6374-6357　FAX　06-6374-2456
URL：http://www.okada-law.com/　okada@okada-law.com

10 (±0)			
P 2	A 8	顧	0
男 5	女 5		
外弁 0	外資 0		
他士 0	事務 4		

知的財産・国際法務を得意とし、関連する訴訟・仲裁案件等も多い。理系や他学部、企業経験者、留学経験者も多く、技術に関係する法務（PL、製品瑕疵、公害等）には定評がある。

A		知財
		国際　訴訟

■理念・特色

　当事務所は、理系から文系に転向した代表者が設立した経緯から、理系と文系の融合をめざしております。

　一般的に、自然科学には正解はあるが、法律には正解はないといわれています。たしかに、抽象的な法理論には正解は必ずしもありませんが、具体的な法律問題においては、具体的な事実、経緯、証拠、クライアントの要望、相手方や裁判官の状況、心理、その他の関連情報をインプットし、徹底的に分析、議論をしていくと、多くの場合、不思議とこれしかないという唯一の解決─100点満点の解答─「The Answer」が導き出されます。

　「The Answer」に至る過程においては、多くの場合、チームを組んだ複数の弁護士が、重要な意思決定、戦略策定を行う都度、要所要所で、結論に予断を全く持たないブレーンストーミング形式による徹底的な議論を行います。そこで採るアプローチは、裁判官さらには相手方と、その時々で説得しなければならない者の立場からの分析も行います。このような分析を行うことによって、こちらが採るべき最善の戦略が見えてきます。

　このようにして、The Answerに到達した時には、鬱蒼と茂った森の中の辛い山登りの末、突如として360度の視界が開けた時と同じ興奮と感動を感じます。この「The Answer」に到達した時の感動と興奮を当事務所の弁護士は日々の仕事の中で共有しており、これが当事務所の仕事に対する情熱の源となり、事件に取り組むモチベーションを高め、結果として質の高いリーガル・サービス提供の原動力になっております。

　これが、当事務所が開設以来25年以上堅持してきた理念であります。

　上記理念のもと、多くの弁護士が海外への留学経験を有していることもあり、知的財産や国際法務を含むさまざまな国内訴訟・国内仲裁事件はもとより、多くの国際訴訟・国際仲裁事件において実績を挙げております。そして、海外訴訟等においては、司令塔の役割で参加する場合も多々あります。

■設立・沿革
　1987年に開設。

代表者　岡田春夫（大阪弁護士会）
取扱言語　英語
主な顧問先　製造業（医療機器、電子部品、自動車、農業機械、エンジン、建設機械、珈琲関連事業、家電、自転車部品、釣り具、スポーツ用品、集塵機等環境製品、自動化装置、医薬品、産業資材、デバイス、情報コミュニケーションシステム、LED関連、厨房機器等多数）、総合商社、プロ野球球団、オフィスビル事業会社、ホテル業、医療法人、クレジット会社、大学、知財管理団体、宗教法人、アパレル等多数
報酬体系　日弁連旧報酬規程を参考にした事務所報酬規程による。着手金・報酬金とタイムチャージの双方の対応が可能。

岡田春夫綜合法律事務所

取扱業務　知財争訟　特許、実用新案、意匠、商標等の産業財産権ならびに著作権、営業秘密の保護を含む不正競争防止法違反に関する侵害紛争、産業財産権に関する特許庁での審判手続および審決取消訴訟、職務発明等の相当対価請求訴訟、知財仲裁など知的財産紛争全般／知財関連取引　各種の知的財産の特質を活かしたライセンス契約、技術移転契約、産学連携等についての総合的助言や契約交渉への参加／国際取引全般　国際売買契約、継続的供給契約、ライセンス契約、代理店契約などの英文契約書の作成・チェックを含む海外契約交渉全般／国際争訟　知的財産訴訟、その他の国際争訟（訴訟戦略提案、外国弁護士との共同対応、ディスカバリーやデポジション、陪審トライアルへの対応など）／一般企業法務　ビジネス法務案件に関するビジネス観点を踏まえた総合アドバイス、さまざまな契約書のスキーム構築とこれに基づく戦略的ドラフト作成や、契約交渉、株主総会指導など、公害・環境に関する紛争、技術（製品の瑕疵）に関する紛争、不動産（売買・賃貸借）に関する紛争、契約に関する紛争／製造物責任　欠陥の発生原因の究明、証拠の保全と収集、マスコミ対応についてのアドバイス、製品の瑕疵に関する企業間の損害賠償請求／M＆A　スキームの策定、法務デューデリジェンス、契約書の作成および交渉／独占禁止法　独占禁止法の各種法的問題の予防的見地からの助言、事件発生後の紛争処理／倒産法　公認会計士・税理士等の専門家とも連携し、私的整理から法的倒産手続までの最適なメニューを選択、実行／危機管理　問題を未然に防止するための助言および事件発生後の対応への助言等／家事事件　遺言書の作成、遺産分割等の遺産・相続に関する事件等、成年後見／刑事事件

P岡田春夫　東大法、34期、ミシガン大LLM、NY州弁護士、弁理士、日本仲裁人協会関西副支部長、法務省と日弁連共催の外国法事務弁護士制度に係る検討会委員、日弁連外国弁護士および国際法律業務委員会委員、クリスタ長堀監査役、元大蔵省勤務、元法務省と日弁連共催の国際仲裁代理研究会幹事、元偽ブランド連絡協議会判定部会部会長／森博之　東大法、54期　A石井靖子　名大法、英国ブリストル大法に留学、50期／中西淳　阪大経、阪大院法、神大理、55期、シンガポール国立大LLM／長谷川裕　京大法、56期／木村美樹　京大法、57期、ボストン大LLM、NY州弁護士／瓜生嘉子　奈良女子大理、奈良女子大院理、弁理士、60期／内田誠　京大工、立命大LS、62期／名越真子　関大法、神大院法、関大LS、64期／川野智子　神戸女学院大英、阪大法、阪大LS、65期
以上すべて大阪弁護士会。

著作　岡田春夫「仲裁条項の意義と仲裁条項の及ぶ範囲」JCAジャーナル54巻1号／岡田春夫「商標登録前の異議申立人の地位の承継」小野昌延先生喜寿記念刊行事務局編『知的財産法最高裁判例評釈大系(II)意匠法・商標法・不正競争防止法』（青林書院）／岡田春夫他編著『アジア諸国の知的財産制度—山上和則先生古稀記念』（青林書院）／岡田春夫他「製造物責任」および「技術契約と輸出管理規制」山上和則・藤川義人編『知財ライセンス契約の法律相談（改訂版）』（青林書院）／岡田春夫「後に無効となった特許権に基づき、競合会社の取引先に対し行った侵害警告につき、過失がないとされた事例—有機EL素子事件」知財管理63巻3号／森博之他「渉外実務の手引き(2)国際倒産」国際商事法務34巻5号および「渉外実務の手引き(8)国際販売店・代理店契約」国際商事法務34巻12号／中西淳「ライセンス契約　法律相談Q＆A（第8回）」知財ぷりずむNO.98／中西淳「寄与率の参酌」・長谷川裕「補償金請求」大阪弁護士会知的財産法実務研究会編『知的財産権・損害論の理論と実務（別冊NBL139号）』（商事法務）／森博之・長谷川裕・瓜生嘉子・内田誠他『Q＆A企業活動のための消費者法』五月会「Q＆A企業のための消費者法」編集委員会編（民事法研究会）　ほか多数

事件　特許侵害訴訟において米国の陪審裁判で全面勝訴／米国の医薬品製造大手の特許侵害訴訟等国内／国外の特許侵害に関する多くの訴訟および仲裁／職務発明等の相当対価請求訴訟／米国企業による消費者金融大手のM＆A／M＆A後の表明保証違反の損害賠償請求訴訟／さまざまなアスベスト関連訴訟／電力会社の各種原子力関連契約／医薬品への毒物混入事件／食品偽装事件

片山・平泉法律事務所
Katayama・Hiraizumi Law Offices

〒541-0041　大阪市中央区北浜2-5-23　小寺プラザ7階
TEL　06-6223-1717　FAX　06-6223-1710
E-mail：toshiko@katayama-lo.gr.jp

 事務所開設当初より、家事事件全般を取り扱うとともに、消費者問題にも深く関与し、当分野では定評のある事務所。建築紛争やPL事件、交通事故等にも対応する。

■理念・特色

当事務所は、片山登志子が家庭裁判所で書記官を経験していたこともあって、開設当初より離婚や相続に関する家事事件全般を中心に取り扱ってきました。特に、15年前頃からは、面会交流など子どもをめぐる両親間の紛争に関連する事件の取扱いが増加してきましたが、2009年に、家庭裁判所の裁判官経験が豊富な村岡泰行弁護士を顧問として迎え、遺産分割、遺言書の作成・執行、成年後見関係事件など、あらゆる家事事件への対応の充実を図っています。

また一方で、事務所開設当初よりPL訴訟を消費者側で扱っていたことから消費者問題にも現在に至るまで継続して関与しており、多様な消費者被害の救済に関する事件を取り扱うとともに、片山・平泉・黒木の3名とも日弁連の消費者問題対策委員会の委員を務めるほか、消費者団体の活動にも深く関与してきました。

以上のような弁護士としての活動経験の中で、①依頼者の視点に立って（子どもに関する紛争の場合には子どもの視点にも立って）紛争の実態を見つめ当事者の納得できる解決を図ること、②取り扱った事件を通して紛争の背景にある社会の構造的な問題を考え、その改善に向けた社会的活動や情報発信を行うこと、すなわち弁護士として、受任事件の適切な解決と公益的活動の両方を常に大切にすることを事務所の所属弁護士一同心がけています。

家事事件一般

離婚、養育費、面会交流、子の引渡しなどの夫婦や親子に関する紛争解決全般。遺言書の作成・執行、遺産分割、相続財産管理など相続に関する事件全般。成年後見関連事件。

建築紛争

建築瑕疵を巡る紛争、追加変更工事に関連する紛争、地盤を巡る紛争、リフォーム工事を巡る紛争、その他建築・建設にかかわる紛争や予防のための相談業務全般。

PL事件（製造物責任法に関わる事件）

製品（電化製品、自動車・自転車、食品・薬品、その他の物）の欠陥に起因する事故・被害に関わる事件全般。

倒産処理事件

会社・個人の負債処理全般。

その他一般民事全般

交通事故・医療過誤・消費者被害等の損害賠償事件、不動産関連事件など。

■設立・沿革

1993年4月、片山登志子が「片山登志子法律事務所」を設立しました。2005年7月、黒木理恵および平泉憲一が経営に参加し「片山・黒木・平泉法律事務所」となりましたが、2014年4月、黒木理恵が任期付公務員に採用され経営から離脱したため「片山・平泉法律事務所」に改称し、現在に至っています。

代表者	片山登志子（大阪弁護士会）	報酬体系	事務所報酬規程（日弁連旧報酬規程に準拠）による。
主な顧問先	製造業・ブライダル事業・運輸業・運送業・不動産業・医療法人等		

取扱業務

家事事件 離婚、遺産分割、相続、遺言作成・執行、高齢者・成年後見、その他全般
民事事件 消費者被害（製造物責任問題を含む）、サラ金被害、倒産整理、医療過誤、その他全般
不動産事件 不動産取引、借地借家、建築紛争、その他全般
交通事故
刑事事件（少年事件を含む）

P 片山登志子 1977京大法、40期、裁判所事務官・書記官を経て1988登録、元大阪家庭裁判所家事調停官、元消費者庁消費者安全調査委員会委員、大阪家庭裁判所参与員・同調停委員、日本ハム社外取締役、国立研究開発法人国立循環器病研究センター監事、日本家族〈社会と法〉学会理事

平泉憲一 1983中大法、51期、日弁連消費者問題対策委員会委員、欠陥住宅全国ネット事務局長、追手門学院校友会山桜会会長

顧 村岡泰行 1969京大法、28期、1976判事補任官、2009山口家庭裁判所退任、2009登録、元大阪家事調停協会会長、元（公財）日本調停連合会副理事長、元同大LS非常勤講師

坂東俊矢 1981立命大法、1986龍谷大院法学研究科博士、2005登録、京産大院法務研究科教授、京都府生活審議会会長代理、国民生活センター紛争解決委員会特別委員、日本消費者法学会理事

黒木理恵 1993大阪市大法、48期、元消費者庁任期付職員、現内閣府消費者委員会事務局長

A 齋藤勝 2002関大法、2006神大LS、60期

椚座三千子 2002大阪市大院文学研究科博士、2008関大LS、62期

越智信哉 2007京大法、2009京大LS、63期

以上　すべて大阪弁護士会。

著作 片山登志子他〔執筆〕日本弁護士連合会消費者問題対策委員会編『実践PL法』（共著、有斐閣、1995）／同『アメリカ情報公開の現場から―秘密主義との闘い』（共著、花伝社、1997）／同『情報公開ナビゲーター―消費者・市民のための情報公開利用手引き』（共著、花伝社、2001）／同『通報者のための公益通報ハンドブック』（共著、民事法研究会、2005）／『判例から学ぶ消費者法（第2版）』（共著、民事法研究会、2013）／『Q&A新人事訴訟法解説』（共著、日本加除出版、2004）／『面会交流と養育費の実務と展望 子どもの幸せのために』（共著、日本加除出版、2013）／『代理人のための面会交流の実務 離婚の調停・審判から実施に向けた調整・支援まで』（共著、民事法研究会、2015）／平泉憲一他〔執筆〕日本弁護士連合会編『家づくり安心ガイド』（共著、岩波書店、2004）／同〔執筆〕日本弁護士連合会消費者問題対策委員会編『欠陥住宅被害救済の手引（全訂3版）』（共著、民事法研究会、2008）／同『キーワード式消費者法事典（第2版）』（共著、民事法研究会、2015）／同『消費者のための住宅リフォームの法律相談Q&A』（共著、民事法研究会、2015）／欠陥住宅被害全国連絡協議会編『消費者のための欠陥住宅判例（第6集）』（共著、民事法研究会、2012）／島川勝・坂東俊矢編『判例から学ぶ消費者法（第2版）』（共著、民事法研究会、2013）／久米川良子他編『消費者被害の上手な対処法（全訂2版）』（共著、民事法研究会、2014）／大阪破産管財プロジェクトチーム編『破産管財ABC（最新版）』（共著、大阪弁護士協同組合、2003）／大阪地方裁判所・大阪弁護士会破産管財運用検討プロジェクトチーム編『破産管財手続の運用の書式（新版）』（共著、新日本法規出版、2009）

弁護士法人 関西法律特許事務所
KANSAI LAW PATENT OFFICE

大阪事務所
〒541-0041　大阪市中央区北浜2-5-23　小寺プラザ12階
TEL　06-6231-3210　FAX　06-6231-3377
東京事務所
〒100-0011　東京都千代田区内幸町1-1-7　NBF日比谷ビル7階
TEL　03-3539-5161　FAX　03-3539-5166
URL：http://www.kansai-lp.com/

26（-2）
P 13　A 8　顧 3
男 22　女 2
外弁 0　外資 0
他士 1　事務 17

B		再生
	知財	会社

　1965年、村林隆一および今中利昭弁護士らにより設立。以来、設立者の専門である①知的財産権、②会社法・倒産法を中心に業容を拡大し、現在に至る。

■理念・特色
当事務所は、1965年4月に村林隆一と今中利昭の共同事務所として、大阪市北区曽根崎に開設されました。

事務所開設以降、村林隆一は特許権等の知的財産権の分野に、今中利昭は会社法および倒産法の分野に特に力を注ぎ、これらの分野を中心に、広範囲に及ぶ民事事件を手がけてきました。その間、一貫して専門性の高さを重視しクライアントに対して満足を与えることができる体制の構築に努めてきました。

知的財産業務　当事務所においては、特許権・実用新案権・意匠権・商標権のいわゆる産業財産権（工業所有権）4法をはじめ、著作権・不正競争防止法等の知的財産権に関する案件全般を取り扱っています。当事務所における知的財産関連業務は、村林隆一が昭和30年代に開始して以来の歴史を有し、現在は、複数の担当パートナー弁護士により、わが国でも屈指の取扱範囲とパフォーマンスを誇っています。

倒産処理業務・事業再生業務　会社更生、民事再生、破産、特別清算による法的再建・清算の申立てのほか、事業再生ADR等による私的整理、M&A業務等を取り扱っています。特に自主再建型の民事再生手続など従前の経営者が継続する形での企業再建については実績を数多く蓄積しています。また、更生管財人、監督委員、破産管財人等の裁判所により選任される業務も多数受任しています。常に、多数の弁護士が集中的に事務処理を行う必要がある大規模倒産事件（負債総額・債権者数）に当事務所スタッフのみで対応できる体制を準備し、幅の広い、かつ、質の高いサービスを提供しています。

企業法務・公共団体に対するアドバイス業務
取引関連案件や株主総会等の運営の助言、M&A等の企業法務全般を取り扱うほか、国や地方公共団体における事業民営化や関連法人の組織改編に対するアドバイス、プロジェクト推進業務を行っています。

一般個人法務　債務整理（破産、個人再生等を含む）・不動産問題・親族相続問題・財産管理・刑事事件等を数多く取り扱っています。

■設立・沿革
1965年	大阪市北区曾根崎にて「関西法律特許事務所」設立
1998年	大阪市中央区北浜へ移転
2004年	「弁護士法人関西法律特許事務所」に組織変更
2006年	「弁護士法人関西法律特許事務所　東京事務所」開設

代表者	村林隆一、今中利昭（いずれも大阪弁護士会）
主な顧問先	各種製造業・総合商社・専門商社・流通業・不動産・サービス業・ゴルフ場・医療機関・地方公共団体等多業種にわたり多数
報酬体系	事務所報酬規程による。案件により着手金・報酬金等とタイムチャージの双方対応

弁護士法人 関西法律特許事務所

取扱業務 **知的財産部門** **紛争処理** 特許権・実用新案権・意匠権・商標権をはじめ、著作権・不正競争防止法等の知的財産権に関する案件全般。知的財産権の侵害訴訟、特許庁における拒絶査定不服、特許無効、訂正、商標取消審判等の各種審判およびこれらの審決取消訴訟のほか、ライセンス交渉、ADR手続、また、権利侵害や権利有効性に関する鑑定書、意見書作成／**企業戦略** 知的財産紛争の未然防止のための予防法学的見地からのアドバイジング（他社知的財産権の調査、紛争回避、他社保有権利の有効性調査）。マーケットシェアを高めるためのパテントマップ作り。特許、商標等の戦略的取得に関する提言、アドバイジング業務／**国際紛争処理** 海外の法律・特許事務所とも連携して外国特許権等の紛争にも対応／**出願** 将来の権利行使を見据えた明細書の作成や中間処理のノウハウの提供

事業再生部門 **事業再生** 会社更生法、民事再生法等での申立代理人、更生管財人、監督委員等（第一紡績や大阪シティドームの会社更生手続、その他ゴルフ場、ホテル、商社、ゼネコン、製造業等多岐に渡る業種の再生の経験と実績の蓄積あり）。また、法的手続に至る前の段階において、私的整理手続を活用し、金融機関との交渉、法的制度を活用した組織のリストラクチャリングの実施、事業再生を図ってきたノウハウ、経験を提供／**事業清算** 清算手続を選択する場合にも、任意整理、特別清算、破産といった手続を熟知し、ノウハウを有する弁護士が的確なプランニングを行い、チーム体制でサポートし、円滑かつ迅速に対応／**事業承継** 企業継承に際し、長期的視野に立ちつつ円滑な承継をめざす

企業法務 **会社法・金融商品取引法** 日常の企業活動に必須なコーポレートガバナンスやコンプライアンス等の基本的な会社法上のアドバイス。自社の将来像を考慮に入れた組織設計、関連会社の統廃合等の組織変更に伴う総合的プランニングとアドバイス。上場企業を始め各種企業の社外取締役、監査役業務。現代企業法務に即した株主総会対策等／**M&A** 会社分割や事業譲渡、合併等をはじめとするM&Aについてもノウハウを蓄積しており、デュー・デリジェンスから効果的なM&Aの実施まで幅広く対応可能／**契約・取引法務** 契約交渉から履行までを幅広くサポート／**国・地方公共団体に対する戦略的アドバイス** 国や地公体における、事業の民営化・関連法人の組織改編・統合その他のトランザクションの推進に対し、企業法務・契約実務にも精通した法務アドバイス、PPPへの深い理解を踏まえたアドバイス。東京都臨海地域第三セクターの再編、港湾民営化、関空・伊丹統合プロジェクト空港コンセッション業務への関与など豊富な経験を持ち、行政の特殊性に十分配慮したプロジェクトの推進。

P 村林隆一 関大法、7期、弁理士／**今中利昭** 関大院法、法学博士、14期、池田泉州ホールディングス社外監査役／**浦和栄** 中大法、35期、ヨータイ社外監査役／**松本司** 東大法、36期、弁理士、スーパーツール非常勤監査役／**辻川正人** 京大法、サンディエゴ大LS、40期、立花エレテック社外取締役／**井上裕史** 阪大院工、52期、一弁、弁理士／**山形康郎** 京大法、52期、MonotaRO社外取締役、事業再生実務家協会理事／**赫高規** 京大院法、52期、高速取締役／**佐藤潤** 同大院法、55期、一弁／**田上洋平** 関大法、56期、弁理士／**廣瀬嘉** 阪大院法、57期／**髙木大地** 同大LS、60期／**栗本知子** 京大LS、60期 A **佐合俊彦** 神大法、60期、一弁、元特許庁法制専門官／**阪中達彦** 早大政経、61期／**植村淳子** 阪大LS、61期／**加藤明俊** 京大LS、63期／**岡田良洋** 京大LS、64期／**角谷俊輔** 阪大LS、66期／**冨田信雄** 阪大LS、67期 客員 **岡次郎** 関大法、9期／**久米喜三郎** 立命大法、14期／**田邊光政** 名大名誉教授、法学博士 以上明記のないものはすべて大阪弁護士会。

著作 下記論文集の著作一覧参照。『村林隆一先生傘寿記念論文集 知的財産権侵害訴訟の今日的課題』（青林書院、2011）／『今中利昭先生古稀記念 最新倒産法・会社法をめぐる実務上の諸問題』（民事法研究会、2005） 知的財産、会社法、企業再編（M&A・事業譲渡）、ゴルフ法の分野において著作および論文多数

北浜法律事務所
Kitahama Partners

北浜法律事務所・外国法共同事業
〒541-0041　大阪市中央区北浜1-8-16　大阪証券取引所ビル
TEL　06-6202-1088　FAX　06-6202-1080
弁護士法人北浜法律事務所東京事務所
〒100-0005　東京都千代田区丸の内1-7-12　サピアタワー14階
TEL　03-5219-5151　FAX　03-5219-5155
弁護士法人北浜法律事務所福岡事務所
〒812-0018　福岡市博多区住吉1-2-25　キャナルシティ・ビジネスセンタービル4階
TEL　092-263-9990　FAX　092-263-9991
URL：http://www.kitahama.or.jp　kitahama@kitahama.or.jp

81	(-6)		
P 32	A 46	顧 5	
男 68	女 14		
外弁 2	外資 1		
他士 4	事務 60		

大阪、東京、福岡の3拠点体制で企業法務全般を取り扱う総合事務所（1973年設立）。海外の主要各国の法律事務所とのネットワークを活かし、多数の海外案件も取り扱っている

■理念・特色

当事務所は、依頼者の皆様に最適かつ実践的なソリューションを提供することが事務所の存在意義であると考えております。そのために、依頼者の皆様の事業目的やニーズあるいは不安といった「想い」を、担当する一人一人の弁護士が十分に理解、共感しながら、具体的なカタチにします。また、このように優良なリーガル・サービスを永続的に提供し続ける、社会の公器となることをめざしています。この理念を実現するために、以下の5点を重視しています。

1. 専門的な知識と経験

高度の専門的な知識と経験を有する弁護士がチームを組むことによって、あらゆる法分野に対応しています。

2. スピードと熱意

迅速な対応こそ依頼者の皆様にソリューションをもたらすということを常に念頭においています。また、同時に、依頼者の皆様にとって何が最適なのかを熱意をもって考え抜いています。

3. コミュニケーション重視の姿勢

依頼者の皆様の「想い」を十分に理解するため、依頼者の皆様とのコミュニケーションを密にし、きめ細やかで一体感のあるサービスを提供しています。

4. 豊富な国際案件の経験

豊富な国際案件を通して、信頼できる海外の専門家とのグローバル・ネットワークを構築し、国と分野を問わずサポートしています。

5. 持続的な人材育成

若手からベテランに至るまで、人間として常に成長をめざす事務所風土および教育システムを構築しています。

■設立・沿革

1973年、大阪で設立された当事務所は、2002年には「弁護士法人北浜パートナーズ」（のちの弁護士法人北浜法律事務所）を設立するとともに東京事務所を開設し、その後、2006年には福岡事務所を開設致しました。また、同年、ジェリー・メステッキー外国法事務弁護士との間に外国法共同事業を開始し、現在は3拠点が北浜グループとして一体的に機能しています。

代表者　森本 宏（大阪弁護士会）	方自治体、大学など
支店　東京、福岡	報酬体系　事務所報酬規程（日弁連旧報酬規程に当事務所の変更を加えたもの）による。着手金制・定額手数料制・タイムチャージ制から選択。
取扱言語　英語、中国語、フランス語	
主な顧問先　金融業、商社、製造業、小売業、卸売業、建設業、不動産業、運輸業、医療、地	

北浜法律事務所

取扱業務 コーポレート全般／M&A／証券市場／知的財産権／労働法務／争訟（国際商事仲裁含む）／税務／保険／独占禁止法、競争法／リスク・マネジメント／国際取引法務／事業再生・倒産／ファイナンス／会社法／一般民事・家事・刑事／公益的活動

P 佐伯照道 京大法、20期／天野勝介 京大法、30期／森本宏 早大法、39期／山本健司 大阪市大法、43期／滝口広子 阪大法、44期／渡辺徹 京大法、45期／児玉実史 東大法、45期、1998コーネル大LLM／飯島歩 京大法、46期、2001デューク大LLM／中森亘 京大法、47期／Jiri M. Mestecky フロリダ大、ワシントン大LS,JD、MA取得、外弁／敷地健康 早大法、50期／米倉裕樹 立命大法、51期、2006ノースウェスタン大LLM／荒川雄二郎 立命大法、52期、2007南カリフォルニア大LLM／吉田広明 東北大法、52期／木曽裕 立命大法、52期／原吉宏 京大法、53期／大石歌織 阪大法、54期／生田美弥子 立命大法、パリ第2大学大学院、2000コロンビア大LLM、63期／中西敏彰 京大法、55期／大石武宏 京大法、55期／酒井大輔 神大法、56期、2008バンダービルト大LLM／塩津立人 京大法、56期／籔内俊輔 神大法、神大院、56期／谷口明史 慶大商、57期／田中亜希 京大法、57期／藤田知美 京大法、57期／堀野桂子 阪大法、58期／酒井康生 京大法、59期／三木亨 京大法、59期／橋本道成 東大法、60期／藤原誠 京大法、60期／岡田康彦 東大法、2012登録 **A** 加藤知子 54期／桶田大介 58期／福田実主 59期／江嶋孝二 59期／下地麻貴 59期／山口要介 60期／坂元靖昌 60期／町野静 60期／岩谷博紀 60期／下西正孝 61期／中亮介 61期／小野晴奈 61期／岡田徹 62期／奥野剛史 62期／佐野俊明 62期／安藤勝利 62期／中嶋隆則 62期／谷明典 63期／峯健一郎 63期／松下外 63期／小西毅 63期／知識利紘 63期／喜多野恭夫 64期／山田幸太朗 64期／山下真 64期／東目拓也 64期／原田康太郎 65期／日野真太郎 65期／美馬拓也 65期／平田えり 65期／平野悠之介 65期／小野上陽子 65期／前園健司 65期／覺道佳優 65期／藤田俊輔 66期／酒井裕 66期／川田由貴 66期／太田慎生 66期／金水孝真 66期／河浪潤 66期／小川義弘 67期／北田晃一 67期／浅沼大貴 67期／孝岡裕介 67期／冨本晃司 67期／多田晋作 67期 **顧問** 坂井一郎 京大法、20期／桶田俊彦 中大法、30期／池田辰夫 九大法、30期／長谷部圭司 阪大医、阪大LS、64期／吉重丈夫 東大法 **外弁** 秋山美華 1998ノースカロライナ州弁護士登録・2011再登録、2012外国法事務弁護士登録 **外資** 唐麗花 2013中国律師登録 **他士** 横井知理 2004弁理士登録／吉田美和 2012弁理士登録／土岐立哉 1998司法書士登録／本岡佳小里 2010行政書士登録

著作 佐伯照道・天野勝介・森本宏・米倉裕樹『有利な心証を勝ち取る民事訴訟遂行』（清文社、2015）／事業再生実務家協会編中森亘他『事業再生ADRのすべて』（共著、商事法務、2015）／渡辺徹・原吉宏『社外監査役の理論と実務』（共著、商事法務、2012）／米倉裕樹『そこが危ない！消費増税をめぐる契約実務Q&A』（清文社、2013）／吉田広明『事業再生ナビゲーション』（商事法務、2010）／中西敏彰他編著『民事再生実践マニュアル』（共著、青林書院、2010）／北浜法律事務所・外国法共同事業編『新信託の理論・実務と書式』（民事法研究会、2008）／北浜法律事務所編『バーチャルマネーと企業法務』（民事法研究会、2011）／酒井大輔『インドのビジネス法務Q&A』（中央経済社、2011）／北浜法律事務所他『知的財産部員のための知財ファイナンス入門』（共著、経済産業調査会、2007）ほか多数

事件 事業再生案件（運送会社、ゴルフ場、ホテル、ゼネコン等の会社更生管財人、第三セクター等の特定調停・会社更生申立代理人、不動産会社等の事業再生ADR・民事再生申立代理人等）、国内外のM&A・組織再編案件、国内外の特許侵害訴訟、税務訴訟

大阪

きっかわ法律事務所
Kikkawa Law Offices

大阪事務所（きっかわ法律事務所、弁護士法人きっかわ総合法律事務所）
〒530-0004　大阪市北区堂島浜1-4-16　アクア堂島西館2階
TEL　06-6346-2970　FAX　06-6346-2980
東京事務所（弁護士法人きっかわ総合法律事務所）
〒100-0011　東京都千代田区内幸町2-2-2　富国生命ビル15階1505
TEL　03-3580-6767　FAX　03-3580-6766
URL：http://www.kikkawalaw.com　kikkawa@kikkawalaw.com

27 (＋1)		
P 10	A 10	顧 7
男 24	女 3	
外弁 0	外資 0	
他士 0	事務 16	

	B	総合

創立70年を超える大阪を代表する事務所。訴訟・会社法・独禁法・事業再生・国際取引等の専門分野において依頼者のニーズに応える質の高い、きめ細かなサービスを提供。2009年より「東京事務所」を開設。

■理念・特色

当事務所は、国際化・情報化する現代社会のなかにあって、事務所の伝統により培われた経験・知見・信用と日々の研鑽による最新の専門知識に基づき、依頼者との密度の高いコミュニケーションと優れたチームワークにより、そのニーズに応える迅速で質の高いリーガルサービスを提供しています。また、弁護士に課せられた公正で自由かつ健全な社会の実現に寄与するという使命を自覚し、公益的活動にも積極的に取り組んでいます。

当事務所は、創立以来、裁判分野を得意としてきました。特に環境問題や製造物責任等の専門・大規模・複雑訴訟において、主として国・企業等の代理人として、事案の適正な解決に向けた対応に豊富な経験と知見を有しています。業務遂行にあたっては、依頼者と十分意思疎通を図り、事実関係と依頼者のニーズを適切に把握し、正確な法的知識と豊富な実務経験に基づき、事案に即した的確な対応を心がけています。

これを実現するため、会社法・独禁法・労働法・倒産法・知的財産法・製造物責任法・国際法務等の分野に実務経験・専門的知見を有する弁護士と、研究者として優れた業績を持つ客員弁護士が協力して、質の高いリーガルサービスを提供しています。また、訴訟以外に仲裁手続やADRにおいても、豊富な経験を有しています。

さらに、国際法務の分野では世界144法域の約200を超える法律事務所の世界的ネットワークTERRALEXに加入し、アジアを含む世界各国における法的問題に対応できる体制を整えています。

これら以外にも、弁護士が株式会社の独立役員や国・地方自治体等の審議会委員等を務めており、組織の内部統制・コンプライアンス・CSRの分野においても、経験に基づく適切なアドバイスを行っています。

■設立・沿革

1942年5月　故吉川大二郎博士により創立
2009年6月　「弁護士法人きっかわ総合法律事務所」を併設し、「きっかわ法律事務所」との共同事業とし、東京事務所を開設

代表者	小原正敏（大阪弁護士会）
支所	2009年　きっかわ法律事務所　東京事務所（東京都千代田区）設立
取扱言語	英語
主な顧問先	電力・ガス・鉄道等の公共事業企業、報道機関、金融機関、各種製造業、商社、建築社、リース・化学・製薬・通信・旅行・観光等の事業者、医療法人・機関、その他　約130社
報酬体系	事務所報酬基準規程（大阪弁護士会旧報酬規程に依拠しながら当事務所の実情に即して変更を加えたもの）による。着手金・報酬制とタイムチャージ制の双方対応可能／顧問料（月額）50,000円～／タイムチャージ　法曹経験に応じて20,000円～50,000円。

取扱業務 **国内企業法務** 訴訟（大規模・専門訴訟、株主代表訴訟、製造物責任訴訟、租税・住民訴訟等の行政訴訟）、事業再生・債務整理、会社法・企業統治、人事・労働法務、各種商取引の相談・契約書作成等紛争予防、独占禁止法・下請法・景品表示法関係、企業再編・M&A、知的財産法関係、ファイナンス・金融商品取引、製造物責任法関係、環境法関係、行政法関係、医事法・医療過誤等に関する法律相談、リスク管理、仲裁・調停（ADR）等の紛争解決手続／**国際企業法務** 国際取引の相談・公証・契約書の検討・作成、外国法・制度等の調査、国際民事紛争の処理（交渉、訴訟、仲裁、ADR）／**その他一般業務** 一般民事紛争の相談・交渉、家事・相続事件、刑事・少年事件

P 小原正敏 1976早大法、1985イリノイ大LS、31期、NY州弁護士、2004大阪弁護士会副会長、元大阪市大LS特任教授（民事法）／**田中宏** 1981東大法、35期、2009大阪弁護士会副会長／**西出智幸** 1988京大法、1997ミシガン大LS、42期、NY州弁護士、ハーバード大LS客員研究員（1998～99）、京大LS非常勤講師、2014大阪弁護士会副会長／**村田恭介** 1984関学大法、2001神大院法学博士（独占禁止法）、47期、一弁（東京勤務）／**石原麗央奈** 1997京大法、52期／**浜本光浩** 1995東大法、53期／**野城大介** 1998東大法、54期／**神原浩** 2000京大法、55期、日本公認会計士協会準会員、京大LS非常勤講師／**原井大介** 1993東大理、2007ワシントン州大LS、55期、文科省専門委員／**森拓也** 1995関大法、55期、立命大LS非常勤講師（情報法）／**A 那須秀一** 2004京大法、58期、公正取引委員会（任期付職員2011～13）／**山本幸治** 2002京産大法、59期／**野村亮輔** 1997東大法、60期、東弁（東京勤務）／**辰田淳** 1993東大法、1999コーネル大LS、2007京大LS、61期、NY州弁護士／**佐賀寛厚** 2005京大法、2007京大LS、61期、京大LS非常勤講師／**野尻奈緒** 2006阪大法、2008京大LS、62期／**今城智徳** 2007京大法、2009京大LS、63期／**横井裕美** 2008東大法、2010東大LS、64期、2012判事補任官、弁護士職務経験（2015～）／**畑井雅史** 2009東大法、2011東大LS、65期／**金光啓祐** 2011京大法、2013京大LS、67期 **顧 原井龍一郎** 1951東大法、7期、1975大阪弁護士会副会長、元法制審議会民訴法部会委員、元法制審議会委員、元大阪市人事委員会委員／**吉村修** 1961京大法、15期、1984大阪弁護士会副会長、元大阪府人事委員会委員／**矢代勝** 1962中大法、22期／**占部彰宏** 1967京大法、24期／**根岸哲** 1965神大法、19期、元神大副学長、甲南大LS教授、日本国際経済法学会理事長、元日本経済法学会理事長、司法試験考査委員（2011～13）／**中田昭孝** 1967京大法、21期、最高裁判所調査官、大阪高等裁判所部総括裁判官、京都地方裁判所所長、大阪家庭裁判所所長、京大LS教授／**平野哲郎** 1992東大法、1998ワシントン州大LS、46期、1994判事補任官、2002龍谷大法助教授、2012龍谷大LS教授、2014立命大法教授 以上明記のないものはすべて大阪弁護士会

著作 原井龍一郎他編著『実務民事保全法（三訂版）』（商事法務）／同編著『民事保全講座(1)～(3)』（法律文化社）／『会社法大系1』（青林書院）／『アジア諸国の知的財産制度』（共著、青林書院）／『不正競争の法律相談』（共著、青林書院）／『論点新民事訴訟法』（共著、判例タイムズ社）／『判例法理経営判断原則』（共著、中央経済社）／『詳解 労働審判法 逐条解説と審判書式の作成方法』（共著、ぎょうせい）／『会社更生の実務Q&A120問』（共著、金融財政事情研究会）／『わかりやすい会社法の手引』（共著、新日本法規出版）／『破産実務Q&A200問』（共著、金融財政事情研究会）／『企業のための労働契約の法律相談』（共著、青林書院）／『これだけは知っておきたい！独禁法』（日本経済新聞社）／『下請企業の契約実務』（中央経済社）／『相談事例からみた成年後見の実務と手続』（共著、新日本法規出版）／根岸哲『独占禁止法の基本問題』（神戸大学研究双書刊行会）／『独占禁止法概説（第4版）』（共著、有斐閣）／根岸編著『注釈独占禁止法』（有斐閣）／平野哲郎『実践民事執行法・民事保全法（第2版）』（日本評論社） その他法律雑誌等への論文多数

事件 環境・公害訴訟／製造物責任訴訟(被告代理人)／医療訴訟／株主代表訴訟／住民訴訟（取締役等、自治体代理人）／独禁法違反被疑事件／建築関係訴訟／知財・租税訴訟等の専門訴訟／会社更生事件／民事再生事件／破産事件／特別清算事件／仲裁人・調停人

共栄法律事務所
Kyoei Law Office

〒541-0041　大阪市中央区北浜3-7-12　京阪御堂筋ビル8階
TEL　06-6222-5755　FAX　06-6222-5788
URL：http://www.kyoei-law.com　info@kyoei-law.com

「昭和法律事務所」（1972年設立）を起源とし、1998年、現事務所を設立。企業法務全般をフォローし、行政訴訟・税務訴訟・事業再生には定評がある。2013年、「上海事務所」を開設。

17	（-2）
P 8	A 6　顧 4
男 14	女 3
外弁 0	外資 0
他士 0	事務 10

		再生
C	中小	税務

■理念・特色

　共栄法律事務所は、依頼者の正当な利益を守るため、各弁護士の専門を活かした専門性の高い業務から、一般民事事件や公益性の高い業務まで、広範で高い水準のリーガルサービスを提供し、依頼者にとって満足度の高い結論を見出すことをめざします。これにより、依頼者、顧問先と「共に栄えること」を事務所のモットーとしています。

　また、共栄法律事務所に所属する多くの弁護士は、大学やロースクールの教授や講師に就任し将来の法曹育成に積極的に取り組むとともに、自らも専門分野の研鑽に努めています。

　①**企業法務**には、多岐にわたる業種の顧問先からの法律相談、契約書の作成業務、株主総会運営や内部統制に関するアドバイス、訴訟対応、社外取締役、監査役としての業務等があります。
　②**事業再生・企業倒産**には、民事再生・会社更生・破産等の法的手続の申立てや、私的整理手続等の裁判外の手続を活用した事業再生に関する業務があります。共栄法律事務所では、大規模な倒産案件の処理実績が多数あり、早急な対応が必要な案件に即応できる体制が整っています。
　③**行政訴訟・税務訴訟**には、一般の行政処分に対する不服申立て・訴訟のほか、税務案件に関しては、税務調査の立会い、異議・審査請求等の不服申立て・訴訟があります。税務案件の中には、移転価格税制等の国際税務に関する案件等の実績もあります。
　④**知的財産権**には、特許・商標・著作権等に関する紛争対応、⑤**中小企業支援**には、中小企業の経営者からの法律相談のほか、事業承継やM&A、会社の支配権を巡る紛争等の実績があります。⑥**一般民商事（家事事件を含む）**は、主に個人の依頼者からの法律相談や訴訟・調停その他法的手続に関する対応があります。
　⑦**渉外業務**には、海外企業との紛争処理対応や契約書作成等があり、上海事務所を通じ、中国に進出する企業への現地対応も可能です。

■設立・沿革

　1972年、水野武夫が弁護士3名で「昭和法律事務所」を設立、1998年、水野武夫、増市徹、木村圭二郎が「共栄法律事務所」を設立。2013年、谷口由記をパートナー弁護士に迎え、上海事務所を通じた法務サービスを開始。

代表者	木村圭二郎（大阪弁護士会）
支店	上海事務所
取扱言語	英語、中国語
主な顧問先	製造業、建築、不動産、百貨店、地方公共団体、信用組合、新聞社、IT系企業等多数
報酬体系	事務所報酬規程（日弁連旧報酬規程に準ずる）による（詳細は担当弁護士に要照会）。着手金・報酬金による場合とタイムチャージによる場合の双方対応可能／顧問料（月額）60,000円～／タイムチャージ　パートナー30,000円～50,000円、アソシエイト20,000円～40,000円（担当弁護士の当該分野の専門性に応じて幅がある）。

共栄法律事務所

取扱業務 **企業法務** 事業再編（M&A、事業譲渡）、事業承継、コンプライアンス、コーポレート・ガバナンス、内部統制、内部調査、株主総会のサポート、企業の社会的責任（CSR）の問題、役員の責任追及・株主代表訴訟（役員側）、企業の不祥事対応、従業員の不祥事対応、労務相談／**事業再生・企業倒産** 会社更生手続、民事再生手続、破産手続、特別清算等の法的手続、私的整理に関する業務／**行政訴訟・税務訴訟** 行政処分に対する不服申立て・取消訴訟等の訴訟対応、税務調査の立会い、課税処分に対する不服申立（異議・審査請求等）・取消訴訟等の訴訟対応／**知的財産権** 特許・商標・著作権等の知的財産権に関する相談、交渉、紛争対応に関する業務／**中小企業支援** 中小企業の経営者からの法律・経営に関する相談対応、社外取締役・監査役としての業務／**一般民商事** 交通事故、金銭消費貸借、不動産に関する紛争・訴訟への対応業務、境界・建築関係紛争・訴訟への対応業務、個人の債務整理（自己破産、個人再生）／**家事事件** 離婚、遺産分割、遺言等に関する相談・調停・訴訟への対応業務／**渉外業務** 海外企業との契約書の作成業務、中国に進出する企業へのアドバイス等

P **木村圭二郎** 1985京大法、39期、1994NY州弁護士会登録、関学大LS教授（企業法実務、知的財産権）（2004～10、2012～14）、大阪弁護士会副会長（2011～12）／**水野武夫** 1964立命大法、20期、大阪弁護士会会長（2001～02）、立命大LS教授（税法・行政法）（2006～）、日弁連税制委員会委員長（2007～09）／**増市徹** 1982京大法、36期、京大LS特別教授（倒産法演習・弁護士倫理）（2008～10）、大阪弁護士会副会長（2011～12）／**谷口由記** 1974関大法、32期、吉備国際大院教授（知的財産権）（2008～）、共栄法律事務所上海事務所首席代表（2013～）／**稲田正毅** 1998阪大法、52期、阪大LS招へい教授（倒産法演習）（2013～）／**元氏成保** 2001京大法、55期、関大LS特別任用教授（租税法）（2013～）／**溝渕雅男** 2004大阪市大法、59期／**濱和哲** 1999東大教、60期／A **福塚圭恵** 2006関大LS、61期／**山下侑士** 2009関学大LS、63期／**松井亮行** 2011京大LS、65期／**伊海知佐** 2012京大LS、66期／**林祐樹** 2012阪大LS、66期／**鳩野恵子** 2012京大LS、66期 顧 **井関正裕** 1959京大法、13期、1961判事補任命、2001裁判官を退官、関大LS特任教授（行政法）（2004～09）、関大LS客員教授（2009～）／**高田晃男** 1966中大法、21期、／**三木義一** 1971中大法、立命大法教授（1994～2008）、立命大LS教授（2004～10）、青学大法教授（2010～）

著作 木村圭二郎他「証券取引市場からの反社会的勢力の排除」日弁連民事介入暴力対策委員会編『反社会的勢力と不当要求の根絶への挑戦と課題』（金融財政事情研究会、2010）／木村圭二郎監修『内部統制の本質と法的責任』（経済産業調査会、2009）／水野武夫「行政訴訟の新展開」『現代法律実務の諸問題（平成21年度版）』（第一法規出版、2010）／水野武夫『環境法入門（第4版）』（共編著、法律文化社、2013）／増市徹『住まいを再生する』（共著、岩波書店、2013）／谷口由記「特許法製造方法発明」国際商事法務2013年1月号／稲田正毅他『民事再生実践マニュアル』（青林書院、2010）／稲田正毅・溝渕雅男「集合債権・動産譲渡担保権をめぐる問題」『一問一答 民事再生手続と金融機関の対応』（経済法令研究会、2012）／三木義一『よくわかる税法入門』（有斐閣、2012）／三木義一『日本の税金（新版）』（岩波書店、2012）／元氏成保「職務発明に関して従業員等が使用者等から受け取る金員の所得区分」『行政と国民の権利』（法律文化社、2011）／濱和哲「処分差止訴訟との交錯が生じ得る場面における当事者訴訟（確認訴訟）の活用について」『行政と国民の権利』（法律文化社、2011）ほか多数

事件 商取引等に関する事件、取締役等の役員責任事件、行政事件、企業・団体の支配権を巡る案件、企業不祥事案件、M&A案件等の実績多数。会社更生事件、民事再生事件、破産事件の申立ておよび管財人等の経験多数。税務案件についての税務署との交渉、不服申立て、税務訴訟の実績多数。

協和綜合法律事務所
Kyowa-sogo Law Office

協和綜合法律事務所
〒530-0017　大阪市北区角田町7-1　梅田阪急ビルオフィスタワー34階
TEL　06-6311-8800　FAX　06-6311-8806
弁護士法人協和綜合パートナーズ法律事務所東京事務所
〒100-0006　東京都千代田区有楽町1-7-1　有楽町電気ビル南館16階
TEL　03-3216-1171　FAX　03-3216-1173
URL：http://www.kyowa-sogo.gr.jp/　info@kyowa-sogo.gr.jp

27 (±0)	
P 15 A 11 顧 1	
男 25 女 2	
外弁 0 外資 0	
他士 0 事務 18	

	総合
C	

企業法務専門の中堅総合事務所で、数多くの訴訟案件（株主代表訴訟、知的財産法、独禁法、労働法等）を扱い、また、紛争予防の観点から幅広い業務を取り扱っている。

■**理念・特色**
１．**紛争処理のノウハウに裏付けられたリーガルサービスの提供**　当事務所は、企業法務を中心に、訴訟や訴訟外での紛争処理業務を基盤としつつ、紛争予防という観点からより幅広い業務を取り扱っています。そのため、当事務所では、予防的・戦略的なリーガルサービスを提供する場合であっても、単に抽象的・理論的な見地からアドバイスを行うだけでなく、豊富な紛争処理によって形成されたノウハウを活かして、企業活動にとって最も有効な予防的・戦略的なリーガルサービスを提供しています。
２．**時代の流れに即した総合的なリーガルサービスの提供**　当事務所は、時代の流れに即し、企業ニーズに対応した総合的な法的サービスを提供することをモットーとしています。そのため、必要に応じて、当該事件に関して専門知識を有する複数の弁護士がチームを編成して案件の解決・処理にあたるなど依頼者にとって最も有利な形での迅速な処理を図るための体制を採っています。
３．**顧客に応じたリーガルサービスの提供**　一口に企業といっても、業種、事業内容、企業規模はさまざまであり、案件に対する対応方法や企業内の調整方法は異なってきます。当事務所では、多様な業種、あるいは大・中・小、さまざまな規模の顧問会社にアドバイスを行ってきた豊富な経験に基づき、顧客に応じたきめ細かなリーガルサービスを提供しています。

　また、所属弁護士による各種企業の社外役員への就任、外部通報窓口の担当、顧問先企業の法務部門への弁護士の派遣などといった形で、企業のコンプライアンス体制の構築をバックアップするなどして、企業の種々の法的ニーズに応えています。

■**設立・沿革**
1958年	阪口春男弁護士が「阪口法律事務所」を設立
1987年	パートナー制を導入するとともに「協和綜合法律事務所」に改称
2004年	「弁護士法人協和綜合パートナーズ法律事務所」を設立し、同時に東京事務所を開設

代表者	阪口春男（大阪弁護士会）
支店	東京、上海駐在員
取扱言語	英語、中国語
主な顧問先	総合商社、製造業、金融機関、リース業、損害保険業、生命保険業、ゼネコン等の建設業、不動産取引業、ビル・マンション管理業、ゴルフ場経営事業、倉庫業、百貨店・スーパーなどの小売業、飲食・レストラン業、テレビ局等の放送事業、IT関連事業、医療法人、学校法人、地方公共団体等
報酬体系	事務所報酬規程（日弁連旧報酬基程に準じる）による。

協和綜合法律事務所

|取扱業務| **民事事件関係** 債権管理・回収、不動産取引、借地借家、建築関係、製造物責任、交通事故、学校賠償、医療過誤等に関する相談・契約書作成・紛争処理（示談交渉、調停、訴訟）／**会社法関係** 株主代表訴訟、株主総会の運営指導、合併・事業譲渡・株式譲渡・会社分割等によるM&A案件のスキーム構築、デューデリジェンス、契約書作成など／**コンプライアンス・リスクマネジメント関係** 内部統制システムの構築に関するアドバイス（コンプライアンスプログラムの作成、研修会への講師派遣など）、内部通報制度の外部窓口、不祥事対応（社内調査委員会や第三者委員会の立上げおよび調査の実施など）／**知的財産権関係** 特許権・商標権・著作権関連紛争、不正競争防止法関連紛争（営業秘密やノウハウの持出しに関する紛争、類似の商品・営業表示をめぐる紛争など）、職務発明関連紛争、ソフトウェアをめぐる案件、ライセンス契約の作成など／**情報・プライバシー関係** プライバシー侵害、名誉毀損をめぐる紛争、インターネット上の誹謗・中傷行為に対する対応、ソーシャルメディアをめぐる紛争防止・処理など／**独占禁止法関係** カルテル案件をめぐる公取委対応および諸外国の同種案件対応、合併・株式譲渡等の企業結合規制に関する助言および公取委との交渉、景品表示法をめぐる案件、下請法をめぐる案件など／**金融・保険関係** 保険約款の解釈に関する紛争、リース契約をめぐる紛争、不動産や債権の流動化案件をめぐるストラクチャーの構築など／**倒産法関係** 各種倒産手続（破産、民事再生、会社更生等）の申立代理、管財人・監督委員、取引先が倒産手続に入った際の対応など／**労働法関連** 労働協約・就業規則の変更に関する助言、雇止めに関する紛争案件、時間外勤務手当をめぐる紛争案件、セクハラ・パワハラをめぐる紛争案件、メンタルヘルスに関する紛争について助言、労災事故をめぐる紛争案件など／**渉外関連** 企業の中国進出・撤退についての助言、中国におけるコンプライアンス体制構築についての助言・外部通報窓口の担当、クロスボーダーの独占禁止法違反案件への対応など

|P|阪口春男 大阪市大法、10期、元日弁連副会長、元大阪弁護士会会長、元建設省近畿地方建設局入札監視委員会委員長、元大阪府建設工事紛争審査会会長、阪急阪神ホールディングスなどの企業の社外監査役／今川忠 慶大院、34期、元大阪弁護士会副会長、企業の社外監査役／岩井泉 阪大法、43期、企業の社外監査役／原戸稲男 大阪市大法、44期、元大阪弁護士会民事介入暴力及び業務妨害対策委員会委員長、企業の社外監査役／阪口祐康 慶大法、神大院、47期、大阪弁護士会労働問題特別委員会委員長、企業の社外監査役／豊浦伸隆 神大院、49期、企業の社外監査役／山岸正和 京大法、52期、池田市教育委員、企業の社外監査役／鶴由貴 一橋大院、52期、東弁／白木裕一 京大法、56期／中澤構 京大法、56期、一弁、企業の社外監査役／關健一 阪大基礎工、神大LS、60期、一弁／福本暁弘 一橋大法、59期／林和宏 京大法、59期／|ジュニアP|小柴仁 早大院、59期、一弁／長岡大祐 京大LS、62期／|A|潮田治彦 阪大法、慶大LS、61期、一弁／森仁司 中大法、63期／浅尾耕平 早大法、63期、一弁／山田和哉 京大法、神大LS、65期／伊藤彌 京大法、同大LS、65期／保科暁子 名大LS、65期、一弁／今井武大 北大LS、66期／中井計雄 東大法、慶大LS、66期／岩見勇志 立命大LS、67期／石川裕人 京大LS、67期／渡邉牧史 慶大LS、67期 |顧|山本矩夫 京大法、11期、元大阪高等裁判所部総括判事
以上明記のないものはすべて大阪弁護士会。

|著作| 当事務所所属弁護士が執筆に携わったもの 「業務命令の法理」『労働契約と就業規則（経営と労働法シリーズ5）』（日本経営者団体連盟弘報部）／『Q&A会社のトラブル解決の手引』（共著、新日本法規出版）／『わかりやすい会社法の手引』（共著、新日本法規出版）／『敵対的買収に対する防衛策のメリットとデメリット(上)(下)』（共著）金融法務事情1738・1739号／『デジタルコンテンツ法(上)(下)』（共著、商事法務）／『最新不正競争関係判例と実務（第2版）』（共著、民事法研究会）／『民事再生実践マニュアル』（共著、青林書院）／『最新民暴対策Q&A』（共著、金融財政事情研究会）／「パートタイム労働法の勘どころを押さえた実務対応」ビジネス法務2008年10月号／「EUの和解制度の概要と実務上の留意点」公正取引696号／「中国契約法における『瑕疵担保責任』を意識した売買契約書」ビジネス法務2013年10月号

久保井総合法律事務所
KUBOI PARTNAERS LAW OFFICE

〒530-0005　大阪市北区中之島2-2-2　大阪中之島ビル4階
TEL　06-6222-5255　FAX　06-6222-5200
URL：http://www.kuboi-law.gr.jp

13（-1）	
P 5	A 7	顧 1
男 10	女 3	
外弁 0	外資 0	
他士 0	事務 9	

1976年、久保井一匡所長（元日弁連会長）が設立した金融取引・不動産を中心とした事務所で、顧問先には関連業種が多い。遺産分割など家事事件や最近では国際案件も重視している。

		金融
C	会社	民家

■理念・特色

当事務所は、所長の久保井一匡が1976年に開設して以来、今日まで誠実と信頼をモットーに業務を行ってまいりました。その間、個人、中小企業、大企業、その他多くの皆様からご依頼を受け、民事、家事（離婚・遺産分割、成年後見など）、商事、会社、金融取引、不動産、公害環境問題、製造物責任などを中心に法律業務を行ってまいりました。当事務所では、事件処理は基本的にパートナーとアソシエイトがペアーを組んで行います。また、弁護士全員が参加する月2回の報告会において、困難な事件について報告を行い、弁護士全員が知恵を出し合って対応するという体制をとっています。このことによって、事件を多角的に検討し、より適切な解決ができるよう努力しています。また、社会の動きにも遅れないよう、法律雑誌を題材とした月数回の勉強会を開催し、それぞれの弁護士が関心を持っている弁護士会の委員会活動にも積極的に参加し、顧問先に向け年数回のリーガルセミナー（参加費用無料）を開催し、最新の法律問題などの情報提供に努めています。

近年、政府を先頭に21世紀の日本社会の基盤整備の一員として司法制度の充実・強化が取組まれていますが、所長の久保井一匡は1998年度には大阪弁護士会会長、平成2000・2001年度には日本弁護士連合会会長として司法制度改革の仕事に従事いたしました。わが国社会は、今後ますます高齢化、複雑化、多様化していくことは必至であり、これに伴う法的紛争の増加は避けられません。当事務所はこれまでのさまざまの経験とノウハウを活かし、今後も研修を重ね、皆様方の法的ニーズに対応できるよう精一杯努力とサービスに心がけたいと思います。

力を入れている分野としては、金融取引関係、不動産関係を中心とした企業法務を特に重視しています。最近は、米国、中国等の海外案件にも取り組んでいます。個人の事件では、遺産分割事件や離婚事件などの家事事件も重視して取り組んでいます。

■設立・沿革

1976年	「久保井法律事務所」設立
2000年	「久保井総合法律事務所」に改称し今村峰夫と久保井聡明がパートナーに参加
2008年	上田純がパートナーに参加
2012年	黒田愛がパートナーに参加

代表者	久保井一匡（大阪弁護士会）
取扱言語	英語、中国語
主な顧問先	金融機関（銀行、信金）、不動産関係（建設、分譲、リフォーム、マンション管理など全般）、各種メーカー、電鉄、百貨店、スーパーなど、上場企業から中小企業まで
報酬体系	事務所報酬規程による（日弁連旧報酬規程に準拠）。顧問料（月額）法人50,000円～、個人は応相談。タイムチャージ　事業関係は21,000円～（案件に応じて協議）。

久保井総合法律事務所

取扱業務　企業法務として　債権保全・回収、不動産関係、金融法務関係、会社法関係　株主総会・株主代表訴訟、買収防衛策、コーポレートガバナンスのサポート、個人情報保護法、内部通報制度の対応等／独占禁止法関係、民事介入暴力関係、労働関係（労使共）、国際案件・渉外案件（米国、中国、東南アジア）／保険法関係、知的財産関係、M&A・企業再編、倒産・事業再生（破産・民事再生・特別清算・特定調停、中小企業経営力強化支援法に基づく中小企業支援、取引先倒産時の対応）／刑事事件（独占禁止法・不正競争防止法等の違反事件等企業の経済活動に伴う刑事事件に関する相談）／一般民事事件として　離婚・遺産分割などの家事事件全般、交通事故、債務整理、労災事故、消費者被害、医療過誤、刑事事件など全般

P 所長　久保井一匡　1960東北大法、14期、1998大阪弁護士会会長、日弁連会長（2000～01）、法務省法制審議会民法部会財産法小委員会委員（1992年6月～1998年3月）、法務省行刑改革会議委員（2003年3月～12月）、鳥取銀行監査役、（一社）大阪銀行協会監事、（公財）小野奨学会理事長、関大LS特別顧問教授／代表　今村峰夫　1985京大法、39期、関西ペイント監査役／代表　久保井聡明　1992京大法、46期、京大LS、大阪府包括外部監査人補助者（2014～）／上田純　1996京大法、50期、近大LS非常勤講師（2008～15）、経営革新支援機関、特別教授（2014～）／黒田愛　1989関学大法、47期、オクラホマシティ大卒業（JD）、NY州弁護士、大阪簡易裁判所司法委員、経営革新支援機関、IPBA（環太平洋法曹協会）、ABA（全米法曹協会）／A 松本智子　1997阪大法、52期／中澤未生子　2001同大院、55期、経営革新支援機関、中小企業診断士／細川良造　2004早大政経、2006中大LS、60期／河野雄介　2004京大法、2006関大LS、60期、テキサス大オースティン校卒業（LLM）、NY州弁護士、米ダラス、ベトナムホーチミン、中国北京の法律事務所にて研修／藤永祐介　2006千葉大法経、2008東大LS、62期、裁判所から弁護士職務経験制度で弁護士登録／佐藤高志　2004阪大法、2009阪大LS、63期、元新日本海新聞社／中村和寛　2009大阪市大法、2011阪大LS、66期　客員　左藤恵　1945京大法、元法務大臣、大谷学園国学園長　以上すべて大阪弁護士会。

著作　久保井一匡『新版　債権回収の法律相談』（共著、有斐閣）、『金融取引の法律相談』（共著、有斐閣）／事務所として『債権保全・回収と倒産手続のはなし』（共著、UFJ総合研究所）、『会社設立と増資の手引』（共著、三菱UFJリサーチ＆コンサルティング）／今村峰夫『不動産担保の法務Q&A』（共著、有斐閣）／久保井聡明『注解　マンション建替え円滑化法』（共著、青林書院）、『Q&A　自治体の私債権管理・回収マニュアル』（共著、ぎょうせい）／上田純「預貯金不正払戻しと金融機関の注意義務」金融法務事情1954号、「金融機関の融資拒絶をめぐる法的諸問題」同1993号／黒田愛「弁護士会等ADRによるハーグ条約事案の和解あっせん」（共著）家庭の法と裁判2号

事件　求償権が再生債権である場合において共益債権である原債権を再生手続によらずに行使することができる、との最判平成23.11.24民集65.8.3213（銀行側）／融資申込者に融資実行に関する期待権等が認められる場合に融資拒絶を行った金融機関に正当事由が認められた事例（銀行側）／ホテル宴会規約の暴排条項に基づき契約を解除したことが正当と認められた事例（ホテル側）／自動車ワックスの製造、販売等を業とする会社が、他社の販売する自動車用コーティング剤の広告に記載されている表示が商品の品質や内容を誤認させるものであり、これらを広告等に使用する行為は不正競争行為に該当すると主張して、各表示の記載の差止めを求めた事案につき、該当しないとされた事例（勝訴）／民事再生手続開始後に投資信託を解約した販売銀行の不法行為責任を否定した事例（銀行側）／知財高判平成26.1.27裁判所Web（勝訴）。

弁護士法人 興和法律事務所
KOWA Legal Professional Corporation

〒541-0043　大阪市中央区高麗橋3-1-14　高麗橋山本ビル5階
TEL　06-4707-6262　FAX　06-4707-6263
URL：http://www.kowa-lo.com

8（±0）	
P 5	A 1 顧 2
男 7	女 1
外弁 0	外資 0
他士 1	事務 8

さまざまな実務経験（元公務員・民間企業・裁判官・大学教授等）を有する弁護士が結集して2000年に設立。官公庁が関係する業務も多く、行政法務、薬事法務、競争関係法務、労働関係案件に強い。関連著書・論文も多い。

■理念・特色

興和法律事務所では、国家公務員・地方公務員の経験者、金融機関・保険・医療機関・メーカーといった民間企業等の経験者、元裁判官・公証人、大学教授等、多彩な経歴を持つ弁護士が、その知識・経験を活かし、企業法務、行政法務、人事労務問題（使用者側）、倒産処理等を中心に、商事・不動産を含め一般の法律事務所では取り扱わない特化した分野についても高度な法的サービスを提供しています。

当事務所は、企業法務および行政法務を中心とした法的サービスの提供に取り組んでいます。

企業法務では、企業経験者や会社法に通じた弁護士を中心に、企業法務全般にわたる法的サービスはもとより、株主総会・コーポレートガバナンス等の会社法関係の法的助言や合併・会社分割等の企業再編・法務監査も多く手掛けています。また、客員弁護士（大学教授、元裁判官・公証人）を含むチームによる専門的・実務の観点から、独占禁止法や下請法をはじめとする競争関係法、また、企業にまつわる行政関連・業規制法令（環境・衛生、エネルギー、薬事・医療・福祉、交通・道路、土地・建設・土木、港湾等）にも精通し、高度な法的サービスを提供しています。さらに、商業登記官出身の司法書士の参加を得て複雑な商業登記手続等への対応体制も整っています。

行政法務では、官公庁出身者を中心に、主に官公庁側の相談や条例・法令案等の作成にも対応しているほか、行政実務・行政手続にも通じており、官公庁側の代理人として、取消訴訟・住民訴訟等の行政関係訴訟や準司法機関対応について多くの経験と実績を有しています。

さまざまな企業・行政経験を活かすことにより、労務問題・事件においては、官民を問うことなく、主に使用者側の立場での充実したサービスの提供が可能となり、労働審判・訴訟・労働委員会・人事委員会事件等についても多数の経験と実績を有しております。加えて、金融機関出身者や倒産法に通じた弁護士の強みを活かし、個人から大規模企業まで、他士専門家と協働した事業再生、破産・民事再生等の法的手続の申立てに取り組むとともに、法的倒産処理における破産管財人や民事再生監督委員の経験を多数積んできています。

■設立・沿革

2000年に「興和法律事務所」を開設し、2010年には法人化し「弁護士法人興和法律事務所」として現在に至っています。

代表者　岩本安昭（大阪弁護士会）
取扱言語　英語
主な顧問先　メーカー（製薬・医療機器、化学、電気、住宅、重機等）、小売、商社、流通、鉄道等交通、建築、不動産、エネルギー、システム、金融、医療・福祉、給食、人材派遣、大学、官公庁関係等

報酬体系　事務所報酬規程（日弁連旧報酬規程・旧大阪弁護士会報酬規程に準拠）による。着手金・報酬金方式・タイムチャージ方式双方対応／顧問料　事業者（月額）50,000円～／タイムチャージ　パートナー30,000円～40,000円、アソシエイト25,000円～30,000円（弁護士の経験・専門等に応じて幅がある）。

弁護士法人 興和法律事務所

取扱業務 **会社法務・企業再編** 契約審査、株主総会指導、取締役会指導、コーポレートガバナンス、コンプライアンス、各種事業法・規制法等に関わる法務アドバイス、合併等企業再編での法務監査/**行政事件** 主に官公庁側の相談や訴訟代理人、条例・法令案等の作成、環境・薬事・税務等を含む行政関連法令・行政実務・行政手続等への専門的対応/**労務問題・労働事件** 官民問わず使用者側での各種相談、労働審判・訴訟対応、労働委員会・人事委員会対応等/**事業再生・倒産処理** 個人から大規模企業まで専門家と協働した事業再生への取組み、破産・民事再生等の法的手続の申立および裁判所選任による管財人・監督委員・清算人等の業務、法的倒産案件における債権者側の対応等/**独禁法等競争法** 独占禁止法や下請法をはじめとする競争法関係に関する相談、調査、公取委対応等、専門的観点からの法的コメントや意見書作成等/**一般民事・家事事件** 債権回収、各種紛争、書面作成、不動産取引、登記等の民事事件、遺産分割や離婚等を含む家事事件

P 岩本安昭 1980東大法、43期、衆議院法制局（1980〜92衆議院地方行政委員会、商工委員会［通産省、公正取引委員会関係］、社会労働委員会（厚生省、労働省関係）、法務委員会、建設委員会、環境委員会、災害対策特別委員会、公職選挙法等特別委員会等各分野の議員立法、議員修正の立案・審査）、元京大院法学研究科非常勤講師、元京大法公共政策大院非常勤講師等/**阿多博文** 1988京大院法、42期、法制審議会会社法部会委員（株券不発行等）（2002年8月〜04年3月）、新司法試験考査委員（2009〜11）、同大LS専任教授（商法）等/**森末尚孝** 1987京大法、51期、文部省（1987〜89：隣接権条約加入、著作権法改正作業等）、大阪市（1989〜97訴訟、条例・規則等の制定・改廃、各局法律相談対応等）、大阪地裁民事調停官（2004〜08）等/**丹羽浩介** 1996京大法、53期、都市銀行（1996〜98外国為替、国内融資、不良債権処理等）/**森脇肇** 1991京大法、56期、上場メーカー（1991〜2002企業法務全般、営業等も経験）、同大院ビジネス研究科嘱託教員等/**A 竹村真紀子** 1998阪大法、2010京大LS、64期、大手生命保険会社（1998〜2006法務・コンプライアンス、関連医療機関の経営管理・人事労務等）/**顧 見満正治** 1966神大院法、20期、裁判官（1968〜2001：大阪高等裁判所部総括判事）、公証人（2002〜11）、2011登録/**濱谷和生**（土佐和生）1985立命大法、1993香川大法助教授、1997甲南大法助教授、1998甲南大法教授、2004甲南大LS教授（独禁法および情報通信・電気・ガス事業等の公益事業に係るコンプライアンス等）、2005登録　以上すべて大阪弁護士会。

著作 岩本安昭「近時の行政立法に関する一考察―薬事法に基づく委任命令を題材として」『水野武夫先生古稀記念論文集 行政と国民の権利』（法律文化社、2011）/同他『公法系訴訟実務の基礎（第2版）』（弘文堂、2011）/阿多博文「会社法改正の意義と経緯（第2部・第3部）及び多重代表訴訟の幾つかの論点」北村雅史・高橋英治編『藤田先生古稀記念論文集 グローバル化の中の会社法改正』（法律文化社、2014）/土佐和生他「民間入札談合と独占禁止法」川濱昇・泉水文雄・土佐和生・泉克幸・池田千鶴編『競争法の理論と課題―独占禁止法・知的財産法の最前線』（有斐閣、2013）/土佐和生他『リーガルクエスト経済法』（有斐閣、2010）/同他「第3章の2　独占的状態」根岸哲編『注釈独占禁止法』（有斐閣、2009）/丹羽浩介他「会社分割の会計処理」今中利昭編『会社分割の理論・実務と書式』（民事法研究会、2001）/同他「不動産登記法の改正他」関西法律特許事務所編『改正担保・執行法の理論・実務と書式』（民事法研究会、2004）/松下電工株式会社法務部編・森脇肇他『研究・製造・販売部門の法務リスク』（中央経済社、2005）その他多数

事件 破産管財事件（ワールド・ロジ［東証JASDAQ］グループの破産管財人および民事再生監督委員（2013〜）等、管財人・民事再生監督委員および破産・民事再生申立代理人（大阪キャッスルホテル等）の経験多数/大規模信託事業にかかる訴訟・調停事件の委託者側代理人/その他、行政事件、個別・団体的労働関係事件等多数

小松法律特許事務所
Komatsu Law & Patent Office

〒530-0005　大阪市北区中之島2-2-2　大阪中之島ビル8階
TEL　06-6221-3355　FAX　06-6221-3344
URL：http://www.komatsulaw.com　jimukyoku@komatsulaw.com

 1945年開設。知的財産および倒産事件を中心に、迅速かつ的確なリーガルサービスの提供をめざす老舗専門事務所。所属弁護士は比較的若く、理系出身者も多い。男女比もほぼ同数である。

■理念・特色

　当事務所では、多様な経験が弁護士を育てるとの信念の下、所属するすべての弁護士が、特定の分野に偏ることなく、多様な法分野の事件に取り組み、どのような法分野においても、的確なリーガルサービスを提供することを目指しています。他方で、知的財産と倒産の法分野にも重点を置き、これらの法分野において、高度の専門性を発揮することを事務所の特色とすべく、知的財産関係事件と倒産事件に、特に、力を入れて取り組んでいます。このような方針の下、当事務所は、これまで、知的財産と倒産の法分野を中心に、社会的に注目を集めた著名事件や、困難を極める難解事件、渉外案件や大型の倒産事件等を含む多数の事件に携わり成果を上げて来ました。

　当事務所では、これらの豊富な実績に基づく事件処理のノウハウを駆使するとともに、各弁護士が各種委員会や研究会等に積極的に参加し、絶えず自己研鑽に努めることにより、特に、知的財産と倒産の分野において、より専門性の高いリーガルサービスを提供することをめざしています。

構成

　現在、当事務所には、32期の小松陽一郎弁護士を筆頭に、50期代の弁護士が2名、60期代の弁護士が4名在籍しており、若い弁護士が多いこともあって、事務所の雰囲気は明るく、活気があります。ジェンダーバランスもよく、現在、3名の女性弁護士が当事務所で活躍しています。

　所属弁護士の経歴についても、企業等での他職経験を有する弁護士や、理系学部出身の弁護士、留学経験のある弁護士等、ますます多様化する社会の法的ニーズに対応すべく、多様なバックグラウンドを有する個性豊かな弁護士が揃っています。

■設立・沿革

　当事務所は、1945年に、小松正次郎弁護士により、「小松正次郎法律特許事務所」として開設され、爾来、約70年の歴史を有しております。
　1995年には、小松陽一郎弁護士が所長となり、事務所名も、現在の「小松法律特許事務所」に変わりましたが、事務所のモットーは、設立以来変わることなく「至心」です。司法制度改革のうねりの中、当事務所は、真の社会正義と国民の利益擁護とは何かを常に考えながら、多様化する社会の法的ニーズに迅速・的確に応え、より信頼され安心される法律事務所をめざし、今日まで研鑽を積んでまいりました。そして、一般民商事事件のほか、事務所の特色とする知的財産と倒産の分野にも重点を置き、謙虚でたくましい事務所と評価していただけるよう、事務所一同、絶えず自己研鑽に励み、誠心誠意、事件処理に取り組んでおります。

代表者　小松陽一郎（大阪弁護士会） 取扱言語　英語 主な顧問先　各種メーカー、アパレル、商社、流通、情報通信、建設、医療、教育・研究機関、サービス、不動産等（上場・非上場を含む）	報酬体系　事務所報酬規程（日弁連旧報酬規程に準拠しつつ、実情に応じ変更を加えたもの）による。着手金・報酬金制と、タイムチャージの双方対応可能／顧問料（月額）50,000円〜／タイムチャージ20,000円〜50,000円。

取扱業務 **知的財産権** 侵害訴訟、審決取消訴訟、職務発明訴訟、無効審判、ライセンス契約、企業秘密管理、出願手続等／**倒産** 会社更生事件、民事再生事件、破産事件、私的整理事件等／**一般企業法務** 債権管理、契約書審査、株主総会、独禁法・下請法等コンプライアンス指導、労務管理等／**消費者事件** 多重債務問題、消費者被害問題等／**一般民商事事件** 不動産売買、商品取引、金銭貸借、借地借家、交通事故等の一般民事紛争、遺言・相続、離婚等の家事紛争等にかかる訴訟、調停、示談交渉等／**刑事事件** 刑事弁護、告訴、告発／その他

P **小松陽一郎** 関大法、1976関大法院、1980登録（弁護士・弁理士）、32期、弁護士知財ネット理事長（2014〜）、関大LS特別任用教授（2009〜14）、2003日弁連知的財産制度委員会委員長、日弁連知的財産政策推進本部副本部長（2004〜08）、2009日弁連知的財産センター副委員長、日弁連知的財産センター幹事（2014〜）、大阪地方裁判所・大阪簡易裁判所専門調停委員（1999〜）、工業所有権審議会委員（2006〜12）、日本工業所有権法学会会員、日本民事訴訟法学会会員等／**川端さとみ** 2002京大法、57期、2007University of Virginia LLM、Boston University客員研究員（2009）、立命大非常勤講師（2012〜13）、NY州弁護士／**森本純** 1991京大理、58期、2012弁理士登録／**山崎道雄** 2002立命大法、2004立命大院、2006立命大LS、60期、阪南大非常勤講師（2014〜） A **藤野睦子** 1994大阪府大工、1996大阪府大院工、東レ勤務、2007京大LS、61期、2009弁理士登録、阪南大非常勤講師（2011〜13）、京大非常勤講師（2014〜）／**大住洋** 2004京大法、2009関大LS、63期、関大LS特別任用准教授（2015〜）／**中原明子** 2000関大法、2011関大LS、66期　以上すべて大阪弁護士会。

著作 『最新判例知財法 小松陽一郎先生還暦記念論文集』（共著、青林書院）／『知的財産権侵害訴訟実務ハンドブック（改訂3版）』（共著、経済産業調査会）／『新・注解不正競争防止法（第3版）（上）（下）』（共著、青林書院）／『知的財産権　法理と提言　牧野利秋先生傘寿記念』（共著、青林書院）／『知的財産権侵害訴訟の今日的課題　村林隆一先生傘寿記念』（共著、青林書院）／『知財ライセンス契約の法律相談（改訂版）』（共著、青林書院）／『不正競争の法律相談』（共著、青林書院）／『実践 知財ビジネス法務』（共編著、民事法研究会）／『知財相談ハンドブック（改訂版）』（共同監修、大阪弁護士会協同組合）／『特許・実用新案の法律相談（第3版）』（共著、青林書店）／『著作権法コンメンタール2』（共著、勁草書房）／『書式個人再生の実務（全訂第5版）』（共著、民事法研究会）／『通常再生の実務Q&A120問』（共著、金融財政事情研究会）／『新注釈民事再生法(下)（第2版）』（共著、金融財政事情研究会）／『新版破産管財手続の運用と書式』（共著、新日本法規）ほか多数

事件 **訴訟** 複数口の届出債権と開始時現存額主義の適用範囲に関する2件の最高裁判決（最判平成22.3.16判時2078.13、最判平成22.3.16判時2078.18）／フレッドペリー並行輸入事件（最判平成15.2.27民集57.2.125）／完成品の部品につき商標権侵害罪の成否が問題となった事件（最判平成12.2.24刑集54.2.67）／型枠に係る特許権侵害行為差止等請求事件（大阪地判平成24.10.4発明110.1.41）／「ひこにゃん」著作権侵害行為差止仮処分即時抗告事件（大阪高判平成23.3.31判時2167.81）／CDケースに係る特許無効審決取消請求事件（知財高判平成19.3.8パテント65.10.53）／ダンロップ並行輸入事件（大阪地判平成16.11.30判時1902.140）／ニッシンコーポレーション事件（大阪地判平成10.12.22知的裁集30.4.1000）／メプチン特許事件（東京高判平成10.3.31判時1631.3、東京地判平成9.7.18判タ947.151）／古潭ラーメン商標事件（大阪地判平成9.12.9判タ967.237）等／**破産事件** クラヴィス（管財人）、芦屋シニアレジデンス（管財人）、正華産業（管財人）、エムネット（管財人）、アトラス（管財人）、萬品電機製作所（管財人）、環商事（管財人）、太陽環境（管財人）等／**民事再生事件** 大和都市管財（管財人）、アイ・エックス・アイ（管財人）、アクアクララジャパン（管財人）等／**会社更生事件** 大津カントリークラブ（管財人）、けやきヒルカントリークラブ（管財人）ほか多数

清和法律事務所
Seiwa Law Office

〒541-0045　大阪市中央区道修町1-6-7　北浜MIDビル9階
TEL　06-4706-7727　FAX　06-4706-7738
URL：http://www.seiwa-law.com/

8（±0）
P5 A2 顧1
男7 女1
外弁0 外資0
他士1 事務6

訴訟
C　会社　MA

「河合法律事務所」（河合伸一元最高裁判事）の流れを汲む老舗事務所。多様な業種の顧問先企業からの法律相談から訴訟までを手がけ、専門性の高いリーガルサービスを提供している。

■理念・特色
　当事務所では、顧問会社や個人のクライアントとのご縁を大切に、実直かつ誠実な業務執行を心がけております。
　具体的には、経験と専門性と行動力を有する弁護士の集団であるという特色を活かし、問題事案に精通した担当弁護士が、クライアントとの緊密な意思疎通と真摯な意見交換を通じて個別具体的な事案の解決のために最適な方針を見つけ出します。また、必要に応じて他の弁護士とチームを組み、問題解決策を的確かつ迅速に実現することによって、質の高いリーガルサービスを合理的なコストで提供させていただいております。
　訴訟業務　専門知識と経験を有した担当弁護士が、クライアントとの打合せ、現場確認、証拠の収集・分析、判例等の調査、裁判所提出書面の作成、法廷での質疑応答や証人尋問等の訴訟活動を、自らの手で行います。
　企業法務　担当弁護士が日頃から顧問会社の業務内容や現在の経営課題について緊密に意思疎通するように心がけております。クライアントが紛争予防のための法的助言を求めやすく、紛争や問題が発生した時には事業内容等の基礎的事項の説明抜きに相談ができる環境整備を心がけ、適切かつ迅速な回答や対応ができるようにしております。
　一般民事　個人生活において生じうる不動産紛争、離婚、相続、債務問題、近隣トラブル、交通事故、消費者被害、証券被害問題、医療過誤などあらゆる問題の解決のための相談にも丁寧に対応しております。

■設立・沿革
　河合法律事務所を営んでいた河合伸一弁護士（現在当事務所顧問弁護士）が1994年に最高裁判所判事に任官したことから、当時河合法律事務所に在籍していた河本一郎神戸大学名誉教授・弁護士および河合徹子弁護士（現在当事務所客員弁護士）、岡村および濱岡が加わり、同年8月「河本・河合・ふたば法律事務所」を開設しました。その後、河本一郎弁護士が転出し、河合徹子弁護士が客員弁護士に就任したことにより2001年4月から事務所名を「清和法律事務所」として現在に至っております。

代表者　岡村泰郎（大阪弁護士会）
主な顧問先　金融機関（都市銀行、信用金庫、損害保険）、各種製造業（家電製品、楽器、スポーツ用品、建築塗料・建築仕上材、建設用プラント、自動車用変速機、アルミ建材製品、化学薬品、化成品・油脂、化粧品原料、飲料水、住宅設備機器、家具・生活雑貨等）、非製造業（鉄道、野球場、遊園地、不動産、情報通信、音楽教室、産業用塗料販売、建設工事、電気設備工事、ビルマネジメント、運送、業務用カラオケ、広告宣伝、発電プラントメンテナンス、レンタル、自動車販売、飲食、警備等）、その他（医療機関、地方公共団体、寺院、市場振興組合等）
報酬体系　大阪弁護士会旧報酬規程に当事務所の変更を加えた報酬基準による。着手金・報酬方式とタイムチャージ方式の双方あり。相談料は1時間当たり個人10,000円～、法人20,000円～。詳細は事務所HP参照。

清和法律事務所

取扱業務 **企業法務** 上場企業から中小企業まで、金融機関やメーカー、非製造業など種々の顧問会社の会社経営に関する日常業務、法令遵守、企業統治、クレーム対応などの各種法律相談、株主総会指導、他社との交渉等／**金融法務** 債権の保全・管理・回収、各種銀行業務に関する相談、書類作成業務、民事保全・金融取引訴訟（貸金、預金、デリバティブなど）・民事執行等／**M&A** 企業の合併・買収・分割など企業再編に関する相談業務、法務デューデリジェンス業務、交渉業務、および、それらに関する書類作成業務／**会社訴訟** 株主代表訴訟、株式買取価格決定事件、PL訴訟のほか、会社や会社役員を当事者とする訴訟事件、企業の支配権をめぐる紛争に関する訴訟事件等／**倒産・事業再生** 法人および個人の再生・倒産（民事再生・破産等）の相談、法的手続の申立て、破産管財人、民事再生の監督委員等／**行政事件** 行政訴訟、住民訴訟、自治体の債権回収等／**一般民事事件** 不動産関係訴訟、貸金関係訴訟、交通事故訴訟、医療過誤訴訟、消費者訴訟、証券被害訴訟、近隣トラブル（いじめ問題含む）、損害賠償訴訟等あらゆる一般民事事件／**家事事件** 離婚、相続、遺産分割等さまざまな家事事件およびその相談業務／**刑事事件** 一般刑事事件

P 岡村泰郎 京大、38期、簡易裁判所調停委員／濱岡峰也 京大、39期、簡易裁判所・地方裁判所調停委員、阪神電気鉄道社外監査役、アルメタックス社外取締役／堀内康徳 京大、48期／山本健司 京大、49期、日弁連・消費者問題対策委員会委員、同・司法制度調査会特別委嘱委員、内閣府消費者委員会「消費者契約法専門調査会」委員／宇都宮一志 京大、57期、大阪弁護士会司法委員会倒産法部会委員 **A** 木虎孝之 京大、60期、大阪府庁債権特別回収・整理アドバイザー、大阪弁護士会行政問題委員会副委員長／六田友豪 京大LS、65期 **客員** 河合徹子 大阪市大、9期

以上すべて大阪弁護士会。

著作（いずれも共著）**会社法** 『非上場株式の評価鑑定集』（成文堂）／『会社法・金融取引法の理論と実務』（商事法務）／『現代倒産法・会社法をめぐる諸問題』（民事法研究会）／『合併の理論と実務』（商事法務）／『起業のための税と法務』（三省堂）／『わかりやすい会社法の手引』（新日本法規出版）／『中小企業の会社法実務相談』（商事法務）／**倒産法** 『一問一答民事再生手続と金融機関の対応』（経済法令研究会）／『解説実務書式大系30〈倒産編〉倒産 清算 再建』（三省堂）／破産管財BASIC（民事法研究会）／**金融法** 『仮差押え・仮処分・仮登記を命ずる処分（新訂貸出管理回収手続双書）』（金融財政事情研究会）／**債権法改正** 『民法（債権法）改正の論点と実務』（商事法務）／**消費者法** 『消費者契約における不当条項の横断的分析（別冊NBL128号）』（商事法務）／『消費者契約法改正への論点整理』（信山社）／**行政法** 『Q&A自治体の私債権管理・回収マニュアル』（ぎょうせい）

事件 **会社法** 取締役の任務懈怠責任に関する大阪地判平成25.1.25判時2186.93／株式買取価格決定に関する大阪地決平成24.4.27判タ1384.256／会社と取締役等との委任関係に関する最判平成16.6.10判タ1159.114／**金融法** 債権譲渡禁止特約に関する大阪地判平成17.11.30金法1795.62／**民法** 投資顧問業者の債務不履行責任に関する大阪地判平成18.7.12判タ1233.258／サブリースに関する最判平成16.11.8判タ1173.192／PL訴訟（テレビ出火事件）に関する東京地判平成10.3.23判時1651.92／**倒産法** 三洋スカイリゾートゴルフ場民事再生事件申立代理人／**刑事** 傷害致死被告事件（裁判員裁判）で犯人性なしとして被告人を無罪とした大阪地判平成25.10.8公刊物未登載

大阪

弁護士法人 第一法律事務所
Daiichi Law Office, P.C.

大阪事務所
〒530-0005　大阪市北区中之島2-2-7　中之島セントラルタワー24階
TEL　06-6227-1951　FAX　06-6227-1950
東京事務所
〒100-0006　東京都千代田区有楽町1-7-1　有楽町電気ビル南館6階
TEL　03-5252-7022　FAX　03-5252-7021
URL：http://www.daiichi-law.jp　lawyers@daiichi-law.jp

29 (+1)				
P 9	A 15	顧 5		
男 25	女 4			
外弁 0	外資 2			
他士 0	事務 21			
	B		総合	

企業法務を中心とするフルサービスの中規模事務所。各人がゼネラリストかつスペシャリストとして、より顧客満足度の高いサービスを提供することを目標としている。

■理念・特色

　当弁護士法人は、依頼者の方々のニーズを適切に把握し、迅速かつより高い顧客満足度の得られる法務サービスの提供のため研鑽に努め、「依頼者にとって第一の法律事務所」であり続けることを目標としています。具体的には、所属弁護士各人が民事・商事・刑事の全般についての基本的・総合的な法務対応力を有することを前提に、各人ごとに特定分野についてより高度の専門性を追求することにより、ゼネラリストかつスペシャリストたることを目標にしています。

　当弁護士法人では創設パートナーを中心として、企業活動にまつわる法務ニーズへの対応に注力してまいりましたが、会社法・金融商品取引法を中心に、株主総会指導、M&Aのスキーム・契約等の立案・DD対応、上場審査対応、企業のコンプライアンス体制の整備等の企業経営上の実務課題に関する法務全般を取り扱っています。とりわけコーポレート・ガバナンスに関する企業の対応課題については、個々の企業の実情に応じたアドバイスを心がけており、多数のご依頼にお応えしてきた実績があります。

　また、人事・労務管理、事業再生、知的財産権、ファイナンス等の複雑な法規制への対応や紛争についても、各分野に精通した弁護士が連携して、迅速かつ適切にサポートしています。

　さらに、近時の企業のグローバル展開に伴う国際取引、特にアジアに関する新たなニーズにも対応しており、国内企業の海外進出の際に、欧米のみならず、中国やインド等のアジア諸国を含めた世界各地の弁護士と緊密に連携しながら、現地法制の調査、M&A・合弁等のスキームや外資規制の検討、契約交渉への対処に関する助言、紛争解決等をサポートしています。

　このほか、ITを活用した情報管理体制の構築や新たなITサービスの提供といった新たな経営課題に対しても、法的知識のみならず情報システムに関する技術的知見も有する弁護士がサポートしています。

　このように当事務所の所属弁護士は各分野においてさまざまな実績を蓄積しており、これらの経験値は依頼者の皆様のご依頼に適切に対応するための礎となっています。

代表者　家近正直（大阪弁護士会）	
支店　2008年東京事務所開設	
取扱言語　英語	
主な顧問先　製造業・メーカー（製薬・家電・製造機器・鉄鋼・化学・ソフトウェア）、運輸業（鉄道・航空・運送）、金融業（生命保険・証券・信託銀行・信用金庫）、建設業、流通・サービス業（商社・外食産業・不動産管理・ゴルフ場運営・ホテル運営・情報システム）、小売業（アパレル・食品・燃料）、その他（商工会議所・放送・医療法人・学校法人）	
報酬体系　事務所報酬規程（日弁連旧報酬規程に当事務所の変更を加えたもの）による。	

弁護士法人 第一法律事務所

取扱業務 コーポレート　コーポレート・ガバナンス実現のための対応・支援、株主総会の運営サポート、起業・資金調達の支援／M&A・事業承継／コンプライアンス／国際取引／人事・労務／事業再生・倒産／知的財産権／IT・情報管理／金融・ファイナンス／証券・保険／不動産／債権管理・回収／競争法・独占禁止法／税務／行政法務／企業刑事事件

P 家近正直　大阪市大法院、14期、日弁連理事（1981年4月～82年3月）、大阪弁護士会副会長（1981年4月～82年3月）、大阪商工会議所企業法制委員会副委員長（現任）、法務省法制審議会商法部会委員（1988年3月～1994年3月）、司法試験考査委員（商法）（1996年度～98年度）、田辺三菱製薬・京阪電気鉄道・カプコン・日本エスコン各監査役（現任）／桑原豊　中大法、27期、大阪弁護士会副会長（1996年4月～97年3月）、大阪弁護士会人権擁護委員会委員長（1993年4月～94年3月）、高田機工監査役（現任）、自治体監査委員（現任）、大阪地方・簡易裁判所調停委員（1998年4月～）／福田正　同大法、38期、神栄社外取締役（現任）、エクセディ監査役（現任）、大阪地方・簡易裁判所調停委員（2006年4月～）／鎌田邦彦　京大法、44期、1993弁理士、名城大学非常勤講師／宮本圭子　阪大法院、44期、阪大院高等司法研究科客員教授（2010年4月～）、同非常勤講師（2005年10月～）、日弁連民事裁判手続に関する委員会事務局次長、大阪弁護士会司法委員会副委員長（1994～）、大阪弁護士会民事訴訟法の運用に関する協議会副座長、同高等裁判所の民事控訴審の運用改善についての協議会委員／村中徹　神大法、47期、大阪・東京事務所兼任、同大LS兼任教員（2007年～15年3月）、司法試験考査委員（商法）（2012年度～14年度）、司法試験予備試験考査委員（商法）（2013年度～14年度）、1996年大阪商工会議所企業法制委員会幹事／柳原克哉　名大法、47期、東京事務所、検事任官、東京地方検察庁（特別捜査部、特別公判部、刑事部等）、大阪地方検察庁（刑事部、公判部）ほか歴任（1995年4月～2006年3月）、Gunosy社外取締役（現任）／山本和人　京大法、53期、大阪・東京事務所兼任、2008ノースウエスタン大LLM、2009NY州弁護士、Kirkland and Ellis LLPシカゴ事務所、錦天城律師事務所上海事務所（2008～09）、IPBA知的財産権委員会副委員長、日弁連中小企業海外展開支援弁護士／福本洋一　同大法、56期、システム監査技術者、情報セキュリティアドミストレータ、基本情報技術者 A 髙橋直子　京大法、51期／家近知直　早大法、58期、東京事務所／井上卓士　中大法、59期、東京事務所／松岡史朗　京大法、59期、米国留学中／加納淳子　立命大、大阪市大LS、60期／木村啓　阪大法、60期、米国留学中／三木賢一　一橋大法、一橋大LS、60期、2014NY州弁護士／奥山隆輔　京大法、京大LS、61期／塚元健　東大法、東大LS、62期／北井歩　京大法、阪大LS、63期／毒島光志　京大法、京大LS、63期／田中孝樹　京大法、京大LS、64期／葉野彩子　京大法、京大LS、65期／吉田将樹　岡山大法、阪大LS、66期／村上光太郎　関学大法、阪大LS、67期 顧 出嶋侑章　立命大法、20期／山崎武徳　明大法、21期／藤田勝利　東北大法、近畿大LS教授（会社法・現代商取引法）（2004年4月～14年3月）／松山恒昭　東京都立大法経、21期、大阪地方裁判所部総括（労働部、商事・倒産部）、釧路地方・家庭裁判所長、司法研修所第1部上席教官、神戸地方裁判所長、大阪高等裁判所部総括歴任／吉本健一　阪大法院、神戸学院大法学部教授、阪大名誉教授

著作 当事務所弁護士が中心となって刊行した著作　『わかりやすい会社法の手引』（共著、新日本法規出版）／『Q&A 会社のトラブル解決の手引』（編著、共著、新日本法規出版）／『中小企業の会社法実務相談』（編著、商事法務）／『討論コーポレートガバナンス』（編著、学際図書出版）／『差止請求モデル文例集』（編著、共著、新日本法規出版）／『営業の法務対策』（共著、学際図書出版）／『改正アメリカ特許法』（共著、発明推進協会）
当事務所弁護士が執筆に携わった著書・論稿　『非常勤社外監査役の理論と実務』（共著、商事法務）／『会社法・関係規則の完全実務解説』（共著、財経詳報社）／『実務解説 信託法Q&A』（共著、ぎょうせい）／『銀行窓口の法務対策4500講Ⅱ』（共著、金融財政事情研究会）／『知的財産契約の理論と実務』（共著、商事法務）／『一問一答 改正 会社更生法の実務』（共著、経済法令研究会）／『実務解説『ガイドラインから読み解くマイナンバー法施行に向けた法務部の準備』』（ビジネス法務2015年3月号）

大阪

竹林・畑・中川・福島法律事務所
TAKEBAYASHI, HATA, NAKAGAWA & FUKUSHIMA Law Office

〒530-0047　大阪市北区西天満6-7-2　新日本梅新ビル3階
TEL　06-6365-1097　FAX　06-6365-1296
URL：http://www.thnflaw.com　office@thnflaw.com

9 (±0)	
P5	A4 顧0
男7	女2
外弁0	外資0
他士0	事務5

B		労働
	土地	行政

1972年、竹林弁護士（きっかわ法律事務所出身）が設立した使用者側の労務専門事務所。関係団体の研修・講演等も多く、社外監査役経験者も多い。

■理念・特色

　当事務所は、1972年に竹林節治弁護士が開設して以来、使用者側に立って労使問題に対処する専門事務所として今日に至っております。

　所属する弁護士全員がスペシャリストとしての自覚のもと、労働諸法につき常に研鑽し、労働諸法に関する実務に精通しております。

　そもそも労使関係は社会経済の基底を成すものであり、使用者の権能と責任、労働者の権利と義務に関する公正・妥当な帰結が正常な労使関係をもたらすという考え方により、顧問先および依頼者の労使関係に関する紛争と事件の処理にあたっております。弁護士全員が参加する月2回の事務所会議において、担当する事件について報告を行い、全員が議論して当事務所として確信をもった方向で紛争・事件に対応するというシステムをとっています。

　月1回、当事務所の元客員弁護士下井隆史博士（神大労働法名誉教授）をチューターとして労働法に関する新しい法規や判例について勉強会を開き、若手弁護士のレベルアップを図っています。

　顧問先や依頼者の個別的労使関係および集団的労使関係に関するあらゆる問題、紛争、事件について迅速にして説得力ある解決に導いています。特に顧問先については、常時継続的に相談にあずかることにより、紛争を未然に防いだり、その拡大を阻止することに意を払い、万一紛争が生じた場合には、企業の実情に即した解決を図ることとしています。また、顧問先等から依嘱されて、企業の社外監査役、法人の監事に就任しています。

　関西地区においては正当性を欠く組合活動（たとえば集団による業務妨害、度を超した街宣活動、経営者自宅への抗議活動、病院・学校における赤旗掲揚など）に対しては、使用者から仮処分申請を行い、この分野で当事務所は数多くの経験とノウハウを有しています。

　企業、業界団体における研修、講演などに、要請に応じて随時所属の弁護士を講師として派遣しています。

　法科大学院制度が始まって以降は、大学の要請に応じて、労働法に関する教員に通常業務に支障のない範囲で随時就任しています。

■設立・沿革

　「吉川（現在はきっかわ）法律事務所」に10年間在職して労働法分野の研鑽を積んだ竹林節治弁護士が、1972年「竹林法律事務所」を開設し、畑守人弁護士（1972年入所）、中川克己弁護士（1976年入所）、福島正弁護士（1981年入所）がその後順次パートナーになるに従い、「竹林・畑法律事務所」、「竹林・畑・中川法律事務所」から現在の「竹林・畑・中川・福島法律事務所」になりました。

代表者　畑守人（大阪弁護士会）	
主な顧問先　建設、食品、繊維、化学、薬品、鉄鋼、機械、電機、銀行、証券、不動産、ホテル業、新聞社、運輸・倉庫、電力・ガス、官公庁、地方公共団体、学校法人、医療法人等	
報酬体系　大阪弁護士会旧報酬規程を基として労務関係についての独自の定めを規定した当事務所報酬規程による。	

竹林・畑・中川・福島法律事務所

取扱業務 **使用者側労働事件** 採用取消、配転、出向、休職、懲戒、解雇、雇止め、人員整理、労働災害、パワハラ、セクハラ、メンタルヘルス、賃金、残業料請求などの個別的労使関係に関する相談、交渉および訴訟、仮処分、労働審判、あっせんの受任。労働組合の争議行為への対応、不当な組合活動への対応、団体交渉への出席、労働委員会への不当労働行為救済申立ておよびあっせん申請への対応。就業規則・労働協約の作成・チェック/**企業法務** 契約書の作成・チェック、債権の管理・保全、契約交渉、株主総会の指導と出席/**行政事件** 官公庁・地方公共団体への行政事件受任/**経済法関係** 独禁法、不正競争防止に関する相談および紛争の対応/**紛争予防、法的プランニング**/**一般事件** 民事事件、家事事件、刑事事件

P竹林節治 1957京大法、12期、1991大阪弁護士会会長・日弁連副会長、1998法律扶助協会会長、2001豊中市公平委員会委員長、京産大LS講師（労働法）（2002～03）/**畑守人** 1970京大法、24期、京大法学研究科法曹専攻客員教授（2007～08）、2009大阪弁護士会会長・日弁連副会長/**中川克己** 1974京大法、28期、同大院総合政策科学研究科講師（1995～2000）、同大院法学研究科講師（1996～97）、2002大阪弁護士会副会長/**福島正** 1978京大法、33期、立命大LS講師（労働法）（2009～11）/**竹林竜太郎** 1992京大法、49期、京産大LS講師（労働法）（2004～08）、京大LS講師（労働法）（2008～）**A宮里華子** 2004東大法、2005検事任官、58期/**原英彰** 2006立命大法、60期/**久保田興治** 2006東大法、2008東大LS、63期/**畑幸** 2007関大法、2010関学大LS、65期　以上すべて大阪弁護士会。

著作 竹林節治『会社対組合の労働法』（共著、日本実業出版社）/同『就業規則の理論と運用』（共著、日本経営者団体連盟弘報部）/畑守人『最高裁労働判例5・6・7・8』（共著、日本経団連出版）/同『労働判例10年の動向(上)(下)』（共著、第一法規出版）/同『労働法実務ハンドブック』（共著、中央経済社）/中川克己『企業買収の実務と法理』（共著、商事法務研究会）/同『営業秘密の保護防衛とエイズ対策・情報管理』（三協法規出版）/同『解雇・退職の判例と実務』（共著、第一法規出版）/竹林竜太郎『実務に効く労働判例精選』（共著、有斐閣）/同『重要判例から読み解く労務トラブル解決の実務（ビジネスガイド臨増783号）』（共著、日本法令）/同『企業のための労働契約の法律相談』（共著、青林書院）

事件 私用電話・メール、上司に対する反抗的態度等を理由とする店長の雇止めが有効とされたF社事件（大阪地堺支部判平成26.3.25労経速2209.21）/組合活動のため会社のパソコンデータを持ち出した従業員の解雇が有効とされた宮坂産業事件（大阪地判平成24.11.2労経速2170.3）/労働組合の街宣活動等の禁止を求める仮処分命令には理由があるとして認可されたミトミ建材センターほか事件（大阪地決平成24.9.12労経速2161.3）/経営不振による雇用継続の困難性等の事情により、定年退職後の継続雇用の拒否、更新拒絶が認められたフジタ事件（大阪地判平成23.8.12労経速2121.3）/従業員間の喧嘩行為への対処は安全配慮義務の範疇外である等して、会社に対する損害賠償請求等が認められなかった佃運輸事件（神戸地姫路支部判平成23.3.11労経速2109.3）/酒気帯び運転をし、物損事故を起こした市職員に対する懲戒免職処分を適法としたS市事件（大阪地判平成21.12.24労経速2065.16）/既存の早期退職制度により退職した原告による、支給された退職金と新設された早期退職者優遇措置により支給されるべき退職金との差額相当額の支払い請求が斥けられた日本板硝子事件（東京地判平成21.8.24労経速2052.3）（平成21年以降のもの）

辰野・尾崎・藤井法律事務所
Tatsuno, Ozaki & Fujii Law Office

〒541-0042　大阪市中央区今橋4-3-18　ＨＫ今橋ビル9階
TEL　06-6209-8880　FAX　06-6209-8881
URL：http://www.tof-law.co.jp　tof-law-office@ab.auone-net.jp

8 (±0)			
P 3	A 5	顧 0	
男 7	女 1		
外弁 0	外資 0		
他士 0	事務 5		

 企業法務を中心とし、取扱分野は多岐にわたるとともに、顧問先の層も幅広い。事務所内合議を活用し、業務のクオリティを追求している。隣接士業とのネットワークや学術研究者との連携も充実している。

		会社
C		民家 訴訟

■理念・特色

1. 法律専門職としての仕事を通じて、社会に貢献することを心がけます。
2. クライアントの皆様と一緒に問題の解決を考え、行動します。
3. 誠実・信頼・フェアネスを大切にします。
4. 変化に柔軟であり続けます。
5. 中規模で質の高い法律事務所をめざします。

当事務所では、所属する弁護士がそれぞれ得意分野を有し、案件に応じて、適宜、柔軟にチームを編成することによって、クライアントの皆様の法的問題の予防と解決を図っています。法律構成および解決に至るプロセスが複雑な案件等については、事務所全体で合議し、各人の専門知識や経験・ノウハウを踏まえ、多様かつ多角的な分析・検討を行うことによる、良質なリーガルサービスの提供を心がけています。

また、公認会計士・税理士・弁理士・司法書士・社会保険労務士・行政書士・不動産鑑定士・土地家屋調査士その他外部の専門職の方々とのネットワークを構築しています。さらに、大学の学術研究者（学者）をはじめ、各種分野の専門事業者および海外の法律事務所との連携が可能であり、専門的知見を要する案件ごとに迅速かつ緊密にチームを編成して対応する体制を備えています。

当事務所は、上場・非上場の別、規模の大小を問わず、大企業から中堅企業、小規模企業、個人事業主に至るまで、株主総会、コンプライアンス、人事・労務、契約、債権管理、知的財産など、企業の経営や業務の執行にかかわる法的諸問題の予防や解決のための相談および助言ならびに訴訟・調停・各種ADR等を含む法的対応、事業再編やM&A、デュー・デリジェンスの実施、事業承継についての戦略的な法務サポートなどを1つの柱としています。

また、不動産を巡る紛争や近隣問題、交通事故、破産、離婚問題や遺産分割など、個人生活において生起する民事上の諸問題の解決やその予防のための相談および法的手続、さらには刑事問題にも対応しています。

なお、裁判所からの選任により、破産管財人・民事再生管財人、民事再生監督委員、強制管理・収益執行の管理人、会社法上の検査役などを数多く務めており、関連するノウハウを豊富に蓄積しています。

■設立・沿革

当事務所は、1991年4月1日に、辰野久夫、尾崎雅俊、藤井司の3名の弁護士による共同事務所としてスタートし、現在は弁護士8名体制で執務しています。

代表者	辰野久夫（大阪弁護士会）
主な顧問先	製造業、銀行、証券、リース、損害保険、総合商社、不動産、建築設計、製薬業、小売業、流通、アパレル、食品、自動車ディーラー、大学・高校・学習塾等の教育機関、ソフトウェア制作、給食、広告、印刷、医療機関等
報酬体系	事務所報酬規程（日弁連旧報酬規程に準ずる）による。着手金・報酬金等とタイムチャージ方式の双方対応可能／顧問料（月額）50,000円～／タイムチャージ　パートナー30,000円～50,000円、アソシエイト20,000円を目安とする。

辰野・尾崎・藤井法律事務所

取扱業務 **商取引一般** 取引開始時のリスク確認・法的意見の提示、取引基本契約書・秘密保持契約書その他各種契約書の作成・レビュー、債権管理・債権回収、保全・執行、担保権（抵当権、集合債権・集合動産譲渡担保権・動産売買先取特権等）の実行／**会社法関連** 株主総会対策、コンプライアンス、内部統制システム（各種規程の整備・運用）、代表訴訟、株主総会関連訴訟、買収防衛策、株式買取請求対策／**人事・労務関係** 労働契約に伴う各種法律相談、就業規則その他諸規程の整備、個別労働紛争、労災事故／**企業の再編・事業再生・M＆A** 合併、会社分割、事業譲渡、株式譲渡、株式交換・移転、事業承継、これらに伴う法務デュー・デリジェンス／**事業の再構築・倒産関係** 民事再生、会社更生、私的再建手続の検討、申立ておよび手続の遂行、破産手続、特別清算手続の検討、申立て／**知的財産権関係** 特許権、実用新案権、意匠権、商標権、著作権、営業秘密、ノウハウ等の知的財産権の保護・侵害対応、職務発明等関連紛争、ソフトウェア関連紛争、不正競争防止法関連紛争／**損害保険関係** 交通事故、職場での事故、スポーツ事故その他さまざまな事故に関する損害賠償／**不動産・建築** 売買契約、賃貸借契約、建築設計・請負、境界問題その他不動産関係／**環境問題** 土壌汚染対策、産業廃棄物の処理／**独占禁止法、景品表示法、下請法その他競争法関係** **行政関係紛争** **個人の生活の再構築** 自己破産、個人再生、債務整理／**家事関係** 離婚（親権、養育費、慰謝料、財産分与等）、相続（遺言書の作成、遺産分割、相続対策等）、任意後見、成年後見／**刑事関係** 刑事弁護、告訴・告発

P 辰野久夫 1978京大法、32期、近畿大法学部非常勤講師（2000・2001年度）、阪大院法学研究科非常勤講師（2001年度）、大阪弁護士会副会長（2005年度）、西宮市公平委員会委員、国立研究開発法人理化学研究所神戸事業所研究倫理第二委員会委員、日弁連常務理事（2013年度）東洋ゴム工業社外監査役等／尾崎雅俊 1980京大法、34期、大阪弁護士会副会長（2007年度）、（公社）総合紛争解決センター理事、財務省㈱評価委員会委員、財務省第9入札等監視委員会委員長、大阪地方労働審議会委員、大阪府建設工事紛争審査会委員等／藤井司 1984京大法、38期、京大LS非常勤講師（2007～11年度）、関学大LS非常勤講師（2007年度～）、地方公共団体審査会委員 A 久加和孝 2002阪大人間科学、2007京大LS、61期／三浦宏太 2001上智大外国語、2008神大LS、62期／阪上千尋 2009京大法、2011京大LS、65期／川北大和 2002神大法、2013京大LS、67期／赤木翔一 2011大阪市大法、2013阪大LS、67期 以上すべて大阪弁護士会。

著作 辰野久夫「動産売買先取特権に基づく動産競売の申立と債務者の破産宣告(上)(下)」NBL321号・322号／同『実践 担保のとり方・活かし方』（民事法情報センター）＊／同『債権譲渡特例法の実務』（商事法務研究会）＊／同『一問一答 改正会社更生法の実務』（経済法令研究会）／同『一問一答 破産法大改正の実務』（経済法令研究会）＊／同『社外監査役の理論と実務』（商事法務）＊／同『通常再生の実務Q＆A120問』（金融財政事情研究会）＊／尾崎雅俊・藤井司『仮差押え 仮処分・仮登記を命ずる処分(新訂 貸出管理回収手続双書)』（金融財政事情研究会）＊／同『会社法大系Ⅰ』（青林書院）＊／同『実践 担保のとり方・活かし方』（民事法情報センター）＊／同『企業買収の実務と法理』（商事法務研究会）＊／同『注解判例民法 物権法』（青林書院）＊／同『注解判例民法 債権法Ⅰ・Ⅱ』（青林書院）／同「人材派遣業法Q＆A」納税月報465号（納税協会連合会）／藤井司『注解判例民法 物権法』（青林書院）＊／久加和孝・三浦宏太「債権管理・回収実務Q＆A」『季刊事業再生と債権管理143号』（金融財政事情研究会）＊

（＊は分担執筆）

事件 証券訴訟、PL訴訟、会社関係訴訟・非訟事件、労働事件、特許事件、会社法上の検査役・清算人、各種倒産事件（破産管財人、再生管財人、監督委員、申立代理人）その他

弁護士法人 中央総合法律事務所
Chuo Sogo Law Office, P.C.

大阪事務所
〒530−0047　大阪市北区西天満2−10−2　幸田ビル11階
TEL　06-6365-8111　FAX　06-6365-8289

東京事務所
〒100−0011　東京都千代田区内幸町1−1−7　NBF日比谷ビル11階
TEL　03-3539-1877　FAX　03-3539-1878

京都事務所
〒600−8008　京都市下京区四条通烏丸東入ル長刀鉾町8番　京都三井ビル3階
TEL　075-257-7411　FAX　075-257-7433
URL：http://www.clo.jp

44 (＋2)	
P 18　A 22　顧 4	
男 39　女 5	
外弁 1　外資 0	
他士 0　事務 44	

金融法務を中心に、知的財産法務や国際法務等にも注力する中堅法律事務所。大阪、東京、京都の3拠点に加え、世界各地の法律事務所とのネットワークを通じて、国内外のさまざまな案件にワンストップ対応。

■理念・特色

1968年の中務嗣治郎弁護士による事務所創設以来、依頼者の多様なニーズに正面から向き合い、日々の事件処理等を通じた依頼者の信頼により、その礎を確かなものにしてきました。

当事務所では、各分野において専門性を有する弁護士が、日常の業務で得られる知識・ノウハウの蓄積のほか、所内外の研究会を通じ最先端の知識の習得・共有に努めるとともに、得られた知識・ノウハウを生兵法でないレベルに高めたうえで弁護士業務に活用しています。事務所季刊ニュース発行・セミナー開催等の対外発信活動にも組織的に継続的に取り組んでいます。

金融法務分野においては、銀行法、保険業法、金融商品取引法、貸金業法、資金決済に関する法律等の金融規制法に関する実践的なアドバイスから、高度なファイナンス取引案件、各種金融商品に係る複雑な紛争案件に至るまで幅広くかつ深度ある対応ができる専門性を有しています。

特許権、商標権等の知的財産権分野においては、特に大規模かつ専門的な侵害紛争について専門性を有しており、経験豊富な弁護士がチームで対応する体制を整えています。

国際法務分野においても、多様な海外取引案件を日々手がけています。世界80か国以上、160都市、弁護士数約4,500人が加盟する国際的な法律事務所のネットワークであるGLOBALAWに加盟しており、各国の加盟法律事務所と連携して、国際展開をめざす日本企業や日本への進出をめざす海外企業に充実したサポートを提供しています。

■設立・沿革

1968年、中務嗣治郎が独立して「中務法律事務所」を開設。1989年、「中央総合法律事務所」に改称。2003年、「弁護士法人中央総合法律事務所」として法人化、東京事務所を開設するとともに、中央総合会計事務所と提携。2009年、京都事務所を開設。2010年、国際的な法律事務所のネットワークであるGLOBALAWに加盟。

代表者　中務嗣治郎（大阪弁護士会）
支店　東京事務所、京都事務所
取扱言語　英語
主な顧問先　金融機関（銀行、保険会社、金融商品取引業者、サービサー、保証協会、リース、信販・カード）、商社、運送業、各種メーカー、広告・印刷、建築・不動産・住宅、衣料・繊維、旅行業、放送、IT・情報通信関連、ホテル・ゴルフ場、学校法人、地方公共団体等
報酬体系　事務所報酬規程（日弁連旧報酬規程に変更を加えたもの）による。着手金・報酬金／タイムチャージ双方可。顧問料（月額）100,000円以上。

弁護士法人 中央総合法律事務所

取扱業務 金融法務・ファイナンス　銀行・保険・金融商品取引に係る各種法的アドバイス、シンジケート・ローンやストラクチャード・ファイナンス分野における各種スキームの組成支援／**金融レギュレーション**　銀行法、保険業法、金融商品取引法、貸金業法、資金決済に関する法律等の金融規制法分野にかかる対応全般／**会社法務**　会社設立・運営、コーポレート・ファイナンス、株主総会対応、コーポレート・ガバナンスの構築、金融商品取引法・証券取引所規則等に基づく開示対応／**コンプライアンス・リスクマネジメント・民事介入暴力**　内部統制管理、企業不祥事対応、反社会的勢力対応、AML・CFT対応／**企業再編・M&A・企業提携**　株式譲渡、事業譲渡、合併・分割、合弁（JV）案件の法務デューデリジェンス、各種ライセンス、フランチャイズ案件のスキーム策定、ドキュメンテーション／**競争法**　独占禁止法・下請法・景品表示法等に係る行政対応／**知的財産権・IT・情報管理**　特許・実用新案・意匠・商標・著作権関連紛争への対応、情報セキュリティへの対応／**クロスボーダー取引**　日系企業の海外企業との取引契約、日系企業の海外進出・M&A、海外企業・投資家によるインバウンド投資への対応／**不動産取引・管理**　不動産現物・流動化取引（TMK、GK-TKスキーム等）、REIT、賃貸管理／**事業再生・倒産**　破産、民事再生、会社更生等の法的手続、事業再生ADR、中小企業再生支援協議会、地域経済活性化支援機構を活用した各種私的整理手続への対応／**訴訟・紛争解決**　上記の法分野等に関して生じるあらゆる法的紛争の交渉・訴訟・調停・仲裁・ADR等の活用による解決

P 中務嗣治郎 1962大阪市大法院、16期／岩城本臣 1969早大法、28期／森真二 1971早大法、26期／村野譲二 1976阪大法、31期／加藤幸江 1969早大法、23期／安保智勇 1984中大法、38期、コーネル大LLM、NY州・MI州弁護士／中光弘 1988阪大法、45期／中務正裕 1992京大法、46期、ノースウェスタン大LLM、NY州弁護士／中務尚子 1991京大法、46期、ノースウェスタン大LLM、NY州弁護士／村上創 1996京大法、50期／小林章博 1997京大法、51期／錦野裕宗 1997京大法、51期／鈴木秋夫 1997東大法、53期／國吉雅男 2000京大経、56期／瀧川佳昌 2002京大法、56期／金澤浩志 2003京大法、57期、ノースウェスタン大LLM、NY州弁護士／平山浩一郎 1996九大経、60期／古川純平 2006北大法、60期　A 藤井康弘 2000同大法、55期、フォーダム大LLM、NY州弁護士／堀越友香 2001慶大文、59期／松本久美子 2006神大法、60期／稲田行祐 2003早大政経、南カリフォルニア大LLM、60期／山田晃久 2006法大LS、60期／柿平宏明 2007京大法、61期／赤崎雄作 2007京大LS、61期、カリフォルニア大ロサンゼルス校LLM／角野祐子 2006関大LS、61期／浦山周 2006神大LS、61期／太田浩之 2008神大LS、コロンビア大LLM、62期／菅原啓嗣 2009北大LS、インディアナ大ブルーミントン校LLM、63期／大平修司 2009阪大LS、63期／鍛治雄一 2009京大LS、63期／下西祥平 2009神大LS、63期／髙橋瑛輝 2010京大LS、64期／岩坂方臣 2011大阪市大LS、65期／大澤武史 2011京大LS、65期／本件克哉 2011京大LS、65期／山本一貫 2012京大LS、66期／西中宇紘 2012京大LS、66期／大口敬 2013慶大LS、67期／浜田将裕 2013京大LS、67期　**外弁** アダム・ニューハウス 1993NY大LLM、CA州弁護士　**客員** 吉岡伸一 1977京大法、2009登録／岡村旦 1944京大法、3期　**オブ・カウンセル** 川口冨男 1957京大法、11期、元高松高等裁判所長官／森本滋 1969京大法、京大名誉教授、同大院司法研究科教授、2011登録

著作 『取締役会の法と実務』（商事法務、2015）／『銀行窓口の法務対策4500講』（共著、金融財政事情研究会、2013）／『一問一答　金融機関における債権回収の実務』（経済法令研究会、2013）／『Getting the Deal Through — Enforcementof Judgment (2013)』（共著、Law Business Research Ltd 2013）／『金融商品取引法の法律相談』（青林書院、2013）／『A legal Guide to Doing Business in the Asia-Pacific』（共著、American Bar Association 2010）／『一問一答　新保険法の実務』（経済法令研究会、2010）ほか多数

大阪

堂島法律事務所 弁護士法人 堂島法律事務所東京事務所
Dojima Law Office

大阪事務所
〒541-0041　大阪市中央区北浜2-3-9　入商八木ビル2階
TEL　06-6201-0361　FAX　06-6201-0362
東京事務所
〒101-0051　東京都千代田区神田神保町3-2　髙橋ビル8階
TEL　03-6272-6847　FAX　03-6272-6848
URL：http://www.dojima.gr.jp

21	(-1)	
P 13	A 6	顧 2
男 16	女 5	
外弁 0	外資 0	
他士 0	事務 20	

半世紀の歴史を有し、特に、倒産・事業再生や訴訟に強く、ベテランから若手までバランスのとれた事務所。歴史に裏打ちされた知見の蓄積と、各自の力の結集による総合力が強み。2010年、東京事務所開設。

■**理念・特色**
　堂島法律事務所は、大阪で半世紀にわたる歴史を持つ総合法律事務所です。依頼者の皆様のために、「それぞれが得意分野で腕を磨き、知識や経験を事務所で共有、承継しよう」、「各自の力を結集し、迅速かつ機動的に、より適切な法的サービスを提供しよう」という思いで団結したプロフェッショナル集団です。
　法的ニーズがますます多様化、複雑化かつ高度化する今日、実績のあるベテランから元気な若手まで、得意分野・経験・タイプの異なる弁護士がチームを組み、総合力をもって、依頼者の皆さまのさまざまなご相談に適切かつ迅速に応えてまいります。
1. 倒産・事業再生　当事務所は、事業再構築の支援、事業再生ADRや中小企業再生支援協議会等の利用、会社更生や民事再生の申立てなど、さまざまな手法による事業再生に豊富な実績を有し、多数の企業の事業再生に尽力してきました。万一事業の継続を断念せざるを得ない場合でも、当事務所は、破産等につき多数の実績があります。また、こうした事件の取扱いで培ったノウハウも活かしつつ迅速・的確な債権保全・回収にも注力しています。
2. 企業法務　企業の日常的な事業活動に寄り添い、事業活動のあらゆるフェーズで生じる法的問題の解決、予防法務、その他各社を取り巻く事象に応じた、的確かつ迅速なリーガルサービスを提供します。継続的な顧問関係により信頼関係を築き、業種・業界の状況・各社の事業・社内事情に対する理解に基づき、最適な助言、解決を常に意識しています。とりわけ株主総会指導、グループ内組織再編、M&A、金融商品取引に注力しています。
3. 訴訟、仲裁、その他紛争解決　個人間の訴訟から企業同士の複雑かつ大規模な訴訟に至るまで、訴訟を中心に民・商事案件の紛争解決に注力しています。紛争案件の解決を通じて得たノウハウを、紛争予防のためのアドバイスにも活かしています。
■**設立・沿革**
　1965年、木村保男（故人）、的場悠紀が「木村的場合同法律事務所」を開設。1968年、川村俊雄を迎え、「堂島法律事務所」に改称。2010年、アクセス性向上のため「弁護士法人堂島法律事務所東京事務所」を開設。

代表者	中井康之（大阪弁護士会）
支店	東京事務所
取扱言語	英語
主な顧問先	上場・非上場を含め、金融（銀行・証券会社・金融商品取引業者）、商社（専門・総合）、メーカー（機械・電機・ゴム・化学・製薬など）、不動産（開発・建築・仲介）、IT、小売、病院、学校、各種サービス業
報酬体系	事務所報酬規程（日弁連旧報酬規程に当事務所の変更を加えたもの）による。着手金・報酬金等とタイムチャージの双方対応可能。顧問料（月額）50,000円～。応相談。

堂島法律事務所 弁護士法人 堂島法律事務所東京事務所

取扱業務 **企業法務** 日常法律相談、契約書作成・監修、契約交渉、株主総会指導、グループ内組織再編、M&A、金融商品取引等
倒産・事業再生 法的倒産手続の各申立て、私的整理、事業再構築支援等
訴訟、仲裁その他紛争解決 企業活動・商取引に伴う紛争、債権保全および回収、不動産、交通事故・医療過誤、日常生活に伴う各種紛争解決
行政・環境 地方自治、税務、公害・環境保全に関連する紛争解決、助言
知的財産 知的財産権、不正競争防止法に関する紛争解決、関連契約の作成・監修
国際案件 各種英文契約書作成および契約交渉
家事事件 離婚・相続・成年後見等
刑事事件 大型経済事犯、一般刑事事件

顧（創設パートナー）**川村俊雄** 京大法、12期、1960判事補任官、1963大阪法務局付検事、1966法務省訟務局付検事、1968登録／**客員** **中磯登** 中大法、13期、1961検事任官、1997広島高等検察庁検事長、1999登録 **P** **中井康之** 1980京大法、34期、2009法務省法制審議会民法（債権関係）部会臨時委員、全国倒産処理弁護士ネットワーク理事長、事業再生実務家協会専務理事、事業再生研究機構理事／**福田健次** 1981阪大法、36期、大阪府建設工事紛争審査会委員、大阪協栄信用組合監事、塩野義製薬社外監査役、阪大LS客員教授／**青海利之** 1989京大法、43期、公務災害補償基金奈良県支部委員／**飯島奈絵** 1992京大法、46期、NY州弁護士、日本仲裁人協会関西支部事務局次長、ナビタス社外監査役、大阪チタニウムテクノロジーズ社外取締役、京大LS客員教授／**大川治**（東京兼務）1994阪大法、48期、タイガースポリマー社外監査役、阪大LS（学外）客員教授／**柴野高之** 1996京大法、50期／**山本淳**（東京兼務）1994東大法、51期、翻訳センター社外取締役／**野村祥子** 1997阪大法、52期、島精機製作所社外監査役／**小関伸吾** 1999阪大法、53期／**榮真之** 2000中大法、57期／**奥津周** 2003京大法、57期／**富山聡子** 2002東大法、57期／**松尾洋輔** 2004京大法、59期 **A** **木上望** 2005立命大法、2007同大LS、61期／**大友真紀子** 2004横国大、2007都立大LS、61期、2009判事補任官、2014登録／**柳勝久** 2005阪大経、2007神大LS、61期、財務省関東財務局法務監査官（2012～15）／**池上由樹** 2007阪大法、2009京大LS、63期／**安田健一** 2007京大法、2009京大LS、63期／**田邉愛** 2008九大法、2010阪大LS、64期 榮、木上は東弁、その他はすべて大阪弁護士会。

著作 堂島法律事務所編著『不動産明渡・引渡事件の手続と書式』（新日本法規）、『Q&A震災と債権回収・倒産対応』（商事法務）、『書式で実践！債権の保全・回収』（商事法務）、『実践！債権保全・回収の実務対応 担保の取得と実行のポイント』（商事法務）／中井康之「法定利率」金融法務事情2021号、「相殺をめぐる民法改正—差押えと相殺・債権譲渡と相殺」『会社法・倒産法の現代的展開』（民事法研究会）、「倒産手続における商事留置権の取扱い」『実務に効く事業再生判例精選（ジュリスト増刊）』（有斐閣）、「別除権協定に基づく債権の取扱い」ジュリスト1459号その他倒産法分野に関する執筆多数／中井・山本淳「破産と労働」『破産法大系３巻』（青林書院）／中井・富山聡子「役員に対する責任追及の手続」『専門訴訟法講座⑧倒産・再生訴訟』（民事法研究会）／大川治「司法書士のための与信管理講座〔第６回〕与信管理と倒産対応」登記情報635号、『与信管理入門』（共著、金融財政事情研究会）／柴野高之「スポンサーの保護」『会社法・倒産法の現代的展開』（民事法研究会）／野村祥子『倒産法改正150の検討課題』（執筆参加、金融財政事情研究会）／奥津周『事業再生ADRのすべて』（執筆参加、商事法務）

事件 民事再生 日本ウェブ印刷（申立代理人、2013）、富士スタジアムゴルフクラブ（申立代理人、2012）、辻学園（民事再生管財人、2011）、松村組（申立代理人、2005）、福助（申立代理人、2003）／会社更生 WTC（更生管財人、2009）、イカリソース（申立代理人、2005）、ニノミヤ（更生管財人、2005）／私的整理 日本エスコン代理人（事業再生ADR、2009）、アーク代理人（企業再生支援機構、2011） ほか再建型倒産事件多数

堂島総合法律事務所
Dojimasogo Law Office

〒530-0003　大阪市北区堂島1-1-25　新山本ビル4階
TEL　06-6442-8855　FAX　06-6442-8860
URL：http://www.ds-law.jp/　office@ds-law.jp

12	(±0)
P 8　A 4　顧 0	
男 10　女 2	
外弁 0　外資 0	
他士 0　事务 9	

		総合
C		

1991年、3事務所の統合により開設されたため、多種多様な事件に対応する。顧問先も、金融、不動産・建設、医療機関等、他業種にわたる。

■理念・特色

　当事務所は、世界初の近代的な商品先物取引が行われた「堂島米会所」誕生の地である「堂島」の地にふさわしく、企業法務、コンプライアンス関連、事業再生、倒産処理、労働事件等のビジネス案件に力を入れるだけでなく、不動産・建築紛争・損害賠償等の民事一般事件、家事事件、行政関係事件、刑事事件など多種多様な事件を取扱っており、皆様に適切かつ迅速な法的サービスをご提供できるよう、弁護士とスタッフが一丸となって努めております。

　また、弁護士会の活動を通じてさまざまな社会貢献をしていきたいとの見地から、2011年度までに、平川、満村、辻井の3名の弁護士が大阪弁護士会副会長を務めたほか、他の弁護士も各種委員会活動を通じて大阪弁護士会の会務に精力的に関わっております。

　力を入れている業務分野としては、
・企業法務、コンプライアンス関連、事業再生、倒産処理、金融取引に関する紛争、労働事件等のビジネス案件
・不動産仲介に関する紛争、マンション・住宅建築に関する紛争、マンションに関する紛争、境界紛争その他近隣紛争事件
・離婚事件、相続関係事件等の家事事件
・刑事事件（裁判員対象事件を多く手がけている）

　当事務所のクライアントは、金融機関、総合不動産業、建築業、建築設計業、医療機関等多岐にわたっており、その関係する事件分野はあらゆる分野を扱っています。

■設立・沿革

　当事務所は、19991年7月、「髙田・塚本法律事務所」（髙田吉典弁護士・塚本博美弁護士）、「梅新総合法律事務所」（平川敏彦弁護士）、「辻井法律事務所」（辻井一成弁護士）の3事務所が合同して、現在の北区堂島1丁目に事務所を開設致しました。

　その後、2003年に「山村満村総合法律事務所」の満村和宏弁護士と山村武嗣弁護士を、2006年に廣瀬一平弁護士を、2014年に三木章広弁護士を、2015年に岸本孝二弁護士をパートナー弁護士に迎え、現在、パートナー弁護士8名、アソシエイト弁護士3名、法テラス常勤弁護士1名、合計12名の弁護士と9名の事務スタッフで弁護士業務を行っております。

代表者	髙田吉典（大阪弁護士会）
取扱言語	英語
主な顧問先	地方自治体、金融機関、病院、住宅・マンション建築販売業、不動産流通業、不動産管理業、建設業、機械メーカー、運送業、倉庫業、飲食業、場屋営業
報酬体系	主として、当事務所報酬基準に従った着手金・報酬金方式。

取扱業務 企業再生・倒産処理／相続／労働事件／不動産／建築／交通事故／税務／刑事

P髙田吉典 京大法、38期、元大阪弁護士会綱紀・紛議調停委員、法テラス大阪審査部会長、社会福祉法人監査役

辻井一成 北大農、38期、2011元大阪弁護士会副会長、芦屋市建築審査会会長（2012〜）

平川敏彦 大阪市大法、38期、2008元大阪弁護士会副会長、大阪地方裁判所・簡易裁判所民事調停委員、社外取締役

満村和宏 関学大法、41期、法テラス大阪地方事務所副所長、2009元大阪弁護士会副会長、大阪家庭裁判所家事調停委員、大阪府建設工事総合評価等審査会委員、尼崎市公平委員会委員、元川西市固定資産評価審査委員会委員長

塚本博美 関学大法、45期、学校法人コンプライアンス委員会委員、自治体入札審査会委員、元診療報酬審査会委員、元関学大非常勤講師

廣瀬一平 阪大法、54期、元川西市特別報酬等審議会委員、元阪大非常勤講師

岸本孝二 阪大法、同大LS、61期

三木章広 中大法、関大LS、63期

A秋吉忍 関学法、関学大LS、61期

後岡美帆 神大法、京大LS、64期

島崎泰雄 同大法、慶大LS、65期

越川要 中大法、慶大LS、67期

以上すべて大阪弁護士会。

著作 『時効管理の実務』（共著、金融財政事情研究会、2007）／『法律事務の手引き（全訂第9版）』（共著、大阪弁護士協同組合、2014）／大阪弁護士協同組合編『商事非訟の実務』（共著、大阪弁護士協同組合、1995）／同編『借地非訟の実務』（共著、大阪弁護士協同組合、1994）／『コンメンタール公判前整理手続（補訂版）』（共著、現代人文社、2010）／「痴漢冤罪逆転無罪判決の報告」刑事弁護情報37号(2008)／『捜査弁護の実務(第3版)』（共著、大阪弁護士協同組合、2009）／『非常勤社外監査役の理論と実務』（共著、商事法務、2007）

事件 最判平成12.2.29判時1705／最判平成14.1.22判時1776.54／最判平成21.3.27判時2042.3／大阪地判平成21.10.21判時2081.39

中之島シティ法律事務所
NAKANOSHIMA CITY LAW FIRM

〒530-0005 大阪市北区中之島2-2-2　大阪中之島ビル9階
TEL　06-6203-2355　FAX　06-6203-2356
URL：http://www.nclaw.jp　info@nclaw.jp

9	（−1）
P3	A5　顧1
男9	女0
外弁0	外資0
他士0	事務6

2005年に三山および阪口弁護士が設立した事務所で、一般企業法務、特に、知的財産法務に注力する。倒産法務等にも対応。

B	知財
会社	再生

■理念・特色

当事務所は、依頼者の方々への適切かつ迅速なわかりやすいリーガルサービスの提供をモットーに業務を行っております。

そのために、当事務所では、構成員メンバーが、専門分野における質の高い研鑽に常に努め、各人のリーガルスキルを高めると共に、オール・フォア・ワン（all for one）とワン・フォア・オール（one for all）のチームワークの形成に努めております。

知的財産法務および企業法務に力を入れています。

知的財産法務については、特許・実用新案・意匠・商標・著作権・不正競争防止法・ノウハウ等に関するリーガルサービスに力を入れております。具体的には、リーガルアドバイス・契約処理・侵害事件の処理のほか、特許庁への各種審判事件手続・審決取消請求事件手続等に対応しています。また、知的財産権を経営戦略に組み込んで、いかに有効活用するかについて、企画・出願などの段階から法的アドバイスを行っています。当事務所では、知的財産権訴訟・仲裁に関する豊富な経験を基礎に、あらゆる段階において適切なサービスを提供できるものと自負しております。

企業法務については、幅広い事業分野の企業を依頼者とする法律顧問業務等に力を入れております。当事務所では、一部上場企業の社外監査役や公認不正検査士でもある弁護士らを中心として、コーポレートガバナンス・コンプライアンスに関する問題や労働問題等、企業経営にまつわる法的問題を処理しております。グローバル経済の発展に伴い、知的財産法務および企業法務のいずれについても、渉外（国際）法務と関連します。当事務所では、中国大陸・台湾に留学経験のある弁護士が在籍しており、国際的な案件についても対応することが可能です。

また、倒産法務についても、力を入れております。倒産法務は、近年、専門性の高まりが著しいところです。当事務所では、裁判所によって選任される破産管財人や民事再生手続の監督委員を数多く経験した弁護士が複数存在しており、倒産法務の実務について豊富な経験を有していることからも、適切な対応が可能です。

■設立・沿革

1981（昭和56）年　三山峻司弁護士が「三山峻司法律事務所」を開設
2000（平成12）年　阪口誠弁護士が、阪口繁弁護士から「阪口繁法律事務所」を継承
2005（平成17）年　三山峻司弁護士と阪口誠弁護士が「三山・阪口法律事務所」を開設
2009（平成21）年　事務所名を「中之島シティ法律事務所」に変更

主な顧問先	食品製造業、専門商社（機械、繊維、食品等）、造船業、薬品製造業、化学品製造業、建設業、機械製造業、不動産業、損害保険業、リース業、製紙業、IT関連等
報酬体系	当事務所の報酬規程による（日弁連旧報酬規程に当事務所の変更を加えたもの。HP参照）。

取扱業務 **企業法務** 法律顧問業務として日常の法律・経営相談、契約書の作成・審査、コーポレートガバナンス、コンプライアンス、株主総会のサポート、および、渉外（国際）業務事業再編（M&A、事業譲渡）、人事・労務に関する相談・書類の作成等、事業承継、独占禁止法に関する助言・指導・交渉・訴訟

知的財産権 発明・考案・意匠・商標および植物の新品種に関する相談、特許権・実用新案権・意匠権・商標権および育成者権の有効性に関する相談および鑑定、特許庁での特許・実用新案登録・意匠登録および商標登録の無効審判その他各種審判、特許庁の各種審決に対する裁判所での取消訴訟、裁判所での特許権・実用新案権・意匠権・商標権・育成者権・著作権・著作隣接権等の侵害、職務発明等の対価、不正競争防止法違反等に関する訴訟、情報法に関する助言・指導・交渉・訴訟

倒産法 破産、民事再生、特別清算の申立等

一般民事 不法行為法、交通事故、不動産、貸金、売掛金等

家事・刑事・少年

【提携事務所ほか】
特許事務所、監査法人、会計事務所、司法書士事務所、調査士事務所、不動産鑑定事務所等

P 三山峻司 1975中大法、33期、京産大LS教授（知的財産法）、芦屋大経営教育学部客員教授（ビジネス法）

阪口誠 1982中大法、42期、2011公認不正検査士、多木化学社外監査役、山善社外監査役、モリテックスチール社外監査役

湯浅靖 1997早大法、57期

A 藤井宣行 2001中大法、2007立命大LS、61期

松下聡 2006同大法、2008関大LS、62期

松田誠司 2002同大法、2009神大LS、63期

安田幸司 2005慶大総合政策、2008関学大LS、64期

清原直己 2008京大工、2012京大LS、66期

顧 阪口繁 1951関大経済、7期、大阪弁護士会副会長（1971年度）

著作 『新・商標法概説』（共著、青林書院、2009）／『著作権法要説 実務と理論』（共著、世界思想社、2009）／『ロースクール演習 知的財産権』（共著、法学書院、2009）／『最新 商標権関係 判例と実務』（民事法研究会、2012）／『事例から考える特許法』（法学書院、2013）／『新・注釈不正競争防止法（第3版）（上）(下)』（青林書院、2012）／その他知的財産権関連の著書以上すべて三山峻司

事件 機械装置や包装容器デザインあるいはキャラクター・著名周知マーク、さらには放送やITネットワーク技術の関係する知的創作物の保護に関するさまざまな特許権、意匠権、商標権、不正競争防止法、著作権等の侵害差止等請求事件あるいは審決取消請求事件、募集株式の発行差止仮処分申立事件、その他商取引に関連する訴訟、倒産事件、一般民事事件、家事事件、刑事事件等

中之島中央法律事務所
NAKANOSHIMA CHUO LAW OFFICE

〒530-6107　大阪市北区中之島3-3-23　中之島ダイビル703号室
TEL　06-6441-3601　FAX　06-6444-1217
URL：http://www.nakanoshimachuo.gr.jp　postmaster@nakanoshimachuo.gr.jp

業種を問わず、企業法務全般を取り扱っている。とりわけ、使用者側の立場で、数多くの労使紛争を解決に導いてきた経験から、日常の労務管理について、懇切なアドバイスにあたっている。

■理念・特色

わたくしどもの法律事務所は2013年8月に創立80年を迎えました。

長きにわたり主として企業法務の処理に携わる事務所として、民事、商事、労働の諸紛争の有利な解決とその予防についての法律事務を扱ってまいりました。そして近時は、特に企業に対して雇用関係の紛争処理、労使関係の安定のためのアドバイスを数多く行うとともに、社外取締役や監査役への就任、倒産関係の処理、環境問題への対処、さらには薬害、製造物責任、知的財産権等にまで取扱いの範囲を拡げてきております。

1. 企業関係法務

当事務所は、顧問先企業の企業活動に伴い生じうる多種多様な法的諸問題についての相談、交渉および紛争処理を中心的業務として取り扱っています。その他、株主総会指導、企業買収・合併等のいわゆるM&A、買収、破産、民事再生、会社更生など会社の再建整理に関する業務、株主代表訴訟など商事関係法務全般について幅広く取り扱っています。また、公害事件、薬害事件等の大規模訴訟において、いずれも企業側代理人として長く訴訟に携わってきました。

2. 労働関係法務（使用者側）

当事務所は、特に労働関係法務・労働事件を数多く取り扱っております。賃金、労働時間、労働災害、懲戒、解雇、就業規則の作成など個別的労働関係法をめぐる諸問題、あるいは、団体交渉、不当労働行為など団体的労使関係法をめぐる諸問題について多くの企業から相談を受けるとともに、訴訟、労働仮処分、労働審判、労働委員会への救済申立事件等について、数多くの依頼に対応しております。また、公務員の不利益処分に関する人事院公平審理（処分者代理人）も、数多く受任しています。

3. 行政関係法務（行政側）

当事務所は、官庁および地方公共団体からの住民訴訟、固定資産評価審査決定取消訴訟、公文書公開禁止処分取消訴訟などの訴訟事件をはじめ、定期的および緊急の行政相談、法律相談などを数多く取り扱っています。

4. 個人関係法務（民事・家事・刑事）

当事務所は、一般民事事件、家事事件、借地借家法関係、債務整理事件、刑事弁護事件、少年事件等の個人関係法務も取り扱っています。

■設立・沿革

1933年開設の「中筋義一法律事務所」を1979年以降パートナーによる共同経営に改組し、1991年「中之島中央法律事務所」に名称変更し、現在に至っています。

代表者	益田哲生（大阪弁護士会）	報酬体系	事務所報酬規程（大阪弁護士会旧報酬規程に当事務所の変更を加えたもの）による。顧問料（月額）50,000円〜（ただし、相談ボリュームや企業規模により異なる）。
主な顧問先	上場・非上場を含め、各種製造業、小売業、商社、金融、流通、教育、運送、海運、建設関連など多方面にわたる。		

中之島中央法律事務所

取扱業務 **企業関係法務**として、顧問先企業の企業活動に伴い生じうる多種多様な法的諸問題（契約、事故処理、製造物責任、債権の管理、保全、回収など）についての、相談、交渉および紛争処理等。その他、株主総会指導、企業買収・合併等のいわゆるM＆A、買収、破産、民事再生、会社更生など会社の再建整理に関する業務、株主代表訴訟など商事関係法務全般。公害事件、薬害事件等の大規模訴訟における企業側代理人としての訴訟対応／**労働関係法務（使用者側）**として、人事（昇進・降格・配転・出向・休職）、採用、賃金、労働時間、休暇、安全衛生、労働災害、懲戒、解雇、雇い止め、就業規則の作成など個別的労働関係法をめぐる諸問題、あるいは、労働協約、団体交渉、争議行為、不当労働行為など団体的労使関係法をめぐる諸問題、訴訟、労働仮処分、労働審判、労働委員会への救済申立事件等の対応。公務員の不利益処分に関する人事院公平審理（処分者代理人）等／**行政関係法務（行政側）**として、官庁および地方公共団体からの住民訴訟、固定資産評価審査決定取消訴訟、公文書公開禁止処分取消訴訟などの訴訟事件対応、定期的および緊急の行政相談、法律相談等／**個人関係法務（民事・家事・刑事）**として、交通事故、契約をめぐる紛争といった一般民事事件、離婚（慰謝料、財産分与、親権、養育費など）、相続（遺言書作成、遺言執行、遺産分割、遺留分減殺請求、相続放棄など）といった家事事件、借地借家法関係および自己破産、民事再生、任意整理といった債務整理事件、国選・私選の刑事弁護事件、少年事件等

P 益田哲生 1968東大法、22期、大阪弁護士会副会長、同会長、近畿弁護士会連合会理事長、大阪労働局紛争調整委員会会長、大阪府公害審査会会長、大阪府建設工事紛争審査会会長、経営法曹会議常任幹事・事務局次長等を歴任／荒尾幸三 1969東大法、23期、大阪弁護士会副会長、大阪地方裁判所および大阪簡易裁判所調停委員／種村泰一 1986中大法、1991登録、43期／勝井良光 1992同大法、47期、立命大専門職大学院経営管理研究科准教授、関学大院司法研究科講師等を歴任。日本CSR普及協会近畿支部雇用・労働研究会座長／田中崇公 1997東大法、2007大工大知財院、52期、大工大知的財産専門職大学院客員教授、海事補佐人／中井崇 2001東大法、56期、箕面市公共サービス改革法に基づく審議委員会委員 **A** 田邉絵理子 2007京大法、2009京大LS、64期／石田慎也 2008関学大法、2011神大LS、65期 **顧** 中筋一朗 1957東大法、11期、大阪弁護士会副会長、日弁連常務理事を歴任／大塚清明 1969東大法、1971任官、2008登録、23期、法務総合研究所長、高松高等検察庁検事長、仙台高等検察庁検事長を歴任　以上すべて大阪弁護士会。

著作 『実務民事保全法（新訂版）』（共著、商事法務）／『仮差押え 仮処分・仮登記を命ずる処分』（共著、金融財政事情研究会）、『労働判例10年の動向』、『労働判例10年の動向（続編）』（以上共著、第一法規出版）／『最高裁労働判例 問題点とその解説3』『最高裁労働判例 問題点とその解説4』『最高裁労働判例 問題点とその解説5』以上（共著、日本経団連出版）／『Q＆A改正労働基準法解説』（共著、三省堂）／『判例 不動産取引事例解説集』（共著、新日本法規出版）／『労働審判＝紛争類型モデル』（共著、大阪弁護士協同組合）／『現代労務管理要覧』（共著、新日本法規出版）／『企業のための労働契約の法律相談』（共著、青林書院）／『知的財産権・損害論の理論と実務（別冊NBL139号）』（共著、商事法務）／『実践 知財ビジネス法務』（共著、民事法研究会）／『知的財産契約の理論と実務』（共著、商事法務）／田中崇公「著作権法15条1項の『法人等の業務に従事する者』の意義に関する判例の研究」大阪工業大学大学院「知的財産専門研究」第1号所収（2007年5月）

中本総合法律事務所
Nakamoto & Partners

〒530-0047　大阪市北区西天満5-9-3　アールビル本館5階
TEL　06-6364-6241　FAX　06-6364-6243
URL：http://www.nakamotopartners.com　info@nk-law.gr.jp

1950年開設の藤井哲三法律事務所を起源とする中堅事務所。「スピード解決」をモットーとし、多くの企業再生案件に関与している。労働問題、国際法務関連も多い。2008年、東京事務所を開設。

16（+1）
P 10　A 6　顧 0
男 10　女 6
外弁 0　外資 2
他士 0　事務 7

再生
C　労働　国際

■理念・特色

　中本総合法律事務所は、1950年の開設以来、「依頼者の方々に対する最良の解決」を導くことを常に追求してまいりました。とりわけ、事件解決に際しての「スピード」を、事件解決の内容と並ぶ「最良の解決」を構成する重要な一要素であると位置づけ、ご依頼いただいた案件の適切かつ迅速な解決の実現に取り組み、クライアント様からこれまで高い評価を得てまいりました。世の中の変化のスピードがますます加速しているこの時代、このような当事務所の姿勢は、今後より重要かつ価値あるものになってくるものと確信しています。

　当事務所は大阪に基盤を持つ総合法律事務所として地域の皆様に幅広いリーガルサービスを提供することはもちろん、国際化かつ複雑化する時代の変化に対応すべく、専門性をも兼ね備えた人材の育成に取り組むとともに2008年には東京事務所も開設し、幅広いニーズに適確に対応できる人的かつ組織的な体制を構築しております。当事務所は人的規模の面では必ずしも大きなものではありませんが、大規模法律事務所と同等もしくはそれ以上のリーガルサービスをよりスピーディかつクライアント様のニーズにあった形でご提供することをめざしております。

　これまでは債権回収や労務問題、株主総会対応、M&Aなどといった企業法務全般や大規模な再生案件を含む倒産事件全般に主に取り組んできました。特に企業再生については、ここ20年間でさまざまな業種にわたる約20件の再生案件を手がけ、すべてに再生計画等の可決を得るなど、豊富な経験とノウハウを有しております。また、債権回収や労務問題など迅速かつ適切な対応が特に求められる案件においても非常に高い評価をいただいています。

　ここ数年は、ベンチャー企業の知的財産権ライセンスが絡む新規ビジネスの立ち上げやASEAN諸国への海外進出のトータルサポートも手がけています。このほか、消費者契約や広告表示等の消費者取引におけるコンプライアンスサポートもご好評いただいております。

■設立・沿革

1950年	「藤井哲三法律事務所」開設	
1988年	「中本和洋法律事務所」と改称	
2004年	「中本総合法律事務所」と改称	
2008年	「弁護士法人中本総合」を組織するとともに、東京事務所を開設	

代表者　中本和洋（大阪弁護士会）
支店　2008年東京事務所（東京都港区）設立
取扱言語　英語、中国語
主な顧問先　東証1部上場企業から個人までさまざまな規模の顧問先を有している。業種も総合商社、リース・クレジット、電機、食品、バイオ、造船、アパレル、生コン、印刷、SC、医療法人、学校法人等多岐にわたる。

報酬体系　事務所報酬規程（日弁連旧報酬規程に当事務所の変更を加えたもの）による（詳細は当事務所HP参照）。着手金・報酬金等とタイムチャージの双方対応可能／顧問料（月額）法人50,000円～、個人30,000円～／タイムチャージ　パートナー26,000円～55,000円、アソシエイト20,000円～24,000円。

取扱業務 【企業法務関係】債権回収 効果的な担保権設定手法、緊急時における迅速かつ効果的な債権回収の手法に精通、**医療機関向けトータルサポート** 医療法人関連の案件の取扱実績多数、医療業界の実情を踏まえた実践的なアドバイス、**消費者法制対応** 消費者取引契約、広告表示等のコンプライアンスチェック、**株主総会対応**、**労務問題**、**コンプライアンス問題**、**リスクマネジメントを含む会社組織運営全般** 社外取締役・監査役に複数の所属弁護士が就任、その他、M&A、**各種契約書作成にも幅広く対応可能**【倒産処理関係】民事再生・会社更生、自己破産申立て（個人・法人問わず）、その他、反社会的勢力の関与する倒産処理案件を多数手がける。【渉外関連】中国を含む東南アジア地域における新規ビジネス立ち上げサポート、英文契約書のチェック、ドラフティング。航空機リースの締結交渉。【知的財産権関連】共同開発・ライセンス契約等 ドラフティング、ライセンス政策全般についてトータルサポート、その他、知的財産権紛争案件全般への対応。【不動産関連】**不動産賃貸借** 契約更新交渉、賃料増減額交渉、明渡請求の取扱実績多数、**不動産売買** 契約締結交渉、契約書作成【民事一般】労働問題 会社側だけでなく従業員側も対応、労働審判対応。法律相談一般、交通事故、後見、親族・相続関係紛争 家裁調停委員の経験を有する弁護士も所属、**不法行為**、**消費貸借**。裁判・調停・仲裁への対応、仮差押、仮処分などの**民事保全手続**、**執行手続**など。【刑事事件】起訴前弁護・起訴後弁護、示談交渉

P 中本和洋 京大工院、33期、大阪弁護士会長・日弁連副会長（2011～12）／倉橋忍 京大法、44期、大阪家庭裁判所調停委員、経営革新等支援機関認定／鷹野俊司 同大法、46期、大阪家庭裁判所岸和田支部調停委員、筆界調査委員／豊島ひろ江 神大法、50期、イリノイ大LLM修了、NY州弁護士、環太平洋法曹協会（IPBA）理事、アジア国際法学会日本協会理事／大高友一 京大法、51期、英国UCL.LLM修了、元京大LS非常勤講師（消費者法）（2009～11）、元日弁連集団の消費者被害回復訴訟制度WG座長／宮崎慎吾 京大法、59期／黒柳武史 関学大LS、60期／鍵谷文子 京大LS、61期 以上、大阪弁護士会／三木剛 阪大法、48期、ウィスコンシン州大LLM、NY州弁護士／佐藤碧 京大LS、60期 以上、一弁 A 朝倉舞 同大LS、63期／上田倫史 京大LS、63期、中国上海・広州での法律事務所研修経験有／幸尾菜摘子 阪大LS、64期／小坂友希乃 大阪市大LS、67期／堂山健 東大法、67期 以上、大阪弁護士会 A 長門英悟 中大LS、64期、一弁

著作 『Q&A新人事訴訟法』（共著、日本加除出版）／『Q&A消費者契約法』（共著、ぎょうせい）／『住管機構債権回収の闘い』（共著、ダイヤモンド社）／「弁論準備手続」『論点新民事訴訟法』178頁（判例タイムズ社）／「陳述書」『現代裁判法大系13民事訴訟』197頁（新日本法規出版）／「借地借家法の正当事由の判断基準」判例タイムズ1020号149頁／「特殊な債権者を擁する破産事件(Ⅳ)─病院の破産」『新裁判実務大系10破産法』（青林書院）／『御社の安全保障輸出管理は大丈夫ですか〔平成22年完全施行外為法対応〕』（共著、第一法規出版）／『アメリカ倒産法(上)(下)』（共著、レクシスネクサス・ジャパン、2011）／「『集団の消費者被害回復制度』法案の概要」ビジネス法務2013年 6月号／「期限の利益喪失後の具体的回収方法と問題点─回収に伴う利益供与のおそれと特定回収困難債権買取制度の拡充─」金融法務事情1984号（2013）／「民事司法を利用しやすくする懇談会（前編）」二弁フロンティア2014年1・2月合併号／『破産管財BASIC─チェックポイントとQ&A』（共著、民事法研究会、2014）／「消費者訴訟に対して事業者はどう対応すべきか」ジュリスト1477号（2015）ほか著書、論稿多数

事件 バイオ新技術を活用した新製品プロジェクトにおける特許・販売戦略のトータルサポート／東証一部上場企業の東南アジア進出の法務面からのサポート／企業再生（年商10億円～100億円程度の企業の再生案件を過去20年間で20社手がけ、全案件で再生計画等が可決）航空機リースの締結交渉等 多数

弁護士法人 なにわ共同法律事務所
NANIWA KYODO L.P.C

大阪事務所　〒530-0047　大阪市北区西天満2-3-15　千都ビル2階
TEL　06-6363-2191　FAX　06-6363-1468
東京事務所　〒102-0083　東京都千代田区麹町5-4　クロスサイド麹町6階
TEL　03-3261-5306　FAX　03-3261-5307
URL：http://www.naniwakyodo.com

 1962年、鬼追弁護士（元日弁連会長）等により共同事務所として創設。会社法関連事件をはじめ大規模損害賠償事件等を扱う。プロボノ活動にも積極的に関与。

■理念・特色

当事務所はこれまで、中小の事業者や個人にとっての重大な法的紛争から身近な法律問題まで、あるいは大企業の先端的な企業活動に伴う法的諸問題等、幅広い分野での充実した法的サービスを提供してきました。

大規模な損害賠償請求、会社法分野、税法分野、複雑な相続等の専門的な訴訟において成果を上げてきており、このほか金融、倒産、企業の再生、債権回収等も得意分野としております。不動産関連の顧問会社も多く、各種の不動産関連の訴訟や交渉の経験も積み重ねてきました。さらには、アメリカ留学や中国への赴任経験のある弁護士を擁して、渉外事件も取り扱っております。

また、弁護士の社会への貢献をも中心的課題の1つとして位置づけ、創設以来、高度経済成長に伴う大規模公害事件、消費者被害事件、児童福祉問題に関する事件等、社会的経済的弱者の権利の実現や法的救済といったいわゆる「プロボノ」活動にも、所属弁護士の多くが関与し、成果を上げてきました。

さらに、創立メンバーである鬼追明夫弁護士を日本弁護士連合会の会長や株式会社整理回収機構の社長として送り出したほか、所属弁護士の多くが日本弁護士連合会や大阪弁護士会の運営の一翼を担ったり各種専門委員会に所属して活動するなど、社会的な役割を担う弁護士を積極的に輩出し、事務所としてもこれをバックアップしてきました。

■設立・沿革

当法律事務所は、1962年に大阪市において共同事務所として創立されたことに始まり、1967年4月に「なにわ共同法律事務所」と改称して業務を行ってきました。今は共同法律事務所形態をとっている法律事務所も少なくありませんが、当時の大阪弁護士会では、個人事務所が大多数であったなかで珍しいことでした。

2006年10月1日、これまでの到達点を踏まえてこれを継承しつつ、基盤を拡大強化することにより、ますます複雑多様化する法律事務にこれまで以上に的確に対応するとともに、皆様の利便性の一層の向上を図ることを目的として、法人化し、以後「弁護士法人なにわ共同法律事務所」として活動しています。

法人化と同時に東京事務所を開設し、東京方面での訴訟・交渉事件等をはじめとして、皆様のニーズにより一層お応えすることができる体制を整えています。

現在、東京事務所には、2名の弁護士が常任しています。

代表者	的場俊介、佐古祐司、濱田雄久、白出博之（いずれも大阪弁護士会）
支店	東京事務所
取扱言語	英語
主な顧問先	建設業、銀行、製造業、販売業、不動産業、不動産管理業、運送業、飲食業、サービス業、派遣業、学校法人、宗教法人等
報酬体系	当事務所報酬規程（日弁連旧報酬規程に準じた規程）に準ずる。

弁護士法人 なにわ共同法律事務所

取扱業務 **一般民事事件** 借地借家、不動産取引、マンション法、交通事故、売買契約、貸金返還、建築紛争、セクハラ被害等／**家事事件** 離婚、DV被害、相続、遺言、成年後見、子どもの権利等／**企業法務** 銀行取引、契約法、債権保全・回収、M&A、株主総会指導、独禁法、フランチャイズ契約等／**倒産・事業再生** 法人：破産、民事再生、会社更生、特別清算等、個人：破産、個人再生、任意整理等／**労働事件** 使用者側、労働者側／**消費者事件** 投資被害、欠陥住宅等／**行政事件** 税務訴訟、行政訴訟、個人情報保護、情報公開等／**知的財産関係事件** 知的財産、著作権、不正競争防止法等／**渉外事件** 国際取引、渉外紛争、国際家事事件等／**刑事事件** 刑事事件、少年事件等

P **鬼追明夫** 大阪市大法、12期、1973大阪弁護士会副会長、1990大阪弁護士会会長、1996日弁連会長、整理回収機構代表取締役（1999〜2004）、日本漢字能力検定協会理事長（2009〜10）／**的場俊介** 阪大法、32期／**佐古祐二** 京大法、32期／**白出博之** 立大社会、立大法、47期、姫路獨協大法学部特別教授（2005〜10）、中国赴任（2011〜）／**濱田雄久** 阪大法、47期、Duke University School of Law 留学（2004〜05）法学修士修了、シンガポールRajah & Tann法律事務所研修（2005〜06）、2006NY州弁護士、2013阪大院高等司法研究科招へい教授／**溝上絢子** 阪大法、阪大院法学研究科修士了、57期、阪大高等司法研究科非常勤講師（2008〜11）／**森川順** 一橋大社会、立命大LS、62期／**河端直** 同大法、阪大LS、67期　以上すべて大阪弁護士会／**海川直毅** 一橋大法、52期、東弁（2006年12月　大阪弁護士会から東京弁護士会に登録換え）／**鍬竹昌利** 一橋大法、57期、東弁、金融庁検査局総務課（2008〜10）

著作 白出博之他〔執筆〕日本弁護士連合会消費者問題対策委員会編『先物取引被害救済の手引』（共著、民事法研究会）／同他〔執筆〕日本弁護士連合会消費者問題対策委員会編『金融商品取引被害救済の手引』（共著、民事法研究会）／同他〔執筆〕日本弁護士連合会編『銀行の融資者責任』（共著、東洋経済新報社）／同他〔執筆〕『破産実務Q&A150問』（共著、金融財政事情研究会）／同他〔執筆〕『実践 先物取引被害の救済（全訂増補版）』（共著、民事法研究会）／濱田雄久他〔執筆〕『破産実務Q&A150問』（共著、金融財政事情研究会）／同他〔執筆〕『建物賃貸管理マニュアル』（共著、新日本法規出版）／同他〔執筆〕『よくわかる司法福祉』（共著、ミネルヴァ書房）／同他〔執筆〕『子どもの虐待防止・法的実務マニュアル（第5版）』（共著、明石書店）／同他〔執筆〕『Q&A新人事訴訟法解説』（共著、日本加除出版）／同他『シンガポール会社法Q&A』（共著、ジャパンテクノロジーセンター）／同訳『アメリカ倒産法(上)(下)』（レクシスネクシス・ジャパン）／溝上絢子他〔執筆〕建物賃貸管理実務研究会編『建物賃貸管理マニュアル』（共著、新日本法規）／海川直毅『有罪捏造』（勁草書房）／鍬竹昌利他〔執筆〕『最新金融商品取引法ガイドブック』（共著、新日本法規出版）／同他〔執筆〕『契約用語使い分け辞典』（共著、新日本法規出版）

事件 大東水害訴訟／多奈川第2火力発電所建設差止訴訟／村本建設株式会社更生管財人／西淀川大気汚染公害裁判／大和都市管財国賠事件／西武鉄道株主集団訴訟／大阪地裁所長襲撃事件等

はばたき綜合法律事務所
HABATAKI LAW OFFICE

〒530-0047　大阪市北区西天満4-8-17　宇治電ビルディング11階
TEL　06-6363-7800　FAX　06-6363-8200
URL：http://www.habataki-law.jp

会社法・労務・コンプライアンス関連案件をはじめとする企業法務全般（訴訟を含む）を取り扱うとともに、事業再生案件に数多く関与。創立パートナーの１人である田原睦夫弁護士は元最高裁判所判事。

■理念・特色

当事務所は、時代が激変するなか、企業法務、知的財産、金融、倒産、M&Aなど多様な専門分野に対応し得る綜合法律事務所です。各弁護士は、あらゆる法律分野における依頼者のニーズに的確にこたえ常に質の高い法的サービスを提供できるよう、日々、専門知識の研鑽に努めています。

当事務所は、下記のとおりさまざまな業種にわたる企業顧問先を有しており、企業法務関連分野において依頼者に充実した法的サービスを提供するよう日々努めています。当事務所が取り扱う企業法務関連の業務は企業経営の全般にわたっており、株主総会の指導、取締役会の運営・内部統制等に関する助言、企業不祥事・コンプライアンス関連の相談、契約書・各種規程の作成、企業商取引に関連する法的助言、訴訟案件その他紛争解決などの業務に携わるほか、人事・労務、独占禁止法関係、Ｍ＆Ａ・事業再編、知的財産権、金融法関係など専門性の高い分野においても、依頼者のニーズに即した適切な助言および対応を行うことができる体制を備えています。

また、当事務所は、これまでに多数の大規模かつ複雑な倒産案件を取り扱ってきた経験と実績を有しています。当事務所に所属する弁護士が過去に取り扱った案件として、全国的規模の大型企業倒産事件における破産管財人ないし更生管財人への就任あるいは民事再生、特別清算の申立て、私的整理ガイドライン手続における専門家アドバイザー就任などが挙げられるほか、法的倒産処理ないし私的事業再生に関連した事業買収における買手側のアドバイザー業務などもこれまで数多く手がけています。これらの案件の処理を通じて当事務所には豊富な経験、知識およびノウハウが蓄積されており、企業倒産関連分野において、依頼者に質の高い法的サービスを提供することを可能にしています。

さらに、当事務所には海外留学および海外研修の経験を経た弁護士が複数名在籍しており、国際取引契約その他国際ビジネス法務に関する助言、指導等の業務も取り扱っています。

■設立・沿革

1972年	飯村佳夫弁護士らが「昭和法律事務所」を設立
1975年	田原睦夫弁護士、栗原良扶弁護士が「昭和法律事務所」に参画
1998年	昭和法律事務所を解消し、同事務所パートナー弁護士であった飯村、田原、栗原、印藤弘二弁護士、宮下尚幸弁護士、服部敬弁護士が、「はばたき綜合法律事務所」を設立
2006年	田原弁護士、最高裁判所判事に任官し、退所
2013年	田原弁護士、最高裁判所判事を退官し、復帰

代表者	印藤弘二（大阪弁護士会）
取扱言語	英語、フランス語
主な顧問先	上場・非上場を含め、各種製造業、小売業、百貨店、商社、金融、流通、教育出版、運送、海運、建設、コンピュータ関連など多方面にわたる
報酬体系	事務所報酬基準（日弁連旧報酬規程に準拠）による。

はばたき綜合法律事務所

取扱業務 **企業法務** 企業取引、商事紛争、契約書作成、人事・労務、独占禁止法など、企業法務全般に関する助言・指導・訴訟／**倒産・事業再生** 破産・民事再生・会社更生・特別清算の各申立、管財業務、私的整理など、企業倒産・事業再生全般に関する助言・指導／**M&A** 企業買収、事業譲渡などの立案、デュー・デリジェンス、契約書の作成など、M&Aに関する助言・指導／**知的財産** 特許、実用新案、商標、意匠、著作権、不正競争防止法等における紛争、ライセンス契約など、知的財産に関する助言・指導・訴訟／**国際取引** 輸出入取引、業務提携、ライセンス契約、その他国際取引に関する助言・指導／**一般民事・家事** 不動産売買、商品取引、銀行取引、金銭貸借、借地借家、交通事故等の一般民事紛争および相続・遺言、離婚等の家事紛争の相談、交渉、訴訟／**刑事事件** 一般刑法事犯、特別刑法事犯に関する刑事事件および少年事件

P 飯村佳夫 1966京大法、20期、大阪弁護士会副会長、京大LS特別教授、日本ペイント社外監査役、国土交通省近畿地方整備局コンプライアンス・アドバイザリー委員会委員長、(一財)比較法研究センター理事を歴任／栗原良扶 1967京大法、22期、大阪弁護士会副会長、大阪市大院法学研究科法曹養成専攻教授、幸福銀行金融整理管財人、大阪府人事委員会委員長を歴任／印藤弘二 1987京大法、41期、京大LS特別教授、大阪弁護士会副会長を歴任／宮下尚幸 1989京大法、43期、ミシガン大LS.LLM、NY州弁護士、ポールヘイスティングス法律事務所LAオフィス／服部敬 1989阪大法、43期、阪大LS客員教授、元ネクストウェア社外監査役／浜中孝之 1994東大法、50期、ルーヴァン・カトリック大LLM、リンクレーターズ・ブリュッセルオフィスEU競争法部／木村真也 1997阪大法、52期／坂川雄一 1999阪大法、53期／余田博史 2000京大法、54期／秋山栄理 1999神戸法、54期、元任期付公務員（金融庁検査局）／A 広瀬道人 1995京大法、51期／森川憲一 1995京大法、56期／福井俊一 2006京大法、2008京大LS、62期／酒井卓也 2007神大法、2009阪大LS、63期／味香直希 2010京大法、2012京大LS、66期／顧 田原睦夫 1967京大法、21期、法制審議会民事訴訟法部会幹事、倒産法部会委員、佐川急便社外取締役を歴任、元最高裁判所判事／藤原弘道 1956京大院修士課程修了、10期、大分地方家庭裁判所長、大阪高等裁判所部総括判事、司法研修所教官、龍谷大LS教授を歴任　以上すべて大阪弁護士会。

著作 『現代民事法の実務と理論(上)(下) 田原睦夫先生古稀・最高裁判事退官記念論文集』(共著、金融財政事情研究会、2013)／『条解民事再生法（第3版）』(共著、弘文堂、2013)／『争点倒産実務の諸問題』(共著、青林書院、2012)／『実務民事保全法（三訂版)』(共著、商事法務、2011)／『条解破産法』(共著、弘文堂、2010)／『新注釈民事再生法（第2版）』(共著、金融財政事情研究会、2010)／『ロースクール演習講座2 民事法Ⅱ』(共編著、民事法研究会、2008)／『中小企業の会社法実務相談』(共編著、商事法務、2007)／『非常勤社外監査役の理論と実務』(共著、商事法務、2007)／『倒産手続と担保権』(共著、金融財政事情研究会、2006)／『論点解説 新破産法』(共著、金融財政事情研究会、2005)／『更生計画の実務と理論』(共著、商事法務、2004)／『新しい会社更生手続の「時価」マニュアル』(監修・共著、商事法務、2003)／『注解判例民法 物権法』(共著、青林書院、1999)／『論点 新民事訴訟法』(共編著、判例タイムズ社1998)、『実践 担保のとり方・活かし方』(監修・共著、民事法情報センター、1994)、『新版注釈民法(2)』(共著、有斐閣、1991)／『注解判例民法 債権法Ⅱ』(共著、青林書院1989)／『注解判例民法 債権法Ⅰ』(共著、青林書院、1987)
以上すべて当事務所の所属弁護士が編集ないし執筆に携わった著書である。

弁護士法人 御堂筋法律事務所
MIDOSUJI LEGAL PROFESSION CORPORATION

〒542-0081　大阪市中央区南船場4-3-11　大阪豊田ビル2階
TEL　06-6251-7266　FAX　06-6245-5520
URL：http://www.midosujilaw.gr.jp　info@midosujilaw.gr.jp

64 (+4)			
P 27	A 31	顧 6	
男 55	女 9		
外弁 0	外資 3		
他士 1	事務 51		

B		会社
	訴訟	MA

1963年設立の収支共同型の総合法律事務所。2003年に東京事務所を開設。幅広い法分野にわたるノウハウや経験を有し、質の高い紛争解決を図っている。社外役員経験者も多い。

■理念・特色

当事務所は、1963（昭和38）年、収支共同型事務所の草分けとして、大阪に事務所を設立し、以来、「真に依頼者本位の法律事務所であること」をモットーに業務を行ってきました。

当事務所では、弁護士はまずゼネラリストとして、いかなる問題にも対処できる能力が不可欠と考えており、個々の弁護士が幅広い仕事の処理を通じてかかる素養を身につけたうえ、合目的的見地より各自の専門分野を培うよう心がけています。そして、案件に応じて適任の弁護士がチームを構成し、協働して取り組むことにより、総合法律事務所としてクライアントのいかなるニーズにも対応できるようにしています。

また、長期的にクライアントをサポートするため、盤石なる事務所組織と永続性ある事務所体制の構築にも注力しています。世代の異なる弁護士がともにクライアントを支えることを通じて、円滑なる承継を図り、将来の発展につながるアドバイスをすることにより、クライアントとともに成長していくことをめざしています。

かかる当事務所の理念は、事務所全体に脈々と息づいており、全弁護士がその実現に向けて一丸となって取り組んでいます。

当事務所は、大阪・東京事務所の2拠点体制ですが、さまざまな相互交流を通じて両事務所の均質化を図り、いずれにおいても等しく高度かつ良質な法務サービスを提供するよう努めています。

当事務所は、とりわけ、弁護士にとっての基本的かつ究極の業務というべき紛争解決に力を入れています。

また、紛争解決におけるノウハウや経験を、契約交渉や法令遵守体制の確立等の予防法務にも存分に活かし、会社経営、M&A、独禁法関係、労務関係、不動産関係、知財関係など幅広い法務分野にわたって、クライアントのニーズに応じたサービスを提供しています。

この他、国際関連業務においては、信頼できる海外法律事務所とタイアップし、質の高いサービスの提供に努めています。

■設立・沿革

1963年に事務所を設立し、2002年に「弁護士法人御堂筋法律事務所」に改組し、2003年に東京事務所を開設しました。

代表者	弁護士法人御堂筋法律事務所（大阪弁護士会）
支店	2003年東京事務所（千代田区霞が関）開設
取扱言語	英語、中国語
主な顧問先	銀行（都銀、地銀）、鉄道、鉄鋼、総合商社、各種メーカー（飲料、化粧品、自動車、電子部品等）、総合建設業、不動産、アパレル、証券会社、医療法人、学校法人等約500社
報酬体系	事務所報酬規程（日弁連旧報酬規程に当事務所の変更を加えたもの）による。着手金・報酬金等とタイムチャージの双方対応可能／顧問料（月額）50,000円〜／タイムチャージ　パートナー35,000円〜45,000円、アソシエイト20,000円〜35,000円。

弁護士法人 御堂筋法律事務所

取扱業務 **法律顧問法務**として、日常業務・経営相談／**企業法務**のうち**会社法務**として、株主総会指導、経営判断に関する助言、コンプライアンス体制構築支援、M&A・事業再編、内部通報窓口対応、契約締結交渉／**金融・ファイナンス法務**として、ADR対応、意見書作成、PFI業務／**倒産等法務**として、破産、民事再生、会社更生等申立て、スポンサー参加交渉／**ベンチャー関係法務**として、資金調達、資本政策、株式上場等の助言・対応／**独禁法法務**として、公正取引委員会対応、課徴金減免制度利用／**不動産法務**として、契約締結交渉、工事代金の保全・回収等、土壌汚染対策法関連、区分所有法関連／**労働法務**として、解雇、労災問題、労働組合交渉／**国際法務**（英語）（中国語）として、国際取引契約、東南アジアを含む海外進出、合弁事業の支援等／**知的財産法務**として、ライセンス契約等締結交渉、社内規程整備等／**税務法務**として、M&A・倒産案件および国際取引等における税務アドバイス／**危機管理法務**として、企業犯罪・不祥事等調査および対応、広報対応、第三者委員会等への参画／**企業裁判法務**として、**商事関係訴訟**（株主権確認、株主総会決議取消の訴え、職務執行停止・代行者選任の仮処分等）／**株主代表訴訟、独占禁止法訴訟等** 公正取引委員会における審査案件／**建築訴訟、労働訴訟等**（仮処分手続、労働審判、労働委員会）／**国際法務訴訟等** 国際的訴訟、仲裁／**知的財産訴訟等** 異議・無効審判の申立、審決取消訴訟、権利侵害訴訟／**税務訴訟等** 課税処分の取消等に関する交渉、異議申立、不服審判／**刑事訴訟等**／**個人法務**全般 **個人裁判法務**全般 **非営利法人法務**等

P 玉生靖人 1962京大法、16期／露峰光夫 1960阪大法、16期／本井文夫 1967京大法、21期／真鍋能久 1970神大法、24期／碩省三 1971京大法、31期、BU.LLM／藪口隆 1978関大法、34期／植村公彦 1984京大法、39期／桑山斉 1988京大法、42期／秋山洋 1992関大法、46期、北京大法進修／高井浩一 1992京大法、46期／平田正憲 1995京大法、49期／武智順子 1995中大法、51期／見宮大介 1997中大法、51期／日詰栄治 1999京大法、53期、UW.LLM、NY州弁護士／池田良輔 1999東大法、53期、復旦大進修／今枝史絵 2000京大法、54期／茂野祥子 1999東大法、55期、復旦大進修／越本幸彦 2002同大法、56期／小倉純正 2003京大法、57期／岡田祐輝 2003京大法、57期／辻井康平 2003同大院法、58期／福岡宏海 2001千葉大法、58期 A 寺井昭仁 2001慶大法、56期、UM.LLM、NY州弁護士／岡本直己 2000東大法、58期／下尾裕 2004京大法、59期／村上拓 2003京大法、USC.LLM、NY州弁護士／吉田郁子 2005同大法、59期／高畑豪太郎 2006大阪市大LS、60期／大塚将晃 2007阪大LS、61期／岡野紘司 2007京大LS、61期／武井祐生 2008大阪LS、62期／浪山敬行 2008神大LS、62期／長谷川千鶴 2009神大LS、63期／山﨑陽平 2010同大LS、64期／吉田剛 2010阪大LS、64期／天野里史 2011京大LS、65期／高橋良輔 2012京大LS、66期／松田祐人 2012京大LS、66期／久保宏貴 2013中大LS、67期／難波江梨 2013京大LS、67期 顧 紺谷宗一 1980京大法、チュレーンLLM、NY州弁護士／中村悟 1990阪大法、45期／神出兼嘉 1962京大法、16期／佐々木茂夫 1967京大法、21期／津川廣昭 1970金沢大法、24期　以上すべて大阪弁護士会 P 川﨑清隆 1989東大法、43期、コーネルLLM、NY州弁護士／内川治哉 1996京大法、50期／伊藤拓 1998東大法、52期、USC.LLM、同大経営学修士／西良平 2000京大法、54期／山路邦夫 2001京大法、55期 A 岡村晋介 2005立大LS、60期／壽原友樹 2006慶大法、60期／小澤佑亮 2007東大法、61期／河村光 2007京大LS、61期／寺田勇太 2008首都大LS、62期／東尾智恵子 2008同大LS、62期／塩見直子 2009東大LS、63期／中川雄太 2009京大LS、63期／中村賢人 2011一橋大LS、65期／菅原康佑 2012北大LS、66期／豊原章吾 2012慶大LS、66期／秋田圭太 2013東大LS、67期／高木佑衣 2013慶大LS、67期 顧 小木曽国隆 東大法、21期　以上すべて東弁

事件 株主代表訴訟事件（神戸製鋼所、大和銀行〔NY事件〕、りそなホールディングス、ダスキン〔大肉まん事件〕、住友金属工業）／不正競争防止法に基づく差止等請求事件（ヌーブラ事件）／銀行による預金の相殺が否認の対象とならないとされた事件／りそな年金減額無効確認訴訟／福知山線脱線事故（検察官起訴事案）刑事弁護

弁護士法人 三宅法律事務所
Miyake & Partners

大阪事務所
〒541-0041　大阪市中央区北浜3-5-29　日生淀屋橋ビル5階
TEL　06-6202-7873　FAX　06-6202-5089
東京事務所
〒100-0006　東京都千代田区有楽町1-7-1　有楽町電気ビルヂング北館9階
TEL　03-5288-1021　FAX　03-5288-1025
URL：http://www.miyake.gr.jp

| 41（+1） |
| P 14　A 22　顧 5 |
| 男 34　女 7 |
| 外弁 0　外資 0 |
| 他士 1　事務 28 |

| A | | 総合 | | |

三宅一夫弁護士によって創立された大阪を代表する老舗事務所（いわゆる「大阪旧御三家」の1つ）。伝統的に保険法に強いとともに、金融法、企業のリスクマネジメント、M＆A、知財、国際業務等を総合的に提供している。

■理念・特色

　当事務所は、1938（昭和13）年、三宅一夫弁護士が開設して以来、長年の依頼者の信頼と先輩弁護士が培ってきた伝統のもとで企業法務を中心とする法的サービスを大阪事務所において提供してきました。また、全国で事業を展開する依頼者のニーズにも即応すべく、2002（平成14）年からは法人化して東京事務所を開設しました。さらに、現在は、法的ニーズの多様化・国際化にも対応すべく、他士業や研究者との連携を深めるとともに、中国・欧米など海外の法律事務所とも連携強化を図っております。

　当事務所は、依頼者の権利擁護の想いを法制度に示された法の精神の中で実現していくために、法実務の高度な専門性と市民感覚も視野に入れたバランス感覚を両輪とした「リーガルマインド」により、真に創造的な法的サービスを提供しなければならない、と考えています。

　また、依頼者の高度化・複雑化・国際化するニーズに的確に対応するため、海外留学を含む構成員に対する各種の研修や事務所業務のシステム化、国境や分野を越えた専門家ネットワークの拡充等を通じて、継続的な信頼関係をベースとして個々の依頼者特有の事情に応じたテーラーメイドの解決をご提案できる、常に「依頼者にとって利用しやすく、頼りがいのある、依頼者のための法律事務所」をめざしたい、と考えています。

　企業のリスクマネジメント（不祥事対応）、訴訟対応、コンプライアンス対応を中心として取り組んできましたが、近年では、企業の各プロジェクトのビジネスプランニングや課題ソリューション（新制度導入支援、新サービス・新商品の企画支援、国際（特にアジア）進出支援）などのリーガル・コンサルティングの分野にも対応しています。

■設立・沿革

1938年　「三宅一夫法律事務所」開業
1969年　「三宅合同法律事務所」設立
2002年　「弁護士法人三宅法律事務所」に改組
　　　　東京事務所を開設

代表者　長谷川宅司（第一東京弁護士会）、千森秀郎（大阪弁護士会）	い顧客層を有する。
支店　2002年東京事務所開設	報酬体系　事務所報酬規程による（日弁連旧報酬規程に準拠）／顧問料（月額）50,000円以上／タイムチャージ　パートナー　30,000円～70,000円、アソシエート　20,000円～30,000円。
取扱言語　英語、中国語	
主な顧問先　銀行、保険会社の金融機関から、メーカー等の一般事業会社、宗教法人等の幅広	

弁護士法人 三宅法律事務所

取扱業務 **企業法務** 企業法務全般／保険法務／銀行・信託・その他金融法務／コンプライアンス業務／リスクマネジメント業務／ビジネスプランニング業務／ソリューション業務／労働業務／事業再生・倒産手続関連法務／知的財産法務／租税・行政法務／独禁法・表示規制法務／製造物責任法務／企業消費者法実務／渉外法務／宗教法人法務　**一般民事事件**／不動産関連事件、離婚等家事事件、相続・遺言関連事件、債権請求事件、不法行為等損害賠償事件、個人破産・個人再生・任意整理事件、刑事事件等

P 長谷川宅司 1979京大法、33期、一弁、元旧司法試験考査委員（商法）、元同大法学部非常勤講師（商事特別法）、元京大LS客員教授（企業法務）、元一弁副会長／**千森秀郎** 1981京大法、35期、阪弁、元同大LS非常勤講師（会社法）、元オムロン監査役、元ダスキン監査役／**谷健太郎** 1984京大法、38期、一弁、元裁判官、NY大MCJ、NY州弁護士、菱電商事監査役、昭和化学工業監査役／**織田貴昭** 1986京大法、40期、阪弁、京大LS客員教授（企業法務）、ダスキン監査役、新日本理化監査役／**松本好史** 1983東大法、41期、阪弁、弁理士、龍谷大LS客員教授（知的財産法）、オムロン監査役／**磯田光男** 1992京大法、47期、阪弁、元同大LS非常勤講師（民法）、ハーバード大LLM、NY州弁護士、長谷工コーポレーション監査役／**黒田清行** 1994関大法、48期、阪弁、WDB取締役／**加藤文人** 1996同大法、50期、阪弁、元同大LS非常勤講師（中国法）／**鈴木雅人** 1998立命大法、52期、一弁、フランクリン・ピアス・ローセンター LLM、NY州弁護士、弁理士／**松井保仁** 1998京大法、52期、阪弁、ミシガン大LLM、NY州弁護士、弁理士／**猿木秀和** 2000京大法、54期、阪弁／**渡邉雅之** 1995東大法、54期、二弁、コロンビア大LLM、成蹊大LS非常勤講師（金商法）、王将フードサービス取締役／**井上真一郎** 2001京大法、55期、一弁／**山畑博史** 2001京大法、55期、阪弁、同大LS非常勤講師（民法）**A** **櫻田典子** 1968学習院大法、26期、非常勤裁判官（2006〜10）、永大産業取締役／**真田尚美** 1992阪大法、1994阪大院、48期、京大LS非常勤講師、元非常勤裁判官、ニチダイ取締役／**竹田千穂** 1998京大法、54期、関西アーバン銀行取締役／**雑賀裕子** 1996大阪市大法、55期／**李麗華** 2000阪大法、58期／**岩崎浩平** 2005京大法、59期／**荻野伸一** 1992京大経、59期／**松本徳生** 2004東大法、59期／**井上響太** 2004京大法、60期／**西堀祐也** 2004京大法、60期／**松崎嵩大** 2004慶大法、60期／**内芝良輔** 2007京大法、61期／**岸野正** 1996都立大工学研究科、2007東大LS、61期／**神部美香** 2006同大法、2008神大LS、62期／**森進吾** 2006一橋大法、2008慶大LS、62期／**大浦智美** 2007慶大法、2009慶大LS、63期／**舩坂芳紀** 2007京大法、2009京大LS、63期／**岩崎大輔** 2008東大法、2010東大LS、64期／**楠部幸路** 2009東大法、2011東大LS、65期／**福田泰親** 2009京大法、2011神大LS、65期／**竹村知己** 2010阪大法、2012阪大LS、66期／**有竹雄亮** 2010京大法、2012京大LS、67期
顧 占部裕典 同大教授／江口順一 阪大名誉教授、帝塚山大名誉教授／川又良也 京大名誉教授／西村善嗣 元国税庁次長、税理士、だいこう証券ビジネス監査役／森田章 同大教授

著作　『三宅一夫先生追悼論文集 保険法の現代的課題』（法律文化社、1993）／『事業再生の迅速化』（研究代表・執筆、商事法務、2014）

事件　穴吹工務店会社更生事件（管財人）／首都圏建設アスベスト訴訟（会社側）／浜岡原子力発電差止訴訟（会社側）／最判平成23.11.17裁判集民238.115、県所有地の土地信託契約に関し、受託者たる信託銀行から受益者たる県に対する費用補償請求権が認められた事案（信託銀行側）／東京高判平成23.11.9判タ368.171、銀行の従業員による仕組債の購入勧誘について適合性原則違反も説明義務違反もなかったとされた事案（銀行側）／横浜地判平成24.5.25下級裁判所判例集登載、アスベストの使用に関して国および企業の責任が否定された事案（企業側）／東京地判平成23.1.28金法1925.105（東京高判平成23.7.13控訴棄却、最決平成24.8.25上告棄却および上告不受理）、仕組債の購入において銀行による説明義務違反がなかったとされた事案（銀行側）

大阪

弁護士法人 宮﨑綜合法律事務所
Miyazaki Law Firm

〒530-0047　大阪市北区西天満2-10-2　幸田ビル13階
TEL　06-6363-1151　06-6363-2300
URL：http://www.miyazaki-lo.gr.jp/　miyazaki-law.info@miyazaki-lo.gr.jp
相続問題特設HP：http://www.souzoku-kangaeru.jp/

14（±0）
P 5　A 9　顧 0
男10　女 4
外弁 0　外資 0
他士 1　事務 14

1964（昭和39）年、大阪にて開設。東京・大阪に事務所を有しており、全国の企業・団体の顧問弁護士事務所として、50年以上の伝統と実績に培われた高度なリーガルサービスを提供している。

■理念・特色

当事務所は1964（昭和39）年に宮﨑乾朗弁護士が創設し、その後、同氏の逝去により、その遺志を引き継ぐべくパートナー制が導入され、現在に至っています。

宮﨑乾朗弁護士は、早くから民事介入暴力対策に取り組み、着実に成果を挙げて「民暴専門弁護士」と称されました。常に弱者の側に立ち、社会正義を盾に不当な暴力・不法な勢力に敢然と立ち向かうその情熱が当事務所を、民暴対策を基軸とした企業防衛・危機管理に関するわが国有数の専門家集団に育て上げました。

現在、私たち事務所一同はその精神を継承し、全国の企業・団体の顧問弁護士事務所として、リスク・マネジメント全般に関わる高度なリーガル・サービスを提供すると共に、激変する社会経済情勢の中で求められている広範なリーガル・ニーズに的確な対応ができる体制を整えています。

当事務所の特色としては、①当事務所はすべてのご依頼案件について、原則として2名以上の弁護士が対応する「複数担当制」を採用していること、②ご依頼を受ける際には必ず見積書を作成のうえ、料金について丁寧にご説明し、明瞭な料金体系を心がけていること、③東京・大阪両事務所間の連携体制が整っており、関東圏と関西圏にまたがる事件であっても、テレビ会議システムによる綿密な打合せや、弁護士出張費用の削減等が可能であること、といった点が挙げられます。

■設立・沿革

1964年に宮﨑乾朗弁護士が事務所を開設し、1971年に北区絹笠町（現西天満）の千都ビルに事務所移転、1978年に北区西天満2丁目（幸田ビル）に事務所移転し、事務所名を「宮﨑綜合法律事務所」と改称、2000年に宮﨑乾朗弁護士死去により、パートナー制に移行し、2002年に弁護士法人設立、2005年に千代田区丸の内に東京事務所を開設、2012年に千代田区大手町に東京事務所が移転しました。

代表者　板東秀明（大阪弁護士会）	方公共団体　他
支店　2005年東京事務所（東京都千代田区）開設	報酬体系　事務所報酬規程（日弁連旧報酬規程に当事務所の変更を加えたもの）による（詳細は当事務所HP参照）。着手金・報酬金等とタイムチャージの双方可能／顧問料（月額）50,000円〜／タイムチャージ　パートナー30,000円〜、アソシエイト15,000円〜。
主な顧問先　銀行、信用金庫、証券、生命保険、建設、不動産売買・賃貸・仲介・開発、建設機械メーカー、医薬品、介護、流通小売、食品、広告、ソフトウェア、病院、学校法人、地	

取扱業務 **企業法務全般** 紛争処理（訴訟、調停、ADR等）、契約書の作成、顧客対応等についての助言、労働問題対応（労使間での訴訟、審判などの紛争処理等）、意見書作成、株主総会の準備・アドバイス、企業内の法令遵守に関する助言、コンプライアンス委員会への関与、M&Aスキームの策定、事業再編手続の実施、講演・セミナーの実施、定期的な出張相談などを行う／**銀行等** 債権保全・回収事件のほか各種訴訟対応、意見書作成、窓口における顧客対応に関する相談など銀行業務における多様な紛争およびその予防に関する業務を行う。特に近時は、デリバティブをはじめとする金融商品を巡る訴訟事件や、反社会的勢力排除のための助言や代理などを多く取り扱っている／**証券会社** 顧客との間における紛争事案においては、現物株式、信用取引、先物取引、EB、仕組債、オプション、スワップなど各種金融商品に関する訴訟対応を扱う。また、金融商品取引業者に関する業規制を中心に助言や意見書作成、検査対応に関する相談業務、業界団体での講義・講演、判例雑誌などへの執筆なども行っている／**生命保険会社** 生命保険会社からの依頼を受け、保険金・給付金を巡る訴訟代理、査定段階における助言、保険法・保険業法に関する助言・意見書作成などの事案を取り扱う。保険金・給付金を巡ってはモラルリスク事案や医学的見解の対立に起因する事案など多くの専門的案件を手がけている／**民事介入暴力事件、反社会的勢力排除** 近年、全国で暴力団排除条例が施行、暴対法が改正されるなど反社会的勢力排除の要請が急速に高まる中、依頼者に対して反社会的勢力排除に関するアドバイスを行い、反社会的勢力との関係遮断に関する通知・交渉にあたるなどの業務に取り組んでいる。

大阪 P**板東秀明** 1974京大、28期／**田中英行** 1988京大、45期、近畿大阪銀行社外監査役／**宮﨑誠司** 1985早大、47期 A**伊藤真紀** 1994早大、54期、茨木市監査委員／**竹内直久** 2002神大、56期／**冨田陽子** 2002京大、56期、平成27年度堺市包括外部監査人補助者、スポーツ法学会会員／**名取伸浩** 2002神大、57期、経営法曹会議会員／**谷井秀夫** 1995京大、59期／**本間亜紀** 1992東大、1999早大、59期／**板東大介** 2005立命大、2008関大LS、62期／**中島裕一** 2010阪大、2012神大LS、66期　以上すべて大阪弁護士会。
東京 P**関聖** 1986早大、42期／**西村亜希子** 54期、1996関大 A**石塚智教** 1996東大、57期　以上すべて一弁。

著作 当事務所編著『反社会的勢力排除の法務と実務』（金融財政事情研究会）／板東秀明・田中英行・宮﨑誠司『株主総会の運営と実務』（共著、金融財政事情研究会）／関聖・石塚智教『もしも、そのお客様が反社会的勢力だったら？』（共著、金融財政事情研究会）／宮﨑誠司・名取伸浩『今を生きる高齢者のための法律相談』（共著、民事法研究会）／西村亜希子「金融検査結果事例集から学ぶ営業店のリスク管理」（共著）、金融法務事情1989号／同『相談事例からみた成年後見の実務と手続』（共著、新日本法規出版）／冨田陽子『判例から学ぶ 金融商品販売と訴訟リスク対策』（きんざい）／同「アマチュアスポーツと規則」「ボクシングジム開設とマネージャーライセンス」スポーツ問題研究会編『Q&A スポーツの法律問題（第3版補訂版）』（共著、民事法研究会）／石塚智教『金融ADR便利帖』（金融財政事情研究会）／本間亜紀『自分でできる成年後見制度の手続（三訂版）』（共著、大阪弁護士協同組合）／竹内直久・冨田陽子・谷井秀夫・本間亜紀『新訂貸出管理回収手続双書 不動産担保(下)』（共著、金融財政事情研究会）

弁護士法人 淀屋橋・山上合同
Yodoyabashi & Yamagami LPC

大阪事務所
〒541-0041　大阪市中央区北浜3-6-13　日土地淀屋橋ビル（受付6階）
TEL　06-6202-3355　FAX　06-6202-3375
東京事務所
〒100-0005　東京都千代田区丸の内2-3-2　郵船ビルディング4階
TEL　03-6267-1200　FAX　03-6267-1210
URL：http://www.yglpc.com　info-yglpc@yglpc.com

　2002年、わが国で最初に法人化した総合事務所です。会社法務、倒産・事業再生、金融、知的財産権、労働、渉外、不動産、家事・相続といった専門部署に分かれている。

55 (±0)		
P 32	A 18	顧 5
男 49	女 6	
外弁 0	外資 1	
他士 1	事務 68	

B	総合

■理念・特色

　当法人は、専門性と総合力を兼ね備えた法律事務所をめざして、2002年4月1日に、わが国で最初に弁護士法人を設立しました。また、分野ごとの専門部署には、ベテラン、中堅、若手の弁護士が所属し、豊富な経験を共有化することで研鑽を積む体制を採っています。さらに、大阪高検検事長経験者、高裁部長経験者、大学教授といった顧問も在籍し、多様なニーズに、迅速かつ的確に応えることができます。

　たとえば、M&A・企業再編については、会社法、金商法はもちろん、独禁法、労働法、倒産法、その他広い分野の知識・経験が必要となりますが、それは、まさに当法人の得意とするところです。たとえば、デュー・デリジェンスについて、各部署の弁護士が横断的にチームを組むことで、どのような案件にでも対応できます。

　倒産・事業再生については、数多くの破産・民事再生・会社更生等の申立てを手がけるだけでなく、裁判所から、著名事件の破産管財人・監督委員・更生管財人として選任されています。

　知的財産法については、理系学位を持つ弁護士3名も在籍し、高度な技術が絡む法務のニーズにも応えています。ドイツの知財LS留学者もおり、海外法務にも対応しております。

　労働法（使用者側）については、日々の相談だけでなく、頻繁な法律改正や新たな問題にも対応した人事管理問題に積極的に関与し、各種セミナーの講師なども数多く引き受けております。

　渉外分野については、米国、中国（北京・上海・深セン）、香港、台湾、韓国、シンガポール、インドネシア、タイに留学・勤務した経験を持つ弁護士が在籍し、現在も、オランダとドイツに弁護士を派遣しています。中国律師資格保有者も在籍し、アジア法を中心とした国際案件のニーズに応えています。

　税務については、法務省訟務局租税訟務課長経験者や国税庁勤務経験者が在籍し、紛争対応（税務調査、不服申立て、税務訴訟）のほか、事前の税務リスク分析、タックスプランニング、国際税務などにも幅広く対応しています。

■設立・沿革
1959年　「米田実法律事務所」を開設
2002年　「弁護士法人淀屋橋合同」を設立
2003年　「弁護士法人淀屋橋合同」と「山上法律事務所」合併

代表者	米田秀実（大阪弁護士会）
言語	英語、中国語、韓国語
主な顧問先	金融業（銀行、信用金庫、リース会社、証券会社等）、製造業（鉄鋼、石油、化学、製薬等）、非製造業（総合小売、不動産、建設、電気、情報通信、広告代理店等）、その他（国、地方公共団体、大学、病院、新聞社、テレビ局等）
報酬体系	旧弁護士会報酬基程におおむね準拠した事務所報酬規程による（詳細はHP参照）。

弁護士法人 淀屋橋・山上合同

取扱業務 会社法　株主総会指導、M&A、会社訴訟・非訟対応等／**人事・労務**　個別労使紛争、労働組合対応、就業規則指導等／**金融関連法務**　金融取引一般、金商法関連業務等／**事業再生・倒産**　民事再生、破産、私的整理等／**競争法・独禁法**　公取調査、下請法対応等／**知的財産法**　各種知財訴訟、審判、知財関連契約対応等／**税務**　税務訴訟、不服申立て、税務調査対応等／**国際取引法務**　契約締結、M&A、進出・撤退対応、紛争・仲裁対応等／**家事・相続**　離婚、親権、相続、遺言書作成・執行、成年後見等／**一般民事**　不動産売買、賃貸借、債権回収、交通事故、消費者事件等／**刑事事件**　一般刑事、租税刑事事件等

米田実　1950京大、5期、元大弁会長／山上和則　1965中大、20期／松川雅典　1970京大、24期、元大弁副会長／田中等　1977京大、31期、元大弁副会長／田積司　1981京大、35期、元大弁副会長／米田秀実　1981東大、37期、元大弁副会長／阪口彰洋　1989京大、43期、元民事司法試験考査委員／上甲悌二　1991京大、45期／藤川義人　1993早大、47期、京大LS客員教授、弁理士／大沢拓　1995東大、50期、元大阪国税局勤務、CA州弁護士／軸丸欣哉　1996京大、50期／名倉啓太　1996京大、50期／髙島志郎　1996東大、51期、商法司法試験考査委員／渡邊徹　1997京大、51期／木村一成　1998東大、52期、関学大LS講師／藤田清文　1997東大、52期、元金融庁検査局勤務／藤本一郎　2000京大、54期、NY州弁護士・CA州弁護士、京大・神大・同大各LS講師／小坂田成宏　2001京大、55期／古島礼子　2001京大、55期／柴田昭久　2001京大、55期／冨來真一郎　2001京大、55期／川井一将　2002京大、56期／西田恵　1999上智大、56期／雨宮沙耶花　2003京大、57期／佐々木清一　2003阪大院、57期／清水良寛　1997立命大、57期／井口敦　2004京大、58期、元金融庁証券取引等監視委員会勤務／吉田豪　2004京大、58期／岩本文男　2003京大、59期／仲井晃　2005京大、59期、神大LS講師／森本英伸　2005阪大、59期／鈴木勝博　2000早大、60期／南靖郎　2004関学大、60期／白石浩亮　2006同大LS、60期／大林良寛　2007立命大LS、61期、シンガポール司法試験合格／森田博　2007神大LS、61期／金大燁　2007同大、62期／大場規安　2008東大LS、62期／岡筋泰之　2008京大LS、62期、京大LS講師／大倉早織　2009京大LS、63期／木村浩之　2009成蹊大LS、63期、元国税庁勤務、オランダ留学中／竹本英世　2009中大LS、63期／田中達也　2009東大LS、63期／蛭川敦之　2009京大LS、63期／野中啓孝　2009京大LS、63期、弁理士、ドイツ留学中／花房裕志　2009京大LS、63期／石原遥平　2009慶大LS、64期／佐藤康行　2010京大LS、64期／髙橋理恵子　2010京大LS、64期／山下遼太郎　2011一橋大LS、66期／大川恒星　2013京大LS、67期／玉置菜々子　2013京大LS、67期／末永敏和　1971京大、阪大名誉教授／大谷種臣　1965中大、21期、元大阪高等裁判所部総括判事／大島俊之　1975阪大、元神戸学院大教授／中尾巧　1970関大、24期、元大阪高等検察庁検事長

著作 会社法務　『中小企業の会社法実務相談』（共著、商事法務）／『事業再編のための企業価値評価の実務』（共著、民事法研究会）／『書式 会社非訟の実務』（共著、民事法研究会）　倒産・事業再生　『最新 事業再編の理論・実務と論点』（共著、民事法研究会）／『倒産・事業再編の法律相談』（共著、青林書院）／『民事再生実践マニュアル』（共著、青林書院）／『私的整理の実務Q&A100問』（共著、金融財政事情研究会）／『会社更生の実務Q&A120問』（共著、金融財政事情研究会）　金融　米田實先生古稀記念『現代金融取引法の諸問題』（共著、民事法研究会）／『新訂貸出管理回収手続双書 仮差押え 仮処分・仮登記を命ずる処分』（共著、金融財政事情研究会）　知的財産権　藤川義人『よくわかる知的財産権』（日本実業出版社）／『知的財産契約の理論と実務』（共著、商事法務）／『知財ライセンス契約の法律相談』（共著、青林書院）／『不正競争の法律相談』（編著、青林書院）　労働　『企業のための労働契約の法律相談』（共著、青林書院）／『Q&A 会社のトラブル解決の手引』（共著、新日本法規出版）　税務　中尾巧『税務訴訟入門（第5版）』（商事法務）、木村浩之『税理士のための相続実務と民法』（清文社）／『税務紛争への対応―調査、処分、異議、審査、訴訟、査察、国際課税』（共著、中央経済社）　家事・相続　『遺言相続の落とし穴』（共著、大阪弁護士協同組合）／『事例にみる遺言の効力』（共著、新日本法規出版）　刑事　『海事犯罪 理論と捜査』（共著、立花書房）

神戸海都法律事務所
Kobe Kaito Law Office

〒650-0024　神戸市中央区海岸通8番地　神港ビル7階
TEL　078-321-6688　FAX　078-321-6690
URL：http://kobe-kaito.com　office@kobe-kaito.com

10（＋1）
P6 A2 顧2
男10 女0
外弁0 外資0
他士0 事務5

B 総合

地方都市の総合法律事務所として、高度かつ多様な案件に対応する。顧問先は、各種企業、医療・学校・社会福祉法人や地方公共団体等幅広い。医師免許を有する弁護士が所属し、医療関係事件（医療側）も数多く扱う。

■理念・特色

当事務所は、高度化および多様化する法務問題に迅速かつ効果的に対応し、また、依頼者に対し継続的な法務サービスを提供すべく、共同事務所化し、かつ、所属弁護士の構成を世代ごとに充実してきました。

依頼者の利益を最大限実現するために、案件によっては、複数の弁護士が担当者となり、合議を重ねながら、事件処理を進めています。また、世代が異なる弁護士間において知識およびノウハウの共有に積極的に努め、事務所が永続的に発展できるように企図しています。

医師免許を有する弁護士が所属しており、その知見を医療関係事件に活かしています。

事務所外の公認会計士、税理士、弁理士、司法書士および不動産仲介業者等の各種専門職と連携して、法務問題に付随する会計、税務、登記、知的財産権管理、不動産売買等について、柔軟に対応できるようにしています。

当事務所は、地方都市における総合法律事務所として、大企業から個人までさまざまな依頼者から多種多様な案件の依頼を受けさせていただいておりますが、比較的手がけることが多い、あるいは特色のある業務分野としては、次のようなものがあります。

企業予防法務　日常業務・人事労務に関する法務、契約書の作成およびチェック等

事業再生・倒産関連業務　これらの業務を専門として扱う事務員がいます。裁判所から依頼される管財業務も数多く手がけています。

医療関係事件　医療側代理人として医療関係訴訟に数多く携わっています。

建築紛争　請負側代理人を務めることが多く、利益相反がなければ、発注側も扱います。

行政関係事件　行政側代理人として行政関係訴訟、国賠訴訟等を扱っています。

委嘱関係　各種委員、社外取締役および監査役等を数多く務めています。

■設立・沿革

1989年に「小越・滝澤法律事務所」を開設し、1993年に現名称に変更しました。その後所属弁護士を順次増やし、現在に至ります。

代表者　小越芳保、滝澤功治、友廣隆宣、向山大輔、杉原努、小田祐資（いずれも兵庫県弁護士会）

取扱言語　英語

主な顧問先　各種企業（製造業、小売業、運送業、建設業等業種・規模を問わず）、医療法人、学校法人、社会福祉法人、地方公共団体等多数

報酬体系　日弁連旧報酬規程におおむね準拠し、明瞭性を高めた事務所報酬規準を案件の種類ごとに定めている。案件に応じて要問合わせ。

神戸海都法律事務所

取扱業務 **企業法務** 日常業務・人事労務に関する法務、契約書の作成・審査、契約交渉、各種規則の作成・審査、株主総会指導、株主対応、取締役・監査役実務、株式関係、会社分割、合併、事業譲渡、法務デューデリジェンス、会社訴訟、非訟等／**事業再生・倒産** 私的整理、法的整理（会社更生、民事再生、破産、特別清算）における管財人、監督委員、申立人代理人等／**行政関係** 行政事務にかかる法律相談、行政訴訟、国賠訴訟（主として行政側）等／**知的財産** 特許権、実用新案権、著作権、商標権、意匠権、不正競争防止法等／**一般民事** 損害賠償（医療関係、建築紛争、交通事故、その他の不法行為、契約義務違反等）、不当利得、不動産関係（境界、筆界確認、その他の相隣関係、賃料請求、賃料増減、明渡し請求等）、請負関係（代金請求、瑕疵担保等）、金銭貸借関係、各種取引関係、民事保全、民事執行等／**債務整理** 個人にかかる任意整理、自己破産、個人再生等／**家事事件** 夫婦関係円満調整、離婚、親権、財産分与、婚姻費用、養育費、面会交流、親子関係、成年後見、保佐人、補助者、遺言作成、遺言執行、遺産分割、遺留分減殺請求、相続放棄、相続財産管理、不在者財産管理等／**刑事事件** 一般の刑事事件（裁判員裁判も含む）のほか、少年事件、告訴・告発、被害者参加等／**委嘱関係** 国・自治体の委員、社外取締役・監査役等

P 小越芳保 日大法、22期、兵庫県弁護士会常議員、須磨警察署協議会委員、阪神内燃機工業監査役、神戸家庭裁判所家事調停委員（1984～2014）、兵庫県人権擁護委員連合会会長（1994～2004）、神戸（現兵庫県）弁護士会会長（1998～99）、明石市民夏まつり事故調査委員会（2001～02）、兵庫県人権委員会委員（2001～09）、総務省年金記録確認兵庫第三者委員会委員（2007～11）、民間競争入札にかかる神戸地方法務局評価委員会（2007～13）／**滝澤功治** 京大法、27期、兵庫県労働委員会会長、兵庫労働局労働関係紛争担当参与、神戸簡易裁判所調停委員、神戸（現兵庫県）弁護士会副会長（1987～88）、香川大・愛媛大連合LS非常勤講師（2002～04）、旧司法試験第二次試験考査委員（2006～08）、神大LS非常勤講師（2008～10、2012）、国際ロータリー第2680地区（2014～15年度）ガバナー／**友廣隆宣** 京大法、43期、兵庫労働局紛争調整委員、甲南大法学部非常勤講師（2003～07）、兵庫県弁護士会副会長（2004～05）／**向山大輔** 京大法、56期／**杉原努** 早大法、57期／**小田祐資** 香川医大（現：香川大）医、医師（1998～）、神大LS、62期／**A 堀内雄樹** 横国大経、関学大LS、62期／**渡田嘉樹** 神大法、神大LS、67期　**客員 倉田卆士** 弁護士法5条認定、神戸学院大名誉教授、華東政法学院名誉教授、元神戸学院大学長、元神戸学院女子短大学長／**今井俊介** 京大法、22期、兵庫大教授、元大阪高等裁判所部総括判事、元奈良地方裁判所長、元奈良家庭裁判所長、元大阪国税不服審判所長　以上すべて兵庫県弁護士会。

著作 滝澤功治他『要点解説 新破産法』（共著、商事法務、2004）／友廣隆宣他『分譲マンションガイドブック（駐車場編）』（共著、神戸市住宅局住宅部計画課、1994）／同他『不動産紛争・管理の法律相談』（共著、青林書院、1994）／同他『わかりやすい会社法の手引』（共著、新日本法規出版、2003）／倉田卆士『民法要説』（晃洋書房、1995）

事件 **公刊物掲載判例** 和議認可決定を受けた連帯保証人の一人に対し他の連帯保証人が和議開始決定後の弁済により取得した求償権の行使の要件とその限度（最判平成7.1.20民集49.1.1）／右方から接近してくる足踏式自転車をロードミラーに認めながら、見通しの悪い交差点に進入した自動車運転者に過失がなく、無罪とされた事例（大阪高判昭和59.7.27判タ544.258）

その他特色ある事件 **大規模倒産処理事件** 全国に支店をもつ運送会社の会社更生事件、社会福祉法人および各種企業の民事再生事件、破産管財事件等／**行政関係事件**（行政側） 処分取消請求事件、不服審査請求棄却決定取消請求事件、公文書公開請求事件等、国賠訴訟／**医療関係事件**（医師・医療機関側） 大学病院、基幹病院、開業医院等の各種診療科にかかる損害賠償等請求事件等／**各種無罪事件** 道交法違反事件、BSE緊急保管対策事業にかかる詐欺事件等

兵庫

弁護士法人 神戸シティ法律事務所
Kobe City Law Office

〒650-0033　神戸市中央区江戸町98-1　東町・江戸町ビル5階
TEL　078-393-1350　FAX　078-393-2250
URL：http://www.kobecity-lawoffice.com/

地方においても重要な案件を取り扱える法律事務所が存在する必要があると考え、クライアントとの目的共有を重視し、解決に向けた目標設定と真摯な業務遂行により、研究と開発を続け、地域経済発展のために微力を尽くしている。

■理念・特色

当法律事務所は、神戸を中心とする兵庫県に基盤をおきながら、「喜びと笑顔に出会うために」を理念とし、「もう一度行ってみたい法律事務所」としてご信頼をいただけるよう弁護士1人ひとり、スタッフ1人ひとりが、人間力を高め、プロフェッショナルとしての技術を磨き、個々の事案において誠実に、かつ、丁寧にそしてチームとしての力を最大限に発揮できるよう努力を続けております。訴訟代理はもとより紛争解決、予防法務、戦略法務そして海外進出支援法務において新しい「弁護士」を感じていただきたいと考えています。

1．法務コンサルティング

企業・団体・地方自治体の法務、企画、人事部門からのご依頼に基づいて、契約書の作成・チェック、各種システムの構築、企業のコンプライアンス態勢の維持、不祥事調査、内部通報窓口、リーガルリスク管理そして具体的な紛争、クレーマー対策に関する諸問題まで幅広く取り扱っています。また、継続的に種々のご相談をお受けする「顧問契約」も承っております。近時は、企業への期間出向もさせていただいております。

2．法的手続

訴訟やADRなどについて、柔軟で具体的な訴訟方針や主張プラン、立証プランを明確にした設計図を示します。

3．経営コンサルティング

経営の重要な方針決定にあたって、計画、実行プランの作成、意見書作成、そして決定された方針の実行支援を行います。各部門の専門家とプロジェクトチームを編成させていただき、適切に対応させていただいております。

4．事業再生

民事再生等の法的手続はもちろん任意の事業再生、あるいは倒産手続に精通しております。

5．海外進出支援

中小企業の東南アジアへの進出支援として、みずからもミャンマーに拠点を構え、銀行、コンサルティング会社等と連携して対応しています。

■設立・沿革

1994年に開設し、2004年弁護士法人に改組し、現在に至ります。また、2014年ミャンマーデスクを開設いたしました。

代表者	井口寛司（兵庫県弁護士会）
主な顧問先	銀行・信用金庫、総合商社、信販会社、不動産賃貸、不動産仲介・開発、保険代理店、機械製造、広告、自動車塗料販売、貿易商社、総合小売、コンサルタント、医療機器人材派遣、食料品製造などの各会社、公社、地方自治体、医療法人、監査法人など
報酬体系	事務所報酬規程による（詳細は当事務所HP参照）。着手金・報酬金等とタイムチャージの双方対応可能／顧問料（月額）30,000円〜／タイムチャージ　パートナー25,000円〜35,000円、アソシエイト10,000円〜30,000円（担当弁護士の当該分野の専門性および業務内容に応じて見積）

弁護士法人 神戸シティ法律事務所

取扱業務 企業および地方自治体における法務コンサルティング部門 ⑴ **人事労務** 人事システムの構築（就業規則はじめ各種規則策定、賃金体系等作成）、セクハラ、従業員の解雇、懲戒、労災、内部通報による調査、⑵ **契約書** 守秘義務契約、取引基本契約、各種契約書作成およびチェック、⑶ **債権管理** 売掛金の回収、管理、債権保全、強制執行 ⑷ **危機管理** クレーム対応、不良品発生対応、コンプライアンス、内部通報窓口、⑸ **会社法** 経営に関する法律相談、意見書作成、株主総会指導、ベンチャー支援、⑹ **法務デューデリジェンス** 業務提携の事前準備、調査活動、⑺ **M&A支援** 会社分割、合併、事業譲渡、⑻ **知的財産権** 特許権、商標権、著作権、IT問題、不正競争防止法関連、⑼ **金融法務** 銀行および信用金庫の業務支援、金融取引、⑽ **独占禁止法** 業務提携、景品表示、下請取引、⑾ **セカンドオピニオン**／**民事・商事訴訟および行政訴訟部門** 商事、民事に関する訴訟対応全般。訴訟戦略と立証活動／**倒産・事業再生部門** 民事再生、会社更生事件および私的整理ガイドラインによる再生、経営改善計画策定業務など／**経営コンサルティング部門** 事業承継プラン作成／**第三セクター改革に関するあり方検討、方針の決定支援業務**／**アジア進出支援業務**／その他個人の相続、遺産分割、離婚、交通事故、賃貸借、境界確定など

P 井口寛司 1985中大法、41期、中小企業社外取締役／**石橋伸子** 1985九大法、41期、尼崎市情報公開、個人情報保護審査委員会委員、神戸港港湾審議会委員、兵庫県土地収用事業認定審議会委員、兵庫県職員専門相談員、兵庫県公益通報委員会委員、関西アーバン銀行社外取締役、アジア太平洋トレードセンター社外監査役／**高島浩** 2001京大法、55期／**高橋弘毅** 2006京大法、60期／**辻野智子** 2008京大法、2010京大LS、65期 **A** 二宮淳次 2001大阪市大法、2010関学大LS、66期／**南泰準** 2007関学大法、2011関学大LS、66期／**平田尚久** 2003京大文、2013神大LS、67期　以上いずれも兵庫県弁護士会。

著作 井口寛司『裁判実務体系—震災関係訴訟法』（共著、青林書院）／同「優先権の放棄特約（複合ビル開発における法律上の問題点）」日本マンション学会研究報告集（1998）／同「自主回収キャンペーン費用に関する下請部品メーカーに対する求償について（共同論文）神戸地方裁判所平成20年9月24日判決（確定）（平成18年（ワ）第2682号 損害賠償請求事件）」甲南大学紀要（2009）／同「安曇野高裁判決が銀行実務に与える影響と三セクの破綻（再生）処理上の問題点・解決策（上）（下）（特別座談会）」銀行法務21・2011年9月号・10月号／同「安曇野最高裁判決に思う（法務時評）」銀行法務21・2011年12月号／同「神戸市住宅供給公社の民事再生（上）（下）（特別論考）」銀行法務21・2013年1月号・2月号／石橋伸子「自主回収キャンペーン費用に関する下請部品メーカーに対する求償について（共同論文）〜神戸地方裁判所平成20年9月24日判決（確定）（平成18年（ワ）第2682号 損害賠償請求事件）」甲南大学紀要（2009）／同編著『わかりやすい会社法の手引（改訂版）』（新日本法規出版、2015）／高島浩編著『わかりやすい会社法の手引（改訂版）』（新日本法規出版、2015）

事件 みなと銀行合併／神戸市保育所民営化訴訟（神戸地判平成20.12.16賃金と社会保障1516.47・大阪高判平成22.3.12公刊物未登載・最判平成23.1.20同）、建設機械転売による不法行為訴訟事件（札幌地苫小牧支判平成23.9.27判タ1375.150）／民事再生事件（神戸市住宅供給公社申立代理人その他申立代理人および監督委員の経験多数）／破産事件および特別清算事件（申立代理人および管財人・監督委員の経験多数）／空港コンセッション法的管理業務

神戸中央法律事務所
Kobe-Chuo Law Office

〒650-0021　神戸市中央区三宮町2-11-1　センタープラザ西館501号室
TEL　078-331-6525　FAX　078-332-1549
URL：http://www.kobechuo-law.jp

 1923年開設の老舗事務所で、特に、地元公共団体や外郭団体等の顧問を多く務める。労働事件（使用者側）や医療事件（医療機関側）等にも定評がある。

■理念・特色

　当事務所は、神戸の地で開所してから今日まで、兵庫県下の地方公共団体やその外郭団体の法律顧問を多く務め、県政・市政の発展とともに歩んで参りました。

　また、地域に根ざした法律事務所として、地域の社会と経済に貢献することを事務所理念に掲げ、関西圏を基盤とするさまざまな業種の民間企業や医療機関をはじめとする各種法人からご依頼を受け、紛争の予防とその適切な解決をサポートしているほか、業務を離れた公益活動にも積極的に携わっております。

　神戸から関西地区の発展を見守り続け、地域のことを最もよく知る法律事務所であるからこそ、率先して地域の皆様のお役に立ちたい――それが、当事務所の変わらぬ想いです。

1．行政関連法務（行政側）　当事務所の最大の特徴は、90年以上の歴史の中で培った実績と経験に裏打ちされた、行政事件に関する高度の専門性です。地方自治行政をめぐるあらゆる法律問題に対し、行政側の立場から的確に対応致します。

2．企業法務・商事事件、労働事件（使用者側）、医事紛争（病院・医師・施設側）等　当事務所では、行政事件と並んで、顧問先各社・各団体の日常的な法務やその事業活動に伴って生じる法的紛争（商事事件、労働事件、知財事件、医事紛争等）に関する案件を数多く手がけております。

　また、地域経済の健全な発展に寄与するべく、法人・個人事業主の事業再生や倒産処理にも力を入れております。

3．一般民事・家事事件等　遺言書作成や遺産分割等の相続に関する法律問題を中心に、個人のお客様からのご依頼も幅広くお受けしております。また、高齢化率が加速する社会において、今後ますます法的ニーズが高まることが予想される成年後見や財産管理の分野にも精力的に取り組んでおります。

■設立・沿革

1923年　安藤真一が「安藤法律事務所」を開設
1973年　「安藤・奥村法律事務所」に改称
1991年　「石丸法律事務所」と合流し、事務所名を現在の「神戸中央法律事務所」に改称

代表者　石丸鐵太郎（兵庫県弁護士会）
取扱言語　英語
主な顧問先　地方公共団体およびその外郭団体、医師会、医療法人、社寺仏閣、金融業、建設業、運輸業（物流、倉庫業）、不動産業、飲食店、宿泊業、各種製造・小売業（建設機械、産業用機器、工業用品、印刷、医薬品、衣料品、飲食料品等）、各種サービス業（観光、情報技術、リネンサプライ等）、特殊法人、一般財団法人、公益財団法人、社会福祉法人、健康保険組合、各種協同組合等

報酬体系　事務所報酬規程（日弁連旧報酬規程に当事務所の変更を加えたもの）による。着手金・報酬金方式による。／顧問料（月額）事業者50,000円～　非事業者30,000円～。

神戸中央法律事務所

取扱業務 行政関連法務（行政側）　①行政法規の解釈・適用に関する法的助言、②円滑な行政活動を支援するための予防法務、③抗告訴訟・国家賠償請求訴訟・住民訴訟等各種訴訟における法的対応／**企業法務・商事事件**　①商取引法・金融担保法分野（契約交渉、契約書の作成、債権の管理・回収、担保権実行等）、②会社法分野（企業統治・コンプライアンスに関わる法務、株主総会への対応、株式をめぐる紛争の処理や企業防衛等）、③知的財産法分野（ライセンス契約・共同研究開発契約等各種契約の締結、審決取消訴訟・侵害訴訟への法的対応、不正競争行為への法的対応）／**労働事件（使用者側）**　①就業規則等の作成・変更、人員整理等に関する法的助言、②解雇、雇止め、懲戒、出向・配転、賃金、労働時間、労働災害等をめぐる法律問題、③セクハラ・パワハラ等をめぐる法的紛争への対応、④労働組合活動、団体交渉、争議行為への対応／**企業再生・倒産処理**　①破産管財、②民事再生／**医事紛争（病院・医師・施設側）**　①医療過誤事件への法的対応、②病院・施設経営をめぐる法律問題／**個人に関わる法律事件**　①一般民事事件（交通事故、消費者トラブル、貸金返還請求、不動産明渡請求、債務整理、契約書ほか各種法律文書の作成）、②家事事件（遺言・遺産分割ほか相続をめぐる法律問題、離婚をめぐる法律問題、成年後見・財産管理）、③刑事事件・少年事件

P 石丸鐵太郎 1967中大法、23期、1992神戸弁護士会副会長、家事調停委員（神戸家庭裁判所、～2013）、兵庫県医師会医事紛争対策特別事業特別委員、（一社）兵庫県トラック協会監事、阪神高速道路入札監視委員会委員長、本州四国高速道路協会評議員、（一財）神戸みのりの公社評議員、（一財）神戸国際コンベンション協会評議員、経営法曹会議常任幹事、神戸経済同友会幹事　**A** 森有美 1995京大法、51期、明石市立学校通学区域審議会委員、兵庫県障害福祉審議会委員、神戸市外国語大学経営協議会委員／藤原孝洋 1998神大法、54期、甲南大LS准教授（労働法）、兵庫県医師会医事紛争対策特別事業特別委員／中尾悦子 1998関学大法、58期、明石市情報公開審査会・個人情報保護審議会委員、淡路市情報公開審査会・個人情報保護審査会委員、関学大非常勤講師、神大LS非常勤講師／中山健太郎 1999関学大商、2007関大LS、61期／佐藤祥徳 2002東大法、2008岡山大LS、2014大阪工業大院知的財産研究、63期　以上すべて兵庫県弁護士会。

著作 石丸鐵太郎〔執筆〕住民訴訟実務研究会編『Q&A 住民訴訟の法律実務』（共著、新日本法規出版、2001）／藤原孝洋〔執筆〕「無期転換ルール導入に伴う使用者側の留意点」自由と正義2014年1月号／同〔執筆〕「はんれい最前線 判例評釈」（共著）判例地方自治349・357・364・371・380号（2014）／中尾悦子〔執筆〕兵庫県弁護士会消費者保護委員会編『Q&A 旅行トラブル110番』（共著、民事法研究会、2009）

事件 国家賠償法2条1項にいう営造物の設置・管理の瑕疵の意義（最判昭和53.7.4民集32.5.809）／弁護士である監査役が当該会社の訴訟代理人となることは旧商法276条に反しないとされた事例（最判昭和61.2.18民集40.1.32）／市職員の行為が国家賠償法上の違法な職務執行に当たらないとされた事例（最判平成14.4.12公刊物未登載）／神戸空港建設関連事業をめぐる一連の行政訴訟（大阪高判平成17.7.27裁判所Web、上告棄却他）／地方議会が住民訴訟の係属中にその請求に係る地方公共団体の不当利得返還請求権を放棄する旨決議した場合の当該議決が適法であるとされた事例（最判平成24.4.20民集66.6.2583他）

神戸ブルースカイ法律事務所
Kobe Blue Sky Law Office

〒650-0024　神戸市中央区海岸通8番　神港ビル2階
TEL　078-321-5558　FAX　078-392-1424
URL：http://www.kobe-bluesky-lo.jp

保険関係の損害賠償事件（交通事故、施設賠償責任、医療過誤、請負賠償責任、海事関係等）を専門とする事務所。金融案件（コンプライアンス関係等）も多く手がける。

	13（＋1）	
P 4	A 9	顧 0
男 11	女 2	
外弁 0	外資 0	
他士 0	事務 8	

	総合
C	

■理念・特色

当事務所は、「みんなで結ぼう慈しみの輪」をモットーに依頼者の方々のご要望に対応するよう心がけています。事案の内容が複雑化、多様化している現在であればこそ、高い倫理観に基づき事案の解決を図るべきだと考え、損害保険分野や海事法務を中心として多様な専門分野に対応し、質の高いサービスを提供し得る総合事務所をめざしています。また、その中でもそれぞれの案件の特殊性を忘れることなく、依頼者の方々1人ひとりの思いやニーズを十分に受け止め、1つひとつの案件に丁寧に取り組んでおります。そのため、各弁護士が日々研鑽を積むことはもちろんのこと、パーテーション等で執務スペースを区切ることなく、事務所内で「風通し」の良い環境を整えています。このような環境の下、それぞれが個々案件の問題点に関し忌憚のない意見を述べ合い、活発に議論を交わすことによって、迅速かつ適切に事案を処理しています。

さらに、所内および顧問先を交えた勉強会を開催することにより、最新の裁判例に関する情報や、各弁護士の経験を共有すると共に、法的な知識・経験だけでなく、より専門的かつ実務に即した見聞を広げるべく努めています。以上に加え、弁護士が社会的に果たすべき役割についても認識し、公益活動にも積極的に取り組み、社外取締役や監査役なども務めています。

当事務所が、まず力を入れている業務分野は、保険関係の損害賠償案件です。

現在、あらゆる物やサービスには損害保険が附帯されており、損害保険制度は、社会生活において不可欠なものであるといっても過言ではありません。そのため、保険金の支払いという場面で弁護士が果たすべき役割は極めて大きいといえますが、その前提として、損害保険制度に関する高度の専門性と、損害賠償制度に関する深い理解が要求されます。この点、当事務所は、深い経験を基礎とし、個々の弁護士のたゆまぬ努力に裏打ちされた知見をもとに、案件を適切に遂行しています。

このような保険関係の案件に加え、企業法務の一環として、一般相談にも力を入れており、後掲のとおり種々の顧問先から、日々、さまざまな相談を受け、適時かつ適切なアドバイスを差し上げております。その内容は、日常的な業務相談から、実際の紛争処理まで幅広く、特に金融、海事に関する相談などが数多く寄せられます。

■設立・沿革

1966年、赤木文生弁護士が、「赤木法律事務所」を設立しました。1987年、道上明弁護士がパートナーに、2001年、伊藤信二弁護士がパートナーに各就任し、現在の「神戸ブルースカイ法律事務所」に名称を変更しました。2013年、中野宗一郎弁護士がパートナーに就任しました。

会長	赤木文生（兵庫県弁護士会）
所長	道上明（兵庫県弁護士会）
主な顧問先	上場・非上場を含め、損害保険会社、金融関係、製造業、小売業、海運業、建設業など多岐にわたる。
報酬体系	事務所報酬規程（日弁連旧報酬規程に当事務所独自の変更を加えたもの）による。

神戸ブルースカイ法律事務所

取扱業務 **企業法律法務** 保険関係の損害賠償事件（賠償側だけでなく、請求側の事件も多数）、具体的には交通事故、施設賠償責任に関する事件、医療過誤事件、請負契約に基づく賠償責任に関する事件、海事に関する諸事件（いわゆるカーゴクレーム、船舶に関連する事件等）など／**法律顧問法務** 日常の法律・業務相談、契約書の作成・審査、契約・紛争案件の交渉／**企業倒産法務** 更生手続、再生手続、破産手続、特別清算、私的整理／**労働法務** 就業規則の作成・変更、雇用契約の終了（解雇、退職、合意解約）、サービス残業（賃金不払残業）、セクハラ・パワハラ問題／**企業裁判法務** 不動産関係訴訟、建築関係訴訟等／**不動産関係事件** 不動産関係事件、建築関係事件／**個人法務** 相続関係の事件として、遺産分割請求事件、遺留分減殺請求事件、遺言無効事件等　家事関係の事件として、離婚事件等／**個人倒産法務** 破産手続・個人再生手続の各申立て、破産管財人、任意整理／**個人裁判法務** 交通事故、賃貸借にかかる紛争／**刑事法務** 一般の刑事事件、少年事件等

P **赤木文生** 1954立命大法、10期、1992元日弁連副会長、1969元神戸弁護士会会長／**道上明** 1976中大法、34期、2010元日弁連副会長、2007元兵庫県弁護士会会長／**伊藤信二** 1993神大法、47期、2008元兵庫県弁護士会副会長／**中野宗一郎** 2003京大法、60期 **A** **浅利慶太** 2004慶大法、2007慶大LS、61期／**大上岳彦** 1999慶大総合政策、2007立命大LS、62期／**木村裕介** 2000中大法、2007神大LS、62期／**大矢佳奈** 2007神大発達科学、2010神大LS、64期／**谷神禎尚** 2007京大法、2009京大LS、64期／**赤木潤子** 上智大法、2009立命大LS、64期／**仲川悦央** 2005中大法、2008立命大LS、65期／**齋藤悟** 2004関大総合情報、2012関学大LS、66期／**大橋慧** 2009神大法、2012神大LS、67期／**靜間聖実** 2010明大、2012阪大LS、67期　以上すべて兵庫県弁護士会。

著作 林良平・中務俊昌編『判例不法行為法　法律実務大系(4)』（論文掲載、有信堂、1966）／林良平・石田喜久夫編『不動産登記の基礎　基礎法律学大系18実用編（新版）』（執筆分担、青林書院、1981）

事件 公刊物に掲載されている主な判例・裁判例
日本法人が製造物責任を請求された事案について、米国最高裁において、米国カリフォルニア州の管轄権を否定した事例（1987年『アサヒ・メタルケース』として度々引用）／地震免責条項を争点とする火災保険金等請求事件（最判平成15.12.9民集57.11.1887）／民事交通事故についての各種の事例（①任意保険である賠償責任保険契約を更新するに際し、保険者には、被保険者が自賠責保険等に加入していることを確認すべき契約締結上の付随義務があるとは認められないとした事例（大阪地判平成24.2.29交民45.1.263）、②交通事故により被害者が死亡したことにより、眼鏡販売業については廃業せざるをえなくなったとして、廃棄せざるをえなくなった眼鏡在庫の在庫高、店舗撤去費用、機械什器の撤去処分費用が本件事故と相当因果関係のある損害と認められた事例（神戸地判平成22.12.16交民43.6.1665）、③自動車の盗難を保険事故とする保険金請求において盗難の外形的事実である「保険契約者以外の第三者がその場所から被保険自動車を持ち去ったこと」につき合理的な疑いを超える程度にまで立証されていないとして保険金請求を退けた事例（大阪高判平成23.9.27判時2170.130）、その他、重度の後遺障害を残す事案において逸失利益・慰謝料の大幅な減額が認められた事例等）

春名・田中法律事務所
Haruna Tanaka Law Office

〒664-0858　伊丹市西台1-2-11　C-3ビル5階
TEL　072-781-7327　FAX　072-781-7329
URL：http://www.harunatanaka.lawyers-office.jp/

11 (+1)	
P 4 / A 7 / 顧 0	
男 8 / 女 3	
外弁 0 / 外資 0	
他士 0 / 事務 7	

		民家
	D	中小 / 土地

阪神地区を中心とした地域密着型の事務所で、地元中小企業の顧問先が多い。不動産関連業務にも力を入れており、関係団体の研修講師や講演も多数行っている。

■理念・特色
　当事務所では、迅速かつ丁寧な対応に加え、依頼者に寄り添い問題解決に向けた最善の方策を一緒に考えていく姿勢を大切にしながら、依頼者にご満足いただけるよう日々の業務に取り組んでおります。
　また、当事務所は兵庫県伊丹市にあるため、阪神地区（伊丹市・尼崎市・川西市・宝塚市・猪名川町・西宮市・芦屋市）の中小企業・事業者・個人の依頼者が多いという特色があり、地域密着型の法律事務所をめざしております。
不動産関連　当事務所は、不動産関連事業者やマンション管理組合等からの各種相談業務に力を入れております。また、個人のお客様からも、不動産の売買・賃貸・仲介、建築工事請負、境界紛争、瑕疵欠陥トラブル、借地借家、賃料増減額請求および境界問題等の案件を多数ご依頼いただいております。
事業者からのご相談　法務部や法務担当者がいない中小企業こそ、契約業務や従業員の労務管理等日々の業務を気軽に相談できる弁護士が必要とされており、弁護士への潜在的な需要が多いと感じております。
　そのため、当事務所では、中小企業にとってのホームドクターのような法律事務所になれるよう、事業者の皆様が気軽に相談に来ていただけるような事務所をめざし、相談業務に力を入れております。また、日々の業務の相談だけでなく、中長期的な視点で事業承継等の相談にも対応しております。
一般民事・家事等　交通事故等の一般民事、離婚・遺産分割・成年後見等の家事、その他破産・個人再生等の個人生活に起因する諸問題の解決に向けた相談・訴訟・調停・ADRなど各種手続についても幅広く対応しております。
各種講演　当事務所は、商工会議所での中小企業向けのセミナーの講師、宅建協会での協会会員への研修講師、社会福祉協議会等での高齢者をとりまく諸問題に関する研修講師等毎年多数の講演を行っております。

■設立・沿革
1986年	春名一典弁護士が「春名一典法律事務所」を開設
2004年	田中賢一弁護士がパートナーに就任し、名称を現在の「春名・田中法律事務所」に変更
2007年	坂井希千与弁護士がパートナーに就任
2013年	細川敦史弁護士がパートナーに就任

代表者	春名一典（兵庫県弁護士会）
取扱言語	中国語
主な顧問先	上場・非上場を含め、損害保険会社、不動産仲介・賃貸・売買、商社、製造業、小売業、運送業、ホテル、建築工事、広告、医療法人、宗教法人、マンション管理組合など多岐にわたる。
報酬体系	事務所報酬規程（日弁連旧報酬規程に当事務所の変更を加えたもの。詳細は当事務所HP参照）による。

取扱業務 **会社法務** 各種契約書作成・チェック、コンプライアンス、株主総会のサポート、事業承継／**不動産関係** 不動産事業者やマンション管理組合からの各種相談、借地借家、賃料増減額請求、境界問題／**交通事故** 損害賠償請求、過失割合、後遺症問題、モラル事案等／**債権回収** 売掛金・工事請負代金等債権回収／**労働関係** 就業規則の作成、派遣、労災、人事労務に関する各種相談、労働審判、時間外手当の請求／**知的財産法務** 特許・商標・著作権、不正競争防止法関連／**倒産・事業再生** 更生・再生・破産・清算／**金融に関する相談** 金利スワップ・為替デリバティブ等／**離婚** 財産分与・養育費・慰謝料・面会交流／**相続** 遺言書作成、遺言執行、遺産分割、遺留分減殺請求、放棄等／**成年後見** 任意後見契約、後見・保佐・補助の申立て／**個人の債務整理** 自己破産・個人再生・任意整理／**行政事件** 不服申立て、行政訴訟、国家賠償請求／**その他** 一般民事・家事・商事・刑事・少年各種事件、消費者被害等

P 春名一典 1977早大政経、34期、日弁連事務総長、元日弁連副会長、元兵庫県弁護士会会長、神戸家庭裁判所家事調停委員、神戸地方裁判所民事調停委員、神大LS教授（2011〜13）、兵庫県労働委員会公益委員（2000〜07）、経営革新等認定支援機関／田中賢一 1992東大法、52期、神戸地方裁判所調停委員、伊丹市人権擁護委員、宝塚市要保護児童対策地域協議会委員、伊丹市社会福祉協議会理事、伊丹市障害者虐待防止連絡会代表者会議委員、宝塚市いじめ・体罰専門相談窓口人権擁護委員、経営革新等認定支援機関、兵庫県弁護士会子どもの権利委員会委員長（2007〜10）／坂井希千与 1997中大院法、51期、神戸簡易裁判所民事調停官（2009〜13）、神戸学院大LS教授（2013〜15）、尼崎市情報公開・個人情報保護審査委員会委員、神戸家庭裁判所調停委員、兵庫労働局紛争調整委員、兵庫県後期高齢者医療広域連合情報公開・個人情報保護審査委員、神戸地方裁判所司法委員／細川敦史 1998中大法、54期、伊丹市交通・災害等共済審議会委員、三田市情報公開・個人情報保護審査委員会委員、経営革新等認定支援機関、ペット法学会会員、NPO法人ANICE大規模災害時の被災動物救援に関する指針の検討委員会委員 A 細川歓子 1998同大法、54期、関学大LS准教授（2012〜15）、2級FP技能士（個人資産相談業務）／三木麻鈴 2002神大発達科学、60期、2011神大LSリーガルフェロー／岡英男 1995関学大法、2006京大LS、60期、JICAから派遣されモンゴル最高裁判所赴任（2010年5月〜）／馬渡英樹 2005関学大、2008神戸学院大LS、63期／金井周一郎 2007東北大法、2009阪大LS、64期／平田啓基 2009大阪市大法、2012関学大LS、66期／伊藤達泰 2011東大、2013中大LS、67期（法テラス養成弁護士）　以上すべて兵庫県弁護士会。

著作 春名一典・三木麻鈴「地震・津波等による損害と保険金・共済金請求」NBL950号／細川歓子「関学ロースクールの目指す教育プロジェクト—専門職教育とシミュレーション」『変わる専門職教育—シミュレーション教育の有効性』（共著、関西学院大学出版会）／同「模擬依頼者（SC）養成の試み」『よき法曹を育てる—法科大学院の理念とシミュレーション教育』（共著、関西学院大学出版会）／三木麻鈴〔執筆〕『Q&A旅行トラブル110番』（共著、民事法研究会）

事件 遺産分割事件において、死亡保険金請求権に民法第903条1項を類推適用し特別受益に準じて持ち戻しの対象とすべきかが争われた事案で、持ち戻しの対象とすべきではないとの当方の主張が認められた事案（最判平成16.10.29民集58.7.1979）／化粧品の製造販売会社が他社の商品形態依拠した化粧品を販売したとして不正競争防止法（商品形態模倣）に基づく差止・廃棄とともに損害賠償請求がなされたが、商品の実質的同一性を否定し請求を退けた事案（大阪地判平成21.6.9判タ1315.171）／不正競争防止法に基づいて類似する動物愛護団体の表示及びドメイン名の使用差止、表示を付した商品等の廃棄及びウェブサイトからの表示の抹消並びに損害賠償が認められた事案（大阪地判平成21.4.23.パテント64.9.49-56）／商標権侵害に基づく標章及びドメイン名の使用差止請求及び損害賠償請求がなされた事案について、当該標章の商標的使用は認められず、標章もドメイン名も類似性が認められないから商標権侵害にあたらないとして、いずれの請求も退けた事案（大阪地判平成26.6.26裁判所Web）

弁護士法人 東町法律事務所
Higashimachi, LPC

神戸事務所	〒650-0034　神戸市中央区京町80番　クリエイト神戸9階
	TEL　078-392-3100　FAX　078-392-3113
東京事務所	〒100-0011　東京都千代田区内幸町2-2-2　富国生命ビル7階
	TEL　03-3595-6651　FAX　03-3595-6652
今治事務所	〒794-0042　愛媛県今治市旭町3-2-13　今治東京海上日動ビル3階
	TEL　0898-35-3777　FAX　0898-35-3778

URL：http://www.higashimachi.jp　info@higashimachi.jp

21（-1）			
P 7	A 11	顧 3	
男 18	女 3		
外弁 0		外資 0	
他士 0		事務 17	

「大白法律事務所」（1924年開設）を起源とする神戸で最大規模の事務所で、企業法務全般や倒産処理を手がけるほか、海事や行政関係等にも強い。東京および今治に支店を有する。

会社／C／再生／海事

■理念・特色

　高度化・多様化する法的ニーズに適切かつ迅速に対応しうる総合法律事務所として、①単なる弁護士の集合体ではなく組織として機能する法律事務所、②プロフェッションとして高品質の法的プロダクトをつくることのできる法律事務所、③クライアントとのコミュニケーションを大切にし弁護士の顔が見える法律事務所であり続けることを理念としています。この理念を実現するため、年齢・男女・職務経験など多様な弁護士構成の確保、複数事務所の設置、1つの案件を原則として複数の弁護士が担当する複数受任体制の採用、クライアントの方々との打合せの徹底などに努めています。近時、国際化への対応として、弁護士の英国・米国・中国への留学・研修を積極的に行っています。

　当事務所は、多くの上場企業および中堅企業の法律顧問として企業をめぐる多種多様な法律問題について実務に即した各種法的サービスを行っており、会社更生、民事再生、破産等の事業再生・倒産関係法務についても、多くの実績があります。

　また、海運・造船・保険関係企業の法律顧問等として、シップファイナンス・船舶登録等に関する法的手続および海事関係の交渉・紛争案件（国際案件を含みます）を多数取り扱っています。

　さらに、地方公共団体の法律顧問等として地方公共団体をめぐる多種多様な法律問題につき助言を行うとともに多数の訴訟事件を取り扱っています。

　これらに加え、英語および中国語対応可能な弁護士・事務局を揃え、英国・米国・中国等の法律事務所と提携関係を保ちながら、国内外のクライアントに対し各種法的サービスを行っています。

■設立・沿革

1924年	大白慎三、「大白法律事務所」を開設。
1993年	大白勝、最高裁判所判事に任官。「東町法律事務所」に名称変更。上谷佳宏、代表に就任。
2010年	「弁護士法人東町法律事務所」設立。東京事務所、今治事務所開設。

代表者	上谷佳宏、木下卓男（兵庫県弁護士会）
支店	2010年東京事務所、今治事務所設立
取扱言語	英語、中国語
主な顧問先	電力業、金融機関、損害保険業、海運業、鉄道業、製造業（食品・機械・化学薬品など）、倉庫業、商社、学校法人および医療法人（上場企業を含む）、地方公共団体・公営事業

報酬体系　事務所報酬規程（日弁連旧報酬規程に当事務所の変更を加えたもの）による。着手金・報酬金等とタイムチャージの双方対応可能／顧問料（月額）50,000円～／タイムチャージ顧問先18,400円～32,000円、非顧問先23,000円～40,000円（担当弁護士の経験年数や当該分野の専門性に応じて幅がある）。

弁護士法人 東町法律事務所

取扱業務 **企業関係法務** 株式会社の運営への助言（株主総会指導、取締役・監査役実務、コンプライアンス等内部統制システム構築・運用、不祥事対応など）、契約書の検討・作成、契約交渉、債権回収、労務問題への対応、その他会社法・不正競争防止法・独占禁止法・金融商品取引法など企業の日常の法律・経営相談／**事業再生・倒産関係法務** M＆A、会社更生手続、民事再生手続、破産手続、特別清算手続および私的整理手続に関する相談・助言、申立てならびに管財人および監督委員等の業務／**海事関係法務** シップファイナンス・売買船・船舶登録等に関する法的手続（内航・外航問わず）、傭船契約を巡る交渉・紛争対応、船舶執行関係事件、船主責任制限手続事件、海事関係仲裁・訴訟事件（国際案件を含む）、海難審判事件／**行政関係事件** 行政事務に関する相談、行政訴訟（行政側）への対応／**渉外関係法務** 外国人または外国企業当事者との間で英語または中国語での対応を要する契約書の検討・作成、契約交渉および紛争解決その他の案件処理、日本企業の中国への進出・運営・撤退に関するサポート／**医療関係法務** 病院経営に関する相談、医療過誤訴訟（医療機関側）への対応／**知的財産権関係法務** 著作権・商標権・特許権等に関する相談および侵害紛争への対応、営業秘密保護に関する対応／**金融関係法務** 契約書の検討・作成、取引上の問題に対する相談、貸金請求事件・保全処分・民事執行事件（金融機関側）への対応／**個人関係法務** 家族相続関係（夫婦・親子等の家事事件、成年後見、遺言・相続・遺産分割等）、交通事故（損害保険会社側を含む）、不動産関係（借地借家事件、不動産取引、建築紛争、隣地紛争等）、債務整理、消費者問題、その他個人間の紛争

P 上谷佳宏（神戸）1981阪大、35期／木下卓男（神戸）1979中大、39期／幸寺覚（神戸）1984阪大、43期／福元隆久（神戸）1993神大、48期／田中庸介（東京）1992早大、2003ロンドン大院法学部修士課程修了（LLM）、48期／小野法隆（神戸）1998神大、53期／芳田栄二（神戸）1996早大、55期 顧 笠井昇（神戸）1959中大、16期／渡邉一弘（東京）1971京大、26期／相原隆（東京）1999早大法学博士取得、2008登録 A 今井陽子（神戸）1994神大、50期／麦志明（神戸）2000神大、55期／虎頭信宏（神戸）1996東大、57期／手塚祥平（神戸）2002慶大、2012ロンドン大院法学部修士LLM、57期／西川精一（神戸）2001阪大、2012北京大、59期／木下雅之（東京）2004早大、2006関学大LS、60期／松宮慎（今治）2004阪大理学博士、2007神大LS、61期／名倉大貴（神戸）2004東大、2007神大LS、61期／林智子（神戸）2002同大、2006立命大LS、62期／平良夏紀（神戸）2006上智大、2009同大LS、63期／村尾卓哉（神戸）2007京大、2009京大LS、63期

著作 上谷佳宏・東町法律事務所編著『実践ビジネス法務─体験してみる企業法務の最前線』（関西学院大学出版会、2007）／上谷佳宏「内部統制・BCP・CSRの観点から見た震災対応」NBL950号（2011）／企業法務研究会著（田中庸介監修）『実践コンプライアンス法務』（学陽書房、2008）／田中庸介『最新海事判例評釈(3)』（共著、早稲田大学総合研究機構海法研究所、2008）／田中庸介「タックス・ヘイブン税制最高裁判決をめぐって」海運2008年4月号（日本海運集会所）

事件 いわゆる数量指示売買において数量が超過する場合に民法565条を類推して売主が買主に対して代金の増額を請求することの可否（最判平成13.11.27民集55.6.1380）／ゴルフ場の営業の譲受人が譲渡人の用いていた預託金会員制のゴルフクラブの名称を継続して使用している場合における譲受人の預託金返還義務の有無（最判平成16.2.20民集58.2.367）／油濁損害賠償請求事件・ナホトカ号事件（福井地裁平成11(ワ)第295事件）

太陽綜合法律事務所
Taiyo Sogo Law Firm

〒700-0901　岡山市北区本町6-36　第一セントラルビル2階
TEL　086-224-8338　FAX　086-224-7455

　紛争予防法務・戦略法務、法的プランニングを基軸に据え、企業法務の実践に注力する。特に顧問弁護士業務、かかりつけ弁護士業務に重心を置いて法的サービスに努めている。

13（＋1）
P 2　A 10　顧 1
男 8　女 5
外弁 0　外資 0
他士 0　事務 7

A　　　会社
　　　　労働　医事

■理念・特色
　当事務所は、次の事務所理念を掲げています。
1．プロフェッショナルとしての奉仕の精神と技量を研き、依頼者の最善の利益を実現する。
2．依頼者のニーズに応える良質の法的サービスに徹し、依頼者第一主義を実現する。
3．奉仕の精神に基づく高い倫理性を保持する。
4．紛争予防法務と戦略法務を実践する。
5．専門的かつ綜合的な良質の法的サービスを提供できる法律事務所をめざす。
6．親しまれ信頼される法律事務所を確立する。

予防法務と戦略法務について
　紛争予防法務は第1次予防と第2次予防に分けることができます。第1次予防は紛争そのものの発生を予防すること（リスク・マネジメント）で、結果予測に基づいて事前に紛争の発生を防止する措置、手だてを実施しておきます。各種リスクに対する対応策・各種手続等の選択や契約内容等について助言指導、プランニングをするわけです。第2次予防は発生した紛争を早期発見、早期処置・解決によって紛争を拡大させないで解決すること（クライシス・マネジメント）、すなわちADR（裁判外紛争解決）を実践するということです。
　紛争予防法務より、さらに依頼者の最善の利益（best interest）を実現する方法が戦略法務といわれる法的プランニングです。法工学の手法により依頼者の権利や利益を確保するためにあらかじめ法的プランニングをするという、より積極的な目的のために法を実践する方法です。
　紛争予防法務のための予防法学の手法や、戦略法務ないし法的プランニングのための法工学の手法は、法の行為規範としての機能を利用する法の実践の方法で、行為規範としての法を実践するという方法です。
　弁護士業務としての「企業法務」は、主として上記の予防法務と戦略法務の実践であり、予防法学と法工学の手法によって、「法の行為規範としての機能」を利用したものであって、「行為規範としての法」を実践することである、ということができます。

■設立・沿革
1968年　近藤弦之介弁護士が弁護士登録（東京弁護士会）し東京の「新家法律事務所」に勤務、新家猛先生に師事。多数の大手企業の法務を担当・経験し、予防法務や戦略法務の方法や内容を修得。予防法学や法工学を開始。
1974年　近藤弦之介弁護士が岡山弁護士会に登録替えし、「近藤弦之介法律事務所」を開設。
1990年　藤原健補弁護士が入所し、執務開始。
1996年　事務所名を「太陽綜合法律事務所」に改称。

代表者	近藤弦之介（岡山弁護士会）
取扱言語	英語
主な顧問先	商工会議所、地方公共団体、自動車部品、電子部品、電機、産業機械、学校法人、医療法人、医師会、学生服、洋服、新聞社、労働基準協会、経営者協会、総合建設業（ゼネコン）、住宅建築、石油製品、貨物運送、造船・プロペラ
報酬体系	事務所報酬規程（日弁連旧報酬規程に準拠）。法律相談　30分当たり：企業・事業上8,000円、市民生活上5,000円、顧問料（月額）中小企業50,000円（標準）～。

太陽綜合法律事務所

取扱業務

紛争予防法務・戦略法務・法的プランニング：企業法務・経営法務 会社法、企業提携、企業買収、企業再編、事業承継など／**労働法務** 労働契約関係・労使関係・労働災害関係／**契約法務・商取引法務・国際商取引法務**／**金融法務** 金融法、債権の回収、保全など／**損害賠償法務** 交通事故・企業災害事故・製造物責任・公害責任など／**不動産取引・借地借家法務**／**企業倒産・再建法務** 民事再生手続・破産手続など／**経済法務** 独占禁止法・下請法・不正競争防止法／**建築法務**／**租税法務**／**保険法務**／**家庭法務** 夫婦・親子・相続の法律問題／**医事法務・医療紛争法務**／**福祉法務**／**知的財産法務**／**行政法務**／**国際法務・海事法務**

顧問弁護士業務：かかりつけ弁護士業務 企業法務など企業経営全般にわたり、コーポレートガバナンス（企業統治）、コンプライアンス（法令等遵守）、リスク・マネジメント（危機管理）などについて指導・助言・参画

法律相談業務：紛争予防・戦略・紛争解決のために、カウンセリングの手法などを活用して、指導・助言・援助し、自立・自律の予防・解決を支援

紛争解決業務（裁判の予防）：示談交渉業務／裁判外紛争解決（ADR）業務 調停・仲裁など各種紛争解決機関の業務

裁判業務：民事・商事・家事・刑事・労働（使用者側）・医療（医療機関側）・行政（行政機関側）・建築・知的財産・租税・保険などの各種訴訟事件

P 近藤弦之介 1964岡山大法、20期、1991岡山弁護士会会長、経営法曹会議幹事、岡山商大院客員教授（企業法務特殊講義、租税訴訟手続）（2003～）、岡山大LS非常勤講師（企業法務、応用労働法）（2005～11）、岡山経済同友会常任幹事・監事、岡山商工会議所常議員

藤原健補 1971早大政治経済、28期、検事（1976～90）、1998岡山弁護士会副会長、岡山県選挙管理委員、人権擁護委員、岡山大LS非常勤講師（法曹倫理）、岡山経済同友会幹事

A 菅真彦 2004神大経済、60期、経営法曹会議会員、日弁連ADRセンター幹事（2014～）

馬場幸三 2004早大法、2007岡山大LS、61期、岡山大LS非常勤講師（企業法務）（2012～）

谷口怜司 2005国際基督教大教養、2008東大LS、63期、2003セントローレンス大留学、海事代理人、海事補佐人

山本愛子 2002神大法、2009岡山大LS、63期、岡山大LS非常勤講師（応用労働法）（2015～）

山下綾 2008神大法、2010神大LS、64期

長谷川久子 2008同大法、2010同大LS、65期

木村亮太 2007神大法、2009同大LS、65期

川端美智子 2009岡山大法、2012岡山大LS、66期

石田麻衣 2000早大法、2011岡山大LS、66期

竹下千尋 2008青学大英米文、2011北大LS、67期、2002ジョージ・フォックス大留学

顧 石島弘 客員弁護士、1967NY大LS、岡山大名誉教授、岡山商大院教授（租税法）

以上すべて岡山弁護士会。

弁護士法人 広島総合法律会計事務所
Hiroshima All-In Law and Accounting Office

〒730-0004　広島市中区東白島町14-15　NTTクレド白島ビル7階
TEL　082-227-1100　FAX　082-227-1200（法務部門）
URL：http://www.hiroso.jp

広島で最大規模の法律会計事務所で、会計部門や社会保険労務士部門を併設し、ワンストップサービスを提供。多数の地元企業の顧問を務め、複数企業の社外役員等にも就任している。

■理念・特色
　広島総合法律会計事務所は、公認会計士や税理士11名を擁する会計部門（広島総合税理士法人および広島総合公認会計士共同事務所）、人事労務・社会保険を扱う広島総合社会保険労務士事務所、事業再生・M&A・株式公開を扱うビズリンク・アドバイザリー㈱および人事制度・退職金制度・企業年金制度の構築を扱う人事労務アドバイザリー㈱とともに、A&Aグループを形成しています。
　グループ化・法人化により、専門的・総合的・継続的なワンストップサービスの提供が可能となっています。

■企業法務
　会社のあらゆる法律問題に対する法的サービスを提供しております。
　当事務所の弁護士は、破産管財人・民事再生監督委員としての経験も豊富に有しております。
　会社の再編・事業譲渡等においても、アドバイス、スケジュール策定、デューデリジェンス等に対応しております。
　会社の労務については、会社の実態に即した労働関係諸制度のアドバイス、規程の作成等のサービスの提供をしており、訴訟、労働審判等での会社側代理人として豊富な実績を有しております。
　また複数の企業で社外取締役・社外監査役に就任しています。

■一般民事
　主として個人が直面するさまざまの紛争、個人の債務整理、労働者の立場からの労働問題についての法的アドバイスの提供、訴訟や審判・調停等の代理人としての活動を行っています。

■専門職連携
　企業法務においては、法的処理による税務リスク検討をするうえで、公認会計士・税理士との連携を行うほか、事業再生、事業承継案件では、グループ内のビズリンク・アドバイザリーとの連携も行っています。就業規則の変更や解雇に伴う精算の際には、グループ内の社労士・人事労務アドバイザリーと連携して対応しています。
　一般民事事件においても、遺言作成・遺産分割協議等で、税理士と連携し、相続税対策や税務リスクの低い解決の提案などを行っています。

■設立・沿革
　「城北法律会計事務所」、「河村総合法律事務所」および「蔵田公認会計士事務所」が、2007年1月に合併して設立されました。

代表者　武井康年（広島弁護士会） 主な顧問先　広島地域を中心に電気通信、交通、食品製造、自動車部品製造、その他製造業、建設業、マスコミ、飲食業、小売業、プロ野球球団を営む各社（東証上場会社の中国支店・広島支店等を含む）、農業協同組合、医療	法人、その他各種一般法人 報酬体系　旧弁護士会報酬基準に準じる当事務所報酬規程による。着手金・報酬金等とタイムチャージの双方対応可能／顧問料（月額）50,000円～。

取扱業務

企業法務
　一般：契約書作成、株主総会運営助言、訴訟代理、危機管理・事故対応・個人情報保護等の
　　　　コンプライアンス体制構築の助言・講演、債権保全・回収、独占禁止法、知的財産法等
　事業再生・会社倒産：任意手続による事業再生、法的整理手続（破産、民事再生、会社更生、
　　　　特別清算）
　会社再編・事業承継：事業再編のための会社分割・合併・事業譲渡手続、事業承継のプラン
　　　　ニング
　労務：就業規則等の諸規定の整備、労働事件（労使双方）、労災事故、セクハラ・パワハラ
一般民事　売買、賃貸借、請負、貸金、交通事故、生活保護、消費者事件等
債務整理　任意整理（過払金の取戻しを含む）、個人再生、自己破産
家事事件　離婚・親権・財産分与・慰謝料・養育費・面会交流、遺言作成、相続手続、遺産分割
　　　　協議、相続の放棄、成年後見等
刑事事件　国選・私選刑事事件、少年事件、告訴・告発、被害者参加

P 武井康年 1974東大、31期、広島大LS教授（2004〜07）、広島弁護士会会長（2007年度）、日弁連副会長（2009年度）／大迫唯志 1979中大、34期、広島大LS教授（2007〜10）、広島弁護士会会長（2010年度）、日弁連副会長（2014年度）／小田清和 1980明大、35期、広島弁護士会会長（2012年度）／野曽原悦子 1981明大、39期、広島市監査委員（2003〜11）、広島弁護士会副会長（2005年度）、日本司法支援センター広島地方事務所副所長（2011〜）／秋田智佳子 1989関学大、49期、広島県労働委員会公益委員（2005〜11）／中井竜 2002京大、56期 A 田中陽 1998大阪学院大、57期／河合直人 1999大阪市大、59期／砂本啓介 2005九大、2007広島大LS、61期／向井良 2005東大、2007東大LS、61期／尾山慎太郎 1999京大、新聞社記者（〜2004）、2008広島大LS、62期／奥田亜利沙 2010一橋大、2012早大LS、66期 客員 後藤紀一 1967岡山大、1986法学博士、2005法5条弁護士登録、広島大LS教授（1999〜2007）、近畿大教授（2007〜12）／片木晴彦 1980京大、2005法5条弁護士登録、広島大LS教授（2004〜）／三井正信 1982京大、2005法5条弁護士登録、広島大LS教授（2004〜07）、広島大社会科学研究科教授 同副理事（2007〜15）、広島大法学部長（2015〜）、広島地方最低賃金審議会公益委員（2003〜15）／小濱意三 1984広島大、43期、広島大LS教授（2004〜）　以上すべて広島弁護士会。

著作 武井康年・大迫唯志・後藤紀一編著『最新金融取引と電子記録債権の法務』（金融財政事情研究会、2010）／武井康年他『ハンドブック刑事弁護』（現代人文社、2005）／後藤紀一『振込・振替の法理と支払取引』（有斐閣、1984）／後藤紀一・Matthias・Voth『ドイツ金融法辞典』（信山社出版、1993）／片木晴彦『新しい企業会計法の考え方』（中央経済社、2003）／片木晴彦他『プリメール会社法』（法律文化社、2006）／三井正信『現代雇用社会と労働契約法』（成文堂、2010）／同『基本労働法Ⅰ』（成文堂、2012）／同『基本労働法Ⅲ』（成文堂、2014）

山下江法律事務所
Yamashita Ko Law Office

〒730-0012　広島市中区上八丁堀4-27　上八丁堀ビル7階
TEL　082-223-0695　FAX　082-223-2652
URL：http://www.law-yamashita.com　info@law-yamashita.com

15（±0）			
P 1	A 14	顧 0	
男 12	女 3		
外弁 0	外資 0		
他士 0	事務 23		

所内に「企業法務チーム」を結成し企業法務の専門性を高めている。法律顧問による予防法務に重点を置くとともに、企業経営のサポートも。労働案件や会社整理・債権回収等が得意。ベンチャー企業やNPOの支援、瀬戸内海環境保全等地域活動にも積極的に取り組む。

■理念・特色

　山下江法律事務所の理念は、各弁護士・各秘書が法律のプロとして質の高いサービスを心がけること、そのために、日々の研鑽に努めること、そして社会貢献を実現することです。ロゴマークには、「笑顔」「闘志」「信頼」の願いが込められています。

　中国・四国地方で最大規模事務所の利点を活かすべく、ご依頼につきましては直接の担当者とともに複数人でチェックできるようにし、また、難問につきましては、全員で叡智をしぼって取り組むようにしております。すなわち、各所員の高い志に裏付けられた総合力と機動力こそ、当事務所の最大の強みです。

　力を入れている分野は、法律顧問業務を含む企業法務全般です。

　法律顧問業務については、日頃より顧問会社の業務内容や内情を理解しているため、会社関係で発生するさまざまな法律問題について、すぐに相談し対応することが可能です。問題が顕在化・紛争化してからの対応では、会社が大きな損害を受けることにもなりかねません。予防法務によって会社の損害をなくし、あるいは最小限に留めることが可能となります。特に、各種契約書のチェックは、専門家である弁護士に任せるべきです。問題（紛争）が起こった場合に、その成否を決するのは契約書の内容です。「転ばぬ先の杖」として、顧問契約をお勧めします。また、経営上の問題についても、企業経営関係に豊富な経験を持つ所長山下江を始め、対応が可能です。債権回収は、弁護士が介入することにより解決できる場合が多々あります。債権回収はそのプロにお任せ下さい。労務関係のトラブル回避・解決は会社発展の基礎です。多数の労働案件を扱った実績があります。その他、当事務所には各種損害賠償請求案件等の多数の実績があります。

　最後に、会社の破産・再建（事業譲渡など諸手続）についても、経営者と労働者の生活を守る立場から、知恵をしぼり全力で取り組みます。

■設立・沿革

　1995年7月、東京弁護士会所属だった山下江が地元広島弁護士会に登録替えし、広島市中区に山下江法律事務所を開設しました。

代表者	山下江（広島弁護士会）
取扱言語	英語、中国語

主な顧問先　総合建設業、空調等設備業、土木資材製造販売業、船舶製品製造販売業、電子・電気部品の製造・販売業、工作機械製作販売業、木材製剤販売業、音響映像製作業、業務用プラント設計業、バイオ事業、産廃処理業、解体・土木工事業、医療器販売業、OA器機販売・保守業、IT関連業、金類製造販売業、海運業、運送業、人材派遣業、ネット販売業、ビデオ等レンタル業、ネットカフェ運営業、探偵業、調査業、飲食業、ゴルフ場経営業、墓園管理販売業、マンション管理組合、新聞社、学校法人、医療法人、NPO法人、一般社団法人

報酬体系　事務所報酬規程（日弁連旧報酬規程に当事務所の変更を加えたもの）による（詳細は当事務所HP参照・税別）。相談料30分5,000円／相続・交通事故・離婚・債務整理など個人の相談料0円／顧問料（月額）50,000円〜（個人5,000円〜）。

取扱業務 **企業法務全般** 法律顧問法務、債権回収、労務関係、損害賠償、会社整理・再建、契約書など／**民事全般** 交通事故、相続、離婚、破産等債務整理など／**刑事全般** 弁護、告訴等

企業法務全般詳細

法律顧問法務 日常の法律・経営相談、グループ会社運営、契約書の作成・チェック、契約・紛争案件の交渉、役員・社員研修／**会社法務**として、事業再編（M&A、事業譲渡）、事業承継、会社支配を巡るトラブル、コンプライアンス、コーポレート・ガバナンス、内部統制、内部調査、株主総会のサポート、独占禁止法・下請法を巡る問題、不正競争防止法を巡る問題、企業の社会的責任（CSR）の問題、役員の責任追及、株主代表訴訟、企業の不祥事対応、従業員の不祥事対応／**債権回収業務**として、内容証明郵便送付、債権回収交渉、仮差押等保全処分、代金支払請求訴訟、強制執行など／**不動産法務**として、不動産売買・不動産賃貸・不動産の仲介などを巡るトラブルの解決、建物明渡請求、未払い賃料支払請求、建築工事請負を巡るトラブルの解決、境界紛争／**労働法務**として、就業規則の作成・変更やチェック、雇用契約の終了（解雇、退職、合意解約、退職金を巡るトラブル）、サービス残業（賃金不払残業）、セクハラ・パワハラ問題、労働組合対応、労働審判、労働基準監督署仲裁等、県労働局紛争調停委員会によるあっせん・調停、各種裁判／**企業裁判法務**として、商事関係訴訟（株主権の確認、株主総会決議取消の訴え、取締役解任訴訟、職務執行停止・代行者選任の仮処分、株式価格決定申立て等）、不動産関係訴訟、建築関係訴訟、請負代金請求訴訟、損害賠償請求訴訟等／**会社整理・再建法務**として、再生手続、破産手続、特別清算、事業再生特定調停、事業譲渡、私的整理／**知的財産権関係**として、商標出願、特許・実用新案出願、意匠権出願、海外出願、著作権、知財関係を巡るトラブル、交渉・訴訟等／**その他** ベンチャー企業支援、NPO法人・一般社団法人支援、瀬戸内海の環境保全支援、高齢者保護・相続遺言支援、芸術家・アーティスト支援、経済・文化・スポーツ活性化支援等

P 山下江 1980東大工中退、45期、元広島弁護士会副会長（2006～07）、山口フィナンシャルグループ監査役（2006～）、NPO法人広島経済活性化推進倶楽部理事長（2006～）、NPO法人さとうみ振興会会長（2015～）、（一社）人生安心サポートセンターきらり顧問（2011～）、広島商工会議所会員、広島経済同友会会員、広島県中小企業家同友会会員、広島県中小企業再生支援協議会専門スタッフなど **A 田中伸** 1997一橋法、52期、元広島弁護士会副会長（2011～12）、広島県中小企業家同友会会員／**柴橋修** 1993早大法、57期／**稲垣洋之** 2000一橋大法、60期／**山口卓** 2004京大法、2006京大LS、60期／**笠原輔** 2003京大法、2006京大LS、60期／**加藤泰** 1999早大法、61期、広島商工会議所青年部会員／**齋村美由紀** 1999早大政経、2007山梨学院大LS、62期、広島青年会議所会員／**城昌志** 2004東大法、2006千葉大LS、62期／**蔦尾健太郎** 2004中大法、2007日大LS、62期／**松浦亮介** 2004東大文、2009神大LS、63期／**粟井良祐** 2008九大法、2010九大LS、64期／**新名内沙織** 2008京大法、2010京大LS、64期／**久井春樹** 2008関学大法、2010関大LS、64期／**青山慶子** 2010東大法、2012中大LS、66期 以上すべて広島弁護士会。

著作 山下江「企業実務に役立つ法律知識」帝国ニュース中国版連載2012年7月～、帝国タイムス連載2013年9月～／「実務に役立つ企業法務の基礎」経済レポート連載2010年4月～山下江「弁護士山下江の納得！法律のプロに聞け！」リビングひろしま連載1997年8月～／山下江「タコの足食いと資本～自己株式取得規制の見直し」など「関東談論」／第75回民事介入暴力対策広島大会実行委員会編笠原輔他「民事不介入原則の超克～警察はどこまで支援できるか」（金融財政事情研究会）

事件 在宅介護士事件（著作権侵害、東京高判平成10.11.26判時1678.133）／ゴム製造会社・海運会社など会社支配権を巡る各種訴訟／請負代金請求訴訟、退職金請求訴訟、未払い残業代請求訴訟や会社間での損害賠償請求事件など多数／対労組交渉／破産事件（申立代理人および管財人の経験多数）、特定調停事件、事業譲渡事件、私的整理、任意売却など会社整理・再建関係事件多数

鯉城総合法律事務所
Rijo Law Office

〒730-0012　広島市中区上八丁堀8-20　井上ビル3階
TEL　082-227-2411　FAX　082-227-6699
URL：https://www.rijo-law.jp　info@rijo-law.jp

30年以上の実績がある地域密着型の事務所で、BtoBに加え、BtoCビジネス法務を行い、また、企業再生、債権回収、知的財産、個人情報、独禁法、反社会的勢力対応等の専門性の高い問題も取り扱っている。

■理念・特色

　鯉城総合法律事務所は、依頼者の意思を尊重しつつ、事案に即した適切な手段を提案することで、紛争を合理的に解決することをめざしています。

　この理念を実現するために、当事務所では、事案を多角的に分析し、事案の難度に応じて複数の弁護士で事件を担当する等複眼的な検討を加え、適切な紛争解決手段を提案します。

　当事務所の個々の弁護士は、日々変化する法令や判例に精通するために研鑽に励み、各弁護士が関心を持つ分野において、より良い紛争解決手段を探求し続けています。

　当事務所は、企業の経営をサポートするため、日常的な相談業務や契約書の作成・チェックに力を入れ、依頼者のリーガルリスクを最小化することに努めています。

　また、企業再生・再編のサポートにも力を入れています。企業の経営継続が困難となったとき、再生の可能性があれば、企業再生のために、事業体制変更の立案、負債を弁済する計画の立案をサポートします。企業単独での再生が困難であれば、再編などのサポートをします。

　企業の経営継続が困難になったとき、この先どのように事態が進行するのかを具体的に見通すことができなければ、暗いイメージにとらわれて身動きが取れなくなってしまうことがあります。速やかに再生への改善策を策定させていただくことで、経営者が早期に今後の道筋を見出すことができるように取り組んでいます。

　中小企業の後継者対策にも力を入れています。中小企業にとって、創業経営者の高齢化は避けて通れない問題ですが、相続問題を含め、円滑に事業が承継できるよう、プランニングや管理を行います。

　さらに、消費者問題についても消費者の視点から、詐欺的商法等の被害救済に取り組む一方、企業側も不意に紛争に巻き込まれないよう、コンプライアンスの構築をアドバイスさせていただきます。近時では、インターネット上での取引被害や風評被害の対策、不当要求・クレーマー対策にも取り組んでいます。

　また、知的財産や下請法・独占禁止法についても対応しております。知的財産については、主に、権利侵害に対する対応、ライセンス締結に向けた交渉助言や契約書の作成等を、下請法・独占禁止法については、主に、取引関係や契約内容の是正や交渉の助言等をしております。

■設立・沿革

　1979年に事務所を開設。

代表者　中尾正士（広島弁護士会） **主な顧問先**　信託銀行、地方銀行、ゼネコン、自動車部品製造、電気部品製造、食品製造、不動産業、リース、土木建設機械レンタル、カード、建材卸、食品卸、総合小売等の各会社、地方公共団体、社会保険労務士会、税理士	**報酬体系**　事務所報酬規程（日弁連旧報酬規程に当事務所の変更を加えたもの）による（詳細は当事務所HP参照）。法律相談料（30分）5,000円～、顧問料（月額）50,000円～、着手金・報酬金等とタイムチャージの双方対応可能（以上税別）。

鯉城総合法律事務所

広島

取扱業務 **企業法務** 日常の法律相談、契約書の作成や点検、紛争案件の交渉、役員や社員の研修、株主総会のサポート、企業の社会的責任（CSR）、独占禁止法・下請法をめぐる問題、企業の不祥事対応、従業員の不祥事対応、株主代表訴訟、債権回収・保全、その他会社経営一般、企業再建、企業破産、M&A・企業再編／**知的財産保護** 特許法、実用新案法、意匠法、商標法、著作権法、不正競争防止法／**労働法務** 労働問題、労災事故／**一般の民事事件** 不動産取引一般、借地・借家、金銭貸借・保証、交通事故、医療事故、その他事故、建築紛争・欠陥住宅、マンション法に関する紛争、欠陥商品・製造物責任、証券・先物取引被害、詐欺商法・マルチ商法・過量販売等、環境・公害紛争、薬害／**相続法務** 遺産分割請求事件、遺言書作成、事業承継対策／**親族法務** 離婚・親権問題／**多重債務問題** 債務整理、個人破産、個人再生／**刑事事件** 一般刑事、経済事犯、少年事件／その他行政紛争

P 中尾正士 1967立命大法、28期、広島県収用委員会会長（2010～14）、（公財）交通事故紛争処理センター広島支部審査委員（2008～）、広島修道大LS教授（担当会社法・倒産法）（2004～14）、広島弁護士会副会長（1989～90）

原田武彦 1990早大法、45期、日弁連人権擁護委員会委員（1999～）、広島弁護士会副会長（2008～09）、同会人権擁護委員会委員長（2012～）、同会法律相談センター運営委員会委員長（2007、2009～11）

野田隆史 2000早大法、56期、日弁連消費者問題対策委員会委員（2008～12）、広島県消費者苦情処理委員会委員（2011～）、広島弁護士会副会長（2012～13）、日弁連倒産法制検討委員会委員（2014～）

中尾文治 2000上智大法、60期、日本知的財産仲裁センター運営委員（2013～）、熊野町個人情報保護審査会委員（2012～）、（公財）ひろしま産業振興財団知財専門家（2014～）、広島修道大学法学部非常勤講師（知的財産法）（2015～）

谷井智 1996広島大経、都市銀行勤務（1996～2003）、2007広島修道大LS、61期、日弁連法科大学院センター委員（2010～）、日弁連司法制度改革検証WG委員（2012～13）

正原大嗣 2008広島修道大法、2011広島修道大LS、66期

近藤将雄 2009神大法、2012阪大LS、66期 以上すべて広島弁護士会。

著作 中尾正士 「地方における中小企業再生の要点」日本弁護士連合会編『現代法律実務の諸問題（平成21年度研修版）』（第一法規出版、2010）

中尾文治 『実践 知財ビジネス法務』
弁護士知財ネット編（共著、民事法研究会、2010）

谷井智 『民事不介入の原則の超克～警察はどこまで支援できるか』
第75回民事介入暴力対策広島大会実行委員会編（共著、金融財政事情研究会、2013）

中尾正士・谷井智 「地方の中小企業の再生―企業法務研究会・共同研究―」（共同執筆、小梁吉章・中尾正士・谷井智）広島法学36巻2号（2012年10月）

原田武彦 「他人性」（公財）交通事故紛争処理センター編『交通事故紛争処理の法理』（ぎょうせい、2014）

弁護士法人 たいよう
Taiyo Law Office

大洲事務所
〒795-0054　大洲市中村195-1
TEL　0893-59-0353　FAX　0893-24-5606
松山事務所
〒790-0067　松山市大手町1-11-1　愛媛新聞・愛媛電算ビル3階
TEL　089-907-5601　FAX　089-907-5602
URL：http://www.taiyo-lawoffice.com　info@taiyo-lawoffice.com

愛媛県（大洲市・松山市）において、地元への法的サービスの提供に努める事務所。顧問先や監査役就任会社への会社法対応や事業再生、労働問題（使用者側）のほか、医療過誤、家事、交通事故等に対応。

6	（±0）		
P2	A4	顧	0
男5	女1		
外弁0		外資	0
他士0		事務	8

			訴訟
C		会社	民家

■理念・特色

我々は、自らがサービス業であることを常に念頭において活動しなければならないと考えています。

もちろん弁護士ですから、顧客からの目先の利益追求や不公正と思われる依頼に関しては、お断りする場合もあります。

ただ、弁護士は、顧客からの要求に応じて、弁護士として最善を尽くし、法的サービスを提供することが第一義的に求められているはずです。

私たちは、そうすることが法の支配による公正な社会の実現に、弁護士として最も効率的に寄与することであると信じています。

私たちは、我々を育ててくれたこの愛媛になお一層の質の高い法的サービスを提供するためどうすればよいのかを考えました。

そして、顧客の皆様の要望に応じて、さらなる業務の展開を図り、多様性を深めるには、公設事務所から地域に根ざした弁護士法人となることが最善であると判断しました。

現在、松山事務所4名、大洲事務所2名の体制となりますが、今後も当初の公設事務所の理念を忘れずに、さらなる良質な法的サービスの提供ができるよう最善を尽くしてまいります。

力を入れている業務分野としては、事業再生、労務問題（企業側）、会社法務、医療過誤、相続・遺言、成年後見、交通事故、離婚です。

■設立・沿革

2006年5月	愛媛県南予北部の弁護士過疎を解消するため日本弁護士連合会、四国弁護士会連合会、愛媛弁護士会と吉村弁護士との四者契約によって任期制の公設事務所「ひまわり基金法律事務所大洲」を設立
2008年7月	任期終了となったが、愛媛に留まり一層の質の高い法的サービスを提供するため「弁護士法人たいよう」として生まれ変わる
2009年4月	お客様のご要望に応え「松山事務所」を開設

代表者	所長　吉村紀行　副所長　和田資篤（いずれも愛媛弁護士会）
支店	松山事務所
主な顧問先	ハウスメーカー、不動産会社、環境・住宅機器関連、医療法人、社会福祉法人、運送業、人材派遣会社、システム開発会社等多数
報酬体系	当事務所報酬規程による。

弁護士法人 たいよう

取扱業務

事業再生業務 民事再生、特別清算等法的整理および再生支援協議会等を通じた私的整理、経営者保証ガイドラインに基づく保証債務の処理等

倒産法務 民事再生、破産等申立て、これらの管財人等の業務

会社法関連業務 株主総会・取締役会・株式発行・未公開株式譲渡等の指導、各種意見書の作成、各種契約書の作成・レビュー等

労働法関連業務（企業側） 団体交渉対応、残業代請求・従業員の地位確認・労災訴訟、就業規則作成指導等

医療関連業務 医療過誤訴訟、医療機関における法律問題全般

一般民事家事業務 遺言書作成、遺言執行者就任、遺留分減殺訴訟、遺産分割、成年後見、交通事故における後遺障害等級の認定獲得等

P 吉村紀行 京大法、57期、愛媛弁護士会副会長（2013〜14）
　和田資篤 九大法、57期
A 高桑リエ 岡山大法、59期
　野口和範 東大法、61期
　池本真彦 阪大法、北大LS、65期
　林寛大 早大法、阪大LS、66期
以上すべて愛媛弁護士会。

メディア
吉村紀行「ラジオ法律相談所」（南海放送ラジオ、2010〜12）／吉村紀行「社長のミカタ」（南海放送ラジオ、2012〜）／和田資篤「ひるたま」（NHK松山、2012〜13）

講演
吉村紀行：地域金融機関、商工会議所、商工会等において事業承継、事業後継者育成等に関する講演多数。

和田資篤：愛媛県警察学校、愛媛県医師会等において、民事介入暴力、医療過誤事件、企業コンプライアンス等に関する講演多数。

弁護士法人 大手町法律事務所
Otemachi Law Office

〒803-0814　北九州市小倉北区大手町11-3　大手町アイビースクエア2階
TEL　093-571-0081　FAX　093-571-6095
URL：http://www.ohtemachi-lawyer.com

| 13（＋1） |
| P5 A7 顧1 |
| 男11 女2 |
| 外弁0 外資0 |
| 他士0 事務12 |

| | 総合 |
| C | |

北九州における企業法務主体の事務所。企業・地域の国際化に対応してアジアビジネス支援部門も設立。企業法務全般をカバーするが、行政事件（行政側）および個人事件も数多く取り扱っている。

■理念・特色

当弁護士法人の理念は「信頼のソリューション（課題解決）」です。単なる法的助言にとどまらず、問題の本質把握から解決に至るまで、依頼者とともにベスト・ソリューションを探求していく「信頼できるパートナー」でありたいと思います。

1．次の業務分野に力を入れています。

(1)　企業法務

契約書の作成・審査、債権回収などの通常の業務を迅速・着実に行うことを基本にしていますが、労働紛争、労災、会社機関の問題、組織再編、コンプライアンス対応、倒産対応などの分野でも実績を積んでおり、知的財産、海外展開支援などへの対応力も強化しております。

当法人では、希望する顧問先会社の役員・総務担当者と所属弁護士が集まって原則月1回実務研究を行っており、好評です。

また、役員・従業員の個人的な問題（相続、事業承継、交通事故など）や企業関係の刑事事件などにも豊富な実績があり、企業に関わる全領域をカバーしています。

(2)　行政事件関連

主に行政側で行政事件を担当していますが、地元に根ざした法律事務所として各種行政課題（高齢者対策、徴税法務、情報公開など）に対するリーガル・サポートも行っています。

(3)　アジアビジネス関連

地元企業のアジア進出のサポート充実を図るために中国やマレーシアの法律事務所と交流するとともに、アジア各国の企業の対日投資を誘致する政策実現のため、行政、大学、民間企業等との連携を進めています。

2．業務運営の柱は、次のとおりです。

(1)　実務の重視

企業、官公署等の実務経験のある弁護士を拡充し、実務に強い事務所を目指しています。

(2)　総合力の発揮

複数の弁護士の協同や外部専門家との連携により、総合的な解決を提供します。

■設立・沿革

2004年　北九州市に「大手町法律事務所」発足
2013年　福岡市に福岡オフィス開設
2014年　アジアビジネス支援部門設置

代表者　中野昌治（福岡県弁護士会）
支店　2013年福岡オフィス（福岡市）設立
主な顧問先　鉄鋼製造関連、窯業、エンジニアリング、物流、エネルギー、金融の各会社（いずれも東証一部上場またはその完全子・孫会社）。建設、鉄鋼加工、鉄道輸送、タクシー業、自動車部品販売、家電販売、不動産賃貸・販売、福祉サービス、薬剤販売、スーパー・小売、ソフト開発・IT関連、トラック輸送、倉庫業等の各会社。医療法人、各種学校法人、プロスポーツクラブ（サッカー）

報酬体系　事務所報酬規程（日弁連旧報酬規程をベースに当法人の変更を加えたもの）による（詳細は当事務所HP参照）。
着手金・報酬金等とタイムチャージの双方対応可能／タイムチャージ　パートナー20,000円〜50,000円、アソシエイト10,000円〜30,000円（担当弁護士の当該分野の専門性に応じて幅がある）。
顧問料（月額）50,000円〜。

弁護士法人 大手町法律事務所

取扱業務 **企業法務関係** 契約書など法律文書の作成・審査、合併・株式譲渡・事業譲渡などの事業再編、株主総会・取締役・監査役などに関する事項、コンプライアンス対応／**金融・債権回収関係** 債権回収紛争の未然防止に関する事項、債権回収（保全、交渉、訴訟、強制執行を含む）／**労務紛争関係** 雇用・賃金・ハラスメント・労災などに関する事項（団体交渉支援を含む）／**倒産・事業再生関係** 倒産・再生手続申立て、取引先・債権者としての対応、破産管財人などの業務／**交通事故・医療過誤関係** 交通事故の保険請求・示談・訴訟、医療過誤紛争に関する事項（主に病院側）／**不動産関係** 売買・賃貸借・建築紛争などに関する事項／**親族・相続関係** 離婚、遺言書作成、遺言執行、相続・遺産分割に関する事項／**刑事・少年事件関係** 刑事弁護、刑事告訴／**行政事件関係** 不服審査事件・行政訴訟（主に行政側）／**研修・人材育成の支援** 各種セミナー・講演など

福岡

P中野昌治 1973一橋大院（法学修士）、27期、法務省・福岡法務局訟務検事（1975～82）、九大LS非常勤講師（2008～）福岡県弁護士会副会長・日弁連理事（1996～97）、北九州市社会福祉法人審査会委員長、北九州成年後見センター代表理事、北九州市大監事／**合山純篤** 1971東大法、27期、福岡県弁護士会綱紀委員会副委員長（1999～）／**中野敬一** 1982京大法、49期、新日本製鐵（現新日鐵住金）（1982～95）、北九州市大非常勤講師（2006～13）、福岡県弁護士会副会長・日弁連理事（2014～15）、北九州市情報公開審査会会長（2005～）、福岡県苅田町情報公開・個人情報保護審査会会長（2012～）／**阿野寛之** 1998京大法、52期、北九州市大院非常勤講師（2009～）福岡県弁護士会北九州部会刑事弁護委員会委員長（2009～14）、同法律相談センター運営委員会委員長（2013～）、福岡県弁護士会北九州部会副部会長（2014～）／**清成真** 1996九大法、56期、北九州市大非常勤講師（2006～07）、福岡県弁護士会北九州部会民事介入暴力対策委員会委員／**A田瀬憲夫** 1995東大法、59期、福岡市精神医療審査会委員、北九州市職員共済組合審査会委員（2013～）／**田中圭** 2001立命大院（法学修士）、59期、総務省九州管区行政評価局（2003）、北九州市役所（2004）／**中西俊博** 1998早大教育、2006関東学院大LS、61期、司法書士資格（2000～）、福岡県遠賀町職員懲戒審査会委員会委員（2010～）／**甲谷健幸** 2005西南学院大法、2007立命大LS、62期、福岡県苅田町政治倫理審査会会長代行／同公務災害認定委員会委員／租税訴訟学会会員／**室屋敏弘** 2005北大院工学研究科、2011九大LS、65期、みずほ情報総研（2005～08）／**木下結香子** 2009九大法、2011九大LS、66期／**牧山愛美** 2011阪大、2013東大LS、67期 **顧森淳二朗** 1969京大院（法学修士）、九大法学部教授（1987～2003）、公認会計士第2次試験委員（1998～99）、福岡市公正入札監視委員会委員長（2003～）、福岡大LS教授（2004～14）、2014登録
以上すべて福岡県弁護士会。

事件 **民事再生事件** スペースワールド申立代理人、その他申立代理人および監督委員の経験多数／**破産事件** そごう破産管財人常置代理人（当時）、アジア特殊製鋼破産管財人、その他申立代理人および管財人の経験多数

弁護士法人 かばしま法律事務所
Kabashima Law Office

〒830-0017　久留米市日吉町23-3　メディア7ビル6階
TEL　0942-39-2024　FAX　0942-39-2034
URL：http://kabashima-law.com/　info@kabashima-law.com

筑後地方（久留米市等）の地元企業に密着した法務サービスを提供する。企業向けには、2か月に1回程度、定期的にセミナーを開催している。毎月無料相談会等も実施。

■理念・特色

　当事務所は、久留米市をはじめとした筑後地域に拠点を構えておられる企業の方々に密着して、充実した法的サービスを提供することで、社会貢献を果たすことを目的としています。

　当事務所のロゴマークが輪をつなげた形になっているのは、人・企業とのつながりを大切にしたいという思いの表れです。

　特色としては、午前8時30分までに弁護士・事務職員全員が出勤して朝礼をし、企業が活動を始める時間帯から相談に対応しております。また、平日は相談に来られない方のために毎月第4土曜日に無料相談会を実施しております。

　さらに、全事件を事務所内で一元的に管理するために、各弁護士が担当する相談や事件は、所長である椛島と協議しながら業務を処理しています。

　当事務所は、企業・個人の別を問わず多種多様な事件を取り扱っております。特に企業の方々には、以下のサポートをしております。

1．労務相談　メンタルヘルス問題等の労務相談に関して、企業のとるべき最善の対応策をお伝えしております。

2．契約書チェック　顧問企業が締結予定の契約書をチェックし、予期しない損失を負担しないよう校正をしております。

3．債権回収　相談後、速やかに相手方の財産を調査し、回収見込があれば早急に民事保全手続をとる体制を整えております。

4．企業再生　長年の経験・ノウハウをもとに、他士業と連携を密にして、よりよい企業再建の道を図っています。

5．セミナー　年に6回ほど、定期的企業法務セミナーを開催し、企業様の関心の高い労務問題や債権回収をするうえで有益な情報を提供しております。

■設立・沿革

　1989年に椛島修弁護士が「かばしま法律事務所」を開設し、2002年4月に現在地へ移転しました。

　2014年に「弁護士法人かばしま法律事務所」へ改組して以降、現在に至っております。

代表者　椛島修（福岡県弁護士会）	
主な顧問先　製造業（タイヤ、農業機械、工業用メッキ、太陽光発電、工業繊維資材、アスファルトプラント）、販売（各種ゴム製品販売、食肉卸販売、食品卸・小売、石油製品販売、LPガス等販売、果樹苗木販売、特殊車輌の販売・修理、建設資材販売、電気工事部材販売）、保険（損害保険、保険代理店）、金融（信用組合、リース会社）、土木建設（土木建設協同組合、土木コンサル、土木会社、総合建設業、住宅建築・販売会社、足場工事会社、建設機械、福祉用具等レンタル会社、鋼材加工販売）、運送（貨物トラック、持株会社）、サービス業（ゴルフ場、スポーツクラブ、ホテル、冠婚葬祭業、ラーメン店、自動車学校、フリーペーパー、ケーブルテレビ）、不動産（不動産仲介業、賃貸住宅管理）、医療（歯科医院、眼科医院、介護老人福祉施設）、宗教（寺社）・その他（一般・産業廃棄物収集・運搬）	
報酬体系　相談料　30分当たり5,000円／顧問料　30,000円～／着手金・報酬　福岡県弁護士会旧報酬基程に準ずる。	

取扱業務

会社法務 予期しない損失を被らないために契約書の作成・チェック。債権回収のための民事保全手続、各種財産の差押手続といった各種手続／**事業再生・清算** 製麺会社や介護施設運営会社の民事再生など各種企業の再生・清算手続／**労働法務** セクハラ・パワハラ・時間外労働・解雇に関する相談、労働審判等の裁判手続への対応。また、労務問題に関する定期的なセミナーも実施／**交通事故法務** 加害者（損害保険会社側の損害賠償責任案件）、弁護士特約付契約者の損害賠償請求、その他／**親族法務** 離婚・婚姻費用請求・慰謝料・財産分与請求・親権・養育費請求、面会交流、子の監護者指定に関する交渉、審判前の保全処分、調停・審判、訴訟／**相続法務** 遺言書の作成、遺産分割調停、遺言無効確認訴訟など／**建築請負紛争** 建築トラブルに起因する損害賠償請求、請負代金請求／**売買・賃貸借に関する各種トラブル**／**個人の債務整理** 過払金請求・任意整理・民事再生・破産／**成年後見** 各種選任申立て、後見人等業務／**地方自治体に関する争訟**／**刑事事件** 告訴、被疑者・被告人弁護、少年事件付添

P **桃島修** 福岡大、37期、福岡県弁護士会副会長（2003〜04、2009〜10）、福岡県弁護士会民暴委員会委員長（2004〜07）、人権擁護委員（法務省所管）（2005〜10）、久留米市政治倫理審査会会長（2005〜07）、福岡法務局筆界調査委員（2012〜）、総合レンタル会社社外監査役（2009〜）、福岡家庭裁判所調停員（2015〜）

A **竹田寛** 九大法、九大LS、65期／**馬場幸太** 岡山大法、久留米大LS、65期／**三宅賢和** 九大法、神戸大LS、65期／**大野智恵美** 熊大法、西南大LS、66期／**小林健彦** 阪大法、北大LS、66期／**松﨑広太郎** 九大法、九大LS、66期

以上すべて福岡県弁護士会。

事件

債権回収 企業の損害賠償請求権を被保全債権とする詐害行為取消訴訟と不動産仮処分申立事件／動産先取特権に基づく動産競売申立事件／動産売買先取特権に基づく物上代位権の行使としての転売代金債権差押申立事件／破産手続における商事留置権の主張が認められる範囲を争った事件／保証人の財産に対する仮差押えとそれに続く担保権設定手続援助事件

労務 残業代支払いを求める労働審判事件（相手方側）／雇用契約の成否を争点とした労働審判事件（相手方側）／労働者の退職をめぐり自主退職なのか解雇なのかを争点とした労働審判事件（相手方側）　その他労働審判事件多数

事業再生 製麺会社の民事再生申立事件（事業譲渡型）／介護施設運営会社の民事再生申立事件（事業譲渡型）／建設会社の特別清算申立事件　その他民事再生申立事件、破産申立事件多数

その他 株主総会や取締役会招集手続・運営の援助／指定暴力団本部事務所撤去事件　交通事故に関する各種民事訴訟・調停事件多数

德永・松﨑・斉藤法律事務所
TOKUNAGA, MATSUZAKI & SAITO Law Office

〒810-0074　福岡市中央区大手門1-1-12　大手門パインビル7階
TEL　092-781-5881　FAX　092-781-5996
URL：http://www.tms-law.jp　info@tms-law.jp

福岡を代表する企業法務専門事務所として多くの顧問先を有し、ガバナンス支援などの予防法務と、労務問題（使用者側）・損害賠償などの法廷活動との両面において企業の要望に応える。

8 （±0）			
P4	A3	顧1	
男6	女2		
外弁0		外資0	
他士0		事務5	

A			会社
		労働	再生

■理念・特色

　福岡を本拠とする上場企業、地元中小企業、中央企業の福岡拠点に対し、企業法務全般の分野において的確なリーガルサービスを提供することにより、企業コンプライアンスや企業の社会的責任（CSR）を見据えたコーポレートガバナンスの実践と確立を支援します。

　企業法務においては、リスクを事前に察知し排除する予防法務が肝要です。企業活動においては、株主総会・取締役会・常務会などの組織運営、事業スキームの構築、契約交渉と契約締結、労働条件や職場環境などさまざまな場面で多くの法的リスクが伴います。当事務所では、企業内研修や個別案件の法律相談を通して、あるいは社外役員に就任することにより、総務・秘書・営業・経理・人事など広範囲での法的リスクの排除に尽力しています。

　不幸にして法的リスクが顕在化した場合には、長期化・広範化によるレピュテーション低下を回避し、適正な解決を図るべく、示談交渉や法廷活動での解決に尽力しています。

　長年にわたり多くの企業から依頼された多種多様な案件を解決したノウハウを活用し、また、いずれの案件も複数の弁護士で対応することにより、専門性と迅速性を要求される事案に適切に対処しています。

　また、当事務所は、長島・大野・常松法律事務所と提携関係を構築し、海外取引など特に専門性の高い分野や、大型の企業買収など特にマンパワーを必要とする案件にも対応できる体制を整えています。

■設立・沿革

　1988年に和智法律事務所から独立して「德永・松﨑法律事務所」を設立し、1993年に「德永・松﨑・斉藤法律事務所」と改称して、現在に至っています。

代表者	松﨑隆（福岡県弁護士会）、斉藤芳朗（福岡県弁護士会）
主な顧問先	電力、鉄道・バス、銀行、都市ガス、電気工事、清涼飲料、衛生製品製造、産業用機器製造、製薬、スーパーマーケット、総合エンジニアリング、証券、印刷、持帰り弁当の各会社（いずれも東証1部上場）。百貨店、放送、セメント製造、包装素材製造、不動産管理・賃貸、医療コンサルティング、ホテル、飲食品製造、上下水道管理、機械製造、貸衣装、人材派遣などの各会社。自治体、医療法人、学校法人、ゴルフクラブなど
報酬体系	事務所報酬規程（日弁連旧報酬規程に当事務所の変更を加えたもの）による。着手金・報酬金方式とタイムチャージ方式の双方に対応可能。顧問料（年額）100万円～。タイムチャージ　経験年数により20,000円～40,000円。

徳永・松﨑・斉藤法律事務所

取扱業務 **ガバナンス支援** 株主総会や取締役会・常務会などの重要会議の準備・当日運営・議事録作成、企業の社会的責任、取締役の善管注意義務、株主代表訴訟、内部統制、不祥事対応と内部調査、グループ企業の管理と運営、社外役員への就任、役員・社員研修など／**労働問題** 時間外労働と未払賃金、うつ病などメンタル罹患従業員への対応、ハラスメント事案への対応、雇用契約の終了（正規と非正規）、従業員に対する懲戒、合同労組対応、不当労働行為事案など／**コンプライアンス政策** コンプラ規程の整備、コンプラ委員への就任、通報窓口の受託と通報事案への対応、コンプラ研修など／**企業買収と再編** 基本スキームの策定、契約書の作成と審査、対象企業に対する法務デューデリジェンス、事業承継のスキーム提案など／**独禁法・知的財産** 不公正な取引方法、不当表示、下請法など／**企業活動一般** 商取引・不動産売買・不動産賃貸などの交渉案件に関する法的助言、契約書の作成と審査、損害賠償請求など取引先とのトラブルへの対応、消費者対応など／**倒産業務** 民事再生・破産・特別清算・事業再生ADRなどの申立、取引先倒産時の対応支援など／**従業員の個人案件** 交通事故・遺言作成・相続紛争など

P 松﨑隆 1971東大法、26期、福岡県弁護士会会長（2004～05）、日弁連副会長（2005～06）、日本弁護士政治連盟九州支部長（2007～13）、福岡県情報公開審査会会長（2008～）、福岡市公正入札監視委員会委員（2010～）、家電販売企業・清涼飲料販売企業の社外役員、経営法曹会議（使用者側弁護士の組織）常任幹事、東大法曹会理事／**斉藤芳朗** 1982早大法、39期、福岡県弁護士会会長（2015年現在）、全国倒産処理弁護士ネットワーク常務理事、金属加工企業の社外役員、電力会社のコンプラ委員／**永原豪** 1997九大法、54期、福岡県弁護士会総務事務局長（2013～14）、福岡大LS非常勤講師（労働法）（2008～）、土木建設企業の社外役員／**熊谷善昭** 2003東大法、57期、森・濱田松本法律事務所（2004～05）、当事務所（2005～）、福大LSアカデミックアドバイザー（会社法）（2008～）、金融商品取引業者のコンプラ委員、奨学金団体の理事／**A 家永由佳里** 1997九大法、56期、渡米（2010～11）、嘉麻市男女共同参画委員（2012～）、ディスカウントストア食品製造会社各社外役員／**池田早織** 2006早大法、2009九大LS、63期／**南川克博** 2010東大法、2012神大LS、67期／**徳永弘志** 1962日大法、25期、1988松﨑とともに当事務所を設立、相談役（2005～）、太宰府市情報公開・個人情報保護審議会会長（2009～11）　以上すべて福岡県弁護士会。

著作 松﨑隆「マイカーによる通勤途上の交通事故と会社の運行供用者責任」『最高裁労働判例4』（共著、日本経営者団体連盟）／同「労働災害と過失相殺」ほか『こんなときどうする労働災害』（共著、第一法規出版）／斉藤芳朗「下請労働者の労災に関する損害賠償」ほか『現代労務管理要覧』（共著、新日本法規出版）／同「適格性・勤務態度不良による解雇」『解雇・退職の判例と実務』（共著、第一法規出版）／同「法人破産の管財業務に必要な税務の基礎知識」『日弁連平成10年度研究叢書』（共著、第一法規出版）／永原豪「会社法の経過措置下における金融機関の6月定時総会の運営」金融法務事情（共著）／同「会社法の下の株主総会」金融法務事情（共著）／熊谷善昭「退職者に対する留学費用の返還請求」ほか『現代労務管理要覧』（共著、新日本法規出版）／同「リース契約の取扱」『通常再生の実務Q&A120問』（共著、金融財政事情研究会）

事件 **訴訟** 九州電力火力発電所建設差止請求事件／九州電力株主総会決議取消請求事件／九州電力原発運転差止請求事件／チッソ熊本水俣病事件／住友金属鉱山土呂久鉱害事件／日鉄鉱業伊王島じん肺事件／三井松島じん肺事件　その他労災事件**倒産事件**　マイカル九州会社更生事件（更生管財人）／大蔵住宅破産事件（破産管財人）／いわと電機破産事件（破産管財人）／エフ・エー・シー破産事件（破産管財人）　その他民事再生事件（監督委員）多数

不二法律事務所
FUJI LAW OFFICE

〒810-0022　福岡市中央区薬院1-16-20
TEL　092-712-2305　FAX　092-752-1844
URL：http://www.fuji-law.ne.jp　info@fuji-law.ne.jp

1965年の開設以来、人事労務（事業主側）、医療・福祉施設、建設・不動産、地方自治体等の分野には定評がある。弁護士会活動をはじめ各種公益委員等にも多く関与する。

■理念・特色

弁護士および職員の1人ひとりが、依頼者のために「心を砕く」というDNAを土台に、共同事務所として蓄積されたノウハウを駆使し、組織力を活かすべく、複数弁護士による多角的な視点から案件ごとの最適な解決を探り、実現します。西山陽雄弁護士の弁護士開業以来50年、福岡県内外の、地方自治体ほかの公的機関、医療機関や介護・福祉施設、上場企業や地場中小企業などの顧問先を中心に、各業種の商慣習や個々の顧問先の実情に即した、適切かつ迅速な法的サービスの提供に努めてきました。

不二法律事務所として完全共同事務所化してからも23年余、この間、各弁護士の経験、各業種の商慣習や解決を導く方法論、最新の判例・法改正情報など、情報とノウハウの共有化に努め、定期・臨時の事件検討会議や事務所内研修会の強化・充実に努め、複数による事件担当制を原則とするなど、組織力・機動力を活かした法律サービスのあり方を不断に追求して現在に至っております。また、西山弁護士および市丸信敏弁護士が福岡県弁護士会会長や日本弁護士連合会副会長をそれぞれ務めるなど、弁護士それぞれが弁護士会の委員会活動などにも励み、

また、各種の公益委員も引き受けるなどして社会貢献にも積極的に関わっております。

特に、事業者側の立場に立った人事労務問題、中小企業・医療機関・福祉施設・建設業・不動産業などの法務、地方自治体法務については長年の実績とノウハウの蓄積があります。大型事件や難解事件への対応や、問題発生直後の緊急対応、相手方との交渉、訴訟活動とともに、特に問題発生を未然に防ぐ予防法務、顧問業務にも力を入れております。役員や従業員を対象としたセミナー、コンプライアンス対策、特定業種を対象としたセミナーも開催しており、個別案件ごとの相談や代理人としての活動と併せて、問題の事前防止、解決の手助けをさせていただきます。大規模倒産事件の破産管財人業務、申立代理人業務も多数取り扱っており、これらの豊富な経験に基づき蓄積されたノウハウを、普段からの顧問業務、相談業務における企業の経営支援に活かしています。

■設立・沿革

1965年西山陽雄弁護士（現相談役）が弁護士開業。1988年に共同事務所化し、1992年には「不二法律事務所」と改名・改組し、現在に至っております。

代表者　市丸信敏、中山栄治（いずれも福岡県弁護士会）

主な顧問先　ホテル、学校法人、語学学校、病院、新聞社、地方公共団体、中小企業支援団体、総合建設、不動産、製薬、広告代理店、自動車販売、総合印刷業、総合商社、各種小売、各種卸売、化粧品メーカー、健康食品メーカー、機械メーカー、食品メーカー、飲食、居宅介護施設、老人ホーム、児童養護施設、ソフトウェアの開発販売、ホームページ製作、通信販売、電気工事、内装業、運送、ビルメンテナンス、衣服メーカー、経営コンサルタント、マンション管理組合、漁業協同組合・同連合会、税理士法人、社会保険労務士法人　ほか多数（100社以上）

報酬体系　弁護士会旧報酬基準に準じている。

取扱業務 企業　人事労務（事業主側）　債権の保全（譲渡担保、保証その他担保の取得、保全処分等）　債権回収　顧客対応（クレーム、損害賠償、瑕疵等）　各種契約書・利用規約の検討、作成　不正競争防止法関係　企業不祥事・コンプライアンス指導、対応　株主総会対策、M&A・事業承継に関する助言、対応　著作権や商標等知的財産権に関する助言・対応　その他企業法務全般／**公益法人**　理事会・社員総会等法人運営　施設内事故（予防、損害賠償等の対応）　人事労務（法人側）　各種契約書・利用規約の検討、作成　利用者・顧客対応（医療・介護事故、学校事故、偏執的苦情、業務妨害、カルテ開示・医療照会、証拠保全等）　コンプライアンス指導、対応／**地方公共団体**　行政事務全般に関する助言、相談　行政訴訟（各種取消訴訟、住民訴訟等。行政側）　損害賠償（道路事故、学校事故等）・損失補償／**認定支援機関としての各種支援業務**

P **市丸信敏** 1978中大法、35期、1993福岡県弁護士会総務事務長、2002福岡県弁護士会副会長・同福岡部会長、2010福岡県弁護士会会長、2012日弁連副会長、日弁連中小企業法律支援センター副本部長、日弁連司法修習委員会副委員長、福岡県済生会支部理事ほか／**中山栄治** 1984西南学院大法、40期、1999九州弁護士会連合会事務局長、2008福岡県弁護士会副会長、福岡県弁護士会倒産業務等支援センター委員会委員、小郡市入札適正化委員会委員、小郡市総合評価技術委員会委員、那珂川町政治倫理審査会会長、福岡地方裁判所鑑定委員、那珂川町いじめ等問題行動対策委員会委員長、（公財）交通事故紛争処理センター福岡支部嘱託弁護士（元職）／**甲斐田靖** 1995九大法、50期、福岡県弁護士会民事介入暴力対策委員会委員、小郡市公平委員会委員、小郡市コンプラアイアンス委員会委員／**今泉忠** 1994九大法、51期、福岡県弁護士会高齢者障害者委員会委員、那珂川町男女共同参画苦情処理委員、那珂川町情報公開委員会委員、那珂川町個人情報保護審査会委員、済生会二日市病院倫理委員会委員

A **林田太郎** 2001中大法、58期、福岡県弁護士会ADR委員会委員／**福井理絵** 京大法、59期、肥後橋法律事務所（大阪弁護士会）、2009不二法律事務所、福岡県弁護士会中小企業法律支援センター委員／**市丸健太郎** 2006九大法、2009西南学院大LS、63期、福岡県弁護士会高齢者・障害者委員会委員、日弁連高齢者・障害者の権利に関する委員会委員、福岡高齢者・障害者虐待対応チーム委員、社会福祉法人のぞみの里理事／**西山陽雄** 1958九大法、1959福岡県庁総務部総務課法制係、17期、1985福岡県弁護士会副会長、福岡部会長、1990福岡県弁護士会会長、1991日弁連副会長、九州弁護士会連合会理事長、1998福岡市教育委員会委員長（〜2004）

以上すべて福岡県弁護士会。

著作 市丸信敏『市民生活と法―憲法秩序と法律問題』（共著、啓文社、1996）／今泉忠『高齢者・障害者総合支援センターマニュアル』（共著、福岡県弁護士会、2000）／同『Q&A高齢者・障害者の法律問題』（共著、民事法研究会、2003）／同『高齢者・障がい者総合支援マニュアルⅡ』（共著、福岡県弁護士会、2005）／林田太郎『労働判例に学ぶ中小企業の労務管理』（共著、労働新聞社、2009）／同『労働判例にみる解雇基準と実務』（共著、日本法令、2010）／同『Q&A金融ADRの手引き』（共著、商事法務、2014）

萬年総合法律事務所
MANNEN Law Offices

〒810-0042　福岡市中央区赤坂1-15-33　ダイアビル福岡赤坂3階
TEL　092-751-5006　FAX　092-715-3493
URL：http://mannen-sougou.jp　mannen@hh.iij4u.or.jp

13（±0）			
P 7	A 6	顧 0	
男 11	女 2		
外弁 0	外資 0		
他士 0	事務 10		

「チーム萬年」を標榜し、萬年代表を中心とした行動的な企業法務専門事務所。案件ごとの訴訟戦略、戦術を得意とし、クライアントの要望に応える。刑事事件にも強い。

■理念・特色

　当事務所は、企業を中心とした依頼者との信頼関係を基礎にして、ローファームの本来の機能である「組織的対応」「迅速処理」「戦略・戦術論の徹底」をして、依頼者のニーズに応えることを目標としている。

　各弁護士が各プロフェッショナルとして、各専門分野を構築し、かつ、ローファームの運営スタイルとして検察庁の決裁スタイル（複次的決裁スタイル）を模範として、各事件の処理は担当弁護士のみならず、パートナー、そしてローファーム全体で負うスタイルを模索している。いわゆる「チーム萬年」の形でしか現代の迅速を求める企業、依頼者のニーズには応えきれないのでないかと思っている。

　決裁スタイルで若い弁護士の徒弟教育を徹底し、ローファームには元裁判官、元検察官出身も混じえて法曹三者の知恵を出し合って、事件の訴訟戦略、戦術を講ずることにしている。

　また、当事務所は、上場企業から中小企業、個人と幅広く顧客層を持ち、通常訴訟、企業再建、企業法務、刑事事件と、事件処理の質量において九州ではトップクラスであると自負している。

■設立・沿革

1984年4月	「萬年法律事務所」設立
2001年8月	山口雅司法律事務所と合併し、「萬年・山口法律事務所」と名称変更
2010年10月	小林、益本、原各弁護士をパートナーにして、「萬年総合法律事務所」に名称変更
2014年10月	藤井、高田各弁護士をパートナーにする

代表者　萬年浩雄（福岡県弁護士会）
主な顧問先　不動産（総合建設業、土木業、住宅の建築・販売、貸ビル業、不動産仲介業、管理業、マンション会社、港湾土木等）／製造業（煙草、車、電気機器、生鮮食品、木工製品、印刷業、駐車設備、鍛造業、日本酒、塗装業等）／サービス業（旅館、パチンコ店、タクシー、飲食店、弁当屋、運送業等）／金融（銀行、信用金庫、農協（JA）、損保会社、リース・クレジット会社）／貿易、卸し販売、小売販売（総合商社、化学商社、鉄鋼、紙パルプ、ガソリンスタンド、通販会社、医療機器、宝石、セメント、建設機械、化粧品、中古品、青果、魚の市場、卸業、携帯電話、車販売等）／医療（社会医療法人、医療法人、健康診断、社会福祉法人、調剤薬局）／その他（解体業、生協、土木会社、商工会連合会、ごみ回収、遊技業協同組合、砂利採取業、エレベータ会社、大学）

報酬体系　旧弁護士会報酬基準に準じている。顧問料（月額）50,000円〜／相談料　原則として、1件10,000円〜。

萬年総合法律事務所

取扱業務 1．企業法務、経営戦略法務、企業取引、商事紛争、契約書作成、人事、労務、独占禁止法など、企業法務、経営戦略法務全般に関する助言、指導、訴訟、労使の団体交渉にも使用者側で出席し指導している。2．倒産、事業再生（破産、民事再生、会社更生、特別清算の各申立て、管財業務、再建的あるいは清算的任意整理など企業倒産、事業再生全般に関する助言、指導、訴訟。過去に企業再建したのは25社以上）3．交通事故（損保の顧問弁護士）4．知的財産（特許、実用新案、商標、意匠、著作権、不正競争防止等に関する紛争、ライセンス契約など、知的財産に関する助言、指導、訴訟。弁理士と提携している）5．一般民事、家事（不動産売買、商品取引、銀行取引、金銭貸借、借地借家等の一般民事紛争および相続、遺言、離婚等の家事紛争の相談、交渉、訴訟）6．刑事事件、少年事件、犯罪被害者支援活動。確定無罪事件4件の実績あり。7．M&A（企業買収、事業譲渡などの立案、デュー・デリジェンス、契約書の作成等、M&Aに関する助言、指導）

福岡

P 萬年浩雄 慶大法、九大院法学研究科修了・修士号取得、34期、福岡県弁護士会副会長
　山口雅司 広島大法、43期、九州弁護士連合会事務局長、福岡県弁護士会副会長
　小林登 東大法、44期、元検事
　益本誠一 慶大法、同大法学研究科修了・修士号取得、49期、元検事
　原志津子 九大法、51期
　高田亜朱華 早大商、57期
　藤井大祐 早大法、57期
A 鬼塚恒 関学大法、59期
　本多直 北大法、北大LS、62期
　日浅裕介 筑波大比較文化学類、63期、森永乳業勤務
　網谷拓 九大法、阪大LS、63期
　髙松賢介 一橋大法、九大LS、65期
客員 近藤敬夫 東大法、18期、元福岡地方裁判所長　以上すべて福岡県弁護士会。

著作 書籍　萬年浩雄『当番弁護士制度について—とくに委員会派遣事件について—』（福岡県弁護士会）／同『弁護士だからできること』（リヨン社）／同『人を動かす人間力の磨き方』（民事法研究会）／同『ロータリー例会会長挨拶集「例会でのひとこと」』（自費出版）／同『熱血弁護士の事件ファイル①企業再生』（三和書籍）
雑誌　萬年浩雄「帝国データバンク—弁護士事件簿シリーズ」1992年4月〜（今日まで毎月2回掲載）／同「弁護士が考える理想の金融マンとは」銀行法務21・2005年9月〜2008年6月／同「物語で学ぶ再建型任意整理」銀行法務21・2008年7月〜2009年8月／同「誰のための会社更生か—マイカル九州の会社再生手続の帰趨と福岡経済」NBL2002年6月1日（738号）／同「心神喪失者等医療観察法案成立を受けて」日本精神科病院協会2003年 Vol 22／同「弁護士の生き様の中間総括」自由と正義2007年10月号（Vol 58）／同「金融機関と再生会社—九州の民事再生事案から両者の共生を考える」銀行法務21・2001年6月（591号）／同「連帯保証の再考」銀行法務21・2003年7月（620号）

明倫国際法律事務所
Meilin International Law Firm

〒810-0001　福岡市中央区天神1-6-8　天神ツインビル7階
TEL　092-736-1550　FAX　092-736-1560
URL：http://www.meilin-law.jp　info@meilin-law.jp

特に、地元企業の海外進出支援のための国際業務に注力するため、上海・香港、シンガポールオフィス等を開設する。知的財産やIPO、M&A、証券化等にも対応する。

	14（+2）
	P 3　A 10　顧 1
	男 10　女 4
	外弁 0　外資 0
	他士 1　事務 13
B	知財
	国際　MA

■理念・特色

明倫国際法律事務所は、九州において、全国標準、あるいは世界標準の本格的なリーガルサービスを提供するため、専門分野ごとに特化した専門部を設け、事務所全体としてはほとんどの分野に専門的なハイレベルのサービスを提供できる体制を構築しています。一般企業法務はもちろん、国際業務や知的財産関連業務、IPO、M&Aなども専門部によるサービス提供を行っているほか、交通事故や製品事故の対応、事業承継や相続といった分野でも、専門チームを組織し、組織的で迅速かつ高度なサービスを提供しています。

国際業務　当事務所では、地元企業の海外進出を徹底的に支援するため、地元中小企業が利用できる料金を設定し、かつ、充実した海外ネットワークを構築して、国際的なリーガルサービスはもとより、ビジネススキーム作りや税務会計についてのご相談等にも対応しています。上海、香港、シンガポールには当事務所のオフィスを組織し、これ以外にも、北京、ソウル、台北、マニラ、ホーチミン、バンコク、クアラルンプール、ジャカルタなどの提携法律事務所および会計事務所を通じて、広い範囲の国際業務に対応しています。もちろん、北米およびEUでの業務も対応しています。

知的財産関連業務　知的財産権に関連する業務に幅広く対応しています。戦略的な権利形成（出願）業務を行うほか、知的財産をめぐる契約、ライセンスビジネス、証券化、共同研究・開発のマネジメント、知的財産権の管理・運用、侵害紛争対応等、知的財産権をめぐるあらゆる問題に対応しています。知的財産権を有効に活用して、企業の収益や企業活力にどのようにつなげられるかという切り口から業務を提供しているのが特徴です。

IPO、M&A、証券化対応　企業活力を維持、向上させるために、IPOやM&Aを行うに際して、マネジメントや関連するリーガルサービスの提供を行っています。さらに、不動産や、太陽光発電、知的財産権に関する証券化スキームの構築や運用も行っています。

■設立・沿革

2010年	「明倫法律事務所」を開設
2012年	「明倫国際法律事務所」に改称
2013年	上海オフィスを開設
2014年	香港およびシンガポールオフィスを開設

代表者	田中雅敏（福岡県弁護士会）
支店	2013年上海オフィス、2014年香港オフィス、シンガポールオフィス開設
取扱言語	英語、中国語
主な顧問先	顧問企業数約200社（2015年7月現在）　不動産仲介・開発、鉄道、金融機関、IT関連、食品全般、酒販、総合小売、通信販売、スポーツ、金属加工、電子部品製造、家具製造、産業用機械製造、化学、医療、介護、医薬品販売、広告代理、倉庫、物流、飲食等
報酬体系	事務所報酬規程（日弁連旧報酬規程に当事務所の変更を加えたもの）による（詳細は当事務所HP参照）。着手金・報酬金等とタイムチャージの双方対応可能／顧問料（月額）50,000円～／タイムチャージ　20,000円～40,000円。

明倫国際法律事務所

取扱業務 **経営法務** 顧問業務、法務部門の代行、EAPサービス、新規事業支援、企業体制構築支援、経営相談・事業運営支援、資金調達支援、証券取引所への上場支援、事業拡大・業務提携支援、契約書作成・契約交渉代理、人事・労務管理、債権の管理・回収、医療機関の未収金回収サービス、税務訴訟、芸能・スポーツ法務、独占禁止法関連法務、危機管理、経済事犯に関する対応、顧客対応、クレーム処理、示談交渉、経営再建・倒産処理、ベンチャー企業・小規模事業者支援業務、講師派遣／**国際法務（英語・中国語）** 国際取引・国際投資支援、法制度・法規制等に関するリサーチ業務、特定の企業や団体についての信用調査、海外事業展開についてのコンサルティング、契約書（英語・中国語）作成・修正、知的財産関連法務、現地行政機関対応、海外事業活動における継続的リーガルサービス提供（海外オフィス）、国際M&A、紛争処理（交渉、訴訟・国際商事仲裁手続の遂行）／**知的財産関連法務** 侵害紛争対応（交渉、訴訟）、知的財産に関する契約、契約締結交渉の立会および代行、企業における営業秘密の保護体制の構築、知的財産の戦略的活用についてのコンサルティング、知的財産権マネジメントの受託（ライセンス管理等のライセンスビジネス）、知的財産権を利用とする資金調達（証券化、融資等のファイナンス）知的財産に関する社内研修・勉強会の実施等／**個人法務** 交通事故対応（交渉、訴訟）、不動産・建築紛争、医療事故対応、消費者問題、労働問題（労働審判、訴訟等）、労災に関する諸手続、保険金請求トラブル、相続・遺言サポート、家事紛争（夫婦間、親子間、親族間）、刑事事件・少年事件／**行政支援** 行政事業支援、職員対応業務（人事労務管理、メンタルヘルス問題対応、セクハラ・パワハラ問題対応等）、行政対象暴力およびクレーム対応業務、債権管理・回収、契約関係事務、EAPサービス、講師派遣等

P 田中雅敏 1994慶大総政、51期、弁理士／髙山大地 2004東北大法、58期／鶴利絵 1994早大法、58期 **A** 宇加治恭子 1994九大法、51期、福岡大LS教授／柏田剛介 2002東大法、2007北大LS、61期／新里浩樹 2005一橋大法、2007慶大LS、62期／小柳美佳 2006岡大法、2010阪大LS、64期／池辺健太 2008東大法、2010東大LS、65期／西森正貴 2008西南大法、2011西南大LS、66期／堀田明希 2007九大法、2010早大LS、66期／大坪めぐみ 2010京大法、2013京大LS、67期／中田佳孝 1999横国大工、2001東工大総合理工学研究科了、2011早大LS、67期／安田裕明 2011京大法、2013京大LS、67期 **顧** 河野正憲 1967九大法、1969九大院法学研究科修士課程修了、1973九大院法学研究科博士課程中退、1995九大博士（法学）、名大名誉教授 以上すべて福岡県弁護士会。

著作 田中雅敏「コンピュータープログラムの著作権に関する理論と判例研究」苗村憲司・小宮山宏之編『現代社会と著作権法 デジタルネットワーク社会の知的財産権』（慶應義塾大学出版会、2005）／同「著作物の種類（例示著作物）」「著作隣接権」知的所有権問題研究会編『最新著作権関係判例と実務』（民事法研究会、2007）／田中雅敏他「商標的使用―リソグラフ インクボトル事件」弁護士知財ネット編『実践 知財ビジネス法務―弁護士知財ネット設立5周年記念』（民事法研究会、2010）／河野正憲『民事訴訟法』（有斐閣、2009）／同「口頭弁論の必要性とその活性化」『弁論と証拠調べの理論と実践 吉村德重先生古希記念論文』（法律文化社、2002）／宇加治恭子「抗告―審判結果に不服がある場合」福岡県弁護士会子どもの権利委員会編『少年事件付添人マニュアル（初版）』（日本評論社、2002）／同「ガラスを割って少年院？」福岡県弁護士会子どもの権利委員会編『非行少年と弁護士たちの挑戦』（日本放送出版協会、2002）／同「ローヤリング教育の現場 福岡大学法科大学院」日本弁護士連合会法科大学院センターローヤリング研究会編『法科大学院におけるローヤリング教育の理論と実践』（民事法研究会、2013）／髙山大地他「『優越的地位濫用』抵触の可否と実務対応」銀行実務2006年12月号

事件 知財関連訴訟事件（特許権侵害差止請求事件、知的財産ファイナンス）／太陽光発電事業の証券化（芝浦グループホールディングス）／企業買収／新規上場支援、金融商品取引業者の法令順守支援／交通事故訴訟事件　等

桜樹法律事務所
Ohjyu Law Office

〒860-0844　熊本市中央区水道町14-27　KADビル9階
TEL　096-278-7270　FAX　096-278-7271
URL：http://www.ohjyu.com/

 地域貢献型の事務所として、企業法務のほか、労務、不動産関連、家事事件等に力点を置いている。地元経営者向けの「法律相談」を定期的に配信している。

■ 理念・特色
熊本の総合型法律事務所　桜樹（おうじゅ）法律事務所は、2002年6月、社会経済情勢の激変とこれに伴う司法改革の流れが進むなか、事件規模の質的・量的な拡大や多様なニーズに対応して適切な法的サービスを地域に継続的に提供し続けていくために、複数弁護士の力を相互に補完することで事務所としての能力をより高める総合性・専門性・継続性を有する法律事務所が熊本県内においても必要であるとの理念の下に設立されました。

その後10年を超える活動を経て、設立当初の理念を一歩一歩実現しながら現在ではベテランから若手までバランスよく所属する法律事務所となっています。

地域貢献　桜樹法律事務所は、設立から10年を経た現在もなお、地域貢献という一貫した姿勢の下に、地元熊本の人、企業、団体、自治体などの多様なニーズに適切かつ迅速に対応しています。

また、2005年から現在まで、月刊地方情報誌「くまもと経済」に「経営者のための法律相談」を毎月掲載して、地場企業経営者へ有用な情報を提供しています。

設立理念・特色に基づく強力なサポート　事件解決にはそれぞれの弁護士の得意分野を活かして迅速に対応するとともに、事件の特殊性や規模に応じて複数の弁護士が担当する体制をとっており、チームワークによる情報収集や専門性の高い対応を行っています。多種多様なプロフィールを持つ複数の弁護士を擁する法律事務所という性格を最大限活かすために、事例研究や意見交換などを通して組織としての総合力やチームワーク向上を図っています。

広範なネットワーク　各種専門家による広範なネットワークを有しておりますので、どのような事件でも、法律事務所の枠を越えたチームワークによる処理が可能です。

力を入れている業務　桜樹法律事務所は、総合型の法律事務所として企業法務から民事、家事、刑事事件に至るまで幅広く取り扱っていますが、そのなかでも特に企業法務、労務、不動産関係、家事事件について力を入れており、豊富な実績があります。

■ 設立・沿革
2002年6月、塚本侃弁護士、馬場啓弁護士ら4名の弁護士が、複数弁護士の力を相互に補完する総合型の法律事務所が熊本県内においても必要であるとの理念の下、「桜樹（おうじゅ）法律事務所」を設立しました。

その後、清田慎太郎弁護士、北野誠弁護士をパートナーとして迎え、現在に至っています。

代表者　塚本侃（熊本県弁護士会）
主な顧問先　自治体、農業協同組合、学校法人、医療法人、社会福祉法人、宗教法人、製造業（包装、食品等）、卸業、食品販売、百貨店、小売業（ガソリンスタンド、ドラッグストア等）、建設業、不動産業、運輸業（バス、運送等）、リース業、金融業（政府系金融機関、信用金庫、保険等）、観光業、個人事業者等
報酬体系　事務所報酬基準（日弁連旧報酬規程に若干の変更を加えたもの）による。着手金・報酬金等とタイムチャージの双方対応可能。
顧問料（月額）50,000円～。

|取扱業務|

商事・企業法務 紛争予防の観点からの各種相談に対する法的アドバイス／株主総会指導、コンプライアンス、コーポレートガバナンス、各種契約締結のサポート、企業・従業員の不祥事対策、社員研修の講師／労務対応（就業規則等の各種規則の作成、労働協約締結、労災、団体交渉、従業員からの解雇等懲戒処分・地位確認・賃金支払等に関する各種労働審判・訴訟等の対応等）／債権回収（売掛金、保証債務履行、求償金、請負代金、媒介報酬等の請求、強制執行、詐害行為取消等）／組織・事業再編（会社設立、事業譲渡、合併、株式譲渡、会社分割等）／各種争訟対応（株主代表訴訟、総会決議無効確認等請求、取締役責任追及の訴え、構築物建設操業差止請求、境内地使用権不存在確認請求、建物収去土地明渡等請求、所有権移転登記手続等請求等）／その他企業法務一般

民事一般事件 不動産関係（売買、賃貸借、建物明渡し、土地引渡し、境界確定等）／交通事故／各種損害賠償（医療過誤、製造物責任、名誉毀損、学校事故等）／各種金銭請求（売買代金、賃金、請負代金、賃料等）／消費者問題（クレジット、商品先物等）

家事事件 離婚関係（離婚、財産分与、慰謝料、親権、養育費、DV、扶養等）／相続関係（遺言書作成、遺産分割請求、遺留分減殺、相続回復、遺言無効、遺言執行等）／成年後見・財産管理等

事業再生・倒産関係 民事再生・会社更生・破産・特別清算の申立て・管財業務／私的整理等

行政関係 自治体からの各種相談に対する法的アドバイス／行政手続／行政不服審査／行政事件訴訟（一般廃棄物処理業不許可処分等取消請求事件、土地収用裁決取消請求事件等）／国家賠償／住民訴訟等

刑事事件 起訴前弁護／公判弁護／少年事件

P 塚本侃 代表パートナー、中大法、33期、熊本県弁護士会会長（2003～04）、日弁連副会長（2009～10）、熊本県収用委員会会長（2001～14）

　馬場啓 早大政経、47期、熊本県弁護士会会長（2015～）、熊大LS教授（民事実務系科目）（2009～）、熊本市情報公開・個人情報保護審議会委員（2005～）、熊本行政評価事務所行政苦情救済推進会議委員（2010～）、熊本県公害審査会委員（2010～）、熊本市入札等監視委員会委員（2014～）、熊本市選挙管理委員会委員（2014～）

　清田慎太郎 東大法、54期

　北野誠 九大法、58期

A 岩下芳乃 同大法、神大LS、65期

以上すべて熊本県弁護士会。

|著作| 「経営者のための法律相談」くまもと経済2005年11月号～

弁護士法人 アゴラ
Law Firm AGORA L.P.C.

〒870-0033　大分市千代町2-1-23
TEL　097-537-1200　FAX　097-536-2000
URL：http://www.agora-jp.com/index.html　agora@agora-jp.com

8（+1）
P 4 A 4 顧 0
男 6 女 2
外弁 0 外資 0
他士 1 事務 12

総合
C

地元中小企業の法務相談をメインに、社会福祉法人・医療法人等の法務にも注力する事務所。企業再建・清算業務、労働案件等にも対応する。

■理念・特色
　当事務所は、最新の法的知見に基づき、顧客の要求に応じた法的サービスを迅速に顧客に提供することを第1の目標とし、この目標を達成するため、率先して次の事項を実行するよう努めていくこととしています。
1．最新の法的知見の獲得に努める。
2．弁護士法人アゴラに対する顧客の多様な要求事項に応える。
3．弁護士法人アゴラが継続的に上記の法的サービスを提供し続けるために、組織の有効性を維持し、継続的に改善に努める。
　以上の事項を確実に実行するため、年間目標を設定し、この目標の達成に向けて努力することにより、公正な経済社会の発展に貢献し、当法律事務所に所属する1人ひとりがプロフェッショナルとして能力を発揮できる場を創造していっています。

企業法務　当事務所は、大分県内における数多くの企業（上場企業、地元中小企業等）に関する法的紛争の解決に関与してきており、企業に関するさまざまなノウハウを蓄積しています。会社の合併・営業譲渡、取締役会・株主総会の運営、コンプライアンスに関する問題についても早くから携わってます。当事務所では、次々と改正される法律に対応する研究も重ね、先例の少ない事例についても適切な法的サービスができる体制を作っています。

社会福祉法人・医療法人等の法務　当事務所は、医療法人等の法律顧問をしているほか、所属弁護士が県内各社会福祉法人の理事等、倫理審査委員等の活動を行っています。

企業再建、清算業務　当事務所は、これまで大分の多数の企業の再建等の手続を手がけてきました。その内容も、私的整理、民事再生、会社更生、特別清算および破産等、公認会計士、税理士等の専門家と共同して企業の状況に応じて最も適切な手段を選択しています。今後も、次々と改正される法律を踏まえ、企業再建に関する研究を重ね、適切な法的サービスができる体制を築き上げていきます。

労働事件　当事務所は、大分県内の労働に関する法的紛争の解決に関与してきました。労働組合絡みの大きな労働争議の事件から、解雇、労働時間等の個別の労使間のトラブルに至るまで、使用者の側に立って、事件の解決にあたってきました。当事務所は、労働関係の事件の解決について常に研究を続けており、今後も、適切な法的サービスができる体制を作っています。

■設立・沿革
　1978年「岩崎哲朗法律事務所」を開設。1995年4月に現在地に移転、「ローオフィスアゴラ」に名称変更後、2002年7月に法人化し、2006年から現在の名称になりました。

代表者	岩崎哲朗（大分県弁護士会）
主な顧問先	医療法人、学校法人、各種組合、行政、金融機関、建設会社、小売業、事業者団体、社会福祉法人、損害保険会社、マスコミ、メーカー他
報酬体系	事務所報酬規程（日弁連旧報酬規程をもとに当事務所の変更を加えたもの）による（詳細は当事務所HP参照）。着手金・報酬金方式、タイムチャージ方式の双方可。顧問料（月額）50,000円～、事業の規模や内容を考慮し、顧問料の額の増減あり。

弁護士法人 アゴラ

取扱業務

企業法務 会社の合併・営業譲渡、取締役会・株主総会の運営、コンプライアンスに関する問題、新株予約権とストックオプションに関する問題、インサイダー取引に関する問題、株主代表訴訟に関する問題等

労働問題 労働組合絡みの労働争議、合同労組対応、解雇、労働時間等の個別の労使間のトラブル等(いずれも使用者側)

社会福祉法人・医療法人等の法務 各社会福祉法人の理事等、倫理審査委員、地域医療支援病院運営委員等の活動、医療過誤に関する問題等

企業再建・清算業務 私的整理、民事再生、会社更生、特別清算、破産等

行政事件 情報公開、産業廃棄物、学校事故、開発、区画整理等に関する問題等(行政側)

一般民事事件 建築紛争、境界、賃貸借に関する紛争、交通事故、家事事件(離婚、相続)、遺言書の作成・保管、遺言執行者、個人の債務整理事件

刑事事件

渉外事件

P **岩崎哲朗** 1974九大法、29期、大分県弁護士会会長(2004〜05)

　原口祥彦 1985中大法、47期、九州弁護士会連合会事務局次長(1999〜2000)、大分県弁護士会副会長(2002〜04)

　生野裕一 2001東大法、56期、大分県弁護士会副会長(2009〜11)

　上野貴士 2001中大法、57期、大分県弁護士会副会長(2012〜14)

A **中山陽介** 2002上智大法、62期

　大呂紗智子 2000東大経、農林水産省勤務、2007岡山大LS、2009シドニー大LS、63期

　姫野綾 2005慶大法、2011中大LS、66期

　後藤誠 1975東大法、31期、大分県経営者協会会長(2004〜08)

以上すべて大分県弁護士会。

著作

岩崎哲朗「研修中の年休請求と時季変更権」『最高裁労働判例—問題点とその解説3』(共著、日本経営者団体連盟弘報部、1982)ほか

事件

小売業、建築資材販売会社、建設会社等の民事再生事件／グループ企業、飲食店経営会社等の私的整理／役員報酬、役員退職給与が過大であることを理由とした法人税の更正処分および過少申告加算税の賦課決定処分が取り消された事案(原告側)　ほか多数

弁護士法人 みやざき
Legal Profession Corporation MIYAZAKI

宮崎事務所
〒880-0802　宮崎市別府町2-12　建友会館4階
TEL　0985-27-2229　FAX　0985-27-4165
延岡事務所
〒880-0823　宮崎県延岡市中町2-1-7　ジブラルタ生命延岡ビル4階
TEL　0982-35-5100　FAX　0982-35-5111
URL：http://www.lawyer-miyazaki.jp

5	(-2)		
P 3	A 2	顧 0	
男 4	女 1		
外弁 0	外資 0		
他士 0	事務 7		

		総合
		D

地域密着型の事務所として、企業法務から一般民事・家事事件まで取扱分野は多岐にわたる。法人化・支店事務所開設でサービス向上へ。松岡代表は日弁連副会長を務めた。

■理念・特色

　当弁護士法人は、所属弁護士がそれぞれ得意とする分野を持つとともにさらなる研鑽に努め、顧問先の企業法務から個人の依頼者の一般民事・家事事件、また刑事事件まで、どのような法的ニーズでも迅速かつ的確に応えられる体制を整えています。県北地域にも支店を有しており、地理的にも全県下での対応が可能です。また、公認会計士や司法書士など隣接士業との連携も進めており、必ずしも法律問題に限らない助言等のサービス提供も可能です。

　また、基本的人権の擁護と社会正義の実現という弁護士の使命をまっとうすべく、所属弁護士は積極的に弁護士会の活動にも注力しています。当法人所属の弁護士から、松岡が宮崎県弁護士会の会長を2度にわたって務めたほか、2011年には日本弁護士連合会の副会長を務め、弁護士・弁護士業務を巡る諸問題について改革に努めてきました。また、川添は2015年より宮崎県弁護士会副会長を務めています。その他所属弁護士全員が委員会活動に積極的に参加しています。ほかにも、当法人で勤務をしていた弁護士が中央省庁に入庁するなど、多様な人材を輩出しています。

　当法人は、上場企業だけでなく地元の多くの企業との間で法律顧問契約を締結いただいておりますが、地方を拠点とする法律事務所らしく、個人の依頼者の方々からもさまざまな民事・家事の事件や債務整理などの事件を受任しています。所属弁護士がそれぞれの得意分野についてますますの専門化をめざすのは当然として、特定の分野の仕事だけをこなすのではなく、さまざまな事件を担当することで多様な経験を積み重ね、ますますのレベルアップをめざしていきます。

■設立・沿革

1990年	松岡が福岡から独立・登録換えで宮崎市内に個人事務所を設立
2007年	勤務弁護士と共同事務所化
2010年	法人化により延岡市内に支店事務所を開設。地方裁判所長経験のある弁護士を顧問に迎えるなどしながら、単純に規模の拡大にとらわれない事務所の発展をめざしつつ現在に至る。

代表者　松岡茂行（宮崎県弁護士会）
支店　2010年延岡事務所（宮崎県延岡市）設立
主な顧問先　事業者団体、電力会社、メーカー、小売業、不動産会社、建設会社、医療機関、製薬会社、介護事業所、運送会社　ほか多数

報酬体系　事務所報酬規程による。（日弁連旧報酬規程に準拠）／顧問料（月額）30,000円～（事業者の規模に応じて協議）／タイムチャージ　20,000円～（案件に応じて協議）

弁護士法人 みやざき

|取扱業務|
- 企業法務　債権の回収／継続的取引開始に際しての助言／解雇・雇止め等の労使紛争（主に会社側）／就業規則・契約書案の検討等
- 不動産関連　不動産の売買・賃貸借に際しての予防法務／不動産明渡しや賃料請求／担保権解除の交渉等
- 倒産・事業再生　破産・会社更生・民事再生・特別清算等の裁判所を通じた倒産手続／裁判所を通じない私的整理・会社再建
- 医療過誤訴訟
- その他一般民事事件　離婚・遺産分割等の家事事件全般／交通事故訴訟（特に後遺症障害認定に争いある事案）／債務整理／消費者被害／刑事事件等

|P|松岡茂行　1979西南学院大法、38期、日弁連副会長（2011～12）、元宮崎県弁護士会会長（2008～09、2010～11、）、宮崎県公平委員会連合会会長、宮崎市公平委員会委員長

川添正浩　1999早大法、57期、宮崎県弁護士会副会長（2015～）、日弁連公害対策・環境保全委員会委員（2006～08）、日弁連弁護士業務改革委員会委員（2007～13）、日弁連公設事務所・法律相談センター委員会委員（2009～10）、日弁連経済基盤調査（平成22年調査）プロジェクトチームメンバー

金丸由宇　2005一橋大経、2007一橋大LS、61期、日弁連法教育に関する連絡協議会委員（2012～）、九弁連刑事弁護に関する連絡協議会委員（2010～）、九弁連国際委員会委員（2010）、九弁連法教育に関する連絡協議会委員（2010～12）

|A|中倉康宏　2008九大法、2012九大LS、66期

山田文美　2008中大法、2010神大LS、66期

以上すべて宮崎県弁護士会。

|事件|
- 資材メーカーの民事再生（自力再生）
- ホテル・飲食店等経営会社の民事再生（事業譲渡による清算型）
- 畜産会社の民事再生（事業譲渡による清算型）
- 司法書士の本人確認義務違反が否定され、損害賠償請求が棄却された事例（被告側、判時2111）
- 新聞社に対する、名誉毀損を理由とした損害賠償請求が認容された事案（原告側）
- 退職した代表取締役から会社に対してなされた退職慰労金請求を退けた事案（被告会社側）
- 事業者団体の会頭の職務執行停止を求める仮処分申立事件（債務者が自主的に会頭を退任したため終結）

ほか多数

照国総合法律事務所
TERUKUNI LAWYERS OFFICE

〒892-0841　鹿児島市照国町13-41
TEL　099-226-0100　FAX　099-226-0010
URL：http://www.terukuni-lawyers.jp　soudanmaster@terukuni-lawyers.jp

1973年、事務所開設。以後、税務会計部、登記部、労務部等を逐次開設し、ワンストップ体制で業務展開を行う。他士業や事務スタッフも多く、顧問先も多岐にわたる。

B		再生
	税務	土地

■理念・特色

開設から42年、終始一貫「スピード」「正確」「誠実」の3つを事務所運営の基本理念・信条に掲げて、事案の解決に取り組んできました。さまざまなニーズにお応えするべく、十分な経験とノウハウを持つ法務・税務・労務の各分野の専門家によるワンストップ体制を実現し、変化し続ける社会の仕組みや新たに制定される法律に迅速・正確に対応し、あらゆる事案を解決します。

総合的な企業法務の分野に注力しています。

検討範囲の広い事案については、弁護士・公認会計士・税理士・社会保険労務士などによりプロジェクトチームを作り、それぞれの専門知識を集約して、正確にして迅速な解決ができるよう努力しています。また企業と事務所との信頼関係を形成するためには、個々の案件の損得にこだわらない継続的な関係を作ることが必要であると思います。そのような理由から、私どもの事務所では顧問先の開拓に力を注いできました。今日では約190社の法律顧問契約をいただき、また法務とは別に約50社の労務・税務の顧問会社ができました。

法務部門の相談と労務・税務部門の相談は境界線がはっきりしていないことが多いので、最終的には弁護士・税理士・社会保険労務士が共働してワンストップ体制で処理をしています。

今日、地方の大手企業につきましては事業再編の要請が多く、株式交換・吸収合併・自己株式消却・吸収分割・現物分配等の手法により、再編手続を行っています。また事業再生につきましても、従来は民事再生法の適用が主流でしたが、ここ数年は会社分割＋特別清算の手法が多くなってきました。

さらに事業の相続、すなわち事業承継も大きな論点になっています。一般企業につきましては、従業員持株会、および投資育成会社の導入。また医療法人につきましては、持分のない医療法人に移行することにより相続税を回避できますが、これには有税型による移行、無税型による移行の手法があります。それぞれ利点・欠点がありますので、十分な時間を掛けて依頼者（医師、その家族）の理解を得てから着手しています。

■設立・沿革

1973年開設。2003年税務会計部、2004年登記部、2005年労務部を開設し、2008年に念願のワンストップ体制の実現。翌2009年に福岡事務所開設。

代表者　池田洹（鹿児島弁護士会） 支店　2009年福岡事務所（福岡市中央区大名2-2-50）開設 取扱言語　英語 主な顧問先　行政、金融機関、マスコミ、建設業、医療機関、社会福祉法人、総合商社、ホテル業、運輸業、ガス業、自動車販売、不動産関係、電子部品製造、食品製造、酒造、複合サービス業、学校法人、宗教法人、その他　多種 報酬体系　事務所報酬規程（日弁連旧報酬規程に準拠）による／顧問料（月額）基準額　法務顧問50,000円～80,000円、総合顧問（法務・労務・税務）150,000円～200,000円／相談料　原則不要。	

取扱業務 **一般訴訟・企業法務** 商事取引（各種契約書の作成・審査、契約締結交渉など）／人事・労務関連（コンプライアンス対応、個別労使関係に関するアドバイス、各種規程の作成など）／コーポレートガバナンス（株主総会・取締役会の運営指導、不祥事対応など）／行政規制への対応）

事業再生・清算 私的整理（私的整理に関するガイドライン、DDS、DES、会社分割方式）／企業の特別清算・破産／個人の債務整理／個人再生・破産

企業再編・M&A スキーム立案（事業譲渡、会社分割、株式譲渡、株式交換・株式移転、合併など）／デュー・デリジェンス／契約交渉・契約書作成企業再編

事業承継 従業員持株会の設立／自社株式の査定・評価

医療法人の相続・事業承継 持分のない医療法人への移行（有税・無税型）

医療法人の再生

相続・遺言 遺言書の作成・遺言執行

税務 一般申告業務／TAXプランニング／評価・鑑定（事業価値評価、株式査定評価、清算B/S作成、デュー・デリジェンス）

登記業務（法人関係・不動産関係）

研修 役員・社員を対象とした講義・講演

P **池田洵** 1963東大農、24期、鹿児島県弁護士会会長（1987〜88）／**湯ノ口穰** 1991東大法、47期、鹿大LS専任官（2004〜06）、鹿児島県弁護士会副会長（2006〜07）／**神川洋一** 1988早大法、49期、鹿児島県弁護士会副会長（2008〜10）／**本多淳太郎** 東大法、2009東大LS、64期／**園田大吾** 2007東大院、2010東大LS、65期／**森﨑翔** 2010東大法、2012早大LS、66期　以上すべて鹿児島県弁護士会／**折田健市郎** 2000東大法、58期　福岡県弁護士会。

ほかに、税理士3名、司法書士2名、社会保険労務士2名

事件 **事業再生と清算** R社（金融業）特別清算131.5億円、N社（金融業）DDS143億円

グループ再編 P社（臨床検査業12社）組織変更

事業承継 M社グループ（16社・総資産額60億円）：従業員持株会の設立

　　　　　医療法人H（総資産30億円）：持分のない医療法人への移行（有税型）

　　　　　医療法人O（資産総額65億円）：持分のない医療法人への移行（無税型）

税務訴訟 差押処分取消訴訟

　　　　　法人税の重加算税の賦課決定処分に対する異議申立て（2,000万円還付）

行政訴訟 地方自治体（訴額約25億円）：土地購入を違法とする住民訴訟

その他 S社（建築資材販売）：債権差押命令申立て（動産売買先取特権に基づく物上代位、約3,000万円の優先弁済）　ほか

弁護士法人 和田久法律事務所
WADA LAW OFFICE

〒892-0816　鹿児島市山下町16-11
TEL　099-222-3188　FAX　099-222-3189

8 (±0)			
P3	A5	顧0	
男8	女0		
外弁0	外資0		
他士1	事務4		

 1963年設立。設立当初より、行政機関、医療機関、農業協同組合および鹿児島県内に本店・支店を置く企業等の顧問業務を主に取り扱う。

B		行政
	医事	訴訟

■理念・特色

理念

当事務所は、所長である和田久が、1963年に「和田法律事務所」を開設してから、50年余にわたり、多数の案件に誠実に対応してまいりました。今後も、ご相談・ご依頼の1つひとつに真摯に取り組み、企業の経営や人生の問題に対して、小手先の解決ではなく、真の解決・真の利益は何であるかを見据え、ご相談やご依頼に丁寧にお応え致します。

特色

当事務所は、各案件の具体的内容や各弁護士の専門分野に応じ、案件ごとに、主任弁護士を定め、事務所内において「合議」を行いながら各案件に対応しております。最終的には、主任弁護士が責任をもって判断しておりますが、その過程において、事務所内の他の弁護士が第三者的視点から質疑を行うことで、各案件についてより精度の高い判断ができるよう気を配っております。案件により、複数の弁護士で対応することも多くあります。

さまざまな案件をお受けしておりますが、その多くが、顧問先の行政機関、医療機関、農業協同組合、各種企業からの相談です。最近は、企業の法令遵守が強く求められていることもあり、企業の社外取締役や監査役への就任の依頼も受けております。

また、顧問先の役員・従業員の方々の個人的な問題についてもご相談を受けております。

当事務所は、設立時より、行政機関や医療機関からのご依頼に対応してまいりましたが、これらの経験に基づき、通常の民事事件においても、専門的知識や関係機関との連携を活かした適切な事件対応を行うことができます。

■設立・沿革

1963年　和田久が、「和田法律事務所」を設立
1990年　名称を「和田・石走・蓑毛法律事務所」に改称
2014年4月1日　「弁護士法人和田久法律事務所」を設立

代表者	和田久（鹿児島県弁護士会）

主な顧問先　地方公共団体、地方自治法に基づく協議会、公共企業体、政府系金融機関、民間金融機関、医師会、医療機関、農業協同組合、農業法人、共済組合、鉄道業、学校法人、宗教法人、各種製造業、石油業、造船業、建設業、流通業、旅館業、商社、社会福祉法人、公益財団法人、一般社団・財団法人、等多岐にわたる

報酬体系　日弁連旧報酬規程に準ずる。

弁護士法人 和田久法律事務所

取扱業務 **企業法務全般　法律顧問業務** 日常の法律・経営相談、契約書作成・チェック、意見書作成、社員研修・講演等／**金融法務** 銀行・保険・金融商品取引に係る法的アドバイスや各種スキーム作成支援／**不動産法務** 賃貸、売買、境界紛争、建築紛争等／**労働法務** 人事・賃金・労災・懲戒・解雇・雇止め等の個別的労働関係、労働協約・団体交渉・争議行為等の団体的労使関係、就業規則の作成および変更等／**知財法務** ライセンス契約、権利侵害に対する訴訟・仮処分等／**独禁法関係** 独禁法その他競争法に関する相談、訴訟対応等／**リスクマネジメント** 民事介入暴力対応、コンプライアンス、企業刑事事件等／**会社法務** 事業承継、社外役員・第三者委員会委員就任、株主総会指導等／**企業買収・再編** スキーム策定、デューデリジェンス／**登記業務** 法人登記、不動産登記等／**従業員および役員の個人案件** 法律相談、訴訟対応等／**事業再生・倒産** 破産、民事再生、会社更生、特別清算等の申立代理、破産管財業務、更生管財業務、清算人業務、任意整理／**医療法務（医療機関側）** 医療および薬事に関する交渉ならびに訴訟対応、医療法人M&A、病院買収、医療機関運営・人事労務・施設管理等に関する相談対応、各種委員会委員就任／**行政法務（行政機関側）** 訴訟対応、各種行政処分取消請求事件、各種業務災害認定請求事件等、地方公共団体からの法律相談、紛争処理、各種委員会委員就任／**その他一般民事・刑事事件** 交通事故対応　交渉、訴訟、不動産、建築紛争、労働問題、労災に関する諸手続、家事紛争、相続・遺言等

P 和田久 東大、15期／蓑毛長史 中大、31期／新倉哲朗 中大、50期
A 村山大輔 早大、駒大LS、61期／**本多剛** 中大、中大LS、61期／**武雄太** 慶大、法大LS、62期／柊晃弘 九大、九大LS、64期／蓑毛長樹 横浜市大、神奈川大LS、66期
以上すべて鹿児島県弁護士会。

鹿児島

事件

独占禁止法24条に基づく差止仮処分命令申立事件・損害賠償等請求事件 離島への高速船を運航するA社が、同じく離島への高速船を運航するB社に対し、B社は運賃を不当廉売しているとして、不当廉売行為の差止めおよび損害賠償請求を行った案件。最終的にはA社とB社が合弁会社を設立し、高速船の共同運行を行うことで和解した。（B社代理人）

土地建物引渡等請求事件 医療法人Aが、医療法人Bとの間で、病院事業の承継を行う契約を締結したが、契約の履行がなされる前に、医療法人Bの理事長が死亡した結果、相続人が契約の無効を主張した案件。1審勝訴の後、高裁にて当初契約書とほぼ同内容の事業承継を行うことを内容とする和解が成立した。（医療法人A代理人）

船舶国籍証書等引渡命令申立事件 船舶修理費用を支払わずに民事再生手続を申し立てた船会社の所有する旅客船を差し押えるために、施錠された旅客船に強制的に立ち入り、船舶国籍証書を取り上げた案件。

鹿児島老夫婦殺害事件 裁判員裁判事件として全国初の死刑求刑事件において無罪判決が言い渡された案件。（主任弁護人）

弁護士法人 ひかり法律事務所
Hikari Law Office, LPC

〒900-0016　那覇市前島2-9-13　大城物産ビル2階
TEL　098-941-0660　FAX　098-941-0668
URL：http://www.hikarilawoffice.com　office@hikarilawoffice.com

5 (±0)	
P 1	A 4	顧 0
男 4	女 1
外弁 0	外資 0
他士 0	事務 7

小規模だが、沖縄における代表的企業法務専門事務所。一般事件のほか、特に、県内における大型倒産事件や多くの医療案件、労働案件等を手がけている。英語対応も可能。

■理念・特色

当事務所は、沖縄県の法律事務所として、一般の民事事件（金銭、交通事故、土地問題）はもちろん、家事事件も心をこめて取り扱っていますが、とりわけ、沖縄県の大型倒産事件（バス会社、消費者金融会社、ゴルフ場など）の解決や、医師会の顧問弁護士として多くの医療事故案件の解決を担当してきたところに特色があります。

お客様からのご依頼案件の解決に関しては、日常的に複数の弁護士で協議検討しており、より専門的で、適切な解決をめざしております。法的な紛争にはさまざまなものがあり、単に訴訟で勝敗をつけることだけがその紛争の解決ではありません。もちろん、訴訟での解決というのも選択肢の1つですが、それぞれの紛争の内容や人それぞれの事情によって、適切な解決方法も当然に異なってくるものです。より適切な紛争解決をするためには、ご自身の事情を客観的に把握し、その紛争解決にはどのような方法があるのか、複数の解決方法がある場合には、それぞれにどのような利点や欠点があるのかということを十分に理解したうえで、その方法を選択していくということが最も大切です。

そこで、当法律事務所は、法律専門家として、お客様の紛争解決のお手伝いをさせていただくにあたっては、次のことを心がけています。

1．お客様のお話に真摯に耳を傾け、事案をきちんと把握すること
2．当該事案に即した解決方法を提案し、それぞれの利害得失をわかりやすく丁寧に説明すること
3．どの解決方法を選択するかをお客様と共に考え、選択した方法の実現に全力を尽くすこと

当事務所は、事業再生・企業再編・労務管理を含めた企業法務全般に力を入れています。必要に応じて沖縄県外の法律事務所とも連携して対応しております。倒産・労働事案についての専門的な対応のほか、必要な場合には英語での対応も可能です。

また、医療法人・病院・医師のお客様からのニーズにお応えし、病院経営に関する法律問題や、医療事故の対応についても、ご対応できる体制を整えております。その他、地方自治体の法律顧問も務めており、その分野にも経験の蓄積があります。

■設立・沿革
2000年3月　那覇市前島に「ひかり法律事務所」を設立
2005年12月　法人化し、「弁護士法人ひかり法律事務所」設立

代表者　代表弁護士　阿波連光（沖縄弁護士会）
取扱言語　英語
主な顧問先　沖縄県内の地方自治体、政府系金融機関、銀行、大小問わずさまざまな県内企業、医師会、医療法人等
報酬体系　交渉・訴訟事件については着手金および成功報酬制を基本とする。お客様のご希望とご依頼案件の性質により、固定手数料制・時間制を採用することもある。顧問先のお客様については、簡単な相談・文書作成については無料とし、有料案件についても適宜減額の方向で受任。顧問料は（月額）50,000円～。

弁護士法人 ひかり法律事務所

取扱業務

企業法務全般 M&A・企業再編、企業倒産・事業再生、人事・労務等を含む／**医療法人の法務全般** 医療事故訴訟への対応等を含む／**一般民事全般** 金銭請求訴訟、不動産関係、建築関係等を含む／**行政事件** 被告として受任事件のほか、原告として処分の取消判決の取得実績有／**家事事件全般** 離婚、財産分与、遺産分割、成年後見等を含む／**個人破産・再生事件**／**刑事事件** 複数の無罪判決の獲得実績有

以上に関する国際業務（英語関係）も対応可能

P **阿波連光** 1988千葉大法経、46期、沖縄電力監査役、沖縄弁護士会会長

A **武田昌則** 1992京大法、46期、琉球大LS教授（担当民事法総合、法曹倫理等）、CA州弁護士、NY州弁護士

畑知成 1996阪大法、51期、琉球大LS非常勤講師（倒産法）、元沖縄弁護士会副会長

植松孝則 1993南山大法、55期

古謝千尋 2006横国大経、駿河台大LS、66期

以上すべて沖縄弁護士会。

著作 阿波連光「整理解雇・雇止めに関する裁判例」労働経済判例速報1822号（2003）／同「『再建型倒産手続下における整理解雇』に関する考察」経営法曹174号（2012）／武田昌則「会計監査人の損害賠償責任」琉大法学81号（2009）／同『Q&A 企業法務における損害賠償の実務』（共著、ぎょうせい、2007）／同「ハーグ子の奪取条約のわが国の批准と沖縄の抱える課題」（共著）沖縄法学41号（2012）／同「相続分ないし遺留分の減少を目的とした養子縁組の効力」琉大法学80号（2008）／同「嫡出推定制度に関する問題の立法的解決の必要性について」琉大法学79号（2008）／同「渉外家族法問題への対応と展望」法学セミナー673号（2011）／同「合同会社と米国LLCの比較に関する一考察」琉大法学75号（2006）／同「Legal Clinic Endeavour for International Family Law Clients in Okinawa」（共著）琉大法学83号（2010）／同「Japan : Legal Reform Following and Promoting Social and Economic Reform」琉大法学74号（2005）／同「Problems of Enforcing Child Support Orders Between the U.S. and Japan」琉大法学74号（2005）／畑知成「公認会計士の監査証明業務に関する損害賠償責任について」NBL879号（2008）／同「環状取引が破綻した場合の損失負担についての一考察」NBL859号（2007）

事件 自動車損害賠償保障法3条にいう「他人」性に関する最高裁破棄判決上告代理人担当事件（最判平成11.7.16判時1687.81）／監査法人トーマツに対するナナボシ粉飾決算事件判決（大阪地判平成20.4.18判時2007.104）／信用保証協会の錯誤無効の主張を認めなかった判決（福岡高等那覇支判平成23.9.1金判1381.40）

民事再生事件 オークス申立代理人、ナナボシ（大証二部）管財人代理、その他申立代理人および監督委員の経験多数

破産事件 那覇交通破産管財人、その他申立代理人および破産管財人の経験多数

金杜外国法事務弁護士事務所
King & Wood Mallesons

〒100-0014　東京都千代田区永田町1－11－28　クリムゾン永田町ビル4階
TEL　03-3508-5599　FAX　03-3501-5599
URL：www.kwm.com

　世界に広がるグローバルネットワークをベースとし、豊富な経験を基に、投資、国際貿易、知的財産権などについて、中国法に関わるリーガルサービスを提供。

■理念・特色

当事務所は、2005年1月に設立されました。中国大手総合法律事務所のメンバーとして、初めて日本の法務省から認可を受け、日本で積み重ねた経験をもとに、日本企業の皆様の中国における投資、国際貿易、知的財産権などに関するご相談等のサポートをさせていただいております。

中国北京に本部を置く金杜法律事務所（King & Wood Mallesons）が展開するグローバルネットワークの一員として、当事務所は「顧客第一」の理念に基づき、日本企業の皆様に誠心誠意、良質なリーガルサービスを提供しています。時々の法改正や政府方針の変更などによる業務環境の変化にスピーディかつ的確に対応することはもちろん、クロスボーダー案件が増加し、グローバルな対応が必要となる昨今、世界的な範囲において、一元管理されたリソース、緊密な協力体制による洗練された分業体制をベースに、クライアントの皆様の具体的な状況に応じた、合理的かつ実現性の高い解決案、法的アドバイスをご提供いたします。

当事務所は中国法に関わるリーガルサービスを提供させていただいており、特に、投資（現地法人の設立、M&A、組織再編等）、撤退（解散・清算、持分譲渡等）、現地法人の経営に関わる諸法律問題、国際貿易、税関、外貨管理、コンプライアンス・コーポレードガバナンス、紛争解決（訴訟、仲裁、労働紛争、行政制裁等）、知的財産権保護などに関して、豊富な経験と実績を有し、高い評価をいただいております。

■設立・沿革

2005年1月　金杜法律事務所が三宅・山崎法律事務所とともに外国法共同事業として設立

2013年4月　独立した外国法事務弁護士事務所として業務を開始

主な顧問先　上場、非上場を問わず、メーカー、商社、金融機関、サービス業、エネルギー関連など、多岐にわたる。

報酬体系　弁護士報酬、顧問料等の報酬体系は、事務所報酬規定による。案件の内容に応じ、定額制、タイムチャージ制など、クライアントのご要望に適した方式となるようご提案。

取扱言語　日本語、中国語、英語、ロシア語

代表者　陳天華　外国法事務弁護士　中国弁護士
中国内モンゴル師範大学ロシア語学部卒業、早稲田大学法学研究科修士、早稲田大学法学研究科博士後期課程単位取得。

著作　『中国のビジネス法入門』（中央経済社、日本語、共著）／『中国のビジネス法務Q&A』（中央経済社、日本語、共著）／『中国赴任者のための法務相談事例集』（商事法務、日本語、共著）そのほか、『国際商事法務』『NBL』『JCAジャーナル』等において多数の論文を発表。

金杜外国法事務弁護士事務所のグローバルネットワーク

金杜法律事務所（King & Wood Mallesons）

　金杜外国法事務弁護士事務所の母体である金杜法律事務所は、中国・北京に本部を置き、中国司法部から最も早く設立を認可されたパートナーシップ制法律事務所の1つとして1993年に設立された、中国弁護士業界をリードする中国国内最大規模の法律事務所の1つです。2012年には、170年以上の歴史を誇るオーストラリア屈指の国際法律事務所・Mallesons Stephen Jaques、2013年にはヨーロッパを代表する国際法律事務所・SJ Berwinと相次いで国際連盟を結成し、金杜法律事務所（King & Wood Mallesons）は、本部をアジアに置き、世界に30のオフィス、2,700名以上の弁護士を擁する世界規模でリーガルサービスを提供できる国際ブランドの1つとなりました。

King & Wood Mallesons Global Network　北京、成都、広州、杭州、香港、済南、青島、三亜、上海、深セン、蘇州、シンガポール、ブリスベン、キャンベラ、メルボルン、パース、シドニー、ブリュッセル、フランクフルト、ミュンヘン、ロンドン、ルクセンブルグ、ミラノ、パリ、マドリード、ドバイ、リヤド、ニューヨーク、シリコンバレー、東京

※北京、上海、広州、成都などの拠点にも日本語でリーガルサービスを提供する弁護士が多数在籍

取扱業務　**【中国法務】銀行・融資**　保険、買収ファイナンス、航空機ファイナンスおよびアセットファイナンス、金融規制およびコンプライアンス、中国からの対外投資、輸出入信用商品、国際的な債務／株式の再編、中国系金融機関の設立および資本参加、プロジェクトファイナンス、不動産ファイナンス、シンジケートローン、ファイナンスリース／**企業法務**　コンプライアンスおよび企業統治、環境法およびエネルギー、海外直接投資（FDI）、労務、合併・買収（M&A）、中国からの対外投資、不動産、税務、独占禁止法、外貨、税関／**証券**　証券の発行および上場（株式および債権を含む）、非上場会社に対するエクイティファイナンス、投資ファンドの設立、上場会社の合併・買収（M&A）、上場会社に対する法律顧問サービス、アセットマネジメント、証券化および金融派生商品／**国際貿易**　WTO紛争解決、貿易救済、米国関税法337条調査、税関対策およびその他の輸出入業務／**紛争解決**　国内訴訟案件、国際訴訟案件、仲裁、破産、再生、清算／**知的財産権**　特許、商標、著作権、知的財産法務、知的財産訴訟

※このほか、オーストラリア、ヨーロッパにおける法体系に対応した業務も取り扱う。

金杜法律事務所北京本部　日本業務統括責任者　中国弁護士　劉新宇

上海復旦大学法学部卒業、早稲田大学大学院法学研究科修士（民法）。
中国政法大学大学院特任教授、中国国際経済貿易仲裁委員会仲裁人、（一法）日本商事仲裁協会名簿仲裁人、中国人民大学税関・外為法研究所所長、中国社会科学院法学研究所私法研究センター研究員、早稲田大学トランスナショナルHRM研究所招聘研究員、中国・太平洋経済協力全国委員会人力資源委員会委員、中華全国弁護士協会国際業務委員会委員

著作　『中国赴任者のための法務相談事例集』（監修、商事法務、日本語）／『中国専門家が語る最新チャイナビジネス』（共著、日本在外企業協会、日本語）／『チェンジング・チャイナの人的資源管理―新しい局面を迎えた中国への投資と人事』（共著、白桃書房、日本語）／『事例でわかる国際企業法務入門』（共著、中央経済社、日本語）／『中国進出企業　再編・撤退の実務』（編著、商事法務、日本語）／『企業M&A独禁法審査制度の理論と実践』（共著、法律出版社、中国語）／『中国商業賄賂規制コンプライアンスの実務』（監修、商事法務、日本語）
ほか多数の論文を発表

資　料

日弁連旧報酬規程の概要

　現在、弁護士報酬は自由化されていますが、かつて、日弁連と弁護士会は、弁護士報酬の基準を会則として定めていました（後述のとおり平成16年に廃止）。この廃止された基準は、現在、一般に「日弁連旧報酬規程」などと呼ばれています。

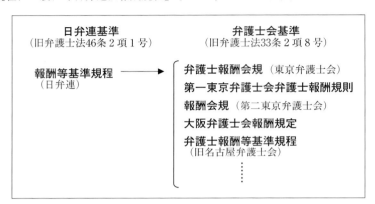

　具体的には、日弁連が「報酬等基準規程」（平成7年9月11日会規第38号。最終改正平成13年10月31日。以下「日弁連基準」という）を制定し、各弁護士会が日弁連基準の範囲内で、「弁護士報酬規則」「弁護士報酬会規」等の会則（名称は弁護士会によって異なります。以下「弁護士会基準」という）を制定していました。

　実際の報酬を規律するのは弁護士会基準で、日弁連基準は弁護士会基準の範囲を画するものです。たとえば、市民法律相談料について、日弁連基準が「30分ごとに5000円から1万円の範囲内の一定額」と範囲を定め、弁護士会基準が「30分ごとに5000円」等と具体的な金額を規定するといった形です。

　日弁連旧報酬規程は、弁護士会および日弁連が「弁護士の報酬に関する標準を示す規定」を会則として定める旨の弁護士法の規定（33条2項8号、46条2項1号）を根拠とするものでしたが、弁護士法改正（平成16年4月1日施行）により上記規定は削除され、これに伴い、日弁連旧報酬規程も廃止されました。現在、弁護士報酬の水準については「弁護士の報酬は、経済的利益、事案の難易、時間及び労力その他の事情に照らして適正かつ妥当なものでなければならない。」（弁護士の報酬に関する規程2条）との規定があるのみで、各弁護士が独自の基準を作成することとしていますが（同3条）、日弁連旧報酬規程も参考にされています。

　以下は、第二東京弁護士会「報酬会規」の要約を掲載します（民事再生手続（和議の廃止）、任意後見制度といった法改正に対応していないことにはご留意ください）。具体的な金額については、弁護士会ごとに細かな違いがありましたが、目安としてご参照ください。

弁護士報酬基準一覧表(1)

事件等		報酬の種類	弁護士報酬の額
法律相談等	1 法律相談	初回市民法律相談料	30分ごとに5000円
		一般法律相談料	30分ごとに5000円以上2万5000円以下
	2 書面による鑑定	鑑定料	複雑・特殊でないときは20万円以上30万円以下
民事事件	1 訴訟事件(手形・小切手訴訟事件を除く)、非訟事件、家事審判事件、行政事件及び仲裁事件	着手金	事件の経済的な利益の額が 　300万円以下の場合　　　　　　　　　　　　　　8% 　300万円を超え3000万円以下の場合　　　　5% ＋ 9万円 　3000万円を超え3億円以下の場合　　　　　3% ＋ 69万円 　3億円以上の場合　　　　　　　　　　　　 2% ＋369万円 ※ 事件の内容により、30%の範囲内で増減額することができる。 ※ 着手金の最低額は10万円
		報酬金	事件の経済的な利益の額が 　300万円以下の場合　　　　　　　　　　　　　　16% 　300万円を超え3000万円以下の場合　　　　10% ＋ 18万円 　3000万円を超え3億円以下の場合　　　　　6% ＋138万円 　3億円以上の場合　　　　　　　　　　　　 4% ＋738万円 ※ 事件の内容により、30%の範囲内で増減額することができる。
	2 調停及び示談交渉事件	着手金 報酬金	1に準ずる。ただし、それぞれの額を3分の2に減額することができる。 ※ 示談交渉から調停、示談交渉又は調停から訴訟その他の事件を受任するときの着手金は、1又は5の額の2分の1 ※ 着手金の最低額は10万円
	3 契約締結交渉	着手金	事件の経済的な利益の額が 　300万円以下の場合　　　　　　　　　　　　　　2% 　300万円を超え3000万円以下の場合　　　　1% ＋ 3万円 　3000万円を超え3億円以下の場合　　　　　0.5% ＋18万円 　3億円以上の場合　　　　　　　　　　　　 0.3% ＋78万円 ※ 事件の内容により、30%の範囲内で増減額することができる。 ※ 着手金の最低額は10万円
		報酬金	事件の経済的な利益の額が 　300万円以下の場合　　　　　　　　　　　　　　4% 　300万円を超え3000万円以下の場合　　　　2% ＋ 6万円 　3000万円を超え3億円以下の場合　　　　　1% ＋ 36万円 　3億円以上の場合　　　　　　　　　　　　 0.6% ＋156万円 ※ 事件の内容により、30%の範囲内で増減額することができる。
	4 督促手続事件	着手金	事件の経済的な利益の額が 　300万円以下の場合　　　　　　　　　　　　　　2%

事件等		報酬の種類	弁護士報酬の額
民事事件			300万円を超え3000万円以下の場合　　　　　　　　1％＋　3万円 3000万円を超え3億円以下の場合　　　　　　　　0.5％＋18万円 3億円以上の場合　　　　　　　　　　　　　　　0.3％＋78万円 ※　事件の内容により、30％の範囲内で増減額することができる。 ※　訴訟に移行したときの着手金は、1又は5の額と上記の額の差額とする。 ※　着手金の最低額は5万円
		報酬金	1又は5の額の2分の1 ※　報酬金は金銭等の具体的な回収をしたときに限って請求ができる。
	5　手形・小切手訴訟事件	着手金	事件の経済的な利益の額が 　300万円以下の場合　　　　　　　　　　　　　　4％ 　300万円を超え3000万円以下の場合　　　　　　2.5％＋　4.5万円 　3000万円を超え3億円以下の場合　　　　　　　1.5％＋　34.5万円 　3億円以上の場合　　　　　　　　　　　　　　1％＋184.5万円 ※　事件の内容により、30％の範囲内で増減額することができる。 ※　着手金の最低額は5万円
		報酬金	事件の経済的な利益の額が 　300万円以下の場合　　　　　　　　　　　　　　8％ 　300万円を超え3000万円以下の場合　　　　　　5％＋　9万円 　3000万円を超え3億円以下の場合　　　　　　　3％＋　69万円 　3億円以上の場合　　　　　　　　　　　　　　2％＋369万円 ※　事件の内容により、30％の範囲内で増減額することができる。
	6　離婚事件　調停事件　交渉事件	着手金 報酬金	30万円以上50万円以下 ※　離婚交渉から離婚調停を受任するときの着手金は、上記の額の2分の1 ※　財産分与、慰謝料等の請求は、上記とは別に、1又は2による。
	訴訟事件	着手金 報酬金	40万円以上60万円以下 ※　離婚調停から離婚訴訟を受任するときの着手金は、上記の額の2分の1 ※　財産分与、慰謝料等の請求は、上記とは別に、1又は2による。
	7　境界に関する事件	着手金 報酬金	40万円以上60万円以下 ※　1の額が上記の額より上回るときは、1による。 ※　上記の額は、依頼者の経済的資力、事案の複雑さ及び事件処理に要する手数の繁簡等を考慮し増減額することができる。
	8　借地非訟事件	着手金	借地権の額が5000万円以下の場合　　　　30万円以上50万円以下 借地権の額が5000万円を超える場合 　　　上記の「標準となる額」に5000万円を超える部分の0.5％を加算した額

事　件　等	報酬の種類			弁護士報酬の額	
民事事件		報酬金	申立人の場合	申立の認容	借地権の額の2分の1を経済的利益の額として、1による。
				相手方の介入権認容	財産上の給付額の2分の1を経済的利益の額として、1による。
			相手方の場合	申立の却下又は介入権の認容	借地権の額の2分の1を経済的利益の額として、1による。
				賃料の増額の認容	賃料増額分の7年分を経済的利益の額として、1による。
				財産上の給付の認容	財産上の給付額を経済的利益の額として、1による。
	9　保全命令申立事件等	着手金		1の着手金の額の2分の1。審尋又は口頭弁論を経たときは、1の着手金の額の3分の2。 ※　着手金の最低額は10万円	※　本案事件と併せて受任したときでも本案事件とは別に受けることができる。
		報酬金		事件が重大又は複雑なとき　1の報酬金の額の4分の1。 審尋又は口頭弁論を経たとき　1の報酬金の額の3分の1。 本案の目的を達したとき　1の報酬金に準じて受けることができる。	
	10　民事執行事件	民事執行事件	着手金	1の着手金の額の2分の1。	※　本案事件と併せて受任したときでも本案事件とは別に受けることができる。この場合の着手金は、1の3分の1を限度とする。 ※　着手金の最低額は5万円。
			報酬金	1の報酬金の額の4分の1。	
		執行停止事件	着手金	1の着手金の額の2分の1。	
			報酬金	事件が重大又は複雑なとき　1の報酬金の額の4分の1。	
	11　破産・和議・会社整理・特別清算、会社更生の申立事件	着手金		資本金、資産、負債額、関係人等事件の規模に応じ、それぞれ次に掲げる額 (1)　事業者の自己破産　　　　　　　　　　　50万円以上 (2)　非事業者の自己破産　　　　　　　　　　20万円以上 (3)　自己破産以外の破産　　　　　　　　　　50万円以上 (4)　事業者の和議　　　　　　　　　　　　　100万円以上 (5)　非事業者の和議　　　　　　　　　　　　30万円以上 (6)　会社整理　　　100万円以上 (7)　特別清算　　　100万円以上 (8)　会社更生　　　200万円以上	※　保全事件の弁護士報酬は着手金に含まれる。

事　件　等	報酬の種類	弁護士報酬の額	
民　事　事　件		報酬金	1に準ずる（この場合の経済的利益の額は、配当資産、免除債権額、延払いによる利益、企業継続による利益等を考慮して算定する）。 　ただし、前記(1)(2)の自己破産事件の報酬金は免責決定を受けたときに限る。	
	12　任意整理事件 　　（11の各事件に該当しない債務整理事件）	着手金	資本金、資産、負債額、関係人の数等事件の規模に応じ、それぞれ次に掲げる額 (1)　事業者の任意整理　　　　　　　　　　　　　　50万円以上 (2)　非事業者の任意整理　　　　　　　　　　　　　20万円以上	
		報酬金	イ　事件が清算により終了したとき 　(1)　弁護士が債権取立、資産売却等により集めた配当源資額（債務の弁済に供すべき金員又は代物弁済に供すべき資産の価額。以下同じ）につき 　　500万円以下の場合　　　　　　　　　　　　　15% 　　500万円を超え1000万円以下の場合　　　　　10%＋25万円 　　1000万円を超え5000万円以下の場合　　　　　8%＋45万円 　　5000万円を超え1億円以下の場合　　　　　　6%＋145万円 　　1億円以上の場合　　　　　　　　　　　　　5%＋245万円 　(2)　依頼者及び依頼者に準ずる者から任意提供を受けた配当源資額につき 　　5000万円以下の場合　　　　　　　　　　　　　3% 　　5000万円を超え1億円以下の場合　　　　　　　2%＋50万円 　　1億円以上の場合　　　　　　　　　　　　　1%＋150万円 ロ　事件が債務の減免、履行期限の猶予又は企業継続等により終了したときは、11の報酬に準ずる。 ハ　事件の処理について裁判上の手続を要したときは、イロに定めるほか、相応の報酬金を受けることができる。	
	13　行政上の審査請求・異議申立・再審査請求その他の不服申立事件	着手金	1の着手金の額の3分の2の額	※　審尋又は口頭審理等を経たときは、1に準ずる。 ※　着手金の最低額は10万円
		報酬金	1の報酬金の額の2分の1の額	

〈備考〉
○民事事件1〜5
特に定めのない限り、着手金は事件等の対象の経済的利益の額を、報酬金は委任事務処理により確保した経済的利益の額をそれぞれ基準として算定する。

算定可能な場合の算定基準
　イ　金額債権　債権総額（利息及び遅延損害金を含む）
　ロ　将来の債権　債権総額から中間利息を控除した額
　ハ　継続的給付債権　債権総額の10分の7の額。ただし、期間不定のものは、7年分の額。
　ニ　賃料増減額請求事件　増減額分の7年分の額
　ホ　所有権　対象たる物の時価相当額

ヘ 占有権・地上権・永小作権・賃借権及び使用借権　対象たる物の時価の2分の1の額。ただし、権利の時価がその時価を超えるときは、権利の時価相当額
ト 建物についての所有権に関する事件　建物の時価相当額に敷地の時価の3分の1を加算した額
　　建物についての占有権・賃借権及び使用借権に関する事件　ヘにその敷地の時価の3分の1の額を加算した額
チ 地役権　承役地の時価の2分の1の額
リ 担保権　被担保債権額。ただし、担保物の時価が債権額に達しないときは、担保物の時価相当額
ヌ 不動産についての所有権・地上権・永小作権・地役権・賃借権及び担保権等の登記手続請求事件　ホ、ヘ、チ及びリに準じた額
ル 詐害行為取消請求事件　取消請求債権額。ただし、取り消される法律行為の目的の価額が債権額に達しないときは、法律行為の目的の価額
オ 共有物分割請求事件　対象となる持分の時価3分の1の額。ただし、分割の対象となる財産の範囲又は持分に争いがある部分については、対象となる財産の範囲又は持分の額
ワ 遺産分割請求事件　対象となる相続分の時価相当額。ただし、分割の対象となる財産の範囲又は相続分についての争いのない部分については、相続分の時価の3分の1の額
カ 遺留分減殺請求事件　対象となる遺留分の時価相当額
ヨ 金銭債権についての民事執行事件　請求債権額。ただし、執行対象物件の時価が債権額に達しないときは、執行対象物件の時価相当額（担保権設定、仮差押等の負担があるときは、その負担を斟酌した時価相当額）

算定不能な場合の算定基準
　　800万円とする。ただし、事件等の難易・軽重・手数の繁簡及び依頼者の受ける利益等を考慮して増減額することができる。
※　経済的利益の額と紛争の実態又は依頼者の受ける額とに齟齬があるときは増減額しなければならない。

○**民事事件7**
※　境界に関する事件とは、境界確定訴訟、境界確定を含む所有権に関する訴訟その他をいう。
※　調停及び示談交渉事件の場合は、左の額を、それぞれ3分の2に減額することができる。
※　示談交渉から調停、示談交渉又は調停から訴訟その他の事件を受任するときの着手金は、左の額又は1の額の2分の1。

○**民事事件8**
※　調停事件・示談交渉事件は左に準ずる。ただし、それぞれの額を3分の2に減額することができる。
※　示談交渉から調停、示談交渉又は調停から訴訟その他の事件を受任するときの着手金は、左の着手金の額の2分の1。

弁護士報酬基準一覧表(2)

※簡易計算一覧表

事件等		報酬の種類	弁護士報酬の額		
刑事事件	1　起訴前及び起訴後（第一審及び上訴審をいう。以下同じ）の事案簡明な刑事事件	着手金	30万円以上50万円以下		
		報酬金	起訴前	不起訴	30万円以上50万円以下
				求略式命令	上記の額を超えない額
			起訴後	刑の執行猶予	30万円以上50万円以下
				求刑された刑が軽減された場合	上記の額を超えない額
	2　起訴前及び起訴後の1以外の事件及び再審事件	着手金	50万円以上		
		報酬金	起訴前	不起訴	50万円以上
				求略式命令	50万円以上
			起訴後	無罪	60万円以上
				刑の執行猶予	50万円以上
				求刑された刑が軽減された場合	軽減の程度による相当額
				検察官上訴が棄却された場合	50万円以上
	3　再審請求事件	着手金	50万円以上		
		報酬金	50万円以上		
	4　保釈・勾留の執行停止・抗告・即時抗告・準抗告・特別抗告・勾留理由開示等の申立て	着手金報酬金	依頼者との協議により、被告事件及び被疑事件のものとは別に受けることができる。		
	5　告訴・告発・検察審査の申立て・仮釈放・仮出獄・恩赦等の手続	着手金	1件につき　　　　　　　　　　　　　　10万円以上		
		報酬金	依頼者との協議により受けることができる。		
少年事件	1　家庭裁判所送致前及び送致後　　2　抗告・再抗告及び保護処分の取消	着手金	30万円以下50万円以下		
		報酬金	非行事実なしに基づく審判不開始又は不処分	30万円以上	
			その他	30万円以上50万円以下	

〈備考〉

○刑事事件1〜2

※　事案簡明な事件とは、特段の複雑さ、困難さ又は煩雑さが予想されず、委任事務処理に特段の労力又は時間を要しないと見込まれる事件であって、起訴前については事実関係に争いがない情状事件、起訴後については公判開廷数が2ないし3回程度と見込まれる情状事件（上告事件を除く）をいう。

※　同一弁護士が起訴前に受任した事件を起訴後も引き続き受任するときは1の着手金を受けることができる。ただし、事案簡明な事件については、起訴前の事件の着手金の2分の1とする。

※　同一弁護士が引き続き上訴事件を受任するときは着手金及び報酬金を減額することができる。追加して受任する事件が同種であることにより、追加件数の割合に比して1件あたりの執務量が軽減されるときは着手金及び報酬金を減額することができる。

※ 検察官上訴の取下げ又は免訴、公訴棄却、刑の免除、破棄差戻若しくは破棄移送の言い渡しがあったときの報酬金は、費やした時間執務量を考慮したうえで、1による。

○少年事件 1～2
※ 家庭裁判所送致前の受任か否か、非行事実の争いの有無、少年の環境調整に要する手数の繁簡、身柄付の観護措置の有無、試験観察の有無等を考慮し、事件の重大性等により、増減額することができる。
※ 同一弁護士が引き続き抗告審等を受任するときは着手金及び報酬金を減額することができる。
※ 追加して受任する事件が同種であることにより、追加件数の割合に比して1件あたりの執務量が軽減されるときは着手金及び報酬金を減額することができる。
※ 逆送致事件は、刑事事件の1及び2による。ただし、同一弁護士が受任する場合の着手金は、送致前の執務量を考慮して、受領済みの少年事件の着手金の範囲内で減額できる。

事件等（手数料の項目）		分　　類	弁護士報酬（手数料）の額
裁判上の手数料	1　証拠保全（本案事件を併せて受任したときでも本案事件の着手金と別に受けることができる）	基　本	20万円に民事事件の1により算定された額の10％を加算した額
		特に複雑又は特殊な事情がある場合	弁護士と依頼者との協議により定める額
	2　即決和解（本手数料を受けたときは、契約書その他の文書を作成しても、その手数料を別に請求することができない）	示談交渉を要しない場合	経済的な利益の額が 　300万円以下の場合　　　　10万円 　300万円を超え3000万円以下の場合 　　　　　　　　　　　1％＋　7万円 　3000万円を超え3億円以下の場合 　　　　　　　　　　　0.5％＋22万円 　3億円以上の場合　0.3％＋82万円
		示談交渉を要する場合	示談交渉事件として、民事事件の2、6ないし8による。
	3　公示催告		2の示談交渉を要しない場合と同額
	4　倒産整理事件の債権届出	基　本	5万円以上10万円以下
		特に複雑又は特殊な事情がある場合	弁護士と依頼者との協議により定める額
	5　簡易な家事審判（家事審判法第9条第1項甲類に属する家事審判事件で事案簡明なもの）		10万円以上20万円以下
裁判外の手数料	1　法律関係調査（事実関係調査を含む）	基　本	5万円以上20万円以下
		特に複雑又は特殊な事情がある場合	弁護士と依頼者との協議により定める額
	2　契約書類及びこれに準ずる書類の作成	定型　経済的利益の額が1,000万円未満のもの	10万円
		定型　経済的利益の額が1,000万円以上1億円未満のもの	20万円
		定型　経済的利益の額が1億円以上のもの	30万円以上

事件等（手数料の項目）	分　　　類		弁護士報酬（手数料）の額
	非定型	基　　本	経済的な利益の額が 　300万円以下の場合　　　　　　10万円 　300万円を超え3000万円以下の場合 　　　　　　　　　　　　　1％＋　7万円 　3000万円を超え3億円以下の場合 　　　　　　　　　　　　0.3％＋28万円 　3億円以上の場合　0.1％＋88万円
		特に複雑又は特殊な事情がある場合	弁護士と依頼者との協議により定める額
		公正証書にする場合	上記の手数料に3万円を加算する。
3　内容証明郵便作成	基　　本		弁護士名の表示の有無を区別せず、3万円以上5万円以下
	特に複雑又は特殊な事情がある場合		弁護士と依頼者との協議により定める額
4　遺言書作成	定型		10万円以上20万円以下
	非定型	基　　本	経済的な利益の額が 　300万円以下の場合　　　　　　20万円 　300万円を超え3000万円以下の場合 　　　　　　　　　　　　　1％＋17万円 　3000万円を超え3億円以下の場合 　　　　　　　　　　　　0.3％＋38万円 　3億円以上の場合　0.1％＋98万円
		特に複雑又は特殊な事情がある場合	弁護士と依頼者との協議により定める額
		公正証書にする場合	上記の手数料に3万円を加算する。
5　遺言執行	基　　本		経済的な利益の額が 　300万円以下の場合　　　　　　30万円 　300万円を超え3000万円以下の場合 　　　　　　　　　　　　　2％＋24万円 　3000万円を超え3億円以下の場合 　　　　　　　　　　　　　1％＋54万円 　3億円以上の場合　0.5％＋204万円
	特に複雑又は特殊な事情がある場合		弁護士と受遺者との協議により定める額
	遺言執行に裁判手続を要する場合		遺言執行手数料とは別に、裁判手続に要する弁護士報酬を請求できる。
6　会社設立等	設立・増減資・合併・分割・組織変更・通常清算		資本額若しくは総資産額のうち高い額又は増減資額が 　1000万円以下の場合　4％ 　1000万円を超え2000万円以下の場合 　　　　　　　　　　　　　3％＋　10万円 　2000万円を超え1億円以下の場合 　　　　　　　　　　　　　2％＋　30万円 　1億円を超え2億円以下の場合 　　　　　　　　　　　　　1％＋130万円

事件等（手数料の項目）	分　類	弁護士報酬（手数料）の額
裁判外の手数料		2億円を超え20億円以下の場合 　　　　　　　0.5％＋　230万円 20億円以上の場合　0.3％＋　630万円
7　会社設立等以外の登記等	申請手続	1件　　　　　　　　　　　　5万円 ※　事案によっては増減額できる。
	交付手続	登記簿謄抄本、戸籍謄抄本、住民票等の交付手続きは、 　1通につき　　　　　　　1000円
8　株主総会等指導	基　本	30万円以上
	総会準備も指導する場合	50万円以上
9　現物出資等証明（商法第173条第3項等及び有限会社法第12条の3第3項等に基づく証明）		1件　　　　　　　　　　　30万円 ※　出資等にかかる不動産価格及び調査の難易、繁簡等を考慮して増減額できる。
10　簡易な自賠責請求（自動車損害賠償責任保険に基づく被害者による簡易な損害賠償請求）		次により算定された額 　給付金額が150万円以下の場合 　　　　　　　　　　　　　3万円 　給付金額が150万円を超える場合 　　　　　　　　　　給付金額の2％ ※　損害賠償請求権の存否又はその額に争いがある場合には増減額できる。

報酬の種類	区　分	弁護士報酬の額	備　考
顧問料	事業者の顧問料	月額5万円以上	
	非事業者の顧問料	年額6万円（月額5000円）以上	
日　当	半　日	3万円以上5万円以下	半日（往復2時間を超え4時間まで）
	1　日	5万円以上10万円以下	1日（往復4時間を超える場合）

(注) 1　依頼者との協議により、上の表によらず、弁護士報酬の額を1時間ごとに1万円以上の時間制（日当を含み、実費を含まない）にすることができる。
　　 2　弁護士報酬の支払時期
　　　　イ　着手金　　　　　　　　　　事件又は法律事務（以下「事件等」という）の依頼を受けたとき
　　　　ロ　報酬金　　　　　　　　　　事件等の処理が終了したとき
　　　　ハ　その他の弁護士報酬　　　　規定に特に定めのあるときはそれに従い、定めがないときは依頼者との協議により定められたとき
　　 3　事件等の個数
　　　　イ　弁護士報酬は1件ごとに定めるものとし、裁判上の事件は審級ごとに、裁判外の事件等は当初依頼を受けた事務の範囲をもって1件とする。裁判外の事件等が裁判上の事件に移行したときは別件とする。
　　　　ロ　同一弁護士が引き続き上訴審を受任したときの報酬金は、特に定めのない限り、最終審の報酬金のみを受ける。
　　 4　依頼者の人数と弁護士報酬請求権等
　　　　イ　弁護士は各依頼者に対し、弁護士報酬を請求することができる。
　　　　ロ　紛争の実態が共通な複数の事件を受任するとき若しくは複数の依頼者から委任事務処理の一部を共通とする同種事件を受任するときは、弁護士報酬を減額することができる。
　　　　ハ　1件の事件等を複数の弁護士が受任したときは、各弁護士による受任が依頼者の意思に基づくとき若しくは複数の弁護士によらなければ依頼の目的を達することが困難であり、かつその事情を依頼者が認めたときには、それぞれの弁護士報酬を請求することができる。

5 弁護士の説明義務等
  イ 弁護士は依頼者に、あらかじめ弁護士報酬等について十分説明しなければならない。
  ロ 弁護士は、委任契約書が作成されている場合を除き、依頼者から申し出があるときは、弁護士報酬等の額、その算出方法及び支払時期に関する事項を記載した報酬説明書を交付しなければならない。
6 依頼者が経済的資力に乏しいとき又は特別な事情にあるときは、弁護士報酬の支払時期を変更し又は減額若しくは免除できる。
7 事件等が特に重大若しくは複雑なとき、審理若しくは処理が著しく長期にわたるとき又は受任後同様の事情が生じたときは、弁護士報酬を増額することができる。
8 着手金及び報酬金を受ける事件等につき、依頼の目的を達することについての見通し又は依頼者の経済的事情その他の事由により、着手金を規定どおり受けることが相当でないときは、着手金を減額して、報酬金を増額することができる。ただし、この場合において、着手金及び報酬金の合計額は、民事事件1により許容される着手金と報酬金の合算額を超えてはならない。
9 委任契約の中途終了
  イ 事件等の処理が、解任、辞任又は委任事務の継続不能により、中途で終了したときは、依頼者と協議のうえ、委任事務処理の程度に応じて、清算する。
  ロ イにおいて、弁護士のみに重大な責任があるときは、弁護士は受領済の弁護士報酬の全部を返還しなければならない。ただし、既に委任事務の重要な部分の処理を終了しているときは、依頼者と協議のうえ、全部又は一部を返還しないことができる。
  ハ イにおいて、弁護士に責任がないにもかかわらず、依頼者が弁護士の同意なく委任事務を終了させたとき、依頼者が故意又は重大な過失により委任事務処理を不能にしたとき、その他依頼者に重大な責任があるときは、弁護士は、弁護士報酬の全部を請求することができる。ただし、弁護士が委任事務の重要な部分の処理を終了していないときは、その全部については請求することができない。
10 依頼者が着手金、手数料又は委任事務処理に関する実費等の支払を遅滞したときは、あらかじめ依頼者に通知し、事件等に着手せず又はその処理を中止することができる。
11 依頼者が弁護士報酬又は立替実費等を支払わないときは、依頼者に対する金銭債務と相殺し又は事件等に関して保管中の書類その他のものを依頼者に引き渡さないでおくことができる。
12 会規に定める基準は、消費税法(昭和63年法108)に基づき弁護士の役務に対して課せられる消費税の額に相当する金額を含まない。

出典:「第二東京弁護士会報酬会規」(第二東京弁護士会、平成8年(1996年)5月1日)に基づいて一部レイアウトを変更。

INDEX

■掲載弁護士等 50 音順索引
※顧問・外国法事務弁護士・他士業など含む

■法曹期・登録年別索引
■証券コード別社外役員索引

掲載弁護士等50音順索引

〈あ 行〉

相川いずみ（真和総合）132
相川裕（真和総合）132
相澤恵美（TMI総合）162
相澤豪（TMI総合）162
相澤貞止（岡部・山口）60
相澤光江（TMI総合）162
相羽利昭（三宅・今井・池田）266
相羽洋一（しるべ総合）322
相原啓介（原後綜合）222
相原隆（東町）416
相原友里（シティユーワ）112
相原亮介（森・濱田松本）274
アインゼル・フェリックス＝ラインハルト（ゾンデルホフ）146
阿江順也（ベーカー＆マッケンジー）240
青山裕美子（シティユーワ）112
青木和久（卓照綜合）156
青木勝之（牛島総合）42
青木清志（新四谷）130
青木邦夫（ベーカー＆マッケンジー）240
青木俊介（アンダーソン・毛利・友常）30
青木翔太郎（シティユーワ）112
青木晋治（岩田合同［山根室］）40
青木智子（東京霞ヶ関）166
青木秀茂（さくら共同）108
青木大（長島・大野・常松）194
青木優子（新四谷）130
青木竜太（シティユーワ）112
青代深雪（新堂・松村）126
青戸理成（鳥飼総合）190
青柳徹（長島・大野・常松）194
青柳良則（アンダーソン・毛利・友常）30
青山薫（片岡総合）80
青山慶子（山下江）422
青山慎一（森・濱田松本）274
青山大樹（森・濱田松本）274
青山正博（岩田合同［山根室］）40
青山正幸（森・濱田松本）274

青山學（アイ・パートナーズ）308
赤石理（大江橋）346
赤井文彌（卓照綜合）156
赤上博人（アンダーソン・毛利・友常）30
赤川公男（東京富士）176
赤川圭（アンダーソン・毛利・友常）30
赤木潤子（神戸ブルースカイ）412
赤木翔一（辰野・尾崎・藤井）380
赤木貴哉（二重橋）210
赤木文生（神戸ブルースカイ）412
赤坂屋潤（西村あさひ）206
赤崎雄作（中央総合）382
明石一秀（隼あすか）220
赤鹿大樹（西村あさひ）206
縣俊介（みなと協和）264
赤塚洋信（小島国際）104
赤塚寛（岡部・山口）60
茜ケ久保公二（TMI総合）162
赤羽根大輝（増田パートナーズ）252
赤羽貴（アンダーソン・毛利・友常）30
赤堀志高（西村あさひ）206
赤堀有吾（虎ノ門南）188
赤堀龍吾（TMI総合）162
秋田圭太（御堂筋）398
秋田智佳子（広島総合）420
秋月良子（髙井・岡芹）152
秋野卓生（匠総合）158
秋葉健志（須藤・髙井）138
秋本誠司（森・濱田松本）274
秋本壮（TMI総合）162
秋元奈穂子（アンダーソン・毛利・友常）30
秋山淳（原後綜合）222
秋山恵里（長島・大野・常松）194
秋山佐企子（ブレークモア）236
秋山洋（柳田国際）280
秋山洋（御堂筋）398
秋山美華（北浜）360

秋山泰夫（小沢・秋山）68
秋山祐子（TMI総合）162
秋山里絵（馬場・澤田）218
秋吉忍（堂島総合）386
阿久津裕美（TMI総合）162
緋田薫（外立総合）216
淺井研（紀尾井町）86
浅井詩帆（長島・大野・常松）194
浅井大輔（森・濱田松本）274
浅井隆（第一芙蓉）150
浅井真央（大江橋）346
浅井悠太（烏丸）330
浅尾耕平（協和綜合）366
浅岡輝彦（あさひ）22
浅岡義之（西村あさひ）206
浅倉稔雅（官澤綜合）12
朝倉秀俊（スクワイヤ）136
朝倉舞（中本総合）392
朝倉誠（増田パートナーズ）252
浅地正吾（ジョーンズ・デイ）124
朝田規与至（シティユーワ）112
浅田登世雄（三宅坂総合）268
浅妻敬（長島・大野・常松）194
朝妻太郎（新潟第一）304
浅沼大貴（北浜）360
浅沼雅人（ときわ）184
浅野綾子（ほくと総合）244
浅野聡子（卓照綜合）156
浅野貴志（真和総合）132
浅野結（長島・大野・常松）194
浅野裕紀（西村あさひ）206
浅原弘明（シティユーワ）112
麻布秀行（ひかり総合）226
莇智子（クリフォードチャンス）92
浅見靖峰（西村あさひ）206
浅利慶太（神戸ブルースカイ）412
味香直希（はばたき綜合）396
芦澤千尋（クリフォードチャンス）92
東志穂（第一芙蓉）150
東貴裕（西村あさひ）206
東卓（小沢・秋山）68
麻生裕介（シティユーワ）112

阿多博文（興和）370
足立舞子（クリフォードチャンス）92
足立昌聡（ジョーンズ・デイ）124
足立学（東京富士）176
足立悠馬（森・濱田松本）274
安達理（アンダーソン・毛利・友常）30
安達裕（長島・大野・常松）194
吾妻望（東京八丁堀）174
渥美央二郎（紀尾井町）86
渥美博夫（渥美坂井）24
渥美雅之（森・濱田松本）274
渥美三奈子（東京グリーン）166
厚谷襄児（日比谷総合）228
穴田功（瓜生・糸賀）46
阿南剛（潮見坂綜合）110
阿野寛之（大手町）428
阿波連光（ひかり）450
安部史郎（馬場・澤田）218
安立飛（西村あさひ）206
安倍嘉一（森・濱田松本）274
阿部えり香（アンダーソン・毛利・友常）30
阿部洸三（TMI総合）162
阿部諭（ベーカー＆マッケンジー）240
阿部昭吾（阿部・井窪・片山）26
阿部次郎（西村あさひ）206
阿部信一郎（ベーカー＆マッケンジー）240
阿部豊隆（TMI総合）162
阿部博昭（小沢・秋山）68
阿部弘和（エル・アンド・ジェイ）52
阿部博（紀尾井坂テーミス綜合）84
阿部正幸（兼子・岩松）82
阿部泰彦（東京グリーン）166
阿部裕介（クリフォードチャンス）92
安保智勇（中央総合）382
尼口寛美（TMI総合）162
天野勝介（北浜）360
天野里史（御堂筋）398
天野園子（森・濱田松本）274
天野佳洋（島田）120
網谷拓（萬年総合）436
網野精一（阿部・井窪・片山）26

雨宮慶（MOFO伊藤見富）278
雨宮沙耶花（淀屋橋・山上合同）404
雨宮弘和（小島国際）104
雨宮正啓（小川総合）64
雨宮眞也（雨宮眞也）28
雨宮真歩（雨宮眞也）28
雨宮史尚（雨宮眞也）28
雨宮美季（AZX総合）48
綾克己（ときわ）184
綾聡平（TMI総合）162
新井愛子（牛島総合）42
新井一希（匠総合）158
新井慶右（田中彰寿）334
新井朗司（森・濱田松本）274
新井由紀（三宅・山崎）270
新井理栄（柏木総合）76
荒井悦久（TMI総合）162
荒井恵理（長島・大野・常松）194
荒井太一（森・濱田松本）274
荒井隆男（虎門中央）186
荒井達也（稲葉総合）38
荒井紀充（長島・大野・常松）194
荒井正児（森・濱田松本）274
荒井康弘（丸の内総合）260
荒井喜美（西村あさひ）206
荒尾幸三（中之島中央）390
荒川俊也（リバーシティ）18
荒川仁雄（松田綜合）256
荒川雄二郎（北浜）360
新木伸一（長島・大野・常松）194
荒木昭子（大江橋）346
荒木尚（佐野総合）16
荒木美智子（ひかり総合）226
荒木源徳（MOFO伊藤見富）278
嵐麻衣子（西村あさひ）206
荒関哲也（牛島総合）42
荒瀬尊宏（さくら共同）108
荒竹純一（さくら共同）108
荒田龍輔（岩田合同［山根室］）40
荒巻慶士（あさひ）22
荒巻禎一（烏丸）330
有井友臣（森・濱田松本）274
有岡一大（色川）336
有賀隆之（虎門中央）186
有賀幹夫（匠総合）158

有田知徳（シティユーワ）112
有竹雄亮（三宅）400
有富丈之（潮見坂綜合）110
有松晶（西村あさひ）206
有吉尚哉（西村あさひ）206
有賀文宣（ベーカー＆マッケンジー）240
粟井勇貴（TMI総合）162
粟井良祐（山下江）422
粟生香里（森・濱田松本）274
粟澤方智（奥野総合）66
粟田口太郎（アンダーソン・毛利・友常）30
粟津卓郎（曾我）144
粟原大喜（牛島総合）42
粟谷翔（長島・大野・常松）194
安西明毅（アンダーソン・毛利・友常）30
安西統裕（長島・大野・常松）194
安藤勝利（北浜）360
安藤源太（石嵜・山中総合）36
安藤翔（アンダーソン・毛利・友常）30
安藤紘人（アンダーソン・毛利・友常）30
安藤広人（英知）344
安藤裕実（長島・大野・常松）194
安藤文子（田辺総合）160
安藤雅範（あゆの風）312
安藤芳朗（しょうぶ）320
安部健介（森・濱田松本）274
飯島歩（北浜）360
飯島博（森・濱田松本）274
飯島智之（半蔵門総合）224
飯島奈絵（堂島）384
飯島美恵（小栗・石畔）318
飯島康央（紀尾井町）86
飯田岳（阿部・井窪・片山）26
飯田圭（中村合同）202
飯田研吾（兼子・岩松）82
飯田耕一郎（森・濱田松本）274
飯田哲也（ベーカー＆マッケンジー）240
飯田晃久（佐野総合）16
飯田直樹（成和明哲）142
飯田直久（日本大通り）300
飯田英男（奥野総合）66
飯田龍太（森・濱田松本）274

飯田亮真（梅ヶ枝中央）338
飯塚暁夫（大野総合）56
飯塚啓（西村あさひ）206
飯塚陽（TMI総合）162
飯塚佳都子（シティユーワ）112
飯塚卓也（森・濱田松本）274
飯塚優子（東京八丁堀）174
飯永大地（西村あさひ）206
飯野悠介（森・濱田松本）274
飯村重樹（松田綜合）256
飯村北（西村あさひ）206
飯村敏明（ユアサハラ）286
飯村尚久（森・濱田松本）274
飯村佳夫（はばたき綜合）396
家田真吾（しょうぶ）320
家近知直（第一）376
家近正直（第一）376
家永由佳里（徳永・松﨑・斉藤）432
井垣太介（西村あさひ）206
五十嵐敦（TMI総合）162
五十嵐チカ（西村あさひ）206
五十嵐紀男（山田・尾﨑）284
五十嵐誠（西村あさひ）206
五十嵐充（髙井・岡芹）152
五十嵐亮（新潟第一）304
猪狩勇人（アンダーソン・毛利・友常）30
生田和也（奥野総合）66
生田美弥子（北浜）360
井口敦（淀屋橋・山上合同）404
井口浩治（アイ・パートナーズ）308
井口直樹（長島・大野・常松）194
井口寛司（神戸シティ）408
井窪保彦（阿部・井窪・片山）26
池内稚利（光和総合）102
池上慶（黒田）94
池上哲朗（京都総合）332
池上由樹（堂島）384
池口毅（大阪西総合）350
池田篤紀（アイリス）310
池田綾子（森・濱田松本）274
池田和世（森・濱田松本）274
池田勝幸（TMI総合）162
池田賢史（日本大通り）300
池田賢生（TMI総合）162
池田彩穂里（アンダーソン・毛利・友常）30

池田早織（徳永・松﨑・斉藤）432
池田順一（長島・大野・常松）194
池田眞一郎（紀尾井坂テーミス綜合）84
池田成史（ベーカー＆マッケンジー）240
池田孝宏（アンダーソン・毛利・友常）30
池田辰夫（北浜）360
池田達郎（岩田合同［山根室］）40
池田毅（森・濱田松本）274
池田知朗（第一芙蓉）150
池田展子（西村あさひ）206
池田宣大（AZX総合）48
池田記子（TMI総合）162
池田宏（真和総合）132
池田裕彦（大江橋）346
池田万美（TMI総合）162
池田守（西村あさひ）206
池田理明（東京桜橋）170
池田美奈子（小川総合）64
池田靖（三宅・今井・池田）266
池田孔明（西村あさひ）206
池田佳史（栄光）342
池田良輔（御堂筋）398
池田亮平（アンダーソン・毛利・友常）30
池田洹（照国総合）446
井桁大介（あさひ）22
池永朝昭（アンダーソン・毛利・友常）30
池野由香里（栄光）342
池原元宏（野村綜合）214
池袋真実（長島・大野・常松）194
池辺健太（シティユーワ）112
池辺健太（明倫国際）438
池村聡（森・濱田松本）274
池本真彦（たいよう）426
伊郷亜子（小川総合）64
井﨑淳二（東京グリーン）166
伊仕次啓二（ゾンデルホフ）146
井澤秀昭（日本大通り）300
石井昭仁（アンダーソン・毛利・友常）30
石井あやか（シティユーワ）112
石井絵梨子（森・濱田松本）274

石井健（アンダーソン・毛利・友常）30
石井宏治（東京六本木）182
石井淳（アンダーソン・毛利・友常）30
石井妙子（髙橋三兄弟）14
石井崇（大江橋）346
石井禎（ベーカー＆マッケンジー）240
石井輝久（シティユーワ）112
石井次郎（松尾綜合）254
石井教文（大阪西総合）350
石井宏明（小田原三の丸）296
石井文晃（長島・大野・常松）194
石井通洋（色川）336
石井靖子（岡田春夫綜合）354
石井裕介（森・濱田松本）274
石井庸子（ベーカー＆マッケンジー）240
石井亮（鳥飼総合）190
石井林太郎（スプリング）140
石井渉（アンダーソン・毛利・友常）30
石居茜（ロア・ユナイテッド）292
石垣美帆（東京桜橋）170
石川賢吾（東京丸の内）180
石川智史（島田）120
石川重明（本間合同）250
石川大輝（森・濱田松本）274
石川貴教（森・濱田松本）274
石川拓哉（牛島総合）42
石川正（大江橋）346
石川達紘（光和総合）102
石川哲夫（光和総合）102
石川哲平（岡村綜合）62
石川敏夫（ベーカー＆マッケンジー）240
石川直樹（エル・アンド・ジェイ）52
石川直樹（森・濱田松本）274
石川智也（西村あさひ）206
石川裕人（協和総合）366
石川祐（稲葉総合）38
石川由佳子（桃尾・松尾・難波）272
石黒一利（篠崎・進士）116
石黒剛（西村あさひ）206
石黒徹（森・濱田松本）274

石黒英明（小沢・秋山）68
石黒美幸（長島・大野・常松）194
石黒保雄（丸の内中央）262
石畔重次（小栗・石畔）318
石毛和夫（ほくと総合）244
石嵜信憲（石嵜・山中総合）36
石嵜裕美子（石嵜・山中総合）36
石崎泰哲（西村あさひ）206
石島弘（太陽綜合）418
石園貴大（TMI総合）162
石田明子（大江橋）346
石田英治（ひかり総合）226
石田治（小島国際）104
石田学（AZX総合）48
石田晃士（隼あすか）220
石田康平（西村あさひ）206
石田茂（丸の内中央）262
石田慎也（中之島中央）390
石田哲也（牛島総合）42
石田英遠（アンダーソン・毛利・友常）30
石田麻衣（太陽綜合）418
石田昌彦（TMI総合）162
石田幹人（森・濱田松本）274
石田宗弘（三宅坂総合）268
石田渉（森・濱田松本）274
石塚重臣（アンダーソン・毛利・友常）30
石塚智教（宮崎綜合）402
石塚洋之（長島・大野・常松）194
石津真二（大江橋）346
石堂磨耶（森・濱田松本）274
石堂瑠me（TMI総合）162
石鍋謙吾（野村綜合）214
石橋尚季（小笠原六川国際総合）58
石橋尚行（菊地総合）88
石橋伸也（神戸シティ）408
石橋博（丸の内総合）260
石橋誠之（森・濱田松本）274
石橋源也（アンダーソン・毛利・友常）30
石原修（TMI総合）162
石原和史（長島・大野・常松）194
石原詩織（あさひ）22
石原慎一郎（TMI総合）162
石原真二（石原総合）314

石原達夫（スプリング）140
石原尚子（MOFO伊藤見富）278
石原仁（アンダーソン・毛利・友常）30
石原坦（アンダーソン・毛利・友常）30
石原真弓（大江橋）346
石原遥平（淀屋橋・山上合同）404
石原麗央奈（きっかわ）362
石丸鐵太郎（神戸中央）410
石村信雄（霞ヶ関総合）78
石本茂彦（森・濱田松本）274
石森博行（シティユーワ）112
石綿学（森・濱田松本）274
伊豆明彦（西村あさひ）206
伊豆隆義（東京グリーン）166
出田真樹子（TMI総合）162
泉篤志（岩田合同［山根室］）40
泉潤子（隼あすか）220
泉徳治（TMI総合）162
和泉宏陽（真和総合）132
泉本和重（匠総合）158
伊勢智子（TMI総合）162
井関正裕（共栄）364
磯田直也（ユアサハラ）286
磯田光男（三宅）400
五十畑亜紀子（東京八丁堀）174
磯部健介（シティユーワ）112
礒山海（アンダーソン・毛利・友常）30
井田大輔（ほくと総合）244
井田美穂子（ベーカー＆マッケンジー）240
板垣幾久雄（虎門中央）186
板倉陽一郎（ひかり総合）226
板橋加奈（ベーカー＆マッケンジー）240
板谷隆平（長島・大野・常松）194
一井泰淳（古賀総合）98
市川瑛里子（長島・大野・常松）194
市川佐知子（田辺総合）160
市川直介（森・濱田松本）274
市川浩行（三宅・今井・池田）266
市川雅士（森・濱田松本）274
市川充（リソルテ総合）290
市川穣（虎ノ門南）188

市毛由美子（のぞみ総合）212
市古裕太（TMI総合）162
一條實昭（アンダーソン・毛利・友常）190
一條典子（ひかり総合）226
市野澤剛士（半蔵門総合）224
一之瀬香子（西村あさひ）206
一場和之（西村あさひ）206
市橋卓（シティユーワ）112
市橋拓（しょうぶ）320
市丸健太郎（不二）434
市丸信敏（不二）434
市村大介（高橋三兄弟）14
市村拓斗（森・濱田松本）274
出井直樹（小島国際）104
井手慶祐（シティユーワ）112
井出ゆり（アンダーソン・毛利・友常）30
出光恭介（日本大通り）300
射手矢好雄（森・濱田松本）274
伊東有道（TMI総合）162
伊東啓（西村あさひ）206
伊東玄一郎（ベーカー＆マッケンジー）240
伊東孝（小笠原六川国際総合）58
伊東卓（新四谷）130
伊東成海（アンダーソン・毛利・友常）30
伊東眞（真和総合）132
伊東正朗（ジョーンズ・デイ）124
伊東正彦（佐野総合）16
伊藤亜紀（片岡総合）80
伊藤彩華（シティユーワ）112
伊藤瑩子（西綜合）204
伊藤一哉（梶谷綜合）74
伊藤歌奈子（石原総合）314
伊藤憲二（森・濱田松本）274
伊藤健太郎（TMI総合）162
伊藤康太（牛島総合）42
伊藤茂昭（シティユーワ）112
伊藤真悟（新四谷）130
伊藤慎悟（西村あさひ）206
伊藤愼司（隼あすか）220
伊藤信二（神戸ブルースカイ）412
伊藤誠吾（スプリング）140
伊藤多嘉彦（アンダーソン・毛利・友常）30
伊藤孝浩（菊地綜合）88

伊藤敬之（色川）336
伊藤拓（御堂筋）398
伊藤毅（東京フレックス）178
伊藤知佐（共栄）364
伊藤剛志（西村あさひ）206
伊藤鉄男（西村あさひ）206
伊藤哲哉（アンダーソン・毛利・友常）30
伊藤直子（アンダーソン・毛利・友常）30
伊藤伸明（長島・大野・常松）194
伊藤信彦（光和綜合）102
伊藤暢洋（アンダーソン・毛利・友常）30
伊藤晴國（ジョーンズ・デイ）124
伊藤尚（阿部・井窪・片山）26
伊藤英之（田辺総合）160
伊藤広樹（岩田合同［山根室］）40
伊藤浩也（アンダーソン・毛利・友常）30
伊藤真紀（宮崎綜合）402
伊藤眞（長島・大野・常松）194
伊藤昌夫（長島・大野・常松）194
伊藤昌毅（第一協同）148
伊藤雅浩（内田・鮫島）44
伊藤真弥（西村あさひ）206
伊藤麻里（アンダーソン・毛利・友常）30
伊藤美沙都（奥野総合）66
伊藤達泰（春名・田中）414
伊藤三奈（ベーカー＆マッケンジー）240
伊東祐介（鳥飼総合）190
伊藤雄馬（森・濱田松本）274
伊藤有紀（しょうぶ）320
伊藤豊（西村あさひ）206
伊藤遼（島田）120
伊藤亮介（TMI総合）162
伊藤彌（協和綜合）366
糸賀了（瓜生・糸賀）46
糸田省吾（長島・大野・常松）194
井戸充浩（エル・アンド・ジェイ）52
糸山亮（長島・大野・常松）194
伊奈弘員（ジョーンズ・デイ）124

稲井宏紀（アンダーソン・毛利・友常）30
稲垣勝之（TMI総合）162
稲垣司（石井）34
稲垣弘則（西村あさひ）206
稲垣洋之（山下江）422
稲垣航（敬和綜合）96
稲瀬雄一（MOFO伊藤見富）278
稲田行祐（中央総合）382
稲田祥子（TMI総合）162
稲田正毅（共栄）364
稲田森（MOFO伊藤見富）278
稲田康男（小沢・秋山）68
稲葉慧（稲葉総合）38
稲葉大輔（TMI総合）162
稲葉威雄（鳥飼総合）190
稲葉正泰（ベーカー＆マッケンジー）240
稲葉譲（稲葉総合）38
稲葉良幸（TMI総合）162
稲葉和香子（大江橋）346
井浪敏史（西村あさひ）206
稲村育雄（横浜綜合）302
稲吉大輔（梅ヶ枝中央）338
乾正幸（桃尾・松尾・難波）272
犬飼一博（梅ヶ枝中央）338
犬島伸能（長島・大野・常松）194
犬塚暁比古（須藤・髙井）138
犬塚有理沙（西村あさひ）206
井上愛朗（森・濱田松本）274
井上葵（アンダーソン・毛利・友常）30
井上皓子（長島・大野・常松）194
井上彰（新保・髙﨑）128
井上朗（ベーカー＆マッケンジー）240
井上彰（しょうぶ）320
井上淳（森・濱田松本）274
井上治（牛島総合）42
井上貴美子（アンダーソン・毛利・友常）30
井上響太（三宅）400
井上圭史（大樹）324
井上健二（西村あさひ）206
井上康一（ジョーンズ・デイ）124
井上聡（アンダーソン・毛利・友常）30

井上聡（長島・大野・常松）194
井上俊介（フレッシュフィールズ）238
井上真一郎（三宅）400
井上聡（長島・大野・常松）194
井上卓士（第一）376
井上貴宏（TMI総合）162
井上拓（日比谷パーク）230
井上裕明（半蔵門総合）224
井上広樹（長島・大野・常松）194
井上裕史（関西）358
井上博隆（御池総合）328
井上博登（長島・大野・常松）194
井上正範（牛島総合）42
井上雅之（匠総合）158
井上祐子（TMI総合）162
井上裕子（西村あさひ）206
井上裕也（三宅坂総合）268
井上譲（アンダーソン・毛利・友常）30
井上悠梨（MOFO伊藤見富）278
井上義隆（大野総合）56
井上能裕（丸の内総合）260
井上龍太郎（光和総合）102
井上諒一（森・濱田松本）274
井上廉（東京八丁堀）174
稲生隆浩（森・濱田松本）274
伊能優子（オリック）72
井口加奈子（スクワイヤ）136
茨城敏夫（ベーカー＆マッケンジー）240
茨木雅明（森・濱田松本）274
伊吹健人（御池総合）328
今井明日香（大江橋）346
今井功（TMI総合）162
今井和男（虎門中央）186
今井俊介（神戸海都）406
今井政介（西村あさひ）206
今井崇敦（曾我）144
今井健夫（三宅・今井・池田）266
今井健仁（TMI総合）162
今井武大（協和綜合）366
今井千尋（アイリス）310
今井智一（清水直）122
今井春乃（三宅・今井・池田）266

今井浩（柏木総合）76
今井誠（新潟第一）304
今井慶貴（新潟第一）304
今井靖博（山田・尾崎）284
今井裕貴（アンダーソン・毛利・友常）30
今井陽子（東町）416
今泉勇（西村あさひ）206
今泉慶太（渥美坂井）24
今泉忠（不二）434
今和泉学（瓜生・糸賀）46
今枝丈宜（TMI総合）162
今枝史絵（御堂筋）398
今川忠（協和綜合）366
今城賢介（MOFO伊藤見富）278
今城智徳（きっかわ）362
今田晋一（梅田総合）340
今田瞳（シティユーワ）112
今津幸子（アンダーソン・毛利・友常）30
今戸知惠（奥野総合）66
今仲翔（森・濱田松本）274
今中利昭（関西）358
今村憲（三宅・山崎）270
今村俊太郎（TMI総合）162
今村武史（柳田国際）280
今村哲（リソルテ総合）290
今村誠（三宅坂総合）268
今村峰夫（久保井総合）368
今村由幾（TMI総合）162
井村俊介（曾我）144
井本吉俊（長島・大野・常松）194
井門慶介（クリフォードチャンス）92
伊山正和（京都総合）332
伊從寛（シティユーワ）112
入谷淳（渥美坂井）24
入谷正章（入谷）316
入星亮介（英知）344
入山幸（梶谷綜合）74
岩井泉（協和綜合）366
岩井久美子（曾我）144
岩井宏樹（TMI総合）162
岩城方臣（中央総合）382
岩城本臣（中央総合）382
岩倉正和（西村あさひ）206
岩佐和雄（松尾総合）254
岩佐孝仁（隼あすか）220
岩崎浩平（三宅）400

岩崎周作（MOFO伊藤見富）278
岩崎省三（MOFO伊藤見富）278
岩崎大（アンダーソン・毛利・友常）30
岩崎大輔（三宅）400
岩崎哲朗（アゴラ）442
岩崎友彦（長島・大野・常松）194
岩崎文昭（鳥飼総合）190
岩崎将基（西村あさひ）206
岩崎洋平（内田・鮫島）44
岩﨑祥大（森・濱田松本）274
岩﨑良平（本間合同）250
岩下明弘（三宅・今井・池田）266
岩下芳乃（桜樹）440
岩品信明（TMI総合）162
岩瀬ひとみ（西村あさひ）206
岩瀬吉和（アンダーソン・毛利・友常）30
岩田香織（辻巻総合）326
岩田和久（梅ヶ枝中央）338
岩田光史（真和総合）132
岩田修（東京グリーン）166
岩田準平（西村あさひ）206
岩田拓朗（半蔵門総合）224
岩田登希子（菊地総合）88
岩田幸剛（TMI総合）162
岩谷博紀（北浜）360
岩月泰頼（松田綜合）256
岩出誠（ロア・ユナイテッド）292
岩波修（桃尾・松尾・難波）272
岩野高明（ロア・ユナイテッド）292
岩渕健彦（エール）10
岩渕正樹（ふじ合同）234
岩渕正紀（ふじ合同）234
岩間郁乃（西村あさひ）206
岩間智女（阿部・井窪・片山）26
岩見勇志（協和綜合）366
岩村修二（長島・大野・常松）194
岩元昭博（丸の内総合）260
岩本文男（淀屋橋・山上合同）404
岩本安昭（興和）370
殷宏亮（虎門中央）186
印藤弘二（はばたき綜合）396
上枝賢一郎（小沢・秋山）68

植木亮（霞ヶ関総合）78
植草宏一（みなと協和）264
上﨑貴史（TMI総合）162
上里美登利（御池総合）328
上嶋孝法（西村あさひ）206
上杉秋則（フレッシュフィールズ）238
上杉浩介（佐野総合）16
上杉達也（瓜生・糸賀）46
上杉将文（梅ヶ枝中央）338
上田淳史（岩田合同［山根室］）40
上田綾乃（長島・大野・常松）194
上田一郎（長島・大野・常松）194
上田亙（西村あさひ）206
上田純（久保井総合）368
上田潤一（アンダーソン・毛利・友常）30
上田慎（梶谷綜合）74
上田倫史（中本総合）392
上田豊陽（東京霞ヶ関）166
上田直樹（さくら共同）108
上田望美（紀尾井坂テーミス綜合）84
上田裕康（大江橋）346
上田真嗣（西村あさひ）206
上田雅大（森・濱田松本）274
上田円（TMI総合）162
上田有美（西村あさひ）206
植田達（西村あさひ）206
植田利文（森・濱田松本）274
植竹勝（阿部・井窪・片山）26
上谷佳宏（東町）416
上中綾子（日辺総合）160
上西拓也（岩田合同［山根室］）40
上沼紫野（虎ノ門南）188
上野一郎（佐野総合）16
上野一英（TMI総合）162
上野さやか（TMI総合）162
上野潤一（シティユーワ）112
上野貴士（アゴラ）442
上野祐（新潟第一）304
上野尚文（LM）54
上野元（西村あさひ）206
上野昌子（大江橋）346
上野正裕（西村あさひ）206
上野満貴（森・濱田松本）274

植野公介（TMI総合）162
上原拓也（大江橋）346
上原誠（松田綜合）256
植松悟（松松）8
植松孝則（ひかり）450
植松貴史（渥美坂井）24
植松祐二（田辺総合）160
上村剛（東京丸の内）180
上村真一郎（桃尾・松尾・難波）272
植村公彦（御堂筋）398
植村京子（LM）54
植村幸也（大江橋）346
植村淳子（関西）358
上柳敏郎（東京駿河台）172
上山一知（渥美坂井）24
魚住泰宏（大江橋）346
宇梶暁貴（西村あさひ）206
宇加治恭子（明倫国際）438
宇賀神崇（森・濱田松本）274
宇賀村彰彦（鳥飼総合）190
浮田美穂（兼六）306
右崎大輔（片岡総合）80
宇佐神順（ホワイト＆ケース）248
宇佐美満規子（小田原三の丸）296
宇佐美善哉（本間合同）250
宇治圭（鳥飼総合）190
宇治佑星（長島・大野・常松）194
氏家真紀子（梅ヶ枝中央）338
潮田治彦（協和総合）366
氏家隆国（敬和綜合）96
氏家悠（リバーシティ）18
氏家優太（長島・大野・常松）194
牛島信（牛島総合）42
牛嶋将二（ブレークモア）236
牛嶋龍之介（三宅・山崎）270
宇治野壮歩（長島・大野・常松）194
牛之濱将太（アンダーソン・毛利・友常）30
牛山琢文（稲葉総合）38
後平真輔（西村あさひ）206
臼井幸治（岩田合同［山根室］）40
臼井慶宜（森・濱田松本）274
碓氷正志（雨宮眞也）28

臼杵弘宗（西村あさひ）206
臼杵善治（アンダーソン・毛利・友常）30
臼田高順（TMI総合）162
臼田啓之（西村あさひ）206
宇田川法也（森・濱田松本）274
内海雄介（菊地綜合）88
内川治哉（御堂筋）398
内芝良輔（三宅）400
内田清人（岡村綜合）62
内田久美子（鳥飼総合）190
内田修平（森・濱田松本）274
内田譲二（隼あすか）220
内田貴（森・濱田松本）274
内田拓志（日比谷綜合）228
内田創（匠総合）158
内田晴（森・濱田松本）274
内田公志（内田・鮫島）44
内田誠（岡田春夫綜合）354
内田光俊（MOFO伊藤見富）278
内田実（虎ノ門南）188
内田靖人（虎ノ門南）188
内田るみ子（三宅坂総合）268
内津冬樹（森・濱田松本）274
内野寛信（TMI総合）162
内間裕（西村あさひ）206
宇都宮秀樹（森・濱田松本）274
宇都宮一志（清和）374
内海健司（長島・大野・常松）194
内海智直（アイ・パートナーズ）308
内海英博（TMI総合）162
有働達朗（長島・大野・常松）194
宇波洋介（MOFO伊藤見富）278
宇野伸太郎（西村あさひ）206
宇野総一郎（長島・大野・常松）194
鵜木崇史（長島・大野・常松）194
鵜瀞惠子（大江橋）346
生方紀裕（西村あさひ）206
右馬埜大地（TMI総合）162
馬場健太（アンダーソン・毛利・友常）30
海川直毅（なにわ共同）394
海野薫（ジョーンズ・デイ）124
海野圭一朗（TMI総合）162
梅澤拓（長島・大野・常松）194

梅澤治爲（東京八丁堀）174
梅澤誠（西村あさひ）206
梅島修（ホワイト＆ケース）248
梅園裕之（西村あさひ）206
梅田将吾（西村あさひ）206
梅田慎介（大野総合）56
梅田宏康（TMI総合）162
梅田賢（西村あさひ）206
梅津公美（アンダーソン・毛利・友常）30
梅津英明（森・濱田松本）274
梅津立（アンダーソン・毛利・友常）30
梅野晴一郎（長島・大野・常松）194
梅林和馬（東京霞ヶ関）166
梅原啓（西村あさひ）206
梅原梓（鳥飼総合）190
梅村陽一郎（リバーシティ）18
梅本大祐（ブレークモア）236
梅本弘（栄光）342
梅本麻衣（森・濱田松本）274
浦岡洋（森・濱田松本）274
浦勝則（ブレークモア）236
浦上俊一（柳田国際）280
浦田和栄（関西）358
浦田悠一（大江橋）346
浦中祐孝（岩田合同［山根室］）40
浦野祐介（西村あさひ）206
卜部忠史（成和明哲）142
占部彰宏（きっかわ）362
占部裕典（三宅）400
浦部明子（虎ノ門南）188
浦邊卓次郎（スクワイヤ）136
浦山周（中央総合）382
瓜生健太郎（瓜生・糸賀）46
瓜生嘉之（岡田春夫綜合）354
宇留賀俊介（ときわ）184
上床元保（MOFO伊藤見富）278
上床竜司（あさひ）22
永口学（岩田合同［山根室］）40
江頭あがさ（TMI総合）162
恵木大輔（石井）34
易智久（あさひ）22
江口昭彦（TMI総合）162
江口順一（三宅）400
江口尚吾（西村あさひ）206
江口拓哉（森・濱田松本）274
江口智子（東京駿河台）172

江口直明（ベーカー＆マッケンジー）240
江口真理恵（二重橋）210
江口雄一郎（TMI総合）162
江黒早耶香（シティユーワ）112
江崎滋恒（アンダーソン・毛利・友常）30
江﨑元紀（西村あさひ）206
江刺良太（西村あさひ）206
江尻琴美（敬和綜合）96
江尻隆（西村あさひ）206
江副哲（匠総合）158
惠谷浩紀（MOFO伊藤見富）278
枝野幸男（真和綜合）132
江藤真理子（TMI総合）162
江藤美奈（古賀総合）98
衛藤佳樹（TMI総合）162
榎木智浩（二重橋）210
榎本修（アイリス）310
榎本ゆき乃（横浜綜合）302
江橋翔（森・濱田松本）274
江端重信（三宅坂綜合）268
江畠健彦（石嵜・山中総合）36
江幡奈歩（阿部・井窪・片山）26
江鳩孝二（北浜）360
海老沢宏行（長島・大野・常松）194
海老沼英次（田辺総合）160
江平享（森・濱田松本）274
江見弘武（大江橋）346
江本康能（アンダーソン・毛利・友常）30
衞本豊樹（渥美坂井）24
江守英雄（奥野総合）66
延増拓郎（石嵜・山中総合）36
遠藤一義（芝綜合）118
遠藤聖志（ベーカー＆マッケンジー）240
遠藤努（長島・大野・常松）194
遠藤英明（田辺総合）160
遠藤啓之（菊地綜合）88
遠藤元一（東京霞ヶ関）166
遠藤泰裕（永沢総合）192
遠藤祐吾（TMI総合）162
遠藤由紀子（奥野総合）66
遠藤洋一（小沢・秋山）68
遠藤美光（堀総合）246
及川健一郎（立川・及川）298
及川富美子（渥美坂井）24
追川道代（紀尾井坂テーミス綜合）

84
王嶺（TMI総合）162
大井修平（TMI総合）162
大井哲也（TMI総合）162
大井悠紀（西村あさひ）206
大井倫太郎（吉峯総合）288
大石篤史（森・濱田松本）274
大石歌織（北浜）360
大石和也（西村あさひ）206
大石健太郎（長島・大野・常松）194
大石皓一（紀尾井坂テーミス綜合）84
大石貴大（長島・大野・常松）194
大石武宏（北浜）360
大石忠生（隼あすか）220
大石真帆（西村あさひ）206
大石裕太（アンダーソン・毛利・友常）30
大石幸雄（西村あさひ）206
大岩直子（さくら共同）108
大上岳彦（神戸ブルースカイ）412
大上良介（渥美坂井）24
大内麻子（アンダーソン・毛利・友常）30
大内捷司（入谷）316
大浦佳純（佐々木総合）4
大浦貴史（岩田合同［山根室］）40
大浦智美（三宅）400
大江耕治（桃尾・松尾・難波）272
大江修子（TMI総合）162
大江祥雅（大江橋）346
大賀朋貴（西村あさひ）206
大川治（堂島）384
大川恒星（淀屋橋・山上合同）404
大川剛平（長島・大野・常松）194
大川淳子（EY）20
大川隆之（深沢綜合）232
大川友宏（長島・大野・常松）194
大川美貴（西村あさひ）206
大河原健（ベーカー＆マッケンジー）240
大河原啓充（吉峯総合）288

大河原遼平（TMI総合）162
大岸聡（西村あさひ）206
大木祐二（田中彰寿）334
大桐代真子（深沢綜合）232
大櫛健一（岩田合同［山根室］）40
大串淳子（渥美坂井）24
大口敬（中央総合）382
大口裕司（エル・アンド・ジェイ）52
大久保映貴（鳥飼総合）190
大久保和樹（TMI総合）162
大久保圭（長島・大野・常松）194
大久保裕史（クリフォードチャンス）92
大久保由美（島田）120
大久保涼（長島・大野・常松）194
大倉早織（淀屋橋・山上合同）404
大倉文明（隼あすか）220
大河内亮（アンダーソン・毛利・友常）30
大越有人（TMI総合）162
大胡誠（柳田国際）280
大坂彰吾（フレッシュフィールズ）238
大嵜将史（TMI総合）162
大迫唯志（広島総合）420
大沢拓（淀屋橋・山上合同）404
大澤加奈子（梶谷綜合）74
大澤潤也（佐野総合）16
大澤貴史（牛島総合）42
大澤崇（ベーカー＆マッケンジー）240
大澤武史（中央総合）382
大澤俊行（隼あすか）220
大澤雄雄（第一芙蓉）150
大塩春佳（西村あさひ）206
大下良仁（二重橋）210
大島惇至（西村あさひ）206
大島浩司（ベーカー＆マッケンジー）240
大島秀二（隼あすか）220
大島貴文（真和綜合）132
大島俊之（淀屋橋・山上合同）404
大島正照（TMI総合）162
大島正寿（横浜綜合）302

大島義孝（アンダーソン・毛利・友常）30
大嶋功（大樹）324
大嶋正道（片岡総合）80
大下慶太郎（長島・大野・常松）194
大城章顕（のぞみ総合）212
大杉真（ゾンデルホフ）146
大住洋（小松）372
大瀬戸豪志（御池総合）328
大田愛子（フレッシュフィールズ）238
大田裕章（紀尾井町）86
太田雅苗子（TMI総合）162
太田慎也（北浜）360
太田大三（丸の内総合）260
太田孝彦（シティユーワ）112
太田貴久（米屋・林）6
太田知成（TMI総合）162
太田麦（外立総合）216
太田秀夫（ベーカー＆マッケンジー）240
太田浩之（中央総合）382
太田幹彦（ふじ合同）234
太田穣（長島・大野・常松）194
太田洋（西村あさひ）206
大多和樹（大江橋）346
太田垣佳樹（芝綜合）118
大髙利通（アンダーソン・毛利・友常）30
大高友一（中本総合）392
大武和夫（長島・大野・常松）194
大竹裕隆（アンダーソン・毛利・友常）30
大嶽雄輝（松尾綜合）254
大谷寛（大野総合）56
大谷種臣（淀屋橋・山上合同）404
大谷悠紀子（森・濱田松本）274
大谷禎男（桃尾・松尾・難波）272
大塚あかり（松尾綜合）254
大塚功（佐野総合）16
大塚一郎（東京六本木）182
大塚和成（二重橋）210
大塚俊（西村あさひ）206
大塚清明（中之島中央）390
大塚千華子（田中彰寿）334
大塚徳人（大樹）324

大塚啓生（大野総合）56
大塚冨佐子（ベーカー＆マッケンジー）240
大塚将晃（御堂筋）398
大槻健介（アンダーソン・毛利・友常）30
大月雅博（阿部・井窪・片山）26
大槻由昭（西村あさひ）206
大坪和敏（馬場・澤田）218
大坪めぐみ（明倫国際）438
大寺正史（田辺総合）160
大藤敏（東京丸の内）180
大友秀剛（匠総合）158
大友真紀子（堂島）384
大西一成（アンダーソン・毛利・友常）30
大西正一郎（奥野総合）66
大西剛（東京丸の内）180
大西千尋（ユアサハラ）286
大西信治（森・濱田松本）274
大西ひとみ（阿部・井窪・片山）26
大西洋至（田中彰寿）334
大西玲子（東京フレックス）178
大貫敏史（TMI総合）162
大貫裕仁（西村あさひ）206
大沼竜也（ときわ）184
大沼真（長島・大野・常松）194
大野一行（長島・大野・常松）194
大野憲太郎（西村あさひ）206
大野志保（森・濱田松本）274
大野昇平（米屋・林）6
大野澄子（永沢総合）192
大野聖二（大野総合）56
大野智恵美（かばしま）430
大野裕紀（みなと協和）264
大野浩之（大野総合）56
大野夕紀（ベーカー＆マッケンジー）240
大野了一（虎ノ門南）188
大野渉（田辺総合）160
大庭浩一郎（丸の内総合）260
大場規安（淀屋橋・山上合同）404
大場寿人（三宅坂総合）268
大場正成（シティユーワ）112
大場悠樹（西村あさひ）206
大峡通生（曾我）144
大橋香名子（片岡総合）80

大橋君平（松田綜合）256
大橋慧（神戸ブルースカイ）412
大橋さやか（アンダーソン・毛利・友常）30
大橋純也（西村あさひ）206
大橋久維（MOFO伊藤見富）278
大橋良二（新潟第一）304
大林良寛（淀屋橋・山上合同）404
大平茂（ユアサハラ）286
大平修司（中央総合）382
大平直（長島・大野・常松）194
大平光代（梅田総合）340
大平勇介（ジョーンズ・デイ）124
大渕哲（長島・大野・常松）194
大部博之（小笠原六川国際総合）58
大堀徳人（桃尾・松尾・難波）272
大前由子（瓜生・糸賀）46
大曲紹仁（K&L Gates）100
大間知麗子（MOFO伊藤見富）278
大水英智（奥野総合）66
大南修平（小田原三の丸）296
大宮正（西村あさひ）206
大向尚行（西村あさひ）206
大村健（TMI総合）162
大村慧（西村あさひ）206
大村せり（TMI総合）162
大村剛史（髙井・岡芹）152
大村扶美枝（新堂・松村）126
大村麻美子（TMI総合）162
大室幸子（森・濱田松本）274
大森剛（梅ヶ枝中央）338
大森裕一郎（ベーカー＆マッケンジー）240
大矢一郎（長島・大野・常松）194
大矢和秀（西村あさひ）206
大山剛志（ジョーンズ・デイ）124
生頼雅志（TMI総合）162
大呂紗智子（アゴラ）442
岡香里（岩田合同［島根室］）40
岡次郎（関西）358
岡知敬（アンダーソン・毛利・友常）30
岡英男（春名・田中）414

岡浩喜（アンダーソン・毛利・友常）30
岡正晶（梶谷綜合）74
岡佳典（シティユーワ）112
岡竜司（長島・大野・常松）194
岡龍太郎（ベーカー＆マッケンジー）240
岡内真哉（シティユーワ）112
岡崎和子（真和総合）132
岡崎誠一（森・濱田松本）274
小笠原耕司（小笠原六川国際総合）58
小笠原治彦（ベーカー＆マッケンジー）240
小笠原匡隆（森・濱田松本）274
小笠原理穂（小笠原六川国際総合）58
岡島直也（野村綜合）214
岡筋泰之（淀屋橋・山上合同）404
岡芹健夫（髙井・岡芹）152
岡田淳（森・濱田松本）274
岡田和樹（フレッシュフィールズ）238
岡田加奈子（アンダーソン・毛利・友常）30
岡田恵子（長島・大野・常松）194
岡田孝太郎（西村あさひ）206
岡田さなゑ（大江橋）346
岡田次弘（ベーカー＆マッケンジー）240
岡田徹（北浜）360
岡田智英（大樹）324
岡田奈穂（アンダーソン・毛利・友常）30
岡谷茂樹（森・濱田松本）274
岡田春夫（岡田春夫綜合）354
岡田英之（TMI総合）162
岡田紘明（長島・大野・常松）194
岡田誠（TMI総合）162
岡田理樹（石井）34
岡田美香（シティユーワ）112
岡田康彦（北浜）260
岡田裕貴（K&L Gates）100
岡田祐輝（御堂筋）398
岡田裕介（米屋・林）6
岡田良洋（関ío）358
緒方絵里子（長島・大野・常松）

緒方健太（西村あさひ）206
緒方俊亮（長島・大野・常松）194
尾形和哉（TMI総合）162
尾形信一（英知）344
尾形雅之（ブレークモア）236
尾形優造（大江橋）346
岡野紘司（御堂筋）398
岡野智（森・濱田松本）274
岡野貴明（森・濱田松本）274
岡野辰也（長島・大野・常松）194
岡野光孝（ジョーンズ・デイ）124
岡渕貴幸（小沢・秋山）68
岡部洸志（TMI総合）162
岡部知樹（TMI総合）162
岡部博記（岡部・山口）60
岡部光平（日本大通り）300
岡部美奈子（光和総合）102
岡村旦（中央総合）382
岡村勲（岡村綜合）62
岡村俊佑（東京フレックス）178
岡村晋輔（御堂筋）398
岡村堯（芝綜合）118
岡村久道（英知）344
岡村峰子（英知）344
岡村稔（紀尾井坂テーミス綜合）84
岡村泰郎（清和）374
岡村優（西村あさひ）206
岡本健太郎（骨董通り）106
岡本健太郎（松田綜合）256
岡本高太郎（EY）20
岡本紫苑（森・濱田松本）274
岡本大毅（ほくと総合）244
岡本敬史（TMI総合）162
岡本直己（御堂筋）398
岡本尚美（阿部・井窪・片山）26
岡本雅之（クリフォードチャンス）92
岡本明子（松田綜合）256
岡本靖（西村あさひ）206
岡本義則（ユアサハラ）286
小川朗（東京桜橋）170
小川榮吉（東京桜橋）170
小川和也（長島・大野・常松）194
小川惠司（のぞみ総合）212

小川晃司（東京桜橋）170
小川幸三（篠崎・進士）116
小川聡（TMI総合）162
小川周哉（TMI総合）162
小川正太（森・濱田松本）274
小川隆史（ひかり総合）226
小川友規（森・濱田松本）274
小川直樹（日比谷パーク）230
小川尚史（日比谷パーク）230
小川典子（真和総合）132
小川憲久（紀尾井坂テーミス綜合）84
小川浩賢（小島国際）104
小川泰寛（虎門中央）186
小川裕子（西村あさひ）206
小川義弘（北浜）360
小木淳（中島経営）198
小木曽国隆（御堂筋）398
小木曽茂（ユアサハラ）286
小木曽良忠（シティユーワ）112
沖田美惠子（島田）120
荻多恵（TMI総合）162
荻野敦史（TMI総合）162
荻野聡之（アンダーソン・毛利・友常）30
荻野伸一（三宅）400
沖本洪一（長島・大野・常松）194
沖山直之（梅田総合）340
奥田亜利沙（広島総合）420
奥田健太郎（西村あさひ）206
奥田洋一（森・濱田松本）274
奥田洋平（柳田国際）280
奥田亮輔（森・濱田松本）274
奥平力（マリタックス）258
小口明子（フレッシュフィールズ）238
小口五大（長島・大野・常松）194
小口光（西村あさひ）206
奥津周（堂島）384
奥津麻美子（松田綜合）256
奥富健（石井）34
奥野剛史（北浜）360
奥野善彦（奥野総合）66
奥原靖裕（シティユーワ）112
奥原玲子（光和総合）102
奥宮京子（田辺総合）160
奥村友宏（長島・大野・常松）194

奥村直樹（中村合同）202
奥村文彦（TMI総合）162
奥山健志（森・濱田松本）274
奥山隆輔（第一）376
奥山量（ブレークモア）236
小倉慎一（虎門中央）186
小倉悠治（兼六）306
小倉純正（御堂筋）398
小栗厚紀（小栗・石畔）318
小栗孝夫（小栗・石畔）318
小栗久典（内田・鮫島）44
桶田大介（北浜）360
桶田俊彦（北浜）360
小古山和弘（TMI総合）162
小坂景子（高橋三兄弟）14
小坂田成宏（淀屋橋・山上合同）404
長鎌末紗（ジョーンズ・デイ）124
尾崎健悟（森・濱田松本）274
尾崎純理（紀尾井町）86
尾崎英男（シティユーワ）112
尾崎雅俊（辰野・尾崎・藤井）380
尾﨑毅（山田・尾崎）284
尾﨑恒康（西村あさひ）206
尾﨑美和（西村あさひ）206
筬島裕斗志（島田）120
長田旬平（TMI総合）162
小里佳嵩（TMI総合）162
小山内崇（島田）120
小沢征行（小沢・秋山）68
小澤絵里子（森・濱田松本）274
小澤真吾（高橋三兄弟）14
小澤崇介（松尾綜合）254
小澤徹夫（東京富士）176
小澤英明（西村あさひ）206
小澤優一（石井）34
小澤佑亮（御堂筋）398
小塩康祐（TMI総合）162
押切加奈子（隼あすか）220
尾下大介（長島・大野・常松）194
忍田卓也（西村あさひ）206
押野雅史（TMI総合）162
小嶋祐樹（フレッシュフィールズ）238
尾城雅尚（TMI総合）162
尾城亮輔（桃尾・松尾・難波）272

尾関麻帆（アンダーソン・毛利・友常）30
小薗江有史（柳田国際）280
小田木毅（石井）34
小田清和（広島総合）420
小田切豪（三宅・今井・池田）266
小田嶋清治（西村あさひ）206
小田修司（光和総合）102
小田大輔（森・濱田松本）274
小田智典（TMI総合）162
小田博（ホワイト＆ケース）248
小田将司（西村あさひ）206
小田勇一（大江橋）346
小田祐資（神戸海都）406
小田原啓太（アンダーソン・毛利・友常）30
尾田知亜記（しょうぶ）320
織田貴昭（三宅）400
織田真史（西村あさひ）206
越知覚子（梅ヶ枝中央）338
越知保見（東京六本木）182
越智晋平（森・濱田松本）274
越智信哉（片山・平泉）356
落合誠一（西村あさひ）206
乙井秀弐（虎ノ門南）188
小槻英之（長島・大野・常松）194
乙黒亮祐（アンダーソン・毛利・友常）30
鬼澤秀昌（TMI総合）162
鬼塚恒（萬年総合）436
小野晶子（TMI総合）162
小野顕（スプリング）140
小野沢康（さくら共同）108
小野孝明（小沢・秋山）68
小野健晴（清水直）122
小野智博（ユアサハラ）286
小野誠之（烏丸）330
小野法隆（東町）416
小野晴奈（北浜）360
小野傑（西村あさひ）206
小野雄作（ベーカー＆マッケンジー）240
小野洋一郎（大江橋）346
小野吉則（西村あさひ）206
尾野恭史（古賀総合）98
尾上由紀（黒田）94
小野田春佳（TMI総合）162
小野田充宏（小寺・松田）2

小野塚格（アンダーソン・毛利・友常）30
小野寺眞美（光和総合）102
小野寺良文（森・濱田松本）274
尾登亮介（森・濱田松本）274
小畑英一（LM）54
小幡葉子（TMI総合）162
尾花眞理子（MOFO伊藤見富）278
小原英志（西村あさひ）206
小原正敏（きっかわ）362
小原万実（ベーカー＆マッケンジー）240
小原淳見（長島・大野・常松）194
小原隆太郎（中村・角田・松本）200
尾原秀紀（英知）344
小尾重樹（シティユーワ）112
帶慎太郎（立川・及川）298
小櫃吉高（TMI総合）162
小俣洋平（西村あさひ）206
尾本太郎（森・濱田松本）274
小山浩（森・濱田松本）274
小山昌人（日本大通り）300
尾山慎太郎（広島総合）420
織川逸平（桃尾・松尾・難波）272
折田健市郎（照国総合）446
折田忠仁（TMI総合）162
折原剛（長島・大野・常松）194
折原康貴（ベーカー＆マッケンジー）240
小和田敦子（中村合同）202
尾渡雄一朗（原後綜合）222

■〈か 行〉

甲斐聖也（アンダーソン・毛利・友常）30
甲斐史朗（TMI総合）162
甲斐淑浩（アンダーソン・毛利・友常）30
海江田光（TMI総合）162
海住幸生（TMI総合）162
甲斐田靖（不二）434
貝塚光啓（田辺総合）160
海津諭（新潟第一）304
海藤壽友（京都総合）332
甲斐中辰夫（卓照綜合）156

帰山雄介（長島・大野・常松）194
高華鑫（大江橋）346
カオ・ミン・ティ（長島・大野・常松）194
加賀宏樹（西村あさひ）206
加賀美有人（森・濱田松本）274
各務武希（光和綜合）102
加賀山皓（三宅坂総合）268
鍵田佳成（英知）344
柿平宏明（中央総合）382
柿元將希（森・濱田松本）274
鍵谷文子（中本総合）392
郭望（西村あさひ）206
角谷俊輔（関西）358
角谷美緒（奥野総合）66
覺道佳優（北浜）360
角野秀（西村あさひ）206
角元洋利（桃尾・松尾・難波）272
角山一俊（アンダーソン・毛利・友常）30
影島広泰（牛島総合）42
鹿毛俊輔（中島経営）198
加古洋輔（色川）336
河西薫子（シティユーワ）112
河西一実（三宅坂総合）268
香西駿一郎（鳥飼総合）190
笠井昇（東町）416
笠井陽一（小沢・秋山）68
葛西陽子（西村あさひ）206
笠野さち子（三宅坂総合）268
笠原輔（山下江）422
笠原智志（渥美坂井）24
笠原俊宏（マリタックス）258
笠原康弘（長島・大野・常松）194
笠間周子（アンダーソン・毛利・友常）30
風間有里子（TMI総合）162
梶浦明裕（東京グリーン）166
柏倉栄一（西村あさひ）206
梶谷篤（梶谷綜合）74
梶谷玄（梶谷綜合）74
梶谷剛（梶谷綜合）74
梶谷陽（梶谷綜合）74
梶並彰一郎（阿部・井窪・片山）26
柏原智行（石井）34
加島幸法（石嵜・山中総合）36

梶元孝太郎（森・濱田松本）274
鍛冶雄一（中央総合）382
柏木薫（柏木総合）76
柏木健佑（岩田合同［山根室］）40
柏木秀一（柏木総合）76
柏木裕介（TMI総合）162
柏健吾（TMI総合）162
柏田剛介（明倫国際）438
梶原圭（TMI総合）162
梶原啓（長島・大野・常松）194
梶原康平（アンダーソン・毛利・友常）30
梶原俊史（クリフォードチャンス）92
春日舞（TMI総合）162
粕谷宇史（ベーカー＆マッケンジー）240
加瀬洋一（日比谷総合）228
片井輝夫（栄光）342
片岡淳平（長島・大野・常松）194
片岡義広（片岡総合）80
片岡良平（長島・大野・常松）194
片上誠之（石井）34
片上尚子（西村あさひ）206
片木晴彦（広島総合）420
片桐大（森・濱田松本）274
片桐武（真和総合）132
片桐秀樹（西村あさひ）206
片桐佑基（西村あさひ）206
片倉秀次（小笠原六川国際総合）58
堅田健司（大野総合）56
片平享介（ジョーンズ・デイ）124
片山いずみ（アンダーソン・毛利・友常）30
片山英二（阿部・井窪・片山）26
片山健一（大野総合）56
片山真治（TMI総合）162
片山達（アンダーソン・毛利・友常）30
片山登志子（片山・平泉）356
片山智裕（本間合同）250
片山典之（シティユーワ）112
片山史英（虎ノ門南）188
片山裕二朗（西村あさひ）206
片山洋一（オリック）72

片山喜敬（MOFO伊藤見富）278
勝井良光（中之島中央）390
香月裕爾（小沢・秋山）68
勝田到（佐野総合）16
勝部純（西村あさひ）206
勝間田学（アンダーソン・毛利・友常）30
勝又美智子（長島・大野・常松）194
勝丸充啓（芝綜合）118
勝山輝一（長島・大野・常松）194
勝山正雄（ベーカー＆マッケンジー）240
葛城新平（野村綜合）214
葛山弘輝（ひかり総合）226
角大祐（小寺・松田）2
加藤明俊（関西）358
加藤彰仁（矢吹）282
加藤彩（石嵜・山中総合）36
加藤一真（敬和綜合）96
加藤和之（長島・大野・常松）194
加藤恭子（奥野総合）66
加藤清和（梅田総合）340
加藤啓（西村あさひ）206
加藤健（アンダーソン・毛利・友常）30
加藤公司（岡村綜合）62
加藤恒也（須藤・髙井）138
加藤幸江（中央総合）382
加藤賢（アンダーソン・毛利・友常）30
加藤志乃（大樹）324
加藤志麻子（阿部・井窪・片山）26
加藤志郎（長島・大野・常松）194
加藤真司（大野総合）56
加藤新太郎（アンダーソン・毛利・友常）30
加藤真哉（島田）120
加藤孝英（アンダーソン・毛利・友常）30
加藤貴裕（西村あさひ）206
加藤俊行（西村あさひ）206
加藤知子（北浜）360
加藤寛史（阿部・井窪・片山）26
加藤文人（三宅）400
加藤惇（中島経営）198

加藤雅信（アンダーソン・毛利・友常）30
加藤真由美（岩田合同［山根室］）40
加藤美香保（リバーシティ）18
加藤泰（山下江）422
加藤佑樹（永沢総合）192
加藤佑子（鳥飼総合）190
加藤好隆（アンダーソン・毛利・友常）30
加藤嘉孝（長島・大野・常松）194
加藤龍司（アンダーソン・毛利・友常）30
加藤綾一（田中彰寿）334
門倉洋平（東京桜橋）170
角谷直紀（長島・大野・常松）194
門田正行（長島・大野・常松）194
門永真紀（アンダーソン・毛利・友常）30
門野多希子（長島・大野・常松）194
門松慎治（黒田）94
門屋徹（丸の内中央）262
角家理佳（新潟第一）304
門脇秀治（エル・アンド・ジェイ）52
金井昭子（森・濱田松本）274
金井周一郎（春名・田中）414
金井美智子（大江橋）346
鼎博之（アンダーソン・毛利・友常）30
金澤浩志（中央総合）382
金澤嘉明（東京八丁堀）174
金田周二（TMI総合）162
金丸絢子（大江橋）346
金丸和弘（森・濱田松本）274
金丸祐子（森・濱田松本）274
金丸由美（森・濱田松本）274
金村正比古（鳥飼総合）190
金山貴昭（森・濱田松本）274
金山卓晴（あさひ）22
金山伸宏（西村あさひ）206
金山梨紗（TMI総合）162
鐘ヶ江洋祐（長島・大野・常松）194
金子敦紀（西村あさひ）206
金子佳代（西村あさひ）206
金子圭子（アンダーソン・毛利・友常）30
金子晋輔（MOFO伊藤見富）278
金子剛大（TMI総合）162
金子朝彦（柏木総合）76
金子典正（隼あすか）220
金子憲康（あさひ）22
金子浩行（松尾綜合）254
金子宏（長島・大野・常松）194
金子広行（曾我）144
金子正紀（西村あさひ）206
金子涼一（アンダーソン・毛利・友常）30
金田繁（瓜生・糸賀）46
金藤力（キャスト）90
兼松由理子（桃尾・松尾・難波）272
金丸由宇（みやざき）444
金光啓祐（きっかわ）362
金光由以（森・濱田松本）274
金村公樹（森・濱田松本）274
金本恵子（大野総合）56
兼元俊徳（シティユーワ）112
加野理代（田辺総合）160
鹿野晃示（石井）34
加納さやか（アンダーソン・毛利・友常）30
加納淳子（第一）376
嘉納英樹（アンダーソン・毛利・友常）30
狩野雅澄（スクワイヤ）136
椛島修（かばしま）430
加畑直之（アンダーソン・毛利・友常）30
鎌倉一輝（三宅坂総合）268
鎌田薫（森・濱田松本）274
鎌田邦彦（第一）376
鎌田千翔（丸の内総合）260
鎌田徹（TMI総合）162
神尾大地（野村綜合）214
神尾有香（アンダーソン・毛利・友常）30
神垣清水（日比谷総合）228
上潟口雅裕（TMI総合）162
神川洋一（照国総合）446
上久保知優（西村あさひ）206
上島正道（西村あさひ）206
上村哲史（森・濱田松本）274
上村智彦（スクワイヤ）136
上村直子（長島・大野・常松）194
神谷麻子（TMI総合）162
神谷一夫（ベーカー＆マッケンジー）240
神谷圭佑（西村あさひ）206
神谷光弘（スキャデン・アープス）134
上山孝紀（TMI総合）162
上山浩（日比谷パーク）230
神山達彦（クリフォードチャンス）92
亀井洋一（あさひ）22
亀岡千泰（西村あさひ）206
亀甲智彦（堀総合）246
亀髙聡子（MOFO伊藤見富）278
亀田康次（森・濱田松本）274
亀村恭平（アイリス）310
亀山愛子（植松）8
加茂翔太郎（野村綜合）214
鴨田視寿子（小笠原六川国際総合）58
加本亘（ホーガン・ロヴェルズ）242
家守昭光（ブレークモア）236
辛川力太（阿部・井窪・片山）26
唐沢晃平（アンダーソン・毛利・友常）30
唐澤新（岩田合同［山根室］）40
唐澤貴夫（兼子・岩松）82
辛嶋如子（三宅坂総合）268
唐津真美（骨董通り）106
仮屋真人（西村あさひ）206
何連明（TMI総合）162
川井一将（淀屋橋・山上合同）404
川合弘造（西村あさひ）206
川合千秋（ベーカー＆マッケンジー）240
川合正倫（長島・大野・常松）194
川合竜太（日比谷総合）228
河井聡（森・濱田松本）274
河合健（アンダーソン・毛利・友常）30
河合順子（梅ヶ枝中央）338
河合伸一（アンダーソン・毛利・友常）30
河合徹（清和）374
河合直人（広島総合）420
河合弘之（さくら共同）108

河合優子（西村あさひ）206
河相早織（長島・大野・常松）194
川浦史雄（日比谷総合）228
川上愛（原後綜合）222
川上佳織（小島国際）104
川上邦久（リソルテ総合）290
川上確（大阪本町）352
川上美智子（島田）120
川上嘉彦（西村あさひ）206
川上善行（田辺総合）160
川上良（大阪西総合）350
河上佳世子（森・濱田松本）274
川北大和（辰野・尾崎・藤井）380
川口貴裕（K&L Gates）100
川口冨男（中央総合）382
川口裕貴（長島・大野・常松）194
川口舞桂（スクワイヤ）136
川久保皆実（鳥飼総合）190
川崎邦宏（ジョーンズ・デイ）124
川崎隆司（日比谷総合）228
川崎仁寛（佐野総合）16
川﨑清隆（御堂筋）398
河﨑愛（西村あさひ）206
川下清（梅田総合）340
川島亜記（島田）120
川島郁（シティユーワ）112
川島基則（真和総合）132
川島佑介（柳田国際）280
川島裕理（大江橋）346
河島勇太（森・濱田松本）274
川城瑛（森・濱田松本）274
川添文彬（アンダーソン・毛利・友常）30
川添正浩（みやざき）444
河田憲一郎（スクワイヤ）136
川田由貴（北浜）360
川谷恵（西村あさひ）206
河津博史（霞ヶ関総合）78
川中信宏（K&L Gates）100
川中啓由（TMI総合）162
河浪潤（北浜）360
川西風人（大江橋）346
川西皓大（西村あさひ）206
川西拓人（のぞみ総合）212
川野智之（岡田春夫綜合）354
河野理子（ホワイト＆ケース）

248
河野正憲（明倫国際）438
川畑和彦（西村あさひ）206
川端健太（森・濱田松本）274
川端さとみ（小松）372
川端美智子（太陽綜合）418
川端康弘（アンダーソン・毛利・友常）30
川端和治（霞ヶ関総合）78
川端遼（森・濱田松本）274
河端直（なにわ共同）394
河端雄太郎（西村あさひ）206
川原健司（森・濱田松本）274
川原奈緒子（東京グリーン）166
川原蓮（瓜生・糸賀）46
河原雄亮（西村あさひ）206
川東憲治（敬和綜合）96
川又良也（三宅）400
川俣尚高（丸の内総合）260
河俣芳治（西村あさひ）206
川村明（アンダーソン・毛利・友常）30
川村明日香（佐々木総合）4
川村一博（二重橋）210
川村健二（立川・及川）298
川村興平（西村あさひ）206
川村俊裕（堂島）384
川村麻紀（ベーカー＆マッケンジー）240
川村宜志（牛島総合）42
川村隆太郎（森・濱田松本）274
河村明雄（西村あさひ）206
河村啓太（NS綜合）50
河村浩司（アンダーソン・毛利・友常）30
河村利行（梅田総合）340
河村光（御堂筋）398
川本周（西村あさひ）206
川本英典（しょうぶ）320
川本善治（匠総合）158
河本茂行（烏丸）330
河本秀介（敬和綜合）96
河本貴大（西村あさひ）206
菅弘一（リソルテ総合）290
官澤康平（長島・大野・常松）194
官澤里美（官澤綜合）12
神田英一（クリフォードチャンス）92
神田香（西村あさひ）206

神田欽司（キャスト）90
神田遵（長島・大野・常松）194
神田雄（ユアサハラ）286
神田知宏（小笠原六川国際総合）58
神田泰行（光和総合）102
神田芳明（鳥飼総合）190
丸藤ゆり絵（長島・大野・常松）194
神鳥智宏（西村あさひ）206
菅野繁雄（光和総合）102
菅野雅貴（菊地総合）88
菅野みずき（アンダーソン・毛利・友常）30
神庭雅俊（本間合同）250
上林英彦（アンダーソン・毛利・友常）30
神林義之（アンダーソン・毛利・友常）30
神原あゆみ（松尾綜合）254
神原千郷（光和総合）102
神原浩（きっかわ）362
神部美香（三宅）400
木内潤三郎（フレッシュフィールズ）238
木内敬（長島・大野・常松）194
鬼追明夫（なにわ共同）394
木上望（堂島）384
木川和広（二重橋）210
菊川聡史（アンダーソン・毛利・友常）30
菊田行紘（TMI総合）162
菊地康太（半蔵門総合）224
菊地伸（森・濱田松本）274
菊地浩之（西村あさひ）206
菊地正登（本間合同）250
菊地裕太郎（菊地総合）88
菊地諒（アンダーソン・毛利・友常）30
菊池きよみ（TMI総合）162
菊池秀（TMI総合）162
菊池毅（小島国際）104
菊池祐司（東京八丁堀）174
菊野聖貴（さくら共同）108
菊間千乃（松尾綜合）254
菊山葉子（ジョーンズ・デイ）124
木崎孝（兼子・岩松）82
木佐優（ジョーンズ・デイ）124
岸和正（東京富士）176

岸聖太郎（石嵜・山中総合）36
岸寛樹（森・濱田松本）274
岸川修（鳥飼総合）190
岸田梨江（長島・大野・常松）194
岸田航（アイ・パートナーズ）308
岸野正（三宅）400
木島彩（西村あさひ）206
岸見朋子（スキャデン・アープス）134
岸本有巨（雨宮眞也）28
岸本孝二（堂島総合）386
岸本高史（紀尾井坂テーミス綜合）84
木曽裕（北浜）360
北和尚（隼あすか）220
喜多英博（日本大通り）300
喜多由香利（梶谷綜合）74
木田晃一（大江橋）346
木田翔一郎（東京丸の内）180
北井歩（第一）376
北尾哲郎（岡村綜合）62
北川貴広（長島・大野・常松）194
北川俊光（大江橋）346
北川朝恵（紀尾井町）86
北川展子（隼あすか）220
北口建（鳥飼総合）190
北沢尚登（骨董通り）106
北澤一樹（英知）344
北澤誠（TMI総合）162
北澤正明（アンダーソン・毛利・友常）30
北島隆次（TMI総合）162
北島義之（アンダーソン・毛利・友常）30
北住敏樹（西村あさひ）206
北田晃一（北浜）360
北谷賢次（TMI総合）162
北田幹直（森・濱田松本）274
木谷太郎（光和総合）102
北野孝輔（スプリング）140
北野健（大野総合）56
北野知広（大江橋）346
北野誠（桜樹）440
喜多野恭夫（北浜）360
北原潤一（阿部・井窪・片山）26
北原尚志（石井）34
北村聡子（半蔵門総合）224

北村辰一郎（ベーカー＆マッケンジー）240
北村晋治（紀尾井町）86
北村智弘（東京フレックス）178
北村裕幸（ベーカー＆マッケンジー）240
北村導人（西村あさひ）206
北村由妃（新堂・松村）126
北村幸裕（御池総合）328
北村豊（EY）20
北山昇（森・濱田松本）274
北山元章（田辺総合）160
北山陽介（西村あさひ）206
北脇俊之（田辺総合）160
吉佳宜（森・濱田松本）274
城所敦子（渥美坂井）24
木津嘉之（西村あさひ）206
鬼頭季郎（西村あさひ）206
城處琢也（奥野総合）66
木虎孝之（清和）374
木南直樹（フレッシュフィールズ）238
絹川健一（TMI総合）162
絹川恭久（キャスト）90
木下愛矢（シティユーワ）112
木下和博（東京フレックス）178
木下圭一（隼あすか）220
木下聡子（スクワイヤ）136
木下潮音（第一芙蓉）150
木下清午（エール）10
木下清太（西村あさひ）206
木下卓男（東町）416
木下達彦（隼あすか）220
木下毅（増田パートナーズ）252
木下智靖（大樹）324
木下雅之（東町）416
木下万暁（ホワイト＆ケース）248
木下結香子（大手町）428
木ノ島雄介（栄光）342
木野博徳（西村あさひ）206
木原右（ひかり総合）226
木原康雄（ロア・ユナイテッド）292
紀平貴之（森・濱田松本）274
木藤繁夫（牛島総合）42
木宮瑞加（TMI総合）162
金郁美（TMI総合）162
木村明子（アンダーソン・毛利・友常）30

木村栄介（アンダーソン・毛利・友常）30
木村和也（島田）120
木村一成（淀屋橋・山上合同）404
木村啓（第一）376
木村圭二郎（共栄）364
木村晃一（清水直）122
木村剛大（ユアサハラ）286
木村佐知子（さくら共同）108
木村姉守絵（辻巻総合）326
木村真也（はばたき綜合）396
木村卓（クリフォードチャンス）92
木村聰輔（長島・大野・常松）194
木村智彦（矢吹）282
木村尚徳（松尾綜合）254
木村久也（長島・大野・常松）194
木村宏（エル・アンド・ジェイ）52
木村寛則（西村あさひ）206
木村浩之（大野総合）56
木村浩之（淀屋橋・山上合同）404
木村政道（エル・アンド・ジェイ）52
木村真理子（ときわ）184
木村美樹（岡田春夫綜合）354
木村康紀（増田パートナーズ）252
木村育代（ゾンデルホフ）146
木村裕介（神戸ブルースカイ）412
木村祐太（三宅・山崎）270
木村裕（ベーカー＆マッケンジー）240
木村亮太（太陽総合）418
木目田裕（西村あさひ）206
木本真理子（アンダーソン・毛利・友常）30
木元有香（鳥飼総合）190
木山二郎（森・濱田松本）274
木山泰嗣（鳥飼総合）190
久加和孝（辰野・尾崎・藤井）380
許明義（島田）120
姜明訓（アンダーソン・毛利・友常）30

清瀬伸悟（岩田合同［山根室］）40
清田慎太郎（桜樹）440
清塚勝久（東京霞ヶ関）166
清塚道人（東京霞ヶ関）166
清永敬文（のぞみ総合）212
清成真（大手町）428
清原健（ジョーンズ・デイ）124
清原直己（中之島シティ）388
清松順子（大江橋）346
桐山大地（ベーカー＆マッケンジー）240
桐谷昌己（大阪西総合）350
金哲敏（シティユーワ）112
金水孝真（北浜）360
金鮮花（黒田）94
金大燁（淀屋橋・山上合同）404
金裕介（さくら共同）108
金映珉（西村あさひ）206
釘澤一郎（東京富士）176
釘澤知雄（東京富士）176
久下範子（TMI総合）162
日下部真治（アンダーソン・毛利・友常）30
草地邦晴（御池総合）328
草野多隆（日比谷総合）228
草野耕一（西村あさひ）206
草野芳郎（矢吹）282
草原敦夫（森・濱田松本）274
楠田真士（オメルベニー）70
楠慶（ひかり総合）226
朽網友章（森・濱田松本）274
工藤敦之（小島国際）104
工藤杏平（東京グリーン）166
工藤研（東京グリーン）166
工藤拓人（キャスト）90
工藤英知（芝綜合）118
工藤靖（長島・大野・常松）194
工藤洋治（東京八丁堀）174
工藤竜之進（TMI総合）162
工藤良平（岩田合同［山根室］）40
國友愛美（西村あさひ）206
国谷史朗（大江橋）346
國吉雅男（中央総合）382
椚座三千子（片山・平泉）356
久保圭吾（森・濱田松本）274
久保賢太郎（TMI総合）162
久保光太郎（西村あさひ）206
久保達弘（松田綜合）256

久保宏貴（御堂筋）398
久保文吾（梶谷綜合）74
久保万理菜（クリフォードチャンス）92
久保井一匡（久保井総合）368
久保井聡明（久保井総合）368
久保田佳奈子（牛島総合）42
久保田興治（竹林・畑・中川・福島）378
久保田修平（TMI総合）162
久保田修平（森・濱田松本）274
久保田淳哉（アンダーソン・毛利・友常）30
久保田真悟（鳥飼総合）190
久保田征良（野村綜合）214
久保田翼（フレッシュフィールズ）238
久保田康史（霞ヶ関総合）78
窪田彰（アンダーソン・毛利・友常）30
窪田三四郎（西村あさひ）206
窪田武（ブレークモア）236
窪田もとむ（ほくと総合）244
久保山愛生（ベーカー＆マッケンジー）240
久保利英明（日比谷パーク）230
熊谷明彦（ふじ合同）234
熊谷恵美（馬場・澤田）218
熊谷建吾（小寺・松田）2
熊谷尚之（大阪西総合）350
熊谷真喜（二重橋）210
熊谷真和（森・濱田松本）274
熊谷善昭（徳永・松﨑・斉藤）432
熊木明（スキャデン・アープス）134
熊倉禎男（中村合同）202
熊田彰英（のぞみ総合）212
熊田憲一郎（入谷）316
熊野完（ベーカー＆マッケンジー）240
熊本哲也（アンダーソン・毛利・友常）30
隈元慶幸（堀総合）246
粂内将人（長島・大野・常松）194
久米喜三郎（関西）358
久米川陽子（クリフォードチャンス）92
雲居寛隆（MOFO伊藤見富）278

倉内英明（TMI総合）162
倉賀野伴明（アンダーソン・毛利・友常）30
倉田彩士（神戸海都）406
倉田梨恵（原後綜合）222
藏田知彦（TMI総合）162
倉知紗也菜（長島・大野・常松）194
倉橋忍（中本総合）392
倉橋博文（ほくと総合）244
倉橋雄作（中村・角田・松本）200
藏原慎一朗（MOFO伊藤見富）278
倉持大（大江橋）346
倉持喜史（森・濱田松本）274
蔵元左近（瓜生・糸賀）46
グラント田辺（ゾンデルホフ）146
栗下清治（TMI総合）162
栗田聡（アンダーソン・毛利・友常）30
栗田哲郎（ベーカー＆マッケンジー）240
栗林知広（TMI総合）162
栗林康幸（シティユーワ）112
栗原脩（西村あさひ）206
栗原正一（中島経営）198
栗原誠二（TMI総合）162
栗原宏幸（森・濱田松本）274
栗原良扶（はばたき綜合）396
栗本知子（関西）358
栗山陽一郎（TMI総合）162
呉竹辰（TMI総合）162
久礼美紀子（内田・鮫島）44
黒岩俊之（のぞみ総合）212
黒川遥（西村あさひ）206
黒川ひとみ（クリフォードチャンス）92
黒川恵（阿部・井窪・片山）26
黒河元次（東京丸の内）180
黒木資浩（牛島総合）42
黒木芳男（紀尾井坂テーミス綜合）84
黒木理恵（片山・平泉）356
黒河内明子（柏木総合）76
黒越純一（MOFO伊藤見富）278
黒澤佳代（光和総合）102
黒澤幸恵（オメルベニー）70
黒須賢（スクワイヤ）136

黒住哲理（ブレークモア）236
黒瀬雅志（西村あさひ）206
黒田愛（久保井総合）368
黒田薫（阿部・井窪・片山）26
黒田清行（三宅）400
黒田健二（黒田）94
黒田大介（森・濱田松本）274
黒田貴和（柏木総合）76
黒田はるひ（西村あさひ）206
黒田康之（アンダーソン・毛利・友常）30
黒田佑輝（大江橋）346
黒田祐史（英知）344
黒田裕（長島・大野・常松）194
黒松昂蔵（西村あさひ）206
黒丸博善（ベーカー＆マッケンジー）240
黒柳武史（中本総合）392
畔柳達雄（兼子・岩松）82
桑形直朗（西村あさひ）206
鍬竹昌利（なにわ共同）394
桑原智昭（西村あさひ）206
桑原寛史（西村あさひ）206
桑野佳奈（TMI総合）162
桑野雄一郎（骨董通り）106
桑原聡子（森・濱田松本）274
桑原秀介（アンダーソン・毛利・友常）30
桑原秀明（森・濱田松本）274
桑原豊（第一）376
桑山斉（御堂筋）398
毛野泰孝（三宅・山崎）270
兼定尚幸（松田綜合）256
玄場光浩（森・濱田松本）274
見満正治（興和）370
見宮大介（御堂筋）398
呉強（黒田）94
呉盈德（西村あさひ）206
呉嵐嵐（黒田）94
濃川耕平（西村あさひ）206
小池啓介（髙井・岡芹）152
小池翼（横浜綜合）302
小池正浩（西綜合）204
小池良輔（奥野総合）66
小泉直樹（TMI総合）162
小泉宏文（長島・大野・常松）194
小泉淑子（シティユーワ）112
小出一郎（鳥飼総合）190
鯉沼希朱（あさひ）22

鯉渕健（西村あさひ）206
厚井久弥（山田・尾崎）284
髙英毅（原後綜合）222
黄暁燕（キャスト）90
高賢一（MOFO伊藤見冨）278
江興民（梅ヶ枝中央）338
康石（森・濱田松本）274
幸尾菜摘子（中本総合）392
郷家駿平（長島・大野・常松）194
髙後彦（紀尾井坂テーミス綜合）84
高坂佳郁子（色川）336
高坂敬三（色川）336
高祖大樹（TMI総合）162
合田剛哲（三宅坂総合）268
甲立亮（アンダーソン・毛利・友常）30
幸谷泰造（内田・鮫島）44
甲谷健幸（大手町）428
幸田雅治（紀尾井町）86
合田久輝（MOFO伊藤見冨）278
幸寺覚（東町）416
河野慶太（アンダーソン・毛利・友常）30
河野匡範（西村あさひ）206
河野勇樹（TMI総合）162
河野雄介（久保井総合）368
河野佑果（東京フレックス）178
河野良介（大江橋）346
幸丸雄紀（アンダーソン・毛利・友常）30
甲村文亮（真和総合）132
合山純篤（大手町）428
高亮（髙井・岡芹）152
郡谷大輔（西村あさひ）206
古賀健介（梅田綜合）340
古賀大樹（大江橋）346
古賀正義（古賀総合）98
古梶順也（西村あさひ）206
小鍛冶広道（第一芙蓉）150
小越芳保（神戸海都）406
小坂準記（TMI総合）162
小坂光矢（牛島総合）42
小坂友希乃（中本総合）392
小迫由史（長島・大野・常松）194
小澤拓（柳田国際）280
越川要（堂島総合）386
越川芙紗子（リバーシティ）18

小柴仁（協和綜合）366
小瀧高弘（TMI総合）162
小島亜希子（阿部・井窪・片山）26
小島健一（牛島総合）42
小島慎一（ジョーンズ・デイ）124
小島延夫（東京駿河台）172
小島秀樹（小島国際）104
小島冬樹（森・濱田松本）274
小島裕子（外立総合）216
小島義博（森・濱田松本）274
小嶋陽太（西村あさひ）206
古島実（新潟第一）304
古島礼子（淀屋橋・山上合同）404
児島幸良（森・濱田松本）274
越本幸彦（御堂筋）398
古謝千尋（ひかり）450
小代泰彰（TMI総合）162
小新俊明（西村あさひ）206
小杉綾（アンダーソン・毛利・友常）30
小杉丈夫（松尾綜合）254
小関伸吾（堂島）384
小鷹龍哉（AZX総合）48
小瀧優理（柳田国際）280
小舘浩樹（アンダーソン・毛利・友常）30
小谷ゆり子（スクワイヤ）136
児玉友輝（MOFO伊藤見冨）278
児玉牧子（森・濱田松本）274
児玉実史（北浜）360
小寺正史（小寺・松田）2
小寺美帆（大江橋）346
虎頭信宏（東町）416
五島隆文（森・濱田松本）274
後藤出（シティユーワ）112
後藤一光（TMI総合）162
後藤勝也（AZX総合）48
後藤紀一（広島総合）420
後藤晃輔（中村・角田・松本）200
後藤脩治（小栗・石畔）318
後藤慎吾（ジョーンズ・デイ）124
後藤高志（潮見坂綜合）110
後藤千恵（さくら共同）108
後藤徹也（長島・大野・常松）194

後藤朋子（西村あさひ）206
後藤登（さくら共同）108
後藤誠（アゴラ）442
後藤未来（アンダーソン・毛利・友常）30
後藤泰己（エール）10
後藤泰樹（西村あさひ）206
琴浦諒（アンダーソン・毛利・友常）30
小長啓一（島田）120
小西功朗（鳥飼総合）190
小西貴也（渥美坂井）24
小西毅（北浜）360
小西武彦（卓照綜合）156
小西透（西村あさひ）206
小西華子（竹林・畑・中川・福島）378
小西真機（長島・大野・常松）194
古西桜子（TMI総合）162
小沼清敬（紀尾井町）86
小野上陽子（北浜）360
小濱意三（広島総合）420
小林亜維子（長島・大野・常松）194
小林明彦（片岡総合）80
小林章博（中央総合）382
小林明日香（奥野総合）66
小林彩子（片岡総合）80
小林英治（アンダーソン・毛利・友常）30
小林和人（虎ノ門南）188
小林和弘（大江橋）346
小林和真呂（西村あさひ）206
小林佳奈子（TMI総合）162
小林貴恵（TMI総合）162
小林京子（色川）336
小林賢（アンダーソン・毛利・友常）30
小林健太郎（さくら共同）108
小林豪（シティユーワ）112
小林咲花（西村あさひ）206
小林彰治（TMI総合）162
小林真一（ベーカー＆マッケンジー）240
小林信介（フレッシュフィールズ）238
小林純子（阿部・井窪・片山）26
小林節（芝綜合）118
小林貴（フレッシュフィールズ）238
小林崇（桃尾・松尾・難波）272
小林隆彦（二重橋）210
小林卓久（ブレークモア）236
小林卓泰（森・濱田松本）274
小林敬正（のぞみ総合）212
小林多希子（小沢・秋山）68
小林拓人（TMI総合）162
小林功（TMI総合）162
小林健彦（かばしま）430
小林辰也（エル・アンド・ジェイ）52
小林努（ベーカー＆マッケンジー）240
小林利明（骨董通り）106
小林利男（東京桜橋）170
小林俊夫（長島・大野・常松）194
小林信明（長島・大野・常松）194
小林登（萬年総合）436
小林英了（大野総合）56
小林英明（長島・大野・常松）194
小林秀彦（三宅・山崎）270
小林秀之（ブレークモア）236
小林浩（阿部・井窪・片山）26
小林弘卓（ひかり総合）226
小林央典（TMI総合）162
小林正和（中村合同）202
小林真佐志（TMI総合）162
小林優嗣（シティユーワ）112
小林雅人（シティユーワ）112
小林理人（TMI総合）162
小林正佳（ベーカー＆マッケンジー）240
小林真里子（フレッシュフィールズ）238
小林幹雄（瓜生・糸賀）46
小林穣（アンダーソン・毛利・友常）30
小林美和（田中彰寿）334
小林幹幸（阿部・井窪・片山）26
小林康恵（増田パートナーズ）252
小林裕輔（クリフォードチャンス）92
小林佑輔（TMI総合）162
小林雄介（森・濱田松本）274
小林優介（新潟第一）304
小林幸弘（西綜合）204
小林隆一（アンダーソン・毛利・友常）30
小林亮（TMI総合）162
小原路絵（御池総合）328
古原暁（あさひ）22
小張裕司（西村あさひ）206
小堀光一（キャスト）90
小堀秀行（兼六）306
狛文夫（ベーカー＆マッケンジー）240
小馬瀬篤史〔アンダーソン・毛利・友常）30
小町谷育子（原後綜合）222
小松諒（長島・大野・常松）194
小松慶子（西村あさひ）206
小松岳志（森・濱田松本）274
小松正和（潮見坂綜合）110
小松正道（ベーカー＆マッケンジー）240
小松真理子（成和明哲）142
小松雄介（アンダーソン・毛利・友常）30
小松陽一郎〔小松）372
五味廣文（西村あさひ）206
小峰孝史（TMI総合）162
小宮純季（石嵜・山中総合）36
小宮誉文（東京桜橋）170
小向昭裕（奥野総合）66
小向俊和（官澤綜合）12
菰口高志（大江橋）346
小森光嘉（石嵜・山中総合）36
小森悠吾（大江橋）346
小埒由紀子〔ベーカー＆マッケンジー）240
子安智博（長島・大野・常松）194
小柳美佳（明倫国際）438
小山修司（渥美坂井）24
小山晋資（西村あさひ）206
小山博章（第一協同）148
小山友太（牛島総合）42
小山悠美子（アンダーソン・毛利・友常）30
小山洋平（森・濱田松本）274
小山嘉信（長島・大野・常松）194
小山航（スプリング）140
頃安健司（TMI総合）162
権田修一（鳥飼総合）190

紺田哲司（西村あさひ）206
紺谷宗一（御堂筋）398
近藤克樹（片岡総合）80
近藤圭介（TMI総合）162
近藤弦之介（太陽綜合）418
近藤純一（アンダーソン・毛利・友常）30
近藤節男（丸の内中央）262
近藤敬夫（萬年総合）436
近藤卓史（原後綜合）222
近藤朋行（長島・大野・常松）194
近藤直生（大江橋）346
近藤浩（ベーカー＆マッケンジー）240
近藤将雄（鯉城総合）424
近藤正篤（長島・大野・常松）194
近藤祐史（シティユーワ）112
近藤友紀（ベーカー＆マッケンジー）240
近藤祥文（大阪西綜合）350
近藤喜将（長島・大野・常松）194
近藤僚子（TMI総合）162
近藤亮作（ベーカー＆マッケンジー）240
近内淳（西村あさひ）206
近内京太（丸の内総合）260
今野裕之（小笠原六川国際総合）58
今野庸介（長島・大野・常松）194
紺野博靖（西村あさひ）206
雑賀裕子（三宅）400
佐伯昭彦（横浜綜合）302
佐久功（横浜・井窪・片山）26
才口千晴（TMI総合）162
宰田高志（長島・大野・常松）194
西頭英明（第一芙蓉）150
斉藤直彦（TMI総合）162
斉藤尚美（シティユーワ）112
斉藤元樹（長島・大野・常松）194
斉藤芳朗（徳永・松﨑・斉藤）432
斉藤鈴華（小笠原六川国際総合）58
齋藤梓（西村あさひ）206

齋藤英輔（TMI総合）162
斎藤公紀（西村あさひ）206
齊藤佳子（牛島総合）42
齊藤憲司（森・濱田松本）274
齋藤宏一（アンダーソン・毛利・友常）30
齋藤悟（神戸ブルースカイ）412
齊藤勝（片山・平泉）356
齊藤貴一（卓照綜合）156
齋藤崇（シティユーワ）112
齋藤崇（西村あさひ）206
齊藤拓史（TMI総合）162
齋藤尚之（小田原三の丸）296
齋藤尚雄（森・濱田松本）274
齋藤弘樹（潮見坂綜合）110
齋藤浩貴（森・濱田松本）274
齋藤理（長島・大野・常松）194
齋藤真奈都（稲葉綜合）38
齊藤道子（日本大通り）300
斎藤三義（MOFO伊藤見富）278
齋藤祐一（半蔵門総合）224
齋藤有未（東京フレックス）178
齋村美由紀（山下江）422
佐伯照道（北浜）360
佐伯優仁（森・濱田松本）274
佐伯里歌（MOFO伊藤見富）278
坂井一郎（北浜）360
坂井健吾（ゾンデルホフ）146
坂井はるか（TMI総合）162
坂井秀行（アンダーソン・毛利・友常）30
坂井均（シティユーワ）112
坂井希千与（春名・田中）414
坂井豊（渥美坂井）24
阪井大（TMI総合）162
酒井敦史（長島・大野・常松）194
酒井英司（アンダーソン・毛利・友常）30
酒井俊介（東京八丁堀）174
酒井仁郎（TMI総合）162
酒井大輔（北浜）360
酒井貴徳（西村あさひ）206
酒井卓也（はばたき綜合）396
酒井俊和（アンダーソン・毛利・友常）30
酒井智也（東京丸の内）180
酒井真（森・濱田松本）274
酒井剛毅（ベーカー＆マッケンジー）240

酒井美奈（大阪本町）352
酒井未帆（植松）8
酒井康生（北浜）360
酒井夕夏（シティユーワ）112
酒井裕（北浜）360
酒井由美子（東京グリーン）166
酒井嘉彦（長島・大野・常松）194
酒井竜児（長島・大野・常松）194
阪上千尋（辰野・尾崎・藤井）380
榮真之（堂島）384
坂尾陽（森・濱田松本）274
坂尾佑平（長島・大野・常松）194
阪和一（TMI総合）162
坂川雄一（はばたき綜合）396
榊原洋平（菊地綜合）88
坂口昌子（梶谷綜合）74
坂口靖（佐野総合）16
阪口彰洋（淀屋橋・山上合同）404
阪口嘉奈子（TMI総合）162
阪口繁（中之島シティ）388
阪口春男（協和綜合）366
阪口誠（中之島シティ）388
阪口祐康（協和綜合）366
坂崎宏幸（アンダーソン・毛利・友常）30
坂下雄思（アンダーソン・毛利・友常）30
坂下大貴（光和総合）102
坂下大（長島・大野・常松）194
坂下良治（隼あすか）220
坂尻健輔（森・濱田松本）274
坂田真吾（本間合同）250
坂田均（御池総合）328
阪田至彦（TMI総合）162
阪田雅裕（アンダーソン・毛利・友常）30
酒谷誠一（大野総合）56
阪中達彦（関西）358
坂根賢（MOFO伊藤見富）278
坂野吉弘（シティユーワ）112
佐賀寛厚（きっかわ）362
坂巻智香（大野総合）56
酒巻智洋（植松）8
坂本恵三（原後綜合）222
坂本大輔（西村あさひ）206

坂本大蔵（ほくと総合）244
坂本哲也（島田）120
坂本倫子（岩田合同［山根室］）40
坂本雅史（岩田合同［山根室］）40
坂本正充（シティユーワ）112
坂本麻里江（西村あさひ）206
坂本萌（森・濱田松本）274
坂本有毅（EY）20
坂本佳隆（アンダーソン・毛利・友常）30
坂本龍一（西村あさひ）206
坂元正嗣（西村あさひ）206
坂靖昌（北浜）360
佐賀史実（大江橋）346
相良加佐（MOFO伊藤見富）278
相良朋紀（TMI総合）162
相良由里子（中村合同）202
佐川聡洋（日比谷総合）228
佐川翠（島田）120
佐川雄規（森・濱田松本）274
﨑地康文（アンダーソン・毛利・友常）30
﨑間昌一郎（京都総合）332
﨑村令子（クリフォードチャンス）92
先山雅規（アンダーソン・毛利・友常）30
佐久間幸司（半蔵門総合）224
佐久間豊（雨宮眞也）28
櫻太樹（エル・アンド・ジェイ）52
桜井修平（石井）34
櫻井拓之（大江橋）346
桜田雄紀（西村あさひ）206
櫻田典子（三宅）400
櫻田嘉章（アンダーソン・毛利・友常）30
櫻庭信之（西村あさひ）206
櫻庭広樹（奥野総合）66
酒迎明洋（三宅・山崎）270
酒匂景範（大江橋）346
酒匂禎裕（新保・髙崎）128
左合輝行（岡部・山口）60
佐古俊彦（関西）358
酒向由紀（K&L Gates）100
迫友広（柏木総合）76
佐古祐二（なにわ共同）394
笹川豪介（岩田合同［山根室］）

40
佐々木清一（淀屋橋・山上合同）404
佐々木慶（アンダーソン・毛利・友常）30
佐々木茂夫（御堂筋）398
佐々木茂（真和総合）132
佐々木秀（西村あさひ）206
佐々木茂（半蔵門総合）224
佐々木将平（長島・大野・常松）194
佐々木奏（森・濱田松本）274
佐々木崇（長島・大野・常松）194
佐々木俊夫（ベーカー＆マッケンジー）240
佐々木基（エル・アンド・ジェイ）52
佐々木英人（阿部・井窪・片山）26
佐々木博尚（卓照綜合）156
佐々木麻希子（小寺・松田）2
佐々木政明（TMI総合）162
佐々木泉顕（佐々木総合）4
佐々木裕介（フレッシュフィールズ）238
佐々木裕助（柳田国際）280
佐々木裕企範（シティユーワ）112
笹倉興基（黒田）94
笹澤知夫（森・濱田松本）274
笹浪恒弘（卓照綜合）156
笹浪雅義（卓照綜合）156
笹野司（岡村綜合）62
笹本摂（東京丸の内）180
笹本真理子（TMI総合）162
九石拓也（ひかり総合）226
佐志原将吾（阿部・井窪・片山）26
佐瀬充洋（植松）8
貞嘉徳（虎門中央）186
左髙健一（アンダーソン・毛利・友常）30
定金史朗（大江橋）346
佐竹明（烏丸）330
佐竹勝一（中村合同）202
佐竹真紀（アンダーソン・毛利・友常）30
佐竹義昭（長島・大野・常松）194

佐田友浩樹（黒田）94
佐当郁（アンダーソン・毛利・友常）30
佐藤晃子（アンダーソン・毛利・友常）30
佐藤明（新潟第一）304
佐藤睦（TMI総合）162
佐藤郁美（矢吹）282
佐藤かおり（アンダーソン・毛利・友常）30
佐藤香織（鳥飼総合）190
佐藤和樹（さくら共同）108
佐藤可奈子（TMI総合）162
佐藤仁俊（あさひ）22
佐藤恭一（シティユーワ）112
佐藤恭子（MOFO伊藤見富）278
佐藤恭平（長島・大野・常松）194
佐藤恵二（大江橋）346
佐藤健太（真和総合）132
佐藤修二（岩田合同［山根室］）40
佐藤俊（大江橋）346
佐藤潤（関西）358
佐藤俊司（TMI総合）162
佐藤真太郎（TMI総合）162
佐藤賢（西村あさひ）206
佐藤喬城（岩田合同［山根室］）40
佐藤高志（久保井総合）368
佐藤喬洋（西村あさひ）206
佐藤貴将（森・濱田松本）274
佐藤貴哉（森・濱田松本）274
佐藤岳仙（アンダーソン・毛利・友常）30
佐藤剛史（アンダーソン・毛利・友常）30
佐藤丈文（西村あさひ）206
佐藤竜明（TMI総合）162
佐藤恒雄（シティユーワ）112
佐藤哲朗（ベーカー＆マッケンジー）240
佐藤歳二（TMI総合）162
佐藤寿彦（長島・大野・常松）194
佐藤友昭（西村あさひ）206
佐藤知紘（西村あさひ）206
佐藤直樹（三宅坂総合）268
佐藤直史（牛島総合）42
佐藤長英（西村あさひ）206

佐藤典子（小田原三の丸）296
佐藤典仁（森・濱田松本）274
佐藤久文（潮見坂綜合）110
佐藤瞳（佐野総合）16
佐藤尋亮（長島・大野・常松）194
佐藤宏樹（TMI総合）162
佐藤弘康（成和明哲）142
佐藤寛之（西村あさひ）206
佐藤文行（のぞみ総合）212
佐藤麻子（R&G横浜）294
佐藤諒（外立総合）216
佐藤正章（芝綜合）118
佐藤正勝（ベーカー＆マッケンジー）240
佐藤正孝（西村あさひ）206
佐藤正謙（森・濱田松本）274
佐藤碧（中本総合）392
左藤惠（久保井総合）368
佐藤安信（長島・大野・常松）194
佐藤安紘（潮見坂綜合）110
佐藤康行（小川総合）64
佐藤康之（松田綜合）256
佐藤康行（淀屋橋・山上合同）404
佐藤祐子（半蔵門総合）224
佐藤有紀（虎門中央）186
佐藤裕（エール）10
佐藤祥徳（神戸中央）410
佐藤良尚（小沢・秋山）68
佐藤義幸（西村あさひ）206
佐藤りえ子（石井）34
佐藤理恵子（西村あさひ）206
佐藤りか（ジョーンズ・デイ）124
佐藤力哉（TMI総合）162
佐藤亮（虎門中央）186
里見剛（スプリング）140
左部明宏（横浜綜合）302
真田尚美（三宅）400
佐貫葉子（NS綜合）50
佐野俊介（シティユーワ）112
佐野忠克（ジョーンズ・デイ）124
佐野俊明（北浜）360
佐野史明（片岡総合）80
佐野善房（佐野総合）16
佐橋雄介（アンダーソン・毛利・友常）30

座波優子（オメルベニー）70
佐原早紀（西村あさひ）206
鮫島正洋（内田・鮫島）44
猿山賢司（小川総合）64
猿木秀和（三宅）400
猿倉健司（牛島総合）42
澤祥雅（大江橋）346
澤井光一（TMI総合）162
澤井俊之（大江橋）346
澤井憲子（東京丸の内）180
澤井英久（新四谷）130
澤井裕（新四谷）130
佐脇智伊（小川総合）64
澤口実（森・濱田松本）274
沢崎敦一（アンダーソン・毛利・友常）30
沢田篤志（梅田総合）340
澤田和也（馬場・澤田）218
澤田行助（ひかり総合）226
澤田孝悠（岡村綜合）62
澤田忠之（瓜生・糸賀）46
澤田久代（横浜綜合）302
澤田文彦（西村あさひ）206
澤田将史（長島・大野・常松）194
澤田裕生（長島・大野・常松）194
澤野正明（シティユーワ）112
澤山啓伍（長島・大野・常松）194
三部裕幸（渥美坂井）24
ジェイムス・ダカティ（ひかり総合）226
塩川真紀（桃尾・松尾・難波）272
塩崎彰久（長島・大野・常松）194
汐崎浩正（西村あさひ）206
塩田薫範（田辺総合）160
塩田尚也（森・濱田松本）274
塩谷昌弘（牛島総合）42
塩谷陽子（新潟第一）304
塩月秀平（TMI総合）162
塩津立人（北浜）360
塩谷崇之（真和総合）132
塩見直子（御堂筋）398
塩見竜一（アンダーソン・毛利・友常）30
志賀厚介（本間合同）250
志賀正帥（瓜生・糸賀）46

志賀正浩（MOFO伊藤見富）278
志賀裕二（西村あさひ）206
鹿倉将史（クリフォードチャンス）92
鹿田順平（奥野総合）66
敷地健康（北浜）360
軸丸欣哉（淀屋橋・山上合同）404
重田晴生（エル・アンド・ジェイ）52
重冨貴光（大江橋）346
茂野祥子（御堂筋）398
重松英（桃尾・松尾・難波）272
宍戸一樹（瓜生・糸賀）46
宍戸充（西村あさひ）206
時蕭楠（西村あさひ）206
雫幸太郎（シティユーワ）112
静間聖実（神戸ブルースカイ）412
下西正亮（北浜）360
志田康雄（ブレークモア）236
設樂公мин（瓜生・糸賀）46
紀群（大江橋）346
品川皓亮（TMI総合）162
品川知久（森・濱田松本）274
篠連（光和総合）102
篠崎歩（ベーカー＆マッケンジー）240
篠崎芳明（篠崎・進士）116
篠崎篤（アイ・パートナーズ）308
篠田淳郎（内田・鮫島）44
篠田貴和（立川・及川）298
篠田憲明（三宅坂総合）268
篠原一生（TMI総合）162
篠原勝美（東京丸の内）180
篠原秀太（高橋綜合）154
篠原孝典（森・濱田松本）274
篠原倫太郎（森・濱田松本）274
信夫大輔（西村あさひ）206
四戸健一（鳥飼総合）190
芝章浩（西村あさひ）206
柴崎勢治（長島・大野・常松）194
芝田朋子（柳田国際）280
柴田昭久（淀屋橋・山上合同）404
柴田勝之（森・濱田松本）274
柴田高宏（アンダーソン・毛利・友常）30

柴田尚史（西村あさひ）206
柴田久（森・濱田松本）274
柴田英典（西村あさひ）206
柴田寛介（西村あさひ）206
柴田弘典（アンダーソン・毛利・友常）30
柴田祐之（LM）54
柴田正人（キャスト）90
柴田征範（虎門中央）186
柴田未来（兼六）306
柴田美鈴（NS綜合）50
柴田陽介（松田綜合）256
柴田義人（アンダーソン・毛利・友常）30
柴田龍太郎（深沢綜合）232
柴野高之（堂島）384
柴野相雄（TMI総合）162
柴橋修（山下江）422
柴原多（西村あさひ）206
柴山吉報（阿部・井窪・片山）26
柴山将一（髙橋綜合）154
渋川孝祐（西村あさひ）206
志部淳之介（御池総合）328
渋村晴子（本間合同）250
渋谷卓司（西村あさひ）206
渋谷武宏（アンダーソン・毛利・友常）30
渋谷治香（シティユーワ）112
渋谷洋平（シティユーワ）112
澁谷展由（中島経営）198
志甫治宣（三宅・今井・池田）266
島美穂子（西村あさひ）206
志摩美聡（芝綜合）118
嶋崎勝規（長島・大野・常松）194
島崎伸夫（LM）54
島崎泰雄（堂島総合）386
島田彰子（森・濱田松本）274
島田一彦（半蔵門総合）224
島田邦雄（島田）120
島田紗綾（スクワイヤ）136
島田知子（瓜生・糸賀）46
島田敏雄（LM）54
島田稔夫（ベーカー＆マッケンジー）240
島田直樹（佐野総合）16
島田まどか（西村あさひ）206
島田充生（アンダーソン・毛利・友常）30

島田康弘（渥美坂井）24
島田雄介（シティユーワ）112
島田里奈（森・濱田松本）274
島津圭吾（R&G横浜）294
嶋津裕介（栄光）342
嶋寺基（大江橋）346
嶋野修司（色川）336
島村謙（鳥飼総合）190
嶋村那生（あさひ）22
嶋村尚子（クリフォードチャンス）92
嶋村直登（森・濱田松本）274
志水芳彰（クリフォードチャンス）92
清水綾子（石原総合）314
清水池徹（森・濱田松本）274
清水修（清水直）122
清水啓子（長島・大野・常松）194
清水健介（奥野総合）66
清水幸明（長島・大野・常松）194
清水敏（ひかり総合）226
清水拓也（西村あさひ）206
清水直（清水直）122
清水毅（長島・大野・常松）194
清水俊彦（二重橋）210
清水扶美（田辺総合）160
清水真紀子（TMI総合）162
清水真（潮見坂綜合）110
清水誠（西村あさひ）206
清水政史（佐野総合）16
清水茉莉（アンダーソン・毛利・友常）30
清水美彩恵（長島・大野・常松）194
清水恵（西村あさひ）206
清水豊（東京丸の内）180
清水洋介（小沢・秋山）68
清水良寛（淀屋橋・山上合同）404
清水亘（大野総合）56
清水航（ベーカー＆マッケンジー）240
志村直子（西村あさひ）206
下尾裕（御堂筋）398
下久保翼（古賀総合）98
下地麻貴（北浜）360
下瀬隆士（三宅坂総合）268
下瀬伸彦（森・濱田松本）274

下田顕寛（西村あさひ）206
下田真依子（長島・大野・常松）194
下田祥史（長島・大野・常松）194
下平大輔（EY）20
下西祥平（中央総合）382
下野健（TMI総合）162
下向智子（西村あさひ）206
下村祐光（長島・大野・常松）194
下矢洋貴（佐々木総合）4
社本洋典（辻巻総合）326
朱順徳（大江橋）346
城石惣（兼子・岩松）82
上甲悌二（淀屋橋・山上合同）404
庄崎裕太（大江橋）346
生島隆男（アンダーソン・毛利・友常）30
正田賢司（虎門中央）186
正田真仁（稲葉総合）38
生野聡（鳥飼総合）190
生野裕一（アゴラ）442
正原大嗣（鯉城総合）424
城昌志（山下江）422
白井勝己（TMI総合）162
白井潤一（松田綜合）256
白井俊太郎（森・濱田松本）274
白井紀充（TMI総合）162
白井真（光和総合）102
白石和泰（TMI総合）162
白石紘一（東京八丁堀）174
白石浩亮（淀屋橋・山上合同）404
白石絢子（ベーカー＆マッケンジー）240
白石真琴（TMI総合）162
白川佳（森・濱田松本）274
白川剛士（森・濱田松本）274
白川もえぎ（アンダーソン・毛利・友常）30
白木敦士（東京駿河台）172
白木健介（英知）344
白木淳二（TMI総合）162
白木裕一（協和綜合）366
白坂守（森・濱田松本）274
白澤光音（TMI総合）162
白出博之（なにわ共同）394
白根信人（アンダーソン・毛利・

友常）30
白根央（森・濱田松本）274
白幡文吾（TMI総合）162
白水克典（長島・大野・常松）194
代田クレラ（クリフォードチャンス）92
城山康文（アンダーソン・毛利・友常）30
神洋明（光和総合）102
新川麻（西村あさひ）206
新倉哲朗（和田久）448
新里浩樹（明倫国際）438
進士肇（篠崎・進士）116
新城友哉（アンダーソン・毛利・友常）30
新谷美保子（TMI総合）162
神出兼嘉（御堂筋）398
新堂幸司（新堂・松村）126
進藤功（アンダーソン・毛利・友常）30
進藤千代数（ホーガン・ロヴェルズ）242
真保玉緒（西村あさひ）206
新保克芳（新保・髙崎）128
新保雄一（菊地総合）88
新保勇一（西村あさひ）206
新保雄司（スプリング）140
新穂均（のぞみ総合）212
神保咲知子（アンダーソン・毛利・友常）30
神保寛子（西村あさひ）206
新村綾子（西村あさひ）206
新森圭（東京グリーン）166
末岡晶子（森・濱田松本）274
末岡佑真（西村あさひ）206
末啓一郎（ブレークモア）236
末冨純子（ベーカー＆マッケンジー）240
末永久美子（大江橋）346
末永敏和（淀屋橋・山上合同）404
末永麻衣（アンダーソン・毛利・友常）30
末廣裕亮（森・濱田松本）274
末吉剛（ユアサハラ）286
末吉亙（潮見坂総合）110
菅礼子（ベーカー＆マッケンジー）240
菅隆浩（アンダーソン・毛利・友

常）30
菅尋史（西村あさひ）206
菅真彦（太陽綜合）418
菅悠人（西村あさひ）206
須河内隆裕（西村あさひ）206
菅田正明（松田綜合）256
菅谷貴子（山田・尾﨑）284
菅谷朋子（匠総合）158
菅野百合（西村あさひ）206
菅原清暁（松田綜合）256
菅原康佑（御堂筋）398
菅原佐知子（渥美坂井）24
菅原啓嗣（中央総合）382
菅原稔（AZX総合）48
杉浦宇子（アイリス）310
杉浦宏輝（小笠原六川国際総合）58
杉田就（牛島総合）42
杉田昌平（アンダーソン・毛利・友常）30
杉田泰樹（オリック）72
杉田光義（原後綜合）222
枕田勝彦（石原総合）314
杉野聡（牛島総合）42
杉野由和（長島・大野・常松）194
杉原えり（西村あさひ）206
杉原努（神戸海都）406
杉原奈都子（クリフォードチャンス）92
杉原光俊（西村あさひ）206
杉原悠介（シティユーワ）112
椙弘真人（アンダーソン・毛利・友常）30
杉村光嗣（西村あさひ）206
杉本清（西村あさひ）206
杉本健太郎（西村あさひ）206
杉本太郎（本間合同）250
杉本亘雄（桃尾・松尾・難波）272
杉本文秀（長島・大野・常松）194
杉山一郎（篠崎・進士）116
杉山真一（原後綜合）222
杉山晴香（森・濱田松本）274
杉山日那子（ベーカー＆マッケンジー）240
杉山泰成（西村あさひ）206
枕山栄理（はばたき綜合）396
椙山敬士（虎ノ門南）188

須崎利泰（阿部・井窪・片山）26
鈴江辰男（真和総合）132
鈴岡正（隼あすか）220
鈴木秋夫（中央総合）382
鈴木明夫（大江橋）346
鈴木明美（長島・大野・常松）194
鈴木杏里（アンダーソン・毛利・友常）30
鈴木郁子（本間合同）250
鈴木五十三（古賀総合）98
鈴木修（ユアサハラ）286
鈴木香子（ベーカー＆マッケンジー）240
鈴木学（西村あさひ）206
鈴木一洋（みなと協和）264
鈴木勝博（淀屋橋・山上合同）404
鈴木克昌（森・濱田松本）274
鈴木幹太（キャスト）90
鈴木銀治郎（隼あすか）220
鈴木蔵人（色川）336
鈴木圭佑（アンダーソン・毛利・友常）30
鈴木謙輔（長島・大野・常松）194
鈴木健人（長島・大野・常松）194
鈴木康祐（ベーカー＆マッケンジー）240
鈴木彩子（みなと協和）264
鈴木里士（石蒿・山中総合）36
鈴木重信（石井）34
鈴木成介（虎ノ門南）188
鈴木修一（隼あすか）220
鈴木惇也（ベーカー＆マッケンジー）240
鈴木翔平（TMI総合）162
鈴木伸治（東京丸の内）180
鈴木泰治郎（ベーカー＆マッケンジー）240
鈴木大祐（菊地総合）88
鈴木多恵子（西村あさひ）206
鈴木貴雄（立川・及川）298
鈴木隆臣（石原総合）314
鈴木崇（瓜生・糸賀）46
鈴木隆志（新堂・松村）126
鈴木卓（西村あさひ）206
鈴木隆弘（虎門中央）186
鈴木貴之（TMI総合）162

鈴木剛志（アンダーソン・毛利・友常）30
鈴木健文（敬和綜合）96
鈴木忠司（官澤綜合）12
鈴木毅（桃尾・松尾・難波）272
鈴木俊裕（西村あさひ）206
鈴木智也（光和綜合）102
鈴木智仁（中之島中央）390
鈴木知幸（東京丸の内）180
鈴木奈裕子（田辺総合）160
鈴木信彦（森・濱田松本）274
鈴木規央（シティユーワ）112
鈴木教夫（新堂・松村）126
鈴木秀彦（クリフォードチャンス）92
鈴木弘記（TMI総合）162
鈴木真紀（TMI総合）162
鈴木正貢（ベーカー＆マッケンジー）240
鈴木正人（岩田合同［山根室］）40
鈴木雅人（三宅）400
鈴木正具（ジョーンズ・デイ）124
鈴木雅博（長島・大野・常松）194
鈴木正裕（梅田総合）340
鈴木正靖（西村あさひ）206
鈴木優（TMI総合）162
鈴木守（大野総合）56
鈴木美華（ホワイト＆ケース）248
鈴木みき（光和綜合）102
鈴木道夫（ベーカー＆マッケンジー）240
鈴木みなみ（ロア・ユナイテッド）292
鈴木宗紹（石嵜・山中総合）36
鈴木悠子（アンダーソン・毛利・友常）30
鈴木悠介（西村あさひ）206
鈴木由里（渥美坂井）24
鈴木陽（クリフォードチャンス）92
鈴木洋介（アンダーソン・毛利・友常）30
鈴木良和（シティユーワ）112
鈴木世里子（紀尾井町）86
鈴木里佳（骨董通り）106
鈴木龍司（黒田）94

鈴木龍司（TMI総合）162
鈴木亮子（新堂・松村）126
須田英明（長島・大野・常松）194
須藤修（須藤・髙井）138
須藤克己（森・濱田松本）274
須藤希祥（長島・大野・常松）194
須藤英章（東京富士）176
須藤正彦（みなと協和）264
須永了（瓜生・糸賀）46
砂坂英之（長島・大野・常松）194
砂田雄土（長島・大野・常松）194
砂本啓介（広島総合）420
須納瀬学（東京駿河台）172
壽原友樹（御堂筋）398
住田尚之（曾我）144
住田浩史（御池総合）328
角田邦洋（渥美坂井）24
角谷仁之（ベーカー＆マッケンジー）240
住吉真理子（桃尾・松尾・難波）272
陶山敬司（エル・アンド・ジェイ）52
諏訪公一（骨董通り）106
諏訪昇（森・濱田松本）274
青海利之（堂島）384
妹尾かを里（TMI総合）162
瀬尾信雄（東京八丁堀）174
瀬川智子（日本大通り）300
関彩香（アンダーソン・毛利・友常）30
関計比兒（エル・アンド・ジェイ）52
関聖（宮崎綜合）402
関高浩（三宅坂総合）268
関秀忠（ほくと総合）244
関真也（TMI総合）162
関裕治朗（内田・鮫島）44
関由起子（深沢綜合）232
関理秀（TMI総合）162
碩省三（御堂筋）398
關健一（協和綜合）366
関川淳子（TMI総合）162
関川裕（TMI総合）162
関口恭平（牛島総合）42
関口健一（森・濱田松本）274

関口尊成（西村あさひ）206
関口毅人（ベーカー＆マッケンジー）240
関口智弘（大江橋）346
関口諒（堀総合）246
関口麦（森・濱田松本）274
関根究（深沢綜合）232
関根久美子（田辺総合）160
関根こすも（あさひ）22
関根毅大（西村あさひ）206
関根みず奈（TMI総合）162
関根良太（アンダーソン・毛利・友常）30
関端広輝（アンダーソン・毛利・友常）30
関本正樹（長島・大野・常松）194
瀬戸英雄（LM）54
瀬戸麻奈美（TMI総合）162
瀬野泰崇（佐野総合）16
瀬間健治（髙橋綜合）154
千賀福太郎（瓜生・糸賀）46
善家啓文（西村あさひ）206
千石克（西村あさひ）206
煎田勇二（西村あさひ）206
蘇逸修（黒田）94
宗敏啓（MOFO伊藤見富）278
副島史子（渥美坂井）24
副田達也（アンダーソン・毛利・友常）30
曽我美紀子（西村あさひ）206
曾我貴志（曾我）144
十河遼介（西村あさひ）206
曽根翼（虎ノ門南）188
曽根原稔（西村あさひ）206
園浦卓（西村あさひ）206
園尾隆司（西村あさひ）206
園高明（丸の内中央）262
園田大吾（照国総合）446
園田拓也（長島・大野・常松）194
園田観希央（森・濱田松本）274
園元丈晴（森・濱田松本）274
孫櫻倩（西村あさひ）206
孫彦（森・濱田松本）274

■〈た　行〉

台庸子（虎門中央）186
大皷利枝（TMI総合）162

太子堂厚子（森・濱田松本）274
大東泰雄（のぞみ総合）212
田井中克之（森・濱田松本）274
代宗剛（森・濱田松本）274
平征三朗（小島国際）104
平良夏紀（西村あさひ）206
平良夏紀（東町）416
田浦一（アンダーソン・毛利・友常）30
田尾久美子（島田）120
垰尚義（長島・大野・常松）194
多賀大輔（アンダーソン・毛利・友常）30
髙井章光（須藤・髙井）138
高井浩一（御堂筋）398
高井伸太郎（長島・大野・常松）194
髙井伸夫（髙井・岡芹）152
高石脩平（森・濱田松本）274
高石秀樹（中村合同）202
髙尾剛（小沢・秋山）68
髙尾和一郎（永沢総合）192
孝岡裕介（北浜）360
高垣勲（松田綜合）256
髙川佳子（深沢綜合）232
高木篤夫（ひかり総合）226
髙木いづみ（堀総合）246
髙木瑛子（TMI総合）162
髙木楓子（西村あさひ）206
髙木加奈子（矢吹）282
髙木謙吾（西村あさひ）206
髙木大輔（長島・大野・常松）194
髙木大地（関西）358
高木智宏（西村あさひ）206
髙木弘明（西村あさひ）206
髙木紘子（アンダーソン・毛利・友常）30
高木裕康（東京丸の内）180
髙木佑衣（御堂筋）398
高木洋平（LM）54
髙木良誠（EY）20
髙久隆太（ベーカー＆マッケンジー）240
高桑リエ（たいよう）426
高子賢（大江橋）346
髙﨑仁（新保・髙﨑）128
髙嵜直子（アンダーソン・毛利・友常）30
髙澤和也（新四谷）130

髙島志郎（淀屋橋・山上合同）404
髙島照夫（大阪西総合）350
髙島浩（神戸シティ）408
髙島万梨子（野村綜合）214
高嶋希（長島・大野・常松）194
高須成剛（MOFO伊藤見富）278
高瀬亜富（内田・鮫島）44
髙瀬健作（ベーカー＆マッケンジー）240
髙添達也（西村あさひ）206
高田昭英（ベーカー＆マッケンジー）240
高田亜朱華（萬年総合）436
髙田和貴（西村あさひ）206
高田和佳（森・濱田松本）274
髙田沙織（京都総合）332
髙田淳（佐野総合）16
髙田翔行（二重橋）210
髙田真司（大江橋）346
髙田千早（LM）54
髙田剛（鳥飼総合）190
髙田晃男（共栄）364
髙田祐史（島田）120
髙田陽介（西村あさひ）206
髙田洋輔（森・濱田松本）274
髙田吉典（堂島総合）386
高田佳匡（瓜生・糸賓）46
高玉泰亘（ジョーンズ・デイ）124
高槻史（大江橋）346
髙取芳宏（オリック）72
鷹取康久（ベーカー＆マッケンジー）240
髙梨翔太（立川・及川）298
髙梨義幸（TMI総合）162
髙根和也（あさひ）22
高野倉勇樹（ひかり総合）226
髙野真一（岡部・山口）60
髙野大滋郎（TMI総合）162
髙野博史（TMI総合）162
髙野裕之（さくら共同）108
髙野芳徳（内田・鮫島）44
鷹野俊司（中本総合）392
髙信桃子（瓜生・糸賓）46
髙橋綾（アンダーソン・毛利・友常）30
髙橋功（西村あさひ）206
髙橋瑛輝（中央総合）382
髙橋和之（大江橋）346

高橋勝男（高橋三兄弟）14
高橋可奈（森・濱田松本）274
髙橋謙（ベーカー＆マッケンジー）240
髙橋玄（アンダーソン・毛利・友常）30
高橋康平（ほくと総合）244
高橋幸平（梅田総合）340
髙橋祥子（スプリング）140
髙橋俊介（TMI総合）162
高橋真一（西村あさひ）206
高橋伸二（高橋三兄弟）14
高橋茜莉（フレッシュフィールズ）238
高橋大祐（真和総合）132
高橋拓也（吉峯総合）288
高橋剛（渥美坂井）24
高橋達朗（高橋総合）154
高橋勉（高橋三兄弟）14
高橋輝好（長島・大野・常松）194
高橋俊昭（ジョーンズ・デイ）124
髙橋那恵（ホーガン・ロヴェルズ）242
高橋智彦（桃尾・松尾・難波）272
髙橋知洋（AZX総合）48
髙橋直子（第一）376
髙橋尚子（森・濱田松本）274
高橋英伸（栄光）342
髙橋博明（植松）8
高橋宏明（アンダーソン・毛利・友常）30
髙橋宏達（西村あさひ）206
髙橋宏志（森・濱田松本）274
高橋将志（小島国際）104
高橋正憲（内田・鮫島）44
高橋麻理（リバーシティ）18
髙橋美早（TMI総合）162
髙橋三千代（大江橋）346
髙橋美智留（ジョーンズ・デイ）124
高橋みどり（烏丸）330
髙橋美和（鳥飼総合）190
髙橋元弘（潮見坂綜合）110
高橋悠（森・濱田松本）274
髙橋祐二朗（高橋総合）154
髙橋慶彦（松尾綜合）254
高橋理一郎（R&G横浜）294

髙橋理恵子（淀屋橋・山上合同）404
高橋良輔（御堂筋）398
髙橋玲路（アンダーソン・毛利・友常）30
髙畑晶子（のぞみ総合）212
髙畑豪太郎（御堂筋）398
髙畑ゆい（西村あさひ）206
髙林勇斗（西村あさひ）206
髙原慎一（外立総合）216
髙原達広（TMI総合）162
髙平めぐみ（東京グリーン）166
髙藤真人（TMI総合）162
高松顕彦（クリフォードチャンス）92
高松薫（隼あすか）220
高松賢介（萬年総合）436
高松洸（アンダーソン・毛利・友常）30
高松志直（片岡総合）80
髙丸涼太（片岡総合）80
髙見憲一（内田・鮫島）44
高宮雄介（森・濱田松本）274
髙村和宗（TMI総合）162
高村健一（卓照綜合）156
髙安秀明（大江橋）346
髙谷知佐子（森・濱田松本）274
髙山一三（大江橋）346
高山梢（真和総合）132
高山大蔵（TMI総合）162
高山大地（明倫国際）438
髙山崇彦（TMI総合）162
高山徹（長島・大野・常松）194
高山政信（ベーカー＆マッケンジー）240
高山陽太郎（西村あさひ）206
高谷裕介（二重橋）210
宝田恵理子（TMI総合）162
滝恵美（アイ・パートナーズ）308
滝琢磨（TMI総合）162
滝久男（奥野総合）66
滝充人（柳田国際）280
滝井乾（シティユーワ）112
滝川佳代（長島・大野・常松）194
瀧川佳昌（中央総合）382
滝口博一（隼あすか）220
瀧口広子（北浜）360
瀧口晶子（西村あさひ）206

瀧口豊（シティユーワ）112
滝沢章（横浜綜合）302
滝澤元（シティユーワ）112
滝澤功治（神戸海都）406
瀧澤信也（アンダーソン・毛利・友常）30
瀧澤輝（シティユーワ）112
瀧嶋亮介（長島・大野・常松）194
瀧谷耕二（鳥飼総合）190
瀧田博（雨宮眞也）28
滝本豊水（西村あさひ）206
瀧本文浩（島田）120
田口和夫（ベーカー＆マッケンジー）240
田口和幸（阿部・井窪・片山）26
田口祐樹（西村あさひ）206
田口洋介（日比谷パーク）230
宅間仁志（内田・鮫島）44
田汲幸弘（シティユーワ）112
武雄太（和田久）448
武井一浩（西村あさひ）206
武井康年（広島総合）420
武井祐生（御堂筋）398
武井洋一（成和明哲）142
竹内光一（長島・大野・常松）194
竹内康二（さくら共同）108
竹内淳（石井）34
竹内淳哉（長島・大野・常松）194
竹内工（TMI総合）162
竹内千春（のぞみ総合）212
竹内哲（森・濱田松本）274
竹内直久（宮崎綜合）402
竹内信紀（TMI総合）162
竹内洋（岩田合同［山根室］）40
竹内亮（鳥飼総合）190
武内香奈（森・濱田松本）274
武内斉史（長島・大野・常松）194
武内則史（アンダーソン・毛利・友常）30
竹岡真太郎（アンダーソン・毛利・友常）30
竹岡八重子（光和総合）102
竹岡裕介（森・濱田松本）274
竹川奈央子（桃尾・松尾・難波）272
竹久保好勝（小田原三の丸）296

竹腰沙織（森・濱田松本）274
竹下千尋（太陽綜合）418
竹下俊博（西村あさひ）206
竹下守夫（阿部・井窪・片山）26
竹島一彦（森・濱田松本）274
竹田和義（あさひ）22
竹田慧（西村あさひ）206
竹田章治（紀尾井坂テーミス綜合）84
竹田千穂（三宅）400
竹田寛（かばしま）430
竹田昌史（黒田）94
武田彩香（森・濱田松本）274
武田勝弘（スクワイヤ）136
武田賢治（官澤綜合）12
武田昇平（ひかり総合）226
武田仁（丸の内総合）260
武田信裕（京都総法）332
武田昌則（ひかり）450
武田雄一郎（三宅・山崎）270
武田涼子（シティユーワ）112
武智順子（御堂筋）398
竹中輝順（長島・大野・常松）194
竹中陽輔（ベーカー＆マッケンジー）240
竹野康造（森・濱田松本）274
竹之下義弘（東京六本木）182
竹野下喜彦（ふじ合同）234
竹花元（ロア・ユナイテッド）292
竹林俊二（シティユーワ）112
竹林節治（竹林・畑・中川・福島）378
竹林竜太郎（竹林・畑・中川・福島）378
竹原尚彦（紀尾井坂テーミス綜合）84
竹原昌利（小笠原六川国際総合）58
竹平征吾（大江橋）346
竹村知己（三宅）400
竹村朋子（桃尾・松尾・難波）272
竹村真紀子（興和）370
竹村葉子（三宅・今井・池田）266
竹本英世（淀屋橋・山上合同）404
竹本みを（小川総合）64

竹本康彦（アンダーソン・毛利・友常）30
田子晃（アンダーソン・毛利・友常）30
田子小百合（アンダーソン・毛利・友常）30
田子真也（岩田合同［山根室］）40
田子弘史（長島・大野・常松）194
多湖真琴（TMI総合）162
太宰賢二（東京フレックス）178
田坂一朗（東京丸の内）180
田島圭貴（長島・大野・常松）194
田島孝（丸の内総合）260
田島弘基（長島・大野・常松）194
多島咲子（隼あすか）220
田尻佳菜子（森・濱田松本）274
田代桂子（成和明哲）142
田代啓史郎（TMI総合）162
田代俊明（西村あさひ）206
田代浩誠（マリタックス）258
田勢華也子（長島・大野・常松）194
田瀬憲夫（大手町）428
多田郁夫（鳥飼総合）190
多田啓太郎（成和明哲）142
多田光毅（隼あすか）220
多田慎（大江橋）346
多田晋作（北浜）360
多田敏明（日比谷総合）228
田多井啓州（第一芙蓉）150
但木敬一（森・濱田松本）274
忠津充（隼あすか）220
立川献（虎門中央）186
立川正雄（立川・及川）298
橘大樹（石嵜・山中総合）36
橘里香（新潟第一）304
立元貴紀（高橋綜合）154
龍岡資晃（西綜合）204
立川聡（森・濱田松本）274
辰田淳（きっかわ）362
辰野久夫（辰野・尾崎・藤井）380
辰野守彦（芝綜合）118
辰野嘉則（森・濱田松本）274
達野大輔（ベーカー＆マッケンジー）240

龍野滋幹（アンダーソン・毛利・友常）30
辰巳郁（西村あさひ）206
田積司（淀屋橋・山上合同）404
館大輔（アンダーソン・毛利・友常）30
伊達隆彦（西村あさひ）206
伊達智子（ユアサハラ）286
立石光宏（森・濱田松本）274
立石竜資（ベーカー＆マッケンジー）240
舘下繁仁（瓜生・糸賀）46
建部和仁（東京丸の内）180
立松直樹（辻巻総合）326
帯刀康一（髙井・岡芹）152
舘脇幸子（エール）10
田中亜樹（森・濱田松本）274
田中亜希（北浜）360
田中彰寿（田中彰寿）334
田中良（アンダーソン・毛利・友常）30
田中敦（匠総合）158
田中敦（虎門中央）186
田中郁乃（長島・大野・常松）194
田中収（アンダーソン・毛利・友常）30
田中一哉（TMI総合）162
田中克郎（TMI総合）162
田中公悟（奥野総合）66
田中圭（大手町）428
田中賢一（春名・田中）414
田中健太郎（TMI総合）162
田中研也（西村あさひ）206
田中孝樹（第一）376
田中康治（TMI総合）162
田中聡美（アンダーソン・毛利・友常）30
田中俊平（長島・大野・常松）194
田中伸（山下江）422
田中伸一郎（中村合同）202
田中貴士（岩田合同［山根室］）40
田中貴大（アンダーソン・毛利・友常）30
田中崇公（中之島中央）390
田中健夫（松尾綜合）254
田中達也（淀屋橋・山上合同）404

田中継貴（田中彰寿）334
田中徹（ブレークモア）236
田中智典（TMI総合）162
田中智之（アンダーソン・毛利・友常）30
田中伸拡（西村あさひ）206
田中紀光（小田原三の丸）296
田中徳夫（岩田合同［山根室］）40
田中久子（大野総合）56
田中秀幸（シティユーワ）112
田中英行（宮崎綜合）402
田中等（淀屋橋・山上合同）404
田中開（TMI総合）162
田中宏（きっかわ）362
田中宏岳（大江橋）346
田中洋比古（森・濱田松本）274
田中浩之（森・濱田松本）274
田中晶国（田中彰寿）334
田中真人（TMI総合）162
田中昌利（長島・大野・常松）194
田中雅敏（明倫国際）438
田中麻理恵（西村あさひ）206
田中幹夫（シティユーワ）112
田中光江（森・濱田松本）274
田中美登里（中村合同）202
田中勇気（アンダーソン・毛利・友常）30
田中優子（東京丸の内）180
田中陽（広島総合）420
田中庸介（東町）416
田中貴一（片岡総合）80
田中良樹（森・濱田松本）274
田中竜介（小笠原六川国際総合）58
田中亮平（長島・大野・常松）194
田中玲子（大野総合）56
棚澤高志（ジョーンズ・デイ）124
棚橋元（森・濱田松本）274
棚橋祐治（シティユーワ）112
田辺晶夫（あさひ）22
田辺克彦（田辺総合）160
田辺邦子（田辺総合）160
田辺信彦（田辺総合）160
田辺泰彦（田辺総合）160
田辺陽一（色川）336
田邉愛（堂島）384

田邊有美（MOFO伊藤見富）278
田邊絵理子（中之島中央）390
田邊幸太郎（高橋綜合）154
田邊悟志（西村あさひ）206
田邊ソフィア（ベーカー＆マッケンジー）240
田邊政裕（ベーカー＆マッケンジー）240
田邊光政（関西）358
田波耕治（外立綜合）216
棚地友博（シティユーワ）112
谷明典（北浜）360
谷健太郎（三宅）400
谷麻衣子（佐野綜合）16
谷友輔（曾我）144
谷井智（鯉城綜合）424
谷井秀夫（宮崎綜合）402
谷内元（大江橋）346
谷岡孝昭（シティユーワ）112
谷垣岳人（石井）34
谷神禎尚（神戸ブルースカイ）412
谷川達也（西村あさひ）206
谷口明史（北浜）360
谷口達哉（TMI綜合）162
谷口登（西村あさひ）206
谷口優（しるべ綜合）322
谷口安平（松尾綜合）254
谷口由記（共栄）364
谷口怜司（太陽綜合）418
谷笹孝史（TMI綜合）162
谷澤進（西村あさひ）206
谷添学（瓜生・糸賀）46
谷田智沙（長島・大野・常松）194
谷本誠司（日比谷綜合）228
谷本大輔（アンダーソン・毛利・友常）30
谷本規（瓜生・糸賀）46
谷本芳朗（長島・大野・常松）194
谷山智光（御池綜合）328
種田謙司（MOFO伊藤見富）278
種橋佑介（片岡綜合）80
種本泰一（中之島中央）390
田上洋平（関西）358
田原一樹（長島・大野・常松）194
田原直（外立綜合）216
田原吏（西村あさひ）206

田原直子（曾我）144
田原睦夫（はばたき綜合）396
田原靖久（長島・大野・常松）194
田伏岳人（隼あすか）220
田淵智久（潮見坂綜合）110
玉井一誠（ジョーンズ・デイ）124
玉石沙和（TMI綜合）162
玉井裕子（長島・大野・常松）194
玉置菜々子（淀屋橋・山上合同）404
玉川雅文（ベーカー＆マッケンジー）240
玉木昭久（森・濱田松本）274
玉木一成（東京駿河台）172
玉城光博（アンダーソン・毛利・友常）30
玉生靖人（御堂筋）398
玉巻輝久（卓照綜合）156
玉山直美（エール）10
田村有加吏（小笠原六川国際綜合）58
田村恵子（あさひ）22
田村幸太郎（牛島綜合）42
田村淳也（ユアサハラ）286
田村伸吾（東京丸の内）180
田村哲也（森・濱田松本）274
田村優樹（柏総合）76
田村正博（虎門中央）186
田村優（長島・大野・常松）194
田村勇人（アンダーソン・毛利・友常）30
田村陽（シティユーワ）112
溜井美帆（TMI綜合）162
賜保宏（野村綜合）214
譚婷婷（黒田）94
檀柔正（アンダーソン・毛利・友常）30
近澤諒（森・濱田松本）274
近森章宏（東京グリーン）166
力石剛志（アンダーソン・毛利・友常）30
千吉良健一（LM）54
千明諒吉（西村あさひ）206
千種秀夫（髙井・岡芹）152
筑紫勝麿（丸の内中央）262
知識利紘（北浜）360
千須和厚至（永沢綜合）192

千葉克彦（東京丸の内）180
千葉恵介（ほくと綜合）244
千葉俊子（エル・アンド・ジェイ）52
千葉友美（東京六本木）182
千葉直人（EY）20
千葉尚路（TMI綜合）162
千葉大樹（佐々木綜合）4
千葉紘子（片岡綜合）80
千原真衣子（片岡綜合）80
千原曜（さくら共同）108
千森秀郎（三宅）400
茶木真理子（御池綜合）328
中条咲耶子（森・濱田松本）274
張翠萍（西村あさひ）206
張文涵（森・濱田松本）274
趙唯佳（森・濱田松本）274
陳瑋（黒田）94
陳軼凡（虎門中央）186
陳俊成（黒田）94
陳天華（金杜）452
対木和夫（長島・大野・常松）194
塚越賢一郎（石嵜・山中綜合）36
塚崎隆之（長島・大野・常松）194
塚崎敏之（アンダーソン・毛利・友常）30
塚田智宏（森・濱田松本）274
塚原雅樹（柳田国際）280
塚元健（第一）376
塚元佐弥子（シティユーワ）112
塚本晃浩（TMI綜合）162
塚本聡（瓜生・糸賀）46
塚本健夫（西村あさひ）206
塚本侃（桜樹）440
塚本鳩耶（紀尾井坂テーミス綜合）84
塚本晴久（小寺・松田）2
塚本英巨（アンダーソン・毛利・友常）30
塚本宏達（長島・大野・常松）194
塚本博美（堂島綜合）386
塚本弥石（シティユーワ）112
塚本美彌子（大江橋）346
塚本渉（TMI綜合）162
津川廣昭（御堂筋）398
月岡崇（長島・大野・常松）194
築留康夫（西村あさひ）206

津久井康太朗（長島・大野・常松）194
佃誠玄（大野総合）56
柘植寬（TMI総合）162
辻晃平（牛島総合）42
辻拓一郎（田辺総合）160
辻拓也（匠総合）158
辻井一成（堂島総合）386
辻井康平（御堂筋）398
辻居幸一（中村合同）202
辻居弘平（日本大通り）300
辻岡修（なにわ共同）394
辻岡将基（TMI総合）162
辻河哲爾（渥美坂井）24
辻川正人（関西）358
辻川昌徳（潮見坂綜合）110
辻野智子（神戸シティ）408
辻畑泰伸（EY）20
辻巻健太（辻巻総合）326
辻巻真（辻巻総合）326
対馬惠子（ブレークモア）236
津島雄二（田辺総合）160
辻本哲郎（ベーカー＆マッケンジー）240
辻本晴子（アンダーソン・毛利・友常）30
逵本憲祐（長島・大野・常松）194
逵本麻佑子（長島・大野・常松）194
津城尚子（TMI総合）162
蔦尾健太郎（山下江）422
津田理（大野総合）56
津田勝也（岡部・山口）60
津田秀太郎（ほくと総合）244
津田拓真（TMI総合）162
津田義裕（シティユーワ）112
蔦谷吉廣（アンダーソン・毛利・友常）30
土田達磨（小栗・石畔）318
土橋博孝（真和総合）132
土橋靖介（渥美坂井）24
土屋真也（石嵜・山中総合）36
土屋大気（森・濱田松本）274
土屋智恵子（アンダーソン・毛利・友常）30
土屋徹雄（TMI総合）162
土屋年彦（オリック）72
土屋智弘（森・濱田松本）274
土屋文昭（鳥飼総合）190

土屋佑貴（牛島総合）42
堤淳一（丸の内中央）262
綱島康介（アンダーソン・毛利・友常）30
綱藤明（ひかり総合）226
常松健（長島・大野・常松）194
都野真哉（TMI総合）162
角野佑子（中央総合）382
角川圭司（小田原三の丸）296
角田大憲（中村・角田・松本）200
角田龍哉（西村あさひ）206
角田太郎（アンダーソン・毛利・友常）30
角田望（森・濱田松本）274
椿原直（隼あすか）220
椿浩明（森・濱田松本）274
坪井崇（西村あさひ）206
坪内友哉（入谷）316
坪内陽太郎（森・濱田松本）274
坪野未来（西村あさひ）206
津曲貴裕（K&L Gates）100
露峰光夫（御堂筋）398
鶴由貴（協和綜合）366
鶴利絵（明倫国際）438
鶴井迪子（横浜綜合）302
鶴岡拓真（篠崎・進士）116
鶴岡勇誠（西村あさひ）206
弦巻充樹（三宅・山崎）270
鄭郁（黒田）94
鄭一志（鳥飼総合）190
鄭美蓮（ベーカー＆マッケンジー）240
手打寬規（馬場・澤田）218
出口敦也（アイ・パートナーズ）308
出口香史里（アンダーソン・毛利・友常）30
出嶋侑章（第一）376
手塚一男（兼子・岩松）82
手塚祥平（東町）416
手塚崇史（EY）20
手塚龍生（渥美坂井）24
手塚裕之（西村あさひ）206
手塚舞（クリフォードチャンス）92
出縄正人（スプリング）140
出張智己（アンダーソン・毛利・友常）30
寺井昭仁（御堂筋）398

寺尾幸治（みなと協和）264
寺尾裕真（アンダーソン・毛利・友常）30
寺門峻佑（TMI総合）162
寺崎大介（シティユーワ）112
寺崎玄（アンダーソン・毛利・友常）30
寺澤幸裕（MOFO伊藤見富）278
赫高規（関西）358
寺嶌毅一郎（篠崎・進士）116
寺田和人（西村あさひ）206
寺田達郎（小島国際）104
寺田寛（中島経営）198
寺田昌弘（シティユーワ）112
寺田万里子（ベーカー＆マッケンジー）240
寺田光邦（西村あさひ）206
寺田勇太（御堂筋）398
寺本大舗（西村あさひ）206
天白達也（西村あさひ）206
土井香苗（東京駿河台）172
土井輝生（柏木総合）76
土肥里香（片岡総合）80
十市崇（アンダーソン・毛利・友常）30
唐麗花（北浜）360
道垣内正人（長島・大野・常松）194
洞雞敏夫（ホワイト＆ケース）248
東崎賢治（長島・大野・常松）194
東崎雅夫（ベーカー＆マッケンジー）240
東城聡（髙井・岡芹）152
田路至弘（岩田合同［山根室］）40
東道雅彦（牛島総合）42
東目拓也（北浜）360
堂山健（中本総合）392
十枝美紀子（アンダーソン・毛利・友常）30
遠山友寛（TMI総合）162
遠山秀（柏木総合）76
冨樫剛（東京フレックス）178
時だい（森・濱田松本）274
土岐敦司（成和明哲）142
土岐立哉（北浜）360
徳岡卓樹（ブレークモア）236
徳地屋圭治（長島・大野・常松）

194
徳田安崇（森・濱田松本）274
徳永弘志（徳永・松﨑・斉藤）432
徳永博久（小笠原六川国際総合）58
徳田匡子（ベーカー＆マッケンジー）240
徳丸大輔（岩田合同［山根室］）40
徳本尚子（ジョーンズ・デイ）124
徳本穰（増田パートナーズ）252
十倉彬宏（長島・大野・常松）194
戸倉圭太（アンダーソン・毛利・友常）30
土佐林真琴（西村あさひ）206
戸澤晃広（TMI総合）162
戸島正浩（西村あさひ）206
戸嶋浩二（森・濱田松本）274
鳥巣正憲（長島・大野・常松）194
戸田暁（西村あさひ）206
戸田謙太郎（TMI総合）162
戸田洋平（京都総合）332
戸谷景（紀尾井町）86
渡田嘉樹（神戸海都）406
栃木順子（ベーカー＆マッケンジー）240
栃木敏明（のぞみ総合）212
戸塚貴晴（アンダーソン・毛利・友常）30
戸塚健彦（岡部・山口）60
轟木博信（柳田国際）280
外海周二（小沢・秋山）68
外崎友隆（日比谷総合）228
殿村桂司（長島・大野・常松）194
外村玲子（中村合同）202
土橋拓朗（西村あさひ）206
鳥羽衛（長島・大野・常松）194
土肥勇（新四谷）130
土肥慎司（西村あさひ）206
飛岡和明（アンダーソン・毛利・友常）30
飛松純一（森・濱田松本）274
土淵和貴（LM）54
戸部直子（深沢綜合）232
戸部秀明（深沢綜合）232

泊昌之（さくら共同）108
富岡英次（中村合同）202
冨岡孝幸（島田）120
冨来真一郎（淀屋橋・山上合同）404
冨田啓輔（第一芙蓉）150
冨田武夫（第一協同）148
冨田信雄（関西）358
富田美栄子（西綜合）204
冨田裕（TMI総合）162
冨田雄介（岩田合同［山根室］）40
冨田陽子（宮崎綜合）402
冨田烈（東京フレックス）178
冨永伸太郎（松尾綜合）254
冨永喜太郎（森・濱田松本）274
冨松宏之（堀綜合）246
富松由希子（西村あさひ）206
富本晃司（北浜）360
富本聖仁（ベーカー＆マッケンジー）240
富山聡子（堂島）384
戸村健（ベーカー＆マッケンジー）240
友常信之（アンダーソン・毛利・友常）30
友常理子（田辺総合）160
友成亮太（丸の内中央）262
友廣隆宣（神戸海都）406
友村明弘（TMI総合）162
土門駿介（アンダーソン・毛利・友常）30
土門高志（岩田合同［山根室］）40
土門敬幸（佐々木総合）4
外山香織（キャスト）90
外山興三（敬和綜合）96
外山照久（渥美坂井）24
豊泉美穂子（みなと協和）264
豊浦伸隆（協和綜合）366
豊川次郎（ベーカー＆マッケンジー）240
豊島ひろ江（中本総合）392
豊島真（小島国際）104
豊田賢治（東京桜橋）170
豊田紗織（長島・大野・常松）194
豊田愛美（アンダーソン・毛利・友常）30
豊田百合子（森・濱田松本）274

豊田愛祥（光和総合）102
豊永晋輔（西村あさひ）206
豊原章吾（御堂筋）398
鳥井玲子（ロア・ユナイテッド）292
鳥居江美（のぞみ総合）212
鳥海哲郎（TMI総合）162
鳥飼重和（鳥飼総合）190
鳥養雅夫（桃尾・松尾・難波）272
鳥山半六（色川）336

■〈な 行〉

内藤亜雅沙（田辺総合）160
内藤和彦（TMI総合）162
内藤加代子（大江橋）346
内藤滋（東京丸の内）180
内藤潤（長島・大野・常松）194
内藤順也（桃尾・松尾・難波）272
内藤雅子（西村あさひ）206
内藤悠作（東京桜橋）170
ナイル モリス（ベーカー＆マッケンジー）240
中翔平（長島・大野・常松）194
中亮介（北浜）360
中井計雄（協和綜合）366
中井宏平（高橋綜合）154
中井成紀（西村あさひ）206
中井崇一朗（アンダーソン・毛利・友常）30
中井崇（中之島中央）390
中井俊行（長島・大野・常松）194
中井寛人（リソルテ総合）290
中井康之（堂島）384
中井竜（広島総合）420
仲井晃（淀屋橋・山上合同）404
永井和明（アンダーソン・毛利・友常）30
永井和之（卓照綜合）156
永井弘二（御池総合）328
永井翔太郎（シティユーワ）112
永井卓（ベーカー＆マッケンジー）240
永井敏雄（卓照綜合）156
永井利幸（片岡総合）80
永井徳人（光和総合）102
永井亮（アンダーソン・毛利・友

常）30
長井沙希（シティユーワ）112
長井健（長島・大野・常松）194
長井真之（TMI総合）162
長江俊輔（クリフォードチャンス）92
中尾悦子（神戸中央）410
中尾巧（淀屋橋・山上合同）404
中尾雄史（フレッシュフィールズ）238
中尾文治（鯉城総合）424
中尾正士（鯉城総合）424
中尾匡利（森・濱田松本）274
中尾佳永（色川）336
長尾卓（AZX総合）48
長尾浩行（官澤綜合）12
永岡秀一（シティユーワ）112
長岡大祐（協和綜合）366
中川明子（シティユーワ）112
中川明（古賀総合）98
中川克己（竹林・畑・中川・福島）378
中川浩輔（TMI総合）162
中川紘平（TMI総合）162
中川真吾（石原総合）314
中川武隆（ひかり総合）226
中川直政（日比谷パーク）230
中川秀宣（TMI総合）162
中川浩輝（兼六）306
中川裕茂（アンダーソン・毛利・友常）30
中川藤雄（匠総合）158
中川正一（新潟第一）304
中川幹久（長島・大野・常松）194
中川泰夫（大阪西総合）350
中川裕介（西村あさひ）206
中川雄夫（御堂筋）398
中川幸恵（スキャデン・アープス）134
中川裕貴子（小田原三の丸）296
中川佳宣（西村あさひ）206
中川隆太郎（骨董通り）106
仲川悦央（神戸ブルースカイ）412
長木裕史（シティユーワ）112
中久保満昭（あさひ）22
中倉康宏（みやざき）444
中込秀樹（ふじ合同）234
長坂省（TMI総合）162

中崎尚（アンダーソン・毛利・友常）30
長崎俊樹（岡村綜合）62
長崎玲（シティユーワ）112
長崎真美（石井）34
永里佐和子（内田・鮫島）44
中澤構（協和綜合）366
中澤康介（紀尾井町）86
中澤雄仁（光和総合）102
中澤未生子（久保井総合）368
中澤亮一（新潟第一）304
永沢徹（永沢総合）192
長沢美智子（東京丸の内）180
長沢幸男（東京丸の内）180
長澤哲也（大江橋）346
中重克巳（山田・尾崎）284
中島あずさ（西村あさひ）206
中島新（エル・アンド・ジェイ）52
中島和穂（西村あさひ）206
中島慧（長島・大野・常松）194
中島健太郎（三宅坂総合）268
中島康平（虎門中央）186
中島茂（中島経営）198
中島秀二（卓照綜合）156
中島貴志（TMI総合）162
中島徹（長島・大野・常松）194
中島智子（フレッシュフィールズ）238
中島浩斗（アンダーソン・毛利・友常）30
中島弘雅（NS綜合）50
中島博之（東京フレックス）178
中島真嗣（アンダーソン・毛利・友常）30
中島正裕（中村・角田・松本）200
中島恵（TMI総合）162
中島裕一（宮崎綜合）402
中島悠助（森・濱田松本）274
中島雪枝（成和明哲）142
中嶋隆則（北浜）360
長島匡克（TMI総合）162
長島安治（長島・大野・常松）194
長島亘（丸の内総合）260
中城由貴（TMI総合）162
中筋一朗（中之島中央）390
永瀬英一郎（匠総合）158
長瀬威志（アンダーソン・毛利・

友常）30
長瀬陽朗（横浜綜合）302
長瀬博（牛島総合）42
中世古裕之（梅ヶ枝中央）338
中空壽雅（原後綜合）222
中田昭孝（きっかわ）362
中田肇（三宅・山崎）270
中田光彦（森・濱田松本）274
中田佳孝（明倫国際）438
仲田信平（西村あさひ）206
仲田信範（ひかり総合）226
永田有吾（TMI総合）162
永田幸洋（TMI総合）162
長田真理子（アンダーソン・毛利・友常）30
中谷浩一（桃尾・松尾・難波）272
中谷文彌（西村あさひ）206
仲谷栄一郎（アンダーソン・毛利・友常）30
中津晴弘（隼あすか）220
中務嗣治郎（中央総合）382
中務尚子（中央総合）382
中務正裕（中央総合）382
中塚隆志（TMI総合）162
中霍聳（堂島）384
中藤力（日比谷総合）228
長門英悟（中本総合）392
長戸貴志（岡村綜合）62
中西淳（岡田春夫綜合）354
中西和幸（田辺総合）160
中西健太郎（TMI総合）162
中西哲男（隼あすか）220
中西敏彰（北浜）360
中西俊博（大手町）428
中西洋文（アンダーソン・毛利・友常）30
永沼光（アンダーソン・毛利・友常）30
中野明安（丸の内総合）260
中野要（西村あさひ）206
中野敬一（大手町）428
中野恵太（森・濱田松本）274
中野憲一（アンダーソン・毛利・友常）30
中野清登（西村あさひ）206
中野宗一郎（神戸ブルースカイ）412
中野嵩（半蔵門総合）224
中野丈（スプリング）140

中野常道（アンダーソン・毛利・友常）30
中野智仁（長島・大野・常松）194
中野春芽（アンダーソン・毛利・友常）30
中野裕人（第一芙蓉）150
中野正敬（小寺・松田）2
中野昌治（大手町）428
中野磨理子（フレッシュフィールズ）238
中野通明（虎ノ門南）188
中野裕仁（アンダーソン・毛利・友常）30
中野雄介（アンダーソン・毛利・友常）30
中野亮介（TMI総合）162
中野玲也（森・濱田松本）274
仲野裕美（奥野総合）66
長祀士（西村あさひ）206
長享子（TMI総合）162
長浩三（御池総合）328
永剛志（東京丸の内）180
長橋宏明（ベーカー＆マッケンジー）240
長濱毅（アンダーソン・毛利・友常）30
中原明子（小松）372
中原健夫（ほくと総合）244
中原千繪（西村あさひ）206
永原豪（德永・松﨑・斉藤）432
中町昭人（アンダーソン・毛利・友常）30
中道秀樹（英知）344
中光弘（中央総合）382
中村優紀（矢吹）282
中村明雄（田辺総合）160
中村明奈（東京八丁堀）174
中村昭喜（梅田総合）340
中村綾子（森・濱田松本）274
中村有友子（田辺総合）160
中村勲（西綜合）204
中村栄治（吉峯総合）288
中村和寛（久保井総合）368
中村恵太（TMI総合）162
中村謙太（TMI総合）162
中村賢人（御堂筋）398
中村洸介（長島・大野・常松）194
中村聡子（ベーカー＆マッケンジー）240
中村聡（森・濱田松本）274
中村悟（御堂筋）398
中村繁史（東京丸の内）180
中村淳子（アンダーソン・毛利・友常）30
中村慎二（アンダーソン・毛利・友常）30
中村直（敬和綜合）96
中村隆夫（鳥飼総合）190
中村貴子（アンダーソン・毛利・友常）30
中村崇志（西村あさひ）206
中村拓朗（アンダーソン・毛利・友常）30
中村哲朗（小川総合）64
中村直人（中村・角田・松本）200
中村閑（阿部・井窪・片山）26
中村紀夫（小川総合）64
中村英幸（三宅坂総合）268
中村仁（大野総合）56
中村宏彬（稲葉総合）38
中村比呂恵（柳田国際）280
中村広樹（西村あさひ）206
中村博（ロア・ユナイテッド）292
中村勝彦（TMI総合）162
中村眞澄（エル・アンド・ジェイ）52
中村真由子（西村あさひ）206
中村稔（中村合同）202
中村慶彦（長島・大野・常松）194
中村仁恒（ロア・ユナイテッド）292
中村慈美（西村あさひ）206
中村竜一（岡田綜合）62
中村隆次（色川）336
中本和洋（中本総合）392
中元紘一郎（アンダーソン・毛利・友常）30
中森亘（北浜）360
長森亨（馬場・澤田）218
仲谷康（牛島総合）42
仲谷陽一（キャスト）90
中山栄治（不二）434
中山健太郎（神戸中央）410
中山茂（TMI総合）162
中山祥（TMI総合）162
中山伸介（アンダーソン・毛利・友常）30
中山節子（小笠原六川国際総合）58
中山貴博（大江橋）346
中山達也（西村あさひ）206
中山信弘（西村あさひ）206
中山ひとみ（霞ヶ関総合）78
中山仁美（田中彰寿）334
中山真理子（ベーカー＆マッケンジー）240
中山靖彦（島田）120
中山祐樹（篠崎・進士）116
中山雄太郎（東京八丁堀）174
中山陽介（アゴラ）442
中山龍太郎（西村あさひ）206
仲村渠千鶴子（阿部・井窪・片山）26
名倉啓太（淀屋橋・山上合同）404
名倉大貴（東町）416
名越真子（岡田春夫綜合）354
奈古屋嘉仁（ひかり総合）226
那須弘平（あさひ）22
那須健人（ブレークモア）236
那須秀一（きっかわ）362
那須勇太（TMI総合）162
夏井翔平（佐野総合）16
夏井高人（隼あすか）220
夏苅一（松田綜合）256
夏住要一郎（色川）336
名藤朝気（片岡総合）80
名取伸浩（宮崎総合）402
並河宏郷（シティユーワ）112
生井絢子（稲葉総合）38
並木重伸（アンダーソン・毛利・友常）30
浪山敬行（御堂筋）398
南泰準（神戸シティ）408
苗村博子（虎門中央）186
行方國雄（TMI総合）162
奈良道博（半蔵門総合）224
奈良ルネ（半蔵門総合）224
成川毅（ほくと総合）244
成田知子（TMI総合）162
成田信子（ベーカー＆マッケンジー）240
成本治男（TMI総合）162
成瀬健太郎（丸の内総合）260
成瀬玲（しるべ総合）322

掲載弁護士等50音順索引

南川麻由子（リバーシティ）18
南石知哉（英知）344
難波江梨（御堂筋）398
難波孝一（森・濱田松本）274
難波浩祐（ジョーンズ・デイ）124
難波修一（桃尾・松尾・難波）272
難波知子（ロア・ユナイテッド）292
難波満（東京駿河台）172
南部恵一（あさひ）22
南部朋子（リバーシティ）18
楠部幸路（三宅）400
新関拓也（横浜綜合）302
新名内沙織（山下江）422
新家寛（西村あさひ）206
二井矢聡子（潮見坂綜合）110
丹生谷美穂（渥美坂井）24
二階堂郁美（TMI総合）162
仁木覚志（西村あさひ）206
西迪雄（西綜合）204
西理広（スキャデン・アープス）134
西良平（御堂筋）398
西内一平（長島・大野・常松）194
西江章（成和明哲）142
西岡研太（森・濱田松本）274
西岡志貴（東京六本木）182
西岡清一郎（あさひ）22
西岡祐介（二重橋）210
西尾賢司（森・濱田松本）274
西垣建剛（ベーカー＆マッケンジー）240
西垣誠（入谷）316
西潟理深（マリタックス）258
西ヶ谷尚人（紀尾井町）86
西川精一（東町）416
西川元啓（野村綜合）214
西川雄介（佐野綜合）16
錦戸景一（光和綜合）102
錦野裕宗（中央綜合）382
西口健太（梅田綜合）340
錦織康高（西村あさひ）206
西坂信（真和綜合）132
西澤宗英（高橋綜合）154
西杉英将（アンダーソン・毛利・友常）30
西田一存（長島・大野・常松）194

西田武（ベーカー＆マッケンジー）240
西田信尋（小川総合）64
西田弥代（隼あすか）220
西田恵（淀屋橋・山上合同）404
西谷敦（アンダーソン・毛利・友常）30
西谷和美（西村あさひ）206
西谷昌樹（隼あすか）220
西出恭子（矢吹）282
西出智幸（きっかわ）362
西中宇紘（中央総合）382
西中間浩（鳥飼総合）190
仁科秀隆（中村・角田・松本）200
西畠義昭（NS綜合）50
西原一幸（シティユーワ）112
西原聖子（長島・大野・常松）194
西原秀隆（小沢・秋山）68
西原宗勲（高橋綜合）154
西堀祐也（三宅）400
二島豊太（光和総合）102
西向美由（アンダーソン・毛利・友常）30
西村亜希子（宮崎綜合）402
西村亜矢子（紀尾井町）86
西村公芳（松田綜合）256
西村國彦（さくら共同）108
西村光治（松尾綜合）254
西村修一（長島・大野・常松）194
西村綱木（アンダーソン・毛利・友常）30
西村直洋（長島・大野・常松）194
西村将樹（R&G横浜）294
西村賢（成和明哲）142
西村勇作（梅ヶ枝中央）338
西村善嗣（三宅）400
西村龍一（新保・髙崎）128
西本強（日比谷パーク）230
西本昌基（雨宮眞也）28
西本政司（紀尾井坂テーミス綜合）84
西森正貴（明倫国際）438
西山温（古賀総合）98
西山誠一（ジョーンズ・デイ）124

西山哲宏（桃尾・松尾・難波）272
西山陽雄（不二）434
西山義一（成和明哲）142
西芳宏（第一協同）148
西脇沙織（淀屋橋・山上合同）404
蜷川敦之（淀屋橋・山上合同）404
二関辰郎（骨董通り）106
仁野直樹（石嵜・山中総合）36
二宮淳次（神戸シティ）408
二宮正一郎（あさひ）22
二宮誠行（梅ヶ枝中央）338
仁平隆文（西村あさひ）206
仁瓶善太郎（アンダーソン・毛利・友常）30
二瓶ひろ子（オメルベニー）70
二本松利忠（御池総合）328
二本松裕子（渥美坂井）24
二村佑（クリフォードチャンス）92
丹羽恵里子（アイリス）310
丹羽浩介（興和）370
丹羽大輔（MOFO伊藤見富）278
丹羽達也（ベーカー＆マッケンジー）240
庭野議隆（アンダーソン・毛利・友常）30
庭山正一郎（あさひ）22
縫部崇（丸の内総合）260
額田雄一郎（アンダーソン・毛利・友常）30
塗師純子（虎門中央）186
布川俊彦（小島国際）104
沼井英明（二重橋）210
沼口直樹（深沢綜合）232
沼田徒夢（長島・大野・常松）194
沼田知之（西村あさひ）206
沼野友香（鳥飼総合）190
根井真（二重橋）210
根岸哲（きっかわ）362
根岸岳彦（増田パートナーズ）252
根木純子（真和綜合）132
捻橋かおり（辻巻総合）326
根津宏行（渥美坂井）24
根橋弘之（森・濱田松本）274
根本鮎子（K&L Gates）100

根本健三郎（半蔵門総合）224
根本拓（西村あさひ）206
根本剛史（西村あさひ）206
根本敏光（森・濱田松本）274
根本伸毅（アンダーソン・毛利・友常）30
根本浩（TMI総合）162
根本農（東京丸の内）180
根本良介（芝総合）118
野上昌樹（大江橋）346
野木正彦（TMI総合）162
野口明（R&G横浜）294
野口香織（稲葉総合）38
野口和範（たいよう）426
野口徹晴（須藤・髙井）138
野口敏彦（柳田国際）280
野口敏史（西村あさひ）206
野下えみ（ふじ合同）234
野坂優子（EY）20
野﨑修（半蔵門総合）224
野﨑隆史（京都総合）332
野﨑雅人（アンダーソン・毛利・友常）30
野﨑智己（東京丸の内）180
野﨑竜一（渥美坂井）24
野澤伸介（卓照綜合）156
野澤大和（西村あさひ）206
野島末華子（瓜生・糸賀）46
野尻奈緒（きっかわ）362
野尻悠明（シティユーワ）112
野尻裕一（岡村綜合）62
野城大介（きっかわ）362
野末光章（長島・大野・常松）194
野曽原悦子（広島総合）420
野竹秀一（立川・及川）298
野田聖介（永沢総合）192
野田隆広（鯉城総合）424
野田昌毅（西村あさひ）206
野田幸宏（小栗・石畔）318
野田陽一（三宅坂総合）268
後岡美帆（堂島総合）386
野中敏行（西村あさひ）206
野中信孝（TMI総合）162
野中英匡（東京富士）176
野中啓孝（淀屋橋・山上合同）404
野々山宏（御池総合）328
野原俊介（光和総合）102
野原新平（アンダーソン・毛利・友常）30
野平匡邦（真和総合）132
信國篤慶（森・濱田松本）274
野間昭男（三宅坂総合）268
野間麻未（アンダーソン・毛利・友常）30
野間裕亘（森・濱田松本）274
野間敬和（TMI総合）162
野間自子（三宅坂総合）268
野宮拓（日比谷パーク）230
野村彩（鳥飼総合）190
野村晋右（野村綜合）214
野村祥子（堂島）384
野村諭（クリフォードチャンス）92
野村茂樹（奥野総合）66
野村修也（森・濱田松本）274
野村大吾（シティユーワ）112
野村高志（西村あさひ）206
野村朋加（あゆの風）312
野村豊弘（虎ノ門南）188
野村周央（堀総合）246
野村亮輔（きっかわ）362
野本新（シティユーワ）112
野本修（西村あさひ）206
野本健太郎（隼あすか）220
野本裕史（大野総合）56
乗越秀夫（ベーカー＆マッケンジー）240
野呂悠登（TMI総合）162

■〈は 行〉

萪島啓介（三宅坂総合）268
芳賀良（岩田合同［山根室］40
萩野敦司（瓜生・糸賀）46
萩野貴光（匠総合）2
萩原大吾（髙井・岡芹）152
萩原康弘（スクワイア）136
萩原浩二（馬場・澤田）218
萩原新太郎（芝綜合）118
萩原佳孝（シティユーワ）112
白日光（さくら共同）108
麦志明（東町）416
朴貴玲（あさひ）22
朴鐘賢（吉峯総合）288
箱井崇史（小川総合）64
波光巖（卓照綜合）156
箱田英子（森・濱田松本）274
羽間弘善（岩田合同［山根室］40

欔晃弘（和田久）448
橋口瑞希（大江橋）346
外立憲治（外立総合）216
外立理子（外立総合）216
橋田幸典（小寺・松田）2
橋爪ひろみ（高橋三兄弟）14
橋村佳宏（石嵜・山中総合）36
橋本加代（大江橋）346
橋本豪（西村あさひ）206
橋本祥（光和総合）102
橋本拓朗（リバーシティ）18
橋本匡弘（大阪本町）352
橋本憲房（ホワイト＆ケース）248
橋本治子（官澤綜合）12
橋本浩史（鳥飼総合）190
橋本裕幸（田辺総合）160
橋本副孝（東京八丁堀）174
橋本昌司（渥美坂井）24
橋本雅行（アンダーソン・毛利・友常）30
橋本円（東京桜橋）170
橋本道成（北浜）360
橋本恵（長島・大野・常松）194
橋本悠（あさひ）22
橋本裕子（西村あさひ）206
橋本陽介（原後総合）222
橋本有加（ジョーンズ・デイ）124
蓮本哲（森・濱田松本）274
長谷修太郎（森・濱田松本）274
長谷川彰（御池総合）328
長谷川和哉（半蔵門総合）224
長谷川公亮（シティユーワ）112
長谷川貞之（原後綜合）222
長谷川慧（森・濱田松本）274
長谷川敬洋（アンダーソン・毛利・友常）30
長谷川宅司（三宅）400
長谷川匠（ベーカー＆マッケンジー）240
長谷川竜也（長島・大野・常松）194
長谷川千鶴（御堂筋）398
長谷川久之（太陽綜合）418
長谷川博一（森・濱田松本）274
長谷川紘（長島・大野・常松）194
長谷川裕（岡田春夫綜合）354

長谷川紘之（片岡総合）80
長谷川将希（アンダーソン・毛利・友常）30
長谷川洋一（横浜綜合）302
長谷川良和（長島・大野・常松）194
長谷部圭司（北浜）360
長谷部陽平（大江橋）346
畑幸（竹林・畑・中川・福島）378
畑郁夫（大江橋）346
畑知成（ひかり）450
畑守人（竹林・畑・中川・福島）378
羽田長愛（増田パートナーズ）252
秦真太郎（雨宮眞也）28
畑井研吾（あさひ）22
畑井雅史（きっかわ）362
畑英一郎（渥美坂井）24
畑江智（森・濱田松本）274
波多江崇（TMI総合）162
畠田啓史朗（石嵜・山中総合）36
畠山興一（米屋・林）6
畠山大志（TMI総合）162
畠山洋二（ときわ）184
波多野恵亮（アンダーソン・毛利・友常）30
波田野晴朗（TMI総合）162
葉玉匡美（TMI総合）162
蜂須賀敬子（ベーカー＆マッケンジー）240
服部薫（長島・大野・常松）194
服部敬（はばたき綜合）396
服部ひかり（アイ・パートナーズ）308
服部紘実（長島・大野・常松）194
服部誠（阿部・井窪・片山）26
鳩山恵子（共栄）364
羽鳥貴広（長島・大野・常松）194
花井美雪（ユアサハラ）286
花井ゆう子（新四谷）130
花田さおり（渥美坂井）24
花田裕介（ジョーンズ・デイ）124
花野信子（光和総合）102
纐纈岳志（西村あさひ）206
花房裕志（淀屋橋・山上合同）

花見忠（松尾綜合）254
花水康（アンダーソン・毛利・友常）30
花水征一（ユアサハラ）286
花村淑郁（石原総合）314
花本浩一郎（TMI総合）162
塙晋（森・濱田松本）274
葉野彩子（第一）376
羽島章泰（西村あさひ）206
馬場一廣（馬場・澤田）218
馬場啓（桜樹）440
馬場幸三（太陽綜合）418
馬場幸太（かばしま）430
羽場知世（シティユーワ）112
羽深宏樹（森・濱田松本）274
土生真之（大野総合）56
濱史子（森・濱田松本）274
濱井耕太（西村あさひ）206
濱井宏之（ベーカー＆マッケンジー）240
濱岡峰也（清和）374
濱和哲（共栄）364
浜口晴好（梅ヶ枝中央）338
濱口幸輔（長島・大野・常松）194
濱須伸太郎（渥美坂井）24
浜б将裕（中央総合）382
濱田和成（矢吹）282
濱田邦夫（日比谷パーク）230
濱田啓太郎（西村あさひ）206
濱田雄久（なにわ共同）394
濱田芳貴（西村あさひ）206
濱谷和生（興和）370
浜中孝之（はばたき綜合）396
浜中善彦（原後綜合）222
濱野敏彦（西村あさひ）206
濱野由梨子（西村あさひ）206
浜本光浩（きっかわ）362
濱本健一（AZX総合）48
濱本浩平（アンダーソン・毛利・友常）30
濱本匠（虎門中央）186
早川一平（西村あさひ）206
早川学（森・濱田松本）274
早川皓太郎（西村あさひ）206
早川翔（森・濱田松本）274
早川大地（紀尾井坂テーミス綜合）84
早川健（長島・大野・常松）194

早川真崇（渥美坂井）24
早川真人（MOFO伊藤見富）278
早川吉尚（瓜生・糸賀）46
林醇（梅ヶ枝中央）338
林栄美（ベーカー＆マッケンジー）240
林依利子（大江橋）346
林和宏（協和綜合）366
林桂一（ブレークモア）236
林恵子（松尾綜合）254
林敬祐（柳田国際）280
林賢一（米屋・林）6
林賢治（AZX総合）48
林康司（新堂・松村）126
林駿一郎（さくら共同）108
林真吾（小笠原六川国際総合）58
林田健太郎（虎門中央）186
林田太郎（不二）434
林達朗（アンダーソン・毛利・常）30
林知一（西村あさひ）206
林智子（東町）416
林友宏（梅ヶ枝中央）338
林信行（紀尾井町）86
林寛大（たいよう）426
林宏和（森・濱田松本）274
林祐樹（共栄）364
林裕人（森・濱田松本）274
林浩美（森・濱田松本）274
林真穂（敬和綜合）96
林美和（TMI総合）162
林雄亮（TMI総合）162
林由希子（烏丸）330
早瀬孝広（アンダーソン・毛利・友常）30
早田尚貴（アンダーソン・毛利・友常）30
早野述久（大江橋）346
原秋彦（日比谷パーク）230
原悦子（アンダーソン・毛利・友常）30
原大二郎（清水直）122
原直義（東京フレックス）178
原壽（長島・大野・常松）194
原英彰（竹林・畑・中川・福島）378
原正雄（中島経営）198
原雅宣（TMI総合）162
原美緒（アンダーソン・毛利・友常）30

原光毅（西村あさひ）206
原志津子（萬年総合）436
原慎一（雨宮眞也）28
原慎一郎（西村あさひ）206
原吉宏（北浜）360
原井大介（きっかわ）362
原井龍一郎（きっかわ）362
原口祥彦（アゴラ）442
原田彰好（しるべ総合）322
原田國男（田辺総合）160
原田康太郎（北浜）360
原田紗衣（TMI総合）162
原田崇史（阿部・井窪・片山）26
原田拓歩（奥野総合）66
原田武彦（鯉城総合）424
原田伸彦（西村あさひ）206
原田英明（高橋三兄弟）14
原田真紀子（長島・大野・常松）194
原田充浩（西村あさひ）206
原田優美（ベーカー＆マッケンジー）240
原戸稲男（協和綜合）366
波里好彦（西村あさひ）206
播摩洋平（シティユーワ）112
春木英成（東京丸の内）180
春田まり子（TMI総合）162
春名一典（春名・田中）414
春山俊英（西村あさひ）206
范宇晟（アンダーソン・毛利・友常）30
伴真範（西村あさひ）206
伴城宏（梅田総合）340
番匠史人（のぞみ総合）212
半田秀夫（新四谷）130
半田正夫（TMI総合）162
繁多行成（森・濱田松本）274
板東大介（宮崎綜合）402
坂東俊次（片山・平泉）356
坂東直朗（森・濱田松本）274
板東秀明（宮崎綜合）402
坂野維子（奥野総合）66
半場秀（島田）120
日浅裕介（萬年総合）436
稗田直己（牛島総合）42
比嘉邦子（大阪本町）352
東尾智恵子（御堂筋）398
東澤紀子（シティユーワ）112
東澤靖（霞ヶ関総合）78
東谷隆夫（真和総合）132

東出大輝（エル・アンド・ジェイ）52
東山絵莉（しょうぶ）320
東山敏丈（牛島総合）42
東陽介（森・濱田松本）274
氷上将一（森・濱田松本）274
比嘉廉丈（大阪本町）352
樋口彰（森・濱田松本）274
樋口收（敬和綜合）96
樋口孝夫（長島・大野・常松）194
樋口雄一（森・濱田松本）274
樋口陽介（TMI総合）162
樋口航（アンダーソン・毛利・友常）30
樋口達（成和明哲）142
比護正史（ブレークモア）236
久井春樹（山下江）422
菱山泰男（田辺総合）160
飛田桂（日本大通り）300
飛田憲一（日本大通り）300
日高鑑（大江橋）346
日詰栄治（御堂筋）398
尾藤寛也（しょうぶ）320
尾藤正憲（TMI総合）162
人見和幸（R&G横浜）294
人見高徳（TMI総合）162
人見友美（シティユーワ）112
日野英一郎（シティユーワ）112
日野慎司（さくら共同）108
日野真太郎（北浜）360
日野真美（阿部・井窪・片山）26
日野義英（東京八丁堀）174
樋本義和（森・濱田松本）274
姫野綾（アゴラ）442
檜山聡（須藤・髙井）138
平石孝行（スプリング）140
平泉憲一（片山・平泉）356
平井義則（大江橋）346
平尾覚（西村あさひ）206
平岡弘次（ほくと総合）244
平岡留奈（クリフォードチャンス）92
平川修（アンダーソン・毛利・友常）30
平川純子（シティユーワ）112
平川敏彦（堂島総合）386
柊木野一紀（石嵜・山中総合）36
平越格（第一芙蓉）150
平澤真（奥野総合）66

平田えり（北浜）360
平田省郎（大江橋）346
平田胤明（東京八丁堀）174
平田尚久（神戸シティ）408
平田晴幸（シティユーワ）112
平田啓基（春名・田中）414
平田正憲（御堂筋）398
平塚雄三（真和総合）132
平津慎副（長島・大野・常松）194
平野賢（虎門中央）186
平野惠稔（大江橋）346
平野高志（ブレークモア）236
平野剛（第一協同）148
平野哲郎（きっかわ）362
平野双葉（西村あさひ）206
平野正弥（TMI総合）162
平野悠之介（北浜）360
平野倫太郎（長島・大野・常松）194
平畑和男（アンダーソン・毛利・友常）30
平林拓人（TMI総合）162
平林拓也（アイ・パートナーズ）308
平松哲（西村あさひ）206
平松剛実（西村あさひ）206
平山賢太郎（MOFO伊藤見富）278
平山浩一郎（中央総合）382
平山大樹（さくら共同）108
拾井美香（京都総合）332
廣江健司（隼あすか）220
廣岡健司（アンダーソン・毛利・友常）30
廣川英史（真和総合）132
廣澤太郎（西村あさひ）206
広重隆司（ジョーンズ・デイ）124
弘世和久（森・濱田松本）274
広瀬史乃（阿部・井窪・片山）26
広瀬卓生（アンダーソン・毛利・友常）30
広瀬久雄（スクワイヤ）136
広瀬道人（はばたき綜合）396
広瀬元康（瓜生・糸賀）46
廣瀬一平（堂島総合）386
廣瀬香（西村あさひ）206
廣瀬主嘉（関西）358
廣瀬崇史（大江橋）346

廣瀬正剛（東京富士）176
廣田駿（アンダーソン・毛利・友常）30
廣田雅亮（森・濱田松本）274
廣田雄一郎（西村あさひ）206
弘中聡浩（西村あさひ）206
廣中太一（小川総合）64
廣中健（TMI総合）162
廣本文晴（森・濱田松本）274
樋渡利秋（TMI総合）162
日和優人（小寺・松田）2
範国輝（渥美坂井）24
フィッシャー英美（ベーカー＆マッケンジー）240
深井俊至（ユアサハラ）286
深尾憲一（烏丸）330
深坂俊司（色川）336
深沢篤嗣（岩田合同［山根室］）40
深沢隆之（深沢綜合）232
深澤俊博（エール）10
深瀬仁志（卓照綜合）156
深津拓寛（西村あさひ）206
深津功二（TMI総合）162
深津健（アンダーソン・毛利・友常）30
深谷太一（西村あさひ）206
吹矢洋一（大阪西総合）350
福井健策（骨董通り）106
福井秀剛（アイ・パートナーズ）308
福井俊一（はばたき綜合）396
福井崇人（アンダーソン・毛利・友常）30
福井琢（柏木総合）76
福井達也（渥美坂井）24
福井信雄（長島・大野・常松）194
福井佑理（アンダーソン・毛利・友常）30
福井理絵（不二）434
福市航介（御池総合）328
福岡真之介（西村あさひ）206
福岡宏海（御堂筋）398
福﨑剛志（鳥飼総合）190
福沢美穂子（西村あさひ）206
福士大輔（フレッシュフィールズ）238
福島栄一（西村あさひ）206
福島正（竹林・畑・中川・福島）378
福嶋美里（西村あさひ）206
福嶋一翔（アンダーソン・毛利・友常）30
福田健次（堂島）384
福田修三（ほくと総合）244
福田淳（アンダーソン・毛利・友常）30
福田大助（成和明哲）142
福田尚友（佐野総合）16
福田隆行（片岡総合）80
福田匠（渥美坂井）24
福田剛（森・濱田松本）274
福田正（第一）376
福田知子（原後綜合）222
福田友洋（佐々木総合）4
福田直邦（アンダーソン・毛利・友常）30
福田博（西村あさひ）206
福田舞（卓照綜合）156
福田政之（長島・大野・常松）194
福田光子（エル・アンド・ジェイ）52
福田実主（北浜）360
福田泰親（三宅）400
福田恵之（本間合同）250
福田梨紗（アンダーソン・毛利・友常）30
福谷賢典（島田）120
福地領（虎ノ門南）188
福塚圭恵（共栄）364
福冨友美（大江橋）346
福永周介（クリフォードチャンス）92
福原あゆみ（大江橋）346
福原一弥（R&G横浜）294
福原紀彦（マリタックス）258
福原竜一（みなと協和）264
福本暁弘（協和綜合）366
福元隆久（東町）416
福本洋一（第一）376
福森亮二（大江橋）346
福山靖子（スプリング）140
福家靖成（アンダーソン・毛利・友常）30
藤浩太郎（西村あさひ）206
藤井薫（古賀総合）98
藤井奏子（光和総合）102
藤池智則（堀総合）246
藤池尚恵（鳥飼総合）190
藤井健一（日比谷総合）228
藤井豪（長島・大野・常松）194
藤井康次郎（西村あさひ）206
藤井康太（TMI総合）162
藤井哲（永沢総合）192
藤井大悟（TMI総合）162
藤井大祐（萬年総合）436
藤井崇英（長島・大野・常松）194
藤井孝之（長島・大野・常松）194
藤井司（辰野・尾崎・藤井）380
藤井毅（西村あさひ）206
藤井宣行（中之島シティ）388
藤井宏樹（西村あさひ）206
藤井誠人（渥美坂井）24
藤井正夫（岩田合同［山根室］）40
藤井雅樹（牛島総合）42
藤井基（TMI総合）162
藤井康弘（中央総合）382
藤井塁（丸の内総合）260
藤枝純（長島・大野・常松）194
藤川和之（卓照綜合）156
藤川義人（淀屋橋・山上合同）404
藤木崇（アンダーソン・毛利・友常）30
藤木美加子（ベーカー＆マッケンジー）240
藤崎恵美（長島・大野・常松）194
冨士﨑真治（大江橋）346
藤沢彩乃（TMI総合）162
藤重由美子（東京八丁堀）174
藤代節子（篠崎・進士）116
藤田晶子（あさひ）22
藤田明日香（スクワイヤ）136
藤田勝利（第一）376
藤田清文（淀屋橋・山上合同）404
藤田浩（森・濱田松本）274
藤田耕司（アンダーソン・毛利・友常）30
藤田浩司（奥野総合）66
藤田耕三（田辺総合）160
藤田詩絵里（馬場・澤田）218
藤田俊輔（北浜）360
藤田剛敬（隼あすか）220

藤田達郎（キャスト）90
藤田知美（北浜）360
藤田知也（森・濱田松本）274
藤田直佑（キャスト）90
藤田浩司（光和総合）102
藤田将貴（アンダーソン・毛利・友常）30
藤田美樹（西村あさひ）206
藤田鈴奈（森・濱田松本）274
藤津康彦（森・濱田松本）274
藤永祐介（久保井総合）368
藤縄憲一（長島・大野・常松）194
藤野高弘（隼あすか）220
藤野まり（永沢総合）192
藤野睦子（小松）372
藤平克彦（MOFO伊藤見富）278
藤牧義久（ベーカー＆マッケンジー）240
武士俣隆介（アンダーソン・毛利・友常）30
藤松文（阿部・井窪・片山）26
藤村修平（スクワイヤ）136
藤村慎也（牛島総合）42
藤本綾子（西村あさひ）206
藤本一郎（淀屋橋・山上合同）404
藤本豪（西村あさひ）206
藤本幸彦（隼あすか）220
藤本卓也（三宅坂総合）268
藤本博之（ジョーンズ・デイ）124
藤本真由美（東京桜橋）170
藤本美枝（TMI総合）162
藤本祐太郎（長島・大野・常松）194
藤本幸弘（シティユーワ）112
藤本欣伸（西村あさひ）206
藤原健補（太陽総合）418
藤原総一郎（長島・大野・常松）194
藤原総一郎（森・濱田松本）274
藤原孝仁（スプリング）140
藤原孝洋（神戸中央）410
藤原拓（ユアサハラ）286
藤原利樹（アンダーソン・毛利・友常）30
藤原宇基（岩田合同［山根室］）40
藤原寛（梶谷綜合）74

藤原祥史（長島・大野・常松）194
藤原宏高（ひかり総合）226
藤原弘道（はばたき綜合）396
藤原誠（北浜）360
藤原道子（あさひ）22
毒島光志（第一）376
布施香織（敬和綜合）96
二木克明（兼六）306
二見英知（森・濱田松本）274
淵邊善彦（TMI総合）162
太尾剛（隼あすか）220
舩越輝（アンダーソン・毛利・友常）30
船越涼介（西村あさひ）206
舩坂芳紀（三宅）400
舩﨑隆夫（卓照綜合）156
船橋理恵（西村あさひ）206
舩本美和子（リソルテ総合）290
古井恵理（TMI総合）162
古市啓（森・濱田松本）274
古川絵里（シティユーワ）112
古川和典（シティユーワ）112
古川純平（中央総合）382
古川昌平（大江橋）346
古川俊治（TMI総合）162
古川晴雄（光和総合）102
古川史高（東京グリーン）166
古川綾一（小沢・秋山）68
古郡賢太（東京グリーン）166
古里健治（東京富士）176
古澤拓（島田）120
古庄俊哉（大江橋）346
古角和義（西村あさひ）206
古瀬智子（東京フレックス）178
古田暁洋（MOFO伊藤見富）278
古田茂（本間合同）250
古田啓昌（アンダーソン・毛利・友常）30
古家香織（西村あさひ）206
古谷健太郎（松尾綜合）254
古屋勇児（第一芙蓉）150
文堂友寛（森・濱田松本）274
平家正博（西村あさひ）206
平川雄士（長島・大野・常松）194
別府文弥（岩田合同［山根室］）40
別府理佳子（ホーガン・ロヴェルズ）242

別府里紗（アンダーソン・毛利・友常）30
辺誠祐（長島・大野・常松）194
邊英基（森・濱田松本）274
辺見紀男（成和明哲）142
包城偉豊（TMI総合）162
伯耆雄介（TMI総合）162
保坂雅樹（西村あさひ）206
保坂雄（TMI総合）162
保坂理枝（シティユーワ）112
星大介（東京八丁堀）174
星千絵（田辺総合）160
保科暁子（協和綜合）366
星野公紀（TMI総合）162
星野真二（大樹）324
星野大輔（西村あさひ）206
星野隆宏（K&L Gates）100
星野伸晃（真和総合）132
星垈正和（ユアサハラ）286
細井土夫（大樹）324
細井文明（渥美坂井）24
細川慈子（大江橋）346
細川昭子（ベーカー＆マッケンジー）240
細川敦史（春名・田中）414
細川兼嗣（MOFO伊藤見富）278
細川智史（長島・大野・常松）194
細川俊輔（アイ・パートナーズ）308
細川敬章（梅ヶ枝中央）338
細川日色（矢吹）282
細川歓子（春名・田中）414
細川良造（久保井総合）368
細川怜嗣（森・濱田松本）274
細野敦（西村あさひ）206
細野真史（大江橋）346
細野希（新潟第一）304
細谷祐輔（小寺・松田）2
細谷義徳（敬和綜合）96
穂高弥生子（ベーカー＆マッケンジー）240
堀田和宏（東京グリーン）166
堀田純平（西村あさひ）206
甫守一樹（さくら共同）108
洞敬（新保・髙﨑）128
洞口信一郎（長島・大野・常松）194
堀亜由美（アンダーソン・毛利・友常）30

堀香苗（R&G横浜）294
堀招子（鳥飼総合）190
堀天子（森・濱田松本）274
堀史彦（MOFO伊藤見富）278
堀美穂子（西村あさひ）206
堀裕（堀総合）246
堀井敬一（虎ノ門南）188
堀池雅之（ジョーンズ・デイ）124
堀内智幸（小寺・松田）2
堀内康徳（清和）374
堀内雄樹（神戸海都）406
堀江良太（永沢総合）192
堀岡和正（小寺・松田）2
堀川恵美子（ベーカー＆マッケンジー）240
堀木淳也（TMI総合）162
堀口真（阿部・井窪・片山）26
掘越秀郎（西村あさひ）206
堀越友香（中央総合）382
堀田明希（明倫國際）438
堀野桂子（北浜）360
堀場信介（東京丸の内）180
堀部忠男（増田パートナーズ）252
堀本博靖（シティユーワ）112
本阿弥友子（小笠原六川国際総合）58
本行克哉（中央総合）382
本郷隆（岡部・山口）60
本田圭（長島・大野・常松）194
本田聡（鳥飼総合）190
本田知之（横浜総合）302
本田一成（LM）54
本多淳太郎（照国総合）446
本多直（萬年総合）436
本多剛（和田久）448
本多広和（阿部・井窪・片山）26
本間亜紀（宮崎総合）402
本間隆浩（森・濱田松本）274
本間正人（ベーカー＆マッケンジー）240
本間通義（本間合同）250

■〈ま　行〉

馬鑫（淀屋橋・山上合同）404
間石成人（色川）336
舞田靖子（西村あさひ）206
前川砂織（森・濱田松本）274

前川陽一（長島・大野・常松）194
前川良介（西村あさひ）206
前澤友規（西村あさひ）206
前嶋義大（石嵜・山中総合）36
眞榮城大介（西村あさひ）206
前園健司（北浜）360
前岨博（東京丸の内）180
前田敦利（アンダーソン・毛利・友常）30
前田恵理子（島田）120
前田香織（桃尾・松尾・難波）272
前田禎夫（TMI総合）162
前田修志（永沢総合）192
前田竣（片岡総合）80
前田千尋（アンダーソン・毛利・友常）30
前田敏博（西村あさひ）206
前田直哉（島田）120
前田憲生（西村あさひ）206
前田英伸（東京八丁堀）174
前田宏樹（京都総合）332
前田博（西村あさひ）206
前田葉子（シティユーワ）112
前田陽司（オメルベニー）70
前山信之（アンダーソン・毛利・友常）30
牧恵美子（阿部・井窪・片山）26
牧哲郎（紀尾井坂テーミス綜合）84
牧レイ子（紀尾井坂テーミス綜合）84
槙枝一臣（東京フレックス）178
牧田潤一朗（原後綜合）222
牧田奈緒（牛島総合）42
牧野和夫（芝綜合）118
牧野達彦（アンダーソン・毛利・友常）30
牧野利秋（ユアサハラ）286
牧野友香子（原後綜合）222
牧山愛美（大手町）428
政木道夫（シティユーワ）112
真砂靖（西村あさひ）206
政平亨史（東京八丁堀）174
政安慶一（西村あさひ）206
舛井一仁（芝綜合）118
増井邦繁（長島・大野・常松）194
増井毅（小田原三の丸）296

増市徹（共栄）364
増江亜佐緒（奥野総合）66
増島雅和（森・濱田松本）274
益田哲生（中之島中央）390
益田美佳（西村あさひ）206
桝田淳二（長島・大野・常松）194
桝田慎介（TMI総合）162
増田英次（増田パートナーズ）252
増田慧（森・濱田松本）274
増田健一（アンダーソン・毛利・友常）30
増田晋（森・濱田松本）274
増田智彦（東京丸の内）180
増田広充（梅ヶ枝中央）338
増田雅史（森・濱田松本）274
増田庸司（深沢綜合）232
増田好剛（ジョーンズ・デイ）124
舛谷寅家（アンダーソン・毛利・友常）30
升永英俊（TMI総合）162
増渕勇一郎（AZX総合）48
升本喜郎（TMI総合）162
益本誠一（萬年総合）436
増本善丈（スプリング）140
眞武慶彦（長島・大野・常松）194
俣野紘平（西村あさひ）206
亦野誠二（長島・大野・常松）194
町田覚（鳥飼総合）190
町田紳一郎（奥野総合）66
町田憲昭（西村あさひ）206
町田行人（西村あさひ）206
町野静（北浜）360
松井亮行（共栄）364
松井香幸（隼あすか）220
松井衛（大江橋）346
松井真一（長島・大野・常松）194
松井秀樹（丸の内総合）260
松井秀樹（森・濱田松本）274
松井博昭（西村あさひ）206
松井保仁（三宅）400
松井裕介（森・濱田松本）274
松浦克樹（シティユーワ）112
松浦賢輔（虎門中央）186
松浦康治（柏木総合）76

松浦雅幸（渥美坂井）24
松浦真弓（梅ヶ枝中央）338
松浦亮介（山下江）422
松尾栄蔵（TMI総合）162
松尾和子（中村合同）202
松尾和廣（TMI総合）162
松尾幸太郎（みなと協和）264
松尾慎佑（さくら共同）108
松尾宗太郎（シティユーワ）112
松尾剛行（桃尾・松尾・難波）272
松尾拓也（西村あさひ）206
松尾翼（松尾綜合）254
松尾友寛（梅ヶ枝中央）338
松尾直彦（西村あさひ）206
松尾眞（桃尾・松尾・難波）272
松尾洋輔（堂島）384
松岡茂行（みやざき）444
松岡史朗（第一）376
松岡政博（長島・大野・常松）194
松川雅典（淀屋橋・山上合同）404
松崎嵩大（三宅）400
松﨑広太郎（かばしま）430
松﨑隆（德永・松﨑・斉藤）432
松澤香（森・濱田松本）274
松下茜（TMI総合）162
松下憲（森・濱田松本）274
松下外（北浜）360
松下聡（中之島シティ）388
松下満雄（長島・大野・常松）194
松下満俊（梶谷綜合）74
松下由英（西村あさひ）206
松島恵美（骨董通り）106
松嶋隆弘（みなと協和）264
松嶋英機（西村あさひ）206
松嶋依子（梅ヶ枝中央）338
松添聖史（ホワイト＆ケース）248
松田章良（長島・大野・常松）194
松田絢士郎（島田）120
松田耕治（シティユーワ）112
松田浩明（リソルテ総合）290
松田純一（松田綜合）256
松田俊治（長島・大野・常松）194
松田次郎（紀尾井坂テーミス綜合）84
松田誠司（中之島シティ）388
松田世理奈（阿部・井窪・片山）26
松田貴男（岩田合同［山根室］）40
松田隆宏（横浜綜合）302
松田達也（TMI総合）162
松田暖（ジョーンズ・デイ）124
松田知丈（森・濱田松本）274
松田日佐子（大江橋）346
松田秀明（田辺総合）160
松田瞳（西村あさひ）206
松田洋志（シティユーワ）112
松田政行（森・濱田松本）274
松田美和（虎ノ門南）188
松田悠希（森・濱田松本）274
松田祐人（御堂筋）398
松田省躬（紀尾井坂テーミス綜合）84
松田竜（小寺・松田）2
松平浩一（ベーカー＆マッケンジー）240
松平定之（西村あさひ）206
松任谷優子（大野総合）56
松永暁太（ふじ合同）234
松永耕明（TMI総合）162
松永章吾（ゾンデルホフ）146
松永崇（大江橋）346
松永隆之（長島・大野・常松）194
松永德宏（西村あさひ）206
松永博彬（シティユーワ）112
松永昌之（東京丸の内）180
松浪信也（西村あさひ）206
松野知紘（大野総合）56
松野仁彦（中村合同）202
松葉知久（増田パートナーズ）252
松林智紀（田辺総合）160
松原英子（東京丸の内）180
松原香織（田辺総合）160
松原大祐（西村あさひ）206
松原拓也（長島・大野・常松）194
松原範之（横浜綜合）302
松原由佳（西村あさひ）206
松丸知津（ベーカー＆マッケンジー）240
松宮慎（東町）416
松宮優貴（長島・大野・常松）194
松村健太郎（ときわ）184
松村謙太郎（森・濱田松本）274
松村卓治（アンダーソン・毛利・友常）30
松村達紀（TMI総合）162
松村英寿（西村あさひ）206
松村昌人（さくら共同）108
松村満美子（鳥飼総合）190
松村眞理子（真和総合）132
松村祐士（森・濱田松本）274
松本あかね（アンダーソン・毛利・友常）30
松本絢子（西村あさひ）206
松本周（西村あさひ）206
松本佳也（大江橋）346
松本久美子（中央総合）382
松本慶（ベーカー＆マッケンジー）240
松本公介（新四谷）130
松本真輔（中村・角田・松本）200
松本甚之助（三宅坂総合）268
松本伸也（丸の内総合）260
松本孝（黒田）94
松本拓（アンダーソン・毛利・友常）30
松本卓也（阿部・井窪・片山）26
松本健男（梅田総合）340
松本司（関西）358
松本徳生（三宅）400
松本智子（久保井総合）368
松本成（三宅・山崎）270
松本賢人（鳥飼総合）190
松本道弘（外立総合）216
松本好史（三宅）400
松本亮（大江橋）346
松本亮一（堀総合）246
松本渉（長島・大野・常松）194
松山恒昭（第一）376
松山貴恵（TMI総合）162
松山遙（日比谷パーク）230
的場俊介（なにわ共同）394
眞鍋佳奈（森・濱田松本）274
真鍋能久（御堂筋）398
真鍋怜子（シティユーワ）112
間宮順（スクワイヤ）136
黛昌智（高橋三兄弟）14
丸一浩貴（奥野総合）66

丸川顕子（西村あさひ）206
丸島一浩（リバーシティ）18
丸住憲司（TMI総合）162
丸橋亜紀（シティユーワ）112
圓道至剛（島田）120
丸茂彰（森・濱田松本）274
丸山純平（鳥飼総合）190
丸山真司（岩田合同［山根室］）40
丸山貴之（大江橋）346
丸山輝久（紀尾井町）86
丸山水穂（官澤綜合）12
丸山裕一（シティユーワ）112
丸山幸朗（松田綜合）256
馬渡英樹（春名・田中）414
萬年浩雄（萬年総合）436
三浦彰夫（色川）336
三浦修（K&L Gates）100
三浦修（日本大通り）300
三浦健（森・濱田松本）274
三浦謙一郎（髙橋綜合）154
三浦宏太（辰野・尾崎・藤井）380
三浦繁樹（半蔵門総合）224
三浦謙浩（MOFO伊藤見富）278
三浦希美（ひかり総合）226
三浦広詩（スキャデン・アープス）134
三浦正毅（京都総合）332
三浦亮太（森・濱田松本）274
三上二郎（長島・大野・常松）194
三上貴弘（外立総合）216
三木章広（堂島総合）386
三木賢（第一）376
三木茂（スクワイヤ）136
三木剛（中本総合）392
三木亨（北浜）360
三木昌樹（ひかり総合）226
三木麻鈴（春名・田中）414
三木康史（アンダーソン・毛利・友常）30
三木義一（共栄）364
御厨景子（島田）120
御厨ゆりか（クリフォードチャンス）92
御子柴一彦（小沢・秋山）68
三澤智（阿部・井窪・片山）26
三澤充（TMI総合）162
三島可織（長島・大野・常松）194

水落一隆（ベーカー＆マッケンジー）240
水上恵理（ベーカー＆マッケンジー）240
水上康平（虎ノ門南）188
水川聡（二重橋）210
水口あい子（森・濱田松本）274
水越恵理（ベーカー＆マッケンジー）240
水越恭平（長島・大野・常松）194
水越政輝（長島・大野・常松）194
水島淳（西村あさひ）206
簾田桂介（牛島総合）42
水田進（TMI総合）162
水谷和雄（長島・大野・常松）194
水谷幸治（シティユーワ）112
水谷嘉伸（松田綜合）256
水沼利朗（野村綜合）214
水野明美（大樹）324
水野大（長島・大野・常松）194
水野海峰（瓜生・糸賀）46
水野信次（日比谷パーク）230
水野武夫（共栄）364
水野雄太（長島・大野・常松）194
水本啓太（アンダーソン・毛利・友常）30
溝上絢子（なにわ共同）394
溝田宗司（内田・鮫島）44
溝渕雅男（共栄）364
三嶽一樹（牛島総合）42
三田直輝（原後綜合）222
三谷革司（桃尾・松尾・難波）272
三谷英弘（TMI総合）162
三谷和歌子（田辺総合）160
道上明（神戸ブルースカイ）412
道下崇（西村あさひ）206
三井正信（広島総合）420
光内法雄（小島国際）104
三橋友紀子（シティユーワ）112
満村和宏（堂島総合）386
光本亘佑（瓜生・糸賀）46
三本俊介（西村あさひ）206
三森仁（あさひ）22
水戸重之（TMI総合）162

三笘裕（長島・大野・常松）194
見富冬男（MOFO伊藤見富）278
翠川洋（官澤綜合）12
緑川芳江（森・濱田松本）274
南川克博（徳永・松﨑・斉藤）432
湊祐樹（第一芙蓉）150
南賢一（西村あさひ）206
南繁樹（長島・大野・常松）194
南敏文（シティユーワ）112
南靖郎（淀屋橋・山上合同）404
南勇成（西村あさひ）206
南澤育子（紀尾井町）86
源本恵理（大阪本町）352
峰隆之（第一協同）148
峯岸健太郎（森・濱田松本）274
峯健一郎（北浜）360
峯崎雄大（西村あさひ）206
峯田幹大（紀尾井町）86
三野岳彦（京都総合）332
簑原建次（マリタックス）258
蓑毛誠子（本間合同）250
蓑毛長史（和田久）448
蓑毛良和（三宅・今井・池田）266
箕輪映子（外立総合）216
箕輪俊介（長島・大野・常松）194
三原秀哲（長島・大野・常松）194
美馬拓也（北浜）360
三村藤明（アンダーソン・毛利・友常）30
三村量一（長島・大野・常松）194
宮内知之（西村あさひ）206
宮岡邦生（森・濱田松本）274
宮垣聡（アンダーソン・毛利・友常）30
宮川勝之（東京丸の内）180
宮川賢司（アンダーソン・毛利・友常）30
宮川裕光（ジョーンズ・デイ）124
宮川美津子（TMI総合）162
宮城健太郎（西村あさひ）206
三宅達仁（アンダーソン・毛利・友常）30
三宅能生（三宅・山崎）270

三宅弘（原後綜合）222
三宅賢和（かばしま）430
宮坂聡恵（アンダーソン・毛利・友常）30
宮明誠司（宮崎綜合）402
宮崎誠（大江橋）346
宮崎慎吾（中本綜合）392
宮崎信太郎（西村あさひ）206
宮崎隆（長島・大野・常松）194
宮崎千秋（ベーカー＆マッケンジー）240
宮崎裕子（長島・大野・常松）194
宮里直孝（長島・大野・常松）194
宮澤昭介（TMI総合）162
宮下央（TMI総合）162
宮下尚幸（はばたき綜合）396
宮下正彦（TMI総合）162
宮下優一（長島・大野・常松）194
宮下佳之（西村あさひ）206
宮島聡子（森・濱田松本）274
宮島哲也（梶谷綜合）74
宮島元子（入谷）316
宮島和生（長島・大野・常松）194
宮代力（あさひ）22
宮田俊（森・濱田松本）274
宮谷隆（森・濱田松本）274
宮地祐樹（あさひ）22
宮塚久（西村あさひ）206
宮野勉（アンダーソン・毛利・友常）30
三山俊司（中之島シティ）388
宮村啓太（あさひ）22
宮本圭子（第一）376
宮本甲一（アンダーソン・毛利・友常）30
宮本聡（西村あさひ）206
宮本四郎（真和総合）132
宮本聡（大江橋）346
宮本勇人（リバーシティ）18
宮本増（しるべ総合）322
宮良麻衣子（西村あさひ）206
三好啓信（TMI総合）162
三好邦幸（梅田総合）340
三好貴子（岡村綜合）62
三好豊（森・濱田松本）274
三好吉安（梅ヶ枝中央）338

御代田有恒（森・濱田松本）274
三輪星児（スクワイヤ）136
向多美子（東京丸の内）180
向宣明（桃尾・松尾・難波）272
向笠太郎（岡村綜合）62
向井千杉（西綜合）204
向井良（広島総合）420
武川丈士（森・濱田松本）274
向山大輔（神戸海ありそ）406
六田友豪（清和）374
武藤司郎（西村あさひ）206
武藤雄木（岩田合同［山根室］）40
武藤佳昭（ベーカー＆マッケンジー）240
宗形徹也（シティユーワ）112
村井智顕（森・濱田松本）274
村井美樹子（石井）34
村岡香奈子（森・濱田松本）274
村岡泰行（片山・平泉）356
村尾卓哉（東町）416
村尾龍雄（キャスト）90
村上嘉奈子（のぞみ総合）212
村上光鶩（TMI総合）162
村上康介（佐野総合）16
村上光太郎（第一）376
村上諭志（TMI総合）162
村上貴久（西村あさひ）206
村上貴洋（さくら共同）108
村上達明（西村あさひ）206
村上智裕（西村あさひ）206
村上創（中央総合）382
村上拓（御堂筋）398
村上寛（大江橋）346
村上将門（西村あさひ）206
村上政博（森・濱田松本）274
村上雅哉（岩田合同［山根室］）40
村上泰（真和総合）132
村上祐亮（森・濱田松本）274
村上由美子（鳥飼総合）190
村上遼（アンダーソン・毛利・友常）30
村川耕平（スクワイヤ）136
村木高志（ロア・ユナイテッド）292
村瀬幸子（成和明哲）142
村瀬孝子（鳥飼総合）190
村田和希（ブレークモア）236
村田恭介（きっかわ）362

村田浩一（髙井・岡芹）152
村田真一（兼子・岩松）82
村田知信（西村あさひ）206
村田智美（西村あさひ）206
村田真揮子（アンダーソン・毛利・友常）30
村田雅彦（小寺・松田）2
村田充章（英知）344
村中徹（第一）376
村主知久（ベーカー＆マッケンジー）240
村野邦美（東京丸の内）180
村野譲二（中央総合）382
村橋泰志（あゆの風）312
村林俊行（ロア・ユナイテッド）292
村林隆一（関西）358
村松謙（小田原三の丸）296
村松晃吉（TMI総合）162
村松洋之（長島・大野・常松）194
村松頼信（二重橋）210
村松亮（二重橋）210
村山大輔（和田久）448
村山由香里（アンダーソン・毛利・友常）30
牟礼大介（大江橋）346
室谷和宏（さくら共同）108
室町正実（東京丸の内）180
室屋敏弘（大手町）428
毛受達哉（本間合同）250
毛受久（あさひ）22
茂木諭（クリフォードチャンス）92
茂木信太郎（TMI総合）162
茂木鉄平（大江橋）346
茂木龍平（大江橋）346
望月圭介（MOFO伊藤見富）278
望月康平（梅田総合）340
望月洋美（TMI総合）162
本井文夫（御堂筋）398
元氏成保（共栄）364
本岡佳小里（北浜）360
本木啓三郎（TMI総合）162
本澤順子（大江橋）346
本林健一郎（菊地綜合）88
本村彩（稲葉総合）38
本村健（岩田合同［山根室］）40
本柳祐介（西村あさひ）206
本山正人（LM）54

元芳哲太郎（アンダーソン・毛利・友常）30
桃尾重明（桃尾・松尾・難波）272
百田博太郎（牛島総合）42
森瑛史（梅ヶ枝中央）338
森恵一（色川）336
森啓太（瓜生・糸賀）46
森謙司（虎門中央）186
森初夏（アンダーソン・毛利・友常）30
森淳二朗（大手町）428
森駿介（二重橋）210
森慎一郎（桃尾・松尾・難波）272
森進吾（三宅）400
森真二（中央総合）382
森荘太郎（小川総合）64
森奏太郎（長島・大野・常松）194
森卓也（TMI総合）162
森拓也（きっかわ）362
森直樹（LM）54
森宣昭（西村あさひ）206
森規光（森・濱田松本）274
森仁司（協和綜合）366
森博樹（渥美坂井）24
森浩志（西村あさひ）206
森博之（岡田春夫綜合）354
森麻衣子（石井）34
森幹晴（長島・大野・常松）194
森倫洋（西村あさひ）206
森安紀雄（小沢・秋山）68
森雄一郎（ジョーンズ・デイ）124
森優介（石原総合）314
森有美（神戸中央）410
森亮二（英知）344
森瑠理子（西村あさひ）206
森大樹（長島・大野・常松）194
森内憲隆（アンダーソン・毛利・友常）30
盛太輔（石嵜・山中総合）36
盛里絵美子（オメルベニー）70
盛里吉博（アンダーソン・毛利・友常）30
森岡真一（兼六）306
森岡誠（兼子・岩松）82
森川憲一（はばたき綜合）396
森川順（なにわ共同）394

森川伸吾（曾我）144
森川友尋（三宅坂総合）268
森川久範（TMI総合）162
森川舞（森・濱田松本）274
森川幸（黒田）94
森清圀生（アンダーソン・毛利・友常）30
森口聡（長島・大野・常松）194
森口倫（桃尾・松尾・難波）272
森咲枝（TMI総合）162
森﨑翔（照国総合）446
森﨑博之（TMI総合）162
森崎航（アンダーソン・毛利・友常）30
森下梓（ユアサハラ）286
森下国彦（アンダーソン・毛利・友常）30
森下真生（西村あさひ）206
森下真佐哉（高橋綜合）154
森島佳代（あゆの風）312
森末尚美（興和）370
森田章（三宅）400
森髙重久（R&G横浜）294
森田桂一（匠総合）158
森田豪（栄光）342
森田耕司（大野総合）56
森田耕司（長島・大野・常松）194
森田恒平（森・濱田松本）274
森田多恵子（西村あさひ）206
森田岳人（松田綜合）256
森田豪丈（シティユーワ）112
森田博（淀屋橋・山上合同）404
森田茉莉子（森・濱田松本）274
森田裕（大野総合）56
森田理早（森・濱田松本）274
森藤夢菜（大江橋）346
森本久実（TMI総合）162
森本滋（中央総合）382
森本純（小松）372
森本大介（西村あさひ）206
森本周子（TMI総合）162
森本哲也（ホワイト＆ケース）248
森本英伸（淀屋橋・山上合同）404
森本宏（北浜）360
森本凡碩（西村あさひ）206
森本祐介（大江橋）346
守屋惇史（牛島総合）42

守屋文雄（深沢綜合）232
森山弘毅（野村綜合）214
森山正浩（大野総合）56
森山義子（TMI総合）162
森脇章（アンダーソン・毛利・友常）30
森脇啓太（大江橋）346
森脇純夫（石井）34
森脇肇（興和）370
森脇寧子（クリフォードチャンス）92
諸石光熙（大江橋）346
諸井領児（西村あさひ）206
毛呂直輝（小笠原六川国際総合）58
諸橋隆章（清水直）122
門口正人（アンダーソン・毛利・友常）30
門伝明子（二重橋）210
紋谷崇俊（西村あさひ）206
紋谷暢男（東京丸の内）180

■〈や 行〉

八尾紀子（TMI総合）162
矢上浄子（アンダーソン・毛利・友常）30
八木あゆみ（TMI総合）162
八木啓介（アンダーソン・毛利・友常）30
八木智砂子（西村あさひ）206
八木哲彦（矢吹）282
八木浩史（西村あさひ）206
八木仁志（松尾綜合）254
柳下彰彦（内田・鮫島）44
八木下美帆（小田原三の丸）296
薬師寺怜（牛島総合）36
藥師寺正典（石嵜・山中総合）36
矢倉信介（オリック）72
矢倉千栄（MOFO伊藤見富）278
八下田麻希子（牛島総合）42
矢向孝子（ジョーンズ・デイ）124
矢﨑稔人（西村あさひ）206
矢作和彦（清水直）122
矢嶋髙慶（三宅・今井・池田）266
矢嶋牧美（ベーカー＆マッケンジー）240
矢嶋雅子（西村あさひ）206

矢代勝（きっかわ）362
安隆之（三宅・今井・池田）266
安井綾（シティユーワ）112
安井康徳（東京丸の内）180
安井桂大（西村あさひ）206
安井寿里子（TMI総合）162
安井允彦（アンダーソン・毛利・友常）30
安江英行（東京丸の内）180
安江正基（辻巻総合）326
安江義成（黒田）94
保川明（シティユーワ）112
安田明代（光和総合）102
安田和弘（堀総合）246
安田健一（堂島）384
安田幸司（中之島シティ）388
安田剛（アイリス）310
安田裕明（明倫国際）438
安田雄飛（三宅坂総合）268
泰田啓太（西村あさひ）206
安冨潔（山田・尾﨑）284
安平武彦（島田）120
矢口啓悟（入谷）316
矢口次男（のぞみ総合）212
矢口真貴子（西村あさひ）206
矢口悠（森・濱田松本）274
谷田部耕介（ベーカー＆マッケンジー）240
谷津拓哉（森・濱田松本）274
谷津朋美（TMI総合）162
八杖友一（東京八丁堀）174
ハツ元優子（烏丸）330
谷戸糾明（西村あさひ）206
箭内隆道（虎門中央）186
柳川鋭士（東京桜橋）170
柳川従道（東京丸の内）180
柳川元宏（長島・大野・常松）194
柳勝久（堂島）384
柳祥代（森・濱田松本）274
柳誠一郎（芝綜合）118
柳淑花（TMI総合）162
柳沢知樹（TMI総合）162
柳澤宏輝（長島・大野・常松）194
柳澤美佳（シティユーワ）112
柳田一宏（柳田国際）280
柳田幸三（二重橋）210
柳田忍（牛島総合）42
柳田直樹（柳田国際）280

柳田幸男（柳田国際）280
柳原克哉（第一）376
柳原悠輝（片岡総合）80
柳瀬康治（丸の内中央）262
柳瀬ともこ（西村あさひ）206
柳瀬安裕（石嵜・山中総合）36
籔内俊輔（北浜）360
矢吹公敏（矢吹）282
籔口隆（御堂筋）398
藪田広平（外立総合）216
籔本義之（山田・尾﨑）284
矢部耕三（ユアサハラ）286
矢部聖子（森・濱田松本）274
山内邦昭（大江橋）346
山内航治（ときわ）184
山内賢志（松尾綜合）254
山内貴博（長島・大野・常松）194
山内英人（馬場・澤田）218
山内洋嗣（森・濱田松本）274
山内宏光（成和明哲）142
山内大将（牛島総合）42
山形康郎（関西）358
山上和則（淀屋橋・山上合同）404
山神理（アンダーソン・毛利・常）30
山川亜紀子（フレッシュフィールズ）238
山川洋一郎（古賀総合）98
山川佳子（森・濱田松本）274
山岸和彦（あさひ）22
山岸憲司（リソルテ総合）290
山岸龍文（立川・及川）298
山岸正和（協和綜合）366
山岸泰洋（松尾綜合）254
山岸洋（三宅坂総合）268
山岸良太（森・濱田松本）274
八巻優（アンダーソン・毛利・友常）30
山口敦史（長島・大野・常松）194
山口勝之（西村あさひ）206
山口現（TMI総合）162
山口健次郎（森・濱田松本）274
山口修司（岡部・山口）60
山口俊（TMI総合）162
山口大介（アンダーソン・毛利・友常）30
山口貴臣（TMI総合）162

山口卓（山下江）422
山口拓郎（大江橋）346
山口建章（内田・鮫島）44
山口毅（石嵜・山中総合）36
山口敏寛（アンダーソン・毛利・友常）30
山口秀雄（東京グリーン）166
山口雅司（萬年総合）436
山口茉莉子（長島・大野・常松）194
山口幹生（大江橋）346
山口裕司（ユアサハラ）286
山口陽子（松田綜合）256
山口要介（北浜）360
山口芳泰（TMI総合）162
山郷琢也（TMI総合）162
山﨑悦子（アンダーソン・毛利・友常）30
山崎順一（三宅・山崎）270
山崎真司（TMI総合）162
山﨑直樹（小笠原六川国際総合）58
山崎陽平（御堂筋）398
山崎篤士（小沢・秋山）68
山崎敬子（MOFO伊藤見富）278
山崎健児（東京丸の内）180
山崎純（あさひ）22
山崎武徳（第一）376
山崎臨在（小笠原六川国際総合）58
山崎哲央（虎門中央）186
山崎ふみ（ベーカー＆マッケンジー）240
山崎真紀（高橋綜合）154
山崎優（梅田総合）340
山崎道雄（小松）372
山崎良太（森・濱田松本）274
山路邦夫（御堂筋）398
山路諒（森・濱田松本）274
山下淳（ゾンデルホフ）146
山下淳（長島・大野・常松）194
山下綾（太陽綜合）418
山下和哉（東町）416
山下江（山下江）422
山下功一郎（マリタックス）258
山下翔（TMI総合）162
山下聖志（柳田国際）280
山下清兵衛（マリタックス）258
山下丈（日比谷パーク）230
山下哲郎（芝綜合）118

山下成美（成和明哲）142
山下真（北浜）360
山下侑士（共栄）364
山下遼太郎（淀屋橋・山上合同）404
山島達夫（渥美坂井）24
山田愛子（ベーカー＆マッケンジー）240
山田晃久（中央総合）382
山田彰宏（森・濱田松本）274
山田昭（三宅・山崎）270
山田麻登（あゆの風）312
山田篤（アンダーソン・毛利・友常）30
山田文美（みやざき）444
山田香織（フレッシュフィールズ）238
山田薫（TMI総合）162
山田和彦（中村・角田・松本）200
山田和哉（協和綜合）366
山田弘一郎（卓照綜合）156
山田弘司（紀尾井坂テーミス綜合）84
山田幸太朗（北浜）360
山田康平（岩田合同［山根室］）40
山田さくら（紀尾井町）86
山田祥恵（東京富士）176
山田純（アンダーソン・毛利・友常）30
山田慎吾（西村あさひ）206
山田真吾（大江橋）346
山田卓（ユアサハラ）286
山田貴彦（アンダーソン・毛利・友常）30
山田敬之（佐々木総合）4
山田拓（TMI総合）162
山田竜顕（深沢綜合）232
山田庸男（梅ヶ枝中央）338
山田剛志（敬和綜合）96
山田亨（ジョーンズ・デイ）124
山田徹（西村あさひ）206
山田敏章（石井）34
山田尚武（しょうぶ）320
山田秀雄（山田・尾﨑）284
山田瞳（のぞみ総合）212
山田裕貴（西村あさひ）206
山田浩史（西村あさひ）206
山田勝利（紀尾井坂テーミス綜合）84

山田将之（西村あさひ）206
山田大（西村あさひ）206
山田瑞穂（ホワイト＆ケース）248
山田基司（紀尾井坂テーミス綜合）84
山田康成（ひかり総合）226
山田安人（K&L Gates）100
山田洋史（紀尾井坂テーミス綜合）84
山田洋平（桃尾・松尾・難波）272
山田義隆（東京桜橋）170
大和屋力（長島・大野・常松）194
山中健児（石嵜・山中総合）36
山中淳二（長島・大野・常松）194
山中政人（西村あさひ）206
山中眞人（ベーカー＆マッケンジー）240
山中力介（牛島総合）42
山西克彦（第一協同）148
山根航太（虎門中央）186
山根美奈（高井・岡芹）152
山根基宏（TMI総合）162
山内信俊（ジョーンズ・デイ）124
山内真之（アンダーソン・毛利・友常）30
山畑茂之（第一協同）148
山畑博生（三宅）400
山辺紘太郎（長島・大野・常松）194
山辺哲識（ジョーンズ・デイ）124
山部英之（アンダーソン・毛利・友常）30
山宮慎一郎（TMI総合）162
山宮道代（田辺総合）160
山室惠（瓜生・糸賀）46
山元裕子（森・濱田松本）274
山元祐輝（長島・大野・常松）194
山本愛子（太陽綜合）418
山本晃久（西村あさひ）206
山本明（西村あさひ）206
山本一生（虎門中央）186
山本一貴（中央総合）382

山本和人（第一）376
山本和徳（高橋三兄弟）14
山本和也（スクワイヤ）136
山本啓太（西村あさひ）206
山本健一（アンダーソン・毛利・友常）30
山本健司（北浜）360
山本健司（清和）374
山本健太（R&G横浜）294
山本剛（紀尾井町）86
山本幸治（きっかわ）362
山本淳（堂島）384
山本純平（稲葉総合）38
山本翔（大江橋）346
山本昌平（丸の内中央）262
山本晋平（古賀総合）98
山本泰輔（アンダーソン・毛利・友常）30
山本匡（長島・大野・常松）194
山本智晴（スクワイヤ）136
山本輝幸（西村あさひ）206
山本俊之（西村あさひ）206
山本直人（西村あさひ）206
山本昇（奥野総合）66
山本矩夫（協和綜合）366
山本憲光（西村あさひ）206
山本英幸（ベーカー＆マッケンジー）240
山本裕子（卓照綜合）156
山本麻記子（TMI総合）162
山本真裕（アンダーソン・毛利・友常）30
山本真祐子（内田・鮫島）44
山本ゆう紀（長島・大野・常松）194
山本陽介（MOFO伊藤見富）278
山本義人（森・濱田松本）274
山本龍太朗（大江橋）346
山谷耕平（三宅・山崎）270
山脇愛（大江橋）346
山脇康嗣（さくら共同）108
梁沙織（梅田総合）340
劉セビョク（小笠原六川国際総合）58
湯浅紀佳（森・濱田松本）274
湯淺文憲（小田原三の丸）296
湯浅靖（中之島シティ）388
結城大輔（のぞみ総合）212
原潔（森・濱田松本）274
湯川昌紀（森・濱田松本）274

湯川雄介（西村あさひ）206
幸村俊哉（東京丸の内）180
行村洋一郎（アンダーソン・毛利・友常）30
湯沢誠（横浜綜合）302
湯田聡（森・濱田松本）274
湯ノ口穰（照田総合）446
柚原肇（しょうぶ）320
由布節子（渥美坂井）24
湯村暁（西村あさひ）206
由良知也（西村あさひ）206
姚珊（森・濱田松本）274
横井邦洋（アンダーソン・毛利・友常）30
横井傑（アンダーソン・毛利・友常）30
横井知理（北浜）360
横井裕美（きっかわ）362
横内龍三（田辺総合）160
横江俊祐（しるべ総合）322
横尾武弘（小田原三の丸）296
横澤靖子（TMI総合）162
横瀬健司（永沢総合）192
横瀬大輝（ほくと総合）244
横田泉（シティユーワ）112
横田香名（髙井・岡芹）152
横田真一朗（森・濱田松本）274
横田高人（卓照綜合）156
横田貴大（西村あさひ）206
横田尤孝（長島・大野・常松）194
横溝昇（リバーシティ）18
横室直樹（虎門中央）186
横山和俊（アンダーソン・毛利・友常）30
横山兼太郎（西村あさひ）206
横山咲衣（西村あさひ）206
横山経通（森・濱田松本）274
横山直樹（石嵜・山中総合）36
横山佳枝（原後綜合）222
吉井一浩（アンダーソン・毛利・友常）30
吉井久美子（TMI総合）162
吉井翔吾（TMI総合）162
吉池信也（菊地綜合）88
吉江穏（森・濱田松本）274
吉岡浩一（小沢・秋山）68
吉岡伸一（中央総合）382
吉岡剛（奥野総合）66
吉岡博之（TMI総合）162

吉岡雅史（西綜合）204
吉戒修一（TMI総合）162
吉川景司（瓜生・糸賀）46
吉川悟（西村あさひ）206
吉川翔子（長島・大野・常松）194
吉川精一（古賀総合）98
吉川雅也（TMI総合）162
吉川幹司（匠総合）158
芳川瑛子（アンダーソン・毛利・友常）30
吉崎猛（東京桜橋）170
吉澤貞男（第一協同）148
吉澤優（アンダーソン・毛利・友常）30
吉澤和希子（東京丸の内）180
吉重丈夫（北浜）360
吉田愛（マリタックス）258
吉田郁子（御堂筋）398
吉田和央（森・濱田松本）274
吉田和彦（中村合同）202
吉田和雅（TMI総合）162
吉田桂子（丸の内総合）260
吉田剛（御堂筋）398
吉田幸二（TMI総合）162
吉田興平（栄光）342
吉田咲耶（西村あさひ）206
吉田進一（横浜綜合）302
吉田聖子（マリタックス）258
吉田宗一郎（小笠原六川国際総合）58
吉田武史（ベーカー＆マッケンジー）240
吉田豪（淀屋橋・山上合同）404
吉田全郎（増田パートナーズ）252
吉田勉（ときわ）184
吉田倫二（岡村綜合）62
吉田菜摘子（アンダーソン・毛利・友常）30
吉田広明（北浜）360
吉田正夫（スクワイヤ）136
吉田将樹（第一）376
吉田真実（TMI総合）162
吉田瑞穂（アンダーソン・毛利・友常）30
吉田瑞穂（森・濱田松本）274
吉田美菜子（隼あすか）220
吉田美和（北浜）360
吉田元樹（西村あさひ）206

吉田勇輝（ジョーンズ・デイ）124
吉田良夫（鳥飼総合）190
吉田桂公（のぞみ総合）212
吉田麗一（シティユーワ）112
吉田麗子（渥美坂井）24
芳田栄二（東町）416
義経百合子（片岡総合）80
吉野彰（島田）120
吉野公浩（石嵜・山中総合）36
吉野孝義（大阪本町）352
吉野史紘（TMI総合）162
吉羽真一郎（潮見坂綜合）110
吉原朋成（岩田合同［山根室］）40
八島俊紀（西村あさひ）206
吉益信治（第一芙蓉）150
吉峯耕平（田辺総合）160
吉峯真毅（吉峯総合）288
吉峯康博（吉峯総合）288
吉峯裕毅（吉峯総合）288
吉村彰浩（大江橋）346
吉村修（きっかわ）362
吉村幸祐（大江橋）346
吉村紀行（たいよう）426
吉村誠（黒田）94
吉村悦章（スクワイヤ）136
吉村龍吾（MOFO伊藤見富）278
吉本健一（第一）376
吉本智郎（西村あさひ）206
吉本祐介（西村あさひ）206
四十山千代子（アンダーソン・毛利・友常）30
余田博史（はばたき綜合）396
依田渓一（三宅坂総合）268
四元弘子（森・濱田松本）274
淀川詔子（西村あさひ）206
米信彰（西村あさひ）206
米正剛（森・濱田松本）274
米倉圭一郎（髙井・岡芹）152
米倉偉之（東京丸の内）180
米倉裕樹（北浜）360
米田恵梨乃（長島・大野・常松）194
米田隆（西村あさひ）206
米田紀子（TMI総合）162
米田秀実（淀屋橋・山上合同）404
米田実（淀屋橋・山上合同）404
米田裕美子（アンダーソン・毛利・

友常）30
米田龍玄（岡村綜合）62
米山一弥（MOFO伊藤見富）278
米山貴志（TMI総合）162
米山朋宏（阿部・井窪・片山）26
米屋佳史（米屋・林）6
頼富祐斗（大野総合）56

〈ら　行〉

楽楽（アンダーソン・毛利・友常）30
ランダル・ケイジ・ナガタニ（マリタックス）258
李政潤（森・濱田松本）274
李知珉（シティユーワ）112
李珉（森・濱田松本）274
李麗華（三宅）400
陸川俊（アンダーソン・毛利・友常）30
笠浩久（東京八丁堀）174
柳陽（長島・大野・常松）194
劉新宇（金杜）452
李芸（大野総合）56
梁栄文（梅ヶ枝中央）338
料堂恵美（西村あさひ）206
呂佳叡（森・濱田松本）274
盧月婷（西村あさひ）206
鹿はせる（長島・大野・常松）194
六川浩明（小笠原六川国際総合）58
六川美里（西村あさひ）206
六角麻由（東京丸の内）180

〈わ　行〉

若江悠（長島・大野・常松）194
若狭一行（TMI総合）162
若杉洋一（大江橋）346
若竹宏諭（瓜生・糸賀）46
我妻由佳子（隼あすか）220
我妻由香莉（西村あさひ）206
若林功（丸の内総合）260
若林耕（アンダーソン・毛利・友常）30
若林剛（長島・大野・常松）194
若林茂雄（岩田合同［山根室］）40
若林順子（西村あさひ）206

若林功晃（森・濱田松本）274
若林弘樹（アンダーソン・毛利・友常）30
若林美奈子（オリック）72
若林元伸（大江橋）346
若林義人（西村あさひ）206
若松辰太郎（田中彰寿）334
若山太郎（松田綜合）256
脇まゆこ（山田・尾﨑）284
脇陽子（虎ノ門南）188
脇田あや（大樹）324
脇谷太智（長島・大野・常松）194
和久利望（長島・大野・常松）194
和氣礎（桃尾・松尾・難波）272
鷲尾透（TMI総合）162
鷲野泰宏（丸の内総合）260
鷲見弘（しるべ総合）322
早稲田祐美子（東京六本木）182
和田希志子（ふじ合同）234
和田卓也（西村あさひ）206
和田卓也（ベーカー＆マッケンジー）240
和田正（みなと協和）264
渡辺昭典（成和明哲）142
渡辺光（中村合同）202
渡辺絢（石嵜・山中総合）36
渡辺郁子（髙橋綜合）154
渡辺恵理子（長島・大野・常松）194
渡辺和也（さくら共同）108
渡辺邦広（森・濱田松本）274
渡辺惺之（虎門中央）186
渡辺早智里（ベーカー＆マッケンジー）240
渡辺翔太（横浜綜合）302
渡辺大祐（光和合同）102
渡辺たか子（紀尾井町）86
渡辺翼（長島・大野・常松）194
渡辺徹（北浜）360
渡辺直樹（K&L Gates）100
渡辺伸樹（新潟第一）304
渡辺伸行（TMI総合）162
渡辺拓（鳥飼総合）190
渡辺裕太（長島・大野・常松）194
渡辺美木（牛島総合）42
渡辺宗彦（ブレークモア）236
渡辺雪彦（髙井・岡芹）152

渡部香菜子（アンダーソン・毛利・友常）30
渡部峻輔（AZX総合）48
渡部真樹子（梅ヶ枝中央）338
渡邉弘志（牛島総合）42
渡邉一弘（東町）416
渡邉一雅（ジョーンズ・デイ）124
渡邉和之（西綜合）204
渡邉宏毅（鳥飼総合）190
渡邉光誠（大江橋）346
渡邉純子（西村あさひ）206
渡邉新矢（ジョーンズ・デイ）124
渡邉貴久（西村あさひ）206
渡邉剛（アンダーソン・毛利・友常）30
渡邉牧史（協和綜合）366
渡邉誠（のぞみ総合）212
渡邉雅博（大江橋）346
渡邉雅之（三宅）400
渡邉真澄（シティユーワ）112
渡邉瑞（長島・大野・常松）194
渡邉泰秀（長島・大野・常松）194
渡邉啓久（長島・大野・常松）194
渡邉佳行（柳田国際）280
渡邉顯（成和明哲）142
渡邉一誠（大江橋）346
渡邉佳代子（小田原三の丸）296
渡邉真也（しるべ総合）322
渡邉竜行（真和総合）132
渡邊剛（小笠原六川国際総合）58
渡邊徹（淀屋橋・山上合同）404
渡邊望美（小島国際）104
渡邊典和（西村あさひ）206
渡邊肇（潮見坂綜合）110
渡邊弘毅（官澤綜合）12
渡邊大貴（ベーカー＆マッケンジー）240
渡邊弘（西村あさひ）206
渡邊真紀子（クリフォードチャンス）92
渡邊雅文（梅ヶ枝中央）338
渡邊康寛（鳥飼総合）190
渡邊優子（アンダーソン・毛利・友常）30
渡邊悠人（ジョーンズ・デイ）124

渡邊由美（ベーカー＆マッケンジー）240
渡邊洋一郎（光和総合）102
渡邊涼介（光和総合）102
和田宣喜（K&L Gates）100
和田はる子（リバーシティ）18
和田久（和田久）448
和田光弘（新潟第一）304
和田祐造（内田・鮫島）44
和田有美子（長島・大野・常松）194
和田陽一郎（柏木総合）76
和田資篤（たいよう）426
渡部英明（横浜総合）302
和智洋子（梶谷総合）74
和藤誠治（TMI総合）162
和仁亮裕（MOFO伊藤見富）278

〈A ~ Z〉

Adam Newhouse（中央総合）382
Adrian Wong（クリフォードチャンス）92
Alan K. Nii（長島・大野・常松）194
Alexander Jampel（ベーカー＆マッケンジー）240
Alexander W.Woody（ホワイト＆ケース）248
Amelia Hanscombe（クリフォードチャンス）92
Andreas M. Kaiser（黒田）94
Andrew Hacker（隼あすか）220
Andrew McArthur Whan（クリフォードチャンス）92
Andrew Morrison（MOFO伊藤見富）278
Anne Hung（ベーカー＆マッケンジー）240
Apinya Sarntikasem（西村あさひ）206
Arthur M.Mitchell（ホワイト＆ケース）248
Atitharnbhorn Uwanno（西村あさひ）206
Bonnie Dixon（渥美坂井）24
Brian G.Strawn（ホワイト＆ケース）248
Bruce Aronson（長島・大野・常松）194
Bui Van Quang（西村あさひ）206
Cao Tran Nghia（西村あさひ）206
Chia Chi Chong（森・濱田松本）274
Chia Feng Lu（ベーカー＆マッケンジー）240
Chris Hodgens（ベーカー＆マッケンジー）240
Christoph Rademacher（ベーカー＆マッケンジー）240
CJ Hoppel（K&L Gates）100
Craig Yamakawa（MOFO伊藤見富）278
Curt Lowry（MOFO伊藤見富）278
Daisuke Beppu（ブレークモア）236
Dale Araki（MOFO伊藤見富）278
Dale Caldwell（MOFO伊藤見富）278
Dana Evan Marcos（黒田）94
Daniel Burkhart（ベーカー＆マッケンジー）240
Daniel S. Potts（東京丸の内）180
Daniel Whitelock（森・濱田松本）274
David Deck（渥美坂井）24
David E. Case（オリック）72
David Fehrman（MOFO伊藤見富）278
David R. Nelson（ジョーンズ・デイ）124
David Stipcevic（島田）120
Davy Le Doussal（TMI総合）162
Deepak Sinhmar（西村あさひ）206
Doan Thanh Ha（キャスト）90
Don Stokes（フレッシュフィールズ）238
Dooyong Kang（ジョーンズ・デイ）124
Ean Mac Pherson（ベーカー＆マッケンジー）240
Edward Cale（フレッシュフィールズ）238
Edward T. Johnson（オリック）72
Edwin Whatley（ベーカー＆マッケンジー）240
Elcid Betancourt（ベーカー＆マッケンジー）240
Eric Sedlak（ジョーンズ・デイ）124
Erwin Condez（外立総合）216
Frederick Ch'en（ホーガン・ロヴェルズ）242
Gabrielle Mewing（ベーカー＆マッケンジー）240
Gary Smith（MOFO伊藤見富）278
Gavin Raftery（ベーカー＆マッケンジー）240
Georgy Daneliya（K&L Gates）100
Gerald M.Fujii（ホワイト＆ケース）248
Griffith Way（ブレークモア）236
Gustav Runeland（フレッシュフィールズ）238
Ha Hoang Loc（西村あさひ）206
Ha Thi Dung（森・濱田松本）274
Haig Ohigian（K&L Gates）100
Hendrik Gordenker（ホワイト＆ケース）248
Henry Lau（森・濱田松本）274
Howard Weitzman（ベーカー＆マッケンジー）240
Ian Scott（渥美坂井）24
Ian Wright（ジョーンズ・デイ）124
Ikang Dharyanto（西村あさひ）206
Isamu Inohara（MOFO伊藤見富）278
Ivan Smallwood（MOFO伊藤見富）278
Jacky Scanlan-Dyas（ホーガン・ロヴェルズ）242
James Emerson（西村あさひ）206
James Hough（MOFO伊藤見富）278
James Lawden（フレッシュフィールズ）238

James Robinson（MOFO伊藤見富）278
Jamie Fukumoto（松尾綜合）254
Jane Pardinas（森・濱田松本）274
Jay Ponazecki（MOFO伊藤見富）278
Jean-Denis Marx（ベーカー＆マッケンジー）240
Jeff Schrepfer（MOFO伊藤見富）278
Jennifer Lim（森・濱田松本）274
Jeremy Pitts（ベーカー＆マッケンジー）240
Jeremy White（ベーカー＆マッケンジー）240
Jerome Hamilton（ベーカー＆マッケンジー）240
Jilliana Liu（西村あさひ）206
Jirapong Sriwat（西村あさひ）206
Jiri Milan Mestecky（北浜）360
Joel Greer（ベーカー＆マッケンジー）240
John C. Roebuck（ジョーンズ・デイ）124
John Francis（長島・大野・常松）194
John R. Inge（オリック）72
John Ryan Dwyer（K&L Gates）100
John S. Rudd（ジョーンズ・デイ）124
Joseph Kim（ホーガン・ロヴェルズ）242
Joseph Prencipe（ベーカー＆マッケンジー）240
Kate E. Kim（スクワイヤ）136
Katherine Katayama（西村あさひ）206
Ken Siegel（MOFO伊藤見富）278
Kenji Strait（西村あさひ）206
Krizelle Marie F. Poblacion（黒田）94
Kyi Chan Nyein（西村あさひ）206
L. Mark Weeks（オリック）72
Laurent Dubois（TMI総合）162
Leng Fong Lai（クリフォードチャンス）92
Lloyd Parker（ホーガン・ロヴェルズ）242
Long Nguyen（長島・大野・常松）194
Louise B.Doyle（ジョーンズ・デイ）124
Louise Stoupe（MOFO伊藤見富）278
Lukas Kratochvil（フレッシュフィールズ）238
Mai Thi Ngoc Anh（西村あさひ）206
Maria Glenda Ramirez（西村あさひ）206
Mark Plenderleith（フレッシュフィールズ）238
Matthew Digby（スクワイヤ）136
Max Olson（MOFO伊藤見富）278
Melissa Tan Shu Yin（西村あさひ）206
Micah adoyama（ホワイト＆ケース）248
Michae Dunmore（ベーカー＆マッケンジー）240
Michael Douglas（長島・大野・常松）194
Michael Graffagna（MOFO伊藤見富）278
Michael Mroczek（奥野総合）66
Michael T. Haworth（オリック）72
Michelle Therese Mizutani（クリフォードチャンス）92
Miriam Andreta（西村あさひ）206
Miriam Rose Ivan L. Pereira（大江橋）346
Moon-Ki Chai（柏木総合）76
Nathan G. Schmidt（西村あさひ）206
Nathan Roth（ベーカー＆マッケンジー）240
Ngoc Hoang（長島・大野・常松）194
Nguyen Thi Thanh Huong（西村あさひ）206
Nicholas Lingard（フレッシュフィールズ）238
Patric McGonigal（ホーガン・ロヴェルズ）242
Paul Davis（ベーカー＆マッケンジー）240
Paul Harrison（ホワイト＆ケース）248
Paul Masafumi Iguchi（長島・大野・常松）194
Pavitra Iyer（森・濱田松本）274
Peter Coney（長島・大野・常松）194
Peter Gordon Armstrong（長島・大野・常松）194
Peter Tyksinski（桃尾・松尾・難波）272
Pham Thi Bich Huyen（西村あさひ）206
Philippe Riesen（ホーガン・ロヴェルズ）242
Pierre Chiasson（ベーカー＆マッケンジー）240
Poonyisa Sornchangwat（長島・大野・常松）194
Randy Laxer（MOFO伊藤見富）278
Ray Vikram Nath（TMI総合）162
Robbie Julius（森・濱田松本）274
Robert Hollingshead（MOFO伊藤見富）278
Robert Melson（K&L Gates）100
Ross Howard（クリフォードチャンス）92
Rosser H. Brockman（ブレークモア）236
Russell Kawahara（渥美坂井）24
Ryan Bingham（西村あさひ）206
Samir Desai（ベーカー＆マッケンジー）240
Scott D. Sugino（オメルベニー）70
Scott Jones（ジョーンズ・デイ）124
Sergey Milanov（K&L Gates）100
Sharon Lim（西村あさひ）206
Simon Collins（ホワイト＆ケース）248

Soni Tiwari（森・濱田松本）274
Stan Yukevich（MOFO伊藤見富）278
Stephen D. Bohrer（西村あさひ）206
Stephen E. Chelberg（スクワイヤ）136
Stephen J. DeCosse（ジョーンズ・デイ）124
Stephen Overton（森・濱田松本）274
Stephen Price（西村あさひ）206
Steven Comer（MOFO伊藤見富）278
Steven S. Doi（スクワイヤ）136
Stuart Beraha（MOFO伊藤見富）278
Swe Yi Myint Myat（西村あさひ）206
Tanadee Pantumkomon（長島・大野・常松）194
Theodore Seltzer（MOFO伊藤見富）278
Thit Thit Aung（森・濱田松本）274
Tim Jeffares（ホワイト＆ケース）248
Tin Nyo Nyo Thoung（森・濱田松本）274
Tomoyoshi Jai-ob-orm（西村あさひ）206
Tony Grundy（森・濱田松本）274
Tracy-Anne Whiriskey（クリフォードチャンス）92
Truong Huu Ngu（西村あさひ）206
Veerasureshkumar Veerappan（TMI総合）162
Vu Le Bang（西村あさひ）206
W. Eugene Chang（オリック）72
Wendy Yeo Kuei Ching（クリフォードチャンス）92
Yothin Intaraprasong（長島・大野・常松）194
Yvonne Zhong（クリフォードチャンス）92

法曹期・登録年別索引

法曹期別

※ 60期修習～65期修習は、1年間の修習期間と1年4か月の修習期間を経た者がいるが、いずれも区別せず同一の期として収録。

■1期（1949年）
西迪雄・204
■2期（1950年）
釘澤一郎・176
鈴木重信・34
■3期（1951年）
岡村旦・382
西本昌基・28
平田胤明・174
■4期（1952年）
柏木薫・76
中村稔・202
■5期（1953年）
小木曽茂・286
長島安治・194
宮代力・22
米田実・404
■7期（1955年）
阪口繁・388
千種秀夫・152
原井龍一郎・362
村林隆一・358
■8期（1956年）
川又良也・400
■9期（1957年）
石井通洋・336
大場正成・112
岡次郎・358
河合伸一・30
河合徹子・374
畔柳達雄・82
古賀正義・98
田中徹・236
畑郁夫・346
藤田耕三・160
■10期（1958年）
赤木文生・412
大石忠生・220
熊谷尚之・350
阪口春男・366
中津晴弘・220
馬場一廣・218
藤原弘道・396
松尾和子・202

吉澤貞男・148
■11期（1959年）
阿部昭吾・26
岡村勲・62
梶谷玄・74
川口冨男・382
竹下守夫・26
谷口安平・254
中筋一朗・390
藤木美加子・240
山本矩夫・366
■12期（1960年）
小栗孝夫・318
川村俊雄・384
鬼追明夫・394
竹林節治・378
牧野利秋・286
松尾翼・254
宮本増・322
柳田幸男・280
■13期（1961年）
井関正裕・364
小川榮吉・170
小松雄介・30
田中美登里・202
中驫聳・384
鷲見弘・322
■14期（1962年）
雨宮眞也・376
家近正直・376
稲葉威雄・190
今中利昭・358
久保井一匡・368
久米喜三郎・358
清水直・122
濱田邦夫・230
■15期（1963年）
泉徳治・162
佐藤裕・10
瀬尾信雄・174
髙井伸夫・152
吉村修・362
和田久・448

■16期（1964年）
今井功・162
笠井昇・416
佐藤歳二・162
神出兼嘉・398
田島孝・260
玉生靖人・398
辻巻真・326
露峰光夫・398
中務嗣治郎・382
長濱毅・30
森内憲隆・30
■17期（1965年）
池田達郎・40
石川達紘・102
伊藤瑩子・204
鬼頭季郎・206
髙島忠夫・350
竹田章治・84
外山興三・96
中村勲・204
西山陽雄・434
原慎一・28
柳川從道・180
吉川精一・98
■18期（1966年）
赤井文彌・156
飯田英男・66
五十嵐紀男・284
大藤敏・180
奥野善彦・66
甲斐中辰夫・156
木藤繁夫・42
小西武彦・156
近藤敬太・436
才口千晴・162
鈴木正貢・240
竹内洋・40
龍岡資晃・204
春木英成・180
舩崎隆夫・156
三宅能生・270
桃尾重明・272
山川洋一郎・98

■19期（1967年）
今井健夫・266
今井春乃・266
上野昌子・346
大内捷司・316
梶谷剛・74
川村明・30
髙後元彦・84
頃安健司・162
篠崎芳明・116
堤淳一・262
手塚一男・82
友常信之・30
中込秀樹・234
中元紘一郎・30
根岸哲・362
村上光鵄・162
■20期（1968年）
青木邦夫・240
飯村佳夫・396
岩渕正紀・234
小栗厚紀・318
小野誠之・330
見満正治・370
小杉丈夫・254
近藤弦之介・418
佐伯照道・360
坂井一郎・360
崎間昌一郎・332
常松健・194
出嶋侑章・376
中川武隆・226
桝田淳二・194
水野武夫・364
山上和則・404
渡邊洋一郎・102
■21期（1969年）
江尻隆・206
江見弘武・346
大谷種臣・404
小木曽国隆・398
小澤優一・34
北山元章・160
熊倉禎男・202

黒木芳男・84
相良朋紀・162
佐々木茂夫・398
佐々木博章・156
篠原勝美・180
高田晃男・364
高橋伸二・14
但木敬一・274
田原睦夫・396
塚本美彌子・346
中田昭孝・362
那須弘平・22
原田國男・160
松山恒昭・376
宮﨑誠・346
村橋泰志・312
本井文夫・398
柳瀬康治・262
山﨑武徳・376
■22期（1970年）
伊東正彦・16
今井俊介・406
小田木毅・34
落合誠一・206
河合弘之・108
川端和治・78
清塚勝久・166
久保田康史・78
栗原良扶・396
髙坂敬三・336
小越芳保・406
須藤正彦・264
竹内康二・108
田中克郎・162
豊田愛祥・102
中川明・98
西坂信・132
野村晋右・214
林醇・338
樋渡利秋・162
福島栄一・206
益田哲生・390
矢代勝・362
山田庸男・338

山西克彦・148
渡邊雅文・338

■23期（1971年）
浅岡輝彦・22
荒尾幸三・390
石丸鐵太郎・410
糸賀了・46
大塚清明・390
海藤壽夫・332
加藤幸江・382
草野芳郎・282
久保利英明・230
須藤英章・176
庭山正一郎・22
細谷義徳・96
松嶋英機・206
門口正人・30

■24期（1972年）
朝倉秀俊・136
阿部博・84
池田靖・266
池田逗・446
伊東眞・132
岩田光史・132
占部彰宏・362
岡村稔・84
木村宏・52
小泉淑子・112
桜井修平・34
津川廣昭・398
中尾巧・404
成田信子・240
畑守人・378
東谷隆夫・132
松川雅典・404
真鍋能久・398
三浦正毅・332
南敏文・112
柳田幸三・210
山内信俊・124
横田尤孝・194

■25期（1973年）
青山學・308
石川正・346
一條實昭・30
内田晴康・274
大谷禎男・272
尾崎純理・86
小沢征行・68
小澤徹夫・176

神垣清水・228
川崎隆司・228
木村晃・30
草野多隆・228
小島秀樹・104
小沼清敬・86
近藤節男・262
佐藤典子・296
竹久保好勝・296
竹之下義弘・182
田辺克彦・160
田辺邦子・160
徳永弘志・432
外立憲治・216
花水征一・286
平川修・30
平川純子・112
槙枝一臣・178
升永輝久・162
丸山輝久・86
山岸憲司・290
山田弘司・84
吉戒修一・162
渡邊顯・142

■26期（1974年）
有田知徳・112
飯村敏明・286
石橋博・260
内田実・188
窪田もとむ・244
櫻田典子・400
塩月秀平・162
鈴木明子・346
園尾隆司・206
田多井啓州・150
田辺信彦・160
永井敏雄・156
中川泰夫・350
中山節子・58
奈良道博・224
深沢隆之・232
松崎隆・432
三木茂・136
見富冬男・278
森真二・382
山田勝利・84
山室惠・46
渡邉一弘・416

■27期（1975年）
伊藤鉄男・206

今井誠・304
岩崎良平・250
岡田和樹・238
加藤新太郎・30
木南直樹・238
桑原豊・376
合山純篤・428
澤井英久・130
島田一彦・224
杉田光義・222
鈴木五十三・98
滝澤功治・406
田中彰寿・334
中野昌治・428
夏住要一郎・336
奈良ルネ・224
西岡清一郎・22
原壽・194
半田秀夫・130
比嘉廉丈・352
本間通義・250
松尾栄蔵・162
松尾眞・272
簑原建次・258
向井千杉・204
村上政博・274
山下清兵衛・258
吉野孝義・352

■28期（1976年）
新井慶有・334
入谷正章・316
岩城本臣・382
岩村修二・194
梅本弘・342
奥平力・258
片井輝夫・342
北田幹直・274
小林秀之・236
坂井秀行・30
杉田就・42
土屋文昭・190
冨田武夫・148
中尾正士・424
中川克己・378
仲田信範・226
西村國彦・108
板東秀明・402
藤原健補・418
村岡泰行・356
矢田次男・212

■29期（1977年）
相原亮介・274
渥美博夫・24
井窪保彦・26
岩崎哲朗・442
岩出誠・292
植草宏一・264
牛島信・42
遠藤一義・118
太田秀夫・240
狛文夫・240
佐々木茂・132
佐藤恒雄・112
鈴江辰男・132
鈴木修・286
高橋理一郎・294
竹内光一・194
細井土夫・324
松田政行・274
森荘太郎・64
森髙重久・294
吉田正夫・136

■30期（1978年）
天野勝介・360
池田辰夫・360
石嵜信憲・36
石田英遠・30
井上博隆・328
大武和夫・194
桶田俊彦・360
小野傑・206
小野雄作・240
勝丸充啓・118
北尾哲郎・62
北澤正明・258
澤井憲子・180
鈴木銀治郎・220
高橋勉・14
高松薫・220
辰野守彦・118
中村隆次・336
萩原新太郎・118
宮川勝之・180
三好啓信・162
山﨑順一・270
湯沢誠・302

■31期（1979年）
相澤光江・162
相羽洋一・322
阿部正幸・82

石畔重次・318
今井浩・76
大野了一・188
岡部博記・60
小川憲久・84
奥山量・236
小原正敏・362
柏倉栄一・206
鼎博之・30
後藤誠・442
笹浪恒弘・156
神洋明・102
椙山敬士・188
鈴木正具・124
碩省三・398
瀬戸英雄・54
武井康年・420
田中等・404
栃木敏明・212
富岡英次・202
鳥海哲郎・162
中島茂・198
行方國雄・162
難波孝一・274
二本松利忠・328
橋本副孝・174
広瀬久雄・136
深尾憲一・330
堀井敬一・188
堀裕・246
間石成人・336
松浦康治・76
水上康平・188
蓑毛長史・448
三村量一・194
宮崎裕子・194
村野譲二・382
渡邉新矢・124
和仁亮裕・278

■32期（1980年）
石黒徹・274
石原達夫・140
伊藤茂昭・112
江守英雄・66
小澤英明・206
角山一俊・30
柏木秀一・76
片岡義広・80
草野耕一・206
小寺正史・2

小林俊夫・194
小林英明・194
小松陽一郎・372
齋藤祐一・224
佐古和二・394
佐藤恭一・112
須藤修・138
立川正雄・298
辰野久夫・380
谷口由記・364
遠山友寛・162
富田美栄子・204
中島徹・194
中藤力・228
中野憲一・30
原秋彦・230
藤縄憲一・194
的場俊介・394
諸石光熙・346
山岸良太・274
米山隆・206

■33期（1981年）
池永朝昭・30
伊佐次啓二・146
上田裕康・346
大岸聡・206
大塚一郎・182
大南修平・296
川下清・340
河村利行・340
菊地裕太郎・88
佐賀義史・346
佐貫美子・50
宍戸充・206
柴田龍太郎・232
髙橋勝男・14
塚本侃・440
德岡卓樹・236
中本和洋・392
長谷川宅司・400
福島正・378
福地領・188
星野隆宏・100
前田博・206
松田耕治・112
三山俊司・388
三好邦幸・340
室町正実・180
森脇純夫・34
山崎優・340

由布節子・24
吉峯康博・288
米正剛・274
和田光弘・304

■34期（1982年）
今川忠・366
大迫唯志・420
岡田春夫・354
岡部光平・300
尾崎英男・112
尾崎雅俊・380
家守昭光・236
河村明雄・206
国谷史朗・346
紺谷宗一・398
佐野善房・16
千石克・206
内藤潤・194
中井康之・384
成川毅・244
花村淑郁・314
春名一典・414
藤枝純・194
増田晋・274
萬年浩雄・436
道上明・412
森恵一・336
籔口隆・398
山口修司・60
若林茂雄・40

■35期（1983年）
明石一秀・220
市丸信敏・434
射手矢好雄・274
伊藤亮介・162
今井和男・186
上谷佳宏・416
上柳敏郎・172
浦田和栄・358
卜部忠史・142
大塚冨佐子・240
岡正晶・74
小田清和・420
黒丸博善・240
小林信明・194
近藤卓史・222
進藤功・30
新穗均・212
末吉亙・110
園高明・262

髙橋達朗・154
田積司・404
田中宏・362
田中昌利・194
谷口優・322
田村幸太郎・42
千森秀郎・400
辻居幸一・202
土岐敦司・142
中村哲朗・64
夏井高人・220
野々山宏・328
野村茂樹・66
長谷川彰・328
古川晴雄・102
古川史高・166
三宅弘・222
守屋文雄・232

■36期（1984年）
青木秀茂・108
秋山洋・280
池田綾子・274
伊藤昌毅・148
井上康一・124
尾形雅之・236
奥宮京子・160
小田修司・102
片山英二・26
岸和正・176
小島延夫・172
小谷ゆり子・136
佐藤安信・194
佐藤りえ子・34
新保克芳・128
末啓一郎・236
秋田勝彦・314
髙橋真一・206
滝久男・66
田淵智久・110
長崎俊樹・62
永沢徹・192
長沢美智子・180
長沢幸男・180
仲谷栄一郎・30
難波修一・272
二島豊太・102
比嘉邦子・352
福田健次・384
藤井正和・40
増市徹・364

松本司・358
宮下佳之・206
森本哲也・248
山岸和彦・22
山田秀雄・284
吉益信治・150
米倉偉之・180
渡邉光誠・346

■37期（1985年）
渥美三奈子・166
飯田直久・300
石井教文・350
石川哲夫・102
石原真二・314
伊藤尚・26
小木曽良忠・112
桃島修・430
木下潮音・150
木村久也・194
坂上豊・24
酒井竜児・194
坂田均・328
佐久間豊・28
澤野正明・112
品川知久・274
竹岡八重子・102
田中伸一郎・202
玉木一成・172
戸部直子・232
戸部秀明・232
内藤加代子・346
中野春芽・30
中野通明・188
中村直人・200
錦戸景一・102
平野高志・236
藤重由美子・174
藤平克彦・278
藤原宏高・226
三木昌樹・226
米田秀実・404
早稲田祐美子・182

■38期（1986年）
秋山泰夫・68
吾妻望・174
安保智勇・382
荒関哲也・42
荒竹純一・108
飯村北・206
上野正裕・206

上山一知・24
牛嶋将二・236
内田公志・44
大胡誠・280
大野裕紀・264
岡村久道・344
岡村泰郎・374
奥田洋一・274
小野吉則・206
川上美智子・120
官澤里美・12
黒田健二・94
後藤出・112
小林明彦・80
小林雅人・112
島田邦雄・120
鈴岡正・220
須納瀬学・172
髙田吉典・386
瀧田博・28
武田仁・260
谷健太郎・400
辻井一成・386
手塚裕之・206
根本良介・118
野間昭男・268
野間自子・268
東澤靖・78
平川敏彦・386
平田晴幸・112
福田正・376
福森亮二・346
藤井勇・380
藤田耕司・30
松岡茂行・444
三原秀哲・194
宮川美津子・162
森下国彦・30
森田耕司・194
山岸洋・268
山田昭・270
渡辺昭典・142
渡邉泰秀・194

■39期（1987年）
井口浩治・308
池田裕彦・346
石井康次郎・254
石田茂・262
石原修・162
市川直介・274

今村峰夫・368	後藤脩治・318	平畑和男・30	副島史子・24	武井一浩・206
岩倉正和・206	小林弘卓・226	平松剛実・206	曾我貴志・144	多田郁夫・190
植村公彦・398	小堀秀行・306	藤田浩司・66	竹村葉一・266	種村泰一・390
太田穰・194	髙木裕康・180	藤本幸弘・112	千葉尚路・162	田路至弘・40
大平茂・286	田中収・30	二木克明・306	出縄正人・140	戸塚健彦・60
越知保見・182	千原曜・108	淵邊善彦・162	鳥飼重和・190	友廣隆宣・406
片山達・30	辻川正人・358	辺見紀男・142	西出智幸・362	内藤順也・272
神田英一・92	鳥山半六・336	保坂雅樹・206	野本修・206	永井弘二・328
木下卓男・416	中山栄治・434	政木道夫・112	日野義英・174	中野明安・260
木村圭二郎・364	根本純子・132	松本好史・400	福田大助・142	永野剛志・180
釘澤知雄・176	橋本憲房・248	三浦修・300	藤田浩・274	中村聡・274
近藤浩・240	東澤紀子・112	水戸重之・162	細野敦・206	中山ひとみ・78
斉藤芳朗・432	古川絵里・112	宮垣聡・30	前田陽司・70	野﨑修・224
櫻庭信之・206	前田敏博・206	茂木鉄平・346	増田英次・252	服部敬・396
角谷仁之・240	増田健一・30	矢嶋髙慶・266	松井真一・194	樋口收・96
高橋謙・240	松村眞理子・132	山口幹生・346	松井秀樹・274	藤本欣伸・206
竹雪下喜彦・234	間宮順・136	山田洋史・84	三浦健・274	藤原総一郎・274
竹村康造・274	宮野勉・30	若林弘樹・30	満村和宏・386	古田啓昌・30
田代桂子・142	山下淳・146	和智洋子・74	三野岳彦・332	宮下尚幸・278
苗村博子・186	山田敏章・34		宮島元子・316	宮谷隆・274
野曽原悦子・420	我妻由佳子・220	**■42期**（1990年）	山元裕子・274	毛受久・22
濱岡峰也・374	渡辺惠理子・194	相澤貞止・60	吉田和彦・202	望月圭介・278
原田彰好・322		浅井隆・150	吉村龍吾・278	藪田広平・216
福井琢・76	**■41期**（1989年）	阿多博文・370		矢部耕三・286
松井秀樹・260	赤羽貴・30	飯塚卓也・274	**■43期**（1991年）	山口勝之・206
松本伸也・260	綾克己・184	池田佳史・342	池内稚利・102	山口雅司・436
三村藤明・30	五十嵐誠・206	井手慶祐・112	池口毅・350	山口芳泰・162
森本宏・360	井口寛司・408	伊藤愼司・220	石黒美幸・194	山本健司・360
柳田直樹・280	石橋伸子・408	井上聡・194	井上治・42	渡辺直樹・100
矢吹公敏・282	市毛由美子・212	井上広樹・194	岩井泉・366	
米屋佳史・6	印藤弘二・396	牛嶋龍之介・270	岩渕健彦・10	**■44期**（1992年）
渡邊肇・110	梅野晴一郎・194	大島正寿・302	岩本安昭・370	青木清志・130
	大下慶太郎・194	大貫裕仁・206	梅津立・30	伊東啓・206
■40期（1988年）	尾原秀紀・344	岡本雅之・92	梅林啓・206	今村哲・290
赤上博人・30	折田忠仁・162	尾花眞理子・278	枝野幸男・132	岩田拓朗・224
池袋真実・194	河井聡・274	片山典之・112	大澤英雄・150	遠藤元一・166
石井禎・240	菊池徹・274	香月裕爾・68	大野聖二・56	大西正一郎・66
伊豆隆義・166	北原潤一・274	金井美智子・346	大矢一郎・194	大庭浩一郎・260
出井直樹・104	佐長功・26	金村正比古・190	小笠原耕司・58	小川幸三・116
伊東卓・130	佐々木泉顕・4	唐澤貴夫・82	川﨑清隆・398	押野雅史・162
今村誠・268	笹浪雅義・156	川上嘉彦・206	木﨑孝・82	小幡葉子・162
宇野総一郎・194	篠連・102	川東憲治・96	桐谷昌己・350	小原淳見・194
梅園裕之・206	杉野由和・194	桑原聡子・274	鯉沼希朱・22	甲斐淑浩・30
江口直明・240	杉本文秀・194	桑山斉・398	幸寺覚・416	加瀬洋一・228
岡田理樹・34	鈴木秀彦・92	齋藤浩貴・274	小濱浩三・420	鎌田邦彦・376
織田貴昭・400	高橋美智留・124	阪口誠・388	阪口彰洋・404	菊池毅・104
片山登志子・356	竹内淳・34	佐藤郁美・282	佐藤長英・206	菊池祐司・174
金丸和弘・274	田中俊平・194	佐藤正謙・274	新川麻・206	清原健・124
兼松由理子・272	田中幹夫・112	鈴木美華・248	青海利之・384	倉橋忍・392
神谷光弘・134	樋口孝司・194	砂坂英之・194	多賀大輔・30	栗林康幸・112
川合弘造・206	平野惠稔・346	関聖・402	田口和幸・26	髙英毅・222

小林登・436
斎藤三義・278
左髙健一・30
佐藤りか・124
澤田和也・218
渋谷卓司・206
清水俊彦・210
清水真・110
杉山真一・222
鈴木一洋・264
諏訪昇・274
髙取芳宏・72
高橋宏明・30
滝口広子・360
棚橋元・274
谷垣岳人・34
田村恵子・22
辻巻健太・326
永井和明・30
中川秀宣・162
長瀬博・42
中村勝彦・162
西村光治・254
西村善嗣・400
箱田英子・274
原戸稲男・366
平石孝行・140
深井俊至・286
藤原道子・22
穂高弥生子・240
松岡政博・194
峰隆之・148
宮下正彦・162
宮本圭子・376
武藤佳昭・240
村上泰・132
森岡博之・162
山田亨・124
山田尚武・320
渡邉剛・30

■45期（1993年）
相川いずみ・132
相川裕・132
雨宮慶・278
池上哲朗・332
石塚洋之・194
磯部健介・112
伊藤哲哉・30
井上正範・42
魚住泰宏・346

内間裕・206
太田洋・206
小川浩賢・104
小野晶子・162
小畑英一・54
海江田光・162
加藤清和・340
加野理代・160
河野理子・248
神田遼・194
木目田裕・206
桑野雄一郎・106
児玉実史・360
齋藤尚之・296
左部明宏・302
澤口実・274
汐崎浩正・206
清水恵・206
上甲悌二・404
進士肇・116
末永久美子・346
菅尋史・206
武井洋一・142
武田信裕・332
田子真也・40
田中英行・402
玉山直美・10
塚本博美・386
土屋年彦・72
手塚龍生・24
寺澤幸裕・278
中野裕人・150
中町昭人・30
中光弘・382
中村悟・398
丹生谷美穂・24
西村直洋・194
葉玉匡美・162
早田尚貴・30
原田武彦・424
半場秀・120
福井健策・106
藤本美枝・162
升本喜郎・162
松田浩明・290
松田純一・256
丸橋亜紀・112
丸茂彰・274
三森仁・22
三笘裕・194

村岡香奈子・274
森川伸吾・144
森雄一郎・124
山下江・422
横山経通・274
渡辺徹・360

■46期（1994年）
青木優子・130
秋山洋・398
阿波連光・450
阿部信一郎・240
飯島歩・360
飯島奈絵・384
池田成史・240
池田孔明・206
石本茂彦・274
植竹勝・26
植村京子・54
内海雅行・194
上床竜司・22
江崎滋恒・30
榎本修・310
衞藤豊樹・24
大村扶美枝・126
岡内真哉・112
岡芹健夫・152
小川恵司・212
加藤公司・62
川俣尚高・260
菅弘一・290
絹川健一・162
久保井聡明・368
隈元慶幸・246
栗原正一・198
黒河内明子・76
毛塚泰孝・270
小島健一・42
小林和弘・346
近藤純一・30
佐藤哲朗・240
佐藤義幸・206
柴田弘典・30
柴田正人・90
渋村晴子・250
城山康文・30
鈴木忠司・12
髙井浩一・398
髙川佳子・232
鷹野俊司・392
滝井乾・112

武田昌則・450
玉井裕子・194
土屋智弘・274
角田大憲・200
鳥養雅夫・272
長坂省・162
中務尚子・382
中務正裕・382
二井矢聡子・110
二関辰郎・106
沼口直樹・232
野上昌樹・346
平野哲郎・362
三浦彰夫・336
道下崇・206
翠川洋・12
武藤司郎・206
茂木龍平・346
矢嶋雅子・206
泰田啓太・206
山本英幸・240
幸村俊哉・180
笠浩久・174
若杉洋一・346

■47期（1995年）
赤川公男・176
荒井紀充・194
安部健介・274
飯田圭・202
五十嵐敦・162
池田眞一郎・84
磯田光男・400
市川充・290
伊藤信二・412
井上能裕・260
今井聡之・46
瓜生健太郎・46
江口拓哉・274
大岩直子・108
岡﨑誠一・274
岡田英之・162
尾﨑毅・284
忍田卓也・206
勝井良光・390
嘉納英樹・30
川合竜太・228
菊田行弘・162
清永敬文・212
日下部真治・30
熊谷明彦・234

黒田愛・368
阪口祐康・366
佐藤丈文・206
澤田久代・302
柴田勝之・274
正田賢司・186
白井勝己・162
白出博之・394
圷尚義・194
髙井章光・138
髙崎仁・128
高谷知佐子・274
髙山崇彦・162
田中郁乃・194
田辺陽一・336
中久保満昭・22
中西和幸・160
長野浩三・328
中道雅博・344
中村紀夫・64
中村博・292
中森亘・360
錦織康高・206
野下えみ・234
馬場啓・440
濱田雄久・394
早川学・274
林康司・126
原口祥彦・442
福田政之・194
藤川義人・404
松井衡・346
松山遙・230
水谷和雄・194
宮﨑誠司・402
三好豊・274
村尾龍雄・90
村田恭介・362
村田真一・82
村中徹・376
本山正人・54
森博樹・24
森倫洋・206
森脇章・30
八尾紀子・162
柳原克哉・376
山宮慎一郎・162
山本憲光・206
山谷耕平・270
湯ノ口穰・446

吉岡浩一・68

■48期（1996年）
相羽利昭・266
飯田耕一郎・274
飯塚暁夫・56
池田順一・194
池田由香里・342
石井文晃・194
石黒保雄・262
石田英治・226
伊奈弘員・124
井上裕明・224
今津幸子・30
植村利文・274
宇佐神順・248
内海英博・162
大川治・384
大前由子・46
小笠原治彦・240
尾崎恒康・206
唐津真美・106
工藤研・166
黒木理恵・356
黒田清行・400
小舘浩樹・30
小林秀彦・270
小馬瀬篤史・30
小町谷育子・222
坂口昌子・74
佐藤直史・42
佐藤理恵子・206
真杉尚美・400
澤田忠之・46
志賀正浩・278
杉浦宇子・310
杉山泰成・206
鈴木学・206
髙原達広・162
多田敏明・228
田中庸介・416
角田太郎・30
寺嶌毅一郎・116
寺田昌弘・112
泊昌之・108
長澤哲也・346
中世古裕之・338
那須健人・236
弘中聡浩・206
福井達也・24
福元隆久・416

藤田浩司・102
古里健治・176
堀内康徳・374
堀部忠男・252
増井毅・296
増田好剛・124
松尾直久・206
松嶋隆弘・264
松村昌人・108
三木剛・392
蓑毛良和・266
宮川裕光・124
宮崎信太郎・206
宮塚久・206
宮本勇人・18
向宣明・272
村上寛・346
森口聡・194
山内貴博・194
和田希志子・234
渡邉弘志・42

■49期（1997年）
青木智子・68
秋田智佳子・420
浅妻敬・194
五十嵐チカ・206
石原真弓・346
石綿学・274
市川佐知子・160
伊藤憲二・274
岩崎友彦・194
岩瀬ひとみ・206
岩瀬吉和・30
岩田修・166
岩渕正樹・234
上沼紫野・188
臼田啓之・206
梅村陽一郎・18
浦中裕孝・40
大坪利敏・218
大野澄子・192
大平代・340
小野孝明・68
片山智裕・250
金子浩子・254
神川洋一・446
神山達彦・92
北川展子・220
北村晋治・86
草地邦晴・328

黒岩俊之・212
黒澤佳代・102
児島幸良・274
小西真機・194
小林穣・30
小張裕司・206
齋藤尚雄・274
柴田征範・186
鈴木大祐・88
関口智弘・346
関高浩・268
髙橋玲路・30
滝川佳代・194
田汲幸弘・112
竹林竜太郎・378
田伏岳人・220
角川圭司・296
東道雅彦・42
戸田暁・206
豊浦伸隆・366
仲田信平・206
中谷浩一・272
中田肇・270
中野敬一・428
中野雄介・30
西畠義昭・50
二宮誠行・338
庭野議隆・30
野田幸宏・318
野間敬和・162
野本新・112
服部薫・194
浜中善彦・222
林賢治・48
東山敏丈・42
平田正憲・398
平野双葉・206
広瀬卓生・30
廣本文晴・274
藤井基・162
古田茂・250
細川昭子・240
本多広和・26
益本誠一・436
松尾慎佑・108
松下満俊・74
松永隆之・194
松本真輔・200
丸山水穂・12
三上二郎・194

水落一隆・240
南賢一・206
南繁樹・194
蓑毛誠子・250
宮島哲也・74
村瀬孝子・190
村林俊行・292
本村健・40
森亮二・344
八杖友一・174
山田瑞穂・248
山田基司・84
山本健司・374
吉原朋成・40
六川浩明・58

■50期（1998年）
縣俊介・264
秋野卓生・158
有賀隆之・186
安藤雅範・312
飯塚佳都子・112
石井靖子・354
犬島伸能・194
井口加奈子・136
今井陽子・416
入谷淳・24
岩波修・272
上田淳史・40
上田純・368
植松悟・8
植村幸也・346
上村真一郎・272
内川治哉・398
追詞道代・84
大石篤史・274
大江修子・162
大串淳子・24
大澤加奈子・74
大沢拓・404
小口光・206
小澤絵里子・274
小野顕・140
甲斐田靖・434
加藤文人・400
門田正行・194
金子憲康・22
金田繁・46
加畑直之・30
河本茂行・330
神原千郷・102

木原右・226
工藤英知・118
熊田彰英・212
小鍜治広道・150
後藤勝也・48
小林卓泰・274
小林康恵・252
佐当郁・30
沢田篤志・340
塩谷崇之・132
敷地健康・360
軸丸欣哉・404
設樂公晴・46
柴田祐之・54
柴田義人・30
柴野高之・384
渋谷治香・112
清水啓子・194
清水毅・194
下瀬伸彦・274
新倉哲朗・448
鈴木香子・240
関戸麦・274
関端広輝・30
高橋みどり・330
武田涼子・112
棚澤高志・124
檀柔正・30
寺尾幸治・264
寺崎大介・112
東崎賢治・194
飛松純一・274
豊島ひろ江・392
内藤滋・180
中川明子・112
中川裕茂・30
長崎真美・34
中重克巳・284
中原健夫・274
中村直・96
名倉啓太・404
新家寛・206
根津宏行・24
野村高志・206
橋本浩史・190
服部誠・26
濱田芳貴・206
浜中孝之・396
伴城宏・340
檜山聡・138

平尾覚・206	伊藤多嘉彦・30	清水綾子・314	山神理・30	加本亘・242
平林拓也・308	伊藤毅・178	志村直子・206	山川亜紀子・238	川口貴裕・100
福岡真之介・206	稲葉譲・38	杉本太郎・250	山崎敬子・278	木川和広・210
藤本卓也・268	伊能優子・72	杉山一郎・116	山中力介・42	木曽裕・360
藤原総一郎・194	今泉忠・434	鈴木成之・188	山本淳・384	木村一成・404
星千絵・160	上田直樹・108	鈴木隆臣・314	吉井一浩・188	木村真也・396
掘越秀郎・206	上田望美・84	鈴木みき・102	米倉裕樹・360	熊谷真喜・210
前山信之・30	上野元・206	高井伸太郎・194	若林元伸・346	小出一郎・190
町田行人・206	宇加治恭子・438	髙木いづみ・246	渡辺光・202	甲村文亮・132
松添聖史・248	内田清人・62	髙島志郎・404	渡辺伸行・162	権田修一・190
松田俊治・194	梅澤拓・194	高田千早・54	渡邊徹・404	坂本倫子・40
松村祐士・274	江口雄一郎・162	高橋直子・376		坂本正充・112
松本あかね・30	遠藤由紀子・66	武智順子・398	■52期（2000年）	九石拓也・226
御子柴一彦・68	大高友一・392	竹林俊二・112	朝田規与至・112	佐藤修二・40
武川丈士・274	太田大三・260	田中雅敏・438	阿野寛之・428	佐藤久文・110
村上智裕・206	大塚あかり・254	谷川達也・206	新井由紀・270	志賀裕二・206
村上創・382	大塚和成・210	谷本誠司・228	荒川雄二郎・360	柴田未来・306
森山義子・162	大月雅博・26	月岡崇・194	飯島康央・86	嶋寺基・346
紋谷崇俊・206	大西玲子・178	辻河哲爾・24	池原元宏・214	末岡晶子・274
安田和弘・246	岡田さなえ・346	冨田烈・178	伊郷生子・64	杉本健太郎・206
柳川元宏・194	岡田美香・112	豊川次郎・240	石井崇・346	鈴木克昌・274
柳誠一郎・118	篠島裕斗志・120	豊島真・104	石川直樹・274	鈴木雅人・400
山崎篤士・68	小野田充宏・2	中尾雄史・238	石原坦・30	関根良太・30
山崎哲央・186	金子敦紀・206	中川真吾・314	石原麗央奈・362	宗敏啓・278
山田篤・30	金子圭子・30	中島智子・238	一井泰淳・98	高尾和一郎・192
山田竜顕・232	上村直子・194	中山龍太郎・206	伊藤拓・398	高須成剛・278
山中健児・36	川上良・350	錦野裕宗・382	稲田正毅・364	高田剛・190
山中眞人・240	河津博史・78	西村勇作・338	井上朗・240	髙信桃子・46
山宮道代・160	木内潤三郎・238	西山哲宏・272	井上聡・30	髙安秀明・346
山本昌平・262	菊池きよみ・162	野田聖子・192	井上裕史・358	竹平征吾・346
結城大輔・212	喜多英博・300	畑知成・450	井上博登・194	達野大輔・240
横溝昇・18	北村聡子・224	原志津子・436	伊山正和・332	田中賢一・414
吉田良夫・190	黒木資浩・42	菱山泰男・160	上枝賢一郎・68	田中伸・422
若林美奈子・72	見宮大介・398	平泉憲一・356	上田慎・74	田中崇公・390
和田はる子・18	古島実・304	平岡弘次・244	内田久美子・190	棚村友博・112
渡部英明・302	小林章彦・382	平越格・150	海川直毅・394	千葉克彦・180
■51期（1999年）	小林京子・336	平野正弥・162	浦部明子・188	塚本宏達・194
秋山里絵・218	紺野博靖・30	広瀬道人・396	榎本ゆき乃・302	津曲貴裕・100
浅野貴志・132	酒井俊和・30	藤津康彦・274	大川美貴・206	鶴由貴・366
安達理・30	坂井希千与・414	藤原寛・74	大久保圭・194	赫高規・358
渥美央二郎・86	佐々木俊夫・240	古川俊治・162	大久保由美・120	十市崇・30
雨宮正啓・64	佐々木英人・26	平川雄士・194	大西剛・180	十枝美紀子・30
荒井正児・274	佐々木麻希子・2	前田憲生・206	大間知麗子・278	長野享子・162
栗津卓郎・144	笹倉興基・94	松島恵美・106	岡本義則・286	中山雄太郎・174
飯田直樹・142	鮫島正洋・44	松田竜・2	沖田美恵子・120	成本治男・162
池田和世・274	重冨貴光・346	三浦繁樹・224	奥原玲子・102	難波満・172
石井輝久・112	柴原多・206	村野邦美・180	尾城雅尚・162	西垣建剛・240
石毛和夫・244	島田敏雄・54	森有美・410	小野寺良文・274	西田武・240
泉潤子・220	島田まどか・206	森末尚孝・370	笠原智恵・24	野中敏行・206
板垣幾久雄・186	嶋津裕介・342	安江義成・94	梶谷篤・74	野宮拓・230
			鎌倉一輝・268	

野村祥子・384	一場和之・206	佐川聡洋・228	原田崇史・26	伊藤孝浩・88
野村諭・92	伊藤剛志・206	笹本摂・180	原田充浩・206	伊藤直子・30
萩野敦司・46	伊藤浩也・30	佐竹真紀・30	原吉宏・360	伊藤晴國・124
萩原浩二・218	井上愛朗・274	佐藤香織・190	日詰栄治・398	伊藤真紀・402
橋本治子・12	今井慶貴・304	佐藤真太郎・162	平野賢・186	伊藤麻里・30
橋本昌司・24	岩佐和雄・254	佐藤剛史・30	吹矢洋一・350	井上裕子・206
橋本円・170	岩品信明・162	澤田行助・226	福沢美穂子・206	今枝史絵・398
花井美雪・286	植松祐二・160	宍戸一樹・46	藤川和之・156	岩佐孝仁・220
花田さおり・24	内田光俊・278	柴田美鈴・50	増本善丈・140	岩田香織・326
人見友美・112	宇都宮秀樹・274	渋川孝祐・206	松村卓治・30	牛山琢文・38
廣岡健司・30	梅林利馬・166	島田知子・46	丸山裕一・112	内田るみ子・268
広瀬史乃・26	江幡奈歩・26	島田直樹・16	丸山幸朗・256	浦岡洋・274
藤池智則・246	延増拓郎・36	末冨純子・240	水野信次・230	遠藤洋一・68
藤井雅樹・42	大川淳子・20	鈴木秋夫・382	三宅章仁・30	及川健一郎・298
藤田清文・404	大川隆之・232	鈴木明美・194	牟礼大介・346	大石歌織・360
前田敦利・30	大久保涼・194	鈴木謙輔・194	茂木諭・92	大井哲也・162
増田広充・338	大嶋正道・80	角田邦洋・24	本林健一郎・88	大江耕治・272
松井保仁・400	大谷悠紀子・274	台庸子・186	森山弘毅・214	大島義孝・30
松田暖・124	大西千尋・286	高田昭英・240	森脇啓太・346	大塚功・16
松浪信也・206	大野渉・160	高槻史・346	矢倉信介・72	岡田誠・162
松林智紀・160	高橋拓也・288	矢倉千栄・278	小川朗・170
松本智子・368	岡崎和子・132	田子弘史・194	箭内隆道・186	小川晃司・170
丸山貴之・346	岡本高太郎・20	田代俊明・206	柳田一宏・280	小川典子・132
三浦亮太・274	小田大輔・274	立松直樹・326	山崎良太・274	荻野敦史・162
三谷和歌子・160	小野隆・416	田中光江・274	山田麻登・312	尾野恭史・98
三橋友紀子・112	尾本太郎・274	対木和夫・194	山田徹・206	小山昌人・300
宮川賢司・30	柏原智行・34	対馬惠子・236	山本和人・376	折原康貴・240
村山由香里・30	粕谷宇史・240	土橋博孝・132	山本健一・30	貝塚光啓・160
森本周子・162	金山伸宏・206	土橋靖子・24	山本麻記子・162	笠井陽一・68
矢作和彦・122	鐘ヶ江洋祐・194	土井香苗・172	湯川雄介・206	笠野さち子・268
山形康郎・358	金藤力・90	戸嶋浩二・274	柚原肇・320	柏木裕介・162
山岸正和・366	上山浩・230	戸田洋平・332	横内龍三・160	片上誠之・34
山崎真紀・154	亀井洋一・22	冨岡孝幸・120	吉羽真一郎・110	加藤知子・360
山田愛子・240	川村一博・210	中井寛人・290	四十山千代子・30	加藤寛史・26
山中淳二・194	北沢尚登・106	中西健太郎・162	若林剛・194	上山孝紀・162
山本和也・136	北村辰一郎・240	長野彪士・206	渡邊由美・240	川上佳織・104
山本晋平・98	北村導人・206	中村慎二・30		川村宜志・42
山本裕子・156	北村豊・20	中村比呂恵・280	**■54期**（2002年）	城所敦子・24
横田高人・156	木村政道・52	中山靖彦・120	相澤豪・162	城處琢也・66
吉池信也・88	黒田康之・30	西村賢・142	青柳良則・30	木下万暁・248
吉田広明・360	小関伸吾・384	西本強・230	穴田功・46	紀平貴之・274
吉村誠・94	小林彩子・80	丹羽浩介・370	阿南剛・110	清田慎太郎・440
和田正・264	小林英治・30	根岸岳彦・252	雨宮美季・48	楠慶・226
渡邉誠・212	小林真里子・238	捻橋かおり・326	新木伸一・194	久保光太郎・206
	小林幹雄・46	野崎竜一・24	粟澤方智・66	熊木明・134
■53期（2000年）	小松岳志・274	花野信子・102	井垣太介・206	黒澤幸恵・70
青井裕美子・112	近藤直生・346	濵本匠・186	池村聡・274	黒田裕・194
粟原大喜・42	宰田高志・194	浜本光浩・362	石川拓哉・42	濃川耕平・206
井口直樹・194	齊藤拓史・162	早川真崇・24	五十畑亜紀子・174	河野良介・346
池田良輔・398	齋藤理・194	林真穂・96	板橋加奈・240	小島義博・274
石井裕介・274	坂田雄一・396		市川穣・188	

小新俊明・206	西澤宗英・154	森本大介・206	臼杵弘宗・206	酒匂景範・346
小林信介・238	西村亜希子・402	門伝明子・210	浦邊卓次郎・136	佐藤明・304
小松正道・240	西良平・398	八木下美帆・296	江端雅信・268	佐藤潤・358
小向俊和・12	二本松裕子・24	安田剛・310	江平亨・274	佐藤知紘・206
齋藤宏一・30	額田雄一郎・30	谷津朋美・162	遠藤聖志・240	佐藤正孝・206
齊藤佳子・42	根井真・210	柳川鋭士・170	大石武宏・360	佐藤祐子・224
齊藤貴一・156	根本浩・162	柳澤宏輝・194	大井悠紀・206	塩崎彰久・194
酒井敦史・194	野木正彦・162	山内宏光・142	大井倫太郎・288	茂野祥子・398
酒井剛毅・240	野城大介・362	山口大介・30	大江祥雅・346	柴田昭久・404
相良由里子・202	信國篤慶・274	山口裕司・286	大桐代真子・232	柴野相雄・162
佐藤弘康・142	野本健太郎・220	山口陽子・256	大越有人・162	志摩美聡・118
猿木秀和・400	橋本雅行・30	山下淳・194	大橋君平・256	白石絢子・240
沢崎敦一・30	長谷川紘之・80	山本啓太・206	大曲紹仁・100	白木淳二・162
篠田憲明・268	濱田和成・282	山脇愛・346	大向尚子・206	菅谷貴子・284
篠原倫太郎・274	濱史子・274	横山和俊・30	岡田淳・274	須崎利泰・26
柴田寛子・206	林依利子・346	吉崎猛・170	岡部美奈子・102	鈴木郁子・250
清水拓也・206	林恵子・254	吉田愛・258	小坂田成宏・404	鈴木正人・40
清水真紀子・162	林浩美・274	吉田麗子・24	小野寺眞美・102	鈴木宗紹・36
清水豊・180	原悦子・30	吉野彰・120	加賀美有人・274	関秀忠・244
下野健・162	原田優美・240	余田博史・396	勝間田学・30	関由起子・232
新保雄司・140	原正雄・198	四元弘子・274	勝山輝一・194	瀬間健治・154
杦山栄理・396	平野倫太郎・194	米田紀子・162	加藤志乃・324	大東泰雄・212
鈴木里士・36	廣瀬一平・386	渡辺美木・42	上村哲史・274	髙石秀樹・202
鈴木由里・24	廣田雄一郎・206	渡邉雅之・400	川上確・352	髙木弘明・206
鈴木良和・112	福田修三・244	■55期（2003年）	神鳥智宏・206	髙島浩・408
曽我美紀子・206	福田知子・222	青代深雪・126	神原浩・362	鷹取康久・240
園浦卓・206	福山靖子・140	青山大樹・274	菊池秀・162	髙橋宏達・206
太子堂厚子・274	藤田晶子・22	秋本誠司・274	木村智彦・282	髙橋麻理・18
髙木篤夫・226	藤田美樹・206	浅沼雅人・184	久保田修平・274	髙平めぐみ・166
髙木加奈子・282	藤松文・26	有吉尚哉・206	倉橋博文・244	滝澤元・112
髙橋元弘・110	藤本一郎・404	粟田口太郎・30	黒越純一・278	龍野滋幹・30
髙原慎一・216	藤原孝洋・410	安藤紘人・30	玄場光浩・274	田中研也・206
瀧本文浩・120	古角和義・206	飯島美恵・318	髙坂佳郁子・336	田中勇気・30
武内則史・30	細川敦史・414	飯田岳・26	合田久輝・206	谷笹孝史・162
竹下俊博・206	細川歓子・414	井崎淳二・166	小島亜希子・26	谷本規・46
竹田千穂・400	本田圭・194	井澤秀昭・300	古島礼子・404	千原真衣子・80
多田光毅・220	増島雅和・274	石居茜・292	小林賢・30	茶木真理子・328
伊達隆彦・206	松永暁太・234	石鍋謙吾・214	小林健太郎・108	津田秀太郎・244
田中秀幸・112	松原大祐・206	井出ゆり・30	小林卓久・236	手塚崇史・20
田邊有美・278	松本慶・240	伊藤亜紀・80	小原路絵・328	外崎友隆・228
土屋智恵子・30	松本賢人・190	伊藤昌夫・194	小松正和・110	外村玲子・202
出張望己・30	水野海峰・46	伊藤真弥・206	小山洋平・274	冨來真一郎・404
冨永伸太郎・254	三谷英弘・162	稲吉大輔・338	雑賀裕子・400	友常理子・160
豊田賢治・170	南澤育子・86	井上真一郎・400	佐伯昭彦・302	長井真之・162
内藤亜雅沙・160	三好貴子・62	井上祐子・162	齋藤崇・206	中川紘平・162
中川直政・230	村上嘉奈子・212	今田晋一・340	坂井均・112	長崎玲・112
中崎尚・30	森直樹・54	井本吉俊・194	阪口嘉奈子・162	中澤未生子・368
中島雪枝・142	森博之・354	上田豊陽・166	坂元正嗣・206	中島あずさ・206
永原豪・432	森岡誠・82	植松孝則・450	佐久間幸司・224	中島和穂・206
南石知哉・344	森下真佐哉・154	浮田美穂・306	櫻庭広樹・66	中島健太郎・268

中西淳・354	森大樹・194	大西信治・274	生野裕一・442	柊木野一紀・36
中西敏彰・360	森拓也・362	大場寿人・268	白石和泰・162	平野剛・148
中野磨理子・238	谷尻斜明・206	生頼雅志・162	白井真・102	拾井美香・332
中村淳子・30	山路邦夫・398	尾形信一・344	白川もえぎ・30	福井信雄・194
並河宏郷・112	山下聖志・280	岡谷茂樹・274	白木裕一・366	福田直邦・30
成田知子・162	山中政人・206	岡野辰也・194	菅野百合・206	福本洋一・376
南部朋子・18	山畑茂之・148	岡本尚美・26	杉野聡・42	福家靖成・30
西谷敦・30	山畑博史・400	奥山健志・274	鈴木毅・272	藤井誠人・24
仁科秀隆・200	山本剛・86	尾上由紀・94	鈴木知幸・180	藤本豪・206
縫部崇・260	横澤靖子・162	小原英志・206	鈴木真紀・162	藤原孝仁・140
根本農・180	芳田栄二・416	影島広泰・42	住田尚之・144	舩越輝・30
野田昌毅・206	吉本祐介・206	梶浦明裕・166	髙尾剛・68	細川敬章・338
麦志明・416	若林耕・30	柏健吾・162	高子賢・346	前田葉子・112
橋本裕幸・160	脇陽子・188	片山真治・162	高田祐史・120	牧野友香子・222
花水康・30	■56期（2004年）	川井一将・404	高野裕之・108	町田憲昭・206
原井大介・362	青戸理成・190	河田憲一郎・136	瀧川佳昌・382	松尾拓也・206
波里好彦・206	赤川圭・30	川西拓人・212	瀧谷耕二・190	松田美和・188
樋口達・142	秋葉健志・138	菊地浩之・206	竹内直久・402	松永徳宏・206
平山賢太郎・278	東貴裕・248	菊地正登・250	館大輔・30	松本公介・130
廣川英史・132	阿部裕介・92	北野知広・346	田中優子・180	圓道至剛・120
廣中太一・64	網野精一・26	木下和博・178	田上洋平・358	宮島和生・194
福井秀剛・308	荒井太一・274	木原康雄・292	玉木昭久・274	向山大輔・406
福﨑剛志・190	荒巻慶士・22	木村和也・120	近森章宏・166	村上雅哉・40
福田匠・24	飯塚優子・174	木村育代・146	辻畑泰伸・20	村主知久・240
藤井豪・194	家永由佳里・432	木村裕・240	辻本哲郎・240	本柳祐介・206
藤井康弘・382	池田毅・274	木山泰嗣・190	弦巻充樹・270	森岡真一・306
二見英知・274	石井健・30	清成真・428	手打寛規・218	森川憲一・396
細井文明・24	石川智史・120	工藤敦子・104	寺井昭仁・398	森川久範・162
細野真史・346	石川貴教・274	國吉雅男・382	戸塚貴晴・30	森安紀雄・68
堀招子・190	石田治・104	栗原脩・206	外海周二・68	森脇肇・370
堀天子・274	石田康平・206	合田剛哲・268	土肥慎司・206	八下田麻希子・42
堀本博靖・112	石原仁・30	甲立亮・30	冨田陽子・402	安井綾・112
舞田靖子・206	伊藤一哉・74	越本幸彦・398	内藤雅子・206	安井和徳・180
前岨博・180	伊藤信彦・210	後藤慎吾・124	中井崇・390	籔内俊輔・360
増江亜佐緒・66	稲生隆浩・274	琴浦諒・30	中井竜・420	山口毅・30
松澤香・274	茨城敏夫・240	小西貴也・24	中川幹久・194	山田真吾・346
松平定之・206	今戸知惠・66	小林利男・170	中澤構・366	山本匡・194
松村英寿・206	上田一郎・194	小山修司・24	長島亘・260	山本智晴・136
眞鍋佳奈・274	上中綾子・160	酒井大輔・360	中村英幸・268	湯浅紀佳・274
水谷嘉伸・256	右崎大輔・80	左合輝行・60	南部恵一・22	横井邦洋・30
三谷革司・272	内田修平・274	佐々木秀・206	西垣誠・316	義経百合子・80
峯岸健太郎・274	宇野伸太郎・206	佐々木奏・274	西田恵・404	吉村悦章・136
宮崎隆・194	梅澤治爲・174	佐竹勝一・202	西本政司・84	淀川詔子・206
宮里直孝・194	浦勝則・236	三部裕幸・24	仁平隆文・206	米山一弥・278
宮村啓太・22	恵木大輔・34	塩津立人・360	野田隆史・424	米山貴志・162
三好吉安・338	江藤真理子・162	渋谷武宏・30	長谷川裕・354	若江悠・194
村田雅彦・2	及川富美子・24	志甫治宣・266	林賢一・6	若狭一行・162
元氏成保・364	大石和也・206	島崎伸夫・54	林信行・86	■57期（2005年）
本村彩・38	太田孝彦・112	島田稔夫・240	人見高徳・162	秋本壮・162
元芳哲郎・30	太田知成・162	島美穂子・206	樋本義和・274	芦澤千尋・92

東卓・68
麻生裕介・112
足立学・176
雨宮沙耶花・404
有賀幹夫・158
安西明毅・30
安藤広人・344
石井絵梨子・274
石塚智教・402
和泉宏陽・132
伊勢智子・162
磯田直也・286
井田美穂子・240
市橋拓・320
出光恭介・300
井上葵・30
井上裕也・268
井上義隆・56
井上廉・174
今井千尋・310
今村憲・270
井門慶介・92
上里美登利・328
上田潤一・30
上田円・162
上野貴士・442
植松貴史・24
宇佐美善哉・250
内田靖人・188
宇都宮一志・374
梅津英明・274
遠藤英明・160
大石健太郎・194
大河内亮・30
大坂彰吾・238
大島正照・162
大城章顕・212
大杉真・146
大槻由昭・206
大橋さやか・30
大堀徳人・272
大室幸手・274
大森剛・338
大矢和秀・206
岡田祐輝・398
緒方絵里子・194
尾形和哉・162
小川隆史・226
奥津周・384
奥村直樹・202

小倉純正・398
小野沢庸・108
小和田敦子・202
帰山雄介・194
片岡良平・194
加藤美香保・18
金澤浩志・382
金山卓晴・22
亀高聡子・278
河合順子・338
川島裕理・346
川添正浩・444
川畑和彦・206
川端さとみ・372
河端雄太郎・206
河俣芳治・206
川村隆太郎・274
河村浩司・30
菅野雅貴・88
上林英彦・30
菊山葉子・124
岸田航・308
岸本有巨・28
北川朝恵・86
木谷太郎・102
絹川恭久・90
木村美樹・354
金哲敏・112
熊谷善昭・432
蔵元左近・46
栗田哲郎・240
黒田貴和・76
桑形直邦・206
鍬竹昌利・394
桑原秀介・30
小池良輔・66
高祖大樹・162
古賀大樹・346
小島裕子・216
後藤高志・110
虎頭信宏・416
後藤泰樹・206
小林努・240
小松慶子・206
小峰孝史・162
齊藤憲司・274
酒井真・274
酒井由美子・166
榮真之・384
坂崎宏幸・30

坂田真吾・250
坂野吉弘・112
坂本大蔵・244
佐々木清一・404
佐藤亮・186
里見剛・140
柴田尚史・206
柴橋修・422
清水幸明・194
清水誠・206
清水洋介・68
清水良寛・404
正田真仁・38
杉田泰樹・72
杉原努・406
鈴木貴之・162
須永了・46
住田浩史・206
妹尾かを里・162
曽根翼・188
髙木謙吾・206
髙木紘子・30
高田亜朱華・436
高村健一・156
滝恵美・308
瀧澤信也・30
竹岡真太郎・30
田中亜希・360
田中陽・420
谷内元・346
谷口明史・360
玉石沙和・162
壇崎隆之・194
塚本英丘・30
辻拓一郎・160
手塚祥平・416
徳地屋圭治・194
富山聡子・384
豊泉美穂子・264
中井俊行・194
中澤雄仁・102
永田有吾・162
中西哲男・220
中野正敬・2
中村繁史・180
中村閑・26
名取伸浩・402
成瀬健太郎・260
西岡祐介・210
西谷和美・206

西村綱木・30
西山温・98
仁瓶善太郎・30
野村朋加・312
野村周央・246
白日光・108
波田野晴朗・162
塙晋・274
濱須伸太郎・24
林宏和・274
原田伸彦・206
坂野維子・66
稗田直己・42
廣瀬主嘉・358
深津功二・162
福谷賢典・120
藤井大祐・436
藤井孝之・194
藤田知美・360
藤田高弘・220
古川和典・112
保坂雄・162
星野真二・324
堀田和宏・166
洞敬・128
本田知之・302
本間正人・240
牧田潤一朗・222
桝田慎介・162
増渕勇一郎・48
眞武慶彦・194
松尾宗太郎・112
松葉知久・252
松山智恵・162
真鍋怜子・112
三浦修・100
三上貴弘・216
水川聡・210
水野大・194
溝上絢子・394
宮澤昭介・162
宮下央・162
茂木悠太郎・162
盛太輔・36
森幹晴・194
森口倫・272
森下真生・206
森田豪・342
森田多恵子・206
森田岳人・256

安田明代・102
山根基宏・162
湯浅靖・388
行村洋一郎・30
横田真一朗・274
横山佳枝・222
吉田美菜子・220
吉田桂公・212
吉野公浩・36
吉村紀行・426
渡辺郁子・154
渡辺和也・108
渡辺惺之・186
和田資篤・426

■58期（2006年）
赤堀志高・206
秋山淳・222
阿部次郎・26
安倍嘉一・274
雨宮弘和・104
新井愛子・42
安藤源太・36
飯塚陽・162
飯村尚久・274
家近知直・376
井口敦・404
石井亮・190
石橋源也・30
泉篤志・40
稲田森・278
井上彰・128
今泉慶太・24
今枝丈宜・162
岩崎洋平・44
岩月泰頼・272
上田互・206
宇波洋介・278
宇留賀俊介・184
江畠健彦・36
大上良介・24
大河原啓充・288
大澤俊行・220
大西一成・30
岡渕貴幸・68
岡本直己・398
岡本靖・206
小川和也・194
桶田大介・360
小薗江有史・280
越知覚子・338

小野塚格・30	鈴木優・162	播摩洋平・112	渡邉和之・204		荻野伸一・400
小野洋一郎・346	関川裕・162	伴真能・206	渡邊佳代子・296		尾崎美和・206
折田健市郎・446	関口健一・274	樋口陽介・162	■**59期**(2007年)		鬼塚恒・436
甲斐史朗・162	関根久美子・160	樋口航・30	阿江順也・240		小野健晴・122
各務武希・102	代宗剛・274	廣澤太郎・206	青山薫・80		加賀宏樹・206
片上尚己・206	高垣勲・256	広瀬元康・46	浅岡義之・206		笠原康弘・194
角谷直紀・194	高木智宏・206	福岡宏海・398	浅田登志雄・268		勝部純・206
亀山愛子・8	高野大滋郎・162	藤井康次郎・206	浅田裕紀・206		勝山正雄・240
仮屋真人・206	高橋大祐・132	藤井哲・192	東志穂・150		加藤彰仁・282
川合正倫・194	髙山大地・438	藤井宏樹・206	荒井隆男・186		加藤一真・96
川島亜記・120	滝充人・280	藤田剛敬・220	荒瀬尊宏・108		加藤賢・30
川島佑介・280	田代啓史郎・162	古井恵理・162	安藤芳朗・320		角家理佳・304
北野誠・440	辰巳郁・206	星大介・174	池上慶・94		金丸絢子・346
木下達彦・220	伊達智子・286	堀江良太・192	池田賢生・162		金丸祐子・274
木本真理子・30	田中貴士・40	堀野桂子・360	池田孝宏・30		狩野雅澄・136
久保達弘・256	玉城光博・30	増田庸司・232	池田展子・206		辛嶋如子・268
熊谷真和・274	千葉直人・20	松浦雅幸・24	池田宣大・48		河合直人・420
栗原誠二・162	辻井康平・398	松下茜・162	石川智也・206		河合優子・206
栗山陽一郎・162	鶴利絵・438	松平浩一・240	石川由佳子・272		川口舞桂・136
幸丸雄紀・30	寺田寛・198	松丸知津・240	石﨑泰哲・206		川本周・206
小西華子・378	徳永博久・58	松本絢子・206	石橋尚子・88		神田雄・286
古原暁・22	戸倉圭太・30	松本亮・346	伊藤歌奈子・314		木内敬・194
小森悠吾・346	戸澤晃広・162	三浦広詩・134	伊東孝・58		北澤一樹・344
近藤祐史・112	中尾悦子・410	三木康史・30	伊東正朗・124		北脇俊之・160
佐伯優仁・274	中川正一・304	三澤充・162	稲垣勝之・162		木村尚徳・254
酒井俊介・174	中川裕介・206	水島淳・206	稲村育雄・302		工藤洋治・174
佐々木慶・30	永瀬英一郎・158	宮本甲一・30	井上健二・206		久保田佳奈子・42
佐々木将平・194	中西洋文・30	村木高志・292	井上卓士・376		久保田淳哉・30
佐々木裕企範・112	中野清登・206	村松謙・296	今泉勇・206		兼定尚幸・256
佐藤俊・346	中野丈・140	森川幸・94	今村武史・280		小池啓介・152
佐藤有紀・186	中原千繪・206	森田恒平・274	岩崎浩平・400		高賢一・278
佐藤良尚・68	中村竜一・62	森本純・372	岩本文男・404		小柴仁・366
佐藤力哉・162	長森亨・218	諸橋隆章・122	上杉浩介・16		小杉綾・30
澤山啓伍・194	中山達也・206	八木仁志・254	臼井幸治・40		後藤一光・162
塩田尚也・274	那須秀一・362	矢向孝子・124	内海功・88		後藤千恵・108
鹿田順平・66	南川麻由子・18	矢﨑稔人・206	浦野祐介・206		古西桜子・162
篠田貴和・298	難波浩祐・124	谷田部耕介・240	衛藤佳樹・162		小西透・206
柴田久・274	西原秀隆・68	柳沢知樹・162	江鳩孝二・360		小林和人・188
清水扶美・160	西理広・134	柳田忍・42	海老沢宏行・194		小林貴・238
清水亘・56	西村修一・194	山口拓郎・346	大賀朋貴・206		小林崇・272
下久保翼・98	西村将樹・294	山島達夫・24	大川剛平・194		小林多希子・68
生島隆男・30	丹羽大輔・278	山田和彦・200	大櫛健一・40		小林幸弘・204
新原勇一・206	根本剛史・206	山田弘一郎・156	大野志保・274		小森光嘉・36
菅原佐知子・24	根本敏光・274	山田将之・206	大野夕紀・240		小山嘉信・194
杉原えり・206	野中信孝・162	梁沙織・340	大部博之・58		近内京太・260
杉原悠介・112	橋村佳宏・36	吉田豪・404	岡香里・40		斉藤鈴華・58
杉本亘雄・272	畑英一郎・24	吉田勉・184	岡知敬・30		酒井康生・360
鈴木蔵人・336	秦真太郎・28	吉峯耕平・160	岡島直也・214		坂下良治・220
鈴木泰治郎・240	林田太郎・434	米田龍玄・62	岡田裕貴・100		坂巻智香・56
鈴木卓・206	原雅宣・162	李麗華・400	緒方俊亮・194		坂本有毅・20

相良知佐・278
佐々木茂・224
笹野司・62
貞嘉徳・186
佐藤和樹・108
佐藤貴哉・274
佐藤寿彦・194
塩谷昌弘・42
信夫大輔・206
島田紗綾・136
嶋野修司・336
下尾裕・398
下地麻貴・360
新谷美保子・162
神保寛子・206
末吉剛・286
菅原清暁・256
杉原光俊・206
鈴木康祐・240
鈴木多恵子・206
鈴木規央・112
鈴木亮子・126
須田英明・194
煎田勇二・206
副田達也・30
髙木瑛子・162
高木洋平・54
高桑リエ・426
髙添達也・206
髙橋祥子・140
髙橋英伸・342
髙橋慶彦・254
宝田恵理子・162
竹島昌史・94
田島圭貴・206
田瀬憲夫・428
舘脇幸子・10
田中圭・428
田中健夫・254
谷井秀夫・402
谷澤進・206
谷添学・46
谷本大輔・30
谷山智光・328
田村伸吾・180
田村陽・112
千明諒吉・206
千葉恵介・244
千葉俊子・52
千葉紘子・80

築留康夫・206
辻川昌徳・110
土屋真也・36
鶴岡勇誠・206
土門高志・40
仲井晃・404
長尾浩行・12
中川藤雄・158
長瀬陽朗・302
永田幸洋・162
中山茂・162
中山伸介・30
成瀬玲・322
仁木覚志・206
西川精一・416
西原一幸・112
野口敏彦・280
野竹秀一・298
野原俊介・102
野村大吾・112
橋本有加・124
長谷川良和・194
波多江崇・162
濱口耕輔・194
林和宏・366
林田健太郎・186
原光毅・206
原大二郎・122
尾藤正憲・162
平津慎副・194
平松哲・206
広重隆司・124
弘世和久・274
福井理絵・434
福田実主・360
福本暁弘・366
藤原明日香・136
藤原祥史・194
古庄俊哉・346
細川智史・194
洞口信一郎・194
堀越友香・382
本多一成・54
本間亜紀・402
牧恵美子・26
松井香幸・220
松岡史朗・376
松尾洋輔・384
松下憲・274
松田秀明・160

松田洋志・112
松本甚之助・268
松本卓也・26
松本徳生・400
三木亨・360
御厨景子・120
三澤智・26
溝渕雅男・364
光内法雄・104
宮城健太郎・206
宮崎慎吾・392
三輪星児・136
村上拓・398
本澤順子・346
森浩志・206
森川友尋・268
森本英伸・404
八木哲彦・282
安井允彦・30
柳澤美佳・112
山崎純・22
山田香織・238
山田さくら・86
山田純・30
山田慎吾・206
山田貴彦・30
山田敬之・4
山田洋平・272
山本幸治・362
山本泰輔・30
横田泉・112
吉岡剛・66
吉田郁子・398
吉田勇輝・124
米山朋宏・26
梁栄文・338
脇まゆこ・284
鷲野泰宏・260
渡辺邦広・274
渡邊一誠・346
渡邊竜行・132
渡邊典和・206
渡邊優子・30
和田宣喜・100
和田陽一郎・76

■60期（2008年）
青木俊介・30
青木大・194
秋元奈穂子・30
浅見靖峰・206

阿部弘和・52
荒井喜美・206
粟生香里・274
粟谷翔・194
池田宏・132
池田理明・170
石井庸子・240
石田晃士・220
石田宗弘・268
石森博行・112
礒山海・30
伊藤慎悟・206
伊藤英之・160
伊藤広樹・40
伊藤豊・206
稲垣淳之・422
稲villages祐・382
井浪敏史・206
井上淳・274
井上貴美子・30
井上響太・400
今井明日香・346
岩崎周作・278
岩崎大・30
岩谷博紀・360
岩堂高明・292
岩冶昭博・260
上田有美・206
上野さやか・162
上野満貴・274
後平真輔・206
臼井慶宜・274
臼杵善治・30
宇田川法也・274
生方裕紹・206
海野真一朗・162
梅田賢・206
浦田悠一・346
瓜生嘉子・354
永口学・40
江刺良太・206
大井修平・162
大槻健介・30
大橋良二・304
大水英智・66
大村剛史・152
岡英男・414
岡田孝太郎・206
岡村晋輔・398
小川聡・162

荻田多恵・162
沖本洪一・194
長田旬平・162
小澤崇行・254
小田勇一・346
小田切豪・266
小山浩・274
笠原輔・422
柏木健佑・40
片桐武・132
片平享介・124
勝田到・16
加藤恭子・66
加藤健・30
加藤佑樹・192
門松慎治・94
金山梨紗・162
金子佳代・438
金子典正・220
加納淳子・376
神尾有香・30
上島正道・206
川西風人・346
川原健司・274
河原雄亮・206
川村興平・206
川村麻紀・240
河本秀介・96
神田知宏・58
神田泰行・102
菊地康太・224
木佐優・124
岸寛樹・274
岸見朋子・134
北野孝輔・140
北村幸裕・328
北山陽介・206
木津嘉之・206
木虎孝之・374
木下愛矢・112
木下雅之・416
木ノ島雄介・342
木村栄介・30
木村啓・376
木村剛大・286
木村聡輔・194
木村寛則・206
木村浩之・56
工藤靖・194
久保賢太郎・162

久保文吾・74	下矢洋貴・4	田中亮平・194	野村亮輔・362	松本道弘・216
倉橋雄作・200	白石浩亮・404	田原吏・206	蓜島啓介・268	三浦謙一郎・154
倉持大・346	進藤千代数・242	玉川雅文・240	橋本拓朗・18	三木賢・376
倉持喜史・274	末廣裕亮・274	田村淳也・286	橋本匡弘・352	三木麻鈴・414
栗本知子・358	菅礼子・240	賜保宏・214	橋本道成・360	水田進・162
久礼美紀子・44	菅真彦・418	塚本晃浩・162	花本浩一郎・162	水谷幸治・112
黒河元次・180	鈴木勝博・404	辻岡将基・162	濱和哲・364	緑川芳江・274
黒田薫・26	鈴木崇・46	津田勝也・60	林知一・206	南靖郎・404
黒柳武史・392	鈴木剛志・30	津田義裕・112	原直義・178	峯田幹大・86
小泉宏文・194	鈴木智也・102	綱藤明・226	原英彰・378	宮内知之・206
河野勇樹・162	鈴木教夫・126	寺﨑玄・30	番匠佳人・212	宮本聡・346
河野雄介・368	鈴木道夫・240	遠山秀・76	東陽介・274	宗形徹也・112
郡谷大輔・206	鈴木里佳・106	冨樫剛・178	平塚雄三・132	村上諭志・162
越川芙紗子・18	須藤希祥・194	戸島正浩・206	平山浩一郎・382	村上祐亮・274
小島冬樹・274	壽原友樹・398	殿村桂司・194	廣瀬崇史・346	村川耕平・136
小林和真呂・206	關健一・366	飛岡和明・30	廣瀬正剛・176	森初夏・30
小林利明・106	関口尊成・206	富本聖仁・240	深瀬仁志・156	盛里絵美子・70
小林幹幸・26	瀬戸麻奈美・162	豊永晋輔・206	福市航介・328	盛里吉博・30
近藤圭介・102	千賀福太郎・46	鳥居江美・212	福士大豪・112	森田豪丈・112
近藤喜将・194	善家啓文・240	中井宏平・154	福田梨紗・238	諸井領児・162
西頭英明・150	園田観希央・274	永井徳人・102	福永周介・92	八木浩史・206
斉藤元樹・194	大鈹利枝・162	中尾文治・424	福原あゆみ・346	安井寿里子・162
齋藤梓・206	田井中克之・274	中川浩輔・162	藤井奏子・102	矢田啓悟・316
齋藤勝・356	田尾久美子・120	中川裕貴子・296	藤田知也・274	矢田悠・274
齋藤崇・112	髙木大地・358	長木裕史・112	藤田将貴・30	柳瀬ともこ・206
酒井英司・30	髙木良誠・20	中澤康介・86	藤村修平・136	山内洋嗣・274
坂下大・194	髙嵜直子・30	中島康平・186	藤原利樹・30	山口卓・422
坂元靖昌・360	髙田真司・346	中野宗一郎・412	藤原誠・360	山口要介・360
桜田雄紀・206	髙玉泰亘・124	仲野裕美・66	古川純平・382	山崎道雄・372
佐合俊彦・358	髙橋可奈・274	長橋宏明・240	古川昌平・346	山下功一郎・258
佐々木裕助・280	髙橋玄・30	中村貴子・30	保坂理枝・112	山田晃久・382
定金史朗・346	髙橋幸平・340	中村広樹・206	細川良造・368	山辺紘太郎・194
佐藤岳仙・30	髙橋俊介・162	中村慶彦・194	細谷祐輔・2	山部英之・30
佐藤友昭・206	髙橋美早・162	中山仁美・334	堀美穂子・206	山本輝幸・206
佐藤尋亮・194	高畑豪太郎・398	中山祐樹・116	本間隆浩・274	山元祐輝・194
佐藤碧・392	高松顕彦・92	西杉英将・30	前川陽一・194	山脇康嗣・108
猿山賢司・64	高松志直・80	西出恭子・282	眞城皇大介・206	湯淺文憲・296
猿倉健司・42	高山梢・132	西堀祐也・400	前田修志・192	横山兼太郎・206
鹿倉将史・92	高谷裕介・210	丹羽恵里子・310	町野静・360	吉岡博之・162
篠崎歩・240	滝口博一・220	塗師純子・186	松井裕介・274	吉岡雅史・204
芝章浩・206	滝琢磨・162	沼田知之・206	松尾幸太郎・264	吉川幹司・158
芝原朋子・280	竹内哲・274	根本鮎子・100	松尾剛行・272	吉田和雅・162
柴田陽介・256	竹内信紀・162	根本健三郎・224	松尾友寛・338	吉田武史・240
澁谷展由・198	竹村朋子・272	野口香織・38	松崎嵩大・400	吉野史紘・162
島村謙・190	帯刀康一・152	野口徹晴・138	松下由英・206	吉本智郎・206
嶋市那生・22	田中公悟・66	野口敏史・206	松田知丈・274	米田裕美子・30
清水茉莉・30	田中浩之・274	野澤大和・206	松永博彬・112	楽楽・30
下瀬隆士・268	田中晶国・334	野末光章・194	松原英子・180	李政潤・274
下田顕寛・162	田中貴一・80	野間麻未・30	松村満美子・190	若林義人・206
下田祥史・194	田中良樹・274	野村彩・190	松本久美子・382	渡辺拓・190

渡邊望美・104
渡邊大貴・240
渡邊真紀子・92
渡邊涼介・102
和田有美子・194
和藤誠治・162

■61期（2009年）
青木哲治・40
青木竜太・112
赤崎雄作・382
赤鹿大樹・206
赤塚洋信・104
赤羽根大輝・252
赤堀有吾・188
秋吉忍・386
浅井大輔・274
浅井悠太・330
朝妻太郎・304
麻布秀行・226
浅利慶太・412
安達裕・194
安部史郎・218
阿部博昭・68
阿部泰彦・166
天野園子・274
有富丈之・110
池田賢史・300
池田彩穂里・30
井桁大介・22
石井宏治・182
石井淳・30
石井妙子・14
石井宏明・296
石川賢吾・180
石川大輝・274
石黒一利・116
板倉陽一郎・226
井田大輔・244
市川浩行・266
市川雅士・274
伊東成海・30
伊藤雅浩・44
糸山亮・194
犬塚有理沙・206
井上龍太郎・102
今井崇敦・144
今井靖博・284
今井裕貴・30
今井瞳・112
今村俊太郎・162

今村由幾・162
岩井久美子・144
岩田準平・206
岩田幸剛・162
上﨑貴史・162
上杉達也・46
上野一英・162
上野潤一・112
上野尚文・54
上村剛・180
植村淳子・358
宇佐美満規子・296
潮田治彦・366
内芝良輔・400
内田拓志・228
梅本麻衣・274
浦山周・382
江黒早耶香・112
江尻琴美・96
海老沼英次・160
江本康能・30
大川友宏・194
大河原遼平・162
大口裕司・52
大倉丈明・220
大嵩将史・162
大塚将晃・398
大寺正史・160
大友真紀子・384
大野憲太郎・206
大林良寛・404
大平勇介・124
岡田次弘・240
岡田裕介・6
岡野紘司・398
岡本健太郎・106
岡本健太郎・256
岡本紫苑・274
岡本大毅・244
岡本明子・256
小川周哉・162
荻野聡之・30
小口五大・194
奥山隆輔・376
小倉慎介・186
小倉悠治・306
小澤佑亮・398
尾城亮輔・272
尾関麻帆・30
小田将司・206

乙井秀式・188
小野智博・286
小野晴奈・360
織川逸平・272
海住幸生・162
海津諭・304
柿平宏明・382
鍵谷文子・392
風間有里子・162
柏田剛介・438
梶原圭・162
梶原俊史・92
片山史英・188
葛城新平・214
加藤真哉・120
加藤真由美・40
加藤僚・30
加藤龍司・30
門永真紀・30
金澤嘉明・174
金子剛太・162
金丸由宇・444
上村智彦・136
鴨田視寿子・58
川上愛・222
川上邦久・290
川崎邦宏・124
川島勇太・274
川端健太・274
河村光・398
神田香・206
神林義之・30
木上望・384
岸田梨江・194
岸野正・400
岸本孝二・386
北原尚志・34
木下聡子・136
木下清午・10
木村姉守絵・326
木村康紀・252
木元有香・190
久加和孝・380
工藤竜之進・162
熊谷建吾・2
藏田知彦・162
栗原宏幸・274
黒川遥・206
桑田智昭・206
小池翼・302

古賀健介・340
古梶順也・206
小坂準記・162
後藤未来・30
小林豪・112
小林英了・56
小林真佐志・162
小林裕輔・92
小堀光一・90
小宮誉文・170
小山晋資・206
小山博章・148
紺田哲司・206
近藤僚子・162
近藤亮作・240
斉藤尚美・112
坂井はるか・162
酒井夕夏・112
榊原洋平・88
坂口靖・16
阪中達彦・358
佐賀寛厚・362
坂本大輔・206
酒迎明洋・270
酒向由紀・100
佐々木基・52
佐々木政明・162
佐竹明・330
佐藤晃子・30
佐藤健太・132
佐藤典仁・274
佐藤文行・212
佐藤麻子・294
佐藤正章・118
佐藤康之・256
佐野俊介・112
佐橋雄介・30
佐脇智伊・64
志賀厚介・250
下西正孝・360
篠原秀太・154
柴田高宏・30
柴山将一・154
島田康弘・24
清水美彩恵・194
志水芳彰・92
清水航・240
下平大輔・20
社本洋典・326
白川剛士・274

白木健介・344
白坂守・274
新城友哉・30
新保雄一・88
鈴木幹太・90
鈴木智仁・390
砂本啓介・420
諏訪公一・106
関真也・162
関理秀・162
関本正樹・194
髙木楓子・206
高瀬亜富・44
高野倉勇樹・226
髙橋綾・30
髙橋康平・244
髙橋智彦・272
髙橋尚子・274
髙橋博明・8
髙見憲・44
高宮雄介・274
竹内亮・190
田尻佳菜子・274
田代浩誠・258
橘大樹・36
辰田淳・362
立石竜資・240
田中良・30
田中紀光・296
田中竜介・58
谷友輔・144
谷井智・424
谷田智沙・194
玉井一誠・124
近澤諒・274
千葉友美・182
塚原雅樹・280
土屋大気・274
角野佑子・382
出口敦也・308
寺本大輔・206
東城聡・152
徳丸大輔・40
富田裕・162
富松由希子・206
外山香織・90
豊田百合子・274
中亮介・360
永井卓・240
永井亮・30

中島正裕・200	堀池雅之・124	山田浩史・206	伊藤真悟・130	金本恵子・56
中島悠助・274	堀史彦・278	山内真之・30	稲瀬雄一・278	神尾大地・214
中西俊博・428	本多剛・448	山本純平・38	稲葉正泰・206	亀甲智彦・246
中野裕仁・30	前田恵理子・120	山本翔・346	井上俊介・238	亀田康次・274
中村有友子・160	前田禎夫・162	山本昇・66	岩間智女・26	亀村恭平・310
中村栄治・288	前田直哉・120	山本陽介・278	上田真嗣・206	河合健・30
中村隆夫・190	増田雅史・274	山本龍太朗・346	宇賀村彰彦・190	川浦史雄・228
中山健太郎・410	亦野誠二・194	横江俊祐・322	氏家隆国・96	川中信宏・100
名倉大貴・416	松浦克樹・112	吉井久美子・162	氏家優太・194	川村健二・298
夏苅一・256	松嶋依子・338	吉田和央・274	碓氷正志・28	神田芳明・190
名藤朝気・80	松田章良・194	吉田興平・342	内山誠・354	神原あゆみ・254
難波知子・292	松田貴男・40	吉村幸祐・346	馬場健太・30	神部美香・400
新関拓也・302	松永章吾・146	米倉圭一郎・152	梅本大祐・236	菊野聖貴・108
西芳宏・148	松永崇・346	六川美里・206	浦上俊一・280	木島彩・206
西田一存・194	松原香織・160	脇田あや・324	恵谷浩紀・278	木野博徳・206
西谷昌樹・220	松宮慎・416	渡部香菜子・30	江藤美奈・98	木村裕介・412
西田弥代・220	丸島一浩・18	渡邉瑞・194	王嶺・162	木山二郎・274
西村亜矢子・86	丸山真司・40	渡邉佳行・280	大上岳彦・412	清瀬伸悟・40
西村公芳・256	水口あい子・274	渡邊弘毅・12	大久保和樹・162	金大煥・404
野口和範・426	水野明美・324		大久保裕史・92	國友愛美・206
野﨑雅人・30	湊祐樹・150	■62期（2010年）	大髙利通・30	椚座三千子・356
萩原大吾・152	箕輪俊介・194	相澤恵美・162	大竹裕降・30	窪田彰・30
朴鐘賢・288	宮岡邦生・274	赤石理・346	太田麦・216	久保田征良・214
橋本陽介・222	宮田俊・274	赤塚寛・60	太田浩之・382	久保田翼・238
蓮井哲・274	向井良・420	秋月良子・152	大峡通生・144	熊谷恵美・218
長谷部陽平・346	村瀬幸子・142	淺井研・86	大橋香名子・80	倉内英明・162
畠山興一・6	村田充章・344	浅倉稔雅・12	大場規安・404	倉賀野伴明・30
服部紘実・194	村山大輔・448	渥美雅之・274	大村せり・162	倉田梨恵・222
馬場幸三・418	望月洋美・162	阿部諭・240	岡筋泰之・404	黒川ひとみ・92
濱井耕太・206	森啓太・46	尼口寛美・162	岡田加奈子・30	黒住哲理・236
濱野敏彦・206	森宣昭・206	新井朗司・274	岡田徹・360	黒田佑輝・346
早川皓太郎・206	森規光・274	荒井康弘・260	緒方健太・206	鯉渕健・206
林宏友・338	森瑠理子・206	嵐麻衣子・206	岡村優・206	甲谷健幸・428
樋口彰・274	森田博・404	荒井龍輔・40	小川尚史・230	小島慎一・124
日野英一郎・112	森田茉莉子・274	有井友臣・274	小口明子・238	後藤晃輔・200
平岡留奈・92	矢上浄子・30	有松晶・72	奥野剛史・360	小林咲花・206
平澤真・66	安江正基・326	安西統裕・194	奥房靖裕・112	小林央典・162
平林拓人・162	八ツ元優子・330	安藤勝利・360	小栗久典・44	小林正和・202
深津拓寛・206	柳勝久・384	飯田研吾・82	尾下大介・194	小林隆一・30
福田尚友・16	柳祥代・274	飯田晃久・16	小田祐資・406	近藤祥文・350
福田舞・156	籔本義之・284	五十嵐亮・304	織田真史・206	齊藤道子・300
福塚圭恵・364	山内航治・184	池田守・206	尾山慎太郎・420	齋村美由紀・422
藤井宣行・388	山岸泰洋・254	石井昭仁・30	角野秀・206	酒井美奈・352
藤池尚恵・190	山口健次郎・274	石垣美帆・170	河西一実・268	酒巻智洋・8
冨士﨑真治・346	山口建章・44	石川祐・38	葛西陽子・206	坂本佳隆・30
藤野睦子・372	山口秀雄・166	石黒剛・206	梶谷陽・74	佐川雄規・274
藤本祐太郎・194	山郷琢也・162	石黒英明・68	片桐大・274	櫻井拓之・346
藤原宇基・40	山田祥恵・176	石塚重臣・30	葛山弘輝・226	酒匂禎裕・128
邉英基・274	山田卓・286	石堂磨邦・274	加藤好隆・30	佐々木崇・194
平家正博・206	山田裕貴・206	石原尚子・278	金子晋輔・278	佐田友浩樹・94
		市村拓斗・274		

佐藤恭平・194	塚元健・376	畠山洋二・184	松下聡・388	荒木美智子・226
佐藤貴将・274	蔦尾健太郎・422	花井ゆう子・130	松本拓・30	飯島智之・224
佐藤瞳・16	綱島康介・30	濱井宏之・240	松本成・270	生田美弥子・360
佐藤安紘・110	椿浩明・274	浜口晴好・338	丸山顕子・206	池上由ھ紀・384
佐藤康行・64	坪井崇・206	濱本浩平・30	三浦宏太・380	池田早織・432
佐野俊明・360	坪田陽太郎・274	林智子・416	南勇成・206	石井渉・30
座波優子・70	鄭一志・190	林雄亮・162	宮島聡子・274	石田哲也・42
澤井俊之・346	手塚舞・92	原田拓歩・66	宮地祐樹・22	石田幹人・274
志賀正帥・46	寺田光邦・206	原田英明・14	武藤雄木・40	石堂瑠威・162
篠原孝典・274	寺田勇太・398	繁多行成・274	村田真揮子・30	石橋誠之・274
清水健介・66	土佐林真琴・206	板東大介・402	室谷和宏・108	石村信雄・78
城昌志・422	戸谷景・86	東田智恵子・398	森慎一郎・272	一條典子・226
白井潤一・256	豊田愛美・30	飛田憲一・300	森進吾・400	市丸健太郎・434
新里浩樹・438	内藤悠作・170	平山大樹・108	森川順・394	伊藤伸明・194
神保咲知子・30	永岡秀一・112	深坂俊司・336	八木あゆみ・162	伊藤美沙都・66
末永麻衣・30	長岡大祐・366	深沢篤嗣・40	安平武彦・120	稲垣弘則・206
菅悠人・206	長尾卓・48	深津健・30	矢田真貴子・206	井上彰・320
杉村光嗣・206	中尾佳永・336	福井俊一・396	山内賢志・254	井上194
鈴木杏里・30	中川幸恵・134	福井崇人・30	山内大将・42	井上譲・30
鈴木彩子・264	中川佳宣・206	福嶋美里・206	八巻優・30	今井智一・122
鈴木惇也・240	中川隆太郎・106	福田隆行・80	山崎ふみ・240	今城智徳・362
鈴木隆弘・186	中島新・52	福田友洋・4	山下哲郎・118	今仲翔・274
鈴木健文・96	中島慧・194	福原竜一・264	山田瞳・212	岩崎文昭・190
鈴木弘記・162	中嶋隆則・360	藤井大悟・162	山田康成・226	岩崎将基・206
関根毅大・206	長瀬威志・30	藤井毅・206	山辺哲識・124	岩田登希子・88
曽根原稔・206	中谷文彌・206	藤浩太郎・206	山本俊之・206	植木亮・78
高山陽太郎・206	長田真理子・30	藤田直佑・90	湯川昌紀・274	上田倫史・392
瀧口豊・112	永沼光・30	藤永祐介・368	由良知也・206	上田雅人・274
武雄太・448	中村優紀・282	藤野まり・192	横尾武弘・296	氏家真紀子・338
武井祐生・398	中村昭喜・340	藤原拓・286	横瀬健司・192	宇治野壮歩・194
竹内千春・212	中村謙太・162	船越涼介・206	横山直樹・36	内田創・158
武田彩香・274	中村真由子・206	文堂友寛・274	吉川悟・206	梅澤誠・206
竹花元・292	中山陽介・442	星野大輔・206	吉川翔子・194	梅田将吾・206
竹本康彦・30	浪山敬行・398	星埜正和・286	吉田聖子・258	梅田宏康・162
田子晃・30	二階堂郁美・162	細川怜嗣・274	六角保行・180	江頭あがさ・162
多田慎・346	西尾賢司・274	堀内雄樹・406	若林順子・206	江口智子・172
橘里香・304	西潟理深・258	堀岡和正・2	若林功晃・274	江﨑元紀・206
辰野嘉則・274	西田信尋・64	堀川恵美子・240	渡邊剛・58	遠藤努・194
舘下繁仁・46	二瓶ひろ子・70	堀木淳也・162	和田祐造・44	大内麻子・30
田中敦・186	野口明・294	堀口真・26	■63期（2011年）	大浦貴史・40
田中継貴・334	野坂優子・20	本田聡・190	青木翔太郎・112	大浦智美・400
田中智之・30	野﨑隆史・332	本多直・436	赤坂屋潤・206	大倉早織・404
田中麻理恵・206	野尻奈緒・362	前田香織・272	浅井詩帆・194	大住洋・372
谷麻衣子・16	野尻裕一・62	前田千尋・30	浅尾耕平・366	大多和樹・346
谷口達哉・162	野間裕亘・274	牧田奈緒・42	朝倉舞・392	大塚千華子・334
田原一樹・194	萩原佳孝・112	政平亨史・174	阿部洸一・162	大沼真・194
田原直子・144	橋本恵・194	増田慧・274	網谷拓・436	大平修司・382
力石剛志・30	長谷川慧・274	俣野紘平・206	新井理栄・76	大平直・194
千須和厚至・192	長谷川将希・30	松井博昭・206	荒川俊也・18	大村健・162
塚越賢一郎・36	畑井研吾・22	松尾和廣・162	荒木昭子・346	大森裕一郎・240

大呂紗智子・442
小笠原理穂・58
岡田恵子・194
小川正太・274
小川直樹・230
沖山直之・340
奥田洋平・280
小田原啓太・30
越智信哉・356
小尾重樹・112
カオ・ミン・ティ・194
角元洋利・272
香西駿一郎・190
梶並彰一郎・26
梶元孝太郎・274
鍛冶雄一・382
春日舞・162
片倉秀次・58
勝又美智子・194
加藤明俊・358
加藤恒也・138
加藤貴裕・206
加藤惇・198
加藤綾一・334
金丸由美・274
金子朝彦・76
金子正紀・206
川上善行・160
川端康弘・30
川原奈緒子・166
丸藤ゆり絵・194
神庭雅俊・250
北和尚・220
北井歩・376
北村智弘・178
木村浩之・404
金裕介・108
工藤杏平・166
久保田興治・378
粂内将人・194
藏原慎一朗・278
黒田大介・274
黒松昂蔵・206
桑田寛史・206
桑野佳奈・162
小池正浩・204
郷家駿平・194
小嶋陽太・206
児玉友輝・278

小寺美帆・346
小西毅・360
小林亜維子・194
小林佳奈子・162
小林雄介・274
小松諒・194
小山航・140
斎藤公紀・206
齋藤英輔・162
酒井貴徳・206
酒井卓也・396
坂下大貴・102
坂本雅史・40
佐瀬充洋・8
佐藤かおり・30
佐藤賢・206
佐藤喬城・40
佐藤高志・368
佐藤喬洋・206
佐藤寛之・206
佐藤祥徳・410
佐原早紀・206
ジェイムス・ダカティ・226
塩谷陽子・304
塩見直子・398
塩見竜一・30
雫幸太郎・112
島田雄介・112
島田里奈・274
清水池徹・274
清水修・122
清水敏・226
清水政史・16
下西祥平・382
下向智子・206
生野聡・190
白川佳・274
白根住人・30
白根央・274
菅隆浩・30
菅原啓嗣・382
鈴木俊裕・206
鈴木奈裕子・160
鈴木悠子・30
鈴木陽・92
鈴木龍司・94
関口毅人・240
平良夏紀・416
高田洋輔・274

高野真一・60
高橋輝好・194
高橋俊昭・124
高橋知洋・48
高橋美和・190
高山徹・194
瀧口晶子・206
滝沢章・302
田口祐樹・206
宅間仁志・44
武内香奈・274
竹腰沙織・274
武田勝弘・136
武田昇平・226
竹中輝順・194
竹本英世・404
太宰賢二・178
立元貴紀・154
田中亜樹・274
田中健太郎・162
田中達也・404
田中伸拡・206
田中宏岳・346
谷明典・360
谷口怜司・418
千吉良健一・54
知識利紘・360
遠本憲祐・194
遠本麻佑子・194
出口香央里・30
寺門峻佑・162
土肥里香・80
東崎雅夫・240
十倉彬宏・194
戸田謙太郎・162
冨田雄介・40
友成亮太・262
友村明弘・162
永井利幸・80
中川雄太・398
中島真嗣・30
中野嵩・224
中野常道・30
中野智仁・194
那須勇太・162
西ヶ谷尚人・86
西中間浩・190
蜷川敦之・404
仁野直樹・36
二宮正一郎・22

沼井英明・210
根橋弘之・274
野中英匡・176
野中啓孝・404
橋本祥・102
長谷川公亮・112
長谷川千鶴・398
長谷川洋一・302
羽田長愛・252
縄纏岳志・206
花房裕志・404
羽野島章泰・206
濱田啓太郎・206
濱野由梨子・206
濱本健一・48
早川健・194
林達朗・30
早瀬孝広・30
原美緒・30
春山俊英・206
日浅裕介・436
氷上将一・274
廣瀬香・206
廣田駿・30
福田淳・30
藤井薫・98
藤井健一・228
藤木崇・30
藤沢彩乃・162
藤村慎也・42
毒島光志・376
舩坂芳紀・400
堀場信介・180
増田智彦・180
町田紳一郎・66
松浦賢精・186
松浦亮介・422
松下外・360
松田誠司・388
松田世理奈・26
松田瞳・206
松田悠希・274
松野仁彦・202
松原範之・302
松原由佳・206
松本渉・194
馬渡英樹・414
三木章宏・386
水越恭平・194
溝田宗司・44

三本俊介・206
峯健一郎・360
宮坂聡恵・30
宮下優一・194
宮本聡・206
向笠太郎・62
村井章顕・274
村尾卓哉・416
村田浩一・152
村田知信・274
村田智美・206
村松頼信・210
森仁司・366
森麻衣子・34
森田桂一・158
柳下彰彦・44
薬師寺怜・42
安隆之・266
安井桂大・206
安田健一・384
山下和哉・416
山下成美・142
山下侑士・364
山本愛子・418
山本晃久・206
山本一生・186
山本直人・206
横井傑・30
芳川瑛子・30
吉田進一・302
吉田真実・162
吉村彰浩・346
依田渓一・268
鹿はせる・194
若林功・260
渡部峻輔・48
渡辺宗彦・236
渡辺雪彦・152
渡邊真也・322
渡邊啓久・194

■64期（2012年）
青山正博・40
青山正幸・274
赤木潤子・412
浅野聡子・156
浅野綾子・244
莇智子・92
足立昌聡・124
雨宮真歩・28
荒川仁雄・256

荒木尚・16
粟井良祐・422
安座裕実・194
五十嵐充・152
池田亮平・30
池辺健太・112
石田学・48
石田渉・274
石原慎一郎・162
石原遥平・404
市川瑛里子・194
市村大介・14
伊藤彩華・112
伊藤暢洋・30
伊藤有紀・320
伊藤遼・120
井戸充浩・52
犬飼一博・338
犬塚暁比古・138
井上皓子・194
井上拓・230
井上雅之・158
茨木雅明・274
岩崎大輔・400
岩田和久・338
上西拓也・40
植野公介・162
梅津公美・30
江口真理恵・210
江副哲・158
榎木智浩・210
遠藤啓之・88
大石友・194
大久保映貴・190
大澤貴史・42
大下良仁・210
大田裕章・86
太田貴久・6
大友秀剛・158
大野浩之・56
大場悠樹・206
岡田紘明・194
岡田良洋・358
小川裕子・206
奥津麻美子・256
奥富健・34
奥村友宏・194
小坂景子・14
尾崎健悟・274
小山内崇・120

小澤真吾・14
乙黒亮祐・30
小野田春佳・162
角谷美緒・66
加古洋輔・336
加島幸法・36
加藤彩・36
加藤啓・206
加藤志郎・194
加藤佑子・190
金井周一郎・414
金山貴昭・274
金子涼一・30
鹿野晃司・34
神谷圭佑・206
辛川力太・26
唐沢晃平・30
川崎仁寛・16
川島郁・112
河本貴大・206
菅野みずき・30
菊間千乃・254
北口建・190
木田翔一郎・180
喜多野恭夫・360
北山昇・274
木下智靖・324
木村卓・92
工藤拓人・90
工藤良平・40
窪田三四郎・206
栗田聡・30
黒田はるひ・206
幸尾菜摘子・392
後藤登・108
小西功朗・190
小林貴恵・162
小林隆彦・210
小林拓人・162
小林優嗣・112
小林亮・162
菰口高志・346
小柳美佳・438
近内淳・206
坂井健吾・146
酒井嘉彦・194
坂本龍一・206
迫友広・76
笹川豪介・40
佐藤直樹・268

佐藤康行・404
澤田孝悠・62
重松英・272
島津圭吾・294
菅谷朋子・158
杉田昌平・30
鈴木健人・194
鈴木伸治・180
鈴木貴雄・298
鈴木雅博・194
鈴木正靖・206
鈴木みなみ・292
須藤克己・274
瀨川智子・300
関川淳子・162
園田拓也・194
田浦一・30
髙田淳・16
高田佳匡・46
高野芳徳・44
髙橋瑛輝・382
高橋茜莉・238
髙橋将志・104
髙橋理恵子・404
髙畑晶子・212
髙丸涼太・80
瀧嶋亮介・194
武内斉史・194
武田賢治・12
武田雄一郎・270
竹村真紀子・370
竹本みを・64
田中孝樹・376
田中真人・162
田邉愛・384
田邉絵理子・390
谷神禎尚・412
塚元佐弥子・112
塚本晴久・2
柘植寛・162
辻本晴子・30
椿原直・220
天白達也・206
東目拓也・360
徳田安崇・274
鳥巣正索・194
土橋拓朗・206
冨田啓輔・150
冨松宏之・246
土門駿介・30

中島博之・178
長島匡克・162
中城由貴・162
長門英悟・392
中野亮介・162
中野玲也・274
中村崇志・206
名越真子・354
新名内沙織・422
西岡志貴・182
西川雄介・16
西向美由・30
二村佑・92
布川俊彦・104
沼野友香・190
後岡美帆・386
朴貴羚・22
栃晃弘・448
外立理子・216
橋田幸典・2
長谷川和哉・224
長谷川敬洋・30
長谷部圭司・360
畠山大志・162
波多野恵亮・30
早川一平・206
林栄美・240
林由希子・330
早野述久・346
坂東直朗・274
久井春樹・422
人見和幸・294
平井義則・30
福田一翔・30
福冨友美・346
藤崎恵美・194
藤本真由美・170
古川綾一・68
古田暁洋・278
古屋勇児・150
別府文弥・40
別府里紗・30
辺誠祐・194
細川慈子・346
甫守一樹・108
本多淳太郎・446
前嶋義大・36
前田英伸・174
松村健太郎・184
松村謙太郎・274

松本亮一・246
三浦希美・226
水越政輝・194
水沼利朗・214
宮良麻衣子・206
向多美子・180
村井美樹子・34
本木啓三郎・162
森駿介・210
森奏太郎・194
森優介・314
森島佳代・312
安田幸司・388
安田雄飛・268
山内英人・218
山口敦史・194
山口俊・162
山﨑陽平・398
山下綾・418
山下真・360
山田幸太朗・360
山本ゆう紀・194
湯田聡・274
横井裕美・362
吉田剛・398
吉田瑞穂・30
吉田亮一・112
吉峯真毅・288
和田卓也・240
渡部真樹子・338
渡辺伸樹・304
渡邉宏毅・190
渡邊純子・274
渡邊康寛・190

■65期（2013年）
青木和久・156
朝倉誠・252
浅原弘明・112
天野里史・398
雨宮史尚・28
荒井悦久・162
荒井恵理・194
粟井勇貴・162
安藤文子・160
飯塚啓・206
飯野悠介・274
生田和也・66
池田記子・162
池辺健太・438
池本真彦・426

石川直樹・52	河上佳世子・274	渋谷洋平・112	塚本鳩耶・84	平野悠之介・360
石田慎也・390	河崎愛・206	島崎泰雄・386	辻晃平・42	日和優人・2
石橋尚希・58	川谷恵・206	嶋崎勝規・194	辻野智子・408	深澤俊博・10
出田真樹子・162	川野智子・354	嶋村尚子・92	角田望・274	福田泰親・400
市橋卓・112	川端遼・274	下田真依子・194	坪内友哉・316	福原一弥・294
伊東玄一郎・240	川村明日香・4	下村祐光・194	鶴岡拓真・116	船本美和子・290
伊藤康太・42	川本英典・320	城石惣・82	寺田達郎・104	古市啓・274
伊藤誠吾・140	菊川聡史・30	庄崎裕太・346	徳本尚子・124	包城偉豊・162
伊藤彌・366	岸川修・190	白石紘一・174	土肥勇・130	保科暁子・366
稲田康男・68	岸聖太郎・36	白井紀充・162	土門敬幸・4	細川俊輔・308
稲葉慧・38	北川貴広・194	白木敦士・172	長井沙希・112	本阿弥友子・58
今井政介・206	北島隆次・162	新村綾子・206	永井翔太郎・112	本行克哉・382
井村俊介・144	北村裕幸・240	新森圭・166	長江俊輔・92	前園健司・360
入星亮介・344	金郁美・162	須河内隆裕・206	仲川悦央・412	前田宏樹・332
岩井宏樹・162	木村晃一・122	菅原稔・48	中島惠・162	松井亮行・364
岩城方臣・382	木村真理子・184	椙弘真人・30	中野恵太・274	松田絢士郎・120
岩下芳乃・440	木村亮太・418	鈴木翔平・162	中村明奈・174	松田隆宏・302
上原誠・256	清塚道人・166	鈴木信彦・274	中村賢人・398	松永耕明・162
氏家悠・18	桐山大地・92	鈴木洋介・30	中村洸介・194	松田達紀・162
牛之濱将太・30	金映珉・206	瀬野泰崇・16	中村拓朗・30	松本健男・340
鵜木崇史・194	朽網友章・274	園田大吾・446	中村宏彬・38	丸山純平・190
梅原梓・190	久米川陽子・92	平征三朗・104	仲谷康・42	簾田桂介・42
易智久・22	黒田祐史・344	髙島万梨子・214	中山貴博・346	水野雄太・194
大石真帆・206	桑原秀明・274	高嶋希・194	楠部幸路・400	源本理恵・352
大石裕太・30	幸谷泰造・44	髙田和貴・206	西口健太・340	峯﨑雄大・206
大木祐二・334	高亮・152	髙田沙織・332	西山誠一・124	箕輪映子・216
大澤武史・382	小迫由衣・194	高田翔行・210	沼田徒夢・194	美馬拓也・360
大嶋功・324	小澤拓・280	高根和也・22	根本拓・206	三宅賢和・430
太田幹彦・234	小鷹龍哉・48	髙橋三千代・346	根本伸毅・30	六田友豪・374
大塚徳人・324	五島隆文・274	髙橋悠・274	野島未華子・46	村上将門・206
大西洋至・334	後藤徹也・194	髙松賢介・436	野田陽一・268	村松晃吉・162
大沼竜也・184	後藤朋子・206	髙松洸・30	野原新平・30	室屋敏弘・428
大山剛志・124	小野上陽子・360	瀧澤輝・112	長谷修太郎・274	森瑛史・338
小笠原匡隆・274	小林敬正・212	竹内淳哉・194	長谷川匠・240	柳原悠輝・80
岡部洸志・162	小林美和・334	竹田敦・30	長谷川久子・418	柳瀬安裕・36
岡本敬史・162	子安智博・194	田子小百合・30	畑幸・378	山岸龍文・298
小嶋祐樹・238	齋藤真奈都・38	田島弘基・194	畑井雅史・362	山田和哉・366
尾田知亜記・320	齋藤有未・178	多田啓太郎・142	蜂須賀敬子・240	山田義隆・170
小櫃吉高・162	阪上千尋・380	忠津充・220	服部ひかり・308	大和屋力・194
小俣洋平・206	坂尾陽・274	立石光宏・274	花田裕介・124	横瀬大輝・244
折原剛・194	坂尾佑平・194	田中聡美・30	葉野彩子・376	横田貴大・206
尾渡雄一朗・222	﨑地康文・30	田中洋比古・274	馬場幸太・430	吉江穏・274
甲斐聖也・30	佐藤恭子・278	田辺晶夫・22	羽深宏樹・274	吉川景司・46
覺道佳優・360	佐藤恵二・346	田邊悟志・206	早川翔・274	吉澤優・30
鹿毛俊輔・198	佐藤諒・216	谷岡孝昭・112	早川大地・84	吉田桂子・260
片岡淳平・194	佐野史明・80	田村有加吏・58	原田康太郎・360	吉田倫子・62
片桐佑基・206	澤井裕・130	田村優・194	范宇晟・30	吉田菜摘子・30
加藤嘉孝・194	澤田将史・194	中条咲耶子・274	日高鑑・346	吉峯裕毅・288
加納さやか・30	澤祥雅・346	張文涵・274	日野真太郎・360	米信彰・206
河相早織・194	志部淳之介・328	塚本健夫・206	平田えり・360	米田恵梨乃・194

料屋恵美・206
若山太郎・256
和久利望・194
和氣礎・272
和田卓也・206
渡辺翔太・302
渡辺大祐・102

■66期（2014年）
相原友里・112
青山慶子・422
阿久津裕美・162
緋田薫・216
味香直希・396
阿部えり香・30
新井一希・158
荒井達也・38
有岡一大・336
飯田亮真・338
池田知朗・150
池田美奈子・64
石井林太郎・140
石川哲平・62
石薗貴大・162
石田麻衣・418
伊東祐介・190
伊藤知佐・364
稲垣航・96
稲葉和香子・346
乾正幸・272
井上貴宏・162
井上悠梨・278
今井武大・366
岩﨑祥大・274
岩下明弘・266
岩間祐乃・206
上田綾乃・194
植上達・206
上野一郎・16
上野祐・304
宇賀神崇・274
内津冬樹・274
内海智直・308
江橋翔・274
遠藤泰裕・192
大塩春佳・206
大島惇至・206
大嶽雄輝・254
太田慎也・360
大塚俊・206
大野一行・194

大野智恵美・430
大橋純也・206
大村麻美子・162
岡浩喜・30
岡田奈穂・30
岡野智・274
岡野光孝・124
岡部知樹・162
岡村峰子・344
小川友規・274
小木淳・198
奥田亜利沙・420
奥村文彦・162
小古山和弘・162
小塩康祐・162
越智晋平・274
尾登亮介・274
帶慎太郎・298
柿元將希・274
角谷俊輔・358
河西薫子・112
笠間周子・30
梶原啓・194
加藤孝英・30
角大祐・2
門倉洋平・170
門屋徹・262
金村公樹・274
加茂翔太郎・214
唐澤新・40
川城瑛・274
川添文彬・30
川田由貴・360
河浪潤・360
川端美智子・418
河村啓太・50
喜多由利・74
木下清太・206
木下結香子・428
木宮瑞雄・162
木村祐太・270
清原直己・388
金水孝真・360
草原敦夫・274
楠田真士・70
久保圭吾・274
久保田修平・162
久保真悟・190
熊田憲一郎・316

熊本哲也・30
雲居寛隆・278
栗林宏広・162
河野慶太・30
河野匠範・206
河野佑果・178
古謝千尋・450
小瀧優理・280
小林健彦・430
小林優介・304
小宮純季・36
小向昭裕・66
小山友太・42
近藤朋行・194
近藤将雄・424
齋藤悟・412
齋藤弘樹・110
阪井大・162
酒井裕・360
坂根賢・278
坂本哲也・120
佐川翠・120
佐々木裕介・238
佐竹義昭・194
佐藤可奈子・162
佐藤仁俊・22
佐藤竜明・162
澤田文彦・206
澤田裕生・194
塩川真紀・272
柴田英典・206
島田充生・30
嶋村直登・274
正原大嗣・424
白澤光音・162
末岡佑真・206
菅原康佑・398
杉山晴香・274
杉山日那子・240
鈴木圭佑・30
鈴木隆志・126
鈴木悠介・206
鈴木世里子・86
住吉真理子・272
関彩香・30
関口恭平・42
関口諒・246
関根究・232
関根こすも・22
十河遼介・206

髙木大輔・194
髙田陽介・206
髙梨義幸・162
髙野博史・162
髙橋祐二朗・154
髙橋良輔・398
髙畑ゆい・206
髙林勇斗・206
髙山大蔵・162
竹岡裕介・274
竹田慧・206
竹原昌利・58
竹村知己・400
多島咲子・220
立川聡・274
田中一哉・162
田中貴大・30
田辺泰彦・160
種橋佑介・80
千葉大樹・4
塚本弥石・112
塚本渉・162
津城尚子・162
土田達磨・318
土屋佑貴・42
坪野未来・206
鶴井迪子・302
寺田和人・206
寺田万里子・240
轟木博信・280
土淵和貴・54
外山照久・24
豊原章吾・398
中翔平・194
中井計雄・366
中井成紀・30
中井崇一朗・30
長井健・194
中川浩輝・306
中倉康宏・444
中島浩斗・30
中島裕一・402
中原明子・372
中村綾子・274
中村和寛・368
夏井翔平・16
生井絢子・38
並木重伸・30
南泰準・408
西内一平・194

西岡研太・274
西中宇紘・382
西原聖子・274
西原宗勲・154
西森正貴・438
二宮淳次・408
橋爪ひろみ・14
長谷川竜也・194
長谷川紘・194
畑江智・274
畠田啓史朗・36
鳩野恵子・364
林寛大・426
林祐樹・364
原田真紀子・194
飛田桂・300
尾藤寛也・320
日野慎司・108
姫野綾・442
平田省郎・346
平田啓基・414
廣田雅亮・274
福田剛・274
藤井塁・260
藤田俊輔・360
藤田鈴奈・274
藤本博之・124
布施香織・96
古郡賢大・166
古家香織・206
星野伸晃・132
堀香苗・294
堀内智幸・2
堀田明希・438
本郷隆・60
前田竣・80
松﨑広太郎・430
松田祐人・398
松永昌之・180
松宮優貴・194
丸住憲司・162
水越恵理・240
三田直輝・222
蓑毛長樹・448
御代田有恒・274
村上貴洋・108
村上達明・206
村上由美子・190
村松洋之・194
村松亮・210

毛受達哉・250
望月康平・340
百田博太郎・42
森謙司・186
森咲枝・162
森﨑翔・446
森崎航・30
森本凡碩・206
森本祐介・346
八木啓介・30
薬師寺正典・36
保川明・112
谷津拓哉・274
柳淑花・162
矢部聖子・274
山口敏寛・30
山口茉莉子・194
山﨑真司・162
山﨑臨在・58
山下遼太郎・404
山田文美・444
山田安人・100
山根航太・186
山本一貴・382
山本和徳・14
山本健太・294
山本真祐子・44
山本義人・274
劉セビョク・58
吉田全郎・252
吉田将樹・376
吉田瑞穂・274
吉田元樹・206
頼富祐斗・56
呂佳叡・274
若竹宏諭・46
脇谷太智・194
渡邊弘・206

■67期（2015年）
相原啓介・222
青木勝之・42
青柳徹・194
青山慎一・274
赤木翔一・380
赤木貴哉・210
秋田圭太・398
秋山恵里・194
浅井真央・346
浅沼大貴・360
浅野結・194

足立悠馬・274
安部立飛・206
有竹雄亮・400
安藤翔・30
飯島隆博・274
飯田龍太・274
飯永大地・206
家田真吾・320
猪狩勇人・30
池田篤紀・310
石井あやか・112
石川裕人・366
石嵜裕美子・36
石田明子・346
石津真二・346
石原和史・194
石原詩織・22
伊豆明彦・206
泉本和重・158
板谷隆平・194
市古裕太・162
市野澤剛士・224
伊藤敬之・336
伊藤達泰・414
伊藤雄馬・274
稲井宏紀・30
稲垣司・34
稲田祥子・162
稲葉大輔・162
井上圭史・324
井上諒一・274
伊吹健人・328
今井健仁・162
岩見勇志・366
上嶋孝法・206
上杉裕文・338
上原哲也・346
宇治圭・190
宇治佑星・194
内野寛信・162
有働達朗・194
江口尚吾・206
大浦佳純・4
大川恒星・404
大口敬・382
大澤潤也・16
大澤崇・240
大島貴文・132
大田愛子・238
太田垣佳樹・118

大坪めぐみ・438
大西ひとみ・26
大野昇平・6
大橋慧・412
大橋久維・278
大渕哲・194
大村慧・206
岡田智英・324
尾形優造・346
岡佳典・112
岡竜司・194
岡野貴明・274
岡村俊佑・178
小川泰寛・186
小川義弘・360
奥田健太郎・206
奥田亮輔・274
小里佳嵩・162
小田智典・162
小槻英之・194
鬼澤秀昌・162
小原隆太郎・200
加賀山皓・268
鍵田佳成・344
梶原康平・30
片桐秀樹・206
片山いずみ・30
片山裕二朗・206
片山喜敬・278
加藤和之・194
門野多希子・194
金光啓祐・362
金光由以・274
鎌倉千翔・260
上久保知優・206
亀岡千泰・206
川北大和・380
川口裕貴・194
川久保皆実・190
川島基則・132
川中啓由・162
川西皓大・206
河端直・394
川原蓮・46
川本善治・158
官澤康平・194
神田欽司・90
菊地諒・30
木田晃一・346
北島義之・30

北住敏樹・206
北田晃一・360
北村由紀・126
木下圭一・220
木村佐知子・108
姜明訓・30
久保宏貴・398
久保万理菜・92
熊野完・240
倉知紗也菜・194
呉竹辰・162
厚井久弥・284
小坂光矢・42
小坂友希乃・392
越川要・386
後藤泰己・10
小林明日香・66
小林辰也・52
小林正佳・240
小林佑輔・162
小松真理子・142
小山悠美子・30
近藤克樹・80
近藤正篤・194
近藤友紀・240
今野庸介・194
酒井智也・180
酒井未帆・8
坂下雄思・30
坂尻健輔・274
坂本麻里江・206
坂本萌・274
先山雅規・30
櫻太樹・52
佐志原将吾・26
靜間聖実・412
品川皓亮・162
篠田篤・308
篠田淳besten ・44
篠原一生・162
四戸健一・190
柴山吉報・26
白井俊太郎・274
白水克典・194
菅田正明・256
杉浦宏輝・58
杉本清・206
鈴木龍司・162
砂田雄土・194
陶山敬司・52

関裕治朗・44
関根みず奈・162
園元丈晴・274
平山夏紀・206
高石脩平・274
孝岡裕介・360
髙木佑衣・398
髙澤和也・130
髙田和佳・274
高梨翔太・298
高橋功・206
高橋正憲・44
高藤真人・162
田口洋介・230
竹川奈央子・272
竹下千尋・418
田勢華也子・194
多田晋作・360
立川献・186
田中敦・158
田邉幸太郎・154
谷本芳朗・194
田原直・216
田原靖久・194
玉置菜々子・404
玉巻輝久・156
田村哲也・274
田村優樹・76
田村勇人・30
塚田智宏・274
塚本聡・46
津久井康太朗・194
辻拓也・158
辻居弘平・300
蔦谷吉廣・30
角田龍哉・274
寺尾裕真・30
堂山健・392
時だい・274
渡田嘉樹・406
冨田信雄・358
冨永喜太郎・274
冨本晃司・360
豊田紗織・194
中尾匡利・274
永里佐和子・44
中澤亮一・304
中田光彦・274
中田佳孝・438
長戸貴志・62

中村恵太・162
中村仁恒・292
中山祥・162
仲谷陽一・90
奈古屋嘉仁・226
難波江梨・398
西村龍一・128
西山諒・142
丹羽達也・240
野崎智己・180
野尻裕明・112
野呂悠登・162
萩野貴光・158
羽間弘善・40
橋本悠・22
橋本裕子・206
長谷川博一・274
羽場貴広・194
羽場知世・112
浜田将裕・382
林敬祐・280

林駿一郎・108
林裕人・274
原田紗衣・162
東出大輝・52
東山絵莉・320
樋口雄一・274
平田尚久・408
深谷太一・206
福井佑理・30
藤井康太・162
藤井崇英・194
藤田詩絵里・218
藤田達郎・90
武士俣隆介・30
太尾剛・220
古澤拓・120
古瀬智子・178
古谷健太郎・254
伯耆雄介・162
星野公紀・162
細川日色・282

細野希・304
堀田純平・206
堀亜由美・30
前川良介・206
前澤友規・206
牧野達彦・30
牧山愛美・428
政安慶一・206
増井邦繁・194
舛谷寅彦・30
益田美佳・206
町田覚・190
松浦真弓・338
松原拓也・194
松本周・206
丸一浩貴・66
三島可織・194
水本啓太・30
三嶽一樹・42
光本亘佑・46
南川克博・432

村上康介・16
村上光太郎・376
村上遼・30
村田和希・236
森卓也・162
森下梓・286
森田理早・274
森藤夢菜・346
守屋惇史・42
毛呂直輝・58
安田裕明・438
山内邦昭・346
山川佳子・274
山口貴臣・162
山﨑悦子・30
山下翔・162
山田康平・40
山田大・206
山根美奈・152
山本明・206

山本真裕・30
湯村暁・206
横田香名・152
横室直樹・186
横山咲子・206
吉井翔吾・162
吉田咲耶・206
八島俊紀・206
李知珉・112
陸川俊・30
我妻由香莉・206
若松辰太郎・334
渡辺絢・36
渡辺翼・194
渡邉一雅・124
渡邉貴久・206
渡邉牧史・366
渡邉雅博・346
渡邉真澄・112
渡邊悠人・124

弁護士法第5条による特例の登録年別

■1991
小田博・248
■1992
新堂幸司・126
■1993
安冨潔・284
■1995
鈴木正裕・340
■1996
倉田紘士・406
松下満雄・194
■1997
重田晴生・52
土井輝生・76
山下丈・230
■1998
厚谷襄児・228
伊従寛・112
小林節・118
■1999
江口順一・400
半田正夫・162
範国輝・24
■2000
志él康雄・236
滝本豊水・206

舛井一仁・118
■2002
笠原俊宏・258
北川俊光・346
田邊光政・358
■2003
今野裕之・58
花見忠・254
藤田勝利・376
森章・400
■2004
鎌田薫・274
坂本恵三・222
末永敏和・404
田中開・162
道垣内正人・194
永井和之・156
中島秀二・156
中島弘雅・50
野村修也・274
廣江健司・220
福原紀彦・258
山田剛志・96
■2005
石島弘・418
片木晴彦・420

小泉直樹・162
後藤紀一・420
津島雄二・160
野村豊弘・188
波光巌・156
濱谷和生・370
早川吉尚・46
坂東俊矢・356
比護正史・236
福田博・206
三井正信・420
■2006
占部裕典・400
大瀬戸豪志・328
大宮正・206
阪田雅裕・30
左藤惠・368
高橋和之・346
箱井崇史・64
長谷川貞之・222
林桂一・236
牧野和夫・118
森清園生・30
■2007
荒巻禎一・330
伊藤眞・194

大島俊之・404
岡村堯・118
加藤雅信・30
兼元俊徳・112
木下毅・252
小長啓一・120
田中徳夫・40
■2008
相原隆・416
石川重明・250
墳﨑敏之・30
鳥羽衞・194
中山信弘・206
西江章・142
宮本四郎・132
■2009
櫻田嘉章・30
高橋宏志・274
棚橋祐治・112
中空壽雅・222
野平匡邦　・132
三木義一・364
吉岡伸一・382
■2010
窪田武・236
塩田薫範・160

田波耕治・216
芳賀良・40
■2011
遠藤美光・246
筑紫勝麿・262
西川元啓・214
森本滋・382
■2012
岡田康彦・360
建部和仁・180
吉本健一・376
■2013
幸田雅治・86
中村明雄・160
■2014
入山幸・74
内田貴・274
田村正博・186
真砂靖・206
森淳二朗・428
紋谷暢男・180
■2015
河野正憲・438

証券コード別社外役員索引

※ 2015年7月1日現在、証券コードをもつ証券取引所上場会社（新興市場を含む）の社外取締役および社外監査役の状況を、掲載法律事務所に申告いただいたものを証券コード順に「索引」としてまとめたもの。事務所によっては「非公開」として情報を提供いただけなかった場合もあるが、その場合、公開情報等に基づき、編者の判断で付加した情報もある。さらに、本年10月1日現在、上場（公開）を廃止している会社または廃止することが予定されていることが開示されている会社については、削除している。

〔1332 日本水産〕
　樋口収（敬和綜合）監査役・96
〔1381 アクシーズ〕
　新倉哲朗（和田久）監査役・448
〔1417 ミライト・ホールディングス〕
　海老沼英次（田辺総合）取締役・160
〔1419 タマホーム〕
　草野芳郎（矢吹）取締役・282
〔1430 ファーストコーポレーション〕
　諸橋隆章（清水直）監査役・122
〔1605 国際石油開発帝石〕
　岡田康彦（北浜）取締役・360
〔1663 K&Oエナジーグループ〕
　棚橋祐治（シティユーワ）取締役・112
　吉益信治（第一芙蓉）監査役・150
〔1721 コムシスホールディングス〕
　宮下正彦（TMI総合）監査役・162
〔1724 シンクレイヤ〕
　清水綾子（石原総合）監査役・314
〔1726 ビーアールホールディングス〕
　小田清和（広島総合）取締役・420
〔1771 日本乾溜工業〕
　永原豪（德永・松﨑・斉藤）監査役・432
〔1805 飛島建設〕
　田路至弘（岩田合同［山根室］）監査役・40
〔1808 長谷工コーポレーション〕
　磯田光男（三宅）監査役・400
〔1811 錢高組〕
　阪口祐康（協和綜合）監査役・366
〔1813 不動テトラ〕
　植村公彦（御堂筋）監査役・398
〔1819 日鉄住金テックスエンジ〕
　土岐敦司（成和明哲）監査役・142
〔1820 西松建設〕
　菊池きよみ（TMI総合）取締役・162

〔1824 前田建設工業〕
　渡邊顯（成和明哲）取締役・142
〔1827 ナカノフドー建設〕
　山谷耕平（三宅・山崎）監査役・270
〔1835 東鉄工業〕
　石川達紘（光和総合）監査役・102
〔1853 森組〕
　藪口隆（御堂筋）監査役・398
〔1868 三井ホーム〕
　伊藤茂昭（シティユーワ）監査役・112
〔1870 矢作建設工業〕
　石原真二（石原総合）取締役・314
〔1897 金下建設〕
　田中彰寿（田中彰寿）取締役・334
〔1911 住友林業〕
　平川純子（シティユーワ）取締役・112
〔1929 日特建設〕
　水川聡（二重橋）取締役・210
〔1931 日本電通〕
　中務正裕（中央総合）監査役・382
〔1936 シーキューブ〕
　西垣誠（入谷）監査役・316
〔1944 きんでん〕
　鳥山半六（色川）監査役・336
〔1946 トーエネック〕
　秋田勝彦（石原総合）監査役・314
〔1948 弘電社〕
　塩田薫範（田辺総合）取締役・160
〔1949 住友電設〕
　間石成人（色川）監査役・336
〔1964 中外炉工業〕
　碩省三（御堂筋）監査役・398
〔1968 太平電業〕
　池内稚利（光和総合）補監査役・102

〔1969 高砂熱学工業〕
　伊藤鉄男（西村あさひ）監査役・206
〔1973 NECネッツエスアイ〕
　市毛由美子（のぞみ総合）取締役・212
　菊池祐司（東京八丁堀）監査役・174
〔1975 朝日工業社〕
　牛島信（牛島総合）監査役・42
〔1982 日比谷総合設備〕
　渥美博夫（渥美坂井）取締役・24
〔1983 東芝プラントシステム〕
　和田希志子（ふじ合同）取締役・234
　石井崇（大江橋）監査役・346
〔1984 三信建設工業〕
　難波修一（桃尾・松尾・難波）監査役・272
〔1992 神田通信機〕
　吉益信治（第一芙蓉）監査役・150
〔2001 日本製粉〕
　熊倉禎男（中村合同）取締役・202
　川俣尚高（丸の内総合）監査役・260
〔2060 フィード・ワンホールディングス〕
　岡田康彦（北浜）取締役・360
〔2117 日新製糖〕
　飯塚佳都子（シティユーワ）取締役・112
　延増拓郎（石嵜・山中総合）監査役・36
〔2120 ネクスト〕
　松嶋英機（西村あさひ）監査役・206
〔2124 ジェイエイシーリクルートメント〕
　伊藤尚（阿部・井窪・片山）監査役・26
〔2131 アコーディア・ゴルフ〕
　須藤修（須藤・髙井）取締役・138
〔2146 UTグループ〕
　門伝明子（二重橋）取締役・210
〔2165 メガロス〕
　小野顕（スプリング）監査役・140
〔2174 GCAサヴィアン〕
　米正剛（森・濱田松本）取締役・274
〔2175 エス・エム・エス〕
　松林智紀（田辺総合）監査役・160
〔2193 クックパッド〕
　岩倉正和（西村あさひ）監査役・206
〔2204 中村屋〕
　原秋彦（日比谷パーク）監査役・230
〔2206 江崎グリコ〕
　益田哲生（中之島中央）取締役・390

〔2216 カンロ〕
　西村光治（松尾綜合）監査役・254
〔2224 コモ〕
　井口浩治（アイ・パートナーズ）監査役・308
〔2229 カルビー〕
　谷津明美（TMI総合）監査役・162
〔2264 森永乳業〕
　奥宮京子（田辺総合）取締役・160
　富田美栄子（西綜合）監査役・204
〔2269 明治ホールディングス〕
　佐貫葉子（NS綜合）取締役・50
　渡邊肇（潮見坂綜合）監査役・110
〔2281 プリマハム〕
　山下丈（日比谷パーク）取締役・230
〔2282 日本ハム〕
　片山登志子（片山・平泉）監査役・356
〔2286 林兼産業〕
　石川達紘（光和総合）取締役・102
〔2305 スタジオアリス〕
　雨宮沙耶花（淀屋橋・山上合同）監査役・404
〔2327 新日鉄住金ソリューションズ〕
　中野明安（丸の内総合）監査役・260
〔2332 クエスト〕
　上柳利彦（東京駿河台）監査役・172
〔2337 いちごグループホールディングス〕
　熊谷真喜（二重橋）取締役・210
〔2362 夢真ホールディングス〕
　六川浩明（小笠原六川国際総合）監査役・58
〔2379 ディップ〕
　江尻隆（西村あさひ）監査役・206
〔2398 ツクイ〕
　鳥養雅夫（桃尾・松尾・難波）監査役・272
〔2399 綜合臨床ホールディングス〕
　田辺信彦（田辺総合）監査役・160
〔2400 メッセージ〕
　杉山真一（原後綜合）取締役・222
〔2402 アマナ〕
　飛松純一（森・濱田松本）監査役・274
〔2418 ツカダ・グローバルホールディング〕
　千原曜（さくら共同）監査役・108
〔2433 博報堂DYホールディングス〕
　内田実（虎ノ門南）監査役・188
　山口勝之（西村あさひ）監査役・206

〔2436 共同ピーアール〕
　明石一秀（隼あすか）取締役・220
〔2449 プラップジャパン〕
　福島栄一（西村あさひ）取締役・206
〔2453 ジャパンベストレスキューシステム〕
　熊谷真喜（二重橋）取締役・210
　有田知徳（シティユーワ）監査役・112
〔2475 WDBホールディングス〕
　黒田清行（三宅）取締役・400
〔2479 ジェイテック〕
　尾野恭史（古賀総合）監査役・98
〔2483 翻訳センター〕
　山本淳（堂島）取締役・384
〔2499 日本和装ホールディングス〕
　三好豊（森・濱田松本）監査役・274
〔2502 アサヒグループホールディングス〕
　早稲田祐美子（東京六本木）監査役・182
〔2503 キリンホールディングス〕
　橋本副孝（東京八丁堀）監査役・174
〔2586 フルッタフルッタ〕
　瓜生健太郎（瓜生・糸賀）取締役・46
〔2587 サントリー食品インターナショナル〕
　内田晴康（森・濱田松本）取締役・274
〔2590 ダイドードリンコ〕
　森真二（中央総合）取締役・382
〔2611 攝津製油〕
　魚住泰宏（大江橋）監査役・346
〔2651 ローソン〕
　小澤徹夫（東京富士）監査役・176
〔2653 イオン九州〕
　阪口彰洋（淀屋橋・山上合同）監査役・404
〔2678 アスクル〕
　北田幹直（森・濱田松本）監査役・274
〔2686 ジーフット〕
　柴田昭久（淀屋橋・山上合同）取締役・404
〔2693 YKT〕
　尾野恭史（古賀総合）監査役・98
〔2726 パル〕
　若杉洋一（大江橋）監査役・346
〔2752 フジオフードシステム〕
　山田庸男（梅ヶ枝中央）監査役・338
〔2762 三光マーケティングフーズ〕
　宮川勝之（東京丸の内）監査役・180
〔2784 アルフレッサホールディングス〕
　神垣清水（日比谷総合）監査役・228

〔2801 キッコーマン〕
　高後元彦（紀尾井坂テーミス綜合）監査役・84
〔2802 味の素〕
　佐藤りえ子（石井）監査役・34
〔2809 キユーピー〕
　坂井一郎（北浜）取締役・360
〔2811 カゴメ〕
　江尻隆（西村あさひ）監査役・206
〔2819 エバラ食品工業〕
　青戸理成（鳥飼総合）監査役・190
〔2882 イートアンド〕
　池田佳史（栄光）取締役・342
〔2897 日清食品ホールディングス〕
　向井千杉（西綜合）監査役・204
〔2902 太陽化学〕
　久保田修平（森・濱田松本）取締役・274
〔2905 オーケー食品工業〕
　家永由佳里（徳永・松﨑・斉藤）取締役・432
〔3002 グンゼ〕
　天野勝介（北浜）取締役・360
〔3003 ヒューリック〕
　山田秀雄（山田・尾﨑）取締役・284
〔3004 神栄〕
　福田正（第一）取締役・376
〔3046 ジェイアイエヌ〕
　大井哲也（TMI総合）監査役・162
〔3064 MonotaRO〕
　山形康郎（関西）取締役・358
〔3065 ライフフーズ〕
　長澤哲也（大江橋）監査役・346
〔3104 富士紡ホールディングス〕
　飯田直樹（成和明哲）監査役・142
〔3106 クラボウ〕
　茂木鉄平（大江橋）監査役・346
〔3109 シキボウ〕
　畑守人（竹林・畑・中川・福島）監査役・378
〔3123 サイボー〕
　錦戸景一（光和総合）監査役・102
〔3135 マーケットエンタープライズ〕
　大井哲也（TMI総合）監査役・162
〔3159 丸善CHIホールディングス〕
　大胡誠（柳田国際）監査役・280

〔3169　ミサワ〕
　　内田久美子（鳥飼総合）監査役・190
〔3170　アイセイ薬局〕
　　澤井英久（新四谷）監査役・130
〔3176　三洋貿易〕
　　市毛由美子（のぞみ総合）監査役・212
〔3177　ありがとうサービス〕
　　田中庸介（東町）監査役・416
〔3178　チムニー〕
　　梅林啓（西村あさひ）取締役・206
〔3179　シュッピン〕
　　村田真一（兼子・岩松）取締役・82
〔3191　ジョイフル本田〕
　　広瀬史乃（阿部・井窪・片山）監査役・26
〔3204　トーア紡コーポレーション〕
　　髙島志郎（淀屋橋・山上合同）監査役・404
〔3222　ユナイテッド・スーパーマーケット・
　　ホールディングス〕
　　鳥飼重和（鳥飼総合）取締役・190
〔3223　エスエルディー〕
　　松本真輔（中村・角田・松本）監査役・200
〔3228　三栄建築設計〕
　　池内稚利（光和総合）監査役・102
〔3231　野村不動産ホールディングス〕
　　大岸聡（西村あさひ）取締役・206
　　小野顕（スプリング）取締役・140
〔3236　プロパスト〕
　　萩原浩二（馬場・澤田）取締役・218
〔3258　ユニゾホールディングス〕
　　北山元章（田辺総合）取締役・160
　　伊藤鉄男（西村あさひ）監査役・206
〔3260　エスポア〕
　　金子憲康（あさひ）取締役・22
〔3261　グランディーズ〕
　　原口祥彦（アゴラ）取締役・442
　　生野裕一（アゴラ）監査役・442
〔3302　帝国繊維〕
　　髙木裕康（東京丸の内）取締役・180
〔3306　日本製麻〕
　　児玉実史（北浜）取締役・360
〔3313　ブックオフコーポレーション〕
　　内藤亜雅沙（田辺総合）取締役・160
〔3323　レカム〕
　　山崎篤士（小沢・秋山）監査役・68

〔3326　ランシステム〕
　　中藤力（日比谷総合）監査役・228
〔3346　21LADY〕
　　荒竹純一（さくら共同）監査役・108
〔3353　メディカル一光〕
　　滝口広子（北浜）取締役・360
〔3393　スターティア〕
　　松永暁太（ふじ合同）監査役・234
〔3396　フェリシモ〕
　　藤田清文（淀屋橋・山上合同）取締役・404
〔3402　東レ〕
　　永井敏雄（卓照綜合）監査役・156
〔3405　クラレ〕
　　藤本美枝（TMI総合）監査役・162
〔3407　旭化成〕
　　伊藤鉄男（西村あさひ）監査役・206
〔3433　トーカロ〕
　　山崎優（梅田総合）取締役・340
〔3437　特殊電極〕
　　濱田雄久（なにわ共同）監査役・394
〔3513　イチカワ〕
　　出縄正人（スプリング）監査役・140
〔3591　ワコールホールディングス〕
　　竹村葉子（三宅・今井・池田）監査役・266
〔3606　レナウン〕
　　吾妻望（東京八丁堀）監査役・174
〔3623　ビリングシステム〕
　　中谷浩一（桃尾・松尾・難波）監査役・272
〔3632　グリー〕
　　永沢徹（永沢総合）監査役・192
〔3634　ソケッツ〕
　　大塚一郎（東京六本木）監査役・182
〔3653　モルフォ〕
　　平野高志（ブレークモア）監査役・236
〔3655　ブレインパッド〕
　　山口勝之（西村あさひ）監査役・206
〔3659　ネクソン〕
　　国谷史朗（大江橋）取締役・346
　　森亮二（英知）監査役・344
〔3665　エニグモ〕
　　西本強（日比谷パーク）監査役・230
〔3668　コロプラ〕
　　飯田耕一郎（森・濱田松本）監査役・274
〔3669　モバイルクリエイト〕
　　原口祥彦（アゴラ）監査役・442

〔3672 オルトプラス〕
　隈元慶幸（堀総合）監査役・246
〔3674 オークファン〕
　池田毅（森・濱田松本）監査役・274
〔3679 じげん〕
　北村導人（西村あさひ）監査役・206
〔3680 ホットリンク〕
　荒竹純一（さくら共同）監査役・108
〔3685 みんなのウェディング〕
　飯田耕一郎（森・濱田松本）監査役・274
〔3688 VOYAGE GROUP〕
　野村亮輔（きっかわ）監査役・362
〔3695 GMOリサーチ〕
　橋本昌司（渥美坂井）取締役・24
〔3708 特殊東海製紙〕
　石川達紘（光和総合）取締役・102
〔3711 創通〕
　淵邊善彦（TMI総合）監査役・162
〔3712 情報企画〕
　田積司（淀屋橋・山上合同）監査役・404
〔3754 エキサイト〕
　行方國雄（TMI総合）監査役・162
〔3762 テクマトリックス〕
　三浦亮太（森・濱田松本）取締役・274
〔3774 インターネットイニシアティブ〕
　岡田理樹（石井）監査役・34
〔3791 IGポート〕
　桶田大介（北浜）監査役・360
〔3798 ULSグループ〕
　唐津真美（骨董通り）監査役・106
〔3799 キーウェアソリューションズ〕
　瀧田博（雨宮眞也）監査役・28
〔3828 ニフティ〕
　山室惠（瓜生・糸賀）監査役・46
〔3834 朝日ネット〕
　二井矢聡子（潮見坂綜合）取締役・110
〔3839 ODKソリューションズ〕
　水野武夫（共栄）監査役・364
〔3843 フリービット〕
　山口勝之（西村あさひ）監査役・206
〔3861 王子ホールディングス〕
　奈良道博（半蔵門総合）取締役・224
　北田幹直（森・濱田松本）取締役・274
　宮崎裕子（長島・大野・常松）監査役・194

〔3864 三菱製紙〕
　品川知久（森・濱田松本）取締役・274
〔3865 北越紀州製紙〕
　牛島信（牛島総合）取締役・42
〔3878 巴川製紙所〕
　鮫島正洋（内田・鮫島）監査役・44
〔3880 大王製紙〕
　山川洋一郎（古賀総合）監査役・98
〔3903 gumi〕
　鈴木学（西村あさひ）監査役・206
〔3917 アイリッジ〕
　隈元慶幸（堀総合）監査役・246
〔4004 昭和電工〕
　手塚裕之（西村あさひ）監査役・206
〔4007 日本化成〕
　大胡誠（柳田国際）取締役・280
〔4021 日産化学工業〕
　片山典之（シティユーワ）監査役・112
〔4025 多木化学〕
　阪口誠（中之島シティ）監査役・388
〔4027 テイカ〕
　田中等（淀屋橋・山上合同）取締役・404
〔4041 日本曹達〕
　鈴木五十三（古賀総合）監査役・98
　村上政博（森・濱田松本）監査役・274
〔4042 東ソー〕
　尾﨑恒康（西村あさひ）監査役・206
〔4046 ダイソー〕
　森真二（中央総合）監査役・382
〔4047 関東電化工業〕
　松井秀樹（丸の内総合）取締役・260
〔4061 電気化学工業〕
　笹浪恒弘（卓照綜合）監査役・156
〔4062 イビデン〕
　塩田薫範（田辺総合）監査役・160
〔4063 信越化学工業〕
　福井琢（柏木総合）監査役・76
〔4091 大陽日酸〕
　勝丸充啓（芝綜合）取締役・118
〔4095 日本パーカライジング〕
　西村光治（松尾綜合）取締役・254
〔4109 ステラケミファ〕
　西村勇作（梅ヶ枝中央）監査役・338
〔4115 本州化学工業〕
　松浦康治（柏木総合）取締役・76

〔4117　川崎化成工業〕
　澤井俊之（大江橋）取締役・346
〔4151　協和発酵キリン〕
　瓜生健太郎（瓜生・糸賀）監査役・46
〔4185　JSR〕
　植草宏一（みなと協和）監査役・264
〔4188　三菱ケミカルホールディングス〕
　渡邉一弘（東町）取締役・416
〔4201　日本合成化学工業〕
　吉野孝義（大阪本町）監査役・352
〔4204　積水化学工業〕
　小澤徹夫（東京富士）監査役・176
〔4206　アイカ工業〕
　花村淑郁（石原総合）監査役・314
〔4212　積水樹脂〕
　佐々木茂夫（御堂筋）監査役・398
〔4228　積水化成品工業〕
　高坂敬三（色川）監査役・336
〔4231　タイガースポリマー〕
　大川治（堂島）監査役・384
〔4272　日本化薬〕
　太田洋（西村あさひ）監査役・206
〔4275　カーリットホールディングス〕
　大村扶美枝（新堂・松村）取締役・126
〔4290　プレステージ・インターナショナル〕
　大向尚子（西村あさひ）取締役・206
〔4295　フェイス〕
　菅谷貴子（山田・尾﨑）監査役・284
〔4304　Ｅストアー〕
　岩出誠（ロア・ユナイテッド）監査役・292
〔4337　ぴあ〕
　松田政行（森・濱田松本）監査役・274
〔4344　ソースネクスト〕
　久保利英明（日比谷パーク）取締役・230
〔4350　メディカルシステムネットワーク〕
　米屋佳史（米屋・林）監査役・6
〔4368　扶桑化学工業〕
　江黒早耶香（シティユーワ）取締役・112
〔4401　ADEKA〕
　竹村葉子（三宅・今井・池田）監査役・266
〔4406　新日本理化〕
　織田貴昭（三宅）監査役・400
〔4452　花王〕
　早稲田祐美子（東京六本木）監査役・182

〔4465　ニイタカ〕
　茂木鉄平（大江橋）監査役・346
〔4502　武田薬品工業〕
　国谷史朗（大江橋）監査役・346
〔4506　大日本住友製薬〕
　内田晴康（森・濱田松本）監査役・274
〔4507　塩野義製薬〕
　茂木鉄平（大江橋）取締役・346
　福田健次（堂島）監査役・384
〔4508　田辺三菱製薬〕
　家近正直（第一）監査役・376
〔4516　日本新薬〕
　坂田均（御池総合）取締役・328
〔4519　中外製薬〕
　原壽（長島・大野・常松）監査役・194
〔4523　エーザイ〕
　鈴木修（ユアサハラ）取締役・286
〔4524　森下仁丹〕
　石原真弓（大江橋）監査役・346
〔4527　ロート製薬〕
　天野勝介（北浜）監査役・360
〔4528　小野薬品工業〕
　間石成人（色川）監査役・336
〔4534　持田製薬〕
　釘澤知雄（東京富士）取締役・176
〔4543　テルモ〕
　米正剛（森・濱田松本）取締役・274
〔4544　みらかホールディングス〕
　石黒美幸（長島・大野・常松）取締役・194
〔4548　生化学工業〕
　片山英二（阿部・井窪・片山）取締役・26
　藤本美枝（TMI総合）監査役・162
〔4551　鳥居薬品〕
　鳥養雅夫（桃尾・松尾・難波）監査役・272
〔4565　そーせいグループ〕
　遠山友寛（TMI総合）取締役・162
〔4573　アールテック・ウエノ〕
　田口和幸（阿部・井窪・片山）監査役・26
〔4574　大幸薬品〕
　柳澤宏輝（長島・大野・常松）監査役・194
〔4612　日本ペイントホールディングス〕
　小原正敏（きっかわ）取締役・362
〔4613　関西ペイント〕
　今村峰夫（久保井総合）監査役・368

〔4616 川上塗料〕
　高坂佳郁子（色川）監査役・336
〔4619 日本特殊塗料〕
　奈良道博（半蔵門総合）取締役・224
〔4633 サカタインクス〕
　中川克己（竹林・畑・中川・福島）取締役・378
〔4644 イマジニア〕
　荒竹純一（さくら共同）監査役・108
〔4661 オリエンタルランド〕
　甲斐中辰夫（卓照綜合）監査役・156
〔4665 ダスキン〕
　織田貴昭（三宅）監査役・400
〔4667 アイサンテクノロジー〕
　村橋泰志（あゆの風）監査役・312
〔4681 リゾートトラスト〕
　相羽洋一（しるべ総合）取締役・322
〔4695 マイスターエンジニアリング〕
　米田秀実（淀屋橋・山上合同）監査役・404
〔4696 ワタベウェディング〕
　佐伯照道（北浜）監査役・360
〔4704 トレンドマイクロ〕
　藤田浩司（奥野総合）監査役・66
〔4714 リソー教育〕
　有田知徳（シティユーワ）取締役・112
〔4716 日本オラクル〕
　大岸聡（西村あさひ）取締役・206
〔4722 フューチャーアーキテクト〕
　渡邉光誠（大江橋）監査役・346
〔4726 ソフトバンク・テクノロジー〕
　中野通明（虎ノ門南）監査役・188
〔4739 伊藤忠テクノソリューションズ〕
　多田敏明（日比谷総合）監査役・228
〔4748 構造計画研究所〕
　中込秀樹（ふじ合同）監査役・234
〔4755 楽天〕
　草野耕一（西村あさひ）取締役・206
　山口勝之（西村あさひ）監査役・206
〔4766 ピーエイ〕
　中村隆夫（鳥飼総合）取締役・190
〔4767 テー・オー・ダブリュー〕
　萩原新太郎（芝綜合）取締役・118
〔4809 パラカ〕
　中村隆夫（鳥飼総合）取締役・190

〔4842 USEN〕
　森浩志（西村あさひ）取締役・206
〔4848 フルキャストホールディングス〕
　岡芹健夫（髙井・岡芹）監査役・152
〔4901 富士フイルムホールディングス〕
　小杉丈夫（松尾綜合）監査役・254
〔4912 ライオン〕
　山田秀雄（山田・尾﨑）取締役・284
〔4920 日本色材工業研究所〕
　遠山友寛（TMI総合）監査役・162
〔4928 ノエビアホールディングス〕
　菊間千乃（松尾綜合）取締役・254
〔4951 エステー〕
　宮川美津子（TMI総合）取締役・162
〔4962 互応化学工業〕
　渡邊徹（淀屋橋・山上合同）取締役・404
〔4963 星光PMC〕
　渡邊肇（潮見坂綜合）監査役・110
〔4967 小林製薬〕
　酒井竜児（長島・大野・常松）監査役・194
〔4968 荒川化学工業〕
　中務正裕（中央総合）監査役・382
〔4975 JCU〕
　市川充（リソルテ総合）監査役・290
〔4977 新田ゼラチン〕
　石原真弓（大江橋）取締役・346
〔4980 デクセリアルズ〕
　藤田浩司（奥野総合）取締役・66
〔4990 昭和化学工業〕
　谷健太郎（三宅）監査役・400
〔4999 セメダイン〕
　小澤徹夫（東京富士）監査役・176
〔5002 昭和シェル石油〕
　山岸憲司（リソルテ総合）監査役・290
〔5011 ニチレキ〕
　藤田浩司（奥野総合）取締役・66
　渋村晴子（本間合同）監査役・250
〔5012 東燃ゼネラル石油〕
　松尾眞（桃尾・松尾・難波）取締役・272
〔5019 出光興産〕
　伊藤亮介（TMI総合）取締役・162
　庭山正一郎（あさひ）監査役・22
〔5020 JXホールディングス〕
　兼元俊徳（シティユーワ）監査役・112
　中込秀樹（ふじ合同）監査役・234

〔5105 東洋ゴム工業〕
　苗村博子（虎門中央）取締役・186
　辰野久夫（辰野・尾崎・藤井）監査役・380
〔5108 ブリヂストン〕
　鵜瀞惠子（大江橋）取締役・346
〔5110 住友ゴム工業〕
　高坂敬三（色川）取締役・336
〔5122 オカモト〕
　相澤光江（TMI総合）取締役・162
〔5161 西川ゴム工業〕
　大迫唯志（広島総合）取締役・420
〔5191 住友理工〕
　入谷正章（入谷）取締役・316
〔5210 日本山村硝子〕
　鳥山半六（色川）監査役・336
〔5214 日本電気硝子〕
　木村圭二郎（共栄）監査役・364
〔5218 オハラ〕
　杉田光義（原後総合）監査役・222
〔5233 太平洋セメント〕
　小泉淑子（シティユーワ）取締役・112
〔5234 デイ・シイ〕
　奥宮京子（田辺総合）取締役・160
〔5310 東洋炭素〕
　田辺陽一（色川）監査役・336
〔5341 アサヒ衛陶〕
　中光弘（中央総合）監査役・382
〔5343 ニッコー〕
　村瀬孝子（鳥飼総合）監査役・190
〔5351 品川リフラクトリーズ〕
　中島茂（中島経営）取締役・198
〔5357 ヨータイ〕
　平川敏彦（堂島総合）取締役・386
　浦田和栄（関西）監査役・358
〔5380 新東〕
　西垣誠（入谷）監査役・316
〔5388 クニミネ工業〕
　伊藤尚（阿部・井窪・片山）監査役・26
〔5393 ニチアス〕
　和智洋子（梶谷綜合）監査役・74
〔5395 理研コランダム〕
　長﨑俊樹（岡村綜合）監査役・62
〔5406 神戸製鋼所〕
　佐々木茂夫（御堂筋）監査役・398

〔5413 日新製鋼〕
　山川洋一郎（古賀総合）監査役・98
〔5440 共英製鋼〕
　田原睦夫（はばたき綜合）取締役・396
〔5445 東京鐵鋼〕
　澤田和也（馬場・澤田）取締役・218
〔5541 大平洋金属〕
　松本伸也（丸の内総合）取締役・260
〔5697 サンユウ〕
　清水良寛（淀屋橋・山上合同）取締役・404
〔5702 大紀アルミニウム工業所〕
　辰野守彦（芝綜合）取締役・118
〔5714 DOWAホールディングス〕
　武田仁（丸の内総合）監査役・260
〔5721 エス・サイエンス〕
　上田直樹（さくら共同）監査役・108
〔5726 大阪チタニウムテクノロジーズ〕
　飯島奈絵（堂島）取締役・384
〔5727 東邦チタニウム〕
　井窪保彦（阿部・井窪・片山）取締役・26
〔5801 古河電気工業〕
　頃安健司（TMI総合）監査役・162
〔5809 タツタ電線〕
　安江英行（東京丸の内）取締役・180
〔5820 三ッ星〕
　中尾巧（淀屋橋・山上合同）監査役・404
〔5856 東理ホールディングス〕
　後藤千惠（さくら共同）監査役・108
〔5911 横河ブリッジホールディングス〕
　北田幹直（森・濱田松本）取締役・274
〔5923 高田機工〕
　桑原豊（第一）監査役・376
〔5928 アルメタックス〕
　濱岡峰也（清和）取締役・374
〔5929 三和ホールディングス〕
　田辺克彦（田辺総合）監査役・160
〔5930 文化シャッター〕
　飯田英男（奥野総合）監査役・66
〔5941 中西製作所〕
　辻井一成（堂島総合）取締役・386
〔5962 浅香工業〕
　中務正裕（中央総合）監査役・382
〔5967 TONE〕
　山上和則（淀屋橋・山上合同）監査役・404

〔5970 ジーテクト〕
　大胡誠（柳田国際）取締役・280
〔5975 東プレ〕
　高田剛（鳥飼総合）取締役・190
〔5981 東京製綱〕
　小田木毅（石井）監査役・34
〔5986 モリテックスチール〕
　阪口誠（中之島シティ）監査役・388
〔5990 スーパーツール〕
　松本司（関西）監査役・358
〔5991 ニッパツ〕
　末啓一郎（ブレークモア）取締役・236
〔5993 知多鋼業〕
　辻巻真（辻巻総合）監査役・326
〔6018 阪神内燃機工業〕
　小越芳保（神戸海都）監査役・406
〔6026 GMOTECH〕
　瓜生健太郎（瓜生・糸賀）取締役・46
〔6047 Gunosy〕
　柳原克哉（第一）取締役・376
〔6079 エナリス〕
　藤原総一郎（森・濱田松本）監査役・274
〔6083 ERIホールディングス〕
　山宮慎一郎（TMI総合）取締役・162
〔6090 ヒューマン・メタボローム・テクノロジーズ〕
　松田純一（松田綜合）監査役・256
〔6093 エスクロー・エージェント・ジャパン〕
　本井文夫（御堂筋）監査役・398
〔6095 メドピア〕
　佐藤弘康（成和明哲）監査役・142
〔6098 リクルートホールディングス〕
　井上広樹（長島・大野・常松）監査役・194
〔6101 ツガミ〕
　島田邦雄（島田）取締役・120
〔6118 アイダエンジニアリング〕
　五味廣文（西村あさひ）取締役・206
〔6131 浜井産業〕
　政木道夫（シティユーワ）取締役・112
〔6145 日特エンジニアリング〕
　奥平力（マリタックス）監査役・258
〔6167 富士ダイス〕
　澤井英久（新四谷）取締役・130
〔6222 島精機製作所〕
　野村祥子（堂島）監査役・384

〔6239 ナガオカ〕
　木村圭二郎（共栄）監査役・364
〔6247 日阪製作所〕
　加藤幸江（中央総合）取締役・382
　田中等（淀屋橋・山上合同）監査役・404
〔6258 平田機工〕
　今村憲（三宅・山崎）監査役・270
〔6267 ゼネラルパッカー〕
　村橋泰志（あゆの風）監査役・312
〔6273 SMC〕
　鈴江辰男（真和総合）監査役・132
〔6276 ナビタス〕
　飯島奈絵（堂島）監査役・384
〔6284 日精エー・エス・ビー機械〕
　中島茂（中島経営）監査役・198
〔6287 サトーホールディングス〕
　山田秀雄（山田・尾崎）取締役・284
〔6292 カワタ〕
　軸丸欣哉（淀屋橋・山上合同）監査役・404
〔6294 オカダアイヨン〕
　稲田正毅（共栄）監査役・364
〔6305 日立建機〕
　平川純子（シティユーワ）取締役・112
〔6316 丸山製作所〕
　土岐敦司（成和明哲）監査役・142
〔6330 東洋エンジニアリング〕
　内田清人（岡村綜合）監査役・62
〔6355 住友精密工業〕
　森恵一（色川）監査役・336
〔6357 三精テクノロジーズ〕
　池口毅（大阪西総合）監査役・350
〔6361 荏原〕
　国谷史朗（大江橋）取締役・346
〔6376 日機装〕
　菊地裕太郎（菊地綜合）取締役・88
　中久保満昭（あさひ）監査役・22
〔6383 ダイフク〕
　内田晴康（森・濱田松本）監査役・274
〔6392 ヤマダコーポレーション〕
　豊田賢治（東京桜橋）監査役・170
〔6396 宇野澤組鐵工所〕
　西村賢（成和明哲）監査役・142
〔6406 フジテック〕
　佐伯照道（北浜）取締役・360

〔6408 小倉クラッチ〕
　隈元慶幸（堀総合）監査役・246
〔6418 日本金銭機械〕
　森本宏（北浜）監査役・360
〔6425 ユニバーサルエンターテインメント〕
　大谷禎男（桃尾・松尾・難波）取締役・272
　大塚和成（二重橋）取締役・210
　神垣清水（日比谷総合）取締役・228
〔6430 ダイコク電機〕
　村橋泰志（あゆの風）監査役・312
〔6432 竹内製作所〕
　小林明彦（片岡総合）取締役・80
〔6440 JUKI〕
　田中昌利（長島・大野・常松）監査役・194
〔6448 ブラザー工業〕
　有田知徳（シティユーワ）監査役・112
〔6462 リケン〕
　兼元俊徳（シティユーワ）取締役・112
　岩村修二（長島・大野・常松）監査役・194
〔6466 東亜バルブエンジニアリング〕
　浜本光浩（きっかわ）取締役・362
〔6467 ニチダイ〕
　真田尚美（三宅）取締役・400
〔6472 NTN〕
　川上良（大阪西総合）監査役・350
〔6474 不二越〕
　福島栄一（西村あさひ）監査役・206
〔6478 ダイベア〕
　岩井泉（協和綜合）監査役・366
〔6479 ミネベア〕
　村上光鵄（TMI総合）取締役・162
〔6480 日本トムソン〕
　武井洋一（成和明哲）取締役・142
　那須健人（ブレークモア）監査役・236
〔6481 THK〕
　米正剛（森・濱田松本）監査役・274
〔6486 イーグル工業〕
　梶谷玄（梶谷綜合）監査役・74
〔6490 日本ピラー工業〕
　森恵一（色川）監査役・336
〔6517 デンヨー〕
　山田昭（三宅・山崎）監査役・270
〔6581 日立工機〕
　渋村晴子（本間合同）取締役・250

〔6592 マブチモーター〕
　堀井敬一（虎ノ門南）監査役・188
〔6594 日本電産〕
　田原睦夫（はばたき綜合）取締役・396
〔6616 トレックス・セミコンダクター〕
　川俣尚高（丸の内総合）監査役・260
〔6624 田淵電機〕
　米田秀実（淀屋橋・山上合同）監査役・404
〔6627 テラプローブ〕
　森直樹（LM）取締役・54
〔6629 テクノホライゾン・ホールディングス〕
　原田彰好（しるべ総合）監査役・322
〔6630 ヤーマン〕
　山田勝利（紀尾井坂テーミス綜合）監査役・84
〔6637 寺崎電気産業〕
　鷹野俊司（中本総合）取締役・392
〔6639 コンテック〕
　髙島志郎（淀屋橋・山上合同）監査役・404
〔6641 日新電機〕
　田中等（淀屋橋・山上合同）監査役・404
〔6645 オムロン〕
　松本好史（三宅）取締役・400
〔6670 MCJ〕
　浦勝則（ブレークモア）取締役・236
〔6701 NEC〕
　奥宮京子（田辺総合）監査役・160
　菊池毅（小島国際）監査役・104
〔6702 富士通〕
　山室恵（瓜生・糸賀）監査役・46
〔6706 電気興業〕
　太田洋（西村あさひ）取締役・206
〔6707 サンケン電気〕
　武田仁（丸の内総合）取締役・260
〔6718 アイホン〕
　入谷正章（入谷）取締役・316
〔6724 セイコーエプソン〕
　奈良道博（半蔵門総合）監査役・224
〔6742 京三製作所〕
　大島正寿（横浜総合）監査役・302
〔6744 能美防災〕
　石井藤次郎（松尾綜合）監査役・254
〔6751 日本無線〕
　飯田英男（奥野総合）取締役・66

〔6752 パナソニック〕
　畑郁夫（大江橋）監査役・346
〔6753 シャープ〕
　北田幹直（森・濱田松本）取締役・274
　夏住要一郎（色川）監査役・336
〔6754 アンリツ〕
　市川佐知子（田辺総合）取締役・160
〔6762 TDK〕
　石黒徹（森・濱田松本）監査役・274
〔6768 タムラ製作所〕
　石川重明（本間合同）取締役・250
〔6769 ザインエレクトロニクス〕
　山口修司（岡部・山口）監査役・60
〔6770 アルプス電気〕
　秋山洋（柳田国際）監査役・280
〔6773 パイオニア〕
　錦戸景一（光和総合）監査役・102
〔6786 RVH〕
　諸橋隆章（清水直）取締役・122
〔6791 日本コロムビア〕
　菅谷貴子（山田・尾崎）監査役・284
〔6809 TOA〕
　道上明（神戸ブルースカイ）監査役・412
〔6816 アルパイン〕
　二井矢聡子（潮見坂綜合）取締役・110
　柳田直樹（柳田国際）監査役・280
〔6820 アイコム〕
　梅本弘（栄光）監査役・342
〔6824 新コスモス電機〕
　山岸和彦（あさひ）監査役・22
〔6826 本多通信工業〕
　竹内淳（石井）監査役・34
〔6845 アズビル〕
　田辺克彦（田辺総合）取締役・160
〔6846 中央製作所〕
　入谷正章（入谷）監査役・316
〔6857 アドバンテスト〕
　山室惠（瓜生・糸賀）監査役・46
〔6861 キーエンス〕
　高坂敬三（色川）監査役・336
〔6870 日本フェンオール〕
　上村真一郎（桃尾・松尾・難波）取締役・272
〔6889 オーデリック〕
　中西和幸（田辺総合）監査役・160

〔6930 日本アンテナ〕
　香月裕爾（小沢・秋山）監査役・68
〔6941 山一電機〕
　多田郁夫（鳥飼総合）監査役・190
〔6942 ソフィアホールディングス〕
　鈴木規央（シティユーワ）取締役・112
　伊藤雅浩（内田・鮫島）監査役・44
〔6946 日本アビオニクス〕
　千原真衣子（片岡総合）監査役・80
〔6963 ローム〕
　玉生靖人（御堂筋）監査役・398
〔6974 日本インター〕
　澤田久代（横浜綜合）監査役・302
〔6998 日本タングステン〕
　斉藤芳朗（德永・松﨑・斉藤）監査役・432
〔7173 東京TYフィナンシャルグループ〕
　黒澤佳代（光和総合）監査役・102
〔7202 いすゞ自動車〕
　長島安治（長島・大野・常松）監査役・194
〔7211 三菱自動車工業〕
　竹岡八重子（光和総合）監査役・102
〔7226 極東開発工業〕
　道上明（神戸ブルースカイ）取締役・412
〔7239 タチエス〕
　松尾慎佑（さくら共同）監査役・108
〔7240 NOK〕
　梶谷玄（梶谷綜合）監査役・74
〔7245 大同メタル工業〕
　田辺邦子（田辺総合）監査役・160
〔7246 プレス工業〕
　竹内淳（石井）監査役・34
〔7261 マツダ〕
　坂井一郎（北浜）取締役・360
〔7262 ダイハツ工業〕
　山本健司（北浜）取締役・360
〔7272 ヤマハ発動機〕
　谷津朋美（TMI総合）監査役・162
〔7276 小糸製作所〕
　草野耕一（西村あさひ）監査役・206
〔7278 エクセディ〕
　福田正（第一）監査役・376
〔7282 豊田合成〕
　葉玉匡美（TMI総合）監査役・162
〔7284 盟和産業〕
　原秋彦（日比谷パーク）取締役・230

〔7298 八千代工業〕
　山室惠（瓜生・糸賀）監査役・46
〔7305 新家工業〕
　夏住要一郎（色川）監査役・336
〔7312 タカタ〕
　髙田千早（LM）監査役・54
〔7434 オータケ〕
　石原真二（石原総合）取締役・314
〔7438 コンドーテック〕
　金井美智子（大江橋）取締役・346
〔7441 Misumi〕
　池田洹（照国総合）取締役・446
〔7450 サンデー〕
　冨來真一郎（淀屋橋・山上合同）取締役・404
〔7451 三菱食品〕
　神垣清水（日比谷総合）監査役・228
〔7460 ヤギ〕
　池田佳史（栄光）監査役・342
〔7464 セフテック〕
　藤井基（TMI総合）監査役・162
〔7502 プラザクリエイト〕
　村田真一（兼子・岩松）監査役・82
〔7508 G-7ホールディングス〕
　上甲悌二（淀屋橋・山上合同）監査役・404
〔7513 コジマ〕
　相澤光江（TMI総合）監査役・162
〔7517 黒田電気〕
　山下淳（ゾンデルホフ）取締役・146
〔7519 五洋インテックス〕
　谷口優（しるべ総合）監査役・322
〔7520 エコス〕
　雨宮眞也（雨宮眞也）監査役・28
　飯田英男（奥野総合）監査役・66
　江守英雄（奥野総合）監査役・66
〔7561 ハークスレイ〕
　鬼追明夫（なにわ共同）監査役・394
〔7575 日本ライフライン〕
　中村勝彦（TMI総合）監査役・162
〔7590 タカショー〕
　嶋津裕介（栄光）監査役・342
〔7593 ＶＴホールディングス〕
　山田尚武（しょうぶ）取締役・320
〔7596 魚力〕
　本多広和（阿部・井窪・片山）取締役・26

〔7606 ユナイテッドアローズ〕
　石綿学（森・濱田松本）取締役・274
〔7611 ハイデイ日高〕
　井上能裕（丸の内総合）監査役・260
〔7618 ピーシーデポコーポレーション〕
　井澤秀昭（日本大通り）取締役・300
　西村将樹（R&G横浜）監査役・294
〔7619 田中商事〕
　福田大助（成和明哲）監査役・142
〔7625 グローバルダイニング〕
　松田純一（松田綜合）監査役・256
〔7637 白銅〕
　二井矢聡子（潮見坂綜合）監査役・110
〔7640 トップカルチャー〕
　山田剛志（敬和綜合）監査役・96
〔7701 島津製作所〕
　澤口実（森・濱田松本）取締役・274
〔7709 クボテック〕
　小田大輔（森・濱田松本）取締役・274
〔7733 オリンパス〕
　鵜瀞惠子（大江橋）取締役・346
　西川元啓（野村綜合）取締役・214
〔7739 キヤノン電子〕
　岩村修二（長島・大野・常松）監査役・194
〔7745 エー・アンド・デイ〕
　綾克己（ときわ）監査役・184
〔7752 リコー〕
　矢吹公敏（矢吹）監査役・282
〔7771 日本精密〕
　河津博史（霞ヶ関総合）監査役・78
〔7775 大研医器〕
　岩城本臣（中央総合）監査役・382
〔7776 セルシード〕
　澤井憲子（東京丸の内）監査役・180
〔7819 SHO-BI〕
　渡辺徹（北浜）取締役・360
〔7822 永大産業〕
　玉生靖人（御堂筋）取締役・398
　櫻田典子（三宅）監査役・400
〔7825 ダンロップスポーツ〕
　渡邊顯（成和明哲）取締役・142
〔7832 バンダイナムコホールディングス〕
　田淵智久（潮見坂綜合）取締役・110
　須藤修（須藤・髙井）監査役・138

〔7837 アールシーコア〕
　加藤公司（岡村綜合）取締役・62
〔7860 エイベックス・グループ・ホールディングス〕
　遠山友寛（TMI総合）取締役・162
〔7873 アーク〕
　髙井伸太郎（長島・大野・常松）取締役・194
　山田庸男（梅ヶ枝中央）監査役・338
〔7905 大建工業〕
　相原隆（東町）取締役・416
〔7911 凸版印刷〕
　野村修也（森・濱田松本）監査役・274
〔7912 大日本印刷〕
　野村晋右（野村綜合）監査役・214
〔7915 日本写真印刷〕
　桃尾重明（桃尾・松尾・難波）監査役・272
〔7936 アシックス〕
　田中克郎（TMI総合）取締役・162
〔7942 JSP〕
　田辺克彦（田辺総合）取締役・160
〔7946 光陽社〕
　髙島志郎（淀屋橋・山上合同）監査役・404
〔7951 ヤマハ〕
　池田裕彦（大江橋）監査役・346
〔7963 興研〕
　白日光（さくら共同）監査役・108
〔7966 リンテック〕
　大澤加奈子（梶谷綜合）取締役・74
〔7984 コクヨ〕
　谷津朋美（TMI総合）取締役・162
〔7987 ナカバヤシ〕
　中務尚子（中央総合）取締役・382
〔7997 くろがね工作所〕
　豊浦伸隆（協和綜合）監査役・366
〔8001 伊藤忠商事〕
　瓜生健太郎（瓜生・糸賀）監査役・46
〔8008 ヨンドシホールディングス〕
　神垣清水（日比谷総合）監査役・228
〔8013 ナイガイ〕
　柏木秀一（柏木総合）監査役・76
〔8014 蝶理〕
　奈良道博（半蔵門総合）監査役・224
〔8018 三共生興〕
　金井美智子（大江橋）監査役・346

〔8023 大興電子通信〕
　藤松文（阿部・井窪・片山）監査役・26
〔8028 ファミリーマート〕
　岩村修二（長島・大野・常松）監査役・194
〔8031 三井物産〕
　松山遙（日比谷パーク）監査役・230
〔8035 東京エレクトロン〕
　酒井竜児（長島・大野・常松）監査役・194
〔8051 山善〕
　加藤幸江（中央総合）取締役・382
　阪口誠（中之島シティ）監査役・388
〔8061 西華産業〕
　毛野泰孝（三宅・山崎）監査役・270
〔8084 菱電商事〕
　谷健太郎（三宅）監査役・400
〔8085 ナラサキ産業〕
　山本昌平（丸の内中央）取締役・262
〔8087 フルサト工業〕
　武智順子（御堂筋）取締役・398
　岩城本臣（中央総合）監査役・382
〔8090 昭光通商〕
　桜井修平（石井）監査役・34
〔8093 極東貿易〕
　田辺信彦（田辺総合）監査役・160
　藤田耕三（田辺総合）監査役・160
〔8103 明和産業〕
　南敏文（シティユーワ）取締役・112
〔8107 キムラタン〕
　軸丸欣哉（淀屋橋・山上合同）監査役・404
〔8123 川辺〕
　洞敬（新保・髙﨑）監査役・128
〔8129 東邦ホールディングス〕
　永沢徹（永沢総合）取締役・192
〔8135 ゼット〕
　碩省三（御堂筋）取締役・398
〔8145 中部水産〕
　成瀬玲（しるべ総合）監査役・322
〔8150 三信電気〕
　山本昌平（丸の内中央）取締役・262
〔8153 モスフードサービス〕
　村瀬孝子（鳥飼総合）監査役・190
〔8159 立花エレテック〕
　辻川正人（関西）取締役・358
〔8165 千趣会〕
　森本宏（北浜）監査役・360

〔8170　アデランス〕
　鈴木良和（シティユーワ）監査役・112
〔8171　マックスバリュ中部〕
　清水良寛（淀屋橋・山上合同）監査役・404
〔8174　日本瓦斯〕
　山田剛志（敬和綜合）監査役・96
〔8175　ベスト電器〕
　松﨑隆（德永・松﨑・斉藤）監査役・432
〔8179　ロイヤルホールディングス〕
　久保田康史（霞ヶ関総合）監査役・78
〔8186　大塚家具〕
　長沢美智子（東京丸の内）取締役・180
　隈元慶幸（堀総合）監査役・246
　田路至弘（岩田合同［山根室］）監査役・40
〔8198　マックスバリュ東海〕
　小坂田成宏（淀屋橋・山上合同）監査役・404
〔8203　MrMax〕
　家永由佳里（德永・松﨑・斉藤）取締役・432
〔8219　青山商事〕
　渡辺徹（北浜）監査役・360
〔8249　テクノアソシエ〕
　小原正敏（きっかわ）監査役・362
〔8253　クレディセゾン〕
　笠原智恵（渥美坂井）監査役・24
〔8254　さいか屋〕
　高橋理一郎（R&G横浜）取締役・294
〔8267　イオン〕
　但木敬一（森・濱田松本）取締役・274
〔8274　東武ストア〕
　小島亜希子（阿部・井窪・片山）取締役・26
〔8276　平和堂〕
　軸丸欣哉（淀屋橋・山上合同）監査役・404
〔8281　ゼビオ〕
　石綿学（森・濱田松本）取締役・274
〔8287　マックスバリュ西日本〕
　桑山斉（御堂筋）取締役・398
〔8306　三菱UFJフィナンシャル・グループ〕
　松山遙（日比谷パーク）取締役・230
〔8308　りそなホールディングス〕
　佐貫葉子（NS綜合）取締役・50
〔8316　三井住友フィナンシャルグループ〕
　野村晋右（野村綜合）取締役・214
　Arthur M.Mitchell（ホワイト＆ケース）取締役・248
〔8346　東邦銀行〕
　増江亜佐緒（奥野総合）取締役・66
〔8358　スルガ銀行〕
　木下潮音（第一芙蓉）監査役・150
〔8360　山梨中央銀行〕
　加野理代（田辺総合）取締役・160
〔8370　紀陽銀行〕
　松川雅典（淀屋橋・山上合同）監査役・404
〔8379　広島銀行〕
　武井康年（広島総合）監査役・420
〔8383　鳥取銀行〕
　久保井一匡（久保井総合）監査役・368
〔8390　鹿児島銀行〕
　田中克郎（TMI総合）監査役・162
〔8394　肥後銀行〕
　片岡義広（片岡総合）監査役・80
〔8410　セブン銀行〕
　宮崎裕子（長島・大野・常松）取締役・194
〔8411　みずほフィナンシャルグループ〕
　甲斐中辰夫（卓照綜合）取締役・156
〔8423　アクリーティブ〕
　平岡弘次（ほくと総合）取締役・244
〔8439　東京センチュリーリース〕
　中村明雄（田辺総合）取締役・160
〔8508　Jトラスト〕
　五十嵐紀男（山田・尾﨑）取締役・284
〔8513　中部証券金融〕
　村橋泰志（あゆの風）監査役・312
〔8536　東日本銀行〕
　小野傑（西村あさひ）監査役・206
〔8545　関西アーバン銀行〕
　石橋伸子（神戸シティ）取締役・408
　竹田千穂（三宅）取締役・400
〔8572　アコム〕
　新穂均（のぞみ総合）取締役・212
〔8589　アプラスフィナンシャル〕
　内川治哉（御堂筋）取締役・398
〔8595　ジャフコ〕
　田波耕治（外立総合）取締役・216
〔8601　大和証券グループ本社〕
　但木敬一（森・濱田松本）取締役・274
〔8604　野村ホールディングス〕
　兼元俊徳（シティユーワ）取締役・112

〔8609 岡三証券グループ〕
　比護正史（ブレークモア）取締役・236
〔8622 水戸証券〕
　大野了一（虎ノ門南）監査役・188
〔8630 損保ジャパン日本興亜ホールディングス〕
　柳田直樹（柳田国際）監査役・280
〔8692 だいこう証券ビジネス〕
　西村善嗣（三宅）監査役・400
〔8697 日本取引所グループ〕
　久保利英明（日比谷パーク）取締役・230
〔8707 岩井コスモホールディングス〕
　佐伯照道（北浜）取締役・360
　山田庸男（梅ヶ枝中央）監査役・338
〔8709 インヴァスト証券〕
　岩田拓朗（半蔵門総合）取締役・224
〔8714 池田泉州ホールディングス〕
　今中利昭（関西）監査役・358
〔8725 MS&ADインシュアランスグループホールディングス〕
　角田大憲（中村・角田・松本）取締役・200
　渡邊顯（成和明哲）取締役・142
　手塚裕之（西村あさひ）監査役・206
　野村晋右（野村綜合）監査役・214
〔8729 ソニーフィナンシャルホールディングス〕
　国谷史朗（大江橋）取締役・346
〔8741 小林洋行〕
　石川重明（本間合同）取締役・250
〔8750 第一生命保険〕
　佐藤りえ子（石井）取締役・34
〔8766 東京海上ホールディングス〕
　和仁亮裕（MOFO伊藤見富）監査役・278
〔8771 イー・ギャランティ〕
　笠浩久（東京八丁堀）監査役・174
〔8795 T&Dホールディングス〕
　松山遙（日比谷パーク）取締役・230
　小澤優一（石井）監査役・34
〔8798 アドバンスクリエイト〕
　木目田裕（西村あさひ）取締役・206
〔8801 三井不動産〕
　真砂靖（西村あさひ）監査役・206
〔8806 ダイビル〕
　田中宏（きっかわ）監査役・362
〔8818 京阪神ビルディング〕
　西出智幸（きっかわ）監査役・362

〔8860 フジ住宅〕
　原戸稲男（協和綜合）監査役・366
〔8885 ラ・アトレ〕
　雨宮眞也（雨宮眞也）監査役・28
〔8890 レーサム〕
　松嶋英機（西村あさひ）監査役・206
〔8892 日本エスコン〕
　家近正直（第一）監査役・376
〔8905 イオンモール〕
　市毛由美子（のぞみ総合）監査役・212
〔8929 青山財産ネットワークス〕
　六川浩明（小笠原六川国際総合）監査役・58
〔9006 京浜急行電鉄〕
　濱田邦夫（日比谷パーク）監査役・230
〔9009 京成電鉄〕
　赤井文彌（卓照綜合）取締役・156
〔9021 西日本旅客鉄道〕
　石川正（大江橋）取締役・346
〔9022 東海旅客鉄道〕
　頃安健司（TMI総合）取締役・162
〔9028 ゼロ〕
　鈴木良和（シティユーワ）監査役・112
〔9035 福岡第一交通産業〕
　中野昌治（大手町）監査役・428
〔9042 阪急阪神ホールディングス〕
　阪口春男（協和綜合）監査役・366
〔9044 南海電気鉄道〕
　荒尾幸三（中之島中央）監査役・390
〔9045 京阪電気鉄道〕
　家近正直（第一）監査役・376
〔9046 神戸電鉄〕
　木下卓男（東町）監査役・416
〔9059 カンダホールディングス〕
　太子堂厚子（森・濱田松本）監査役・274
〔9060 日本ロジテム〕
　松浦康治（柏木総合）監査役・76
〔9065 山九〕
　小川憲久（紀尾井坂テーミス綜合）監査役・84
〔9074 日本石油輸送〕
　赤井文彌（卓照綜合）監査役・156
〔9076 セイノーホールディングス〕
　棚橋祐治（シティユーワ）取締役・112
〔9127 玉井商船〕
　山口修司（岡部・山口）監査役・60

〔9133 東栄リーファーライン〕
　森荘太郎（小川総合）監査役・64
〔9201 日本航空〕
　片山英二（阿部・井窪・片山）監査役・26
〔9233 アジア航測〕
　遠藤元一（東京霞ヶ関）監査役・166
〔9302 三井倉庫ホールディングス〕
　須藤修（須藤・髙井）監査役・138
〔9303 住友倉庫〕
　山口修司（岡部・山口）監査役・60
〔9304 澁澤倉庫〕
　松本伸也（丸の内総合）取締役・260
〔9306 東陽倉庫〕
　入谷正章（入谷）監査役・316
〔9308 乾汽船〕
　川崎清隆（御堂筋）取締役・398
〔9322 川西倉庫〕
　福元隆久（東町）監査役・416
〔9364 上組〕
　中尾巧（淀屋橋・山上合同）監査役・404
〔9369 キユーソー流通システム〕
　南敏文（シティユーワ）監査役・112
〔9385 ショーエイコーポレーション〕
　村野譲二（中央総合）監査役・382
〔9386 日本コンセプト〕
　有賀隆之（虎門中央）監査役・186
〔9404 日本テレビホールディングス〕
　真砂靖（西村あさひ）取締役・206
　兼元俊徳（シティユーワ）監査役・112
〔9425 日本テレホン〕
　加藤清和（梅田総合）監査役・340
〔9433 KDDI〕
　田辺邦子（田辺総合）取締役・160
〔9449 GMOインターネット〕
　岩倉正和（西村あさひ）取締役・206
　増田英次（増田パートナーズ）監査役・252
〔9468 KADOKAWA・DWANGO〕
　渡邊顯（成和明哲）監査役・142
〔9470 学研ホールディングス〕
　桜井修平（石井）監査役・34
〔9474 ゼンリン〕
　磯田直也（ユアサハラ）監査役・286
〔9475 昭文社〕
　桑野雄一郎（骨董通り）監査役・106

〔9479 インプレスホールディングス〕
　松本伸也（丸の内総合）監査役・260
〔9501 東京電力〕
　須藤正彦（みなと協和）取締役・264
〔9504 中国電力〕
　野曽原悦子（広島総合）監査役・420
〔9511 沖縄電力〕
　阿波連光（ひかり）監査役・450
〔9513 J-POWER〕
　梶谷剛（梶谷綜合）取締役・74
〔9532 大阪瓦斯〕
　林醇（梅ヶ枝中央）監査役・338
〔9535 広島ガス〕
　武井康年（広島総合）監査役・420
〔9551 メタウォーター〕
　末啓一郎（ブレークモア）取締役・236
　植村公彦（御堂筋）監査役・398
〔9601 松竹〕
　牛島信（牛島総合）監査役・42
〔9613 NTTデータ〕
　佐藤りえ子（石井）監査役・34
〔9638 情報技術開発〕
　伊藤雅浩（内田・鮫島）監査役・44
〔9640 セゾン情報システムズ〕
　小川憲久（紀尾井坂テーミス綜合）監査役・84
〔9641 サコス〕
　古田茂（本間合同）監査役・250
〔9681 東京ドーム〕
　堤淳一（丸の内中央）監査役・262
〔9685 KYCOMホールディングス〕
　田辺信彦（田辺総合）監査役・160
〔9697 カプコン〕
　松尾眞（桃尾・松尾・難波）取締役・272
　家近正直（第一）監査役・376
〔9698 クレオ〕
　渡辺伸行（TMI総合）監査役・162
〔9699 西尾レントオール〕
　阪口祐康（協和綜合）監査役・366
〔9706 日本空港ビルデング〕
　赤井文彌（卓照綜合）監査役・156
　竹島一彦（森・濱田松本）監査役・274
〔9707 ユニマットそよ風〕
　高谷裕介（二重橋）監査役・210

〔9708 帝国ホテル〕
　岩倉正和（西村あさひ）監査役・206
〔9709 NCS&A〕
　平田正憲（御堂筋）監査役・398
〔9742 アイネス〕
　仁科秀隆（中村・角田・松本）監査役・200
〔9748 NJK〕
　長﨑俊樹（岡村綜合）監査役・62
〔9755 応用地質〕
　内藤潤（長島・大野・常松）監査役・194
〔9757 船井総研ホールディングス〕
　小林章博（中央総合）監査役・382
〔9782 ディーエムエス〕
　梶谷篤（梶谷綜合）取締役・74
〔9792 ニチイ学館〕
　森脇啓太（大江橋）取締役・346
〔9827 リリカラ〕
　大胡誠（柳田国際）監査役・280
〔9828 元気寿司〕
　山宮慎一郎（TMI総合）監査役・162
〔9843 ニトリホールディングス〕
　竹島一彦（森・濱田松本）取締役・274
〔9845 パーカーコーポレーション〕
　吉益信治（第一芙蓉）取締役・150
〔9873 日本KFCホールディングス〕
　由布節子（渥美坂井）取締役・24
〔9880 イノテック〕
　内藤潤（長島・大野・常松）監査役・194

〔9892 卑弥呼〕
　臼田啓之（西村あさひ）取締役・206
〔9900 サガミチェーン〕
　井口浩治（アイ・パートナーズ）監査役・308
〔9928 ミロク情報サービス〕
　五味廣文（西村あさひ）監査役・206
〔9936 王将フードサービス〕
　渡邉雅之（三宅）取締役・400
　木曽裕（北浜）監査役・360
〔9957 バイテック〕
　金丸和弘（森・濱田松本）取締役・274
　松山遙（日比谷パーク）取締役・230
〔9960 東テク〕
　神尾大地（野村綜合）取締役・214
〔9977 アオキスーパー〕
　村橋泰志（あゆの風）取締役・312
　安藤雅範（あゆの風）監査役・312
〔9978 文教堂グループホールディングス〕
　飯田直樹（成和明哲）取締役・142
〔9979 大庄〕
　木目田裕（西村あさひ）取締役・206
〔9983 ファーストリテイリング〕
　渡邊顯（成和明哲）監査役・142
〔9984 ソフトバンクグループ〕
　宇野総一郎（長島・大野・常松）監査役・194

全国 法律事務所ガイド2016

2015年12月17日　初版第1刷発行

編　者　商　事　法　務
発行者　塚　原　秀　夫
発行所　㈱商　事　法　務
〒103-0025　東京都中央区日本橋茅場町3-9-10
TEL 03-5614-5643・FAX 03-3664-8844〔営業部〕
TEL 03-5614-5649〔書籍出版部〕
http://www.shojihomu.co.jp/

落丁・乱丁本はお取替えいたします。　　印刷／三英グラフィック・アーツ㈱
© 2015 Shojihomu　　　　　　　　　　　　Printed in Japan
Shojihomu Co., Ltd.
ISBN978-4-7857-2363-7
＊定価は表紙に表示してあります。